D1718571

Irene Bauder
Jürgen Bär

Access 2002

Programmierung

Irene Bauder
Jürgen Bär

Access 2002

Programmierung

HANSER

Die Autoren:

Dipl.-Ing. (FH) Irene Bauder, München

Dipl.-Ing. (FH) Jürgen Bär, München
Von der Industrie- und Handelskammer für München und Oberbayern öffentlich bestellter und
vereidigter Sachverständiger für Systeme und Anwendungen der Informationsverarbeitung für den
Bereich Arbeitsplatzsysteme

http://www.hanser.de

Die Deutsche Bibliothek – CIP-Einheitsaufnahme

Ein Titeldatensatz für diese Publikation
ist bei Der Deutschen Bibliothek erhältlich.

© 2002 Carl Hanser Verlag München Wien
Gesamtlektorat: Sieglinde Schärl
Copy-editing: Manfred Sommer, München
Herstellung: Monika Kraus
Umschlaggestaltung: Büro für Text und Gestaltung herbert und herbertsfrau, Augsburg
Datenbelichtung, Druck und Bindung: Kösel, Kempten
Printed in Germany

ISBN 3-446-21844-0

Vorwort

Mit der überaus erfolgreichen relationalen Datenbank Access, die jetzt in der neuen Version 2002 vorliegt, bringt der Hanser Verlag eine überarbeitete Neuauflage des sehr bekannten Programmierbuches von Bär und Bauder. Dieses Buch wurde neu konzipiert, es bietet zahlreiche Neuerungen.

Access ist schon lange kein unbekanntes Datenbankverwaltungssystem mehr wie im Jahr 1993, als das Programm in der ersten Version veröffentlicht wurde. Die letzten Versionen, Access 97 und Access 2000, sind zu einem der beliebtesten Datenbankprogramme auf dem PC geworden. Auch Access 2002 bietet einige Neuigkeiten, auf die in diesem Buch eingegangen wird. Vor allem ist dabei die Sprache XML zu nennen.

Dieses Buch ist für Sie der Schlüssel zur weit verbreiteten Datenbanktechnologie von Microsoft. Hier erfahren Sie alles über die Programmiersprache Visual Basic für Applikationen, die nicht nur den Zugriff auf Formulare, Berichte und ihre Steuerelemente, sondern auch über Automatisierung den systemweiten Zugriff auf andere Anwendungen bietet. Außerdem können Sie zum Beispiel den Office-Assistenten sowie eigene Menü- und Symbolleisten programmieren, Standard-Dialogfelder einsetzen und mit Druckern arbeiten.

Der Zugriff auf Daten kann mit ADO (ActiveX DATA Objects) oder DAO (Data Access Objects) erfolgen. ADO ist die neuere Technologie, mit der beliebige Datenquellen verwendet werden können. DAO bietet jedoch noch Geschwindigkeitsvorteile, wenn Sie innerhalb von Access bleiben.

Daten können aus einem XML-Dokument importiert oder in ein XML-Dokument exportiert werden. Auf diese Weise wird die Weitergabe von Daten einfach und sehr flexibel. Sie können Access auch als intelligentes und leicht zu bedienendes Werkzeug für den Microsoft SQL-Server einsetzen.

Viele Beispiele in diesem Buch gestalten die verschiedenen Themen interessant und abwechslungsreich. Da kann niemand mehr behaupten, dass Datenbanken eine trockene Angelegenheit wären. Machen Sie sich mit den komplexen Funktionen und Möglichkeiten dieser Datenbank vertraut.

Wir betreuen dieses Buch schon seit der ersten Version und setzen Access in unserer täglichen Arbeit ein. Irene Bauder hält im Münchener Raum viele Kurse zu Access, Jürgen Bär programmiert sehr viel in Access.

Viel Spaß bei der Arbeit mit Access 2002 wünschen Ihnen

Irene Bauder und Jürgen Bär

München, im Oktober 2001

Inhaltsverzeichnis

1 Neuerungen in Access 2002

Wenn Sie bisher Access 2000, Access 97, Access 95 oder Access 2.0 einsetzen, ist es für Sie wichtig, wie Sie Ihre vorhandenen Datenbank-Dateien auf die neue Version umstellen können. Außerdem erfahren Sie in diesem Kapitel das Wichtigste zu den Neuerungen von Access 2002.

1.1 Die Datenbank nach Access 2002 konvertieren

Um eine Datenbank einer älteren Version unter Access 2002 einzusetzen, müssen Sie sich entscheiden, ob Sie die Datenbank konvertieren oder nur aktivieren.

Sollen nur Daten eingegeben und verwaltet werden, können Sie die Datenbank einfach in Access 2002 aktivieren, das heißt öffnen und damit verfügbar machen. Aufgrund der neuen Fähigkeiten wird sich Access bei einigen Vorgängen etwas anders als in den früheren Versionen verhalten. Aber die Eingabe in ein Datenblatt oder in eine Formularansicht funktioniert einwandfrei. Falls Sie jedoch am Aussehen eines Formulars etwas modifizieren wollen, müssen Sie Ihre Datenbank in die aktuelle Version 2002 konvertieren. Es ist nämlich nicht möglich, in der Entwurfsansicht Änderungen an einem Datenbankobjekt vorzunehmen. In einer Datenbank der Version 8.0, 7.0 oder 2.0 können Sie auch keine neuen Datenbankobjekte anlegen.

Eine Datenbank der Version 2.0, 95 oder 97 nach Access 2002 konvertieren

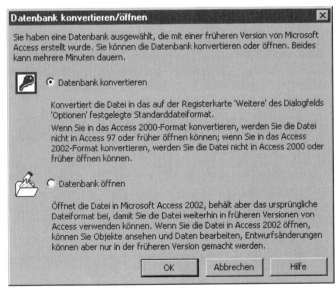

Bild 1.1: Eine Datenbank einer älteren Version nach Access 2002 umwandeln

Wenn Sie Ihre Datenbank in der neuen Access Version 2002 weiterentwickeln wollen, um alle Vorteile genießen zu können, müssen Sie die Datenbank zuerst konvertieren. Am besten erstellen Sie vor der Umwandlung eine Kopie Ihrer Datenbank. So können Sie bei Bedarf immer noch auf die ältere Version zurückgreifen. In Access 2002 rufen Sie den Menüpunkt ÖFFNEN im Menü DATEI auf und wählen die gewünschte Datenbank der Version 8.0, 7.0 oder 2.0 aus. Schalten Sie dann die Option „Datenbank konvertieren" ein und nennen Sie noch ein Verzeichnis und einen Namen für die neue Datenbank.

Die neue Datenbank besitzt das 2000-Format, nicht - wie Sie wahrscheinlich angenommen haben -, das neueste 2002-Format. Dies erkennen Sie aus der Überschrift des Datenbankfensters: „ (Access 2000-Dateiformat)". Die beiden Formate sind sich sehr ähnlich.

Um eine Datenbank der Version 8.0, 7.0 oder 2.0 direkt in das 2002-Format zu konvertieren, starten Sie Access, ohne eine Datenbank zu öffnen. Im Menü EXTRAS wählen Sie das Untermenü DATENBANK-DIENSTPROGRAMME, dann den Eintrag DATENBANK KONVERTIEREN und den Menüpunkt IN ACCESS 2002-DATEIFORMAT. Stellen Sie anschließend zuerst die umzuwandelnde Datenbankdatei ein und geben danach den Namen der neuen Zieldatenbank ohne Dateiendung an. Sie können dabei nicht dieselbe Datei wählen, das heißt, ein Überschreiben der alten Datei ist nicht möglich.

Tipps für die Konvertierung

Die umzuwandelnde Datenbank darf nicht geöffnet sein, das heißt, auch alle Benutzer im Netz müssen diese Datenbank zuerst schließen.

Zudem sollten Sie vor der Umwandlung überprüfen, ob sich die verknüpften Tabellen noch im angegebenen Verzeichnis befinden. Findet nämlich Access diese Tabellen bei der Konvertierung nicht, gehen Tabelleneigenschaften verloren. Verknüpfte Tabellen werden nicht automatisch mit umgewandelt, wenn Sie die Datenbank, in der diese Tabellen eingebunden sind, in die neue Version konvertieren.

Datenbanken in Access 2.0 können verknüpfte Tabellen aus einer in das Access 2002 Format konvertierten Datenbank nicht verwenden. Zur Lösung dieses Problems müssen Sie die Datenbank auch nach Access 2002 umwandeln. In der anderen Richtung funktioniert die Verknüpfung jedoch. Dies bedeutet, dass Sie in einer Access 2002 Datenbank auf Tabellen einer Datenbank einer älteren Version zugreifen können.

Alte Datenbanken können in ihrem Code noch Objekte enthalten, die auf der DAO 2.5/3.x-Kompatibilitätsbibliothek basieren. Wenn dies der Fall ist, entstehen bei der Konvertierung Kompilierfehler. Deswegen sollten Sie vor der Umwandlung den Code aktualisieren.

Falls die Umwandlung Ihrer Datenbank in die Version 2002 nicht vollständig erfolgreich war, generiert Access die Tabelle „Konvertierungsfehler". Diese Tabelle besteht aus den drei Spalten „Objekttyp", „Objektname" und „Fehlerbeschreibung". Hier können Sie recht genau nachlesen, welches Objekt einen Fehler verursacht hat und was es für ein Fehler ist. Leider wird bei einem Übersetzungsfehler in einem Modul nicht der Name dieses Moduls genannt.

Eine Datenbank der Version 2000 nach Access 2002 konvertieren

Falls Sie in Access 2002 Ihre Datenbank als MDE- oder ADE-Datei speichern möchten, muss die Datenbank zwingend im 2002-Dateiformat vorliegen. Ansonsten ist es nicht unbedingt notwendig, Ihre Datenbank, die Sie in Access 2000 erstellt haben, in die neue Version umzuwandeln. Microsoft empfiehlt sogar, Datenbanken älterer Version zuerst in das 2000-Dateiformat zu konvertieren.

Datenbanken der Version 2000 können nämlich bereits auf die neuen Möglichkeiten von Access 2002 zugreifen, wenn sie in Access 2002 geöffnet werden. Erst wenn Sie sicher sind, dass alle Anwender auf Access 2002 umgestiegen sind, werden Sie die Datenbank der Version 2000 auf die neueste Version bringen. Starten Sie dazu Access und öffnen Sie die Access 2000-Datenbank. Im Menü EXTRAS rufen Sie das Untermenü DATENBANK-DIENSTPROGRAMME, dann den Eintrag DATENBANK KONVERTIEREN und den Menüpunkt IN ACCESS 2002-DATEIFORMAT auf. Tragen Sie den Namen der neuen Datenbank ein und drücken Sie die Schaltfläche „Speichern". Da die neue Datenbank nach der Erstellung meistens nicht automatisch in Access geladen wird, müssen Sie sie noch selber öffnen.

Wenn Sie eine Access 2000-Datenbank konvertieren, die ein oder mehrere Datenzugriffsseiten besitzt, werden diese nicht automatisch mit umgewandelt. Dies erfolgt erst beim ersten Öffnen der Datenzugriffsseite in der Entwurfsansicht. Dadurch kann dann auf die neueste Version der Microsoft Office Web Components zugegriffen werden. Zusätzlich wird eine Sicherungskopie der Seite angelegt.

Hinweis: Auch neue Datenbanken werden in Access 2002 standardmäßig im 2000-Dateiformat angelegt. Wenn Sie dies nicht wünschen, stellen Sie im Kombinationsfeld „Standarddateiformat" auf dem Register „Weitere" des „Optionen"-Dialogfelds den Eintrag „Access 2002" ein.

Abwärtskompatibilität

Nachdem Sie Ihre Datenbank auf Access 2002 konvertiert haben, können Sie diese Datenbank nicht mehr in der früheren Version von Access öffnen. Es ist jedoch möglich, Ihre aktuelle Datenbank der Version 2002 abwärts nach Access 2000 oder nach Access 97 umzuwandeln. Access ist dadurch abwärtskompatibel. Im Untermenü DATENBANK-DIENSTPROGRAMME finden Sie dazu den Eintag DATENBANK KONVERTIEREN und darunter zwei Menüpunkte für die gewünschte Version

Haben Sie die Version 97 gewählt, müssen Sie noch fehlende Verweise entfernen. Öffnen Sie dazu ein Modul und rufen Sie im Menü EXTRAS den Menüpunkt VERWEISE auf. Schalten Sie die Kontrollkästchen der nicht vorhandenen Verweise aus und aktivieren Sie stattdessen das Kontrollkästchen für die Microsoft Access DAO 3.51-Objektbibliothek.

Hinweis: Ein Access-Projekt kann nicht nach Access 97 zurück konvertiert werden, da es in dieser Version diese Dateiart noch nicht gibt. Für den programmtechnischen Zugriff auf die Daten unterstützt Access 97 nur DAO und nicht ADO, wie es bei Access 2000 und Access 2002 der Fall ist. Auch kennt Access 97 keine Datenzugriffsseiten. Daher existieren in einer Access 97-Datenbank keine Hyperlinks mehr auf diese Seiten. Die HTML-Dateien selber werden jedoch nicht gelöscht.

Eine gesicherte Datenbank nach Access 2002 konvertieren

Wenn Sie eine Datenbank einer älteren Version in Access 2002 nur aktivieren, um Daten zu bearbeiten, aber nicht konvertieren, behält diese Datenbank ihre Sicherheitseinrichtungen, wenn sie an die bisherige Arbeitsgruppen-Informationsdatei angeschlossen bleibt. Sie können in diesem Fall jedoch nicht mit Access 2002 Berechtigungen in der Datenbank ändern oder neue einfügen. Dazu müssen Sie die Datenbank nach Access 2002 konvertieren.

Um eine mit einer eigenen Benutzerverwaltung ausgestattete Datenbank nach Access 2002 umwandeln zu können, müssen Sie zuerst den übrigen Benutzern mitteilen, dass die Datenbank geschlossen werden muss. Schließen Sie dann Access 2002 an die Arbeitsgruppen-Informationsdatei an, die die Gruppen und Benutzer für die Absicherung enthält. Damit die Konvertierung erfolgreich durchgeführt werden kann, müssen Sie sich mit einem Benutzer anmelden, der folgende Berechtigungen besitzt:

- „Öffnen/Ausführen" und „Exklusiv" für die Datenbank
- „Verwalten" für die beiden Systemtabellen „MSysACES" und „MsysObjects"
- „Entwurf ändern" für alle Tabellen in dieser Datenbank
- „Entwurf lesen" für alle Datenbankobjekte dieser Datenbank

Die Konvertierung einer gesicherten Datenbank in das Access 2002-Format unterscheidet sich nicht von der Umwandlung einer normalen, ungesicherten Datenbank, wie sie eben beschrieben wurde. Anschließend müssen Sie Access noch an eine andere Arbeitsgruppen-Informationsdatei anschließen, um die Arbeitsgruppen-Informationsdatei der Version 9.0, 8.0 oder 7.0 komprimieren zu können. Falls Sie eine Access 2.0-Datenbank umgewandelt haben oder falls Probleme auftreten, muss eine neue Arbeitsgruppen-Informationsdatei angelegt werden (siehe unten). Danach können die Anwender sich an die komprimierte Arbeitsgruppen-Informationsdatei anschliessen und auf die konvertierte Datenbank mit ihren bisherigen Benutzernamen und Passwörtern zugreifen.

Vorsicht: VBA-Code kann ab Access 2000 nicht mehr mit Zugriffsberechtigungen geschützt werden. Sie müssen Ihre Module heutzutage über ein Passwort schützen.

Die Arbeitsgruppen-Informationsdatei aktualisieren

Eine Arbeitsgruppen-Informationsdatei wird bei jedem Start von Access gelesen und enthält Informationen über die einzelnen Benutzer wie Benutzername und Kennwort sowie über einige Voreinstellungen, die Sie im Dialogfeld „Optionen" festgelegt haben. In der Version 2002 trägt diese Datei genauso wie bereits bei Access 9.0, 7.0 und 8.0 normalerweise die Endung „mdw".

Wenn Sie bisher mit Access 2.0 gearbeitet haben, arbeitet Ihr Access noch mit einer Systemdatenbank zusammen, die die Endung „mda" besitzt. Um die Vorteile der verbesserten Zugriffsberechtigungen und um die Geschwindigkeits-Optimierungen von Access 2002 nutzen zu können, sollten Sie in diesem Fall die bisher verwendete „mda"-Datei als „mdw"-Datei" noch einmal neu erstellen.

Hinweis: Diese Konvertierung können Sie nur vornehmen, wenn alle Benutzer, die an dieser Arbeitsgruppe angeschlossen sind, die neue Access Version 2002 einsetzen. Ansonsten muss die Arbeitsgruppen-Informationsdatei im alten Format bleiben.

Im Menü EXTRAS rufen Sie zur Neuerstellung das Untermenü SICHERHEIT und dann den Menüpunkt ARBEITSGRUPPEN-ADMINISTRATOR auf. Nachdem Sie die Schaltfläche „Erstellen" angeklickt haben, Tragen Sie ins Dialogfeld denselben Namen, dieselbe Firma und denselben Arbeitsgruppen-Code ein, den Ihre frühere Arbeitsgruppen-Informationsdatei besaß.

Vorsicht: Geben Sie dabei Acht, dass Sie auch die Groß-/Kleinschreibung berücksichtigen. Falls eine der Angaben nicht mit dem früheren Wert übereinstimmt, wird eine ungültige Administratoren-Gruppe angelegt.

Beenden Sie danach Access und starten es erneut, damit die neu erstellte Arbeitsgruppen-Informationsdatei von Access verwendet wird. Stellen Sie im nächsten Schritt alle Gruppen und alle Benutzer wieder her, so wie sie in der ursprünglichen Arbeitsgruppen-Informationsdatei existierten. Auch hierbei sollten Sie den exakt gleichen Namen und die exakt gleiche persönliche Identifikationskennung eintragen. Teilen Sie den anderen Benutzern Ihrer Datenbank mit, dass sie sich in Access 2002 mithilfe des Menüpunktes ARBEITSGRUPPEN-ADMINISTRATOR an die neue Arbeitsgruppen-Informationsdatei anschließen sollen.

Wenn Sie von Access 2000, 97 oder 95 auf Access 2002 umsteigen, ist die eben beschriebene Konvertierung nicht unbedingt notwendig. Dann reicht es in den meisten Fällen aus, die Arbeitsgruppen-Informationsdatei in Access 2002 zu komprimieren. Dazu müssen Sie sich zuerst über den Menüpunkt ARBEITSGRUPPEN-ADMINISTRATOR im Untermenü SICHERHEIT an eine andere Arbeitsgruppen-Informationsdatei anschließen. Nach einem Neustart von Access können Sie dann die gewünschte Arbeitsgruppen-Informationsdatei über den Menüpunkt DATENBANK KOMPRIMIEREN UND REPARIEREN komprimieren. Bei diesem Vorgang darf keine Datenbank offen sein. Zum Schluss schließen Sie Access an die komprimierte Arbeitsgruppen-Informationsdatei an und starten Access erneut.

Diese Arbeitsgruppen-Informationsdatei kann nun sowohl von Anwendern benutzt werden, die auf die neue Version Access 2002 umsteigen, als auch von den Anwendern, die bei Access 8.0 oder 7.0 bleiben. Das Format der Datei hat sich durch die Komprimierung ja nicht geändert.

Einen Design-Master und seine Replikate nach Access 2002 umwandeln

Wenn Sie mit Replikaten arbeiten, werden Sie sich vielleicht schon gefragt haben, wie Sie denn diese Kopien in das Access 2002-Format umwandeln. Der Versuch, ein Replikat über den Menüpunkt IN ACCESS 2002-DATEIFORMAT in das neue Format zu bringen, schlägt fehl. Stattdessen wandeln Sie nur das Design-Master-Replikat um und synchronisieren anschließend die Kopien mit dieser Master-Datenbank. Diese Vorgehensweise ist nur dann sinnvoll, wenn alle Kopien der Replikatgruppe anschließend mit Access 2002 weiterverarbeitet werden. Damit bei dieser Arbeit nichts Unvorhergesehenes passiert, sollten Sie erst einen Test durchführen.

Kopieren Sie im Explorer das aktuelle Design-Master-Replikat, das mit Access 8.0 oder 7.0 erstellt wurde, und legen Sie diese Kopie am besten auf einem PC ab, auf dem sich keine Replikate dieser Replikatgruppe befinden. Starten Sie die bis jetzt aktuelle Version von Access. Rufen Sie im Untermenü REPLIKATION den Menüpunkt DESIGN-MASTER-REPLIKAT WIEDERHERSTELLEN auf, um diese neue Kopie in die neue Master-Datenbank umzuwandeln. Von dieser neuen Master-Datenbank legen Sie über den Menüpunkt DATENBANK IN REPLIKAT KONVERTIEREN einige Replikate an.

Anschließend starten Sie das neue Access 2002 und rufen hier den Menüpunkt IN ACCESS 2002-DATEIFORMAT aus dem Untermenü DATENBANK KONVERTIEREN auf. Dieses Untermenü befindet sich im Untermenü DATENBANK-DIENSTPROGRAMME des Menü EXTRAS. Wandeln Sie das neue Design-Master-Replikat in eine Access 2002 Datenbank um.

Falls es sich um eine Datenbank der Version 97 oder 95 handelt, müssen Sie den letzten Punkt für jedes Replikat in der Replikatgruppe wiederholen. Access 2002 kann nämlich keine Datenbanken im Access 2002-Format mit Datenbanken im Access 97- beziehungsweise Access 95-Dateiformat synchronisieren.

Synchronisieren Sie über den Menüpunkt JETZT SYNCHRONISIEREN die Master-Datenbank mit den zuvor erstellten Replikaten. Wenn beim ausführlichen Test keine Probleme aufgetreten sind, können Sie das neue Design-Master-Replikat und alle Kopien dieser Replikatgruppe wieder löschen und führen dieselben Schritte für das Original-Design-Master-Replikat und an seinen Replikaten durch. Ab sofort können Sie den Design-Master und die Replikate nur noch in der Version Access 2002 einsetzen.

1.2 Was ist neu an Access 2002?

Das Softwarepaket Microsoft Office XP muss einmal aktiviert werden, damit Sie uneingeschränkten Zugang zu allen Funktionen besitzen. Wenn Sie nach der Installation ein Office-Programm starten und zum Beispiel ein Word-Dokument oder eine Access-Datenbank öffnen, wird der Microsoft Office-Aktivierungs-Assistent gestartet. Dieser Assistent führt Sie durch die notwendigen Schritte zur Aktivierung.

Hinweis: Bis zu fünfzig Mal können Sie die Microsoft Office-Programme ohne Durchführung der Aktivierung starten. Diese Angabe bezieht sich insgesamt auf alle Office XP-Anwendungen. Danach sind weder Änderungen an bestehenden Office-Dateien mehr möglich, noch können neue Dateien angelegt werden.

Sie können die Aktivierung über das Internet oder über das Telefon durchführen. Der Einsatz des Internets ist vorzuziehen, da diese Vorgehensweise sehr schnell ist. Über die Schaltfläche „Weiter" wird das Verbindungs-Dialogfeld eingeblendet, um eine Verbindung ins Internet aufzubauen.

Anschließend erscheint der Hinweis, dass Sie keine persönlichen Daten angeben müssen. Es reicht aus, das Land aus der Liste auszuwählen, in dem Microsoft Office XP eingesetzt wird. Im nächsten Dialogfeld brauchen Sie nur noch die Schaltfläche „Senden" zu drücken. Kurze Zeit später erscheint die Meldung, dass die Aktivierung abgeschlossen ist.

Zusammenspiel der verschiedenen Access-Versionen

Wie bereits weiter oben erwähnt, kann eine Access 2002-Datenbank sowohl in das Access 2000-Dateiformat als auch in das Access 97-Dateiformat umgewandelt werden. Dies bedeutet, Access ist abwärtskompatibel zu den beiden Versionen 97 und 2000. Dadurch wird es einfacher, die Datenbank mit anderen Benutzern zu teilen, die noch nicht die neueste Version einsetzen. Sie als Entwickler können auf diese Weise bereits die Vorzüge der neuen Access-Version genießen.

Wenn Sie Ihre Access 2002-Datenbank in das 2000-Dateiformat zurück konvertieren, gehen die nur in Access 2002 verfügbaren Eigenschaften nicht verloren. Intern werden die eingestellten Werte dieser Eigenschaften gespeichert, damit beim späteren Umwandeln der Datenbank in das 2002-Dateiformat diese Eigenschaften wieder gesetzt sind. Dabei kann es sich zum Beispiel um eine PivotTable-Ansicht in einem Formular handeln. In Access 2000 werden die Daten in der normalen Datenblattansicht angezeigt.

Da Sie in Access 2002 auch mit Datenbanken des 2000-Formats ohne Umwandlung arbeiten können, ist ein langsamer Umstieg auf die neue Version möglich. Nur wenn Sie die neuen Fähigkeiten von Access 2002 einsetzen wollen, wird eine Konvertierung notwendig.

Verschiedene Aufgabenbereiche

Jede Anwendung aus dem Microsoft Office XP-Paket besitzt eine überdimensionale Symbolleiste, in der verschiedene Aufgabenbereiche erscheinen können, die im Englischen als „task panes" bezeichnet werden. Sie können diese Aufgabenbereiche genauso wie jede andere Symbolleiste jederzeit ein- und wieder ausblenden, indem Sie eine freie Stelle in einer sichtbaren Symbolleiste mit der rechten Maus anklicken und dann den gewünschten Namen auswählen.

Access verfügt über die drei folgenden Aufgabenbereiche:

- Neue Datei
- Zwischenablage
- Suchen

In diesen Aufgabenbereichen sind die meistverwendeten Aufgaben thematisch zusammengefasst. Wenn Sie Access starten, kommt der Aufgabenbereich „Neue Datei" automatisch in der rechten Hälfte des Access-Fensters zur Anzeige.

Hinweis: Möchten Sie nicht, dass der Aufgabenbereich „Neue Datei" immer beim Start von Access erscheint, deaktivieren Sie das Kontrollkästchen „Beim Start anzeigen".

Über die einzelnen Menüpunkte in diesem Aufgabenbereich können Sie schnell Ihre Arbeit beginnen. Wenn Sie zum Beispiel eine neue Datenbank anlegen wollen, brauchen Sie nur den Befehl LEERE DATENBANK zu wählen und nicht mehr wie in den bisherigen Versionen das Dialogfeld „Neu" aufzurufen.

Wenn Sie in Access 2002 den Menüpunkt NEU im Menü DATEI oder die Schaltfläche „Neu" anwählen, wird immer zum Aufgabenbereich „Neue Datei" verzweigt und diese Symbolleiste gegebenenfalls geöffnet. Um eine neue Datenbank mit dem Datenbank-Assistenten zu erstellen, klicken Sie den Menüpunkt ALLGEMEINE VORLAGEN an. Es erscheint daraufhin das Dialogfeld „Vorlagen", das früher den Titel „Neu" trug, mit den beiden Registern „Allgemein" und „Datenbanken".

Der Aufgabenbereich „Suchen" ist in die beiden Teile „Einfache Suche" und „Weitere Suchoptionen" aufgeteilt, wobei immer nur ein Teil sichtbar ist. Über den Menüpunkt unter der Überschrift „Siehe auch" können Sie zwischen den beiden Teilen wechseln. Im Teil „Einfache Suche" können Sie den zu suchenden Text eingeben, die Datentypen und den Suchort bestimmen. Über den Befehl SUCHOPTIONEN können Sie den Indexdienst aktivieren. Dadurch werden die Dateien auf Ihrem PC indiziert und die Suche kann schneller erfolgen.

Der Teil „Weitere Suchoptionen" ist für genauere Angaben für die Suche zuständig. Aus einer Vielzahl von Möglichkeiten können Sie wählen, nach welchem Element gesucht werden soll. Dies kann zum Beispiel der Autor, die Anzahl der Zeichen oder der Text selber sein. Mehrere Sucheigenschaften können mit „oder" und „und" kombiniert werden.

Die Zwischenablage von Microsoft Office kann bis zu 24 unterschiedliche Elemente aufnehmen. Dies können unter anderem Texte, Bilder und Access-Tabellen sein. Im Aufgabenbereich „Zwischenablage" werden die einzelnen Elemente auszugsweise dargestellt und mit einem kleinem Symbol versehen. In der Titelzeile steht die aktuelle Anzahl der Elemente in der Zwischenablage. Um zum Beispiel einen Text in ein Tabellenfeld einzufügen, setzen Sie den Cursor in dieses Feld und klicken dann das gewünschte Element im Aufgabenbereich an.

Hinweis: Diesen Aufgabenbereich können Sie sich jederzeit über den Menüpunkt OFFICE ZWISCHENABLAGE im Menü BEARBEITEN anzeigen lassen.

Quick-Infos nun auch im Datenbank-Fenster

Nicht nur die Symbole in den Symbolleisten, sondern auch verschiedene Datenbankobjekte im Datenbank-Fenster besitzen nun kurze Beschreibungen, wenn Sie den Mauszeiger auf das Objekt legen.

- Bei einer verknüpften Tabelle wird der vollständige Pfad der Originaldatei beziehungsweise bei ODBC-Verknüpfungen der „Connection"-String angezeigt.

- Bei Anfügeabfragen erscheint der Name der Tabelle, an die Datensätze aus einer anderen Tabelle hinzugefügt werden sollen.

- Bei Tabellenerstellungsabfragen sehen Sie den Namen der neuen Tabelle, die über diese Abfrage erzeugt wird. Falls diese Tabelle in eine andere Datenbank gespeichert werden soll, erscheint auch der Name dieser Datenbank.

- Bei Berichten wird der Name des Druckers angezeigt, für den der Bericht ursprünglich erstellt wurde.

Hilfe mit einem bestimmten Thema aufrufen

In den beiden letzten Versionen gab es den Office-Assistenten, der zwar ganz nett zum Ansehen, doch bei nicht ganz neuen Rechnern recht langsam war. Um zu einem bestimmten Thema in der Hilfe zu gelangen, konnte man in Form einer Sprechblase eine Frage eingeben. In der neuesten Access-Version benötigen Sie dazu keinen Assistenten mehr. Sie finden stattdessen rechts außen in der Menüzeile ein kleines Kombinationsfeld, in das Sie Ihre kurze Frage schreiben oder eventuell aus der Liste auswählen können. Nach Drücken der <Enter>-Taste erscheint eine Liste mit verwandten Themen. Sie brauchen nur noch eine dieser Optionen anzuklicken, damit die Hilfe gestartet und zum Thema verzweigt wird. Die Hilfe wird dabei nicht als Vollbild, sondern als schmales Fenster dargestellt.

Fehlerbehebung

Wenn Sie feststellen, dass Access nicht mehr richtig funktioniert, nachdem Sie viele benutzerdefinierte Einstellungen vorgenommen haben, können Sie diese Einstellungen über einen Befehl zurücksetzen. Im ?-Menü finden Sie dazu den Menüpunkt ERKENNEN UND REPARIEREN. Im darauf folgenden Dialogfeld müssen Sie dann noch das Kontrollkästchen „Benutzerdefinierte Einstellungen verwerfen und Standardeinstellungen wiederherstellen" aktivieren. Folgende Optionen werden unter anderem wieder in den Zustand gebracht, wie er direkt nach der Installation war:

* Die Position und die Inhalte der Menü- und Symbolleisten

* Die Größe der verschiedenen Fenster in Access

* Die Namen der zuletzt benutzten Datenbanken werden aus dem Menü DATEI gelöscht.

Mit dieser Maßnahme kann erreicht werden, dass defekte Registrierungseinstellungen korrigiert werden. Daten in Tabellen, Abfragen oder Indizes werden bei diesem Vorgang jedoch nicht wiederhergestellt. Es ist also kein Reparieren, wie Sie es von der Access-Datenbank her kennen.

Falls der Menüpunkt für den Aufruf der Anwendung im Menü PROGRAMME nicht mehr funktioniert oder gar nicht mehr existiert, können Sie dies über ein zweites Kontrollkästchen korrigieren. Diese Office-Fähigkeit des Erkennens und Reparierens gibt es bereits in der Office 2000-Version, sie ist jedoch noch wenig bekannt.

Während der Arbeit mit einer Access-Datenbank kann es schon einmal passieren, dass sich Access aufgrund eines schwerwiegenden Fehlers plötzlich beendet. Beim Neustart von Access legt Access zuerst eine Kopie der zuletzt geöffneten Datenbank an. Der Name der Kopie setzt sich aus dem Namen der Datenbank und dem Wort „Backup" zusammen. Danach versucht Access, die Originaldatenbank zu reparieren.

Für alle Office-Programme existiert der Microsoft Office Problem-Manager, der im Englischen als „Office Watson" bezeichnet wird. Diesen Manager rufen Sie über einen Menüpunkt in der Programmgruppe MICROSOFT OFFICE TOOLS auf. Über ihn können Sie versuchen, die Anwendung erneut zu starten beziehungsweise definitiv zu beenden. Der Problem-Manager generiert zudem einen Problembericht, der an die eigene Support-Abteilung oder an Microsoft zur weiteren Bearbeitung gesendet werden kann.

Sicherheitszonen für Remote-Datenbanken

Access benutzt die Sicherheitszonen des Internet Explorers, um zu entscheiden, ob eine Remote-Datenbank geöffnet werden darf. Access erlaubt nur Datenbanken zu öffnen, die den Zonen „Lokales Intranet" oder „Vertrauenswürdige Sites" zugeordnet sind.

Der Microsoft Internet Explorer kennt vier Sicherheitszonen, die standardmäßig verschiedene Einstellungen und Sicherheitsstufen besitzen. Jedem Anwender wird eine Sicherheitszone zugeordnet, die in seinem Benutzerprofil gespeichert wird.

* „Internet" mit der Sicherheitsstufe „Mittel": Alle Elemente, die nicht auf dem eigenen PC oder im Intranet abgelegt sind.

* „Lokales Intranet" mit der Sicherheitsstufe „Mittel": Lokale Intranetsites wie „http://UnserWeb" und Netzwerkpfade wie „\\ Server\Pfad".

- „Vertrauenswürdige Sites" mit der Sicherheitsstufe „Sehr niedrig": Alle Sites, die Sie als vertrauenswürdig, also als unbedenklich für Ihren PC ansehen, können Sie dieser Zone zuweisen.

- „Eingeschränkte Sites" mit der Sicherheitsstufe „Hoch": Alle Sites, von denen Sie nicht genau wissen, ob Sie sie ohne Gefahr für Ihren PC runterladen und ausführen können.

Im Internet Explorer finden Sie die vier Sicherheitszonen, wenn Sie im Menü EXTRAS den Menüpunkt INTERNETOPTIONEN aufrufen und im daraufhin angezeigten Dialogfeld das Register „Sicherheit" anklicken.

Hinweis: Alle Dateien, die auf Ihrem PC gespeichert sind, werden standardmäßig in die Kategorie „sehr sicher" eingeordnet.

Erweiterungen im Dialogfeld „Optionen"

Auf dem Register „Allgemein" befindet sich das Kontrollkästchen „Persönliche Daten entfernen". Wenn Sie es aktivieren, werden bestimmte Informationen, die Sie zu einem früheren Zeitpunkt eingetragen haben, aus dem Dialogfeld der Datenbankeigenschaften entfernt. Darunter fällt zum Beispiel der Name des Autors.

Das „Optionen"-Dialogfeld besitzt nun auch ein Register für die Rechtschreibung. Die verschiedenen Einstellungsmöglichkeiten kennen Sie wahrscheinlich schon von Word. So können Sie die Sprache und das Benutzerwörterbuch wählen und auch bestimmen, dass die neuen Rechtschreiberegeln berücksichtigt werden.

Das Register „International" hilft Ihnen dabei, grundsätzliche Einstellungen für die gewünschte Arbeitsweise vorzunehmen. Standardmäßig sind die Optionen auf europäische und nordamerikanische Anwender ausgerichtet. Dies bedeutet, dass neue Objekte von links nach rechts angeordnet werden, zum Beispiel eine weitere Spalte in einer Tabelle, und dass sich der Cursor von links nach rechts durch den Text bewegt. Für die Verwendung von Access in arabischen und anderen Ländern können diese Einstellungen geändert werden.

Auf dem Register „Seiten" finden Sie Voreinstellungen für Designereigenschaften von verschiedenen Bereichen der Datenzugriffsseiten. In den beiden Stil-Textfeldern für den Beschriftungs- und für den Fußbereich werden verschiedene Schlüsselworte mit einem Farbnamen oder einer Schriftarteigenschaft genannt.

BACKGROUND-COLOR: steelblue; COLOR: white; FONT-WEIGHT: bold

Außerdem können Sie auf diesem Register noch jeweils einen Standardordner für die Datenzugriffsseiten und für die Verbindungsdatei vorgeben.

Verschiedenes

Im Entwurf aller Datenbankobjekte ist nun ein mehrmaliges Rückgängig und Wiederholen möglich. Wenn Sie zum Beispiel in einer Tabelle ein Feld hinzugefügt, dessen Datentyp geändert und zwei Eigenschaften gesetzt haben, können Sie all diese Aktionen wieder schrittweise zurücknehmen. Dies gilt jedoch nur für die Entwurfs- und nicht für die Datenansichten.

Alle Datenbankobjekte, die bisher die Daten als Datenblattansicht darstellen konnten, können nun zusätzlich auch die PivotTable- oder die PivotChart-Ansicht zur Datenanzeige einsetzen.

Dies gilt für Tabellen, Abfragen, Formulare (einschließlich Unterformulare) und bei Access-Projektdateien auch für Sichten und gespeicherte Prozeduren. Das Symbol „Ansicht" links außen in der Symbolleiste besitzt dazu die beiden neuen Einträge „PivotTable-Ansicht" und „PivotChart-Ansicht".

Um eine neue Arbeitsgruppen-Informationsdatei zu erstellen, benötigen Sie nun nicht mehr explizit das Programm „Wrkgadm.exe". Stattdessen finden Sie im Untermenü SICHERHEIT den neuen Menüpunkt ARBEITSGRUPPENADMINISTRATOR. Nach Sie sich an eine andere „System.mdw" angeschlossen haben, sollten Sie Access schließen und erneut starten.

Wenn auf Ihrem PC als Betriebssystem Windows 2000 mit Active Directory eingesetzt wird, können Sie über das Dialogfeld „Drucken" auch einen Drucker auswählen, der sich irgendwo im Netzwerk befindet.

Neuerungen bei dem Datenbankobjekt „Tabelle"

Tabellenfelder vom Datentyp „Text" besitzen die beiden neuen Eigenschaften „IME-Modus" und „IME-Satzmodus". Die erstgenannte Eigenschaft gilt für die japanische Version, die andere Eigenschaft für die übrigen ostasiatischen Länder (China, Korea). Über beide Eigenschaften kann das Verhalten des Eingabemethoden-Editors gesteuert werden. Dieser Editor wandelt mehrere Tastenfolgen in komplexe asiatische Schriftzeichen um. Die Abkürzung „IME" steht für „Input Method Editor".

Neuerungen bei dem Datenbankobjekt „Abfrage"

Bis jetzt hat sich leider die SQL-Syntax von Access in mehreren Punkten von der ANSI-92-SQL-Syntax und somit auch von der SQL-Syntax des MS SQL Server unterschieden. Damit dies nicht mehr der Fall ist, gibt es im Dialogfeld „Optionen" auf dem Register „Tabellen/Abfragen" den Bereich „SQL Server-kompatible Syntax (ANSI 92)". Wenn Sie in diesem Bereich das Kontrollkästchen „In dieser Datenbank benutzen" einschalten, wird beim Ausführen jeder Abfrage überprüft, ob sie der ANSI-92-SQL-Syntax entspricht. Falls eine nicht kompatible Syntax gefunden wird, entsteht ein Fehler.

Auf diese Weise können Sie erreichen, dass Sie den SQL-Code zwischen Access und dem MS SQL Server einfach austauschen können. Beachten Sie aber, dass früher funktionierende Abfragen möglicherweise nicht mehr lauffähig sind. Alle Abfragen, die in Kriterien Platzhalter wie den Stern (*) oder das Fragezeichen (?) verwenden, müssen zum Beispiel angepasst werden.

Diese möglichen Probleme werden Ihnen auch mitgeteilt, wenn Sie im Dialogfeld „Optionen" die Schaltfläche „Übernehmen" oder „OK" drücken. Sie sollten deswegen nach der Aktivierung dieses Kontrollkästchens alle existierenden Abfragen erneut testen. Damit die zukünftigen Datenbanken automatisch Abfragen mit der ANSI-92-SQL-Syntax erstellen, klicken Sie das Kontrollkästchen „Standard für neue Datenbanken" an.

Wenn Sie in einer Access-Projektdatei die Platzhalterzeichen Stern (*) und Fragezeichen (?) bei einem Kriterium schreiben, werden diese Zeichen automatisch in das Prozentzeichen (%) beziehungsweise den Unterstrich (_) umgewandelt.

Formular- und Berichts-Eigenschaften

Im Eigenschaftenfenster finden Sie unter der Titelzeile ein Kombinationsfeld, in dem alle Objekte dieses Formulars oder Berichts stehen. Durch Auswahl eines Objektes werden sofort dessen Eigenschaften angezeigt. Sie brauchen somit nicht mehr zuerst das Objekt im Entwurf zu selektieren.

Wenn Sie ein Hauptformular im Entwurf geöffnet haben, gibt es im Menü ANSICHT den Menüpunkt UNTERFORMULAR IN NEUEM FENSTER. Über ihn kann auf schnelle Weise das Unterformular in einem eigenen Fenster dargestellt werden, um Änderungen übersichtlicher durchzuführen. Diese Möglichkeit gilt auch für Haupt-/Unterberichte.

Wenn Sie dem Anwender nicht erlauben wollen, dass er ein Formular oder einen Bericht verschiebt, setzen Sie die Formular- oder Berichtseigenschaft „Verschiebbar" auf „Nein".

Tastenkombinationen im Formular und Bericht

Nun ist es auch möglich, zwischen den verschiedenen Ansichten eines Formulars oder eines Berichts mit einer Tastenkombination zu wechseln. Wenn das Formular oder der Bericht in einer beliebigen Ansicht geöffnet ist, können Sie über die drei Tasten <Strg> + <+> + <.> beim Bericht zwischen zwei und beim Formular zwischen fünf Ansichten durchschalten. Beim Formular wird dabei immer die in der Liste „Ansicht" nächste Ansicht verwendet.

In der Entwurfsansicht des Formulars oder Berichts kann über die <F8>-Taste die Feldliste schnell eingeblendet werden. Die einzelnen Felder müssen Sie nicht mehr mit Drag'n' Drop aus der Feldliste ziehen, sondern es reicht ein einfaches Markieren des gewünschten Felds und das Drücken der <Enter>-Taste aus.

Das Eigenschaftenfenster können Sie in der Entwurfsansicht schnell über die Funktionstaste <F4> aufrufen. Es werden dann die Eigenschaften des derzeit markierten Objekts angezeigt.

Wenn Sie in der Entwurfsansicht des Formulars oder des Berichts <F7> drücken, werden je nach Situation unterschiedliche Fenster aufgerufen. Sie erhalten häufig das kleine Fenster „Generator auswählen", über das Sie den Ausdrucks-, Makro- oder Code-Generator starten können. Falls Sie jedoch den Cursor zuerst im Eigenschaftenfenster auf eine Ereignis-Eigenschaft stellen, wird direkt in die VBA-Entwicklungsumgebung verzweigt. Ist ein Objekt wie eine Befehlsschaltfläche markiert, bei dem eine Ereignis-Eigenschaft mit einer Funktion verbunden ist, wird der Ausdrucks-Generator aktiviert.

Wenn Sie derzeit in der VBA-Entwicklungsumgebung arbeiten und schnell nach Access zurück verzweigen wollen, brauchen Sie nur die Tastenkombination <Umschalt> + <F7> zu drücken. Das zuletzt markierte Objekt im Formular beziehungsweise Bericht ist immer noch selektiert.

Spezielle Formular-Eigenschaften

Das Formular besitzt aufgrund der Möglichkeit, dass es auch als PivotTable oder als Pivot-Chart angezeigt werden kann, viele neue Ereignis-Eigenschaften wie „Beim Verbinden" oder „Bei Datengruppenänderung". Möchten Sie diese beiden Ansichten nicht zulassen, setzen Sie die Eigenschaften „PivotTable-Ansicht zulassen" und „PivotChart-Ansicht zulassen" auf „Nein".

Da heutzutage viele Mäuse zwischen der linken und rechten Maustaste ein kleines Rad zum Blättern durch Dokumente besitzen, ist eine neue Maus-Ereignis-Eigenschaft für das Formular hinzugekommen. Sie heißt „Bei Mausrad" und entsteht, sobald der Benutzer das Rad der Maus verwendet.

Normalerweise werden die Standardwerte, die bei Feldern in der Tabelle festgelegt wurden, automatisch im Formular für jeden neuen Datensatz angezeigt. Wenn Sie dies nicht möchten, stellen Sie die Formular-Eigenschaft „Standardwerte abrufen" auf den Wert „Nein".

Nicht nur im „Optionen"-Dialogfeld, sondern auch als Eigenschaft im Formular können Sie die Anzeigeorientierung festlegen. Die Eigenschaft „Orientierung" kann die Optionen „Von links nach rechts" und „Von rechts nach links" annehmen.

Steuerelement-Eigenschaften

Das Textfeld, das Kombinationsfeld und auch das Formular selber besitzen die beiden neuen Ereignis-Eigenschaften „Bei Geändert" und „Bei Rückgängig". Das zur erstgenannten Eigenschaft gehörende Ereignis „Dirty" entsteht, wenn sich der Inhalt des Steuerelements ändert. In der Reihenfolge der Ereignisse steht das „Dirty"-Ereignis zwischen dem „BeforeInsert"- und dem „KeyUp"-Ereignis. Wird auf dieses Ereignis mit einer Ereignisprozedur reagiert, kann es über das Argument „Cancel" abgebrochen werden. Dieser Abbruch entspricht bei der Bedienung durch einen Anwender dem Drücken der <Esc>-Taste.

Wenn der Benutzer eine Eingabe über die <Esc>-Taste oder den Menüpunkt RÜCKGÄNGIG wieder zurücknehmen will, tritt das „Undo"-Ereignis ein. Auch die Ereignisprozedur für dieses Ereignis verfügt über das Argument „Cancel". Durch das Setzen des Arguments auf „True" bleibt der Inhalt im Steuerelement stehen und wird nicht rückgängig gemacht.

Spezielles zu Berichten

Bis einschließlich Access 2000 war es nur möglich, Berichte zu erstellen, wenn ein Drucker auf Ihrem PC installiert war. Dies war manchmal lästig, wenn man nur eine Testumgebung ohne Drucker besaß. In Access 2002 können Sie nun auch Berichte generieren, ohne dass ein Drucker installiert sein muss.

Es gibt mehrere neue Berichts-Eigenschaften, die Sie wahrscheinlich schon von den Formularen kennen: „Größe anpassen", „Automatisch zentrieren", „Popup", „Gebunden", „Rahmenart", „MitSystemmenüfeld", „MinMaxSchaltflächen" und „SchließenSchaltfläche". Mit all diesen Eigenschaften kann das Aussehen des Berichts verändert werden.

In der Seitenansicht eines Berichts können Sie nun zwei weitere Einstellungen aus dem „Zoom"-Kombinationsfeld wählen: „500%" und „1000%". Beide stellen sehr starke Vergrößerungen dar.

Datenzugriffsseiten

Wenn Sie eine neue Datenzugriffsseite erstellen und über die Feldliste eine Tabelle in den Entwurf ziehen, erscheint der Layout-Assistent. Über ihn legen Sie fest, wie die einzelnen Tabellenfelder in der neuen Seite angeordnet werden sollen.

Neben der Feldliste existiert im Entwurf einer Seite die Datengliederung, die die Struktur des Datenmodells dieser Datenzugriffsseite zeigt. Im Gegensatz zu der bekannten Feldliste stehen in der Datengliederung nur die Datenquellen, Steuerelemente und berechneten Felder dieser Seite. Über verschiedene Symbole können Sie schnell erkennen, ob es sich um Primärschlüssel-, Daten-, Aggregat- oder berechnete Felder handelt.

Datenzugriffsseiten können in einem Access-Projekt offline geschaltet werden. Dies bedeutet, dass die Seite und die dort dargestellten Daten auf Ihrem PC gespeichert werden. Handelt es sich zum Beispiel bei Ihrem PC um ein Notebook, können Sie sich auf diese Weise die Datenzugriffsseite mit Daten auch ohne die Access-Datenbank ansehen. Im Internet Explorer der Version 5 oder höher öffnen Sie dazu die Seite und fügen Sie sie den Favoriten hinzu. Hierbei schalten Sie die Option „Offlinezugriff ermöglichen" ein. Nachdem die Verbindung zum MS SQL Server wiederhergestellt ist, können die Daten automatisch synchronisiert werden.

Falls Sie persönliche Informationen aus einer Datenzugriffsseite entfernen wollen, öffnen Sie diese Seite im Entwurf und blenden das Eigenschaftenfenster mit den Eigenschaften der Seite ein. Den dazu notwendigen Menüpunkt SEITENEIGENSCHAFTEN finden Sie im Kontextmenü. Stellen Sie auf dem Register „Andere" die Eigenschaft „RemovePersonalInfo" auf „Wahr" ein.

Datenaustausch über XML

Die drei Buchstaben „XML" stehen für „Extensible Markup Language". Diese Sprache wird immer mehr eingesetzt, um Daten zwischen dem Web und verschiedenen Anwendungen auszutauschen. Über die Exportfunktion von Access ist es möglich, Daten als XML-Dokument aufzubereiten.

Daneben kann beim Exportieren zusätzlich festgelegt werden, dass auch ein XML-Schema und ein XSL-Stylesheet generiert werden. Da ein XML-Dokument nur die Daten, aber keine Formatierungen enthält, wird ein Stylesheet zur Darstellung zum Beispiel im Browser benötigt. Ein XML-Schema beschreibt die Struktur der Daten.

Natürlich können Sie auch XML-Dokumente und Schema-Dateien, die von einem anderen Programm erstellt wurden, in Access als Tabelle importieren. Der Im- und Export sind bei Access immer möglich, egal ob als „Data Engine" die „Jet" oder die MSDE eingesetzt wird.

Mit der Methode „ExportXML" des „Application"-Objektes können Sie per VBA Daten als XML-Dokument ablegen. Wenn Sie ein Datenblatt, ein Formular oder einen Bericht mit dieser Methode exportieren, wird neben der XML-Datendatei standardmäßig eine „ReportML"-Datei angelegt, deren Namen sich aus dem Objektnamen und durch Unterstrich getrennt dem Wort „Report" zusammensetzt, zum Beispiel „Mitarbeiter_report.xml". Da die auf diese Weise umgewandelten Datenbankobjekte in XML definiert sind, können sie anschließend in anderen Anwendungen dargestellt werden. Ein Access-Bericht kann somit im Browser genauso angezeigt und ausgedruckt werden, wie er in Access erscheint.

Damit dies möglich ist, wird die „ReportML"-Sprache verwendet. Sie ist eine XML-basierte „Markup Language", die Datenblätter, Formulare und Berichte mithilfe von speziellen Tags als wohlgeformte XML-Datei beschreiben kann.

Neben der Methode „ExportXML" existiert natürlich auch noch die Methode „ImportXML", um XML-Daten zu importieren.

Access in Verbindung mit MS SQL Server-Datenbanken

Die Zusammenarbeit von Access 2000 und dem MS SQL Server 97 hat schon recht gut geklappt. Wenn Sie nun ein Access 2002-Projekt bezogen auf eine MS SQL Server 2000-Datenbank erstellen, gibt es zahlreiche Erweiterungen, die nachfolgend kurz beschrieben werden.

In einem Access 2002-Projekt können Sie mehrere Möglichkeiten einsetzen, die Sie bisher nur von einer Access-Datenbank gekannt haben.

- Die Entwurfsansicht einer MS SQL Server-Tabelle, die Sie in einem Access-Projekt definieren, besitzt nun größere Ähnlichkeiten zu der Entwurfsansicht einer Access-Tabelle. Im unteren Fensterbereich werden einige Feldeigenschaften wie „Standardwert", „Format" und „Eingabeformat" angezeigt.

- Bei dem Datentyp „datetime" können Sie wie gewohnt aus einer Liste das gewünschte Datumsformat wählen. Auch der Eingabeformat-Assistent kann nun in einem Access-Projekt verwendet werden.

- Sie können sogar Nachschlagespalten implementieren. Der einzige Unterschied zu einer Access-Tabelle besteht darin, dass Sie die Eigenschaften im Register „Nachschlagen" selber setzen müssen. Den Nachschlageassistenten gibt es nämlich nicht.

- Bei einer Tabelle, die die 1-Seite einer 1:N-Beziehung darstellt, können die Datensätze der Tabelle der N-Seite als Unterdatenblatt dargestellt werden.

- Das Eigenschaftenfenster der Tabelle bietet neben den vom MS SQL Server bekannten Registern wie „Beziehungen" und „Indizes/Schlüssel" das zusätzliche Register „Daten". Hier finden Sie Access-spezifische Einstellungen wie „Filter", „Standardansicht" und „Unterdatenblatt erweitert".

- Wenn Sie in der Datenblattansicht die Spaltenbreite oder die Zeilenhöhe ändern, werden Sie jetzt genauso wie bei einer Access-Tabelle gefragt, ob die Änderungen am Layout gespeichert werden sollen.

- Auch in einem Access-Projekt ist es möglich, eine Datenblattansicht als PivotTable oder als PivotChart darzustellen.

Gespeicherte Prozeduren sind im Datenbankfenster nicht mehr in einer eigenen Gruppe zusammengefasst, sondern befinden sich wie die Sichten und die benutzerdefinierten Funktionen, die im MS SQL Server 2000 neu sind, in der Gruppe „Abfragen". Am Symbol der einzelnen Objekte können Sie erkennen, um welchen Objekttyp es sich handelt.

In einem Access 2002-Projekt gibt es nicht mehr das Untermenü REPLIKATION und auch nicht mehr den Menüpunkt DATENBANKSICHERHEIT im Untermenü SICHERHEIT. Die Datenbank können Sie nun nur noch mithilfe des MS SQL Server 2000 Enterprise Manager oder programmtechnisch replizieren. Die Absicherung einer Datenbank eines Access-Projekts erfolgt ebenso über dieses Verwaltungstool oder mit den SQL-Anweisungen GRANT, REVOKE und DENY.

Das Untermenü DATENBANK-DIENSTPROGRAMME im Menü EXTRAS besitzt zwei neue Menüpunkte. Mit dem Befehl DATENBANK ÜBERTRAGEN können Sie eine MS SQL Server-Datenbank auf einen anderen PC mit installiertem MS SQL Server transferieren. Der Menüpunkt DATENBANKDATEI KOPIEREN trennt die aktuelle MS SQL Server-Datenbank vom Access-Projekt, kopiert diese Datenbank und stellt die Verbindung wieder her.

Neue Aktionen für Makros

Access 2002 besitzt drei neue Aktionen für Makros, die es natürlich auch als Methoden des Objekts „DoCmd" gibt.

- Die Aktion „KopierenDatenbankdatei" („CopyDatabaseFile") kann in einem Access-Projekt eingesetzt werden, um die MS SQL Server-Datenbank, mit der das Projekt verbunden ist, in eine neue MS SQL Server-Datenbank zu kopieren. Während des Kopiervorgangs dürfen keine weiteren Benutzer auf die Datenbank zugreifen, und es darf nur das Datenbankfenster geöffnet sein. Der Anwender, der diesen Vorgang auslöst, muss die Berechtigungen des Systemadministrators für den MS SQL Server besitzen. Diese Aktion ist mit dem Menüpunkt DATENBANKDATEI KOPIEREN gleichzusetzen.
- Mit der Aktion „TransferSQLDatenbank" („TransferSQLDatabase") können Sie eine gesamte MS SQL Server-Datenbank von einem MS SQL Server auf einen anderen MS SQL Server übertragen. Dabei können Sie unter anderem festlegen, ob nur die Struktur, das heißt das Datenbankschema, oder auch die Daten kopiert werden sollen. Diese Aktion kann nur für den MS SQL Server der Version 7.0 oder 2000 eingesetzt werden. Damit die Aktion nicht mit einem Fehler abgebrochen wird, darf die Datenbank noch nicht auf dem Zielserver existieren, und der Benutzer muss über Berechtigungen des Systemadministrators verfügen. Ein Transfer kann auch mit dem Menüpunkt DATENBANK ÜBERTRAGEN erreicht werden.
- Im MS SQL Server 2000 können auch eigene Funktionen erstellt werden. Um eine solche Funktion in einem Access-Projekt zu öffnen, benötigen Sie die Aktion „ÖffnenFunktion" („OpenFunction"). Wie auch bei den übrigen „Öffnen"-Aktionen können Sie angeben, in welcher Ansicht das Objekt geöffnet werden soll.

Neuerungen bei VBA

Bei Bedarf können Sie bei einer benutzerdefinierten Installation von den meisten Microsoft Office-Programmen die Fähigkeit, mit Visual Basic for Application Prozeduren zu erstellen, komplett deaktivieren. Nur bei Access ist dies nicht möglich. Access benötigt nämlich selber VBA, um lauffähig zu sein.

Die neue Auflistung „AllFunctions" fasst alle „AccessObject"-Objekte zusammen, die in einer MS SQL Server-Datenbank jeweils eine Funktion repräsentieren, die durch die „CurrentData" und „CodeData"-Objekte bestimmt sind.

Das Objekt „FileSearch" besitzt einige neue Auflistungen. So gibt es nun die „SearchFolders"-Kollektion, die die Ordner bestimmt, die beim Aufruf der „Execute"-Methode durchsucht werden. Mit der Auflistung „FileTypes" legen Sie fest, welche Dateitypen von „Execute" zurückgeliefert werden. Die „SearchScopes"-Kollektion beinhaltet die verfügbaren lokalen und Netzwerk-Ressourcen, die durchsucht werden können.

Das Objekt „Application"

Das Objekt „Application" verfügt über mehrere neue Methoden:

- „ImportXML": Importiert Daten von XML- und XML-Schema-Dateien.

- „ExportXML": Exportiert Access-Daten in XML-, XSL-Stylesheets und XML-Schema-Dateien.

- „CompactRepair": Führt programmtechnisch ein Reparieren und Komprimieren der Datenbank durch.

- „ConvertAccessProject": Wandelt die angegebene Datenbank in eine andere Access-Version um.

- „CreateNewWorkgroupFile": Erstellt eine neue Arbeitsgruppen-Informationsdatei („System.mdw").

- „SetDefaultWorkgroupFile": Bestimmt die angegebene Datei als Standard- Arbeitsgruppen-Informationsdatei.

Neben den aufgelisteten Methoden besitzt das „Application"-Objekt auch einige zusätzliche Eigenschaften, die manchmal recht nützlich sein können:

- „BrokenReference": Gibt an, ob in der Datenbank nicht vorhandene Verweise auf Typ-Bibliotheken oder andere Datenbanken existieren.

- „Build": Enthält die Buildnummer der installierten Access-Version.

- „FileDialog": Enthält ein „FileDialog"-Objekt, mit dem die „Öffnen"- und „Speichern unter"-Dialogfelder realisiert werden können. Es ist somit kein spezielles ActiveX-Control mehr notwendig.

- „NewFileTaskPane": Liefert ein „NewFile"-Objekt, das eine Datei darstellt, die im Aufgabenbereich „Neue Datei" aufgeführt ist.

- „Printers"-Auflistung, die ein oder mehrere „Printer"-Objekte enthält.

- „Printer": Jedes „Printer"-Objekt steht für einen im System installierten Drucker. Auf diese Weise besitzen Entwickler die komplette Kontrolle über die Drucker und müssen nicht mehr umständlich über API-Funktionen auf Drucker zugreifen. Ein „Printer"-Objekt besitzt viele Eigenschaften wie „Copies" und „PaperSize", die Sie bereits aus dem „Drucken"-Dialogfeld kennen.

- „Version": Enthält die Versionsnummer der installierten Access-Version.

Methoden und Eigenschaften des Formulars, Berichts und der Steuerelemente

Die meisten Steuerelemente und auch das Formular besitzen die Methode „Move", mit der das Objekt an eine gewünschte Position verschoben werden kann. Die Einheit für die vier Argumente „Left", „Top", „Width" und „Height" lautet Twips. Nur das erste Argument muss besetzt werden, alle übrigen sind optional.

Wenn Sie bereits mit Visual Basic Programme geschrieben haben, kennen Sie bestimmt die beiden einfachen Methoden „AddItem" und „RemoveItem" für ein Listen- oder ein Kombinationsfeld. Diese zwei Methoden gibt es nun auch in Access-Formularen, wenn in der Eigenschaft „Herkunftstyp" des Steuerelements der Eintrag „Wertliste" steht.

Formulare und Berichte verfügen über die Eigenschaft „UseDefaultPrinter", die den Wert „True" enthält, wenn das Objekt mit dem Standarddrucker verbunden ist.

Um zu erfahren, wie weit ein Formular oder ein Bericht von der linken oberen Ecke des Access-Fensters entfernt liegt, können Sie die beiden Eigenschaften „WindowLeft" und „Win-
dowTop" einsetzen. Die Integerwerte sind in der Maßeinheit Twips gespeichert.

Das „Form"-Objekt besitzt die Eigenschaft „PivotTable", über die ein „PivotTable"-Objekt
eingestellt oder ausgelesen werden kann. Entsprechendes gilt für die „ChartSpace"-
Eigenschaft, die sich auf ein Objekt für den Diagrammbereich bezieht.

Die Eigenschaft „RecordSource" („Datenherkunft") von Formularen und Berichten kann nun
SQL-Zeichenketten aufnehmen, die aus bis zu 32000 Zeichen bestehen. Bis jetzt waren nur
bis zu 2000 Zeichen möglich.

1.3   Was ist neu an Access 2000?

Da viele Personen bis jetzt noch mit Access 97 arbeiten und dann gleich auf Access 2002
umsteigen, sollen an dieser Stelle die Neuigkeiten von Access 2000 kurz beschrieben werden.
Die zwei umfangreichsten Neuerungen in Access 2000 sind die direkte Verbindung zu einer
SQL-Server-Datenbank über Projekte und die Datenzugriffsseiten. Daneben gibt es natürlich
auch noch neue Objekte, Änderungen an dem Aussehen des Datenbankfensters und andere
Neuigkeiten, die nachfolgend aufgelistet sind.

Abwärtskompatibilität

Zum ersten Mal kann eine Access-Datenbank in eine Datenbank für eine frühere Version
umgewandelt werden. Das bedeutet, Access ist nun abwärtskompatibel zur Version 97. Dadurch wird es einfacher, die Datenbank mit anderen Benutzern zu teilen, die noch nicht die
neueste Version einsetzen.

Neue Hilfe

Die Hilfe-Anwendung hat sich geändert. Das Hilfefenster ist nun zweigeteilt. Im linken Bereich werden die verschiedenen Themen angezeigt. Wenn Sie ein Thema anklicken, erscheint
sein Inhalt im rechten Teil. Die Hilfe-Informationen stehen nun auch nicht mehr in Dateien
mit der Endung „hlp", sondern in CHM-Dateien, die HTML-Code enthalten. Um diese
HTML-Dateien   programmtechnisch   anzuzeigen,   benötigen   Sie   die   API-Funktion
„HTMLHelp".

Änderungen an Menü-/Symbolleisten

Die Menüs zeigen standardmäßig die am häufigsten benutzten Befehle an. Über eine dünne
Leiste, die am Ende des Menüs erscheint, können die weiteren Menüpunkte dieses Menüs
eingeblendet werden.

Jede integrierte Symbolleiste enthält einen Satz von Schaltflächen, wobei nicht immer alle
Schaltflächen sofort angezeigt werden. Die weiteren Schaltflächen können Sie durch einen
einfachen Mausklick sichtbar machen.

Änderungen am Aussehen

Das Dialogfeld „Öffnen" besitzt im linken Bereich eine senkrechte Leiste, über deren Symbole Sie schnell auf den Desktop, auf die Favoriten oder in den Ordner „Eigene Dateien" wech-

seln können. Oder Sie lassen sich den Verlauf anzeigen. Über einen Pfeil, der sich rechts von der Schaltfläche „Öffnen" befindet, können Sie angeben, ob Sie die Datenbank exklusiv oder schreibgeschützt öffnen möchten.

Das Datenbankfenster enthält nun keine Register mehr, sondern eine senkrechte Leiste, die Access-Leiste, mit den Symbolen der einzelnen Datenbankobjekttypen. Sie können Ihre Datenbankobjekte über Gruppen im Datenbank-Fenster verwalten. Neben der standardmäßigen Gruppe „Favoriten" können weitere Gruppen eingerichtet werden, die auch Objekte von verschiedenen Typen zusammenfassen können. Wenn Sie auf die Symbole „Tabellen", „Abfragen", „Formulare", „Berichte" und „Seiten" klicken, finden Sie bereits zwei oder drei Einträge in der Liste, auch wenn Sie noch kein Objekt erstellt haben. Über diese Einträge können Sie schnell den entsprechenden Assistenten starten oder direkt die Entwurfsansicht für das neue Objekt öffnen.

Um Daten zu suchen und zu ersetzen, verwenden Sie nur noch ein Dialogfeld, das die beiden Register „Suchen" und „Ersetzen" enthält. Sie brauchen das Dialogfeld nun auch nicht immer erst zu schließen, um selber Änderungen an den gefundenen Daten vorzunehmen. Genauso wie in Word kann das Dialogfeld dabei geöffnet bleiben und gibt nur den Fokus an das andere Fenster ab.

Erweiterungen im Dialogfeld „Optionen"

Im Register „Allgemein" können Sie festlegen, wie viele zuletzt geöffnete Datenbanken in der Dateiliste angezeigt werden. Wählen Sie einen Wert zwischen 0 und 9.

Damit die Datenbank nicht zu groß und langsam wird, wenn zum Beispiel viele Daten gelöscht werden, kann im Register „Allgemein" bestimmt werden, dass die aktuelle Datenbank beim Schließen automatisch komprimiert werden soll, wenn die Dateigröße dadurch um einiges verkleinert werden kann.

Über ein Kontrollkästchen im Register „Ansicht" bestimmen Sie, dass für jedes geöffnete Datenbankobjekt ein eigenes Symbol in der Taskleiste von Windows abgelegt wird. Im gleichen Register können Sie sich zudem entscheiden, ob die Datenbankobjekte über einen einfachen oder doppelten Klick auf ihren Namen im Datenbank-Fenster geöffnet werden sollen.

Wenn Sie in einer Tabelle einen Feldnamen ändern, kann diese Änderung automatisch in den anderen Datenbankobjekten, die sich auf dieses Objekt beziehen, übernommen werden. Dasselbe gilt für das Umbenennen von Tabellen. Im Register „Allgemein" finden Sie den Bereich „Objektnamen-AutoKorrektur", in dem Sie festlegen, ob eine automatische Übernahme des neuen Namens erfolgen soll.

Unicode-Unterstützung

Access 2000 unterstützt Unicode. Dadurch wird es um einiges einfacher, Anwendungen für verschiedene Landessprachen zu entwickeln. Im Gegensatz zum ASCII-Zeichensatz wird beim Unicode jedes Zeichen in zwei Bytes und nicht mehr in einem Byte gespeichert.

Neuerungen bei den Datenbankobjekten „Tabelle" und „Abfrage"

Die drei Datentypen „Text", „Memo" und „Hyperlink" besitzen eine neue Eigenschaft, die „Unicode-Kompression" heißt. Wenn dieser Wert auf „Ja" steht, wird die Komprimierung der Unicode-Zeichen zugelassen.

In der Datenblattansicht einer Tabelle können Unterdatenblätter eingeblendet werden, um die hierarchischen Daten im Überblick darzustellen. Dafür müssen die Tabellen über eine 1:n-Beziehung miteinander verbunden sein. In der Datenblattansicht der Tabelle der 1-Seite finden Sie dann in der ersten Spalte ein Pluszeichen eingeblendet. Wenn Sie dieses anklicken, werden alle Datensätze der Tabelle der n-Seite angezeigt, die sich auf den markierten Satz in der Mastertabelle beziehen.

Damit ein Unterdatenblatt in einer Abfrage angezeigt wird, müssen Sie die drei Abfrage-Eigenschaften „Unterdatenblatt Name", „Verknüpfen von" und „Verknüpfen nach" selber besetzen.

Eine Tabelle oder Abfrage können Sie als Formular, Bericht oder als Datenzugriffsseite speichern, wenn Sie den Menüpunkt SPEICHERN UNTER im Menü DATEI oder im Kontextmenü wählen. Das Ergebnis ist dasselbe wie bei der Wahl eines AutoFormulars, AutoBerichts oder einer AutoSeite.

Beziehungen drucken

Beziehungen werden im Beziehungsfenster über Feldlisten und Linien angezeigt. Diese Darstellung kann nun auch ausgedruckt werden, um einen besseren Überblick besonders bei großen Datenbanken zu erhalten. Bei geöffnetem Beziehungsfenster rufen Sie den Menüpunkt BEZIEHUNGEN DRUCKEN im Menü DATEI auf.

Neuerungen bei den Datenbankobjekten „Formular" und „Bericht"

Das Textfeld und das Beschriftungsfeld in Formularen besitzen die vier neuen Eigenschaften „Linker Rand", „Unterer Rand", Rechter Rand", Oberer Rand", die den Abstand des Textes vom Rand des Steuerelements definieren. Standardmäßig sind alle vier Eigenschaften auf den Wert „0 cm" eingestellt. Die neue Eigenschaft „Zeilenabstand" legt außerdem bei beiden Steuerelementen fest, wie groß der Zeilenabstand des Textes im Feld ist.

Das Formular verfügt über die neue Eigenschaft „Entwurfsänderungen zulassen", die die beiden Einträge „Alle Ansichten" und „Nur Entwurfsansicht" enthält. Wenn Sie die erstgenannte Option eintragen, können Sie auch in der Formularansicht viele Layout-Eigenschaften der Steuerelemente ändern, zum Beispiel die Textfarbe, die Rahmenart und die Textausrichtung.

Das Formular besitzt außerdem ein neues Ereignis, das „BeiÄnderung" heißt. Es entsteht, sobald in einem gebundenen Formular der Inhalt eines Textfelds oder Kombinationsfelds geändert wird, oder wenn bei einem Register-Steuerelement auf eine andere Seite verzweigt wird.

Wenn Sie ein AutoFormular über eine Tabelle erstellen, die die 1-Seite einer 1:n-Beziehung darstellt, legt Access automatisch ein Haupt-/Unterformular an. Das Unterformular ist in diesem Fall kein wirkliches Formular, sondern direkt die Tabelle der n-Seite.

Haupt-/Unterformulare können Sie wie bisher erstellen, indem Sie das Unterformular über Drag&Drop in die Entwurfsansicht des Hauptformulars ziehen. In diesem Fall steht anschließend in der Entwurfsansicht des Hauptformulars nicht nur ein Platzhalter für das Unterformular, sondern das Unterformular in seiner Entwurfsansicht.

Damit Berichte mit anderen Personen, die kein Access auf ihrem PC installiert haben, ausgetauscht werden können, können Sie den Bericht als Snapshot ablegen. Die dadurch erzeugte Datei kann anschließend mit dem Snapshot-Viewer, einem ActiveX-Control, angesehen werden.

Mehrere Steuerelemente in einem Formular oder einem Bericht können zu einer Gruppe zusammengefasst werden. Auf diese Weise ist es einfacher, Formulare und Berichte optisch ansprechend zu entwerfen.

Abhängig vom aktuellen Wert in einem Feld können Sie in einem Formular oder einem Bericht bestimmen, wie das Format für dieses Feld aussehen soll. Damit kann unter anderem der Kunde, der letzten Monat am meisten bestellt hat, einen Extra-Text in seinem Bericht bekommen. Die bedingte Formatierung kann auch bei negativen, positiven Zahlen oder bei Werten, die in einem bestimmten Bereich liegen, eingesetzt werden.

Auf Daten anderer Programme zugreifen

Mithilfe eines Assistenten können Daten aus Microsoft Outlook oder dem Microsoft Exchange Server nach Access importiert oder verknüpft werden. Auf diese Weise können Sie zum Beispiel die Adressen der Kontakte, die Sie in Outlook angelegt haben, leicht in Ihrer Access-Datenbank verwenden.

Sie können nicht nur Datenbankdateien in Access öffnen. Wenn Sie zum Beispiel im „Öffnen"-Dialogfeld eine TXT-Datei auswählen, wird eine neue Datenbank angelegt. Außerdem wird der Textverknüpfungs-Assistent gestartet, der die Textdatei in eine verknüpfte Tabelle umwandelt. Dies funktioniert auch mit anderen Formaten wie Tabellenkalkulations-, dBase- und Paradox-Formaten. Natürlich müssen die Daten in diesen Dateien in einer Tabellenstruktur vorliegen.

Absicherung der Datenbank

Mit dem bisherigen Benutzer-Datensicherheits-Assistent konnten Sie nur eine neue gesicherte Datenbank anlegen. In Access 2000 kann dieser verbesserte Assistent viel mehr. Er führt Sie Schritt für Schritt durch die gesamte Absicherung der Daten, einschließlich dem Erstellen einer neuen Arbeitsgruppen-Informationsdatei, dem Definieren neuer Gruppen und Benutzer sowie der Vergabe von Zugriffsrechten.

Globale Module sowie Formular- und Berichtsmodule können nicht mehr mit Zugriffsrechten wie die übrigen Datenbankobjekte gesichert werden. Stattdessen gibt es einen VBA-Passwortschutz. Dieses Passwort legen Sie im VBA-Editor oder mithilfe des Datensicherheits-Assistenten fest.

Makros

Für Makros und VBA existieren vier neue Aktionen, mit denen bestimmte Objekte geöffnet werden können: „ÖffnenDatenzugriffsseite", „ÖffnenAnsicht", „ÖffnenDiagramm" und

„ÖffnenGespeicherteProzedur". Die letzten drei Aktionen beziehen sich auf Access-Projekte, in denen Objekte einer SQL-Server Datenbank verwaltet werden.

Die Aktion „Schließen" besitzt ein drittes Argument, über das Sie festlegen, ob ein geänder-tes Objekt beim Schließen automatisch gespeichert werden soll oder ob ein Meldungsfenster nachfragen soll.

Neuerungen beim Datenbankobjekt „Modul"

Aufgrund der Neuerungen wie die Einführung von Projekten und Datenzugriffsseiten gibt es auch eine Reihe neuer Objekte mit Eigenschaften und Methoden sowie zusätzliche Kollektio-nen. Die neuen Objekte heißen zum Beispiel „CurrentProject" und „DataAccessPage".

Das Objekt „CurrentProject" stellt einen Verweis auf die Sammlung aller globalen Module und aller Klassenmodule der aktuellen Access-Datenbank („mdb") oder des aktuellen Ac-cess-Projektes („adp") dar. Das Objekt „CurrentData" werden Sie dagegen benutzen, wenn Sie in einer Access-Datenbank auf Tabellen und Abfragen oder in einem Access-Projekt auf Sichten, Gespeicherte Prozeduren und Datenbank-Diagramme zugreifen möchten. Beide Objekte stammen vom Objekt „Application" ab.

Über Kollektionen wie „AllForms" können Sie nun auch auf Formulare, Berichte etc. zugrei-fen, die derzeit nicht geöffnet sind. Bisher konnten mit der Kollektion „Forms" nur alle offe-nen Formulare angesprochen werden. Mithilfe des Objektes „AccessObject" und seiner Ei-genschaft „IsLoaded" können Sie überprüfen, ob ein bestimmtes Objekt derzeit geöffnet ist.

Die bedingte Formatierung kann auch per VBA-Code zu einem Textfeld hinzugefügt oder geändert werden. Das dazu notwendige Objekt heißt „FormatCondition". Beim Hinzufügen über die Methode „Add" wird die Bedingung genannt, über die Eigenschaften „BackColor", „FontBold" etc. legen Sie die Formatierung fest.

Das „DefaultWebOptions"-Objekt enthält globale Attribute auf Applikationsebene, die Ac-cess verwendet, wenn Sie eine Datenzugriffsseite als Webseite speichern. Sie können zum Beispiel mit der Eigenschaft „DownloadComponents" dieses Objektes überprüfen, ob die Microsoft Office Web-Komponente bereits auf den PC heruntergeladen wurde. Die Attribute für eine einzelne Datenzugriffsseite werden im „WebOptions"-Objekt gespeichert, das vom entsprechenden „DataAccessPage"-Objekt abstammt.

Im „Öffnen"-Dialogfeld können Sie auch Suchkriterien eingeben, die bestimmen, nach welchen Dateien gesucht werden soll. Diese Funktionalität kann mithilfe des Objektes „FileSearch" nachgebildet werden. Die Methode „NewSearch" dieses Objektes setzt die bis dahin gültigen Einstellungen zurück. Anschließend können über Eigenschaften wie „LookIn", „SearchSubFolders" und „FileType" die neuen Kriterien gesetzt werden.

Das „VBE"-Objekt ist die oberste Hierarchieebene für die VBA-Entwicklungsumgebung. Es enthält mehrere Kollektionen wie die „VBProjects"-Auflistung für die VBA-Projekte und die „CommandBars"-Auflistung für alle Symbolleisten.

Das „Hyperlink"-Objekt besitzt die neue Methode „CreateNewDocument", mit der ein neues Dokument angelegt werden kann. Diese Möglichkeit ist dieselbe wie im Dialogfeld „Hyper-link einfügen" über das Symbol „Neue Seite erstellen". In beiden Fällen nennen Sie den Pfad und den Namen der neuen Datei und können zudem festlegen, ob das Dokument jetzt gleich bearbeitet werden soll.

Ein neues Access-Projekt („adp") wird über die Methode „CreateAccessProject" des Objektes „Application" erzeugt. Diese Methode kann über Automatisierung auch von Excel oder Word benutzt werden. Dadurch ist es möglich, aus einer anderen Nicht-Access-Anwendung ein neues Access-Projekt anzulegen. Damit das neue Projekt sofort geöffnet und als aktuelles Access-Projekt im Access-Fenster angezeigt wird, werden Sie die „NewAccessProject"-Methode einsetzen. Ein bereits existierendes Access-Projekt wird über die Methode „OpenAccessProject" im Access-Fenster dargestellt.

Die programmtechnische Erstellung einer Datenzugriffsseite erfolgt über die Methode „CreateDataAccessPage". Dabei können Sie definieren, ob es sich um eine leere Seite handeln soll oder ob eine Verbindung zu einer bereits bestehenden „HTML"-Seite geschaffen werden soll.

Die vier Aktionen, die bei den Neuerungen von Makros genannt wurden, gibt es natürlich auch als Methoden des Objektes „DoCmd" in VBA. Sie heißen hier „OpenDataAccessPage", „OpenView", „OpenStoredProcedure" und „OpenDiagram".

Visual Basic for Applications

Access 2000 enthält die neueste Version 6.0 von Visual Basic for Applications. Wie es bereits bei den übrigen MS Office-Anwendungen wie Word und Excel der Fall ist, gibt es zum Schreiben von Prozeduren eine separate Entwicklungsumgebung. Sie bietet noch mehr Möglichkeiten als der bisher in Access integrierte Editor.

Über die Symbolleiste „Bearbeiten" können unter anderem auf schnelle Weise Parameter- und Quickinfos angezeigt und ein ganzer Block von Codezeilen auskommentiert werden.

Es gibt einen Projekt-Explorer, der alle Module übersichtlich auflistet. Durch einen Doppelklick auf einen Modulnamen wird dieses Modul geöffnet. Bei Formular- und Berichtsmodulen ist auch ein schnelles Verzweigen nach Access zu dem Datenbankobjekt in der Entwurfsansicht möglich. Über das Eigenschaftenfenster können Sie direkt im VBA-Editor Eigenschaften des Formulars und die seiner Steuerelemente ändern.

Die VBA-Entwicklungsumgebung besitzt ein eigenes Dialogfeld „Optionen" mit mehreren Registern, in dem Sie das Aussehen und das Verhalten des Editors individuell anpassen können.

Das Testfenster ist in mehrere Fenster aufgeteilt worden. So gibt es nun jeweils ein eigenes Direkt-, Lokal- und Überwachungs-Fenster.

Verbindung zum SQL-Server

Access 2000 kann als Front-End-Anwendung eingesetzt werden, um auf Back-End-Datenbanken wie den Microsoft SQL Server zuzugreifen. Dadurch kann dem Anwender die einfache Bedienbarkeit von MS-Access kombiniert mit der Erweiterbarkeit und Zuverlässigkeit des SQL-Servers geboten werden. Aufgrund der Unterstützung von OLE DB kann Access direkt ohne den Gebrauch der „Jet Engine" zum MS SQL-Server eine Verbindung herstellen.

Mit Access können Sie einen neuen Dateityp („adp") anlegen. Damit definieren Sie ein Access-Projekt, das eine direkte Verbindung zu einer SQL-Server-Datenbank der Versionen 6.5 oder 7 aufbaut. Anschließend ist es möglich, in Access zum Beispiel mit Tabellen, Sichten („Views"), gespeicherten Prozeduren und Datenbankdiagrammen zu arbeiten, die in einer

SQL-Server-Datenbank gespeichert sind. Im Datenbankfenster werden diese Objekte zusammen mit den in Access angelegten Formularen und Berichten angezeigt.

Bei Access können Sie heutzutage zwischen zwei „Data Engines" wählen, die die interne Verwaltung der Daten übernehmen. Standardmäßig installiert und benutzt Access 2000 die „Jet Data Engine". Stattdessen kann aber auch die neue „Microsoft Data Engine" (MSDE) benutzt werden, die bereits zahlreiche Vorteile des Micrsoft SQL-Servers 7 zur Verfügung stellt.

Der Upsizing-Assistent hilft Ihnen bei der Umwandlung einer Access-Datenbank in eine SQL-Server-Datenbank. Sie können wählen, ob nur die Access-Daten in eine SQL-Server-Datenbank übernommen werden sollen, ob Access als Front-End und der SQL-Server als Back-End eingesetzt werden soll oder ob Sie die Access-Datenbank in ein Access-Projekt umwandeln wollen.

Verbesserte Web-Fähigkeiten

Mithilfe von Datenzugriffsseiten können Sie die Informationen in Ihrer Datenbank für das Intranet auf einfache Weise aufbereiten. Über diese an Daten gebundenen HTML-Seiten können Anwender schneller und effizienter als bisher anderen ihre Daten zur Verfügung stellen.

Eine spezielle Toolbox existiert in der Entwurfsansicht von Datenzugriffsseiten, um bestimmte Steuerelemente zu erzeugen. Jedes Werkzeug kann bei Bedarf über Drag&Drop in die Seite eingefügt werden. Genauso wie beim Entwerfen von Formularen und Berichten werden die gewünschten Felder aus der Feldliste in die Seite gezogen. Jedes Feld ist mit Daten verbunden, indem eine direkte aktive Verbindung zu diesen Daten geschaffen wird.

Access 2000 bietet eine verbesserte Hyperlink-Schnittstelle, um das Erstellen, Bearbeiten und Entfernen eines Hyperlinks in Datenbanken zu vereinfachen. Dazu ist das Dialogfeld „Hyperlink einfügen" erweitert worden. Sie können nun unter anderem auch auf die zuletzt verwendeten E-Mail-Adressen zugreifen.

Wenn Sie bis jetzt noch mit Access 2.0 oder Access 95 gearbeitet haben, wird es Sie bestimmt auch interessieren, auf welche Weise sich Access bis jetzt zur Version 2000 entwickelt hat. Deswegen können Sie nachfolgend die zusätzlichen Features von Access 97 nachlesen, die natürlich auch für jene Leser interessant sind, die diese Version einsetzen.

2   Aufbau einer relationalen Datenbank

Wenn Sie bisher noch nicht mit einer Datenbank gearbeitet haben, sind Ihre Daten vielleicht in Tabellen von Excel oder Word gespeichert. Im Laufe der Zeit sind dabei sicher bestimmte Daten mehrmals gesammelt worden, da zum Beispiel noch Erweiterungen hinzugekommen sind. Je mehr Daten existieren, desto unübersichtlicher wird die Gesamtmenge. Dies können Sie mit dem relationalen Datenbank-Managementsystem Access ändern.

Der Vorteil einer relationalen Datenbank liegt vor allem darin, dass Daten, die in verschiedenen Tabellen benötigt werden, nicht mehrmals gespeichert werden müssen. Über Beziehungen können Sie diese Tabellen verbinden, wodurch zusätzliche Informationen entstehen. Dadurch ist es möglich, Verbindungen von einmal erfassten Daten zu immer neuen Informationen aufzubauen.

2.1   Das Datenbankmodell von Access

Vielleicht erinnert Sie der Begriff „Relation" an den früheren Mathematik-Unterricht. Dann sind Sie auf dem richtigen Weg, da die grundsätzliche Idee für ein relationales Datenbanksystem aus der Mathematik kommt. Anschließend wurden die Ergebnisse der mathematischen Theorie der Relationen auf die speziellen Probleme einer Datenbank umgesetzt.

Die Organisation der Daten stellt das Relationenmodell dar. Der Blickwinkel, der als relationale Sicht der Daten bezeichnet wird, entspricht ausschließlich einer logischen Datenbeschreibung. Dies bedeutet, dass durch das Relationenmodell nicht festgelegt wird, mit welchem Dateisystem gearbeitet wird. Relationale Datenbanken können somit auf jeder Rechnerplattform existieren. Die logische Datenbeschreibung ist somit die Voraussetzung für eine Datenunabhängigkeit.

Wie bereits erwähnt, kann das Relationenmodell nicht auf die physikalische Darstellung der Daten angewendet werden. Dies bedeutet nichts anderes, als dass die Daten im Betriebssystem Unix anders auf der Festplatte abgelegt werden als in Windows 2000.

Die Relation

In der Mathematik ist eine Relation die Definition einer zweidimensionalen Tabelle mit Spalten und Reihen. Da der Ursprung der Relationen in der Mathematik liegt, wird dementsprechend auch eine mathematische Terminologie verwendet. Begriffe wie Datei oder Datensatz gibt es nicht, da diese entsprechend der logischen oder physikalischen Bedeutung unterschiedlich interpretiert werden können.

Die Spalten sind die Attribute. Die Reihen, das heißt die Zeilen, werden auch als Tupel bezeichnet. Wenn Datensätze in eine Tabelle eingefügt werden, gibt es Instanzen dieser Relation. Innerhalb einer Datenbank muss jede Relation einen eindeutigen Namen besitzen.

Sie können etwa die Mengen Artikelnummer, Artikel, Preis und Bestand als Beispiel von Waren betrachten. Die Relation „Waren" besitzt somit die Attribute „Artikel-Nr", „Artikel", „Preis" und „Bestand". Diese Relation ist vierspaltig.

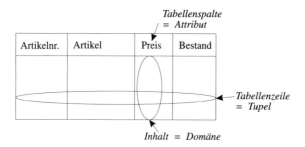

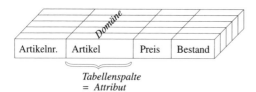

Bild 2.1: Eine Relation als zweidimensionale Tabelle

Eine Relation mit Tabellenzeilen lässt sich mit einer Datei mit strukturierten Sätzen vergleichen. Eine wichtige Eigenschaft der Relation ist, dass kein Tupel mehrfach vorkommt. Ansonsten würde eine unnötige Redundanz vorliegen. Jede Spalte der Tabelle legt ein Attribut fest. Die Menge der Werte eines Attributs und somit die Inhalte eines Attributs werden als Domäne bezeichnet. Der Attributsname innerhalb einer Relation und der Name der Relation selber müssen eindeutig sein.

Häufig werden Relationen auch durch Angabe der Namen und ihrer Attribute, die in Klammern stehen, dargestellt: Der Primärschlüssel wird zur Hervorhebung unterstrichen.

ARTIKEL(<u>Artikelnummer</u>, Artikelname, Preis, Bestand)

2.1.1 Beziehungen

Ein Datenfeld, das die kleinste Einheit einer Datenbank darstellt und zum Beispiel eine PKW-Geschwindigkeit definiert, erhält eine zusätzliche Bedeutung durch Verbindungen, d.h. Beziehungen zu anderen Datenfeldern. Diese Felder können den PKW-Typ, den Hubraum oder Ähnliches repräsentieren und in einer anderen Relation stehen.

Beziehungen enthalten somit Informationen, die nicht direkt in den Datenfeldern stehen, sondern logisch mehrere Relationen miteinander verbinden.

Dabei kann zwischen Datenfeldern entweder eine einfache oder eine komplexe Beziehung bestehen. Insgesamt gibt es drei verschiedene Arten von Beziehungen: Die einfache Beziehung wird mit dem Begriff 1:1-Beziehung bezeichnet. Die komplexen Beziehungen werden 1:n-, n:1- oder m:n-Beziehung genannt. Die beiden Beziehungen 1:n und n:1 sind genau genommen nur eine Beziehungsart, da sie sich nur vom Blickwinkel unterscheiden.

Die Beziehungen werden in Access realisiert, indem der Primärschlüssel einer Tabelle (Relation) auch in einer weiteren Tabelle enthalten ist. Er wird dort als Fremdschlüssel bezeichnet. Somit wirken sich bei dieser Datenbank die Beziehungen immer auf Datensätze aus.

Wenn Sie die nachfolgenden allgemein gehaltenen Erklärungen auf Access beziehen möchten, brauchen Sie nur für Relation den Begriff Tabelle, für Attribut den Begriff Datenfeld und für Tupel das Wort Datensatz einzusetzen.

1:1-Beziehung

Eine 1:1-Beziehung besteht zwischen Instanzen von zwei Relationen (A und B), wenn sich eine Instanz der Relation A auf keine oder eine Instanz von B bezieht und umgekehrt dasselbe gilt. Das heißt, eine Instanz der Relation B verweist auf keine oder eine Instanz von A.

Anschaulich zeigt sich dies am Beispiel des PKWs, der ein bestimmtes Kennzeichen besitzt und dem genau eine Fahrgestellnummer zugeordnet ist. In umgekehrter Weise besteht auch eine eindeutige Beziehung von der Fahrgestellnummer zu einem Kennzeichen.

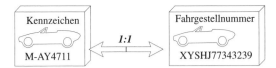

Bild 2.2: Beispiel einer 1:1-Beziehung

Ein anderes Beispiel zur 1:1-Beziehung stellt der Daumenabdruck jeder Person dar. In Firmen mit hoher Sicherheitsstufe wird der Abdruck des Daumens teilweise als Zugangserlaubnis für bestimmte Labors verwendet. Jede Person besitzt genau einen rechten Daumen, und jeder Daumen gehört zu einem bestimmten Mitarbeiter. Genau genommen ist jedoch der Daumen nur ein Attribut der Relation „Mitarbeiter", genauso wie der Vor- und Nachname.

1:n-Beziehung

Im Gegensatz zur selten vorkommenden 1:1-Beziehung sind 1:n-Beziehungen sehr oft in relationalen Datenbanken vorhanden.

Eine 1:n-Beziehung besteht zwischen Instanzen von zwei Relationen (A und B), wenn sich eine Instanz der Relation A auf keine, eine oder mehrere Instanzen von B bezieht. In der umgekehrten Richtung existiert jedoch noch die Eindeutigkeit. Das heißt, eine Instanz der Relation B verweist auf keine oder eine Instanz von A.

Bild 2.3: Beispiel einer 1:n-Beziehung

Beim Beispiel mit den PKWs tritt eine 1:n-Beziehung bei einem PKW-Halter auf, der mehrere Fahrzeuge angemeldet hat. Die Ziffer 1 entsteht, da es sich um „einen" PKW-Halter handelt, der Buchstabe „n" repräsentiert die Anzahl seiner Autos. Wenn Sie die Beziehung von der anderen Seite sehen, dann werden Sie feststellen, dass ein Auto immer nur einen Halter haben kann, d.h. dies ist eindeutig.

In der Abbildung wird die Seite, auf der die n-Beziehung auftritt, durch einen Doppelpfeil gekennzeichnet.

Genau genommen kann aus dem Beispiel zur 1:1-Beziehung in der Realtität sehr schnell ein Beispiel zur 1:n-Beziehung werden. Wenn der Halter des Fahrzeugs sein Auto verkauft, wird der neue Halter wahrscheinlich ein anderes KFZ-Kennzeichen erhalten. Dann gehört zu einer Fahrgestellnummer ein altes und ein neues Kennzeichen. Somit ist die Fahrgestellnummer die 1-Seite der Beziehung, das KFZ-Kennzeichen stellt die n-Seite dar. Eine Fahrgestellnummer kann also im Laufe der Zeit mit mehreren Kennzeichen verbunden werden.

n:1-Beziehung

Die Umkehrung der 1:n-Beziehung ist die n:1-Beziehung, die mehrere Werte eines Attributs genau einem Wert eines anderen Attributs zuordnet.

Sie müssen die genannten Beispiele nur von rechts nach links betrachten, um die n:1-Beziehung nachzubilden. Eine n:1-Beziehung ist somit gegeben, wenn mehrere PKWs einem einzigen Halter gehören oder wenn mehrere Bücher denselben Autor besitzen.

m:n-Beziehung

Von der Theorie her können natürlich auch m:n-Beziehungen vorhanden sein, jedoch enden diese Zuordnungen in einem Chaos und sind daher kaum zu verwalten.

Eine m:n-Beziehung besteht nämlich zwischen Instanzen von zwei Relationen (A und B), wenn sich eine Instanz der Relation A auf keine, eine oder mehrere Instanzen von B bezieht. Zugleich kann eine Instanz der Relation B auf keine, eine oder mehrere Instanzen von A verweisen.

Eine Datenbank, die den Aufbau und die Arbeiten einer Firma widerspiegeln soll, besitzt unter anderem eine Tabelle für die Mitarbeiterdaten und eine für die Projekte. Da ein Mitarbeiter an mehreren Projekten arbeitet, wobei es egal ist, ob dies gleichzeitig oder hintereinander geschieht, und an einem Projekt immer mehrere Mitarbeiter beschäftigt sind, gibt es hier bereits eine m:n-Beziehung.

Falls Sie bei der Modellierung Ihrer Datenbank feststellen, dass zwischen zwei Tabellen eine m:n-Beziehung besteht, müssen Sie eine weitere Tabelle einfügen, deren Aufgabe es ist, diese unüberschaubare Beziehung in zwei 1:n-Beziehungen aufzulösen.

Diese neue Tabelle erhält häufig als Primärschlüssel einen zusammengesetzten Schlüssel, bestehend aus zwei Attributen, die die Primärschlüssel der anderen beiden Tabellen darstellen.

Wenn im letzten Firmen-Beispiel die Mitarbeitertabelle die Personalnummer als Primärschlüssel besitzt und die Tabelle für die Projekte eine Projektnummer als eindeutiges Attribut, so werden diese beiden wahrscheinlich den zusammengesetzten Primärschlüssel der neuen Tabelle „Projektauswertung" bilden. Da die Werte in beiden Feldern zusammen eindeutig sein müssen, kann ein Mitarbeiter immer nur einmal pro Projekt beschäftigt sein. Dies ist ja auch normalerweise der Fall.

Es gibt jedoch eine Ausnahme: Wenn Sie in der neuen Tabelle „Projektauswertung" zusätzlich die Tätigkeit des Mitarbeiters mit aufnehmen wollen, kann es sein, dass ein Mitarbeiter in einem Projekt mehrmals auftaucht. Zu Beginn war er als Planer eingesetzt, später wurde er der Projektleiter, und zum Schluss musste er noch selber die Dokumentation schreiben.

Somit übte er in diesem Projekt drei verschiedene Tätigkeiten aus. Deswegen wird seine Personalnummer bei derselben Projektnummer dreimal vorkommen. In diesem Fall können in der Tabelle „Projektauswertung" nicht die beiden Attribute Personalnummer und Projektnummer als Primärschlüssel dienen, sondern Sie müssen ein weiteres eindeutiges Attribut ergänzen.

2.1.2   Die Schlüsselarten in einer relationalen Datenbank

In einer relationalen Datenbank gibt es unterschiedliche Schlüssel, die Primär-, Sekundär- und Fremdschlüssel heißen.

Primärschlüssel

Ein Primärschlüssel ist das Attribut, das einen Tupel eindeutig identifiziert. Für die Auswahl des Primärschlüssels wird meist die Spalte ausgewählt, die die kürzeste Feldlänge enthält, da sich die Länge des Primärschlüssels auf die Geschwindigkeit der Operationen in einer Datenbank auswirkt.

Der Primärschlüssel wird dazu verwendet, Beziehungen zwischen unterschiedlichen Relationen herzustellen. Falls Sie bei dem Entwurf einer Relation noch kein eindeutiges Datenfeld besitzen, können Sie auch ein neues Feld einfügen, das die Datensätze durchnummeriert. Sinnvolle Primärschlüssel sind zum Beispiel Artikel- oder Kundennummern, aber keine Kundennamen.

Primärschlüssel

Artikelnr.	Artikel	Preis	Bestand

Bild 2.4: Als Primärschlüssel wird der Schlüsselkandidat mit kürzester Feldlänge verwendet

Ein Primärschlüssel kann auch aus zwei oder mehreren Attributen gebildet werden, wenn ein Attribut zur Bildung eines Schlüssels nicht ausreicht. Ein auf diese Weise entstehender Primärschlüssel wird als zusammengesetzter Schlüssel beziehungsweise „concadinated key" bezeichnet. Die Attribute „Ort", „Straße" und „Hausnummer" könnten zum Beispiel zusammen den Schlüssel „Anschrift" bilden.

Für einen zusammengesetzten Primärschlüssel werden meistens nur zwei, eventuell noch drei, aber nicht mehr Felder verwendet, da der Schlüssel sonst zu unübersichtlich wird und sich negativ bei der Performance auswirkt.

Drei Attribute bilden den Schlüssel:
Anschrift

Ort	Straße	Nr.

Bild 2.5: Ein zusammengesetzter Schlüssel

Sekundärschlüssel

Falls es in einem Tupel mehrere andere Attribute gibt, die auch als Primärschlüssel in Frage kämen, werden diese Attribute als Sekundärschlüssel oder als Parallelschlüssel bezeichnet. Alle Sekundärschlüssel sind mit dem Primärschlüssel über eine 1:1-Beziehung verbunden.

Primärschlüssel   *Sekundärschlüssel*

Artikelnr.	Genauer Artikelname
AB-123	Stift,grau
CD-234	Heft A4
DF-667	Heft A5
HG-567	Stift,blau

Bild 2.6: Ein Sekundärschlüssel

Fremdschlüssel

Ein Attribut besitzt die Eigenschaft eines Fremdschlüssels, wenn es dem Primärschlüssel einer anderen Relation entspricht. In diesem Fall besteht zwischen dem Fremdschlüssel und dem Primärschlüssel der anderen Relation eine n:1-Beziehung. Der Fremdschlüssel muss im Gegensatz zum Primärschlüssel nicht eindeutig sein.

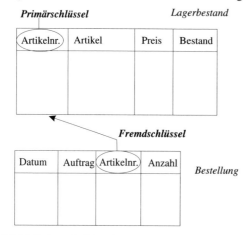

Bild 2.7: Fremdschlüssel

Die Fremdschlüssel befinden sich in der Relation der n-Seite, der Primärschlüssel ist dagegen in der Relation der 1-Seite gespeichert.

In einer Access-Datenbank werden in einer Tabelle Adressen verschiedener Firmen, in einer anderen Tabelle Mitarbeiter dieser Firmen gespeichert. Der Primärschlüssel für die erstgenannte Tabelle kann zum Beispiel eine vierstellige, eindeutige Firmennummer sein. Diese Nummer kommt als Fremdschlüssel in der zweiten Tabelle öfter vor, da jede Firma mehrere Mitarbeiter beschäftigt.

2.2   Datenbankdesign

Eine Datenbank können Sie sich als Sammlung von Daten vorstellen, die zu einem bestimmten Thema passen. Je umfangreicher die Datenbank, je länger die Datensätze und je anspruchsvoller die Auswertungskriterien sind, desto mehr Zeit sollten Sie sich für die Konzeption der Datenbank nehmen.

Unter dem Entwurf eines Datenmodells versteht man das Design einer Datenbank, das dazu dient, einen sinnvollen Satzaufbau zu finden, um stabile Datenstrukturen zu erzeugen und applikationsabhängige Redundanzen zu vermeiden. Das Ziel des Datenentwurfs ist es, ein Modell der realen Welt aufzubauen und in Form von Daten abzubilden.

Bei der Erstellung dieses Modells muss beachtet werden, dass keine Datenanomalien entstehen können. Dies bedeutet, dass in einem Datenmodell beim Einfügen, Löschen und Ändern von Daten weder Datenredundanz noch Dateninkonsistenz auftreten darf. Es müssen also Fehler in den Datenbeständen, so genannte Anomalien, verhindert werden. Da Excel kein relationales Datenbankmodell besitzt, treten drei Anomalien in Excel recht häufig auf, wenn mit diesem Programm große Datenmengen verwaltet werden.

Insert-Anomalie

Eine Insert-Anomlie würde z.B. entstehen, wenn eine Person nur dann eingegeben werden kann, wenn sie auch ein KFZ besitzt. Falls die Person jedoch derzeit über kein Auto verfügt, kann sie nicht aufgenommen werden, oder es werden falsche Daten hinzugefügt.

Delete-Anomalie

Würde eine Person ihr Auto verkaufen, würden durch das Löschen der KFZ-Daten auch Daten über die Person entfernt werden. Auf diese Weise geht zum Beispiel auch die Anschrift der Person verloren. Der Grund liegt darin, dass die Daten noch nicht in der normalisierten Form vorliegen, sondern mehrere Objekte miteinander vermischt in einer Relation stehen.

Update-Anomalie

Bei einem Umzug muss die Adresse der Person aktualisiert werden. Falls die Anschrift jedoch mehrfach vorkommt, weil die Person mehrere Fahrzeuge besitzt, müssen die Adressdaten mehrfach geändert werden. Meistens passiert es jedoch bei redundanten Daten, dass ein Teil bei der Modifizierung vergessen wird. Später weiß man dann nicht mehr, welche Anschrift die aktuelle ist.

Für die Umsetzung der unstrukturierten Daten in ein Datenmodell werden vor allem zwei Vorgehensweisen eingesetzt:

- Die Normalisierung

- Das Entitiy-Relationship-Modell

In der Praxis gibt es häufig keine starre Trennung zwischen diese beiden Möglichkeiten, sondern sie werden auch gemischt benutzt.

2.2.1   Normalisierung

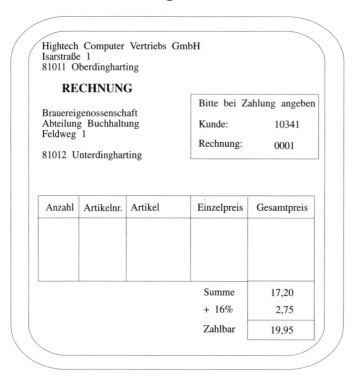

Bild 2.8: Rechnungsformular als Grundlage für ein Datenmodell

Hinter dem Begriff Normalisierung verbirgt sich die Überführung der häufig komplexen Beziehungen in mehrere Relationen. Diese Beziehungen sind durch Abhängigkeiten zwischen den Daten entstanden, die grafisch über Hierarchien und Netze dargestellt werden. Das Ziel einer Normalisierung ist es, normalisierte Relationen und damit eine stabile Datenstruktur zu erhalten. Eine normalisierte Relation ist erst dann vorhanden, wenn eine Einheit nicht weiter zerlegbar ist. Demzufolge wird der Vorgang der Normalisierung in bis zu sechs Schritten erfolgen.

Dieses Datenmodell wurde Anfang 1970 von Herrn Codd entwickelt, der nach seinem Studium an der Oxford-Universität bei IBM beschäftigt war.

Anhand eines Beispiels sollen Ihnen die einzelnen Schritte der Normalisierung verdeutlicht werden. Der Ausgangspunkt ist die Erstellung einer Rechnung, die bis jetzt nach vorgefertigtem Muster über ein Rechnungsformular erfolgte. Dieses Rechnungsformular wird Ihre Grundlage für die Definition des Datenmodells sein.

Herstellen der unnormalisierten Form

Es werden die Datenelemente der realen Welt entsprechend der Aufgabenstellung genommen, mit einem Namen versehen und aufgelistet. Bereits jetzt ist es hilfreich, eine Gruppierung nach Vorgängen beziehungsweise entsprechend den benutzten Dokumenten vorzunehmen.

Die Gruppen können zum Beispiel durch verschiedene Blickwinkel entstehen. Die eine Abteilung der Firma kümmert sich um die Kunden und interessiert sich daher vor allem für die Kundenadressen. Eine andere Abteilung ist für die Verwaltung aller Artikel zuständig. Die dritte Abteilung schreibt die Rechnungen.

Tabelle 2.1: Tabelle mit Daten in nicht-normalisierter Form

Kunden-nummer	Nachname des Kunden	Bestellnummer	Bestelldatum
1011	Huber	345789, 990987	12.10.2001, 22.1.2002
1012	Klamm	609078, 121415, 040667	8.11.2001, 9.1.2002, 5.2.2002

Durch diesen Aufbau entstehen mehrere Probleme. Es gibt keine Möglichkeit herauszufinden, zu welcher Bestellnummer welches Bestelldatum gehört. Wahrscheinlich wurden beide Zellen von links nach rechts beschrieben, sodass die erste Bestellnummer mit dem ersten Bestelldatum verbunden ist. Dies ist aber nicht zwingend. Außerdem gestaltet sich die Datensuche in dieser Tabelle sehr schwer. Wenn zum Beispiel alle Nummern gefiltert werden sollen, die mit der Ziffer 3 beginnen, muss das Datenbankmanagementsystem jeden Wert im Attribut „Bestellnummer" mit dem Suchkriterium vergleichen. Woher weiß aber das System, welches Zeichen die einzelnen Nummern voneinander trennt?

Überführung in die erste Normalform

Die Regel der ersten Normalform lautet: Die Daten werden in einer zweidimensionalen Tabelle ohne Wiederholungsgruppen gespeichert.

Unter einer Wiederholungsgruppe wird ein Attribut verstanden, das mehr als einen Wert in einer Zeile enthält. Dafür wird häufig auch der Begriff „Mehrfacheinträge" verwendet.

Tabelle 2.2: Tabelle „Kunde" in der ersten Normalform

*Kundennummer	Name
1011	Huber
1012	Klamm

Um die Tabelle in die erste Normalform zu bringen, wird sie in zwei Tabellen aufgeteilt. Die erste Relation wird die Daten der Kunden, das heißt die Kundennummer und den Namen enthalten, die zweite Relation besteht aus den drei Attributen „Kundennummer", „Bestellnummer" und „Bestelldatum".

Tabelle 2.3: Tabelle „Bestellung" in der ersten Normalform

*Kundennr	*Bestellnummer	Bestelldatum
1011	345789	12.10.2001
1011	990987	22.1.2002
1012	609078	8.11.2001
1012	121415	9.1.2002
1012	040667	5.2.2002

Zwischen diesen beiden Relationen besteht eine 1:n-Beziehung. Der Primärschlüssel „Kundennummer" in der Tabelle „Kunde" stellt die 1-Seite der Beziehung dar und ist über den Fremdschlüssel „Kundennr" mit der Tabelle „Bestellung" verbunden. Der Primärschlüssel der Zusatztabelle „Bestellung" wird über das Attribut „Bestellnummer" gebildet.

Überführung in die zweite Normalform

Die Regel der zweiten Normalform lautet: Die Relation ist in der ersten Normalform und alle Nicht-Schlüssel-Attribute sind funktional vom gesamten Primärschlüssel abhängig.

Als Beispiel für die Erklärung der zweiten Normalform wird eine Relation für Bestellungen verwendet, zu der das zu Beginn gezeigte Rechnungsformular gut passt.

Bestellung(Bestell-Nr, Bestelldatum, Kunden-Code, Firma, Vorname, Nachname, PLZ, Ort, Straße, Artikel-Nr, Artikelname, Einzelpreis, Versendet?, Anzahl des Artikels)

Diese Relation befindet sich in der ersten Normalform, da es keine Mehrfacheinträge in einer Zelle gibt, wie Sie in der nachfolgenden Tabelle sehen können. Aus Platzgründen sind nur einige Spalten abgebildet.

Als Primärschlüssel werden die beiden Attribute „Bestellnr" und „Artikel-Nr" verwendet. Die Bestellnummer alleine reicht nicht aus, da mehrere Artikel pro Bestellung möglich sind. Somit kann auch dieselbe Bestellnummer in mehreren Sätzen auftreten.

Bei der Überprüfung der funktionalen Abhängigkeit wird für jedes Attribut (A) die Frage gestellt, ob es von einem anderen Attribut (B) abhängt. Wenn dies der Fall ist, wird das Attribut B der Primärschlüssel für das Feld A.

Die Artikelnummer bestimmt somit den Artikelnamen und den Einzelpreis. Deswegen wird das Attribut „Artikel-Nt" auch als bestimmendes oder determinantes Attribut bezeichnet.

Tabelle 2.4: Tabelle „Bestellung" mit einer Auswahl ihrer Attribute

Bestell-Nr	Bestell-datum	Kunden-Code	Firma	Artikel-Nr	Artikel-name	Einzel-preis	Anzahl des Artikels
334567	3.10.00	99563	M & K	HH-777	Bleistift	0,45	10
334568	6.10.00	68750	ABC	KH-653	Füller	20,50	4
334568	6.10.00	68750	ABC	EW-442	Roter Stift	0,90	7
334570	7.10.00	49508	AOL	IU-985	Klammer	0,15	50
334571	8.10.00	49508	AOL	HH-777	Bleistift	0,45	25
334571	8.10.00	49508	AOL	KH-653	Füller	20,50	2
334572	8.10.00	99563	M & K	EW-442	Roter Stift	0,90	9

Die funktionale Abhängigkeit gilt normalerweise nicht in umgekehrter Richtung. So kann zum Beispiel ein Einzelpreis mit mehreren Artikelnummern verbunden sein. Deswegen ist das Attribut „Einzelpreis" kein bestimmendes Attribut bezogen auf die Artikelnummer. Vom Einzelpreis ist auch kein anderes Attribut der Relation „Bestellung" funktional abhängig. Dies bedeutet, dass der Einzelpreis kein determinantes Attribut darstellt.

Nachdem Sie alle Attribute auf diese Weise untersucht haben, sieht das Ergebnis für die Relation „Bestellung" folgendermaßen aus:

> Kunden-Code -> Vorname, Nachname, Firma, Straße, PLZ, Ort
>
> Bestell-Nr -> Bestelldatum, Kunden-Code
>
> Artikel-Nr -> Artikelname, Einzelpreis
>
> Bestell-Nr, Artikel-Nr -> Versendet?, Anzahl des Artikels

Jede Zeile definiert eine Relation. Das Feld beziehungsweise die Felder links vom Pfeil sind die Primärschlüssel.

Bezogen auf das Rechnungsformular werden aufgrund der zweiten Normalform vier Relationen erstellt, die die Namen „Rechnung", „Kunde", „Rechnungsposition" und „Artikel" tragen.

> Rechnr -> Kundennr, Datum, Summe, MwSt
>
> Kundennr -> Kunde, Abt, Straße. Ort
>
> Rechnr, Artikelnr -> Anzahl, Gesamtpreis
>
> Artikelnr -> Artikel, Einzelpreis

Überführung in die dritte Normalform

Die Regel der dritten Normalform lautet: Die Relation ist in der zweiten Normalform, und es existieren keine transitiven Abhängigkeiten.

Transitive Abhängigkeit bedeutet, dass jedes Nicht-Schlüsselfeld nur vom gesamten Primär-schlüssel der Relation abhängen darf, aber nicht von einem anderen Nicht-Schlüsselfeld.

Mit der dritten Normalform werden also die restlichen Redundanzen aufgelöst. Um bestimm-te Attribute in eine neue Relation auslagern zu können, werden aus den Tabellen der zweiten Normalform die Attribute auf ihre Abhängigkeit zueinander untersucht. Können von einem Datenelement aus weitere Elemente bestimmt werden, werden diese in einer neuen Relation zusammengefasst.

Wenn eine Auslagerung in eine neue Relation stattfindet, bleibt das bestimmende Datenele-ment als Fremdschlüssel in der ursprünglichen Gruppe erhalten und wird zudem in der neuen Gruppe als Primärschlüssel verwendet.

In dem bisherigen Beispiel gibt es keine transitiven Abhängigkeiten, wodurch die Überfüh-rung in die dritte Normalform nicht vollzogen werden muss. Bei jedem Kunde könnte aber noch zusätzlich die Kundenart und die Kundengruppe gespeichert werden. Es wird zum Bei-spiel zwischen großen, mittleren und kleinen Kunden unterschieden, wobei die Kundenart A für große Kunden, B für die mittlere Gruppe und C für die letzte Gruppe steht. In diesem Fall hängt die Kundegruppe nur von der Kundenart und nicht von der Kundennummer ab. Diese transitive Abhängigkeit wird aufgelöst, indem eine neue Relation gebildet wird, die die bei-den Attribute Kundenart und Kundengruppe enthält. Gleichzeitig bleibt die Kundenart als Fremdschlüssel in der Relation „Kunde".

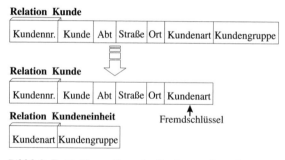

Bild 2.9: Dritte Normalform des Rechnungsformulars

Als Ergebnis der Normalisierung erhalten Sie Relationen, die als Grundlage für den Aufbau der Datenbank dienen. Für das durchgeführte Beispiel ergeben sich fünf Relationen, die die Namen „Kunde", „Artikel", „Rechnung", „Rechnungsposition" und „Kundeneinheit" tragen. Die fünf Gruppen sind jetzt so aufgebaut, dass die Daten unabhängig von der Applikation organisiert sind.

Meistens ist die Durchführung der ersten drei Normalformen ausreichend, um aus der un-strukturierten Datenmenge normalisierte Relationen zu erstellen. Danach enthalten die Daten weder Dateninkonsistenz noch Redundanzen noch Anomalien. Eine Neuaufnahme eines Kunden führt zum Beispiel in der normalisierten Form nicht mehr dazu, dass diesem Kunden gleichzeitig eine Ware verkauft werden muss.

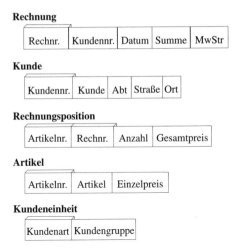

Rechnung

Rechnr.	Kundennr.	Datum	Summe	MwStr

Kunde

Kundennr.	Kunde	Abt	Straße	Ort

Rechnungsposition

Artikelnr.	Rechnr.	Anzahl	Gesamtpreis

Artikel

Artikelnr.	Artikel	Einzelpreis

Kundeneinheit

Kundenart	Kundengruppe

Bild 2.10: Ergebnis der Normalisierung

Es existieren noch einige weitere Normalformen, die aber nur für Spezialfälle benötigt werden und deswegen an dieser Stelle nicht näher besprochen werden.

2.2.2 Das Entity-Relationship-Modell

Das Entity-Relationship-Modell nach Chen, das auch kurz ER-Modell genannt wird, stellt die Relationen und die Beziehungen zueinander grafisch dar. Bei diesem Modell werden Begriffe wie Entity verwendet. Außer der möglicherweise ungewohnten Benennung werden diese Namen aber keine Schwierigkeiten mit sich bringen, da sie mit praktischen Begriffen umschrieben werden können.

Die Bausteine eines Datenmodells sind die Entities, die einen Oberbegriff für Einheiten darstellen, deren Daten Sie speichern möchten. Eine Entity kann ein greifbarer Gegenstand sein, wie es ein Auto, eine Person oder eine Maschine ist. Unter einer Entity wird jedoch auch ein abstrakter Begriff, wie ein Konzert, verstanden. Diese Bausteine werden aus der realen Welt genommen und in das Datenmodell übertragen. Welcher Bestandteil tatsächlich als Entity verwendet wird, hängt von dem Zweck der Datenbank ab, zum Beispiel davon, welche Daten gespeichert werden sollen.

Besitzt das Datenmodell erst einmal Entities, enthalten diese Bausteine bestimmte Eigenschaften, die als Entity Property bezeichnet werden. Wurde als Entity eine Person ausgewählt, kann zum Beispiel ihr Name eine Entity Property darstellen.

Eine Entity fasst genau genommen mehrere Elemente der gleichen Art zusammen. Die Entity „Person" enthält somit verschiedene Personen. Jede Person, das heißt jeder Datensatz, wird als Instanz dieser Entität bezeichnet.

Beim ER-Modell kann man zu Beginn nicht davon ausgehen, dass eine Entity auch immer eine Relation, also eine Access-Tabelle ist. Erst nach der Durchführung bestimmter Regeln bilden sich die einzelnen Relationen heraus.

Es wird versucht, die Entitäten mit ihren Beziehungen (Relationship) grafisch darzustellen. Jede Menge wird durch ein Rechteck gekennzeichnet, in dem der Name der Entität steht. Ein

Strich zeigt die Beziehung an. An den Linienenden steht einer der drei möglichen Bezie-hungstypen: 1:1, 1:n oder m:n. Bei diesem grafischen Diagramm sollten Sie sehr genau arbei-ten und Ihre Überlegungen noch einmal überprüfen. Machen Sie nämlich an dieser Stelle einen Fehler, wird es an späterer Stelle sehr schwer sein, diesen Fehler zu korrigieren.

Das Rechnungsbeispiel, das bei der Normalisierung verwendet wurde, kann auch beim Enti-ty-Relationship-Modell zum Einsatz kommen. Am Anfang ergeben sich vier Entitätsmengen: „Artikel“, „Kunde“, „Rechnung“ und die „Kundeneinheit“. Der Zusammenhang dieser Men-gen wird über kurze Sätze festgelegt:

- Eine Kundeneinheit verwaltet Kunden

- Ein Kunde bekommt Rechnungen

- Artikel stehen in den Rechnungen

Diese Sätze werden dann als Grundlage für das ER-Diagramm verwendet.

Die Entitäten in diesem ER-Diagramm werden anschließend mithilfe von vier Regeln in die normalisierte Form gebracht.

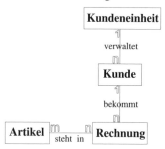

Bild 2.11: Grafische Darstellung eines ER-Modells

Regel 1: Wertetypen werden 1:1 auf Datentypen abgebildet.

Jedem Attribut in einer Entität wird ein Datentyp zugeordnet. Dazu muss natürlich zuerst überlegt werden, welche Attribute benötigt werden. Das Rechnungsdatum wird als Datums-feld gespeichert, der Einzelpreis wird ein Währungsfeld, der Kundenname wird als Textfeld definiert usw.

Regel 2: Aus einer Entity mit all ihren Attributen wird eine Relation erstellt. Dies wird mit allen Entitäten durchgeführt.

Regel 3: Falls eine Relation noch kein eindeutiges Attribut besitzt, erhält sie ein 1:1-Attribut als Primärschlüssel.

Würde zum Beispiel die Tabelle „Kunde“ noch keine Kundennummer enthalten, würden Sie nun diese Nummer als eindeutigen Identifikator einfügen.

Regel 4: Für jede m:n-Beziehung wird eine zusätzliche Relation erstellt. Die neue Relation bekommt die Primärschlüssel der beiden beteiligten Relationen und eventuell noch andere Attribute, die die Beziehung genauer bestimmen. Außerdem werden alle 1:n-Beziehungen vollzogen, indem der Primärschlüssel der 1-Relation als Fremdschlüssel in die n-Relation ergänzt wird.

Auf diese Weise werden aus den vier Entitäten im ER-Diagramm fünf Relationen. In die Relation „Kunde" wird die Kundenart als Fremdschlüssel eingefügt, die Relation „Rechnung" bekommt zusätzlich das Attribut „Kundennummer".

Da die beiden Entitäten „Rechnung" und „Artikel" über eine m:n-Beziehung miteinander verbunden sind, ist als zusätzliche Relation die „Rechnungsposition" notwendig. Neben den beiden Primärschlüsseln „Rechnungsnummer" und „Artikelnummer" besteht diese Relation noch aus den beiden Attributen „Anzahl" und „Gesamtpreis". Aus der m:n-Beziehung entstehen somit zwei 1:n-Beziehungen zwischen den Relationen „Rechnungsposition" und „Rechnung" beziehungsweise „Rechnungsposition" und „Artikel".

Die relationale Schreibweise der fünf Relationen sieht folgendermaßen aus:

KUNDENEINHEIT(<u>Kundenart</u>, Kundengruppe)
KUNDE(<u>Kundennummer</u>, Kunde, Abteilung, Straße, Ort, Kundenart)
ARTIKEL(<u>Artikelnummer</u>, Artikel, Einzelpreis)
RECHNUNGSPOSITION(<u>Rechnungsnummer</u>, Artikelnummer, Anzahl, Gesamtpreis)
RECHNUNG(<u>Rechnungsnummer</u>, Kundennummer, Lieferdatum, Summe, Mehrwertsteuer)

Überprüfung des fertigen Datenmodells

Nach der Durchführung der Normalisierung und/oder des Entitiy-Relationship-Modells sollten Sie für den Test der fertig konzipierten Datenbank möglichst Extremwerte verwenden, um bestimmte Fragen klären zu können:

- Sind Felder vergessen worden?

- Besitzt jede Tabelle den geeigneten Primärschlüssel?

- Wiederholen sich Daten in einer Tabelle? Ist deshalb eine Aufteilung einer Tabelle sinnvoll?

- Existieren Tabellen mit vielen leeren Datenfeldern? Ist deshalb ein Neuaufbau dieser Tabellen erforderlich?

3   Einfache Programmierung mit Makros

In diesem Kapitel werden Sie in das Erstellen und das Testen von Makros eingeführt. Mit Makros kann das Zusammenwirken von Tabellen, Abfragen, Formularen und Berichten gesteuert werden. Dies alles sind regelmäßig wiederkehrende Aufgaben, die mithilfe von Makros automatisiert werden können, damit der Anwender weniger Arbeit hat.

Ein Makro besteht aus einer Reihe von Aktionen und kann auf unterschiedliche Arten, wie zum Beispiel durch einen Tastendruck oder einen Mausklick, gestartet werden. Durch den Aufruf des Makros läuft dieses automatisch ab, das heißt, die Aktionen werden in genau der gleichen Reihenfolge ausgeführt, in der sie sich im Makro befinden.

Eine Aktion ist eine selbstständige Anweisung und stellt die Basiskomponente eines Makros dar. Sie kann mit anderen Aktionen kombiniert werden, um Aufgaben zu automatisieren. In anderen Makrosprachen werden Aktionen häufig auch als Befehle bezeichnet. Der Begriff Aktion definiert bereits sehr gut die Aufgabe dieses Hilfsmittels. Eine Aktion beeinflusst auf irgendeine Weise ein Objekt, das ein Steuerelement, ein Datenbankobjekt, ein Datensatz etc. sein kann. Irgendeine Aktion geschieht mit diesem Objekt. Diese Beeinflussung kann sich zum Beispiel in einer Veränderung auswirken, wie es beim Öffnen eines Formulars oder beim Neusetzen des Eingabecursors (Fokus) der Fall ist.

3.1   Das Makrofenster zum Erstellen von Makros

Die Entwicklungsumgebung für Makros ist das Makrofenster. In diesem Fenster wird ein Makro erzeugt, indem die gewünschten Aktionen eingestellt und ihre Argumente mit Werten gefüllt werden. Das Makrofenster erscheint auf dem Bildschirm, indem Sie in der Access-Leiste das Symbol „Makros" auswählen und dann die Befehlsschaltfläche „Neu" betätigen.

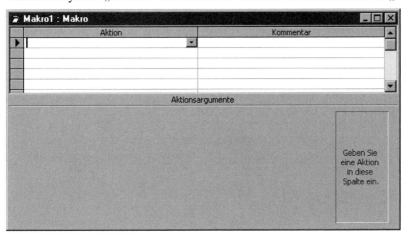

Bild 3.1: Das Makrofenster

Alternativ dazu gelangen Sie auch in das Makrofenster, indem Sie aus der aufklappbaren Liste „Neues Objekt" in der Symbolleiste den Eintrag „Makro" wählen oder den Menüpunkt MAKRO im Menü EINFÜGEN aufrufen.

3.1.1   Der Aufbau des Makrofensters

Dieses einfache Makrofenster gliedert sich in einen oberen und einen unteren Bereich. Der obere Bereich ist in die folgenden zwei Spalten geteilt:

- Aktion: Hier tragen Sie die Aktionen ein, die das Makro der Reihe nach ausführen soll.

- Kommentar: Versehen Sie jede Aktion mit einem kurzen Erläuterungstext.

Sie müssen die Aktionen nicht auswendig wissen, sondern können die gewünschte Aktion aus einer Liste auswählen. Zur Anzeige dieser Liste markieren Sie zuerst ein Feld der Spalte „Aktion" mit dem Mauszeiger, wodurch am rechten Rand dieses Feldes ein Pfeil eingeblendet wird. Wenn Sie nun diesen Pfeil anklicken, wird die Liste der Aktionen heruntergeklappt.

Der Kommentar wird in den meisten Fällen von Access beim Ausführen des Makros ignoriert. Er dient vor allem dazu, das Makro beim späteren Bearbeiten verständlicher zu machen.

Im unteren Teil des Makrofensters werden links in Abhängigkeit der oben eingestellten Aktion Felder eingeblendet, in die Sie die Argumente für die Aktion eintragen können. Jede Aktion besitzt eine fest definierte Zahl von Argumenten, die auch Null lauten kann. Diese Argumente liefern Access weitere Informationen zur Ausführung des Makros, zum Beispiel welcher Bericht geöffnet oder welcher Wert modifiziert werden soll. Auf der rechten Seite des unteren Bereichs bekommen Sie Hilfestellungen zu der gewählten Aktion und zu deren Argumenten. Diese Informationen helfen zu entscheiden, welche Eingabe richtig ist.

Zusätzliche Spalten anzeigen lassen

Das in der letzten Abbildung dargestellte Fenster wurde als einfaches Makrofenster bezeichnet, da dieses Fenster aufgrund bestimmter Vorgänge noch durch die zwei zusätzlichen Spalten „Makroname" und „Bedingung" erweitert werden kann. Die Spalte „Makroname" benutzen Sie, wenn Sie eine Makrogruppe erstellen (siehe 3.3), die Spalte „Bedingung" ist notwendig, wenn Bedingungen hinzukommen, die in Kapitel 3.6 besprochen werden.

Wenn Sie es wünschen, kann Ihr Makrofenster aber auch immer diese beiden zusätzlichen Spalten anzeigen. Dazu müssen Sie die Parameter für den Makroentwurf anders einstellen. Dies erfolgt über den Menüpunkt OPTIONEN des Menüs EXTRAS, der ein Dialogfeld einblendet, in dem für verschiedene Bereiche Optionen modifiziert werden können.

Auf dem Register „Ansicht" befinden sich zwei Kontrollkästchen, die sich auf den Makroentwurf beziehen. Um die Spalte „Makroname" dauerhaft sichtbar zu machen, müssen Sie das Kontrollkästchen „Namensspalte" einschalten. Analog dazu kann die Bedingungsspalte aktiviert werden. Wenn Sie anschließend ein neues Makrofenster öffnen, sehen Sie die zusätzlich eingeblendete(n) Spalte(n).

Die Symbolleiste des Makrofensters

Wenn das Makrofenster das derzeit aktuelle Fenster in Access ist, wird wie auch bei den übrigen Datenbankobjekten in der Entwurfsansicht eine spezielle Symbolleiste eingeblendet. Die für Makros wichtigen Symbole werden nachfolgend kurz genannt:

- Symbole für Makronamen und Bedingung: Drücken Sie das Symbol für die Spalte „Makronamen", wird im oberen Bereich des Makrofensters die zusätzliche Spalte für die Namen der einzelnen Makros einer Makrogruppe eingefügt. Falls eine Aktion abhängig von einer bestimmten Bedingung ausgeführt werden soll, muss diese Bedingung in die gleichnamige Spalte „Bedingung" eingetragen werden. Beide Spalten haben Sie bereits in der letzten Abbildung gesehen.

- Symbol für das Ausführen: Durch einen Mausklick auf das Symbol „Ausführen" wird das Makro, das sich derzeit im Makrofenster befindet, zum Ablauf gebracht. Voraussetzung dafür ist, dass es vorher gespeichert wurde.

- Symbol für den Einzelschritt: Wenn Sie auf das Symbol „Einzelschritt" klicken, können Sie das Makro auf seine richtige Arbeitsweise testen. In diesem Fall wird das Makro nämlich Aktion für Aktion durchgegangen. Sie können somit überprüfen, ob auch wirklich die gewünschten Ergebnisse erzielt werden.

- Symbol für eine Zeile einfügen und löschen: Um eine weitere Aktion zwischen zwei bereits bestehenden Aktionen eintragen zu können, muss erst eine neue Zeile eingefügt werden. Diese Zeile entsteht über der Zeile, in der derzeit der Textcursor steht. Eine Zeile wird gelöscht, indem Sie den Cursor in die Zeile stellen und das entsprechende Symbol anklicken.

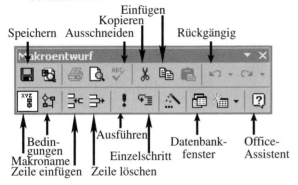

Bild 3.2: Die Symbolleiste des Makrofensters

3.1.2 Aktionen zu einem Makro hinzufügen

Ein Makro besteht aus einer oder aus mehreren Aktionen. Makros werden erstellt, indem Aktionen in das Makrofenster eingetragen und dadurch dem Makro hinzugefügt werden. Im einfachsten Fall enthält ein Makro eine einzige Aktion. Das Hinzufügen einer Aktion kann auf zwei Weisen erfolgen:

- Wählen Sie die Aktion aus der bereits weiter oben erwähnten Aktionsliste aus.

- Ziehen Sie ein Datenbankobjekt aus dem Datenbankfenster in die Aktionsspalte des Makrofensters.

Im ersten Fall müssen Sie sich selbst um die Besetzung der Argumente kümmern, im zweiten Fall übernimmt dies Access für Sie. Die Drag&Drop-Operation ist jedoch nur für bestimmte Aktionen möglich. Damit Sie beide Möglichkeiten verwenden können, werden sie anschließend genauer beschrieben.

Eine Aktion aus der Aktionsliste wählen

Um eine Aktion aus der Aktionsliste in ein leeres Feld der Spalte „Aktion" einzutragen,

1.   Selektieren Sie dieses Feld, damit der Pfeil erscheint, den Sie anklicken.

2.   Wählen Sie aus der Aktionsliste die gewünschte Aktion aus.

Hinweis: Wenn Ihnen das Blättern durch die Liste zu lange dauert, können Sie bei geöffneter Liste auch den Anfangsbuchstaben in das Feld eingeben. Access verzweigt dann sofort zu den Aktionen, die mit diesem Buchstaben beginnen. Sobald die editierten Buchstaben eine Aktion eindeutig kennzeichnen, wird diese Aktion in der Liste markiert. Daneben besteht auch die Möglichkeit, den Aktionsnamen direkt in das Feld einzugeben, wenn Sie ihn auswendig wissen.

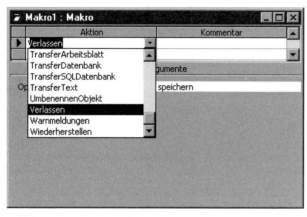

Bild 3.3: Aktion aus der Aktionsliste wählen

Sobald eine Aktion in einem Feld der Spalte „Aktion" steht und sich der Textcursor in dieser Zeile befindet, werden im unteren Bereich des Makrofensters die für diese Aktion optionalen und notwendigen Argumente angezeigt. Falls die Aktion keine Argumente besitzt, bleibt dieser Bereich leer.

Die Argumente enthalten die Informationen, die Access zum Ausführen der Aktion benötigt. Um die Größe und Lage des aktuellen Fensters zu verändern, reicht es zum Beispiel nicht aus, nur die Aktion „Positionieren" einzustellen, sondern Sie müssen auch die neuen Anfangskoordinaten (x, y) und die neuen Maße (Breite, Höhe) angeben.

In vielen Fällen sind auch die Textfelder für die Eingabe von Argumenten als Kombinationsfelder realisiert, damit Sie nicht selbst den Wert für das Argument eintragen müssen, sondern ihn nur aus der Liste auszuwählen brauchen. Nehmen wir zum Beispiel die Aktion „Beenden", die in der letzten Abbildung gezeigt wurde. Wenn sie aufgerufen wird, so wird Access vollständig geschlossen. Sie besitzt ein Argument namens „Optionen", das einen von drei Werten enthalten kann, die in dem einzeiligen Listenfeld aufgelistet werden, wenn Sie den Pfeil anklicken, und folgendermaßen lauten:

- Nachfragen
- Alles speichern
- Beenden

Der erklärende Text im rechten unteren Bereich teilt mit, dass bei dem Eintrag „Nachfragen" der Anwender für jedes einzelne Datenbankobjekt, das geändert wurde, gefragt wird, ob es gespeichert werden soll. Wird dagegen die zweite Option verwendet, werden automatisch alle Objekte ohne Nachfrage gesichert. Durch den Eintrag „Beenden" wird keine Speicherung durchgeführt.

Hinweis: Wenn die Aktion zu ihrer eindeutigen Beschreibung mehrere Argumente benötigt, empfiehlt es sich, die Argumente in der von Access aufgelisteten Reihenfolge zu setzen, da die Wahl eines Arguments die Wahlmöglichkeiten der nachfolgenden Argumente beeinflussen kann.

Aktionen durch Ziehen von Datenbankobjekten hinzufügen

Um bestimmte Aktionen in das Makrofenster einzufügen, kann mit der Drag&Drop-Operation gearbeitet werden, die schneller als die Wahl aus der Aktionsliste durchgeführt wird und die selbstständig die Argumente mit sinnvollen Werten besetzt. Voraussetzung für diese Tätigkeit ist die Maus.

1. Ordnen Sie das Makrofenster und das Datenbankfenster nebeneinander an, sodass beide Fenster gut sichtbar sind.

2. Klicken Sie das entsprechende Symbol in der Access-Leiste des Datenbankfensters an, damit alle existierenden Elemente des gewünschten Datenbankobjekts aufgelistet werden.

3. Markieren Sie hier das gewünschte Element, zum Beispiel den Namen einer Tabelle, und ziehen Sie es mit gedrückter Maustaste in die Zeile innerhalb des Makrofensters, in der die Aktion platziert werden soll.

Durch das Loslassen der Maustaste erstellt Access eine Aktion mit Standard-Aktionsargumenten. Folgende Aktionen werden in Abhängigkeit des gezogenen Elements in das Makrofenster geschrieben:

Tabelle 3.1: Aktionen, die über Drag&Drop entstehen

Datenbankobjekt	Aktion
Tabelle	ÖffnenTabelle
Abfrage	ÖffnenAbfrage
Formular	ÖffnenFormular
Bericht	ÖffnenBericht
Makro	AusführenMakro

Datenbankobjekt	Aktion
Modul	ÖffnenModul
Datenzugriffsseite	ÖffnenDatenzugriffsseite
Sicht (beim Projekt)	ÖffnenSicht
Diagramm (beim Projekt)	ÖffnenDiagramm
Gespeicherte Prozedur (beim Projekt)	ÖffnenGespeicherteProzedur

Die eben beschriebene Vorgehensweise funktioniert bei allen Datenbankobjekten. Wenn Sie versuchen, eines dieser Objekte nicht im Makrofenster, sondern an einer anderen Stelle im Access-Fenster abzulegen, verwandelt sich der Mauszeiger in einen durchgestrichenen Kreis. Diese Form des Mauszeigers bedeutet bei einer Drag&Drop-Operation, dass an der Position, an der sich derzeit der Mauszeiger befindet, das zu verschiebende Objekt beim Loslassen der Maustaste nicht akzeptiert wird.

Wenn Sie bereits ein Makro besitzen, das aus mehreren Aktionen besteht, und Sie nachträglich die Aktion „ÖffnenBericht" an zweiter Stelle eintragen wollen, so müssen Sie nicht erst über den Menüpunkt ZEILE EINFÜGEN eine leere Zeile an der gewünschten Position eintragen, sondern können direkt die Drag&Drop-Operation starten. Die neue Aktion wird oberhalb der bestehenden Aktion, an der sich der Mauszeiger beim Loslassen der Maustaste befindet, in eine neue Zeile gesetzt.

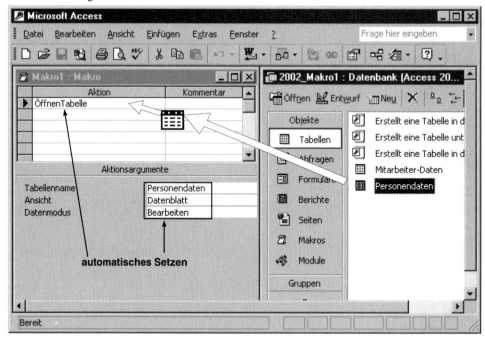

Bild 3.4: Aktion mittels einer Drag&Drop-Operation hinzufügen

Für die Abbildung wurde die Tabelle „Personendaten" der Datenbank MAKRO1.MDB mithilfe einer Drag&Drop-Operation in das Makrofenster gezogen. In diesem Fenster werden deswegen die Aktion „ÖffnenTabelle" und die zugehörigen Argumente „Tabellenname", „Ansicht" und „Datenmodus" angezeigt.

Welche Tabelle geöffnet werden soll, wird über das Argument „Tabellenname" spezifiziert. Den Namen der Tabelle haben Sie bestimmt, als Sie die Tabelle aus dem Datenbankfenster ausgewählt haben.

Die beiden anderen Argumente „Ansicht" und „Datenmodus" der Aktion „ÖffnenTabelle" werden durch eine Drag&Drop-Operation immer auf die Werte „Datenblatt" beziehungsweise „Bearbeiten" eingestellt. Dadurch wird die Tabelle in der Datenblattansicht geöffnet, und der Anwender kann neue Datensätze eingeben und bereits bestehende modifizieren.

Analog werden die Argumente der anderen Aktionen besetzt, die durch die Drag&Drop-Operation in das Makrofenster eingefügt werden. In der folgenden Tabelle sind die Standardwerte der Argumente für die einzelnen Aktionen aufgelistet:

Tabelle 3.2: Standardwerte für die Argumente bei Drag&Drop

Aktion	Argument	Standardwert
ÖffnenTabelle	Tabellenname	abhängig von der gezogenen Tabelle
	Ansicht	Datenblatt
	Datenmodus	Bearbeiten
ÖffnenAbfrage	Abfragename	abhängig von der gezogenen Abfrage
	Ansicht	Datenblatt
	Datenmodus	Bearbeiten
ÖffnenFormular	Formularname	abhängig vom gezogenen Formular
	Ansicht	Formular
	Filtername	--
	Bedingung	--
	Datenmodus	Bearbeiten
	Fenstermodus	Normal
ÖffnenBericht	Berichtsname	abhängig vom gezogenen Bericht
	Ansicht	Seitenansicht
	Filtername	--
	Bedingung	--

Aktion	Argument	Standardwert
AusführenMakro	Makroname	abhängig vom gezogenen Makro
	Wiederholungen	--
	Wiederholbedingungen	--
ÖffnenModul	Modulname	abhängig vom gezogenen Modul
	Prozedurname	--
ÖffnenDaten-zugriffsseite	Datenzugriffsseitenna-me	abhängig von der gezogenen Seite
	Sicht	Browser-Ansicht
ÖffnenSicht	Sichtname	abhängig von der gezogenen Sicht
	Sicht	Datenblatt
	Datenmodus	Bearbeiten
ÖffnenDiagramm	Diagrammname	abhängig vom gezogenen Diagramm
ÖffnenGespeicherte Prozedur	Gespeicherte Prozedur	abhängig von der gezogenen Prozedur
	Sicht	Datenblatt
	Datenmodus	Bearbeiten

Argumente einer Aktion mittels Drag&Drop setzen

Mithilfe einer Drag&Drop-Operation ist es nicht nur möglich, ganze Aktionen im Makrofenster entstehen zu lassen, sondern es können auch Aktionsargumente bei bereits bestehenden Aktionen festgelegt werden. Dazu ziehen Sie das gewünschte Element aus dem Datenbankfenster zu dem zu bestimmenden Argument. Durch das Loslassen der Maustaste wird das Argument mit dem Wert besetzt.

1. Um zum Beispiel eine Tabelle zu schließen, benötigen Sie die Aktion „Schließen", die Sie aus der Aktionsliste wählen. Diese Aktion besitzt die Argumente „Objekttyp", „Objektname" und „Speichern".

2. Zum Füllen dieser Argumente ziehen Sie die gewünschte Tabelle aus dem Datenbankfenster in den unteren linken Bereich des Makrofensters. Dabei reicht es aus, wenn sich der Mauszeiger irgendwo in diesem Bereich befindet, er muss nicht genau auf eine Zeile der beiden Argumente positioniert werden. Wenn Sie die Maustaste loslassen, wird das Argument „Objekttyp" auf den Wert „Tabelle" und das Argument „Objektname" auf den Namen der gezogenen Tabelle gesetzt.

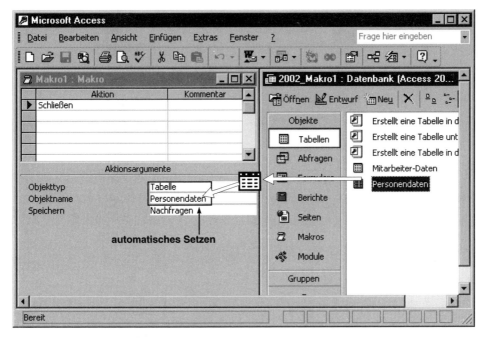

Bild 3.5: Argumente per Drag&Drop-Operation hinzufügen

In der folgenden Tabelle sind die Aktionen enthalten, deren Argument(e) mittels einer Drag&Drop-Operation besetzt werden können.

Tabelle 3.3: Argumente per Drag&Drop besetzen

Aktion	Zu ziehendes Objekt	Gesetztes Argument
AktualisierenObjekt	Beliebiges Datenbankobjekt	Objekttyp, Objektname
AnwendenFilter	Abfrage	Filtername
AusführenMakro	Makro	Makroname
AusgabeIn	Tabelle, Abfrage, Formular, Modul, Bericht	Objekttyp, Objektname
AuswählenObjekt	Beliebiges Datenbankobjekt	Objekttyp, Objektname
GeheZuDatensatz	Tabelle, Abfrage, Formular	Objekttyp, Objektname
HinzufügenMenü	Makro	Menümakroname
ÖffnenModul	Modul	Modulname
LöschenObjekt	Beliebiges Datenbankobjekt	Objekttyp, Objektname
SendenObjekt	Beliebiges Datenbankobjekt	Objekttyp, Objektname
ÖffnenAbfrage	Abfrage	Abfragename

Aktion	Zu ziehendes Objekt	Gesetztes Argument
ÖffnenBericht	Bericht	Berichtsname
ÖffnenFormular	Formular	Formularname
ÖffnenTabelle	Tabelle	Tabellenname
ÖffnenDatenzugriffsseite	Datenzugriffsseite	Datenzugriffsseitenname
ÖffnenSicht	Sicht	Sichtname
ÖffnenDiagramm	Diagramm	Diagrammname
ÖffnenGespeicherteProzedur	Gespeicherte Prozedur	Gespeicherte Prozedur
Schließen	Beliebiges Datenbankobjekt	Objekttyp, Objektname
UmbenennenObjekt	Beliebiges Datenbankobjekt	Objekttyp, Objektname

Eine Aktion verschieben

Die Aktionen in einem Makro werden Zeile für Zeile ausgeführt. Beim Testen des Makros kommt es immer wieder vor, dass Sie feststellen müssen, dass die Reihenfolge nicht korrekt ist. Zum Beispiel kann nicht mit der Aktion „GeheZuDatensatz" zu einem Datensatz in einer Tabelle gesprungen werden, wenn zuvor die Aktion „Schließen" für diese Tabelle aufgerufen wurde.

Innerhalb des Makrofensters können Sie eine Aktion jederzeit verschieben und damit die Reihenfolge der Ausführung verändern.

1.   Markieren Sie zunächst die gesamte Zeile, indem Sie mit der Maus auf den Zeilenmarkierer links vom Aktionsnamen klicken. Dadurch wird der Datensatzmarkierer angezeigt.

2.   Wählen Sie erneut diesen Markierer an und ziehen Sie die Aktion mit gedrückter Maustaste an die gewünschte Position, an der Sie die Maustaste wieder loslassen.

Die Zeile, in die die Aktion geschrieben wird, wird dabei durch einen dicken waagrechten Strich am unteren Zeilenrand markiert. Die anderen Aktionen werden nach oben beziehungsweise unten neu ausgerichtet.

Eine Aktion löschen

Sie können auf einfache Weise Aktionen oder nur deren Argumente löschen.

•   Eine Aktion löschen: Klicken Sie zuerst auf den Zeilenmarkierer. Betätigen Sie dann die Taste <Entf>, den Menüpunkt LÖSCHEN im Menü BEARBEITEN oder das Symbol für Zeile löschen. Oder klicken Sie mit der rechten Maustaste die Zeile an und wählen aus dem Kontextmenü den Menüpunkt ZEILE LÖSCHEN.

•   Ein Aktionsargument löschen: Markieren Sie es und drücken Sie dann die <Entf>-Taste.

•   Alle Aktionen löschen: Wählen Sie die Menüpunkte ALLES MARKIEREN und LÖSCHEN im Menü BEARBEITEN. Oder markieren Sie alle Zeilen mit der Maus. Drücken Sie danach die rechte Maustaste und lösen Sie im Kontextmenü den Menüpunkt ZEILE LÖSCHEN aus.

3.2 Makros erstellen und ausführen

Nachdem theoretisch die einzelnen Schritte zur Erstellung eines Makros besprochen wurden, wollen Sie jetzt wahrscheinlich Ihr erstes Makro schreiben und anschließend testen. Dieses Makro soll die Tabelle „Personendaten" als Vollbild öffnen und den Textcursor auf einen neuen Datensatz stellen, damit sofort mit der Eingabe neuer Daten begonnen werden kann. Damit der Anwender aufwacht und mit seiner Arbeit anfängt, wird zum Schluss noch ein Ton ausgegeben.

Ein Makro erstellen

Für die Realisierung dieser Aufgabe sind vier Aktionen notwendig, die der Reihe nach in das Makrofenster eingetragen werden.

- Die Aktion „ÖffnenTabelle" öffnet die Tabelle „Personendaten". Diese Aktion wird am schnellsten mit einer Drag&Drop-Operation aus dem Datenbankfenster in die erste Zeile des Makrofensters gezogen.
- Die Aktion „Maximieren" setzt das aktuelle Fenster, das die Tabelle „Personendaten" enthält, auf Maximalgröße.
- Die Aktion „GeheZuDatensatz" positioniert den Textcursor in die erste leere Zeile in der Tabelle. Im Argument „Datensatz" müssen Sie angeben, zu welchem Datensatz gesprungen werden soll. Es sind zum Beispiel die Einträge „Vorheriger", „Erster" und „Letzter" möglich. Durch den Eintrag „Neu" wird ein leerer Satz angelegt, auf den der Datensatzmarkierer zeigt.
- Die Aktion „Signalton" lässt einen kurzen Ton erklingen.

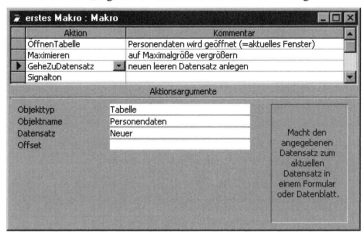

Bild 3.6: Das erste Makro mit seinen Aktionen

Zusammenfassend stehen in der folgenden Tabelle die vier Aktionen mit den einzelnen Werten für ihre Argumente.

Tabelle 3.4: Aktionen für das erste Makro

Aktion	Argumente	Wert
ÖffnenTabelle	Tabellenname	Personendaten
	Ansicht	Datenblatt
	Datenmodus	Bearbeiten
Maximieren	--	
GeheZuDatensatz	Objekttyp	Tabelle
	Objektname	Personendaten
	Datensatz	Neuer
	Offset	--
Signalton	--	

Das erstellte Makro speichern

Bevor Sie ein Makro ausführen können, müssen Sie es speichern. Erst dadurch wird es zu einem Datenbankobjekt, das vom Datenbankfenster aus geöffnet und aufgerufen werden kann.

Normalerweise werden Sie nach dem Erstellen eines neuen Makros im Menü DATEI den Menüpunkt SPEICHERN beziehungsweise SPEICHERN UNTER oder das entsprechende Symbol in der Symbolleiste auslösen. Daraufhin wird ein Dialogfeld eingeblendet, in das Sie den gewünschten Namen eintragen und über die „OK"-Schaltfläche bestätigen. Der Name kann dabei aus bis zu 64 Zeichen bestehen und auch Leerzeichen enthalten. Für das gerade erstellte Makro wurde der Name „erstes Makro" gewählt.

Bei allen weiteren Sicherungen werden Sie nur noch den Menüpunkt SPEICHERN verwenden, außer Sie wollen das Makro ein zweites Mal unter einem anderen Namen sichern.

Das gespeicherte Makro ausführen

Nach dem Sichern wollen Sie bestimmt Ihr erstes Makro ausprobieren. Sie können ein Makro auf verschiedene Arten starten:

- Aus dem Makrofenster: Klicken Sie in der Symbolleiste auf das Symbol für AUSFÜHREN oder wählen Sie aus dem Menü AUSFÜHREN den gleichnamigen Menüpunkt.

- Aus dem Datenbankfenster: Wählen Sie zuerst das Symbol „Makros" in der Access-Leiste an. Nun können Sie das gewünschte Makro anklicken und die Befehlsschaltfläche „Ausführen" betätigen.

- Aus anderen Fenstern: Im Untermenü MAKRO des Menüs EXTRAS existiert dafür der Menüpunkt MAKRO AUSFÜHREN. Es erscheint ein Dialogfeld, in dessen Textfeld Sie den Namen des gewünschten Makros direkt eingeben oder ihn aus dem einzeiligen Listenfeld auswählen. Durch einen Druck auf die Schaltfläche „OK" wird das Makro gestartet.

- Aus einem anderen Makro: Fügen Sie in ein zweites Makro die Aktion „Ausführen-Makro" hinzu und setzen Sie das Argument „Makroname" auf den Namen des auszuführenden Makros. Dadurch wird dieses Makro aus dem Makro heraus aufgerufen, in dem es als Aktion eingebunden ist.

- Durch die Verknüpfung eines Makros an ein bestimmtes Ereignis, das in einem Formular oder Bericht auftritt. Genaueres zu diesem Thema finden Sie im Kapitel 7.1.

Die Ausführung des Makros schlägt fehl, wenn das Makro dafür bestimmt ist, aus einem Bericht oder einem Formular aufgerufen zu werden. In diesem Fall greifen nämlich häufig die Aktionen des Makros auf bestimmte Steuerelemente zu, die Access jedoch nicht finden kann, wenn das Formular beziehungsweise der Bericht geschlossen ist. Falls solch eine Situation eintritt, zeigt Access ein Meldungsfenster an, in dem der Fehler spezifiziert wird. Durch die Bestätigung dieser Meldung erscheint das Dialogfeld „Aktion ist fehlgeschlagen", das die Aktion ausgibt, bei der der Fehler passiert ist.

3.3   Makros als Makrogruppe zusammenfügen

Eine Makrogruppe besteht aus mehreren verwandten Makros, die im gleichen Makrofenster definiert werden. Die Bildung von Makrogruppen ist sinnvoll, wenn die Makros zueinander in einem bestimmten Zusammenhang stehen. Dies ist zum Beispiel der Fall, wenn Sie mehrere Befehlsschaltflächen in den Fuß einen Formulars ablegen, über die verschiedene andere Datenbankobjekte gestartet werden können. Hierfür bietet es sich an, eine Makrogruppe zu erstellen, die für jede Schaltfläche ein Makro enthält. Die Makrogruppe vereint dabei alle Makros, die in diesem Formular über Schaltflächen aufgerufen werden, in einem einzigen Datenbankobjekt.

Jede Makrogruppe erscheint in der Makroliste des Datenbankfensters in einer eigenen Zeile mit ihrem Namen, so wie Sie es bereits von einem Makro gewohnt sind. Die einzelnen Makros der Gruppe besitzen auch ihren eigenen Namen, der jedoch nicht in der Liste aller Makros im Datenbankfenster, sondern nur innerhalb des Makrofensters angezeigt wird. Der Inhalt des Datenbankfensters kann somit übersichtlicher gestaltet werden, da nicht mehr unzählige einzelne Makros aufgelistet werden, sondern nur noch einige Gruppen, durch die bereits eine Vorauswahl getroffen wird.

Eine Makrogruppe erstellen

Für die Erstellung einer Makrogruppe benötigen Sie im oberen Bereich des Makrofensters die zusätzliche Spalte „Makroname". Rufen Sie dazu im Menü ANSICHT den Menüpunkt MAKRONAMEN auf oder klicken Sie das entsprechende Symbol in der Symbolleiste an. Stattdessen können Sie auch die Titelleiste des Makrofensters mit der rechten Maustaste anklicken. Wählen Sie dann aus dem Kontextmenü den Menüpunkt MAKRONAMEN.

In die neue Spalte „Makroname" tragen Sie die Namen der einzelnen Makros ein, die wiederum aus einer oder aus mehreren Aktionen und Kommentaren bestehen können. Im unteren Bereich des Makrofensters setzen Sie wie gewohnt die Argumente für die Aktionen.

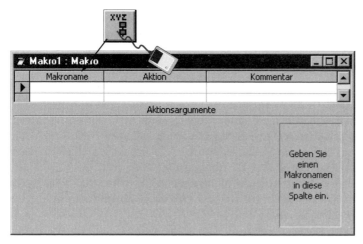

Bild 3.7: Makrofenster zum Erstellen von Makrogruppen

Alle eingetragenen Makros werden dann mithilfe des Menüpunktes SPEICHERN UNTER unter dem gemeinsamen Namen der Makrogruppe abgespeichert und dadurch in die Liste aller Makros im Datenbankfenster übernommen. Hier stehen somit sowohl einzelne Makros als auch Makrogruppen. Deswegen sollten Sie selbst dafür Sorge tragen, dass diese beiden Arten zu unterscheiden sind, zum Beispiel, indem jede Makrogruppe in ihrem Namen die Abkürzung „MakroGr" enthält.

erste Makrogruppe : Makro		
Makroname	**Aktion**	**Kommentar**
Datenblatt öffnen	ÖffnenTabelle	Personendaten in der Datenblattansicl
	Signalton	
Entwurf öffnen	ÖffnenTabelle	Personendaten in der Entwurfsansicht
	Minimieren	
Seitenansicht öffne	ÖffnenTabelle	Personendaten in der Seitenansicht
Schließen	Schließen	Personendaten schließen
Access beenden	Verlassen	Anwender fragen, ob gesichert werde
	Signalton	

Aktionsargumente

Tabellenname	Personendaten
Ansicht	Entwurf
Datenmodus	Bearbeiten

Geben Sie einen Kommentar in diese Spalte ein.

Bild 3.8: Makrofenster zum Erstellen von Makrogruppen

Die Makrogruppe des nächsten Beispiels besteht aus fünf Makros. Drei dieser Makros öffnen die Tabelle „Personendaten" in einer jeweils unterschiedlichen Ansicht, das vierte Makro schließt diese Tabelle wieder, und das letzte Makro beendet Access. Damit Sie sehen können, dass ein Makro innerhalb einer Makrogruppe auch mehrere Aktionen ausführen kann, besitzen zwei Makros noch die Aktion „Signalton", und das Makro für das Öffnen der Tabelle in der Entwurfsansicht stellt das geöffnete Fenster mithilfe der Aktion „Symbol" als Minimal-Fenster dar. Zusammenfassend stehen in der Tabelle die fünf Makros mit ihren Aktionen und den einzelnen Werten für die Argumente.

Tabelle 3.5: Fünf Makros in einer Makrogruppe zusammengefasst

Makro	Aktion	Argumente	Wert
Datenblatt öffnen	ÖffnenTabelle	Tabellenname	Personendaten
		Ansicht	Datenblatt
		Datenmodus	Bearbeiten
	Signalton	--	
Entwurf öffnen	ÖffnenTabelle	Tabellenname	Personendaten
		Ansicht	Entwurf
		Datenmodus	Bearbeiten
	Minimieren	--	
Seitenansicht öffnen	ÖffnenTabelle	Tabellenname	Personendaten
		Ansicht	Seitenansicht
		Datenmodus	Bearbeiten
Schließen	Schließen	Objekttyp	Tabelle
		Objektname	Personendaten
Access beenden	Beenden	Optionen	Nachfragen
	Signalton	--	

Ein Makro einer Makrogruppe ausführen

Um ein beliebiges Makro einer Makrogruppe auszuführen, ist der Ablauf unabhängig davon, ob der Aufruf aus dem Makro-, dem Datenbankfenster oder aus einem anderen Fenster erfolgt.

Wählen Sie im Menü EXTRAS den Menüpunkt MAKRO, um in dem daraufhin erscheinenden Dialogfeld den Namen der Makrogruppe und den des Makros, getrennt durch einen Punkt, einzugeben. Die Syntax lautet somit folgendermaßen:

        Makrogruppenname.Makroname

Sobald Sie die Befehlsschaltfläche „OK" betätigen, führt Access das bezeichnete Makro aus. Diese Schreibweise wird auch verwendet, wenn

- der Name eines Makros aus einer Makrogruppe in einem Formular oder Bericht einer Eigenschaft zugeordnet wird.

- dieses Makro über die Aktion „AusführenMakro" aus einem anderen Makro aufgerufen wird.

Um sich die Tabelle „Personendaten" in der Seitenansicht anzeigen zu lassen, muss das dritte Makro unserer Makrogruppe ausgeführt werden. Öffnen Sie dazu das Dialogfeld „Makro ausführen" und geben Sie zuerst den Gruppennamen „erste Makrogruppe", dann einen Punkt und abschließend den Makronamen „Seitenansicht öffnen" ein.

Bild 3.9: Makro aus einer Makrogruppe aufrufen

Wenn Sie hingegen eine Makrogruppe starten, indem Sie das Symbol „Ausführen" im Makrofenster anklicken oder den Namen der Makrogruppe im Datenbankfenster auswählen und dann auf die Befehlsschaltfläche „Ausführen" drücken, führt Access nur das erste Makro dieser Makrogruppe aus. Die Ausführung wird angehalten, sobald Access in der Spalte „Makroname" auf den nächsten Makronamen trifft.

Falls die Makrogruppe mit Aktionen beginnt, die keinem Makro zugeordnet sind, werden diese Aktionen ausgeführt, bis Access den ersten Makronamen findet. Sehen wir uns dazu noch ein kleines Beispiel an, dessen Entwurfsansicht in der nächsten Abbildung gezeigt wird.

Makroname	Aktion	Kommentar
	ÖffnenTabelle	Aktionen werden bei Angabe nur des
	Signalton	Makrogruppennamens ausgeführt.
ohne Signalton	ÖffnenTabelle	Aktion wird bei Angabe des Makrogruppen-
		und des Makronamens ausgeführt.

Aktionsargumente	
Tabellenname	Personendaten
Ansicht	Datenblatt
Datenmodus	Bearbeiten

Geben Sie einen Makronamen in diese Spalte ein.

Bild 3.10: Makrogruppe mit Aktionen ohne zugeordneten Makronamen

In der Makrogruppe mit dem Namen „zweite Makrogruppe" stehen zu Beginn zwei Aktionen, die die Tabelle „Personendaten" öffnen und einen Ton erklingen lassen und die mit keinem Makronamen verbunden sind. Anschließend taucht ein zweites Mal die Aktion „ÖffnenTabelle" auf, die aber nun zu dem Makro „ohne Signalton" gehört. Das Öffnen der Tabelle kann somit mit oder ohne Ton erfolgen.

Damit Sie auch das akustische Signal hören, müssen Sie entweder bei geöffnetem Makrofenster das Symbol für „Ausführen" anklicken oder im Dialogfeld „Makro ausführen" folgenden Namen eintragen:

> zweite Makrogruppe

Falls Sie die Tabelle ohne zusätzlichen Klangeffekt angezeigt bekommen möchten, müssen Sie an den Gruppennamen noch den Makronamen anhängen:

> zweite Makrogruppe.ohne Signalton

3.4 Erster Test mit Fehlersuche

Wenn ein Makro nicht wie erwartet ausgeführt wird, ist es oft schwierig, auf die Schnelle festzustellen, welche Aktion die Fehlfunktion verursacht. Für eine systematische Fehlersuche stellt Ihnen Access den Einzelschrittmodus zur Verfügung. Mit diesem Verfahren können Sie ein Makro Schritt für Schritt ausführen und dabei zwischen den einzelnen Aktionen anhalten. So können Sie das Ergebnis jeder Aktion in Ruhe überprüfen und dadurch die falsch funktionierende Aktion herausfinden.

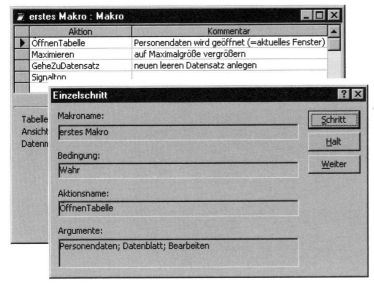

Bild 3.11: Das Dialogfeld Einzelschritt

Wenn Sie ein Makro im Einzelschrittmodus ausführen wollen, müssen Sie es zuerst im Makrofenster anzeigen. Dann klicken Sie in der Symbolleiste auf das Symbol für „Einzelschritt" oder wählen aus dem Menü AUSFÜHREN den Menüpunkt EINZELSCHRITT. In beiden Fällen wird der Menüpunkt daraufhin mit einem Häkchen markiert. Sobald die Einzelschrittausführung aktiviert ist, bleibt sie für alle Makros eingeschaltet, unabhängig davon, auf welche Weise das Makro ausgeführt wird. Nun führen Sie das Makro wie gewohnt aus.

Access blendet daraufhin das Dialogfeld „Einzelschritt" ein, in dem der Makroname, die Bedingung, der Name der ersten Aktion des Makros und die Argumente für diese Aktion angezeigt werden. Die einzelnen Argumente werden durch einen Semikolon voneinander getrennt. Falls ein Argument einen Ausdruck enthält, so wird das Ergebnis der Auswertung dieses Ausdrucks dargestellt.

Wenn Sie die Befehlsschaltfläche „Schritt" betätigen, wird das Dialogfeld „Einzelschritt" ausgeblendet, die angezeigte Aktion ausgeführt und bei erfolgreicher Durchführung die nächste Aktion im wieder eingeblendeten Dialogfeld ausgegeben. So können Sie sich Schritt für Schritt durch das Makro bewegen und das Ergebnis jeder Aktion betrachten.

Beim Testen des ersten Makros können Sie mitverfolgen, wie die Tabelle „Personendaten" zuerst in einer Standardgröße geöffnet und dann als Vollbild dargestellt wird. Als Nächstes wird der Datensatzmarkierer auf den leeren Datensatz gestellt, und zum Schluss erklingt ein Ton.

Ein Fehler tritt beim Testen auf

Stößt Access jedoch bei dem Versuch, eine Aktion auszuführen, auf einen Fehler, wird eine Fehlermeldung in einem Meldungsfenster ausgegeben. Nach deren Bestätigung wird das Dialogfeld „Einzelschritt", das nun den Titel „Aktion ist fehlgeschlagen" besitzt, wieder auf dem Bildschirm sichtbar. Es zeigt die Aktion an, die den Fehler verursacht hat. Sie haben jetzt nur noch die Möglichkeit, die Befehlsschaltfläche „Halt" zu drücken, wodurch das Makro abgebrochen und das Dialogfeld geschlossen wird. Sie gelangen in das Makrofenster zurück und können dort den Fehler korrigieren.

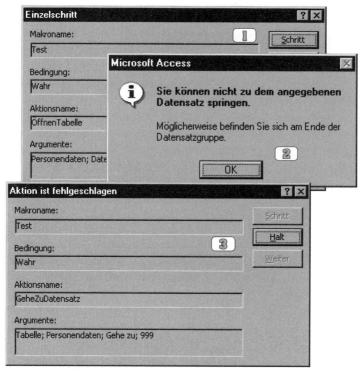

Bild 3.12: Beim Testen wird ein Fehler gefunden

Angenommen, bei der Aktion „GeheZuDatensatz" wurde dem Argument „Datensatz" nicht der Wert „Neuer", sondern der Eintrag „Gehe Zu" übergeben. In diesem Fall muss im letzten Argument „Offset" die Nummer des Datensatzes stehen, der angesprungen werden soll. Hier geben Sie die Zahl „999" ein. Nachdem Sie das Makro gespeichert haben, können Sie es im Einzelschritt testen. Bei der Ausführung der Aktion „GeheZuDatensatz" entsteht nun jedoch ein Fehler. Access teilt mit, dass nicht zu dem angegebenen Datensatz gegangen werden konnte. Dies ist auch klar, da die Tabelle „Personendaten" keine 999 Datensätze enthält.

Bestätigen Sie die Fehlermeldung und drücken Sie im Dialogfeld „Einzelschritt" die „Halt"-Schaltfläche, wodurch das Dialogfeld verschwindet. Da als letzte erfolgreiche Aktion die Aktion „Maximieren" durchgeführt worden ist, die das Tabellenfenster auf Maximalgröße einstellte, sehen Sie das Makrofenster nicht gleich. Über den Menüpunkt MAKRO: ERSTES MAKRO im Menü FENSTER kommen Sie wieder in das Makrofenster, in dem Sie die Änderungen bei der Aktion „GeheZuDatensatz" rückgängig machen und anschließend das Makro sichern.

Den Einzelschritt ausschalten

Wenn Sie ein Makro mit vielen Aktionen testen, kann es vorkommen, dass Sie nur die ersten fünf Aktionen schrittweise ablaufen lassen möchten. Wenn diese ohne Fehler ausgeführt werden konnten, soll das restliche Makro ohne Einzelschritt zu Ende geführt werden. Dies können Sie erreichen, indem Sie die Befehlsschaltfläche „Weiter" drücken. Dadurch wird der Einzelschrittmodus ausgeschaltet und der Rest des Makros ohne Unterbrechung ausgeführt.

Der Modus für den Einzelschritt kann auch erst während der Ausführung eines Makros eingeschaltet werden, indem Sie gleichzeitig die beiden Tasten <Strg> und <Pause> drücken. Dadurch wird das Dialogfeld „Einzelschritt" eingeblendet, das die nächste auszuführende Aktion anzeigt. Von dieser Methode wird in der Praxis jedoch nicht so viel Gebrauch gemacht, da es von Ihrer Fingerfertigkeit abhängt, bei welcher Aktion das Makro angehalten wird.

Beim Testen eines Makros aus einer Makrogruppe gilt dasselbe wie beim normalen Starten eines Makros dieser Gruppe. Falls beim Starten der Ausführung nur der Makrogruppenname ohne einen Makronamen genannt wird, werden das erste Makro dieser Gruppe beziehungsweise die ersten Aktionen dieser Gruppe ausgeführt, bis der nächste beziehungsweise erste Makroname erreicht wird. Um ein spezielles Makro aus einer Makrogruppe zu testen, muss in dem Dialogfeld „Makro ausführen" sowohl der Makrogruppen- als auch der Makroname eingegeben werden.

Hinweis: Bei der Fehlersuche können auch die beiden Aktionen „Meldung" und „StopMakro" in das fehlerhafte Makro eingefügt werden, um den Fehler zu lokalisieren. Mit der ersten Aktion geben Sie ein Meldungsfenster aus, das zum Beispiel den Inhalt eines Steuerelements anzeigen kann. Die zweite Aktion beendet das Makro.

3.5 Makros in Aktion

Nachdem Sie ein Makro erstellt haben, können Sie damit fast genauso umgehen wie mit jedem anderen Datenbankobjekt. Sie können es öffnen und schließen, umbenennen, in eine andere Datenbank exportieren und auch wieder löschen. Der einzige Unterschied besteht im

Anzeigen der Seitenansicht und des Druckens. Makros beziehungsweise Makrogruppen selber besitzen keine Seitenansicht. Wenn Sie diesen Menüpunkt aus dem Menü DATEI wählen, wird der Dokumentierer gestartet, der wichtige Informationen zum Makro in einem Bericht aufbereitet. So werden zum Beispiel alle Aktionen eines Makros mit ihren Argumenten aufgelistet. Diese Möglichkeit des Dokumentierens können Sie auch über den Menüpunkt DOKUMENTIERER aufrufen, den Sie im Untermenü ANALYSE des Menüs EXTRAS finden.

3.5.1 Makros, Funktionen und Anwendungen öffnen und beenden

Es existieren einige Aktionen, die die Ausführung eines Makros oder einer Funktion, die in VBA geschrieben ist, beginnen oder beenden.

Ein Makro ausführen

Sie können ein zweites Makro definieren, dessen einzige Aufgabe es ist, Ihr erstes Makro zu starten. Dies ist dann sinnvoll, wenn ein bestimmter Satz von Aktionen immer in der gleichen Reihenfolge und mit denselben Argumenten an verschiedenen Stellen verwendet werden soll. Um diese Aktionen nicht jedesmal neu schreiben zu müssen, werden sie einmal in einem Makro gespeichert, das in den anderen Makros beliebig oft aufgerufen werden kann.

Um aus einem Makro ein anderes zu starten, wird die Aktion „AusführenMakro" benötigt, die die drei Argumente „Makroname", „Wiederholungen" und „Wiederholbedingung" besitzt. Diese Aktion fügt Access automatisch in das Makrofenster ein, wenn Sie ein Makro im Datenbankfenster auswählen und in das Makrofenster ziehen. In diesem Fall schreibt Access auch den Namen des gezogenen Makros in das erste Argument. Bei der Angabe eines Makrogruppen-Namens wird das erste Makro dieser Gruppe gestartet.

Falls das Makro mehr als einmal aufgerufen werden soll, müssen Sie mit dem zweiten und/oder dritten Argument arbeiten. Über das Argument „Wiederholungen" bestimmen Sie die maximale Anzahl der Ausführungen. Die obere Grenze liegt bei 65535. Die Anzahl können Sie aber auch durch das letzte Argument „Wiederholbedingung" beeinflussen, dem ein Ausdruck übergeben wird. Das Makro wird in diesem Fall so oft aktiviert, bis die Bedingung, die vor jeder Ausführung des Makros ausgewertet wird, als Ergebnis „falsch" liefert. In der nachfolgenden Tabelle sind die Kombinationsmöglichkeiten der beiden Argumente „Wiederholungen" (Wdh) und „Wiederholbedingung" (WdhBdg) und die dadurch entstehende Anzahl der Ausführungen des Makros aufgelistet.

Tabelle 3.6: Möglichkeiten der Wiederholungen bei der Aktion „AusführenMakro"

Wdh	WdhBdg	Anzahl
unbesetzt	unbesetzt	Makro wird einmal ausgeführt.
Zahl	unbesetzt	Makro wird abhängig von der Größe der Zahl ausgeführt.
unbesetzt	Ausdruck	Makro wird so lange ausgeführt, bis der Ausdruck falsch ist.
Zahl	Ausdruck	Makro wird so lange ausgeführt, bis eines der beiden Abbruchkriterien eintritt.

Die Aktion „AusführenMakro" wird vor allem dazu benutzt, mehr Übersicht in großen Anwendungen herzustellen, indem bestimmte Aufgaben in verschiedene Makros aufgeteilt werden, die dann aus einem speziellen Makro hintereinander aufgerufen werden. Ein weiteres Einsatzgebiet der Aktion „AusführenMakro" ist das Einbinden eines Makros in einen benutzerdefinierten Menüpunkt. Außerdem kann mit dieser Aktion ein gesamtes Makro und nicht nur eine einzelne Aktion aufgrund einer bestimmten Bedingung ausgeführt werden.

Eine VBA-Funktion starten

Zum Starten einer Funktion von VBA wird die Aktion „AusführenCode" verwendet. Die Funktion selbst wird dem Argument „Funktionsname" übergeben. Dabei müssen Sie die Parameter der Funktion in runde Klammern einschließen, wobei mehrere Parameter durch ein Komma getrennt sind. Folgenden Ausdruck können Sie zum Beispiel in das Argument schreiben:

```
MsgBox("Dieses Meldungsfenster besitzt drei Schaltflächen", 2)
    oder
fktEigeneFunktion()
```

Beim Ausführen des Makros, das die Aktion „AusführenCode" mit dem ersten genannten Wert für das Argument „Funktionsname" enthält, wird ein Meldungsfenster mit drei Befehlsschaltflächen angezeigt. Die zweite Zeile zeigt eine selbst definierte Funktion.

Sie können sowohl die Standard-Funktionen von VBA als auch selbst geschriebene Prozeduren mit der Aktion „AusführenCode" zum Ablauf bringen. Der Rückgabewert einer Funktion wird von Access ignoriert, das heißt, Sie können ihn nicht abfragen.

Access schließen

Um nicht nur ein Datenbankobjekt mit der Aktion „Schließen", sondern das gesamte Access zu beenden, muss die Aktion „Beenden" aufgerufen werden. Über das Argument „Optionen" bestimmen Sie, auf welche Weise die noch nicht gespeicherten Datenbankobjekte geschlossen werden sollen. Sie können zwischen „Alles speichern", „Nachfragen" und „Beenden" wählen.

Bei der zuerst genannten Option werden alle offenen Objekte automatisch gesichert. Wird der zweite Eintrag eingestellt, so erscheint vor Programmende ein Meldungsfenster, das den Anwender fragt, ob gespeichert werden soll. Bei der letzten Möglichkeit erfolgt keine Speicherung der bis dahin ungesicherten Datenbankobjekte.

Die Aktion „Beenden" mit dem Argument „Nachfragen" besitzt dieselbe Wirkung wie der Menüpunkt SCHLIEßEN aus dem DATEI-Menü beziehungsweise wie ein Doppelklick auf das Systemmenü von Access.

3.5.2   Ein Meldungsfenster anzeigen

Wenn Sie bereits mit Visual Basic oder mit der Sprache C Anwendungen für Windows geschrieben haben, werden Sie sich wahrscheinlich an eine Funktion erinnern, die „Message-Box", „MsgBox" oder so ähnlich heißt und ein Meldungsfenster auf dem Bildschirm ausgibt. Solch eine Funktion existiert auch in Visual Basic für Applikationen und wird im Kapitel 4.6

genauer beschrieben. Der Hauptunterschied zwischen dieser Funktion und der Aktion „Meldung" liegt darin, dass das Meldungsfenster, das durch die Aktion entsteht, immer nur die Befehlsschaltfläche „OK" besitzt. Deswegen muss sie auch keinen Rückgabewert liefern, in dem steht, welche Schaltfläche gedrückt wurde. Das Meldungsfenster der Funktion kann hingegen unterschiedliche Schaltflächen enthalten, die beim Aufruf angegeben werden müssen.

Bild 3.13: Die Aktion Meldung und die Funktion MsgBox

Die Aktion „Meldung" besitzt die vier Argumente „Meldung", „Signalton", „Typ" und „Titel", mit denen Sie Folgendes bestimmen:

- den Text der Meldung,
- ob beim Anzeigen der Meldung ein Signalton erklingt,
- den Symboltyp im Meldungsfenster und
- den Titel des Feldes.

Im ersten Argument tragen Sie den Text ein, der in dem Meldungsfenster als Information oder Warnung angezeigt werden soll. Dieser Text kann aus bis zu 255 Zeichen bestehen. Access kümmert sich bei langen Texten um die Darstellung in mehreren Zeilen.

Statt eines Textes können Sie auch einen Ausdruck mit vorangestellten Gleichheitszeichen eingeben. Wenn beim Erscheinen des Meldungsfensters zusätzlich ein akustisches Signal erklingen soll, lassen Sie das zweite Argument auf „Ja" eingestellt.

Um die Aussage des Textes zu unterstreichen, kann für das Argument „Typ" ein Symbol aus vier möglichen gewählt werden, das im linken Teil des Meldungsfensters eingefügt wird. Falls Sie kein Symbol angezeigt haben möchten, wählen Sie den Eintrag „ohne Symbol".

kritisch

Warnmeldung (?)

Warnmeldung (!)

Information

Bild 3.14: Symbole für die Aktion „Meldung"

Der Inhalt der Titelzeile für das Meldungsfenster wird im letzten Argument bestimmt. Wenn dieses Argument freigelassen wird, so erscheint automatisch der Titel „Microsoft Access".

Die Aktion „Meldung" wird in Access häufig bei einer Gültigkeitsprüfung von Daten eingesetzt. Bei der Eingabe falscher Daten teilt ein Meldungsfenster dem Anwender mit, welche Daten ungültig sind, damit dieser anschließend die Möglichkeit hat, sie zu korrigieren.

Da in diesem Kapitel die Prüfung auf Gültigkeit erst später beschrieben wird, wollen wir damit beginnen, ein einfaches Makro zu schreiben, das nur die Aktion „Meldung" enthält und sofort über das Symbol für „Ausführen" in der Symbolleiste gestartet werden kann.

Bild 3.15: Die Aktion Meldung

In der Beschreibung des Arguments „Meldung" wurde auch die Möglichkeit erwähnt, statt eines Textes einen Ausdruck zu übergeben. Dies wollen wir in einem zweiten Beispiel ausprobieren.

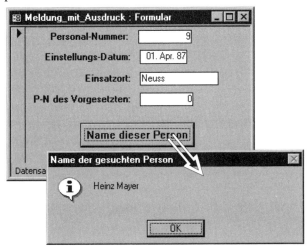

Bild 3.16: Aktion Meldung, um Namen einer Person anzuzeigen

In einem Formular, das auf der Tabelle „Mitarbeiter-Daten" basiert, soll im Normalfall nur die Personal-Nummer des Mitarbeiters, jedoch kein Vor- und Nachname angezeigt werden. Erst wenn eine Schaltfläche gedrückt wird, erscheint ein Meldungsfenster mit dem zu dem aktuellen Datensatz dazugehörigen Namen.

Das Formular und das für die Realisierung dieser Aufgabe benötigte Makro sind jeweils unter dem Namen „Meldung_mit_Ausdruck" in der Datenbank MAKRO1.MDB gespeichert.

Das erste Argument der Aktion „Meldung" enthält folgenden Ausdruck:

=[Vorname] & " " & [Nachname]

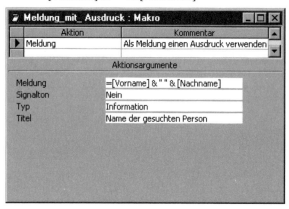

Bild 3.17: Aktion Meldung mit einem Ausdruck im Argument Meldung

Durch den Begriff „[Vorname]" wird auf den aktuellen Inhalt des Feldes mit dem Feldnamen „Vorname" der Tabelle „Mitarbeitet-Daten" zugegriffen. Entsprechendes gilt für den Begriff „[Nachname]." Die beiden &-Zeichen sind Verkettungs-Operatoren, die in einem Ausdruck mehrere Felder miteinander verknüpfen. Um die beiden Namen etwas voneinander abzusetzen, wird zwischen ihnen noch ein Leerzeichen eingefügt. Deswegen stehen in dem Ausdruck zwei Anführungszeichen, die ein Leerzeichen umschließen.

In dem Meldungsfenster wird in diesem Beispiel der Signalton ausgeschaltet und das Informationssymbol eingefügt. Damit das Makro, das die Aktion „Meldung" enthält, beim Betätigen der Befehlsschaltfläche ausgeführt wird, müssen Sie noch abschließend der Eigenschaft „BeimKlicken" dieses Steuerelements den Namen des Makros übergeben. Näheres zur Befehlsschaltfläche erfahren Sie im Kapitel 8.3.4.

3.5.3   Länger dauernde Operationen durchführen

Wenn ein Makro viele Aktionen ausführt, die immer wieder eine Neuaufbereitung des Bildschirms veranlassen, ist es häufig sinnvoll, die Aktualisierung der Bildschirmanzeige bis zum Ende des Makros auszuschalten. Dadurch kann die Geschwindigkeit des Makroablaufs erheblich verbessert werden. Die Aktion „Echo" blendet die Ausgaben aus, wenn ihr Argument „Echo" auf den Wert „Nein" gesetzt wird. Nachdem das Makro beendet wurde, stellt Access dieses Argument automatisch wieder auf die Standardeinstellung „Ja" zurück und aktualisiert das Access-Fenster.

Damit der Anwender nicht verunsichert wird, da er erst am Ende des Makros das Ergebnis sieht, kann in der Statuszeile eine Meldung angezeigt werden. Den gewünschten Text, der zum Beispiel „Makro wird ausgeführt" lauten kann, tragen Sie in das Argument „Statuszeilentext" ein. Um den Text während der Ausführung des Makros zu verändern, kann die Aktion „Echo" mehrmals mit jeweils einem anderen Statuszeilentext aufgerufen werden.

Falls während des Makroablaufs Fehler auftreten, wird durch die Aktion „Echo" nicht das Meldungsfenster zur Ausgabe des Fehlers unterdrückt. Auch Popup-Formulare gelangen zur Anzeige. Dies sind Formulare, die sich immer im Vordergrund befinden und nicht von anderen Fenstern verdeckt werden können. Solche Formulare können daher bei ausgeschaltetem Echo verwendet werden, um Eingaben vom Anwender entgegenzunehmen.

Neben dem Statuszeilentext kann dem Anwender auch noch über die Aktion „Sanduhr" mitgeteilt werden, dass der Rechner gerade mit der Durchführung einer Aufgabe beschäftigt ist. Durch den Aufruf dieser Aktion, mit der Einstellung „Ja" für ihr Argument „Sanduhr", verwandelt sich nämlich die Gestalt des Mauszeigers in eine Sanduhr. Diese Mausfigur bleibt bis zum Ende des Makros beziehungsweise bis zum erneuten Aufruf und zur Übergabe des Werts „Nein" bestehen.

Hinweis: Das Einfrieren der Bildschirmanzeige wird auch durch den Aufruf der Aktion „StopMakro" wieder aufgehoben.

Beispiel zu den beiden Aktionen „Sanduhr" und „Echo"

Um die Wirkung der Aktionen „Echo" und „Sanduhr" auszuprobieren, schreiben Sie ein Makro, das die Tabelle „Mitarbeiter-Daten" öffnet, zum ersten Datensatz springt, um anschließend den Datensatzmarkierer Zeile für Zeile nach unten zu setzen, bis der letzte Satz erreicht ist. Wenn Sie bei diesem Makro nicht die Aktion „Echo" verwenden, werden Sie sehen, wie die Tabelle geöffnet und zum Anfang gegangen wird und wie dann die Personal-Nummer Satz für Satz markiert wird.

Damit die Ausgabe nicht zu schnell abläuft, erklingt nach jedem Weiterschalten ein Ton. Wird jedoch das gleichlautende Argument der Aktion „Echo" auf „Nein" gesetzt, hören Sie nur die Töne und sehen zum Schluss das Ergebnis, das heißt die geöffnete Tabelle, deren letzter Satz durch den Markierer gekennzeichnet ist.

Bei diesem Beispiel handelt es sich nicht um ein einzelnes Makro, sondern um eine Makrogruppe mit zwei Makros, die „Hauptmakro" und „GeheZu" heißen. Diese Makrogruppe „Aktionen_Echo_Sanduhr" finden Sie in der Datenbank MAKRO1.MDB.

Tabelle 3.7: Aktionen der Makrogruppe „Aktionen_Echo_Sanduhr"

Makro	Aktion	Argumente	Wert
Hauptmakro	Echo	Echo	Nein
		Statuszeilentext	Tabelle öffnen
	Sanduhr	Sanduhr	Ja
	ÖffnenTabelle	Tabellenname	Mitarbeiter-Daten

Makro	Aktion	Argumente	Wert
		Ansicht	Datenblatt
		Datenmodus	Bearbeiten
	GeheZuDatensatz	Objekttyp	Tabelle
		Objektname	Mitarbeiter-Daten
		Datensatz	Erster
		Offset	--
	Echo	Echo	Nein
		Statuszeilentext	Nächsten Datensatz
	AusführenMakro	Makroname	Aktionen_Echo_ Sanduhr.GeheZu
		Wiederholungen	=DomAnzahl("*";"Mitarbeiter-Daten")-1
		Wiederholbedingung	--
GeheZu	GeheZuDatensatz	Objekttyp	Tabelle
		Objektname	Mitarbeiter-Daten
		Datensatz	Nächster
		Offset	--
	Signalton	--	

Das Makro „Hauptmakro" blendet zu Beginn die Ausgaben aus, setzt die Sanduhr, öffnet die Tabelle „Mitarbeiter-Daten" und stellt den Datensatzmarkierer auf den Dateianfang. Anschließend wird erneut die Aktion ausgeführt, um einen anderen Text in der Statuszeile erscheinen zu lassen.

Nun sollen die Sätze der Reihe nach durchlaufen werden. Dies geschieht mithilfe des zweiten Makros „GeheZu", das über die Aktion „AusführenMakro" aktiviert wird. In ihm wird mithilfe der Aktion „GeheZuDatensatz" immer um einen Datensatz weitergesprungen und dann ein Klang ausgegeben. Damit nicht versucht wird, zu nicht existierenden Sätzen zu gelangen, da in diesem Fall ein Fehler auftreten würde, muss die aktuelle Anzahl der Datensätze der Tabelle „Mitarbeiter-Daten" ermittelt werden. Das Makro „GeheZu" muss um eins weniger als diese Anzahl aufgerufen werden.

Die Gesamtanzahl der Datensätze einer Tabelle kann über die Funktion „DomAnzahl" berechnet werden. Die erste Silbe „Dom" ist die Abkürzung für Domäne. Als Domäne wird eine Gruppe von Datensätzen bezeichnet, die durch eine Tabelle, eine Abfrage oder durch einen SQL-Ausdruck festgelegt sind. Da wir die Anzahl aller Sätze und nicht nur die Anzahl der Sätze mit einem bestimmten Feldinhalt erhalten wollen, übergeben wir im ersten Parameter dieser Funktion den String "*". Der zweite Parameter legt die Domäne fest, die in unserem Beispiel die Tabelle „Mitarbeiter-Daten" ist. Im dritten optionalen Parameter, den Sie weglassen, könnte noch ein Kriterium angegeben werden, das die Datensätze einschränkt. Somit lautet der Aufruf der Funktion „DomAnzahl" folgendermaßen:

=DomAnzahl("*";"Mitarbeiter-Daten")

Von diesem Resultat wird noch die Zahl 1 abgezogen, da der Datensatzmarkierer auf dem letzten existierenden Datensatz stehenbleiben soll. Das somit entstehende Endergebnis wird in das Argument „Wiederholungen" der Aktion „AusführenMakro" geschrieben. Dadurch wird das Makro „GeheZu" nicht nur einmal, sondern bei zwölf Datensätzen elfmal (12-1) ausgeführt. In der nachfolgenden Tabelle sind alle verwendeten Aktionen mit ihren Argumenten aufgelistet.

Sie können das Beispiel ausprobieren, indem Sie im Menü EXTRAS den Menüpunkt MAKRO anwählen, um in dem daraufhin eingeblendeten Dialogfeld den Namen der Makrogruppe und, durch einen Punkt getrennt, den Namen des Makros anzugeben.

Aktionen_Echo_Sanduhr.Hauptmakro

Da das Hauptmakro in der Makrogruppe ganz zu Beginn steht, ist es in diesem Fall auch möglich, nur den Namen der Makrogruppe zu nennen oder direkt aus dem Makrofenster das Symbol für „Ausführen" zu drücken, da dann das erste Makro der Gruppe aufgerufen wird.

3.5.4   Warnmeldungen unterdrücken

Mit der Aktion „Echo" wird nicht die Ausgabe von gebundenen Dialogfeldern wie Warnmeldungen unterbunden. Gebunden bedeutet in diesem Zusammenhang, dass das Dialogfeld so lange den Fokus behält, das heißt aktiv bleibt, bis es wieder geschlossen wird. Der Anwender muss deswegen erst das Dialogfeld zum Beispiel über die Befehlsschaltfläche „OK" bestätigen, bevor er mit der Eingabe von Daten oder anderen Arbeiten fortfahren kann.

Wenn Sie verhindern wollen, dass während der Ausführung eines Makros gebundene Meldungsfenster angezeigt werden, müssen Sie die Aktion „Warnmeldungen" aufrufen und das Argument „Warnmeldungen An" auf den Wert „Nein" setzen. Durch diese Einstellung werden alle Systemmeldungen ausgeschaltet, nur Fehlermeldungen werden noch ausgegeben. Dieses Ausschalten besitzt dieselbe Wirkung wie das Betätigen der <Enter>-Taste beim Erscheinen eines Meldungsfensters, wodurch normalerweise die Schaltfläche für die Bestätigung und nicht die „Abbrechen"-Schaltfläche ausgelöst wird.

Die Aktion „Warnmeldungen" kann zwar hilfreich für den ungestörten Ablauf eines Makros sein, aber auch gefährlich. Sie sollten sich vor dem Einsatz dieser Aktion genau überlegen, ob wirklich alle Systemmeldungen, die auftreten könnten, mit „Ja" beziehungsweise „OK" bestätigt werden sollen. Deswegen rate ich Ihnen dringend, vor dem Ausblenden der Meldungen das Makro sehr genau zu testen.

Der Begriff Fokus wurde gerade für die Definition eines gebundenen Dialogfeldes benutzt. Das derzeit den Fokus besitzende Objekt bekommt immer die Zeichen zugewiesen, die über die Tastatur eingegeben werden, oder empfängt die mit der Maus durchgeführten Benutzereingaben. Das Objekt kann dabei zum Beispiel ein Formular oder ein Meldungsfenster sein, wenn dieses Fenster das aktuelle ist.

Normalerweise kann der Fokus auf ein anderes Fenster gesetzt werden, indem dieses Fenster mit der Maus angeklickt wird. Alternativ können Sie das gewünschte Fenster über das Menü FENSTER, das alle geöffneten Fenster innerhalb von Access aufführt, in den Vordergrund bringen. Falls jedoch ein gebundenes Dialogfeld den Fokus besitzt, besteht diese Möglichkeit nicht. Bei dem Objekt, das den Fokus hat, kann es sich auch um ein Datenfeld oder um ein Steuerelement wie zum Beispiel ein Textfeld handeln, in das Zeichen eingegeben werden können.

3.6   Mit Bedingungen arbeiten

In Makros kommt es häufig vor, dass eine Aktion oder eine Folge von Aktionen nur dann ausgeführt werden sollen, wenn eine bestimmte Bedingung erfüllt ist. Besonders typisch ist dieser Fall in Makros zur Überprüfung der gültigen Dateneingabe in einem Formular. Falls dabei festgestellt wird, dass die Daten nicht korrekt sind, wird zum Beispiel eine Fehlermeldung ausgegeben und anschließend das Makro beendet. Im anderen Fall kann mit der Eingabe in das nächste Feld weitergemacht werden.

Eine Bedingung wird als Ausdruck definiert, dessen Ergebnis ein Wahrheitswert ist, der „Wahr" (True) oder „Falsch" (False) lauten kann. Je nachdem, ob die Bedingung erfüllt oder nicht erfüllt ist, folgt das Makro einem von zwei möglichen Wegen. So ist es möglich, im Makro auf dieselbe Weise zu verzweigen, wie es sonst in einer Applikation erfolgt, die mithilfe einer Programmiersprache wie C programmiert wurde. In C lautet die entsprechende Kontrollstruktur „if...then...else".

3.6.1   Eine Bedingung definieren

Wenn Sie zu einem Makro eine oder mehrere Bedingungen hinzufügen wollen, müssen Sie im Makrofenster in der Symbolleiste auf das Symbol für Bedingung klicken oder aus dem Menü ANSICHT den Menüpunkt BEDINGUNGEN wählen. Stattdessen können Sie auch die Titelzeile des Makrofensters mit der rechten Maustaste anklicken und aus dem Kontextmenü den Menüpunkt BEDINGUNGEN aktivieren.

Access fügt daraufhin im oberen Bereich des Makrofensters die Spalte „Bedingung" ein. Falls Sie bereits die Spalte „Makroname" eingeschaltet haben, wird die neue Spalte zwischen die Spalte „Makroname" und „Aktion" gestellt.

In die Spalte „Bedingung" tragen Sie den Bedingungsausdruck genau in die Zeile ein, in der die Bedingung geprüft werden soll. Dann geben Sie in die Spalte „Aktion" die Aktion ein, die Access ausführen soll, wenn die Bedingung wahr ist. Falls der Ausdruck in der Bedingung nicht erfüllt ist, wird die ihr zugeordnete Aktion übersprungen.

- Mit einem Klick der rechten Maustaste in eine Zeile der Spalte „Bedingung" und dem Menüpunkt ERSTELLEN rufen Sie den Ausdrucks-Editor auf. Er kann Ihnen bei der Erstellung der Bedingung behilflich sein.

- Durch Wahl des Menüpunktes ZOOM im Kontextmenü wird ein zusätzliches Fenster angezeigt, in dem der Zeileninhalt vergrößert dargestellt wird.

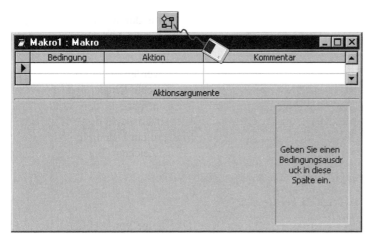

Bild 3.18: Das Makrofenster mit der Spalte für Bedingungen

Häufig enthalten die bedingten Ausdrücke Bezüge auf Steuerelemente in einem Formular oder in einem Bericht. Dabei reicht es aus, nur den Namen des Steuerelements zu nennen, wenn das Makro aus dem Formular beziehungsweise Bericht aufgerufen wird, in dem sich das Element befindet. In allen anderen Fällen muss die Lage des Steuerelements mit folgender Syntax genau angegeben werden:

> Formulare!Formularname!StElementname
> Berichte!Berichtsname!StElementname

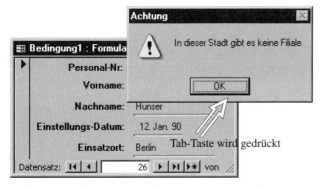

Bild 3.19: Bei der Eingabe wird die Bedingung geprüft

Im ersten Beispiel zu Bedingungen soll die Eingabe von Daten in einem Formular überprüft werden. Dazu erstellen Sie ein Formular, das die fünf Felder „Personal-Nummer", „Vorname", „Nachname", „Einstellungs-Datum" und „Einstellungsort" der Tabelle „Mitarbeiter-Daten" anzeigt. Dieses Formular und die dazugehörige Makrogruppe tragen beide den Namen „Bedingung1" und sind in der Datenbank MAKRO1.MDB abgelegt.

Wenn auf das nächste Textfeld gesprungen wird und nur ein oder zwei Buchstaben für den Nachnamen geschrieben wurden, erscheint ein Meldungsfenster. Es wird auch jeweils eine Meldung ausgegeben, wenn ein Datum, das in der Zukunft liegt, oder ein anderer Ort als München, Düsseldorf, Neuss oder Rosenheim eingetragen wird.

Zur Lösung dieser Aufgabe benötigen Sie eine Makrogruppe mit drei Makros, die entsprechend ihren Namen jeweils der Eigenschaft „BeimVerlassen" eines Textfeldes im Formular zugeordnet werden. Das Makro „Bedingung1.Nachname" wird zum Beispiel der Eigenschaft „BeimVerlassen" des Textfeldes „Nachname" übergeben.

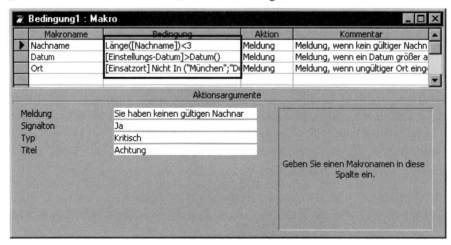

Bild 3.20: Makrofenster mit einer Makrogruppe und mit Bedingungen

Jedes Makro besitzt die Aktion „Meldung", um ein Meldungsfenster mit einem erklärenden Text auszugeben. Diese Aktionen werden jedoch nur ausgeführt, wenn der Ausdruck, der in der dazugehörigen Spalte „Bedingung" eingetragen ist, als Ergebnis „Wahr" liefert. Die drei Bedingungen sind in der folgenden Tabelle aufgelistet.

Da alle Makros der Makrogruppe „Bedingung1" direkt aus dem Formular aufgerufen werden, reicht es aus, die Steuerelemente alleine durch ihren Namen anzusprechen. Sie können dabei auch die eckigen Klammern um die Namen weglassen; sie werden von Access selbst ergänzt.

Tabelle 3.8: Beispiele zu Bedingungen in Makros

Makroname	Bedingung
Nachname	Länge([Nachname]) < 3
Datum	[Einstellungs-Datum]>Datum()
Ort	[Einsatzort] Nicht In ("München"; "Düsseldorf"; "Rosenheim";"Neuss")

Bei der ersten Bedingung wird geprüft, ob die Länge der Eingabe kleiner als drei Zeichen ist. Das eingegebene Datum wird mit dem heutigen Datum verglichen, das über die Funktion „Datum()" ermittelt werden kann. Für den letzten Fall wird der „In"-Operator verwendet, der eine Gruppe von Werten definiert. Da das Meldungsfenster erscheinen soll, wenn ein anderer Ort als die vier genannten editiert wurde, muss zusätzlich der „Nicht"-Operator eingefügt werden. Die nachstehenden Beispiele zeigen einige weitere Möglichkeiten für die Definition von bedingten Ausdrücken, die in die Spalte „Bedingung" im Makrofenster eingetragen werden können.

Bedingung:
Formulare![Artikel]![Preis] > 10,00

Wenn der Wert des Feldes „Preis" im Formular namens „Artikel" 10,00 übersteigt, wird die Aktion ausgeführt. Das dazugehörige Makro wird zum Beispiel aus einem anderen Formular aktiviert. Deswegen muss der komplette Formular- und Steuerelementname geschrieben werden.

Bedingung:
[]![Nachname] ="Maier"

Wenn der Wert des Feldes „Name" in dem aktuellen Formular, aus dem das Makro ausgeführt wird, „Maier" lautet, wird die dazugehörige Aktion aktiviert. Die leere eckige Klammer stellt den Bezug auf das aktuelle Datenbankobjekt dar.

Bedingung:
Formulare![Kunden]![Land]="Australien" UND Formulare![Kunden]![Kunden-Nr] < 222

Wenn das Feld „Land" das Wort „Australien" besitzt und der Wert des Feldes „Kunden-Nr" zugleich kleiner als „222" ist, dann wird die Aktion gestartet. Dieses Beispiel zeigt Ihnen, dass auch unterschiedliche Felder innerhalb eines bedingten Ausdrucks überprüft werden können.

3.6.2   Eine Bedingung für mehrere Aktionen benutzen

Bis jetzt hieß es immer nur, dass bei einer wahren Bedingung eine Aktion ausgeführt wird. Es ist aber auch möglich, mehrere Aktionen nacheinander zu starten, wenn der bedingte Ausdruck „Wahr" ergibt. Dazu müssen Sie nur in die Spalte „Bedingung" neben jede Aktion, die bei der wahren Bedingung ausgeführt werden soll, drei Punkte (...) schreiben.

Für die Abbildung wurde ein Makro erstellt, das vier Aktionen besitzt und unter dem Namen „Makro_für_Sonntag" in der Datenbank MAKRO1.MDB gespeichert ist. Dieses Makro kann direkt aus dem Makrofenster über das Symbol für „Ausführen" gestartet werden.

Zu Beginn wird als Bedingung mithilfe der beiden Funktionen „Datum" und „Wochentag" überprüft, ob heute Sonntag ist. Nur falls dies der Fall ist, soll ein Meldungsfenster mit der Anzeige dieses Wochentags erscheinen, ein Signalton erklingen und anschließend Access beendet werden, da am Sonntag nicht gearbeitet werden muss. Damit nicht nur die Meldung ausgegeben wird, sondern auch die nächsten beiden Aktionen ausgeführt werden, müssen in der zweiten und dritten Zeile in der Spalte „Bedingung" jeweils drei Punkte geschrieben werden.

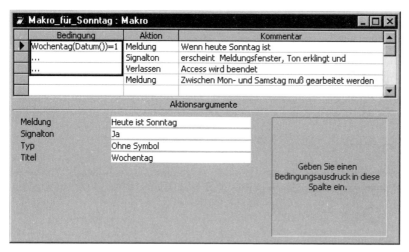

Bild 3.21: Ein Makro mit Bedingungen, die mehrere Aktionen ausführen

Wenn der bedingte Ausdruck „Falsch" zurückliefert, das heißt, wenn heute ein Werktag oder Samstag ist, werden die drei ersten Aktionen übersprungen, und das Makro wird mit der vierten Aktion fortgesetzt. Dem Anwender wird über eine Meldung mitgeteilt, dass er heute arbeiten muss.

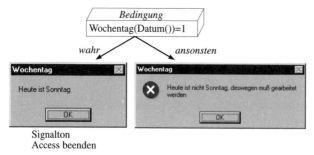

Bild 3.22: Ablauf des Makros Makro_für_Sonntag

Das letzte Beispiel, das die Bedingungen noch genauer erläutert, stellt eine Erweiterung des ersten Beispiels dieses Unterkapitels dar, in dem die Felder der Tabelle „Mitarbeiter-Daten" auf die Gültigkeit der Eingaben geprüft wurden. Zu diesem neuen Beispiel gibt es wieder ein eigenes Formular. Bei der Eingabe von Daten bekommen Sie mehrere Meldungsfenster angezeigt, die Ihnen mitteilen, ob die Daten gültig sind.

Sowohl die Makrogruppe als auch dieses Formular sind in der Datenbank MAKRO1.MDB unter dem Namen „Bedingung2" gespeichert. Die einzelnen Makros, die wie auch beim ersten Beispiel jeweils der Eigenschaft „BeimVerlassen" des entsprechenden Steuerelements im Formular zugeordnet werden, werden anschließend der Reihe nach besprochen.

In dem Beispiel „Bedingung1" wurde zwar eine Meldung ausgegeben, wenn kein gültiger Nachname eingetragen wurde, ansonsten konnte jedoch ganz normal weitergearbeitet werden. Somit konnten Datensätze ohne korrekten Nachnamen entstehen. Hierin liegt der Unterschied zu dem Beispiel „Bedingung2". Wenn versucht wird, ohne Eingabe das Textfeld für den Nachnamen zu verlassen, erscheint zuerst das bekannte Meldungsfenster, und dann wird über die Aktion „AbbrechenEreignis" das Ereignis, dem das Makro übergeben wurde, abgebrochen.

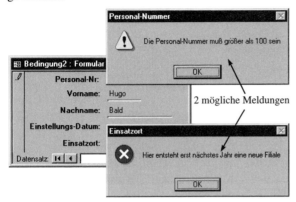

Bild 3.23: Erweitertes Beispiel zu den Bedingungen

Da dies das „BeimVerlassen"-Ereignis ist, wird im Makro „Nachname" nicht zu einem anderen Textfeld gesprungen, sondern es wird auf eine Eingabe im Textfeld „Nachname" gewartet. Die Aktion „AbbrechenEreignis" wird deswegen nur aufgerufen, wenn das Ergebnis des bedingten Ausdrucks „Wahr" lautet, da in der Spalte „Bedingung" vor der Aktion drei Punkte stehen.

Die anschließende Aktion „Maximieren" wird auf jeden Fall ausgeführt, unabhängig davon, ob der Anwender einen Namen editiert oder das Feld frei gelassen hat, da die Spalte „Bedingung" leer ist, das heißt keine Bedingung existiert. Zur Verdeutlichung könnten Sie in diese Spalte das Wort „Wahr" schreiben.

Im Makro „Datum" wurde keine Änderung vorgenommen. Bei der Eingabe des Einsatzortes wird unterschieden, ob ein anderer Ort als die vier erlaubten oder ob Hamburg eingegeben wurde. Bei der Nennung von Hamburg wird der Anwender aufgefordert, eine andere Stadt einzutragen, da hier erst nächstes Jahr eine neue Filiale entsteht.

Deswegen wird wiederum die Aktion „AbbrechenEreignis" aktiviert und anschließend die Aktion „StopMakro", die das Makro beendet, damit die nächste Aktion nicht mehr ausgeführt wird. Diese nächste Aktion zeigt nämlich das Meldungsfenster an, das mitteilt, dass es in der genannten Stadt keine Filiale gibt. Diese Meldung soll bei Hamburg jedoch nicht noch zusätzlich erscheinen.

Eine IF..THEN..ELSE-Schleife realisieren

Das Makro „P-Nr" steht zwar als erstes Makro in der Makrogruppe, wird jedoch jetzt erst zum Schluss besprochen, da es eine weitere Neuigkeit enthält.

Dieses Makro besitzt zwei Bedingungen, die sich nur durch den Operator „Nicht" unterscheiden. Wenn für die Personal-Nummer eine Zahl größer als 100 eingetragen wurde, erscheint die Meldung, dass diese Eingabe korrekt war. Bei einer Zahl kleiner als 100 handelt es sich um eine ungültige Nummer.

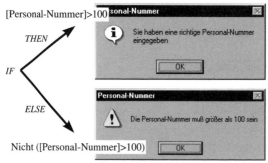

Ereignis abbrechen: erneuter Versuch

Bild 3.24: Nachbildung einer „If...Then...Else"-Anweisung

Deswegen wird nach der Mitteilung die Aktion „AbbrechenEreignis" aktiviert, die das Ereignis „BeimVerlassen" abbricht, durch das dieses Makro aufgerufen wurde. Aufgrund dieses Abbruchs bleibt der Fokus auf dem Feld „Personal-Nummer" stehen, damit der Anwender sofort eine richtige Nummer eintragen kann.

Bei der Ausführung des Makros „P-Nr" ist immer entweder der eine oder der andere bedingte Ausdruck wahr, da das Ergebnis des ersten Ausdrucks in der zweiten Bedingung nur negiert wird. Diese Methode ist identisch mit einer IF...THEN...ELSE-Anweisung in einer Programmiersprache wie Basic oder C.

Makroname	Bedingung	Aktion	Kommentar
P-Nr	[Personal-Nummer]>100	Meldung	P-Nr. > 100 => richtige P-Nr.
	Nicht ([Personal-Nummer]>100)	Meldung	P-Nr. < 100 => falsche P-Nr.
	...	AbbrechenEreignis	erneuter Versuch
Nachname	Länge([Nachname])<3	Meldung	wenn kein gültiger Nachname eingegeben \
	...	AbbrechenEreignis	erscheint Meldung und Focus bleibt auf Na
		Maximieren	in jedem Fall wird Fenster zum Vollbild
Datum	[Einstellungs-Datum]>Datum()	Meldung	
Ort	[Einsatzort]="Hamburg"	Meldung	wenn Hamburg eingegeben wurde,
	...	AbbrechenEreignis	erscheint Meldung, erneuter Versuch
	...	StopMakro	und Makro wird beendet
	[Einsatzort] Nicht In ("München";	Meldung	

Bild 3.25: Makrogruppe <Bedingung2>

Alle anderen Bedingungen, die bis jetzt verwendet wurden, sind einfache IF...THEN-Anweisungen, das heißt, der ELSE-Zweig fehlt. Auch das Beispiel zu den Wochentagen besitzt nur eine IF...THEN-Kontrollstruktur, auch wenn die Abbildung „Ablauf des Makros Makro_für_Sonntag" fast ein wenig irreführend ist. Der Grund dafür liegt darin, dass Access beendet wird, wenn die Bedingung wahr ist. Somit wird die anschließende Aktion „Meldung" nicht mehr ausgeführt. Wenn Sie jedoch die Aktion „Beenden" aus dem Makro „Makro_für_Sonntag" löschen, wird sowohl bei einem wahren als auch bei einem falschen Ergebnis der Bedingung die zweite Aktion „Meldung" mit dem Text „Heute ist nicht Sonntag, deswegen muss gearbeitet werden" ausgeführt.

In der ersten nachfolgenden Tabelle werden die fünf Makros mit ihren Bedingungen und Aktionen aufgelistet, in der zweiten Tabelle können Sie die verwendeten Werte für die Argumente der einzelnen Aktionen nachlesen.

Tabelle 3.9: Bedingungen und Aktionen der Makrogruppe „Bedingung2"

Makroname	Bedingung	Aktion
P-Nr	[Personal-Nummer]>100	Meldung
	Nicht ([Personal-Nummer]>100)	Meldung
	...	AbbrechenEreignis
Nachname	Länge([Nachname])<3	Meldung
	...	AbbrechenEreignis
		Maximieren
Datum	[Einstellungs-Datum]>Datum()	Meldung
Ort	[Einsatzort]="Hamburg"	Meldung
	...	AbbrechenEreignis
	...	StopMakro
	[Einsatzort] Nicht In("München"; "Düsseldorf";"Rosenheim"; "Neuss")	Meldung

Tabelle 3.10: Aktionsargumente der Makrogruppe „Bedingung2"

Makro	Aktion	Argument	Wert
P-Nr	Meldung	Meldung	Sie haben eine richtige Personal-Nummer eingegeben.
		Signalton	Nein
		Typ	Information
		Titel	Personal-Nummer
	Meldung	Meldung	Die Personal-Nr muss größer als 100 sein.
		Signalton	Ja
		Typ	Warnmeldung (!)
		Titel	Personal-Nummer
	AbbrechenEreignis		

Makro	Aktion	Argument	Wert
Nachname	Meldung	Meldung	Sie haben keinen gültigen Nachnamen eingetragen.
		Signalton	Ja
		Typ	Mit Stopsymbol
		Titel	Achtung
	AbbrechenEreignis	--	--
	Maximieren	--	--
Datum	Meldung	Meldung	Soll die Person erst in der Zukunft einge-stellt werden?
		Signalton	Ja
		Typ	Warnmeldung (?)
		Titel	Bitte überprüfen
Ort	Meldung	Meldung	Hier entsteht erst nächstes Jahr eine Filiale.
		Signalton	Nein
		Typ	Mit Stopsymbol
		Titel	Einsatzort
	AbbrechenEreignis	--	--
	StopMakro	--	--
	Meldung	Meldung	In dieser Stadt gibt es keine Filiale.
		Signalton	Ja
		Typ	Warnmeldung (!)
		Titel	Achtung

Einen Ausdruck auswerten

Zum Abschluss dieses Punktes sind noch einmal die möglichen Reaktionen auf die Auswertung eines Ausdrucks zusammengefasst. Beim Ausführen des Makros wertet Access jeden Ausdruck aus, der eine Bedingung darstellt und in der Spalte „Bedingung" eingetragen ist.

- Ist das Ergebnis des Ausdrucks wahr, führt Access die Aktion neben dem Ausdruck und alle weiteren Aktionen aus, die in der Spalte „Bedingung" drei Punkte (...) aufweisen.
- Ist eine Bedingung hingegen nicht erfüllt, werden die ihr zugeordneten Aktionen ignoriert. Access aktiviert dann die nächste Aktion, die keine drei Punkte (...) besitzt.

- Trifft Access in der Spalte „Bedingung" auf ein leeres Feld oder auf das Wort „Wahr", wird die in dieser Zeile stehende Aktion immer ausgeführt.

Hinweis: Es kommt immer wieder vor, dass eine Aktion in einem Makro derzeit nicht ausgeführt werden soll. Sie wollen diese Aktion jedoch nicht löschen, da sie später noch gebraucht wird. In VBA würden Sie die Zeile mit der Anweisung REM oder einem Strichpunkt einleiten, wodurch ein Kommentar entsteht. In einem Makro können Sie so ähnlich vorgehen. Tragen Sie in die dazugehörige Spalte „Bedingung" das Wort „Falsch" ein. Dadurch wird diese Zeile beim Ablauf des Makros ignoriert.

3.7 Schleifen-Programmierung mit Makros

In richtigen Programmiersprachen wie Basic oder C existieren Sprachelemente für Schleifen, mit deren Hilfe Anweisungen mehrfach ausgeführt werden. Solche Schleifen können Sie auch in einem Makro nachbilden. Sie benötigen dazu die Aktion „AusführenMakro".

Das nächste Beispiel erstellt eine <<<Do While <Bedingung> Schleife>>>. Bei dieser Schleifenart wird zuerst die Bedingung geprüft. Die Schleife wird so oft durchlaufen, wie die Bedingung wahr ist. Als Bedingung für die Schleife können Sie den Inhalt von Feldern, Eigenschaften wie „Sichtbar" von Steuerelementen in einem Formular oder VBA-Funktionen einsetzen.

Öffnen Sie für das Ausprobieren dieses Beispiels zuerst das Formular „Schleifen-Formular" in der Datenbank MAKRO1.MDB und führen Sie dann das Makro „Schleife" in der Makrogruppe „Makroschleife" aus.

Bild 3.26: Das Schleifen-Formular mit dem Abbrechfeld

Für den Abbruch der Schleife wird in diesem Beispiel ein ungebundenes Feld in dem Formular „Schleifen-Formular" benutzt. Das Feld trägt den Namen „Abbrechfeld". Zu Beginn bekommt es einen Anfangswert zugewiesen und wird dann bei jedem Schleifendurchlauf um den Wert 1 erhöht.

Die Makrogruppe „Makroschleife" enthält die beiden Makros „Schleife" und „Schleifeninhalt". Das zuerstgenannte Makro ruft die Aktion „SetzenWert" auf, um das Steuerelement „Abbrechfeld" auf den Wert „1" zu initialisieren. Anschließend wird in die Schleife mit der Aktion „AusführenMakro" eingetreten. Die Aktion startet das Makro „Schleifeninhalt". Die Bedingung für die Schleife tragen Sie in das Argument „Wiederholbedingung" ein. Es lautet folgendermaßen:

    [Formulare]![Schleifen-Formular]![Abbrechfeld]<=5

Dies bedeutet, dass das Makro „Schleifeninhalt" immer wieder aufgerufen wird, solange der Inhalt des Elements „Abbrechfeld" kleiner oder gleich 5 ist. Damit es keine Endlosschleife wird, inkrementiert das Makro „Schleifeninhalt" den Inhalt von „Abbrechfeld". Dies erfolgt mithilfe der Aktion „SetzenWert":

    Feld: [Formulare]![Schleifen-Formular]![Abbrechfeld]
    Ausdruck: [Formulare]![Schleifen-Formular]![Abbrechfeld] + 1

Außerdem wird zuvor ein Meldungsfenster ausgegeben, das den aktuellen Wert des Textfeldes anzeigt. Dazu übergeben Sie dem Argument „Meldung" die folgende Zeile:

    ="Schleife " & [Formulare]![Schleifen-Formular]![Abbrechfeld]

Wenn Sie das Makro „Schleife" starten, werden Sie genau fünfmal die Meldung erhalten, dann ist die Bedingung nicht mehr wahr, und die Schleife wird beendet.

Auch FOR-Schleifen können auf ähnliche Weise realisiert werden. Eine solche Schleife wird n-mal durchlaufen, wobei „n" eine vorgegebene Zahl darstellt. Diese Anzahl schreiben Sie in das Argument „Wiederholungen" der Aktion „AusführenMakro". Das Argument „Wiederholbedingung" bleibt unbesetzt (siehe Bild).

Bild 3.27: Die Makrogruppe „Makroschleife"

4   Vertiefte Programmierung mit VBA

VBA bietet bei der Erstellung von kundenspezifischen Anwendungen fast zahllose Möglichkeiten, die zudem durch die so genannten Windows-API-Funktionen ergänzt werden können.
In diesem Kapitel werden Sie unter anderem Ihre erste Prozedur schreiben und Besonderheiten von Access erfahren.

4.1   Vorteile von VBA gegenüber Makros

Bei der Programmierung in Access stellt sich immer wieder die Frage, ob Makros mit Aktionen oder VBA mit der Sprache Basic verwendet werden soll.

Um kleine Anwendungen für den persönlichen Bedarf zu realisieren, werden die Fähigkeiten
von Makros in vielen Fällen ausreichen. Mit ihnen können Sie zum Beispiel schnell das Öffnen eines Formulars oder das Drucken eines Berichts realisieren. Dabei müssen Sie die einzelnen Argumente der Aktionen nicht auswendig kennen, sondern sie werden Ihnen in einer
Liste angezeigt. Auch bei der Belegung dieser Argumente hilft Ihnen Access.

In zwei Fällen müssen Sie zwingend Makros benutzen, da hier kein VBA eingesetzt werden
kann:

- Wenn Sie Tasten mit einer bestimmten Operation verbinden wollen, damit zum Beispiel
  durch die Tastenkombination <Alt> + <D> der aktuelle Datensatz gedrückt wird. Diese
  Tastenkombinationen werden in einem Makro mit dem Namen „AutoKeys" gespeichert.

- Wenn beim Öffnen der Datenbank bestimmte Vorgänge durchlaufen werden sollen. Falls
  nur ein Übersichtsformular geöffnet werden soll, kann dies auch über das „Start"-
  Dialogfeld erfolgen. Soll jedoch noch anderer Code ausgeführt werden, werden Sie meistens das Makro „AutoExec" verwenden.

Bei größeren Datenbankanwendungen ist recht schnell der Punkt erreicht, dass Makros nicht
mehr zum gewünschten Ergebnis führen.

- Dies ist zum Beispiel dann der Fall, wenn Sie Zwischenergebnisse erhalten und diese in
  Variablen verwalten müssen. Nur Funktionen können einen Wert zurückliefern, Makros
  nicht.

- VBA-Funktionen können sehr vielseitig eingesetzt werden. Im Gegensatz zu Makros
  können sie zum Beispiel auch in Ausdrücken verwendet werden.

- VBA-Funktionen können Übergabeparameter besitzen, die bei jedem Aufruf einen anderen Wert annehmen können. Auf diese Weise kann eine VBA-Funktion viel flexibler als
  ein Makro eingesetzt werden.

- In Makros können Sie zwar über Bedingungen If..Then..Else- und andere Kontrollstrukturen nachbilden, sie sind jedoch recht schlecht lesbar.

- Viele Makros sind unübersichtlich. Sie wissen bald nicht mehr, an welchen Stellen die
  einzelnen Makros aufgerufen werden.

- Wenn Sie den Code dagegen direkt in die entsprechenden Ereignisprozeduren schreiben,
  wissen Sie sofort, welche Reaktionen bei einem bestimmten Ereignis eintreten sollen.

Solche Ereignisprozeduren sind außerdem beim Ex- und Importieren vorteilhaft, da sie automatisch mit dem Formular oder Bericht übertragen werden.

- Routinen zur Fehlerbehandlung können Sie nur in VBA implementieren. Solche Routinen sind notwendig, damit der Anwender bei einem aufgetretenen Fehler mehr als nur eine wenig aussagekräftige Standardmeldung erhält.

- Datenbankobjekte wie Formular oder Tabelle können nicht nur in der Entwurfsansicht, sondern auch mit VBA-Funktionen verändert werden. Sie können zum Beispiel auch eigene Assistenten schreiben, die neue Formulare mit Steuerelementen anlegen.

- Genauso ist es in VBA möglich, nach einem bestimmten Datensatz zu suchen oder die Daten zu aktualisieren.

- Beim Einsatz von VBA sind Ihnen in der Programmierung (fast) keine Grenzen gesetzt. Sie können nämlich auch auf die API-Funktionen von Windows zugreifen, die Sie vielleicht aus anderen Programmiersprachen wie C++ oder Pascal kennen.

- VBA besitzt Funktionen, die Arbeiten außerhalb von Access verrichten können. Dies kann zum Beispiel der Aufruf einer anderen Anwendung oder das Überprüfen sein, ob eine Datei bereits existiert.

- Außerdem ist es möglich, über DDE und OLE mit anderen Programmen wie Excel und Word zu kommunizieren, um Daten und Befehle auszutauschen.

Heutzutage werden Makros immer mehr von VBA-Prozeduren abgelöst. So waren in den früheren Versionen von Access Makros zum Erstellen von benutzerdefinierten Menüleisten unbedingt notwendig. Es gab einen eigenen Menü-Editor, der für jedes Menü ein eigenes Makro erzeugt hat. Ab Access 97 werden hingegen Menüs interaktiv über Drag&Drop oder in VBA mit dem Objekt „CommandBar" angelegt. Früher brauchten Sie unbedingt Makros, um Schaltflächen in Symbolleisten eine von Ihnen festgelegte Aufgabe zuzuweisen. Nun ist dies ebenfalls mit Funktionen möglich.

Auch Microsoft legt mehr Gewicht in VBA als in Makros. Dies erkennt man schon daran, dass alle MS Office-Programme VBA als Programmiersprache besitzen.

Trotzdem ist Ihr Wissen nicht umsonst, wenn Sie bis jetzt nur mit Makros gearbeitet haben. In VBA werden Sie nämlich immer wieder Aktionen verwenden, die Sie ja bereits gut kennen. Der einzige Unterschied besteht darin, dass Sie nun den englischen Aktionsnamen verwenden und die zu übergebenden Konstanten anders lauten. Eine Aktion wird in VBA als Methode des Objekts „DoCmd" aufgerufen (siehe Kapitel 4.5.2).

Makros in VBA-Code umwandeln

Wenn Sie Ihre bisher angelegten Makros in VBA-Prozeduren umstellen wollen, ist dies kein Problem, da Ihnen Access die Umwandlung abnimmt.

Markieren Sie zuerst im Datenbankfenster das Makro beziehungsweise die Makrogruppe, die als VBA-Modul geschrieben werden soll. Über den Menüpunkt SPEICHERN UNTER des Menüs DATEI rufen Sie ein Dialogfeld auf, in dem Sie aus der aufklappbaren Liste den Eintrag „Modul" wählen. Anschließend können Sie noch bestimmen, dass eine einfache Fehlerbehandlungsroutine in die VBA-Funktion eingefügt wird und Ihre Makro-Kommentare in die Funktion übernommen werden. Die Umwandlung aktivieren Sie über die Schaltfläche „Konvertieren".

Nachdem Ihnen Access die erfolgreiche Umsetzung mitgeteilt hat, können Sie das neu angelegte Modul öffnen. Im Prozedur-Kombinationsfeld des Modulfensters stehen alle Makros
der umgewandelten Makrogruppe. Jede Makrogruppe wird als ein Modul gespeichert, jedes
Makro in einer Makrogruppe als eine Funktion in diesem Modul. Der Funktionsname
unterscheidet sich vom Namen des Makros in der Makrogruppe nur dadurch, dass statt des
Punktes und eventueller Leerzeichen Unterstriche stehen.

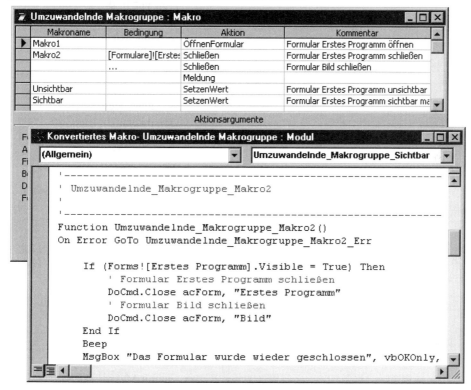

Bild 4.1: Ein Makro wurde in eine Funktion umgewandelt

Wenn Sie sich in der Entwurfsansicht eines Formulars oder Berichts befinden, können Sie die
Umwandlung von Makros nach Visual Basic auch über eine zweite Möglichkeit bewirken.
Wählen Sie das Menü EXTRAS, dann das Untermenü MAKRO und daraus den Menüpunkt
MAKROS DES FORMULARS ZU VISUAL BASIC KONVERTIEREN beziehungsweise MAKROS DES
BERICHTS ZU VISUAL BASIC KONVERTIEREN. Der Name des Menüpunktes sagt schon aus,
dass alle Makros betroffen sind, die in irgendeiner Weise mit dem Formular beziehungsweise
Bericht verbunden sind.

4.2   Die Entwicklungsumgebung

In der VBA-Entwicklungsumgebung werden Sie Ihre Funktionen und Sub-Prozeduren erstellen. Dabei bietet Ihnen die Umgebung zahlreiche Hilfen, auf die nachfolgend eingegangen
wird. Bis einschließlich Access 97 war der VBA-Editor ein Fenster in der Access-Oberfläche.
In Access 2000 wurde dies geändert. Nun besteht die Entwicklungsumgebung für Visual

Basic aus einem eigenen Programm, das Sie vielleicht schon von Word oder Excel kennen. Dadurch besitzen Sie als Programmierer noch bessere Möglichkeiten, Ihre Prozeduren komfortabel zu erstellen und zu testen.

4.2.1 Ein neues Modul öffnen und eine Prozedur einfügen

Den ersten Kontakt mit der Programmierung werden Sie durch das Symbol „Module" in der Leiste des Datenbankfensters bekommen. Das Modul stellt den Rahmen von VBA-Programmen dar. Es ist damit der Aktenordner, der Funktionen und Sub-Prozeduren aufnehmen kann, die in sinnvollem Zusammenhang stehen.

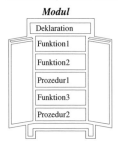

Bild 4.2: Modul nimmt Funktionen und Sub-Prozeduren auf

Für eine kleine Aufgabe wird es meistens ausreichen, alle Prozeduren innnerhalb eines Moduls aufzubewahren. Je größer und komplexer die Anwendung werden soll, desto mehr sollte eine sinnvolle Zuordnung der Prozeduren zu Modulen erfolgen. Durch die Aufteilung in verschiedene Module entsteht keineswegs eine Einschränkung bezüglich des Zugriffs auf die einzelnen Prozeduren. Der Aufruf einer Prozedur ist nicht auf den Bereich innerhalb eines Moduls beschränkt, sondern alle Prozeduren können von jedem Modul aus aufgerufen werden.

Funktion oder Sub-Prozedur?

Eine Funktion ist eine kleine Programmeinheit, die häufig einen Wert ermittelt und ausgibt. Wenn Sie zum Beispiel die bereits existierende Standardfunktion „Zeit" aufrufen, wird die aktuelle Systemzeit angezeigt. Bei der Verwendung einer Funktion in einem Formular können Sie mit dem deutschen Funktionsnamen arbeiten. Falls Sie jedoch ein Modul in VBA schreiben, müssen Sie die englischen Namen für die Standardfunktionen, in diesem Fall „Time", benutzen.

Funktionen, die auch zur Gruppe der Prozeduren gehören, unterscheiden sich von Sub-Prozeduren dadurch, dass sie einen Wert zurückgeben. Normalerweise werden Sie immer nur Funktionen erstellen, da nur diese als Ausdruck zum Beispiel innerhalb eines Formulars zur Anwendung kommen können. Sub-Prozeduren dürfen Sie nur innerhalb von VBA aufrufen. Eine Ausnahme bilden die automatischen Ereignisprozeduren, die durch das Auslösen eines Ereignisses aktiviert werden. Nachfolgend wird der Begriff Prozedur verwendet, wenn sowohl die Funktionen als auch die Sub-Prozeduren gemeint sind.

Ein neues oder ein bestehendes Modul öffnen

Um nun die erste Prozedur zu schreiben, wird ein Modul benötigt. Ein neues Modul kann auf zweierlei Arten erstellt werden:

- Lösen Sie im Menü EXTRAS das Untermenü MAKRO und dann den Menüpunkt VISUAL BASIC-EDITOR aus. Alternativ dazu können Sie auch die Tastenkombination <Alt> + <F11> drücken. Dadurch verzweigen Sie in die VBA-Entwicklungsumgebung. Hier rufen Sie im Menü EINFÜGEN den Menüpunkt MODUL auf, damit ein neues Modulfenster geöffnet wird.

- Klicken Sie im Datenbankfenster das Symbol „Module" an. Anschließend erhalten Sie die bereits in Ihrer Datenbank vorhandenen Module namentlich im Datenbankfenster aufgelistet. Um ein neues Modul zu erstellen, betätigen Sie die Befehlsschaltfläche „Neu" und gelangen daraufhin in den VBA-Editor mit einem noch leeren Modulfenster.

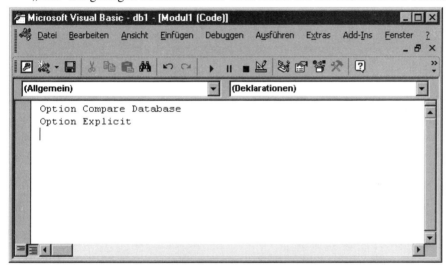

Bild 4.3: Die VBA-Entwicklungsumgebung mit dem Modulfenster

Nachdem Sie das neue Modul das erste Mal gespeichert haben, erscheint sein Name im Datenbankfenster in der Liste der Module.

Ein bereits bestehendes Modul können Sie durch das Markieren des Modulnamens im Datenbankfenster und das Drücken der Befehlsschaltfläche „Entwurf" öffnen. Pro geöffnetem Modul entsteht im VBA-Editor ein weiteres Modulfenster, wodurch die gleichzeitige Bearbeitung mehrerer Module ermöglicht wird.

Der Aufbau eines Moduls

Nach dem Öffnen eines Moduls befinden Sie sich zu Beginn im allgemeinen Deklarationsabschnitt dieses Moduls. Dies sehen Sie an dem Inhalt der beiden Kombinationsfelder, die sich unter der Titelzeile des Modulfensters befinden. In dem einzeiligen Listenfeld „Prozedur" finden Sie später auch alle Funktionen und Sub-Prozeduren des Moduls aufgelistet. Über diese Liste gelangen Sie dann schnell zur gewünschten Prozedur.

Innerhalb des Deklarationsabschnitts erfolgt die Festlegung der Datendefinitionen, auf die alle Prozeduren dieses Moduls zugreifen können. Im Deklarationsabschnitt werden daher alle globalen Variablen des Moduls definiert. Des Weiteren können hier Variablen festgelegt werden, auf die auch von anderen Modulen zugegriffen werden kann. Hierzu werden die Variablen mit dem Schlüsselwort „Public" versehen, das früher „Global" hieß. Damit unterscheidet VBA zwischen Variablen, die global im Modul und global in der Datenbank verwendbar sind. Eine weitere wichtige Aufgabe des Deklarationsabschnitts ist noch die Deklaration von API-Funktionen, die von diesem Modul aus aufgerufen werden.

Prozeduren erstellen

Da es in VBA kein Hauptprogramm gibt, ist der Aufbau eines VBA-Programms unterschiedlich zu anderen Programmiersprachen. Üblicherweise wird bei vielen verbreiteten Programmiersprachen beim Programmstart zuerst das Hauptprogramm aufgerufen, nicht so in VBA. VBA-Programme bestehen immer nur aus Funktionen und Sub-Prozeduren, die einzeln angesprungen werden. Das quasi Hauptprogramm einer VBA-Applikation ist ein Formular oder ein Bericht, der eine oder mehrere Funktionen als Ausdruck verwendet.

Eine Funktion kann zum Beispiel dazu verwendet werden, auf den Klick einer Befehlsschaltfläche durch den Benutzer zu reagieren. Nur Funktionen, aber keine Sub-Prozeduren können innerhalb eines Ausdrucks verwendet werden. Der Auslöser für den Start von VBA-Programmcode erfolgt immer aus der interaktiv erstellten Access-Datenbankoberfläche.

Wenn Sie eine eigene Funktion erstellen möchten, die zum Beispiel als Ausdruck für eine mathematische Formel dienen soll, öffnen Sie zu Beginn ein neues oder bestehendes Modul. Anschließend befinden Sie sich im Deklarationsabschnitt des Moduls.

Bild 4.4: Das Dialogfeld „Prozedur einfügen"

Es gibt drei Möglichkeiten, eine neue Funktion oder Sub-Prozedur anzulegen:

*   Menüpunkt PROZEDUR im Menü EINFÜGEN
*   Kombinationsfeld in der Symbolleiste und Wahl des Eintrags „Prozedur"
*   Prozedurrahmen direkt eingeben

Durch die ersten beiden Möglichkeiten erscheint das Dialogfeld „Prozedur einfügen". Hier legen Sie die Funktion oder Sub-Prozedur über mehrere Optionsschaltflächen und die Eingabe des Namens in einem Textfeld fest.

Nach dem Bestätigen mit der Befehlsschaltfläche „OK" wird selbstständig der Funktions- oder Sub-Prozedurrahmen erstellt. Wenn Sie die Option „Funktion" wählen, die auch die Voreinstellung von Access ist, wird folgender Rahmen zusammen mit dem Funktionsnamen erzeugt.

```
Public Function fktEigeneFunktion ()
End Function
```

Eine Sub-Prozedur unterscheidet sich von der Funktion unter anderem durch das Schlüsselwort Sub, das nach Wahl der Option „Prozedur" eingesetzt wird.

```
Public Sub EigeneProzedur ()
End Sub
```

Unabhängig davon, ob Sie eine Funktion oder Sub-Prozedur gewählt haben, ist jetzt der Programmcode von Ihnen in den Prozedurrahmen einzubringen.

Sollte Ihnen der in dem Dialogfeld eingegebene Name der Prozedur nicht mehr gefallen, können Sie ihn direkt im Prozedurfenster ändern. Gleichzeitig wird auch der Name, der im Kombinationsfeld „Prozedur" als Eintrag vorhanden ist, angepasst.

Sie können aber auch den Rahmen direkt in den Deklarationsabschnitt eintippen. Hierzu reicht es aus, die Zeile „Function fktEigeneFunktion" oder „Sub EigeneProzedur" einzugeben, da nach Abschluss der Zeile mit der <Enter>-Taste automatisch das Ende mit „End Function" oder „End Sub" angefügt wird. Sie können, müssen dabei aber nicht zusätzlich das Wort „Public" nennen.

Der Prozedur einen Namen geben

Der Name einer Prozedur kann in VBA frei gewählt werden, da beliebige Groß- und Kleinschreibung zusammen mit deutschen Umlauten verwendet werden kann. Es dürfen ebenfalls Ziffern und Unterstreichungszeichen enthalten sein. Der Name muss jedoch immer mit einem Buchstaben beginnen, er darf keine Leerzeichen enthalten und muss spätestens mit dem vierzigsten Zeichen abgeschlossen sein. Selbst wenn Sie den Funktionsnamen in eckige Klammern einschließen, darf dieser Name keine Leerzeichen enthalten. Außerdem ist darauf zu achten, dass der Name keinem reservierten Wort entspricht. Aus reservierten Wörtern bestehen zum Beispiel die Basic-Befehle.

Der Funktionsname muss innerhalb einer Datenbank eindeutig sein. Dabei ist es völlig egal, in welchem Modul sich die Funktion befindet, ihr Name darf nicht mehr als einmal erscheinen. Die gleiche Problematik besteht auch für eine Sub-Prozedur, auch wenn sie nur innerhalb von Modulen und nicht direkt aus der Access-Umgebung aufgerufen werden kann.

Eine Ausnahme gibt es allerdings: Bei Sub-Prozeduren oder Funktionen, die mit dem Schlüsselwort „Private" versehen sind, tritt diese Problematik nicht auf, da sie nur lokal innerhalb eines Moduls verwendet werden können. Damit braucht der Name nur innerhalb eines Moduls eindeutig zu sein, da nur Programmteile dieses Moduls die private Prozedur aufrufen dürfen.

Ein Modul speichern

Wenn Sie ein Modul speichern, kann dies besonders bei Datenbanken mit viel Code länger als in der Access 97-Version dauern. Der Grund liegt in der unterschiedlichen VBA-Entwicklungsumgebung. Seit Access 2000 wird wie schon immer bei Excel oder Word das „Visual Basic Environment" (VBE) als Entwicklungsumgebung für VBA verwendet. Zuvor war der VBA-Editor direkt in Access implementiert.

VBE erfordert, dass das gesamte VBA-Projekt auf einmal gelesen und geschrieben wird. Dies bedeutet, dass beim Speichern eines Moduls nicht nur die Module, deren Code geändert wurde, sondern alle Module in der aktuellen Datenbank gespeichert werden.

Genau genommen wird ein VBA-Projekt in zwei unterschiedlichen Darstellungen gespeichert. Dies ist zum einen die Text-Darstellung, mit der in der Entwicklungsumgebung gearbeitet wird, zum andern die kompilierte Darstellung, die aufgrund des Übersetzens entsteht. In Access 2000 wurden immer beide Darstellungen in die Datei geschrieben, auch wenn der VBA-Code gar nicht neu übersetzt wurde. Bei Access 2002 wurde dies verbessert. Falls nur eine Textänderung, aber keine Kompilierung stattfand, wird beim Speichern auch nur die Text-Darstellung des VBA-Projekts in die Datei abgelegt.

4.2.2   Die Entwicklungsumgebung gezielt benutzen

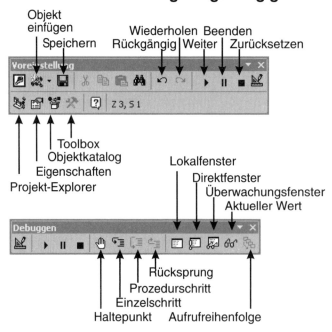

Bild 4.5: Die Symbolleiste von VBA

Die Entwicklungsumgebung von VBA besitzt neben den Fähigkeiten eines Texteditors noch zahlreiche Testmöglichkeiten.

Außerdem werden Sie bereits bei der Eingabe des Programmcodes durch die sofortige Überprüfung auf die syntaktische Richtigkeit einer Programmzeile unterstützt. Damit Sie nicht selbst auf die Schreibweise der Befehle achten müssen, wird VBA automatisch aus Ihrer Eingabe die bevorzugte Groß- und Kleinschreibung erzeugen. Dazu gehört, dass bei der Verwendung einer eingebauten Basic-Funktion deren erster Buchstabe immer groß geschrieben wird. Tippfehler können jedoch nur durch eine Syntaxfehlermeldung abgefangen werden.

Der VBA-Editor verfügt über mehrere Symbolleisten, wobei die Symbolleiste „Voreinstellung" standardmäßig erscheint. Sie enthält die am häufigsten verwendete Befehle. Beim Testen ist die Symbolleiste „Debuggen" sehr nützlich, beim Schreiben einer neuen Prozedur werden Sie sich wahrscheinlich die Symbolleiste „Bearbeiten" anzeigen lassen.

Automatische Syntaxüberprüfung

Jede Eingabe, die Sie durchführen, wird von der VBA-Entwicklungsumgebung nach Abschluss mit der <Enter>-Taste oder nach Betätigung der Pfeiltasten auf ihre Richtigkeit überprüft. Dazu erfolgt ein Vergleich auf syntaktische Korrektheit. Wird hierbei ein Fehler erkannt, werden Sie durch ein Meldungsfenster darauf aufmerksam gemacht. Außerdem führt VBA automatisch einen Abgleich der Groß- und Kleinschreibung durch. Hiermit ist sichergestellt, dass Schlüsselwörter immer in gleicher Schreibweise erscheinen.

Die Syntaxprüfung während der Eingabe kann auch generell deaktiviert werden. Hierzu wählen Sie den Menüpunkt OPTIONEN des Menüs EXTRAS. Im Register „Editor" können Sie das Kontrollkästchen „Automatische Syntaxüberprüfung" ausschalten.

Die Prozedur übersetzen

Bevor eine selbstgeschriebene Funktion als Ausdruck verwendet und ausgeführt wird, muss sie kompiliert werden. Im VBA-Editor müssen Sie die Übersetzung nicht selbst aktivieren, da dies automatisch beim ersten Verwenden einer Prozedur erfolgt. Hierbei entsteht ein etwas komprimierterer Code, der nach nochmaliger Überprüfung auf Fehlerfreiheit erstellt wird. Von dem Kompiliervorgang werden Sie kaum etwas merken, da bereits bei der Programmeingabe eine syntaktische Überprüfung vorgenommen wurde und damit das Kompilieren sehr schnell abläuft. Damit die Kompilierung automatisch durchgeführt wird, müssen Sie im Register „Allgemein" des Dialogfelds „Optionen" die beiden Kontrollkästchen „Bei Bedarf" und „Im Hintergrund" im Bereich „Kompilieren" einschalten.

Dieses automatische Übersetzen kann jedoch auch zu unerwünschten Wirkungen führen, da während dieses Vorgangs noch Programmfehler entdeckt werden können. Damit besteht selbst während der Ausführung der Prozeduren die Möglichkeit eines Fehlerabbruchs.

Um das Entstehen von Syntaxfehlern bei der Programmausführung zu verhindern, können Sie alle Module direkt übersetzen. Dazu dient im Menü DEBUGGEN der Menüpunkt KOMPILIEREN VON, dem der Name der Datenbank folgt, zum Beispiel KOMPILIEREN VON BASICPRG. Daraufhin werden alle Prozeduren und Variablendeklarationen aus den derzeit offenen Modulen der Datenbank kompiliert. Anschließend sollten Sie den übersetzten Code speichern. Nach der Übersetzung ist sichergestellt, dass alle Definitions- und Syntaxfehler gefunden wurden. Laufzeitfehler können natürlich trotzdem noch auftreten.

Code suchen und ersetzen

Die Eingabe von Programmzeilen ist stark an die Arbeitsweise mit anderen Windows-Texteditoren angelehnt. Zur Bearbeitung des Modulfensters enthält das Menü BEARBEITEN neben den Kopier- und Löschfunktionen über die Zwischenablage die Menüpunkte SUCHEN und ERSETZEN. In beiden Dialogfeldern können Sie wählen, ob Textstellen innerhalb des Moduls – innerhalb aller Module der Datenbank – nur innerhalb der aktuellen Prozedur oder nur im markierten Text gesucht werden sollen.

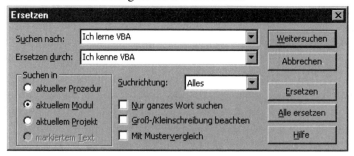

Bild 4.6: Ersetzen von Programmstellen

Wenn Sie nur gezielt nach Worten suchen und diese ersetzen möchten, ist das Kontrollkästchen „Nur ganzes Wort suchen" die richtige Wahl.

Eine Besonderheit ist der Mustervergleich, der durch das Kontrollkästchen „Mit Mustervergleich" aktiviert wird. Hiermit können Sie ein Suchmuster verwenden, das Platzhalter enthält, die anstelle von nicht bekannten Zeichen stehen. Damit ist es zum Beispiel möglich, nach Texten zu suchen, die „sTextt", „sText2", „sText3" heißen. Das dazugehörige Suchkriterium lautet „sText#". Als Platzhalterzeichen können Sie die nachfolgenden Zeichen benutzen. Diese Platzhalterzeichen können dabei entweder zu Beginn, am Ende oder innerhalb eines Textwortes stehen.

Tabelle 4.1: Platzhalter in den Dialogfeldern „Suchen" und „Ersetzen"

Symbol	Kurzbeschreibung	Beispiel
*	Entspricht einer beliebigen Anzahl von Zeichen.	*fkt oder fkt* oder f*kt
?	Entspricht einem beliebigen einzelnen Zeichen.	sTe?t
#	Entspricht einer beliebigen einzelnen Ziffer.	23#56
[ ]	Entspricht einem einzelnen Zeichen, das einer Gruppe von Zeichen angehört, die innerhalb der eckigen Klammern aufgelistet sind.	sTe[sx]t => sTest oder sText
!	Entspricht einem einzelnen beliebigen Zeichen, das nicht aufgelistet ist.	sTe[!sx]t => alle außer sTest und sText
-	Entspricht einem einzelnen Zeichen, das einer Gruppe von Zeichen in dem genannten Bereich angehört.	sText[a-d] => sTesta oder sTestb oder sTestc oder sTestd

Code kopieren

Um Codezeilen an eine andere Stelle in derselben Prozedur oder in eine andere Prozedur zu bringen, können Sie die Menüpunkte KOPIEREN beziehungsweise AUSSCHNEIDEN und EINFÜGEN verwenden. Oder Sie verschieben die Zeilen mittels Drag&Drop. Diese zweite Möglichkeit kennen Sie vielleicht bereits aus Word. Im ersten Schritt markieren Sie die gewünschte(n) Zeile(n). Dann legen Sie den Mauszeiger auf die Markierung und ziehen die Zeile(n) mit gedrückter Maustaste an die neue Position. Um die Zeile(n) zu kopieren und nicht zu verschieben, halten Sie zusätzlich die <Strg>-Taste gedrückt.

Falls das eben beschriebene Verschieben und Kopieren nicht funktioniert, müssen Sie im Dialogfeld „Optionen" das Kontrollkästchen „Drag/Drop-Textbearbeitung" einschalten.

Einzug vergrößern

Viele Programmierer rücken gewisse Programmzeilen mehr ein als andere. Üblicherweise wird dieser Vorgang Zeile für Zeile über die Tabulatortaste durchgeführt. Im Modulfenster können Sie mehrere Zeilen auf einmal einrücken. Markieren Sie dazu die gewünschten Zeilen und betätigen die <Tab>-Taste. Statt dieser Taste können Sie auch den Menüpunkt EINZUG VERGRÖßERN im Menü BEARBEITEN oder die entsprechende Schaltfläche in der Symbolleiste „Bearbeiten" wählen. Rückgängig machen können Sie diese Aktion durch die Tastenkombination <Umschalt>+<Tab> oder über das Symbol beziehungsweise den Menüpunkt EINZUG VERKLEINERN.

Ein automatisches Einrücken findet statt, wenn Sie im Menü EXTRAS den Menüpunkt OPTIONEN wählen und anschließend im Register „Editor" das Kontrollkästchen „Automatisch Einzug vergrößern" einschalten. In dem danebenliegenden Textfeld können Sie angeben, wie weit jedes Mal eingerückt wird.

Das Modulfenster teilen

Um zwei Funktionen innerhalb eines Moduls betrachten zu können, kann das Modulfenster zweigeteilt werden. Wenn Sie den Mauszeiger etwas über das obere Ende der Bildlaufleiste positionieren, ändert sich der Zeiger in einen Doppelpfeil. Mit gedrückter linker Maustaste können Sie jetzt die Linie zum unteren Fensterrand verschieben. Hierdurch teilt sich das Modulfenster in zwei Bereiche, die jeweils eine eigene Funktion anzeigen können.

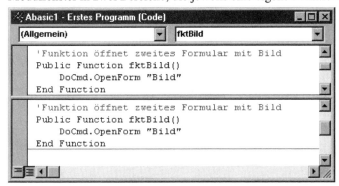

Bild 4.7: Geteiltes Modulfenster

Anstelle der Mausbedienung können Sie dazu auch den Menüpunkt TEILEN des Menüs FENSTER auslösen. Um jede Textstelle erreichen zu können, besitzt jeder der beiden Teile des zweigeteilten Fensters eigene Bildlaufleisten.

Eine oder alle Prozeduren anzeigen

Im Register „Editor" können Sie auch bestimmen, ob im Modulfenster immer nur eine Prozedur oder alle Prozeduren hintereinander angezeigt werden. Fortlaufender Text ist besser, wenn Sie mehrere Codezeilen kopieren oder Textstellen suchen und ersetzen wollen. Schalten Sie dafür im Bereich „Fenstereinstellungen" zuerst das Kontrollkästchen „Standardmäßig ganzes Modul anzeigen" ein. Damit in diesem Fall die einzelnen Prozeduren durch einen waagrechten Strich voneinander getrennt werden, müssen Sie zusätzlich das Kontrollkästchen „Prozedurtrennlinie" aktivieren.

Es gibt noch einen schnelleren Weg, zwischen der Prozedur- und der vollständigen Modulansicht zu wechseln. Im Modulfenster befinden sich links neben der horizontalen Bildlaufleiste zwei kleine Schaltflächen. Wenn Sie die Schaltfläche für die Prozeduransicht drücken, wird nur noch die Prozedur angezeigt, in der derzeit der Eingabecursor steht.

Schlüsselwörter, Kommentare etc. mit verschiedenen Farben versehen

Damit Sie Schlüsselwörter und Kommentare auf einen Blick erkennen, können Sie diesen und weiteren Elementen unterschiedliche Farben zuweisen. Im Register „Editorformat" finden Sie den Bereich „Code-Farben", in dem ein Listenfeld alle Textarten auflistet, deren Farbe Sie modifizieren können.

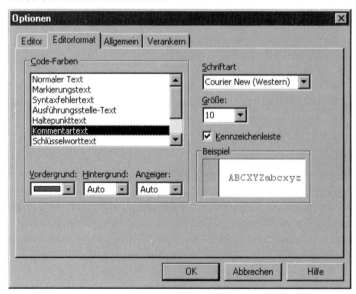

Bild 4.8: Verschiedene Code-Farben festlegen

Markieren Sie zuerst in der Liste einen Eintrag und ändern dann die Farbe für die Schrift oder für den Hintergrund. Sie sollten gleichzeitig nicht beide Farben neu einstellen. Außerdem können Sie eine andere Schriftart und -größe wählen. Standardmäßig ist die Schrift „Courier

New" in der Größe „10" eingestellt. Im Bereich „Beispiel" wird Ihre neue Einstellung sofort angezeigt.

Damit am linken Rand des Modulfensters eine senkrechte Leiste erscheint, schalten Sie im Register „Editorformat" das Kontrollkästchen „Kennzeichenleiste" ein. Diese Leiste ist sehr angenehm, wenn Sie Ihre Prozeduren austesten und Haltepunkte setzen.

Hilfen bei der Code-Eingabe

Auto-Editing unterstützt Sie beim Schreiben von Code. Sobald Sie ein Objekt beziehungsweise eine Objektvariable mit dem Bezeichner-Operator Punkt (.) abschließen, wird automatisch ein aufgeklapptes Menü eingeblendet, das alle für das Objekt existierenden Eigenschaften und Methoden auflistet. Sie können aus der Liste durch Doppelklick einen Eintrag auswählen.

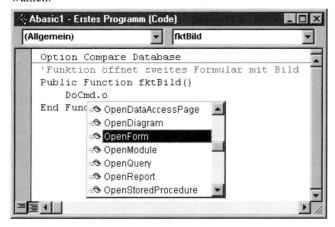

Bild 4.9: Hilfe bei der Wahl einer Eigenschaft oder Methode

Dieses Menü können Sie sich auch zu einem anderen Zeitpunkt einblenden. Klicken Sie das Objekt beziehungsweise die Objektvariable mit der rechten Maustaste an und lösen Sie dann den Menüpunkt EIGENSCHAFTEN/METHODEN AUFLISTEN aus. Alternativ dazu können Sie auch die gleichnamige Schaltfläche in der Symbolleiste „Bearbeiten" verwenden.

Es wird noch eine weitere Hilfe beim Schreiben von VBA-Code angeboten. Sobald Sie Methoden, VBA-Funktionen oder Anweisungen editieren, die Übergabeparameter besitzen, wird Ihnen unterhalb der aktuellen Zeile eine Schnellhilfe eingeblendet, die Ihnen die Syntax der Methode, Funktion beziehungsweise Anweisung anzeigt. Der aktuelle Parameter wird durch Fettdruck hervorgehoben. Da die Nennung der Argumente einem oft schon weiterhilft, müssen Sie nicht mehr so häufig ins Hilfesystem wechseln.

Diese Hilfe können Sie wiederum auch selber aktivieren. Dies ist zum Beispiel dann interessant, wenn Sie zwar bereits den Namen einer Funktion eingegeben, dann aber diese Zeile wieder verlassen haben. Wenn Sie nun an dieser Zeile weiterarbeiten wollen, erscheint die Schnellhilfe nicht mehr automatisch. In diesem Fall klicken Sie die Funktion mit der rechten Maustaste an und wählen aus dem Kontextmenü den Befehl QUICKINFO.

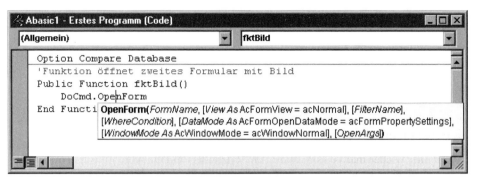

Bild 4.10: Die Schnellhilfe für eine Funktion und ihre Argumente

Haben Sie stattdessen schon ein oder mehrere Übergabeparameter eingefügt und wissen hier nicht mehr weiter, rufen Sie den Menüpunkt PARAMETERINFO im Kontextmenü auf. Als dritte Möglichkeit gibt es noch den Menüpunkt KONSTANTEN ANZEIGEN. Diesen werden Sie aktivieren, wenn Sie für das Argument eine Konstante einsetzen müssen und die Namen dieser Konstanten nicht kennen. Für alle drei Möglichkeiten finden Sie auch in der Symbolleiste „Bearbeiten" entsprechende Schaltflächen.

Wenn Sie von einem VBA-Funktionsnamen nur die ersten drei Buchstaben wissen, kann Ihnen wiederum die Entwicklungsumgebung helfen, den gewünschten Namen zu finden. Schreiben Sie die bekannten Buchstaben und wählen Sie danach aus dem Kontextmenü den Menüpunkt WORT VERVOLLSTÄNDIGEN. Daraufhin wird ein aufgeklapptes Menü eingeblendet, das vor allem Namen von Funktionen und Konstanten auflistet. Das Wort, das am besten mit den editierten Buchstaben übereinstimmt, wird in dieser Liste markiert dargestellt.

Oft ist die Bedienung über eine Schnelltaste effektiver als eine Menübedienung. Die nachfolgende Tabelle zeigt Ihnen die Aufgaben der einzelnen Schnelltasten in Modulen.

Tabelle 4.2: Schnelltasten im Modul

Schnelltaste	Kurzbeschreibung
<F1>	Startet das Hilfesystem: Falls der Textcursor auf einem reservierten Wort steht, wird die dazugehörige Information angezeigt, andernfalls der Hilfe-Assistent.
<F2>	Ruft den Objektkatalog auf, der alle Module und die darin enthaltenen Prozeduren auflistet. Voraussetzung dafür ist, dass die Leseerlaubnis für das Modul besteht.
<Umschalt> + <F2>	Positioniert zu der Prozedur, deren Name durch den Textcursor markiert ist.
<Strg>+<Y>	Schneidet die aktuelle Zeile aus und kopiert sie in die Zwischenablage.
<Strg>+<C>	Kopiert den markierten Text in die Zwischenablage (auch im Direktfenster).
<Strg>+<V>	Fügt Text aus der Zwischenablage ein (auch im Direktfenster).

Schnelltaste	Kurzbeschreibung
<Strg> + <Pfeil nach links>	Kehrt zur letzten Prozedur zurück.
<Strg> + <Pfeil nach rechts>	Geht zur nächsten Prozedur.

Code in Kommentar setzen

Es kann immer wieder mal vorkommen, dass Sie mehrere Zeilen, die untereinander liegen, in Kommentar setzen wollen, damit sie nicht mehr ausgeführt werden. Da Sie diese Zeilen eventuell später doch noch brauchen, wollen Sie sie nicht ganz löschen.

Sie müssen dafür nicht am Anfang jeder Zeile selber das Zeichen für Kommentar (') einfügen, sondern können in einem Schritt den gesamten Block in Kommentar setzen. Markieren Sie dazu zuerst die gewünschten Zeilen und wählen Sie dann in der Symbolleiste „Bearbeiten" die Schaltfläche „Block auskommentieren".

Der Projekt-Explorer und das Eigenschaftenfenster

In der VBA-Entwicklungsumgebung wird standardmäßig das Fenster des Projekt-Explorers angezeigt. Wenn dies bei Ihnen nicht der Fall ist, lösen Sie im Menü ANSICHT den Menüpunkt PROJEKT-EXPLORER aus oder drücken die Tastenkombination <Strg> + <R>. Dieses Fenster listet alle Formular- und Berichtsmodule sowie alle globalen Module auf.

Durch einen Doppelklick auf einen Modulnamen oder durch Markieren und einen einfachen Klick auf die Schaltfläche „Code anzeigen" im Projekt-Explorer wird das gewünschte Modul geöffnet.

Bild 4.11: Der Projekt-Explorer

Bei einem Formular- oder Berichtsmodul können Sie im Projekt-Explorer auch die Schaltfläche „Objekt anzeigen" wählen. Dadurch gelangen Sie zurück nach Access, und das Formular beziehungsweise der Bericht wird in der Entwurfsansicht dargestellt.

Wenn Sie anschließend wieder zurück zum VBA-Editor wechseln, zeigt das Eigenschaftenfenster die Eigenschaften des Formulars an. Die Eigenschaften erscheinen in der englischen Syntax. In dem Kombinationsfeld dieses Fensters können Sie jedes Objekt im Formular einstellen, um dessen Eigenschaften zu sehen und bei Bedarf auch zu ändern. Über zwei Register werden die Eigenschaften entweder alphabetisch oder in Kategorien unterteilt aufgelistet. Die Kategorien sind dieselben wie in Access.

Bild 4.12: Das Eigenschaftenfenster im VBA-Editor

Bestehende Programme im- und exportieren

Wenn Sie bereits über bestehende Basic-Programme verfügen, können Sie diese teilweise auch in VBA weiterverwenden. Hierzu steht neben dem Einbringen von einzelnen Bausteinen über die Zwischenablage noch die Möglichkeit des Ladens einer ASCII-Textdatei zur Verfügung. Unter der Voraussetzung, dass das Programm in reinem ASCII-Zeichencode als Datei vorliegt, kann der Programmcode direkt in das aktuell geöffnete Modul geladen werden. Innerhalb von Access können Sie am besten die Programmteile verwenden, die bereits stark in Prozeduren aufgeteilt sind und damit einzeln benutzt werden können. Mit Visual Basic erstellte Programme können meistens gut nach Access importiert werden.

Bevor ein bestehendes Basic-Programm geladen werden kann, müssen Sie sich bereits in einem geöffneten Modul befinden. Den Vorgang des Programm-Importierens aktivieren Sie anschließend über den Menüpunkt DATEI aus dem EINFÜGEN-Menü oder über den Menüpunkt DATEI IMPORTIEREN im Menü DATEI. Es erscheint ein Dialogfeld, das die Auswahl der Datei ermöglicht.

Der Code eines Moduls kann über den Menüpunkt DATEI EXPORTIEREN in dem Menü DATEI in eine ASCII-Textdatei gespeichert werden. Dadurch ist es möglich, das VBA-Programm zum Beispiel mit anderen Basic-Compilern zu verarbeiten. Eventuell bevorzugen Sie aber nur das Bearbeiten des Programms mit einem anderen Editor, um es später wieder zu Access zurückzubringen.

VBA-Module mit einem Passwort schützen

Um globale Module sowie Formular- und Berichtsmodule zu schützen, vergeben Sie keine Berechtigungen über den Menüpunkt BENUTZER- UND GRUPPENBERECHTIGUNGEN, wie es bei den übrigen Datenbankobjekten der Fall ist, sondern definieren ein Passwort. Dieses Kennwort muss anschließend in jeder Arbeitssitzung neu von Ihnen und von anderen Anwendern eingegeben werden, um sich den VBA-Code im Visual Basic-Editor ansehen und ändern zu können. Das Passwort wird auch benötigt, damit Code über die Zwischenablage ausgetauscht, exportiert und Module gelöscht werden können.

Der Ablauf der einzelnen Prozeduren, die in den Modulen gespeichert sind, wird dagegen in keiner Weise durch das Passwort beeinträchtigt.

Hinweis: Wenn Sie für Formulare und Berichte Berechtigungen vergeben, beziehen sich diese nur auf das Datenbankobjekt selber, aber nicht auf ein eventuelles Klassenmodul, das mit dem Formular beziehungsweise dem Bericht verbunden ist. Auch wenn Sie das Zugriffsrecht „Entwurf ändern" für ein Formular oder einen Bericht besitzen, können Sie dieses Objekt nicht löschen oder dessen Eigenschaft „Enthält Modul" nicht auf „Nein" setzen, da Sie sonst das dahinterliegende Modul löschen würden.

Um den VBA-Code Ihrer Datenbank oder Ihres Access-Projektes vor unberechtigtem Zugriff zu schützen, führen Sie folgende Schritte durch:

Bild 4.13: Ein Passwort für alle Module festlegen

1.   Wählen Sie im Visual Basic Editor im Menü EXTRAS den Menüpunkt aus, der aus den beiden Worten EIGENSCHAFTEN VON und dem Datenbanknamen zusammengesetzt ist.

2. Bringen Sie im dadurch angezeigten Dialogfeld das Register „Schutz" in den Vorder-
    grund.

3. Schalten Sie das Kontrollkästchen „Projekt für die Anzeige sperren" ein.

4. Geben Sie das Passwort ein und bestätigen Sie es noch einmal im zweiten Textfeld.

5. Drücken Sie abschließend die „OK"-Schaltfläche.

Wenn Sie das nächste Mal die Datenbank oder die Projektdatei öffnen, ist jeder VBA-Code
durch das eingegebene Passwort geschützt. Dies bedeutet, dass man nach dem Kennwort
gefragt wird, sobald man in den VBA-Editor verzweigen will. Sie sollten dieses Passwort
nicht vergessen, sonst gibt es keine Möglichkeit mehr, an den VBA-Code zu kommen.

Hinweis: Falls Sie vergessen, das Kontrollkästchen „Projekt für die Anzeige sperren" einzu-
schalten, kann der VBA-Code von jedem angesehen und geändert werden, nur das
Dialogfeld „Projekteigenschaften" ist geschützt.

Um das Passwort wieder zu entfernen, löschen Sie alle Daten im Register „Schutz" des
Dialogfelds „Projekteigenschaften" und klicken dann die „OK"-Schaltfläche an.

4.3   Grundwissen zu VBA in Access

Anwendungen, die unter der grafischen Oberfläche von Windows ablaufen, können mit Access schnell und einfach erstellt werden. Für die Gestaltung der Applikationsoberfläche stehen durch den Formular- und Berichtseditor bereits sehr leistungsfähige Hilfsmittel bereit.

Eine Funktion kann innerhalb von Access immer dann verwendet werden, wenn der Eintrag
oder die Eigenschaft einen Ausdruck verlangt. Nachfolgend sind einige Beispiele für den
Einsatz einer Funktion aufgelistet:

*   Anstelle eines festen Werts für einen Standardwert eines Tabellenfeldes

*   Übergabewert für Eigenschaften von Steuerelementen

*   Grundlage für den Inhalt eines Textfeldes, Datenbankfeldes etc.

*   Erstellung eines Kriteriums einer Abfrage

*   Wert für Listen- und Kombinationsfelder

*   Reaktion auf die Betätigung einer Schaltfläche oder das Öffnen eines Formulars durch
    den Anwender

Objektorientierter Aufbau

Bekanntlich können unter Windows mehrere Fenster wie zum Beispiel Formulare gleichzeitig geöffnet sein. Um die Verwaltung dieser Fenster kümmert sich Windows, indem es dem
Eigentümer eines Fensters mitteilt, wenn der Benutzer eine Tätigkeit mit einem seiner Fenster
durchführt. Das Gleiche geschieht auch bei einer Tastenbetätigung, einer Menübedienung
oder bei dem Klick auf eine Schaltfläche. Die Mitteilung, dass etwas geschehen ist, erfolgt
durch Ereignisse, die auch als Meldung bezeichnet werden. Resultierend daraus arbeiten
Windows-Programme nicht sequenziell ihren Programmcode ab, sondern warten die meiste
Zeit darauf, dass Windows ihnen in Form eines Ereignisses mitteilt, welche Tätigkeit der

Anwender soeben ausgeführt hat. Die Eigentümer von Objekten, die Ereignisse erhalten, sind in Access Formulare, Berichte und Steuerelemente. Daneben existieren zum Beispiel noch Debug- und Screen-Objekte.

Ein ereignisgesteuertes Programm wird nicht mehr Befehl für Befehl von oben nach unten abgearbeitet, sondern es wird immer nur die Funktion ausgeführt, die auf das aktuelle Ereignis reagieren soll. Falls derzeit kein Ereignis ansteht, muss das Programm nicht beendet werden, sondern es kann in der Windows-Umgebung in Warteposition bleiben. Innerhalb von Access findet die Zuordnung zwischen einem Ereignis und der Funktion, die daraufhin erfolgen soll, durch spezielle Eigenschaften statt, die zum Beispiel „BeimKlicken" oder „BeimÖffnen" lauten. Jeder Objekttyp zeichnet sich damit aus durch seine

- Eigenschaften,
- Ereignisse, Ereignisprozeduren und
- Methoden.

Ereignisse

Ein Objekt kann auf eine festgelegte Anzahl von Ereignissen reagieren, die durch die dafür vorgesehenen Eigenschaften bestimmt werden. Ein Ereignis entsteht durch eine bestimmte Tätigkeit, die in den meisten Fällen durch den Anwender ausgelöst wird, wie zum Beispiel das Drücken einer Befehlsschaltfläche. Die Menge der Ereignisse ist für jedes Objekt unterschiedlich groß. So kann zum Beispiel ein Formular auf Ereignisse wie „BeimÖffnen" antworten, eine Optionsschaltfläche jedoch nicht.

Als Programmierer können Sie auf ein Ereignis reagieren, indem Sie den Namen einer Funktion in diese Eigenschaft eintragen. Hierdurch legen Sie fest, welche Funktion aufgerufen wird, sobald dieses Ereignis auftritt. Allerdings müssen Sie nicht zwingend auf diese Ereignisse reagieren und können deswegen die nicht benötigten Eigenschaften leer lassen. Die Funktionen, die durch ein Ereignis aufgerufen werden, werden als „Ereignis-Funktionen" bezeichnet. Eine „Ereignis-Funktion" ist ein als Unterprogramm realisierter Programmteil, der immer nur eine Funktion sein kann. Außerdem darf pro Eigenschaft und damit pro Ereignis immer nur eine Funktion eingetragen werden.

Kurz bevor ein Formular geöffnet wird, wird die Funktion ausgeführt, die in der Eigenschaft „BeimÖffnen" eingetragen ist. Das nachfolgende Beispiel ruft die Funktion „fktFormularLaden" aufgrund eines solchen Eröffnungsvorgangs auf. Neben der Definition der Funktion in dem Modul ist noch deren Name in die Eigenschaftenzeile „BeimÖffnen" des Formulars einzutragen. Erst hierdurch wird erreicht, dass auf das Ereignis reagiert und damit die Funktion aufgerufen wird.

```
BeimÖffnen:  =fktFormularLaden()

Public Function fktFormularLaden()
   ' gewünschte Aktionen
End Function
```

Die Entstehung und Bearbeitung eines Ereignisses kann bei einer einfachen Applikation, die nur aus einem Formular und einer Befehlsschaltfläche besteht, zum Beispiel folgendermaßen ablaufen:

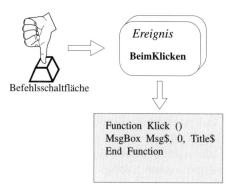

Bild 4.14: Ablauf beim Klicken einer Schaltfläche

Der Anwender drückt die Schaltfläche, wodurch die Funktion aufgerufen wird, die in der Eigenschaft „BeimKlicken" eingetragen ist. Aufgrund dieses Ereignisses „BeimKlicken" überprüft Access, ob es für das Fenster eine entsprechende Funktion in einem Modul gibt. Wenn sie wie in diesem Beispiel vorhanden ist, wird sie aufgerufen und gibt zum Beispiel ein Meldungsfenster auf dem Bildschirm aus. Nachdem die der Eigenschaft zugewiesene Funktion abgearbeitet wurde, wird diese Funktion verlassen, und es wird anschließend auf das nächste Ereignis gewartet. Ist dagegen der Eigenschaft „BeimKlicken" keine Funktion zugeordnet, wird das Ereignis von Access ignoriert und keine weitere Tätigkeit ausgeführt.

Statt einer Funktion können Sie im Eigenschaftenfenster auch eine Ereignisprozedur in das Feld einer Ereignis-Eigenschaft eintragen. Der Unterschied zwischen einer selbstgeschriebenen Funktion und einer Ereignisprozedur besteht vor allem darin, dass es sich um Sub-Prozeduren handelt, bei denen der Rahmen fest von Access vorgegeben ist. In ihn tragen Sie Ihren Code ein, wobei Sie teilweise auf Übergabeparameter zugreifen können. Eine Ereignisprozedur bezieht sich jeweils auf ein bestimmtes Ereignis. Nehmen wir die Befehlsschaltfläche vom letzten Beispiel und geben ihr den Namen „Schaltfl". Wenn sie auf das Ereignis „BeimKlicken" reagieren soll, kann ihrer gleichnamigen Eigenschaft anstelle der Funktion eine Ereignisprozedur zugeordnet werden, deren Rahmen dann folgendermaßen aussieht:

```
Private Sub Schaltf1_Click ()

Ende Sub
```

Für Programmzeilen, die beim Laden des Formulars ausgeführt werden sollen, können Sie die Ereignisprozedur „Load" des Formulars verwenden. Sie besitzt folgenden Aufbau:

```
Private Sub Form_Load ()

End Sub
```

Um eine Ereignisprozedur mit einer Ereignis-Eigenschaft zu verbinden, öffnen Sie das gewünschte Formular in der Entwurfsansicht, selektieren das Objekt, dessen Ereignis Sie bearbeiten wollen, und blenden das Eigenschaftenfenster ein.

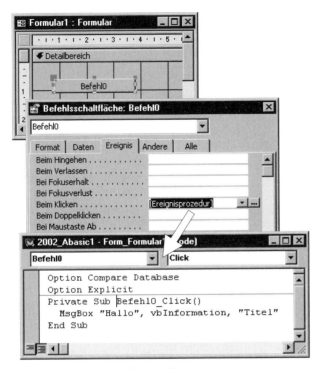

Bild 4.15: Ereignisprozedur erstellen

Nun klicken Sie die Ereignis-Eigenschaft an, wodurch am rechten Rand des Eingabefeldes sowohl der Pfeil zum Anzeigen der Liste als auch eine Schaltfläche mit drei Punkten erscheint. Aus der Liste stellen Sie zuerst den Eintrag [Ereignisprozedur] ein und klicken danach die daneben liegende Schaltfläche an. Dadurch wird die VBA-Entwicklungsumgebung mit einem Modulfenster aufgerufen. Es zeigt die zu der Eigenschaft gehörende Access-Ereignisprozedur an.

Eigenschaften

Neben den Eigenschaften, die die Zuordnung zu Ereignissen betreffen, besitzen Objekte noch zusätzlich Eigenschaften, die unter anderem das Aussehen des Objekts bestimmen. Jede Eigenschaft besteht dabei aus ihrem Namen und ihrem Wert, der der Eigenschaft zugewiesen wird. Die Abbildung „Eigenschaften eines Objekts" zeigt einige Eigenschaften einer Optionsschaltfläche (das heißt eines Optionsfeldes). Diese stellen nur eine Auswahl dar, da die Optionsschaltfläche insgesamt über wesentlich mehr Eigenschaften verfügt.

Beachten Sie bitte, dass Access bei der interaktiven Erstellung deutsche Bezeichnungen für die Eigenschaften akzeptiert. Sobald auf die Eigenschaften in VBA innerhalb einer Programmzeile zugegriffen wird, müssen für die Bezeichnungen der Eigenschaften deren englische Namen verwendet werden. Nachfolgend sehen Sie einen solchen Fall.

Bild 4.16: Die Eigenschaften eines Objekts

Die Eigenschaft „Name", die für den Namen des Steuerelements steht, wird bereits bei der Erstellung innerhalb eines Formulars vergeben. Als Namensvorgabe wählt Access eine Bezeichnung, die die Art (Schaltfläche, Text, Feld) und die bereits vorhandene Anzahl des Steuerelementtyps berücksichtigt. Auf diese Eigenschaft kann auch später innerhalb einer Prozedur zugegriffen werden, nur muss dazu die englische Bezeichnung verwendet werden, die in diesem Fall wie die deutsche heißt.

Das Entsprechende gilt zum Beispiel auch für die Eigenschaft „Sichtbar" beziehungsweise „Visible", die definiert, ob das dazugehörige Steuerelement derzeit für den Anwender sichtbar dargestellt wird. Ein verstecktes Steuerelement können Sie durch das Setzen der Eigenschaft „Visible" auf den Wert „Ja" zur Anzeige bringen.

Neben den soeben behandelten Eigenschaften, die sowohl in der Entwurfsansicht als auch in der Formularansicht zur Verfügung stehen, gibt es noch eine bestimmte Gruppe von Eigenschaften, auf die nur vom Programm aus zugegriffen werden kann.

Aktionen stellen eine weitere Möglichkeit dar, ein Objekt zu beeinflussen. Dazu gehört zum Beispiel die Aktion „GeheZuSteuerelement" (GoToControl), die den Textcursor auf ein bestimmtes Steuerelement setzt. Der Fachbegriff hierfür ist Fokus. Fokus bedeutet, dass dieses Steuerelement für den Benutzer im Vordergrund erscheint und auf Tasteneingabe reagiert.

Methoden

Als letztes ein Objekt definierendes Merkmal sind die Methoden zu nennen. Methoden sind Funktionen oder Anweisungen, die sich auf ein bestimmtes Objekt beziehen. Dabei können einige Methoden recht allgemein sein und bei fast jedem Objekttyp verwendet werden, andere hingegen sind sehr speziell. Für den Aufruf einer Methode wird der Objektname und der Methodenname benötigt, die durch einen Punkt voneinander getrennt sind.

```
Objektname.Methodenname
i%=Reports!Bericht1.TextHeight("Hallo")
```

Mithilfe der Methode „TextHeight" kann die Schrifthöhe bestimmt werden, die von der Schriftart des angegebenen Berichts abhängig ist.

Falls die selbst geschriebenen VBA-Funktionen für die Lösung der Aufgabe immer noch nicht ausreichen, können zudem die API-Funktionen (Application Programming Interface) benutzt werden. Hierbei handelt es sich um Funktionen, die sich außerhalb von Access in so genannten DLLs (Dynamic Link Libraries) befinden. Eine DLL ist eine Datei, auf die Windows zugreift und im Speicher verwaltet wird. Windows selbst besteht aus DLLs, die über 700 dieser API-Funktionen enthalten. Auf die API-Funktionen kann auch innerhalb von VBA zugegriffen werden. An einigen Stellen dieses Buchs wird diese Möglichkeit noch ausgiebig behandelt.

4.4 Prozeduren erstellen, ausführen und testen

Für die Erstellung einer kleinen Anwendung, die in VBA geschriebene Funktionen enthält, sind nur wenige Schritte erforderlich. Die Aufgabe des ersten Programms ist es, vor dem Öffnen des Formulars eine Grafik auszugeben. Zusätzlich enthält das Formular eine Befehlsschaltfläche. Durch das Anklicken dieser Schaltfläche sollen das Formular und die Grafik wieder beendet werden. Dieses Beispiel finden Sie in der Datenbank ABASIC1.MDB auf der CD.

Zwei Formulare anlegen

Zuerst legen Sie ein leeres Formular an, das mit einer Befehlsschaltfläche versehen wird. Der Name des Formulars ist für die Erfüllung der Aufgabe zweitrangig und kann daher beliebig gewählt werden. Das Gleiche gilt auch für die Befehlsschaltfläche, die daher den von Access vorgeschlagenen Namen behält.

Die anzuzeigende Grafik wird als Hintergrundbild in ein weiteres Formular gesetzt. Dazu klicken Sie bei der Eigenschaft „Bild" die Schaltfläche mit den drei Punkten an und stellen eine BMP- oder WMF-Datei ein. Die Formular-Eigenschaften „Datensatzmarkierer", „Navigationsschaltflächen" und „Bildlaufleisten" werden auf „Nein" und die Eigenschaft „Rahmenart" auf „Keine" gesetzt. Das Formular besitzt in diesem Beispiel den Namen „Bild". Um auf das Öffnen und das Anklicken reagieren zu können, sind zwei Funktionen notwendig. Die erste Funktion „fktBild" öffnet ein weiteres Formular, das ein Hintergrundbild besitzt. Sie wird der Eigenschaft „BeimÖffnen" des Formulars übergeben. Die zweite Funktion „fktMachZu" schließt beide Formulare wieder. Für sie stellt die Eigenschaft „BeimKlicken" der Befehlsschaltfläche den Verbindungspunkt dar.

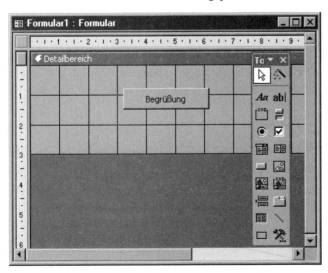

Bild 4.17: Ein Formular bildet die Oberfläche für das VBA-Programm

Gleich zu Beginn möchte ich Sie an eine Namenskonvention gewöhnen, die in den meisten VBA-Programmen dieses Buchs verwendet wird. Um deutlich die selbst erstellten Funktionen von den Standardfunktionen abzugrenzen, sollten alle Funktionsnamen mit den drei Buchstaben „fkt" beginnen. Daher tragen die beiden Funktionen des ersten Programms auch die Namen „fktBild" und „fktMachZu".

Neues Modul mit zwei Funktionen anlegen

Markieren Sie im nächsten Schritt das Symbol „Module" in der Access-Leiste und betätigen die Befehlsschaltfläche „Neu" im Datenbankfenster, um ein neues Modul zu erzeugen. Dadurch wird die VBA-Entwicklungsumgebung mit einem noch fast leeren Modulfenster gestartet. Wählen Sie dann den Menüpunkt PROZEDUR des EINFÜGEN-Menüs oder das entsprechende Symbol. Da eine Funktion erstellt werden soll, wird in dem daraufhin erscheinenden Dialogfeld die Optionsschaltfläche „Funktion" selektiert und in das Textfeld der Funktionsname „fktBild" eingetragen.

Nach dem Bestätigen mit der Befehlsschaltfläche „OK" wird im Modulfenster der Rahmen der neuen Funktion eingeblendet. Zwischen dem Funktionskopf „Function fktMeldungsfenster()" und dem Funktionsfuß „End Function" tragen Sie nun die Programmzeilen ein.

```
' Funktion öffnet zweites Formular mit Bild'
Public Function fktBild ()
  DoCmd.OpenForm "Bild"
End Function
```

Um innerhalb eines VBA-Programms eine Aktion ausführen zu können, wird das Objekt „DoCmd" verwendet, das als Methode die auszuführende Aktion übergeben bekommt. Die Aktion „OpenForm" öffnet das Formular „Bild".

Für das Schließen beider Formulare wird noch die Funktion „fktMachZu" benötigt. Diese muss ebenfalls als Funktion realisiert werden und darf keine Sub-Prozedur sein, da sie direkt aus der Access-Oberfläche aufgerufen wird.

```
' Funktion schließt beide Formulare'
Public Function fktMachZu ()
  DoCmd.Close
  DoCmd.Close acForm, "Bild"
End Function
```

Für das Schließen von Formularen kann die Aktion „Close" benutzt werden, die wiederum über das Objekt „Cmd" aufgerufen wird. Da zuerst das aktuelle Formular geschlossen werden soll, benötigt die erste Aktion „Close" keinen weiteren Parameter. In der nächsten Zeile muss der Aktion der Typ und der Name des Objekts als Parameter mitgegeben werden. Die Aktion besitzt noch ein optionales drittes Argument, das standardmäßig auf „acSavePrompt" steht. Dies bedeutet, dass ein Meldungsfenster erscheint, wenn das zu schließende Objekt noch nicht gespeichert ist. Daneben können Sie auch die Konstante „acSaveNo" oder „acSaveYes" übergeben.

Die Erstellung der Funktionen schließen Sie durch das Speichern des Moduls ab, indem Sie zum Beispiel das entsprechende Symbol in der Symbolleiste anklicken. Als Modulnamen können Sie in dem daraufhin erscheinenden Dialogfeld „Speichern unter" „Erstes Programm" wählen. Die reine Programmerstellung ist damit beendet, jedoch besteht noch keine Verbindung zwischen den Funktionen und dem Formular. Daher müssen die beiden Funktionen noch den Ereignissen über deren Eigenschaften zugewiesen werden. Wechseln Sie deswegen wieder zurück nach Access.

Funktionen mit Ereignissen verknüpfen

Wenn durch den Anwender der Befehl zum Öffnen des Formulars „Erstes Programm" gegeben wird, untersucht Access, ob in der Formular-Eigenschaft „BeimÖffnen" eine Funktion eingetragen ist. Da beim Start des Formulars automatisch die Grafik erscheinen soll, wird in die Eigenschaft „BeimÖffnen" der Name der Funktion „fktBild", beginnend mit einem Gleichheitszeichen und abgeschlossen durch ein rundes Klammernpaar, eingegeben.

> Beim Öffnen: = fktBild()

Über die Befehlsschaltfläche sollen beide Formulare geschlossen werden, wozu Sie zuvor die Funktion „fktMachZu" erstellten. Diese Funktion wird der Eigenschaft „BeimKlicken" der Befehlsschaltfläche zugewiesen.

> Beim Klicken: = fktMachZu ()

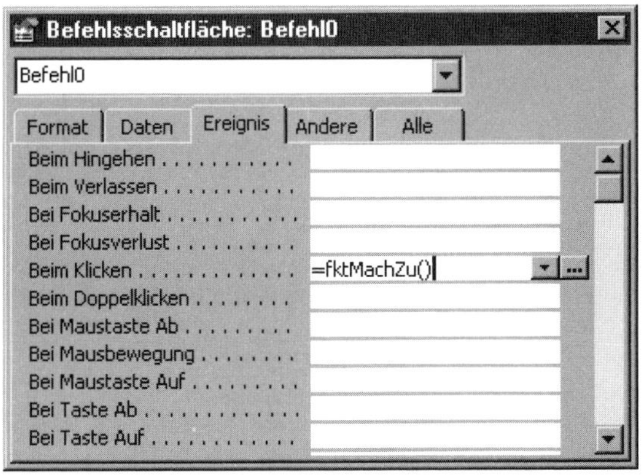

Bild 4.18: Die Eigenschaft „BeimKlicken" stellt die Verbindung zur Funktion her

Beim Öffnen des Formulars „Erstes Programm" wird die Funktion „fktBild" aufgerufen und die Grafik ausgegeben.

Formular-Eigenschaften besetzen

Das Formular „Erstes Programm" wurde für die letzte Abbildung noch ein wenig verschönert. Wenn ein leeres Formular als Grundlage für die Oberfläche eines Programms verwendet wird, besitzt das Formular Bildlaufleisten und einen Datensatzmarkierer, die für ein Formular, das nur aus einer Schaltfläche besteht, nicht sinnvoll sind. Um dies zu ändern, belegen Sie die Eigenschaften „Bildlaufleisten" und „Datensatzmarkierer" mit „Nein".

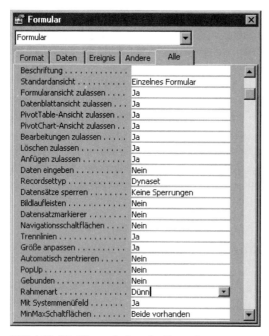

Bild 4.19: Die Eigenschaften des Formulars

Da es wenig Sinn macht, das Formular auch in der Datenblattansicht öffnen zu können, wird zusätzlich die Eigenschaft „Zugelassene Ansicht(en)" auf den Wert „Formular" eingestellt. Hiermit wird gleichzeitig auch das Symbol für die Datenblattansicht in der Symbolleiste deaktiviert. Da das Formular nach dem ersten Öffnen wahrscheinlich noch nicht die richtige Größe besitzt, können Sie das Formular über den Menüpunkt GRÖßE ANPASSEN automatisch auf die richtige Größe einstellen.

Prozeduren mithilfe des Direktfensters testen

Da eine neuerstellte Prozedur meist nicht das tut, was sie soll, sind schnelle und leicht anzuwendende Testhilfen gefragt. Hierzu hat VBA fest eingebaute Möglichkeiten, die das Austesten eines Programms erleichtern.

Vielleicht ist Ihnen beim Arbeiten mit dem ersten Programm aufgefallen, dass Funktionen auf den ersten Blick nicht direkt aufgerufen werden können, da dazu immer die Programmoberfläche von Access benötigt wird. Aus der VBA-Entwicklungsumgebung heraus gibt es jedoch durch das Direktfenster die Möglichkeit, das erstellte Programm durch den gezielten Aufruf von Prozeduren zu starten. Zusätzlich können Haltepunkte festgelegt werden, um das Programm Schritt für Schritt ablaufen zu lassen.

Das Direktfenster erhalten Sie über den Menüpunkt DIREKTFENSTER des ANSICHT-Menüs, die entsprechende Schaltfläche in der Symbolleiste „Debuggen" oder über die Tastenkombination <Strg>+<G>. Zuvor müssen Sie sich entweder im Modul befinden, oder das Programm wurde durch einen Haltepunkt beziehungsweise Laufzeitfehler angehalten.

In das Direktfenster können Sie direkt Codezeilen eingeben. Jede Programmzeile, die Sie hier eintragen, wird sofort nach dem Abschluss der Zeile durch die <Enter>-Taste ausgeführt. Zu Testzwecken können Sie in diesem Fenster Werte von bestimmten Datenfeldern zum Beispiel mit dem Print-Befehl oder der ?-Anweisung auslesen oder den Wert von Variablen neu setzen.

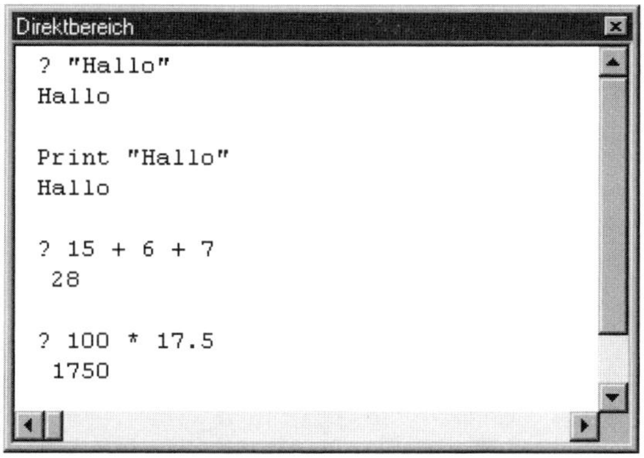

```
Direktbereich                                    ×
? "Hallo"
Hallo


Print "Hallo"
Hallo


? 15 + 6 + 7
 28


? 100 * 17.5
 1750
```

Bild 4.20: Das Direktfenster

Eine sehr wichtige Fähigkeit des Direktfensters ist die Möglichkeit, eine Prozedur direkt auszuführen. Hierzu geben Sie den Funktionsnamen in das Direktfenster ein und schließen die Zeile ab. Daraufhin wird die Funktion gestartet. Die nachfolgende Anweisungszeile führt die Funktion „fktBild" aus, die das Formular mit Bild zur Anzeige bringt.

```
a = fktBild()
```

Da die Prozedur „fktBild" eine Funktion und keine Sub-Prozedur ist, liefert sie einen Wert zurück. Deswegen müssen Sie das Ergebnis dieser Funktion einer Variablen, zum Beispiel „a", übergeben. Statt „a=" können Sie auch ein Fragezeichen schreiben.

Ausgaben in dieses Direktfenster können Sie zudem innerhalb von Funktionen oder Sub-Prozeduren initiieren. Dazu besitzt VBA das Objekt „Debug". Dieses Objekt enthält die Methode „Print", um Ausgaben in das Direktfenster auch während der Programmlaufzeit zu ermöglichen. Befindet sich der nachfolgende Programmcode in einer Funktion oder Sub-Prozedur, so erhalten Sie beim Erreichen dieser Programmzeile die Ausgabe der Zeichenkette in das Direktfenster. Hiermit können Sie Teststellen in Ihr Programm einbauen, die jeweils Zwischenergebnisse anzeigen.

```
Debug.Print "Das Bild ist nun ausgegeben"
```

4.5   Spezielle VBA-Details

Im nachfolgenden Abschnitt wird auf die Besonderheiten von VBA eingegangen. Dabei handelt es sich vor allem um den speziellen Datentyp „Variant", um Objekthierarchien und um den Zugriff auf Formulare sowie deren Steuerelemente.

4.5.1   Der Datentyp „Variant"

Wenn Sie einmal den Datentyp einer Variablen nicht bestimmen können oder wollen, um zum Beispiel verschiedene Tabellenfelder in ein und derselben Variablen abzulegen, stellt Ihnen VBA dafür eine Möglichkeit bereit. Sobald eine Variable verwendet wird, die zuvor nicht definiert oder explizit durch die Angabe „Variant" bestimmt wurde, besitzt diese Variable den Datentyp „Variant". Dies gilt auch, wenn die Variable zwar definiert, ihr aber kein Datentyp zugewiesen wurde.

oder
```
Beliebig = 15
```

oder
```
Beliebig = "450 in Australien"
```

oder
```
Dim Beliebig As Variant
```

```
Dim Beliebig
```

Mit dem Datentyp „Variant" ist es möglich, in ein und derselben Variablen Daten der Datentypen „Integer", „Long", „Single", „Double", „Currency", „Date", „Boolean", „Byte" und „String" aufzunehmen. Eine Variable vom Typ „Variant" kann damit neben Zeichenketten, Datumsangaben und Zahlen den Wert „Null" annehmen. Um die interne Verwaltung kümmert sich Access. Der momentane Typ einer „Variant"-Variablen ist von dem derzeitigen Inhalt der Variablen abhängig und wird jeweils von Access angepasst.

Um den Typ, den Access intern zum Speichern des Datentyps „Variant" verwendet, brauchen Sie sich als Programmierer nicht zu kümmern, da auch Typumwandlungen automatisch durchgeführt werden. Die nachfolgenden Programmzeilen zeigen eine solche automatische Konvertierung.

```
Beliebig = "005"
Beliebig = Beliebig + 2
Beliebig = "James Bond" & Beliebig
```

Während dieser drei Programmzeilen ändert sich der Datentyp. In der ersten Programmzeile wird der Variablen eine Zeichenkette zugewiesen, die dazu führt, dass Access die Variable intern als String verwaltet. Die zweite Programmzeile addiert den Wert 2 zu dem bisherigen Inhalt und liefert damit einen numerischen Wert. Zuletzt wird die Zahl mit einer Zeichenkette verbunden und kehrt damit zu einem String zurück.

In diesem Beispiel mussten selbst keine Konvertierungen des Datentyps vorgenommen werden. Trotzdem ist besonders bei der Durchführung von Berechnungen etwas mehr Vorsicht angebracht. Falls die Zeichenkette nicht nur aus Ziffern, sondern auch aus Buchstaben besteht, würden Sie bei einer Berechnung die Fehlermeldung „Typ nicht passend" von Access erhalten.

Überprüfen, ob die Variable einen numerischen Wert enthält

Um diesen Fehlerfall zu verhindern, stehen Funktionen bereit, die zum Beispiel eine Überprüfung auf die Verwendung als numerischer Wert durchführen. Das soeben besprochene Problem könnte somit mit der Funktion „IsNumeric" gelöst werden.

Das folgende Beispiel befindet sich auf der dem Buch beiliegenden CD in der Datenbank BASICPRG.MDB. Der Name des Moduls, in dem die Prozedur steht, wird wie bei allen nachfolgenden Beispielen am Codeanfang genannt.

```
'**************** BASICPRG.MDB ****************
'************ Modul: Datentyp_Variant ************
Option Compare Database
'Verwenden der Datenbank-Sortierreihenfolge beim
'Vergleich von Zeichenfolgen.

Function fktBeliebig ()
 Dim BeliebigA
 Dim BeliebigB
 Dim Beliebig

 BeliebigA = "199ZFE"
 BeliebigB = 50

 If IsNumeric(BeliebigA) And
   IsNumeric(BeliebigB) Then
  Beliebig = BeliebigA + BeliebigB
 Else
  Beliebig = BeliebigA & BeliebigB
 End If
 Debug.Print Beliebig
End Function
```

Die Funktion „IsNumeric" gibt den Wert „True" zurück, wenn die Variable in einen numerischen Wert umgewandelt werden kann, oder „False", wenn diese Umwandlung nicht möglich ist. Es wird zum Beispiel „False" geliefert, wenn eine Zeichenkette neben Ziffern noch Buchstaben enthält oder die Variable aus einer leeren Zeichenkette "" besteht. Bei der Verwendung der Funktion sollten Sie jedoch beachten, dass auch ein Datum als numerischer Wert verstanden wird und daher „IsNumeric" auch für ein Datum „True" liefert.

Überprüfen, ob die Variable einen Datumswert enthält

Für die Überprüfung auf einen Datums- oder Zeitwert gibt es die Funktion „IsDate", die wiederum „True" bei einem positiven Ergebnis beziehungsweise „False" bei einem negativen Prüfungsresultat zurückgibt. Durch den Einsatz dieser Prüfungsfunktionen erreichen Sie, dass Fehlerfälle bereits frühzeitig ausgeschaltet werden. Ein möglicher Einsatz von „IsDate" wäre zum Beispiel die Ermittlung des Monats eines Datums. Dies macht natürlich nur Sinn, wenn die Eingabegröße wirklich ein Datum ist.

```
'**************** BASICPRG.MDB ****************
'*********** Modul: Datentyp_Variant ***********
Option Compare Database
'Verwenden der Datenbank-Sortierreihenfolge beim
'Vergleich 'von Zeichenfolgen.

' Funktion nimmt den Monat aus dem Datum
'
Function fktMonat (DatumsWert As Variant) As String

  If IsDate(DatumsWert) = True Then
    fktMonat = Format$(12, "mmmm")
  Else
    fktMonat = "?????????????"
  End If

End Function
```

Überprüfen, ob die Variable nichts enthält

Eine Variable vom Typ „Variant" kann den speziellen Wert „Null" besitzen. Dieser Wert entsteht entweder durch die Zuweisung eines Tabellenfeldes, das noch keinen Eintrag enthält, oder durch gezielte Übergabe an eine Variable. Eine Zuordnung mit dem Wert „Null" geschieht durch das reservierte Wort „Null". Um zu testen, ob eine Variable diesen Inhalt gerade einnimmt, benutzen Sie die Funktion „IsNull".

```
Dim Zahl

Zahl = Null
If IsNull( Zahl) Then
  Debug.Print "Das Feld ist Null"
End If
```

Überprüfen, ob die Variable leer ist

Da sich der interne Typ einer Variant-Variablen erst durch die Zuweisung zu einem Inhalt ergibt, ist noch ein zusätzlicher Zustand erforderlich, der als „Leer" oder „Empty" bezeichnet wird. Eine Variable vom Datentyp „Variant" nimmt ab ihrer Definition so lange den Zustand „Leer" ein, bis ihr zum ersten Mal ein Wert zugewiesen wird. Ab diesem Zeitpunkt wird der intern verwendete Typ aus dem Typ des übergebenen Werts abgeleitet. Durch die Funktion „IsEmpty" können Sie feststellen, ob eine Variant-Variable noch nicht initialisiert wurde und somit noch keinen Wert besitzt. Der Zustand „Leer" ist nicht mit den Werten „0" oder „Null" gleichzusetzen, sondern nimmt einen eigenen Status ein.

```
Dim Zahl

If IsEmpty( Zahl) Then
  Debug.Print "Nicht initialisiert"
End If
```

Der tatsächliche Datentyp dieser flexiblen Variant-Variablen kann über die Funktion „Var-Type" ermittelt werden. Hiermit können Sie jederzeit den Typ und den Zustand einer Variablen überprüfen. Dazu braucht der Funktion „VarType" nur die Variable zu übergeben und der anschließende Rückgabewert untersucht zu werden. Neben der Ermittlung des intern verwendeten Typs wie zum Beispiel „Integer" oder „String" können Sie hiermit auch feststellen, ob die Variable „Leer" ist oder den Wert „Null" enthält. Um den Rückgabewert komfortabel auszuwerten, sind dafür bereits Konstanten vordefiniert. Die nachfolgende Tabelle stellt die möglichen Rückgabewerte der Funktion „VarType" zusammen mit den entsprechenden Konstanten dar.

Tabelle 4.3: Möglichkeiten der Funktion „VarType"

Rückgabewert	Konstante	Bedeutung
0	vbEMPTY	Leer
1	vbNULL	Null
2	vbINTEGER	Integer
3	vbLONG	Long
4	vbSINGLE	Single
5	vbDOUBLE	Double
6	vbCURRENCY	Currency
7	vbDATE	Datum/Zeit
8	vbSTRING	String
9	vbObject	OLE-Automationsobjekt
10	vbError	Fehler
11	vbBoolean	Ja/Nein
12	vbVariant	Variant (nur bei Variant-Arrays)
13	vbDataObject	Nicht-OLE-Automationsobjekt
17	vbByte	Byte
8192	vbArray	Array

Beispiel für die Anwendung des Datentyps „Variant"

Durch die besonderen Fähigkeiten des Datentyps „Variant" ist es möglich, eine Funktion zu schreiben, die mehrere Datentypen verarbeiten kann. Hierfür wird nur ein Übergabeparameter an die Funktion benötigt, die den Datentyp „Variant" erhält. Abhängig von dem internen Typ der übergebenen Variablen können damit unterschiedliche Aktionen ausgeführt werden. Selbst der Rückgabewert kann wieder abhängig von dem internen Typ gestaltet und als „Variant" zurückgeliefert werden.

Bei der Bearbeitung der übergebenen Variant-Variablen muss jedoch strikt darauf geachtet werden, dass für den Datentyp keine unpassende Operation durchgeführt wird. Andernfalls würde daraus ein Laufzeitfehler entstehen, und das Programm würde unterbrochen werden. Für welchen Datentyp welche Operation durchgeführt werden kann, ergibt sich aus der Unterscheidung mit der Funktion „VarType", deren Ergebnis über eine Select-Case-Verzweigung ausgewertet wird. Im nachfolgenden Beispiel enthält die Select-Case-Anweisung nicht alle Möglichkeiten. Sie können gerne noch die Zweige mit den restlichen Konstanten einfügen.

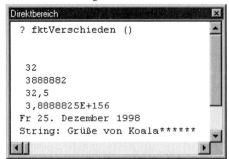

Bild 4.21: Beispiel für den Datentyp „Variant"

```
'***************** BASICPRG.MDB ****************
'***************** Modul: Datentyp_Variant ***********
Option Compare Database
'Verwenden der Datenbank-Sortierreihenfolge beim
'Vergleich 'von Zeichenfolgen.

Function fktVerschieden ()
 Dim Versch As Variant

 Debug.Print fktJederTyp(Versch)

 Versch = Null
 Debug.Print fktJederTyp(Versch)

 Versch = 65
 Debug.Print fktJederTyp(Versch)

 Versch = 7777765
 Debug.Print fktJederTyp(Versch)

 Versch = 65#
 Debug.Print fktJederTyp(Versch)

 Versch = 7.777765E+156
 Debug.Print fktJederTyp(Versch)

 Versch = Date
 Debug.Print fktJederTyp(Versch)

 Versch = "Grüße von Koala"
```

```
    Debug.Print fktJederTyp(Versch)
    End Function


    ' Funktion nimmt jeden Typ
    ' abhängig vom internen Typ der Variant-Variablen
    ' wird eine unterschiedliche Tätigkeit ausgeführt
    '
    Function fktJederTyp (Jede As Variant) As Variant
     Select Case VarType(Jede)
       Case vbEMPTY:
        ' nichts tun
       Case vbNULL:
        ' ebenfall nichts tun
       Case vbINTEGER:
        ' Division durch den \ Operator
        fktJederTyp = Jede \ 2
       Case vbLONG:
        ' Division durch den \ Operator
        fktJederTyp = Jede \ 2
       Case vbSINGLE:
        ' Division durch den / Operator
        fktJederTyp = Jede / 2
       Case vbDOUBLE:
        ' Division durch den / Operator
        fktJederTyp = Jede / 2
       Case vbCURRENCY:
        ' Division durch den / Operator
        fktJederTyp = Jede / 2
       Case vbDATE:
        ' Datumsformat umwandeln
        fktJederTyp = Format(Jede, "ddd d. mmmm yyyy")
       Case vbSTRING:
        fktJederTyp = "String: " & Jede & "******"
     End Select

    End Function
```

4.5.2 Makro-Aktionen in VBA aufrufen

Aktionen können innnerhalb von VBA nicht direkt aufgerufen werden, sondern es wird dafür das Objekt „DoCmd" benötigt. Über dieses Objekt können Sie fast alle Aktionen als Methoden ausführen, die Sie bisher bereits in Makros verwendet haben. Dabei ist jedoch zu beachten, dass in VBA nur der englische Name der Aktion benutzt werden darf. Auf die nachfolgend aufgelisteten Aktionen können Sie nicht innerhalb von VBA-Funktionen zugreifen:

- AusführenAnwendung
- AusführenCode
- HinzufügenMenü
- Meldung

- SetzenWert

- StopAlleMakros

- StopMakro

- Tastaturbefehle

Eine Aktion aufrufen

Dem Objekt „DoCmd" übergeben Sie die Aktion als Methode:

    DoCmd.Methode [Aktionsargumente]

Falls die Aktion Parameter benötigt, werden diese durch Kommata getrennt mitgegeben. Um zu gewährleisten, dass alle zu übergebenden Daten verarbeitet werden können, besitzt dieser Ausdruck den Datentyp „Variant". Aus welchen Parametern das Aktionsargument besteht, ist alleine von der Aktion abhängig.

Viele Aktionen besitzen Parameter, die wahlweise übergeben werden können. Solche Parameter können Sie bei der Verwendung von „DoCmd" weglassen, wenn Sie diese für Ihren speziellen Fall nicht benötigen. Die optionalen Parameter werden bei einer Nichtbesetzung mit einem Standardwert versehen, der von der speziellen Aktion abhängt. Um nur manche optionalen Parameter auszulassen und andere zu besetzen, schreiben Sie anstelle der nicht verwendeten Parameter ein Komma.

Bei der Programmierung mit VBA werden Sie häufig mit Aktionen und damit mit dem „DoCmd"-Objekt arbeiten. Ein typischer Fall dafür ist das Öffnen eines Formulars in der Formularansicht. Dies geschieht durch die Aktion „OpenForm" („ÖffnenFormular"), die in VBA mit der englischen Bezeichnung verwendet werden muss.

    DoCmd.OpenForm "FormularBuchung", acNormal

Ein Makro aufrufen

Der direkte Aufruf eines erstellten Makros ist nicht möglich. Es existiert jedoch eine Aktion, die diesen Aufruf übernimmt. Die Aktion „RunMacro" ermöglicht den Start eines Makros. Im letzten Abschnitt wurde bereits das Objekt „DoCmd" besprochen, das auch jetzt wieder benötigt wird, um auf die Aktion „RunMacro" als Methode zuzugreifen.

Normalerweise werden Sie beim Start eines Makros nur seinen Makronamen und keine weiteren Argumente besetzen. Hierzu ist der Makroname als Zeichenkette in Anführungszeichen zu schreiben.

    DoCmd.RunMacro "Erstes_Makro"

Das aufzurufende Makro kann sich auch innerhalb einer Makrogruppe befinden. Hierzu geben Sie den Makrogruppennamen, durch einen Punkt getrennt vom Makronamen, als Zeichenkette an.

    DoCmd.RunMacro "Menü_1.Bearbeiten"

Über die weiteren Parameter „Wiederholungen" und „Wiederholbedingung" der Aktion „RunMacro" kann der Ablauf der Makroausführung gesteuert werden. Soll das Makro mehrfach aufgerufen werden, übergeben Sie die gewünschte Anzahl dem Parameter „Wiederholungen" als ganzzahligen Wert. Das Makro wird dann entsprechend der Zahl n-mal ausgeführt. Das nächste Beispiel startet das Makro „Erstes_Makro" fünfmal hintereinander.

```
DoCmd.RunMacro "Erstes_Makro",5
```

Der Parameter „Wiederholbedingung" erlaubt die Angabe eines numerischen Ausdrucks, der vor jedem Makrostart ausgewertet wird. Enthält dieser Ausdruck den Wert „Null", wird das Makro nicht mehr fortgesetzt. Die beiden Parameter „Wiederholungen" und „Wiederholbedingung" können kombiniert oder einzeln verwendet werden. Wird nur der Parameter „Wiederholbedingung" benutzt, muss ein Komma für den ausgelassenen Parameter gesetzt sein.

```
a = 1
DoCmd RunMacro "Erstes_Makro", ,a
```

Um Ihre Kollegen zu nerven, können Sie das Makro mit dieser Wiederholungsbedingung einsetzen. Der Rechner wird sich mit Signaltönen in einer Endlosschleife dafür bedanken. Bevor Sie aber Ärger mit Ihrem Chef bekommen, können Sie das Makro jederzeit durch die Tastenkombination <Strg>+<Pause> abbrechen.

4.5.3   Eine VBA-Funktion benutzen

Eine selbst geschriebene VBA-Funktion kann an vielen Stellen innerhalb von Access eingesetzt werden. Generell können Sie sich merken, dass Funktionen immer dann angegeben werden dürfen, wenn ein Ausdruck geschrieben werden kann. Hierbei darf jedoch immer nur eine Funktion und keine Sub-Prozedur verwendet werden, die auf die interne Benutzung in Modulen begrenzt ist.

Um eine Funktion für eine Eigenschaft einzusetzen, ist vor dem Funktionsnamen ein Gleichheitszeichen = und nach dem Funktionsnamen ein Klammernpaar () zu schreiben. Diese Klammern sind auch dann zu setzen, wenn die Funktion keine Parameter enthält. Steht die Funktion innerhalb eines Ausdrucks, wird auf das führende Gleichheitszeichen verzichtet. Funktionen können für folgende Gebiete eingesetzt werden:

- Kriterium in einer Abfrage
- Inhalt eines Steuerelements
- Ereignisfunktion
- Aktion „AusführenCode" innerhalb eines Makros

Inhalt eines Steuerelements

Häufig werden Steuerelemente als gebundene Elemente verwendet, wodurch ein Textfeld immer den Inhalt eines Datenfeldes besitzt. Eine Funktion kann allerdings auch die Daten für ein Steuerelement liefern. Das Steuerelement erhält dazu den Namen der Funktion in der Eigenschaft „Steuerelementinhalt" eingetragen und wird damit zu einem berechneten Feld.

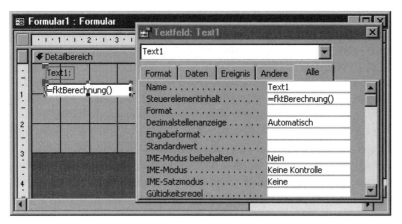

Bild 4.22: Durch eine Funktion berechnetes Steuerelement

Kriterium in einer Abfrage

Der QBE-Entwurfsbereich einer Abfrage enthält das Feld „Kriterium", das häufig mit dem Operator „Wie" und einer Zeichenkette gefüllt wird. Hierüber wird festgelegt, dass nur die Datensätze angezeigt werden, die diesem Kriterium entsprechen. Dieses Feld „Kriterium" kann auch mit einer Funktion besetzt werden. Die Funktion entscheidet damit bei jedem Datensatz, ob er angezeigt wird oder nicht.

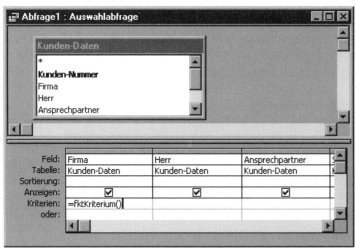

Bild 4.23: Funktion bestimmt über ein Abfragekriterium die Datensätze

Ereignisfunktion

Funktionen können Eigenschaften zugewiesen werden, deren Bezeichnung meistens mit „Beim" beginnen. Sobald das entsprechende Ereignis auftritt, wird die Funktion aufgerufen, die in der dazugehörigen Eigenschaft eingetragen ist.

Bild 4.24: Funktion reagiert auf Ereignis

Aktion „AusführenCode" innerhalb eines Makros

Funktionen können mit in Makros übernommen werden. Hierzu verwenden Sie die Aktion „AusführenCode", die als Parameter den Funktionsnamen erhält. Leider ignoriert Access in diesen Fällen den Rückgabewert der Funktion und schränkt damit die Anwendbarkeit der Funktionen in einem Makro stark ein. Falls Sie auf Funktionen mit einem Rückgabewert zugreifen, was sicher häufig vorkommt, empfiehlt es sich, die Funktion direkt in einem Ausdruck zu verwenden.

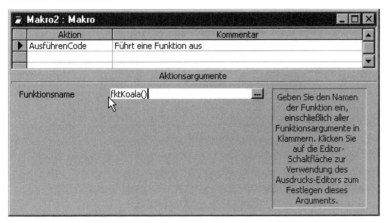

Bild 4.25: Eine Funktion aus einem Makro aufrufen

Einige Funktionen erfordern die Versorgung mit einem oder mehreren Übergabeparametern bei der Ausführung. Diese Parameter können Sie direkt zwischen die runden Klammern stellen, wie Sie dies wahrscheinlich bereits von Basic kennen. Ein möglicher Übergabeparameter ist zum Beispiel der Feldinhalt eines Datensatzes.

4.5.4   Zugriff auf Formulare und ihre Steuerelemente

Sobald der Name eines Feldes oder Steuerelements bekannt ist, kann mithilfe eines Bezeichners direkt darauf zugegriffen werden. Diese Bezeichner erlauben es, auf den Inhalt eines Steuerelements, auf dessen Eigenschaften sowie auf den Wert von Feldern zu verweisen. Neben dem Namen des Formulars, Berichts, Feldes, Steuerelements oder neben der Eigenschaft muss ein Bezeichneroperator und die Bezeichnung des Microsoft Access Objektes (Systemobjekt) angegeben werden.

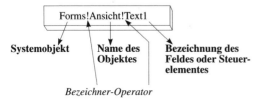

Bild 4.26: Bestandteile eines Bezeichners

Mit einem Systemobjekt wird festgelegt, ob das Steuerelement, das Feld oder die Eigenschaft zu einem Formular, Bericht oder Bildschirm gehört. Dadurch findet die Zuordnung zu einer Gruppe statt. Üblicherweise beginnen daher Bezeichner mit einem Microsoft Access Objekt. Access besitzt die Systemobjekte „Formulare", „Berichte" und „Bildschirm", die innerhalb von VBA jedoch nur mit ihren englischen Bezeichnungen verwendet werden dürfen. Anstelle von „Formulare", „Berichte" und „Bildschirm" muss daher „Forms", „Reports" und „Screen" geschrieben werden. Ein weiterer Vertreter der Microsoft Access Objekte ist das „Debug"-Objekt.

Alle geöffneten Formulare werden durch das Systemobjekt „Forms" zusammengefasst. Um auf Steuerelemente, Eigenschaften und verknüpfte Felder innerhalb eines Formulars zuzugreifen, verwenden Sie dieses Microsoft Access Objekt.

Entsprechend den Formularen schließt das Systemobjekt „Reports" alle geöffneten Berichte ein. Befindet sich ein Steuerelement, eine Eigenschaft oder ein verknüpftes Feld innerhalb eines Berichts, muss anstelle von „Forms" „Reports" geschrieben werden.

Der Bildschirm beziehungsweise die gesamte Arbeitsfläche von Access wird durch das Microsoft Access Objekt „Screen" verwaltet. Mithilfe des Screen-Objekts kann zum Beispiel das gerade aktive Formular oder der aktive Bericht ermittelt werden. Das Systemobjekt „Debug" erlaubt für Testzwecke die Ausgabe in das Direktfenster aus dem Programm heraus.

Hierarchie der Microsoft Access Objekte

Diese Systemobjekte lassen sich in einer Hierarchie zusammenfassen. Formulare und Berichte enthalten jeweils Steuerelemente, die durch die Kollektion „Controls" repräsentiert werden. Sowohl Formulare und Berichte als auch Steuerelemente können Eigenschaften besitzen, die zur „Properties"-Auflistung zusammengefasst werden. Den Zusammenhang entnehmen Sie der nachfolgenden Abbildung, die einen Ausschnitt aus allen Microsoft Access Kollektionen und Objekten darstellt. Bei allen Begriffen, die im Plural aufgelistet sind, handelt es sich um Kollektionen, die übrigen Begriffe stellen Objekte dar.

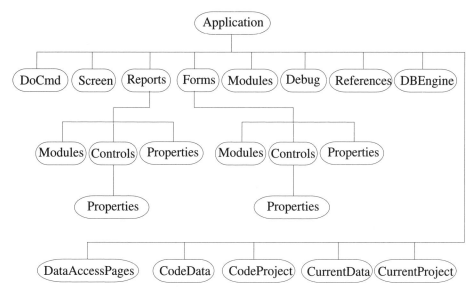

Bild 4.27: Microsoft Access-Kollektionen und -Objekte

Auf ein geöffnetes Formular und dessen Steuerelemente zugreifen

Um auf ein geöffnetes Formular zuzugreifen, können Sie vier verschiedene Schreibweisen verwenden. Neben der Angabe des Bezeichneroperators „!" und des Formularnamens mit oder ohne eckige Klammern können Sie den Formularnamen auch in runde Klammern zusammen mit Anführungszeichen schreiben. Die letzte Möglichkeit ergibt sich aus der Zusammenfassung der Formulare zu der Kollektion „Forms". Da die Formulare dort in der Reihenfolge der Eröffnung verwaltet werden, können Sie das einzelne Formular auch über eine Nummer ansprechen. Diese Nummer wird in runden Klammern eingeschlossen. Der Zugriff erfolgt damit ähnlich wie bei einem Array.

```
Forms!Mein_Formular
Forms![Mein_Formular]
Forms("Mein_Formular")
Forms(0)
```

Als Trennzeichen zwischen der Nennung des Microsoft Access Objektes und des Formular- oder Berichtsnamens dient der Bezeichneroperator „!". Unter dem Bezeichneroperator können Sie sich auch die Überleitung zu einer nachfolgenden Detailinformation vorstellen. Wird zum Beispiel „Forms!Mein_Formular" als Teil eines Bezeichners verwendet, so verweist „Forms" auf das Systemobjekt „Formulare", und der Bezeichneroperator „!" leitet auf den Namen des tatsächlichen Formulars über. Für einen richtigen Bezeichner wird jedoch zusätzlich noch ein Element benötigt, das zum Beispiel der Feldname innerhalb eines Formulars sein kann. Hierzu ist ein weiterer Bezeichneroperator „!" notwendig, bevor die Feldbezeichnung geschrieben wird.

```
Forms!Mein_Formular!FeldName
```

Der Bezeichneroperator „!" wird immer dann verwendet, wenn anschließend ein vom Benutzer definierter Name folgt, der für die Bezeichnung eines Feldes oder Steuerelements steht. Dagegen ist für Eigenschaften der Bezeichneroperator „." zu benutzen. Wenn Sie zum Beispiel auf eine Formular-Eigenschaft zugreifen möchten, geben Sie vor dem Namen der Eigenschaft den Bezeichneroperator „." an.

> Forms!Mein_Formular.Visible

Wenn Sie den Bezeichner zusammen mit einem „?" in das Direktfenster eingeben, können Sie hierüber zum Beispiel eine Formular-Eigenschaft abfragen. Den Formularnamen müssen Sie dabei nur dann in eckige Klammern [] einschließen, wenn er Leerzeichen oder andere gültige Sonderzeichen enthält. Der Inhalt des Optionfelds mit dem Steuerelementnamen „Schaltfläche1" kann zum Beispiel folgendermaßen ermittelt werden:

> ? Forms!Mein_Formular!Schaltfläche1

Bild 4.28: Zugriff auf Formular-Eigenschaft über das Direktfenster

Definition einer Objektvariablen

Damit nicht bei jedem Zugriff auf das Formular sein Name erneut angegeben werden muss, können Objektdatentypen dazu verwendet werden, Objektvariablen zu definieren, die eine permanente Bindung zum Beispiel zu einem Formular oder einem Steuerelement in einem Formular herstellen. Access besitzt dazu unter anderem die Objektdatentypen „Form", „Report" und „Control".

Durch die Definition einer Objektvariablen wird eine Variable der Vertreter eines Datenbankobjekts. Die Variable kann damit zum Beispiel ein Formular repräsentieren, um den Zugriff auf Eigenschaften und Steuerelemente zu erlauben. Eine Objektvariable besitzt dazu einen bestimmten Typ, aus dem sich ihre Fähigkeiten ableiten.

Eine Objektvariable wird durch die üblichen Basic-Sprachmittel „Dim", „Public" und „Static" definiert. Dies geschieht zum Beispiel, indem durch die „Dim"-Anweisung eine Variable erzeugt und der entsprechende Objekttyp angegeben wird.

> Dim FormularBuchung As Form

```
Dim BerichtBuchung As Report
Dim ListeMa As Control
```

Durch die Definition einer Objektvariablen entsteht jedoch nur der Platzhalter, der noch keine Beziehung zu einem tatsächlich vorhandenen Objekt enthält. Die Definition belegt den Speicherplatz, bestimmt den Typ und benennt die Objektvariable. Bisher können Sie mit dieser Objektvariablen keine Operationen ausführen, da noch kein Bezug zu dem tatsächlichen Datenbankobjekt besteht.

Für die Zuordnung zwischen der Objektvariablen und dem realen Datenbankobjekt dient die „Set"-Anweisung. Hierdurch wird zum Beispiel der tatsächliche Name des Formulars mit der Objektvariablen verbunden. Das gilt auch für die Beziehung zwischen einem Steuerelement, das sich in einem Formular befindet, und der entsprechenden Objektvariablen.

```
Dim FormularBuchung As Form
Set FormularBuchung = Forms!Buchung
```

Der Zugriff auf ein Datenbankobjekt kann entweder durch die Definition einer Objektvariablen oder durch die direkte Nennung des Datenbankobjekts als Bezeichner erfolgen. Die beiden nachfolgenden Codeabschnitte greifen auf dasselbe Objekt zu und lesen die erste Spalte der selektierten Zeile eines Listenfeldes. Dieses Listenfeld befindet sich in dem Formular „Buchung".

```
Dim cListeMa As Control
Dim Mitarb As String
Set cListeMa = Forms!Buchung!ListeMa
...
Mitarb = cListeMa

´oder

Dim Mitarb As String
...
Mitarb = Forms!Buchung!ListeMa
```

Das Formular muss geöffnet sein, bevor die Eigenschaften und die Steuerelemente des Formulars angesprochen werden können. Wird dies nicht beachtet, reagiert Access mit einer Fehlermeldung.

Besonders sollten Sie auf die Ähnlichkeit der Namen der Systemobjekte „Forms" und „Reports" und den Objektdatentypen „Form" und „Report" achten. Innerhalb eines Bezeichners steht „Forms", und nicht „Form", sowie „Reports", und nicht „Report". Während mit „Form" beziehungsweise „Report" ein einzelnes Formular beziehungsweise ein einzelner Bericht bezeichnet wird, sind „Forms" beziehungsweise „Reports" die Auflistung aller zur Verfügung stehenden Formulare beziehungsweise Berichte. Diese Sammlung wird als Kollektion bezeichnet.

Auf Unterformulare und deren Steuerelemente zugreifen

Wenn Sie auf ein Steuerelement in einem Unterformular oder Unterbericht zugreifen wollen, müssen Sie den Bezeichner erweitern. Die allgemeine Syntax lautet dafür folgendermaßen:

> Forms![Hauptformularname]![Unterformularname].Form![Steuerelementname]
> oder
> Reports![Hauptberichtsname]![Unterberichtsname].Report![Steuerelementname]

Beachten Sie dabei, dass der Unterformularname in der Eigenschaft „Name" des Steuerelements „Unterformular" und nicht in der Eigenschaft „Herkunftsobjekt" steht. Die Inhalte beider Eigenschaften sind zwar häufig identisch, müssen es aber nicht sein. Die Eigenschaft „Herkunftsobjekt" zeigt an, welches Formular als Unterformular verwendet wird. Die Eigenschaft „Name" hingegen beinhaltet den Namen, der verwendet wird, um sich auf das Steuerelement „Unterformular" zu beziehen.

Falls im Unterformular ein Textfeld existiert, das mit dem Inhalt eines Steuerelements des Hauptformulars gefüllt werden soll, müssen Sie die Eigenschaft „Parent" benutzen.

> Steuerelementinhalt: =Parent![Bestell-Nr]

Die Eigenschaft „Steuerelementinhalt" gehört zum Textfeld des Unterformulars. „Bestell-Nr" ist der Name des Steuerelements im Hauptformular.

Falls Sie beim Testen Ihres Programms eine Fehlermeldung bekommen, die einen ungültigen Bezug auf das Unterformular feststellt, sollten Sie Ihre Schreibweise mit der oben genannten Syntax vergleichen. Wahrscheinlich haben Sie vergessen, das Schlüsselwort „Form" einzusetzen.

Auf Felder aus verschiedenen Tabellen mit demselben Namen zugreifen

Stellen Sie sich ein Formular vor, das auf einer Auswahlabfrage basiert, die mit zwei Tabellen arbeitet. Beide Tabellen enthalten ein Datenfeld, das den gleichen Namen trägt. Die Frage ist jetzt natürlich, wie es gelingt, auf die einzelnen Felder innerhalb des Formulars zuzugreifen und die gleichlautenden Felder der beiden Tabellen zu unterscheiden.

Die übliche Schreibweise eines Bezeichners reicht hierbei nicht mehr aus, beim Versuch entsteht eine Fehlermeldung. Der Bezeichneroperator . (Punkt) wird nun benutzt, um den Feldnamen im Formular exakt über den Tabellennamen und den Feldnamen in der Tabelle zu definieren. Der hierbei entstehende Begriff muss unbedingt von eckigen Klammern [] eingeschlossen werden.

Diesen Problemfall können Sie selbst anhand des Formulars „Mein_Formular_Spez" nachvollziehen, da es auf der Abfrage „Kunden" basiert. Diese Abfrage verbindet die zwei Tabellen „Namen" und „Konten", die beide über das Datenfeld „Name" verfügen. Um trotzdem die Felder adressieren zu können, muss der Feldname mithilfe des Bezeichnungsoperators . gebildet werden.

> Forms!Mein_Formular_Spez![Namen.Name]
> Forms!Mein_Formular_Spez![Konten.Name]

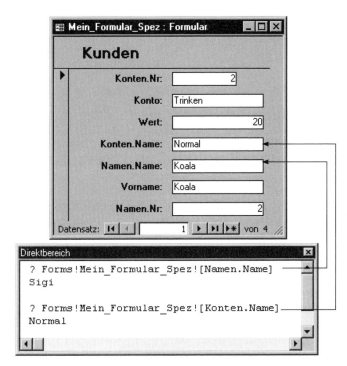

Bild 4.29: Zugriff auf ein Feld über das Direktfenster

Auf alle Formulare zugreifen

Mit der „Forms"-Auflistung können nur die geöffneten Formulare angesprochen werden. Die „AllForms"-Kollektion stattdessen ermittelt, wie der Name schon sagt, alle Formulare, unabhängig davon, ob sie offen oder geschlossen sind. Genauso wie die „AllDataAccessPages"-Kollektion ist auch die „AllForms"-Auflistung eine Kollektion des Objekts „CurrentProject".

```
'Gibt alle Formulare aus
Sub fktAlleFormulare()
  Dim obj As AccessObject

  For Each obj In CurrentProject.AllForms
    Debug.Print obj.Name
  Next obj
End Sub
```

In dieser Prozedur können Sie die „AllForms"-Kollektion durch die Auflistungen „AllReports", „AllMacros" und „AllModules" ersetzen, um die Namen aller Berichte, Makros oder Module im Direktfenster aufzulisten.

Auf ein einzelnes Objekt innerhalb dieser Kollektionen greifen Sie genauso wie auf ein Objekt der „Forms"-Auflistung zu. Es existieren vier Möglichkeiten, wobei die erste nur dann funktioniert, wenn der Objektname aus einem Wort ohne Sonderzeichen besteht.

```
AllForms!Kundendaten
AllForms![Kundendaten]
AllForms("Kundendaten")
AllForms(0)
```

Kundendaten ist der Name eines Formulars. Wenn es mehrere Formulare gibt, ist es meistens nicht sinnvoll, ein bestimmtes Formular über den Index anzusprechen, da sich dieser im Laufe der Zeit ändern kann.

4.6 Ein- und Ausgabe über Dialogfeld und Meldungsfenster

Um dem Anwender kleine Nachrichten wie Fehlermeldungen und Hinweise mitzuteilen, sind Meldungsfenster das richtige Mittel. Über Dialogfelder kann der Benutzer Werte eingeben, die anschließend per VBA-Code verarbeitet werden.

4.6.1 Ausgabe in ein Meldungsfenster

Innerhalb einer Applikation entstehen immer wieder Situationen, die die Mitteilung von speziellen Informationen erfordern. Dies kann zum Beispiel im Fall einer fehlerhaften Eingabe notwendig sein oder rein zur Anzeige von speziellen Hinweisen dienen. Besonders in Fällen, in denen der Anwender sofort eine Information erfahren soll, ist die Verwendung von Meldungsfenstern von Vorteil. Üblicherweise werden dem Benutzer hiermit kurze Mitteilungen übermittelt, auf die er mit „OK", „Abbruch" oder Ähnlichem reagieren kann.

Das mit der Funktion „MsgBox" erzeugte Meldungsfenster ähnelt im Großen und Ganzen einem Dialogfeld, ermöglicht jedoch keine Eingabe von Text. Im Sinne von Windows handelt es sich bei einem Meldungsfenster ebenfalls um ein eigenständiges Fenster, das nicht direkt in den Arbeitsbereich eines Berichts oder Formulars ausgegeben wird.

Das Meldungsfenster gelangt mit der Funktion „MsgBox" zur Anzeige und wird durch den Benutzer wieder entfernt, indem er es bestätigt. Es besitzt eine Titelzeile, einen statischen Text, der die Mitteilung darstellt, und mindestens eine Befehlsschaltfläche. Sobald das Meldungsfenster aufgerufen wurde, bleibt es so lange auf dem Bildschirm, bis der Anwender eine der Befehlsschaltflächen anwählt. Ein Meldungsfenster wird in VBA immer als modales Fenster erzeugt. Dies bedeutet, dass das Elternfenster, das in diesem Fall Access selbst ist, in Wartestellung gesetzt wird, bis das Meldungsfenster wieder verschwunden ist.

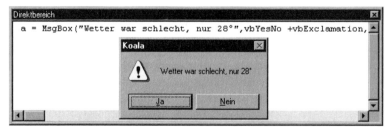

Bild 4.30: Ein Meldungsfenster

Aufbau der Funktion „MsgBox"

Die Funktion „MsgBox" muss mit mindestens einem und maximal fünf Parametern versorgt werden und liefert einen Rückgabewert. In der einfachsten Form erhält die Funktion nur den ersten Parameter, der den Meldungstext festlegt. Der Rückgabewert gibt Auskunft darüber, welche Schaltfläche zum Verlassen des Meldungsfensters geführt hat. Die allgemeine Syntax der Funktion sieht folgendermaßen aus:

MsgBox(prompt [, buttons] [, title] [,helpfile,context])

Außer der Funktion „MsgBox" existiert in VBA die Anweisung „MsgBox". Ein Unterschied zwischen beiden liegt in dem Rückgabewert, da eine Anweisung keinen Wert zurückliefert. Der andere Unterschied ist formaler Art: Die Argumente der „MsgBox"-Anweisung werden nicht in Klammern gesetzt. Um den Benutzer noch weiter zu verunsichern, hat Microsoft zudem die Aktion „Meldung", die in der englischen Version in Access „MsgBox" heißt, hinzugefügt. Sie kann nur in Makros verwendet werden.

Normalerweise wird das Meldungsfenster eingesetzt, um dem Anwender Informationen über gewisse Vorgänge zu geben. Die Meldung wird im ersten Parameter prompt als Zeichenkette übergeben, die aus bis zu 1024 Zeichen bestehen kann. Falls sie länger ist, wird der Rest abgeschnitten. Dies kann auch schon nach dem 255sten Zeichen geschehen, wenn kein Leerzeichen innerhalb der Zeichenkette existiert. Sobald der Text nicht mehr in eine Zeile des Meldungsfensters passt, führt die Funktion automatisch einen Zeilenumbruch durch und gibt den restlichen Text in weiteren Zeilen aus. Die nächste Programmzeile gibt ein Meldungsfenster mit Meldungstext aus.

MsgBox("Meldung aus Australien: Überschwemmung in den Kimberleys")

Sie können einen beliebigen Text als Titel angeben, der dann in der Titelzeile erscheint. Wird er weggelassen, bleibt die Titelzeile nicht leer, sondern VBA trägt in diesem Fall den Namen „Microsoft Access" ein. Falls Sie zum Beispiel die zuvor verwendete „Meldung aus Australien: Überschwemmung in den Kimberleys" in einen Fenstertitel und einen Meldungstext aufteilen möchten, fügen Sie an das Funktionsende zwei Kommata und dann den Inhalt für die Titelzeile an. Das zweite Komma muss stehen, da der zweite Parameter der Funktion nicht übergeben wird.

MsgBox("Überschwemmung in den Kimberleys","Meldung aus Australien:")

Schaltflächen im Meldungsfenster

Bei der bisherigen Verwendung des Meldungsfensters besaß dieses standardmäßig die Befehlsschaltfläche „OK". Wenn Sie das zweite Argument „button" benutzen, können Sie die Anzahl und das Aussehen der in dem Meldungsfenster enthaltenen Schaltflächen selbst bestimmen. Eine Summe aus vier Werten legt diesen Inhalt des Meldungsfensters fest.

Der erste Summand definiert Anzahl und Namen der angezeigten Befehlsschaltfläche(n). Der zweite Wert gibt eines von vier möglichen Symbolen an. Ein Symbol kann eingefügt werden, damit die Aufmerksamkeit des Anwenders noch stärker auf das Meldungsfenster gezogen wird. Im dritten Operand steht die bevorzugte Befehlsschaltfläche, die ausgelöst wird, wenn das Meldungsfenster mit der <Enter>-Taste beendet wird. Der letzte Operand bestimmt, welche Anwendungen das Meldungsfenster anhält. Jeder Summand darf bei der Summenbildung nur einmal vorkommen. Falls kein „button"-Argument angegeben wird, erscheint „OK" als einzige Befehlsschaltfläche, die zugleich die voreingestellte Schaltfläche ist, und es wird kein Symbol angezeigt.

Die nachfolgenden Tabellen fassen die möglichen Werte der vier Summanden zusammen.

Tabelle 4.4: Erster Summand für das Argument „button" der Funktion „MsgBox"

Konstante	Inhalt	Befehlsschaltfläche(n)
vbOKOnly	0	OK
vbOKCancel	1	OK, Abbrechen
vbAbortRetryIgnore	2	Abbrechen, Wiederholen, Ignorieren
vbYesNoCancel	3	Ja, Nein, Abbrechen
vbYesNo	4	Ja, Nein
vbRetryCancel	5	Wiederholen, Abbrechen

Tabelle 4.5: Zweiter Summand für das Argument „button" der Funktion „MsgBox"

Konstante	Inhalt	Icon	Bedeutung
vbCritical	16	Stopp-Schild	kritisch
vbQuestion	32	Fragezeichen	Warnung
vbExclamation	48	Ausrufezeichen	Warnung
vbInformation	64	Buchstabe 'i'	Information

Icons:			
2.Summand:	16	32	48	64

Bild 4.31: Symbole für das Meldungsfenster

Tabelle 4.6: Dritter Summand für das Argument „button" der Funktion „MsgBox"

Konstante	Inhalt	Bevorzugte Schaltfläche
vbDefaultButton1	0	1. Befehlsschaltfläche
vbDefaultButton2	256	2. Befehlsschaltfläche
vbDefaultButton3	512	3. Befehlsschaltfläche
vbDefaultButton4	768	4. Befehlsschaltfläche

Tabelle 4.7: Vierter Summand für das Argument „button" der Funktion „MsgBox"

Konstante	Inhalt	Bedeutung
vbApplication-Modal	0	Anwender muss Meldungsfenster quittieren, um in Access weiterzuarbeiten.
vbSystemModal	4096	Alle Anwendungen werden angehalten, bis Meldungsfenster quittiert ist.

Damit zusätzlich die Schaltfläche „Hilfe" erscheint, über die Sie ein bestimmtes Hilfethema einblenden können, müssen Sie dem vierten Parameter „helpfile" den Namen der Hilfedatei und dem letzten Parameter „context" eine Kontextnummer übergeben. Mehr zu dieser Nummer erfahren Sie in Kapitel 21.

Beispiel zu verschiedenen Meldungsfenstern

Welche Gestaltung Sie für Ihre Ausgabe verwenden, ist hauptsächlich von der Art der Information oder Mitteilung abhängig. Das folgende Beispiel zeigt Ihnen eine Reihe von Meldungsfenstern, deren Programmcode Sie auch schnell in Ihr Programm übernehmen können.

Probieren Sie es aus, indem Sie das Formular „Meldungsfenster" öffnen und mehrmals auf die Befehlsschaltfläche gleichen Namens klicken.

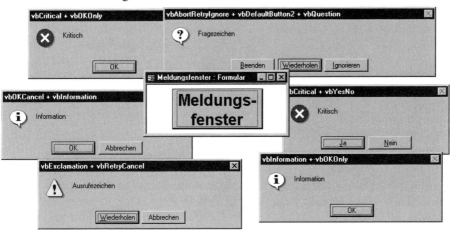

Bild 4.32: Einige Meldungsfenster

```
'**************** BASICPRG.MDB ****************
'**************** Modul: Meldungsfenster *************
Option Compare Database
'Verwenden der Datenbank-Sortierreihenfolge beim
'Vergleich von Zeichenfolgen.

' Funktion zeigt verschiedene Meldungsfenster an
Function fktMeldungsfenster ()

    a = MsgBox("Stopp-Schild", 16+0, "16 + 0")
```

```
        a = MsgBox("Fragezeichen", 32+2+256,
            "32 + 2 + 256")
        a = MsgBox("Ausrufezeichen", 48+3+512,
            "48 + 3 + 512")
        a = MsgBox("Buchstabe 'i'", 64+0, "64 + 0")
        a = MsgBox("Stopp-Schild", 16+4, "16 + 4")
        a = MsgBox("Ausrufezeichen", 48+5+256,
            "48 + 5 + 256")
    End Function
```

In manchen Situationen ist es wünschenswert, von dem Bediener eine Entscheidung zu der entstandenen Situation anzufordern. Der Rückgabewert der Funktion „MsgBox" gibt Auskunft darüber, welche Befehlsschaltfläche gedrückt wurde. Abhängig von der Schaltfläche, die der Benutzer angeklickt hat, wird ein Wert zwischen „1" und „7" zurückgegeben. Auch hierbei können Sie wieder eine Konstante verwenden. Die möglichen Rückgabewerte werden natürlich davon bestimmt, welche Befehlsschaltflächen das Meldungsfenster besitzt.

Tabelle 4.8: Rückgabewerte der Funktion „MsgBox"

Konstante	Inhalt	Betätigte Schaltfläche
vbOK	1	OK
vbCancel	2	Abbrechen
vbAbort	3	Abbrechen
vbRetry	4	Wiederholen
vbIgnore	5	Ignorieren
vbYes	6	Ja
vbNo	7	Nein

Beispiel für die Anwendung des Meldungsfensters

Eine typische Anwendung für Meldungsfenster unter Verwendung des Rückgabewerts ist die Dateibehandlung. Wenn zum Beispiel ein Text in einer Datei gespeichert werden soll und der dafür benötigte Dateiname über ein Textfeld eingegeben wird, kann es vorkommen, dass die Datei noch nicht existiert. Dies kann programmtechnisch geprüft werden.

Mithilfe eines Meldungsfensters wird diese Information mit der Frage, ob die Datei erzeugt werden soll, dem Anwender übermittelt. Dieser kann nun zwischen den Befehlsschaltflächen „Ja" und „Nein" wählen. Daher wird ein Meldungsfenster benötigt, das als zweiten Parameter die beiden Konstanten „vbYesNo" und „vbQuestion" enthält, um die Schaltflächen „Ja" und „Nein" und das Fragezeichensymbol anzuzeigen.

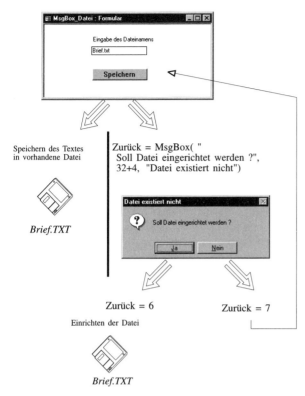

Bild 4.33: Beispiel für den Einsatz des Meldungsfensters

```
'****************** BASICPRG.MDB ****************
'****************** Modul: MsgBox_Datei *************
Option Compare Database
'Verwenden der Datenbank-Sortierreihenfolge beim Vergleich von Zeichenfolgen.

' Funktion zeigt ein Meldungsfenster an, wenn die
' Datei noch nicht existiert
'
Function fktMsgBoxDatei ()
  If fktDateivorhanden() = True Then
    ' Meldungsfenster ausgeben
    Zurück = MsgBox(
          "Soll Datei eingerichtet werden ?",
          vbYesNo+vbQuestion, "Datei existiert nicht")
    If Zurück = vbYes Then  'Datei einrichten
      ...
      'Formular schließen
      DoCmd.Close
    Else
      'erneut Dateinamen eingeben
    End If
  End If
```

```
End Function
'Funktion überprüft ob die Datei vorhanden ist
Function fktDateivorhanden () As Integer
  If Forms![MsgBox_Datei]!sDateiname = "Brief.txt"
  Then
    fktDateivorhanden = True
  Else
    fktDateivorhanden = False
  End If
End Function
```

Wurde die Befehlsschaltfläche „Ja" gedrückt, wird der Wert 6 „vbYes" zurückgeliefert, und die Datei kann mit dem entsprechenden Befehl eingerichtet werden. Im anderen Fall möchte der Anwender wahrscheinlich einen anderen Dateinamen in das Textfeld eingeben.

4.6.2   Eingabe durch ein Dialogfeld

Es kommt durchaus häufiger vor, dass von dem Benutzer am Rechner per Programm eine Eingabe angefordert werden soll. Natürlich kann dazu zum Beispiel ein Formular mit Textfeld erstellt werden. Dies ist aber bei selten zu erfolgenden Eingaben zu umständlich, da das Formular dabei ebenfalls gesteuert werden muss. Auch die Programmierer, die zum Beispiel von Visual Basic eine Funktion portieren möchten, sind für eine andere Lösung dankbar.

Eine Kommunikation zwischen dem Anwender und dem Programm kann nicht nur mithilfe von Steuerelementen, sondern auch mit der Funktion „InputBox$" oder „InputBox" erfolgen. Beim Aufruf dieser Routinen wird ein Dialogfeld mit einem bestimmten Aussehen angezeigt.

Aufbau des Eingabe-Dialogfelds

Die Größe dieses Dialogfeldes ist nicht veränderbar. Zu diesem Fenster gehören sowohl die beiden Befehlsschaltflächen „OK" und „Abbrechen" als auch ein Textfeld, das am unteren Fensterrand liegt. Der Text des inneren Bereichs, der Inhalt der Titelzeile sowie die Position des Dialogfeldes sind durch die folgende Syntax frei wählbar:

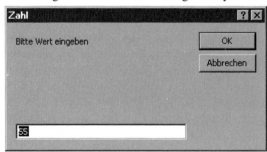

Bild 4.34: Funktion „InputBox$"

InputBox(prompt$ [, [title$] [, [default$] [, xpos%, ypos%] [, helpfile, context]]])
InputBox$(prompt$ [, [title$] [, [default$] [, xpos%, ypos%] [, helpfile, context]]])

Es gibt sowohl die Funktion „InputBox" als auch die Funktion „InputBox$." Der Unterschied liegt in dem Datentyp der Rückgabe, die bei „InputBox" vom Typ „Variant" und bei „Input-Box$" vom Typ „String" ist.

Im minimalen Fall braucht nur der Parameter „prompt$" mit dem Text versorgt zu werden, der in der Arbeitsfläche des Dialogfeldes angezeigt wird. Mit ihm wird meistens der Anwender aufgefordert, eine Eingabe vorzunehmen. Diese Zeichenkette kann aus ungefähr 1024 Zeichen bestehen, wobei die genaue Anzahl von der Breite der benutzten Buchstaben abhängt.

    Rückgabe$ = InputBox$("Bitte um Eingabe")

Damit der Benutzer überhaupt weiß, um welches Thema es sich handelt, kann eine Zeichenkette als Überschrift in das Argument „title$" gestellt werden.

Häufig ist es auch sinnvoll und benutzerfreundlich, in das Textfeld eine Vorbesetzung über den Parameter „default$" einzutragen. Diese Vorbesetzung wird von der Funktion „Input-Box" zurückgegeben, wenn der Bediener keine andere Eingabe durchgeführt hat. Hiermit kann zum Beispiel ein bestimmter Name als Standardwert vorgegeben werden.

    Rückgabe = InputBox("Bitte Wert eingeben","Zahl","55")

Zwar ist die Größe des Dialogfeldes fest definiert, jedoch kann bei Bedarf seine Position selbst bestimmt werden. Dabei beziehen sich die Argumente „xpos%" und „ypos%", die die linke obere Ecke des Dialogfeldes definieren, immer auf die linke obere Ecke des Bildschirms und werden in der Einheit „Twip" angegeben, auf die beim Koordinatensystem in Kapitel 10.4.4 noch näher eingegangen wird. Falls diese Argumente ausgelassen werden, wird „ypos%" auf etwa 1/8 der Bildschirmhöhe gesetzt und das Dialogfeld horizontal zentriert dargestellt.

Wenn bei dem Funktionsaufruf zwar die Koordinaten an „InputBox" übergeben werden sollen, aber weder ein Titel noch eine Vorbesetzung geliefert wird, müssen trotzdem dafür Kommata gesetzt werden, da die Argumente dieser Funktion als Stellungsparameter und nicht als Werteparameter definiert worden sind.

Genauso wie bei der Funktion „MsgBox" können Sie auch bei der Funktion „InputBox" eine Hilfedatei und eine Kontextnummer nennen. Dadurch wird die Schaltfläche „Hilfe" in das Dialogfeld eingefügt, über das Sie das festgelegte Hilfethema einblenden können.

Die Applikation bleibt an der Stelle stehen, an der die Funktion „InputBox" aufgerufen wurde, und wartet, bis dieses Dialogfeld wieder vom Bildschirm verschwunden ist. Erst dann können die nächsten Befehle und Ereignisse abgearbeitet werden. Der Anwender kann dieses Fenster entfernen, indem er entweder die Befehlsschaltfläche „OK" oder „Abbrechen" betätigt. Im ersten Fall wird die in das Textfeld eingegebene Zeichenkette als Rückgabewert geliefert, im anderen Fall wird ein leerer String übergeben. Die beiden Befehlsschaltflächen können auch mit der <Enter>-Taste beziehungsweise mit der <Esc>-Taste ausgelöst werden.

Wenn der Ausgabetext mehr als eine Zeile betragen soll, können Sie gezielt einen Zeilenumbruch in die übergebene Zeichenkette einbringen. Hierzu verwenden Sie am besten die Konstante vbCRLF als Kennzeichen für den Zeilenumbruch.

Rückgabe = InputBox("wie viele Einwohner" & vbCRLF & "leben an der Westküste" & _
vbCRLF & "von Australien ?","Australien", "ca. 1,5 Mio")

Beispiel zur Eingabe mit der Funktion „InputBox"

Der Rückgabewert von der Funktion „InputBox" kann nicht nur als Zeichenkette verwendet
werden, sondern lässt sich zum Beispiel durch die Basic-Funktion „Val" in eine Zahl umwandeln. Daher ist sowohl die Eingabe von Texten als auch von Zahlen mit „InputBox" zu
realisieren. Für die Überprüfung können Sie die Funktion „IsNumeric" verwenden, die
„True" zurückgibt, wenn die Eingabe in einen numerischen Wert umgewandelt werden kann.

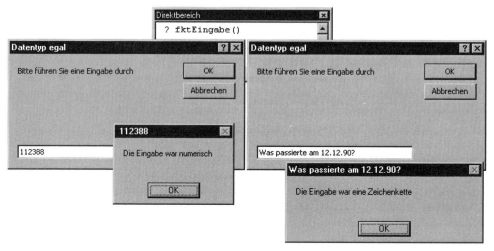

Bild 4.35: Beispiel zur „Funktion InputBox"

```
'******************* BASICPRG.MDB ****************
'************ Modul: Eingabe_InputBox *********
Option Compare Database
'Verwenden der Datenbank-Sortierreihenfolge beim Vergleich von Zeichenfolgen.

Function fktEingabe ()
 Dim Zahl As Double

 prompt$ = "Bitte führen Sie eine Eingabe durch"
 title$ = "Datentyp egal"
 Eingabe = InputBox(prompt$, title$)
 If IsNumeric(Eingabe) = True Then
  Zahl = Val(Eingabe)
  MsgBox "Die Eingabe war numerisch", , Str$(Zahl)
 Else
  MsgBox "Die Eingabe war eine Zeichenkette",
   ,Eingabe
 End If
End Function
```

4.7 Der Objektkatalog

Wenn Sie sich im VBA-Editor befinden, können Sie über den Menüpunkt OBJEKTKATALOG im Menü ANSICHT, über die <F2>-Taste oder über das entsprechende Symbol den Objektkatalog aufrufen. Alternativ dazu können Sie ihn auch über das Kontextmenü aktivieren, wenn Sie das Modulfenster mit der rechten Maustaste anklicken.

Dieses Hilfsmittel besteht aus einem Dialogfeld, das Ihnen einen schnellen Überblick bietet über alle Funktionen, Sub-Prozeduren, Objekte, Konstanten, Methoden und Eigenschaften in der aktuellen Datenbank und in Objekt-Bibliotheken, auf die ein Verweis besteht.

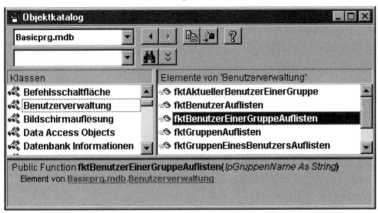

Bild 4.36: Der Objektkatalog

Im oberen Kombinationsfeld „Projekt/Bibliothek" können Sie entweder eine bestimmte Datenbankdatei beziehungsweise eine Objekt-Bibliothek auswählen oder den Eintrag „<Alle Bibliotheken>" einstellen. Hierüber legen Sie fest, dass Sie zum Beispiel die Funktionen von VBA, die Objekte von Access oder alle Datenzugriffsobjekte der verfügbaren Bibliotheken aufgelistet haben möchten.

Eine Datenbank auswählen

Wenn Sie im Kombinationsfeld den Namen Ihrer Datenbank einstellen, werden in der linken Liste „Klassen" alle in dieser Datenbank existierenden Module angezeigt. Dazu gehören sowohl die Standardmodule als auch die Klassenmodule, wie Formular- und Berichtsmodule. Durch einen Klick auf ein Modul werden in der rechten Liste „Elemente" alle in diesem Modul definierten Prozeduren aufgelistet. Wenn in einem Modul API-Funktionen eingesetzt werden, stehen auch diese in der rechten Liste. Sobald Sie einen Eintrag markieren, wird die Definition dieser Prozedur mit ihren Argumenten in den unteren Fensterteil geschrieben.

Bei einem Berichts- oder Formularmodul kann dies auch eine Eigenschaft sein. Da die Eigenschaften und Methoden von Formularen und Berichten in der Hilfedatei von Access genauer erklärt sind, ist die Schaltfläche mit dem Fragezeichen anwählbar. Durch einen Klick wird diese Hilfedatei mit dem entsprechenden Thema angezeigt.

Jede Eigenschaft, Methode, Konstante, jedes Ereignis, Modul etc. besitzt im Objektkatalog zur besseren Unterscheidung ein kleines Symbol. Das Symbol für die Eigenschaften kommt

Ihnen bestimmt bekannt vor. Es wird auch in den Entwurfsansichten der einzelnen Datenbankobjekte benutzt, um das Eigenschaftenfenster anzuzeigen.

In eine bestimmte Prozedur gelangen Sie, indem Sie im Objektkatalog den Eintrag in der
rechten Liste doppelt anklicken oder die Schaltfläche „Definition anzeigen" betätigen. Das
Modul muss dabei nicht im geöffneten Zustand vorliegen.

Den Eintrag VBA auswählen

Damit alle Funktionen von Visual Basic für Applikationen aufgelistet werden, müssen Sie im
Kombinationsfeld den Eintrag „VBA" selektieren. Daraufhin erscheinen in der linken Liste
verschiedene Kategorien wie Math. Auch sind die Konstanten in mehrere Gruppen wie
VbDayOfWeek untergliedert.

Wollen Sie zum Beispiel die Funktion „Hex" verwenden, wählen Sie zuerst die Kategorie
„Conversion" und anschließend aus der rechten Liste den Eintrag „Hex". Die notwendigen
Argumente werden dadurch im unteren Fensterteil eingeblendet. Genauere Informationen
erhalten Sie wieder über das Hilfesystem von Access. Klicken Sie dazu die Schaltfläche mit
dem Fragezeichen an.

Wenn Sie die Funktion in Ihren Code einfügen wollen, drücken Sie die Schaltfläche „In Zwischenablage kopieren". Anschließend setzen Sie den Cursor an die gewünschte Stelle in Ihrer
Prozedur und führen zum Beispiel die Tastenkombination <Strg> + <V> aus.

Den Eintrag Access auswählen

Um einen Überblick über alle in Access vorhandenen Objekte mit ihren Eigenschaften und
Methoden zu erhalten, selektieren Sie im Objektkatalog aus dem Kombinationsfeld „Pro-
jekt/Bibliothek" den Eintrag „Access". Alle Objekte und mehrere Konstantengruppen werden
daraufhin in der Liste „Klassen" dargestellt.

Wenn Sie ein Objekt wie „Form" oder „DoCmd" markieren, werden in der rechten Liste
dessen Eigenschaften, Ereignisse und Methoden in alphabetischer Reihenfolge angezeigt.
Beim Kopieren in die Zwischenablage wird nur die selektierte Zeile der rechten Liste, nicht
aber der gesamte Ausdruck mit der Objektbezeichnung übernommen. Wollen Sie die Argumente mitkopieren, müssen Sie die Deklaration im unteren Fensterteil markieren und dann
die Schaltfläche „In Zwischenablage kopieren" drücken.

Den Eintrag DAO auswählen

Die Methoden und Eigenschaften der Datenzugriffsobjekte können auf dieselbe Weise angezeigt werden wie die eben besprochenen übrigen Objekte von Access. Stellen Sie dazu im
Kombinationsfeld „Projekt/Bibliothek" den Eintrag „DAO" ein. Wissen Sie zum Beispiel
nicht mehr, welche Übergabeparameter die Methode „OpenDatabase" besitzt, wählen Sie
zuerst in der linken Liste das Objekt „DBEngine" aus. Anschließend können Sie in der rechten Liste die Methode markieren, damit ihre Deklaration in den unteren Fensterteil eingetragen wird.

Den Eintrag Office auswählen

Um programmtechnisch auf den Office-Assistenten und seine Dialogfelder zugreifen zu können, muss ein Verweis auf die Objekt-Bibliothek von Office existieren. Da die Symbolleisten in allen Office-Anwendungen über die Auflistung „Commandbars" und weiteren „Commandbar.."-Objekten angesprochen werden, finden Sie auch diese Objekte mit ihren Eigenschaften und Methoden in der Office-Bibliothek.

Unabhängig davon, welches Projekt oder welche Bibliothek Sie in dem oberen Kombinationsfeld eintragen, steht in der Liste „Klassen" immer die Zeile „<global>" an oberster Stelle. Durch ihre Anwahl werden rechts alle Mitglieder aufgelistet, auf die global zugegriffen werden kann. Dies sind zum Beispiel alle Konstanten und bei einer Datenbank die als public definierten Prozeduren.

Wenn Sie beim Schreiben einer Prozedur die genaue Definition einer VBA-Funktion, einer Methode oder einer Eigenschaft benötigen, können Sie den Objektkatalog sehr schnell aufrufen. Klicken Sie den Eintrag, zu dem Sie mehr Informationen haben möchten, im Modulfenster mit der rechten Maustaste an. Wählen Sie dann aus dem Kontextmenü den Menüpunkt DEFINITION. Daraufhin wird der Objektkatalog geöffnet und zum gewünschten Eintrag verzweigt.

Verzweigen Sie nacheinander zu mehreren Elementen im Objektkatalog, können Sie über die beiden Schaltflächen „Zurück" und „Vor" zwischen diesen Einträgen blättern. Auf diese Weise kann zum Beispiel wieder leicht die Ausgangsposition gefunden werden.

Nach einem bestimmten Element suchen

Vielleicht passiert es Ihnen auch ab und zu, dass Sie zwar den Namen einer Methode, aber nicht mehr das dazugehörige Objekt wissen. Oder Ihnen fallen nur die Anfangsbuchstaben einer benötigten Eigenschaft ein. Tragen Sie den Namen beziehungsweise den bekannten Teil in das untere Kombinationsfeld „Suchtext" ein und drücken Sie die Schaltfläche „Suchen" oder die <Enter>-Taste. Es wird in dem aktuellen Projekt beziehungsweise der Objekt-Bibliothek gesucht. Wenn Sie sich nicht sicher sind, in welcher Bilbliothek das gesuchte Element definiert ist, sollten Sie am besten zuvor den Eintrag „<Alle Bibliotheken>" wählen.

Die Suchergebnisse werden anschließend im Objektkatalog eingeblendet. Dabei werden die Bibliothek, die Klasse und das Element aufgelistet. Kommt das gesuchte Element mehrfach vor, werden alle Stellen genannt. Außerdem wird das erste gefundene Element in den beiden darunterliegenden Listen markiert dargestellt.

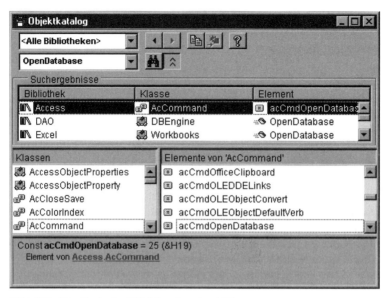

Bild 4.37: Eine Suche im Objektkatalog durchführen

Den Bereich „Suchergebnisse" können Sie wieder über die darüberliegende Schaltfläche mit den zwei nach oben zeigenden Pfeilen ausblenden.

Verweise zu weiteren Objekt-Bibliotheken einstellen

Neben den beschriebenen Einträgen können noch weitere Objekt-Bibliotheken und Projekte im Kombinationsfeld des Objektkatalogs aufgelistet werden. Dazu müssen Sie eine Referenz zu einer solchen Bibliothek aufbauen. Wählen Sie im Menü EXTRAS den Menüpunkt VERWEISE. Alle Objekt-Bibliotheken, die Access finden konnte, werden hier angezeigt. Zum Aufbau einer Referenz schalten Sie das entsprechende Kontrollkästchen ein. Zusätzliche Objekt-Bibliotheken können Sie über die Schaltfläche „Durchsuchen" ergänzen.

Alle Objekt-Bibliotheken, die über ihr Kontrollkästchen aktiviert sind, erscheinen im Kombinationsfeld des Objektkatalogs. Die darin enthaltenen Objekte können in Access eingesetzt werden.

Mithilfe eines Verweises können Sie auch erreichen, dass Sie aus Ihrer Access-Datenbank auf öffentliche Prozeduren einer anderen Access-Datenbank der gleichen Version zugreifen können. Dazu klicken Sie im Dialogfeld „Verweise" die Schaltfläche „Durchsuchen" an und stellen in dem dadurch aufgerufenen Dialogfeld den Dateityp MDB, MDE oder MDA ein. Anschließend können Sie die gewünschte Datenbank selektieren. Durch einen Klick auf die „OK"-Schaltfläche wird der Projektname der gewählten Datenbank, und nicht der Dateiname, in die Liste „Verfügbare Referenzen" mit einem Haken versehen aufgenommen. Nun können Sie alle Prozeduren, die in einem Standardmodul als „Public" definiert sind, aus dieser Datenbank benutzen.

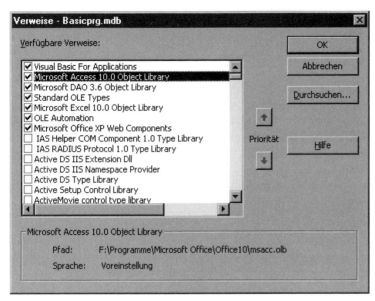

Bild 4.38: Referenz zu einer Objekt-Bibliothek aufbauen

Es ist zudem möglich, per Programm einen Verweis einzurichten. Alle bestehenden Verweise sind in der Auflistung „References" zusammengefasst. Um einen weiteren Verweis zu erstellen, verwenden Sie die Methode „AddFromFile" oder „AddFromGUID" dieser Kollektion.

```
Dim ref As Reference
Set ref = References.AddFromFile("C:\Eigene
Dateien\Kunden.MDB"))
```

Die Namen, die im Objektkatalog im Kombinationsfeld „Projekt/Bibiothek" erscheinen, werden auch als Verweisnamen bezeichnet. Diese Namen können Sie programmtechnisch abfragen.

```
Function Verweise()
Dim i As Byte
   For i = 1 To References.Count
      Debug.Print References(i).Name
   Next i
End Function
```

4.8   MDE-Datei zum Schutz des VBA-Codes erstellen

Durch die Erstellung einer MDE-Datei können Sie Ihre Datenbank sicherer und schneller machen. Dabei wird der VBA-Quellcode von der Access-Datenbankanwendung getrennt und in eine Datenbank mit der Endung MDE umgewandelt. Diese MDE-Datenbank kann in Access geöffnet und benutzt werden wie eine ganz normale Datenbank. Der Unterschied zu einer MDB-Datenbank liegt darin, dass der Benutzer in einer MDE-Datenbank nicht den Entwurf von Formularen und den VBA-Code in den Modulen ändern kann. Dadurch wird die Arbeit des Entwicklers geschützt.

Für Entwickler ist es von großer Bedeutung, die oft mühsam und zeitintensiv erstellten Datenbankanwendungen vor „Know-how-klau" zu schützen. Eine Möglichkeit ist die Vergabe von Benutzerrechten in einem geschützten Access-System. Der Aufbau eines solchen Systems und besonders die Zuweisung von Rechten zu einzelnen Modulen oder Formularen kann doch recht mühsam sein.

Eine viel elegantere Möglichkeit ergibt sich ab der Access-Version 97 durch MDE. Hierbei handelt es sich um ein neues Dateiformat, das sich von dem bekannten MDB-Format durch ein spezielles Schutzkonzept unterscheidet.

Für den Benutzer der Datenbank ergibt sich kein Unterschied, egal, ob sich seine Datenbankanwendung in einer MDB- oder einer MDE-Datei befindet. Wenn der Anwender jedoch den Programmcode von Modulen oder Formularen betrachten oder gar ändern will, wird ihm auf die Finger geklopft. Der Quellcode ist schlichtweg in der MDE-Datei nicht mehr vorhanden und kann daher auch nicht mehr betrachtet oder gar geklaut werden.

Auch der Export des Programmcodes in eine andere Datenbank ist nicht möglich. Eine MDE-Datei enthält das Programm nur noch in kompilierter Form. Dies hat zudem den positiven Nebeneffekt, dass Ihre Anwendung schneller ablaufen kann, da zum Beispiel auch Kommentarzeilen entfernt wurden. Ebenfalls entfällt damit das Problem, dass eine Programmverlangsamung auftritt, nachdem der Benutzer Programmcode verändert hat und dadurch eine Neukompilierung notwendig wäre.

Aber nicht nur der Programmcode, sondern auch der Aufbau von Formularen und Berichten ist geschützt. Der Anwender kann weder Steuerelemente hinzufügen noch Änderungen an Eigenschaften vornehmen. Dies wird erreicht, indem das Formular oder der Bericht nicht mehr in der Entwurfsansicht geöffnet werden kann. Programm-Fehlfunktionen durch versehentliche Änderungen an Formularen gehören damit der Vergangenheit an.

Außerdem ist der Import oder Export von Formularen oder Berichten, die sich in der MDE-Datei befinden, nicht möglich. Jedoch können Tabellen, Abfragen und auch Makros ganz normal bearbeitet und verändert werden. Diese drei Datenbankobjekte können zudem weiterhin importiert oder exportiert werden. Ein Schutz von Daten ist daher mit dem MDE-Konzept nicht zu realisieren. Wichtig ist noch, dass Referenzen auf Bibliotheken und andere Datenbanken auch nicht mehr geändert werden können. Auch ist der Projektname, den Sie im „Optionen"-Dialogfeld eintragen, in einer MDE-Datei nicht zu modifizieren.

Vorsicht: Die Original-MDB-Datenbank müssen Sie unbedingt aufheben. Aus MDE ist die Rückkehr nach MDB nicht mehr möglich. Programmänderungen jeder Art sind durch MDE auch für den Entwickler ausgeschlossen, da es keine Möglichkeit der Dekompilierung gibt und damit bei Verlust der MDB der Quellcode für immer verloren ist (zumindest so lange, bis es einem Hacker gelingt, das MDE-Format zu knacken). Es ist insofern schon von großer Wichtigkeit die Original-MDB-Datei zu behalten, da Sie diese bei einem Versionsumstieg auf eine neuere Access-Version benötigen. Die Konvertierung von MDE-Dateien in eine höhere Access-Version wird nicht möglich sein.

Eine MDE-Datei erstellen

Die Umwandlung einer MDB-Datenbank in eine MDE-Datei ist ganz einfach. Achten Sie jedoch darauf, dass zum Zeitpunkt der Erstellung der MDE-Datenbank kein anderer Benutzer außer Ihnen auf die MDB-Datenbank zugreift. Unter dem Menü EXTRAS finden Sie im Untermenü DATENBANK-DIENSTPROGRAMME den Menüpunkt MDE-DATEI ERSTELLEN. Nach dessen Auslösen übernimmt Access den Rest der Arbeit. Weitere Aktionen müssen Sie gar nicht durchführen. Nachdem die MDE-Datei erstellt ist, kann diese in gleicher Weise wie eine MDB-Datei von Access geöffnet werden. Natürlich muss im Dialogfeld „Öffnen" der Dateityp auf MDE eingestellt werden.

Wichtige Einschränkungen bei MDE-Dateien in Kürze

- keine Änderungen und kein Betrachten von Programmcode
- kein neues Anlegen von Modulen
- kein Öffnen der Entwurfsansicht von Formularen und Berichten
- keine Neuerstellung von Formularen und Berichten
- keine Änderungen an dem Projektnamen
- kein Import oder Export von Modulen, Formularen und Berichten
- keine Änderungen an Referenzen oder Verweisen auf andere Datenbanken
- kein Quellcode in MDE-Datei mehr vorhanden

Gesichertes System und MDE

Auch ein gesichertes System, in dem Sie für verschiedene Benutzer Zugriffsrechte auf bestimmte Datenbankobjekte einschränken oder erweitern, können Sie zusammen mit einer MDE-Datei benutzen. Wichtig ist dabei, dass Sie die Vergabe von Rechten und die Verbindung zu der Arbeitsgruppen-Informationsdatei herstellen, bevor die MDE-Datei erstellt wird. Später können Sie diese nicht mehr in der MDE-Datei ändern.

Damit Sie die MDE-Datei überhaupt erstellen können, muss Ihr Benutzerkonto die Erlaubnis zum „Öffnen/Ausführen" und zum exklusiven Öffnen besitzen. Außerdem müssen Sie über das Recht zum Ändern des Entwurfs aller Objekte verfügen. Alternativ genügt es auch, wenn Ihre Benutzerkennung als Eigentümer eingetragen ist.

Verweise auf andere Datenbanken

Etwas umständlicher wird das Anlegen einer MDE-Datei, wenn Sie Verweise auf andere Datenbanken benutzen. Dies kann eine andere MDB-Datenbank, aber auch ein Add-In in einer MDA-Datei sein. Wenn Sie in diesem Fall versuchen, Ihre Datenbankanwendung als MDE-Datei zu speichern, werden Sie eine Fehlermeldung erhalten. Trotzdem ist die Umwandlung möglich. Es muss jedoch jede MDE-Datei einzeln und in der Reihenfolge der Verkettung erzeugt werden. Daher wandeln Sie als Erstes die MDB- oder MDA-Datei um, auf die sich Ihre Referenz bezieht, und erst anschließend die eigene MDB-Datenbank. Im Extremfall müssen Sie dies für die gesamte Kette der Verweise durchführen.

1. Konvertieren Sie die MDB- oder MDA-Datei in eine MDE-Datei, auf die sich der Ver-
    weis bezieht.

2. Wandeln Sie erst danach die MDB-Datenbank, die den Verweis besitzt, in eine MDE-
    Datei um.

Einschränkung für Replikate

Wenn Ihre Datenbank repliziert wurde, kann hieraus keine MDE-Datei erstellt werden. Deswegen müssen Sie die Reihenfolge umdrehen. Erzeugen Sie zuerst eine MDE-Datei, die Sie
anschließend replizieren.

Um einen Design-Master in eine MDE-Datei umzuwandeln, müssen Sie aus ihm erst eine
normale Datenbank machen. Hierzu legen Sie eine neue Datenbank an und importieren in
diese alle Objekte und Daten. Diese Datenbank können Sie jetzt als MDE-Datei speichern.
Die auf diese Weise erstellte MDE-Datenbank kann anschließend wieder als Design-Master
dienen.

5 Basic – Grundlage der VBA-Programmierung

Die Sprache Basic stellt die Grundlage für Visual Basic für Applikationen dar. Die Erstellung von Funktionen in Basic ist nicht viel schwerer als das Anlegen eines Makros. Aus diesen Gründen werden alle Basic-Einsteiger in diesem Kapitel das nötige Handwerkszeug erhalten, um die weiteren Kapitel leichter verstehen zu können. Falls Sie bereits Basic-Programme erstellt haben, können Sie dieses Kapitel als kleines Nachschlagewerk benutzen.

Durch die Entwicklungsumgebung Windows hat der früher so wichtige Befehl PRINT stark an Bedeutung verloren. Dieser Befehl, der eine Zeichenkette oder eine Zahl ausgibt, ist noch in Access bei den Berichten und beim Testen von VBA-Programmen durch Debug.Print sinnvoll.

Die Besprechung der einzelnen Sprachelemente bezieht sich auf den Basic-Dialekt, der bei VBA implementiert wurde. Deswegen werden einige normalerweise geläufige Basic-Elemente fehlen, dafür aber auch neue Elemente hinzukommen.

5.1 Daten in Variablen verwalten

Variablen werden in Programmiersprachen dazu benutzt, Zwischenergebnisse zu speichern, die bei Bedarf wieder ausgelesen werden können. Prinzipiell werden Variablen ähnlich wie Datenfelder von Tabellen behandelt, die mit einem Wert besetzt werden können.

5.1.1 Datentypen der Variablen

Bei der Definition einer Tabelle muss jedem Datenfeld ein Name und ein bestimmter Datentyp zugewiesen werden. Aus der Vorgabe des Typs ergibt sich damit auch die Art der Daten, die das Feld aufnehmen kann. Bei der Vergabe eines Datentyps an eine Variable ist es ebenso, da hierdurch die Variable für eine bestimmte Gruppe von Daten spezialisiert wird. Dem Computer wird damit eine Hilfestellung gegeben, um die grundsätzlichen Aufgaben wie zum Beispiel Rechenoperationen oder Textverarbeitung einzugrenzen. Außerdem wird eine optimierte Bearbeitung erreicht, da zum Beispiel die Addition der zwei Gleitkommazahlen 0.123 und 15.567 wesentlicher länger dauert als die Addition ganzer Zahlen. Die Auswahl des Datentyps richtet sich nach dem Ziel, das mit einer Operation erreicht werden soll. Als Faustformel sollten Sie sich merken, dass immer der kleinstmögliche Datentyp zum besten Ergebnis führt. Hierdurch entstehen schnellere Programme.

Access unterstützt alle üblichen Datentypen und verfügt zusätzlich über den Datentyp „Variant". Eine Variable, die nicht mit einem bestimmten Typ oder gar nicht definiert wird, erhält standardmäßig diesen Datentyp „Variant" zugewiesen. Mit Variablen dieses Typs können alle Werte verwaltet werden, da sich Access selbst intern um die Typfestlegung kümmert. Aus diesem Grund sind Variablen vom Typ „Variant" besonders gut geeignet für die Aufnahme von Werten aus Tabellenfeldern. Details erfahren Sie im Kapitel 4.5.1.

Eine Variable wird durch ihren Namen angesprochen, der keinem reservierten Wort von Access entsprechen darf. Dieser Name kann aus fast beliebigen Zeichen wie zum Beispiel deutschen Umlauten, Ziffern oder dem Unterstrich bestehen, wobei Sie allerdings auf andere Sonderzeichen verzichten sollten. Ein Variablenname darf keine Leerzeichen enthalten und

muss mit einem Buchstaben beginnen. Für die Wahl der Namenslänge stehen Ihnen bis zu 40
Zeichen zur Verfügung.

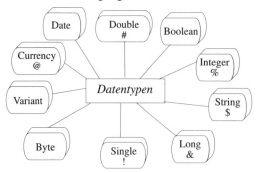

Bild 5.1: VBA-Datentypen

In Basic besitzen Sie mehrere Möglichkeiten, eine Variable zu verwenden:

- Weisen Sie einem Variablennamen sofort einen Wert zu, wodurch die Variable automatisch entsteht.

- Definieren Sie die Variable zuerst. Hierdurch legen Sie vor dem Einsatz der Variablen fest, dass es sich bei einem bestimmten Namen um eine Variable handelt.

- Hängen Sie an den Variablennamen ein vorgegebenes Sonderzeichen an, das den Typ spezifiziert.

> Zahl = 340

oder

> Dim Zahl
> Zahl = 340

oder

> Dim Zahl As Integer
> Zahl = 340

oder

> Zahl% = 340

Das erste dieser vier Beispiele benutzt eine Variable direkt ohne Definition und erhält damit
von Access den Datentyp „Variant" zugewiesen. Wird die Variable zwar über die Anweisung
„Dim" definiert, aber nach dem Variablennamen kein Datentyp genannt, erhält die Variable
ebenfalls den Datentyp „Variant". Steht dagegen zusätzlich ein Datentyp wie zum Beispiel
„Integer" in der „Dim"-Anweisungszeile, wird der Variablen dieser Datentyp zugewiesen.
Das letzte Beispiel verwendet wiederum eine Variable direkt, ohne eine Definition vorzunehmen, gibt ihr aber durch das Sonderzeichen % den Datentyp „Integer".

Eine besondere Möglichkeit gibt es noch für die Typzuordnung von Variablen, die nicht
definiert wurden. Es kann einer ganzen Gruppe von Variablen ein Typ zugewiesen werden.
Über die „Defxxx"-Anweisung wird der Typ für Variablen vorgegeben, die innerhalb eines
Moduls stehen und nicht extra definiert werden. Die drei Buchstaben x sind Platzhalter. Sie

können durch „Int" (Integer), „Cur" (Currency), „Lng" (Long), „Sng" (Single), „Dbl" (Double) oder „Str" (String) ersetzt werden.

    DefInt A - F

Diese Anweisungszeile kann im Deklarationsteil eines Moduls stehen. Sie führt dazu, dass alle Variablen, deren Name mit a, b, c, d, e oder f beginnt und die nicht explizit definiert werden, den Datentyp „Integer" erhalten. Bei der Angabe der Anfangsbuchstaben können Sie einzelne durch ein Komma getrennt nennen oder mit einem Bindestrich einen Bereich spezifizieren.

Wenn Sie erreichen möchten, dass in Ihrem Basic-Programm erst alle Variablen definiert werden müssen, bevor sie verwendet werden können, ist im Deklarationsbereich eines Moduls die Anweisung „Option Explicit" zu schreiben. Damit wird die Standardeinstellung ausgeschaltet, nach der alle nicht definierten Variablen den Datentyp „Variant" erhalten. Nach dem Einbau von „Option Explicit" führt die Verwendung einer nicht definierten Variablen zu einem Syntaxfehler. Diese Anweisung trägt Access beim Anlegen eines neuen Moduls automatisch in den allgemeinen Deklarationsteil ein.

5.1.2 Numerische Variablen

Numerische Variablen sind auf die Durchführung von Berechnungen spezialisiert und können Zahlen verschiedener Größe aufnehmen. Da diese Zahlen sehr unterschiedlich sein können, findet eine Eingruppierung in die ganzen Zahlen, die keine Kommastelle enthalten, und die Gleitkommazahlen statt.

Beim Datentyp „Integer" handelt es sich um ganzzahlige Variablen, die Werte zwischen -32768 und +32767 annehmen können. Die „Integer"-Variable benötigt im Speicher nur 2 Byte und kann daher vom Rechner sehr schnell verarbeitet werden. Somit bietet sie sich besonders als Zählervariable für die Programmierung von Schleifen an. Eine „Integer"-Variable wird durch das Schlüsselwort „Integer" definiert oder kann durch das Anfügen des Prozentzeichens (%) an den Variablennamen direkt verwendet werden.

    Dim iZahl As Integer
    iZahl = 5

oder

    iZahl% = 5

Wenn Sie in Ihrem Programm häufig mit „Integer"-Variablen arbeiten, so führt dies zu wesentlich schnellerem Code. Der Hauptnachteil bei den Integerzahlen ist, dass sie nur in dem Bereich von -32768 bis +32767 gültig sind. Durch den Datentyp „Long" kann dieser Wertebereich etwa um den Faktor 65000 vergrößert werden. Dies ergibt sich aus dem Speicherbedarf von nicht mehr 2 Byte, sondern 4 Byte. Folglich ist die Verarbeitung etwas langsamer als die des „Integer"-Datentyps. „Long"-Variablen können entweder direkt durch das Anfügen des &-Zeichens an den Variablennamen verwendet oder durch das Schlüsselwort „Long" erzeugt werden.

```
        Dim lZahl As Long
        lZahl = 10000000
```
oder

```
        lZahl& = 10000000
```

Gleitkomma-Zahlenvariablen mit einfacher Genauigkeit benötigen 4 Byte an Speicherplatz. Damit können Sie Zahlen bis zu einer maximalen Größe von ca. 1E38 verwalten. Der genaue Wertebereich dafür lautet:

-3.4 E38 bis -1.4 E-45	für negative Zahlen
1.4 E-45 bis 3.4 E38	für positive Zahlen

Sie können Variablen zur Aufnahme von Gleitkommazahlen entweder über das Schlüsselwort „Single" definieren, oder dem Variablennamen wird das Ausrufezeichen (!) angehängt.

```
        Dim sZahl As Single
        sZahl = 22.1
```
oder

```
        sZahl! = 22.1
```

Gleitkomma-Zahlenvariablen mit doppelter Genauigkeit benötigen einen Speicherplatz von 8 Byte. Hieraus entsteht der Wertebereich von

-1.8 E308 bis -4.9 E-324	für negative Zahlen
4.9 E-324 bis 1.8 E308	für positive Zahlen

Dieser Datentyp sollte nur im Ausnahmefall verwendet werden, da die Rechengeschwindigkeit stark unter dem Einsatz dieses Typs leidet. Besitzen Sie einen mathematischen Coprozessor, erreichen Sie allerdings eine ähnliche Geschwindigkeit wie bei einer „Integer"-Zahl. Definiert werden diese Variablen über das Schlüsselwort „Double", oder Sie fügen bei der direkten Verwendung das Zeichen # dem Variablennamen hinzu.

```
        Dim dZahl As Double
        dZahl = 77.1
```
oder

```
        dZahl# = 77.1
```

Mit dem Datentyp „Currency" können Sie Berechnungen mit größerer Genauigkeit für einen kleineren Zahlenbereich durchführen, wie dies zum Beispiel bei der Behandlung von Währungswerten erforderlich ist. Der Datentyp „Currency" ist intern als 8-Byte-Zahl mit fester Dezimalposition (4 Nachkommastellen) abgelegt. Hieraus entsteht der angegebene Wertebereich von -922337203685477.5808 bis 922337203685477.5807. Wenn hohe Genauigkeit gefordert ist, kann dieser Typ sehr nützlich sein. „Currency"-Variablen können entweder direkt durch das Anfügen des @-Zeichens an den Variablennamen genutzt oder durch das Schlüsselwort „Currency" definiert werden.

```
        Dim cuZahl As Currency
        cuZahl = 55.10
```

oder

    cuZahl@ = 55.10

Wenn Sie mit API-Funktionen arbeiten, wird ab und zu als Übergabeparameter eine Variable vom Datentyp „Byte" verlangt. Dieser Datentyp kann Werte zwischen 0 und 255 aufnehmen. Dazu benötigt er, wie sein Name schon sagt, genau ein Byte an Speicher.

    Dim byZahl As Byte
    byZahl = 26

Für die Verarbeitung eines Datums gibt es in Visual Basic einen eigenen Datentyp, der „Date" lautet. Der Speicherbedarf für ein Datum beträgt 8 Bytes. Mit diesem Typ können Sie ein Datum zwischen dem 1.1.100 und den 31.12.9999 sowie jede beliebige Uhrzeit sichern.

Bei der Übergabe eines Datums muss dieses von #-Zeichen umschlossen sein. Das in einer Variablen vom Datentyp „Date" gespeicherte Datum wird im kurzen Datumsformat dargestellt.

    Dim daZahl As Date
    daZahl = #12.12.88#
    daZahl = Date()

Für die Speicherung von Ja/Nein-Werten können Sie den Datentyp „Boolean" einsetzen. Variable dieses Typs können die beiden Werte „True" und „False" annehmen. Diese beiden Werte sind in Visual Basic als Schlüsselwörter angelegt. Bei der Umwandlung einer numerischen Variablen eines anderen Datentyps in eine „Boolean"-Variable wird aus dem Wert 0 „False". Alle anderen Werte werden in „True" konvertiert.

Falls Sie den Inhalt einer „Boolean"-Variablen in eine Variable eines anderen numerischen Datentyps speichern, wird „False" als 0 und „True" als -1 abgelegt.

    Dim boZahl As Boolean
    boZahl = true

5.1.3 Variablen für Zeichenketten

Zeichenketten, die auch Strings genannt werden, können in Basic auf zwei verschiedene Arten mit Variablen verarbeitet werden.

- Variable mit veränderbarer Länge
- Variable mit bei der Definition festgelegter Länge

Wenn Sie Zeichenketten für eine einfache Verarbeitung wie zum Beispiel für das Zusammenfügen von zwei Strings oder für die Ermittlung von Teilen eines Strings verwenden möchten, werden Sie dazu meist eine Variable mit flexibler Länge einsetzen, da Sie sich dann um die tatsächliche Zeichenlänge nicht zu kümmern brauchen.

Eine Variable zur Aufnahme einer Zeichenkette können Sie durch das Schlüsselwort „String" definieren, oder sie wird direkt durch das Anfügen des Dollar-Zeichens ($) an das Ende des Variablennamens deklariert.

    Dim sText As String

sText = "Koala-Kommentar: heute schon Hummer probiert?"

oder

sText$ = "Koala-Kommentar: heute schon Hummer probiert?"

5.1.4   Umwandlung von Datentypen

Wenn einer Variablen ein bestimmter Typ zugeordnet wird, heißt dies nicht, dass der darin enthaltene Wert immer an den Datentyp gebunden ist. Sollen zum Beispiel Vergleiche zwischen Ziffern in einer Zeichenkette und einer Integerzahl vorgenommen werden, so kann dies durch eine zuvor durchgeführte Datentypkonvertierung erreicht werden.

Gleikommazahlen in ganze Zahlen umwandeln

Der Inhalt einer Gleitkomma-Variablen, die entweder den Typ „Single" oder „Double" besitzt, kann an eine Variable für eine ganze Zahl wie „Integer" oder „Long" übergeben werden. Durch diese Umwandlung einer Gleitkommazahl in eine ganze Zahl wird je nach der verwendeten Konvertierungsfunktion der Anteil nach dem Komma einfach abgeschnitten oder eine Rundung vorgenommen. Werden innerhalb einer Operation verschiedene Datentypen gemischt, so ist das Ergebnis vom Datentyp der Variablen, die den größten Speicherbedarf besitzt.

Die Funktionen „Fix" und „Int" entfernen alle Kommastellen einer Gleitkommazahl und liefern somit als Ergebnis eine ganze Zahl. Bei einer positiven Zahl geben beide Funktionen das gleiche Ergebnis zurück. Sie unterscheiden sich jedoch bei der Behandlung eines negativen Werts, da die Funktion „Int" diesen Wert immer aufrundet, während ihn die Funktion „Fix" immer abrundet. Die nachfolgenden Beispiele zeigen Ihnen diese Unterschiede auf.

Int(-1.6)   Das Ergebnis lautet -2
Int(-1.4)   Das Ergebnis lautet -2
Fix(-1.4)   Das Ergebnis lautet -1
Fix(-1.6)   Das Ergebnis lautet -1
Fix(1.6)   Das Ergebnis lautet 1
Int(1.6)   Das Ergebnis lautet 1

Eine Umwandlung von Zahlen in Texte und umgekehrt ist über die Funktionen „Val" beziehungsweise „Str$" möglich.

Numerische Zahl in eine Zeichenkette umwandeln

Die Funktionen „Str$" beziehungsweise „Str" wandeln eine numerische Zahl in eine Zeichenkette um. Meist werden sie im Zusammenhang mit einer Ausgabe verwendet, wenn sich eine Zeichenkette aus Strings und Zahlenwerten zusammensetzen soll. Ein typischer Fall ist die Funktion „MsgBox", in der nur Zeichenketten und keine Zahlen genannt werden können, um sie in einem Meldungsfenster anzuzeigen. Das nachfolgende Beispiel realisiert die Ausgabe einer Zahl durch die Konvertierung in eine Zeichenkette. Der Aufruf der Funktion erfolgt zum Beispiel durch „a = fktStr_Test" im Direktfenster.

```
Function fktStr_Test ()
    Dim sZahl, x As Single
    Dim stZahlText As String
```

```
sZahl = 3.14
stZahlText = Str$(sZahl)
x = MsgBox(stZahlText, 0, "Die Zahl lautet: ")
End Function
```

Bild 5.2: Beispiel für die Umwandlung mit „Str$"

Eine Zeichenkette in eine numerische Zahl umwandeln

Die Funktion „Val" ist das Komplementär zu „Str$", da eine Zeichenkette in einen numerischen Wert umgewandelt wird. Das nächste Beispiel übergibt der Variablen „Wert!" als Ergebnis den Wert „20,05".

```
x$ = "20"
y$ = "05"
Wert! = Val(x$ + "." + y$)
```

Weitere Konvertierungsfunktionen

Neben den bisher behandelten Funktionen enthält Access noch einige weitere Konvertierungsfunktionen, mit deren Hilfe ein Ausdruck in den gewünschten Zieldatentyp umgewandelt wird. Der Ausdruck kann dabei eine Zeichenkette oder ein numerischer Wert sein.

Tabelle 5.1: Konvertierungsfunktionen

Funktion	Kurzbeschreibung
CCur	Wandelt in den Datentyp „Currency" um.
CDbl	Wandelt in den Datentyp „Double" um.
CInt	Wandelt in den Datentyp „Integer" um.
CLng	Wandelt in den Datentyp „Long" um.
CSng	Wandelt in den Datentyp „Single" um.
CStr	Wandelt in den Datentyp „String" um.
CVar	Wandelt in den Datentyp „Variant" um.

Falls der übergebene Ausdruck zu einem Umwandlungsergebnis führt, das nicht zu dem Zieldatentyp passt, entsteht daraus ein Laufzeitfehler. Zuvor wurden die Funktionen „Fix" und „Int" besprochen, die sich von der Funktion „CInt" dadurch unterscheiden, dass „CInt" gemäß den üblichen Rundungsregeln verfährt, ab 5 auf-, sonst abzurunden. Aus der Zahl „1,4" wird damit „1", während „1,5" den Wert „2" ergibt.

```
Dim sWert As Single
Dim dErgebnis As Double
sWert = 5,5 E+20
dErgebnis = CDbl(sWert) * CDbl(sWert)

Dim sWert As Single
sWert = CSng(23.555546)
```

Die Funktion „CInt" rundet während der Umwandlung in eine ganze Zahl.

```
Dim iWert As Integer
iWert = CInt(1.5)

Dim lWert As Long
lWert = CLng(12345.4)

Dim sText As String
sText = CStr( 3.14)
```

Die Funktion „CCur" werden Sie hauptsächlich dann verwenden, wenn eine Berechnung garantiert auf vier Dezimalstellen erfolgen soll.

```
Dim sPreis As Single
Dim cVerkaufspreis As Currency
sPreis = 750
Prozent = 15
cVerkaufspreis = CCur(sPreis) * CCur(Prozent * 0.01)

Dim Wert As Variant
Dim cPreis As Currency
cPreis = 720.5
Wert = CVar( cPreis & "00")
```

5.1.5   Private Datentypen festlegen

Wenn die im letzten Abschnitt verwendeten vordefinierten Datentypen nicht ausreichen, so kann mithilfe der „Type"-Anweisung ein eigener Typ geschaffen werden.

Die „Type"-Anweisung wird im Deklarationsabschnitt verwendet, um einen neuen Datentyp, der aus einem oder mehreren Elementen besteht, zu definieren. Für die „Type"-Anweisung können alle Standarddatentypen „Integer", „Long", „Single", „Double", „Currency", „Byte", „Boolean", „Date", „String" und „Variant" verknüpft werden. Zudem kann ebenso ein eigener Anwenderdatentyp, der bereits durch „Type" definiert wurde, zur Anwendung kommen.

Sie müssen jedoch beachten, dass die Definition über „Type" nur innerhalb des Deklarationsabschnitts eines Moduls erlaubt ist. Für die Verwendung des dort neu erzeugten Datentyps gibt es dann aber keine weiteren Einschränkungen. Dieser Typ kann unter anderem innerhalb einer Prozedur zur Definition von Variablen eingesetzt werden, die dann den Datentyp entsprechend der „Type"-Deklaration besitzen. Mithilfe von „Type" kann somit ein eigener Datentyp erzeugt werden, der sich beliebig aus Standarddatentypen zusammensetzt.

```
Type PrivatTyp
   Strasse As String * 20
   Ort AS String * 25
   Nr AS Integer
   Tel AS Long
End Type
```

Nachdem ein neuer Datentyp definiert wurde, können Sie ihn in gleicher Weise wie die VBA-Standarddatentypen benutzen.

```
Dim Kunde As PrivatTyp
```
oder
```
Static Kunde As PrivatTyp
```
oder
```
Public Kunde As PrivatTyp
```

Die genaue Bedeutung von „Dim", „Static" und „Public" werden Sie später noch kennen lernen. An dieser Stelle möchte ich nur andeuten, dass diese Anweisungen zur Definition von Variablen führen, die einen Datentyp namens „PrivatTyp" besitzen.

5.2 Operatoren

Nachdem jetzt eine Sammlung von Datentypen zur Verfügung steht, können diese Typen in Form von Variablen Verwendung finden. Die Variablen werden durch Operatoren verknüpft. Anschließend kann die gewünschte Operation ausgeführt werden. Um einem Computer die gleichen Fähigkeiten wie einem Taschenrechner zu geben, stehen arithmetische Operatoren zur Verfügung.

Arithmetische Operatoren

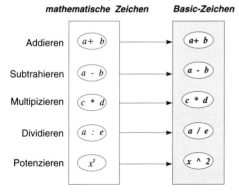

Bild 5.3: Mathematische Zeichen und deren Umsetzung in Basic

Die arithmetischen Operatoren (+ - * / ^) dienen zur Realisierung der mathematischen Grund-funktionen wie Addition und Division. Es werden hierzu Basic-Zeichen verwendet, die den mathematischen Zeichen sehr ähnlich sind.

Vergleichsoperatoren

Durch die Verwendung von Vergleichsoperatoren (<> = >=) können Variablen auf ihre Grö-ße verglichen werden. Möglich sind hierbei die folgenden Operatoren:

Tabelle 5.2: Vergleichsoperatoren

Operator	Bedeutung
<	kleiner als
<=	kleiner gleich
=	gleich
>	größer als
>=	größer gleich
<>	ungleich

Logische Operatoren

Logische Operatoren, auch „Boolean" genannt, finden häufig im Zusammenhang mit Ver-gleichsoperationen Anwendung. Für diese Fälle sind sie besonders geeignet, da als Ergebnis „True" (Wahr) oder „False" (Falsch) zurückgeliefert wird.

Tabelle 5.3: Logische Operatoren

Operator	Bedeutung
AND	Und
OR	Oder
NOT	Nicht
XOR	Entweder Oder
EQV	Gleich
IMP	Implikation

5.3   Programmstrukturen

Zur Untersuchung von Ausdrücken, die erfüllt oder nicht erfüllt sein können, stehen Ver-zweigungen und Schleifen zur Verfügung. Hierbei werden reine Vergleichsprüfungen, die die eine oder andere definitive Entscheidung treffen, durch die so genannte „If...Then...Else"-Anweisung ausgeführt. Demgegenüber werden Wiederholungen, die ein definiertes Ende besitzen, durch Schleifen wie „For...Next" realisiert.

5.3.1   If...Then...Else-Anweisung

Die Aufgabe der bedingten Verzweigung liegt in der Untersuchung eines Ausdrucks, der dabei zum Beispiel den Wert einer Variablen untersuchen kann. Neben einer einzelnen Bedingung kann der Ausdruck auch aus mehreren Bedingungen bestehen, die als Ergebnis immer „True" oder „False" liefern. Die If-Verzweigung kann man umgangssprachlich umschreiben mit: Entweder wird der erste oder der zweite Programmteil ausgeführt.

```
If Jahreszeit$ = "Sommer" Then
    Debug.Print "Urlaub"
Else
    Debug.Print "Viel Arbeit"
End If
```

Wenn nur eine kleine Operation innerhalb einer Verzweigung ausgeführt werden soll, kann die gesamte Anweisung auch in nur einer Zeile angeordnet werden. In diesem speziellen Fall verzichten Sie auf das abschließende „End If".

```
If Jahreszeit$ = "Sommer" Then sText = "Urlaub" Else sText = "Arbeit"
```

Wenn Ihnen die Schreibweise immer noch zu lang ist, können Sie eine Version der If-Verzweigung für Schreibfaule verwenden. An Stelle von „If...Then...Else" kann manchmal die Funktion „IIF" als Teil eines Ausdrucks eingesetzt werden. Ergibt die Bedingung des Ausdrucks den Wert „True", liefert die Funktion „IIF" den „True"-Teil als Ausdruck zurück. In allen anderen Fällen stellt der „False"-Teil den Rückgabewert dar.

```
Debug.Print IIf(a >= 0, "positiv", "negativ")
```

Der bisher benutzte „Else"-Zweig ist optional und kann auch wegfallen, wenn ein Ausdruck nur nach einem bestimmten Zustand untersucht werden soll.

```
If sTageszeit = "Morgen" Then
    Debug.Print "Es gibt noch viel zu tun"
End If
```

Falls Sie den Programmcode in einer Zeile unterbringen, ist hiervon ebenfalls wieder eine Kurzform möglich. Ein „End If" fällt dabei wiederum weg.

```
If sTageszeit = "Mittag" Then Debug.Print "Guten Appetit"
```

Die Bedingung ist keineswegs auf nur eine Zeichenkette begrenzt, sondern kann aus Vergleichen mit allen von Access unterstützten Datentypen bestehen. Es können jedoch immer nur zwei Werte mit gleichem Datentyp verglichen werden. Als mathematisches Beispiel wähle ich die Bildung der Wurzel einer Zahl, die bekanntlich nicht negativ sein darf.

```
x = 1
y = -5
If x > 0 Then
    Debug.Print SqrT(x)
Else
    Debug.Print "die Zahl ist negativ"
End If
If y > 0 Then
```

```
    Debug.Print SqrT(y)
Else
    Debug.Print "die Zahl ist negativ"
End If
```

Für eine zusammengesetzte Bedingung können alle Operatoren aus dem letzten Abschnitt angewendet und durch logische Operatoren verknüpft werden. Durch Klammern bestimmen Sie die Zusammengehörigkeit und die Reihenfolge der Bedingungen.

```
x = 8
If (Not (x < 0) And Not (x > 100)) Then
    Debug.Print "die Zahl ist zwischen 0 und 100"
Else
    Debug.Print "die Zahl ist außerhalb des erlaubten Bereichs"
End If
```

Es kommt nicht selten vor, dass die beiden möglichen Fälle von If...Then...Else nicht mehr ausreichen. Dies ist der Fall, sobald Sie nicht zwei, sondern drei, vier oder viele verschiedene Alternativen besitzen. Stellen Sie sich vor, es soll eine Kleiderauswahl abhängig von der Temperatur getroffen werden. Hierzu würde ein typischer Nord-Australier wohl folgende Vorschläge machen:

If..Then..ElseIf

Dieser Fall kann unter Verwendung von „ElseIf" anstelle des „Else" gelöst werden.

```
Dim iTemp As Integer
Dim sText As String
...
If iTemp < 20 Then
    sText = "Anorak"
ElseIf iTemp <= 25 Then
    sText = "dicker Pullover"
ElseIf iTemp <= 30 Then
    sText = "lange Hose"
ElseIf iTemp <= 35 Then
    sText = "Shorts"
ElseIf iTemp <= 40 Then
    sText = "Badehose"
ElseIf iTemp <= 45 Then
    sText = "bloudy warm"
End If
```

Wenn Sie das letzte Beispiel genau betrachten, fällt Ihnen vielleicht auf, dass der Fall größer als 45° nicht von dem Programm abgedeckt wird. Höhere Temperaturen treten zwar selten auf, doch müssen oft auch diese Spezialfälle bearbeitet werden. Durch einen „Else"-Zweig am Ende des „If"-Blocks können Sie diese Sonderfälle ebenfalls abfangen.

```
If iTemp < 20 Then
    sText = "Anorak"
ElseIf iTemp <= 25 Then
```

```
          sText = "dicker Pullover"
     ElseIf iTemp <= 30 Then
          sText = "lange Hose"
     ElseIf iTemp <= 35 Then
          sText = "Shorts"
     ElseIf iTemp <= 40 Then
          sText = "Badehose"
     ElseIf iTemp <= 45 Then
          sText = "bloudy warm"
     Else
          sText = "!!!!!!!! war noch nie da !!!!"
     End If
```

Bedingte Übersetzung mit #If...Then..#Else

Wenn Sie statt der normalen If...Then...Else-Anweisung die #If...Then...#Else-Anweisung einsetzen, erfolgt eine bedingte Übersetzung. Dies bedeutet, dass nur bestimmte Blöcke in das fertig übersetzte Programm übernommen werden. Diese Übersetzungsart wird eingesetzt, wenn

- ein Programm auf verschiedenen Rechnersystemen laufen soll;

- Code, der nur zum Testen dient, nicht in das Programm übernommen werden soll.

Dem #If-Schlüsselwort muss ein Ausdruck folgen, der ausschließlich ein oder mehrere bedingte Übersetzungskonstanten enthält.

```
#If TestKonstant Then
.. 'Codezeilen
#Else
.. 'Codezeilen
#End If
```

Die bedingte Übersetzungskonstante muss dafür vor diesen Zeilen definiert werden. Sie ist immer nur in dem Modul verfügbar, in dem sie definiert wird. Durch die nachfolgende Deklaration wird der Then-Teil ausgeführt. :

```
#Const TestKonstant = 1
```

Die Codezeilen, die aufgrund der Bedingung ausgeschlossen werden, sind nicht im fertigen Programm enthalten. Dadurch wird der Programmcode nicht unnötig vergrößert.

5.3.2   Select-Case-Anweisung

Zur Abfrage einer einzigen Variablen auf viele unterschiedliche Werte ist die Lösung durch „If...Then...Else" unübersichtlich. Hierfür bietet sich die „Select-Case"-Anweisung an, da sie einen bestimmten Anweisungsblock entsprechend dem Wert einer Variablen ausführt.

Als Ausdruck für die Selektierung kann ein numerischer oder ein String-Wert verwendet werden. In Fällen, die mehr als drei „If"-Verzweigungen erfordern, ist Select Case meist die bessere und übersichtlichere Lösung. Der Testausdruck, der den Schüsselworten „Select Case" folgt, kann ein beliebiger numerischer oder Zeichenketten-Ausdruck sein, üblicherweise wird jedoch nur ein Variablenname verwendet. Jeder Entscheidungsblock wird durch

„Case" begonnen, dem eine Ausdrucksliste folgt. Hierin ist die eigentliche Bedingung enthalten, die zur Ausführung des Programmcodes dieses Blocks führt. Die folgenden Zeilen
stehen für das Einbringen von Programmanweisungen zur Verfügung. Der Anweisungsblock
wird durch ein weiteres „Case" oder durch das „End Select" abgeschlossen.

```
Dim sBuchstabe As String
...
Select Case sBuchstabe
  Case "a"
    Debug.Print "Buchstabe a"
  Case "b"
    Debug.Print "Buchstabe b"
  Case "c"
    Debug.Print "Buchstabe c"
  Case "d"
    Debug.Print "Buchstabe d"
End Select
```

Mehrere Werte pro „Case"-Block

Außerdem können mehrere Werte gleichzeitig auf einen bestimmten „Case"-Block verweisen. Hierzu ist der Testausdruck durch die entsprechenden Punkte zu erweitern. Das nachfolgende Beispiel zeigt Ihnen, wie durch den Operator „To" ein Zahlenbereich als Testausdruck
vorgegeben werden kann.

```
Select Case Wert
Case 0 To 2
  Debug.Print "Die Zahl ist zwischen 0 und 2"
Case 3 To 5
  Debug.Print "Die Zahl ist zwischen 3 und 5"
Case 6 To 8
  Debug.Print "Die Zahl ist zwischen 6 und 8"
End Select
```

„Case Else"-Zweig einbauen

Werte, die nicht innerhalb der durch Case spezifizierten Bereiche liegen, können durch den
„Case Else"-Zweig abgefangen werden, der häufig zur Realisierung einer Standardbearbeitung verwendet wird.

```
Select Case Wert
Case 0 To 2
  Debug.Print "Die Zahl ist zwischen 0 und 2"
Case 3 To 5
  'Die Zahl ist zwischen 3 und 5
Case 6 To 8
  Debug.Print "Die Zahl ist zwischen 6 und 8"
Case Else
  Debug.Print "Es ist eine andere Zahl"
End Select
```

Der Übergabewert kann recht leistungsfähig aufgebaut werden:

• Angabe eines Ausdrucks

• Aufzählung von mehreren Ausdrücken, die durch ein Komma getrennt sind

• Ein Bereich, der durch „To" vorgegeben wird

• Zusätzlich „Is" mit einem Vergleichsoperator-Ausdruck verwenden

Tabelle 5.4: Beispiele zum Übergabewert für „Select Case"

Ausdrucksliste	Kurzbeschreibung
Case 14	Testausdruck gleich 14.
Case sPreis	Testausdruck gleich Inhalt der Variablen „sPreis".
Case 66, 23, iWert	Testausdruck gleich 66 oder 23 oder Inhalt der Variablen „iWert".
Case "a" To "h"	Testausdruck zwischen den Buchstaben a und h.
Case Is > "f"	Testausdruck größer als Buchstabe f.
Case Is <= "Ko"	Testausdruck kleiner oder gleich der Buchstabenkombination Ko.

5.3.3   „For"-Anweisung

Es kommt immer wieder vor, dass ein Vorgang für eine vordefinierte Anzahl von Wiederholungen durchlaufen werden muss. Genau für diese Fälle ist „For" konzipiert worden. Hiermit entsteht eine Schleife, die es ermöglicht, einen Anweisungsblock so oft zu wiederholen, wie dies zur Erfüllung der Aufgabe notwendig ist. Eine typische Anwendung in der Datenbank könnte das wiederholte Suchen nach einem bestimmten Feldinhalt sein, um zum Beispiel alle Personen mit dem gleichen Nachnamen zu erhalten.

Die „For"-Schleife arbeitet wie folgt: Zu Beginn der Schleifenbearbeitung wird die Variable, in unserem Beispiel „i", auf den Anfangswert gesetzt. Diese Variable „i" wird auch als Laufvariable bezeichnet. Die Programmausführung läuft nun bis zur „Next"-Anweisung, die dann eine Erhöhung des Zählers „i" bewirkt. Ist kein Step angegeben, so wird der Zähler inkrementiert, also immer um „1" erhöht. Durch „Step" kann eine eigene Schrittweite definiert werden.

```
For i=1 To 30
For i=1 To 30 Step 2
```

Es passiert mir auch immer wieder, dass ich überlege, wie oft denn eine Schleife durchlaufen wird. Eigentlich ist dies ganz einfach zu merken. Lautet der Anfangswert „1", wird die Schleife entsprechend dem Wert der Obergrenze durchlaufen. Bei einer Obergrenze von „30", wie dies im Beispiel der Fall ist, wird der Anweisungsblock damit genau dreißigmal wiederholt. Ist dagegen die Untergrenze „0", muss zur Obergrenze eine 1 dazugezählt werden, um die Zahl der Wiederholungen zu erhalten.

Wenn Sie natürlich die Schrittweite mit „Step" nach oben setzen, stellt diese Schrittweite den Divisor für die Wiederholungen dar. Bei einer Schrittweite von „2" und einer Obergrenze von „30" führt dies zur fünfzehnmaligen Ausführung des Anweisungsblocks.

```
For i = 1 TO 30
    Debug.Print i
Next
```

```
For i = 1 TO 30 Step 2
    Debug.Print i
Next
```

Nach Möglichkeit sollte die Zählervariable immer vom Datentyp „Integer" gewählt werden. Hierdurch wird erreicht, dass die Schleife recht schnell abgearbeitet wird. Das obige Beispiel würde dann so aussehen:

```
For i% = 1 TO 30
    Debug.Print i%
Next
```

```
For i% = 1 TO 30 Step 2
    Debug.Print i%
Next
```

Variablen Wert als Obergrenze einsetzen

Bei den bisherigen Beispielen stand immer ein fester Zahlenwert als Obergrenze für die Zählervariable. An dessen Stelle kann ebenso eine Variable benutzt werden, wodurch der Inhalt der Variablen die Grenze des Zählers bestimmt. Die Anzahl der Schleifenwiederholungen lässt sich somit dynamisch gestalten, da der Inhalt der Variablen, die die Wiederholungen bestimmen, an einer anderen Stelle im Programm gesetzt wird. Daneben können natürlich auch der Anfangswert und die Schrittweite durch eine Variable geliefert werden, wodurch das Programm allerdings schnell fehleranfällig wird.

```
Dim iGrenze As Integer
...
iGrenze = 30
...
For i% = 1 TO iGrenze
    Debug.Print i%
Next
```

Die Schrittweite, die Sie durch „Step" festlegen, kann auch einen negativen Wert aufweisen, wodurch bei jedem Schleifendurchlauf der Zähler nicht erhöht, sondern um die angegebene Schrittweite erniedrigt wird. Außerdem kann die Schrittweite eine Kommastelle aufweisen, um zum Beispiel durch die Angabe „0.1" nur eine Zählererhöhung um ein Zehntel zu erreichen. In diesem Fall muss die Zählervariable allerdings vom Typ „Single", „Double" oder „Currency" sein. Das nachfolgende Beispiel benutzt eine negative Schrittweite.

```
For i% = 30 TO 1 Step -1
    Debug.Print i%
Next
```

Hinweis: Innerhalb einer Schleife sollten Sie den Inhalt der Zählervariablen möglichst nicht per Programm verändern, da dadurch der Schleifenablauf beeinflusst wird und daraus leicht eine Endlosschleife entsteht.

Schnellere Schleifen

Schleifen, die oft durchlaufen werden, sollten in VBA keine Eigenschaften enthalten, da der Zugriff auf Variablen immer schneller als ein Zugriff auf Eigenschaften durchgeführt werden kann. Im nachfolgenden Beispiel wird der Inhalt des Felds „Artikelname" im Formular „Artikel" in elf Felder eines Arrays geschrieben.

Anstelle dieses Beispiels:

```
Dim i As Integer
Dim Namen(10) As String

For i = 0 To 10
  Namen(i) = Forms!Artikel!Artikelname
Next i
```

besser so vorgehen:

```
Dim i As Integer
Dim Namen(10) As String
Dim Zwischenspeicher As String

Zwischenspeicher = Forms!Artikel!Artikelname
For i = 0 To 10
  Namen(i) = Zwischenspeicher
Next i
```

5.3.4   Do...Loop-Anweisung

Die „Do While"-Anweisung wiederholt eine Schleife so oft, wie die angegebene Bedingung erfüllt ist. Das Argument ist ein Ausdruck, der auf die Werte „False" oder „True" überprüft wird. Innerhalb von VBA verbirgt sich hinter „False" der Wert 0 und hinter „True" der Wert „1". Die Befehle zwischen den beiden Anweisungen „Do" und „Loop" werden so lange wiederholt, wie die angegebene Bedingung stimmt.

```
i = -30
Do While i < 0
  i = i + 2.7
Loop
```

Die Schleife wird in diesem Beispiel so lange wiederholt, wie i kleiner 0 ist. Hingegen wiederholt „Do Until" so lange die Anweisungen in der Schleife, bis die Bedingung erfüllt ist.

```
i = -30
Do Until i > 0
  i = i + 2.7
Loop
```

Die Schleife wird wiederholt, bis „i" größer als „0" geworden ist.

Bei den bisherigen „Do While"- und „Do Until"-Schleifen fand der Test der Bedingung am Anfang statt, bevor der Anweisungsteil durchlaufen wird. Voraussetzung für eine Ausführung der Befehle in der Schleife ist damit, dass die Bedingung mindestens einmal erfüllt ist. Es gibt jedoch auch Fälle, in denen garantiert der Anweisungsteil durchlaufen werden soll. Hierzu können Sie das Prüfkriterium an das Ende von „Do...Until" oder von „Do...While" setzen. Damit erreichen Sie, dass zuerst der Code ausgeführt wird und nur für dessen Wiederholung der Testausdruck „True" liefern muss.

```
i = -30
Do
    i = i + 2.7
Loop Until i > 0

i = -30
Do
    i = i + 2.7
Loop While i < 0
```

5.3.5   Eine Schleife vorzeitig beenden

Schleifen müssen nicht zwangsweise sämtliche Schleifendurchläufe abarbeiten. Wenn Sie zum Beispiel in einer Tabelle nach einem bestimmten Namen suchen, wäre es sehr unpraktisch, nach dem Finden der gesuchten Person die Suche bis zum letzten Datensatz fortzusetzen. In einem solchen Fall können Sie durch die Anweisung „Exit For" oder „Exit Do" die Schleife vorzeitig verlassen. Auf diese Weise muss nicht gewartet werden, bis das Abbruchkriterium der Schleife erfüllt ist. Bei einer „For"-Schleife verwenden Sie „Exit For" und bei einer „Do"-Schleife „Exit Do".

```
Do Until EOF
    Name lesen und vergleichen
    If name = "Koala" Then
        Exit Do
    End If
    `auf nächsten Datensatz positionieren
Loop

For x% = 1 To 50
    Debug.Print x%
    If (x% / 2 ) > 25 Then
        Exit For
    End If
Next
```

„GoTo"-Anweisung

Gute Programmierer sollten nach Möglichkeit auf die „GoTo"-Anweisung verzichten und sie durch die wesentlich besser geeignete Unterprogrammtechnik ersetzen. Zudem ist ein unbedingter Sprung innerhalb von VBA absolut unnötig, da er in seiner Funktion stark eingeschränkt ist. Es darf nämlich nur innerhalb einer Prozedur auf eine Programmstelle, die so genannte Marke (Label), mit „GoTo" gesprungen werden. Sprünge in eine andere Prozedur sind über „GoTo" nicht erlaubt. Hierfür gibt es viel bessere Möglichkeiten, wie zum Beispiel den Aufruf von Funktionen oder Sub-Prozeduren und den Einsatz von Schleifen.

```
Sub Abc()
...
  GoTo Ziel
...
  Ziel:
End Sub
```

Die soeben erwähnten Gründe gelten in gleicher Weise für die „On..GoTo"-Anweisung. Der Unterschied zur „GoTo"-Anweisung liegt darin, dass nach Abfrage einer Bedingung zum entsprechenden Label gesprungen wird.

5.4 Unterprogramme

Spätestens wenn das Programm länger als eine Seite wird, nimmt die Übersicht über den Ablauf, der innerhalb der einzelnen Befehlsanweisungen geschieht, merklich ab. Hierzu bietet die Unterprogrammtechnik eine wirkungsvolle Abhilfe. Die Grundidee besteht darin, Aufgaben aus dem Gesamtprogramm auszugliedern und in ein selbstständiges Unterprogramm zu bringen. Diese Prozedur bearbeitet dann die Teilaufgabe.

5.4.1 Sub-Prozedur

Es soll ein Unterprogramm in Form einer Sub-Prozedur erstellt werden, die den Namen „Vertauschen" trägt. Mit deren Hilfe werden die Werte zweier numerischer Variablen „x" und „y" vertauscht. Die Syntax dafür lautet:

```
x = y
y = x
```

Für die programmtechnische Realisierung ist es erforderlich, den alten x- oder den y-Wert zwischenzuspeichern, bevor der neue Wert zugewiesen wird. Andernfalls geht einer der beiden Werte verloren. Das Basic-Programm für das Vertauschen der beiden Variablen sieht dann folgendermaßen aus:

```
merk = x
x = y
y = merk
```

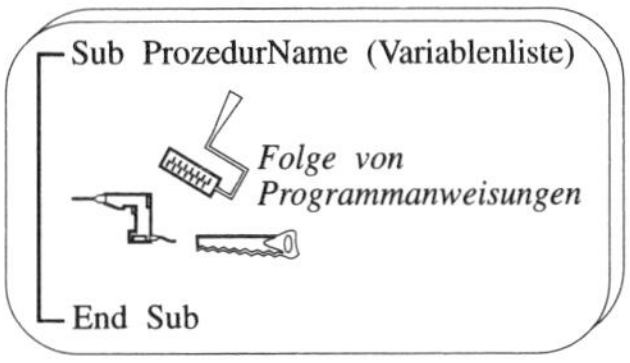

Bild 5.4: Rumpf einer Sub-Prozedur

Die beiden Variablen „x" und „y" werden als Variablenliste an die Sub-Prozedur übergeben, wobei die Parameterübergabe später noch genau besprochen wird.

```
Sub Vertausche (x, y)
   merk = x
   x = y
   y = merk
End Sub
```

Über die Anweisung „Call" erfolgt der eigentliche Aufruf dieser Sub-Prozedur.

```
Call Vertausche (x, y)
```

Alternativ dazu können Sie auch für den Aufruf der Sub-Prozedur die Anweisung „Call"
weglassen und damit nur den Sub-Prozedurnamen nennen. Dann müssen Sie allerdings auch
die Argumente ohne Klammern angeben. Der Sinn solcher Sub-Prozeduren wird erst dann
klar, wenn der Programmteil mehrfach verwendbar wird. Wir wollen unser Unterprogramm
„Vertausche" dazu benutzen, drei Zahlen zu vertauschen. Das Unterprogramm „Vertau-
scheDrei" soll die eigentliche Aufgabe vornehmen, wobei es auf die Hilfe von „Vertausche"
angewiesen ist. Das Programm sieht folgendermaßen aus:

```
SUB VertauscheDrei (a, b, c)
   CALL Vertausche (a, c)
   CALL Vertausche (b, c)
END SUB
```

Diese Sub-Prozedur kann wieder über eine „Call"-Anweisung aufgerufen werden.

```
CALL VertauscheDrei(a, b, c)
```

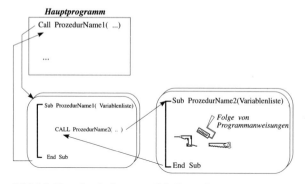

Bild 5.5: Verschachtelung von Sub-Prozeduren

Hinweis: Besitzt eine Sub-Prozedur keine Übergabeparameter, werden beim Aufruf der Sub-
Prozedur die runden Klammern weggelassen.

5.4.2 Funktion

Eine Funktion gehört ebenfalls zu den Prozeduren, unterscheidet sich aber dadurch von der
Sub-Prozedur, dass ein Parameter, der so genannte Funktionswert, zurückgeliefert wird.
Hierdurch ist eine einfache Möglichkeit innerhalb Basic geschaffen worden, aus einem Un-
terprogramm ein Ergebnis zurückzugeben. Verallgemeinert kann man sagen, eine Funktion

ist ein Unterprogramm, das aus den übergebenen Parametern einen neuen berechnet und diesen anschließend zurückliefert.

Der Rückgabeparameter kann ein numerischer Wert, aber auch ein String (Zeichenkette) sein. Ein Verwendungszweck ist zum Beispiel eine mathematische Funktion. Als Beispiel sei die Berechnung der Quadratwurzel angeführt.

```
x = Sqr(4)
```

Genauso wie die Sub-Prozedur benötigt die Funktion einen Rumpf, in dem die Übergabeparameter verarbeitet werden.

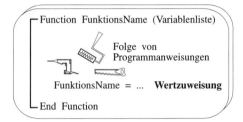

```
Function FunktionsName (Variablenliste)

              Folge von
              Programmanweisungen

FunktionsName = ...   Wertzuweisung

End Function
```

Bild 5.6: Der Rumpf einer Basic-Funktion

Hinweis: Besitzt eine Funktion keine Übergabeparameter, müssen im Gegensatz zu einer Sub-Prozedur beim Aufruf der Funktion leere runde Klammern geschrieben werden.

5.4.3   Parameterübergabe

```
...
x = 4
y = fktQdrt(4)
Debug.Print x, y
...

Function fktQdrt (x)
   x = x * x
   fktQdrt = x
End Function
```

Die Funktion „fktQdrt" bildet „x*x" und berechnet somit das Quadrat. Es ist Ihnen sicher aufgefallen, dass innerhalb der Funktion ebenfalls mit dem Variablennamen „x" gearbeitet wird und diese Variable „x" auch noch geändert wird. Für das Hauptprogramm, das die ursprüngliche Zahl und deren Quadrat ausgeben möchte, wäre das Ändern der Variablen „x" fatal, da wir als Ausgabe zweimal die Zahl 4 bekommen würden.

Die Parameterbehandlung innerhalb von Unterprogrammen hilft uns hierbei. Innerhalb der Funktion „fktQdrt" ist die Variable „x" eine völlig andere als die Variable „x" im Hauptprogramm, auch wenn beide den gleichen Namen tragen. VBA sorgt dafür, dass die Variablen von Unterprogrammen intern anders verwaltet werden.

Es wird ein zusätzlicher Name an die Variablen angefügt. Hiervon merken Sie als Programmierer nichts, da dies nur intern bei der Erstellung Ihres Programms geschieht. Somit spricht nichts dagegen, im Haupt- und Unterprogramm Variablen gleichen Namens zu verwenden, da diese sozusagen nur „lokal" gültig sind.

Es gibt bei Prozeduren grundsätzlich zwei Arten der Übergabe von Daten, die in der von Klammern eingeschlossenen Variablenliste stehen.

- Werteparameter
- Referenzparameter

Bei Werteparametern erhält das Unterprogramm nur den Wert der Variablen in Form einer Kopie der Variablen und kann daher die Variable selbst nicht verändern. Solche Variablen werden deswegen als „Werteparameter" oder mit „call by value" bezeichnet.

Bei Referenzparametern dagegen erhält das Unterprogramm die Adresse der zu übergebenden Variablen, wobei diese Adresse die Stelle im Speicher bezeichnet, an der VBA die Variable hinterlegt hat. Dem Unterprogramm wird dadurch mitgeteilt, an welchem Platz die Variable steht. In diesem Fall ist es möglich, dass das Unterprogramm den Inhalt der angegebenen Variablen direkt ändern kann. Mit einem Fachbegriff bezeichnet man diese Art der Parameterübergabe als „Referenzparameter" oder auch „call by reference".

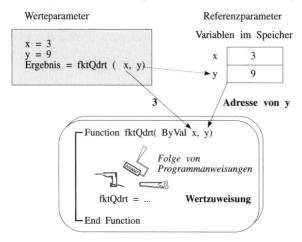

Bild 5.7: Parameterübergabe an Unterprogramme

Innerhalb von VBA ist die Parameterübergabe per Vorgabe folgendermaßen festgelegt: Falls keine Angabe „ByVal" innerhalb der Parameterliste erfolgt, werden die Variablen als Referenzparameter übergeben. Die Voreinstellung ist somit „call by reference", es erfolgt die Übergabe der Adresse. Erst durch die Angabe von „ByVal" wird VBA mitgeteilt, dass der Wert der Variablen übergeben werden soll.

Lokale oder globale Variable

Wie oben bereits kurz erwähnt, sind Variablen, die auf Unterprogrammebene Verwendung finden, nur lokal in der Prozedur bekannt. Eine weitere Eigenschaft der Variablen innerhalb eines Unterprogramms besteht darin, dass sie nach Ende des Unterprogramms ihren Wert verlieren. Es gibt jedoch Programmsituationen, in denen es erforderlich ist, dass ihr Wert erhalten bleibt. Dies ist zum Beispiel dann nötig, wenn sich ein Unterprogramm selbst initialisiert und es sich folglich merken muss, ob der Initialisierungslauf schon durchgeführt wurde. Um dieses Problem zu lösen, gibt es die Anweisung „Static".

```
Sub Test ()
    Static Init As Integer
    Static x As Integer
    Static y As Integer

    If Init = 0 Then
        x = 1
        y = 2
        Init = 1
    End If

    'Normale Bearbeitung
End Sub
```

Beim ersten Aufruf der Prozedur „Test" wird die Initialisierungsroutine aufgerufen, die die Variablen „x" und „y" mit Anfangswerten versieht. Die „If"-Abfrage ist beim ersten Durchlauf erfüllt, da Variablen, die mit „Static" definiert sind, automatisch den Anfangswert „0" erhalten. Innerhalb der Initialisierung wird „Init" auf „1" gesetzt, damit bei einem nochmaligen Aufruf der Sub-Prozedur „Test" die Initialisierung übergangen wird. In unserem Fall sind die Variablen „Init", „x" und „y" als „Static" erklärt. Daher behalten sie auch nach Ende der Prozedur ihren Wert und sind bei einem erneuten Aufruf von Test mit den alten Inhalten vorbesetzt.

Werden Variablen im Deklarationsteil eines Moduls definiert, können alle Prozeduren, die sich in diesem Modul befinden, darauf zugreifen. Im Ausnahmefall kann über die „Public"-Anweisung eine Variable als überall gültig erklärt werden. Dies führt dazu, dass die Variable in jedem Unterprogramm benutzt werden kann, egal in welchem Modul der Datenbank es sich befindet. Bei Verwendung einer globalen Variablen wird immer auf die gleiche Speicherstelle Bezug genommen. Eine solche Definition ist aber nur im Deklarationsabschnitt erlaubt.

Verwenden Sie „Public" so wenig wie möglich, denn bei mehreren Unterprogrammen, die auf die gleiche Variable zugreifen, verliert man schnell die Übersicht. Es ist dann kaum mehr nachvollziehbar, welche Routine die Variable ändert und zu welchem Zeitpunkt.

Optionale Parameter

Im normalen Basic können Sie nur Prozeduren schreiben, die immer dieselbe Anzahl an Parametern übergeben bekommen. VBA ist erweitert worden und besitzt das Schlüsselwort „Optional". Damit können Sie Funktionen und Sub-Prozeduren mit einer unterschiedlichen Anzahl an Argumenten versorgen. Bei der Deklaration der Prozedur stellen Sie vor die Parameter, die nur ab und zu gebraucht werden, das Wort „Optional".

```
Sub Adresse (Ort As String, Optional Straße As Variant)
    If Not (IsMissing(Straße)) Then
        Debug.Print Ort & " " & Straße
    Else
        Debug.Print Ort
    End If
End Sub
```

Der Wohnort muss in diesem Beispiel immer als Argument angegeben werden, die Straße ist optional. Um zu überprüfen, ob ein Wert für „Straße" genannt wurde, können Sie die Funktion „IsMissing" einsetzen. Sie liefert „True" zurück, wenn das Argument „Straße" nicht besetzt wurde. Mithilfe von „If" verhindern Sie dann, dass die Straße ausgegeben wird. Somit sind folgende Aufrufe möglich:

```
Adresse "München"
Adresse "Düsseldorf", "Hauptstraße"
```

Alle Argumente mit dem Zusatz „Optional" müssen den Datentyp „Variant" besitzen. Zudem müssen alle nachfolgenden Parameter auch optional sein. Falls Argumente ausgelassen werden, denen noch weitere folgen, müssen Kommata als Platzhalter geschrieben werden.

Bei der Deklaration einer Prozedur können Sie auch als letzten Parameter ein optionales Array von Elementen des Datentyps „Variant" vereinbaren. Dazu geben Sie vor dem Argument das Schlüsselwort „ParamArray" an. Bei der Angabe dieses Wortes darf kein Argument in der Argumentenliste die Schlüsselwörter „ByVal", „ByRef" oder „Optional" verwenden.

```
Sub Sport(Nname As String, ParamArray Sportarten() As Variant)
    Rem Codezeilen
End Sub
```

Sie können nun aufgrund des Schlüsselworts „ParamArray" keine, eine oder beliebig viele Sportarten übergeben. Folgende Aufrufe sind somit korrekt:

```
Sport "Huber"
Sport "Huber", "Radeln"
Sport "Huber", "Radeln", "Schwimmen"
Sport "Huber", "Radeln", "Schwimmen", "Fußball"
```

Mehr zu den Arrays erfahren Sie im Abschnitt 7.5.

Wenn Prozeduren sehr viele Parameter besitzen, kann deren Angabe recht kompliziert werden. Man muss immer überlegen, in welcher Reihenfolge die Argumente genannt werden müssen. Eine Lösung dieses Problems bieten die benannten Parameter.

Sie nennen die Argumente nicht mehr durch ein Komma getrennt in der vorgegebenen Reihenfolge, sondern weisen den benannten Parametern einen Wert zu. Dazu schreiben Sie zuerst den Variablennamen, dem durch die Zeichen „:=„ der Wert übergeben wird.

```
Sub VollstAdresse (Optional PLZ, Optional Ort, Optional Straße, Optional Nummer)
    If Not (IsMissing(PLZ)) Then
        Debug.Print PLZ
    If Not (IsMissing(Ort)) Then
        Debug.Print Ort
```

```
        If Not (IsMissing(Straße)) Then
            Debug.Print Straße
        If Not (IsMissing(Nummer)) Then
            Debug.Print Nummer
    End Sub
```

Da keine Datentypen bei den Argumenten genannt werden, benutzt VBA automatisch den Typ „Variant". Diese Beispiel-Prozedur besitzt vier optionale Parameter. Sie können somit einen bis vier Werte beim Aufruf angeben.

Wenn Sie nur die Postleitzahl übergeben wollen, ist der Aufruf sehr einfach. Wollen Sie hingegen nur die Nummer nennen, müssten Sie bei normaler Schreibweise drei Kommata einfügen. In diesem Fall ist die Verwendung der benannten Parameter um einiges eleganter. Sie müssen nur den genauen Namen der Variablen kennen. Anschließend sind mehrere mögliche Aufrufe aufgelistet.

```
    VollstAdresse Ort:="München
    VollstAdresse PLZ:=22423, Ort:=Hamburg
    VollstAdresse Nummer:=7, Straße:="Ringstr",
    Ort:="Rosenheim"
```

5.4.4   Eine Prozedur vorzeitig verlassen

Eine Funktion oder Sub-Prozedur wird durch die Anweisung „End Function" beziehungsweise „End Sub" beendet, wodurch zu dem aufrufenden Programmteil zurückgesprungen wird. Dagegen führt die Zuweisung des Rückgabewerts an den Funktionsnamen zu keinem Verlassen der Funktion. Durch den Aufbau der Prozeduren ist damit sowohl die Einstiegsstelle als auch die Austrittsstelle fest vorgegeben, wodurch die Unterprogramme linear ablaufen.

In Spezialfällen ist jedoch das fest vorgegebene Prozedurende sehr lästig. Erkennt zum Beispiel der Anweisungsteil innerhalb einer Prozedur ungültige Übergabeparameter oder einen Wert, der bei einer Weiterverarbeitung zu einem Laufzeitfehler führen würde, ist ein Notausgang sehr wünschenswert. Hierzu stehen die Anweisungen „Exit Function" für eine Funktion und „Exit Sub" für eine Sub-Prozedur zur Verfügung. Sobald das Programm an diese entsprechende Stelle gelangt, wird die Funktion oder Sub-Prozedur sofort verlassen, ohne weitere Anweisungen in dieser Prozedur auszuführen.

```
    Function fktSuchen (sName As String)
    ...
    If sName = "Koala" Then
      Exit Function
    End If
    ...
    Do Until EOF
      `Name lesen und vergleichen
      If name = sName Then
        fktSuchen = True
        Exit Do
      End If
      `auf nächsten Datensatz positionieren
      ...
```

```
      Loop
      fktSuchen = False
    End Function

    Sub Zahl (sWert As Single)

      If sWert <= 1 Then
        Exit Sub
      End If
      For x = 1 To sWert
        Debug.Print x
        End If
      Next
    End Sub
```

5.4.5   Rekursion

Als Rekursion bezeichnet man den Vorgang, dass Unterprogramme sich selbst aufrufen. Dies kommt in der Programmierung öfter zur Anwendung, als man annimmt. Hier sei nur als Beispiel der so genannte Quicksort-Algorithmus erwähnt, der ohne rekursive Unterprogramme nicht zu realisieren ist.

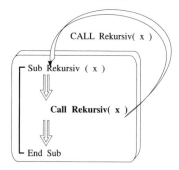

Bild 5.8: Rekursion

Im Beispiel soll eine Zeichenkette gesperrt gedruckt werden, die einzelnen Zeichen sind also durch ein Leerzeichen zu trennen. Das Unterprogramm „Sperr" gibt immer ein einzelnes Zeichen und dann ein Leerzeichen aus. Unser Programm muss sich somit so lange selbst aufrufen, bis der String komplett dargestellt ist.

```
    ' Aufruf des Unterprogramms
    t$ = "Sperrgedruckter Text"
    CALL Sperr(t$)
    ....

    ' Unterprogramm Sperr
    Sub Sperr (Text$)
      If Len(Text$) = 0 Then
        Debug.Print "Ende der Ausgabe"
      Else
        'Zerlegen in einen Buchstaben und Rest
```

```
RestText$ = Mid$(Text$, 2)
Debug.Print Left$(Text$,1); 'Buchstaben ausgeben
Debug.Print " "; 'Leerzeichen ausgeben
'Rekursiver Aufruf von Sperr um restliche
' Zeichen auszugeben
CALL Sperr(RestText$)
End If
End Sub
```

Das Programm ruft sich so lange selbst auf, bis das Ende der Zeichenkette erreicht ist. Dies wird durch die Abfrage der Länge der String-Variablen auf den Wert „0" (alle Zeichen sind verarbeitet) realisiert.

5.4.6   Lokale Prozeduren

Generell können alle Funktionen und Sub-Prozeduren aus allen Modulen aufgerufen werden. Funktionen können zudem in Datenbank-Ausdrücken Verwendung finden und durch Ereignisse aktiviert werden. Wird eine Prozedur nur innerhalb eines Moduls verwendet und auch nur von dort aus aufgerufen, können Sie diese als private Prozedur festlegen, und zwar durch das Anfügen des Schlüsselworts „Private" vor „Sub" oder „Function".

```
Private Function fktPrivateFunktion ()

End Function

Private Sub PrivateProzedur ()

End Sub
```

Hierdurch erreichen Sie, dass die Funktion oder Sub-Prozedur nur lokal verwendet werden kann und damit allen anderen Modulen der Zugriff verwehrt wird. Außerdem ist es nicht mehr erforderlich, dass der Name der Prozedur in der Datenbank eindeutig ist.

Vorsicht ist bei Funktionen geboten; sie können jetzt nicht mehr als Ausdruck in einem Formular oder Bericht benutzt werden. Bei Funktionen, die entweder als Ausdruck oder als Auswertung eines Ereignisses dienen sollen, darf daher nie eine Festlegung auf „privat" erfolgen.

5.5   Vereinbarung von Feldern (Arrays)

Wenn eine größere Datenmenge verarbeitet werden soll, wobei die Daten mit dem gleichen Datentyp definiert sind, bieten sich Felder an, die auch als Vektoren oder Arrays bezeichnet werden. Da alle Elemente eines Arrays den gleichen Variablennamen besitzen, werden sie durch einen Index unterschieden, der eine ganze Zahl ist und die Nummer des betreffenden Elements angibt. Bei der Verwendung wird diese Indexnummer an den Variablennamen in runden Klammern angehängt.

```
VariablenName(IndexNr)
```

Eindimensionale Arrays

Arrays müssen immer erst definiert werden:

> Dim x(10) As Integer

Dieses Beispiel legt ein Array von Integerwerten an. Der höchste Index geht aus der Zahl hervor, die in Klammern steht. Die Anzahl der Elemente ist in diesem Fall auf 11 Integerwerte begrenzt. Jetzt wundern Sie sich bestimmt über den zusätzlichen Wert. Er entsteht durch die Zählweise, in der auf die einzelnen Elemente zugegriffen wird. Im Beispiel kann von $x(0)$ bis $x(10)$ adressiert werden. Dies ergibt 11 ganze Zahlen. Ein Feldelement wird nun wie eine Variable behandelt.

> $x(0) = 42$
> $x(6) = -77$
> $y = x(0)$

Durch die Definition des Arrays erfährt Access sowohl die höchste Indexzahl als auch den Typ der einzelnen Elemente. Sollten Sie versuchen, eine Indexnummer zu nennen, die zu groß ist und damit auf ein nicht definiertes Element zeigt, werden Sie von Access einen Laufzeitfehler erhalten.

Bei der bisherigen Definition eines Arrays wurde nur die maximale Indexnummer vorgegeben, wodurch die Untergrenze bei Null liegt und die Obergrenze entsprechend der maximalen Indexnummer definiert ist. Diese Zählweise der Elemente von 0 bis Obergrenze ist die Voreinstellung. Wenn gewünscht, kann dies von 0 auf 1 durch

> Option Base 1

geändert werden. Ab diesem Zeitpunkt gilt für alle Arrays in diesem Modul, dass das erste Element über den Index 1 und nicht über den Index 0 angesprochen wird.

Es steht Ihnen aber noch eine andere Möglichkeit offen, um die Ober- und Untergrenze zu setzen. Dazu werden bei der Definition des Arrays diese Grenzen explizit angegeben. Ober- und Untergrenze sind dafür durch „To" getrennt zu nennen. Das nachfolgende Beispiel definiert das Array „dWert" mit einer Untergrenze von 15 und einer Obergrenze von 87. Die Anzahl der Elemente, die in dieses Array passen, ergibt sich aus der Subtraktion zwischen Ober- und Untergrenze plus eins. In diesem Fall kann das Array „dWert" 73 Elemente aufnehmen.

> Dim dWert(15 To 87) As Double

Die Definition können Sie so flexibel gestalten, dass selbst negative Werte wie zum Beispiel eine negative Untergrenze und eine positive Obergrenze möglich sind.

> Dim iWert(-10 To 10) As Integer

Bei der Verwendung von Feldern muss beachtet werden, dass die Definition mithilfe der „Dim"-Anweisung am Programmanfang stehen muss. Der Grund hierfür ist, dass ein Feld nur einmal während des Programmlaufs über „Dim" erzeugt werden kann. Innerhalb von VBA kann diese Anweisung entweder zu Beginn einer Prozedur oder, für alle Programmteile des Moduls zugänglich, im Deklarationsabschnitt stehen.

Damit Sie nicht alle Felder eines Arrays nach der Definition mit einem einheitlichen Anfangswert besetzen müssen, führt Access dies für Sie durch. Welchen Anfangswert das Array
besitzt, ist dabei von seinem Typ abhängig. Access bestimmt, dass numerische Variablen mit
dem Wert „0" und Variablen vom Datentyp „Variant" mit „Leer" initialisiert werden.

Es besteht auch ein Unterschied bei der Behandlung von Zeichenketten-Arrays mit variabler
oder fester Länge. Ein String mit variabler Länge wird als leere Zeichenfolge "" initialisiert,
ein String mit fester Länge dagegen wird mit dem ANSI-Zeichen „Chr(0)" gefüllt. Besteht
das Array aus Elementen eines benutzerdefinierten Datentyps, werden diese als separate
Variablen behandelt und die einzelnen Variablen entsprechend ihrem Typ besetzt.

Mehrdimensionale Arrays

Es können aber nicht nur eindimensionale Felder definiert werden, sondern es ist auch möglich, sie auf mehrere Dimensionen zu erweitern. Mit einem zweidimensionalen Array kann
zum Beispiel eine Tabellenstruktur nachgebildet werden, die eine x- und eine y-Koordinate
besitzt.

```
Dim feld(20, 25) As Single
```

Aufgrund dieser Zeile entsteht ein zweidimensionales Feld von einfach genauen Gleitkommazahlen. Darauf kann in ähnlicher Weise wie auf das eindimensionale Array zugegriffen
werden. Nachfolgende Operationen können zum Beispiel durchgeführt werden:

```
feld(0, 0) = 3.14
feld(0, 1) = 2 * feld(0, 0)
```

Die wirkliche Leistungsfähigkeit wird erst richtig erkennbar, wenn ein Array in einer Schleife
bearbeitet wird. Hierzu verwenden Sie wieder das zweidimensionale Array und füllen es mit
Zahlen.

Im Deklarationsabschnitt:

```
Dim feld(20, 25) As Single
```

In der Prozedur:

```
Function fktFeldBelegen ()
  zahl = 0#
  For i% = 0 To 20
    For j% = 0 To 25
      feld(i%, j%) = zahl
      Debug.Print zahl
      zahl = zahl + 1
    Next j%
  Next i%
End Function
```

Wenn Ihnen zwei Dimensionen noch nicht ausreichen, wie wäre es dann mit vier Dimensionen oder vielleicht doch lieber fünf? Bei der Erhöhung der Dimensionen sollten Sie aber
nicht aus den Augen verlieren, dass Sie noch selbst das Programm verstehen müssen.

```
Dim KoalaArray(50, -8 To 712, 3, 7, -1 To 1) As Integer
```

Dynamische Array-Größe

Sie haben gesehen, dass Felder über „Dim" zum Beispiel im Deklarationsabschnitt erzeugt werden können. Hieraus entsteht ein Feld von globalen Variablen des angegebenen Typs. Bei vielen Programmierern besteht aber zudem der Wunsch, derartige Felder während der Laufzeit und somit dynamisch zu definieren.

Hierfür steht das „ReDim"-Statement zur Verfügung, das eine nachträgliche Änderung der Größe eines Arrays erlaubt. Es entsteht damit die Möglichkeit, ein Array dynamisch an die Programmerfordernisse anzupassen. Außerdem kann mithilfe eines dynamischen Arrays Speicher eingespart werden, der sonst von einem überdimensionierten Array belegt würde.

Die „ReDim"-Anweisung darf nur innerhalb einer Prozedur verwendet werden und kann daher nicht im Deklarationsabschnitt stehen. Innerhalb einer Prozedur kann „ReDim" auch als Ersatz für „Dim" eingesetzt werden. Wurde das Feld zuvor nicht im Deklarationsabschnitt mit der „Dim"-Anweisung global definiert, so kann auf das Feld nur innerhalb dieser Routine zugegriffen werden. Dadurch entsteht ein Schutz, der verhindert, dass andere Prozeduren unkontrolliert die Daten manipulieren können. Das obige Beispiel wird dahingehend abgeändert, dass die Größe des Feldes in der Prozedur modifiziert wird.

Im Deklarationsabschnitt:

```
Dim feld() AS Single
```

In der Prozedur:

```
Function fktFeldBelegen()
 ReDim feld( 40, 25 ) AS Single

 zahl = 0#
 For i% = 0 To 20
  For j% = 0 To 25
   feld(i%, j%) = zahl
   zahl = zahl + 1
  Next j%
 Next i%
End Function
```

Bei mehrdimensionalen Arrays können Sie mit „ReDim" nur die letzte Dimension verändern, sobald für die anderen erst einmal eine Größe vorgegeben ist. Sobald die Größe eines Arrays mit „ReDim" gesetzt wird, geht der gesamte Inhalt des Arrays verloren, falls Sie nicht den Zusatz „Preserve" anfügen. In diesem Fall bleibt der alte Inhalt trotz einer Größenänderung an der letzten Dimension erhalten.

```
ReDim Preserve sfeld( 40, 25 ) AS Single
```

Wird ein Feld nur zu Beginn einer Prozedur definiert, kann hierfür sowohl „Dim" als auch „ReDim" verwendet werden. In diesem Fall besteht kein Unterschied in der Funktionsweise. Generell ist zu sagen, dass die Definition einer lokalen Variablen einer globalen im Deklarationsteil definierten Variablen vorzuziehen ist, da neben der Übersichtlichkeit noch der große Vorteil besteht, dass Speicherplatz im Rechner eingespart wird.

Speicherplatz wieder freigeben

Nach dem Ende der Prozedur wird der Speicherplatz des Feldes wieder freigegeben. Somit erfolgt nur eine Belegung des Speichers, solange die Programmzeilen in dem Unterprogramm abgearbeitet werden, in dem das Array definiert ist. Für die restliche Zeit steht der Speicher anderen Aufgaben zur Verfügung.

Im Gegensatz dazu wird durch die „Dim"-Anweisung im Deklarationsteil ständig der Speicherplatz bis Programmende festgehalten. Um Programme zu beschleunigen, sollte man daher möglichst oft eine Feld-Definition zu Beginn einer Prozedur durch das „Dim"- oder „ReDim"-Statement geben. Als Fachbegriff wird für diese Art des Definierens von Variablen häufig der Begriff dynamische Speicherallokierung verwendet.

Dynamische Arrays können komplett aus dem Speicher gelöscht werden, während der Inhalt von statischen Arrays nur auf den Wert „Null" gesetzt werden kann. Für diese beiden Operationen können Sie die Anweisung „Erase" benutzen, die sich bei einem dynamischen und einem statischen Array unterschiedlich verhält. Wie Sie sich sicher erinnern, wird ein dynamisches Array nur auf Prozedurebene definiert, während ein statisches Array global im Deklarationsabschnitt steht.

Wenden Sie „Erase" auf ein dynamisches Array an, wird dieses vollkommen entfernt. Anschließend darf auf dieses Array nicht mehr zugegriffen werden. Handelt es sich bei dem Array, dessen Namen der Anweisung „Erase" mitgegeben wird, dagegen um ein statisches Array, bleibt dieses in seiner Struktur erhalten. Es wird jedoch jedes einzelne Element auf Null gesetzt. Somit bekommen die Elemente den Wert zugewiesen, den sie bei der Definition eingenommen haben. Anschließend kann das Array wieder für weitere Operationen eingesetzt werden.

5.6   Basic-Funktionen

Nachfolgend werden einige wichtige Basic-Funktionen besprochen, die immer wieder eingesetzt werden.

5.6.1   String-Funktionen

Die Hauptanwendung von Strings liegt im Bereich der Ein- und Ausgabe per Bildschirm, per Tastatur oder mithilfe eines Datenträgers wie Festplatte oder CD-ROM-Laufwerk.

Len

Die Funktion „Len" ermittelt die Anzahl der Zeichen in einer Zeichenkette. Die String-Variable wird an die Funktion „Len" von Klammern eingeschlossen übergeben. Als Rückgabewert wird dann die Länge geliefert.

```
t$ = "1111111111111111111111111"
laenge = Len( t$)
```

Wenn in VBA die Länge eines Felds, in dem nichts steht, mit der Funktion „Len" überprüft wird, liefert „Len" einen Nullwert zurück, der einen Fehler verursacht, wenn er einer Variablen vom Typ „Integer" zugeordnet wird. Abhilfe schafft die folgende Funktion:

```
Dim Anzahl as Integer
Anzahl = IIf(IsNull(Forms!Darsteller!Vorname),0,Len(Forms!Darsteller!Vorname))
```

Oder Sie definieren die Variable „Anzahl" vom Datentyp „Variant", dann gibt es auch keinen Laufzeitfehler.

Format$

Mithilfe von Format$ kann ein numerischer Wert auf verschiedene Art und Weise formatiert werden. Als Ergebnis wird ein String zurückgeliefert, der den gewünschten Aufbau besitzt.

```
Datum$ = "Heute ist der " & Format$(Now, "ddddd")
Debug.Print Datum$
```

Die fünfmalige Angabe von „d" bewirkt, dass das Datum entsprechend der Systemeinstellung von Windows für das kurze Datumsformat formatiert ist und somit in der Form 12.12.1999 dargestellt wird. Über die Funktion „Now" erhalten Sie die Systemzeit in numerischer Darstellung. Durch die Steuerungsanweisung, die in unserem Fall „ddddd" lautet, erfolgt die Festlegung, wie das Ergebnis aussehen soll.

Nachfolgend sehen Sie einige Beispiele dafür, wie Datum und Uhrzeit aufbereitet werden können:

```
Sub Format_Datum ()
    Fo$ = "m/d/yy"
    GibAusDatum (Fo$)
    Fo$ = "d-mmmm-yy"
    GibAusDatum (Fo$)
    Fo$ = "d-mmmm"
    GibAusDatum (Fo$)
    Fo$ = "hh:mm"
    GibAusZeit (Fo$)
    Fo$ = "hh:mm AM/PM"
    GibAusZeit (Fo$)
    Fo$ = "hh:mm:ss a/p"
    GibAusZeit (Fo$)
    Fo$ = "hh:mm"
    GibAusZeit (Fo$)
    Fo$ = "hh:mm:ss"
    GibAusZeit (Fo$)
    Fo$ = "m/d/yy h:mm"
    GibAusZeit (Fo$)
End Sub

Sub GibAusZeit (Fo$)
    Datum$ = " Es ist " & Format$(Now, Fo$)
    Debug.Print "        "; Fo$, Datum$
End Sub

Sub GibAusDatum (Fo$)
    Datum$ = " Heute ist der " & Format$(Now, Fo$)
    Debug.Print "        "; Fo$, Datum$
End Sub
```

```
Direktbereich                                              ×
Format_Datum
          m/d/yy                Heute ist der 8.22.01
          d-mmmm-yy             Heute ist der 22-August-01
          d-mmmm                Heute ist der 22-August
          hh:mm                 Es ist 18:21
          hh:mm AM/PM           Es ist 06:21 PM
          hh:mm:ss a/p          Es ist 06:21:57 p
          hh:mm                 Es ist 18:21
          hh:mm:ss              Es ist 18:21:57
          m/d/yy h:mm           Es ist 8.22.01 18:21
```

Bild 5.9: Programm „Format_Datum"

Mid$

Das reservierte Wort „Mid$" wird auf zweierlei Art verwendet:

- Als Anweisung: Mit ihr kann ein Teil einer Zeichenkette durch eine andere ersetzt werden. Dabei werden die Zeichen des angegebenen Strings ab der Position durch die angegebene Anzahl an neuen Zeichen ausgetauscht.

- Als Funktion, um aus einer Zeichenkette einen Teilstring zu ermitteln. Dies erfolgt ab der angegebenen Position und für die Anzahl an Zeichen, die spezifiziert wurden.

```
Text$ = "Mein Name ist Wombat"
b$   = "Koala "
Mid$( Text$,15) = b$
```

In dem kleinen Beipiel wurde der Name Wombat durch den Koala ersetzt. Das Leerzeichen ist an den Koala angefügt worden, damit der Wombat auch vollständig inklusive des letzten Buchstabens „T" ausgewechselt wird. Demgegenüber kann durch die andere Art der Befehlsverwendung ein Teil aus dem String „Text$" isoliert werden.

```
Text$ = "Mein Name ist Wombat"
b$ = MID$( Text$,15,6)
```

Nach Ausführung von „Mid$" steht in „b$" Wombat.

String$

Mithilfe der „String$"-Funktion kann ein einzelnes Zeichen mehrfach ausgegeben und somit zu einer Zeichenkette zusammengefügt werden.

```
Text$ = String$( 10, '*' )
```

In dem Beispiel wird ein String mit zehn Sternchen erzeugt und der String-Variablen „Text$" zugewiesen.

Trim$

Die Funktion „Trim$" entfernt sowohl die führenden als auch die nachfolgenden Leerzeichen.

LTrim$

Die Funktion „LTrim$" entfernt alle führenden Leerzeichen aus einem String. Der Rückgabewert ist die Zeichenkette ohne vorangestellte Leerzeichen.

```
Test$ = " Test String "
Test1$ = LTrim$( Test$ )
MsgBox Test1$
```

RTrim$

Die Funktion „RTrim$" entfernt alle Leerzeichen aus einem String, die sich am Ende befinden. Der Rückgabewert ist die Zeichenkette ohne abschließende Leerzeichen.

```
Test$ = " Test String "
Test1$ = RTrim$( Test$ )
MsgBox Test1$
```

Left$, Right$

Die beiden Funktionen „Left$" und „Right$" übergeben eine Anzahl von Zeichen aus dem spezifizierten String. „Left$" liefert die Zeichen von links betrachtet, wohingegen „Right$" die Zeichen von rechts nimmt.

```
t$  = Left$( "abcdef", 3)
t1$ = Right$( "abcdef", 2)
```

Die Zeichen in „t$" werden nach der Ausführung dieser beiden Zeilen „abc" und die in „t1$" werden „ef" lauten.

Asc

Die Funktion „Asc" liefert den ANSI-Code in dezimaler Form zurück, der dem ersten Zeichen des übergebenen Strings entspricht.

```
n% = Asc( "B" )
```

Chr$

In umgekehrter Weise wie der Befehl „Asc" wirkt die Funktion „Chr$". Als Argument wird eine Zahl (der ANSI-Code) übergeben, wodurch sich das entsprechende Zeichen ergibt.

```
t$ = Chr$( 120 )
```

5.6.2   Arithmetische Funktionen

Innerhalb von Basic werden mathematische Berechnungen normalerweise in der Gleitkomma-Arithmetik durchgeführt. Daher liefern die meisten arithmetischen Funktionen von VBA diese Darstellung auch zurück. Genauer gesagt, erfolgt die Rückgabe einer doppelt genauen Realzahl.

Abs

Die Funktion „Abs" gibt den Betrag oder Absolutwert des übergebenen Arguments aus. Aus einer Zahl mit negativem Vorzeichen wird auf alle Fälle eine positive Zahl. Bei einer positiven Zahl findet keinerlei Änderung statt.

```
x = Abs( -2.14 )
y = Abs( 6.5 )
```

Der Wert „-2.14" wird für „x" in „2.14" geändert. Die positive Zahl „6.5" bleibt unverändert.

Atn Cos Sin Tan

Die Funktionen „Atn", „Cos", „Sin" und „Tan" berechnen den Arcustangens, Cosinus, Sinus und Tangens. Als Argument muss die Gradangabe im Bogenmaß erfolgen. Damit Sie nicht in alten Schulheften blättern müssen, kommt hier die Umrechnungsformel für das Bogenmaß.

Bogenmaß = Gradangabe * π/180

Für die Zahl π kann näherungsweise der Wert 3,14 benutzt werden. Eine Umwandlung von 30 Grad ins Bogenmaß ergibt somit 30 * 3.14 /180.

Oct$, Hex$

Mithilfe der Funktionen „Oct$" und „Hex$" werden dezimale Zahlen in ein anderes Zahlensystem umgewandelt. Das Ergebnis ist eine Zeichenkette, die bei „Oct$" eine oktale und bei „Hex$" eine hexadezimale Zahl darstellt.

5.6.3 Funktionen zur Dateiverwaltung

CHDIR

Die Anweisung „ChDir" wechselt das Verzeichnis, wobei sie wie das DOS-Kommando „CD" funktioniert und genauso verwendet wird.

```
ChDir "\Applikation\Briefe"
```

Durch diese Zeile wird ein Wechseln in das Verzeichnis „Applikation\Briefe" bewirkt.

ChDrive

Ähnlich der Laufwerkseingabe unter MS-DOS wechselt „ChDrive" auf das angegebene logische Laufwerk.

```
ChDrive "F:"
```

CurDir$

Die Funktion „CurDir$" gibt das aktuelle Verzeichnis eines Laufwerks zurück.

```
T$ = Curdir$( "F:")
c$ = Curdir $
```

Die erste „CurDir$"-Anweisung ermittelt das aktuelle Verzeichnis von Laufwerk F:, wohingegen ein „CurDir$" ohne weitere Angabe das Verzeichnis des aktuell verwendeten Laufwerks zurückliefert.

Die Funktion „CurDir" ohne Angabe eines Laufwerks liefert das in Access eingestellte Standarddatenbankverzeichnis. Dieser Pfad steht im Dialogfeld „Optionen" auf dem Register „Allgemein" und wird als Standardpfad beim Öffnen einer Datenbank angezeigt.

Dir$

Die Funktion „Dir$" unterscheidet sich in ihrer Anwendung stark von ihrem DOS-Äquivalent. Sie ermittelt zwar auch Dateinamen, jedoch wird bei jedem Aufruf nur maximal ein Dateiname zurückgeliefert.

```
Datei$ = Dir$("C:\ACCESS\ACCPROG.*" )
```

Das folgende Beispiel sucht nach der/den Datei(en) „MSACCESS.*" im Access-Verzeichnis auf Laufwerk C:. Als Rückgabe erhalten Sie den/die Dateinamen, der/die dem angegebenen Muster entspricht. In unserem Beispiel sind dies MSACCESS.EXE und einige weitere Dateien. Da mehrere Dateinamen zurückgeliefert werden sollen, wird die Funktion mehrfach ohne Prüfmuster aufgerufen.

```
Function fktProgramm_suchen ()
  Datei$ = Dir$("C:\OFFICE2000\OFFICE\MSACCESS.*")
  Do While Len(Datei$)
    Debug.Print , Datei$
    Datei$ = Dir$
  Loop
End Function
```

Der Aufruf der Funktion „Dir$" erfolgt im Beispiel so lange, bis keine Datei mehr gefunden wird. Als Kennzeichen ist in diesem Fall die Länge der Zeichenkette „Null". Für das Prüfmuster können wie bei MS-DOS die Platzhalterzeichen Fragezeichen (?) und Sternchen (*) sowie alle darstellbaren Zeichen angegeben werden.

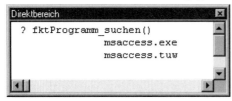

Bild 5.10: Dateisuchen mit „Dir$"

MkDir

Die Aufgabe von „MkDir" entspricht der des MD-Kommandos von MS-DOS. Es erfolgt die Einrichtung eines Verzeichnisses mit dem Namen, der in der Anweisung angegeben wurde.

```
MkDir ( "f:\Temp" )
```

Auf Laufwerk F: wird aufgrund der eben genannten Zeile ein Unterverzeichnis Temp einge-richtet.

RmDir

Die Anweisung „RmDir" löscht ähnlich wie der DOS-Befehl „RD" ein bestehendes Ver-zeichnis.

    RmDir ("f:\Temp")

5.6.4   Datums- und Zeit-Funktionen

VBA unterstützt den Programmierer durch zahlreiche Zeit-Funktionen.

Date$

„Date$" bezeichnet wie „Mid$" sowohl eine Funktion als auch eine Anweisung in VBA. Mit der Funktion „Date$" kann das Systemdatum abgefragt, und mit der Anweisung kann es gesetzt werden. Das Datum wird dabei als Zeichenkette geliefert beziehungsweise übergeben, wobei das Aussehen des Datums der englischen Darstellungsform entspricht. Es besteht aus 10 Zeichen in der Form mm-dd-yyyy, die Monat-Tag-Jahr bedeutet. Wenn diese Darstellung für die Aufgabe nicht passt, so sehen Sie sich bitte bei der Format$-Funktion die Datumsfor-matierung an.

    Datum$ = DATE$
    DATE$ = Datum$
    Debug.Print , Datum$

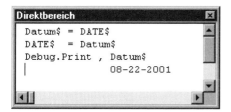

Bild 5.11: Datum mit „Date$"

Time$

Analog zu „Date$" kann mit „Time$" die Systemzeit des Computers ausgelesen oder modifi-ziert werden.

    Zeit$ = Time$
    Time$ = Zeit$

Now

Über die Funktion „Now" erhalten Sie die Systemzeit und das Systemdatum in numerischer Darstellung.

    SystemZeit = Now

Dieser kombinierte Wert wird intern als eine Zahl vom Typ „Double" gespeichert und kann durch die VBA-Zeit-Funktionen weiterverarbeitet werden. Die ermittelte Zahl dient als Grundlage für die „Format$"-Funktion und die nachfolgenden Funktionen.

Hour, Minute, Month, Second, Weekday, Year

Die Arbeitsweise der Befehle „Hour", „Minute", „Month", „Second", „Weekday" und „Year" ist sehr ähnlich, deshalb werden sie zusammen betrachtet. Allen ist der Rückgabewert vom Datentyp „Integer" gemeinsam. Im Gegensatz zur „Date$"-Funktion erfolgt somit keine Rückgabe als Zeichenkette, sondern als numerischer Wert.

Für die komfortable Weiterverarbeitung hat dies einige Vorteile, da numerische Werte durch die „Format$"-Funktion fast beliebig aufbereitet werden können. Die Gestalt der numerischen Zahl, die jede dieser Anweisungen liefert, entspricht der zahlenmäßigen Bezeichnung der Monate beziehungsweise Jahre. Als Beispiel sei hier nur die Zahl 1 für den Monat Januar genannt.

Im nachfolgenden Beispiel sind alle Funktionen nacheinander verwendet worden. Hieraus lässt sich am besten erkennen, auf welche Weise die Zeit-Werte dargestellt werden. Als zu ermittelnde Zeit wird den Funktionen die numerische Systemzeit, resultierend aus der „Now"-Funktion, übergeben.

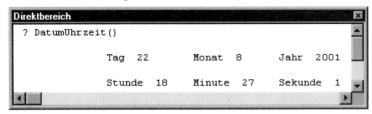

Bild 5.12: Numerische Zeitausgabe

```
Function DatumUhrzeit ()
z = Now
Wochentag% = Day(z)
Monat% = Month(z)
Jahr% = Year(z)
Stunde% = Hour(z)
Min% = Minute(z)
Sek% = Second(z)
Debug.PRINT
Debug.PRINT , "Tag "; Wochentag%, "Monat "; Monat%, "Jahr "; Jahr%
Debug.PRINT
Debug.PRINT , "Stunde "; Stunde%, "Minute "; Min%, "Sekunde "; Sek%
End Function
```

Umwandlung der Zeit-Darstellungsweisen

In den letzten Abschnitten wurden Zeit und Datum in numerischer Darstellung und als Zeichenkette verarbeitet. Durch die Funktionen „TimeSerial", „DateValue" und „TimeValue" kann eine Umwandlung der Zeitformate vorgenommen werden.

Mithilfe von „TimeValue" beziehungsweise „DateValue" erfolgt eine Konvertierung der Zeit beziehungsweise des Datums als Zeichenkette in die numerische Darstellungweise.

```
Zeit  = TimeValue(TIME$)
Datum = DateValue(DATE$)
```

Für die direkte Verarbeitung von Zeitangaben als einzelne Zahlen sorgt die „TimeSerial"-Funktion.

```
Zeit = Timeserial( 10 , 15, 30)
```

Die Zeitangabe 10 Uhr 15 Minuten und 30 Sekunden wandelt „TimeSerial" in einen numerischen Wert um, der anschließend durch Funktionen wie „Hour" oder „Format$" weiterverarbeitet werden kann.

Timer

Die Funktion „Timer" ermittelt die Anzahl der Sekunden seit Mitternacht. Nützlich ist die Funktion etwa zur Programmierung einer Stoppuhr oder als Startwert für die Berechnung einer (Pseudo-) Zufallszahl.

```
Sek! = Timer
```

Daten des Datentyps „Datum/Uhrzeit" addieren

Wenn man Daten des Typs „Datum/Uhrzeit" addiert, werden Ergebnisse größer als 24 nicht mehr korrekt angezeigt, da das Format hh:nn nur Zeiten bis 23:59 Stunden anzeigen kann.

Daten vom Datentyp „Datum/Zeit" werden von VBA intern als Fließkommazahl kleiner 1 abgespeichert.

Die Summe beinhaltet trotzdem einen Hinweis darauf, dass mehr als 24 Stunden vergangen sind. Die Zahl vor dem Komma gibt nämlich an, wie oft 24 Stunden in der Summe enthalten sind.

Ein Zeitwert von 2,5 würde im Format hh:nn als 12:00 dargestellt, bedeutet in Wirklichkeit aber 2,5*24 = 60 Stunden. Über eine kleine Prozedur können Sie für solche Werte eine Ausgaberoutine erstellen, die die korrekte Anzahl von Stunden und Minuten berechnet.

```
' Diese Funktion gibt die übergebene Zeit im Format 'hh:mm' aus,
' auch wenn die Stundenanzahl mehr als 24 Stunden beträgt.
Public Function StundenAusgabe(Zeitwert) As String
    Dim Stunden As String, Minuten As String * 2
    Dim StdZahl As Integer

    If IsNull(Zeitwert) Then Exit Function

    StdZahl = Int(Zeitwert) * 24 + Hour(Zeitwert)
    Stunden = CStr(StdZahl)
    Minuten = Format(Minute(Zeitwert), "0#")
    StundenAusgabe = Stunden & ":" & Minuten
End Function
```

6 Datenbankobjekte bearbeiten

Damit es zu Beginn etwas einfacher ist, werden in diesem Kapitel die Aktionen meistens in deutscher Sprache und somit in Makros verwendet. Natürlich gelten die Ausführungen auch für Funktionen und Ereignisprozeduren, bei denen der Aufruf aller Aktionen mit „DoCmd." eingeleitet werden. Die Aktionen selber werden dann mit der englischen Bezeichnung geschrieben.

    DoCmd.OpenTable "Kunden"

Alle Aktionen dieses Kapitels haben gemeinsam, dass sie auf irgendeine Weise ein Datenbankobjekt oder dessen Fenster bearbeiten.

6.1 Datenbankobjekte öffnen und schließen

Mit Aktionen können alle Datenbankobjekte mit Ausnahme von Makros geöffnet werden. Die Namen dieser Aktionen beginnen mit dem Wort Öffnen, dem der Name des Objekts folgt.

* ÖffnenAbfrage
* ÖffnenBericht
* ÖffnenFormular
* ÖffnenTabelle
* ÖffnenModul
* ÖffnenDatenzugriffsseite
* ÖffnenSicht
* ÖffnenDiagramm
* ÖffnenFunktion
* ÖffnenGespeicherteProzedur

Die letzten vier Aktionen kommen nur zum Einsatz, wenn es sich um ein Access-Projekt handelt. Wenn die Eigenschaft „Sichtbar" des zu öffnenden Objekts auf den Wert „Ja" gesetzt wird, wie es normalerweise der Fall ist, bedeutet ein Öffnen auch ein Anzeigen dieses Objekts.

Eine Tabelle öffnen

Die Aktion „ÖffnenTabelle" („OpenTable") besitzt die drei Argumente „Tabellenname", „Ansicht" und „Datenmodus". Dem ersten Argument wird der Name der Tabelle, die geöffnet werden soll, zugewiesen. Diesen Namen können Sie aus der Liste entnehmen, die durch ein Anklicken des Pfeils aufgeklappt wird, oder durch ein Ziehen des Namens aus dem Datenbankfenster übernehmen. Durch das Argument „Ansicht" legen Sie fest, ob die Tabelle in der Entwurfs-, Datenblatt- oder Seitenansicht dargestellt werden soll.

Der Datenmodus, der im dritten Argument angegeben wird, definiert, welche Arbeiten der Anwender durchführen kann. Bei der Einstellung „Bearbeiten" darf der Anwender sowohl bestehende Daten modifizieren als auch neue eingeben. Wird hingegen der Eintrag „Hinzufügen" gewählt, kann er bereits existierende Datensätze nicht mehr bearbeiten, sondern nur noch neue Sätze hinzufügen. Damit der Benutzer nur die Daten ansehen darf, müssen Sie den Wert „Nur lesen" setzen.

Zwei dieser drei Einstellungen für den Datenmodus können im Menü DATENSÄTZE wiedergefunden werden. Damit der Benutzer nur neue Daten eingeben kann, muss der Menüpunkt DATEN EINGEBEN ausgelöst werden. Um auch wieder bestehende Sätze bearbeiten zu können, wählen Sie den Menüpunkt FILTER/SORTIERUNG ENTFERNEN.

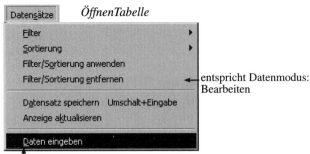

Bild 6.1: Argument Datenmodus der Aktion „ÖffnenTabelle"

Hinweis: Wenn Sie mithilfe einer Drag&Drop-Operation die Aktion „ÖffnenTabelle" in das Makrofenster einfügen, wird das Argument „Ansicht" auf „Datenblatt" und das Argument „Datenmodus" auf „Bearbeiten" eingestellt.

Eine Abfrage öffnen

Die Aktion „ÖffnenAbfrage" („OpenQuery") öffnet eine Auswahl- oder Kreuztabellenabfrage in der gewünschten Ansicht beziehungsweise führt eine Aktionsabfrage aus.

Eine Auswahlabfrage ist die am häufigsten verwendete Abfrageart in Access. Aufgrund einer eingegebenen Frage stellt sie Daten aus einer oder mehreren Tabellen zusammen und präsentiert das Ergebnis als Dynaset, das wie eine Tabelle in der Datenblattansicht aussieht. Eine Aktionsabfrage hingegen verändert oder kopiert bestehende Daten, je nachdem, ob es sich um eine Anfüge-, Lösch-, Tabellenerstellungs- oder Aktualisierungsabfrage handelt.

Genauso wie bei der Aktion „ÖffnenTabelle" existieren bei der Aktion „ÖffnenAbfrage" drei Argumente, die „Abfragename", „Ansicht" und „Datenmodus" lauten. Die zwei zuletzt genannten Argumente enthalten dieselben Möglichkeiten wie bei einer Tabelle: „Entwurf", „Datenblatt" und „Seitenansicht" für die Ansicht, „Bearbeiten", „Hinzufügen" und „Nur lesen" für den Datenmodus.

Die Ansicht „Datenblatt" bedeutet bei einer Auswahl- oder einer Kreuztabellenabfrage, dass das Dynaset angezeigt wird. Wird diese Einstellung für eine Aktionsabfrage gewählt, so wird diese Abfrage ausgeführt.

Der zweite Fall wird in einem kleinen Beispiel ausprobiert. Dazu existiert in der Datenbank MAKROPR.MDB das Makro mit dem Namen „ÖffnenAbfrage:Tabellenerstellungsabfrage".

Der Name sagt schon aus, welches Ergebnis dieses Makro liefert. Das Makro enthält die beiden Aktionen „ÖffnenAbfrage" und „Warnmeldungen".

Die Aktion „Warnmeldungen" wird verwendet, um die Systemmeldung auszuschalten, die nach der Ausführung der Tabellenerstellungsabfrage entsteht und mitteilt, wie viele Datensätze in die neu angelegte Tabelle geschrieben wurden.

Bild 6.2: Neue Tabelle „Bayerische Mitarbeiter"

Die Tabellenerstellungsabfrage basiert auf der Tabelle „Mitarbeiter-Daten". In die neue Tabelle, die mit dem Namen „Bayerische Mitarbeiter" erstellt wird (siehe Bild oben), sollen alle Mitarbeiter übernommen werden, die in München oder Rosenheim ihren Einsatzort haben. Wenn Sie das Makro starten, entsteht diese neue Tabelle

Ein Formular oder einen Bericht öffnen

Die beiden Aktionen „ÖffnenFormular" und „ÖffnenBericht" werden in den entprechenden Kapiteln „Mit Formulare Daten bearbeiten" beziehungsweise „Mit Berichten Daten drucken" besprochen.

Eine Datenzugriffsseite öffnen

Sie können eine Datenzugriffsseite genauso wie jedes andere Datenbankobjekt über eine Aktion öffnen. Diese Aktion trägt den Namen „ÖffnenDatenzugriffsseite" („OpenDataAccessPage") und besitzt zwei Argumente. Neben dem Namen der Seite geben Sie noch an, ob die Seite in der Entwurfs- oder Browse-Ansicht geöffnet werden soll.

Objekte in einer MS SQL-Server-Datenbank öffnen

Wenn Sie mit einem Access-Projekt arbeiten, das direkt auf eine MS SQL-Server-Datenbank zugreift, können Sie auch mit Aktionen Sichten, Datenbankdiagramme, benutzerdefinierte Funktionen und gespeicherte Prozeduren öffnen.

Um eine Sicht zu öffnen, werden Sie die Aktion „ÖffnenSicht" („OpenView") verwenden. Die drei Argumente dieser Aktion sind dieselben wie bei der Aktion „ÖffnenTabelle". Neben dem Namen des Objektes bestimmen Sie, ob die Sicht als Datenblatt, in der Seiten- oder in der Enwurfsansicht geöffnet werden soll. Im dritten Argument legen Sie fest, ob die Daten nur gelesen, bearbeitet oder neue hinzugefügt werden können.

Das Ergebnis einer gespeicherten Prozeduren oder einer benutzerdefinierten Funktion kann häufig in einem Datenblatt dargestellt werden. Deswegen ist dies auch die Voreinstellung für das Argument „Sicht" bei den Aktionen „ÖffnenGespeicherteProzedur" („OpenStoredProcedure") und „ÖffnenFunktion" („OpenFunction"). Ansonsten übergeben Sie genauso wie bei der Aktion „ÖffnenSicht" den Namen des Objektes und einen Datenmodus.

Bei der Aktion „ÖffnenDiagramm" („OpenDiagram") ist nur die Angabe des Namens des Datenbankdiagramms notwendig. Im dadurch geöffneten Diagramm werden Tabellen und ihre Beziehungen angezeigt.

Datenbankobjekt schließen und speichern

Jedes der sechs Datenbankobjekte „Tabelle", „Abfrage", „Formular", „Bericht", „Makro" und „Modul", die Datenzugriffsseite und bei einem Access-Projekt auch die drei Objekte Sicht, Diagramm, benutzerdefinierte Funktion und gespeicherte Prozedur werden mit derselben Aktion geschlossen, die einfach „Schließen" („Close") heißt. Welches Objekt beendet werden soll, wird über die beiden Argumente „Objekttyp" und „Objektname" festgelegt. Um die geöffnete Tabelle „Handelswaren" zu schließen, wählen Sie als Objekttyp „Tabelle" und als Objektname „Handelswaren". Wenn beide Argumente nicht besetzt werden, so wird das aktuelle Objekt, das derzeit den Fokus besitzt, beendet.

Im dritten Argument „Speichern" bestimmen Sie, was geschehen soll, wenn das Objekt noch nicht gespeichert ist. Sie können zwischen „Ja", „Nein" und „Nachfragen" wählen. Bei der zuletztgenannten Möglichkeit erscheint ein Meldungsfenster, das den Anwender zum Speichern auffordert.

Die Aktion „Speichern" („Save") sichert dauerhaft Änderungen am Entwurf eines Objekts. Sie besitzt dieselben ersten beiden Argumente wie die Aktion „Schließen". Um das aktuelle Objekt unter seinem Namen zu sichern, lassen Sie wiederum die Argumente „Objekttyp" und „Objektname" unbesetzt.

Bildschirm aktualisieren

Um die Ausgabe eines Datenbankobjekts zu aktualisieren, kann die Aktion „AktualisierenObjekt" („RepaintObject") verwendet werden. Die Aktualisierung kann zum Beispiel notwendig sein, wenn Berechnungen in Steuerelementen dieses Objekts durchgeführt wurden. Diese Aktion besitzt dieselben beiden Argumente „Objekttyp" und „Objektname" wie die Aktion

„Schließen". Falls das aktive Objekt ausgewählt werden soll, müssen beide Argumente unbesetzt bleiben.

Ohne den Aufruf dieser Aktion erfolgen Bildschirmaktualisierungen teilweise erst dann, nachdem Access andere Arbeiten zu Ende geführt hat. Ein typischer Fall dafür entsteht, wenn über die Inhalte von Feldern geändert wurden und berechnete Felder auf diese Werte warten müssen, um ihre Berechnungen durchführen zu können. Auch für Formulare, die OLE-Objekte anzeigen, kann eine Neuausgabe des Fensterinhalts erst verspätet geschehen.

Sie dürfen das Ergebnis dieser Aktion jedoch nicht mit einer Aktualisierung der Datensätze verwechseln, die über die Aktion „AktualisierenDaten" begonnen werden kann, da nur eine Neuausgabe auf den Bildschirm erfolgt.

6.2 Datenbankobjekte umbenennen, kopieren und löschen

Um ein Datenbankobjekt umzubenennen oder zu kopieren, muss es zuerst im Datenbankfenster selektiert werden. Dies kann entweder durch den Anwender oder mit der Aktion „AuswählenObjekt" erfolgen. Dazu setzen Sie das Argument „Im Datenbankfenster" auf den Wert „Ja", damit dieses Fenster den Fokus zugewiesen bekommt und alle gespeicherten Objekte des gewünschten Typs auflistet. Mit dem Argument „Objektname" legen Sie das Objekt fest, das kopiert oder umbenannt werden soll.

Die Aktion „UmbenennenObjekt"

Durch den Aufruf der Aktion „UmbenennenObjekt" („Rename") wird das im Datenbankfenster markierte Objekt umbenannt. Dieses Datenbankobjekt kann eine beliebige Tabelle, Abfrage, ein Formular, Bericht, Makro oder Modul sein. Im Argument „Neuer Name" muss dabei zwingend ein Name genannt werden, der gewisse Konventionen erfüllen muss. Er darf aus bis zu 64 Zeichen bestehen, die auch Leerzeichen und Sonderzeichen mit Ausnahme des Punktes, des Ausrufezeichens und der eckigen Klammern sein dürfen. Der Name darf weder mit einem Leerzeichen beginnen noch Steuerzeichen enthalten, deren hexadezimaler Wert zwischen 0 und 32 liegt.

Es können nur geschlossene Objekte, die im Datenbankfenster ausgewählt sind, mit einem anderen Namen versehen werden, aber keine geöffneten. Diese Einschränkung gilt genauso für das Ausführen des Menüpunktes OBJEKT UMBENENNEN, der nur im Menü DATEI existiert, wenn das Datenbankfenster den Fokus besitzt. Im Gegensatz zu diesem Menüpunkt wird bei der Aktion „UmbenennenObjekt" kein Dialogfeld eingeblendet, in dem der neue Name eingetragen wird, da dieser Name bereits dem Argument der Aktion übergeben wurde. Mithilfe dieser Aktion ist es deswegen möglich, Objekte mit einem neuen Namen zu versehen, ohne auf die Eingabe des Anwenders warten zu müssen.

Die Aktion „KopierenObjekt"

Die Aktion „KopierenObjekt" („CopyObject") kopiert das im Datenbankfenster gewählte Datenbankobjekt entweder unter Verwendung eines anderen Namens in die aktuelle oder in eine andere Datenbank. Im zweiten Fall kann der Name des Zielobjekts genauso wie der Name des Ursprungsobjekts lauten. Im Gegensatz zu dem Ergebnis der Aktion „UmbenennenObjekt" wird durch den Aufruf der Aktion „KopierenObjekt" ein neues Objekt erzeugt.

Zur Ausführung des Kopiervorgangs werden eine oder zwei Angaben benötigt. Im Argument „Zieldatenbank" wird die Datenbank genannt, die das neu kopierte Objekt aufnehmen soll. Dabei muss ein gültiger Pfad- und Dateiname eingegeben werden, ansonsten erscheint bei der versuchten Ausführung eine Fehlermeldung, und das Kopieren wird abgebrochen. Um das Objekt in dieselbe Datenbank zu kopieren, wird dieses Argument nicht besetzt. Dafür muss zwingend das zweite Argument „Neuer Name" mit einem Namen für das neue Objekt gefüllt werden. Wenn derselbe Name in einer anderen als der aktuellen Datenbank beibehalten werden soll, wird dieses Argument frei gelassen.

Die Aktion „KopierenObjekt" führt automatisch dieselben Schritte durch, die ein Anwender per Hand über die Menüpunkte KOPIEREN und EINFÜGEN im Menü BEARBEITEN ausführen kann. Der Unterschied liegt unter anderem darin, dass bei einer anderen als der aktuellen Zieldatenbank nicht diese Datenbank geöffnet werden muss, um das neue Objekt einfügen zu können. Außerdem entfällt das Anzeigen des Dialogfeldes „Einfügen als", da der Name des neuen Objekts bereits im zweiten Argument der Aktion spezifiziert wird.

Diese Aktion findet vor allem ihren Einsatz, wenn auf schnelle Weise ein neues Datenbankobjekt erstellt werden soll, das große Ähnlichkeiten mit einem bereits bestehenden Objekt besitzen soll. Zum anderen wird die Aktion auch häufig dazu verwendet, ein Objekt in einer Datenbank zu sichern.

Mit der Aktion „KopierenObjekt" können nur Objekte kopiert werden, die im Datenbankfenster aufgelistet sind. Das Kopieren eines geöffneten Objekts in ein anderes Objekt derselben Datenbank erfolgt nicht über die Aktion „KopierenObjekt", sondern über die Nachbildung des Menüpunktes SPEICHERN UNTER im DATEI-Menü. Dazu benötigen Sie die Aktion „AusführenBefehl" („RunCommand").

Beispiel zum Kopieren und Umbenennen

Wenn Sie dieses Beispiel an Ihrer selbst erstellten Datenbank nachvollziehen wollen, sollten Sie aufpassen, dass Sie kein Objekt umbenennen und löschen, das Sie später noch brauchen. Mithilfe des Makros „Kopieren_und_Umbenennen" wird durch einen Kopiervorgang aus der Tabelle „Handelswaren" die neue Tabelle „kopierte_Waren" erzeugt. Diese neue Tabelle wird anschließend sofort in „umbenannte_Waren" umbenannt.

Aktion	Kommentar
Warnmeldungen	Warnmeldungen ausschalten
AuswählenObjekt	Tabelle Handelswaren
KopierenObjekt	Tabelle Handelswaren in Tabelle kopierte_Waren kopieren
AuswählenObjekt	Tabelle kopierte_Waren
UmbenennenObjekt	Tabelle kopierte Waren in Tabelle umbenannte_Waren umbenennen
AuswählenObjekt	Tabelle umbenannte_Waren
AusführenBefehl	Tabelle umbenannte_Waren löschen

Bild 6.3: Beispiel zum Kopieren und Umbenennen eines Objekts

Damit in der Datenbank MAKROPR.MDB auf Dauer keine unnötige Tabelle gespeichert wird, wird zum Schluss die Tabelle „umbenannte_Waren" wieder gelöscht. Den Ablauf dieses Makros können Sie im Datenbankfenster mitverfolgen, da hierin zuerst die Tabelle „kopierte_ Waren" angezeigt wird, dann die Tabelle „umbenannte_Waren", und zum Schluss sind wieder nur die Tabellen aufgelistet, die auch wirklich zu der Datenbank gehören.

Wenn Sie das Makro mehrmals hintereinander starten und nicht die Aktion „Warnmeldungen" eingebaut haben, so werden Sie vor dem Löschen der Tabelle gefragt, ob diese Tabelle auch wirklich aus der Datenbank entfernt werden soll.

Immer bevor Sie auf ein Datenbankobjekt zugreifen, um es zu kopieren, umzubenennen oder zu löschen, müssen Sie es erst selektieren. Wenn Sie zum Beispiel die Tabelle „Handelswaren" in eine andere kopieren und anschließend sofort die Aktion „Umbenennen" aufrufen, ohne zuvor die Aktion „AuswählenObjekt" aktiviert zu haben, dann wird die Ursprungstabelle und nicht die neue Tabelle mit einem anderen Namen versehen, da immer noch die Tabelle „Handelswaren" als markiert im Datenbankfenster gekennzeichnet ist.

Tabelle 6.1: Aktionen des Beispiels „Kopieren und Umbenennen"

Aktion	Argument	Wert
Warnmeldungen	WarnmeldungenAn	Nein
AuswählenObjekt	Objekttyp	Tabelle
	Objektname	Handelswaren
	Im Datenbankfenster	Ja
KopierenObjekt	Zieldatenbank	--
	Neuer Name	kopierte_Waren
AuswählenObjekt	Objekttyp	Tabelle
	Objektname	kopierte_Waren
	Im Datenbankfenster	Ja
UmbenennenObjekt	Neuer Name	umbenannte_Ware
AuswählenObjekt	Objekttyp	Tabelle
	Objektname	umbenannte_Waren
	Im Datenbankfenster	Ja
AusführenBefehl	Befehl	Löschen

Ein Datenbankobjekt löschen

Wenn Sie ein Datenbankobjekt nicht mehr benötigen, können Sie es auch mit der Aktion „LöschenObjekt" („DeleteObject") aus der Datenbank entfernen. Diese Aktion bewirkt somit fast dasselbe wie das Auswählen eines Objekts im Datenbankfenster und dem anschließenden Drücken der <Entf>-Taste beziehungsweise der Wahl des Menüpunktes LÖSCHEN im Kontextmenü. Der einzige Unterschied besteht darin, dass beim Löschvorgang durch die Aktion

„LöschenObjekt" keine Meldung erscheint, die Sie fragt, ob Sie den Vorgang fortsetzen wollen.

Genauso wie die Aktion „Schließen" besitzt die Aktion „LöschenObjekt" die beiden Argumente „Objekttyp" und „Objektname". Um zum Beispiel ein Formular namens „Versuch1" zu löschen, geben Sie für den Objekttyp das Wort „Tabelle" und für den Objektnamen den Namen „Versuch1" an. Soll das momentan im Datenbankfenster ausgewählte Objekt gelöscht werden, lassen Sie beide Argumente der Aktion „LöschenObjekt" unbesetzt. Dieses Objekt können Sie zuvor mit der Aktion „AuswählenObjekt" selektieren.

6.3   Fenster verändern

Jedes Datenbankobjekt wird in einem eigenen Fenster innerhalb von Access dargestellt. Diese Fenster sind ganz normale Windows-Fenster, die ein Systemmenü besitzen, über dessen Menüpunkte der Anwender das Fenster in dessen Größe und Position verändern kann. Diese Änderungen können in Access auch mithilfe von bestimmten Aktionen durchgeführt werden.

Die Aktion „Maximieren"

Um das Fenster eines Datenbankobjekts so zu vergrößern, dass es das gesamte Access-Fenster ausfüllt und alle anderen Fenster überdeckt, rufen Sie die Aktion „Maximieren" („Maximize") auf. Dadurch können von dem Objekt die meisten Datensätze ausgegeben werden, und der Anwender wird nicht mehr durch andere Fensterinhalte verwirrt.

Die Aktion „Maximieren" besitzt keine Argumente und bezieht sich immer auf das Fenster, das zur Zeit den Fokus in seinem Besitz hat. Falls Sie zum Zeitpunkt des Aufrufs dieser Aktion nicht wissen, welches Fenster das aktuelle ist, müssen Sie zuerst die Aktion „AuswählenObjekt" ausführen.

Wie der Name der Aktion „AuswählenObjekt" („SelectObject") bereits sagt, wählt die Aktion das angegebene Datenbankobjekt aus, das heißt, sie setzt den Fokus auf dieses Objekt. Sie kann somit auf jedes Objekt innerhalb von Access angewendet werden, das den Fokus zugewiesen bekommen kann. Dadurch wird ein ausgeblendetes Datenbankobjekt wieder sichtbar. Dies bedeutet bei einem Formular, dass dessen Eigenschaft „Sichtbar" auf den Wert „Ja" gesetzt und das Formular in dem Modus angezeigt wird, der durch die beiden Eigenschaften „Gebunden" und „Popup" festgelegt ist.

Das gewünschte Objekt wird dabei über die beiden Argumente „Objekttyp" und „Objektname" spezifiziert, die im Gegensatz zu den Argumenten der Aktion „Schließen" zwingend besetzt werden müssen. Im letzten Argument, das „Im Datenbankfenster" heißt, wird bestimmt, ob das Objekt im Datenbankfenster ausgewählt werden soll. Dieses Argument muss auf den Wert „Ja" eingestellt werden, wenn das Datenbankobjekt nicht geöffnet ist. Ansonsten wird eine Fehlermeldung bei dem Versuch, ein geschlossenes Objekt anzuwählen, ausgegeben.

Wenn das Argument „Objektname" mit keinem Namen gefüllt und das Argument „Im Datenbankfenster" auf „Ja" gesetzt wird, bekommt das Datenbankfenster den Fokus, das daraufhin die Liste aller existierenden Elemente des Objekttyps anzeigt, der in dem ersten Argument steht.

Die Aktion „Minimieren"

Genauso wie ein Fenster als Vollbild dargestellt werden kann, ist es auch möglich, es als Symbol anzuzeigen. Die Aktion „Minimieren" („Minimize") minimalisiert das aktuelle Fenster und ordnet es am unteren Rand des Access-Fensters an. Diese Aktion ist zum Beispiel sinnvoll, wenn das Objekt zwischenzeitlich nicht benötigt wird. In diesem Fall wäre es umständlicher und würde länger dauern, das Objekt zu schließen, um es später wieder zu öffnen. Außerdem kann dadurch der Bildschirm übersichtlicher gestaltet werden.

Die Symbolanzeige und ein ausgeblendetes Fenster sind zwei unterschiedliche Zustände. Das Ausblenden kann entweder über den Menüpunkt AUSBLENDEN im Menü FENSTER oder das Setzen der Eigenschaft „Sichtbar" auf „Nein" erreicht werden.

Die Aktion „Wiederherstellen"

Wenn ein Fenster, das als Vollbild oder als Symbol angezeigt wird, wieder in seine ursprüngliche Position und Größe gesetzt werden soll, die es vor der Maximal- beziehungsweise Minimaldarstellung besaß, muss die Aktion „Wiederherstellen" („Restore") aktiviert werden. Diese Aktion, die sich auch auf das aktuelle Fenster bezieht, besitzt dieselbe Wirkung wie der gleichlautende Menüpunkt im Systemmenü.

Die Aktion „Positionieren"

Um das aktive Fenster, das eine Entwurfs-, Formular-, Seiten- oder eine Datenblattansicht enthalten kann, auf eine bestimmte Größe einzustellen oder an eine bestimmte Position innerhalb des Access-Fensters zu setzen, existiert die Aktion „Positionieren" („MoveSize"). Die Lage der oberen linken Ecke des Fensters wird über die beiden Argumente X und Y bestimmt, die sich jeweils auf die linke obere Ecke des Arbeitsbereichs des umgebenden aktiven Fensters beziehen.

Dieser Arbeitsbereich beginnt unterhalb der waagerechten Symbolleiste(n). Falls diese Leiste(n) ausgeblendet sind oder an einer anderen Stelle angezeigt werden, fängt der Bereich direkt unter der Menüleiste an. Die neuen horizontalen und vertikalen Ausmaße werden über die Argumente „Breite" und „Höhe" festgelegt. Die angegebenen Werte besitzen als Maßeinheit entweder Zentimeter (Metrisch) oder Zoll (US-Maße). Das aktuelle Maßsystem ist in der Systemsteuerung von Windows im Abschnitt „Ländereinstellungen" und dort im Register „Zahlen" definiert.

Die Aktion „Positionieren" kann in etwa mit den Menüpunkten VERSCHIEBEN und GRÖßE ÄNDERN des Systemmenüs verglichen werden. Der Unterschied liegt vor allem darin, dass bei der Wahl eines dieser Menüpunkte die Größe beziehungsweise Position über die Richtungstasten bestimmt wird, bei der Aktion werden diese Maße als Argumente übergeben.

Es müssen dabei nicht alle vier Argumente mit Werten gefüllt werden, jedoch mindestens ein Argument. Access verwendet für alle Argumente, die frei gelassen wurden, die aktuelle Einstellung. Um nur die Fenstergröße, aber nicht die Lage zu modifizieren, müssen die beiden Argumente „X" und „Y" leer bleiben. Soll das Fenster nur verschoben werden, dürfen die beiden anderen Argumente „Breite" und „Höhe" nicht besetzt werden.

Beispiel zu den Aktionen zum Ändern des Fensters

Das nächste Beispiel mit dem Formular „Fenster verändern" verwendet die Aktionen, die in diesem Abschnitt erklärt wurden. Ein Formular enthält fünf Befehlsschaltflächen, die beim Anklicken jeweils einen anderen Vorgang auslösen. Zum einen kann das Formular „BeimKlicken_Mitarbeiter" als Symbol oder Vollbild dargestellt werden, zum anderen können im Datenbankfenster alle vorhandenen Formulare und alle Makros aufgelistet werden. Beim Öffnen des Formulars mit den Schaltflächen wird automatisch das Formular „Beim-Klicken_Mitarbeiter" geladen und ganz links oben im Access-Fenster angezeigt, wie Sie es in der nächsten Abbildung sehen.

Für die Realisierung dieses Beispiels existieren ein Formular und eine Makrogruppe mit demselben Namen „Fenster verändern". Das Formular enthält die fünf Schaltflächen und wird als Fenster definiert, das immer im Vordergrund bleibt, auch wenn es derzeit nicht den Fokus besitzt. Dazu muss die Eigenschaft „Popup" auf den Wert „Ja" gesetzt werden.

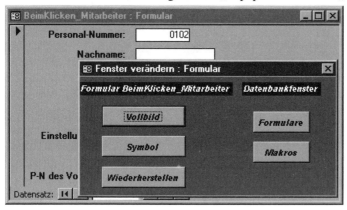

Bild 6.4: Beispiel zum Ändern der Fensterposition und -größe

Der Eigenschaft „BeimKlicken" jeder Schaltfläche wird ein Makro aus der Makrogruppe zugeordnet. Außerdem gibt es noch die beiden Makros „Öffnen" und „Schließen", die den Formular-Eigenschaften „BeimÖffnen" und „BeimSchließen" zugewiesen werden.

Makroname	Aktion	Kommentar
Vollbild	AuswählenObjekt	Formular BeimKlicken_Mitarbeiter
	Maximieren	
Symbol	AuswählenObjekt	Formular BeimKlicken_Mitarbeiter
	Minimieren	
Wie_Früher	AuswählenObjekt	Formular BeimKlicken_Mitarbeiter
	Wiederherstellen	
DB_Formulare	AuswählenObjekt	Datenbankfenster
DB_Makros	AuswählenObjekt	Datenbankfenster
Öffnen	ÖffnenFormular	Formular BeimKlicken_Mitarbeiter
	Positionieren	
Schließen	Schließen	Formular BeimKlicken_Mitarbeiter

Bild 6.5: Makrogruppe „Fenster verändern"

Um das Formular „BeimKlicken_Mitarbeiter" in seiner Größe verändern zu können, muss es in allen drei Fällen zuerst mithilfe der Aktion „AuswählenObjekt" selektiert werden. Das dritte Argument „Im Datenbankfenster" bleibt auf „Nein" eingestellt. Damit es beim Öffnen in die linke obere Ecke des Access-Fensters platziert wird, muss den Argumenten „X" und „Y" der Aktion „Positionieren" der Wert „0" übergeben werden. Die beiden anderen Argumente bleiben leer, wodurch die in den Formular-Eigenschaften eingestellte Größe verwendet wird. Um im Datenbankfenster alle vorhandenen Formulare oder Makros auflisten zu können, muss auch die Aktion „AuswählenObjekt" verwendet werden, nun aber mit eingeschaltetem Argument „ImDatenbankfenster" und mit einem leeren Objektname-Argument. Als Objekttyp wird Formular beziehungsweise Makro gewählt. In der nachfolgenden Tabelle sind noch einmal die Aktionen aller Makros der Makrogruppe „Fenster verändern" zusammengefasst. Aus Platzgründen wurden die Makronamen weggelassen, die Sie jedoch aus der letzten Abbildung ersehen können.

Tabelle 6.2: Aktionen des Beispiels „Fenster verändern"

Aktion	Argument	Wert
AuswählenObjekt	Objekttyp	Formular
	Objektname	BeimKlicken_Mitarbeiter
	Im Datenbankfenster	Nein
Maximieren	--	
AuswählenObjekt	Objekttyp	Formular
	Objektname	BeimKlicken_Mitarbeiter
	Im Datenbankfenster	Nein
Minimieren	--	
AuswählenObjekt	Objekttyp	Formular
	Objektname	BeimKlicken_Mitarbeiter
	Im Datenbankfenster	Nein
Wiederherstellen	--	
AuswählenObjekt	Objekttyp	Formular
	Objektname	--
	Im Datenbankfenster	Ja
AuswählenObjekt	Objekttyp	Makro
	Objektname	--
	Im Datenbankfenster	Ja
ÖffnenFormular	Formularname	BeimKlicken_Mitarbeiter
	Ansicht	Formular

Aktion	Argument	Wert
	Filtername	--
	Bedingung	--
	Datenmodus	Nur lesen
	Fenstermodus	Normal
Positionieren	X	0 cm
	Y	0 cm
	Breite	--
	Höhe	--
Schließen	Objekttyp	Formular
	Objektname	BeimKlicken_Mitarbeiter

Dieses Beispiel kann noch verbessert werden. Wenn Sie das Formular „BeimKlicken_Mitarbeiter" schließen und dann zum Beispiel die Schaltfläche „Symbol" anklicken, entsteht ein Fehler, da angenommen wurde, dass das Formular offen ist. Hier könnte im Makro eine Bedingung eingebaut werden, die erst untersucht, ob das Formular zur Zeit geladen ist. Falls dies nicht der Fall ist, wird vor dem Aufruf der Aktionen „AuswählenObjekt" und „Minimieren" die Aktion „ÖffnenFormular" gestartet. Leider gibt es in Access keine Aktion, die überprüft, ob das Formular bereits offen ist. Glücklicherweise kann mit VBA eine Funktion geschrieben werden, die diese Prüfung durchführt.

6.4   Datenbankobjekte im anderen Format speichern

Um Datenbankobjekte in einem anderen Format zu speichern, können Sie verschiedene Vorgehensweisen wählen. Soll das Objekt als Anhang in einem E-Mail mitgesendet werden, werden Sie die Aktion „SendenObjekt" einsetzen. Natürlich kann der Ex- und Importvorgang von Access auch mithilfe von „Transfer"-Aktionen nachgebildet werden. Für einige gebräuchliche Formate wie „RTF", „TXT", „XLS" und „HTML" kann zudem die Aktion „AusgabeIn" eingesetzt werden.

6.4.1   E-Mails mit Anhang versenden

Das Senden einer Nachricht kann über die Aktion „SendenObjekt" („SendObject") erfolgen. Diese Aktion zeigt dasselbe Verhalten wie der Menüpunkt E-MAIL-EMPFÄNGER (ALS ANLAGE) im Untermenü SENDEN AN des Menüs DATEI. Anstelle des Fensters, in dem Sie unter anderem den Empfänger und das Thema eintragen, geben Sie diese Informationen über Parameter der Aktion mit.

Falls die Datenblätter einer Tabelle, einer Abfrage oder eines Formulars OLE-Objekte enthalten, wird der Inhalt dieser Felder nicht gesendet. Auch wenn sich das zu verschickende Formular in der Formularansicht befindet, wird sein Datenblatt zum Senden verwendet. Bei einem Bericht werden für das XLS-Format die Textfelder und für die übrigen zwei Formate nur die Text- und Beschriftungsfelder berücksichtigt. Die meisten anderen Steuerelemente werden nicht übertragen. Außerdem können weder Unterformulare noch Unterberichte gesendet werden.

Das zu sendende Objekt legen Sie über die beiden Argumente „Objekttyp" und „Objektname" fest. Als Typ können Sie „Tabelle", „Abfrage", „Formular", „Bericht" und „Module" sowie die vier MS SQL Server-Objekte bei einem Access-Projekt eintragen. Wenn Sie das derzeit aktive Objekt verschicken wollen, nennen Sie den Objekttypen, lassen aber den Objektnamen frei.

Im Argument „Ausgabeformat" bestimmen Sie das gewünschte Format. Dazu wählen Sie im Makrofenster aus dem einzeiligen Listenfeld eines der verfügbaren Formate: XLS, RTF, TXT oder HTML. Für Module kann nur das Textformat verwendet werden. Die Empfänger der Nachricht nennen Sie im nächsten Argument „An". Die Namen mehrerer Personen werden jeweils durch das Zeichen voneinander getrennt, das in der Systemsteuerung als Listentrennzeichen definiert ist. Dies ist häufig das Semikolon. Falls die Namen nicht im Exchange-System existieren, wird keine Nachricht gesendet. Bei den beiden nächsten Parametern „Cc" und „Bc" können Sie noch optional weitere Personen angeben, die auch die Nachricht erhalten sollen.

Das Thema schreiben Sie in das Argument „Betreff". Dieses Feld sollten Sie immer füllen, damit die Empfänger wissen, worum es geht. Möchten Sie noch zusätzlichen Text mitgeben, tragen Sie diesen in das Textfeld „Nachricht" ein. Diese Erklärungen werden an das Ende des zu sendenden Objekts gestellt. Um nur einen Text ohne Objekt zu verschicken, lassen Sie die Argumente „Objekttyp", „Objektname" und „Ausgabeformat" unbesetzt und schreiben die Daten in das Argument „Nachricht".

Über den letzten Parameter „Nachricht bearbeiten" können Sie bestimmen, ob vor dem Senden der Nachricht das Dialogfeld erscheinen soll, in dem Sie noch Änderungen an dem Empfänger, dem Thema etc. durchführen können. Soll dieses Dialogfeld angezeigt werden, tragen Sie „Ja" ein.

Wenn der Empfänger das gesendete Objekt doppelt anklickt, wird standardmäßig je nach Format das Programm Excel, Word für Windows, der Editor oder der auf Ihrem Rechner installierte Web-Browser gestartet und das Objekt geladen.

Beispiel zum Versenden von Nachrichten

Das Formular „Nachrichten_senden", das Sie in der Datenbank MAKROPR.MDB finden, enthält drei Befehlsschaltflächen, über die unterschiedliche Post gesendet werden kann. Damit Sie dieses Beispiel selbst ausprobieren können, müssen Sie an einem Postoffice von Outlook oder Exchange angeschlossen sein. Außerdem müssen Sie noch zuvor im VBA-Code die Namen der Teilnehmer (Galah, Wombat) an die Namen anpassen, die in Ihrem Mail-System existieren.

Allen drei Schaltflächen ist eine Ereignisprozedur zugeordnet. Jede Prozedur enthält die Methode „SendObject" mit unterschiedlichen Übergabeparametern.

Bild 6.6: Formular „Nachrichten_senden"

```
**************** Formularmodul Nachrichten_senden ******************
Private Sub Schaltfläche0_Click()
  ' Nur Nachricht ohne Objekt senden
  DoCmd.SendObject , "", "", "Galah;Wombat", "", "", "Meeting", _
        "Bitte seid alle pünktlich um 13:00 Uhr im großen Saal !!!!!!", False, ""
End Sub


Private Sub Schaltfläche1_Click()
  ' Nur Objekt senden
  DoCmd.SendObject acForm, "ÖffnenFormular", "MicrosoftExcel(*.xls)", "Galah", _
        "Wombat", "", "Formular öffnen ", "", False, ""
End Sub


Private Sub Schaltfläche2_Click()
  ' Objekt und Nachricht senden; Bearbeiten ermöglichen
  DoCmd.SendObject acTable, "Mitarbeiter-Daten", "MS-DOSText(*.txt)", "Wombat", "", "", _
        "Geheime Mitarbeiterdaten", "Diese Daten dürfen nicht weitergegeben werden !!!", True, ""
End Sub
```

Wenn Sie die Schaltfläche „Text senden" drücken, soll nur ein Text, aber kein Objekt gesendet werden soll. Deswegen bleiben die Argumente „Objekttyp", „Objektname" und „Ausgabeformat" unbesetzt. Der Text wird in das Feld „Nachricht" eingetragen. Die beiden Empfänger „Galah" und „Wombat" können nach der erfolgreichen Durchführung des Sendens die in der nachfolgenden Abbildung gezeigte Post lesen.

Um das Formular „ÖffnenFormular" als Post zu verschicken, klicken Sie die Schaltfläche „Objekt senden" an. Als Ausgabeformat ist in diesem Beispiel das „.xls"-Format festgelegt worden. Das Formular besitzt neben mehreren Textfeldern auch ein Kontrollkästchen, dessen Inhalt mit 0 beziehungsweise -1 in die Excel-Tabelle übernommen wird.

Wenn Sie vor dem Senden Ihrer Nachricht noch das Dialogfeld mit den eingetragenen Daten sehen möchten, übergeben Sie dem Argument „Nachricht bearbeiten" den Wert „Ja". Dieses Dialogfeld wird angezeigt, wenn Sie die Schaltfläche „Bearbeiten ermöglichen" anklicken. Auf diese Weise können Sie dem Anwender die Möglichkeit bieten, vor dem Senden noch Änderungen vorzunehmen.

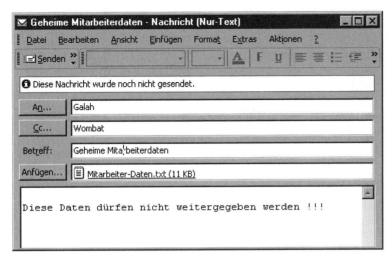

Bild 6.7: Dialogfeld zum Bearbeiten erscheint

6.4.2 Ein Objekt im RTF-, XLS-, TXT- oder einem Internet-Format speichern

Bestimmte Datenbankobjekte können Sie mithilfe der Aktion „AusgabeIn" („OutputTo") als Dateien im „.rtf"-, „.xls"-, „.txt"- „html"-, „asp"- und „idc/htx"-Format speichern. Die ersten drei Argumente dieser Aktion sind dieselben wie bei der Aktion „SendenObjekt". Sie müssen den Objekttyp, den Objektnamen und das Ausgabeformat angeben. Falls Sie kein Format nennen, blendet Access beim Aufruf der Aktion „AusgabeIn" ein Dialogfeld ein, in dem der Benutzer das Format bestimmen muss.

Den Namen der Datei mit vollständiger Pfadangabe übergeben Sie dem Argument „Ausgabedatei". Wenn Sie wünschen, dass sofort die dem eingestellten Format zugehörige Anwendung gestartet wird, um die Datei darin anzuzeigen, setzen Sie das letzte Argument „Autostart" auf den Wert „Ja". In diesem Fall müssen Sie die standardmäßige Dateiendung im Parameter „Ausgabedatei" schreiben, da ansonsten Access nicht weiß, welches Programm zu starten ist. Geben Sie keine Datei an, wird der Anwender danach gefragt.

Alle Einschränkungen, die bereits bei der Aktion „SendenObjekt" aufgeführt wurden, gelten auch hier. Sie können zum Beispiel kein Makro in eine Datei sichern.

In der Datenbank MAKROPR.MDB gibt es das Formular „Ausgabe", mit dem Sie verschiedene Ausgaben starten können. Für jedes Format existiert eine eigene Befehlsschaltfläche. Über die vierte Schaltfläche können Sie selbst festlegen, welches Format und welche Datei Sie wünschen.

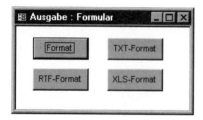

Bild 6.8: Formular Ausgabe

Für die Realisierung dieses Beispiels wurde für jedes Steuerelement eine Ereignisprozedur erstellt. Jede Prozedur ruft die Methode „Output" mit unterschiedlichen Werten auf.

```
Private Sub Schaltfläche0_Click()
    ' Frage nach Ausgabeformat und Datei
    DoCmd.OutputTo acTable, "Handelswaren", "", "", True, ""
End Sub

Private Sub Schaltfläche1_Click()
    DoCmd.OutputTo acTable, "Ausgelieferte Waren", "RichTextFormat(*.rtf)", "c:\tmp\test.rtf",
    False, ""
End Sub

Private Sub Schaltfläche2_Click()
    ' Editor sofort starten, Frage nach Datei
    DoCmd.OutputTo acTable, "Verkaufte Waren", "MS-DOSText(*.txt)", "", True, ""
End Sub

Private Sub Schaltfläche3_Click()
    ' Excel sofort starten
    DoCmd.OutputTo acTable, "Lieferanten", "MicrosoftExcel(*.xls)", "c:\tmp\liefer.xls", True, ""
End Sub
```

Daten im XLS-Format sichern

Wenn Sie die Schaltfläche „XLS-Format" drücken, wird die Tabelle „Lieferanten" als XLS-Tabellenblatt unter dem Namen „Liefer.xls" im Verzeichnis „C:\tmp" gesichert. Falls auf Ihrem PC kein solches Verzeichnis auf dem Laufwerk C: existiert, sollten Sie vor Ausführung der Aktion die Verzeichnisangabe an Ihre Rechnerumgebung anpassen. Nach dem Speichern wird das Programm Excel automatisch gestartet und die Datei geladen.

Daten im TXT- oder RTF-Format sichern

Ein automatisches Starten des Editors erfolgt durch Anklicken der Schaltfläche „TXT-Format". Da das Argument „Ausgabedatei" nicht gefüllt wurde, wird der Anwender nach dem Namen und dem Ort für die Datei gefragt. Über die Befehlsschaltfläche „RTF-Format" wird die Tabelle „Ausgelieferte Waren" in einer Datei namens „Test" im Rich-Text-Format abgelegt. Da hierbei das Argument „Autostart" den standardmäßig gesetzten Wert „Nein" enthält, wird Word nicht aufgerufen.

Format und Datei selbst bestimmen

Um sowohl das Ausgabeformat als auch die Datei selbst bestimmen zu können, müssen Sie die Schaltfläche „Format" betätigen. In diesem Fall wird der Aktion nur der Tabellenname Handelswaren und der Wert „Ja" für das Argument „Autostart" übergeben.

Dadurch erscheint zuerst das Dialogfeld für das Format und anschließend das für den Dateinamen. Als Name wird der Tabellenname vorgeschlagen.

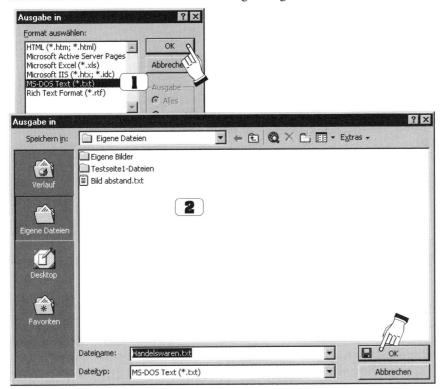

Bild 6.9: Format und Datei selbst wählen

6.4.3   Ein Objekt im- oder exportieren

Der Transfer von Datenbankobjekten wird mithilfe der Menüpunkte TABELLEN VERKNÜPFEN und IMPORTIEREN, die Sie im Untermenü EXTERNE DATEN des Menüs DATEI finden, und dem Menüpunkt EXPORTIEREN verwirklicht. Dabei wird die Verwendung anderer Datenformate wesentlich erleichtert.

Wenn Sie einen bestimmten Datentransfer immer wieder vornehmen müssen, können Sie diesen Vorgang mit Aktionen automatisieren und damit weiter vereinfachen. Die sonst doch etwas aufwändige Datenübertragung kann auf diese Weise auf das Anklicken einer Befehlsschaltfläche reduziert werden. Für den Datentransfer mit einem Makro, VBA-Funktion oder Ereignisprozedur stellt Access die folgenden Aktionen zur Verfügung:

• TransferDatenbank („TransferDatabase")

- TransferArbeitsblatt („TransferSpreadsheet")
- TransferText („TransferText")
- TransferSQLDatenbank („TransferSQLDatabase")

Hinweis: Die zuletzt genannte Aktion „TransferSQLDatenbank" kann nur in einem Access-Projekt eingesetzt werden. Sie überträgt eine komplette MS SQL Server-Datenbank vom aktuellen Server auf einen anderen.

Aktion „TransferDatenbank"

Die Aktion „TransferDatenbank" ermöglicht es, Daten aus einer anderen Datenbank in die aktuelle Access-Datenbank zu importieren, Daten aus der aktuellen Access-Datenbank in eine andere Datenbank zu exportieren und eine Tabelle aus einer anderen Datenbank mit der aktuellen Access-Datenbank zu verknüpfen. Wenn sowohl die Quelldatenbank als auch die Zieldatenbank Access-Datenbanken sind, können alle Datenbankobjekte (Tabellen, Abfragen, Formulare, Berichte, Makros und Module) übertragen werden.

Diese Aktion besitzt sieben Argumente, die nachfolgend aufgelistet sind. Mit diesen Argumenten werden die Einstellungen in den Dialogfeldern nachgebildet, die sonst über die Menüpunkte TABELLEN VERKNÜPFEN, IMPORTIEREN und EXPORTIEREN angezeigt werden

- „Transfertyp": Über dieses Argument legen Sie die Art der Übertragung fest. Sie können zwischen den Optionen „Importieren", „Exportieren" und „Verknüpfen" wählen.
- „Datenbankformat": Im ersten Dialogfeld, das erscheint, wenn einer der eben genannten Menüpunkte ausgelöst wird, stellen Sie im Kombinationsfeld „Dateityp" das Dateiformat ein. Diese Angabe wird in das Argument „Datenbankformat" geschrieben. Alle verfügbaren Datenbanktypen werden aufgelistet, wenn Sie den Pfeil im Eingabefeld dieses Arguments anklicken
- „Datenbankname": Nach der Selektion des Dateiformats müssen Sie bei den drei Menüpunkten die Datei auswählen, aus der importiert oder verknüpft beziehungsweise in die exportiert werden soll. Dem Argument „Datenbankname" muss der Name der Datenbank mit einer vollständigen Pfadangabe übergeben werden. Falls auf Datenbanken wie dBA-SE oder Paradox zugegriffen wird, bei denen jede Tabelle in einer eigenen Datei steht, wird an dieser Stelle das Verzeichnis genannt, das die gewünschte Datei enthält. Der Dateiname selbst wird dann beim Importieren und Verknüpfen in das Argument „Quelle" beziehungsweise beim Exportieren in das Argument „Ziel" geschrieben.
- „Objekttyp": Dieses Argument wird nur berücksichtigt, wenn für das Argument „Datenbankformat" die Standardeinstellung „Microsoft Access" gelassen wurde. In diesem Fall können Sie hierüber den Typ des Datenbankobjekts, das im- beziehungsweise exportiert werden soll, festlegen.
- „Quelle": Datenherkunft
- „Ziel": Datenziel; sowohl die Quelle als auch das Ziel hängen von zuvor getätigten Einstellungen ab. Wenn es sich zum Beispiel um eine Übertragung zwischen zwei Access-Datenbanken handelt, wird der Name des Quell- und des Ziel-Datenbankobjekts angegeben. Soll hingegen eine dBASE-Tabelle importiert werden, muss in das Argument

„Quelle" der Name der dBASE-Datei mit Dateierweiterung und in das Argument „Ziel" der Name einer neuen Access-Tabelle geschrieben werden.

Hinweis: Falls Access beim Importieren feststellt, dass es bereits ein Objekt mit demselben Namen gibt, wird an das Ende des Namens eine Zahl angehängt, damit es keine Namensüberschneidungen gibt. Beim Exportieren hingegen werden bei Namensgleichheiten die in der Datenbank existierenden Objekte mit dem neuen Objekt überschrieben.

- „Nur Struktur": Dieses Argument ist nur dann relevant, wenn ein Tabellen-Transfer zwischen zwei Access-Datenbanken stattfindet. In diesem Fall bestimmt das Argument, ob nur die Definition der Tabelle oder auch die Daten in die neue Tabelle übernommen werden sollen.

Wenn der Datentransfer mit einer durch ein Passwort geschützten Datenbank durchgeführt werden soll, wird bei der Ausführung der Aktion „TransferDatenbank" ein Dialogfeld eingeblendet, in das Sie das Kennwort eintragen müssen. Bei richtiger Eingabe wird die Aktion fortgesetzt.

Aktion „TransferArbeitsblatt"

Mit der Aktion „TransferArbeitsblatt" werden Daten aus einer Tabellenkalkulationsdatei in die aktuelle Access-Datenbank importiert oder Daten aus der aktuellen Access-Datenbank in eine Tabellenkalkulationsdatei exportiert. Deswegen kann auch diese Aktion mit den Menüpunkten IMPORTIEREN, TABELLEN VERKNÜPFEN und EXPORTIEREN aus dem DATEI-Menü verglichen werden, da sie die Dateiformate von Microsoft Excel in mehreren Versionen und mehrere Lotus-Formate zur Auswahl anbieten. Da diese drei Menüpunkte mehrere Dialogfelder anzeigen, in denen bestimmte Einstellungen vorgenommen werden müssen, besitzt auch die Aktion „TransferArbeitsblatt" einige Argumente, die folgendermaßen lauten:

- „Transfertyp": Wie bei der Aktion „TransferDatenbank" kann zwischen den drei Optionen „Importieren", „Verknüpfen" und „Exportieren" gewählt werden.
- „Dateiformat": Der Typ der Tabellenkalkulationsdatei, der ansonsten im ersten Dialogfeld der beiden Menüpunkte eingestellt wird, muss dem Argument „Dateiformat" übergeben werden.
- „Tabellenname": Über dieses Argument bestimmen Sie den Namen der Access-Tabelle, in die die Daten der Tabellenkalkulation importiert beziehungsweise verknüpft oder aus der Daten exportiert werden sollen. Falls Access beim Importieren oder Verknüpfen feststellt, dass diese Tabelle noch nicht existiert, wird sie neu angelegt.
- „Dateiname": In diesem Argument übergeben Sie den Namen der Tabellenkalkulationsdatei, aus der exportiert, in die importiert oder die verknüpft werden soll. Wenn bereits eine Datei mit diesem Namen existiert, wird sie beim Exportieren mit den neuen Daten überschrieben.
- „Besitzt Feldnamen": Falls in der ersten Zeile des Arbeitsblattes die Namen der Felder stehen, können diese Namen als Feldnamen in der Access-Tabelle benutzt werden. Dazu müssen Sie dieses Argument auf den Wert „Ja" einstellen. Ansonsten wird der Inhalt der ersten Zeile als normale Daten interpretiert

- „Bereich": Um das gesamte Arbeitsblatt zu importieren, bleibt das Argument „Bereich" unbesetzt. Sollen jedoch nur bestimmte Zeilen und Spalten in die Access-Tabelle übernommen werden, geben Sie hier den gewünschten Bereich zum Beispiel über „B2:F8" an. Die neueren Excel-Versionen speichern mehrere Arbeitsblätter in einer Arbeitsmappe ab. Wenn Sie in diesem Fall das Argument „Bereich" leer lassen, wird das erste Blatt in der Mappe übernommen. Um ein bestimmtes Arbeitsblatt zu importieren oder einzubinden, müssen Sie den Namen dieses Blattes mit einem nachgestellten Ausrufezeichen nennen, zum Beispiel „Tabelle3!". Eine Bereichsangabe kann dieser Angabe bei Bedarf noch folgen: „Tabelle3!A3:H8".

Aktion „TransferText"

Um Daten aus einer Textdatei in die aktuelle Access-Datenbank zu importieren oder um Daten aus der aktuellen Access-Datenbank in eine Textdatei zu exportieren, gibt es die Aktion „TransferText". Bei der Textdatei kann es sich auch um ein HTML-Dokument handeln. Dazu erfahren Sie im Kapitel 17.3 Genaueres.

- „Transfertyp": Genauso wie die beiden anderen Transfer-Aktionen automatisiert auch diese Aktion die Datenübertragung, die ansonsten über die Menüpunkte IMPORTIEREN, TABELLEN VERKNÜPFEN und EXPORTIEREN aufgerufen werden. Deswegen existiert wiederum das Argument „Transfertyp", das jeweils drei Optionen für den Import und das Verknüpfen sowie vier für den Export enthält.

- „Spezifikationsname": In diesem Argument muss der Name einer zuvor erstellten Import/Export-Spezifikation definiert werden, wenn im Argument „Transfertyp" eine Option mit festgelegtem Format gewählt wurde. Eine solche Spezifikation, die entweder durch Sie oder Access angelegt wird, speichert alle Informationen, die Access für die Datenübertragung einer Textdatei benötigt. Textdateien mit Trennzeichen erfordern nicht unbedingt eine Spezifikation. Falls dieses Argument freigelassen wird, werden die Standardeinstellungen benutzt.

- „Tabellenname": Den Namen der Tabelle, in die die Textdaten importiert beziehungsweise aus der sie exportiert werden sollen, wird im Argument genannt. Genauso wie bei der Aktion „TransferDatenblatt" wird auch beim Ausführen der Aktion „TransferText" eine neue Tabelle angelegt, wenn Access beim Importieren beziehungsweise Verknüpfen feststellt, dass es die angegebene Tabelle noch nicht gibt.

- „Dateiname": In dieses Argument schreiben Sie den Namen der Textdatei, die die andere Seite der Datenübertragung darstellt. Es wird beim Exportieren eine neue Datei erstellt, falls noch keine mit dem Namen existiert. Andernfalls wird die bereits bestehende Textdatei mit den neuen Daten überschrieben.

- „Besitzt Feldnamen": Dieses Argument bestimmt, ob die erste Zeile der Textdatei Feldnamen oder normale Daten enthält.

Beispiel zum Datenexport

Angenommen, die Mitarbeiter, die vor dem 1.1.89 eingestellt wurden, bekommen zum Jahresende eine Extra-Prämie für die langjährige Mitarbeit und nächstes Jahr einen Urlaubstag mehr. Sie führen diese Mitarbeiter in einer gesonderten Liste, die ein Microsoft Excel-Arbeitsblatt ist, in der die Extra-Prämie automatisch berechnet wird.

Wenn Sie diese Aufgabe auf traditionelle Weise lösen, werden Sie zunächst die entsprechende Tabellenerstellungsabfrage formulieren und anschließend ausführen. Dadurch entsteht eine neue Tabelle zum Beispiel mit dem Namen „Temp".

Diese Tabelle übertragen Sie anschließend mithilfe des Menüpunktes EXPORTIEREN aus dem DATEI-Menü in das vorbereitete Excel-Arbeitsblatt, indem Sie das Microsoft Excel-Dateiformat verwenden. Nach Durchführung dieser Arbeit kann die Access-Tabelle, die nur zeitweise für den Export benötigt wurde, wieder gelöscht werden.

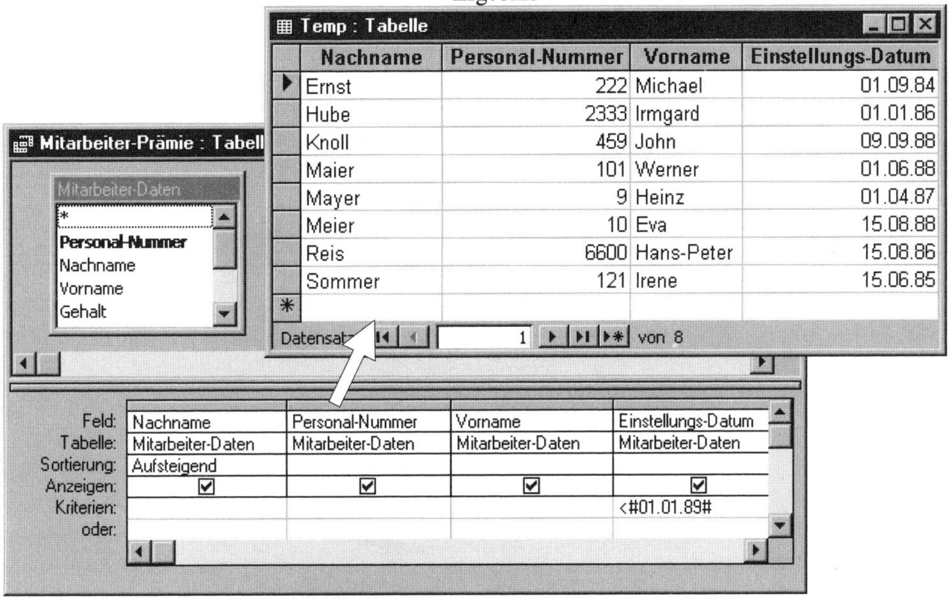

Ergebnis

Tabellenerstellungs-Abfrage

Bild 6.10: Die Abfrage „Mitarbeiter-Prämie" und die entstehende Tabelle

Wenn eine solche Aufgabe regelmäßig erfolgt, sollten Sie sich dafür ein Makro oder eine Funktion schreiben. Dann können Sie alle Arbeitsgänge auf einen einzigen Schritt reduzieren. Sie erstellen ein neues Makro, dem Sie die Aktionen „AusführenSQL", „TransferArbeitsblatt", „AuswählenObjekt" und „Tastaturbefehle" zum Löschen des Dynasets hinzufügen.

Mit der Aktion „AusführenSQL" wird die Tabellenerstellungsabfrage ausgeführt. Den dem Argument „SQL-Anweisung" übergebenen Code können Sie sich aus dem Dialogfeld „SQL" holen, das Sie über den Menüpunkt SQL aufrufen, wenn Sie sich im Abfragefenster befinden und dort die Abfrage „Mitarbeiter-Prämie" angezeigt wird.

```
SELECT [Nachname], [Vorname], [Einstellungs-Datum]
  INTO Temp
  FROM [Mitarbeiter-Daten]
  WHERE ([Einstellungs-Datum]<#01/1/89#)
  ORDER BY Nachname;
```

Die Anweisung SELECT...INTO ist die SQL-Entsprechung einer Access-Aktionsabfrage zur Erstellung einer Tabelle. Die Anweisung wählt die drei Felder „Nachname", „Vorname" und

„Einstellungs-Datum" der Tabelle „Mitarbeiter-Daten" aus und erzeugt daraus die temporäre Tabelle „Temp".

Das Argument „Tabellenname" der Aktion „TransferArbeitsblatt" wird auf den Wert „Temp" gesetzt, um auf die durch den SQL-Code erstellte Tabelle zu verweisen. Die anderen Argumente zum Exportieren der Daten im Microsoft Excel-Format setzen Sie, indem Sie den Namen der Zieltabelle einschließlich des Pfades angeben. Um auch die Feldnamen in das Excel-Arbeitsblatt zu übernehmen, wird das Argument „Besitzt Feldnamen" auf „Ja" eingestellt.

Die Aktion „AuswählenObjekt" benötigen Sie, um im Datenbankfenster die temporäre Tabelle „Temp" auszuwählen, damit sie anschließend mit der Aktion „Tastaturbefehle" gelöscht werden kann. Dazu wird zuerst die <Entf>-Taste gesendet, die den Löschvorgang einleitet. Anschließend kommt die <Enter>-Taste an die Reihe, die das Löschen bestätigt und das entsprechende Dialogfeld wieder schließt. Das Entfernen der Tabelle ist natürlich auch über die Aktion „LöschenObjekt" möglich.

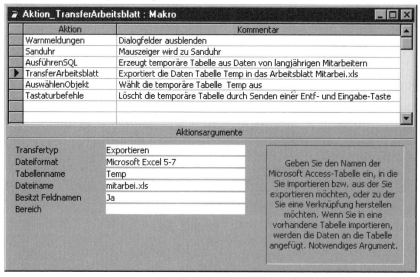

Bild 6.11: Makro „Aktion_Transfer Arbeitsblatt" für den Datentransfer nach Excel

Wenn Sie dieses Makro ausführen, werden die gewünschten Daten automatisch in das Microsoft Excel-Arbeitsblatt exportiert, ohne dass Sie am Ende des Vorgangs eine überflüssige Tabelle in Ihrer Access-Datenbank besitzen.

6.5   Mit den Tasten der Tastatur arbeiten

Damit Aktionen, die sehr häufig ausgeführt werden, schneller aufgerufen werden können, definieren Sie Tastenkombinationen, über die diese Aktionen gestartet werden. Mit der Überschrift dieses Abschnitts ist aber auch die Aktion „Tastaturbefehle" beziehungsweise die VBA-Anweisung „SendKeys" gemeint, die Tastenanschläge an Access sendet, so wie es sonst durch die Eingabe des Anwenders geschieht.

6.5.1   Tastenbelegungen definieren

Access bietet die Möglichkeit, ein spezielles Tastenbelegungsmakro zu schreiben, mit dessen Hilfe Aktionen bestimmten Tastenkombinationen zugeordnet werden können. Wenn Sie zum Beispiel häufig den aktuellen Datensatz drucken, können Sie diese Aktion zum Beispiel einer Tastenkombination <Strg>+<D> zuweisen. Um anschließend den aktuellen Datensatz zum Drucker zu senden, müssen Sie nur aus der Formularansicht die festgelegte Tastenkombination drücken. Ihre Anwendung kann auf diese Weise beliebig viele Tastenbelegungen definieren.

Diese Tastenkombinationen werden auch häufig als Schnelltasten oder Hot Keys bezeichnet, da mit ihnen ein Vorgang auf schnelle Weise ausgelöst werden kann. Meistens treten sie in Verbindung mit Menüpunkten auf. Zum Beispiel besitzen die Standardmenüpunkte, die mit der Zwischenablage arbeiten, solche Schnelltasten. Statt den Menüpunkt EINFÜGEN auslösen zu müssen, kann derselbe Vorgang auch über die beiden Tasten <Strg>+<V> gestartet werden.

Um für eine Aktion oder für eine Gruppe von Aktionen eine Tastenkombination festzulegen, müssen Sie ein neues Makro erstellen. Die gewünschte Tastenkombination geben Sie in der Spalte „Makroname" ein, wobei Sie die in der nachfolgenden Tabelle aufgelisteten Tastenkombinationen verwenden dürfen. Sie stellen eine Teilmenge der Tastaturbefehle-Syntax dar, auf die im nächsten Punkt bei der Aktion „Tastaturbefehle" noch genauer eingegangen wird.

Tabelle 6.3: Tastaturbefehle für Schnelltasten

Tastaturbefehle-Syntax	Tastenkombination
^Buchstabe oder ^Ziffer oder Zahlentaste	<Strg> + ein beliebiger Buchstabe
{Fn}	eine beliebige Funktionstaste
^{Fn}	<Strg> + eine Funktionstaste
+{Fn}	<Umschalt> + eine Funktionstaste
{EINFG}	<Einf>
^{EINFG}	<Strg> + <Einf>
+{EINFG}	<Umschalt> + <Einf>
{ENTF}	<Entf>
^{ENTF}	<Strg> + <Entf>
+{ENTF}	<Umschalt> + <Entf>

In die Spalte „Aktion" geben Sie die Aktion(en) ein, die Sie mithilfe der Tastenkombination ausführen möchten. Falls es sich dabei um mehrere Aktionen handelt, bleibt die Spalte „Makroname" für die der ersten Aktion folgenden Zeilen unbesetzt. Anschließend speichern Sie das Makro unter dem Namen „AutoKeys". Nach der Speicherung erkennt Access sofort, wenn Sie die definierte Tastenkombination drücken, und führt die entsprechende(n) Aktion(en) aus.

Um mehrere Tastenkombinationen festzulegen, erstellen Sie für jede gewünschte Kombination ein eigenes Makro. Alle Makros werden als Makrogruppe in dem „AutoKeys"-Makro zusammengefasst.

Hinweis: Wenn Sie einer Aktion oder einer Gruppe von Aktionen eine Tastenkombination zuordnen, die bereits von Access verwendet wird, wie zum Beispiel <Strg>+<X>, die den markierten Text ausschneidet und ihn in die Zwischenablage kopiert, dann ersetzen Ihre Aktion(en), denen Sie im Tastenbelegungsmakro diese Tastenkombination zugeordnet haben, die ursprüngliche Belegung in allen Fenstern innerhalb von Access.

Standardmenüpunkte, Makros und VBA-Prozeduren über Tasten aktivieren

Sie können den Standardmenüpunkten, die bereits über Schnelltasten ausgelöst werden können, andere Tastenkombinationen als die von Access vorgegebenen zuordnen. Danach können diese Punkte entweder mit den in Access definierten Schnelltasten oder mit Ihren ausgelöst werden. Genauso ist es möglich, Standardmenüpunkte, die bisher noch keine Hot Keys besaßen, mit einer Tastenkombination zu verbinden. In beiden Fällen verwenden Sie dazu die Aktion „AusführenBefehl" („RunCommand").

Um ein bereits existierendes Makro mit einer Schnelltaste zu verbinden, rufen Sie die Aktion „AusführenMakro" auf und übergeben als Argument den Namen dieses Makros. Das Makro kann anschließend direkt über das Drücken dieser Tastenkombination ausgelöst werden. Entsprechendes gilt auch für VBA-Funktionen, die über die Aktion „AusführenCode" gestartet werden.

Beispiel für Tastenbelegungen

Zu Beginn dieses Punktes wurde bereits das Beispiel erwähnt, das nun realisiert wird. Bei der Arbeit mit verschiedenen Formularen wollen Sie häufig den aktuellen Datensatz drucken. Um diesen immer wiederkehrenden Vorgang zu vereinfachen, soll er mit der Tastenkombination <Strg>+<D> ausgeführt werden können. Deswegen erstellen Sie nun ein Makro mit dem Namen „AutoKeys", das die Tastenkombination <Strg>+<D> und noch weitere Schnelltasten enthält. Alle in diesem Makro definierten Tastenkombinationen können wirksam werden, wenn ein Formular das aktuelle Fenster innerhalb von Access ist. Die beiden Funktionstasten <F1> und <F11> und die <Entf>-Taste können zu jedem Zeitpunkt aktiviert werden.

Die Tastaturbefehle-Syntax für <Strg>+<D> lautet „^d". Bei diesem Beispiel wird angenommen, dass das Makro mit dem Namen „Datensatz_drucken", mit dem der aktuelle Datensatz ausgewählt und gedruckt wird, bereits früher erzeugt wurde und somit vorhanden ist. Deswegen wird die Aktion „AusführenMakro" benutzt, die dieses Makro startet.

Um das aktuelle Formular unter einem anderen Namen in der Datenbank ablegen zu können, kann anstelle des Menüpunktes SPEICHERN UNTER aus dem Menü DATEI auch die Schnelltaste <Strg>+<S> gedrückt werden. Damit alle Datensätze in die Zwischenablage kopiert werden, kann die Funktionstaste <F7> verwendet werden.

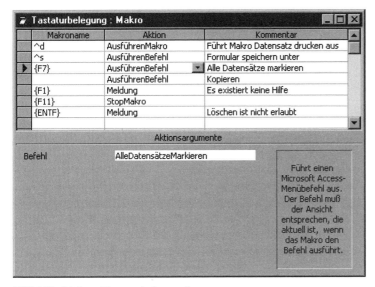

Makroname	Aktion	Kommentar
^d	AusführenMakro	Führt Makro Datensatz drucken aus
^s	AusführenBefehl	Formular speichern unter
{F7}	AusführenBefehl	Alle Datensätze markieren
	AusführenBefehl	Kopieren
{F1}	Meldung	Es existiert keine Hilfe
{F11}	StopMakro	
{ENTF}	Meldung	Löschen ist nicht erlaubt

Aktionsargumente

Befehl AlleDatensätzeMarkieren

Führt einen Microsoft Access-Menübefehl aus. Der Befehl muß der Ansicht entsprechen, die aktuell ist, wenn das Makro den Befehl ausführt.

Bild 6.12: Makro „Tastaturbelegung"

Die restlichen drei Schnelltasten, die Sie in der letzten Abbildung gesehen haben, werden Sie nicht mehr in dem Makro „AutoKeys" in der Datenbank MAKROPR.MDB finden. Nach dem Austesten dieses Beispiels wurden sie nämlich wieder entfernt, da sie grundlegende Datenbankfunktionen unterbinden. Normalerweise kann über die <F1>-Taste die Hilfefunktion gestartet und über die <F11>-Taste das Datenbankfenster in den Vordergrund geholt werden. Beides ist nun nicht mehr möglich. Durch Drücken der <F1>-Taste wird nur ein Meldungsfenster mit dem Text „Es existiert keine Hilfe" ausgegeben. Wenn die <F11>-Taste angewählt wird, erfolgt überhaupt keine Reaktion, da das Makro durch die Aktion „StopMakro" beendet wurde. Außerdem wurde im Beispiel das Löschen von Datensätzen über die <Entf>-Taste verhindert. Dazu wird diese Taste mit der Aktion „Meldung" verbunden, die dem Anwender über ein Meldungsfenster mitteilt, dass das Löschen nicht erlaubt ist. Damit kann die <Entf>-Taste überhaupt nicht mehr sinnvoll eingesetzt werden.

Nachdem Sie das Makro „AutoKeys" gespeichert haben, können Sie zum Beispiel den aktuellen Datensatz mit der Tastenkombination <Strg>+<D> zum Drucker senden. Diese Tastenbelegungen treten jedesmal in Kraft, wenn Sie die Datenbank öffnen, in der Sie dieses Makro erstellt haben.

6.5.2 Die Aktion „Tastaturbefehle" und die Anweisung „SendKeys"

Tastenanschläge an Access zu senden, ohne dass der Anwender die Eingabe vornehmen muss, kann über die Aktion „Tastaturbefehle" und über die Anweisung „SendKeys" realisiert werden. Beide besitzen die Argumente „Tastenfolge" und „Warten". Im ersten Argument werden die Tastenanschläge festgelegt, die Access verarbeiten soll. Maximal sind dafür 255 Zeichen erlaubt. Durch das zweite Argument wird bestimmt, ob der Code, der die Aktion beziehungsweise die Anweisung aufruft, während der Reaktion auf die Tastenanschläge im Wartezustand bleibt oder sofort die nächste Aktion ausführt.

Tastaturbefehle-Syntax

Die Tasten, die gesendet werden sollen, werden im Argument „Tastenfolge" in der Tastatur-befehle-Syntax geschrieben. Eine Teilmenge davon haben Sie bereits bei den Erläuterungen zum „AutoKeys"-Makro kennen gelernt. In der nächsten Tabelle ist die Syntax für die Zeichen aufgelistet, die beim Drücken der Taste nicht dargestellt werden.

Tabelle 6.4: Tastaturbefehle-Syntax

Taste	Tastaturbefehle-Syntax
<Bild nach oben>	{BILD-NACH-OBEN}
<Bild nach unten>	{BILD-NACH-UNTEN}
<Pfeil links>	{NACH-LINKS}
<Pfeil nach oben>	{NACH-OBEN}
<Pfeil rechts>	{NACH-RECHTS}
<Pfeil nach unten>	{NACH-UNTEN}
<Druck>	{DRUCK}
<Einfg>	{EINFG}
<Enter>	{EINGABE} oder ~
<Ende>	{ENDE}
<Entf>	{ENTF}
<Pos1>	{POS1}
<Esc>	{ESC}
<Groß> (Caps Lock)	{FESTSTELL}
<Num>	{NUM}
<Rollen>	{ROLLEN}
<Rück>	{RÜCK}
<Tab>	{TABULATOR}
<Pause>	{UNTBR}
<F1>	{F1}
.....	....
<F16>	{F16}

Für alle Eingaben, die Buchstaben- und Ziffern-Zeichen betreffen, verwenden Sie das Zeichen selbst. Wenn zum Beispiel die Eingabe „Hallo" lauten soll, geben Sie den Zeichenfolgeausdruck „HALLO" ein. Da das Pluszeichen (+), das Prozentzeichen (%), das Tildezeichen (~) und die runden Klammern () für die Tastaturbefehle-Syntax spezielle Bedeutungen haben, müssen diese Zeichen bei ihrer Verwendung in geschweifte Klammern gesetzt werden. Wenn zum Beispiel das Prozentzeichen in der Eingabe vorkommt, schreiben Sie dafür {%}. Das Gleiche gilt für die eckigen Klammern, da sie in anderen Windows-Applikationen etwas Bestimmtes aussagen. Um geschweifte Klammern anzugeben, müssen diese selbst wieder in geschweifte Klammern eingeschlossen werden: {{} beziehungsweise {}}.

Viele Tastenkombinationen benutzen die <Umschalt>-, die <Strg>- und die <Alt>-Taste, die auch durch eine spezielle Syntax dargestellt werden:

Tabelle 6.5: Tastaturbefehle-Syntax für die Tasten <Umschalt>, <Strg> und <Alt>n

Taste	Tastaturbefehle-Syntax
<Alt>	%
<Strg>	^
<Umschalt>	+

Zusammengesetzte Tastenkombinationen definieren

Für die Definition einer Tastenkombination, die unter anderem durch eine oder mehrere dieser drei Tasten gebildet wird, muss der Code der alphanumerischen Tasten von runden Klammern umschlossen werden. Um zum Beispiel zu realisieren, dass die <Strg>-Taste gedrückt gehalten wird, während die beiden Tasten <D> und <U> betätigt werden, müssen Sie folgenden Zeichenfolgeausdruck schreiben:

    ^(DU)

Falls jedoch nur bei der ersten alphanumerischen Taste die <Strg>-Taste gedrückt sein soll, lautet der Ausdruck folgendermaßen:

    ^DU

Falls eine Taste mehrmals hintereinander betätigt werden muss, können Sie eine gekürzte Schreibweise benutzen. In geschweiften Klammern geben Sie zuerst die Taste selbst und dann, durch ein Leerzeichen getrennt, die Anzahl an. Durch den nachfolgenden Ausdruck werden zum Beispiel die <Entf>-Taste dreimal und die Buchstaben-Taste <I> zehnmal gedrückt.

    {Entf 3}
    {I 10}

Dialogfelder mit Tastenanschlägen füllen

Die Aktion „Tastaturbefehle" beziehungsweise die Anweisung „SendKeys" wird dann verwendet, wenn die Ausführung eines Codes nicht unterbrochen werden soll, das in seinem Ablauf eine oder mehrere Aktionen aufruft, die Dialogfelder auf den Bildschirm bringen. Dabei handelt es sich um Dialogfelder, deren Felder immer mit denselben Werten besetzt werden. Einige Aktionen verwenden schon selbst diese Vorgehensweise. Die Aktion „SuchenDatensatz" zum Beispiel blendet nicht mehr das Dialogfeld „Suchen" ein, sondern besitzt für jedes auszufüllende Feld im Dialogfeld ein Argument, das bereits bei der Erstellung des Codes versorgt wird.

Damit ein Dialogfeld mithilfe der Aktion „Tastaturbefehle" oder mit der Anweisung „SendKeys" mit Werten gefüllt werden kann, muss diese Aktion beziehungsweise Anweisung vor der Aktion aufgerufen werden, die das Dialogfeld normalerweise anzeigt, und das Argument „Warten" auf „Nein" gesetzt werden.

Mit der Aktion „Tastaturbefehle" kann zum Beispiel die Eingabe in das Dialogfeld „Speichern unter" vorweggenommen werden. In diesem Beispiel wird das Formular „BeimKlicken_Mitarbeiter" geöffnet, damit es zum aktuellen Formular wird und das neue Formular sich am Ende der Makroausführung im geöffneten Zustand befindet. Anschließend wird die Aktion „Tastaturbefehle" aufgerufen, die folgende Tastenanschläge an Access sendet:

> Testformular{EINGABE}

Dabei stellt das Wort „Testformular" den Namen für das kopierte Formular dar. Das Dialogfeld muss mit der <Enter>-Taste abgeschlossen werden, die durch die Angabe {EINGABE} realisiert wird. Diese Tasten beziehen sich auf das Dialogfeld „Speichern unter", das andernfalls durch die nächste Aktion „AusführenBefehl" auf den Bildschirm ausgegeben werden würde. Als letzte Aktion wird „Schließen" aktiviert, um das Formular „BeimKlicken_Mitarbeiter" wieder zu beenden.

Bild 6.13: Makro mit der Aktion „Tastaturbefehle"

Wenn Sie das Makro „Aktion Tastaturbefehle" das erste Mal über das Symbol „Ausführen" in der Symbolleiste starten, werden Sie ein kurzes Einblenden des Formulars „BeimKlicken_Mitarbeiter" und des Dialogfeldes sehen. Als Ergebnis wird das neue Formular mit dem Namen „Testformular" angezeigt. Bei allen weiteren Starts erscheint ein Dialogfeld, das den Anwender fragt, ob das bereits bestehende Formular „Testformular" überschrieben werden soll. Durch die Betätigung der „OK"-Befehlsschaltfläche wird das Makro zu Ende ausgeführt.

Sie können außerdem den Inhalt eines Steuerelements in einem Formular mit der Aktion „Tastaturbefehle" versenden. Unter der Annahme, dass das Formular „Kunden" und das Textfeld „Firma" heißt, wird dem Argument „Tastenfolge" Folgendes zugewiesen:

> =[Forms]![Kunden]![Firma]

Die Liste eines Kombinationsfeldes automatisch anzeigen

Mit der Aktion „Tastaturbefehle" beziehungsweise mit der Anweisung „SendKeys" kann auch ein Kombinationsfeld automatisch aufgeklappt werden, sobald es den Fokus erhält. Das Formular „Tastenmakro" in der Datenbank MAKROPR.MDB basiert auf der Tabelle „Kunden-Daten". Alle bereits eingetragenen Firmen werden in einem Kombinationsfeld aufgelistet. Wenn Sie mit der <Tab>-Taste oder dem Mauszeiger den Textcursor auf dieses Steuerelement setzen, wird sofort die Liste angezeigt.

Die Makrogruppe, die genauso heißt wie das Formular, enthält zwei Makros. Das Makro „Kombinationsfeld" enthält die Aktion „Tastaturbefehle" mit folgender Tastenfolge:

    %{NACH-UNTEN}

Dieses Makro wird der Ereignis-Eigenschaft „BeimHingehen" des Kombinationsfeldes zugewiesen.

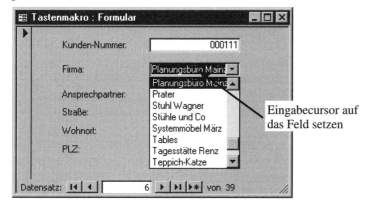

Bild 6.14: Das Formular „Tastenmakro" mit automatisch aufklappbarem Kombinationsfeld

Damit beim Blättern zum nächsten Satz der Textcursor immer auf dem ersten Feld, der Kunden-Nummer, steht, wird das Makro „Fokus", das aus der Aktion „GeheZuSteuerelement" besteht, der Formular-Eigenschaft „BeimAnzeigen" übergeben.

Bild 6.15: Die Makrogruppe „Tastenmakro"

7 Ereignisse

Die meisten Makros und Prozeduren werden in einer Datenbankanwendung über das Eintreten von Ereignissen aufgerufen. Wie bereits weiter oben erwähnt, ist die Anwendung Access ein ereignisgesteuertes Programm, das auf die Aktionen des Anwenders reagiert. Dieses Kapitel liefert Ihnen einen Überblick über die verschiedenen Ereignisse.

7.1 Ein Ereignis mit Code verbinden

Wenn Sie mit Formularen und Berichten arbeiten, dann interpretiert Access bestimmte Vorgänge in diesen Datenbankobjekten als Ereignisse. Das Wechseln von einem Steuerelement zum nächsten oder von einem Datensatz zum anderen im Formular ist zum Beispiel ein solches Ereignis. Auch beim Öffnen oder Schließen eines Berichts oder Formulars entstehen Ereignisse. Wenn Sie auf ein Ereignis immer wieder auf ganz bestimmte Weise reagieren wollen, ist es recht hilfreich, dafür ein Makro oder eine VBA-Prozedur einzusetzen.

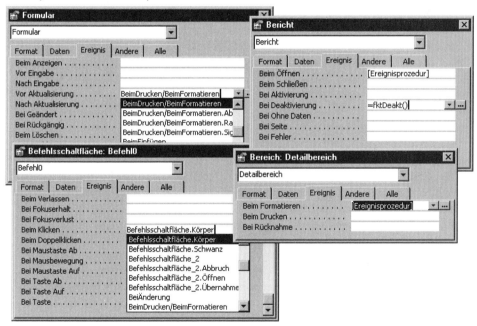

Bild 7.1: Eigenschaftenfenster mit „Ereignis"-Eigenschaften

Ein Ereignis einem Makro zuordnen

Sie können ein Makro schreiben, das alle Aktionen enthält, die beim Eintreten des Ereignisses ausgeführt werden sollen. Anschließend legen Sie fest, auf welches Formular-, Berichtsoder Steuerelementereignis reagiert werden soll. In Access ist jedes Ereignis mit einer bestimmten Eigenschaft verknüpft. Beide besitzen im Deutschen den gleichen Namen. So gibt es zum Beispiel für das Steuerelement „Befehlsschaltfläche" sowohl die Eigenschaft „BeimKlicken" als auch das Ereignis „BeimKlicken". Im Englischen heißt dieses Ereignis

„OnClick". Wenn jedesmal ein Makro gestartet werden soll, sobald die Schaltfläche gedrückt wird, muss dieses Makro der Eigenschaft „BeimKlicken" zugewiesen werden. Alle Eigenschaften, die mit einem gleichlautenden Ereignis verbunden sind, werden wie die anderen Eigenschaften im Eigenschaftenfenster angezeigt, wenn sich das Formular oder der Bericht in der Entwurfsansicht befindet. Um nur diese Eigenschaften eingeblendet zu bekommen, selektieren Sie im Eigenschaftenfenster das Register „Ereignis".

Um das Makro mit einer solchen Eigenschaft zu verbinden, wird der Name des Makros dieser Eigenschaft übergeben. Dazu suchen Sie aus der Liste der Ereignis-Eigenschaften diejenige heraus, auf die eine Reaktion erfolgen soll. Wenn Sie das Eingabefeld anwählen, erscheint am rechten Rand der Pfeil, über den eine Liste aufgeklappt werden kann, die alle existierenden Makros anzeigt. Hieraus können Sie direkt den Makronamen selektieren. Handelt es sich bei dem Makro um eines, das sich in einer Makrogruppe befindet, können Sie auch dieses Makro direkt auswählen, da jedes Makro der Makrogruppen getrennt aufgeführt wird. Auf diese Weise wird das Makro Bestandteil der Formular-, Berichts- oder Steuerelementeigenschaft und läuft bei Eintritt des Ereignisses automatisch ab.

Soll die Eigenschaft mit einem Makro verbunden werden, das noch nicht existiert, werden Sie rechts neben der Zeile die Schaltfläche mit den drei Punkten anklicken und aus dem Dialogfeld „Generator auswählen" den Eintrag „Makro-Generator" wählen. Dadurch wird das Makrofenster zusätzlich mit dem Dialogfeld „Speichern unter" aufgerufen. Somit können Sie direkt einen Namen für das Makro festlegen und es dann mit den gewünschten Aktionen füllen. Der Makroname wird automatisch in die Eigenschaft, von der aus der Editor gestartet wurde, eingetragen.

Ein Ereignis einer VBA-Funktion zuordnen

Wenn Sie auf ein Ereignis reagieren wollen, kann dafür auch eine Funktion eingesetzt werden. Hierzu schreiben Sie im globalen Modul eine Funktion, die beim Eintreten des Ereignisses ausgeführt werden soll. Anschließend legen Sie fest, auf welches Formular-, Berichtsoder Steuerelementereignis zu reagieren ist.

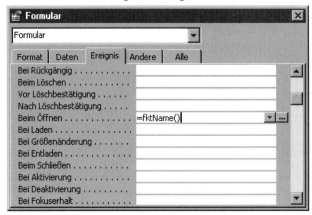

Bild 7.2: Funktion mit einer Ereignis-Eigenschaft verbinden

Um die Funktion mit einer Eigenschaft zu verbinden, wird der Funktionsname dieser Eigenschaft übergeben. Zusätzlich sind vor dem Funktionsnamen ein Gleichheitszeichen = und nach dem Namen runde Klammern () zu schreiben. Falls die Funktion Übergabeparameter besitzt, müssen sie in die runden Klammern eingefügt werden.

= fktName()

Wenn Sie den Namen der Funktion nicht mehr genau wissen, können Sie ihn auch mithilfe des Ausdrucks-Editors in die Eigenschaft eintragen. Dazu klicken Sie im Eigenschaften-fenster die bei der Eigenschaft angezeigte Schaltfläche „Editor" an. Dadurch erscheint ein Dialogfeld, in dem Sie den Eintrag „Ausdrucks-Generator" wählen.

In diesem Editor klicken Sie in der linken Liste den Eintrag „Funktionen" doppelt an, wodurch die zwei Untereinträge „Eingebaute Funktionen" und der Name der Datenbank zusätzlich eingeblendet werden. Um alle Module der aktuellen Datenbank in der mittleren Liste anzuzeigen, selektieren Sie den Namen der Datenbank, zum Beispiel BASICPRG.MDB. Die Routinen des momentan markierten Moduls erscheinen in dem rechten Listenfeld. Wählen Sie die gewünschte Funktion aus und klicken Sie die Schaltfläche „Einfügen" an, um die Funktion in den oberen Bereich zu übernehmen. Vor den Funktionsnamen müssen Sie noch ein Gleichheitszeichen eintragen. Wenn Sie nun die Schaltfläche „OK" drücken, wird der Inhalt des Textfeldes in die Eigenschaft geschrieben.

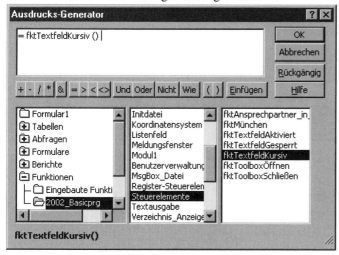

Bild 7.3: Mit dem Ausdrucks-Generator eine Funktion auswählen

Ein Ereignis einer Ereignisprozedur zuordnen

Als dritte Möglichkeit können auch automatische Ereignisprozeduren eingesetzt werden, um auf Ereignisse zu reagieren.

Ihren VBA-Code können Sie nicht nur in Funktionen eingeben, die dann einem Ereignis zugeordnet werden, sondern auch in Ereignisprozeduren. Bei diesen Access-Ereignis-prozeduren handelt es sich um Sub-Prozeduren mit einem festgelegten Rahmen, die sich jeweils auf ein ganz bestimmtes Ereignis beziehen. So kann zum Beispiel für das Ereignis

„BeimKlicken" einer Schaltfläche, die „Schaltf1" heißt, die Access-Ereignisprozedur „Schaltf1_Click" existieren.

Wenn Sie bei einem aktivem Formular erfahren wollen, wann eine Taste gedrückt wurde, können Sie dazu die automatische Ereignisprozedur „Form_KeyDown" verwenden, die immer die beiden folgenden Parameter übergeben bekommt:

Sub Form_KeyDown (KeyCode As Integer, Shift As Integer)

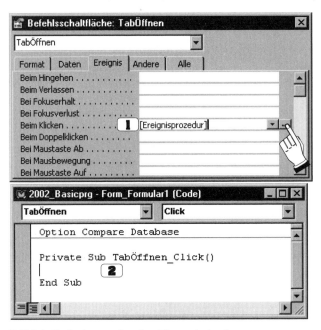

Bild 7.4: Ereignisprozedur über Eigenschaftenfenster setzen

Sie können auf drei verschiedene Weisen eine automatische Ereignisprozedur mit einer Ereignis-Eigenschaft verbinden:

- Eintrag [Ereignisprozedur] einstellen
- Code-Schaltfläche drücken
- Code-Generator über Editor-Schaltfläche aufrufen

Öffnen Sie das Formular in der Entwurfsansicht, selektieren Sie das Objekt, dessen Ereignis Sie bearbeiten wollen, und blenden Sie das Eigenschaftenfenster ein. Nun klicken Sie die Ereignis-Eigenschaft an, wodurch am rechten Rand des Eingabefeldes sowohl der Pfeil zum Anzeigen der Liste als auch eine Schaltfläche mit drei Punkten erscheint. Aus der Liste wählen Sie zuerst den Eintrag [Ereignisprozedur] und klicken dann die daneben liegende Schaltfläche an. Dadurch wird in die VBA-Entwicklungsumgebung verzweigt und das Modulfenster aufgerufen, das die zu der Eigenschaft gehörenden Ereignisprozedur anzeigt.

Als zweite Möglichkeit können Sie eine Access-Ereignisprozedur über die Schaltfläche „Code" anlegen. Dazu begeben Sie sich wieder in die Entwurfsansicht des Formulars und klicken in der Symbolleiste die „Code"-Schaltfläche an, die den VBA-Editor mit dem Modulfenster öffnet. Unter der Titelzeile dieses Fensters liegen zwei einzeilige Listenfelder. In der linken Liste stehen alle Objekte, die mit dem Formular verbunden sind. Wenn Sie hieraus zum Beispiel den Namen der Befehlsschaltfläche wählen, werden im rechten Listenfeld alle Access-Ereignisprozeduren aufgelistet, die dieses Objekt besitzen kann. Klicken Sie hier die gewünschte Routine an, wird Ihnen der Rahmen dieser Prozedur vorgelegt. Prozeduren, die Sie bereits mit eigenem Code gefüllt haben, werden in fetter Schrift hervorgehoben.

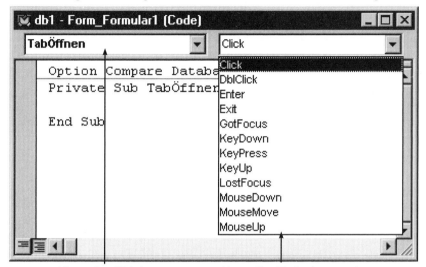

Liste aller Objekte   Liste aller Ereignisprozeduren

Bild 7.5: Das Modulfenster mit den Listen für Objekte und Ereignisprozeduren

Nachdem Sie diesen Rahmen mit eigenem Code gefüllt haben, speichern und schließen Sie das Modulfenster wieder. Dadurch schreibt Access in die dazugehörige Ereignis-Eigenschaft den Eintrag „[Ereignisprozedur]".

Sie können auch mithilfe des Code-Editors den Rahmen einer Access-Ereignisprozedur erstellen. Dazu drücken Sie sofort die Schaltfläche „Editor", ohne zuvor aus der aufklappbaren Liste den Eintrag „[Ereignisprozedur]" eingestellt zu haben. Dadurch erscheint ein Dialogfeld, in dem drei Generatoren angeboten werden. Sie wählen den Code-Generator und drücken die „OK"-Schaltfläche. Durch diese Aktion wird wiederum zur VBA-Entwicklungsumgebung verzweigt und das Modulfenster eingeblendet, das bereits den Rahmen der korrespondierenden Ereignisprozedur enthält. Aufgrund dieser Wahl wird die Eigenschaft auch mit dem Ausdruck „[Ereignisprozedur]" besetzt.

Der Rahmen jeder Ereignisprozedur besitzt einen bestimmten Aufbau. Da es sich um eine Sub-Prozedur handelt, steht zuerst das Schlüsselwort „Sub". Der Name der Routine wird bei einem Steuerelement aus dem Namen des dazugehörenden Objekts und dem englischen Namen des Ereignisses zusammengesetzt. In diesem Zusammenhang wird auch der Detailbereich als Steuerelement aufgefasst.

```
Private Sub Schaltf0_GotFocus ()
Private Sub Text1_KeyPress (KeyAscii As Integer)
```

Bei einem Formular wird als Objektname das Schlüsselwort „Form" verwendet, bei einem Bericht das Wort „Report". Bei den Bereichen des Berichts hängt der Name vom Bereich ab.

```
Private Sub Form_BeforeDelConfirm (Cancel As Integer, Response As Integer)
Sub Report_Close ()
Sub Seitenfuß2_Format (Cancel As Integer, ByVal FormatCount As Integer)
```

Ein Formular- oder Berichtsmodul wird zusammen mit seinem Formular beziehungsweise Bericht gespeichert. Daher werden diese Module nicht im Datenbankfenster in der Liste aller Module angezeigt. Beim Kopieren, Einfügen, Ex- und Importieren wird das Modul mit dem dazugehörigen Datenbankobjekt übertragen. Auch das Löschen eines Formulars wirkt sich auf sein Modul aus, da es ebenfalls entfernt wird.

Standardmäßig sind die Access-Ereignisprozeduren nur in dem Formular- oder Berichtsmodul gültig, in dem sie definiert wurden. Dies erkennen Sie am Schlüsselwort „Private", das automatisch vor das Schlüsselwort „Sub" gestellt wird. Die Prozeduren können somit nicht aus einem anderen Modul aufgerufen werden.

Um dies zu ändern, ersetzen Sie das Schlüsselwort „Private" durch „Public".

```
Public Sub Befehl1_Click()
  MsgBox "Aufruf ist überall möglich"
End Sub
```

Diese Access-Ereignisprozedur gehört zu einer Befehlsschaltfläche in einem Formular. Die Prozedur können Sie nun aus einem beliebigen anderen Modul aufrufen. Dieses andere Modul kann entweder zu einem Bericht beziehungsweise Formular gehören oder als selbstständiges Modul angelegt worden sein. Beim Aufruf müssen Sie noch mitteilen, in welchem Formular die Access-Ereignisprozedur definiert ist.

```
Public Function fktKlicken()
  Forms![Form1].Befehl1_Click
End Function
```

Wie Sie sehen, wird die Ereignisprozedur „Befehl1_Click" wie eine Art Methode des Formulars „Form1" aufgerufen. Auch andere Funktionen und Sub-Prozeduren, die Sie in einem Formular- oder Berichtsmodul als Public anlegen, besitzen dieselbe Aufruf-Syntax, wenn sie aus einem anderen Modul aktiviert werden. Es muss immer zuerst das Formular oder der Bericht genannt werden.

Die Namen der Ereignisprozeduren setzen sich aus einem ersten Teil, einem Unterstrich und den Ereignisnamen zusammen. Der erste Teil entspricht häufig dem Namen des Steuerelements wie „Text1" und steht in der Eigenschaft „EventprocPrefix". Diese Eigenschaft kann gelesen, jedoch nicht verändert werden.

```
Prefix=Forms![Formular1].ActiveControl.EventprocPrefix
```

Nach der Ausführung dieser Zeile steht in der String-Variablen „Prefix" der Name des Steuerelements mit dem Fokus.

Ein Ereignis abbrechen

Wenn auf Ereignisse mit selbst geschriebenen Makros oder Funktionen reagiert wird, so wird häufig die Aktion „AbbrechenEreignis" („CancelEvent") verwendet. Durch den Aufruf dieser Aktion wird, wie der Name schon sagt, das Makro abgebrochen, das dem Ereignis zugeordnet ist.

Als typisches Beispiel dafür kann ein Makro oder eine Funktion genannt werden, das/die die Gültigkeit von Daten überprüft und zum Beispiel der Eigenschaft „BeimVerlassen" oder „VorAktualisierung" zugewiesen wird.

Wenn bei der Überprüfung der Eingabe festgestellt wird, dass die eingetragenen Daten für dieses Feld nicht korrekt sind, kann dies dem Anwender durch ein Meldungsfenster mitgeteilt werden. Da anschließend ein erneuter Versuch gestartet werden soll, wird die Aktion „AbbrechenEreignis" aktiviert, damit der Fokus auf dem Steuerelement bleibt und der Satz nicht gespeichert wird.

Ein Makro oder eine Funktion, das/die einer Ereignis-Eigenschaft übergeben wird, wird immer vor der standardmäßigen Reaktion auf dieses Ereignis ausgeführt. Die Standard-Reaktion kann dabei bereits aus dem Namen des Ereignisses gelesen werden.

Beim Eintreten des Ereignisses „BeimÖffnen" wird vor dem Öffnen des Formulars oder Berichts das Makro aufgerufen. Dadurch ist es möglich, das Öffnen dieses Datenbankobjekts zu verhindern. Sie müssen nur in das Makro die Aktion „AbbrechenEreignis" beziehungsweise in die Funktion die Zeile „DoCmd.CancelEvent" einfügen.

Wenn Sie solch einen Abbruch innerhalb einer Access-Ereignisprozedur durchführen wollen, setzen Sie den Übergabeparameter „Cancel" dieser Prozedur auf den Wert „True". Falls die Routine dieses Argument nicht besitzt, kann das dazugehörige Ereignis nicht abgebrochen werden.

```
Private Sub Schaltf1_DblClick (Cancel As Integer)
    Cancel = True
End Sub
```

7.2 Beschreibung der einzelnen Ereignisse

Eigenschaften, die mit Ereignissen verbunden sind, besitzen sowohl Formulare, Berichte, Berichtsbereiche als auch Steuerelemente in Formularen. Wenn die Steuerelemente „Optionsfeld", „Kontrollkästchen" und „Umschaltfläche" in einer Optionsgruppe zusammengefasst sind, treten die meisten Ereignisse jedoch nicht auf. Alle existierenden Ereignis-Eigenschaften sind in der folgenden Tabelle mit den Objekten, bei denen sie auftreten können, aufgelistet und werden anschließend genauer beschrieben.

Tabelle 7.1: Übersicht über alle Ereignisse

Ereignis ...	... kann auftreten bei
BeiAktivierung	Formular, Bericht
BeiÄnderung	Formular, Textfeld, Kombinationsfeld

Ereignis ...	... kann auftreten bei
BeiDeaktivierung	Formular, Bericht
BeimAnzeigen	Formular
BeiEntladen	Formular
BeiFehler	Formular, Bericht
BeiFokuserhalt	Formular, Steuerelemente
BeiFokusverlust	Formular, Steuerelemente
BeiGeändert	Formular, Textfeld, Kombinationsfeld
BeiGrößenänderung	Formular
BeiLaden	Formular
BeiMausbewegung	Formular, Steuerelemente
BeiMaustasteAb	Formular, Steuerelemente
BeiMaustasteAuf	Formular, Steuerelemente
BeiMausrad	Formular
BeiNichtinListe	Kombinationsfeld
BeiOLEAktualisierung	Gebundenes und ungebundenes Objektfeld
BeiRücknahme	Berichtsbereich
Taste	Formular, Steuerelemente
TasteAb	Formular, Steuerelemente
TasteAuf	Formular, Steuerelemente
BeiZeitgeber	Formular
BeimDoppelklicken	Steuerelemente: Befehlsschaltfläche, Kombinationsfeld, Kontrollkästchen, Listenfeld, (un)gebundenes Objektfeld, Optionsfeld, Optionsgruppe, Textfeld, Umschaltfläche
BeimDrucken	Berichtsbereich
BeimFormatieren	Berichtsbereich
BeimHingehen	Steuerelemente: Befehlsschaltfläche, Kombinationsfeld, Kontrollkästchen, Listenfeld, gebundenes Objektfeld, Optionsfeld, Optionsgruppe, Textfeld, Umschaltfläche, Unterformular
BeimKlicken	Steuerelement: Befehlsschaltfläche

Ereignis ...	... kann auftreten bei
BeimLöschen	Formular
BeimÖffnen	Formular, Bericht
BeimSchließen	Formular, Bericht
BeimVerlassen	Steuerelemente: Befehlsschaltfläche, Kombinationsfeld, Kontrollkästchen, Listenfeld, gebundenes Objektfeld, Optionsfeld, Optionsgruppe, Textfeld, Umschaltfläche, Unterformular
BeiRückgängig	Formular, Textfeld, Kombinationsfeld
NachAktualisierung	Formular, Steuerelemente: Kombinationsfeld, Kontrollkästchen, Listenfeld, Optionsfeld, Optionsgruppe, Textfeld, Umschaltfläche
NachEingabe	Formular
NachLöschbestätigung	Formular
VorAktualisierung	Formular, Steuerelemente: Kombinationsfeld, Kontrollkästchen, Listenfeld, Optionsfeld, Optionsgruppe, Textfeld, Umschaltfläche
VorEingabe	Formular
VorLöschbestätigung	Formular
BeiOhneDaten	Bericht
BeiSeite	Bericht
BeiFilter	Formular
BeiAngewendetem Filter	Formular
VorQuickInfo	Formular
Bei Befehl aktiviert	Formular
Bei Befehl mit Häkchen	Formular
Bei Befehl vor Ausführung	Formular
Bei Befehlsausführung	Formular
Bei Datenänderung	Formular
Bei Datengruppenänderung	Formular

Ereignis ...	... kann auftreten bei
Bei PivotTable-Änderung	Formular
Bei Markierungsänderung	Formular
Bei Ansichtsänderung	Formular
BeimVerbinden	Formular
BeimTrennen	Formular
Vor Abfrage	Formular
Nach Abfrage	Formular
Nach Layout	Formular
Vor Rendern	Formular
Nach Rendern	Formular
Nach Renderabschluss	Formular

Beim Lesen dieser Tabelle haben Sie wahrscheinlich festgestellt, dass einige Ereignisse das Gegenstück zu einem anderen Ereignis darstellen. Damit sind zum Beispiel die Paare „Beim-Öffnen" und „BeimSchließen", „VorEingabe" und „NachEingabe", „BeimHingehen" und „BeimVerlassen", „VorAktualisierung" und „NachAktualisierung" gemeint. Für einen besseren Überblick können die Ereignisse auch in sieben verschiedenen Gruppen zusammengefasst werden.

Tabelle 7.2: Ereignisse in Gruppen zusammengefasst

Gruppe	Ereignisse	Auftreten
Fenster-Ereignisse	BeimSchließen, BeimÖffnen, BeiLaden, BeiEntladen, BeiGrößenänderung	Fenster wird geöffnet, geschlossen oder in der Größe geändert.
Focus-Ereignisse	BeiAktivierung, BeiDeaktivierung, BeimHingehen, BeimVerlassen, BeiFokuserhalt, BeiFokusverlust	Fenster bekommt oder verliert den Fokus.
Daten-Ereignisse	BeimAnzeigen, BeiÄnderung, BeimLöschen, VorAktualisierung, NachAktualisierung, VorEingabe, NachEingabe, NachLöschbestätigung, BeiNichtinListe, BeiOLEAktualisierung, BeiAngewendetemFilter, BeiFilter, BeiGeändert, BeiRückgängig	Daten werden eingegeben, geändert oder gelöscht oder die Änderungen werden rückgängig gemacht.

Gruppe	Ereignisse	Auftreten
Maus-Ereignisse	BeiMaustasteAb, BeiMaustasteAuf, BeiMausbewegung, BeimKlicken, BeimDoppelklicken, BeiMausrad	Maustaste wurde gedrückt oder die Maus wurde bewegt.
Tastatur-Ereignisse	BeiTaste, BeiTasteAb, BeiTasteAuf	Taste der Tastatur wurde gedrückt
Druck-Ereignisse	BeimDrucken, BeimFormatieren, BeiRücknahme, BeiSeite, BeiohneDaten	Bericht wird zum Drucken vorbereitet oder gedruckt
Fehler- und Zeitgeber-Ereignisse	BeiFehler, BeiZeitgeber	Fehlerbehandlung oder Zeit ist abgelaufen
PivotTable- und PivotChart-Ereignisse	VorQuickInfo, Bei Befehl aktiviert, Bei Befehl mit Häkchen, Bei Befehl vor Ausführung, Bei Befehlsausführung, Bei Datenänderung, Bei Datengruppenänderung, Bei Pivot-Table-Änderung, Bei Markierungsänderung, Bei Ansichtsänderung, BeimVerbinden, BeimTrennen, Vor Abfrage, Nach Abfrage, Nach Layout, Vor Rendern, Nach Rendern, Nach Renderabschluss	Zugriff auf eine Pivot-Tabelle oder ein Pivot-Diagramm und deren Daten im Formular

7.2.1   Daten-Ereignisse

In den folgenden Ausführungen werden die Daten-Ereignisse kurz beschrieben, damit Sie wissen, wann diese Ereignisse eintreten könenn.

Die Eigenschaft „BeimAnzeigen"

Das Ereignis „BeimAnzeigen" tritt ein, bevor ein Datensatz zum aktuellen Datensatz wird. Dies ist der Fall, wenn ein Formular geöffnet und von einem Datensatz zum nächsten gewechselt wird, das heißt beim Setzen des Fokus auf einen anderen Satz. Vor dem Anzeigen des neuen Datensatzes wird das Makro oder die Funktion ausgeführt, das/die der gleichlautenden Eigenschaft zugeordnet wurde.

Bei diesem Ereignis kann nicht die Aktion „AbbrechenEreignis" („CancelEvent") verwendet werden, das heißt, es besteht keine Möglichkeit, dieses Ereignis vorzeitig zu beenden. Es ist jedoch erlaubt, mithilfe der Aktion „GeheZuDatensatz" („GoToRecord") sofort zu einem anderen Datensatz zu springen. Für dieses Ereignis können Sie zum Beispiel eine Funktion schreiben, die ein bestimmtes Steuerelement automatisch aktiviert oder die in einem anderen Formular Sätze synchronisiert, die mit dem neuen aktuellen Datensatz in einer Beziehung stehen.

Bei einem ungebundenen Formular entsteht kein Ereignis „BeimAnzeigen". Das auszuführende Makro oder die gewünschte Funktion müssen Sie dann entweder der Formular-Eigenschaft „BeimÖffnen" oder der Eigenschaft „BeimHingehen" des ersten Steuerelements im Formular zuweisen.

Die Eigenschaft „VorEingabe"

Das Ereignis „VorEingabe" entsteht in einem Formular, wenn der Anwender das erste Zeichen in einen neuen Datensatz editiert, bevor dieses Zeichen auch wirklich akzeptiert wird. Dies ist der geeignete Platz, um zum Beispiel ein Meldungsfenster auszugeben, das Informationen über die einzugebenden Daten liefert.

Wenn Sie in einem Makro oder in einer Funktion, das/die der gleichlautenden Eigenschaft zugeordnet wird, beim Eintreten einer bestimmten Bedingung die Aktion „Abbrechen-Ereignis" („CancelEvent") verwenden, wird das Einfügen eines Satzes abgebrochen, das heißt, das eingetragene Zeichen wird wieder gelöscht. Der neue Datensatz ist somit wieder leer beziehungsweise zeigt falls vorhanden die Standardwerte an. Enthält das Makro beziehungsweise die Funktion nur diese eine Aktion ohne Bedingung, die dann in jedem Fall aktiviert wird, wird jegliche Eingabe eines neuen Datensatzes verhindert. Dadurch erreichen Sie, dass zwar bestehende Sätze modifiziert werden dürfen, aber keine neuen angelegt werden können.

Dies können Sie im Formular „BeimEinfügen" selbst ausprobieren. Der Eigenschaft dieses Formulars wurde das gleichnamige Makro zugewiesen, das nur die Aktion „Abbrechen-Ereignis" besitzt.

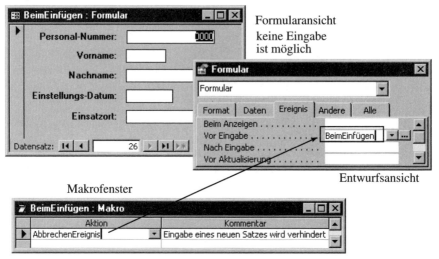

Bild 7.6: Eingabe von neuen Datensätzen verhindern

Dieser Zustand innerhalb eines Formulars kann auch über eine Einstellung der Eigenschaft „Standardbearbeitung" erzielt werden. Dazu setzen Sie diese Eigenschaft auf den Eintrag „Keine neuen Datensätze".

Die Eigenschaft „NachEingabe"

Das Gegenstück zur Eigenschaft „VorEingabe" lautet „NachEingabe". Das dazugehörige Ereignis tritt ein, nachdem ein neuer Datensatz eingegeben wurde. An dieser Stelle können Sie zum Beispiel eine Abfrage neu ausführen, die als Grundlage des aktuellen Formulars dient.

Die Eigenschaften „VorAktualisierung" und „NachAktualisierung"

Die Ereignisse „VorAktualisierung" und „NachAktualisierung" entstehen bei einem Steuerelement, nachdem Sie dieses Element, dessen Inhalt geändert wurde, verlassen haben und bevor „VorAktualisierung" beziehungsweise nachdem „NachAktualisierung" Access die Änderung akzeptiert.

Dasselbe gilt auch für einen kompletten Datensatz, dessen Daten aus den Inhalten aller Steuerelemente zusammengesetzt werden. Die beiden Ereignisse entstehen bei einem Datensatz vor beziehungsweise nach der Speicherung der Änderung in die Datenbank. Der Auslöser dazu kann das Anwählen des Menüpunktes DATENSATZ SPEICHERN aus dem Menü DATEI oder das Weiterschalten auf den nächsten Satz sein. In diesem Fall beziehen sich die Ereignisse auf das Formular, das die Datensätze darstellt.

Falls keine Modifizierung der Daten in einem Steuerelement oder einem Datensatz beim Weiterschalten auf das nächste Element beziehungsweise auf den nächsten Satz stattgefunden hat, werden die den beiden Ereignissen zugeordneten Makros oder Funktionen nicht ausgeführt.

Auch bei dem Ereignis „VorAktualisierung" bietet es sich an, vor der Aktualisierung beziehungsweise Sicherung die Gültigkeit der Daten im Steuerelement oder im Datensatz zu überprüfen. Besonders komplexe Überprüfungen, die zum Beispiel mehr als ein Steuerelement im Formular betreffen oder größere Berechnungen enthalten, werden bei diesem Ereignis häufig durchgeführt. Um die Gültigkeit eines einzelnen Elements zu überprüfen, werden eher andere bereits beschriebene Ereignisse oder die Eigenschaft „Gültigkeitsregel" benutzt. Ein Makro beziehungsweise eine Funktion wird der Eigenschaft „NachAktualisierung" zugewiesen, um zum Beispiel nach dem Speichern der neuen Daten eine andere Seite anzuzeigen oder andere Formulare zu aktualisieren.

Wenn Sie die Aktion „AbbrechenEreignis" bei dem Ereignis „VorAktualisierung" aufrufen beziehungsweise den Parameter „Cancel" in der Ereignisprozedur auf „True" setzen, wird das Erneuern der Daten abgebrochen. Falls dies bei einem Steuerelement geschieht, wird der Fokus auf dieses Element zurückgesetzt, und die zuvor eingegebenen Daten werden nicht gelöscht, sondern bleiben im Element stehen. Um den alten Wert, der vor dieser Eingabe in dem Feld stand, wiederherzustellen, müssen Sie entweder den Menüpunkt RÜCKGÄNGIG: AKTUELLES FELD im Menü BEARBEITEN mit der Aktion „AusführenBefehl" simulieren oder über die Aktion „Tastaturbefehle" eine <Esc>-Taste senden.

Wird die Aktion „AbbrechenEreignis" in einem Makro oder in einer Funktion verwendet, das/die der Eigenschaft „VorAktualisierung" eines Formulars übergeben wurde, so wird der Fokus auf den gerade geänderten Datensatz zurückgesetzt. Damit wieder der ursprüngliche Inhalt in den Satz eingetragen wird, muss der Menüpunkt RÜCKGÄNGIG: AKTUELLER DATENSATZ oder die <Esc>-Taste simuliert werden. Die Aktion „AbbrechenEreignis" darf hingegen nicht für das Ereignis „NachAktualisierung" angewandt werden. Dies gilt sowohl für das Formular als auch für die Steuerelemente.

Das Ereignis „VorAktualisierung" kann auch verwendet werden, um das aktuelle Datum in ein Feld zu schreiben. Angenommen, Sie fügen der Tabelle „Kunden-Daten" noch ein Feld namens „letzte Änderung" zu. Dieses Feld soll mit dem aktuellen Datum besetzt werden, wenn am Datensatz eine Änderung vorgenommen wurde. Dadurch wissen Sie immer, wann der Satz das letzte Mal aktualisiert wurde. Legen Sie zuerst ein Formular mit den Feldern der Tabelle „Kunden-Daten" an. Erstellen Sie dann ein Makro, das die Aktion „SetzenWert" mit folgenden Werten enthält.

> Feld: [letzte Änderung]
> Ausdruck: Datum()

Setzen Sie dabei kein Gleichheitszeichen vor die Funktion „Datum()". Dieses Makro ordnen Sie nun der Formular-Eigenschaft „VorAktualisierung" zu. Wenn Sie anschließend in die Formularansicht wechseln, den Feldinhalt eines Datensatzes verändern und zum nächsten Satz gehen, werden Sie feststellen, dass das Feld „letzte Änderung" im modifizierten Satz das aktuelle Datum anzeigt.

Weiter oben wurden bereits die beiden Ereignisse „VorEingabe" und „NachEingabe" beschrieben, die große Ähnlichkeiten zu den gerade genannten Ereignissen „VorAktualisierung" und „NachAktualisierung" besitzen. Die nachfolgende Tabelle zeigt den Ablauf des Auftretens dieser vier Ereignisse.

Tabelle 7.3: Vergleich der Ereignisse Vor/NachEingabe und Vor/NachAktualisierung

Das Ereignis ...	tritt ein, wenn ...
VorEingabe	der Anwender das erste Zeichen in einen neuen Datensatz eingibt.
VorAktualisierung	der Anwender diesen Satz verlässt, damit dieser Satz dadurch gesichert wird.
NachAktualisierung	der Datensatz aktualisiert ist.
NachEingabe	der aktualisierte Datensatz ein neuer Satz ist.

Die Eigenschaft „BeiÄnderung"

Sobald Sie den Inhalt eines Textfelds oder des oberen Teils eines Kombinationsfeldes modifizieren, entsteht das Ereignis „BeiÄnderung". Zudem tritt es ein, wenn programmtechnisch der Inhalt der Eigenschaft „Text" dieser beiden Steuerelemente geändert wird. Mithilfe dieses Ereignisses können Sie sofort auf jede Änderung reagieren.

Im Formular „BeiÄnderung", das sich in der Datenbank MAKROPR.MDB befindet, gibt es das Textfeld mit dem Namen „M/W". In dieses Feld tragen Sie den Klein- oder Großbuchstaben „W" ein, wenn Sie als Anrede im nächsten Textfeld den Eintrag „Frau" wünschen und den Klein- oder Großbuchstaben „M" für „Herr".

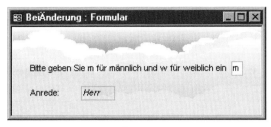

Bild 7.7: Formular „BeiÄnderung"

Der Eigenschaft „BeiÄnderung" des Textfeldes „M/W" wird das gleichnamige Makro zugeordnet. Dieses Makro besitzt zwei Bedingungen, die abfragen, welcher Buchstabe eingegeben wurde. Die Bedingung für die Wahl des Buchstabens für „Herr" sieht folgendermaßen aus:

> Formulare![BeiÄnderung]![M/W].Text="m" Oder
> Formulare![BeiÄnderung]![M/W].Text="M"

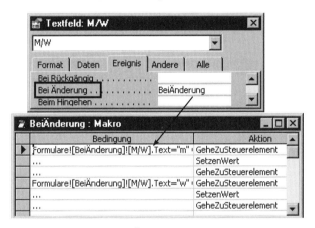

Bild 7.8: Eigenschaft „BeiÄnderung" mit Makro verbinden

Damit das Textfeld „Anrede" mit dem Wort „Herr" oder „Frau" beschrieben werden kann, wird mit der Aktion „GeheZu-Steuerelement" der Fokus auf dieses Feld gesetzt. Nach dem Beschreiben erfolgt sofort wieder ein Wechsel des Fokus zurück zum Feld „M/W".

Das Ereignis „BeiÄnderung" gilt nicht nur für Text- und Kombinationsfelder, sondern auch für das zugrunde liegende Formular, wenn es an eine Tabelle gebunden ist. Das Formular bekommt somit auch dieses Ereignis, wenn der Anwender im Textfeld oder im Kombinationsfeld den Inhalt ändert oder wenn per Makro oder VBA-Code die Eigenschaft „Text" dieser beiden Steuerelemente beschrieben wird. Daneben entsteht das Ereignis „BeiÄnderung" noch, wenn das Formular ein Register mit mehreren Seiten enthält, sobald auf eine andere Seite gegangen wird.

Die Eigenschaft „BeiGeändert"

Bevor das Ereignis „BeiÄnderung" für ein Textfeld entsteht, tritt das Ereignis „BeiGeändert" („Dirty") ein. Wenn Sie dieses Ereignis abbrechen, kann keine Änderung an dem Feldinhalt durchgeführt werden.

Die Eigenschaft „BeiRückgängig"

Wenn die Taste <Esc> gedrückt wird oder der Menüpunkt RÜCKGÄNGIG gewählt wird, sollen die Änderungen zurückgenommen werden. Bevor diese Rücknahme ausgeführt wird, entsteht das Ereignis „BeiRückgängig" („Undo"). Durch den Abbruch dieses Ereignisses unterbinden Sie das Rückgängigmachen.

Die Eigenschaft „BeimLöschen"

Das Ereignis „BeimLöschen" tritt beim Versuch ein, einen Datensatz zu löschen, jedoch bevor der Datensatz tatsächlich entfernt wird. Somit können Sie vor dem Löschen eine Meldung anzeigen, die den Anwender zur Bestätigung des Löschens auffordert, oder den Löschvorgang abbrechen.

Bild 7.9: Löschvorgang abbrechen

Solch ein Abbruch findet im nächsten Beispiel statt. Dadurch können zwar neue Datensätze über das Formular „BeimLöschen" in die Tabelle „Mitarbeiter-Daten" eingegeben werden, bestehende können jedoch nicht mehr gelöscht werden. Dem Anwender wird dies über ein Meldungsfenster mitgeteilt, anschließend erfolgt der Aufruf der Aktion „AbbrechenEreignis".

Die Eigenschaften „VorLöschbestätigung" und „NachLöschbestätigung"

Wenn Sie einen oder mehrere Datensätze aus einem Formular entfernen wollen, markieren Sie sie und drücken dann die <Entf>-Taste oder wählen im Menü BEARBEITEN den Menüpunkt LÖSCHEN. Bevor nun ein Dialogfeld eingeblendet wird, in dem Sie den Löschvorgang bestätigen müssen, entsteht das Ereignis „VorLöschbestätigung". Unabhängig davon, ob Sie die „OK"-Schaltfläche drücken, wodurch die Sätze wirklich entfernt werden, oder die „Abbrechen"-Schaltfläche anklicken, tritt ein weiteres Ereignis ein, das „NachLöschbestätigung" heißt.

Weisen Sie der Eigenschaft „VorLöschbestätigung" eine Funktion oder ein Makro zu, die/das die Aktion „AbbrechenEreignis" („CancelEvent") enthält, wird das Löschen zurückgenommen, das heißt, die Datensätze werden wieder aus dem Puffer in das Formular übertragen. Dadurch erscheint auch kein Dialogfeld für die Löschbestätigung. Jedoch entsteht auch in diesem Fall ein anschließendes Ereignis „NachLöschbestätigung". Um festzustellen, ob das

Löschen der Sätze durchgeführt wurde, benötigen Sie die Access-Ereignisprozedur. Diese Routine besitzt ein Argument, das mitteilt, ob der Löschvorgang erfolgreich war oder abgebrochen wurde.

Im Formular „Listenfeld1" befinden sich zwei Listenfelder, von denen die links liegende bei Programmstart mit den Namen der Monate beschrieben und während der Laufzeit nicht mehr verändert wird. Ihren Inhalt kopieren Sie durch Druck auf die Befehlsschaltfläche „Übernehmen" in die rechte Liste. Über die Befehlsschaltfläche „Löschen" kann dieses Listenfeld wieder geleert werden.

Mit Listenfeldern arbeiten und Datensätze löschen

Wenn Sie einen Eintrag in der rechten Liste doppelt anklicken, wird er in das darunter liegende Textfeld übernommen, das mit dem Feld „Monat" der Tabelle „Monatsumsatz" verbunden ist. Um einen Datensatz dieser Tabelle zu löschen, klicken Sie im Formular den Datensatzmarkierer an und lösen dann die <Entf>-Taste oder den Menüpunkt ENTFERNEN im Menü BEARBEITEN aus. Dadurch erscheint jedoch nicht das gewohnte Access-Meldungsfenster, sondern ein selbst erzeugtes, das Sie fragt, ob Sie wirklich den Löschvorgang fortführen wollen. Bestätigen Sie diese Frage positiv, wird der Datensatz entfernt.

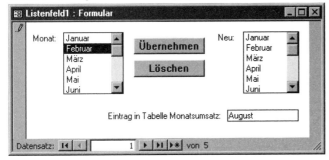

Bild 7.10: Beispiel zum Füllen eines Listenfeldes und Löschen eines Satzes

```
'*************** BASICPRG.MDB ***************
'*************** Formular Listenfeld1 ***************
' Formular Listenfeld1
Sub Form_BeforeDelConfirm (Cancel As Integer, Response As Integer)
    Rück = MsgBox("Wollen Sie den Satz wirklich löschen?", 32 + 4, "Aktualisierung")
    If Rück = 7 Then
      Cancel = True
    Else
      Cancel = False
      Response = DATA_ERRORCONTINUE
    End If
End Sub

' Formular Listenfeld1
Sub Form_Load ()
    Forms!Listenfeld1!ListeNeu.RowSourceType = "Value List"
End Sub
' Listenfeld ListeNeu
```

```
Sub ListeNeu_DblClick (Cancel As Integer)
   Forms!Listenfeld1!Text.Value = Forms!Listenfeld1!ListeNeu.Value
End Sub

' Befehlsschaltfläche Löschen
Sub Löschen_Click ()
   Forms!Listenfeld1!ListeNeu.RowSource = ""
End Sub

' Befehlsschaltfläche Übernehmen
Sub Übernehmen_Click ()
   Forms!Listenfeld1!ListeNeu.RowSource = Forms!Listenfeld1!ListeMonat.RowSource
End Sub
```

Es werden folgende Eigenschaften in der Entwurfsansicht des Formulars beschrieben:

Tabelle 7.4: Eigenschaften für das Beispiel „Formular Listenfeld1"

Objekt	Eigenschaft	Wert
Formular	Datenherkunft	Monatsumsatz
	Standardansicht	Einzelnes Formular
	BeiLaden	Ereignisprozedur
	VorLöschbestätigung	Ereignisprozedur
Listenfeld	Name	ListeMonat
	Herkunftstyp	Werteliste
	Datensatzherkunft	Januar; Februar; Dezember; .. ;
Listenfeld	Name	ListeNeu
	BeimDoppelklicken	Ereignisprozedur
Befehlsschaltfläche	Name	Übernehmen
	Beschriftung	Übernehmen
	BeimKlicken	Ereignisprozedur
Befehlsschaltfläche	Name	Löschen
	Beschriftung	Löschen
	BeimKlicken	Ereignisprozedur
Textfeld	Name	Text
	Steuerelementinhalt	Monat

Beim Löschen eines Datensatzes entsteht das Ereignis „Form_BeforeDelConfirm". In der dazugehörigen Ereignisprozedur wird mit der Funktion „MsgBox" ein Meldungsfenster ausgegeben. Wenn Sie sich gegen das Löschen entscheiden, drücken Sie die „Nein"-Schaltfläche. Dadurch liefert die Funktion den Wert 7 beziehungsweise „vbNo" zurück. In diesem Fall wird das Ereignis und somit der Löschvorgang durch das Setzen des Übergabeparameters „Cancel" auf „True" abgebrochen. Ansonsten erhält dieses Argument den Wert „True" zugewiesen. Außerdem wird der zweite Parameter „Response" mit der Konstanten „DATA_ERRORCONTINUE" besetzt, damit anschließend nicht mehr das „Lösch"-Dialogfeld von Access erscheint.

Das linke Listenfeld wird in der Entwurfsansicht mit einer Liste von angegebenen Werten gefüllt. Die rechte Liste soll erst zur Laufzeit besetzt werden. Beim Laden des Formulars wird dazu ihre Eigenschaft „RowSourceType" mit der Zeichenfolge „Value List" besetzt.

Wenn Sie anschließend die Befehlsschaltfläche „Übernehmen" drücken, muss nur noch die Eigenschaft „RowSource" der rechten Liste versorgt werden. Sie wird mit dem Inhalt der gleichen Eigenschaft des linken Listenfeldes gefüllt. Das Löschen der rechten Liste erfolgt über das Setzen der Eigenschaft „RowSource" auf eine leere Zeichenkette.

Beim Doppelklick auf einen Eintrag des rechten Listenfeldes wird die Ereignisprozedur „ListeNeu_DblClick" aufgerufen. In ihr wird der selektierte Listeneintrag, der in der Eigenschaft „Value" steht, in das Textfeld geschrieben.

Die Eigenschaft „BeiNichtinListe"

Ein Kombinationsfeld besteht aus einem Textfeld und einem Listenfeld. In den meisten Fällen kann der Anwender entweder einen Eintrag aus der Liste auswählen oder einen eigenen Text in das Textfeld eingeben. Falls dieser Text nicht mit einem Eintrag in der Liste übereinstimmt, entsteht das Ereignis „BeiNichtinListe".

Die Eigenschaft „BeiOLEAktualisierung"

Bei gebundenen und bei ungebundenen Objektfeldern tritt das Ereignis „BeiOLEAktualisierung" auf, wenn die Daten eines OLE-Objekts geändert wurden. Diesem Ereignis kann zum Beispiel eine Funktion oder ein Makro zugeordnet werden, die/das bei jeder Änderung eine Meldung ausgibt. Das Makro beziehungsweise die Funktion kann dabei nicht die Aktion „AbrechenEreignis" aufrufen. Sie werden dem Ereignis „BeiOLEAktualisierung" statt eines Makros oder einer Funktion jedoch eher eine Access-Ereignisprozedur zuweisen, da diese Prozedur einen Übergabeparameter besitzt, der Ihnen mitteilt, auf welche Weise das OLE-Objekt aktualisiert wurde.

Die Eigenschaften „BeiFilter" und „BeiAngewendetemFilter"

Beim Anwenden und Bearbeiten von Filtern treten die Ereignisse „BeiFilter" und „Bei angewendetem Filter" für ein Formular auf. Sie können auf diese Ereignisse reagieren, um zum Beispiel den Filter noch mit einem zusätzlichem Kriterium zu versehen.

7.2.2 Maus-Ereignisse

Nachfolgend werden die Maus-Ereignisse kurz beschrieben, damit Sie wissen, wann diese Ereignisse eintreten könen.

Die Eigenschaft „BeimKlicken"

Wenn der Mauszeiger auf eine Befehlsschaltfläche bewegt und anschließend die linke Maustaste gedrückt wird, entsteht das Ereignis „BeimKlicken". Dieses Ereignis wird sehr häufig innerhalb einer Datenbankanwendung eintreten, da es dort fast immer ein Formular gibt, das zu Beginn angezeigt wird und über das die Auswahl für die weiteren Arbeiten getroffen wird. Befehlsschaltflächen werden dann angeklickt, um ein anderes Formular zu öffnen, einen Bericht zu drucken, die Anwendung zu beenden etc. Für diese Eigenschaft ist es nicht gestattet, die Aktion „AbbrechenEreignis" beziehungsweise „Cancel" zu verwenden.

Mithilfe des Steuerelement-Assistenten können Sie unter anderem Befehlsschaltflächen erstellen. Dabei bietet Ihnen der Assistent eine Auswahl von Möglichkeiten an, welche Funktionalität die Schaltfläche besitzen soll. So können Sie zum Beispiel eine Schaltfläche anlegen, die nach Anklicken auf den nächsten Datensatz verzweigt, ohne dass Sie eine Zeile Code schreiben müssen. Der Assistent erstellt immer eine Ereignisprozedur „Click", die der Eigenschaft „BeimKlicken" zugeordnet ist, und baut standardmäßig in jede Ereignisprozedur eine kleine Fehlerbehandlungsroutine ein.

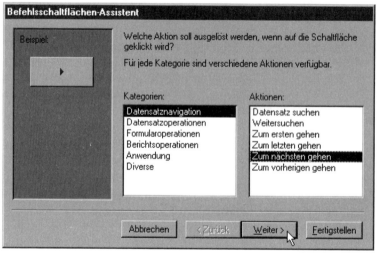

Bild 7.11: Der Befehlsschaltflächen-Assistent

Hinweis: Damit der Befehlsschaltflächen-Assistent aufgerufen wird, müssen Sie vor der Wahl der Befehlsschaltfläche in der Toolbox die Schaltfläche für den Assistenten selektieren.

In der Datenbank BASICPRG.MDB finden Sie das Formular „Formular mit Befehlsschaltflächen", das auf der Tabelle „Mitarbeiter-Daten" basiert und neben einigen Textfeldern fünf

Schaltflächen besitzt, die alle mit dem Befehlsschaltflächen-Assistenten erstellt wurden. Die Funktionalität der einzelnen Schaltflächen können Sie der nächsten Abbildung entnehmen.

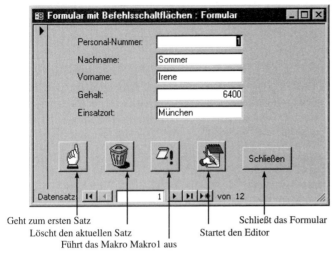

Geht zum ersten Satz   Schließt das Formular
   Löscht den aktuellen Satz   Startet den Editor
     Führt das Makro Makro1 aus

Bild 7.12: Formular mit Befehlsschaltflächen

Die Eigenschaft jeder Befehlsschaltfläche ist mit einer Ereignisprozedur verbunden:

```
' ********* Formular mit Befehlsschaltflächen ********
' Befehlsschaltfläche geht zum ersten Satz
Sub ErsterSatz_Click ()
On Error GoTo Err_ErsterSatz_Click

    DoCmd.GoToRecord , , acFirst

Exit_ErsterSatz_Click:
    Exit Sub

Err_ErsterSatz_Click:
    MsgBox Err.Description
    Resume Exit_ErsterSatz_Click
End Sub

' Befehlsschaltfläche löscht den aktuellen Satz
Sub SatzLöschen_Click ()
On Error GoTo Err_SatzLöschen_Click

    DoCmd.DoMenuItem acFormBar,acEditMenu,8,,acMenuVer70
    DoCmd.DoMenuItem acFormBar,acEditMenu,6,,acMenuVer70

Exit_SatzLöschen_Click:
    Exit Sub

Err_SatzLöschen_Click:
    MsgBox Err.Description
    Resume Exit_SatzLöschen_Click
```

```
End Sub

' Befehlsschaltfläche startet den Editor
Sub EditorStarten_Click ()
On Error GoTo Err_EditorStarten_Click

    Call Shell("NOTEPAD.EXE", 1)

Exit_EditorStarten_Click:
    Exit Sub

Err_EditorStarten_Click:
    MsgBox Err.Description
    Resume Exit_EditorStarten_Click
End Sub

' Befehlsschaltfläche schließt das Formular
Sub FormSchließen_Click ()
On Error GoTo Err_FormularSchließen_Click

    DoCmd.Close

Exit_FormularSchließen_Click:
    Exit Sub

Err_FormularSchließen_Click:
    MsgBox Err.Description
    Resume Exit_FormularSchließen_Click
End Sub
```

Da die dritte Schaltfläche ein Makro namens „Makro1" ausführen soll, legt der Steuerelement-Assistent dafür keine Ereignisprozedur an, sondern übergibt der Eigenschaft „BeimKlicken" direkt den Namen des Makros.

Das der Eigenschaft „BeimKlicken" zugewiesene Makro wird durch die Anwahl der Befehlsschaltfläche genau einmal aufgerufen. Falls das Makro wiederholt gestartet werden soll, solange die Schaltfläche gedrückt gehalten wird, muss die Eigenschaft „Makro wiederholen" dieses Steuerelements auf „Ja" eingestellt werden. Dadurch wird zum Beispiel die Möglichkeit geschaffen, durch Datensätze zu blättern, bis die Befehlsschaltfläche, genauer gesagt die Maustaste, wieder losgelassen wird. Durch die aktivierte Eigenschaft „MakroWiederholen" findet die erste Wiederholung des Makros nach einer halben Sekunde statt. Alle weiteren Wiederholungen entstehen jede Viertelsekunde beziehungsweise richten sich nach der Ausführungslänge des Makros.

Die Eigenschaft „BeimDoppelklicken"

Das Ereignis „BeimDoppelklicken" wird durch einen Doppelklick auf ein Steuerelement oder dessen Beschriftungsfeld mit Ausnahme des Unterformulars erzeugt. Das bei dieser Eigenschaft angegebene Makro oder die genannte Funktion wird ausgeführt, bevor die standardmäßige Reaktion auf einen Doppelklick erfolgt.

Solch eine Standard-Reaktion ist abhängig von dem Element, das doppelt angeklickt wurde. Bei einem Textfeld wird dadurch das gesamte Wort selektiert. Handelt es sich um ein OLE-Objekt, wird normalerweise der OLE-Server gestartet und das Objekt geladen, damit es bearbeitet werden kann. Eine Befehlsschaltfläche oder ein Optionsfeld reagieren hingegen standardmäßig gar nicht auf einen Doppelklick. Mithilfe des Makros, der Funktion oder der Ereignisprozedur können Sie erreichen, dass vor der Standard-Reaktion noch andere Abläufe durchgeführt werden oder dass die Standard-Reaktion nicht eintritt.

Das Formular „BeimDoppelklicken" zeigt drei Felder der Tabelle „Genauere Beschreibung der Waren" dar. Dies sind die Artikel-Nummer, der Lagerort und das Aussehen der Ware. Daneben besitzt das Formular noch eine Befehlsschaltfläche mit der Beschriftung „Schließen".

Bild 7.13: Formular „BeimDoppelklicken"

Die Eigenschaft „BeimDoppelklicken" des Textfeldes „Lagerort", des gebundenen Objektfeldes und der Schaltfläche bekommt jeweils ein Makro zugewiesen, das sich in der Makrogruppe „Ereignisse" befindet. Alle drei Makros heißen „BeimDoppelklicken" und unterscheiden sich nur durch eine Zahl am Ende des Namens.

Wenn das Textfeld für den Lagerort doppelt angeklickt wird, erscheint ein Meldungsfenster, das die vier möglichen Orte aufzählt. Nach dessen Bestätigung wird, falls vorhanden, das zuvor angeklickte Wort im Textfeld markiert, das heißt die Standardreaktion ausgeführt. Das Makro „Ereignisse.BeimDoppelklicken2" ruft dazu die Aktion „Meldung" mit dem entsprechenden Text auf.

Durch einen Doppelklick auf ein gebundenes Objektfeld wird im Normalfall der OLE-Server gestartet. Diese Reaktion wird in unserem Beispiel unterbunden, indem die Aktion „AbbrechenEreignis" aktiviert wird. Damit der Anwender weiß, dass keine Bearbeitung erlaubt ist, wird ihm dies vor dem Abbruch über eine Meldung mitgeteilt.

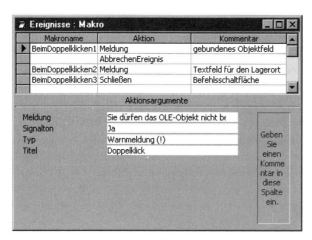

Bild 7.14: Die Makrogruppe mit den Makros für das Ereignis „BeimDoppelklicken"

Um das Formular auf schnelle und einfache Weise schließen zu können, wurde eine Befehlsschaltfläche eingefügt, deren Eigenschaft „BeimDoppelklicken" ein Makro übergeben wurde, das die Aktion „Schließen" enthält. Sobald diese Schaltfläche in einer bestimmten Zeitspanne zweimal betätigt wird, wird somit das Formular beendet.

Die Eigenschaften „BeiMaustasteAb" und „BeiMaustasteAuf"

Die beiden Ereignisse „BeiMaustasteAb" " („MouseDown") und „BeiMaustasteAuf" („MouseUp") treten bei Formularen und den meisten Steuerelementen in Formularen auf, sobald eine Maustaste gedrückt oder wieder losgelassen wird. Das Ereignis wird dem Objekt zugeordnet, über dem sich momentan die Maus befindet, das heißt das derzeit den Capture besitzt. Diese beiden Ereignisse werden Sie anstelle des Ereignisses „BeimKlicken" verwenden, wenn Sie wissen möchten, welche der zwei oder drei Maustasten betätigt wurde. Außerdem wird Ihnen mitgeteilt, ob noch zusätzlich eine der Tasten <Umschalt>, <Alt> oder <Strg> gedrückt ist.

Die Eigenschaft „BeiMausbewegung"

Bei jeder Bewegung des Mauszeigers entsteht für das Formular oder Steuerelement das Ereignis „BeiMausbewegung" („MouseMove"), über dem oder auf dessen Rahmen der Zeiger momentan liegt. Für dieses Ereignis kann nicht die Aktion „AbbrechenEreignis" eingesetzt werden.

Solange Sie eine Maustaste gedrückt halten, bekommt das Formular oder das Steuerelement, für das das Ereignis „BeiMaustasteAb" entstand, alle weiteren „BeiMausbewegung"Ereignisse, auch wenn Sie den Mauszeiger aus dem Fenster hinaus bewegen. Erst durch das Loslassen der Maustaste wird der Capture wieder freigegeben. Beim schnellen Ziehen der Maus über das Objekt wird nicht für jede Pixel-Bewegung der Maus ein Ereignis „BeiMausbewegung" generiert. In Windows können nämlich nur eine bestimmte Anzahl dieser Ereignisse pro Sekunde entstehen.

Die zu den drei Maus-Ereignissen gehörenden Ereignisprozeduren besitzen dieselben vier Übergabeparameter: „Button", „Shift", „X" und „Y".

```
Sub Name_MouseDown (Button As Integer, Shift As
       Integer, X As Single, Y As Single)
Sub Name_MouseUp (Button As Integer, Shift As Integer,
       X As Single, Y As Single)
Sub Name_MouseMove (Button As Integer, Shift As
       Integer, X As Single, Y As Single)
```

Die Bezeichnung „Name" kann der Platzhalter für das Wort „Form" sein, wenn die Prozedur zu einem Formular gehört, für den Namen eines Steuerelements oder für den Namen eines Formularbereichs.

Parameter „Button"

Der Parameter „Button" legt fest, welche Taste der Maus gedrückt wurde. Eine Maus kann bis zu drei Tasten besitzen, die als linke, mittlere und rechte Taste bezeichnet werden. Bei einer Maus mit nur einer Taste können die Ereignisse nur von der linken Taste generiert werden. In dem Argument „Button" werden in den drei niederwertigsten Bits die gedrückten Maustasten angezeigt. Für die bessere Lesbarkeit sind in Access die drei folgenden Konstanten vordefiniert worden:

```
Const LEFT_BUTTON = 1
Const RIGHT_BUTTON = 2
Const MIDDLE_BUTTON = 4
```

Bei den Ereignisprozeduren „MouseDown" und „MouseUp" kann gleichzeitig immer nur eine Maustaste gedrückt sein. Im Gegensatz dazu kann bei der Ereignisprozedur „MouseMove" überprüft werden, ob der Anwender beim Bewegen der Maus eine oder mehrere Tasten gedrückt hält.

Parameter „Shift", „X" und „Y"

Der Inhalt des zweiten Arguments „Shift" der Maus-Ereignisprozeduren ist identisch mit dem gleichnamigen Parameter der Tastatur-Ereignisprozeduren. Über ihn können Sie untersuchen, ob zusätzlich zur Maus-Aktion die <Umschalt>-, <Alt>- oder <Strg>-Taste gedrückt ist.

Die aktuelle Position, an der sich momentan der Mauszeiger befindet, steht in den beiden Parametern „X" und „Y". Diese Werte sind immer in der Einheit des eingestellten Koordinatensystems angegeben und beziehen sich häufig auf die linke obere Ecke des Objekts.

Bild 7.15: Beispiel zu den Maus-Ereignissen

Das Formular „Maus" enthält drei Bezeichnungsfelder, die die Position und die gedrückte Maustaste anzeigen, wenn Sie innerhalb des Formulars eine Maustaste betätigen. Dabei darf

der Mauszeiger nicht über einem der drei Bezeichnungsfelder liegen. Befindet sich der Mauszeiger über dem obersten Bezeichnungsfeld, erklingt bei jeder Mausbewegung ein Ton.

```
'**************** BASICPRG.MDB ****************
'***************** Formular Maus ******************
Sub BezFeld1_MouseMove (Button As Integer, Shift As Integer, X As Single, Y As Single)
  Beep
End Sub

Sub Detail0_MouseDown (Button As Integer, Shift As Integer, X As Single, Y As Single)
  Forms!Maus.Caption = "Formular: MouseDown"
  MausAktion Button, X, Y
End Sub

Sub Detail0_MouseUp (Button As Integer, Shift As Integer, X As Single, Y As Single)
  Forms!Maus.Caption = "Formular: MouseUp"
  MausAktion Button, X, Y
End Sub

Sub MausAktion (Taste As Integer, X As Single, Y As Single)
  Forms!Maus!BezFeld1.Caption = "X-Koordinate: " + Str$(X)
  Forms!Maus!BezFeld2.Caption = "Y-Koordinate: " + Str$(Y)
  If (Taste And LEFT_Button) > 0 Then Art$ = "linke"
  If (Taste And MIDDLE_Button) > 0 Then Art$ = "mittlere"
  If (Taste And RIGHT_Button) > 0 Then Art$ = "rechte"
  Forms!Maus!BezFeld3.Caption = Art$ + " Maustaste"
End Sub
```

Es werden folgende Eigenschaften in der Entwurfsansicht des Formulars beschrieben:

Tabelle 7.5: Eigenschaften für das Beispiel „Formular Maus"

Objekt	Eigenschaft	Wert
Formular	Bildlaufleisten	Nein
	Datensatzmarkierer	Nein
	Navigationsschaltflächen	Nein
	Kontextmenü	Nein
Detailbereich	BeiMaustasteAb	Ereignisprozedur
(Detail0)	BeiMaustasteAuf	Ereignisprozedur
Bezeichnungsfeld	Name	BezFeld1
	BeiMausbewegung	Ereignisprozedur
Bezeichnungsfeld	Name	BezFeld2
Bezeichnungsfeld	Name	BezFeld3

Für dieses Beispiel müssen Sie die Ereignisprozeduren des Detailbereichs und nicht des Formulars selbst behandeln. Damit der Anwender erkennen kann, ob die „MouseDown"- oder die „MouseUp"-Ereignisprozedur angesprungen wurde, wird diese Information in die Eigenschaft „Caption", das heißt in die Titelzeile des Formulars geschrieben. Anschließend wird in beiden Routinen die gemeinsame Prozedur „MausAktion" aufgerufen.

In ihr werden die Koordinaten der aktuellen Mausposition der Eigenschaft „Caption" der zwei oberen Bezeichnungsfelder übergeben. Zudem wird untersucht, welche Taste gedrückt wurde, um diese dann in der dritten Bezeichnung anzeigen zu können.

Um einen Eindruck zu gewinnen, wie viele „MouseMove"-Ereignisse generiert werden, wenn Sie die Maus über das erste Bezeichnungsfeld bewegen, wird in der dazugehörenden Ereignisprozedur ein Warnton ausgegeben.

Die Eigenschaft „BeiMausrad"

Da heutzutage viele Mäuse ein Rad zwischen den Tasten besitzt, mit dem schnell geblättert werden kann, wurde das Ereignis „BeiMausrad" („MouseWheel") eingeführt. Die dazugehörige Ereignisprozedur besitzt zwei Parameter. Wenn der erste Parameter „Page" auf „True" steht, wurde die Seite gewechselt. Dies trifft bei einem einspaltigen Formular jedoch nie auf. Im zweiten Parameter „Count" steht die Anzahl der Zeilen, die überblättert wurden.

7.2.3 Druck-Ereignisse

Nachfolgend werden die Druck-Ereignisse kurz beschrieben, damit Sie wissen, wann diese Ereignisse eintreten können.

Die Eigenschaft „BeimDrucken"

Die dem Ereignis „BeimDrucken" zugeordnete Funktion, Ereignisprozedur oder das Makro wird ausgeführt, nachdem die Daten in diesem Berichtsbereich formatiert wurden, aber noch bevor der Bereich gedruckt wird. Somit wird der Code nur für jene Bereiche aktiviert, die unmittelbar gedruckt werden, und nicht für solche, die erst später zum Drucker gesendet werden. Nachdem Access die Daten für eine Seite angeordnet hat, könnten Sie zum Beispiel die Seitensumme einer oder mehrerer Spalten im Seitenfuß addieren und drucken.

Bei diesem Ereignis muss zwischen einem Detailbereich und einem Gruppenkopf- beziehungsweise Gruppenfußbereich unterschieden werden. Falls die Funktion oder das Makro der Eigenschaft „BeimDrucken" des Detailbereichs übergeben wurde, wird es für jeden Datensatz im Bereich erneut aufgerufen, und zwar kurz bevor die Daten dieses Satzes tatsächlich gedruckt werden. Ist die Funktion oder das Makro als Wert der Eigenschaft „BeimDrucken" eines Gruppenkopfes oder -fußes gesetzt worden, wird dieses Makro für jede Gruppe erneut gestartet werden und kann dabei auf die Daten, die sich im Gruppenkopf beziehungsweise -fuß befinden, und auf die Daten des ersten (bei einer Funktion oder einem Makro für den Gruppenkopf) beziehungsweise letzten Datensatzes (bei einer Funktion oder einem Makro für den Gruppenfuß) des Detailbereichs zugreifen.

Der Aufruf der Aktion „AbbrechenEreignis" beziehungsweise der Parameter „Cancel" bricht den Druckvorgang des Bereichs ab. In diesem Fall wird auf der Seite, auf der der Bereich hätte erscheinen sollen, ein leerer Bereich ausgegeben.

Die Eigenschaft „BeimFormatieren"

Die Funktion oder das Makro, die/das in die Bereichseigenschaft „BeimFormatieren" eingebunden ist, wird immer dann ausgeführt, wenn Access bereit ist, die Daten im Bereich anzuordnen. Nach dem Ausführen dieses Makros werden die Bereiche unter Verwendung der Berichts-Eigenschaften „Zusammenhalten", „Sichtbar", „Vergrößerbar", „Duplikate ausblenden" und „Verkleinerbar" ausgerichtet.

Genauso wie bei der Eigenschaft „BeimDrucken" gibt es auch bei der Eigenschaft „BeimFormatieren" Unterschiede bei dem Zugriff auf Daten in einem Detailbereich und in einem Gruppenkopf beziehungsweise -fuß. Falls es sich bei dem Berichtsbereich um einen Detailbereich handelt, wird das Makro für jeden Datensatz im Bereich unmittelbar vor dem Anordnen der Daten im Datensatz ausgeführt. Das Makro greift jeweils auf die Daten des aktuellen Datensatzes zu. Ist das Makro dagegen in die Eigenschaft „BeimFormatieren" eines Gruppenkopfes oder Gruppenfußes eingebunden, wird es für jede neue Gruppe aktiviert und hat Zugriff auf die Daten im Kopf- oder im Fußbereich. Vom Gruppenkopf aus kann das Makro außerdem auf die Daten im ersten Datensatz des Detailbereichs, vom Gruppenfuß aus dagegen auf die Werte im letzten Datensatz des Detailbereichs zugreifen.

Die Eigenschaft „BeiRücknahme"

Wenn Access beim Formatieren eines Berichts zu einem Berichtsbereich zurückkehrt, der bereits formatiert wurde, entsteht für diesen Bereich das Ereignis „BeiRücknahme". Dieser Fall kann zum Beispiel eintreten, wenn Access feststellen muss, dass zusammengehörige Steuerelemente nicht mehr in einen Raum passen, der bereits formatiert wurde. Das Ereignis „BeiRücknahme" wird für jeden Bereich generiert, dessen Aufbau Access zurücknimmt. Anschließend tritt für jeden dieser Bereiche das Ereignis „BeimFormatieren" ein, um den Bereich noch einmal neu zu formatieren.

Die Eigenschaften „BeiohneDaten" und „BeiSeite"

Nicht nur die Berichtsbereiche, sondern auch der Bericht selber besitzt zwei Ereignisse, die beim Drucken eintreten. Falls der Bericht keine Daten enthält, entsteht beim Druckbeginn das Ereignis „BeiohneDaten". Beim Drucken einer Seite wird das Ereignis „BeiSeite" generiert.

7.2.4   Fokus-Ereignisse

Die Fokus-Ereignisse werden in den folgenden Abschnitten erläutert. Sie erfahren, wann diese Ereignisse eintreten.

Die Eigenschaft „BeimHingehen"

Das Ereignis „BeimHingehen" eines Steuerelements wird beim Wechseln von einem Steuerelement zu einem anderen Steuerelement erzeugt, jedoch bevor das neu angesprungene Element den Fokus besitzt. Sie können zum Beispiel Anweisungen zur Verwendung des Steuerelements anzeigen. Dadurch ist es möglich, für jedes Element ein eigenes Meldungsfenster mit solchen Informationen zu definieren.

Das Makro oder die Funktion für dieses Ereignis darf nicht die Aktion „AbbrechenEreignis" enthalten. Wenn ein Steuerelement aufgrund einer bestimmten Bedingung nicht den Fokus zugewiesen bekommen soll, damit die Dateneingabe in diesem Feld ausgelassen wird, so kann das Makro beziehungsweise die Funktion die Aktion „GeheZuSteuerelement" („GoTo-Control") aufrufen, um den Fokus auf ein anderes Element weiterzuschalten. Dies kann zum Beispiel dann der Fall sein, wenn eine Person in einem Fragebogen bei den persönlichen Daten angibt, dass sie unverheiratet ist. In diesem Fall muss nicht mehr nach dem Mädchennamen gefragt werden, sondern kann gleich zum nächsten Feld weitergegangen werden

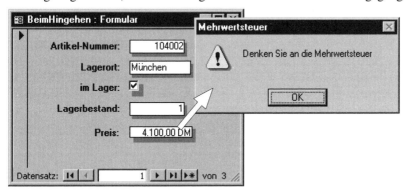

Bild 7.16: Formular „BeimHingehen"

In dem Formular „BeimHingehen", dessen Grundlage die Tabelle „Handelswaren" darstellt, muss bei einem neuen Datensatz angegeben werden, ob sich die über Artikel-Nummer spezifizierte Ware zur Zeit im Lager befindet. Wenn ein Lagerbestand existiert, wird als Nächstes nach der Anzahl gefragt. Ist jedoch derzeit kein Stück auf Lager, wird das Feld „Lagerbestand" übersprungen. Bevor abschließend der Preis eingetragen werden kann, wird auf die Mehrwertsteuer aufmerksam gemacht.

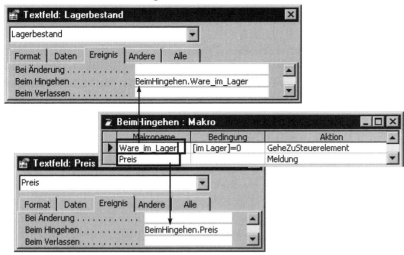

Bild 7.17: Eigenschaft „BeimHingehen" mit Makros besetzen

Für die Realisierung dieser beiden Aufgaben gibt es die Makrogruppe „BeimHingehen", die die beiden Makros „Ware_im_Lager" und „Preis" enthält. Diese Makros sind der Eigenschaft „BeimHingehen" des Textfeldes „Lagerbestand" beziehungsweise der des Textfeldes „Preis" zugeordnet. Das Makro „Ware_im_Lager" überprüft mittels einer Bedingung, ob das Kontrollkästchen ausgeschaltet ist. Wenn der bedingte Ausdruck wahr ist, wird mithilfe der Aktion „GeheZuSteuerelement" zum nächsten Feld, das heißt zum Textfeld „Preis", gesprungen. Dadurch erscheint dann das Meldungsfenster für die Mehrwertsteuer.

Die Eigenschaft „BeimVerlassen"

Das Ereignis „BeimVerlassen" entsteht beim Versuch, ein Steuerelement zu verlassen, jedoch bevor dieses Element den Fokus verliert. Zu diesem Zeitpunkt kann zum Beispiel die Tabulatorreihenfolge der Felder in Abhängigkeit vom Wert eines Steuerelements geändert oder die Eingabe überprüft werden. Um das Verlassen eines Feldes zu verhindern, können Sie die Aktion „AbbrechenEreignis" („CancelEvent") beziehungsweise den Parameter „Cancel" verwenden, das heißt, der Fokus bleibt diesem Feld zugeordnet.

Im Kapitel 3.6, bei der Erklärung der Bedingungen, wurde im Beispiel „Bedingung2" bereits mehrmals die Eigenschaft „BeimVerlassen" verwendet, um eine Gültigkeitsprüfung durchzuführen.

Die Eigenschaften „BeiAktivierung" und „BeiDeaktivierung"

Wenn ein Formular oder ein Bericht den Fokus erhält und zum aktiven Fenster wird, tritt für dieses Datenbankobjekt das Ereignis „BeiAktivierung" ein. Diese Aktivierung geschieht durch das Öffnen des Objekts, durch das Anklicken oder durch die Methode „SetFocus". Klicken Sie ein anderes Datenbankobjekt oder das Datenbankfenster an, entsteht für das Formular beziehungsweise den Bericht, das den Fokus verliert, ein „BeiDeaktivierung"-Ereignis. Es erfolgt jedoch nicht, wenn der Fokus auf ein Dialogfeld oder auf eine andere Anwendung gesetzt wird.

Die Eigenschaften „BeiFokuserhalt" und „BeiFokusverlust"

Wie der Name der beiden Eigenschaften „BeiFokuserhalt" und „BeiFokusverlust" schon sagt, entstehen die dazugehörigen Ereignisse, wenn ein Formular oder ein Steuerelement den Fokus erhält oder verliert. Damit diese Ereignisse bei einem Formular auftreten, darf es keine sichtbaren Steuerelemente enthalten oder diese müssen sich im deaktivierten Zustand befinden. In allen anderen Fällen entstehen die beiden Ereignisse nur bei den Steuerelementen, die sichtbar und aktivierbar sind.

Das Setzen des Fokus kann entweder durch den Anwender erfolgen, indem er das Objekt mit der Maus anklickt beziehungsweise mit der <Tab>-Taste anspringt. Der Fokus kann aber auch mithilfe der Aktionen „GeheZuSeite", „GeheZuDatensatz" und „GeheZuSteuerelement" beziehungsweise mit der Methode „SetFocus" gesetzt werden.

Das Ereignis „BeiFokuserhalt" kann benutzt werden, um kurze Erklärungen zu dem Steuerelement anzuzeigen, das gerade den Fokus bekommen hat. Es besitzt Ähnlichkeiten zum Ereignis „BeimHingehen", jedoch existiert ein Unterschied beim Auftreten. Wenn Sie zuerst ein Textfeld in einem Formular anklicken, entstehen sowohl ein Ereignis „BeimHingehen" als auch ein Ereignis „BeiFokuserhalt". Wechseln Sie anschließend zu einem anderen Fenster in Access und anschließend wieder zurück zum Formular, entsteht für das Textfeld nur noch ein „BeiFokuserhalt"-Ereignis.

Entsprechendes gilt auch für die beiden Ereignisse „BeiFokusverlust" und „BeimVerlassen". Das zuerst genannte Ereignis entsteht jedes Mal, wenn der Fokus abgegeben wird. Dabei ist es unabhängig, ob ein anderes Steuerelement in demselben Formular oder ein anderes Fenster den Fokus erhält. Dagegen wird nur ein „BeimVerlassen"-Ereignis generiert, wenn der Fokus auf ein anderes Element im gleichen Formular gesetzt wird.

Nach einer Zeichenkette im Textfeld suchen

Fast alle Texteditoren bieten die Möglichkeit, nach einer Zeichenkette innerhalb des geschriebenen Textes zu suchen. Im Formular „Textfeld1" ist dieser Suchvorgang für das mehrzeilige Textfeld, das entweder über die Tastatur oder mit den Einträgen des Listenfeldes gefüllt werden kann, auch möglich. Für die Eingabe des Suchwortes existiert ein zweites einzeiliges Textfeld. Über die Befehlsschaltfläche „(Weiter-)Suchen" wird der Suchvorgang gestartet. Die Suche kann so oft wiederholt werden, bis keine weitere Zeichenkette in dem mehrzeiligen Textfeld vorhanden ist, die mit dem Suchwort übereinstimmt. In diesem Fall erscheint ein Meldungsfenster, das Ihnen das negative Ergebnis mitteilt.

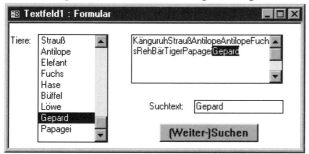

Bild 7.18: Beispiel zum Suchen eines Wortes in einem Textfeld

```
'**************** BASICPRG.MDB ****************
'**************** Formular Textfeld1 ***************
Dim SelBeginn As Integer
Dim SelLänge As Integer

' Listenfeld ListeTiere
Sub ListeTiere_DblClick (Cancel As Integer)
  Forms!Textfeld1!Schreibtext.SetFocus
  Forms!Textfeld1!Schreibtext.Text =
        Forms!Textfeld1!Schreibtext.Text &
        Forms!Textfeld1!ListeTiere.Value
End Sub

' Mehrzeiliges Textfeld
Sub Schreibtext_GotFocus ()
  Forms!Textfeld1!Schreibtext.SelStart = SelBeginn
  Forms!Textfeld1!Schreibtext.SelLength = SelLänge
End Sub
' Mehrzeiliges Textfeld
```

```
Sub Schreibtext_LostFocus ()
  SelBeginn = Forms!Textfeld1!Schreibtext.SelStart
  SelLänge = Forms!Textfeld1!Schreibtext.SelLength
End Sub

' Befehlsschatfläche (Weiter-)Suchen
Sub Suchen_Click ()
  Forms!Textfeld1!Schreibtext.SetFocus
  neuerAnfang = Forms!Textfeld1!Schreibtext.SelStart + _
        Forms!Textfeld1!Schreibtext.SelLength + 1
  neueLänge = Len(Forms!Textfeld1!Schreibtext.Text) - neuerAnfang + 1
  Weiter$ = Mid$(Forms!Textfeld1!Schreibtext.Text, neuerAnfang, neueLänge)

  Suchwort$ = Forms!Textfeld1!Suchtext.Value
  Position% = InStr(Weiter$, Suchwort$)
  If Position% Then
    Forms!Textfeld1!Schreibtext.SelStart = neuerAnfang + Position% - 2
    Forms!Textfeld1!Schreibtext.SelLength = Len(Suchwort$)
  Else
    MsgBox "Suchwort existiert nicht", 64, "Suche"
  End If
End Sub
```

Es werden folgende Eigenschaften in der Entwurfsansicht des Formulars beschrieben:

Tabelle 7.6: Eigenschaften für das Beispiel „Formular Textfeld1 "

Objekt	Eigenschaft	Wert
Formular	Standardansicht	Einzelnes Formular
	Bildlaufleisten	Nein
	Datensatzmarkierer	Nein
	Navigationsschaltflächen	Nein
Listenfeld	Name	ListeTiere
	Herkunftstyp	Werteliste
	Datensatzherkunft	Bär; Tiger; .. ; Papagei
	BeimDoppelklicken	Ereignisprozedur
Textfeld	Name	Schreibtext
	Bildlaufleisten	Vertikal
	BeiFokuserhalt	Ereignisprozedur
	BeiFokusverlust	Ereignisprozedur

Objekt	Eigenschaft	Wert
Textfeld	Name	Suchtext
Befehlsschaltfläche	Name	Suchen
	Beschriftung	(Weiter-)Suchen
	BeimKlicken	Ereignisprozedur

Damit das Listenfeld bereits bei Programmbeginn Einträge enthält, werden die beiden Eigenschaften „Herkunftstyp" und „Datensatzherkunft" im Eigenschaftenfenster mit Werten gefüllt. Mit diesem Inhalt kann das mehrzeilige Textfeld gefüllt werden, wenn ein Eintrag doppelt angeklickt wird. Dadurch entsteht das Ereignis „ListeTiere_DblClick". Der selektierte Eintrag im Listenfeld, der in der Eigenschaft „Value" steht, wird an das Ende des Textes in das Textfeld angefügt. Damit auf die Eigenschaft „Text" des Textfeldes zugegriffen werden kann, muss zuvor der Fokus auf dieses Steuerelement gesetzt werden.

Die Befehlsschaltfläche startet beim jeden Anklicken die Suche nach dem gewünschten Wort, das im zweiten Textfeld steht. Beim ersten Mal wird von Textanfang gesucht, alle weiteren Male beginnen jeweils am Ende des zuletzt gefundenen Wortes. Diese Position wird mithilfe der Eigenschaften „SelStart" und „SelLength" des Textfeldes berechnet.

```
neuerAnfang = Forms!Textfeld1!Schreibtext.SelStart +
            Forms!Textfeld1!Schreibtext.SelLength + 1
```

Damit diese beiden Eigenschaften verwendet werden können, muss das Textfeld den Fokus besitzen. Deswegen wird vor der Berechnung der aktuellen Position die Methode „SetFocus" ausgeführt. Durch diesen Aufruf wird jedoch unerwünschterweise der gesamte Inhalt des Textfeldes markiert. Dadurch steht in der Eigenschaft „SelStart" immer der Wert „0" und in „SelLength" die Gesamtlänge.

Um nicht diese Werte, sondern die Werte der letzten Selektion für diese beiden Eigenschaften zu erhalten, müssen ihre Inhalte beim Verlust des Fokus in zwei globale Variablen gesichert werden. Diese beiden Variablen werden beim Erhalt des Fokus den beiden Eigenschaften wieder übergeben. Für diese Arbeiten werden die beiden Access-Ereignisprozeduren „Schreibtext_GotFocus" und „Schreibtext_LostFocus" eingesetzt.

Für die Suche existiert in VBA die Funktion „InStr", die zwei Parameter benötigt. Zum einen ist es das Suchwort selbst, das in der Eigenschaft „Text" des einzeiligen Textfeldes steht, zum anderen ist es die Zeichenkette, in der gesucht werden soll.

```
Suchwort$ = Forms!Textfeld1!Suchtext.Value
Position% = InStr(Weiter$, Suchwort$)
```

Das zweite Argument, die Zeichenfolge „Weiter$", muss zuerst aufbereitet werden, da nicht jedes Mal der gesamte Inhalt des Textfeldes durchsucht werden soll, sondern immer nur ab dem letzten gefundenen Ausdruck bis zum Textende. Diese Aufbereitung geschieht mit der VBA-Funktion „Mid$", die aus einer Zeichenkette einen Teilbereich herausholt, der über die Position und über seine Länge bestimmt wird. Diese neue Länge wird aus der Differenz der Gesamtlänge des Inhalts des Textfeldes und dem zuvor berechneten neuen Anfang gebildet.

```
neueLänge = Len(Forms!Textfeld1!Schreibtext.Text) - neuerAnfang + 1
Weiter$ = Mid$(Forms!Textfeld1!Schreibtext.Text, neuerAnfang, neueLänge)
```

Die Funktion „InStr" liefert als Rückgabewert die Position, ab der die gesuchte Zeichenkette steht. Falls das Suchwort nicht gefunden werden konnte, wird der Wert „0" zurückgegeben. In diesem Fall erscheint ein Meldungsfenster, das die ergebnislose Suche mitteilt.

Bei einem positiven Ergebnis wird die gefundene Zeichenfolge im mehrzeiligen Textfeld selektiert. Dafür wird die Eigenschaft „SelStart" auf den Anfang der Zeichenkette gestellt und in die Eigenschaft „SelLength" die Länge dieses Strings geschrieben, die identisch mit der Länge des Suchwortes ist.

7.2.5   Tastatur-Ereignisse

Die folgenden Erläuterungen befassen sich mit den Tastatur-Ereignissen, damit Sie erfahren, wann diese Ereignisse eintreten können.

Die Eigenschaften „BeiTasteAb" und „BeiTasteAuf"

Nachdem ein Formular oder ein Steuerelement in einem Formular den Fokus erhalten hat, bekommt es über Ereignisse mitgeteilt, wann eine Taste der Tastatur gedrückt und wieder losgelassen wird.

Nicht bei allen, aber bei den am häufigsten verwendeten Steuerelementen können diese Ereignisse eintreten. Dies sind zum Beispiel die Befehlsschaltfläche, das Text-, Listen- und Kombinationsfeld und das Kontrollkästchen. Für ein Formular entstehen nur die Ereignisse „BeiTasteAb" („KeyDown") und „BeiTasteAuf" („KeyUp"), wenn es keine anwählbaren Steuerelemente besitzt. Diese Ereignisse werden von Access auch generiert, wenn Sie per Programm über die Aktion „Tastenanschläge" oder die Anweisung „SendKeys" das Drücken von Tasten simulieren. Hält der Anwender eine Taste für längere Zeit gedrückt, entstehen mehrere „BeiTasteAb"-Ereignisse.

Es existieren zwei Fälle, bei denen durch einen Tastendruck weder ein „BeiTasteAb"- noch ein „BeiTasteAuf"-Ereignis entsteht. Falls das Formular eine Befehlsschaltfläche besitzt, deren Eigenschaft „BeiEingabetaste" auf „Ja" eingestellt ist, wird durch das Drücken der <Enter>-Taste diese Schaltfläche ausgelöst. Dasselbe gilt für eine Befehlsschaltfläche, deren Eigenschaft „BeiTasteESC" den Wert „Ja" enthält. Sie kann mit der <Esc>-Taste ausgelöst werden.

Sowohl das Ereignis „BeiTasteAb" als auch „BeiTasteAuf" können nicht abgebrochen werden. Es gibt jedoch eine andere Möglichkeit, zu verhindern, dass das Objekt den Tastenanschlag erhält. Dies kann aber weder mit einem Makro noch mit einer Funktion, sondern nur mit einer Ereignisprozedur durchgeführt werden. Diese Prozedur besitzt nämlich den Parameter „KeyCode", dem Sie dazu den Wert „0" übergeben.

Beide zu diesen Ereignissen „KeyDown" und „KeyUp" gehörenden Ereignisprozeduren besitzen die beiden Parameter „KeyCode" und „Shift":

```
Sub Name_KeyDown (KeyCode As Integer,Shift As Integer)
Sub Name_KeyUp (KeyCode As Integer, Shift As Integer)
```

Für „Name" kann entweder „Form" stehen, wenn sich die Prozedur auf das Formular bezieht, oder ein Steuerelementname, wenn die Routine zu einem Steuerelement wie „Befehlsschaltfläche" oder „Textfeld" gehört.

Tastencode

Jede Taste der Tastatur besitzt einen eindeutigen Tastencode, der als hexadezimaler Wert gespeichert ist. Es sind zum Beispiel folgende Tastengruppen mit Namen versehen worden:

```
Public Const KEY_F1 = &H70
Public Const KEY_F2 = &H71
Public Const KEY_F3 = &H72
Public Const KEY_HOME = &H24
Public Const KEY_LEFT = &H25
Public Const KEY_DOWN = &H28

Public Const KEY_NUMPAD0 = &H60
Public Const KEY_NUMPAD1 = &H61
Public Const KEY_NUMPAD9 = &H69
```

Der Tastencode einer Buchstaben-Taste ist identisch zu dem ANSI-Code dieses Buchstabens. Es wird jedoch nicht zwischen Groß- und Kleinschreibung unterschieden. Somit wird zum Beispiel jedes Mal der hexadezimale Wert „&H45" übergeben, ohne zu berücksichtigen, ob Sie <e> oder <E> über die Tastatur eingegeben haben. Die Unterscheidung zwischen diesen beiden Eingaben kann über den zweiten Übergabeparameter getroffen werden.

Windows-Programme verwenden den ANSI-Zeichensatz, der zwischen den hexadezimalen Werten „&H20" und „&H7E" mit dem ASCII-Zeichensatz übereinstimmt. Die Werte von „&H00" bis „&H1F" sind im ANSI-Code nicht definiert und können von Geräten unterschiedlich genutzt werden. Genauso wie die Buchstabentasten liefern auch die Zifferntasten, die normalerweise in der obersten Reihe der Tastatur liegen, nur einen einzigen Tastencode zurück. Dabei kann aber auch statt der Ziffer 5 das Prozentzeichen gemeint sein, wenn zusätzlich die <Umschalt>-Taste gedrückt wurde.

Argument „Shift"

Damit Sie auch auf solche Eingaben richtig reagieren können, wird den beiden Access-Ereignisprozeduren „KeyDown" und „KeyUp" das zweite Argument „Shift" übergeben. Es enthält in seinen drei niederwertigsten Bits den Zustand der drei Tasten <Umschalt>, <Strg> und <Alt>. Um diese drei Bits einzeln abfragen zu können, sind in Access bereits die drei folgenden Konstanten definiert:

```
Const SHIFT_MASK = 1
Const CTRL_MASK = 2
Const ALT_MASK = 4
```

Sie können somit direkt auf diese drei Konstanten zugreifen. Mit ihrer Hilfe ist es möglich, zu überprüfen, ob zum Beispiel der Anwender nur die Ziffern-Taste <4> oder die Tastenkombination <Umschalt>+<4>, das heißt das Dollarzeichen, gedrückt hat.

```
Sub Text1_KeyDown (KeyCode As Integer, Shift As Integer)
```

```
    ShiftTaste = (SHIFT_MASK And Shift) > 0
    If (KeyCode = &H34) Then
      If ShiftTaste Then
        'Umsch+4-Tasten wurden gewählt
        '=> Dollarzeichen wurde eingegeben.
      Else
        'nur die Zifferntaste 4 wurde gewählt
      End If
    End If
  End Sub
```

Falls das Argument „Shift" mit dem Wert „1" besetzt ist, wird als Ergebnis der logischen „And"-Verknüpfung der Wert „True" in die Variable „ShiftTaste" geschrieben. Diese Vorgehensweise kann genauso auf die beiden Tasten <Strg> und <Alt> angewandt werden.

Mithilfe des Ereignisses „KeyDown" können Sie verhindern, dass bei der Dateneingabe in ein Formular mit den Tasten <Pfeil nach links> und <Pfeil nach rechts> zum vorherigen beziehungsweise nächsten Textfeld gesprungen werden kann.

Legen Sie dazu ein Formular an, das auf der Tabelle „Mitarbeiter-Daten" basiert. Die Daten werden über mehrere Textfelder angezeigt. Anschließend tragen Sie in die Ereignisprozeduren „KeyDown" jedes Textfeldes folgende Zeilen ein:

```
    If KeyCode = KEY_PRIOR Or KeyCode = KEY_NEXT Then
      KeyCode = 0
    End If
```

Außerdem müssen Sie noch im allgemeinen Deklarationsteil die zwei verwendeten Konstanten deklarieren.

```
    Const KEY_PRIOR = &H21
    Const KEY_NEXT = &H22
```

Wenn Sie nun in die Formularansicht wechseln und sofort eine Pfeiltaste drücken, kommen Sie schon noch zu einem anderen Textfeld. Der Grund liegt darin, dass Sie sich im Navigationsmodus befinden, in dem einige Tasten anders interpretiert werden. Sobald Sie jedoch die erste Eingabe vornehmen oder die <F2>-Taste betätigen, wird automatisch in den Bearbeitungsmodus umgeschaltet. Nun bleibt das Drücken einer der beiden Pfeiltasten unberücksichtigt.

Die Eigenschaft „BeiTaste"

Neben den beiden Ereignissen „BeiTasteAb" und „BeiTasteAuf" entsteht, falls es sich um ein darstellbares Zeichen handelt, noch ein zusätzliches Ereignis, das den Namen „BeiTaste" trägt. Dieses Ereignis entsteht nicht bei Funktionstasten, den Richtungstasten oder einigen anderen speziellen Tasten wie <Bild nach unten>, <Entf> und <Pos1>.

Die dazugehörige Eigenschaft werden Sie wahrscheinlich immer nur mit einer Ereignisprozedur verbinden. Diese Routine besitzt nämlich das Argument „KeyAscii", das den ANSI-Code der gedrückten Taste enthält. Dieser Code unterscheidet zwischen der Groß- und Kleinschreibung.

```
    Sub Name_KeyPress (KeyAscii As Integer)
```

Für Name kann genauso wie bei den anderen beiden Ereignisprozeduren für die Tastatur die Bezeichnung „Form" oder ein Steuerelementname stehen. Durch Verändern des Inhalts des Übergabeparameters „KeyAscii" können Sie die Anzeige der eingegebenen Zeichen manipulieren. Ohne ein Eingabeformat für ein Textfeld festzulegen, können Sie so den Anwender zwingen, nur Ziffern und keine Buchstaben in ein Textfeld einzutragen. Der Code sieht folgendermaßen aus:

```
Sub Text1_KeyPress (KeyAscii As Integer)
   If (KeyAscii < Asc("0") Or KeyAscii > Asc("9")) Then
      KeyAscii = 0
      Beep
   End If
End Sub
```

Die VBA Funktion „Asc" liefert den numerischen Wert des ersten Zeichens der angegebenen Zeichenkette. Er wird benötigt, da auch das Argument „KeyAscii" den numerischen Wert der gedrückten Taste enthält. Beim Drücken einer Buchstabentaste wird in den „Then"-Zweig gesprungen, in dem der Parameter „KeyAscii" auf den Wert „0" gesetzt wird. Dadurch wird die Anzeige des Buchstabens unterdrückt.

Passwort eingeben

Das Formular „Passwort" realisiert unter Benutzung des Ereignisses „KeyPress" die Eingabe eines Passwortes. In dem Textfeld erscheint anstelle der eingegebenen Buchstaben nur jeweils das Zeichen *. Um das Passwort einblenden zu können, existiert ein Bezeichnungsfeld, das dieses Wort anzeigt, wenn Sie die Befehlsschaltfläche anklicken.

Bild 7.19: Beispiel zum Textfeld mit Passwortschutz

```
'**************** BASICPRG.MDB ****************
'**************** Formular Paßwort ****************
Dim Paßwort As String

' Textfeld PaßwortFeld
Sub PaßwortFeld_GotFocus ()
   Forms!Paßwort!PaßwortFeld.Text = ""
End Sub

' Textfeld PaßwortFeld
Sub PaßwortFeld_KeyPress (KeyAscii As Integer)
   Paßwort = Paßwort + Chr(KeyAscii)
   KeyAscii = Asc("*")
End Sub
```

```
' Befehlsschaltfläche Paßwort zeigen
Sub Schaltfläche_Click ()
    Forms!Paßwort!BezFeld.Caption = Paßwort
    Paßwort = ""
End Sub
```

Es werden folgende Eigenschaften in der Entwurfsansicht des Formulars beschrieben:

Tabelle 7.7: Eigenschaften für das Beispiel „Formular Paßwort"

Objekt	Eigenschaft	Wert
Formular	Bildlaufleisten	Nein
	Datensatzmarkierer	Nein
	Navigationsschaltflächen	Nein
Textfeld	Name	PaßwortFeld
	BeiTaste	Ereignisprozedur
	BeiFokuserhalt	Ereignisprozedur
Bezeichnungsfeld	Name	BezFeld
Befehlsschaltfläche	Name	Schaltfläche
	Beschriftung	Passwort zeigen
	BeimKlicken	Ereignisprozedur

Bevor ein neues Passwort in das Textfeld eingetragen werden kann, muss das alte gelöscht werden. Das Kennwort steht in der Eigenschaft „Text". Dieser Vorgang erfolgt am besten immer dann, wenn das Textfeld den Fokus erhält, das heißt in der Ereignisprozedur „Paß-wortFeld_GotFocus".

Wenn das Textfeld die Tastatur besitzt, wird bei jedem Tastendruck das Ereignis „KeyPress" für dieses Feld erzeugt. Der gedrückte Buchstabe wird an die Zeichenkette „Paßwort" ange-hängt, die im Deklarationsteil definiert ist. Außerdem wird der Parameter „KeyAscii" mit dem Zeichen * überschrieben und somit in das Textfeld ausgegeben. Durch Anklicken der Befehlsschaltfläche „Paßwort anzeigen" wird der Inhalt der Variablen „Paßwort" in die Ei-genschaft „Caption" des Bezeichnungsfeldes geschrieben. Anschließend wird die Zeichenket-te-Variable gelöscht.

7.2.6 Fenster-Ereignisse

Nachfolgend werden die Fenster-Ereignisse kurz beschrieben, damit Sie wissen, wann diese Ereignisse eintreten können.

Die Eigenschaft BeimÖffnen

Das Ereignis „BeimÖffnen" eines Formulars entsteht, nachdem das Formular geöffnet worden ist, jedoch bevor der erste Datensatz angezeigt wird. Wenn ein Formular geöffnet wird, kann zum Beispiel ein Makro oder eine Funktion benutzt werden, um zusätzlich ein zweites Formular zu öffnen oder um mithilfe der Aktionen „GeheZuSteuerelement" („GoToControl") beziehungsweise „GeheZuDatensatz" („GoToRecord") den Fokus auf ein bestimmtes Steuerelement beziehungsweise auf einen bestimmten Satz zu setzen. Bei einem Bericht wird das dieser Eigenschaft zugeordnete Makro beziehungsweise die Funktion oder Ereignisprozedur nach dem Öffnen, aber noch vor dem Drucken ausgeführt.

Das Ereignis „BeimÖffnen" wird auch verwendet, um Informationen von dem Anwender anzufordern, die für das Öffnen beziehungsweise den Druck benötigt werden. Für einen Bericht kann zum Beispiel nach den zu druckenden Datensätzen gefragt werden.

Wenn Sie bei diesem Ereignis die Aktion „AbbrechenEreignis" („CancelEvent") ausführen oder dem Parameter „Cancel" den Wert „True" zuweisen, wird das entsprechende Datenbankobjekt nicht geöffnet.

Die Eigenschaft „BeiLaden"

Beim Öffnen eines Formulars zum Beispiel über das Datenbankfenster entsteht für dieses Formular ein Ereignis „BeiLaden". Das Öffnen kann auch mit der Aktion „ÖffnenFormular" oder durch das Starten einer Datenbankanwendung erfolgen. Das Ereignis „BeiLaden" kann nicht abgebrochen werden.

Die Eigenschaft „BeimSchließen"

Das Ereignis „BeimSchließen" eines Formulars beziehungsweise eines Berichts entsteht beim Schließen des Formulars, wenn das Formular vom Bildschirm entfernt wird beziehungsweise beim Schließen des Berichts. Das dafür vorgesehene Makro, die Funktion beziehungsweise die Ereignisprozedur kann zum Beispiel über ein kleines Formular den Namen des Benutzers anfordern, um diesen zu protokollieren. Dadurch haben Sie die Möglichkeit, eine Art Logbuch zu erstellen. Dieses Ereignis tritt nach dem Ereignis „BeiEntladen" ein, das entsteht, wenn sich das Fenster des Berichts oder Formulars noch auf dem Bildschirm befindet. Es kann nicht abgebrochen werden.

Die Eigenschaft „BeiEntladen"

Wenn Sie ein Formular über sein Systemmenü oder über den Menüpunkt SCHLIEßEN im Menü DATEI beenden, tritt das Ereignis „BeiEntladen" ein. Es entsteht zudem beim Schließen der Datenbankanwendung über die Task-Liste.

Im Gegensatz zur Eigenschaft „BeimSchließen" könen Sie der Eigenschaft „BeiEntladen" ein Makro mit der Aktion „AbbrechenEreignis" beziehungsweise eine Funktion mit der Zeile „DoCmd.CancelEvent" übergeben oder in der Ereignisprozedur den Parameter „Cancel" mit dem Wert „True" besetzen. Wenn Sie diese Aktion aufrufen, bleibt das Formular offen.

Wenn das Formular „BeimÖffnen/Schließen", dessen Datenherkunft die Tabelle „Handelswaren" darstellt, geöffnet wird, wird automatisch die Tabelle „Genauere Beschreibung der

Waren" auch als Datenblatt angezeigt. So kann der Anwender mehr Informationen zu einem Artikel erhalten. Um das Formular wieder schließen zu können, muss in das Textfeld im Formularfuß das Wort „Ende" eingetragen werden, das dort bereits standardmäßig steht. In diesem Fall wird auch wieder die Tabelle vom Bildschirm entfernt. Falls jedoch ein anderes Wort eingegeben wird, bleiben das Formular und die Tabelle offen, und dem Anwender wird das richtige Wort über ein Meldungsfenster mitgeteilt.

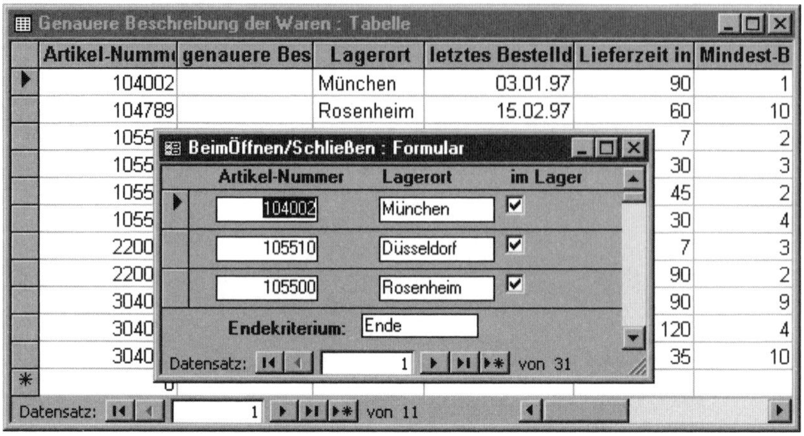

Bild 7.20: Beispiel für die Ereignisse „BeimÖffnen" und „BeiEntladen"

Für die Realisierung werden zwei Makros geschrieben, die in der Makrogruppe „BeimÖffnen/Schließen" gespeichert sind und den Eigenschaften „BeimÖffnen" beziehungsweise „BeiEntladen" des Formulars „BeimÖffnen/Schließen" übergeben werden. Das Darstellen der Tabelle erfolgt über die Aktion „ÖffnenTabelle". Beim Beenden des Formulars wird das Textfeld mit dem Namen „Ende" auf seinen Inhalt untersucht. Nur wenn dieser „Ende" lautet, werden beide Datenbankobjekte geschlossen. Ansonsten werden das Ereignis und somit der Vorgang des Beendens abgebrochen.

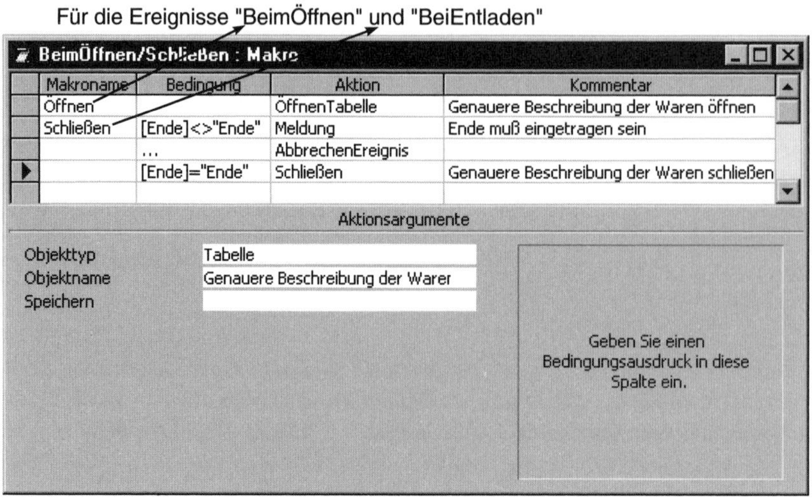

Bild 7.21: Makrogruppe für die Ereignisse „BeimÖffnen" und „BeiEntladen"

Die Eigenschaft „BeiGrößenänderung"

Sobald Sie ein Formular in seiner Größe verändern, wird ein Ereignis „BeiGrößenänderung" erzeugt. Es entsteht auch beim Öffnen eines Formulars. Dieses Ereignis kann zum Beispiel genutzt werden, um ein Steuerelement im Formular neu auszurichten, dessen Position abhängig von der Größe des Formulars ist. Das Makro oder die Funktion, das/die Sie der Eigenschaft „BeiGrößenänderung" zuweisen, darf nicht die Aktion „AbbrechenEreignis" enthalten.

7.2.7   Fehler- und Zeitgeber-Ereignisse

Die folgenden Informationen über Fehler- und Zeitgeber-Ereignisse zeigen Ihnen, wann diese Ereignisse eintreten.

Die Eigenschaft „BeiFehler"

Falls in Access ein Laufzeitfehler auftritt, generiert dieser ein Fehler-Ereignis. In diesem Zusammenhang sind nur Laufzeitfehler gemeint, die durch den Jet Database Engine entstehen, nicht aber die, die durch VBA verursacht werden. Im Kapitel 12.2.3 wird auf dieses Ereignis genauer eingegangen.

Die Eigenschaft „BeiZeitgeber"

Wenn Sie möchten, dass immer nach einer bestimmten Zeitspanne ein Ereignis eintritt, müssen Sie die Eigenschaft „Zeitgeberintervall" auf einen Wert größer 0 und kleiner 65536 einstellen. Dieser Wert gibt die Anzahl der Millisekunden an. Nach Ablauf dieses Zeitraums entsteht ein „BeiZeitgeber"-Ereignis. Damit dieses Ereignis nicht mehr generiert wird, setzen Sie die Eigenschaft „Zeitgeberintervall" auf den Wert „0" zurück.

Wenn die Datenbank geöffnet wird, soll vor dem Erscheinen der Übersicht ein kurzes Bild eingeblendet werden, das zum Beispiel das Logo der Firma zeigt. Nach fünf Sekunden soll es wieder automatisch verschwinden. Wenn Sie die Datenbank PRAKTISC.MDB öffnen, erscheint ein solches Anfangsbild, das einen Koala zeigt.

Dazu benötigen Sie ein ungebundenes Formular, dessen Eigenschaft „Bild" Sie mit einer Bilddatei besetzen. Nennen Sie es zum Beispiel „Anfangsbild". Setzen Sie die drei Eigenschaften „Bildlaufleisten", „Datensatzmarkierer" und „Navigationsschaltflächen" auf „Nein".

In der Ereignis-Eigenschaft „Beim Öffnen" des Formulars tragen Sie den Eintrag „[Ereignisprozedur]" ein, um in den Prozedurrahmen „Form_Open" folgende Zeile zu schreiben. Dadurch entsteht nach 5000 Millisekunden, das heißt nach fünf Sekunden, das Ereignis „Timer".

```
******************** PRAKTISCH.MDB *****************
***************** Formularmodul: Anfangsbild ***********
Private Sub Form_Open(Cancel As Integer)
    Me.TimerInterval = 5000
End Sub
```

Eine weitere Ereignisprozedur wird für dieses „Timer"-Ereignis erstellt:

```
Private Sub Form_Timer()
    DoCmd.Close
```

```
          DoCmd.OpenForm "Übersicht"
        End Sub
```

Dadurch wird nach fünf Sekunden das Anfangsformular automatisch geschlossen und das Formular „Übersicht" geöffnet.

Hinweis: Damit das Formular „Anfangsbild" automatisch beim Öffnen der Datenbank erscheint, stellen Sie es in dem Kombinationsfeld „Formular anzeigen" des „Start"-Dialogfelds ein, das Sie über den gleichnamigen Menüpunkt im Menü EXTRAS aufrufen.

7.3 Reihenfolge der Ereignisse

Nachdem Sie die verschiedene Ereignisse kennen gelernt haben, interessiert es Sie wahrscheinlich, in welcher Reihenfolge diese Ereignisse beim Arbeiten mit einem Formular oder einem Bericht auftreten. Ohne Beachtung dieser Reihenfolge kann es nämlich passieren, dass der den verschiedenen Ereignissen zugeordnete Code sich gegenseitig behindert und dadurch nicht das gewünschte Ergebnis liefert.

7.3.1 Reihenfolge der Ereignisse in Formularen

Die Ereignispaare „BeiFokuserhalt/BeiFokusverlust" und „BeimHingehen/BeimVerlassen" entstehen häufig bei einem Steuerelement gemeinsam. Dies ist immer dann der Fall, wenn innerhalb eines Formulars von einem zu einem anderen Steuerelement gewechselt wird. Unter der Annahme, dass der Anwender das nächste Element anklickt, entstehen folgende Ereignisse:

Tabelle 7.8: „BeiFokuserhalt/BeiFokusverlust" und „BeimHingehen/BeimVerlassen"

Ereignis	wann es entsteht
BeimVerlassen	Ereignis des zuerst angewählten Steuerelements
BeiFokusverlust	Ereignis des zuerst angewählten Steuerelements
BeimHingehen	Ereignis des neu angewählten Steuerelements
BeiFokuserhalt	Ereignis des neu angewählten Steuerelements

Reihenfolge der Ereignisse beim Öffnen und Schließen eines Formulars

Wenn ein Formular geöffnet wird, treten folgende Ereignisse ein. Die ersten Ereignisse beziehen sich dabei auf das Formular, die späteren auf das Steuerelement, das in der Aktivierreihenfolge das erste ist.

Tabelle 7.9: Ereignisse beim Öffnen eines Formulars

Ereignis	des Objekts
BeimÖffnen	Formular

Ereignis	des Objekts
BeiLaden	Formular
BeiGrößenänderung	Formular
BeiAktivierung	Formular
BeimAnzeigen	Formular
BeimHingehen	Steuerelement
BeiFokuserhalt	Steuerelement

Beim Schließen des Formulars entstehen erst Ereignisse für das Steuerelement, das derzeit den Fokus besitzt, und anschließend mehrere Ereignisse für das Formular.

Tabelle 7.10: Ereignisse beim Schließen eines Formulars

Ereignis	des Objekts
BeimVerlassen	Steuerelement
BeiFokusverlust	Steuerelement
BeiEntladen	Formular
BeiDeaktivierung	Formular
BeimSchließen	Formular

Reihenfolge der Ereignisse bei einem Textfeld

Der nachfolgende Ablauf von Ereignissen tritt ein, wenn ein Steuerelement (Kombinationsfeld, Kontrollkästchen, Listenfeld, Optionsfeld, Optionsgruppe, Textfeld, Umschaltfläche) mit der Maus oder über die <Tab>-Taste angewählt wird, um neue Daten einzugeben oder bestehende zu modifizieren. Nach der Eingabe wird das Steuerelement wieder verlassen, das heißt, das nächste Element bekommt den Fokus zugewiesen. Als Beispiel wird das Steuerelement Textfeld genannt.

Tabelle 7.11: Reihenfolge von Ereignissen beim Anwählen eines Textfelds

Ereignis	wann es entsteht
BeimHingehen	Textfeld wird angeklickt.
BeiFokuserhalt	Textfeld bekommt den Fokus.
BeiTasteAb	Taste wird gedrückt.
BeiTaste	Tastencode kann verarbeitet werden.
BeiGeändert	Bevor Inhalt geändert wird.

Ereignis	wann es entsteht
BeiÄnderung	Inhalt des Textfeldes wird geändert.
BeiTasteAuf	Taste wird losgelassen.
VorAktualisierung	Anwender gibt Daten ein.
NachAktualisierung	Access speichert die Daten.
BeimVerlassen	Ein anderes Steuerelement wird angewählt.
BeiFokusverlust	Textfeld verliert den Fokus.

Reihenfolge der Ereignisse bei einer Befehlsschaltfläche

Als Nächstes soll die Ablauffolge betrachtet werden, die beim einfachen Anklicken einer Befehlsschaltfläche entsteht, die bis dahin den Fokus nicht im Besitz hatte. Bei einer Schaltfläche können nicht die Ereignisse „VorAktualisierung" und „NachAktualisierung" entstehen, da ein solches Element nie ein gebundenes Steuerelement sein kann.

Tabelle 7.12: Reihenfolge von Ereignissen beim Anklicken einer Schaltfläche

Ereignis	wann es entsteht
BeimHingehen	Maustaste wird gedrückt.
BeiFokuserhalt	
BeiMaustasteAb	
BeiMaustasteAuf	
BeimKlicken	
BeimVerlassen	Anderes Steuerelement wird angeklickt.
BeiFokusverlust	

Falls eine bestimmte Reaktion durch einen Doppelklick auf eine Befehlsschaltfläche aktiviert wird, wird nicht nur ein Ereignis „BeimDoppelklicken" generiert, da Windows beim ersten Drücken der Schaltfläche noch gar nicht wissen kann, ob ein zweiter Klick erfolgt. Die Reihenfolge, bei der nur die „BeimKlicken"- und „BeimDoppelklicken"-Ereignisse berücksichtigt werden, sieht folgendermaßen aus:

* BeimKlicken
* BeimDoppelklicken
* BeimKlicken

Normalerweise ist es unerwünscht, dass das der Eigenschaft „BeimKlicken" zugeordnete Makro ein zweites Mal gestartet wird. Um dies zu verhindern, wird in den Code für die Eigenschaft „BeimDoppelklicken" ein Abbruch über die Aktion „AbbrechenEreignis" oder den Parameter „Cancel" eingefügt. Erst nachdem der Code der Ereignis-Eigenschaft „BeimDoppelklicken" ausgeführt wurde, tritt die Standardreaktion des Doppelklicks ein, die zum Beispiel beim OLE-Objekt aus dem Starten des OLE-Servers besteht.

Einige der eben gemachten Aussagen können auf einfache Weise mithilfe von Meldungsfenstern bestätigt werden. In dem Formular „Reihenfolge_der_Ereignisse_1" befinden sich die Personal-Nummer, die nicht weiter beachtet wird, ein Textfeld für den Nachnamen und eine Befehlsschaltfläche. Die für uns interessanten Eigenschaften dieser beiden Steuerelemente werden mit Makros besetzt, die alle in der Makrogruppe „Reihenfolge der Ereignisse" gespeichert sind und jeweils ein Meldungsfenster mit unterschiedlichem Inhalt ausgeben. Jede Meldung zeigt an, welches Ereignis gerade eingetreten ist. Da es sich bei diesen Meldungsfenstern um gebundene Formulare handelt, wird von Windows und somit auch in Access das zweite Klicken nicht mehr als ein Doppelklick interpretiert. Deswegen wird auch bei der Schaltfläche nicht die Meldung über einen Doppelklick angezeigt. Damit das Ereignis „BeimDoppelklicken" bei dem Textfeld bekannt gegeben werden kann, muss dieses Element bereits den Fokus besitzen.

Datensätze in Formularen aktualisieren

Wenn Sie zwischen Datensätzen blättern und Daten ändern, treten folgende Ereignisse, bezogen auf das Formular, auf:

Tabelle 7.13: Formular-Ereignisse bei Datensätzen

Ereignis	wann es entsteht
BeimAnzeigen	Fokus wird auf den Datensatz gesetzt.
VorAktualisierung	Anwender verändert Daten und gibt neue ein.
NachAktualisierung	Access aktualisiert die Daten.

Einen Datensatz löschen

Falls der Anwender einen existierenden Datensatz löschen möchte, muss er zuerst den Datensatzmarkierer anwählen, um den gesamten Satz zu selektieren. Dadurch werden noch vor dem Drücken der <Entf>-Taste beziehungsweise Anwählen des Menüpunktes LÖSCHEN die Makros ausgeführt, die den Eigenschaften „BeimVerlassen" und „BeiFokusverlust" des Steuerelements übergeben wurden, das als Letztes den Fokus besaß. Nach dem Entfernen des Satzes aus der Datenbank und somit nach den Ereignissen „BeimLöschen", „VorLöschbestätigung" und „NachLöschbestätigung" setzt Access den Fokus auf den anschließenden Datensatz, wodurch das Formular-Ereignis „BeimAnzeigen" und das Ereignis „BeimHingehen" für das erste Steuerelement in dem Formular entstehen.

Tabelle 7.14: Formular-Ereignisse beim Löschen eines Datensatzes

Ereignis	wann es entsteht
BeimLöschen	Datensatz wird gelöscht.
VorLöschbestätigung	Bevor das Löschen bestätigt wird.
NachLöschbestätigung	Nachdem das Löschen bestätigt wurde.

Einen neuen Datensatz eingeben

Um einen neuen Datensatz eingeben zu können, muss der Anwender an das Ende gehen, das heißt den Cursor hinter den letzten Satz positionieren. Durch diesen Vorgang wird der Fokus auf den leeren Datensatz gestellt, und folgende Ereignisse werden generiert:

Tabelle 7.15: Formular-Ereignisse bei Eingabe eines neuen Datensatzes

Ereignis	Für das Objekt
BeimAnzeigen	Formular: Anwender geht auf den leeren Datensatz.
BeimHingehen	Steuerelement
BeiFokuserhalt	Steuerelement
VorEingabe	Formular: Anwender gibt erstes Zeichen ein.
NachEingabe	Formular

Bevor der Anwender das erste Zeichen in den neuen Datensatz eingibt, existiert im Menü BEARBEITEN der Menüpunkt RÜCKGÄNGIG: GESPEICHERTER DATENSATZ. Durch den Druck auf eine Taste entsteht das Ereignis „VorEingabe". Nach der Abarbeitung des Makros für dieses Ereignis speichert Access die Daten des vorhergehenden Satzes, die bis jetzt nur temporär gesichert waren, permanent in die Datenbank. Deswegen verschwindet auch der eben genannte Menüpunkt aus dem Menü BEARBEITEN.

Einige der genannten Ablauffolgen können am Formular „Reihenfolge_der_Ereignisse_2" nachvollzogen werden, das aus dem Formular „Reihenfolge_der_Ereignisse_1" gebildet wurde. Als Standardansicht für dieses Formular wurde das Endlosformular genommen, um auch auf den Datensatzmarkierer eines Satzes klicken zu können, der nicht der aktuelle ist. Neben den Eigenschaften der beiden Steuerelemente „Textfeld" für den Nachnamen und „Befehlsschaltfläche" sind nun auch die Ereignis-Eigenschaften des Formulars mit Makros besetzt worden, die jeweils das eingetretene Ereignis nennen. Die neuen Makros sind mit in die Makrogruppe „Reihenfolge der Ereignisse" geschrieben worden.

7.3.2   Reihenfolge der Ereignisse für Berichte und Bereiche

Nicht nur bei Formularen treten Ereignisse in einer bestimmten Reihenfolge ein, sondern auch bei Berichten und den dazugehörigen Berichtsbereichen.

Tabelle 7.16: Berichts- und Berichtsbereichs-Ereignisse

Ereignis	Für das Objekt
BeimÖffnen	Bericht
BeiAktivierung	Bericht
BeimFormatieren	Alle Berichtsbereiche
BeimDrucken	Alle Berichtsbereiche

Ereignis	Für das Objekt
BeimSchließen	Bericht
BeiDeaktivierung	Bericht

Die Ereignisse „BeimFormatieren" und „BeimDrucken"

Wenn Sie einen Bericht ausdrucken möchten und ein Makro oder eine Funktion geschrieben haben, das/die sich auf die Ausgabe bezieht, müssen Sie sich Gedanken darüber machen, ob die Eigenschaft „BeimDrucken" oder die Eigenschaft „BeimFormatieren" der richtige Platz für Ihr Makro beziehungsweise Ihre Funktion ist.

Mit der Eigenschaft „BeimFormatieren" sollten Sie arbeiten, wenn sich die gewünschte Reaktion auf das Seitenlayout auswirken kann. Das ist zum Beispiel dann der Fall, wenn ein Steuerelement aus- oder wieder eingeblendet werden soll, indem dessen Eigenschaft „Sichtbar" geändert wird. Ein weiteres Einsatzgebiet für die Verwendung der Eigenschaft „BeimFormatieren" entsteht, wenn das Makro eine Berechnung mit Daten aus nicht zu druckenden Bereichen durchführen soll.

Die Eigenschaft „BeimDrucken" ist geeignet, wenn die gewünschte Reaktion nicht das Seitenlayout beeinflusst oder wenn das Ergebnis des Makros davon abhängt, auf welcher Seite bestimmte Datensätze ausgedruckt werden. Beachten Sie, dass das Ereignis „BeimDrucken" nur auf tatsächlich gedruckte Bereiche angewendet wird. Ein Makro kann zum Beispiel eine Berechnung enthalten, die Daten aus allen Bereichen verwendet. Wenn Sie in einem solchen Fall das Makro in die Eigenschaft „BeimDrucken" einbinden und anschließend nur eine Seite des Berichts ausdrucken, dann hat das Makro nur Zugriff auf die Daten dieser einen Seite, und Sie erhalten nicht das gewünschte Ergebnis. Für Makros, die auf nicht zu druckende Bereiche zugreifen, müssen Sie deswegen immer die Eigenschaft „BeimFormatieren" benutzen.

Diese theoretischen Erklärungen sollen an einigen einfachen Beispielen verdeutlicht werden. Dazu wird der Bericht mit dem Namen „BeimDrucken/BeimFormatieren" verwendet, der auf der Tabelle „Genauere Beschreibung der Waren" basiert und nach dem Lagerort gruppiert ist. In der Makrogruppe mit demselben Namen wie der Bericht existieren drei Makros. Beginnen wir mit dem einfachsten, das „Signal" heißt und nur einen Ton erklingen lässt. Mit diesem Makro können aber gut die ersten Eindrücke erzielt werden.

Öffnen Sie dazu den Bericht in der Entwurfsansicht und weisen Sie das Makro „Signal" zuerst der Eigenschaft „BeimFormatieren" des Gruppenkopfes zu. Wenn Sie nun in die Seitenansicht umschalten, erklingt so oft ein Ton, wie ein neuer Gruppenkopf ausgegeben wird. Das gleiche Ergebnis erzielen Sie, wenn das Makro in die Eigenschaft „BeimDrucken" geschrieben wird. Wenn Sie stattdessen eine der beiden Eigenschaften des Detailbereichs verwenden, werden genauso viele Töne ausgegeben, wie Datensätze auf eine Seite passen.

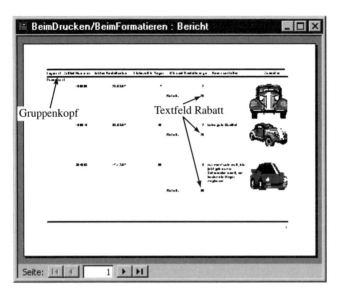

Bild 7.22: Bericht „BeimDrucken/BeimFormatieren"

Als Nächstes lernen Sie einen Unterschied zwischen den beiden Eigenschaften „BeimFormatieren" und „BeimDrucken" kennen. Dazu setzen Sie das Makro „Signal" wieder auf die
Eigenschaft „BeimFormatieren" des Gruppenkopfes und stellen außerdem die Eigenschaft
„Sichtbar" dieses Kopfes auf „Nein" ein. Dadurch erscheint der Gruppenkopf nicht im fertigen Bericht. Das Ergebnis unterscheidet sich nicht von dem ersten Test, das heißt, für jeden
neuen Kopf ertönt ein Klang. Anschließend wechseln Sie das Makro zu der Eigenschaft
„BeimDrucken" und schalten wieder in die Seitenansicht. Es bleibt still, das heißt, Sie wer-
den nichts hören, da der Gruppenkopf nicht gedruckt wird und deswegen auch kein Ereignis
„BeimDrucken" entsteht.

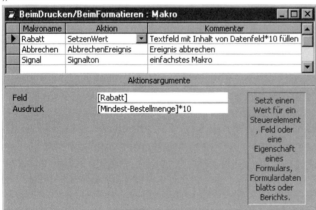

Bild 7.23: Makrogruppe „BeimDrucken"/"BeimFormatieren"

Ein weiterer Unterschied zwischen den beiden Ereignissen „BeimFormatieren" und „Beim-
Drucken" zeigt sich, wenn die Aktion „AbbrechenEreignis" verwendet wird. Wenn Sie der
Eigenschaft „BeimFormatieren" das Makro „Abbrechen" zuweisen, wird in der Seitenansicht

kein Platz freigelassen. Im Gegensatz dazu wird durch dieses Makro das Ereignis „BeimDrucken" abgebrochen, das heißt, an der Stelle, an der der Gruppenkopf hätte erscheinen sollen, wird ein leerer Bereich ausgegeben.

Zum Schluss soll noch ein Beispiel gezeigt werden, in dem entweder im Detailbereich oder im Gruppenkopf auf den Inhalt eines Datenfeldes zugegriffen wird.

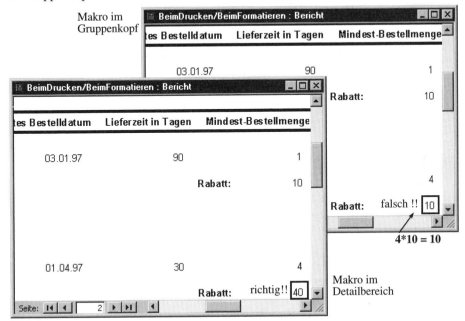

Bild 7.24: Unterschied zwischen Detailbereich und Gruppenkopf

Dazu wird in den Bericht ein neues Textfeld eingefügt, das „Rabatt" heißt und das Ergebnis der Multiplikation des aktuellen Inhalts des Feldes „Mindest-Bestellmenge" mit der Zahl 10 darstellt. Das dazugehörige Makro „Rabatt" führt die Multiplikation aus und schreibt mithilfe der Aktion „SetzenWert" das Resultat in das Textfeld „Rabatt". Wenn Sie dieses Makro der Eigenschaft „BeimFormatieren" des Detailbereichs zuweisen, entsteht das gewünschte Ergebnis, das heißt, für jeden Datensatz wird der Rabatt richtig berechnet. Falls jedoch das Makro derselben Eigenschaft des Gruppenkopfes übergeben wird, stimmt das Multiplikations-Ergebnis immer nur für den ersten Datensatz der Gruppe, da im Gruppenkopf nur auf diesen Satz zugegriffen werden kann. Für alle anderen Datensätze wird unkorrekterweise das Resultat des ersten Satzes übernommen.

Die Eigenschaften Formatierungszähler und Druckzähler

Wenn Sie mit Berichten arbeiten, werden Sie eventuell bei der Verwendung von Bedingungen die beiden Eigenschaften „Formatierungszähler" und „Druckzähler" einsetzen. Mit diesen Eigenschaften können Sie feststellen, ob das Ereignis „BeimFormatieren" oder „BeimDrucken" für einen Datensatz mehrfach eingetreten ist. „Formatierungszähler" und „Druckzähler" sind Nur-Lese-Eigenschaften, in denen gespeichert wird, wie oft das Ereignis „BeimFormatieren" oder „BeimDrucken" für einen Datensatz entstand. Wenn für einen Datensatz zum Beispiel das Ereignis „BeimFormatieren" ausgelöst wird, der Datensatz jedoch nicht auf eine Seite passt und deshalb zum Teil auf die nächste Seite verschoben wird, wird das Ereignis „BeimFormatieren" erneut erzeugt und die Eigenschaft „Formatierungszähler" von Access auf den Wert „2" gesetzt. Gleiches gilt für die Eigenschaft „Druckzähler", wenn ein Teil eines Datensatzes auf der einen Seite und der andere Teil auf der nächsten Seite ausgedruckt wird.

Die Eigenschaften „Formatierungszähler" und „Druckzähler" werden für Makros und Funktionen verwendet, die für jeden Datensatz nur einmal ausgeführt werden sollen. Dies sind zum Beispiel Makros oder Funktionen, die im Seitenfuß einer Berichtsseite den Gesamtbetrag aller auf dieser Seite enthaltenen Datensätze berechnen.

Wenn Berechnungen in einem Seitenfuß angezeigt werden sollen, die dazu Werte aus einem Berichtsbereich benutzen, sollten Sie die Eigenschaft „Zusammenhalten" des Bereichs auf „Ja" setzen und das Makro beziehungsweise die Funktion, das/die die Berechnung für die Seite anzeigt, in die Eigenschaft „BeimDrucken" des entsprechenden Bereichs einbinden. So vermeiden Sie Probleme, die beim Drucken von Bereichen auf zwei Seiten auftreten und die Berechnungen verfälschen können.

Nur-Lese-Eigenschaften wie die beiden Eigenschaften „Formatierungszähler" und „Druckzähler" werden von Access gesetzt. Sie können ihren Inhalt lesen und in bedingten Ausdrücken benutzen, es ist jedoch nicht möglich, ihren Inhalt zu modifizieren.

Beim Setzen von Werten in die Bereichseigenschaften „BeimFormatieren" oder „BeimDrucken" muss berücksichtigt werden, dass keine Inhalte von gebundenen oder berechneten Steuerelementen in Berichten geändert werden können.

8   Zugriff auf Steuerelemente

Fast alle Berichte und Formulare enthalten mehrere Steuerelemente, um Tabelleninhalte oder zusätzliche Informationen darzustellen. Um Steuerelemente auszuwählen, zu vergrößern, zu verschieben usw., müssen Sie sich immer in der Entwurfsansicht des Datenbankobjekts befinden. In dieser Ansicht können auch im Eigenschaftenfenster die Eigenschaften der einzelnen Elemente, auf die nun genauer eingegangen wird, modifiziert werden. Teilweise ist es auch möglich, Eigenschaften direkt in der Formularansicht zu ändern.

8.1   Überblick über die Steuerelemente

Einen Überblick über alle in Access standardmäßig existierenden Steuerelemente bekommen Sie am besten anhand der Toolbox.

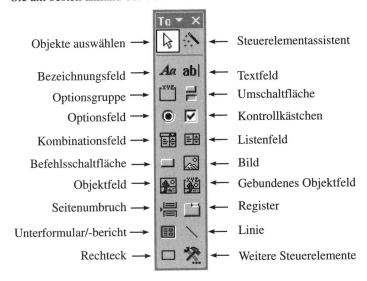

Bild 8.1: Anzeige aller in Access existierenden Steuerelemente

Befehlsschaltfläche

Die Befehlsschaltfläche trägt im Englischen die Namen „Pushbutton" oder „Command Button", die ihr Verhalten recht gut charakterisieren. Eine Befehlsschaltfläche muss gedrückt („push") werden, damit sie einen oder mehrere Befehle („command") ausführt. Fast jedes Dialogfeld in Windows besitzt die beiden Befehlsschaltflächen „OK" und „Abbrechen".

Bezeichnungsfeld

In Bezeichnungsfeldern werden statische Texte ausgegeben, die vor allem als Beschriftungen dienen oder Anweisungen und beschreibenden Text enthalten. Der Anwender kann hier keine Eingaben vornehmen.

Kombinationsfeld

Ein Kombinationsfeld, das auch häufig als einzeiliges Listenfeld bezeichnet wird, stellt eine Kombination aus einem Textfeld und einem Listenfeld dar. Somit kann entweder ein Eintrag aus der Liste gewählt oder ein eigener Text eingegeben werden.

Kontrollkästchen

Ein Kontrollkästchen wird zur Darstellung des Inhalts von Tabellenfeldern mit dem Datentyp „Ja/Nein" benutzt. Sein eingeschalteter Zustand wird über einen Haken innerhalb des Rechtecks angezeigt.

Listenfeld

Das Listenfeld zeigt eine Liste von Einträgen an, von denen der Anwender einen auswählen kann. Falls die Größe des Listenfeldes nicht ausreicht, um alle Punkte auf einmal darzustellen, bekommt es eine senkrechte Bildlaufleiste zugewiesen.

Optionsfeld

Optionsfelder repräsentieren genauso wie das Kontrollkästchen „Ja/ Nein"-Werte. Der eingeschaltete Zustand wird durch einen schwarzen Punkt gekennzeichnet. Sie werden im Englischen „Radiobutton" genannt, da sie wie Knöpfe bei einem alten Radio aussehen.

Optionsgruppe

Mithilfe von Optionsgruppen können Kontrollkästchen, Optionsfelder oder Umschaltflächen zusammengefasst werden. Innerhalb einer solchen Gruppe kann gleichzeitig immer nur ein Element ausgewählt sein. Aufgrund dieser Festsetzung stellt der Inhalt einer Optionsgruppe eine 1:n-Auswahl dar.

Textfeld

Das Steuerelement „Textfeld", das auch Eingabefeld genannt wird, enthält Daten, die Sie sich ansehen und verändern können. Dieser Steuerelementtyp wird am häufigsten verwendet. Wenn Sie zum Beispiel in der Entwurfsansicht ein Tabellenfeld in das Formular einfügen wollen und es dazu aus der Feldliste ziehen und im Formular fallen lassen, legt Access automatisch ein Textfeld an.

Umschaltfläche

Eine Umschaltfläche dient genauso wie ein Kontrollkästchen oder ein Optionsfeld dazu, einen „Ja/Nein"-Wert auszuwählen. Gemäß seinem Verhalten wird dieses Element im Englischen als „Toggle Button" bezeichnet. Das Aussehen ähnelt stark einer Befehlsschaltfläche, nur dass die Fläche durch ein Anklicken im gedrückten Zustand bleibt.

Bild

Mit dem Bildrahmen können Sie Bilder in ein Formular oder in einen Bericht einfügen, ohne dazu OLE einsetzen zu müssen. Dadurch kann die Anzeige der Grafik schneller erfolgen.

Gebundenes und ungebundenes Objektfeld

Gebundene Objektfelder verwenden Sie, um OLE-Objekte anzuzeigen, die in einem Datenfeld der Tabelle gespeichert sind. In Formularen und Berichten werden jedoch auch andere Bilder ausgegeben, die zum Beispiel das Firmenlogo repräsentieren. Für diese unveränderbaren Grafiken, die nicht in der Tabelle stehen, werden ungebundene Objektfelder benötigt.

Linie und Rechteck

Linien und Rechtecke werden zur besseren Gestaltung eines Formulars oder Berichts verwendet. Mit Linien können optisch Verbindungen aufgezeigt werden. Mit einem Rechteck können Sie zum Beispiel mehrere Steuerelemente als Gruppe darstellen.

Unterformular/Unterbericht

Falls innerhalb eines Formulars ein zweites Formular angezeigt werden soll, das über ein Feld mit dem Hauptformular verbunden ist, muss zuerst ein separates Formular erstellt werden. Mithilfe des Unterformular-Werkzeugs kann dann der Platz in dem Hauptformular für das Unterformular definiert werden. Für einen Bericht gilt dasselbe.

Seitenumbruch

Mit dem Steuerelement „Seitenumbruch" wird, wie sein Name schon sagt, ein Seitenumbruch eingefügt. Damit legen Sie in einem Formular, das mehrere Bildschirme umfasst, oder in einem gedruckten mehrseitigen Bericht den Beginn einer neuen Seite fest.

Register

Das Steuerelement „Register" verwaltet auf mehreren Karteiblättern zahlreiche andere Steuerelemente. Auf diese Weise geht auch beim Anzeigen großer Datensätze die Übersichtlichkeit nicht verloren.

Weitere Steuerelemente

Wenn Sie in der Toolbox die Schaltfläche „Weitere Steuerelemente" anklicken, sucht Access auf Ihrer Festplatte nach ActiveX-Controls. Alle gefundenen werden aufgelistet. Durch einen Klick auf einen Namen können Sie das gewählte Steuerelement in Ihr Formular beziehungsweise Ihren Bericht einfügen. Jedoch können nicht alle ActiveX-Controls sinnvoll in Access verwendet werden.

Aktivierreihenfolge bestimmen

Access weist den meisten Steuerelementen beim Einfügen in ein Formular eine interne Nummer zu, die innerhalb eines Datenbankobjekts eindeutig ist. Dieser Index wird durch die Reihenfolge des Erstellens der Elemente bestimmt. Er gibt in der Formularansicht an, in welcher Reihenfolge die einzelnen Steuerelemente mithilfe der <Tab>-Taste angesprungen werden, das heißt in welcher Reihenfolge der Fokus weitergegeben wird. Einige Steuerelemente wie „Linie", „Rechteck", „Bezeichnungsfeld" und „Seitenumbruch" können in der Formularansicht nicht über die <Tab>-Taste erreicht werden, da es sich um rein statische Elemente handelt.

Wenn Sie beim Testen des Formulars feststellen, dass die Reihenfolge nicht sinnvoll ist, können Sie sie nachträglich über den Menüpunkt AKTIVIERREIHENFOLGE aus dem Menü ANSICHT umstellen. Dieser Befehl existiert auch im Kontextmenü, das erscheint, wenn Sie das Formular in der Entwurfsansicht mit der rechten Maustaste anklicken. Durch die Anwahl dieses Punktes erscheint ein Dialogfeld, in dem alle Steuerelemente angezeigt werden, die über die <Tab>-Taste angesprungen werden können, gegliedert nach dem Bereich, in dem sie liegen.

Bild 8.2: Die Aktivierreihenfolge einstellen

Wenn alle Steuerelemente von links nach rechts und von oben nach unten erreicht werden sollen, so wie es normalerweise üblich ist, müssen Sie nur die Befehlsschaltfläche „Automatisch" betätigen und mit „OK" das Dialogfeld beenden.

Sie können jedoch auch eine eigene Reihenfolge bestimmen, indem Sie die Steuerelemente in dieser Liste verschieben. Dies erfolgt auf dieselbe Weise wie ein Verschieben von Zeilen in der Entwurfsansicht der Tabelle. Sie klicken zuerst auf den links außen liegenden Markierer des zu verschiebenden Steuerelements, um die Zeile zu selektieren. Nun wählen Sie die Zeile ein zweites Mal an, halten die Maustaste gedrückt und ziehen die Zeile an die gewünschte neue Position. Bei diesem Vorgang wird durch eine schmale schwarze Linie angezeigt, an welcher Stelle sich das Element befindet, wenn die Maustaste losgelassen wird. Die neue Feldreihenfolge testen Sie in der Formularansicht durch mehrmaliges Drücken der <Tab>-Taste.

Die Feldreihenfolge kann auch dynamisch an die aktuellen Bedürfnisse angepasst werden. Die Aktion „GeheZuSteuerelement" verschiebt den Fokus in der Formularansicht oder in der Datenblattansicht eines Formulars, einer Tabelle beziehungsweise einer Abfrage zu dem genannten Steuerelement beziehungsweise Feld. In das Argument „Steuerelementname" darf nur der Name des Elements ohne die Angabe des gesamten Formularnamens geschrieben werden. In VBA können Sie stattdessen auch die Methode „SetFocus" für das Steuerelement benutzen.

Steuerelemente gruppieren

Nachdem Sie mehrere Steuerelemente markiert haben, können Sie diese in einer Gruppe zusammenfassen. Lösen Sie dazu im Menü FORMAT den Menüpunkt GRUPPIERUNG aus. Eine solche Möglichkeit kennen Sie vielleicht schon aus Zeichenprogrammen wie CorelDraw!. Mit Gruppen kann das Entwerfen von aufwändigen Formularen vereinfacht werden. Alle Elemente in einer Gruppe können zum Beispiel auf einmal verschoben werden.

In der Entwurfsansicht wird die Gruppe durch einen Rahmen angezeigt, der aber in der Formularansicht nicht erscheint. Jede Gruppe können Sie jederzeit wieder über den Menüpunkt GRUPPIERUNG AUFHEBEN lösen.

Standardeigenschaften

Bei den Steuerelementen existieren drei verschiedene Kategorien von Eigenschaften. Ähnlich wie bei einem Formular oder einem Bericht besitzen auch die Steuerelemente Standardeigenschaften, die modifiziert werden können und dann für alle weiteren neu angelegten Elemente gelten. Somit gibt es Standardeigenschaften als auch auf ein bestimmtes Steuerelement bezogene Eigenschaften.

Jedoch sind nicht alle Eigenschaften, die bei einem markierten Steuerelement im Eigenschaftenfenster angezeigt werden, auch Standardeigenschaften. Andererseits gilt aber auch: Nicht alle Standardeigenschaften sind bei einem Steuerelement im Eigenschaftenfenster verfügbar. Lassen Sie sich durch diese Aussagen nicht verwirren. Bei der nachfolgenden Betrachtung der einzelnen Elemente werden Sie den Sinn verstehen.

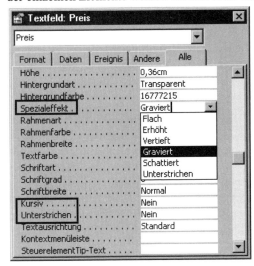

Bild 8.3: Standardeigenschaften anzeigen und ändern

Der Unterschied zwischen einer Standardeigenschaft eines Steuerelements und der Standardvorlage eines Datenbankobjekts liegt darin, dass diese Standardeigenschaften nicht für alle neuen Objekte innerhalb der aktuellen und auch anderer Datenbanken, sondern nur für das aktuelle Formular oder den aktuellen Bericht gelten. Dies bedeutet, dass Sie die gewünschten Standardeigenschaften für einen Steuerelementtyp bei jedem neuen Formular oder Bericht erneut einstellen müssen.

Die Standardeigenschaften eines Steuerelementtyps modifizieren Sie, indem Sie in der Toolbox das Symbol für den zu ändernden Steuerelementtyp anklicken. Daraufhin werden die

Standardeigenschaften für diesen Typ, zum Beispiel für das Textfeld, in dem Eigenschaftenfenster angezeigt. Nun können Sie in diesem Fenster die gewünschte Eigenschaft auswählen und auf einen anderen Wert setzen.

In der letzten Abbildung wurden die Einstellungen der Standardeigenschaften „Spezialeffekt", „Kursiv" und „Unterstrichen" eines Textfeldes verändert. Alle Textfelder, die anschließend in das Formular eingefügt werden, benutzen diese neuen Werte. Die Textfelder, die jedoch vor der Modifizierung in das Formular gestellt worden sind, behalten ihr altes Aussehen.

Neben dieser Möglichkeit des Setzens einer Standardeigenschaft existiert noch eine weitere Variante. Dazu müssen Sie zuerst die gewünschte Eigenschaft bei einem bereits vorhandenen Steuerelement modifizieren. Danach wählen Sie im Menü FORMAT den Menüpunkt STANDARDSTEUERELEMENTEINSTELLUNGEN. Dadurch benutzen alle Steuerelemente dieses Typs, die nach diesem Vorgang in dem Formular angelegt werden, den neuen Wert.

Die Steuerelemente, die mithilfe des Formular-Assistenten oder aus der Feldliste über eine Drag&Drop-Operation erstellt wurden und somit gebundene Steuerelemente sind, übernehmen automatisch die Einstellungen von den korrespondierenden Datenfeldern für die Eigenschaften „Format", „Standardwert", „Gültigkeitsregel" und „Gültigkeitsmeldung".

Drei Eigenschaften, die alle Steuerelemente besitzen

Drei Eigenschaften besitzen alle Steuerelemente, die in Access über die Toolbox verfügbar sind. Sie lauten „Name", „Links" und „Oben". Die Eigenschaft „Name" definiert den Namen, über den auf das Element zugegriffen werden kann. Dieser Name muss innerhalb eines Formulars beziehungsweise Berichts eindeutig sein. Falls Sie ein Steuerelement durch Ziehen eines Tabellenfeldes aus der Feldliste erzeugen, kopiert Access automatisch den Inhalt der Eigenschaft „Feldname" des Tabellenfeldes in die Eigenschaft „Name" des Steuerelements.

Die beiden anderen Eigenschaften „Oben" und „Links" bestimmen die Lage des Steuerelements innerhalb des Bereichs. Sie definieren den Abstand der linken oberen Ecke des Elements zu der linken oberen Ecke des Bereichs. Wenn beide mit dem Wert „0" besetzt werden, wird das Steuerelement an den oberen und linken Bereichsrand positioniert. Sobald Sie in der Entwurfsansicht das Element verschieben und wieder loslassen, werden die zwei Eigenschaften „Oben" und „Links" auf neue Werte eingestellt. Die dabei verwendete Maßeinheit ist abhängig von der Maßeinheit, die in der Windows-Systemsteuerung im Abschnitt „Ländereinstellungen" gewählt wurde.

Alten Wert speichern

Alle Steuerelemente, die in einem Formular mit einem Tabellenfeld verbunden sind, besitzen die Eigenschaft „Alter Wert", die den ursprünglichen Wert enthält. Dies ist der Wert, der vor der Neueingabe in dem Steuerelement angezeigt wurde und noch so lange in der Datenbank steht, bis der Datensatz wirklich gespeichert wird. Der Inhalt dieser Eigenschaft, die nur einen Lesezugriff erlaubt, kann somit dazu verwendet werden, eine Änderung rückgängig zu machen. Dazu müssen Sie folgende Zeilen schreiben:

```
Formulare![Form1]![StEl1] =
Formulare![Form1]![StEl1].AlterWert
```

In diesem Beispiel heißt das Formular „Form1" und das Steuerelement „StEl1". Falls keine Modifikation vorgenommen wurde, hat diese Zuweisung keine Wirkung. Sobald der Datensatz gespeichert und dadurch in die Datenbank geschrieben wird, sind die Inhalte der Eigenschaften „Alter Wert" und „Steuerelementinhalt" identisch.

8.2   Inhalt und Eigenschaften festlegen

Neben der Festlegung von Steuerelement-Eigenschaften im Eigenschaftenfenster während der Entwurfsphase können die meisten dieser Eigenschaften auch dynamisch mithilfe von Makros und VBA-Prozeduren verändert werden. Das Festlegen von Werten mithilfe von Prozeduren oder Makros, die ihrerseits die Aktion „SetzenWert" aufrufen, ist besonders in den nachfolgend beschriebenen Situationen vorteilhaft.

- Der Inhalt eines Steuerelements in einem Formular soll auf den Inhalt eines Steuerelements in einem anderen Formular gesetzt werden. So können Sie zum Beispiel in das Kundenformular eine Befehlsschaltfläche einfügen, die das Formular „Auftragserfassung" öffnet und automatisch das Textfeld „Kunden-Nummer" auf den aktuellen Kunden des Kundenformulars setzt.

- Der Inhalt in einem Steuerelement, der von dem Wert eines anderen Elements abhängt, soll aktualisiert werden. Sie können zum Beispiel den Wert des Steuerelements „Zahlungstermin" mit dem Inhalt des Steuerelements „Liefertermin" verknüpfen, sodass der Zahlungstermin automatisch gesetzt wird, sobald sich der Inhalt des Elements „Liefertermin" ändert. Dabei spielt es keine Rolle, ob sich die beiden Steuerelemente in dem gleichen oder in zwei verschiedenen Datenbankobjekten befinden.

- Ein Steuerelement soll abhängig von einem anderen Wert ein- oder ausgeblendet werden. Im Formular „Auftragserfassung" kann das Steuerelement „Zahlungstermin" ausgeblendet werden, sobald der Auftrag bezahlt ist.

- Ein Steuerelement soll abhängig von einem anderem Wert aktiviert oder deaktiviert werden. Im Stammformular einer Einwohnerdatenbank könnte das Steuerelement „Führerschein" so lange deaktiviert bleiben, wie der Wert im Steuerelement „Alter" kleiner als das gesetzlich vorgeschriebene Mindestalter für den Erwerb des Führerscheins ist.

Inhalt und Eigenschaften eines Steuerelementes mit einem Makro verändern

Wenn Sie den Inhalt und Eigenschaften eines Steuerelements mithilfe eines Makros festlegen, müssen Sie die Aktion „SetzenWert" verwenden. Diese Aktion besitzt die beiden Argumente „Feld" und „Ausdruck". Das Argument „Feld" bezeichnet das Feld, das Steuerelement oder die Eigenschaft, dessen/deren Inhalt verändert werden soll. Der Wert, auf den Sie das Feld setzen möchten, wird im Argument „Ausdruck" angegeben. In diesem Argument muss das Gleichheitszeichen, das normalerweise einen Ausdruck einleitet, nicht geschrieben werden. Falls Sie es einfügen, wertet Access zuerst den Ausdruck aus und benutzt anschließend das Ergebnis als zu übergebenden Wert. Dies kann bei Zeichenfolgen zu unerwünschten Resultaten führen.

Hinweis: Die Aktion „SetzenWert" kann nicht eingesetzt werden, um den Inhalt gebundener und berechneter Steuerelemente in Berichten oder den Inhalt berechneter Steuerelemente in Formularen zu verändern.

Um Eigenschaften eines Steuerelements abzufragen oder zu modifizieren, muss eine bestimmte Schreibweise für die Bezugnahme auf das Element verwendet werden:

> Objektauflistung!Objektname!Steuerelementname

Mit der Objektauflistung ist die Kollektion „Formulare" oder „Berichte" gemeint. Darunter werden alle geöffneten Formulare beziehungsweise alle geöffneten Berichte verstanden. Der Ausdruck

> Formulare![Artikel_anzeigen]![Bestand]

bezieht sich zum Beispiel auf das Steuerelement mit dem Steuerelementnamen „Bestand", das sich in dem geöffneten Formular mit dem Namen „Artikel_anzeigen" befindet.

Dabei muss immer das Datenbankobjekt, in dem sich das genannte Steuerelement befindet, im geöffneten Zustand vorliegen, damit Access auf das Element zugreifen kann. Ansonsten wird das Steuerelement von Access nicht erkannt. Wenn der Name des Datenbankobjekts oder des Steuerelements ein Leerzeichen enthält, müssen Sie diesen Namen zwingend in eckige Klammern einschließen. Andernfalls führt Access dies für Sie durch, nachdem Sie die Eingabe abgeschlossen haben.

Wenn sich das Steuerelement in dem Formular oder Bericht befindet, von dem aus das Makro ausgeführt wird, können Sie eine abgekürzte Schreibweise anwenden. Sie müssen die Objektgruppe und den Objektnamen nicht mehr explizit angeben. Stattdessen schreiben Sie lediglich zwei eckige Klammern. Die Syntax lautet in diesem Fall:

> []!Steuerelementname

Sie können sogar diese leeren Klammern und das nachfolgende Ausrufezeichen vollständig weglassen:

> Steuerelementname

Hinweis: Wenn die Aktion „SetzenWert" den Inhalt eines Steuerelements festlegt, ignoriert Access eine eventuell vorhandene Gültigkeitsregel dieses Steuerelements. Die Aktion „SetzenWert" setzt den Wert des Steuerelements auf das Ergebnis des Arguments „Ausdruck", egal, ob dieser Wert der Gültigkeitsregel des Steuerelements entspricht oder nicht. Es wird somit in keinem Fall die Meldung ausgegeben, die in der Eigenschaft „Gültigkeitsmeldung" hinterlegt ist. Die Neuberechnung, die durch die Aktion „SetzenWert" ausgelöst wird, erfolgt unter Umständen nicht sofort. Sie kann jedoch über die Aktion „AktualisierenObjekt" erzwungen werden.

Die Aktion „SetzenWert" kann in Makros verwendet werden, die den Eigenschaften „VorAktualisierung" und „NachAktualisierung" zugewiesen werden, um den Inhalt eines Steuerelements auf einen neuen Wert zu setzen. Dabei gibt es jedoch eine Ausnahme. Es ist nicht erlaubt, diese Aktion in einem Makro aufzurufen, das der Eigenschaft „VorAktualisierung" eines Steuerelements zugeordnet ist, um den Wert dieses Elements selbst zu modifizieren.

Inhalt und Eigenschaften eines Steuerelements mit VBA verändern

Der Zugriff auf ein Steuerelement oder auf eine Eigenschaft eines Steuerelementes oder des Formulars erfolgt in VBA über das Gleichheitszeichen und ist somit viel einfacher als die Aktion „SetzenWert" zu handhaben. Das Steuerelement wird entweder wie im Makro über seinen Namen mit Bezug auf das Formular oder mithilfe einer Objektvariablen vom Typ „Control" angesprochen.

Bei der Verwendung eines Bezeichners müssen Sie beachten, dass vor dem Namen der Eigenschaft ein Punkt (.) als Bezeichnungsoperator zu setzen ist.

```
Forms!Mein_Formular.Visible = True
```

Das Arbeiten mit Objektvariablen gestaltet das Programm übersichtlicher, kürzt die Schreibweise ab und erlaubt später eine leichtere Anpassung zum Beispiel an ein neues Formular oder an neue Steuerelementnamen.

```
...
Dim fMein As Form

Set fMein = Forms!Mein_Formular
fMein.Visible = True
...
```

Für Steuerelemente steht ein eigener Datentyp, „Control", für die Definition von Objektvariablen bereit. Die Festlegung erfolgt dabei wiederum in den beiden Schritten des Definierens der Objektvariablen und der Zuweisung zu einem speziellen Steuerelement durch die Anweisung „Set". Angenommen, das Formular „Mein_Formular" enthält ein Textfeld mit dem Namen „Text1". Um den Inhalt dieses Textfeldes zu lesen, können Sie folgende Zeilen schreiben:

```
...
Dim sText1 As Control

Set sText1 = Forms!Mein_Formular!Text1
x = sText1
...
```

Hinweis: Um Objektvariablen des Typs „Control" zu definieren, schlage ich vor, als Variablennamen den Namen des Steuerelements zu benutzen und ein kleines „s" für Steuerelement vor den Namen einzufügen. Mit dieser Methode können Sie im Programm normale Variablen von Control-Variablen sehr leicht an der Schreibweise unterscheiden. Bei den Beispielprogrammen in diesem Buch werden Sie häufig diese Schreibweise vorfinden.

Es ist durchaus von Interesse, während der Laufzeit ermitteln zu können, um welche Art von Steuerelement es sich bei einer Objektvariablen vom Typ „Control" handelt. Dazu dient die Eigenschaft „ControlType". Dabei wird „ControlType" zusammen mit einer Integer-Konstanten und einer „If"-Verzweigung benutzt.

```
...
Dim sVariable As Control

Set sVariable = Forms!Mein_Formular!Variable

If sVariable.ControlType = acBoundObjectFrame Then   ' Gebundenes Objektfeld
If sVariable.ControlType = acCheckBox Then   ' Kontrollkästchen
If sVariable.ControlType = acComboBox Then   ' Kombinationsfeld
If sVariable.ControlType = acCommandButton Then   ' Befehlsschaltfläche
If sVariable.ControlType = acCustomControl Then   ' Zusatzsteuerelemente
If sVariable.ControlType = acLabel Then   ' Bezeichnungsfeld
If sVariable.ControlType = acLine Then   ' Linie
If sVariable.ControlType = acListBox Then   ' Listenfeld
If sVariable.ControlType = acObjectFrame Then   ' ungebundenes Objektfeld
If sVariable.ControlType = acOptionButton Then   ' Optionsfeld
If sVariable.ControlType = acOptionGroup Then   ' Optionsgruppe
If sVariable.ControlType = acPageBreak Then   ' Seitenumbruch
If sVariable.ControlType = acRectangle Then   ' Rechteck
If sVariable.ControlType = acSubForm Then   ' Unterformular
If sVariable.ControlType = acImage Then   ' Bild
If sVariable.ControlType = acTextBox Then   ' Textfeld
```

Einen Text in Großbuchstaben umwandeln

Der Zugriff auf Steuerelemente soll gleich in ein Beispiel umgesetzt werden. Eine Dateneingabe in Kleinschreibung ist sehr bequem, da man nicht auf die <Umschalt>-Taste Acht geben muss.

Wenn Sie zum Beispiel möchten, dass der Inhalt des Feldes „Ansprechpartner" in dem Formular „Ansprechpartner_in_Großbuchstaben" trotz einer beliebigen Eingabe sowohl im Formular als auch in der Tabelle „Kunden-Daten" stets in Großbuchstaben angezeigt und gespeichert wird, können Sie diesen Wunsch mit einem Makro oder einer VBA-Prozedur realisieren.

Alle Makros in diesem Kapitel finden Sie in der Datenbank MAKROPR.MDB, alle VBA-Prozeduren sind hingegen in der Datenbank BASICPRG.MDB gespeichert.

Realisierung mit einem Makro

Das Makro „Ansprechpartner_in_Großbuchstaben" enthält die Aktion „SetzenWert", die als Argument die Funktion „Großbst" verwendet, um den Inhalt des Steuerelements „Ansprechpartner" auf Großschreibung zu setzen.

```
Feld:
    Formulare![Ansprechpartner_in_Großbuchstaben]![Ansprechpartner]
Ausdruck:
    Großbst([Ansprechpartner])
```

Dieses Makro binden Sie in die Eigenschaft „VorAktualisierung" des Formulars „Ansprechpartner_in_Großbuchstaben" ein. Immer nachdem Sie den Namen eines neuen Ansprechpartners eingegeben oder einen vorhandenen Nachnamen aktualisiert haben und auf den nächsten Satz wechseln, ändert das Makro den Text automatisch in Großbuchstaben. Wie Sie aus den

Parametern sehen, sind in diesem Fall sowohl die ausführliche als auch die kurze Schreibweise möglich, da sich das Steuerelement in dem Formular befindet, aus dem das Makro aufgerufen wird.

Bild 8.4: Makro zur Festlegung eines Steuerelementinhalts

Realisierung mit einer VBA-Funktion

Die Funktion „fktAnsprechpartner_in_Großbuchstaben" liest den Inhalt des Steuerelements „Ansprechpartner" und wandelt dessen Wert mithilfe der Funktion „UCase" in Großschreibung um. Der Rückgabewert von „UCase" wird wieder dem Steuerelement übergeben.

Bild 8.5: Beispiel zum Ereignis „VorAktualisierung"

```
'*************** BASICPRG.MDB ****************
'*************** Modul: Steuerelemente *************
' Funktion wandelt Steuerelementeingabe in Großbuchstaben um
Function fktAnsprechpartner_in_Großbuchstaben()
```

```
Dim sAnsprechpartner As Control

Set sAnsprechpartner = Forms![Ansprechpartner_in_Großbuchstaben]![Ansprechpartner]

sAnsprechpartner = UCase(sAnsprechpartner)

End Function
```

Um diese Funktion wirksam werden zu lassen, tragen Sie den Namen in die Eigenschaft „VorAktualisierung" des Formulars „Ansprechpartner_in_Großbuchstaben" ein.

```
VorAktualisierung: = fktAnsprechpartner_in_Großbuchstaben()
```

Sobald Sie einen neuen Ansprechpartner eingeben oder einen vorhandenen aktualisieren und auf den nächsten Datensatz wechseln, ändert die Funktion den Text automatisch in Groß-buchstaben. Natürlich hätten Sie statt einer globalen Funktion auch die Ereignisprozedur „BeforeUpdate" verwenden können.

8.3   Die einzelnen Steuerelemente

Nachfolgend finden Sie Erklärungen und viele Beispiele zu den verschiedenen Steuerelemen-ten, die Sie in ein Formular oder einen Bericht einfügen können.

8.3.1   Das Steuerelement „Bezeichnungsfeld"

Dieser Steuerelementtyp wird vor allem zur Darstellung beschreibender Texte eingesetzt. Wenn Sie in der Entwurfsansicht ein Bezeichnungsfeld mit Text füllen, der aus mehreren Zeilen besteht, müssen Sie die Tastenkombination <Umschalt>+<Enter> drücken, um in eine neue Zeile zu wechseln.

Viele der anderen Steuerelemente sind standardmäßig mit einem Bezeichnungsfeld verbun-den, das dadurch bei der Erstellung eines Elements mit in das Formular eingefügt wird. Ein Bezeichnungsfeld, das mithilfe des gleichnamigen Werkzeugs aus der Toolbox erstellt wurde, ist jedoch nicht mit einem Steuerelement verbunden, sondern wird als selbstständiges Ele-ment behandelt. In diesem Fall wird es aber nicht angezeigt, wenn Sie sich in der Datenblatt-ansicht des Formulars befinden.

Bei den Bezeichnungsfeldern handelt es sich immer um ungebundene Steuerelemente, das heißt, sie sind nie mit einem bestimmten Feld einer Tabelle oder Abfrage verknüpft. Da sie statisch sind, dienen sie auch nicht dazu, Ergebnisse von Ausdrücken anzuzeigen. Deswegen besitzt dieses Steuerelement nicht die Eigenschaft „Steuerelementinhalt" („ControlSource").

Auf den Text innerhalb des Bezeichnungsfeldes greifen Sie über die Eigenschaft „Beschrif-tung" („Caption") zu.

Mithilfe dieser Eigenschaft können Sie als Programmierer den Inhalt dieses Steuerelements verändern. Unter der Annahme, dass das Formular „Formular1" und das Bezeichnungsfeld „Text9" heißt, können in einem Makro die beiden Argumente der Aktion „SetzenWert" fol-gende Werte enthalten:

```
Feld: Formulare![Formular1]![Text9].Beschriftung
Ausdruck: "Neue Beschriftung"
```

Mit VBA-Code sieht das Lesen und Setzen dieser Eigenschaft folgendermaßen aus:

```
txt = Forms![Formular1]![Text1].Caption
Forms![Formular1]![Text1].Caption = "Neue Beschriftung"
```

Das Bezeichnungsfeld besitzt vor allem Eigenschaften, die sich auf das Aussehen des Textes und des Rahmens beziehen. Viele Eigenschaften wie „Schriftart" („FontName"), „Schriftbreite" („FontWeight"), „Schriftgröße" („FontSize"), „Kursiv" („FontItalic"), „Unterstrichen", „Textausrichtung" („TextAlign"), „Rahmenbreite" und „Textfarbe" können vom Anwender in der Entwurfsansicht des Berichts oder Formulars über die Symbolleiste modifiziert werden.

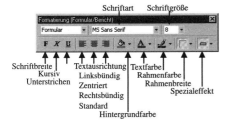

Bild 8.6: Text-Eigenschaften für das Bezeichnungsfeld

8.3.2   Das Steuerelement „Textfeld"

Das Textfeld ist das am häufigsten verwendete Steuerelement. Es wird zum Beispiel standardmäßig von Access benutzt, wenn Sie in der Entwurfsansicht aus der Feldliste ein Feld anklicken und es in das Formular ziehen. Ein Textfeld kann mit Tabellenfeldern aller Datentypen mit Ausnahme des OLE-Objekts verbunden werden.

Zusätzliche Eigenschaften des Textfeldes in Berichten

Die beiden Eigenschaften „Duplikate ausblenden" und „Laufende Summe" gelten nur für Textfelder in Berichten. Die zuerst genannte Eigenschaft „Duplikate ausblenden" bestimmt, ob das Steuerelement angezeigt werden soll, wenn sein Inhalt mit dem des vorhergehenden Datensatzes identisch ist. Die Eigenschaft wird ab und zu in Berichten auf „Ja" gesetzt, damit Textfelder, die in dem aktuellen Datensatz und dem letzten Satz denselben Wert aufweisen, unsichtbar bleiben. Diese Möglichkeit wird vor allem bei der Gruppierung verwendet, da dadurch das Kriteriumfeld für die Gruppierung nur einmal zu Beginn einer Gruppe erscheint.

Das Ergebnis des Berichts wird hierdurch um einiges übersichtlicher, da überflüssige Informationen nicht mehr ausgegeben werden.

Wenn Sie in einem Bericht nicht die einzelnen Werte eines Feldes in den verschiedenen Datensätze, sondern nur die Summe aller Feldinhalte wissen möchten, greifen Sie auf die Eigenschaft „Laufende Summe" zu. Damit erhalten Sie nach jedem Datensatz die Zwischensumme neu berechnet. Als Einträge sind die drei Optionen „Nein", „Über Alles" und „Über Gruppe" für die Eigenschaft „Laufende Summe" gültig. Wenn Sie die Einstellung „Über Alles" wählen, wird die Summe über alle Datensätze bis zum aktuellen gebildet. Wird dagegen die Option „Über Gruppe" gesetzt, findet die Summierung nur innerhalb einer Gruppe statt.

Mit den beiden Standard-Eigenschaften „MitDoppelpunkt" und „MitBezeichnungsfeld" kann das dem Textfeld zugeordnete Bezeichnungsfeld beeinflusst werden. Die Standardeinstellung lautet in beiden Fällen „Ja". Damit die Bezeichnung nicht mit einem Doppelpunkt endet, muss die Eigenschaft „MitDoppelpunkt" auf den Wert „Nein" gesetzt werden. Um Textfelder ohne Bezeichnungsfelder zu erstellen, wird der Standardeigenschaft „MitBezeichnungsfeld" der Wert „Nein" übergeben.

Inhalt des Textfeldes lesen und verändern

Die Eigenschaft „Steuerelementinhalt" („ControlSource") eines gebundenen Textfeldes enthält in der Entwurfsansicht den Namen des Tabellenfeldes, mit dem das Steuerelement verbunden ist. Dadurch zeigt das Textfeld in der Formular- und Datenblattansicht den Inhalt dieses Feldes des aktuellen Datensatzes an. Um auf diesen Inhalt zuzugreifen, wird nicht wie bei den übrigen Eigenschaften der Eigenschaftsname, sondern nur das Steuerelement selbst genannt.

Wenn Sie zum Beispiel mithilfe eines Makros in einem Formular namens „Formular1" die neue Kunden-Nummer in ein Textfeld eintragen wollen, das mit dem Tabellenfeld „Kunden-Nr" verbunden ist und deswegen genauso heißt, so besetzen Sie die beiden Argumente „Feld" und „Ausdruck" der Aktion „SetzenWert" mit folgenden Werten:

> Feld: Formulare![Formular1]![Kunden-Nr]
> Ausdruck: 112233

Der Zugriff auf den Inhalt eines Textfelds in VBA sieht folgendermaßen aus:

> a = Forms![Formular1]![Kunden-Nr]
>
> Forms![Formular1]![Kunden-Nr] = 12323

Handelt es sich bei dem Textfeld um ein berechnetes Element, so geben Sie in diese Eigenschaft den Ausdruck ein, beginnend mit einem Gleichheitszeichen. Der Inhalt berechneter Steuerelemente kann nicht mit der Aktion „SetzenWert" auf einen anderen Wert gesetzt werden.

Mehrzeilige Textfelder

Um die Bedienfreundlichkeit zu steigern, kann mehrzeiligen Textfeldern eine senkrechte Bildlaufleiste hinzugefügt werden. Dazu stellen Sie die Eigenschaft „Bildlaufleisten" („ScrollBars") des Textfeldes auf „Vertikal" (2) ein. Auch Access setzt diese Eigenschaft, wenn zum Beispiel über den Formular-Assistenten ein Formular angelegt wird, das unter anderem ein Textfeld besitzt, das Daten eines Feldes vom Datentyp „Memo" anzeigt.

Damit bei einem mehrzeiligen Textfeld die Einfügemarke durch Drücken der <Enter>-Taste in die nächste Zeile gesetzt wird, müssen Sie der Eigenschaft „Eingabetastenverhalten" den Eintrag „Neue Zeile im Feld" übergeben. Wenn Sie die Einstellung „Standard" gesetzt lassen, wird das Verhalten der <Enter>-Taste durch den Bereich „Cursor mit Eingabetaste bewegen" bestimmt, den Sie im Register „Tastatur" des Dialogfeldes „Optionen" finden. Dieses Dialogfeld rufen Sie über den gleichnamigen Menüpunkt im Menü EXTRAS auf.

Eigenschaften „InReihenfolge" und „Reihenfolgenposition"

Damit ein Steuerelement innerhalb eines Formulars mit der <Tab>-Taste angesprungen werden kann, muss dessen Eigenschaft „InReihenfolge" auf den Wert „Ja" eingestellt sein. Neben dem Textfeld besitzen viele andere Steuerelementtypen wie Befehlsschaltfläche, Listen- und Kombinationsfeld diese Eigenschaft. Kontrollkästchen, Optionsfelder und Umschaltflächen verfügen nur dann über sie, wenn sie nicht innerhalb einer Optionsgruppe liegen. Ansonsten kann nur mit dieser Eigenschaft der Optionsgruppe gearbeitet werden.

Jedes Steuerelement, das über die Eigenschaft „InReihenfolge" verfügt, besitzt auch die Eigenschaft „Reihenfolgenposition". In diese Eigenschaft wird von Access automatisch beim Erstellen des Elements ein Index geschrieben, der durch die Reihenfolge des Zeichens bestimmt ist. Somit bekommt das zuerst angelegte Steuerelement den Index 0, das nächste Steuerelement den Index 1 usw. Der Index gibt während der Laufzeit an, in welcher Reihenfolge die einzelnen Steuerelemente über die <Tab>-Taste angesprungen werden. Diese Reihenfolge können Sie ändern, indem Sie entweder das Dialogfeld „Reihenfolge" aufrufen oder direkt die Einträge in der Eigenschaft „TabIndex" modifizieren.

QuickInfo des Textfelds ändern

Sie können auch den Inhalt des QuickInfo-Textes für ein Textfeld ändern, während das Formular angezeigt wird. Je nach Situation kann damit der Text dem Bediener etwas anderes mitteilen.

```
Forms!Form1!Text1.ControlTipText="Nur Zahlen"
```

Eigenschaften „Aktiviert" („Enabled") und „Gesperrt" („Locked")

Die beiden Eigenschaften „Aktiviert" („Enabled") und „Gesperrt" („Locked") werden häufig dynamisch geändert, um den Anwender bei der Eingabe zu führen. Mit der Eigenschaft „Aktiviert" bestimmen Sie, ob das Textfeld in der Formularansicht den Fokus besitzen kann. Die Standardeinstellung lautet „Ja". In diesem Fall ist es möglich, ein Wort innerhalb des Textfeldes durch einen Doppelklick zu markieren.

Die Eigenschaft „Gesperrt" legt fest, ob der Anwender Änderungen an den Daten dieses Steuerelements durchführen kann. Falls Sie diese Eigenschaft einschalten, kann zwar der Inhalt des Textfeldes selektiert werden, jedoch ist es nicht möglich, ihn zu löschen oder zu modifizieren. Die Eigenschaft „Gesperrt" ist somit eine Art Schreibschutz, die jede Eingabe in dieses Feld verhindert. Häufig werden diese beiden Eigenschaften kombiniert, um einen speziellen Effekt zu erzielen. Die vier Verhaltensweisen, die dabei entstehen können, sind in der nachfolgenden Tabelle aufgelistet.

Tabelle 8.1: Eigenschaften Aktiviert und Gesperrt

Aktiviert	Gesperrt	Verhalten
Ja	Nein	Textfeld kann den Fokus besitzen. Die Daten können modifiziert werden (Standardeinstellungen).
Ja	Ja	Textfeld kann den Fokus besitzen. Die Daten werden normal dargestellt, können aber nicht modifiziert werden.
Nein	Nein	Textfeld kann den Fokus nicht besitzen. Die Daten sind deaktiviert.
Nein	Ja	Textfeld kann den Fokus nicht besitzen. Die Daten werden normal dargestellt, können aber nicht modifiziert werden.

Beispiel zu den Eigenschaften „Locked", „Enabled" und „FontItalic"

Das nächste Beispiel erlaubt es, diese Auflistung über die beiden Eigenschaften „Aktiviert" und „Gesperrt" nachzuvollziehen. Wenn das Formular „Textfeld" geöffnet wird, um die Kundendaten anzusehen und neue hinzuzufügen, erscheint automatisch auch das Formular „Textfeld_Toolbox", das als kleine Toolbox mit drei Befehlsschaltflächen realisiert wurde. Durch einen Druck auf diese Schaltflächen wird jeweils eine bestimmte Eigenschaft des Textfeldes „Wohnort" geändert. Welche Eigenschaft modifiziert wird, teilt Ihnen die Beschriftung der Schaltflächen mit.

Bild 8.7: Ein Beispiel zum Textfeld und ihren Eigenschaften

Das Toolbox-Fenster wird als Popup-Formular erstellt, dessen Eigenschaften „Datensatzmarkierer" und „Bildlaufleisten" auf den Wert „Nein" gesetzt werden. Damit es nicht in die Datenblattansicht geschaltet werden kann, wird zudem seine Eigenschaft „Zugelassene Ansicht(en)" auf die Option „Formular" eingestellt. Durch das Schließen des Formulars „SetzenWert_Textfeld" wird auch die Toolbox beendet.

Außerdem wird in dem Formular „Textfeld" beim Verlassen des Textfeldes „PLZ" überprüft, ob die Zahl „80000" eingetragen wurde. Wenn dies der Fall ist, schreibt Access in das nächste Textfeld „Wohnort" die Stadt „München". Diese Überprüfung findet mit der Funktion

„fktMünchen" auf Werte größer 80000 und kleiner 90000 statt, um hierdurch das Textfeld „Wohnort" mit München vorzubesetzen.

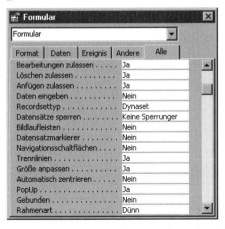

Bild 8.8: Eigenschaften des Formulars „Textfeld_Toolbox"

```
'*************** BASICPRG.MDB ****************
'************** Modul: Steuerelemente **************
Option Compare Database

' Wenn PLZ = 8xxxx, München als Wohnort eintragen
Function fktMünchen ()
  If Forms!Textfeld![PLZ] >= "80000" And
    Forms!Textfeld![PLZ] < "90000" Then
    Forms!Textfeld![Wohnort] = "München"
  End If
End Function

' Funktion schaltet das Textfeld Wohnort
' bei jedem Aufruf zwischen aktiviert und normal um
Function fktTextfeldAktiviert ()
  ' Wenn Aktiviert = Ja
  If Forms!Textfeld!Wohnort.Enabled = True Then
    Forms!Textfeld!PLZ.SetFocus
    Forms!Textfeld!Wohnort.Enabled = False
  Else
    Forms!Textfeld!Wohnort.Enabled = True
  End If
End Function

' Funktion schaltet das Textfeld Wohnort
' bei jedem Aufruf zwischen gesperrt und normal um
Function fktTextfeldGesperrt ()
  ' Wenn Gesperrt = Ja
  If Forms!Textfeld!Wohnort.Locked = True Then
    Forms!Textfeld!PLZ.SetFocus
    Forms!Textfeld!Wohnort.Locked = False
  Else
```

```
       Forms!Textfeld!Wohnort.Locked = True
     End If
   End Function
   ' Funktion schaltet das Textfeld Wohnort
   ' bei jedem Aufruf zwischen kursiv und normal um
   Function fktTextfeldKursiv ()
     ' Wenn Kursiv = Ja
     If Forms!Textfeld!Wohnort.FontItalic = True Then
       Forms!Textfeld!Wohnort.FontItalic = False
     Else
       Forms!Textfeld!Wohnort.FontItalic = True
     End If
   End Function

   ' Funktion öffnet Formular Textfeld_Toolbox
   Function fktToolboxÖffnen ()
     DoCmd.OpenForm "Textfeld_Toolbox", acNormal
   End Function

   ' Funktion schließt Formular Textfeld_Toolbox
   Function fktToolboxSchließen ()
     DoCmd.Close acForm, "Textfeld_Toolbox"
   End Function
```

Die Aufgabe wird durch mehrere Funktionen realisiert, wobei die beiden Funktionen „fktToolboxÖffnen" und „fktToolboxSchließen" den Eigenschaften „BeimÖffnen" und „Bei-Entladen" des Hauptformulars „Textfeld" zugewiesen werden. Für die Vorbesetzung des Textfeldes „Wohnort" mit „München" ist die Funktion „fktMünchen" verantwortlich. Diese fragt das Feld „PLZ" auf den Wert „8xxxx" ab und besetzt in diesem Fall das Textfeld „Wohnort" mit „München". Diese Funktion wird der Eigenschaft „BeimHingehen" des Text-feldes „Wohnort" zugeordnet.

       BeimHingehen: = fktMünchen()

Die drei Funktionen „fktTextfeldKursiv", „fktTextfeldGesperrt" und „fktTextfeldAktiviert" besitzen einen ähnlichen Aufbau, sie unterscheiden sich in den zu ändernden Eigenschaften. Die Eigenschaften „FontItalic", „Locked" und „Enabled" können jeweils als Prüfkriterium für den derzeitigen Zustand verwendet werden. Wenn festgestellt wird, dass die Eigenschaft bis jetzt den Wert „False" besaß, wird sie auf den Wert „True" und umgekehrt eingestellt.

       Forms!Textfeld!Wohnort.FontItalic = True

       Forms!Textfeld!Wohnort.Locked = True

       Forms!Textfeld!Wohnort.Enabled = True

Diese drei Funktionen werden der Eigenschaft „BeimKlicken" der drei Schaltflächen im Formular „Textfeld_Toolbox" übergeben. Hierdurch wird bei jedem Anklicken die jeweilige Funktion angesprungen, um den derzeitigen Zustand der Eigenschaft invertieren zu können.

       BeimKlicken: = fktTextfeldKursiv()
       BeimKlicken: = fktTextfeldGesperrt()

BeimKlicken: = fktTextfeldAktiviert()

Anstelle der globalen Funktionen und ihrer Zuordnung zu der Eigenschaft „BeimKlicken" der einzelnen Schaltflächen können Sie den VBA-Code natürlich auch direkt in die „Click"-Ereignisprozeduren schreiben.

Eigenschaften „SelStart", „SelLength" und „SelText"

Wenn Sie wissen möchten, welcher Text derzeit im Textfeld selektiert ist, werden Sie auf die drei Eigenschaften „SelStart" („AuswahlBeginn"), „SelLength" („AuswahlLänge") und „Sel-Text" („AuswahlText") zugreifen.

In „SelText" steht der markierte Text, seine Anfangsposition erhalten Sie über die Eigenschaft „SelStart". Wie viele Zeichen markiert sind, liefert die Eigenschaft „SelLength". Damit Sie mit den drei Eigenschaften besetzen und lesen können, muss das Textfeld den Focus besitzen. Dies erreichen Sie programmtechnisch über die Methode „SetFocus".

8.3.3 Die Steuerelemente „Listenfeld" und „Kombinationsfeld"

Da die beiden Steuerelemente „Listenfeld" und „Kombinationsfeld" in der Handhabung und in den Eigenschaften fast identisch sind, werden sie gemeinsam besprochen.

Beide Elemente dienen dazu, einen Eintrag aus einer Liste zu wählen. Diese Liste unterteilt sich in mehrere Zeilen, die wiederum aus mehreren Spalten bestehen können. Die Spalten können dabei mit oder ohne Spaltenüberschriften verwendet werden. Falls wegen der zu geringen Höhe des Steuerelements nicht alle Zeilen gleichzeitig angezeigt werden können, wird ihnen eine senkrechte Bildlaufleiste zugeordnet.

Bei einem gebundenen Listen- oder Kombinationsfeld steht genauso wie bei einem Textfeld das korrespondierende Tabellenfeld in der Eigenschaft „Steuerelementinhalt". Beim Auswählen eines Eintrags aus der Liste wird der in der Zeile ausgewählte Wert in diesem Feld gespeichert. Wenn die Liste mehrere Spalten umfasst, wird nur der Wert aus einer der Spalten in das Feld übernommen. Die gewünschte Spalte legen Sie über die Eigenschaft „Gebundene Spalte" fest.

Der Unterschied zwischen den beiden Elementen liegt vor allem darin, dass das Kombinationsfeld zusätzlich zu der Liste noch ein darüberliegendes Textfeld enthält. In diesem Textfeld können auch Eingaben erlaubt werden, die nicht in der Liste existieren. Da die Liste in Kombinationsfeldern erst angezeigt wird, wenn sie explizit vom Benutzer durch Drücken des Pfeils geöffnet wird, benötigt dieses Steuerelement weniger Platz innerhalb eines Formulars.

Eigenschaft „Mehrfachauswahl" des Listenfelds

Die Eigenschaft „Mehrfachauswahl" bezieht sich nur auf das Listenfeld. Über sie legen Sie fest, dass mehrere Einträge in der Liste selektiert werden können. Die Einstellungen dazu lauten „Einzeln" oder „Erweitert".

Tabelle 8.2: Einstellungen der Eigenschaft „Mehrfachauswahl"

Einstellung	Auswahl der Einträge
Einzeln	Mausklick auf die einzelnen Einträge
Erweitert	Zusätzlich zum Mausklick <Umschalt>- beziehungsweise <Strg>-Taste festhalten

Spezielle Eigenschaften des Kombinationsfelds

Das Kombinationsfeld besitzt zusätzlich zu den gemeinsamen Eigenschaften mit dem Listen-feld noch einige wie „BeiNichtinListe", „Nur Listeneinträge" („LimitToList") und „Zeilen-breite". Um in einem Kombinationsfeld die Eingabe nur auf Werte zu beschränken, die in der Liste verfügbar sind, muss die Eigenschaft „Nur Listeneinträge" auf „Ja" gesetzt werden. Dies ist zum Beispiel dann sinnvoll, wenn eigentlich nur ein Listenfeld benötigt wird, dieses Steuerelement aber zu viel Platz im Formular wegnehmen würde.

Wenn Sie bereits Kombinationsfelder benutzt haben, konnten Sie feststellen, dass häufig nur die Eingabe des beziehungsweise der ersten Buchstaben notwendig ist. Das Textfeld wird automatisch mit dem ersten passenden Eintrag aus der Liste gefüllt. Damit auch Ihr einzeili-ges Listenfeld dieses Verhalten zeigt, setzen Sie die Eigenschaft „Automatisch Ergänzen" auf den Wert „Ja".

Eigenschaft „Herkunftstyp"

Über die Eigenschaft „Herkunftstyp" wird festgelegt, aus welcher Art von Datenquelle die Werte in der Liste des Listen- oder Kombinationsfeldes stammen. Es wird zwischen Tabelle, Abfrage, SQL-Anweisung und Listen aus Feldern oder Werten unterschieden. Die Standard-einstellung für die Eigenschaft „Herkunftstyp" ist auf „Tabelle/Abfrage" gesetzt. Daneben existieren noch die Optionen „Feldliste" und „Wertliste".

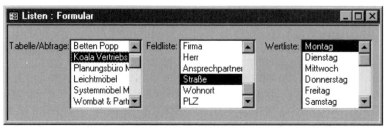

Bild 8.9: Mögliche Einstellungen der Eigenschaft „Herkunftstyp"

Eigenschaft „Datensatzherkunft"

Die Eigenschaft „Datensatzherkunft" ist eng mit der Eigenschaft „Herkunftstyp" verbunden, da sie in bezug auf diese Eigenschaft die genaue Quelle für die Daten der Liste angibt. Bei der Standardeinstellung „Tabelle/Abfrage" der Eigenschaft „Herkunftstyp" wird in der Ei-genschaft „Datensatzherkunft" der Name der Tabelle oder der Abfrage definiert. Dies ist auch der Fall, wenn für die Eigenschaft „Herkunftstyp" die Option „Feldliste" gesetzt wurde. Als Ergebnis werden die Feldnamen der genannten Tabelle beziehungsweise Abfrage aufgelistet.

Tabelle 8.3: Eigenschaften „Herkunftstyp" und „Datensatzherkunft"

Herkunftstyp	Datensatzherkunft	Beispiele
Tabelle/Abfrage	Name einer Tabelle, Abfrage oder SQL-Anweisung	Kunden-Daten SELECT * FROM Lieferanten
Wertliste	einzelne Werte	3;6;8 "Mo";"Di";"Mi";"Do";"Fr"
Feldliste	Name einer Tabelle oder Abfrage	Handelswaren

Wenn Sie die Einstellung „Wertliste" wählen, müssen Sie, durch jeweils ein Semikolon getrennt, die einzelnen Werte in die Eigenschaft „Datensatzherkunft" schreiben. Falls im Abschnitt „Ländereinstellungen" der Windows-Systemsteuerung ein anderes Zeichen als Trennzeichen eingetragen ist, müssen Sie dieses Zeichen verwenden.

Eigenschaften „Spaltenanzahl" und „Spaltenbreiten"

In der Eigenschaft „Spaltenanzahl" wird angegeben, wie viele Spalten das Listen- oder Kombinationsfeld besitzen soll. Die Breite der einzelnen Spalten steht in der Eigenschaft „Spaltenbreiten". Damit ein Listenfeld drei Spalten besitzt, muss die Eigenschaft „Spaltenanzahl" auf den Wert 3 gesetzt werden. Für jede Spalte wird in der Eigenschaft „Spaltenbreiten", durch Semikolon getrennt, die gewünschte Breite eingetragen. Der Eintrag „2;4;5" bedeutet somit, dass die Breite der ersten Spalte auf 2 cm, die der zweiten Spalte auf 4 cm und die der letzten Spalte auf 5 cm gesetzt wurde. Diese Angaben erfolgen in Abhängigkeit der Maßeinheit, die im Abschnitt „Ländereinstellungen" in der Windows-Systemsteuerung steht. Neben der Angabe in Zentimetern ist somit auch die Angabe in Zoll möglich. Falls für eine Spalte keine Breite definiert wird, verwendet Access den Standardwert, der etwa 2,5 cm beziehungsweise ca. 1 Zoll beträgt.

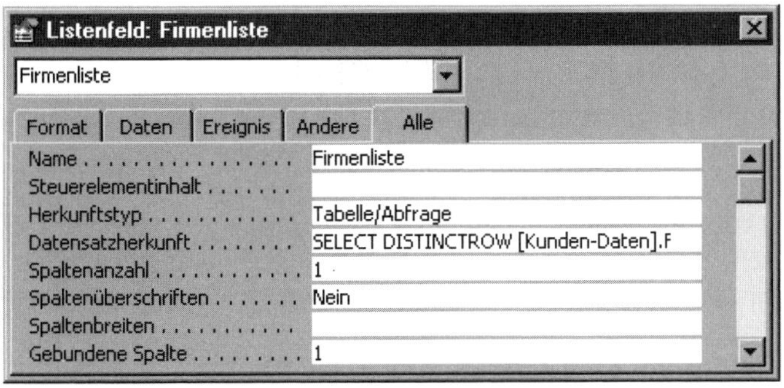

Bild 8.10: Wichtige Eigenschaften des Listenfeldes

Wenn in der ersten Zeile der Liste die Feldnamen der Tabelle als Überschriften angezeigt werden sollen, müssen Sie die Eigenschaft „Spaltenüberschriften" auf den Wert „Ja" setzen. Bei einer Wertliste werden abhängig von der Spaltenanzahl die ersten Werte, die der Eigenschaft „Datensatzherkunft" übergeben wurden, als Überschriften benutzt.

Wenn der voreingestellte Wert „1" der Eigenschaft „Spaltenanzahl" nicht verändert wird, legt Access ein einspaltiges Listenfeld an, das die Werte des ersten Feldes im Datensatz anzeigt. Dieses Feld ist zum Beispiel in der Tabelle „Kunden-Daten" die Kunden-Nummer. Falls ein Listen- oder Kombinationsfeld nicht diese Nummer, sondern den Firmennamen auflisten soll, der sich in der zweiten Spalte der Tabelle befindet, muss die Eigenschaft „Spaltenanzahl" auf den Wert „2" eingestellt werden. Außerdem muss für eine einspaltige Liste mithilfe der Eigenschaft „Spaltenbreiten" die erste Spalte ausgeblendet werden, indem für ihre Breite der Wert „0" definiert wird.

Die Liste eines Listen- oder Kombinationsfeldes kann auch aus mehr als einer Spalte bestehen, um zum Beispiel eine Beschreibung zu dem auszuwählenden Wert zu liefern. Falls mit einem mehrspaltigen Kombinationsfeld gearbeitet wird, werden Sie in dessen Textfeld immer nur die erste nicht ausgeblendete Spalte sehen. Nur in der aufgeblätterten Liste sind alle angegebenen Spalten sichtbar.

Wenn ein Listen- oder Kombinationsfeld Werte anzeigen soll, die voraussichtlich nicht mehr geändert werden müssen, können Sie diese Werte in der Steuerelementeigenschaft „Datensatzherkunft" eingeben und die Eigenschaft „Herkunftstyp" auf „Wertliste" setzen. Bei Listen mit mehreren Spalten wird der erste eingegebene Wert in die erste Spalte der ersten Zeile eingefügt. Der zweite Wert befindet sich in der zweiten Spalte der ersten Zeile. Alle weiteren Werte werden in die entsprechenden Spalten eingetragen, bis die Liste von links nach rechts und von oben nach unten gefüllt ist. Falls einer der Werte das als Listentrennzeichen verwendete Zeichen enthält, muss der gesamte Wert in Anführungszeichen eingeschlossen werden.

Zusammenhang zwischen den Eigenschaften „Steuerelementinhalt" und „Gebundene Spalte"

Welcher Eintrag bei der Wahl einer Zeile aus diesen parallel liegenden Werten in das Feld übernommen wird, das in der Eigenschaft „Steuerelementinhalt" („ControlSource") eingetragen wurde, ist von der Eigenschaft „Gebundene Spalte" abhängig. Dieser Eigenschaft müssen Sie die Spaltennummer übergeben, deren Inhalt in dem Datensatz gespeichert werden soll. Dabei besitzt die am weitesten links liegende Spalte die Nummer 1, wobei auch ausgeblendete Spalten mitgezählt werden, da sich diese Spaltennummer auf die Tabelle beziehungsweise Abfrage, und nicht auf die Liste bezieht. Das gilt nicht nur für Listen mit mehreren Spalten, sondern auch für einspaltige Listen. Sie können somit zum Beispiel das Feld „Firma" in der Liste anzeigen, jedoch bei der Auswahl eines Firmennamens die Kunden-Nummer speichern, indem Sie der Eigenschaft „Gebundene Spalte" die Nummer „1" übergeben. In diesem Fall sollten Sie aber auch aufpassen, dass in der Eigenschaft „Steuerelementinhalt" das Feld „Kunden-Nummer" und nicht das Feld „Firma" steht.

Kombinations- und Listenfelder mit dem Assistenten erstellen

Falls Sie nur selten Listen- oder Kombinationsfelder in Formulare einfügen, werden Sie wahrscheinlich immer mal wieder das Setzen der einen oder anderen Eigenschaft vergessen. Damit Ihnen dies nicht mehr passiert, schlage ich vor, den Steuerelement-Assistenten einzusetzen. Klicken Sie dazu zuerst die Schaltfläche für den Assistenten in der Toolbox und erst dann das Symbol für das gewünschte Steuerelement an. Nachdem Sie im Formular die Größe des Elements bestimmt und die Maustaste wieder losgelassen haben, wird der Assistent aktiviert.

Im ersten Dialogfeld werden Sie gefragt, ob das Steuerelement mit Einträgen aus einer Tabelle beziehungsweise Abfrage oder aus einer Werteliste gefüllt werden soll. Als dritte Option können Sie ein Listen- oder Kombinationsfeld erstellen, mit dessen Hilfe Sie einen bestimmten Datensatz im Formular anzeigen. Durch das Einschalten der ersten oder dritten Option schreibt der Assistent in die Eigenschaft „Herkunftstyp" des Listen- oder Kombinationsfeldes den Eintrag „Tabelle/Abfrage". Im anderen Fall trägt er „Werteliste" ein.

Entscheiden Sie sich für das Anzeigen von Feldinhalten aus einer Tabelle, müssen Sie im nächsten Schritt die Tabelle oder Abfrage selektieren. Anschließend wählen Sie die Felder aus, die in der Liste angezeigt werden sollen. Dabei kann die Liste auch aus mehreren Spalten bestehen. Die eingestellte Anzahl schreibt der Assistent in die Eigenschaft „Spaltenanzahl".

Die Breite der einzelnen Spalten können Sie selbst bestimmen. Dazu werden Ihnen die Inhalte der gewählten Felder eingeblendet. Auf diese Weise können Sie besser entscheiden, wie breit jede Spalte sein muss, damit der ganze Eintrag gelesen werden kann. Die angepassten Breiten trägt der Assistent in die Eigenschaft „Spaltenbreiten" ein.

Basiert das Formular auf einer Tabelle beziehungsweise Abfrage, können Sie festlegen, mit welchem Feld der Tabelle die gewählte Spalte verbunden werden soll. Aufgrund dieser Wahl setzt der Assistent die Eigenschaften „Steuerelementinhalt" und „GebundeneSpalte".

Zum Schluss geben Sie noch einen Text für die Beschriftung ein. Durch Druck auf die Schaltfläche „Fertigstellen" legt der Steuerelement-Assistent ein Listen- oder Kombinationsfeld mit den gewünschten Eigenschaften an. Wie Sie in der nächsten Abbildung sehen, trägt der Assistent in die Eigenschaft „Datensatzherkunft" eine SQL-Anweisung ein.

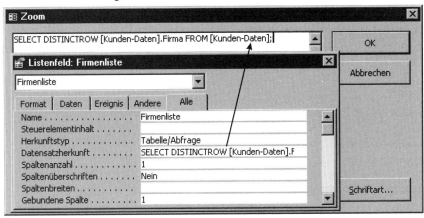

Bild 8.11: Eigenschaften des vom Assistenten erstellten Listenfeldes

Die SQL-Anweisung selektiert die beiden Felder „Nachname" und „Einsatzort", deren Inhalte im Listenfeld angezeigt werden, aus der Tabelle „Mitarbeiter-Daten". Diesen Eintrag können Sie nachträglich noch modifizieren. Klicken Sie dazu die daneben liegende Schaltfläche mit den drei Punkten an. Dadurch wird der Abfrage-Generator gestartet, der Ihnen die SQL-Anweisung als Abfrage darstellt.

Nachdem Sie die gewünschten Änderungen vorgenommen haben, schließen Sie den Editor wieder, wodurch die Eigenschaft „Datensatzherkunft" aktualisiert wird.

Beispiel zum Listenfeld

In dem Formular „Listenfeld" befinden sich zwei Textfelder, die aus der Tabelle „Kunden-Daten" die Kunden-Nummer und die Firma anzeigen, und ein Listenfeld, das alle in dieser Tabelle existierenden Firmen alphabetisch sortiert auflistet. Wenn ein Listeneintrag doppelt angeklickt wird, wird er in das Textfeld „Firma" und somit in den aktuellen Datensatz übernommen. Falls Sie eine neue Firma in dieses Textfeld eintragen und zu einem anderen Datensatz wechseln, wird dieser Firmenname in der Liste mit angezeigt.

Bild 8.12: Beispiel zum Listenfeld

Das Listenfeld mit dem Namen „Firmenliste" soll ein ungebundenes Steuerelement sein. Deswegen bleiben seine Eigenschaften „Steuerelementinhalt" und „Gebundene Spalte" unbesetzt. Mithilfe einer SQL-Anweisung werden die Firmen in der Tabelle „Kunden-Daten" alphabetisch aufgelistet. Dazu muss die Eigenschaft „Herkunftstyp" auf die Option „Tabelle/Abfrage" gesetzt werden.

Anschließend kann der Eigenschaft „Datensatzherkunft" der SQL-Code übergeben werden. Entweder tippen Sie dazu direkt den Code ein, oder Sie erstellen sich zuerst eine Abfrage und lassen sich dann den von Access erzeugten SQL-Code anzeigen, um ihn in die Zwischenablage zu kopieren, aus der Sie ihn wieder für die Eigenschaft „Datensatzherkunft" herausholen. Er lautet für dieses Beispiel folgendermaßen:

SELECT * FROM [Kunden-Daten] ORDER BY [Firma];

Damit auch wirklich die Namen der Firmen und nicht die Kunden-Nummern in der Liste ausgegeben werden, muss die Eigenschaft „Spaltenanzahl" auf den Wert „2" und die Eigenschaft „Spaltenbreiten" auf „0;3" gesetzt werden.

Die Einstellungen der wichtigsten Eigenschaften des Listenfeldes sind in der nachfolgenden Tabelle noch einmal aufgelistet:

Tabelle 8.4: Eigenschaften des Listenfeldes für das Beispiel „Listenfeld"

Eigenschaft	Wert
Name	Firmenliste
Herkunftstyp	Tabelle/Abfrage
Datensatzherkunft	Select * From [Kunden-Daten] Order By [Firma];
Spaltenanzahl	2
Spaltenbreiten	0 cm;3 cm
Gebundene Spalte	0

Für die Realisierung sind die beiden Funktionen „fktListeAkt" und „fktListeÜbernahme" geschrieben worden. Hierbei ist die Funktion „fktListeAkt" für die Übernahme des Werts des Textfeldes verantwortlich, während die Funktion „fktListeÜbernahme" den markierten Eintrag des Listenfeldes nimmt und in das Textfeld „Firma" einträgt.

```
'*************** BASICPRG.MDB ****************
'*************** Modul: Listenfeld ****************
Option Compare Database

' Funktion übernimmt den markierten Eintrag des
' Listenfeldes in das Textfeld Firma
Function fktListeÜbernahme ()
  Forms!Listenfeld!Firma = Forms!Listenfeld!Firmenliste.Column(1)
  DoCmd.Requery "Firma"
End Function

' Funktion nimmt den Eintrag des Textfeldes in die Liste auf
Function fktListeAkt ()
  DoCmd.Requery "Firmenliste"
End Function


BeimAnzeigen: = fktListeAkt()
BeimDoppelklicken: = fktListeÜbernahme()
```

Die Funktion „fktListeÜbernahme" soll durch einen Doppelklick auf einen Eintrag des Listenfeldes ausgelöst werden. Deswegen wird sie der Eigenschaft „BeimDoppelklicken" dieses Steuerelements zugeordnet. Sie ermittelt den Listeneintrag über die Eigenschaft „Column", die sich immer auf den markierten Eintrag des Listenfeldes bezieht und auf die nur lesend zugegriffen werden kann. Der Eigenschaft „Column" wird ein Index mitgegeben, der die Spalte, bezogen auf die Felder in der zugrunde liegenden Tabelle, vorgibt. Da das Feld „Firma" als zweites Feld in der Tabelle „Kunden-Daten" gespeichert ist und das erste Feld immer den Index „0" besitzt, muss der Eigenschaft „Column" der Index „1" mitgegeben werden. Zuletzt werden die Daten im Textfeld „Firma" durch die Methode „Requery" des Systemobjekts „DoCmd" aktualisiert.

Damit das Listenfeld auch den in das Textfeld neu eingetragenen Firmennamen auflistet, muss es per Methode „Requery" aktualisiert werden. Hierdurch wird Access veranlasst, ein Neulesen der Daten aus der Tabelle vorzunehmen, was es sonst nur beim ersten Anzeigen durchführt. Um diese Funktion „fktListeAkt" automatisch auszuführen, wird sie der Eigenschaft „BeimAnzeigen" des Formulars zugewiesen.

Ein Listenfeld mit den Methoden „AddItem" und „RemoveItem" bearbeiten

Wenn das Listenfeld eine Wertliste enthält, kann diese Liste auf einfache Weise mit der Methode „AddItem" erweitert oder mit der Methode „RemoveItem" verkürzt werden. Das nächste Beispiel benutzt diese beiden Methoden, um eine Liste mit allen Datenbankobjekten der Access-Datenbank zu füllen beziehungsweise einzelne Einträge wieder zu löschen.

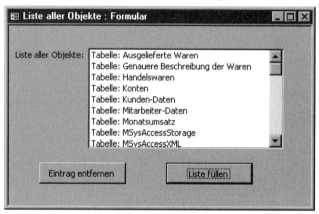

Bild 8.13: Liste aller Datenbankobjekte

Beim Öffnen des Formulars „Liste aller Objekte" wird in die Liste mit dem Namen „Objektliste" nur der Eintrag „Bitte Liste füllen" geschrieben. Erst wenn Sie die Schaltfläche „Füllen" anklicken, wird die Liste mit den Namen aller existierender Datenbankobjekte gefüllt. Für jeden Objekttyp gibt es hierfür eine eigene „For Each"-Schleife, die die Objekte und somit deren Namen über die jeweilige Auflistung wie „AllTables" ermittelt. Dabei müssen Sie berücksichtigen, dass die Kollektionen für die Tabellen und Abfragen von „CurrentData" abhängen, die übrigen Auflistungen jedoch von „CurrentProject".

Um ein Element aus der Liste zu entfernen, selektieren Sie zuerst diesen Eintrag und drücken dann die entsprechende Schaltfläche. Der Methode „RemoveItem" übergeben Sie entweder den Index des Elements oder den markierten Text selber, den Sie einfach aus dem Listenfeld auslesen können. Der gesamte Listeninhalt wird beim Schließen des Formulars gelöscht, indem die Eigenschaft „RowSource" („Datensatzherkunft") des Listenfelds auf eine leere Zeichenfolge gesetzt wird.

```
'******************** BASICPRG.MDB ********************
'**************** Formularmodul: Liste aller Objekte ****************
Private Sub Form_Open(Cancel As Integer)
  Me!Objektliste.AddItem "Bitte Liste füllen"
End Sub
```

```
Private Sub Form_Close()
  Me!Objektliste.RowSource = ""
End Sub

Private Sub Entfernen_Click()
  Me!Objektliste.RemoveItem (Me!Objektliste)
End Sub

Private Sub Füllen_Click()
  Dim DBObjekt As Access.AccessObject

  Me!Objektliste.RowSource = ""
  For Each DBObjekt In CurrentData.AllTables
    Me!Objektliste.AddItem "Tabelle: " & DBObjekt.Name
  Next
  For Each DBObjekt In CurrentData.AllQueries
    Me!Objektliste.AddItem "Abfrage: " & DBObjekt.Name
  Next
  For Each DBObjekt In CurrentProject.AllForms
    Me!Objektliste.AddItem "Formular: " & DBObjekt.Name
  Next
  For Each DBObjekt In CurrentProject.AllReports
    Me!Objektliste.AddItem "Bericht: " & DBObjekt.Name
  Next
  For Each DBObjekt In CurrentProject.AllDataAccessPages
    Me!Objektliste.AddItem "Seite: " & DBObjekt.Name
  Next
  For Each DBObjekt In CurrentProject.AllMacros
    Me!Objektliste.AddItem "Makro: " & DBObjekt.Name
  Next
  For Each DBObjekt In CurrentProject.AllModules
    Me!Objektliste.AddItem "Modul: " & DBObjekt.Name
  Next
End Sub
```

8.3.4   Das Steuerelement „Befehlsschaltfläche"

Sobald Sie eine Datenbankanwendung schreiben, werden Sie mit Befehlsschaltflächen zu tun haben, da mit ihrer Hilfe der Anwender bestimmte Vorgänge wie das Öffnen eines Formulars oder das Drucken eines Berichts auslösen kann. Auch bei der Erstellung von Formularen, die als Dialogfelder dienen, sind Befehlsschaltflächen notwendig, um die Eingaben zu übernehmen oder das Dialogfeld abzubrechen.

Eigenschaft

Die am häufigsten verwendete Eigenschaft bei einer Befehlsschaltfläche ist die Eigenschaft „BeimKlicken" („OnClick"), mit der Sie bereits mehrfach gearbeitet haben. Das dazugehörige Ereignis entsteht, sobald das Steuerelement mit der Maus angeklickt wird. Die Vorgänge, die dadurch ablaufen sollen, werden in einem Makro oder in einer VBA-Funktion gespeichert, das/die der Eigenschaft „BeimKlicken" zugeordnet wird. Natürlich ist auch das Verwenden der Ereignisprozedur möglich.

Beschriftung oder Bild anzeigen

Der Text, der innerhalb der Befehlsschaltfläche erscheint, wird in der Eigenschaft „Beschriftung" („Caption") gesetzt. Wenn die Schaltfläche nicht nur durch ein Anklicken mit der Maus, sondern auch über eine Zugriffstaste ausgelöst werden soll, muss vor dem Zeichen, das als Zugriffstaste dienen soll, das Zeichen „&" eingefügt werden. Dadurch kann der Anwender über die Tastenkombination <Alt> + "hervorgehobener Buchstabe" den Fokus auf dieses Steuerelement setzen.

Wenn die Befehlsschaltfläche anstelle des Textes eine Grafik anzeigen soll, muss der Eigenschaft „Bild" („Picture") eine Bitmap-Datei, die die Endung „.bmp" besitzt, mit vollständiger Pfadangabe zugewiesen werden. Diese Datei kann zum Beispiel mit Paint gezeichnet und gespeichert werden oder mit CorelDRAW! erstellt und dann als BMP-Datei exportiert werden. Neben BMP-Dateien können Sie auch ICO-Dateien einsetzen, die normalerweise Symbole für die verkleinerte Darstellung von Anwendungen enthalten.

Im Eigenschaftenfenster wird nach der Festlegung der Datei der Ausdruck „Bitmap" in dem Eingabefeld der Eigenschaft „Bild" eingeblendet. Access öffnet die Datei und lädt das Bitmap in die Schaltfläche. Die Grafik wird wieder gelöscht, wenn Sie die Einstellung aus der Eigenschaft „Bild" entfernen. Anschließend enthält das der Eigenschaft zugeordnete Eingabefeld die Bezeichnung „keines".

Anstelle den Pfad und den Namen der Bitmap-Datei per Hand einzutragen, können Sie auch den Bildgenerator verwenden. Klicken Sie dazu im Eigenschaftenfenster die Schaltfläche mit den drei Punkten an, die rechts neben dem Eingabefeld der Eigenschaft „Bild" erscheint. Der Bildgenerator zeigt in einer Liste alle Bilder an, die in Access verfügbar sind. Daneben können Sie über die „Durchsuchen"-Schaltfläche eine eigene Grafikdatei mit der Endung „.bmp" oder „.ico" einstellen. Im linken Bereich des Editors wird sofort das gewählte Bild angezeigt, damit Sie entscheiden können, ob es das richtige ist. Beim Verlassen des Editors über die „OK"-Schaltfläche wird die selektierte Grafik mit der Befehlsschaltfläche verbunden.

Bild 8.14: Der Bild-Generator

Beispiel zu: Transparente Befehlsschaltflächen

Normalerweise sind Befehlsschaltflächen sichtbar, damit der Anwender auch weiß, welche Stelle er anklicken kann, um einen bestimmten Vorgang auszulösen. In einigen Fällen ist es jedoch sinnvoll, die Schaltfläche transparent, das heißt unsichtbar zu machen, ihre Funktionalität aber beizubehalten. Dazu wird der Eigenschaft „Transparent" der Wert „Ja" übergeben. Wenn nun das unsichtbare Steuerelement angeklickt wird, entsteht wie bei einem sichtbaren Element das Ereignis „BeimKlicken". Diese Möglichkeit kann zum Beispiel eingesetzt werden, um mehrere transparente Schaltflächen über ein großes Bild zu legen, sodass das Bild nicht verdeckt wird. Die Steuerelemente können dann durch ihr Auslösen die einzelnen Bildteile erklären.

Dieses Prinzip soll gleich an einem Beispiel verdeutlicht werden. Als Grafik wird das Bild eines Flugzeug verwendet, das als ungebundenes Objektfeld in das Formular „Befehlsschaltfläche" eingefügt wurde. Über dieses Objektfeld werden vier Schaltflächen gelegt, die das Flugzeug überdecken. Die Eigenschaft „Transparent" der Schaltflächen wird auf den Wert „Ja" gesetzt. Beim Drücken einer Schaltfläche soll in einem Meldungsfenster ein kurzer Text ausgegeben werden.

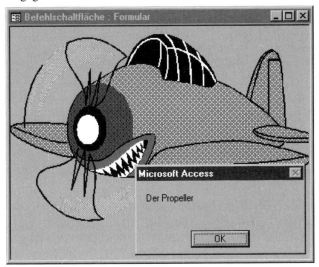

Bild 8.15: Befehlsschaltflächen über ein Bild legen

```
'**************** BASICPRG.MDB ****************
'**************** Modul: Befehlsschaltfläche ***********
Option Compare Database

Function fktFlügel ()
  MsgBox "Der Flügel des Flugzeugs"
End Function

Function fktHeck ()
  MsgBox "Das Heck des Flugzeugs"
End Function
```

```
Function fktPropeller ()
  MsgBox "Der Propeller"
End Function

Function fktRumpf ()
  MsgBox "Das ist der Rumpf"
End Function
```

Damit die Meldungen beim Anklicken der Bildteile erscheinen, werden die Funktionen der jeweiligen Eigenschaft „BeimKlicken" den vier Schaltflächen zugewiesen.

Eigenschaften „Standard" und „Abbrechen"

In anderen Windows-Anwendungen ist Ihnen wahrscheinlich bei vielen Dialogfeldern, die eine „OK"- und eine „Abbrechen"-Schaltfläche aufweisen, schon aufgefallen, dass diese Fenster auch über das Drücken der <Enter>- oder der <Esc>-Taste geschlossen werden können. Wenn die zuerst genannte Taste betätigt wird, erfolgt meistens die gleiche Reaktion wie durch das Anklicken der „OK"-Schaltfläche. Die <Esc>-Taste kann normalerweise mit der Anwahl der Befehlsschaltfläche „Abbrechen" gleichgesetzt werden. Dieses Verhalten können Sie auch in Formularen in Access nachbilden.

Damit die Befehlsschaltfläche auf die <Enter>-Taste reagieren kann, müssen Sie die Eigenschaft „Standard" („Default") auf den Wert „Ja" („True") setzen. Innerhalb eines Formulars kann immer nur bei einer Schaltfläche diese Eigenschaft eingeschaltet sein. Access deaktiviert automatisch die Eigenschaft „Standard" bei allen anderen Schaltflächen in diesem Formular.

Die „OK"-Schaltfläche wird jedoch nur dann durch das Drücken der <Enter>-Taste ausgelöst, wenn in diesem Moment keine andere Befehlsschaltfläche den Fokus besitzt. Die Eigenschaft „Abbrechen" („Cancel") verhält sich ähnlich wie die Eigenschaft „Standard". Auch sie kann innerhalb eines Formulars nur einmal auf „Ja" gesetzt sein. Die entsprechende Schaltfläche kann anschließend über die <Esc>-Taste aktiviert werden.

Die beiden Eigenschaften „Standard" und „Abbrechen" müssen nicht unbedingt bei zwei unterschiedlichen Schaltflächen auf „Ja" eingestellt werden. Sie können auch beide Eigenschaften in einer Befehlsschaltfläche einschalten. Dies ist sinnvoll, wenn es sich um Vorgänge handelt, die nach ihrem Start nicht mehr rückgängig gemacht werden können. Damit dieser Start nicht aus Versehen erfolgen kann, wird der Vorgang sowohl über die <Enter>- als auch über die <Esc>-Taste und die „Abbrechen"-Schaltfläche abgebrochen.

Beispiel zu den beiden Eigenschaften „Standard" und „Abbrechen"

Über ein kleines Dialogfeld soll der Anwender die Kundennummer eintragen. Falls man eine gültige Nummer eingegeben und die „OK"-Schaltfläche oder die <Enter>-Taste gedrückt hat, wird die Nummer in das Hauptformular „Befehlsschaltfläche_2" übernommen. Bei einer ungültigen Nummer und einer positiven Bestätigung wird der Anwender über ein Meldungsfenster auf seinen Fehler aufmerksam gemacht. Das Dialogfeld wird auch beendet, jedoch bleibt der Fokus im Hauptformular auf dem Feld „Kunden-Nummer" stehen, damit hier nun der richtige Eintrag erfolgen kann. Wenn in dem Dialogfeld die „Abbrechen"-Schaltfläche oder die <Esc>-Taste betätigt wird, findet keine Datenübernahme statt. Die einzige Reaktion ist das Schließen des Dialogs.

Für die beiden Befehlsschaltflächen wurden zwei Bitmaps gezeichnet, unter den Namen „Abbruch.bmp" und „OK.bmp" gespeichert und der Eigenschaft „Bild" übergeben. Damit die Tastenunterstützung über die <Enter>- und <Esc>-Taste funktioniert, muss die Eigenschaft „Standard" („Default") der Schaltfläche „OK" beziehungsweise die Eigenschaft „Abbrechen" („Cancel") der Schaltfläche „Abbruch" auf den Wert „Ja" eingestellt werden.

Bild 8.16: Beispiel zu den Eigenschaften „BeiEingabeTaste" und „BeiTasteEsc"

```
'**************** BASICPRG.MDB ****************
'********** Modul: Befehlsschaltfläche **********
Option Compare Database

Function fktBefSchalt2Öffne ()
 DoCmd.OpenForm "Befehlsschaltfläche_2_Dialog",acNormal
End Function

Function fktBefSchalt2Übernahme ()
 If Forms![Befehlsschaltfläche_2_Dialog]![DS-Nr] > 0
 Then
 Forms![Befehlsschaltfläche_2]![Kunden-Nummer] =
 Forms![Befehlsschaltfläche_2_Dialog]![DS-Nr]
 DoCmd.Close
 Else
 MsgBox
 "Negative oder keine Nummer ist nicht erlaubt"
 DoCmd.Close
 DoCmd.SelectObject acForm,
 "Befehlsschaltfläche_2", False
 DoCmd.GoToControl "[Kunden-Nummer]"
 End If
End Function

Function fktBefSchalt2Abbrechen ()
 DoCmd.Close
End Function
```

Sobald auf das Feld „Kunden-Nummer" gewechselt und somit der Fokus darauf gesetzt wird, soll das Dialogfeld „Befehlsschaltfläche_2_Dialog" eingeblendet werden. Um dies zu ermöglichen, wird die Funktion „fktBefSchalt2Öffne" der Eigenschaft „BeimHingehen" des Textfeldes zugewiesen.

> BeimHingehen: = fktBefSchalt2Öffne()

Die Funktionen „fktBefSchalt2Übernahme" und „fktBefSchalt2Abbrechen" sollen durch die Befehlsschaltflächen „OK" beziehungsweise „Abbrechen" ausgelöst werden, wozu deren Funktionsname in die Eigenschaft „BeimKlicken" einzutragen ist. Wurde die Eingabe mit der Schaltfläche „OK" abgeschlossen, werden innerhalb der Funktion „fktBefSchalt2Übernahme" die Daten überprüft. Wenn es sich um eine falsche Eingabe handelt, wird in das Formular „Befehlsschaltfläche_2" zurückgewechselt und der Fokus auf das Textfeld „Kunden-Nummer" gesetzt.

> BeimKlicken: = fktBefSchalt2Übernahme()
> BeimKlicken: = fktBefSchalt2Abbrechen()

8.3.5   Die Steuerelemente „Kontrollkästchen", „Optionsfeld" und „Umschaltfläche"

Die drei Steuerelemente sind für die Darstellung und für die Änderung von Datenfeldern des Datentyps „Ja/Nein" („True/False") zuständig. Alle drei können aus diesem Grund zwei Zustände einnehmen. Wenn eines dieser Steuerelemente eingeschaltet wurde, stellt es einen „Ja"-Wert beziehungsweise „An" oder „Wahr" dar. Im deaktivierten Zustand zeigt es einen „Nein"-Wert an. Sie können in Ihrem Formular den Steuerelementtyp verwenden, der Ihnen am besten gefällt.

Bei den Kontrollkästchen, Optionsfeldern und Umschaltflächen muss unterschieden werden, ob sie innerhalb eines Formulars oder Berichts alleine stehen oder zu mehreren eines Steuerelementtyps in einer Optionsgruppe zusammengefasst sind. Dieser Punkt beschäftigt sich mit der zuerst genannten Möglichkeit, im nächsten Punkt wird dann auf die Optionsgruppe eingegangen.

Das Kontrollkästchen und das Optionsfeld besitzen die gleichen Eigenschaften. Da die Umschaltfläche nicht über ein Bezeichnungsfeld verfügt, bekommt sie dadurch einige Eigenschaften mehr zugeordnet, die sich auf die Schrift beziehen.

Wenn es sich um ein gebundenes Steuerelement handelt, so steht fast immer in der Eigenschaft „Steuerelementinhalt" ein Feldname, der den Datentyp „Ja/Nein" besitzt.

Über das Setzen der Eigenschaft „Dreifacher Status" auf den Wert „Ja" können die drei Steuerelemente noch einen dritten Zustand annehmen. Er ist sinnvoll, wenn die Tabellenfelder, auf denen die Elemente basieren, keinen oder einen falschen Wert enthalten. Dies tritt jedoch nur ein, wenn die Felder nicht den Datentyp „Ja/Nein" besitzen, da hier immer nur zwei Werte vorkommen können.

Häufig wird die Eigenschaft „Standardwert" verwendet, da man in vielen Fällen schon bei der Erstellung des Formulars weiß, dass der „Ja"- oder der „Nein"-Wert viel öfter auftritt. Bei der Verwaltung eines Lagerbestandes sollte normalerweise der Bestand nicht auf Null gehen, da ansonsten nicht mehr geliefert werden kann. Somit kann dem Feld „Vorrätig" als Standardwert „Ja" zugeordnet werden.

Das Steuerelement „Umschaltfläche" besitzt genauso wie das Steuerelement „Befehlsschaltfläche" die Eigenschaft „Bild", damit es wahlweise einen Text oder ein Bild in seiner Fläche darstellen kann. Auch hierfür wird ein Bitmap, das in einer BMP-Datei steht, mit vollständiger Pfadangabe benötigt.

Beispiel zu Optionsfeld, Kontrollkästchen und Umschaltfläche

Vielleicht können Sie sich noch an das Beispiel erinnern, das bei der Besprechung des Ereignisses „BeimHingehen" erstellt wurde. Es wurde ein Formular, basierend auf der Tabelle „Handelswaren", angelegt. Wenn das Kontrollkästchen „im Lager" ausgeschaltet war, wurde über ein Makro, das der Eigenschaft „BeimHingehen" des Textfeldes „Lagerbestand" zugeordnet wurde, dieses Steuerelement übersprungen. Dieses Beispiel wird nun als Grundlage verwendet.

In dem Formular mit dem Namen „Optionsfeld" ersetzen Sie das Kontrollkästchen durch ein Optionsfeld und fügen noch ein Kontrollkästchen und eine Umschaltfläche hinzu. Diese beiden ungebundenen Steuerelemente besitzen keine eigene Aufgabe, sondern sollen nur denselben Zustand wie das gebundene Optionsfeld anzeigen.

Wenn Sie im Optionsfeld den schwarzen Punkt entfernen, wird durch ein anschließendes Drücken auf die <Tab>- oder <Enter>-Taste das Textfeld mit dem Wert „0" besetzt und deaktiviert. Der Fokus wird sofort auf das Textfeld „Preis" gesetzt. Das Kontrollkästchen und die Umschaltfläche werden auch ausgeschaltet. Im anderen Fall, wenn es Waren im Lager gibt, erfolgt der Sprung zum Textfeld „Lagerbestand", das nun für eine Eingabe bereitsteht.

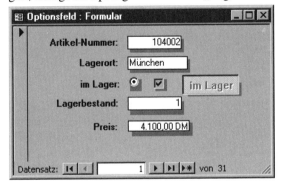

Bild 8.17: Beispiel zu Optionsfeld, Kontrollkästchen und Umschaltfläche

Zur Realisierung in VBA sind die beiden Ereignisprozeduren „Exit" („BeimVerlassen") des Optionsfeldes „im Lager" und „Current" („BeimAnzeigen") des Formulars notwendig.

```
'****************** BASICPRG.MDB ******************
'************** Formularmodul: Optionsfeld **************
Private Sub Form_Current()
  If Me![im Lager] = False Then
    Me!Umschalt = False
    Me!Kontroll = False
  Else
```

```
    Me!Umschalt = True
    Me!Kontroll = True
  End If
End Sub

Private Sub imLager_Exit(Cancel As Integer)
  If Me![im Lager] = False Then
    Me![Lagerbestand] = 0
    Me![Lagerbestand].Enabled = False
    Me!Umschalt = False
    Me!Kontroll = False
    DoCmd.GoToControl "[Preis]"
  Else
    Me![Lagerbestand].Enabled = True
    Me!Umschalt = True
    Me!Kontroll = True
    DoCmd.GoToControl "[Lagerbestand]"
  End If
End Sub
```

Die Ereignisprozedur „imLager_Exit" überprüft das Optionsfeld auf den Wert „False", um hierüber zu erfahren, ob der Artikel im Lager vorrätig ist. Abhängig von dem Zustand dieses Optionsfeldes wird das Textfeld „Lagerbestand" aktiviert oder deaktiviert.

Die Ereignisprozedur „Form_Current" ist für das Setzen des Kontrollkästchens und der Umschaltfläche verantwortlich, während zwischen den Datensätzen geblättert wird.

8.3.6   Das Steuerelement „Optionsgruppe"

Eine Optionsgruppe dient dazu, eine eingeschränkte Gruppe von Werten anzuzeigen, von denen der Anwender einen auswählen kann. Die Benutzerfreundlichkeit wird erhöht, da es beim Einschalten eines Eintrags nicht mehr notwendig ist, die anderen auszuschalten. Die Optionsgruppe führt diese Aufgabe selbstständig durch.

Optionsgruppen präsentieren die Anwahlmöglichkeiten in einem Gruppenrahmen, der mehrere Kontrollkästchen oder Optionsfelder oder Umschaltflächen zusammenfasst. Der Rahmen verfügt über ein eingebundenes Bezeichnungsfeld, das die obere waagerechte Rahmenlinie unterbricht. In einer Optionsgruppe kann jeweils nur eine Option ausgewählt werden.

Eine Optionsgruppe bekommt somit erst einen Sinn, wenn Kontrollkästchen oder Optionsfelder oder Umschaltflächen eingefügt werden. Diesen drei Steuerelementtypen stehen dadurch nicht mehr alle Eigenschaften zur Verfügung, die sie besitzen, wenn sie alleinstehend in einem Formular oder Bericht verwendet werden.

Eine neue Eigenschaft kommt hinzu, wenn Kontrollkästchen, Optionsfelder oder Umschaltflächen in eine Optionsgruppe gestellt werden. Jedes Element innerhalb einer Gruppe besitzt die Eigenschaft „Optionswert" („OptionValue"), die einen numerischen Wert für den Eintrag definiert. Dieser Wert kann entweder den Datentyp „Zahl" oder den Datentyp „Ja/Nein" repräsentieren.

Wenn Sie eine Option in der Gruppe auswählen und es sich bei der Gruppe um eine gebundene Optionsgruppe handelt, schreibt Access den Wert der Eigenschaft „Optionswert" des eingeschalteten Steuerelements in das Feld, das in der Optionsgruppen-Eigenschaft „Steuerelementinhalt" („ControlSource") genannt ist.

Wenn Sie eine Optionsgruppe erstellen, sollten Sie immer zuerst den Gruppenrahmen definieren und anschließend die gewünschten Steuerelemente erzeugen und in diesen Rahmen setzen.

Ein Kontrollkästchen, eine Umschaltfläche oder ein Optionsfeld wird nicht zum Bestandteil dieser Optionsgruppe, wenn Sie dieses Steuerelement nur in die Gruppe verschieben, sondern bleibt ein alleinstehendes Element. Dies erkennen Sie daran, dass das Element anschließend nicht die Eigenschaft „Optionswert" besitzt.

Eine Optionsgruppe mit dem Assistenten erstellen

Eine Optionsgruppe können Sie auf bequeme Weise mit dem Steuerelement-Assistenten erstellen. Dazu klicken Sie in der Toolbox zuerst das Symbol für den Assistenten und anschließend das Symbol für die Optionsgruppe an. Nachdem Sie im Formular die Größe des Steuerelements bestimmt und die Maustaste losgelassen haben, wird der Steuerelement-Assistent aktiviert.

Im ersten Dialogfeld legen Sie zeilenweise die Beschriftungen der einzelnen Optionen fest. Anschließend bestimmen Sie, ob eine der eingetragenen Optionen beim Öffnen des Formulars eingeschaltet sein soll. Wenn Sie eine Option dafür auswählen, wird der Inhalt ihrer Eigenschaft „Optionswert" in die Eigenschaft „Standardwert" der Optionsgruppe geschrieben.

Den Inhalt der Eigenschaft „Optionswert" für die einzelnen Optionen definieren Sie im nächsten Dialogfeld. Das Aussehen der Optionsgruppe und die Art der Steuerelemente, die die Gruppe enthalten soll, geben Sie im nachfolgenden Schritt bekannt. Sie können zwischen Optionsfeldern, Kontrollkästchen und Umschaltflächen wählen. Abschließend tragen Sie noch den Namen der Beschriftung für die Optionsgruppe ein.

Beispiel zur Optionsgruppe

Über das Formular „Optionsgruppe" kann festgelegt werden, ob das Formular „BeimKlicken_Mitarbeiter" („Koala" im VBA-Beispiel) in der Vollbild- oder Symboldarstellung oder mit normaler Größe geöffnet werden soll. Falls das Optionsfeld „Normal" eingeschaltet ist, wird eine zweite Optionsgruppe eingeblendet, über die die Position des zu öffnenden Formulars bestimmt wird. Das Öffnen des Formulars erfolgt durch das Drücken der Befehlsschaltfläche.

Das Popup-Formular „Optionsgruppe" enthält zwei Optionsgruppen, die aus drei Optionsfeldern beziehungsweise zwei Umschaltflächen bestehen. Die linke Optionsgruppe mit dem Steuerelementnamen „Ansicht" besitzt als Standardwert die Zahl „2". Dies ist der Inhalt der Eigenschaft „Optionswert" des Optionsfeldes „Normal". Dadurch ist beim Starten dieses Formulars immer die mittlere Option eingeschaltet und die rechte Optionsgruppe namens „Position" sichtbar.

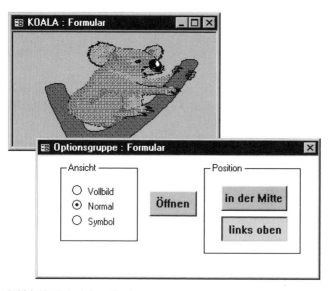

Bild 8.18: Beispiel zur Optionsgruppe

Die Realisierung dieses Beispiels mithilfe von Funktionen sieht folgendermaßen aus:

```
'******************* BASICPRG.MDB *****************
'*************** Formularmodul: Optionsgruppe **************
Private Sub Ansicht_BeforeUpdate(Cancel As Integer)
  Dim sAnsicht  As Control
  Dim sPosition As Control

  Set sAnsicht = Forms!Optionsgruppe!Ansicht
  Set sPosition = Forms!Optionsgruppe!Position

  If sAnsicht = 2 Then
    sPosition.Visible = True
  Else
    sPosition.Visible = False
  End If
End Sub


Private Sub Form_Unload(Cancel As Integer)
  DoCmd.Close acForm, "Koala"
End Sub


Private Sub Schaltfläche15_Click()
  Dim sAnsicht  As Control
  Dim sPosition As Control

  Set sAnsicht = Forms!Optionsgruppe!Ansicht
  Set sPosition = Forms!Optionsgruppe!Position
```

```
DoCmd.OpenForm "Koala", acNormal
If sAnsicht = 1 Then
  DoCmd.Maximize
End If
If sAnsicht = 2 Then
  DoCmd.Restore
End If
If sAnsicht = 3 Then
  DoCmd.Minimize
End If
If sAnsicht = 2 And sPosition = 2 Then
  DoCmd.MoveSize 0, 0
End If
If sAnsicht = 2 And sPosition = 1 Then
  DoCmd.MoveSize 2500, 1000
End If
End Sub
```

Die Ereignisprozedur „Click" der Befehlsschaltfläche überprüft, welches Optionsfeld in der Gruppe „Ansicht" eingeschaltet ist, und zeigt das Formular „Koala" in der zugewiesenen Darstellung an. Soll das Formular in der Normalansicht geöffnet werden, wird zusätzlich die Optionsgruppe „Position" untersucht und das Formular an die entsprechende Stelle positioniert.

Bei jedem Wechsel der Aktivierung in der Optionsgruppe „Ansicht" wird die Ereignisprozedur „BeforeUpdate" der Optionsgruppe angesprungen. Diese Prozedur überprüft, ob die Normalansicht für das Formular gewählt wurde, und stellt in diesem Fall die Optionsgruppe „Position" sichtbar dar, indem deren Eigenschaft „Visible" auf „True" gesetzt wird. In den beiden anderen Zuständen wird die Eigenschaft „Visible" auf „False" eingestellt, und damit die Optionsgruppe versteckt.

8.3.7   Das Steuerelement „Register"

Basiert ein Formular auf einer großen Tabelle, kann es sein, dass gar nicht alle Tabellenfelder, die benötigt werden, gleichzeitig im Formular angezeigt werden können. Zur Lösung dieses Problems können Sie das Formular mithilfe des Seitenumbruchs in mehrere Seiten aufteilen oder das Steuerelement „Register" einsetzen. Auch bei diesem Steuerelement werden die Felder in mehrere Seiten aufgeteilt, die nun Karteiblätter heißen und übereinander liegen. Über den Karteireiter kann die gewünschte Seite in den Vordergrund geholt werden.

Weitere Seiten hinzufügen oder entfernen

Wenn Sie ein Register in der Toolbox auswählen und in ein Formular einfügen, besitzt es standardmäßig zwei Seiten. Natürlich können Sie bei Bedarf noch weitere Seiten ergänzen. Dazu klicken Sie das Steuerelement mit der rechten Maustaste an und lösen im Kontextmenü den Menüpunkt SEITE EINFÜGEN aus. Die neue Seite wird über die bestehenden Seiten gelegt. Falls Sie eine Seite zuviel eingefügt haben, können Sie diese über den Menüpunkt SEITE LÖSCHEN wieder aus dem Register entfernen.

Um programmtechnisch eine weitere Seite zu ergänzen, verwenden Sie die Methode „Add"
der Auflistung „Pages", die alle Karteiblätter zusammenfasst. Dabei muss das Formular in
der Entwurfsansicht vorliegen.

```
Public Function fktRegisterHinzufügen()
    Dim Frm As Form
    Dim Reg As TabControl

    DoCmd.OpenForm " Formular mit Register", acDesign
    Set Frm = Forms![Formular mit Register]
    Set Reg = Frm!StRegister
    Reg.Pages.Add
    DoCmd.OpenForm " Formular mit Register", acNormal
End Function
```

Durch diese Codezeilen wird eine neue Seite an das Ende angefügt. Soll diese Seite an eine
bestimmte Position platziert werden, geben Sie den Index des Blatts an, vor dem die Seite zu
liegen kommen soll. Dieser Index steht in der Eigenschaft „PageIndex" einer Seite. „Seite2"
ist der Name eines Karteiblatts, der in der gleichnamigen Eigenschaft abgelegt ist.

```
Reg.Pages.Add Reg.Pages("Seite2").PageIndex
```

Das Gegenstück zur Methode „Add" lautet „Remove". Wenn Sie diese Methode ohne weitere
Angabe aufrufen, wird die letzte Seite in der „Pages"-Auflistung entfernt. Oder Sie geben
noch den Index der zu löschenden Seite mit.

```
Reg.Pages.Remove Reg.Pages("Seite4").PageIndex
```

Die Reihenfolge der Seiten ändern

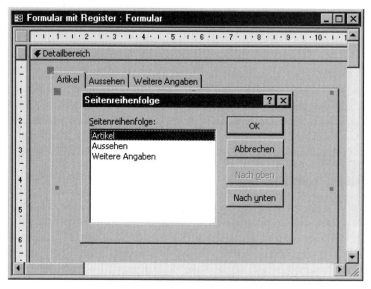

Bild 8.19: Seiten des Registers nach oben oder unten verschieben

Um die Reihenfolge der Seiten zu ändern, rufen Sie im Kontextmenü den Befehl „Seitenrei-henfolge" auf und verschieben im gleichnamigen Dialogfeld die einzelnen Seiten über die beiden Schaltflächen „Nach oben" und „Nach unten". Diese Reihenfolge wird in die Eigen-schaft „Seitenindex" jeder Seite eingetragen.

Die einzelnen Seiten füllen Sie wie bei einem Formular gewohnt über die Feldliste. Dazu wählen Sie zuerst die Seite über ihren Karteireiter aus und ziehen dann die gewünschten Felder aus der Liste auf diese Seite.

Im Karteireiter ein Bild oder einen Text anzeigen

Die Karteireiter können einen Text, ein Bild oder beides zusammen anzeigen. Dazu müssen sie die Eigenschaften „Beschriftung" und „Bild" der dazugehörigen Seite besetzen. Falls Sie keine der beiden Eigenschaften benutzen, wird dem Karteireiter der Inhalt der Eigenschaft „Name" zugewiesen.

Innerhalb einer VBA-Prozedur setzen Sie den Text im Karteireiter über die Eigenschaft „Caption".

```
Reg.Pages(0).Caption = "Artikel"
```

Wie Sie sehen, kann eine Seite auch über ihren Index angesprochen werden. Die erste Seite besitzt dabei den Index 0. Der Karteireiter kann zusätzlich zum Text noch ein Bild darstellen, das der Eigenschaft „Picture" übergeben wird.

```
Reg.Pages(0).Picture = "d:\Windows\Kreise.bmp"
```

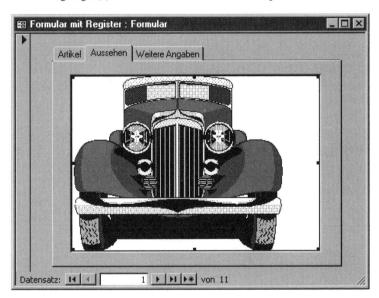

Bild 8.20: Formular mit Steuerelement „Register" zum Anzeigen vieler Daten

Statt über Karteireiter können die Seiten auch über Schaltflächen angesteuert werden. Dazu stellen Sie die Register-Eigenschaft „Formatvorlage" auf den Eintrag „Schaltflächen" ein.

In der Datenbank MAKROPR.MDB finden Sie das Formular mit dem Namen „Formular mit Register", das die Datensätze der Tabelle „Genauere Beschreibung der Waren" anzeigt. Das „Register"-Steuerelement umfasst drei Seiten, um diese Daten übersichtlich darzustellen. Das Bild der Ware, das im Feld Aussehen gespeichert ist, bekommt eine eigene Seite im Register.

Weitere Möglichkeiten mit VBA

Um zu erfahren, welche Seite derzeit im Vordergrund liegt, können Sie den Inhalt der Eigenschaft „Value" des „Register"-Steuerelements lesen. Hier steht der Wert der Eigenschaft „PageIndex" des aktuellen Karteiblatts. Wenn Sie diese Seite löschen wollen, führen Sie folgende Zeile aus.

```
Reg.Pages.Remove Reg.Value
```

Die Anzahl der existierenden Seiten steht in der Eigenschaft „Count" der „Pages"-Auflistung.

```
Anzahl = Reg.Pages.Count
```

Wenn Sie nicht die Anzahl der Karteiblätter, sondern die Anzahl der Steuerelemente auf einem bestimmten Blatt benötigen, werden Sie die Eigenschaft „Count" der „Controls"-Auflistung abfragen, die sich ihrerseits auf die gewünschte Seite bezieht.

```
AnzahlStEle = Reg.Pages(0).Controls.Count
```

Die nachfolgende Funktion weist der Objektvariablen „Reg" das Register-Steuerelement „StRegister" im „Formular mit Register" und der Objektvariablen „Seite" das aktuelle Karteiblatt in diesem Register zu. Dieses aktuelle Blatt wird dabei über die Eigenschaft „Value" des Registers bestimmt.

Anschließend wird mithilfe einer For Each-Schleife die Eigenschaft „Visible" aller Steuerelemente dieser Seite wechselweise auf „False" beziehungsweise „True" gesetzt, um die Steuerelemente aus-, beziehungsweise wieder einzublenden. Diese Prozedur kann aufgerufen werden, wenn die Formularansicht vorliegt.

```
Public Function StElemente_Ändern()
    Dim Reg As Control, Seite As Page
    Dim StEle As Control

    Set Reg = Forms![Formular mit Register]!StRegister
    Set Seite = Reg.Pages(Reg.Value)
    For Each StEle In Seite.Controls
    If ctl.Visible = True Then
        ctl.Visible = False
    Else
        ctl.Visible = True
    End If Next StEle
End Function
```

Diese Funktion wird ausgeführt, wenn Sie in der Datenbank BASICPRG.MDB das Formular „Formular mit Register" öffnen und die Schaltfläche „Aus-/Einblenden" drücken.

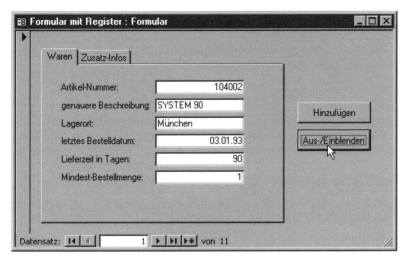

Bild 8.21: Ein Formular mit einem „Register"-Steuerelement

8.3.8 Die übrigen Steuerelemente

Da es sich bei den restlichen Steuerelementen häufig um statische Elemente handelt, werden ihre Eigenschaften meistens in der Entwurfsansicht gesetzt und später nicht mehr modifiziert.

Das Steuerelement „Gebundenes Objektfeld"

Ein gebundenes Objektfeld bezieht sich immer auf ein Feld in einer Tabelle vom Datentyp „OLE-Objekt". Bei der Erstellung eines Formulars mit gebundenem Objektfeld ist die Größe der Bilder häufig noch nicht genau bekannt. Damit die Grafiken auch vollständig angezeigt werden, müssen Sie die Eigenschaft „Größenanpassung" auf den Eintrag „Zoomen" setzen. Dadurch wird das Objekt vergrößert beziehungsweise verkleinert, ohne dass Verzerrungen an dem Bild entstehen. Neben diesem Eintrag existieren noch die beiden Optionen „Abschneiden" und „Dehnen".

Das Steuerelement „Ungebundenes Objektfeld"

Bei einem ungebundenen Objektfeld ist die Grafik nicht mit einem Tabellenfeld verbunden, das heißt, es wird nicht in der Tabelle gespeichert. Diese Objekte werden genauso wie die Bezeichnungsfelder für statische Ausgaben benutzt, um das Formular oder den Bericht attraktiver zu gestalten. Ein ungebundenes Objektfeld kann mithilfe von OLE ein Bild entweder eingebettet oder verknüpft enthalten.

Das Steuerelement „Unterformular/Unterbericht"

Ein Unterformular beziehungsweise ein Unterbericht besitzt die Aufgabe, einen oder mehrere Datensätze anzuzeigen, die mit einem Datensatz im Hauptformular beziehungsweise im Hauptbericht in Beziehung stehen. Diese Darstellungsart wird vor allem dazu benutzt, Datensätze aus mehreren Tabellen oder Abfragen, die in einer 1:n-Beziehung zueinander stehen, anzuzeigen.

In der Eigenschaft „Herkunftsobjekt" des Steuerelements steht der Name des Unterformulars oder des Unterberichts, die zuvor als selbstständige Datenbankobjekte erstellt werden müssen. Dadurch weiß Access, welches Formular beziehungsweise welcher Bericht im Hauptformular beziehungsweise -bericht angezeigt werden soll.

Die Verbindung zwischen einem Haupt- und einem Unterformular geschieht über die beiden Eigenschaften „Verknüpfen von" und „Verknüpfen nach" des eingefügten Unterformulars. Die Eigenschaft „Verknüpfen von" enthält den Namen des zu verknüpfenden Feldes im Unterformular, und die Eigenschaft „Verknüpfen nach" beinhaltet den korrespondierenden Feldnamen im Hauptformular. Dabei besitzen in vielen Fällen diese Felder denselben Namen.

Das Steuerelement „Seitenumbruch"

Falls ein einspaltiges Formular sehr viele Steuerelemente besitzt, ist es häufig übersichtlicher, das Formular in mehrere Seiten zu teilen, die nacheinander auf dem Bildschirm gezeigt werden. Das Steuerelement besitzt, wie jedes andere Element auch, einen Namen und die Angabe seiner Position.

Die Steuerelemente „Linie" und „Rechteck"

Mit Linien und Rechtecken können Abgrenzungen und optische Verschönerungen wie zum Beispiel die Verwendung eines Schattens vorgenommen werden.

Mit der Linien-Eigenschaft „Neigung" bestimmen Sie, ob die gezeichnete Linie von oben links nach unten rechts oder von oben rechts nach unten links verlaufen soll.

Das Steuerelement „Bild"

Mithilfe des Steuerelements „Bild" können Sie in ein Formular oder in einen Bericht ein Bild einfügen, ohne dafür OLE zu benötigen. Über die drei folgenden Eigenschaften kann das Bild an seinen Rahmen angepasst werden.

Tabelle 8.5: Eigenschaften, um das Bild an seinen Rahmen anzupassen

Eigenschaft	Bedeutung
Größenanpassung	Das Bild kann an die Größe des Rahmens angepasst oder originalgetreu dargestellt werden.
Bildausrichtung	Definiert den Bezugspunkt für die Ausrichtung des Bildes.
Bild nebeneinander	Bestimmt, ob das Bild im Rahmen mehrfach angezeigt werden soll.

Falls die Eigenschaft „Größenanpassung" auf „Dehnen" eingestellt ist, wirkt sich das Setzen der Eigenschaft „Bild nebeneinander" auf den Wert „Ja" nicht aus.

8.3.9   ActiveX-Controls

Die bisher besprochenen Steuerelemente sind alle in Access selbst implementiert. Daneben gibt es aber auch ActiveX-Controls, die auch als COM-Controls bezeichnet werden und den Leistungsumfang von Access auf vielfältige Weise erweitern können. Diese Art von Steuerelementen werden sowohl von Microsoft als auch von anderen Firmen angeboten. Die Dateien, in denen diese Zusatzsteuerelemente abgelegt sind, besitzen häufig die Endung „.ocx". Es kann sich aber auch um Dynamic Link Libraries mit der Endung „dll" handeln.

Im Softwarepaket von Access befindet sich auch ein ActiveX-Control, der Kalender. Dieses Steuerelement haben Sie wahrscheinlich schon beim Setup von Access mitinstalliert. Die Datei für den Kalender heißt „Mscal.ocx" und befindet sich nach der Installation im Programmverzeichnis von Office XP beziehungsweis im Systemverzeichnis von Windows.

Andere Zusatzsteuerelemente, die nicht mit dem Softwarepaket von Access mitgeliefert werden, müssen Sie separat registrieren. Nachdem Sie die Informationen, die dem Zusatzsteuerelement beigefügt sind, gelesen haben, bringen Sie die Dateien auf Ihre Festplatte. Anschließend rufen Sie im Menü EXTRAS den Menüpunkt ACTIVEX-STEUERELEMENTE auf.

Im dadurch eingeblendeten Dialogfeld sind alle bereits verfügbaren Zusatzsteuerelemente aufgelistet. Stellen Sie über die Schaltfläche „Registrieren" die Datei mit dem Steuerelement ein.

Ein ActiveX-Control besitzt genauso wie ein in Access eingebautes Steuerelement viele Eigenschaften. Neben den Eigenschaften, über die die meisten Steuerelemente verfügen, gibt es bei den Zusatzsteuerelementen zusätzliche Eigenschaften. Diese Eigenschaften stellen Sie entweder im Eigenschaftenfenster über das Karteiblatt „Andere" oder in einem eigenen Dialogfeld ein.

Dieses Dialogfeld rufen Sie auf, indem Sie das in die Entwurfsansicht des Formulars eingefügte Steuerelement mit der rechten Maustaste anklicken und dann den Menüpunkt EIGENSCHAFTEN in dem Untermenü wählen, das neben der Bezeichnung STEUERELEMENT-OBJEKT den Namen des Steuerelements trägt.

Das Steuerelement „Kalender"

Zum Setzen und Anzeigen eines Datum gibt es das Steuerelement „Kalender", das mit einem Tabellenfeld des Typs „Datum/Zeit" verbunden werden kann. Der Benutzer kann dann das Datum komfortabler als in einem Textfeld einstellen.

Die Tabelle „Verkaufte Waren" enthält zum Beispiel das Feld „Bestelldatum", das Sie in einem Formular über das Steuerelement „Kalender" darstellen können. Ein solches Formular sehen Sie in der nächsten Abbildung.

Wenn Sie nun durch die Datensätze blättern, zeigt der Kalender das im Feld „Bestelldatum" gespeicherte Datum an. Als Überschrift sehen Sie den Monat und das Jahr, der Tag wird hervorgehoben dargestellt.

Um ein neues Datum einzutragen, klicken Sie den gewünschten Tag an. Einen anderen Monat beziehungsweise ein anderes Jahr stellen Sie über die zwei Kombinationsfelder ein. Die Änderung wird sofort in das Feld „Bestelldatum" übernommen.

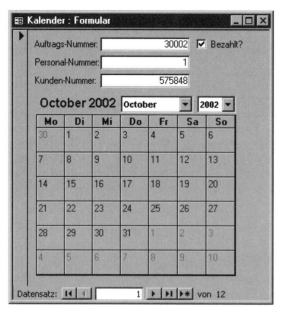

Bild 8.22: Das Formular „Kalender"

Die speziellen Eigenschaften des Kalenders sind im Dialogfeld „Eigenschaften von Kalender-Steuerelement" in drei Register eingeteilt. Sie können die Farben und die Schriften für die einzelnen Bereiche des Kalenders festlegen. Im Register „Standard" stellen Sie unter anderem ein, mit welchem Tag die Woche beginnen soll und ob der Monat und das Jahr aus Kombinationsfeldern gewählt werden können.

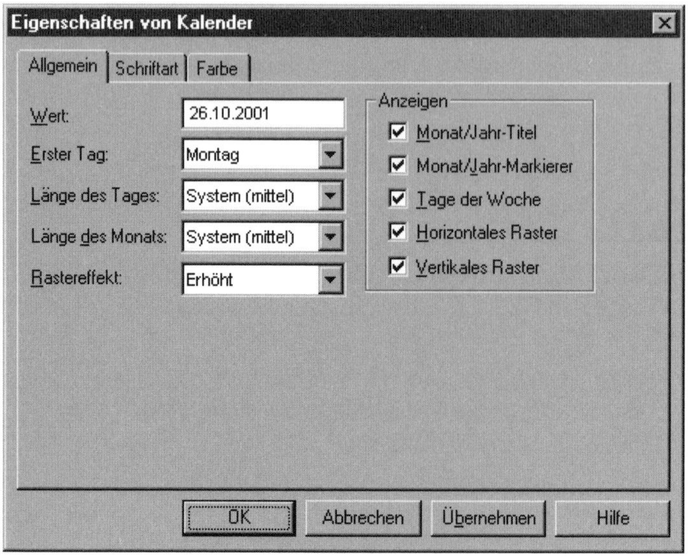

Bild 8.23: Dialogfeld mit zusätzlichen Eigenschaften

8.3.10 Spezielle VBA-Möglichkeiten für Steuerelemente

Nachfolgend werden die Ausgabe von Informationen in ein Textfeld und das programmtechnische Füllen von Listen- und Kombinationsfeldern gezeigt.

8.3.10.1 Alternative Ausgabe in ein Textfeld

Um aus dem Programm eine Ausgabe durchzuführen, können Sie entweder Steuerelemente in einem Formular, einem Dialogfeld oder für Testzwecke das Direktfenster mit der Methode „Print" verwenden. Eine weitere Möglichkeit wird Ihnen nachfolgend vorgestellt.

Die Basis ist die Funktion „fktGibaus", der eine Zeichenkette übergeben wird, um sie in einem eigenen Fenster anzuzeigen. Das Fenster, das nur aus einem großen Textfeld besteht, wird automatisch geöffnet, sobald die Funktion aufgerufen wird. Mit Ausnahme der ersten Zeile werden bei allen weiteren Zeilen Zeilenumbrüche angefügt. Die Arbeitsweise der Funktion „fktGibaus" kann durch die Übergabe des Werts „Null" als Parameter umgekehrt werden, da jetzt keine Ausgabe mehr erfolgt, sondern der Inhalt des Textfeldes und damit die bisherigen Ausgaben gelesen werden.

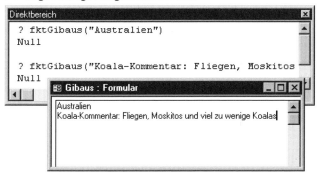

Bild 8.24: Ausgabe über Fenster mit Textfeld

```
'***************** BASICPRG.MDB ****************
'***************** Modul: Gibaus *******************
' Funktion benutzt Textfeld als allgemeine Ausgabe
Function fktGibaus (Ausg As Variant)
  Dim sGibaus As Control
  Dim CRLF As String
  Dim st As Variant

  DoCmd.OpenForm "Gibaus", acNormal

  Set sGibaus = Forms!Gibaus!sGibaus
  CRLF = Chr$(13) & Chr$(10)

  ' Wenn der Übergabewert Null ist, Textfeld lesen
  If IsNull(Ausg) Then
    fktGibaus = sGibaus
  Else
    ' Ausgabe durchführen
    If IsNull(sGibaus) Then
```

```
' erste Zeile
sGibaus = Ausg
Else
st = sGibaus
st = st & CRLF & Ausg
sGibaus = st
End If
fktGibaus = Null
End If
End Function
```

Zur Ansteuerung des Textfeldes in dem Formular „Gibaus" wird eine Objektvariable vom Typ „Control" verwendet und über die Anweisung „Set" mit dem Steuerelement verbunden. Anschließend kann durch die direkte Nennung dieser Objektvariablen das Textfeld besetzt oder gelesen werden. Zu Beginn wird mit der Funktion „IsNull" auf den Übergabeparameter überprüft, ob der Inhalt des Textfeldes gelesen werden soll oder die Funktion „fktGibaus" eine normale Ausgabe durchzuführen hat. Erfolgt die Übergabe einer Zeichenkette, kann durch „IsNull" auf die Objektvariable und damit auf das Textfeld festgestellt werden, ob dieses Feld bereits einen Wert besitzt. Ist noch kein Text in dem Textfeld vorhanden, wird kein Zeilenumbruch ausgegeben. Bei allen weiteren Ausgaben wird durch die Steuercodes „13" und „10" ein Zeilenumbruch erzwungen. Hierzu wird zuerst der bisherige Inhalt des Textfeldes gelesen, dann der Zeilenumbruch angefügt und anschließend der neue Text angehängt. Zuletzt kann das Textfeld mit dem neuen Wert belegt werden.

8.3.10.2 Listen- und Kombinationsfelder steuern

Häufig werden Listen- und Kombinationsfelder mit Daten aus einer Tabelle oder Abfrage oder mit festgelegten Werten gefüllt. Eine weitere Variante steht den VBA-Programmierern zur Verfügung. Hierbei erhält das Modul die Kontrolle über das Füllen des Listen- oder Kombinationsfeldes. Dazu muss eine Funktion mit definiertem Aufbau zur Verfügung gestellt werden, die bei jedem Füllvorgang von Access aufgerufen wird. Der Name dieser Funktion, der entsprechend der VBA-Konvention frei wählbar ist, wird in die Eigenschaft „Herkunftstyp" des Listen- oder Kombinationsfeldes ohne Gleichheitszeichen und Klammern eingetragen.

Herkunftstyp: fktFüllfunktion

Die Parameterversorgung dieser Listenfunktion ist exakt vorgegeben und besteht aus fünf Parametern.

```
Function fktFunktionsName(fld As Control, id As Variant, zeile As Variant,
    spalte As Variant, code As Variant)
```

Tabelle 8.6: Parameter der Listenfunktion

Parameter	Kurzbeschreibung
fld	Objektvariable vom Typ Control, die auf das Steuerelement verweist.
id	Eindeutige ID-Nummer, um das Steuerelement unterscheiden zu können, wenn die Listenfunktion für mehrere Steuerelemente verwendet wird.

Parameter	Kurzbeschreibung
zeile	Zeile, die gefüllt werden soll.
spalte	Spalte, die gefüllt werden soll.
code	Identifikation der Information, die abgefragt wird.

Die Listenfunktion wird während des Füllens des Listen- und Kombinationsfeldes mehrfach aufgerufen. Bei jedem Aufruf wird ein Code mitgeliefert, um mitzuteilen, welche Informationen zurückzugeben sind. Die Hauptaufgabe der Listenfunktion ist es, den Parameter „Code" auszuwerten und entsprechend durch die Rückgabe der geforderten Werte zu reagieren. Jeder dieser Code-Werte hat eine spezielle Bedeutung, die Sie nachfolgend aufgelistet finden.

Tabelle 8.7: Rückgabewerte der Listenfunktion

Wert	Konstante	Bedeutung und Rückgabe
0	LB_INITIALIZE	Initialisierung: Wenn die Listenfunktion das Steuerelement füllen kann, ist ein Wert von ungleich Null zurückzugeben. Kann das Element nicht gefüllt werden, lautet die Rückgabe Null.
1	LB_OPEN	Öffnen: Festlegen eines ID-Werts für das Steuerelement, der nicht Null sein darf, wenn Füllen möglich.
2		Reserviert: keine Rückgabe.
3	LB_GETROWCOUNT	Zeilenanzahl: Festlegen der Anzahl der Zeilen; falls unbekannt, -1 zurückgeben.
4	LB_GETCOLUMN-COUNT	Spaltenanzahl: Festlegen der Anzahl der Spalten; es muss mindestens eine Spalte geben.
5	LB_GETCOLUMN-WIDTH	Spaltenbreite: Festlegen der Spaltenbreite in der Einheit Twips (siehe Kapitel 10.4.4); die Standardeinstellung wird bei der Rückgabe von -1 verwendet.
6	LB_GETVALUE	Listeneintrag: Rückgabe des Listeneintrags, der durch die Parameter Zeile und Spalte spezifiziert ist.
7	LB_GETFORMAT	Formatierung: Rückgabe einer Formatierungs-Zeichenkette für den Eintrag, der durch die Parameter Zeile und Spalte spezifiziert ist. Die Standardformatierung wird durch die Rückgabe von Null gewählt.
8	LB_CLOSE	Reserviert: keine Rückgabe.
9	LB_END	Letzter Aufruf: keine Rückgabe.

Die Listenfunktion wird mit den Steuercodes „0", „1", „3" und „4" in dem Parameter „Code"
genau einmal aufgerufen. Der Steuercode „5" wird dagegen zweimal an die Listenfunktion
gereicht, da beim ersten Aufruf die gesamte Breite des Listen- oder Kombinationsfeldes abgefragt wird. Der zweite Aufruf mit Steuercode „5" dient zur Abfrage der Spaltenbreite.
Besitzt das Listen- oder Kombinationsfeld nur eine Spalte, werden die beiden Werte natürlich
gleich sein.

Die Anzahl der Aufrufe mit den Steuercodes „6" und „7" hängt sowohl von der Anzahl der
Einträge als auch von der Benutzeraktivität ab. Ein Bedienen der Bildlaufleiste führt zum
Beispiel zu weiteren Aufrufen mit den Steuercodes „6" und „7". Nach welchem Eintrag im
Fall des Aufrufs der Listenfunktion mit den Steuercodes „6" und „7" gefragt wird, muss die
Listenfunktion durch die Parameter „Zeile" und „Spalte" feststellen. Erst wenn das Formular
geschlossen wird, wird einmalig die Listenfunktion mit dem Steuercode „9" angesprungen.

Einfaches Beispiel zum programmtechnischen Füllen eines Listenfeldes

Ein einfaches Beispiel kann durch das Füllen eines Listenfeldes mit der Zeilennummer, die
der Listenfunktion mitgegeben wird, realisiert werden. Dazu ist neben der Listenfunktion
natürlich ein Formular, zum Beispiel „FüllenZahl", mit einem Listenfeld erforderlich.

Die Verbindung zwischen dem Listenfeld und der Listenfunktion entsteht durch die Eigenschaft „Herkunftstyp".

> Herkunftstyp: fktFüllenZahl

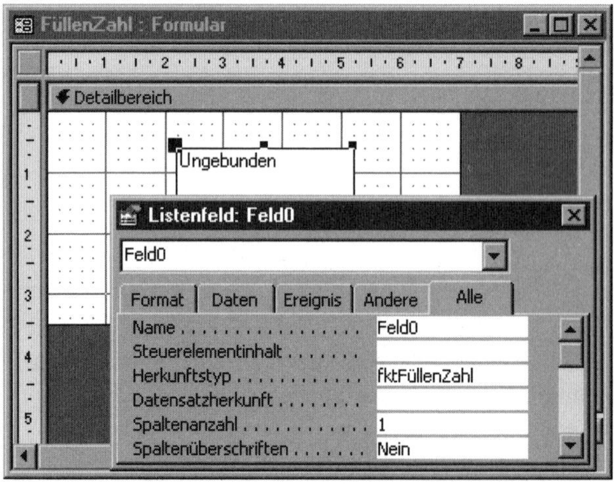

Bild 8.25: Listenfeld und Listenfunktion

Die Listenfunktion besteht hauptsächlich aus einer Select-Case-Anweisung, um den Inhalt
des Parameters „Code" zu analysieren. Für die Zeilenanzahl, die durch den Steuercode „3"
angefordert wird, gibt die Funktion den Wert „10" zurück und stellt damit 10 Zeilen ein. Die
Anzahl der Spalten soll 1 betragen, und daher ist auf den Steuercode „4" mit dem Wert „1"
zu antworten. Da keine eigene Formatierung vorgenommen werden soll, wird bei dem Steuercode „7" der Wert „Null" zurückgeliefert. Hiermit wird Access mitgeteilt, dass die Stan-
dardformatierung gültig ist.

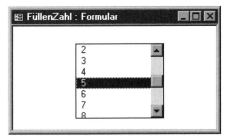

Bild 8.26: Füllen eines Listenfeldes

Der eigentliche bestimmende Text für das Füllen des Listenfeldes wird aufgrund des Steuercodes „6" dem Funktionswert zugeordnet. Als Eintrag für das Listenfeld wird die Zeilennummer verwendet, die im Parameter „Zeile" der Listenfunktion übergeben wird. Bei der Zeilennummer handelt es sich um eine Zahl, die zuvor mit der Funktion „Str$" in eine Zeichenkette umgewandelt wurde. Sobald das Formular „FüllenZahl" in der Formularansicht geöffnet wird, erfolgt der Aufruf der Listenfunktion „fktFüllenZahl" und damit das Besetzen des Listenfeldes.

```
'**************** BASICPRG.MDB ****************
'************ Modul: Verzeichnis_Anzeige ***********
Option Compare Database
'Verwenden der Datenbank-Sortierreihenfolge beim
'Vergleich 'von Zeichenfolgen.

' Funktion füllt Listenfeld im Formular FüllenZahl mit der Zeilennummer'
Function fktFüllenZahl (fld As Control, id As Variant, zeile As Variant,
              spalte As Variant, code As Variant)

  Select Case code
    Case 0
     fktFüllenZahl = True
    Case 1
     fktFüllenZahl = 1
    Case 3
     fktFüllenZahl = 10 ' Anzahl der Zeilen
    Case 4
     fktFüllenZahl = 1
    Case 5
     fktFüllenZahl = -1
    Case 6
     If zeile > 9 Then
       fktFüllenZahl = Null
     Else
       fktFüllenZahl = Str$(zeile)
     End If
    Case 7
     fktFüllenZahl = Null
  End Select
End Function
```

Eine Dateiverwaltung mit einem Kombinationsfeld realisieren

Das zuvor besprochene Prinzip des Belegens von Listen- und Kombinationsfeldern kann zur Realisierung einer kleinen Dateiverwaltung verwendet werden. In einem Kombinationsfeld sollen die Dateien des aktuellen Verzeichnisses aufgelistet werden, um dem Benutzer eine Dateiauswahl zu ermöglichen. Für die Ermittlung der Dateien des aktuellen Verzeichnisses dient die Funktion „fktVerzAktua"l, die ein Array mit den Dateien belegt. Diese Funktion wird aufgerufen, sobald der Benutzer das Kombinationsfeld in dem Formular „Verzeichnis_Anzeige" selektiert. Damit die Funktion durch dieses Ereignis aktiviert wird, ist die Eigenschaft „BeimHingehen" des Kombinationsfeldes mit dem Funktionsnamen zu besetzen. Für das Füllen des Kombinationsfeldes ist die Listenfunktion „fktVerzFüll" verantwortlich, die daher in die Eigenschaft „Herkunftstyp" eingetragen wird.

> Herkunftstyp: fktVerzFüll
> BeimHingehen: =fktVerzAktual()

Abhängig von der übergebenen Zeilennummer wird der entsprechende Array-Eintrag gelesen und als Funktionswert der Listenfunktion „fktVerzFüll" verwendet.

Bild 8.27: Kombinationsfeld mit vorhandenen Dateien belegen

```
'**************** BASICPRG.MDB ****************
'************ Modul: Verzeichnis_Anzeige ***********
Option Compare Database
'Verwenden der Datenbank-Sortierreihenfolge beim
'Vergleich 'von Zeichenfolgen.
'
Dim Verz As String
Dim Laufw(20) As String
Dim Dateiv(100) As String
Const DATEIMAX = 100
Dim ZeilenZahl As Integer

' Funktion füllt das Array DateiV
' mit allen Dateinnamen des aktuellen Vezeichnisses
'
Function fktVerzAktual ()
  Verz = CurDir$
  Datei$ = Dir$(Verz + "\*.*")
  i% = 0
  While Len(Datei$) And i% < DATEIMAX
```

```
  Dateiv(i%) = Datei$
  If Len(Datei$) Then
    Datei$ = Dir$
    i% = i% + 1
  End If
 Wend
 ZeilenZahl = i% - 1
End Function


' Funktion ist die Listenfunktion für ein
' Kombinationsfeld; als Datenquelle dient dabei das
' Array DateV; die Anzahl der Zeilen, die das
' Kombinationsfeld aufnehmen kann, steht in der
' globalen Variablen Zeilenanzahl
'
Function fktVerzFüll (fld As Control, id As Variant,
       zeile As Variant, spalte As Variant, code As Variant)

  Select Case code
    Case 0
      fktVerzFüll = True
    Case 1
      fktVerzFüll = 10
    Case 3
      fktVerzFüll = ZeilenZahl    'Zeilenanzahl
    Case 4
      fktVerzFüll = 1
    Case 5
      fktVerzFüll = -1
    Case 6
      If zeile > DATEIMAX Then
        fktVerzFüll = Null
      Else
        fktVerzFüll = Dateiv(zeile)
      End If
    Case 7
      fktVerzFüll = Null
  End Select
End Function
```

9 Mit Formularen Daten bearbeiten

Auf Formulare greifen die Anwender am häufigsten zu, da sie und die Berichte die einzigen Datenbankobjekte sein sollten, die der Benutzer zu Gesicht bekommt. Deswegen wird in diesem Kapitel auf das Formular und seine Eigenschaften, auf die bedingte Formatierung sowie auf die Synchronisation von Formularen eingegangen.

9.1 Formulare öffnen und ihre Eigenschaften setzen

Die Aktion „ÖffnenFormular" wurde bereits an mehreren Stellen eingesetzt. Nun werden auch die Möglichkeiten des Filterns und das Setzen von Bedingungen besprochen. Anschließend werden einige Formular-Eigenschaften wie „Popup" und „Gebunden" genauer erklärt.

9.1.1 Ein Formular öffnen

Die Aktion „ÖffnenFormular" („OpenForm") besitzt unter anderem dieselben Argumente „Formularname", „Ansicht" und „Datenmodus" wie die Aktionen „ÖffnenTabelle" und „ÖffnenAbfrage". Das Argument „Ansicht" kann neben den drei bis jetzt bekannten Einstellungen den Eintrag „Formular" enthalten. Der Datenmodus gilt bei diesem Datenbankobjekt für die Datenblatt- und die Formularansicht. Neben diesen drei Argumenten existieren für die Aktion „ÖffnenFormular" noch die zusätzlichen Argumente „Filtername", „Bedingung" und „Fenstermodus".

Einen Filter verwenden

Mit der Definition eines Filters können die Datensätze in einem Formular sortiert und beschränkt werden. Somit stellt ein Filter eine Art Abfrage dar, die sich aber immer auf ein bestimmtes Formular beziehen muss und deswegen kein unabhängiges Datenbankobjekt ist.

Wenn Sie einen formularbasierten Filter auf die Datensätze angewandt haben, werden Sie beim Schließen des Formulars gefragt, ob Sie die Änderungen speichern wollen. Bei positiver Bestätigung wird der Filter in der Formular-Eigenschaft „Filter" hinterlegt.

([Mitarbeiter-Daten].Gehalt>5000)

Beim nächsten Öffnen des Formulars können Sie den Filter sofort anwenden und müssen ihn nicht erst wieder erneut definieren.

Der Ablauf für die Erstellung eines Spezialfilters hat große Ähnlichkeiten mit der Definition einer Abfrage. Es existiert dazu auch ein spezielles Fenster, das im oberen Bereich die Feldliste und im unteren Bereich die Zeilen „Feld", „Sortierung" und „Kriterien" besitzt. Hier werden die im Filter auszugebenden Felder, die Sortierreihenfolge und die Kriterien festgelegt, die die gewünschten Datensätze beschreiben. In diesem Fenster können aber keine Tabellen hinzugefügt werden.

Um das Filter-Fenster auf den Bildschirm zu bringen, muss aus dem Menü DATENSÄTZE das Untermenü FILTER und dann der Menüpunkt SPEZIALFILTER/-SORTIERUNG angewählt werden. Dies kann jedoch nur durchgeführt werden, wenn sich das Formular entweder in der Formular- oder Datenblattansicht befindet.

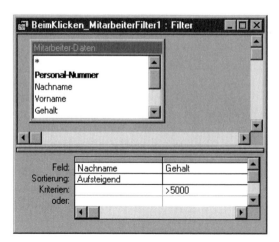

Bild 9.1: Fenster für die erweiterte Filterdefinition

Nachdem der Filter erstellt ist, kann er auf das dazugehörige Formular angewandt werden. Die Filterung wird über die Selektierung des Menüpunktes FILTER/SORTIERUNG ANWENDEN des Menüs DATENSÄTZE oder über das Anklicken des entsprechenden Symbols durchgeführt. Dadurch wird das Filter-Fenster in den Hintergrund gestellt, und das Formular gelangt wieder automatisch in den Vordergrund.

Auch ein Spezialfilter kann in die Formular-Eigenschaft „Filter" geschrieben werden. Falls Sie zudem festgelegt haben, dass nach einem bestimmten Feld sortiert werden soll, wird diese Angabe in die Formular-Eigenschaft „Sortiert nach" eingetragen. Sie können den Filter aber auch als Abfrage speichern. Den entsprechenden Menüpunkt finden Sie im Menü DATEI, wenn das Filterfenster angezeigt wird.

Dem Argument „Filtername" der Aktion „ÖffnenFormular" wird der Name einer existierenden Abfrage oder eines solchen Filters übergeben, der zu einem früheren Zeitpunkt über das zu öffnende Formular erstellt und anschließend als Abfrage gesichert wurde. Die Abfrage muss dabei entweder alle Felder dieses Formulars enthalten, oder ihre Abfrageeigenschaft „Alle Felder ausgeben" muss auf „Ja" gesetzt sein. Diese und andere Eigenschaften werden in einem Dialogfeld angezeigt, wenn Sie im Entwurf der Abfrage im Menü ANSICHT den Menüpunkt ABFRAGEEIGENSCHAFTEN auslösen.

Das Makro „ÖffnenFormular_mit_Filter" ruft die Aktion „ÖffnenFormular" auf, um das gleichnamige Formular in der Datenblattansicht anzuzeigen. Dabei sollen jedoch nicht alle Datensätze berücksichtigt werden, sondern nur solche, die als Lagerort die Stadt München enthalten. Außerdem soll nach der Artikel-Nummer aufsteigend sortiert werden. Um dies zu realisieren, wird nach dem Erstellen des Formulars ein Filter erzeugt, der anschließend als Abfrage unter dem Namen „Abfrage_ÖffnenFormular" gespeichert wird. Dieser Name wird dann dem Argument „Filter" der Aktion „ÖffnenFormular" im Makro übergeben.

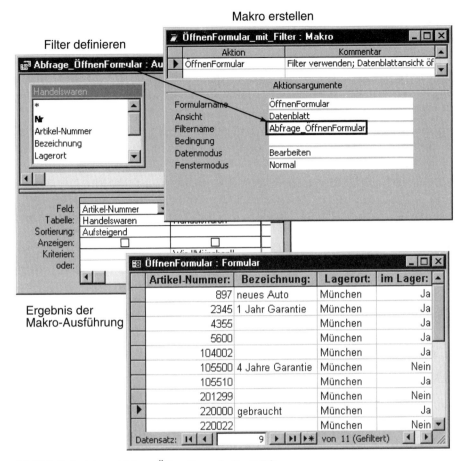

Bild 9.2: Beispiel zur Aktion „ÖffnenFormular" mit Filter

Eine Bedingung setzen

Datensätze können beim Öffnen des Formulars nicht nur über einen Filter oder eine Abfrage, sondern auch über eine Bedingung ausgewählt werden, die dafür bei der Aktion „Öffnen-Formular" im Argument „Bedingung" angegeben werden muss. Diese Bedingung kann entweder ein gültiger Ausdruck oder eine gültige WHERE-Klausel sein. Falls auch das Argument „Filter" einen Eintrag besitzt, so wird die Bedingung auf diesen Filter angewendet. Wenn Sie Genaueres zur WHERE-Klausel erfahren wollen, dann lesen Sie bitte im Kapitel 18.2 nach.

Bei der Arbeit mit mehreren Formularen entsteht häufig der Wunsch, zwei Formulare zu synchronisieren. Auf diese Weise können miteinander verbundene Datensätze, die in verschiedenen Tabellen gespeichert sind, in zwei Formularen gleichzeitig ausgegeben werden. Für die Realisierung dieser Abstimmung kann beim Weiterblättern zu dem nächsten Datensatz in Formular 1 mithilfe der Aktion „ÖffnenFormular" ein zweites Formular geöffnet werden, wobei das Argument „Bedingung" auf folgenden Ausdruck gesetzt ist:

[StEl-Name des zu öffnenden Formulars2] =
Formulare![Formularname1]![StEl-Name im Formular1]

Mit „StEl-Name" ist der Name des Steuerelements gemeint, das mit dem Tabellenfeld verbunden ist, das die Verbindung zwischen den beiden Formularen herstellt. Das Makro, das die Aktion „ÖffnenFormular" mit diesem Argument enthält, wird der Eigenschaft „BeimAnzeigen" des Formulars 1 zugewiesen.

Obwohl das Makro aus dem Formular 1 aufgerufen wird, muss in diesem Fall der gesamte Formularname für dieses Formular genannt werden, da Access ansonsten den Steuerelementnamen auf das zu öffnende Formular beziehen würde.

Für diese Synchronisation von Formularen gibt es in der Datenbank MAKROPR.MDB ein Beispiel, das sich aus den beiden Formularen „ÖffnenFormular" und „ÖffnenFormular_2" und dem Makro „ÖffnenFormular_mit_Bedingung" zusammensetzt. Die Formulare basieren auf den Tabellen „Handelswaren" beziehungsweise „Genauere Beschreibung der Waren", die beide unter anderem die Artikel-Nummer enthalten, über die die Synchronisation aufgebaut wird.

Beim Starten des Formulars „ÖffnenFormular_2" wird automatisch das Formular „ÖffnenFormular" mit geöffnet. Das Makro, das der Eigenschaft „BeimAnzeigen" des Formulars „ÖffnenFormular_2" zugeordnet wird, besteht dazu aus der Aktion „ÖffnenFormular", deren Argumente mit folgenden Werten besetzt sind:

Tabelle 9.1: Argumente der Aktion ÖffnenFormular

Argument	Wert
Name	ÖffnenFormular
Ansicht	Formular
Filtername	
Bedingung	[Artikel-Nummer] =Formulare![ÖffnenFormular_2]![Artikel-Nummer]
Datenmodus	Nur lesen
Fenstermodus	Normal

Sobald im Formular „ÖffnenFormular_2" der nächste Datensatz angezeigt wird, entsteht das Ereignis „BeimAnzeigen", und das Makro wird ausgeführt. Dadurch wird das zweite Formular im Nur-Lesemodus geöffnet, in dem direkt der Satz mit derselben Artikel-Nummer wie im ersten Formular angezeigt wird.

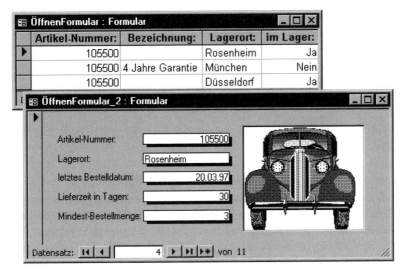

Bild 9.3: Beispiel zur Aktion „ÖffnenFormular" mit Bedingung

Einen Fenstermodus wählen

Im letzten Argument der Aktion „ÖffnenFormular" wird der Fenstermodus festgelegt, in dem das Fenster geöffnet wird. Sie können dabei zwischen folgenden Einstellungen wählen.

Tabelle 9.2: Optionen des Arguments „Fenstermodus" der Aktion „ÖffnenFormular"

Einstellung	Wirkung
Normal	Formular wird als normales Fenster in der gewählten Ansicht geöffnet.
Ausgeblendet	Formular wird geöffnet, aber nicht angezeigt.
Symbol	Formular wird in minimalisierter Form am unteren Rand des Access-Fensters abgelegt.
Dialog	Formular wird wie ein Dialogfeld geöffnet.

Durch die Wahl der Option „Dialog" werden die Formular-Eigenschaften „Gebunden" und „Popup" auf „Ja" gesetzt. Dadurch müssen Sie dieses Formular erst wieder schließen, damit Sie mit einem anderen Fenster innerhalb von Access weiterarbeiten können. Zudem bekommt das Formular eine feste Größe und einen dünnen Rahmen zugeordnet. Ein Makro, das die Aktion „ÖffnenFormular" mit dem Fenstermodus „Dialog" aufruft, wird so lange in seiner Ausführung angehalten, bis das Formular geschlossen oder ausgeblendet wird.

Hinweis: Falls die beiden Eigenschaften „Gebunden" und „Popup" bei der Erstellung des Formulars in der Entwurfsansicht eingeschaltet wurden und beim Aufruf der Aktion „ÖffnenFormular" als Fenstermodus „Normal" gewählt wird, verhält sich das Formular genauso wie im Fenstermodus „Dialog".

Beim Wechseln in die Entwurfsansicht werden die meisten Einstellungen der Argumente von der Aktion „ÖffnenFormular" gelöscht. Sie sind auch nicht mehr verfügbar, wenn zurück in die Datenblatt- oder Formularansicht geschaltet wird.

Die „DoCmd"-Methode „OpenForm" in VBA verwenden

Sie werden recht häufig die Aktion „ÖffnenFormular" in einer VBA-Prozedur einsetzen, um ein Formular in der Formularansicht zu öffnen. Innerhalb von VBA wird die englische Bezeichnung „OpenForm" geschrieben, da es sich nun um eine Methode des Systemobjekts „DoCmd" handelt.

```
DoCmd.OpenForm "Mitarbeiter", acNormal
```

Das Formular kann natürlich auch hier in der Entwurfsansicht, Seitenansicht und in der Datenblattansicht geöffnet werden. In welcher Ansicht das Formular eingeblendet wird, ist von der übergebenen Konstante abhängig. Als Wert für diesen Parameter „Ansicht" sind „acNormal" (Formularansicht), „acDesign" (Entwurfsansicht), „acPreview" (Seitenansicht) und „acFormDS" (Datenblattansicht) möglich. Diese Konstanten sind bereits vordefiniert.

Die Aktion „OpenForm" besitzt neben den ersten beiden Pflichtparametern noch weitere, die optional angegeben werden können. In der nachfolgenden Tabelle finden Sie alle Parameter zusammengefasst. Die meisten wurden bereits weiter oben besprochen.

Tabelle 9.3: Argumente der Aktion „OpenForm"

Parameter	Kurzbeschreibung
Name	Name des Formulars.
Ansicht	Ansicht, in der das Formular geöffnet wird.
Filtername	Filter, der die Datensätze des Formulars beschränkt.
Bedingung	Gültige WHERE-Klausel einer SQL-Anweisung.
Datenmodus	Dateneingabemodus für das Formular in der Formular- oder Datenblattansicht.
Fenstermodus	Modus, in dem das Fenster geöffnet wird.
Argumente fürs Öffnen	Mit diesem Zeichenkettenausdruck wird die Formular-Eigenschaft OpenArgs besetzt

Für den Datenmodus stehen die Konstanten „acAdd" (Hinzufügen), „acEdit" (Bearbeiten) und „acReadOnly" (Nur lesen) zur Verfügung. Der Fenstermodus kann „acNormal" (Normal), „acHidden" (Ausgeblendet), „acIcon" (Symbol) und „acDialog" (Dialog) lauten.

Der Parameter „Fenstermodus" übernimmt die Steuerung des Fensters. Hiermit können Sie festlegen, ob das Formular entsprechend den eingestellten Formular-Eigenschaften „acNormal" oder verkleinert als Symbol „acIcon" angezeigt wird. Außerdem ist es möglich, gleich zu Beginn das Formular zu verstecken, selbst wenn dessen Formular-Eigenschaft „Visible" auf „True" eingestellt wurde. Wenn Sie programmtechnisch ein Dialogfeld einblenden möchten, sollten Sie dafür die Konstante „acDialog" verwenden. Hiermit erhalten Sie ein Fenster, das so lange im Vordergrund bleibt und die Eingabe von Daten in andere Fenster verhindert, bis der Benutzer es wieder schließt.

9.1.2   Die Formular-Eigenschaften

Formulare besitzen sehr viele Eigenschaften, die sich entweder auf das Formular selbst, auf die Formularbereiche oder auf beide beziehen. Mit den Formularbereichen sind der Detailbereich und – sofern vorhanden – der Formularkopf- und -fuß sowie der Seitenkopf und -fuß gemeint. Die Eigenschaften können entweder über die Einstellungen der Standardeigenschaften vor dem Erstellen oder nach dem Anlegen eines neuen Formulars geändert werden.

Die meisten der Eigenschaften können im Eigenschaftenfenster geändert werden. Dazu wählen Sie in der Entwurfsansicht des Formulars den gewünschten Bereich oder das Formular an und klicken dann entweder auf das entsprechende Symbol, das dasselbe wie für die Tabelleneigenschaften ist, oder lösen den Menüpunkt EIGENSCHAFTEN im Menü ANSICHT aus. Das Formular können Sie entweder über das kleine Quadrat links neben dem waagrechten Lineal oder über den Menüpunkt FORMULAR AUSWÄHLEN im Menü BEARBEITEN selektieren.

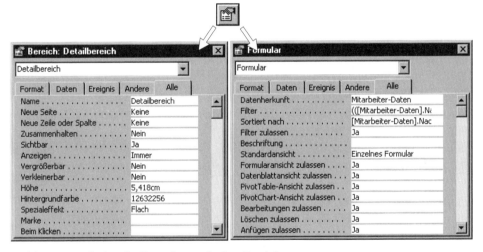

Bild 9.4: Eigenschaften des Formulars und seiner Bereiche

Die Eigenschaft „Datenherkunft"

In der Eigenschaft „Datenherkunft" ist der Name der Tabelle oder Abfrage eingetragen, die die Grundlage für dieses Formular bildet. Falls Sie sich beim Erstellen eines neuen Formulars im ersten Dialogfeld für ein leeres Formular entscheiden, bleibt diese Eigenschaft unbesetzt. In diesem Fall kann auch keine Feldliste angezeigt werden. Sowohl das entsprechende Symbol in der Symbolleiste als auch der Menüpunkt FELDLISTE im ANSICHT-Menü sind deaktiviert. Sie können jedoch auch nachträglich die Eigenschaft „Datenherkunft" mit einem Tabellen- oder Abfragenamen füllen.

Wenn Sie mehrere Formulare benötigen, die sich in ihrem Aussehen sehr ähneln, so müssen Sie nicht jedes dieser Formulare über den Formular-Assistenten erneut anlegen, sondern Sie beginnen damit, ein Formular mit den Steuerelementen, die für alle Formulare gelten sollen, zu erstellen. Dieses Formular können Sie nun mit seinem Inhalt beliebig oft kopieren. Den Bezug auf eine Tabelle oder eine Abfrage definieren Sie anschließend über die Eigenschaft „Datenherkunft" individuell für jedes Formular.

In Datenbankanwendungen wird es immer Formulare geben, die mit keiner Tabelle oder Abfrage verbunden sind. Sie dienen vor allem als Anfangs-Formular oder als Platz zum Sammeln von Informationen und werden ohne den Formular-Assistenten erstellt. Ein solches Formular enthält meistens mehrere Befehlsschaltflächen, über die zu weiteren Formularen und Berichten verzweigt werden kann, Druckvorgänge gestartet werden usw. Da solch ein Formular keine Datensätze anzeigt, ist es nicht sinnvoll, dass es einen Datensatzmarkierer, Bildlaufleisten oder Navigationstasten zum Blättern durch die Sätze besitzt. Alle drei Elemente können über bestimmte Formular-Eigenschaften entfernt werden. Setzen Sie dazu die Eigenschaften „Datensatzmarkierer", „Navigationsschaltflächen" und „Bildlaufleisten" auf den Wert „Nein".

Die Eigenschaften „Popup" und „Gebunden"

Ein recht praktischer Formulartyp ist das so genannte Popup-Formular, das häufig verwendet wird, um vom Anwender Informationen zu erfragen. Für diesen Typ muss die Eigenschaft „Popup" auf den Wert „Ja" gesetzt werden.

Die durch den Benutzer eingegebenen Daten werden von der Anwendung benötigt, um weitere Aktionen auszuführen. Ein Popup-Formular kann entweder „nicht gebunden" oder „gebunden" sein. Die Einstellung erfolgt über die Eigenschaft „Gebunden".

*   Ungebunden: Bei geöffnetem Popup-Formular kann auch auf andere Access-Datenbankobjekte zugegriffen werden.

*   Gebunden: Sie können erst wieder mit anderen Datenbankobjekten arbeiten, nachdem das Formular geschlossen oder ausgeblendet wurde. Dieses Popup-Formular hält den Fokus fest, solange es sichtbar dargestellt wird. Ein gebundenes Formular wird im Fachjargon auch als modales Fenster bezeichnet.

Die meisten Popup-Formulare besitzen ein ähnliches Aussehen, das durch folgende Einstellungen realisiert wird:

Tabelle 9.4: Einstellungen für ein Popup-Formular

Eigenschaft	Einstellung	Wirkung
Rahmenart	Dünn	Ein schmaler Rahmen, der weder vergrößert noch verkleinert werden kann.
MinMaxSchaltflächen	Min vorhanden Keine	Das Formular kann nicht mehr als Vollbild angezeigt werden.
Datensatzmarkierer	Nein	Blendet den Datensatzmarkierer aus.
Bildlaufleisten	Nein	Blendet die Bildlaufleisten aus.
Navigationsschaltflächen	Nein	Blendet die Navigationsschaltflächen aus.

Abhängig von der Funktion des Popup-Formulars ist die Eigenschaft „Gebunden" zu setzen. Wenn Sie sich zum Beispiel während der Eingabe von bestimmten Datensätzen die bereits existierenden Sätze anzeigen lassen wollen, sollten Sie für diese Anzeige ein nicht gebundenes Popup-Formular anlegen. Popup-Formulare werden vor allem für folgende Aufgaben eingesetzt:

- Zum Sammeln von Informationen, die zum Ausführen einer weiteren Aktion erforderlich sind. Der Anwender kann zum Beispiel über eine Befehlsschaltfläche den Druck eines Berichts starten. Vor dem Druckbeginn bestimmt er mithilfe eines Popup-Formulars, an welchen Stellen des Berichts mit dem Druck begonnen und wieder aufgehört werden soll.

- Zum Eingeben von Daten, falls bestimmte Zustände eintreten. In ein Textfeld namens „Kundenname" wird ein Gültigkeitsmakro eingebunden. Sobald der Benutzer in dieses Feld den Namen eines neuen Kunden einträgt, wird automatisch ein Popup-Formular eingeblendet, in das er die vollständigen Daten des neuen Kunden eingeben kann.

- Zum Anzeigen von Daten und Meldungen, falls eine bestimmte Bedingung zutrifft.

Ein Popup-Formular enthält meistens eine oder mehrere Befehlsschaltflächen, die Beschriftungen wie „OK", „Abbrechen", „Beenden" oder den Namen von speziellen Funktionen wie „Drucken" oder „Gesamtsumme berechnen" tragen. Diese Schaltflächen sind jeweils mit einem Makro, einer Funktion oder einer Ereignisprozedur verbunden. Im Code werden dann die Informationen verarbeitet, die der Benutzer im Popup-Formular eingegeben hat

Popup-Formulare werden immer im Fenstervordergrund von Access, das heißt vor allen anderen geöffneten Fenstern angezeigt. Häufig soll das Popup-Formular nach Betätigen einer Befehlsschaltfläche für den Anwender unsichtbar werden. Um innerhalb des Codes auf die Informationen im Popup-Formular zugreifen zu können, darf es jedoch nicht vollständig geschlossen, sondern nur ausgeblendet werden. Zu diesem Zweck stellen Sie die Eigenschaft „Sichtbar" des Popup-Formulars auf „Nein" ein.

Das unsichtbare Popup-Formular bleibt weiterhin geöffnet, sodass die Prozedur mit den eingegebenen Daten arbeiten kann. Die Aktion „Schließen" (DoCmd-Methode „Close") wird verwendet, um ein Popup-Formular vollständig zu beenden. Dabei ist darauf zu achten, dass diese Aktion erst dann ausgeführt wird, wenn alle Arbeiten, die Informationen aus dem Popup-Formular benötigen, abgeschlossen sind.

Im Formular „Hauptformular" der Beispieldatenbank DBANWEND.MDB befindet sich unter anderem die Befehlsschaltfläche „Kunden anzeigen". Wenn diese Schaltfläche gedrückt wird, soll nicht sofort das Formular „Kunden-Daten" geöffnet werden, sondern der Benutzer wird über ein Popup-Formular gefragt, ob er alle Kunden oder nur Kunden einer bestimmten Stadt ansehen möchte.

Der Aufruf des Popup-Formulars wird in Ereignisprozedur geschrieben, das der Eigenschaft „BeimKlicken" der Befehlsschaltfläche „Kunden anzeigen" zugewiesen ist.

```
Private Sub Schaltfläche0_Click()
 DoCmd.OpenForm "Kundenauswahl", acNormal, , , , acDialog
 End Sub
```

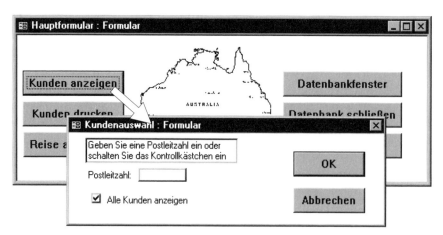

Bild 9.5: Das Popup-Formular „Kundenauswahl"

Als Nächstes erzeugen Sie das Popup-Formular „Kundenauswahl" (siehe Bild oben), in das Sie ein ungebundenes Textfeld einfügen, damit die gewünschte Postleitzahl eingegeben werden kann. Außerdem besitzt dieses Formular ein Kontrollkästchen, mit dem alle Kunden angezeigt werden können, und die beiden Befehlsschaltflächen „OK" und „Abbrechen".

Nun müssen Sie noch die Ereignisprozeduren erstellen, die beim Wählen der Befehlsschaltflächen „OK" und „Abbrechen" ausgeführt werden sollen. Wenn der Anwender die Schaltfläche „Abbrechen" wählt, soll das Popup-Formular geschlossen werden, ohne dass eine Aktion durchgeführt wird.

```
Private Sub Schaltfläche6_Click()
  DoCmd.Close
End Sub
```

Durch die Wahl von „OK" wird das Popup-Formular nur ausgeblendet und das Formular „Kunden-Daten" geöffnet. Wurde zuvor keine Postleitzahl in das Textfeld eingegeben, werden alle Datensätze im Formular „Kunden-Daten" angezeigt, da das Kontrollkästchen standardmäßig eingeschaltet ist. Der Zustand dieses Steuerelements wird über „IF" geprüft. Wenn die Bedingung als Ergebnis „wahr" liefert, ist das Kontrollkästchen derzeit aktiviert. Deswegen wird in diesem Fall die Methode „ShowAllRecords" aufgerufen. Anschließend wird das Popup-Formular geschlossen.

```
Private Sub Schaltfläche5_Click()
  ' Formular Kundenauswahl unsichtbar machen
  Me.Visible = False
  ' Formular Kunden-Daten öffnen
  DoCmd.OpenForm "Kunden-Daten", acNormal, "", "", acEdit, acNormal
  If Me![sKontroll] Then
    ' Kontrollkästchen ist eingeschaltet
    DoCmd.ShowAllRecords
    ' Dieses Formular Kundenauswahl schließen
    DoCmd.Close acForm, "Kundenauswahl"
  Else
    ' nur Sätze mit bestimmter PLZ anzeigen
```

```
      DoCmd.ApplyFilter "", "[PLZ] Like Forms![Kundenauswahl]![sText] & '*'"
      ' Dieses Formular Kundenauswahl schließen
      DoCmd.Close acForm, "Kundenauswahl"
    End If
  End Sub
```

Falls der Benutzer nur die Kunden einer bestimmten Stadt sehen möchte, muss er die Postleitzahl dieser Stadt eintragen und darf nicht vergessen, das Kontrollkästchen auszuschalten. Damit nur die Datensätze mit der gewünschten Stadt erscheinen, muss mithilfe der Methode „ApplyFilter" ein Filter benutzt werden, der in das Argument Bedingung geschrieben wird. Auch hier wird zum Schluss das Popup-Formular geschlossen.

Hinweis: Wenn Sie beim Aufruf der Aktion „ÖffnenFormular" das Argument „Fenstermodus" auf die Option „Dialog" setzen, so wird dadurch dasselbe Ergebnis erzielt wie mit den beiden auf „Ja" eingestellten Eigenschaften „Gebunden" und „Popup". Das Formular wird als Dialogfeld geöffnet und deaktiviert alle anderen Fenster in Access.

Die Eigenschaft „Rahmenart"

Mit der Eigenschaft „Rahmenart" bestimmen Sie das Aussehen des Formularrahmens. Diese Eigenschaft werden Sie vor allem dann einsetzen, wenn Sie Popup-Formulare und Dialogfelder erstellen. Aufgrund eines speziellen Rahmens kann der Anwender sofort erkennen, dass es sich nicht um ein normales Formular handelt.

Der Eigenschaft „Rahmenart" können Sie die vier Werte „Kein", „Dünn", „Veränderbar" und „Dialog" übergeben. Diese neue Einstellung kommt beim Wechseln in die Formularansicht sofort zum Tragen.

Wenn Sie den Wert „Kein" verwenden, besitzt das Formular keinen Rahmen, kein Systemmenü und keine Schaltflächen für das Schließen, für das Symbol und Vollbild. Ist dieses Formular ein Popup-Formular, dann können Sie es nur wieder schließen, falls es eine dafür vorgesehene Befehlsschaltfläche besitzt.

Der Wert „Dünn" wird vor allem für Popup-Formulare benutzt. Dadurch erhält das Formular einen schmalen Rahmen und ist in seiner Größe nicht mehr veränderbar. Dieser Rahmen kann, muss aber nicht das Systemmenü und die Schaltflächen für das Symbol und für das Vollbild enthalten. Das Darstellen dieser Elemente steuern Sie über die Eigenschaften „MitSystemmenüfeld" und „MinMaxSchaltflächen". Damit das Formular nicht mehr als Vollbild angezeigt werden kann, müssen Sie die zuletzt genannte Eigenschaft auf „Keine" oder „Min vorhanden" setzen.

Standardmäßig ist die Eigenschaft „Rahmenart" mit dem Wert „Veränderbar" besetzt. Mit dieser Einstellung besitzt das Formular das gewohnte Aussehen und kann beliebig vergrößert und verkleinert werden.

Damit der Rahmen dicker als normal erscheint, übergeben Sie den Wert „Dialog". Aufgrund dieses Eintrags besitzt das Formular keine Schaltflächen für die Symbol- oder VollbildDarstellung, auch wenn die entsprechenden Eigenschaften auf „Ja" stehen. Über sein Systemmenü kann das Formular nur geschlossen oder verschoben werden. Das Schließen kann auch über die „Schließen"-Schaltfläche erfolgen. Dieses Aussehen ist typisch für ein Dialog-feld. Damit sich dieses Formular auch wie ein modales Dialogfeld verhält, müssen Sie seine Eigenschaften „Popup" und „Gebunden" auf „Ja" setzen.

Die aktuelle Einstellung der Eigenschaft „Rahmenart" betrifft nicht die Anzeige der „Bild-laufleisten", des „Datensatzmarkierers" und der „Navigationsschaltflächen". Um diese Ele-mente auszublenden, müssen Sie die gleichnamigen Eigenschaften mit dem Wert „Nein" füllen.

Die Eigenschaft „Standardansicht"

Um zu bestimmen, in welcher Ansicht ein Formular nach dem Öffnen dargestellt werden soll, muss auf die Eigenschaft „Standardansicht" zugegriffen werden. Als Standardansicht wird im Normalfall die Ansicht festgelegt, in der der Anwender am häufigsten mit dem Formular arbeitet. Es stehen folgende drei Einstellungen zur Auswahl:

- Einzelnes Formular: Die Option „Einzelnes Formular" dient dazu, immer genau einen Datensatz auf dem Bildschirm anzuzeigen. Einzelne Formulare werden vor allem be-nutzt, wenn ein Formular sehr viele Felder für die Dateneingabe besitzt.

- Endlosformular: Wenn mehrere Datensätze gleichzeitig auf dem Bildschirm ausgegeben werden sollen, verwenden Sie die Einstellung „Endlosformular". Dabei ist es von der Größe des Formular-Fensters, des Bildschirms und von der Anzahl der Felder eines Sat-zes abhängig, wie viele Datensätze gleichzeitig dargestellt werden.

- Datenblatt: Die Datensätze erscheinen in der Datenblattansicht als Datenblatt, das heißt in Zeilen und Spalten unterteilt. Vor allem zur Darstellung eines Unterformulars wird der Eintrag „Datenblatt" als Standardansicht festgelegt. Das Aussehen dieses Datenblattes kann in der Datenblattansicht noch individuell modifiziert werden, indem die Größe der Zeilen und Spalten geändert und Spalten verschoben werden. Wenn Sie bei der Einstel-lung „Datenblatt" in die Formularansicht wechseln, werden die Datensätze als je einzel-nes Formular angezeigt.

Die Eigenschaften für den Bearbeitungsmodus

Jedes Formular wird für eine bestimmte Aufgabe erstellt. Diese Aufgabe kann zum Beispiel aus der Eingabe neuer Daten oder aus der reinen Anzeige bereits existierender Datensätze bestehen. Ein Formular kann deswegen so eingerichtet werden, dass es beim Öffnen gleich in der Ansicht und in dem Bearbeitungsmodus erscheint, die für die Hauptaufgabe am besten geeignet sind. Ein Formular für die Dateneingabe kann zum Beispiel nach dem Öffnen sofort einen leeren Datensatz anzeigen.

Die vier Formular-Eigenschaften „Bearbeitungen zulassen" (1), „Anfügen zulassen" (2), „Löschen zulassen" (3) und „Daten eingeben" (4) regeln, ob beim Öffnen des Formulars Datensätze zum Ändern angezeigt werden oder nur das Lesen der Daten erlaubt ist:

Tabelle 9.5: Formular-Eigenschaften für den Bearbeitungsmodus

1 *Bea*	2 *Auf*	3 *Lö*	4 *Dein*	Bedeutung
Ja	Ja	Ja	Nein	Sätze können gelesen, bearbeitet, gelöscht und neue ergänzt werden.
Nein	Nein	Nein	Nein	Daten können nur gelesen werden.
Ja	Ja	Ja	Ja	Nur neue Sätze dürfen eingetragen, aber keine bestehenden modifiziert werden.
Ja	Nein	Ja	Nein	Keine neuen Sätze können eingefügt, bestehende Sätze können bearbeitet werden.

Der Wert „Ja" für die drei Eigenschaften „Bearbeitungen zulassen", „Anfügen zulassen" und „Löschen zulassen" und der Wert „Nein" für die Eigenschaft „Daten eingeben" sind in Access als Standardeinstellungen vorgewählt. Durch sie wird beim Öffnen des Formulars der erste existierende Datensatz angezeigt. Diese Einstellungen bieten die meisten Möglichkeiten für den Anwender. Vorhandene Datensätze können in der Formular- und Datenblattansicht angesehen und bearbeitet werden. Zudem können auch neue Daten editiert werden.

Die Einstellungen der genannten Eigenschaften müssten Ihnen eigentlich bekannt vorkommen. Im Argument „Datenmodus" der Aktion „ÖffnenFormular" wird eine dieser Optionen gewählt. Jedoch wird dadurch nicht wirklich die Eigenschaft „Standardbearbeitung" geändert, sondern die getätigte Einstellung gilt nur vorübergehend.

Eigenschaft „Entwurfsänderungen zulassen"

In den früheren Access-Versionen konnten Änderungen an den Eigenschaften nur in der Entwurfsansicht des Formulars vorgenommen werden. Dies hat sich ab Access 2000 geändert. Wenn Sie die Formular-Eigenschaft „Entwurfsänderungen zulassen" auf den Eintrag „Alle Ansichten" setzen, verschwindet das Eigenschaften-Fenster nicht, wenn Sie in die Formularansicht wechseln. Auch die Formatierungs-Symbolleiste bleibt sichtbar. Auf diese Weise können Sie die meisten Layout-Eigenschaften eines Steuerelementes auch in dieser Ansicht modifizieren. Setzen Sie dazu den Cursor in das zu verändernde Feld und wählen dann zum Beispiel eine andere Textfarbe aus.

Eigenschaft „Bild"

Sie können über die Eigenschaft „Bild" dem Formular ein Hintergrundbild zuweisen. Diese Eigenschaft wird teilweise auch von Access mit einem Bitmap besetzt, wenn Sie Ihr Formular mit einem „AutoFormat" verschönern. Nach der Wahl eines Bilds sollten Sie auf alle Fälle noch die Formulareigenschaft „Bildgrößenmodus" auf den Eintrag „Zoomen" setzen. Ansonsten wird das Bild häufig abgeschnitten oder verzerrt angezeigt.

Eine Standardeigenschaft ändern

Zu Beginn der Aufzählung der Formular-Eigenschaften wurde erwähnt, dass Sie auch Standardeigenschaften eines Formulars und seiner Bereiche verändern können. Diese Standardeigenschaften, die in einer internen Vorlage mit dem Namen „Normal" zusammengefasst sind, gelten für alle Formulare, die ohne den Formular-Assistenten angelegt werden. Statt der Standardvorlage „Normal" können Sie auch ein spezielles Formular erzeugen, um es anschließend als individuelle Vorlage zu verwenden.

Wenn Sie die Formularvorlage modifizieren wollen, wählen Sie zunächst im Menü EXTRAS den Befehl OPTIONEN. Auf dem Bildschirm erscheint daraufhin das Dialogfeld „Optionen", in dem Sie das Karteiblatt „Formulare/Berichte" auswählen. Danach geben Sie den Namen des gewünschten Vorlage-Formulars in das Textfeld „Formularvorlage" ein, wie Sie es in der nächsten Abbildung sehen, und bestätigen Ihre Eingabe mit „OK".

Durch diesen Vorgang werden Einstellungen von vielen Eigenschaften des Formulars und seiner Bereiche von nun an für jedes neue leere Formular benutzt. Es werden jedoch nicht die Inhalte der Eigenschaften gesichert, denen im Vorlage-Formular ein Makro zugeordnet ist. Dies betrifft zum Beispiel alle Eigenschaften, die mit einem Ereignis verbunden sind, zum Beispiel „BeimAnzeigen" und „BeimSchließen".

Hinweis: Die Einstellungen für eine Formular- oder eine Berichtsvorlage werden in der Arbeitsgruppen-Informationsdatei „System.mdw" von Access und nicht in der Datenbankdatei abgelegt, in der sich die Vorlage urprünglich befindet. Die Veränderung der Formular- oder Berichtsvorlage führt zur Modifizierung der entsprechenden Vorlage für alle Access-Datenbanken, die Sie öffnen oder erzeugen.

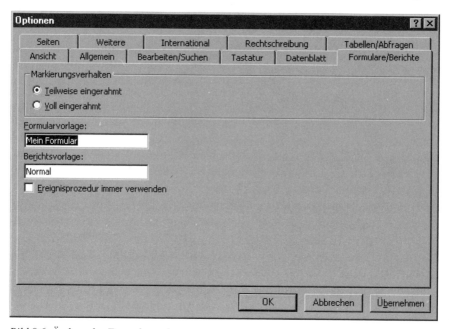

Bild 9.6: Ändern der Formularvorlage

9.2   Daten in Formularen bearbeiten

Arbeiten wie das Blättern durch Datensätze und das Suchen nach bestimmten Werten können auch mithilfe von Makros oder VBA-Prozeduren automatisiert werden. Es gibt Aktionen, die

Datensätze ansteuern, diese Sätze nach bestimmten Kriterien filtern oder in diesen Sätzen nach spezifizierten Werten suchen. Zudem können mit Aktionen die Daten auf ihre Gültigkeit geprüft werden.

9.2.1 Datensätze ansteuern

Formulare lassen sich besonders dann einfach und schnell verwenden, wenn als Reaktion auf ein Ereignis automatisch zu einem bestimmten Steuerelement, zu einem anderen Formular oder zu einem Datensatz gewechselt werden soll.

Access verfügt über die drei Aktionen „GeheZuSteuerelement", „GeheZuSeite" und „Gehe-ZuDatensatz", mit denen zwischen Steuerelementen, Formularseiten und Datensätzen gewechselt werden kann.

Tabelle 9.6: Aktionen zum Ansteuern von Datensätzen

Aktion	Beschreibung
GeheZuSteuerelement	Wechselt zum angegebenen Steuerelement im aktuellen Objekt. Im Argument „Steuerelementname" wird nur der Name des Steuerelements eingegeben, jedoch nicht die vollständige Beschreibung mit Objekttyp und Formularnamen.
GeheZuSeite	Wechselt zur angegebenen Seite und setzt den Textcursor auf das erste Steuerelement dieser Seite.
GeheZuDatensatz	Wechselt zum angegebenen Datensatz oder zu einem neuen Datensatz. Wenn sich der Textcursor auf einem bestimmten Steuerelement befindet, steht er auch im neuen Satz auf diesem Steuerelement.

9.2.1.1 Aktion „GeheZuDatensatz"

Die Aktion „GeheZuDatensatz" („GotoRecord") stellt den angegebenen Datensatz als aktuellen Satz in einem Formular, einer Tabelle oder in einem Dynaset einer Abfrage dar. Dabei muss sich das Datenbankobjekt im geöffneten Zustand befinden.

Diese Aktion besitzt die vier Argumente „Objekttyp", „Objektname", „Datensatz" und „Offset". Über die ersten beiden Argumente wird das gewünschte Datenbankobjekt ausgewählt, so wie es zum Beispiel auch bei der Aktion „Schließen" der Fall ist. Um das Objekt auszuwählen, das derzeit den Fokus besitzt, lassen Sie diese zwei Argumente frei. Im Argument „Datensatz" wird der Satz genannt, der zum aktuellen Datensatz gemacht werden soll. Dabei können Sie eine der folgenden Optionen wählen: „Vorheriger", „Nächster", „Erster", „Letzter", „Gehe zu" und „Neuer".

Falls der Eintrag „Vorheriger" beziehungsweise „Nächster" gesetzt ist, kann – muss aber nicht – im letzten Argument ein Offset angegeben werden, der mitteilt, um wie viele Sätze nach oben beziehungsweise nach unten gesprungen werden soll. Das Argument ist zwingend zu besetzen, wenn Sie das Argument „Datensatz" mit der Option „Gehe zu" gefüllt haben. Darüber definieren Sie die Datensatznummer des Satzes, der nun angezeigt werden soll. Für die übrigen Optionen „Erster", „Letzter" und „Neuer" besitzt das letzte Argument „Offset" keine Bedeutung.

Die Aktion „GeheZuDatensatz" führt zu demselben Ergebnis wie die verschiedenen Menüpunkte des Untermenüs GEHE ZU, das Sie im Menü BEARBEITEN finden. Um zu einem bestimmten Datensatz zu gehen, benutzen Sie anstelle eines Menüpunktes am unteren Fensterrand zwischen den Navigationstasten ein kleines Eingabefeld, in das der Anwender die gewünschte Satznummer eintragen und mit der <Enter>-Taste bestätigen kann.

Große Navigationsschaltflächen erstellen

Mithilfe der Aktion „GeheZuDatensatz" und mehrerer Befehlsschaltflächen kann auf einfache Weise durch Datensätze eines Formulars geblättert und zu bestimmten Sätzen gesprungen werden. Dadurch können die Navigationstasten nachgebildet werden. Dies ist zum Beispiel dann sinnvoll, wenn Sehbehinderte oder Anfänger, die es noch nicht gewohnt sind, mit der Maus kleine Flächen anzuklicken, mit der Datenbankanwendung arbeiten sollen.

Auch können auf diese Weise Formulare übersichtlicher gestaltet werden. In dem Formular, das die einzelnen Datensätze anzeigen soll, werden die Navigationstasten ausgeblendet. Dafür wird ein zweites Formular angezeigt, das große Befehlsschaltflächen mit aussagekräftigen Bildern besitzt. Diese Gedanken sollen gleich an einem Beispiel demonstriert werden. Für das Formular zur Anzeige der Datensätze greifen Sie auf das Formular „BeimKlicken_Mitarbeiter" zurück, das Sie bereits bei der Erklärung des Ereignisses „BeimKlicken" im Kapitel 7.2.2 erstellt haben. In diesem Formular setzen Sie die Eigenschaften „Navigationsschaltflächen" auf „Nein", um diese Schaltflächen auszublenden, und „Zugelassene Ansicht(en)" auf Formular und speichern es unter dem Namen „GeheZuDatensatz_Mitarbeiter".

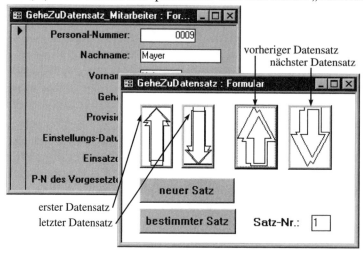

Bild 9.7: Formulare zum Testen der Aktion „GeheZuDatensatz"

Anschließend erstellen Sie ein zweites Formular namens „GeheZuDatensatz", das ein Textfeld und sechs Befehlsschaltflächen enthält, mit denen man sich durch die Datensätze des anderen Formulars bewegen können soll. Um dies zu realisieren, wird der Eigenschaft „BeimKlicken" aller Schaltflächen ein Makro der Makrogruppe „GeheZuDatensatz" übergeben. In dieser Makrogruppe existieren drei weitere Makros, von denen zwei den Formular-Eigenschaften „BeimÖffnen" und „BeimSchließen" zugewiesen werden, damit automatisch das Formular zur Anzeige der Datensätze mit geöffnet beziehungsweise beendet wird. Das letzte Makro dient zur Überprüfung der in das Textfeld eingetragenen Satznummer.

Bei den beiden Befehlsschaltflächen zum Weiter- beziehungsweise Zurückschalten um einen Satz wird die Eigenschaft „MakroWiederholen" auf den Wert „Ja" gesetzt, damit bei gedrückter Maustaste durch die Sätze geblättert werden kann, bis die Maustaste wieder losgelassen wird. Wenn nach unten geblättert wird, wird in einer Bedingung überprüft, ob die Personal-Nummer des Satzes, auf den positioniert werden soll, den Wert „0" besitzt.

> Formulare![GeheZuDatensatz_Mitarbeiter]!
> [Personal-Nummer] <> 0

Falls dies der Fall ist, wurde das Ende der Sätze erreicht, und es findet kein Weiterschalten statt. Das Feld „Personal-Nummer" in der Tabelle „Mitarbeiter-Daten" wurde als Primärschlüssel definiert und lautet nur bei einem leeren Satz „0".

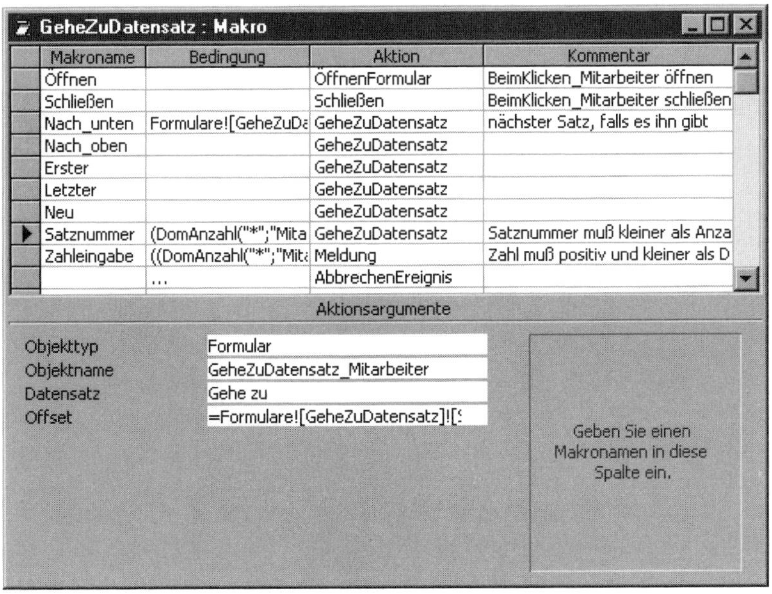

Bild 9.8: Makrogruppe mit mehreren Aktionen „GeheZuDatensatz"

Die Aktion „GeheZuDatensatz" besitzt bei allen Aufrufen in diesem Beispiel die gleichen ersten zwei Parameter, um das Formular „GeheZuDatensatz_Mitarbeiter" zu kennzeichnen. Im Argument „Datensatz" werden die verschiedenen Möglichkeiten dieser Aktion verwendet. In dem Makro „Satznummer", bei dem dieses Argument „GeheZu" lautet, bekommt das anschließende Argument „Offset" die Satznummer des Satzes zugewiesen, zu dem gesprungen werden soll. Diese Nummer muss der Anwender zuvor in das Textfeld eingetragen haben. Falls er dabei eine negative Zahl beziehungsweise eine Null oder eine Zahl, die größer ist als die Anzahl der vorhandenen Datensätze, eingetragen hat, wird er auf seinen Fehler beim Verlassen des Textfeldes aufmerksam gemacht. Der Fokus bleibt durch den Aufruf der Aktion „AbbrechenEreignis" auf dem Eingabefeld stehen und wartet auf eine korrekte Zahl.

Die Eingabe, die in dem Feld „Formulare![GeheZuDatensatz]![Satz-Nr]" steht, wird durch folgende Bedingung geprüft:

```
((DomAnzahl("*";"Mitarbeiter-Daten"))
<(ZLong(Formulare![GeheZuDatensatz]![Satz-Nr])))
Oder (Formulare![GeheZuDatensatz]![Satz-Nr]<=0)
```

Dieses Makro „Zahleingabe" wird in die Eigenschaft „BeimVerlassen" des Textfeldes geschrieben. Wenn eine gültige Satznummer im Textfeld steht und der Anwender die Schaltfläche „bestimmter Satz" drückt, wird zu dem Satz mit dieser Nummer verzweigt.

9.2.1.2   Aktion „GeheZuSteuerelement"

Die Aktion „GeheZuSteuerelement" („GotoControl") wird häufig eingesetzt, um dynamisch die Reihenfolge der Felder innerhalb eines Formulars zu ändern. Sie kann auch für eine schnelle Dateneingabe verwendet werden, indem immer nach dem Öffnen eines Formulars automatisch ein bestimmtes Steuerelement den Fokus zugeteilt bekommt.

Dieses zweite Einsatzgebiet der Aktion „GeheZuSteuerelement" wird an einem Beispiel ausprobiert. Zu diesem Zweck erstellen Sie das Makro „BeimKlicken_Mitarbeiter_öffnen", das bei seiner Ausführung als erste Aktion das altbekannte Formular „BeimKlicken_Mitarbeiter" öffnet. Mit der nächsten Aktion „GeheZuSteuerelement" wird sofort der Fokus an das Steuerelement „Nachname" übergeben, um dem Benutzer gleich die Eingabe in dieses Feld zu ermöglichen. Dabei wird automatisch der gesamte Inhalt des Feldes markiert, sodass nicht erst die alten Daten gelöscht werden müssen, sondern direkt mit der Neueintragung begonnen werden kann.

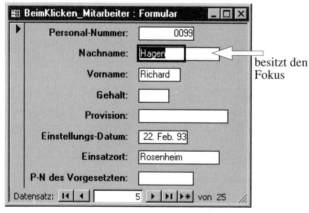

Bild 9.9: Beispiel zu der Aktion „GeheZuSteuerelement"

Die Aktion „GeheZuSteuerelement" benötigt als Argument nur den Steuerelementnamen, der in diesem Fall „Nachname" lautet. Da das Formular direkt vor dieser Aktion die Aktion „ÖffnenFormular" aufruft, ist das Formular „BeimKlicken_Mitarbeiter" bereits das aktuelle Datenbankobjekt. In anderen Fällen kann es notwendig sein, vor der Aktion „GeheZuSteuerelement" die Aktion „AuswählenObjekt" zu aktivieren.

Bild 9.10: Argument der Aktion „GeheZuSteuerelement" besetzen

Den Fokus auf ein Feld im Unterformular setzen

Mithilfe der Aktion „GeheZuSteuerelement" kann auch auf ein Feld in einem Unterformular positioniert werden. Da ein Unterformular ein Steuerelement in einem Hauptformular darstellt, muss zuerst die Aktion ausgeführt werden, um den Fokus auf das Unterformular zu setzen. Anschließend erfolgt ein zweiter Aufruf dieser Aktion, um zu dem gewünschten Steuerelement innerhalb des Unterformulars zu gehen. Das Formular „GeheZuSt_Hauptformular" basiert auf der Tabelle „Verkaufte Waren" und enthält unter anderem ein Unterformular, dessen Grundlage die Tabelle „Ausgelieferte Waren" ist. Die beiden Tabellen stehen in einer 1:n-Beziehung zueinander. Zu einer Auftrags-Nummer, die im Hauptformular angezeigt wird, kann es keinen, einen oder mehrere Datensätze in der Tabelle „Ausgelieferte Waren" geben, die somit im Unterformular erscheinen.

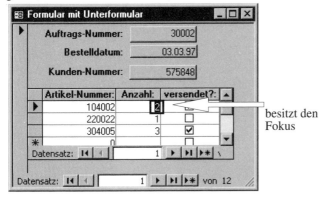

besitzt den Fokus

Bild 9.11: Beispiel zu der Aktion „GeheZuSteuerelement" im Unterformular

Angenommen, ein Mitarbeiter dieser Firma hat einige Blatt Papier, auf denen die neue Anzahl der einzelnen Artikel steht, die er nun in das Formular einzugeben hat. Deswegen soll beim Öffnen des Hauptformulars sofort der Fokus auf das Textfeld „Anzahl" in dem Unterformular gestellt werden.

Wenn das Makro „GeheZuSt" zum Beispiel aus dem Makrofenster heraus ausgeführt wird, öffnet es zuerst das Formular „GeheZuSt_Hauptformular". Anschließend wird mit der Aktion „GeheZuSteuerelement" der Fokus auf das Unterformular „GeheZuSt_Unterformular" positioniert, um dann zum Feld „Anzahl" gehen zu können.

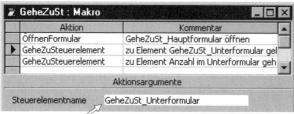

Name des Unterformulars

Bild 9.12: Argument der Aktion „GeheZuSteuerelement" besetzen

9.2.1.3   Aktion „GeheZuSeite"

Formulare, die sehr viele Felder umfassen, sind häufig über das Steuerelement „Seitenum-bruch" in mehrere Seiten aufgeteilt. Jede Seite enthält dann zusammengehörige Daten. Um zum Beispiel nur die persönlichen Daten der Mitarbeiter zu aktualisieren, reicht es für jeden Datensatz aus, immer nur zur zweiten Seite des Formulars zu gehen. Auf den übrigen Seiten können zum Beispiel die bis jetzt an den Kunden verkauften Artikel aufgereiht sein.

Damit beim Öffnen des Formulars oder beim Wechseln zum nächsten Datensatz immer sofort die zweite Seite angesprungen wird, kann die Aktion „GeheZuSeite" („GotoPage") verwen-det werden. Sie setzt den Fokus auf das erste Feld der angegebenen Seite innerhalb des aktu-ellen Formulars. Die Seite wird über ihre Nummer im Argument „Seitennummer" spezifi-ziert. Zusätzlich können Sie noch einen horizontalen und einen vertikalen Abstand nennen, um den die anzuzeigende Seite verschoben wird. Die Argumente „Rechts" und „Unten" sind dann interessant, wenn die Seite größer als das Access-Fenster ist. Die Angabe erfolgt in Zentimetern oder in Zoll, je nachdem, welche Maßeinheit im Abschnitt „Ländereinstellun-gen" in der Windows-Systemsteuerung eingestellt ist.

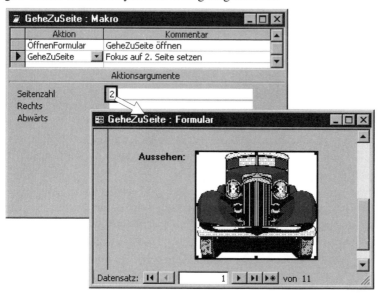

Bild 9.13: Beispiel zur Aktion „GeheZuSeite"

Wenn Sie zum Beispiel in einem Formular, das auf der Tabelle „Genauere Beschreibung der Waren" basiert, nur die OLE-Bilder ansehen wollen, um sie zu aktualisieren, könnten Sie zum Beispiel mit der Aktion „GeheZuSeite" arbeiten. Ich habe dafür ein zweiseitiges Formular namens „GeheZuSeite" erstellt, das auf der ersten Seite alle geschriebenen Daten und auf der zweiten Seite nur das Bild der Ware anzeigt. Nehmen Sie dazu das Werkzeug „Seitenumbruch" in der Toolbox und klicken Sie mit der Maus auf die Stelle innerhalb des Formulars, an der eine neue Seite beginnen soll.

Bei der Ausführung des Makros, das genauso heißt wie das Formular, wird zuerst dieses Formular geöffnet, um anschließend mithilfe der Aktion „GeheZuSeite", deren Argument „Seitennummer" auf den Wert „2" gesetzt wurde, auf die zweite Seite zu positionieren.

9.2.2 Daten aktualisieren

Die Aktion „AktualisierenDaten" („Requery") erneuert die Daten in dem genannten Steuerelement des aktuellen Datenbankobjekts. Access realisiert diese Aktion, indem es die Datensätze aktualisiert, auf denen das Objekt und somit das Steuerelement basiert. Dazu führt Access die Abfrage erneut aus, wenn das Steuerelement oder das Objekt eine Abfrage als Grundlage hat. Falls eine Tabelle die Basis darstellt, gibt Access alle neuen und geänderten Datensätze aus und zeigt keine gelöschten an. Dadurch wird sichergestellt, dass die neuesten Daten angezeigt werden.

Im Argument „Steuerelementname" der Aktion „AktualisierenDaten" wird nur der Name des Steuerelements ohne die vollständige Formular-Schreibweise übergeben, da sich das Steuerelement immer im aktuellen Objekt befinden muss. Falls das übergebene Steuerelement kein gebundenes, sondern ein berechnetes Element darstellt, wird die Berechnung des Elements erneut durchgeführt.

Um die gesamten Daten der zugrunde liegenden Tabelle oder Abfrage neu zu holen, lassen Sie das Argument „Steuerelementname" frei. Das Argument muss auch unbesetzt bleiben, falls es sich bei dem aktuellen Objekt um ein Datenblatt oder ein Dynaset handelt. Wenn Sie dem Argument „Steuerelementname" keinen Wert übergeben, besitzt die Aktion „AktualisierenDaten" die gleiche Auswirkung wie das Drücken der Tastenkombination <Umschalt>+<F9> für das aktuelle Datenbankobjekt. Falls zu diesem Zeitpunkt ein Unterformular den Fokus besitzt, werden nur die Daten der Tabelle beziehungsweise die Abfrage aktualisiert, auf der das Unterformular basiert. Die Daten des Hauptformulars bleiben unverändert.

Im Gegensatz zu dieser Aktion aktualisiert die Aktion „AktualisierenObjekt" („RepaintObject") die Felder des spezifizierten Objekts, aber nicht die Datensätze.

9.2.3 Den aktuellen Datensatz drucken

Wenn Sie in der Formular- oder Datenblattansicht eines Formulars nur den aktuellen Datensatz ausdrucken möchten, wählen Sie üblicherweise zuerst im Menü BEARBEITEN den Menüpunkt DATENSATZ MARKIEREN oder klicken den Datensatzmarkierer an. Anschließend lösen Sie im Menü DATEI den Menüpunkt DRUCKEN aus. Daraufhin wird das Dialogfeld „Drucken" angezeigt, in dem Sie das Optionsfeld „Markierte Datensätze" aktivieren. Durch die Bestätigung mit „OK" wird der Datensatz gedruckt. Mit einem Makro oder VBA-Code können Sie diese genannten Schritte auf einen einzigen reduzieren.

Sie erstellen dazu ein neues Makro, das zum Beispiel den Namen „Aktuellen_Datensatz_drucken" trägt. Dieses Makro enthält die beiden Aktionen „AusführenBefehl" und „Drucken". Die Aktion „AusführenBefehl" bildet in diesem Beispiel den Menüpunkt DATENSATZ MARKIEREN nach. Sie stellen deswegen für das Argument „Befehl" den Eintrag „DatensatzMarkieren" ein.

In der Aktion „Drucken" setzen Sie das Argument „Druckbereich" auf „Markierung", alle anderen Argumente werden mit ihren Voreinstellungen übernommen.

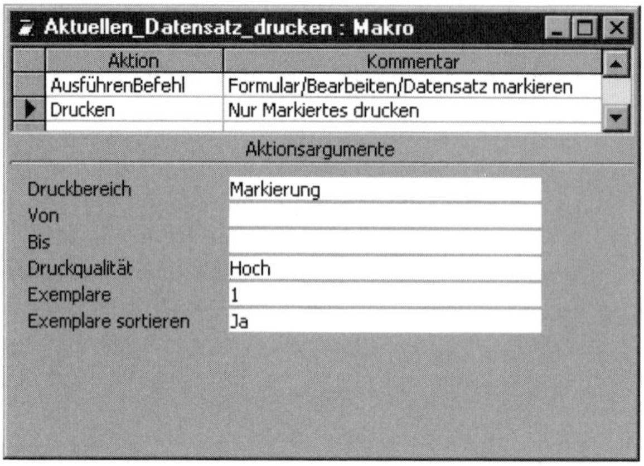

Bild 9.14: Das Makro druckt den aktuellen Datensatz aus

Das neu erstellte Makro binden Sie in das Formular ein, das die Möglichkeit besitzen soll, aktuelle Sätze auf den Drucker auszugeben. Dazu selektieren Sie den Makronamen in dem Datenbankfenster und ziehen ihn in den Detailbereich des Formulars, das sich dazu in der Entwurfsansicht befinden muss. Access fügt daraufhin eine Befehlsschaltfläche ein, deren Beschriftung dem Namen des Makros entspricht.

Nachträglich können Sie noch die Unterstriche aus der Bezeichnung entfernen und zwei Zeilenumbrüche einfügen. Durch diese Drag&Drop-Operation wird der Makroname auch in die Eigenschaft „BeimKlicken" eingetragen. Wenn Sie anschließend in die Formularansicht wechseln, können Sie somit den jeweils aktuellen Datensatz im Formular in einem einzigen Schritt durch einen Mausklick auf die Schaltfläche ausdrucken.

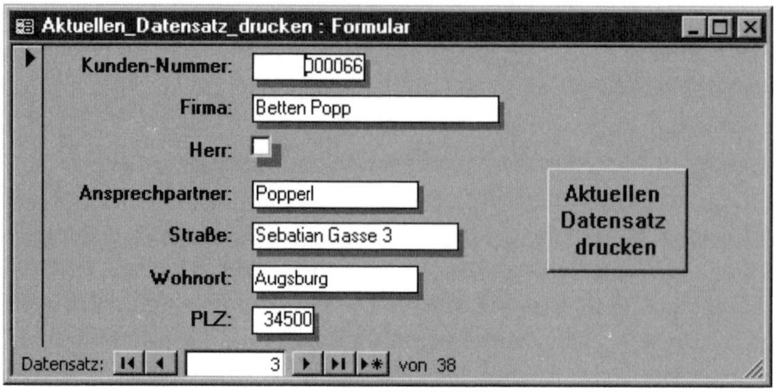

Bild 9.15: Aktuellen Datensatz drucken

9.2.4 Daten abhängig von ihrem Inhalt formatieren

Mithilfe der bedingten Formatierung ist es möglich, dass die optische Gestaltung vom Inhalt des Feldes abhängt. Dadurch kann dem Anwender besser mitgeteilt werden, wann sich der angezeigte Wert in einem kritischen Bereich befindet. Wenn der Preis der Ware mehr als 5000 DM beträgt, soll zum Beispiel der Text fett und in roter Farbe erscheinen.

Die Einstellungen im Dialogfeld „Bedingte Formatierung" können auch programmtechnisch durchgeführt werden. Dazu gibt es das Objekt „FormatCondition". Über die „Add"-Methode der Kollektion „FormatConditions", die sich auf ein Textfeld oder ein Kombinationsfeld bezieht, wird eine neue Bedingung hinzugefügt.

> object.Add type [, operator][, expression1][, expression2]

Als ersten Parameter übergeben Sie den Typ, der gleichbedeutend mit dem ersten Kombinationsfeld im Dialogfeld ist und folgende Konstanten enthalten kann:

Tabelle 9.7: Mögliche Einstellungen für das Argument „type" der „Add"-Methodes

Konstante	Eintrag im Kombinationsfeld
acExpression	Ausdruck ist
acFieldHasFocus	Feld hat Fokus
acFieldValue	Feldwert ist

Im zweiten Argument wird die Art des Vergleichs genannt, falls als Typ „acFieldValue" gewählt wurde. Es existieren Konstanten für jede Einstellungsmöglichkeit im zweiten Kombinationsfeld. Wenn Sie nichts angeben, wird die Konstante „acBetween" als Voreinstellung verwendet.

Im Dialogfeld „Bedingte Formatierung" können Sie maximal drei Bedingungen einem Text- oder Kombinationsfeld hinzufügen. Dasselbe gilt auch für die Programmierung. Beim Versuch, mehr als drei Bedingungen für ein Feld zu definieren, entsteht ein Laufzeitfehler.

Um eine bedingte Formatierung wieder zu entfernen, setzen Sie die Methode „Delete" des „FormatCondition"-Objektes ein. Wenn Sie auf einen Schlag alle Bedingungen für ein Text- oder Kombinationsfeld löschen wollen, werden Sie hingegen die „Delete"-Methode der „FormatConditions"-Kollektion verwenden. Die Änderung eines bestehenden Formats erfolgt über die Methode „Modify". Sie besitzt dieselben Parameter wie die „Add"-Methode.

Die sechs Schaltflächen pro Bedingung im Dialogfeld „Bedingte Formatierung", die aussagen, wie das Feld aussehen soll, sind über sechs Eigenschaften des „FormatCondition"-Objekts realisiert.

Tabelle 9.8: Eigenschaften für das Format

Eigenschaft	entsprechende Schaltfläche
Enabled	Aktiviert
BackColor	Füll-/Hintergrundfarbe

Eigenschaft	entsprechende Schaltfläche
ForeColor	Schrift-/Vordergrundfarbe
FontBold	Fett
FontItalic	Kursiv
FontUnderline	Unterstrichen

Das folgende Beispiel zeigt das Formular „Bedingte Formatierung", das auf der Tabelle „Handelswaren" basiert. Neben den Textfeldern zum Anzeigen der Daten besitzt es zwei Schaltflächen, mit denen eine Bedingung hinzugefügt und wieder gelöscht werden kann.

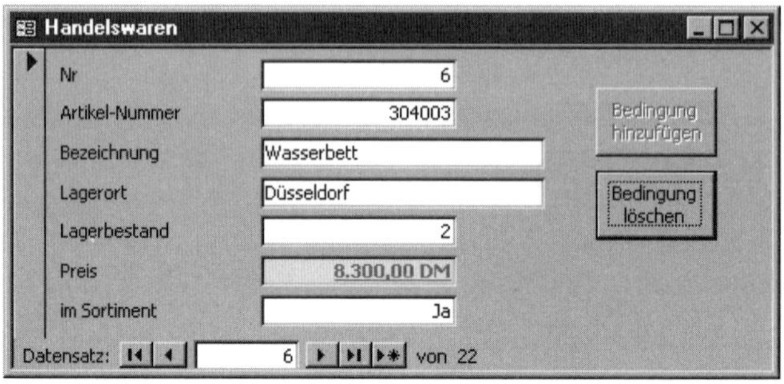

Bild 9.16: Bedingte Formatierung mit Schaltflächen setzen und löschen

```
'***************** BASICPRG.MDB *****************
'********* Formularmodul: Bedingte Formatierung ********
Private Sub Form_Load()
  Me!Löschen.Enabled = False
End Sub

Private Sub Hinzufügen_Click()
  With Me!Preis.FormatConditions.Add(acFieldValue, acGreaterThanOrEqual, "5000")
    .BackColor = RGB(0, 255, 0)
    .FontBold = True
    .FontUnderline = True
    .ForeColor = RGB(255, 0, 0)
  End With
  Me!Löschen.Enabled = True
  Me!Löschen.SetFocus
  Me!Hinzufügen.Enabled = False
End Sub

Private Sub Löschen_Click()
  Me!Preis.FormatConditions(0).Delete
  Me!Hinzufügen.Enabled = True
  Me!Hinzufügen.SetFocus
  Me!Löschen.Enabled = False
End Sub
```

Wenn der Anwender die Schaltfläche „Bedingung hinzufügen" drückt, wird mit der Methode „Add" der Auflistung „FormatConditions", die eine Kollektion des Steuerelements „Preis" ist, eine neue Bedingung definiert. Sobald der Feldwert größer oder gleich 5000 ist, wird der Preis in roter Farbe auf grünem Hintergrund ausgegeben. Außerdem erscheint er in Fettschrift und unterstrichen. Anschließend muss noch diese Schaltfläche deaktiviert werden, damit nicht noch einmal dieselbe Bedingung hinzugefügt wird. Dagegen wird die Schaltfläche „Bedingung löschen" anwählbar gemacht, um die gesetzte Bedingung wieder entfernen zu können.

Beim Löschen kommt die Methode „Delete" des „FormatCondition"-Objektes zum Einsatz. Da es nur eine Bedingung gibt, kann diese über „FormatCondition(0)" angesprochen werden. Danach muss die Eigenschaft „Enabled" der beiden Schaltflächen wieder geändert werden.

9.2.5 Datensätze filtern

Bei der Arbeit mit Formularen, die auf großen Tabellen basieren, kommt es häufig vor, dass nur Datensätze angezeigt werden sollen, die einem bestimmten Kriterium entsprechen. Auch dieses Filtern von Datensätzen können Sie mithilfe von Makros automatisch ablaufen lassen. Filter sind im Prinzip Abfragen, die die Auswahlkriterien für die gesuchten Datensätze enthalten. Für die Definition und das Ausführen eines Filters stehen Menüpunkte im Menü DATENSATZ und entsprechende Symbole in der Symbolleiste zur Verfügung sowie die Möglichkeit, die Filter mit dem Kontextmenü der rechten Maustaste auszurufen.

Um automatisch Datensätze zu filtern, können Sie zum Beispiel in Ihr Formular Befehlsschaltflächen einfügen, deren Eigenschaften „BeimKlicken" jeweils mit einem Makro, einer VBA-Funktion oder einer Ereignisprozedur verknüpft werden. Wenn der Anwender eine Schaltfläche drückt, wird daraufhin der gewünschte Filter angewendet.

Wenn Sie ein Makro zum Filtern von Datensätzen schreiben wollen, muss es die Aktion „AnwendenFilter" („ApplyFilter") enthalten. Für die Bezeichnung des Filters stehen Ihnen die beiden Argumente „Filtername" und „Bedingung" zur Verfügung. Bei der Verwendung eines Filters, der bereits als Abfrage gespeichert ist, brauchen Sie nur das Argument „Filtername" auf den Namen der Abfrage zu setzen. Falls Sie das Argument „Bedingung" benutzen, müssen Sie im Makro eine Bedingung formulieren, die Ihrem Auswahlwunsch gerecht wird. Wenn zum Beispiel aus einem Formular, dessen Grundlage die Tabelle „Kunden-Daten" bildet, alle Kunden herausgefiltert werden sollen, die in München wohnen, dann könnte der Ausdruck für das Argument „Bedingung" folgendermaßen formuliert werden:

```
[Wohnort]="München"
oder
[PLZ]>80000 Und [PLZ]<90000
```

Wenn Sie den Punkt über das Öffnen und Schließen von Datenbankobjekten in diesem Kapitel bereits gelesen haben, dann ist Ihnen wahrscheinlich der letzte Abschnitt irgendwie bekannt vorgekommen. Die beiden Argumente „Filtername" und „Bedingung" sind die gleichen Argumente, die auch bei der Aktion „ÖffnenFormular" auftreten. Wenn Sie genauer wissen wollen, welche Möglichkeiten bei der Besetzung dieser Argumente bestehen, lesen Sie bitte im Kapitel 9.1.1 nach.

Stellen Sie sich vor, Sie besitzen einen gutgehenden Möbelgroßhandel. Alle Firmen, mit denen Sie in Kontakt stehen, sind in der Tabelle „Kunden-Daten" gespeichert. Um in dieser großen Tabelle Firmen zu finden, die alle mit einem bestimmten Buchstaben beginnen, können Sie sich ein Formular erstellen, das zum Beispiel „A-Z_Filter" heißt und die Datensätze alphabetisch filtert. Jeder Buchstabe des Alphabets wird dazu durch eine eigene Befehlsschaltfläche dargestellt.

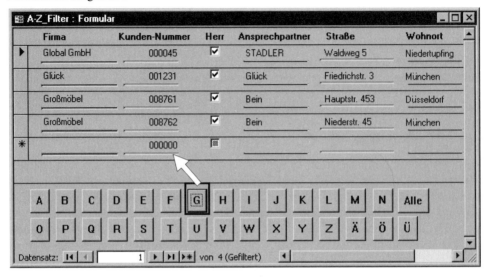

Bild 9.17: Jede Befehlsschaltfläche löst einen Filter aus

Die Makrogruppe mit dem Namen „A-Z_Filter" enthält ein Makro für jeden Buchstaben des Alphabets und zusätzlich ein Makro für die Anzeige aller Datensätze. Jedes Makro für einen Buchstaben führt die Aktion „AnwendenFilter" aus, die die Datensätze auf jene Firmen beschränkt, deren Namen mit dem jeweiligen Buchstaben beginnt. Dem Argument „Bedingung" der Aktion „AnwendenFilter" wird dazu das Filterkriterium übergeben. In dem Makro „A-Z_Filter.I" beinhaltet somit das Argument „Bedingung" folgenden Wert:

>   [Firma] Wie "I*"

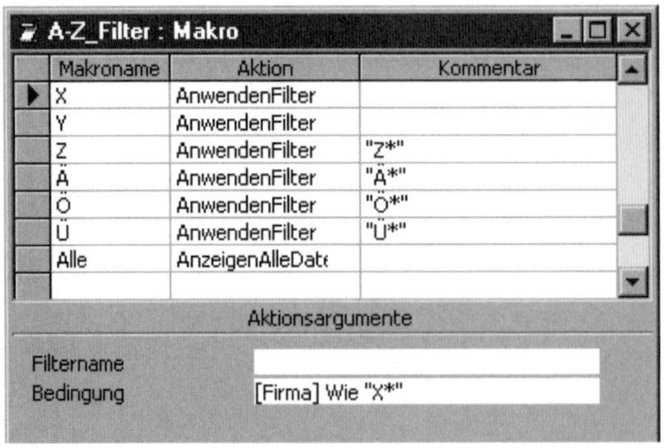

Bild 9.18: Die Makrogruppe „A-Z_Filter" enthält für jeden Buchstaben ein Makro

Das letzte Makro der Makrogruppe „A-Z_Filter" trägt den Namen „Alle". Es verwendet die Aktion „AnzeigenAlleDatensätze" („ShowAllRecords"), die den aktuellen Filter entfernt und wieder alle Datensätze der Tabelle „Kunden-Daten" in dem Formular ausgibt. Die Aktion „AnzeigenAlleDatensätze", die keine Argumente besitzt, bewirkt somit dasselbe wie der Menüpunkt FILTER/SORTIERUNG ENTFERNEN im DATENSÄTZE-Menü.

Nachdem Sie die Makrogruppe erstellt haben, erzeugen Sie am besten mithilfe des Formular-Assistenten ein tabellarisches Formular. In den Formularfuß dieses Formulars fügen Sie für jedes Makro eine Befehlsschaltfläche ein, die Sie sinnvollerweise mit den entsprechenden Buchstaben beschriften. Die Eigenschaft „BeimKlicken" jeder Schaltfläche setzen Sie auf den jeweiligen Makronamen. Nun können Sie durch das Drücken einer Befehlsschaltfläche direkt zu den Datensätzen der Kunden gehen, deren Name mit dem ausgewählten Buchstaben beginnt.

9.2.6 Datensätze suchen

Das Heraussuchen eines bestimmten Datensatzes gehört zu den häufigsten Aufgaben einer Datenbank. Wenn Sie traditionell vorgehen, verwenden Sie für derartige Suchvorgänge den Menüpunkt SUCHEN aus dem Menü BEARBEITEN. Sie können diese Arbeit jedoch vereinfachen, indem Sie den Suchvorgang mit einem Makro automatisieren.

Wenn Sie einen Datensatz mithilfe eines Makros suchen wollen, benötigen Sie die Aktion „SuchenDatensatz" („FindRecord"). Sie sucht ab dem Datensatz, der dem aktuellen folgt, den ersten Satz, der den angegebenen Suchkriterien entspricht. Es kann in Datenblättern von Tabellen und Formularen in der Formular- und der Tabellenansicht und in dem Dynaset einer Abfrage gesucht werden. Die Voraussetzung dabei ist, dass das verwendete Datenbankobjekt das aktive Objekt ist. Die Aktion „SuchenDatensatz" besitzt ein Argument für jede Option des Dialogfeldes „Suchen".

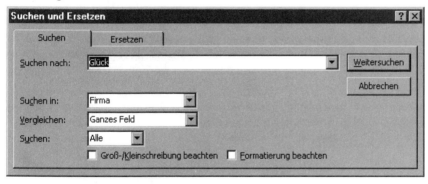

Bild 9.19: Das Dialogfeld „Suchen"

Die Argumente der Aktion „SuchenDatensatz"

Das erste Argument der Aktion „SuchenDatensatz", das „Suchen nach" lautet, müssen Sie auf den zu suchenden Wert setzen. Dies kann entweder ein Text, eine Zahl, ein Datum oder ein Ausdruck sein, der mit Gleichheitszeichen eingeleitet werden muss. Dabei können Sie auch die Platzhalter wie das Fragezeichen (?) und das Zeichen # verwenden. Dieses Argument muss zwingend besetzt werden.

Im zweiten Argument „Vergleichen" legen Sie die Position der Daten im Feld fest. Es existieren die drei Möglichkeiten „Teil des Feldinhalts", „Anfang des Feldinhalts" und „Gesamter Feldinhalt". Falls Sie die zuletzt genannte Option gesetzt lassen, da es die Standardeinstellung ist, sucht Access nach Werten, die dem eingegebenen Wert vollständig entsprechen. Wenn Sie jedoch möchten, dass jeder Feldinhalt gefunden wird, der unter anderem aus dem Suchwert besteht, müssen Sie den Eintrag „Teil des Feldinhalts" wählen. Bei der Option „Anfang des Feldinhalts" legen Sie fest, dass der Feldinhalt mit den eingetragenen Zeichen beginnen muss.

Über das Argument „Groß-/Kleinschreibung" bestimmen Sie, ob bei der Suche die „Groß-/Kleinschreibung" beachtet werden soll. Die Richtung der Suche wird durch das Argument „Suchen" definiert. Sie können zwischen „Alle", „Oben" und „Unten" wählen. Ab welcher Position die Suche gestartet wird, hängt vom Argument „Am Anfang beginnen" ab.

Durch das Argument „Wie formatiert" legen Sie fest, ob der Inhalt der Feld-Eigenschaft „Format" beim Suchen berücksichtigt werden soll. Wenn Sie mit der Standardeinstellung „Nein" arbeiten, sucht Access in der Form nach Daten, wie sie in der Datenbank abgelegt sind. Diese Form muss nicht unbedingt mit der Anzeige der Daten im Formular beziehungsweise im Datenblatt übereinstimmen. Wenn zum Beispiel ein Feld vom Datentyp „Datum/Zeit" das Format „Datum,lang" besitzt, wird sein Inhalt zwar in folgender Form angezeigt, aber nicht in dieser Form gespeichert.

Donnerstag, 12. Dezember 1997

Durch die Angabe des Werts „Nein" für das Argument „Wie formatiert" und der Festlegung des Suchbegriffs auf „12.12.97" werden alle Datumsangaben gefunden, die dem 12. Dezember 1997 entsprechen, unabhängig davon, wie dieses Datenfeld formatiert ist. Durch die Angabe des Werts „Ja" kann die Suche auf Daten eines bestimmten Formats beschränkt werden.

Dieses Argument wird nur dann beachtet, wenn es sich bei dem Feld, in dem gesucht wird, um ein gebundenes Feld handelt. Zudem müssen das Argument „Vergleichen" die Option „Gesamter Feldinhalt", das Argument „Nur aktuelles Feld" die Option „Ja" und das Argument „Groß-/Kleinschreibung" die Option „Nein" enthalten.

Mit dem Argument „Nur aktuelles Feld" bestimmen Sie, ob nur in dem aktuellen Feld oder in allen Feldern nach dem Begriff gesucht wird. Durch die Option „Ja" wird die Suche schneller. Wenn Sie möchten, dass die Suche vom ersten, und nicht vom aktuellen Datensatz aus gestartet wird, wählen Sie die Einstellung „Ja" beim Argument „Am Anfang beginnen".

Nachdem ein Code ausgeführt wurde, der die Aktion „SuchenDatensatz" enthält, und Sie sich anschließend das „Suchen"-Dialogfeld über den entsprechenden Menüpunkt haben anzeigen lassen, werden Sie die über die Argumente der Aktion gesetzten Einstellungen in diesem Dialogfeld wiederfinden.

Die Inhalte der Argumente merkt sich Access während einer Datenbanksitzung, sodass Sie nicht bei jedem erneuten Aufruf der Aktion „SuchenDatensatz" alle Optionen eingeben müssen. Bleibt ein Argument unbesetzt, wird der letzte Eintrag verwendet, der entweder durch die Aktion oder über das „Suchen"-Dialogfeld eingestellt wurde.

Aktion „SuchenWeiter"

Neben der Aktion „SuchenDatensatz" steht noch die Aktion „SuchenWeiter" („FindNext")
zur Verfügung, mit der Sie den nächsten Datensatz mit dem gewünschten Wert suchen können, der über die Aktion „SuchenDatensatz" festgelegt oder in das „Suchen"-Dialogfeld eingetragen wurde. Die Aktion „SuchenWeiter" besitzt kein Argument, sie sucht immer nach
dem nächsten Datensatz, auf den die Suchkriterien zutreffen.

Beispiel für ein einfaches „Suchen"-Dialogfeld

Das „Suchen"-Dialogfeld ist für viele Gelegenheiten schon fast zu umfangreich. Gerade An-
fängern, die zum Beispiel immer nur nach Wohnorten suchen wollen, fällt es schwer zu entscheiden, welche Eingaben wichtig sind. Deswegen wollen wir ein kleines Popup-Formular
erstellen, in dem nur der Wohnort einzutragen ist, nach dem auch mehrmals gesucht werden
kann. Die Suche findet in dem Formular des letzten Beispiels statt.

Wenn Sie das Popup-Formular mit dem Namen „SucheOrt" öffnen, wird automatisch das
Formular „SuchenSatz" mit angezeigt, in dem das Kombinationsfeld im Formularfuß erst im
nächsten Beispiel zum Einsatz kommt.

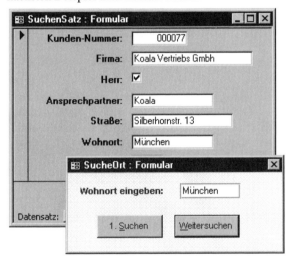

Bild 9.20: Beispiel zu den Aktionen „SuchenDatensatz" und „SuchenWeiter"

Klickt der Anwender sofort eine der beiden Schaltflächen an, ohne zuvor einen Ort eingegeben zu haben, erscheint eine Meldung, die den Anwender zur Eingabe auffordert. Nach Bestätigung dieser Meldung steht der Textcursor immer noch im Textfeld. Dies wird durch die
Ereignisprozedur „Exit" erreicht, die zur Eigenschaft „BeimVerlassen" des Textfeldes „Ort"
gehört.

Beim Drücken der Befehlsschaltfläche „1.Suchen" wird die Ereignisprozedur „Schaltflä-
che2_Click" aufgerufen. In dieser Prozedur muss zuerst das Formular „SuchenSatz" ausgewählt werden, damit der Fokus seinem Textfeld „Wohnort" übergeben werden kann. In diesem Feld wird mithilfe der Methode „FindRecord" nach dem im Popup-Formular eingegebe-

nen Ort gesucht. Dabei wird von Beginn an abwärts gesucht, wobei der Anfang des Feldinhalts mit der Eingabe übereinstimmen muss.

```
******************** MAKROPR.MDB ******************************
*************** Formularmodul SucheOrt ******************************
Private Sub Form_Open(Cancel As Integer)
 ' Formular SuchenSatz
 DoCmd.OpenForm "SuchenSatz", acNormal, "", "", acEdit, acNormal
End Sub

Private Sub Form_Unload(Cancel As Integer)
 ' Formular SuchenSatz
 DoCmd.Close acForm, "SuchenSatz"
End Sub

Private Sub Ort_Exit(Cancel As Integer)
 With CodeContextObject
  If (IsNull(.Ort)) Then
   ' es wurde kein Ort eingegeben
   Beep
   MsgBox "Geben Sie bitte einen Ort ein", vbCritical, "Fehler"
   DoCmd.CancelEvent
  End If
 End With
End Sub

Private Sub Schaltfläche2_Click()
 ' Formular SuchenSatz
 DoCmd.SelectObject acForm, "SuchenSatz", False
 ' Fokus auf Wohnort setzen
 DoCmd.GoToControl "[Wohnort]"
 ' suchen nach eingegebenen Ort
 DoCmd.FindRecord Forms!SucheOrt!Ort, acStart, False, acDown, False, acCurrent, True
End Sub

Private Sub Schaltfläche3_Click()
 ' Formular SuchenSatz
 DoCmd.SelectObject acForm, "SuchenSatz", False
 DoCmd.FindNext
End Sub
```

Alle weiteren Suchvorgänge werden über die zweite Schaltfläche ausgeführt, die daraufhin die Ereignisprozedur „Schaltfläche3_Click" aktiviert. Auch in diesem Fall muss zuerst das Formular „SuchenSatz" als aktuelles Objekt gesetzt werden, um anschließend mit der Aktion „FindNext" das nächste Auftreten des gesuchten Begriffs feststellen zu können. Falls kein Ort mehr gefunden wird, der dem Suchkriterium entspricht, bleibt das Formular „SuchenSatz" auf dem letzten gefundenen Datensatz stehen.

Ein Kombinationsfeld zum schnellen Suchen eines bestimmten Kunden

Angenommen, Sie benötigen ein Formular, das auf der Tabelle „Kunden-Daten" basiert, in dem Sie schnell einen bestimmten Kunden finden können. Zu diesem Zweck können Sie das eben erstellte Formular „SuchenSatz" verwenden, in dessen Formularfuß Sie ein Kombinationsfeld mit dem Steuerelement-Assistenten einfügen.

In diesem Kombinationsfeld sollen alle Firmennamen aufgelistet werden, damit der Anwender die gewünschte Firma wählen kann. Auf diese Auswahl hin soll der komplette Datensatz dieser Firma im Formular ausgegeben werden.

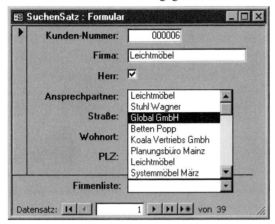

Bild 9.21: Firmenauswahl mithilfe des Kombinationsfeldes

Ein Kombinationsfeld mit einer solchen Aufgabe kann einfach mithilfe des Steuerelement-Assistenten erstellt werden. Wählen Sie dazu im ersten Dialogfeld die dritte Option „Einen Datensatz im Formular basierend auf dem im Kombinationsfeld gewählten Wert suchen" aus. Im nächsten Schritt brauchen Sie nur das Feld „Firma" zu übernehmen, da die Schlüsselspalte automatisch mitkommt, aber ausgeblendet wird.

Wenn Sie nun aus dem Kombinationsfeld „Firmenliste" einen Firmennamen auswählen, führt Access die Ereignisprozedur „AfterUpdate" aus. Der VBA-Code sucht den Datensatz mit der gewünschten Firma und zeigt ihn im Formular „SuchenSatz" an.

```
Private Sub Firmenliste_AfterUpdate()
    ' Den mit dem Steuerelement übereinstimmenden Datensatz suchen.
    Dim rs As Object

    Set rs = Me.Recordset.Clone
    rs.FindFirst "[Kunden-Nummer] = " & Str(Nz(Me![Firmenliste], 0))
    If Not rs.EOF Then Me.Bookmark = rs.Bookmark
End Sub
```

In diesem Code wird nicht mehr die Aktion „SuchenDatensatz", sondern die Methode „FindFirst" eines Recordsets verwendet, der über die Datensätze des Formulars erstellt wurde. Über eine Art Lesezeichen („Bookmark") kann nach dem erfolgreichen Finden zum richtigen Datensatz verzweigt werden. Mehr zu Recordsets finden Sie in den DAO- und ADO-Kapiteln.

9.2.7 Gültigkeit von Daten überprüfen

Die Gültigkeit von Daten, die in ein Steuerelement eingegeben werden, wird in vielen Fällen überprüft, indem für das Steuerelement die Eigenschaft „Gültigkeitsregel" gesetzt wird. Die Anwendung von Makros oder VBA-Funktionen bietet sich vor allem für komplexe Gültigkeitsprüfungen an. Eine derartige Situation liegt vor, wenn

- Sie möchten, dass vor dem Speichern eines Datensatzes ein bestimmtes Feld unbedingt einen Eintrag besitzen muss;
- die Gültigkeitsprüfung mehr als einen Wert im Formular umfasst. Dies ist zum Beispiel beim Abspeichern eines Datensatzes der Fall, der nur gesichert werden soll, wenn mindestens zwei von drei bestimmten Feldern ausgefüllt sind;
- Sie Ausnahmeregeln festlegen wollen. Es kann vorkommen, dass bestimmten Benutzern der Datenbank gestattet werden soll, die Gültigkeitsregeln zu übergehen;
- für unterschiedliche Fehleingaben in einem Feld verschiedene Fehlermeldungen angezeigt werden sollen. Bei Unterschreitung eines Toleranzbereichs soll zum Beispiel die Fehlermeldung „1" ausgegeben werden und bei Überschreitung des Toleranzbereichs die Fehlermeldung „2";
- die Gültigkeitsprüfung komplexe Berechnungen erfordert oder mehrere Bedingungen enthält;
- das Formular mehrere Gültigkeitsregeln enthält und Sie sie alle im gleichen Fenster bearbeiten möchten;
- eine Gültigkeitsregel auf mehrere Formulare angewendet werden soll. In diesem Fall müssen Sie diese Regel nur einmal in einem Makro oder in einer Funktion festlegen und können anschließend in jedem Formular auf diesen Makro- beziehungsweise Funktionsnamen Bezug nehmen.

Wenn ein Formularbenutzer unzulässige Daten eingibt, können Sie eine Meldung anzeigen, die auf den Fehler aufmerksam macht und ihn erklärt. Anschließend wird das Ereignis abgebrochen, das die Ausführung des Gültigkeitsmakros ausgelöst hat.

Angenommen, Sie wollen sicherstellen, dass in ein bestimmtes Feld in einem Datensatz unbedingt eine Eingabe erfolgt, bevor Access den Datensatz abspeichert. Wenn nun ein Anwender versucht, einen neuen oder einen modifizierten Datensatz zu verlassen, ohne dieses Feld ausgefüllt zu haben, wird ein Meldungsfenster mithilfe der Aktion „Meldung" beziehungsweise der VBA-Anweisung „MsgBox" angezeigt, die ihn darauf aufmerksam macht, dass dieses Feld unbedingt einen Eintrag erhalten muss. Das Ereignis, das normalerweise der Arbeit gefolgt wäre, in diesem Fall das Speichern des Datensatzes in einer Tabelle, wird abgebrochen. Um ein Ereignis abzubrechen, verwenden Sie die bereits weiter oben besprochene Aktion „AbbrechenEreignis" („Cancel").

Wenn Sie ein Makro zur Gültigkeitsprüfung von Daten verwenden wollen, müssen Sie den Makro- oder Funktionsnamen der entsprechenden Ereignis-Eigenschaft im Formular oder im Steuerelement zuweisen. Die Eigenschaften „BeimLöschen" und „VorAktualisierung" werden dabei am häufigsten benutzt.

Ereignis-Eigenschaft „BeimLöschen"

Wenn Sie ein Makro oder eine Funktion in die Formular-Eigenschaft „BeimLöschen" einbinden, wird es ausgeführt, bevor Access einen Datensatz aus der Tabelle löscht. Dies wird oft zur Integritätsprüfung verwendet, um vor dem Löschen eines Kunden aus der Datenbank zu überprüfen, ob der Kunde noch offene Bestellungen oder Zahlungsverpflichtungen hat.

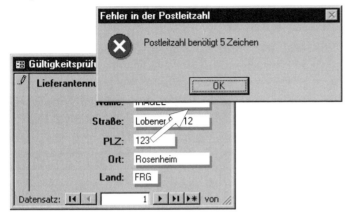

Bild 9.22: Ein Meldungsfenster weist auf Fehler in der Postleitzahl hin

Ereignis-Eigenschaft „VorAktualisierung"

Das Einbinden eines Makros oder einer Funktion in die Eigenschaft „VorAktualisierung" des Formulars bietet sich besonders dann an, wenn die Gültigkeitsprüfung mehr als ein Feld in einem Formular umfasst. Das zu dieser Eigenschaft gehörende Ereignis tritt nämlich immer beim Wechsel zu einem anderen Datensatz auf. Wenn Sie hingegen ein Makro oder eine Funktion der Eigenschaft „VorAktualisierung" eines Steuerelements zuweisen, wird der Code ausgeführt, wenn der Fokus ein Steuerelement verlässt, dessen Wert aktualisiert wurde.

Dieses Ereignis wird oft zur Gültigkeitsprüfung eines einzelnen Steuerelements verwendet. Mehr zu der Reihenfolge der Ereignisse können Sie im Kapitel 7.3 nachlesen.

Zwei Felder auf gültige Daten überprüfen

Wenn ein Formular, das auf der Tabelle „Lieferanten" basiert, zum Beispiel Firmen aus unterschiedlichen Ländern enthält und Sie eine Gültigkeitsregel zur Prüfung der richtigen Eingabe der Postleitzahl einführen wollen, reicht eine einzige Gültigkeitsregel zur Eingabeprüfung nicht aus. In diesem Fall bietet es sich an, ein Makro oder eine Funktion zu schreiben, das/die zuerst feststellt, welches Land im Textfeld „Land" eingegeben wurde, und anschließend prüft, ob der im Feld „PLZ" eingetragene Wert den Postleitzahlen-Merkmalen dieses Landes entspricht.

Entsprechend der unterschiedlichen Anzahl von Zeichen, aus denen sich die Postleitzahl der verschiedenen Länder zusammensetzt, müssen Ländergruppen gebildet und bedingte Ausdrücke der nachstehenden Form formuliert werden. Da diese Bedingungen in dem Formular geprüft werden, in dem sich die Steuerelemente „Land" und „PLZ" befinden, kann die kurze Schreibweise ohne Angabe des gesamten Formularnamens gewählt werden.

[Land] In ("AUS";"FRG";"SWI") Und Länge([PLZ])<>5

Der „In"-Operator vergleicht den Inhalt des Steuerelements „Land" des aktuellen Formulars mit der Liste der in Klammern stehenden Länder-Abkürzungen. Die Funktion „Länge" zählt die Anzahl der Zeichen im Steuerelement „PLZ". Wenn das Land in der Liste enthalten und die Anzahl der Zeichen der Postleitzahl ungleich „5" ist, muss eine Fehlermeldung ausgegeben werden, da diese Länder eine vierstellige Postleitzahl erwarten. Außerdem darf der veränderte Datensatz weder verlassen noch gespeichert werden.

Neben der Aktion „Meldung", die beim Eintritt der Bedingung aufgerufen wird, werden noch die Aktionen „SetzenWert", „GeheZuSteuerelement" und „AbbrechenEreignis" in dem Makro verwendet.

Damit das Meldungsfenster auch auditiv aufgenommen werden kann, wird der Signalton bei der Aktion „Meldung" eingeschaltet. Nachdem der Anwender die Meldung bestätigt hat, soll sich der Textcursor im Textfeld „PLZ" befinden, damit dort eine korrekte Zahl eingetragen werden kann. Dies erreichen Sie durch den Aufruf der Aktion „GeheZuSteuerelement" und der Angabe des Steuerelementnamens „PLZ". Die Postleitzahl, die vor der Änderung in dem Textfeld stand, wird wieder in dieses Feld eingesetzt. Dazu wird mithilfe der Aktion „SetzenWert" dem Inhalt des Textfeldes die Eigenschaft „AlterWert" übergeben.

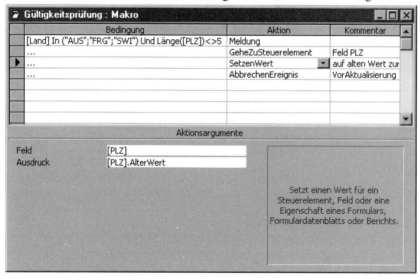

Bild 9.23: Makrogruppe „Gültigkeitsprüfung"

Ich habe mir in diesem Beispiel die Makros für die meisten Ländergruppen erspart, da der Ablauf identisch mit dem eben beschriebenen ist, nur die Bedingungen sehen etwas unterschiedlich aus.

Das fertige Makro ist in der Datenbank MAKROPR.MDB unter dem Namen „Gültigkeitsprüfung" gespeichert. Damit es zur richtigen Zeit aktiviert wird, wird es der Eigenschaft „VorAktualisierung" des Formulars „Gültigkeitsprüfung" zugewiesen. Sie müssen in diesem Fall die Eigenschaft des Formulars und nicht die des Steuerelements verwenden, da die Gültigkeitsprüfung zwei verschiedene Steuerelemente im Formular umfasst.

Wenn Sie jetzt das Formular „Gültigkeitsprüfung" verwenden, um einen neuen Lieferanten hinzuzufügen oder einen bestehenden zu ändern, führt Access das Makro nach der Eingabe, jedoch noch vor dem Speichern des neuen Datensatzes aus. Wenn beide Bedingungen gleichzeitig erfüllt sind, zeigt Access die entsprechende Meldung an und speichert den Datensatz nicht in der Tabelle „Lieferanten". Der Fokus bleibt auf dem Steuerelement „PLZ", sodass die ungültigen Daten korrigiert werden können. Falls es einen alten Wert gibt, wird dieser wieder angezeigt.

9.3   Formulare synchronisieren

Haupt-/Unterformulare sind bereits eine erste Form der Zusammenarbeit mehrerer Formulare. Ein Unterformular ist nämlich ein selbstständiges Formular, das in das Hauptformular eingefügt wird. In den meisten Fällen werden Unterformulare verwendet, um Datensätze anzuzeigen, die mit dem Datensatz im Hauptformular über eine 1:n-Beziehung verknüpft sind. Sobald Sie im Hauptformular zu einem anderen Satz wechseln, wird der Inhalt des Unterformulars automatisch aktualisiert, um wieder die verknüpften Datensätze auszugeben.

Diese Möglichkeit können Sie mithilfe von Makros oder VBA-Code noch weiter ausbauen. Sie können zum Beispiel verknüpfte Datensätze in zwei Formularen gleichzeitig anzeigen, wobei jedes Formular in seinem eigenen Fenster erscheint. Dadurch können Sie ein Formular unabhängig von den anderen Datenbankobjekten verschieben und in der Größe verändern. Das Anzeigen von verknüpften Daten ist nur eine Form der Zusammenarbeit von Formularen. Weit intensiver wird dieses Zusammenwirken, wenn Sie ein Ereignis in einem Formular dazu verwenden, in einem anderen Formular eine Aktion auszuführen. Sie können auf diese Weise ein Formular öffnen, seine Position und seine Ausmaße modifizieren, seine Steuerelemente aus- und einblenden und seine Daten aktualisieren.

Formulare über eine Befehlsschaltfläche synchronisieren

Es wird immer wieder vorkommen, dass Sie verknüpfte Datensätze aus zwei Formularen gleichzeitig einsehen möchten. Dies kann zum Beispiel dann der Fall sein, wenn Sie prüfen wollen, ob bestimmte Kunden, die in der Tabelle „Kunden-Daten" stehen, ihre Ware bereits bezahlt haben. Diese Information befindet sich in der Tabelle „Verkaufte Waren".

Um dies zu realisieren, müssen Sie beide Formulare synchronisieren. Hierfür können Sie ein Makro oder VBA-Code einsetzen. Seine Aufgabe ist es, das Formular „Synchron_Artikel" zu öffnen und immer die Artikel aus der Tabelle „Verkaufte Waren" anzuzeigen, die über die Kunden-Nummer mit dem aktuellen Datensatz im Formular „Synchron_Kunde" verknüpft sind.

Bevor Sie ein Makro oder eine Prozedur schreiben, das zwei Formulare synchronisiert, müssen Sie entscheiden, welches der beiden Formulare die Synchronisierung steuern soll. In diesem Beispiel ist es das Formular „Synchron_Kunde", das die Daten der einzelnen Kunden speichert. Das Makro oder die Funktion wird über eine Befehlsschaltfläche in dieses steuernde Formular eingebunden und öffnet das verknüpfte Formular, das in unserem Fall das Formular „Synchron_Artikel" ist, um die entsprechenden Artikel auszugeben.

Die Aktion „ÖffnenFormular" verfügt über die beiden Argumente „Filtername" und „Bedingung", mit denen Sie Access mitteilen können, welche Datensätze im verknüpften Formular angezeigt werden sollen. Jedes dieser beiden Argumente wirkt auf die Datensätze des verknüpften Formulars wie ein Filter. Dem Argument „Filtername" wird der Name eines Filters übergeben, der zuvor als Abfrage gespeichert wurde. Wenn Sie stattdessen das Argument „Bedingung" verwenden, legen Sie Ausdrücke fest, die die Auswahlkriterien darstellen. Ausführlichere Informationen über diese Argumente können Sie im Kapitel 9.1.1 nachlesen.

Das Makro, das „Synchron_Kunde_Artikel" heißt, besteht nur aus der Aktion „ÖffnenFormular", um das Formular „Synchron_Artikel" zu öffnen. Um die beiden Formulare zu synchronisieren, muss das Argument „Bedingung" dieser Aktion auf den nachstehenden Ausdruck gesetzt werden:

> [Kunden-Nummer] = Formulare![Synchron_Kunde]![Kunden-Nummer]

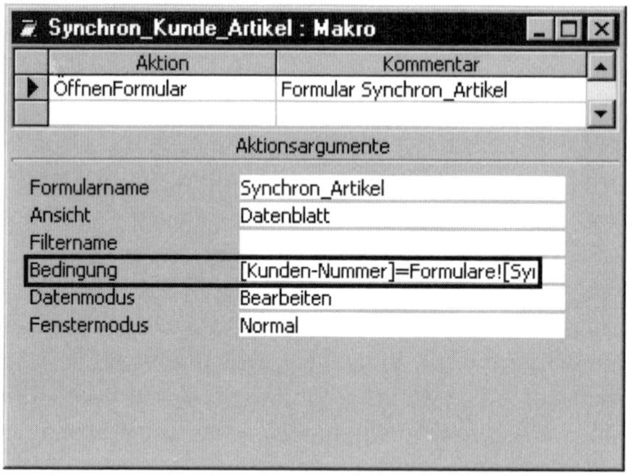

Bild 9.24: Makro für die Formularsynchronisation

Der erste Teil dieses Ausdrucks bezeichnet die Kunden-Nummer im Formular „Synchron_Artikel" und kennzeichnet das Formular, das durch die Aktion geöffnet wird. Der zweite Teil des Ausdrucks bezeichnet die Kunden-Nummer des aktuellen Datensatzes aus dem Formular „Synchron_Kunde", von dem aus das Makro gestartet wird. Access sucht aufgrund der oben genannten Bedingung im Formular „Synchron_Artikel" die Datensätze, die die gleiche Kunden-Nummer wie die aktuelle Nummer im Formular „Synchron_Kunde" aufweisen, und zeigt sie an.

Jedesmal, wenn Sie zu einem anderen Datensatz wechseln, müssen Sie erneut die Befehlsschaltfläche „verkaufte Waren" betätigen, damit die an diesen Kunden verkauften Artikel im Formular „Synchron_Artikel" erscheinen.

Anstelle eines Makros können Sie auch eine Ereignisprozedur einsetzen, die die Methode „OpenForm" des Systemobjekts „DoCmd" aufruft. Die gesamte Bedingung muss dabei in Anführungszeichen geschrieben werden. In diesem Fall muss zudem die ausführliche Schreibweise für den Bezug auf das Formular „Synchron_Kunde" verwendet werden, die Kurzschreibweise „Me" ist nicht möglich.

```
Private Sub Befehl28_Click()
  DoCmd.OpenForm "Synchron_Artikel", acFormDS, , _
        "[Kunden-Nummer] = Forms![Synchron_Kunde]![Kunden-Nummer]"
End Sub
```

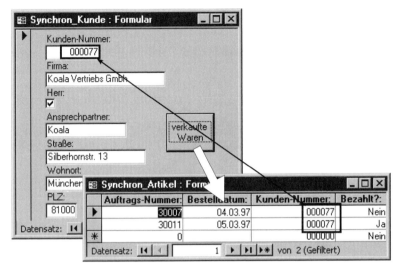

Bild 9.25: Synchronisierte Formulare

Formulare automatisch synchronisieren

Das eben durchgeführte Beispiel können Sie noch benutzerfreundlicher gestalten, indem Sie auf die Befehlsschaltfläche „verkaufte Waren" verzichten und die Formulare automatisch synchronisieren.

Dadurch wird das Formular „Synchron_Artikel" in dem Augenblick aktualisiert, in dem der Anwender im Formular „Synchron_Kunde" von einem Datensatz zum nächsten wechselt. Zu diesem Zweck schreiben Sie ein Makro, das die Artikel des aktuellen Kunden im Formular „Synchron_Artikel" anzeigt, wenn dieses Formular geöffnet ist, und nichts tut, wenn das Formular „Synchron_Artikel" bereits vom Anwender geschlossen wurde. Dieses Makro muss in die Eigenschaft „BeimAnzeigen" des Formulars „Synchron_Kunde" eingebunden werden, damit Access veranlasst wird, das Formular „Synchron_Artikel" immer dann zu aktualisieren, wenn im Formular „Synchron_Kunde" ein neuer Datensatz angezeigt wird.

Damit es nicht zu Überschneidungen mit dem letzten Beispiel kommt, wird das Formular „Synchron_Kunde" unter dem Namen „Synchron_Kunde_automatisch" gespeichert. Aus diesem neuen Formular wird anschließend die Befehlsschaltfläche gelöscht. Die für die automatische Synchronisierung benötigte Makrogruppe finden Sie unter dem Namen „Synchron_automatisch" in der Datenbank MAKROPR.MDB. Diese Gruppe enthält zwei Makros, die verschiedenen Eigenschaften des Formulars „Synchron_Kunde_ automatisch" zugewiesen werden. Das Makro „Öffnen" öffnet zu Beginn das Formular „Synchron_Artikel" und wird deswegen der Eigenschaft „BeimÖffnen" übergeben. Als Gegenstück dazu existiert das Makro „Schließen".

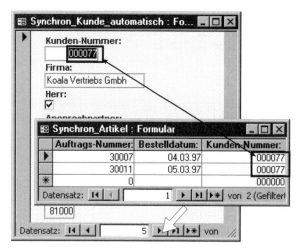

Bild 9.26: Automatische Formularverknüpfung

Das Makro „Öffnen" wird zudem noch der Eigenschaft „BeimAnzeigen" zugeordnet. Da der Aktion „ÖffnenFormular" die Bedingung

[Kunden-Nummer] = Formulare![Synchron_Kunde_automatisch]![Kunden-Nummer]

mitgegeben wird, werden bei jedem Wechseln zu einem anderen Datensatz die Sätze mit derselben Kunden-Nummer im Formular „Synchron_Artikel" angezeigt.

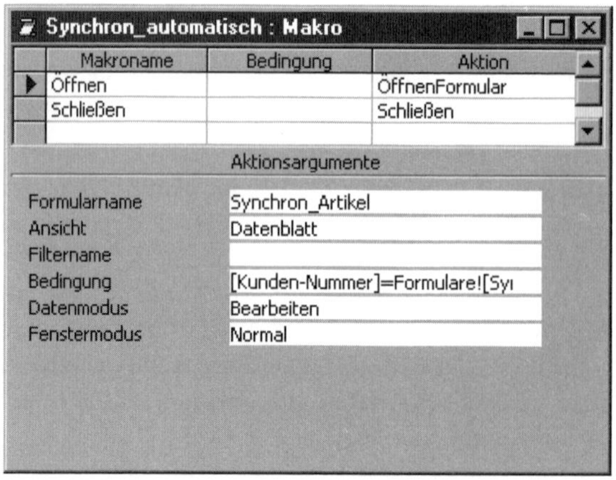

Makroname	Bedingung	Aktion
▶ Öffnen		ÖffnenFormular
Schließen		Schließen

Aktionsargumente

Formularname	Synchron_Artikel
Ansicht	Datenblatt
Filtername	
Bedingung	[Kunden-Nummer]=Formulare![Syı
Datenmodus	Bearbeiten
Fenstermodus	Normal

Bild 9.27: Makrogruppe für die automatische Synchronisation

10 Mit Berichten Daten drucken

Damit Daten an Kunden oder Kollegen auf Papier weitergegeben werden können, werden Berichte benötigt. Die meisten Objekte, die gedruckt werden, sind Berichte. In einem Bericht können nicht nur Daten aus Tabellen erscheinen, sondern auch graphische Elemente wie farbige Kreise und Rechtecke. Texte können an bestimmten Positionen ausgegeben werden.

10.1 Einen Bericht öffnen und drucken

Ein Bericht kann über zwei verschiedene Aktionen ausgedruckt werden: „ÖffnenBericht" und „Drucken". Die Möglichkeiten und Unterschiede dieser beiden Aktionen werden nachfolgend erklärt.

10.1.1 Die Aktion „ÖffnenBericht"

Die Aktion „ÖffnenBericht" („OpenReport") öffnet einen Bericht in der Entwurfs- oder Seitenansicht oder beginnt sofort zu drucken. Die vier Argumente dieser Aktion sind dieselben wie die ersten vier Argumente der Aktion „ÖffnenFormular". Neben dem Namen des Berichts, den Sie wie üblich aus einer Liste selektieren können, wird im Argument „Ansicht" entweder die Standardeinstellung „Seitenansicht" gelassen oder der Eintrag „Entwurf" oder „Ausdruck" gewählt.

Durch die Wahl der zuletzt genannten Option wird der Bericht unter Verwendung der letzten Druckereinstellungen sofort gedruckt. Das Dialogfeld „Drucken" wird dabei nicht angezeigt. Falls Sie jedoch dem Anwender die Möglichkeit geben wollen, nur bestimmte Seiten zu drucken, die Zahl der Exemplare einzustellen oder den Ausdruck in eine Datei vorzunehmen, sollten Sie den Bericht zuerst in der Seitenansicht öffnen und erst später die Aktion „Drucken" aufrufen.

Einen Filter verwenden

Genauso wie bei der Aktion „ÖffnenFormular" können auch beim Bericht die Datensätze über einen Filter oder eine Bedingung eingeschränkt werden. Dem Argument „Filter" kann wiederum der Name einer Abfrage oder eines Filters, der als Abfrage gespeichert wurde, übergeben werden. Dabei muss die Abfrage alle Felder des zu öffnenden Berichts enthalten, oder im Dialogfeld „Abfrageeigenschaften" muss für diese Abfrage die Eigenschaft „Alle Felder ausgeben" auf „Ja" stehen.

Das Filter-Beispiel, das bereits im Formular-Kapitel für die Aktion „ÖffnenFormular" durchgeführt wurde, soll jetzt für den Bericht wiederholt werden. Dazu erstellen Sie mithilfe des Berichts-Assistenten einen einspaltigen Bericht, der auf der Tabelle „Handelswaren" basiert, und speichern ihn unter dem Namen „ÖffnenBericht" ab. Im nächsten Schritt öffnen Sie das Makrofenster und legen ein neues Makro an, das nur die Aktion „ÖffnenBericht" enthält, die am schnellsten über eine Drag&Drop-Operation erzeugt werden kann. Dem Argument „Filtername" dieser Aktion wird anschließend der Abfragename „Abfrage_ÖffnenFormular" übergeben.

Tabelle 10.1: Argumente der Aktion „ÖffnenBericht"

Argument	Wert
Berichtsname	ÖffnenBericht
Ansicht	Seitenansicht
Filtername	Abfrage_ÖffnenFormular
Bedingung	--

Dieses Makro, das den Namen „ÖffnenBericht_mit_Filter" besitzt, können Sie nun über das „Ausführen"-Symbol starten. Dadurch wird der Bericht, der nur Datensätze mit dem Lagerort München enthält, in der Seitenansicht angezeigt.

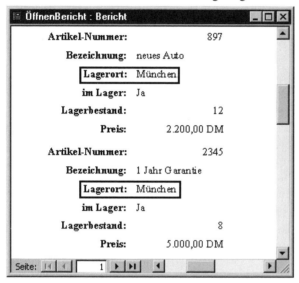

Bild 10.1: Bericht mit einem Filter öffnen

Eine Bedingung setzen

Das Argument „Bedingung" der Aktion „ÖffnenBericht" kann mit einer gültigen WHERE-Klausel oder einem gültigen Ausdruck besetzt werden. Mit dem Ausdruck:

> [Lagerort] = "München"

wird dasselbe Ergebnis wie in dem oberen Beispiel mit dem Filter erreicht. Es werden alle Datensätze gedruckt, die als Lagerort „München" eingetragen haben. Wenn Sie nur die Artikel auf Papier bekommen wollen, die in München auf Lager sind, sieht die Bedingung folgendermaßen aus:

> [im Lager]=Ja Und [Lagerort]="München"

Sie werden im Normalfall mit einem Filter oder einer WHERE-Klausel arbeiten, wenn ähnliche Berichte für unterschiedliche Gruppen von Daten auf dem Drucker ausgegeben werden sollen. In diesen Fällen müssen Sie dann nicht einen neuen Bericht erstellen oder den bestehenden ändern, sondern es reicht aus, das Argument „Filtername" oder das Argument „Bedingung" im Code zu modifizieren.

10.1.2 Die Aktion „Drucken"

Mit der Aktion „Drucken" („PrintOut") können nicht nur Berichte, sondern auch Formulare, Abfragen und Tabellen gedruckt werden. Die Aktion enthält Argumente für fast jede Option, die Sie auch per Hand in dem Dialogfeld „Drucken" einstellen können. Somit werden Sie mit der Aktion „Drucken" („Print") arbeiten, wenn Sie vor dem Drucken des Berichts die Druckoptionen modifizieren wollen. Die Aktion „ÖffnenBericht" übernimmt hingegen die Standardeinstellungen des „Drucken"-Dialogfelds.

Im Argument „Druckbereich" legen Sie den zu druckenden Bereich fest. Sie können zwischen den Einträgen „Alles", „Markierung" und „Seiten" wählen. Bei der zweiten Option muss ein Teil oder das gesamte Objekt selektiert sein. Dies kann entweder durch den Anwender oder durch die Nachbildung der Menüpunkte DATENSATZ MARKIEREN beziehungsweise ALLE DATENSÄTZE MARKIEREN im Menü BEARBEITEN erfolgen. Wenn Sie die zuletzt genannte Möglichkeit wählen, müssen Sie in den nächsten beiden Argumenten „Von" und „Bis" die erste und die letzte auszugebende Seite bestimmen.

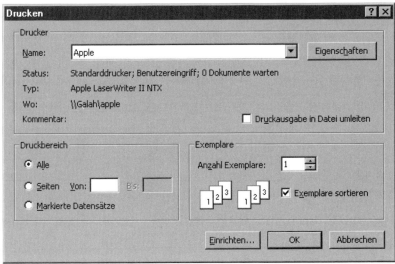

Bild 10.2: Das Dialogfeld Drucken

In eine Datei drucken

Vielleicht ist Ihnen bei den Erklärungen aufgefallen, dass kein Argument für das Kontrollkästchen „Druckausgabe in Datei umleiten" existiert. Damit die Ausgabe nicht direkt auf einen Drucker, sondern in eine Datei erfolgt, folgen Sie diesen Schritten:

1. Klicken Sie die Start-Schaltfläche von Windows an und wählen Sie im Menü
    EINSTELLUNGEN den Menüpunkt DRUCKER.

2. Rufen Sie über den Menüpunkt EIGENSCHAFTEN im Menü DATEI ein Dialogfeld auf, in
    dem Sie das Blatt „Details" in den Vordergrund holen.

3. Im Kombinationsfeld „Anschluss für die Druckerausgabe" verbinden Sie nun den Dru-
    cker mit dem Anschluss „FILE:".

Nachdem Sie diese Änderung durchgeführt haben, werden Sie bei jedem Drucken über ein
Dialogfeld gefragt, wie die Datei für den Ausdruck heißen soll. Genau die gleiche Frage wird
Ihnen gestellt, wenn Sie im Dialogfeld „Drucken" das Kontrollkästchen „Druckausgabe in
Datei umleiten" einschalten.

Da es somit für alle wichtigen Einstellungsmöglichkeiten des Dialogfelds „Drucken" Argumente gibt, kann mit der Aktion „Drucken" dasselbe wie mit dem Menüpunkt DRUCKEN aus
dem DATEI-Menü beziehungsweise mit der Schaltfläche „Drucken" in der Seitenansicht bewirkt werden.

Beim Ausführen des Codes muss das Objekt, dessen Inhalt auf den Drucker ausgegeben werden soll, den Fokus besitzen. Falls es sich aus dem Arbeitsablauf ergibt, dass das zu druckende Objekt bei der Ausführung des Codes nicht aktiv ist, müssen Sie den Code so gestalten,
dass vor der Aktion „Drucken" die Aktion „AuswählenObjekt" („SelectObject") ausgeführt
wird.

Gemeinsamer Einsatz der beiden Aktionen „ÖffnenBericht" und „Drucken"

Wenn Sie in einem Makro sowohl die zu druckenden Datensätze einschränken als auch die
Druckoptionen für den Bericht festlegen wollen, müssen Sie die beiden Aktionen „ÖffnenBericht" und „Drucken" im selben Makro benutzen. In diesem Fall aktivieren Sie zuerst die
Aktion „ÖffnenBericht", um den Bericht in der Seitenansicht zu öffnen, und benutzen dann
die Aktion „Drucken", um die Druckoptionen festzulegen und den Bericht auszugeben.

Abhängig von der genauen Aufgabenstellung besteht eine andere Möglichkeit darin, dass mit
zwei Makros oder Funktionen gearbeitet wird. Im ersten Makro öffnen Sie den Bericht
mithilfe der Aktion „ÖffnenBericht" ohne Angabe einer Bedingung oder eines Filters. Mit
der Aktion „Drucken" definieren Sie danach die Druckoptionen. Im zweiten Makro bestimmen Sie mit der Aktion „AnwendenFilter" einen Filter für den Bericht. Dieses Makro binden
Sie in die Berichts-Eigenschaft „BeimÖffnen" ein. Wenn nun das erste Makro gestartet wird,
öffnet Access den Bericht und führt dabei auch das zweite Makro aus, mit dem der Filter
aktiviert wird. Erst anschließend wird die Aktion „Drucken" aufgerufen, die somit nur die
eingeschränkten Datensätze druckt.

10.1.3 Nur den aktuellen Datensatz als Bericht drucken

Die einfachste Möglichkeit der Einschränkung von Datensätzen ist das Drucken des aktuellen
Satzes. Im Formular-Kapitel (9.2.3) wurde der aktuelle Satz so ausgedruckt, wie er im Formular angezeigt wird. Wenn Sie diesen Satz lieber als Bericht auf Papier haben möchten,
gehen Sie folgendermaßen vor:

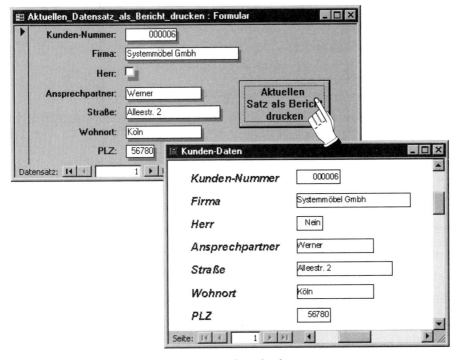

Bild 10.3: Der aktuelle Datensatz wird als Bericht gedruckt

1. Erstellen Sie ein Formular zum Beispiel basierend auf der Tabelle „Kunden-Daten". Es ist in der Datenbank DRUCKEN.MDB unter dem Namen „Aktuellen_Datensatz_ als_Bericht_drucken" abgespeichert.

2. Legen Sie danach einen Bericht über dieselbe Tabelle an.

3. Rufen Sie diesen Bericht in einem Makro über die Aktion „ÖffnenBericht" mit folgenden Argumenten auf:

Tabelle 10.2: Argumente der Aktion „ÖffnenBericht"

Argument	Wert
Berichtsname	Aktueller Satz als Bericht
Ansicht	Seitenansicht
Bedingung	[Kunden-Nummer]= [Formulare]! [Aktuellen_Datensatz_als_Bericht_drucken]![Kunden-Nummer]

4. Ziehen Sie dann das Makro mittels Drag&Drop in das Formular.

Wenn Sie nun in die Formularansicht wechseln und die Befehlsschaltfläche anklicken, wird der Bericht, der genau den aktuellen Satz anzeigt, in der Seitenansicht geöffnet.

Statt eines Makros können Sie natürlich auch die Ereignisprozedur „Click" der Befehlsschaltfläche für die Realisierung dieses Beispiels einsetzen.

```
Private Sub BerichtDrucken_Click()
DoCmd.OpenReport "Aktueller Satz als Bericht", acViewPreview, , _
   "[Kunden-Nummer]=Forms![Aktuellen_Datensatz_als_Bericht_drucken]![Kunden-Nummer]"
End Sub
```

10.1.4 Den aktuellen Datensatz mehrmals drucken

Wenn Sie den aktuellen Satz nicht nur einmal, sondern mehrere Male hintereinander drucken wollen, müssen Sie das letzte Beispiel noch ein wenig erweitern. Das Formular wird nun „Mehrmals_aktuellen_Datensatz_drucken" genannt. Anschließend erstellen Sie wieder einen Bericht über die Tabelle „Kunden-Daten", dieses Mal aber in der tabellarischen Darstellung. Im Berichtsmodul füllen Sie die Ereignisprozeduren für die Berichtseigenschaft „BeimÖffnen" und für die Eigenschaft „BeimDrucken" des Detailbereichs mit folgenden Code:

```
'****************** DRUCKEN.MDB ******************
'****** Berichtsmodul: Mehrmals aktueller Satz *******
Private Sub Report_Open(Cancel As Integer)
   Dim rueck As String

   rueck = InputBox("Wie oft wollen Sie diesen Satz an den Drucker senden?", "Drucken")
   If rueck = "" Then
      WieOft = 1
   Else
      WieOft = CInt(rueck)
   End If
End Sub

Private Sub Detail_Print(Cancel As Integer, PrintCount As Integer)
   If WieOft > PrintCount Then
      Me.NextRecord = False
   End If
End Sub
```

Im allgemeinen Deklarationsteil dieses Berichtsmoduls definieren Sie die Variable „WieOft".

```
   Dim WieOft As Integer
```

Der Bericht wird wieder über ein Makro aufgerufen, das somit die Aktion „ÖffnenBericht" enthält. Das Argument „Bedingung" unterscheidet sich vom letzten Beispiel nur durch den anderen Formularnamen.

Argument	Wert
Berichtsname	Mehrmals aktueller Satz
Ansicht	Seitenansicht
Bedingung	[Kunden-Nummer]=[Forms]! [Mehrmals_aktuellen_Datensatz_drucken]![Kunden-Nummer]

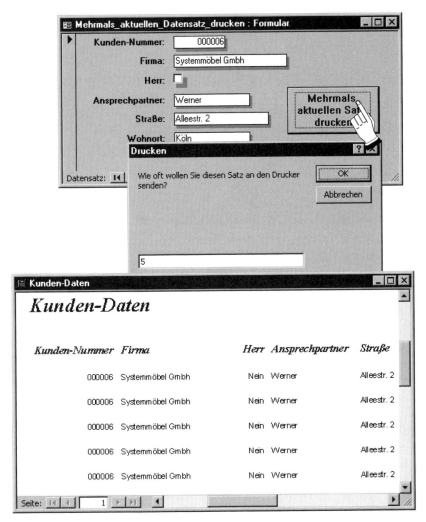

Bild 10.4: Den aktuellen Datendatz mehrmals als Bericht drucken

Das Makro „Mehrmals_aktuellen_Datensatz_drucken" ziehen Sie wieder aus dem Datenbankfenster in die Entwurfsansicht des Formulars. Wenn Sie anschließend in der Formularansicht die dadurch entstandene Befehlsschaltfläche anklicken, erscheint ein Eingabedialogfeld, in das Sie eintragen, wie oft der aktuelle Satz gedruckt werden soll. Über die „OK"-Schaltfläche wird der Bericht in der Seitenansicht geöffnet. Er zeigt die genannte Anzahl des einen Satzes an.

Dazu wird bei jedem erneuten Drucken des Datensatzes die eingegebene Zahl mit der Zahl der tatsächlich gedruckten Sätze verglichen. Solange noch nicht die gewünschte Menge ausgegeben ist, wird die Eigenschaft „NextRecord" auf „False" gesetzt. Dadurch kann nicht zum nächsten Datensatz im Detailbereich gegangen werden. Falls das Eingabedialogfeld mit der <Esc>-Taste oder der Schaltfläche „Abbrechen" beendet wird, wird genau einmal der aktuelle Satz an den Drucker gesendet. Dazu wird die Variable „WieOft" auf den Wert „1" gesetzt.

10.1.5 Nur bestimmte Datensätze drucken

Häufig wird der gleiche Bericht immer wieder ausgedruckt, wobei sich nur der Bereich der auszudruckenden Datensätze ändert. In solchen Fällen müssen Sie zum Abrufen der gewünschten Datensätze die Kriterien in der Abfrage des Berichts ändern. Auch diese Aufgabe können Sie mithilfe von Makros oder VBA-Code effizient gestalten. Access bietet verschiedene Möglichkeiten, um die zu druckenden Datensätze zu bestimmen. Der Unterschied dieser Möglichkeiten liegt vor allem in der Festlegung der Kriterien, die die Sätze im Bericht einschränken.

Nachdem ein Bericht ausgewählt und durch einen Klick auf die Befehlsschaltflächen „Drucken" oder „Seitenansicht" geöffnet worden ist, fragt die Parameterabfrage den Benutzer automatisch nach den Auswahlkriterien für die zu druckenden Datensätze.

Wenn der zu druckende Bericht in einem Popup-Formular selektiert wird, können Sie zum Beispiel ein Listenfeld einfügen, in dem Sie Kategorien auswählen können, die für bestimmte Auswahlkriterien stehen. Die Aktion „ÖffnenBericht" verwendet dann den in diesem Listenfeld markierten Wert, um die zu druckenden Datensätze zu bestimmen. Genauso ist es möglich, dem Benutzer zu erlauben, einen Anfangs- und einen Endwert zum Beispiel für ein Datum in Textfelder einzugeben. Nur die Datensätze, die sich in diesem Bereich befinden, werden für die Ausgabe auf den Drucker berücksichtigt.

Wie in Formularen haben Sie auch in Berichten die Möglichkeit, Ereignisse zu bestimmen, auf die Sie reagieren wollen. So können Sie in einen Bericht, der Adressetiketten druckt, ein Makro „Ortsfilter" in die Berichts-Eigenschaft „BeimÖffnen" einbinden. Vor dem Öffnen des Berichts wird aufgrund der Aktionen des Makros ein Popup-Formular angezeigt, in dem der Anwender zur Eingabe des Ortes aufgefordert wird. Das Makro gibt den eingetragenen Wert an die Aktion „AnwendenFilter" weiter und bringt somit nur die Datensätze des Berichts zum Ausdruck, die dem Filter entsprechen.

Bei der Wahl einer der genannten Möglichkeiten spielt es eine Rolle, wie flexibel der Bericht sein soll. Vielleicht benötigen Sie nur einfache Kriterien, die mit einer Parameterabfrage erfasst werden können. Wenn Sie jedoch mehrere Gruppen von Filtern oder komplexe Kriterien verwenden müssen, ist die Arbeit mit Popup-Formularen vorteilhafter.

Datensätze über einen Anfangs- und einen Endwert einschränken

Angenommen, Sie wollen immer mal wieder bestimmte Zeiträume für die letzte Lieferung der verkauften Artikel auf Papier sehen. Dazu erstellen Sie sich am besten ein Formular, das zum Beispiel „Bericht_drucken" heißen kann und eine Befehlsschaltfläche enthält, die mithilfe der Aktion „ÖffnenBericht" den Bericht ausdruckt. Um nicht alle Datensätze des Berichts, sondern nur die Sätze auf Papier auszugeben, die sich in einem festgelegten Zeitraum befinden, wird das Argument „Filtername" der Aktion „ÖffnenBericht" auf den Namen einer Abfrage gesetzt, die eine Zeitperiode über Kriterien definiert. Wenn nun die Schaltfläche „Drucken" betätigt wird, verwendet die Aktion „ÖffnenBericht" die Kriterien der Abfrage, um die Datensätze im Bericht zu filtern.

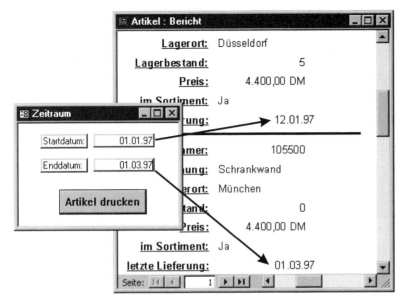

Bild 10.5: Das Anfangs- und Enddatum für den Bericht festlegen

Wenn jedoch zum Filtern der Datensätze kein feststehendes Kriterium verwendet, sondern das Kriterium durch den Benutzer eingegeben werden soll, fügen Sie in Ihr Formular „Bericht_drucken" noch zwei Textfelder ein, in die das Start- und Enddatum der zu druckenden Datensätze eingetragen wird.

Diese Eckwerte werden in dem Argument „Bedingung" der Aktion „ÖffnenBericht" für einen Ausdruck verwendet, der die gewünschten Datensätze auswählt. Der Ausdruck sieht unter der Annahme, dass die beiden Textfelder die Namen „Startdatum" und „Enddatum" besitzen, folgendermaßen aus:

```
[letzte Lieferung] Zwischen
    Formulare![Bericht_drucken]![Startdatum] Und
    Formulare![Bericht_drucken]![Enddatum]
```

Das Feld „letzte Lieferung" befindet sich im Bericht „Artikel" und enthält das letzte Lieferdatum für den jeweiligen Artikel. Da diese Bedingung Bestandteil der Aktion „ÖffnenBericht" ist, ist zu diesem Zeitpunkt bereits der Bericht das aktuelle Datenbankobjekt. Deswegen kann sein Feld in der kurzen Schreibweise angegeben werden, wohingegen die Steuerelemente des Formulars in der ausführlichen Schreibweise geschrieben werden müssen.

Hinweis: Durch die eben genannte Bedingung können die Datensätze über die im Formular eingegebenen Werte des Start- und Enddatums eingeschränkt werden. Damit dieses Beispiel funktioniert, muss die Eigenschaft „Format" der beiden Textfelder auf ein Datumsformat wie zum Beispiel „Standarddatum" eingestellt werden. Wenn Sie diese Eigenschaft nicht setzen, werden die Eingaben als String, aber nicht als Datum interpretiert.

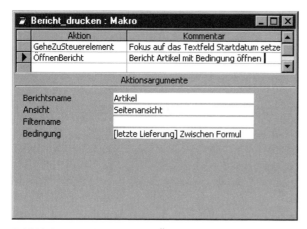

Bild 10.6: Die Bedingung beim Öffnen des Berichts formulieren

Um den Fokus im Formular sofort auf das Textfeld „Startdatum" zu setzen, wird vor dem Öffnen des Berichts die Aktion „GeheZuSteuerelement" aufgerufen. Das Makro „Bericht_drucken" binden Sie in die Eigenschaft „BeimKlicken" der Befehlsschaltfläche ein. Wenn Sie nun in der Formularansicht auf diese Schaltfläche klicken, führt Access das Makro aus und druckt die festgelegten Datensätze des Berichts.

Wenn Sie lieber mit VBA arbeiten, können Sie auch eine Funktion, die Sie der Eigenschaft „Beim Klicken" der Befehlsschaltfläche übergeben, oder eine Ereignisprozedur „Click" mit folgendem Code schreiben:

```
' Fokus auf das Textfeld Startdatum setzen
DoCmd.GoToControl "Startdatum"
' Bericht Artikel mit Bedingung öffnen
DoCmd.OpenReport "Artikel", acViewPreview, "", _
    "[letzte Lieferung] Between Forms![Bericht_drucken]![Startdatum]
                  And Forms![Bericht_drucken]![Enddatum]"
```

Für das Testen des korrekten Ablaufs sollten Sie den Bericht zuerst nur in der Seitenansicht öffnen. Somit können Sie am schnellsten das Ergebnis überprüfen und verbrauchen nicht unnötig Papier. Wenn Sie mit dem Resultat zufrieden sind, setzen Sie das Argument „Ansicht" der Aktion „ÖffnenBericht" auf den Eintrag „Ausdruck".

Datensätze über die Auswahl in einem Listenfeld einschränken

Abhängig von der Auswahl, die der Benutzer zum Filtern der Datensätze zu treffen hat, ist es in manchen Fällen günstiger, statt Textfeldern ein Listen- oder Kombinationsfeld zu verwenden. Wenn zum Beispiel immer nur ein bestimmter Artikel gedruckt werden soll, der sich in verschiedenen Lagern befinden und somit mehrfach in der Tabelle „Handelswaren" vorkommen kann, ist der Gebrauch eines Listenfeldes sinnvoll.

Um nach der zu druckenden Artikelnummer zu fragen, können Sie ein ähnliches Formular wie das Formular „Bericht_drucken" verwenden, in das Sie nun anstelle der beiden Textfelder ein Listenfeld einfügen. Außerdem existieren zwei Befehlsschaltflächen, über die der Bericht in der Seitenansicht geöffnet werden kann oder der Ausdruck gestartet wird. Das

neue Formular finden Sie unter dem Namen „Bericht2_drucken" in der Datenbank
DRUCKEN.MDB.

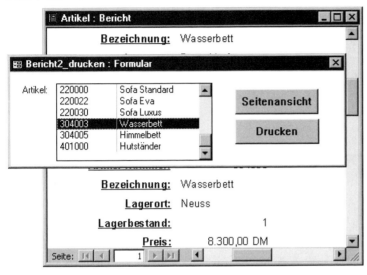

Bild 10.7: Auswahl der zu druckenden Sätze über ein Listenfeld bestimmen

Das Listenfeld trägt den Namen „Artikelliste". In seine Eigenschaft „Herkunftstyp" wird in
diesem Beispiel keine Tabelle oder Abfrage, sondern eine selbst geschriebene VBA-Funktion
eingetragen, die „fktFüllen" heißt. Diese Listenfunktion besitzt die Aufgabe, das Listenfeld
zu verwalten.

```
'****************** DRUCKEN.MDB *****************
'***************** Modul: Bericht2_drucken ***********
Option Compare Database
Dim Artikel(100)
Dim Bezeichnung(100)
Dim Anzahl As Long

' Funktion verwaltet Listenfeld
Function fktFüllen (fld As Control, id As Variant, zeile As Variant, spalte As Variant,
    code As Variant)
  Select Case code
   Case LB_INITIALIZE
     fktFüllen = True
   Case LB_OPEN
     fktFüllen = 10
   Case LB_GETROWCOUNT
     fktFüllen = Anzahl
   Case LB_GETCOLUMNCOUNT
     fktFüllen = 2
   Case LB_GETCOLUMNWIDTH
     fktFüllen = -1
   Case LB_GETVALUE
     If spalte = 0 Then
```

```
        If zeile > Anzahl Then
          fktFüllen = Null
        Else
          fktFüllen = Artikel(zeile)
        End If
      End If
      If spalte = 1 Then
        If zeile > Anzahl Then
          fktFüllen = Null
        Else
          fktFüllen = Bezeichnung(zeile)
        End If
      End If
    Case LB_GETFORMAT
      fktFüllen = Null
  End Select
End Function
```

Da das Listenfeld zwei Spalten besitzen soll, um sowohl die Artikelnummer als auch die Bezeichnung anzeigen zu können, müssen „Spalte 0" und „Spalte 1" behandelt werden, wenn der Übergabeparameter „code" den Wert „6" enthält. Sie dürfen dabei nicht vergessen, auch die Eigenschaften „Spaltenanzahl" und „Spaltenbreiten" im Eigenschaftenfenster mit den Einträgen „2" beziehungsweise „2 cm; 3 cm" zu besetzen.

Die Werte für das Füllen der Liste werden aus zwei Arrays namens „Artikel" und „Bezeichnung" genommen, die in der VBA-Funktion „fktWarenVorwärtsLesen" aufgebaut werden. Diese Funktion verwendet DAO, um die Daten aus der Tabelle „Handelswaren" auszulesen. Um eine sortierte Reihenfolge der Artikelnummern zu erhalten, muss auf das erste Dynaset, dessen Eigenschaft „Sort" gesetzt wurde, ein zweites Dynaset erzeugt werden. Diese Eigenschaft wird nämlich erst für das von dem ersten Dynaset angelegte Dynaset wirksam.

Anschließend können die einzelnen Sätze in einer Schleife aus dem zweiten Dynaset gelesen und in die beiden Arrays geschrieben werden. Da es nicht sinnvoll ist, eine Artikelnummer mehrmals im Listenfeld anzuzeigen, werden all die Datensätze ausgefiltert, deren Feld „Artikel-Nummer" denselben Inhalt wie dasselbe Feld im vorhergehenden Satz besitzt. Am Ende der Funktion müssen wieder beide Dynasets und der Verweis auf die aktuelle Datenbank geschlossen werden. Alle hier verwendeten Objekte, Eigenschaften und Methoden werden im DAO-Kapitel (Kapitel 13) genau beschrieben.

```
'***************** DRUCKEN.MDB ***************
'**************** Modul: Bericht2_drucken ***********
' Funktion liest alle Datensätze der Tabelle "Handelswaren"
'
Function fktWarenVorwärtsLesen ()
  Dim dbDatenBank As DAO.Database
  Dim dtNamensDyna1 As DAO.Recordset
  Dim dtNamensDyna2 As DAO.Recordset
  Dim ArtikelNr

  Set dbDatenBank = CurrentDb
```

```
Set dtNamensDyna1 = dbDatenBank.OpenRecordset("Handelswaren", dbOpenDynaset)
dtNamensDyna1.Sort = "[Artikel-Nummer] ASC"
Set dtNamensDyna2 = dtNamensDyna1.OpenRecordset(dbOpenDynaset)

ArtikelNr = Null
Anzahl = 0
dtNamensDyna2.MoveFirst
Do Until dtNamensDyna2.EOF
  If dtNamensDyna2![Artikel-Nummer] <> ArtikelNr Then
    Bezeichnung(Anzahl) =dtNamensDyna2!Bezeichnung
    Artikel(Anzahl) = dtNamensDyna2![Artikel-Nummer]
    Anzahl = Anzahl + 1
  End If
  ArtikelNr = dtNamensDyna2![Artikel-Nummer]
  dtNamensDyna2.MoveNext
Loop

dtNamensDyna2.Close
dtNamensDyna1.Close
dbDatenBank.Close
End Function
```

Diese Funktion „fktWarenVorwärtsLesen" wird in die Eigenschaft „BeimÖffnen" des Formulars „Bericht2_drucken" eingetragen. Dadurch wird das Listenfeld beim Öffnen dieses
Formulars gefüllt.

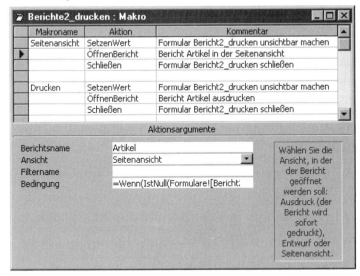

Bild 10.8: Makrogruppe „Bericht2_drucken"

Die beiden Makros, die der Eigenschaft „BeimKlicken" der zwei Befehlsschaltflächen zugewiesen werden, sind in der Makrogruppe „Bericht2_drucken" zusammengefasst. Beide rufen
die drei gleichen Aktionen auf. Der Unterschied liegt nur in dem Argument „Ansicht" der
Aktion „ÖffnenBericht", das einmal auf „Seitenansicht" und das andere Mal auf „Ausdruck"

gesetzt wird. Um auf das Listenfeld zugreifen zu können, wird das Popup-Formular zuerst nur unsichtbar gemacht. Erst nachdem der Bericht geöffnet wurde, wird das Formular geschlossen.

Das Argument „Bedingung" der beiden Aktionen „ÖffnenBericht" setzen Sie auf einen Ausdruck, der die Datensätze entsprechend der Wahl im Listenfeld filtert. Wenn der Benutzer des Formulars im Listenfeld keine Auswahl vornimmt, sollen alle Artikel ausgedruckt werden. Im anderen Fall wird nur der selektierte Artikel auf Papier ausgegeben. Damit beide Möglichkeiten zur Verfügung gestellt werden, müssen Sie im Argument „Bedingung" die Funktion „Wenn" verwenden. Diese Funktion wird benutzt, wenn der Wert abhängig von dem Ergebnis eines Ausdrucks in einem Feld bestimmt werden soll.

Die allgemeine Syntax für die Funktion „Wenn" lautet folgendermaßen:

> WENN (Ausdruck, WennWahr, WennFalsch)

Das Argument „Ausdruck" ist der Name des Feldes oder der Ausdruck, das beziehungsweise der ausgewertet werden soll. Das Argument „WennWahr" stellt den Wert dar, der ausgegeben wird, wenn der Ausdruck als Ergebnis „wahr" liefert. Das Argument „WennFalsch" repräsentiert den Wert, der benutzt wird, wenn das Resultat des Ausdrucks „Falsch" lautet. Für das Argument „Bedingung" der Aktion „ÖffnenBericht" ergibt sich somit folgende Einstellung:

> Wenn(IstNull(Formulare![Bericht2_drucken]![Artikelliste]);
> "";
> "[Artikel-Nummer] = Formulare![Bericht2_drucken]![Artikelliste]")

Die Funktion „Wenn" verwendet das Argument „Ausdruck", um festzustellen, ob im Listenfeld „Artikelliste" kein Wert selektiert ist. Ist dies der Fall, gibt die Funktion den Wert für die „Wahr"-Alternative zurück, der eine leere Zeichenfolge darstellt. Damit wird das Argument „Bedingung" auf „leer" gesetzt. Dadurch gibt es keine Einschränkung für die Datensätze, sie werden alle angezeigt beziehungsweise ausgedruckt.

Wurde stattdessen im Listenfeld ein Eintrag ausgewählt, gibt die Funktion „Wenn" den Wert der „Falsch"-Alternative zurück. Damit wird das Feld „Artikelnummer" des Berichts mit dem im Listenfeld ausgewählten Artikel gefüllt, und es werden nur die Datensätze dieser Artikelnummer angezeigt und ausgedruckt.

Wenn Sie Popup-Formulare verwenden, um über die Eingabe des Benutzers Datensätze einzuschränken, können auch mehrere Möglichkeiten zur Auswahl der zu druckenden Datensätze miteinander kombiniert werden. So ist es zum Beispiel denkbar, dass die letzten beiden Beispiele gemeinsam in einem Formular benutzt werden, um die Sätze sowohl nach dem Artikel als auch nach einem bestimmten Zeitraum zu filtern.

10.2 Eigenschaften eines Berichts

Die meisten Eigenschaften des Berichts und seiner Bereiche werden genauso wie bei dem Formular im Eigenschaftenfenster angezeigt, in dem sie auch modifiziert werden können. Falls Sie in der Entwurfsansicht Schwierigkeiten haben, den Bericht zu wählen, damit dessen Eigenschaften ausgegeben werden, so können Sie den Bericht über den Menüpunkt BERICHT AUSWÄHLEN im BEARBEITEN-Menü oder über das kleine Quadrat links neben dem waagrechten Lineal markieren. Mit den Berichtsbereichen sind der Detailbereich, der Berichtskopf und -fuß, der Seitenkopf und -fuß sowie die Gruppenköpfe und -füße gemeint.

Da auch ein Bericht normalerweise auf einer Tabelle oder Abfrage basiert, besitzt er genauso wie ein Formular die Eigenschaft „Datenherkunft". Falls ein leerer Bericht ohne den Berichts-Assistenten erzeugt wurde, ist diese Eigenschaft zu Beginn unbesetzt, kann aber nachträglich mit einem Tabellen- oder Abfragenamen oder direkt mit einer SELECT-Anweisung gefüllt werden.

Die Eigenschaft „Bereich"

Über die Eigenschaft „Bereich" kann auf einen Berichts- oder Formularbereich zugegriffen werden, um somit andere Eigenschaften dieses Bereichs verändern zu können. Dadurch ist es zum Beispiel möglich, einen Berichtskopf auszublenden. Der Wert dieser Eigenschaft ist eine Zahl, die den gewünschten Bereich kennzeichnet. Folgende Einstellungen sind fest definiert:

Tabelle 10.3: Bereiche des Berichts

Wert	Bezeichnet folgenden Bereich
0	Detailbereich eines Formulars oder Berichts
1	Kopf eines Formulars oder Berichts
2	Fuß eines Formulars oder Berichts
3	Seitenkopf eines Formulars oder Berichts
4	Seitenfuß eines Formulars oder Berichts
5	Gruppenebene 1 Kopfbereich bei Berichten
6	Gruppenebene 1 Fußbereich bei Berichten
7	Gruppenebene 2 Kopfbereich bei Berichten
8	Gruppenebene 2 Fußbereich bei Berichten

Falls Ihr Bericht mehr als zwei Gruppen und somit mehr als zwei Gruppenebenen besitzt, werden die Nummern ab der Ziffer 9 fortlaufend für die weiteren Ebenen vergeben. Da diese Eigenschaft eine „Nur-Lese"-Eigenschaft ist, wird sie nicht im Eigenschaftenfenster angezeigt. Sie kann nur in Verbindung mit einer anderen Bereichs-Eigenschaft verwendet werden.

Um zum Beispiel den Kopf des Berichts „Bericht1" auszublenden, kann ein Makro oder eine Funktion geschrieben werden. Bei beiden Möglichkeiten muss der Eigenschaft „Sichtbar" („Visible") der Wert „Falsch" beziehungsweise „False" übergeben werden. In einem Makro erfolgt dies mit der Aktion „SetzenWert", in einer VBA-Prozedur mit dem Gleichheitszeichen.

Wenn Sie die Eigenschaft „Sichtbar" nur über den folgenden Ausdruck bezeichnen würden, würde nicht der Berichtskopf, sondern der gesamte Bericht ausgeblendet werden.

Berichte![Bericht1].Sichtbar

Um die Eigenschaft „Sichtbar" des Berichtskopfes und nicht des Berichts auf den Wert „Nein" zu setzen, muss einer der nachfolgenden Ausdrücke verwendet werden:

> Makro mit der Aktion „SetzenWert":
>   Element: Berichte![Bericht1].Bereich(1).Sichtbar
>   Ausdruck: Falsch
>
> VBA-Code:
>   Reports! ![Bericht1].Section(1).Visible = False

Die Eigenschaften „BewegenLayout", „NächsterDatensatz" und „Druckbereich"

Auch die drei Eigenschaften „BewegenLayout", „NächsterDatensatz" und „Druckbereich" werden nicht im Eigenschaftenfenster angezeigt, wenn ein Berichtsbereich selektiert ist. Sie können somit nur über ein Makro mit der Aktion „SetzenWert" oder mithilfe einer selbst geschriebenen VBA-Funktion eingestellt werden. Das Makro beziehungsweise die Funktion wird der Eigenschaft „BeimFormatieren" des Bereichs zugewiesen. Um auf diese drei Eigenschaften zuzugreifen, dürfen Sie nicht die gerade besprochene Eigenschaft „Bereich" verwenden, obwohl sie Bereichseigenschaften darstellen. Hier gilt somit wieder das Sprichwort: Keine Regel ohne Ausnahme.

Alle drei Eigenschaften werden vor dem Ereignis „BeimFormatieren" von Access mit dem Wert „Wahr" („True") versorgt. Dies bedeutet für die Eigenschaft „BewegenLayout", dass die beiden Eigenschaften „Links" und „Oben" des Bereichs auf die nächste Druckposition gesetzt werden. Aufgrund der eingeschalteten Eigenschaft „NächsterDatensatz" rücken die Daten zum nächsten Datensatz vor, und der Bereich wird auf der aktuellen Seite gedruckt, da die Eigenschaft „Druckbereich" aktiviert ist.

Diese Eigenschaften werden vor allem bei Berichten eingesetzt, die als Dokumentvorlage dienen, die beim Drucken über ein Makro oder eine VBA-Funktion mit Daten gefüllt werden. Dabei wird im Normalfall nicht nur eine einzelne Eigenschaft verändert, sondern es findet ein Zusammenspielen der drei Eigenschaften statt. Die folgenden Möglichkeiten sind in der nächsten Tabelle aufgelistet, mit den Abkürzungen BL für „BewegenLayout", ND für „NächsterDatensatz" und DB für „Druckbereich".

Tabelle 10.4: Eigenschaften „BewegenLayout", „NächsterDatensatz" und „Druckbereich"

BL	ND	DB	Beschreibung
Wahr	Wahr	Wahr	Springt zur nächsten Druckposition und zum nächsten Datensatz, der dann gedruckt wird.
Wahr	Wahr	Falsch	Überspringt einen Datensatz und gibt einen leeren Platz auf der Seite aus.
Falsch	Wahr	Falsch	Überspringt einen Datensatz, ohne einen leeren Platz auszugeben.
Wahr	Falsch	Falsch	Lässt einen leeren Platz, überspringt keinen Datensatz.

BL	ND	DB	Beschreibung
Wahr	Falsch	Wahr	Springt zur nächsten Druckposition, aber nicht zum nächsten Datensatz, und druckt den Bereich. Dies ist sinnvoll, wenn die Daten mehr Platz als im Layout vorgesehen benötigen.
Falsch	Wahr	Wahr	Druckt den aktuellen Datensatz über den letzten Datensatz.
Falsch	Falsch	Wahr	Ungültig.
Falsch	Falsch	Falsch	Ungültig.

Die Eigenschaft „Vergrößerbar"

Die Eigenschaft „Vergrößerbar" eines Bereichs ist standardmäßig auf den Wert „Nein" eingestellt. Sie wird von Access automatisch auf „Ja" gesetzt, wenn die gleichnamige Eigenschaft eines Textfeldes, das sich in diesem Bereich befindet, eingeschaltet wird. Dieser Fall kann zum Beispiel eintreten, wenn ein Textfeld den Inhalt eines Memofeldes anzeigen soll. Dieser Inhalt kann in seiner Größe sehr unterschiedlich ausfallen. Um das Textfeld nicht auf übertriebene Ausmaße einstellen zu müssen, wird durch dessen aktivierte Eigenschaft „Vergrößerbar" Access die Erlaubnis zur vertikalen Größenänderung erteilt. Damit sich dieses Textfeld nun beliebig ausdehnen kann, übergibt Access auch der Eigenschaft „Vergrößerbar" des Bereichs, in dem sich das Steuerelement befindet, den Wert „Ja".

Die Eigenschaft „Drucklayout"

Durch die Eigenschaft „Drucklayout" wird festgelegt, ob der Bericht Schriftarten des Druckers oder des Bildschirms verwenden soll. Die Standardeinstellung für Berichte lautet „Ja" und steht für die Druckerschriften, bei Formularen besitzt diese Eigenschaft normalerweise den Wert „Nein". Als Bildschirmschriften werden die Schriften bezeichnet, die für die Ausgabe von Text in ein Fenster benutzt werden. Viele dieser Schriften werden bei der Installation von Windows auf den Rechner kopiert. Druckerschriften werden dagegen bei der Installation eines Druckers hinzugefügt.

Wenn die Eigenschaft „Drucklayout" den Wert „Ja" besitzt, werden in der Symbolleiste alle existierenden Druckerschriftarten mit ihren Größen angezeigt. Als Grundlage wird dazu der Drucker verwendet, der im Dialogfeld „Druckereinrichtung" ausgewählt wurde.

10.3 Berichte ergänzen und verbessern

Das Aussehen eines Berichts kann flexibel an die aktuellen Bedürfnisse angepasst werden. Sie können zum Beispiel die Seitennummer und die Seitenumbrüche bestimmen und Berechnungen im Seitenfuß durchführen.

10.3.1 Seitennummern anpassen

In fast jedem Bericht steht im Seitenfuß die Seitenzahl, die standardmäßig bei 1 beginnt. Ab und zu wollen Sie aber wahrscheinlich selber den Anfangswert bestimmen. Dies ist zum Beispiel der Fall, wenn der Bericht durch ein mit Word erstelltes Schreiben eingeleitet werden soll. Beim Ausdruck mehrerer Berichte wäre es zudem wünschenswert, wenn die Seitennummerierung durchlaufend wäre oder wieder neu bei jeder Gruppe beginnen könnte.

Eine eigene Anfangsseitenzahl nennen

Um die Anfangsseitenzahl selber festlegen zu können, fügen Sie im Seitenfuß ein neues Textfeld ein beziehungsweise löschen den Inhalt des bestehenden Textfeldes. Tragen Sie dann in die Eigenschaft „Steuerelementinhalt" dieses Steuerelements den folgenden Ausdruck ein:

=[Page]+[Geben Sie die Anfangs-Seitenzahl ein:]-1

Wenn Sie nun den Bericht in der Seitenansicht öffnen, wird zuerst ein kleines Dialogfeld eingeblendet, das Sie nach der Anfangsseitenzahl fragt. Diese Nummer erscheint dann auf der ersten Seite des Berichts. Die Ausgabe einer Nummer können Sie auch vollständig unterdrücken, indem Sie keine Eintragung im Dialogfeld vornehmen, sondern gleich die „OK"-Schaltfläche drücken.

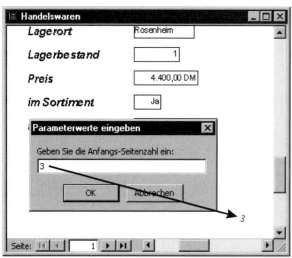

Bild 10.9: Anfangsseitenzahl selber bestimmen

Eine durchlaufende Seitennummerierung für mehrere Berichte erzeugen

Berichte, die hintereinander ausgedruckt werden, sollen teilweise eine fortlaufende Seitennummerierung besitzen. Dies ist zum Beispiel dann sinnvoll, wenn alle Berichte als gemeinsames Dokument weitergereicht werden. Für die Realisierung schreiben Sie drei VBA-Funktionen und tragen diese in bestimmte Eigenschaften der Berichte ein.

```
'****************** DRUCKEN.MDB ******************
'****************** Modul: Seitennummer ******************
Option Compare Database
Dim AktSeite As Integer

Public Function fktBeginn()
    AktSeite = 0
End Function
```

```
Public Function fktAktSeiteErhöhen()
    AktSeite = AktSeite + 1
    fktAktSeiteErhöhen = AktSeite
End Function

Public Function fktAktSeiteErmitteln(Seitenzahl As Integer)
    AktSeite = Seitenzahl
End Function
```

Anschließend erstellen Sie ein Makro, das für alle Berichte die Aktion „ÖffnenBericht" aufruft, wobei das Argument „Ansicht" auf „Ausdruck" gesetzt wird. Das Makro in der Datenbank DRUCKEN.MDB lautet „Berichte mit Seitenzahlen drucken" und enthält zweimal die Aktion „ÖffnenBericht".

Öffnen Sie nun den Bericht, der als Erster gedruckt werden soll, in der Entwurfsansicht. Dort besetzen Sie folgende Eigenschaften:

Tabelle 10.5: Die Eigenschaften mit Funktionen besetzen

Bereich	Eigenschaft	Wert
Berichtskopf	BeimFormatieren	=fktBeginn()
Berichtsfuß	BeimFormatieren	=fktAktSeiteErmitteln([Seite])

Außerdem fügen Sie in den Seitenfuß ein Textfeld ein, falls es noch nicht existiert, das den Inhalt der Eigenschaft „Seite" anzeigt.

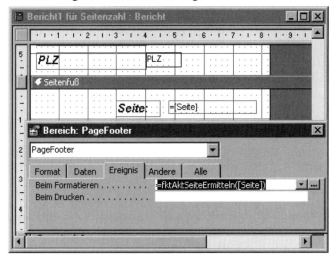

Bild 10.10: Der erste Bericht in der Entwurfsansicht

Danach kommt der zweite Bericht an die Reihe. Auch ihn öffnen Sie in der Entwurfsansicht. Auch in seinen Seitenfuß stellen Sie ein Textfeld, dessen Eigenschaft „Steuerelementinhalt" in diesem Fall aber mit folgendem Ausdruck gefüllt wird:

```
= fktAktSeiteErhöhen()
```

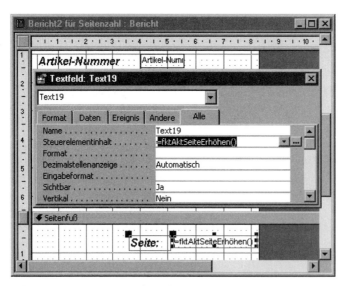

Bild 10.11: Der zweite Bericht in der Entwurfsansicht

Alle weiteren Berichte werden auf dieselbe Weise wie der zweite Bericht modifiziert. Wenn Sie dann das zuvor erstellte Makro ausführen, werden die Berichte mit durchlaufender Seitenzahl gedruckt. Besteht zum Beispiel der erste Bericht aus 10 Seiten, steht am Fußende der ersten Seite des zweiten Berichts die Seitennummer „11" usw.

Die Seitenzahl für jede Gruppe wieder bei 1 beginnen lassen

Wenn umfangreich gruppierte Berichte gedruckt werden, kann es wünschenswert sein, dass für jede Gruppe eine neue Seite begonnen wird und diese Seite wieder mit der Seitennummer 1 beginnen soll. Als Beispiel kann wieder ein Umsatzbericht dienen, in dem die Umsätze nach Gebieten gruppiert sind. Wenn die Seitenzahlen für jedes Gebiet mit der Nummer 1 anfangen, wird ein Bericht ausgedruckt, der praktisch einen Satz von kleineren Berichten darstellt. Sie können dann problemlos jedem Gebiet seinen eigenen vollständigen Bericht zusenden.

Damit die Seitennummerierung in jeder neuen Gruppe eines Berichts wieder bei der Seite 1 beginnt, schreiben Sie zum Beispiel ein Makro, das die Aktion „SetzenWert" verwendet, um die Eigenschaft „Seite" des Berichts auf den Wert „1" einzustellen. Dieses Makro binden Sie in die Eigenschaft „BeimFormatieren" des Gruppenkopfes ein und wählen für die Eigenschaft „NeueSeite" des Gruppenfußes den Eintrag „Nach Bereich". Wenn Access nun eine neue Gruppe dieses Typs zum Drucken anordnet, wird die Seitenzahl zunächst auf „1" eingestellt und dann für jede Seite in der Gruppe um „1" erhöht. Nach dem Drucken der Gruppe beginnt aufgrund der Einstellung „Nach Bereich" der Eigenschaft „NeueSeite" der Druck mit der nächsten Gruppe auf einer neuen Seite, und das Makro setzt die erste Seite der neuen Gruppe wieder auf die Seitennummer 1.

Um die Seitennummer anzuzeigen, fügen Sie im Seitenfuß des Berichts ein Textfeld ein und setzen seine Eigenschaft „Steuerelementinhalt" auf „Seite". Wenn Sie zusätzlich neben der

Seitennummer den Namen des Gebiets sichtbar darstellen wollen, schreiben Sie folgenden Ausdruck:

=[Gebiet] & "-" & Seite

In diesem Ausdruck bezieht sich „[Gebiet]" auf das Steuerelement „Gebiet" im Gruppenkopf. „Seite" bezieht sich auf die Laufzeit-Eigenschaft „Seite" („Page") des Berichts, die beim Drucken des Berichts die aktuelle Seitenzahl enthält. Der Operator „&" verkettet beim Drucken des Ausdrucks den Namen des Gebiets, den Bindestrich und die Seitenzahl, sodass zum Beispiel „Süddeutschland-1" ausgedruckt wird.

Das Beispiel, das diese Erklärungen verdeutlichen soll und in der Datenbank MAKROPR-.MDB steht, gruppiert nicht Gebiete, sondern die Postleitzahlen der Kunden der Tabelle „Kunden-Daten".

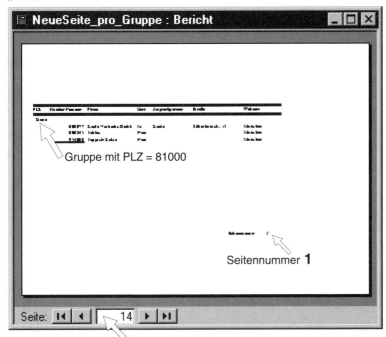

Seitennummer innerhalb des gesamten Berichtes: 14

Bild 10.12: Neue Seite für jede Gruppe im Bericht

Im ersten Schritt erstellen Sie mit dem Berichts-Assistenten einen Bericht, der alle Felder dieser Tabelle aufnimmt und eine Gruppe für jede PLZ besitzt, in der nach der Firma sortiert wird. Dieser Bericht wird unter dem Namen „NeueSeite_pro_Gruppe" gespeichert.

Da die Tabelle „Kunden-Daten" nicht so viele Kunden enthält, wie nötig wären, um für eine Postleitzahl mehrere Seiten zu füllen, habe ich im Dialogfeld „Seite einrichten" im Register „Ränder" den oberen und unteren Rand auf 5 cm eingestellt und im Register „Seite" das Querformat gewählt.

Als Nächstes wird ein Makro geschrieben, das denselben Namen wie der Bericht trägt. Es enthält nur die Aktion „SetzenWert", deren Argument „Feld" auf die Berichts-Eigenschaft „Seite" und deren Argument „Ausdruck" auf den Wert „1" gestellt wird.

Bild 10.13: Makro „NeueSeite_pro_Gruppe"

Abschließend müssen Sie noch dieses Makro der Eigenschaft „BeimFormatieren" des Gruppenkopfes zuordnen und die Eigenschaft „NeueSeite" des Gruppenfußes auf die Option „Nach Bereich" setzen. Das Textfeld, das den Inhalt der Eigenschaft „Seite" anzeigen soll, müssen Sie meistens nicht mehr selbst in den Seitenfuß des Berichts einfügen, da diese Aufgabe bereits der Berichts-Assistent erledigt hat. Falls nicht, wählen Sie im Menü EINFÜGEN den Menüpunkt SEITENZAHL und stellen dann die Option „Seitenfuß" ein.

Anstelle des Makros können Sie natürlich auch direkt in der Ereignisprozedur „Format" des Gruppenkopfes die folgende Zeile einfügen:

```
Private Sub Gruppenkopf1_Format(Cancel As Integer, FormatCount As Integer)
    Page = 1
End Sub
```

Danach können Sie noch vor das eingefügte Textfeld ein Bezeichnungsfeld mit der Beschriftung „Seitennummer" hinzufügen. Wenn Sie nun in die Seitenansicht des Berichts wechseln, werden Sie feststellen, dass jede neue Gruppe mit der Seite 1 beginnt.

10.3.2 Seitenumbrüche kontrollieren

Die Seitenwechsel in Berichten können Sie kontrollieren, indem Sie für Bereiche mit den Eigenschaften „NeueSeite" und „Zusammenhalten" arbeiten. Auch innerhalb eines Bereichs können Sie ein Steuerelement einfügen, das eine neue Seite einleitet. Wenn Sie ein solches Seitenumbruch-Steuerelement verwenden, wird die Seite an der Stelle des Bereichs, an der sich dieses Steuerelement befindet, für alle gedruckten Bereiche umbrochen. Falls jedoch eine neue Seite nur unter bestimmten Bedingungen beginnen soll, benutzen Sie ein Makro oder eine VBA-Funktion.

Dazu fügen Sie in einem Bereich des Berichts einen Seitenumbruch ein. Anschließend erstellen Sie eine neue Makrogruppe. Im ersten Makro dieser Gruppe rufen Sie die Aktion „SetzenWert" auf, um die Eigenschaft „Sichtbar" des Seitenumbruchs auf „Nein" zu setzen. Das zweite Makro der Gruppe bewirkt genau das Gegenteil, das heißt, es stellt die Eigenschaft „Sichtbar" des Seitenumbruchs auf „Ja" ein. In diesem zweiten Makro verwenden Sie einen bedingten Ausdruck, mit dem Sie feststellen, wann die Seite umbrochen werden soll. Das erste Makro der Gruppe binden Sie in die Eigenschaft „BeimFormatieren" des Seitenkopfes im gewünschten Bericht ein. Dadurch wird der Seitenumbruch beim Öffnen des Berichts ausgeblendet, und die Seite wird nicht umbrochen.

Das zweite Makro der Gruppe weisen Sie der Eigenschaft „BeimDrucken" des Bereichs zu, in dem eine neue Seite begonnen werden soll. Dieser Bereich wird im Normalfall der Detailbereich sein. Wenn die Bedingung dieses Makros erfüllt ist, wird die Seite umbrochen. Nach dem Umbruch blendet das erste in den Seitenkopf eingebundene Makro das Seitenumbruch-Steuerelement wieder aus, bis die Bedingung erneut erfüllt ist.

Beispiel für die Festlegung eines Seitenumbruchs

Diese gerade beschriebene Vorgehensweise soll wieder an einem Beispiel verdeutlicht werden. Die Realisierung erfolgt nun aber mit VBA und nicht mit Makros. In der Datenbank MAKROPR.MDB zeigt ein Bericht mit dem Namen „Seitenumbruch_im_Bericht" die einzelnen Artikel der Tabelle „Genauere Beschreibung der Waren" an, die in aufsteigender Reihenfolge nach dem Bestelldatum sortiert sind. Die drei Artikel, deren Bestelldatum am längsten zurückliegt, sollen dadurch besonders hervorgehoben werden, dass diese Artikel allein auf der ersten Seite des Berichts erscheinen. Alle anderen Artikel sollen dann fortlaufend auf den folgenden Seiten gedruckt werden.

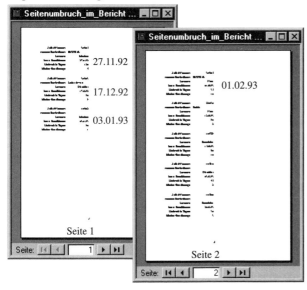

Bild 10.14: Bericht mit gezieltem Seitenumbruch

Dazu fügen Sie zunächst im Detailbereich ein ausgeblendetes Textfeld mit dem Steuerelementnamen „Zählertext" ein. Die Eigenschaft „Sichtbar" dieses Elements muss auf „Nein", die Eigenschaft „Steuerelementinhalt" auf den Ausdruck „=1" und die Eigenschaft „Laufende Summe" auf die Option „Über alles" gesetzt werden. Das so definierte Steuerelement dient als Zähler für die Datensätze im Detailbereich des Berichts.

Am unteren Ende des Detailbereichs wird ein Seitenumbruch-Steuerelement in diesen Bereich gesetzt, dem der Name „Seitenumbruch" zugewiesen wird.

Als Nächstes erstellen Sie die Ereignisprozedur „Format" für den Seitenkopf, um den Seitenumbruch auszublenden:

```
Private Sub Seitenkopf_Format(Cancel As Integer, FormatCount As Integer)
' Steuerelement-Seitenumbruch wird ausgeblendet
```

```
Reports!Seitenumbruch_im_Bericht!Seitenumbruch.Visible = False
End Sub
```

In der Ereignisprozedur „Print" des Detailbereichs prüfen Sie den Inhalt des ausgeblendeten Zählers. Wenn das Textfeld „Zählertext" den Wert „2" erreicht, befinden sich drei Datensätze auf der ersten Seite des Berichts. In diesem Fall setzt der Code die Eigenschaft „Visible" des Seitenumbruchs auf „True".

```
Private Sub Detailbereich_Print(Cancel As Integer, PrintCount As Integer)
    If (Me!Zählertext = 2) Then
        ' Steuerelement-Seitenumbruch wird eingeblendet
        Reports!Seitenumbruch_im_Bericht!Seitenumbruch.Visible = True
    End If
End Sub
```

Beim Öffnen des Berichts ordnet Access den Seitenkopf an. Dabei blendet die zuerst erstellte Ereignisprozedur das Seitenumbruch-Steuerelement aus. Nachdem die ersten drei Datensätze im Detailbereich angelegt worden sind, erfolgt ein Seitenumbruch. Die zweite Ereignisprozedur blendet dazu den Seitenumbruch ein, und die Seite wird an der gewünschten Stelle umbrochen.

Mit der Version von OfficeXP, mit der dieses Buch geschrieben wurde, funktioniert dieses Beispiel leider nicht. Der Grund liegt an einer unterschiedlichen Benennung des Seitenkopfes. Im Eigenschaftenfenster des Berichts wird dieser Bereich unter dem Namen „Seitenkopfbereich" geführt, in VBA heißt das Objekt aber wie bisher nur „Seitenkopf". Somit findet Access nicht die richtige Ereignisprozedur und springt nicht in das Berichtsmodul. Die Verbindung zwischen der Ereignis-Eigenschaft und der Ereignisprozedur kann auf diese Weise nicht vollzogen werden. Vielleicht haben Sie mit Ihrer Access2002-Version mehr Glück oder Sie setzen anstelle der beiden Ereignisprozeduren zwei Makros beziehungsweise zwei VBA-Funktionen ein, die Sie dann den entsprechenden Ereignis-Eigenschaften übergeben.

10.3.3 Berechnungen im Seitenkopf/-fuß

Berichte aus Datenbanken sind häufig mit Berechnungen verbunden. Dabei erscheinen Berechnungen für Gruppen im Gruppenkopf oder im Gruppenfuß. Berechnungen für den Bericht werden dagegen im Berichtskopf oder im Berichtsfuß angezeigt. Wenn Sie die Ergebnisse dieser Berechnungen ausdrucken wollen, müssen Sie ein berechnetes Textfeld in den entsprechenden Bereich einfügen. Der Ausdruck in diesem Textfeld verwendet eine Funktion, um die gewünschte Berechnung auszuführen. In den meisten Fällen wird diese Funktion die Funktion „Summe" sein.

Seitenköpfe und Seitenfüße hingegen unterstützen keine Funktionen, die auf Tabellenfelder zugreifen. Deshalb können Sie in diesen Bereichen keine berechneten Steuerelemente zur Anzeige von Berechnungsergebnissen benutzen, die mithilfe von gebundenen Elementen aus dem Detailbereich entstehen. Folgender Ausdruck kann somit nicht einem Textfeld im Seitenkopf oder -fuß zugewiesen werden. Bei „Kunden-Nummer" handelt es sich um ein gebundenes Textfeld im Detailbereich.

```
=Summe([Kunden-Nummer])
```

Stattdessen fügen Sie ein ungebundenes Steuerelement in den Seitenkopf oder Seitenfuß ein. Anschließend schreiben Sie ein Makro oder eine VBA-Funktion, das/die den Wert des ungebundenen Steuerelements auf den Wert eines berechneten Steuerelements setzt. Dieses berechnete Element befindet sich in einem anderen Bereich des Berichts und führt die gewünschte Berechnung durch. Wenn Sie zum Beispiel die Gruppensummen im Seitenkopf oder -fuß anzeigen und ausdrucken wollen, müssen Sie das ungebundene Steuerelement im Seitenkopf oder -fuß auf den Wert eines berechneten Elements einstellen, das im Gruppenkopf oder -fuß liegt. Falls der Bericht im entsprechenden Bereich kein berechnetes Steuerelement enthält, das die gewünschte Berechnung ausführt, müssen Sie dort ein ausgeblendetes Steuerelement für die Berechnung einfügen. Wenn Sie Berechnungen in einen Seitenkopf/-fuß einfügen wollen, ist es am sichersten, das Makro beziehungsweise die Funktion der Eigenschaft „BeimDrucken" des entsprechenden Bereichs zuzuweisen.

Angenommen, ein Makro fügt das Ergebnis einer Berechnung in einen Seitenfuß ein. Wenn Sie in diesem Fall ein Makro in die Eigenschaft „BeimFormatieren" des Detailbereichs einbinden würden, das jeweils für eine Seite zum Beispiel die Summe der Bestellungen berechnet, schließt Access den Wert eines Datensatzes im Detailbereich in die Berechnung ein, ohne zu wissen, ob dieser Datensatz auch auf die aktuelle Seite passen wird. Dies ist dadurch begründet, dass Access bei Eintritt des Ereignisses „BeimFormatieren" die Bereiche noch nicht zum Drucken angeordnet hat. Passt der Datensatz nicht mehr auf die Seite, verschiebt ihn Access auf die folgende Seite, wodurch die Summe für die erste Seite nicht mehr korrekt ist, da darin auch der Wert des verschobenen Satzes berücksichtigt wird. Wird das Makro dagegen der Eigenschaft „BeimDrucken" des Detailbereichs zugewiesen, wird das Makro erst ausgeführt, wenn der Bereich auf der aktuellen Seite gedruckt wird. Access weiß zu diesem Zeitpunkt beim Berechnen der Summen für jede Seite, auf welcher Seite ein Datensatz ausgegeben werden wird.

Anzahl der Datensätze pro Berichtsseite ermitteln

Stellen Sie sich vor, Sie wollen einen umfangreichen Verkaufsbericht drucken und möchten, dass eine Summe über die Anzahl der verkauften Artikel pro Seite gebildet wird, die dann im Seitenfuß jeder Seite angezeigt und ausgedruckt wird. Um das zu erreichen, erstellen Sie einen einspaltigen Bericht, der auf der Tabelle „Ausgelieferte Waren" basiert und „Seitensummen_drucken" heißt. Fügen Sie danach ein ungebundenes Textfeld mit dem Namen „Seitensumme" in den Seitenfuß ein.

Anschließend legen Sie eine neue Makrogruppe mit zwei Makros an. Das erste Makro verwendet die Aktion „SetzenWert", um den Wert des Steuerelements „Seitensumme" auf den nachstehenden Ausdruck zu setzen.

Element: [Seitensumme]
Ausdruck: [Seitensumme] + [Anzahl]

Auf diese Weise wird im Textfeld „Seitensumme" eine laufende Summe über die Anzahl aller verkauften Artikel gebildet. Dieses Makro „Seitensumme_drucken.Addiere" binden Sie in die Eigenschaft „BeimDrucken" des Detailbereichs ein.

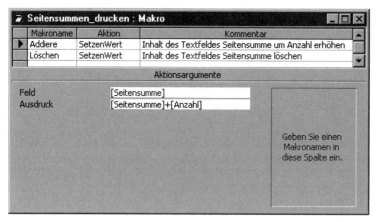

Bild 10.15: Mit Makros Seitensummen bilden

Das zweite Makro „Seitensumme_drucken.Löschen" setzt den Inhalt des Steuerelements „Seitensumme" auf den Wert „0". Es wird der Eigenschaft „BeimDrucken" des Seitenkopfbereichs übergeben. Aufgrund dieses Makros beginnt das Steuerelement „Seitensumme" am Anfang jeder neuen Seite wieder bei Null. Bei jedem neuen Datensatz einer Seite wird das Steuerelement „Seitensumme" um den Wert von „Anzahl dieses Satzes" erhöht. Wenn Access den letzten Datensatz der Seite erreicht hat, entspricht der Wert in Steuerelement „Seitensumme" genau der Summe aller Artikel dieser Seite. Wenn Sie nun den Verkaufsbericht drucken, wird im Seitenfuß jeder Seite die Seitensumme mit ausgedruckt.

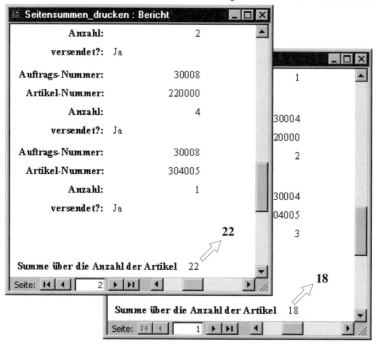

Bild 10.16: Bericht mit Summe über die Anzahl der Artikel pro Seite

Formular-Vordrucke als Bericht einsetzen

Das gleiche Verfahren kann auch bei vorgedruckten Formularen angewandt werden. Diese Formular-Vordrucke, die in Access auch als Berichte angelegt und dann ausgedruckt werden können, bieten häufig am unteren Ende der Seite Platz für Berechnungen. Damit für das Ergebnis dieser Berechnung immer dieselbe Position innerhalb des Berichts verwendet wird, muss die Berechnung auch im Seitenfuß und nicht im Gruppenfuß ausgegeben werden, da Access den Gruppenfuß direkt nach den Detaildatensätzen ausdruckt. Dadurch kann sich der Gruppenfuß an einer beliebigen Stelle auf der Seite befinden.

Sie blenden den Gruppenfußbereich aus, indem Sie seine Eigenschaft „Sichtbar" auf „Nein" setzen. Für alle Steuerelemente, die sich im Gruppenfuß befinden und deren Inhalt aufgrund des Ausblendens nun im Seitenfuß ausgegeben werden sollen, erzeugen Sie ein ungebundenes Steuerelement gleichen Typs im Seitenfuß.

Anschließend schreiben Sie ein Makro, das mithilfe der Aktion „SetzenWert" diese ungebundenen Elemente im Seitenfuß auf den Inhalt der Steuerelemente im Gruppenfuß setzt. Dieses Makro binden Sie in die Eigenschaft „BeimFormatieren" des Gruppenfußes ein. Sie müssen in diesem Fall die Eigenschaft „BeimFormatieren" und nicht die Eigenschaft „BeimDrucken" verwenden, da der Bereich ausgeblendet ist und das Makro, das der Eigenschaft „BeimDrucken" zugewiesen wird, nur auf die Datensätze zugreifen kann, die gedruckt werden.

10.4 Text und Grafik in Berichten ausgeben

Neben der normalen Ausgabe in Steuerelemente wie zum Beispiel Textfelder existieren noch andere Ausgabefunktionen, mit denen Linien, Kreise etc. gezeichnet werden können oder ein Text gezielt in einem Bericht positioniert werden kann.

Um die gesamte Ausgabe abwechslungsreicher gestalten zu können, stehen Möglichkeiten zur Verfügung, die zum Beispiel Linien gepunktet darstellen, Flächen füllen und Texte mit einer anderen Schriftart versehen.

Mithilfe des GDI-Teils von Windows können verschiedene Ausgabegeräte auf dieselbe Weise angesteuert werden. GDI steht als Abkürzung für Graphical Device Interface und ist für die Ausgaben in Windows zuständig. GDI gibt die Ausgabebefehle an den entsprechenden Gerätetreiber weiter.

Sobald eine der vielen Ausgabeeigenschaften wie zum Beispiel „DrawMode" oder „CurrentX" eingestellt wird, wird auch der GDI-Teil angesprochen.

10.4.1 Die Ausgabe von Text

Die Methode „Print" gibt in einen Bericht an der aktuellen Position eine Zeichenkette aus. Dabei werden die eingestellte Vordergrundfarbe und die aktuelle Schriftart benutzt. Die Syntax für diese Methode lautet folgendermaßen:

Objekt.Print [{Spc(n) | Tab(n)}][Ausdrucksliste][{; | ,}]

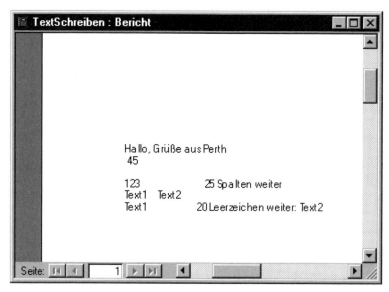

Bild 10.17: Die Methode „Print" gibt Text in den Bericht aus

Hinweis: Mithilfe der Methode „Print" kann nur in einen gedruckten Bericht geschrieben werden. Dazu wird in die Eigenschaft „BeimDrucken" der Funktionsname der Funktion eingetragen, die die Ausgabe vornimmt.

Als Ausdrucksliste für die Methode „Print" kann entweder ein numerischer Ausdruck oder ein String genannt werden. Es wird eine leere Zeile ausgegeben, falls „Print" ohne weitere Angaben aufgerufen wird.

Für das nächste Beispiel weisen Sie der Eigenschaft „BeimDrucken" des Detailbereichs des Berichts „TextSchreiben" die Funktion „=fktTextSchreiben()" zu:

```
'******************* BASICPRG.MDB ****************
'****************** Modul: Textausgabe *************
' Funktion schreibt mehrere Textausdrücke in den Bericht TextSchreiben
Function fktTextSchreiben ()
  Dim rTextAusgabe As Report

  Set rTextAusgabe = Reports!TextSchreiben
  rTextAusgabe.Print "Hallo, Grüße aus Perth"
  rTextAusgabe.Print 45
  rTextAusgabe.Print
  rTextAusgabe.Print "123"; Tab(25); "25 Spalten weiter"
  rTextAusgabe.Print "Text1    Text2"
  rTextAusgabe.Print "Text1"; Spc(20); "20 Leerzeichen weiter:        Text2"
End Function
```

Mehrere Ausgaben können auch mit einer einzigen Print-Anweisung erfolgen. Die einzelnen Teile müssen in diesem Fall durch einen Leerraum, ein Komma oder einen Strichpunkt voneinander getrennt werden:

Reports!TextSchreiben.Print "123", 45; "67" 89

VBA ersetzt beim Programmtest automatisch den Leerraum durch einen Strichpunkt. Der Unterschied zwischen dem Komma und dem Strichpunkt liegt in der Platzierung des Textzeigers für die nächste Ausgabe. Bei der Benutzung eines Strichpunkts beziehungsweise eines Leerraums wird dieser Cursor direkt hinter das letzte dargestellte Zeichen gesetzt. Dagegen positioniert das Komma den Textzeiger auf den Anfang der nächsten „Print-Zone", die alle 14 Spalten beginnt. Die Spaltenbreite wird dabei aus der Durchschnittsbreite eines Buchstabens gebildet.

Dies ist nötig, da in Windows normalerweise mit einer Proportional-Schrift gearbeitet wird, das heißt, die Breite der einzelnen Buchstaben ist unterschiedlich. So verbraucht „M" um einiges mehr Platz als „i". Man kann auch als Programmierer mit der Funktion „Tab" auf eine bestimmte Spaltenposition weiterschalten, wobei dieselbe Spaltenberechnung gilt.

Reports!TextSchreiben.Print "123"; Tab(25); "25.Spalte"

Die Zeichen werden an der Position ausgegeben, die durch die beiden Eigenschaften „CurrentX" und „CurrentY" gekennzeichnet wird. Dabei sind die numerischen Werte dieser Eigenschaften als Koordinaten des Koordinatensystems des Objekts zu sehen.

Tabelle 10.6: Eigenschaften für die aktuelle Position

Eigenschaft	Bedeutung
CurrentX	x-Koordinate
CurrentY	y-Koordinate

Diese beiden Eigenschaften setzen oder liefern die aktuelle Position für die meisten Ausgabe-Methoden und sind nur während der Laufzeit verfügbar. Ihre Inhalte werden von den Methoden „Print", „Circle", „Line" und „PSet" verändert.

Wenn der voreingestellte Scale Mode Twip (1) benutzt wird, liegt der Bezugspunkt für alle Text- und Grafik-Ausgaben in der linken oberen Ecke des Arbeitsbereichs des entsprechenden Objekts. Dadurch steigen die horizontalen Werte, die die Eigenschaft „CurrentX" enthält, nach rechts an, die vertikalen Werte, die in „CurrentY" stehen, werden von oben nach unten größer.

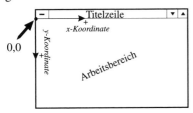

Bild 10.18: Bezugspunkt der Ausgabe

Im Normalfall wird bei der „Print"-Methode automatisch an das Ende der Ausdrucksliste ein Carriage Return angehängt, damit die nächste Ausgabe in einer neuen Zeile stattfindet. Der Inhalt der Eigenschaft „CurrentY" wird um den Wert erhöht, den die Eigenschaft

„TextHeight" enthält, „CurrentX" wird auf „0" gesetzt. Wenn dies nicht gewünscht wird, muss anschließend an die Ausdrucksliste ein Strichpunkt angefügt werden.

    Reports!TextSchreiben.Print "Dies ist Zeile 1";
    Reports!TextSchreiben.Print "Dies ist immer noch Zeile 1"

Dann werden die Inhalte von „CurrentX" und „CurrentY" auf die Stelle direkt nach dem letzten Zeichen gesetzt.

Wenn die Ausdrucksliste zu lang ist, um in einer Zeile dargestellt zu werden, wird der Rest abgeschnitten und geht dadurch der Ausgabe verloren. Um dies zu verhindern, sollten Sie zuerst sowohl die Breite der Zeichenkette als auch die des Objekts ermitteln. Für die Berechnung der String-Ausmaße gibt es beiden Methoden:

Tabelle 10.7: Methoden für die Höhe und Länge der Zeichenkette

Methode	Bedeutung
TextHeight	Höhe der Zeichenkette
TextWidth	Länge der Zeichenkette

Die Ergebniswerte besitzen wie die Werte der Eigenschaften „CurrentX" und „CurrentY" als Einheit die des Koordinatensystems des Objekts, das bei dem Methodenaufruf angegeben und in das der Text geschrieben wird.

    Reports!TextSchreiben.TextHeight("Guten Morgen")
    Reports!TextSchreiben.TextWidth(String$)

Wenn in der Zeichenkette ein oder mehrere „Carriage-Return"-Zeichen eingebaut sind, so wird mit der Methode „TextHeight" die Summe aller Zeilenhöhen berechnet und mit der Methode „TextWidth" die längste Zeile ermittelt. Die Methode „TextHeight" wird häufig verwendet, wenn mehrere Zeilen untereinander erscheinen sollen, jedoch die Reihenfolge eine andere als die übliche ist, die von oben nach unten verläuft. „TextHeight" liefert die Zeichenhöhe mit dem oberen und unteren Freiraum zurück, der als „Leading" bezeichnet wird und den die meisten Schriftarten besitzen, da ansonsten die Zeilen ohne Zwischenräume direkt aufeinander stehen würden.

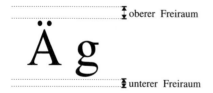

Bild 10.19: Größe eines Buchstabens

Der von der Methode „TextHeight" gelieferte Rückgabewert kann dann mit einem Multiplikationsfaktor, der für die Zeilennummer steht, der Eigenschaft „CurrentY" übergeben werden. In dem nächsten Beispiel wird diese Variable „mfaktor" genannt. Die Funktion „fktTexthöhe" wird durch den Bericht „TextHöhe" beim Drucken ausgeführt.

```
'******************* BASICPRG.MDB ****************
'******************* Modul: Textausgabe *************
' Funktion berechnet die Texthöhe und gibt sie in Bericht TextHöhe aus.
Function fktTexthöhe (mfaktor As Integer)
  Dim rTexthöhe As Report

  Set rTexthöhe = Reports!Texthöhe
  Text$ = "Berechnung dieser Texthöhe"
  Höhe = rTexthöhe.TextHeight(Text$)
  CurrentY = mfaktor * Höhe
  rTexthöhe.Print Text$
  rTexthöhe.Print "Höhe = ", Höhe
End Function
```

Der Inhalt des Übergabeparameters „mfaktor" bestimmt die Zeile. Der Text erscheint in der obersten, das heißt ersten Zeile, wenn „mfaktor" den Wert „0" besitzt.

Für die Breitenberechnung des Objekts existieren die Eigenschaften „Width" und „Scale-Width", wobei die erstgenannte die Fensterbreite inklusive des Fensterrahmens liefert, die zweite nur die Breite des Arbeitsbereichs.

Mithilfe der Methode „TextWidth" und der Eigenschaft „ScaleWidth" kann nun verhindert werden, dass ein Teil einer zu langen Zeile bei der Ausgabe mit „Print" verloren geht.

In dem folgenden Beispiel wird der Text nur in den Bericht geschrieben, wenn er auch vollständig in dessen Arbeitsbereich passt. Ansonsten teilt ein Meldungsfenster dem Anwender mit, dass das Fenster zu schmal ist.

```
'******************* BASICPRG.MDB ****************
'******************* Modul: Textausgabe *************
' Funktion berechnet die Länge eines Textes
' und gibt den Text im Bericht TextLänge aus, falls dieser dort Platz findet.
Function fktTextLänge ()
  Dim rTextLänge As Report

  Set rTextLänge = Reports!TextLänge
  Text$ = "12345678901234567890"
  Breite = rTextLänge.TextWidth(Text$)
  If Breite > rTextLänge.ScaleWidth Then
    MsgBox "Fenster ist zu schmal"
  Else
    rTextLänge.Print Text$
  End If
End Function
```

Wenn die Zeichenkette auf den Drucker ausgegeben wird, ist der Verlauf bei einer Überlänge in horizontaler Richtung genauso. Der rechte Teil der Ausgabe wird abgeschnitten. Falls der Text nicht mehr unten auf die Seite passt, entsteht ein Seitenumbruch, und die Ausgabe erfolgt auf der nächsten Seite.

10.4.2 Grafische Grundfunktionen

In VBA existieren grafische Methoden und bestimmte Eigenschaften, um Kreise, Linien sowie Rechtecke zu zeichnen und mit verschiedenen Farben und Mustern zu füllen.

Tabelle 10.8:Grafische Methoden

Methode	Bedeutung
Circle	Zeichnet einen Kreis, eine Ellipse oder einen Bogen
Line	Zeichnet eine Linie oder ein Rechteck
Pset	Setzt einen Punkt in der angegebenen Farbe

Die Aufgabe der Methode „PSet" ist es, einzelne Punkte in einer bestimmten Farbe anzuzeigen. Der gewünschte Farbwert kann entweder als Parameter übergeben werden oder zuvor über die Eigenschaft „ForeColor" eingestellt worden sein.

Farben einstellen

Da es eine Eigenschaft für die Vordergrundfarbe gibt, ist es fast selbstverständlich, dass auch eine für den Hintergrund existiert. Während der interaktiven Erstellung des Berichts können diese Eigenschaften mithilfe zweier Kombinationsfelder gesetzt werden, die sich in der Formatierungs-Symbolleiste befinden.

Tabelle 10.9: Eigenschaften für Vorder- und Hintergrundfarbe

Eigenschaft	Bedeutung
ForeColor	Vordergrundfarbe für Text und Grafik
BackColor	Hintergrundfarbe

Es ist aber genauso möglich, die Farben erst zur Laufzeit zu wählen. Dazu existieren die beiden Funktion „RGB" und „QBColor" und die System-Default-Farben.

Tabelle 10.10: Farbfunktionen

Funktion	Bedeutung
RGB	Farbangabe in rot, grün, blau
QBColor	Farbangabe durch Nummern

Bei der Funktion „RGB" werden alle drei Grundfarben jeweils durch ein Byte repräsentiert, das Werte zwischen „0" und „255" annehmen kann. Die Reihenfolge der anzugebenden Farben ist „rot", „grün", „blau". Wenn die drei Werte gleichzeitig auf „0" stehen, wird die schwarze Farbe angezeigt.

> RGB (0, 0, 0) schwarz
> RGB (255, 255, 255) weiß
> RGB (255, 0, 0) reines Rot

Das Aussehen der Farbe ist von dem Gerätetreiber abhängig, das heißt, häufig entstehen keine reinen Farben, sondern sie sind mit schwarzen Punkten durchsetzt.

Falls Ihnen das Setzen der drei Grundfarben zu umständlich ist, können Sie auf die andere Funktion zur Farbeinstellung „QBColor" zurückgreifen. Die ersten beiden Buchstaben „QB" sind die Abkürzung für Quick Basic, da sich diese Funktion auf Farbwerte bezieht, die in der Quick-Basic- und Basic-Compiler-Version benutzt werden. „QBColor" besitzt einen Parameter, der Werte zwischen „0" und „15" annehmen kann, die jeweils eine bestimmte Farbe repräsentieren.

QBColor (4) rot
QBColor (0) schwarz

Tabelle 10.11: Farbwerte

Wert	Farbe	Wert	Farbe
0	Schwarz	8	Grau
1	Blau	9	Hellblau
2	Grün	10	Hellgrün
3	Cyan	11	Hellcyan
4	Rot	12	Hellrot
5	Magenta	13	Hellmagenta
6	Gelb	14	Hellgelb
7	Weiß	15	Reines weiß

Die Tönung der Farben fällt bei den Funktionen „RGB" und „QBColor" unterschiedlich aus, das heißt, die blaue Farbe, die durch „QBColor(1)" gesetzt wird, sieht anders als das Blau aus, das durch den Aufruf „RGB(0,0,255)" entsteht.

Der Rückgabewert beider Funktionen besitzt das gleiche Format „Long". Dabei steht im niederwertigsten Byte der Wert für „rot", das höchstwertigste Byte ist auf „00" gesetzt, wenn es sich um eine normale RGB-Farbe handelt.

Rückgabewert

Bit 31   0

Bild 10.20: Rückgabewert der Funktionen zur Farbeinstellung

Das Gegenstück zu den normalen RGB-Farben stellen die System-Default-Farben dar, deren höchstwertiges Byte auf dem Wert „&H80" steht, das heißt, das Bit 31 ist gesetzt. Auf diese Farben kann über Konstanten zugegriffen werden, die zur Benutzung natürlich selbst definiert werden müssen.

```
Const vbMenuBar = &H80000004 ' Menu Hintergrund.
Const vbWindowBackground = &H80000005 ' Fensterhintergrund.
Const vbWindowFrame = &H80000006 ' Fensterrahmen
```

Es sind die gleichen Farben, die über das Symbol „Anzeige" aus der Systemsteuerung von Windows für die einzelnen Bestandteile des Fensters eingestellt werden können.

Punkte setzen

Die vollständige Syntax der Methode „PSet" lautet:

```
[object.]PSet [Step](x!, y!)[,color&]
```

Der einfachste Aufruf kann somit zum Beispiel folgendermaßen aussehen:

```
Reports!Liste.PSet (200, 460)
```

In diesem Fall wird ein Punkt, der von der linken oberen Ecke des Objekts (Bericht) 200 Einheiten weiter rechts und 460 Einheiten tiefer liegt, mit der Vordergrundfarbe bemalt. Anschließend stellt dieser Punkt die aktuelle Position dar, die in den Eigenschaften „CurrentX" und „CurrentY" gespeichert ist. Durch die Angabe des Schlüsselwörters „Step" werden die Koordinaten relativ auf die aktuelle Position und nicht mehr auf die linke obere Ecke bezogen.

„PSet" wird häufig verwendet, um einzelne Punkte aus einer Zeichnung zu löschen. Dazu wird der Wert der Hintergrundfarbe, der in der Eigenschaft „BackColor" steht, als Parameter angegeben:

```
Reports!Liste.PSet (1200, 340), BackColor
```

Linien und Rechtecke zeichnen

Auch wenn der Methodenname „Line" heißt, kann diese Methode nicht nur Linien, sondern auch Rechtecke zeichnen.

```
[object.]Line [[Step](x1!, y1!)] - [Step]
(x2!, y2!) [,[color&][,B[F]]]
```

Die Syntax zeigt schon, dass man mit dieser Funktion unterschiedliche Grafiken ausgeben kann. Um eine einfache Linie zu erstellen, genügt zum Beispiel folgender Aufruf:

```
Reports!Liste.Line -(3000, 600)
```

Der Strich beginnt bei der aktuellen Position und besitzt den Endpunkt mit der x-Koordinate „3000" und der y-Koordinate „600", die sich auf den Ursprung des Arbeitsbereichs beziehen. Das Schlüsselwort „Step" und das Argument „color&" sind optional und werden auf die gleiche Weise wie bei der Methode „PSet" verwendet.

Wenn mit dieser Methode ein Rechteck ausgegeben werden soll, muss als letzter Parameter der Buchstabe „B" genannt werden. Die Größe und Lage des Rechtecks werden durch die beiden Punkte bestimmt, die für zwei gegenüberliegende Ecken stehen. Werden die Koordinaten des ersten Punkts weggelassen, so wird dieser Punkt durch die aktuelle Position ersetzt.

Nach der Ausgabe der Linie beziehungsweise des Rechtecks stehen die Eigenschaften „CurrentX" und „CurrentY" auf dem Endpunkt (x2!, y2!).

Bei der Erstellung eines Rechtecks kann an den Buchstaben „B" noch der Buchstabe „F" angefügt werden, damit die innere Fläche der Figur mit der gleichen Farbe wie der Rand gefüllt wird. Ansonsten hängt das Aussehen dieser Fläche von den Eigenschaften „FillColor" und „FillStyle" ab, die anschließend besprochen werden.

Nachfolgend sind einige Aufrufmöglichkeiten der Methode „Line" dargestellt, die in einem Test in der Funktion „fktZeichneEcken" hintereinander aufgerufen wurden. Die Funktion wird von dem Bericht „ZeichneEcken" aktiviert:

```
'******************* BASICPRG.MDB ****************
'******************* Modul: Grafikausgabe ************
' Funktion zeichnet Rechtecke und Linien in Bericht ZeichneEcken
Function fktZeichneEcken ()
  Dim rZeichneEcken As Report

  Set rZeichneEcken = Reports!ZeichneEcken

  'Rechteck: Punkt1: 0,0; Punkt2: 1500, 900; Vordergrundfarbe
  rZeichneEcken.Line -(1500, 900), , B

  'Linie: P1: 1234,233; P2: 2000,455; Vordergrundfarbe
  rZeichneEcken.Line (1234, 233)-(2000, 455)

  'Rechteck: P1: 1300,750; P2: 2222,0; Vordergrundfarbe
  rZeichneEcken.Line (1300, 750)-(2222, 0), , B

  'Linie in einer Picture Box: P1: 20,50; P2 100,230; Farbe: grün
  rZeichneEcken.Line (20, 50)-(100, 238), RGB(0, 255, 0)
  'keine Veränderung der aktuellen Position des Berichts

  'Rechteck: P1: 2222,0; P2: 3222,500; Farbe: gelb
  rZeichneEcken.Line -Step(1000, 500), RGB(255, 255, 0), B

  'Rechteck: P1: 3400,2300; P2: 4000,3000; Farbe: blau
  rZeichneEcken.Line (3400, 2300)-(4000, 3000), QBColor(1), BF

  'Rechteck: P1: 4100,3050; P2: 4400,3300; Farbe: rot
  rZeichneEcken.Line Step(100, 50)-Step(300, 250), &HFF&, BF
End Function
```

Kreise und Ellipsen zeichnen

Die letzte Methode, die noch zu den grafischen Grundfunktionen gehört, ist die „Circle"-Methode. Außer Kreisen können mit ihr auch Ellipsen, Kreisbögen und Teile davon, die wie Kuchenstücke aussehen, erstellt werden. Diese Vielzahl von Möglichkeiten spiegelt sich auch in der recht komplizierten Syntax wider:

```
[object.]Circle [Step](x!, y!), radius![,[color&]
[,[start!] [,[end!] [,aspect!] ] ] ]
```

Beginnen wir mit einem einfachen Kreis, bei dem Sie nur den Mittelpunkt und den Radius angeben müssen:

> Reports!Liste.Circle (1234, 900), 700

Der Radius bezieht sich dabei immer auf die waagerechte Größe der eingestellten Einheit. Falls bei dem aktuellen Koordinatensystem die horizontalen und vertikalen Einheiten dieselbe Länge besitzen, wie es im Standardmodus „Twips" der Fall ist, entsteht auch wirklich ein Kreis. Ansonsten – wie zum Beispiel im Pixel-Mode – kommt eine Ellipse zur Anzeige, obwohl ein Kreis gewünscht war.

Eine Ellipse wird mit der Methode „Circle" erstellt, wenn der letzte Parameter versorgt wird. Die Kommata, die die weiteren Argumente voneinander abgrenzen, müssen dabei gesetzt werden, um die richtige Stelle des „aspect"-Arguments zu spezifizieren. Der Parameter „aspect" definiert das Verhältnis zwischen der senkrechten und der waagerechten Dimension. Bei Werten, die größer als „1" sind, wird die Ellipse an der y-Achse gestreckt, ansonsten wird die Ellipse in Richtung der x-Achse gezogen.

> Reports!Liste.Circle (2222, 1000), 800,,,, 5
> Reports!Liste.Circle (345, 3000), 300,,,, 1/8

Mathematisch gesehen besitzt eine Ellipse nicht wie ein Kreis einen, sondern zwei Mittelpunkte. In VBA wird jedoch nur mit einem Zentrum gearbeitet. Der angegebene Radius wird immer auf die Richtung (x- oder y-Achse) bezogen, in die die Ellipse gestreckt wird.

Wenn wir diese Überlegung auf die beiden oben stehenden Codezeilen anwenden, wird durch den ersten Aufruf der Methode „Circle" die Ellipse in Richtung der y-Achse gedehnt. Der Radius-Wert „800" ist dabei die Strecke, die von dem Mittelpunkt „2222,1000" senkrecht nach oben beziehungsweise nach unten zum Kreisrand gemessen wird. Durch die zweite Codezeile entsteht eine Ellipse, die in x-Richtung gestreckt wird und deren Radius sich auch auf diese Richtung bezieht.

Als dritte Möglichkeit können mit der Methode „Circle" Bögen, das heißt Teile eines Kreises beziehungsweise einer Ellipse, gezeichnet werden. Die Anfangs- und Endposition der Kurve, die in den Argumenten „start" und „end" stehen, werden im Bogenmaß und nicht in Grad angegeben. Die Umrechnung zwischen Winkel in Grad und Bogenmaß sehen Sie in der nachfolgenden Abbildung.

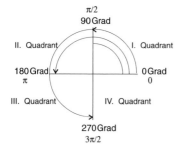

Bild 10.21: Umrechnung von Grad in Bogenmaß

Für die Zahl Pi kann näherungsweise der Wert 3,1416 benutzt werden. Ein Bogen, der von 90 Grad bis 180 Grad reichen soll, also im zweiten Quadranten liegt und einen Viertelkreis lang ist, wird zum Beispiel mit folgendem Aufruf erstellt:

Reports!Liste.Circle (1500, 1000),750, , .5 * 3.1416, 3.1416

Zum Schluss wollen wir mit der Methode „Circle" noch Kuchenstücke anzeigen. Dabei werden auch wieder die Variablen „start" und „end" verwendet, sie bekommen aber in diesem Fall ein negatives Vorzeichen. Darüber wird VBA mitgeteilt, dass zusätzlich zum Kreisbogen noch jeweils am Anfang und am Ende ein Strich zum Mittelpunkt gezeichnet werden soll. Durch die nachfolgende Codezeile wird ein Kuchenstück ausgegeben, das im vierten Quadranten liegt und von 270 Grad bis 360 Grad reicht:

Reports!Liste.Circle (2500, 3400), 1050, , -1.5 * 3.1416, -2 * 3.1416

Die nächste Abbildung stellt alle Figuren dar, die mit der Methode „Circle" realisiert werden können und die wir auf den letzten Seiten theoretisch besprochen haben.

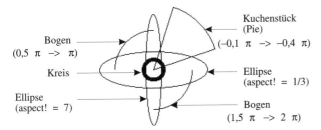

Bild 10.22: Möglichkeiten der Methode „Circle"

Diese Zeichnung ist durch die folgende Funktion erzeugt worden, die bei dem Ereignis „BeimDrucken" des Berichts „ZeichneKreis" aufgerufen wird.

```
'***************** BASICPRG.MDB *****************
'***************** Modul: Grafikausgabe *************
' Funktion zeichnet Kreise in Bericht ZeichneKreis.
Function fktZeichneKreis ()
 Dim rZeichneKreis As Report

 Set rZeichneKreis = Reports!ZeichneKreis

 CX = rZeichneKreis.ScaleWidth / 2
 CY = rZeichneKreis.ScaleHeight / 2
 rZeichneKreis.DrawWidth = 5
 rZeichneKreis.Circle (CX, CY), 200
 rZeichneKreis.DrawWidth = 1
 rZeichneKreis.Circle (CX, CY), 1050, , , , 1 / 3
 rZeichneKreis.Circle (CX, CY), 1050, , , , 7
 rZeichneKreis.Circle (CX, CY), 750, , .5 * 3.14, 3.14
 rZeichneKreis.Circle (CX, CY), 750, , 1.5 * 3.14, 2 * 3.14
 rZeichneKreis.Circle (CX, CY), 1250, , -.1 * 3.14, -.4 * 3.14
End Function
```

10.4.3 Werkzeuge zum Zeichnen

Der GDI-Teil von Windows bietet einige Werkzeuge zum Zeichnen, um die Ausgabe abwechslungsreicher gestalten zu können. Wir wollen in diesem Abschnitt mit den Zeichenwerkzeugen „Stift", „Pinsel" und „Font" arbeiten.

Diese Werkzeuge müssen nicht jeder Ausgabefunktion neu übergeben werden, sondern es existiert dafür ein entsprechender Satz von Eigenschaften, der sich jeweils auf ein bestimmtes Objekt (Bericht) bezieht.

Zeichenwerkzeug Stift

Mit einem Stift kann man Linien zeichnen, die sich vor allem in zwei Punkten unterscheiden. Die Strichstärke hängt von der Dicke der Mine ab. Die Strichart bestimmt, ob es ein gepunkteter oder durchgezogener Strich werden soll. Der Gebrauch von Stiften im täglichen Leben wurde in Windows umgesetzt. Daraus sind in VBA drei Eigenschaften entstanden, wobei die Eigenschaft „DrawMode" durch die Art der grafischen Aufbereitung von Windows hinzukommt.

Tabelle 10.12: Eigenschaften für das Zeichnen

Eigenschaft	Bedeutung
DrawMode	Kombination aus Stift- und Hintergrundfarbe
DrawStyle	Stilart der Linie
DrawWidth	Strichstärke

Diese Eigenschaften beziehen sich auf jede Art des Zeichnens von Linien und sind somit von der grafischen Methode unabhängig.

Mit der Eigenschaft „DrawWidth" wird die Liniendicke eingestellt, die standardmäßig ein Pixel breit ist. „DrawWidth" hat auch Einfluss auf die Größe des Punktes, der mit der Methode „PSet" gezeichnet wird. Bei ihrer Default-Einstellung (1) ist der Punkt genau ein Pixel groß. In allen anderen Fällen wird er entsprechend dicker und auf die angegebenen Koordinaten zentriert.

Die Eigenschaft „DrawStyle" bestimmt, ob die Linie aus einem durchgezogenen oder gestrichelten Strich oder aus einer anderen Stilart bestehen soll. Folgende Stilarten stehen zur Verfügung:

Einstellung	Beschreibung	Aussehen
0	Durchgezogen (Default)	────────
1	Gestrichelt	─ ─ ─ ·
2	Gepunktet	· · · · · · · ·
3	Strich-Punkt	─ · ─ · ─ · ─
4	Strich-Punkt-Punkt	· · ─ · · ─ ·
5	Unsichtbar, innen transparent	
6	Unsichtbar, innen durchgezogen	

Bild 10.23: Eigenschaft „DrawStyle"

Hinweis: Falls die Eigenschaft „DrawWidth" einen Wert größer als eins beinhaltet, wirkt sich dies auf die Stilarten 1 bis 4 aus, da in diesen Fällen immer eine durchgezogene Linie gezeichnet wird. Möchten Sie mit einer gepunkteten Linie arbeiten, müssen Sie sicherstellen, dass die Eigenschaft „DrawWidth" ihre Voreinstellung behält.

Die Einstellung der Eigenschaft „DrawMode" entscheidet, auf welche Weise Muster kombiniert werden, wenn ein Muster über ein anderes gelegt wird, wie es zum Beispiel schon der Fall ist, wenn eine Linie gezeichnet wird, da dann die Farbe des Hintergrunds und die des Stifts vorhanden sind. Die Eigenschaft „DrawMode" wird nicht sehr häufig verändert.

Im Normalfall wird der Standardwert benutzt, der besagt, dass mit der eingestellten Vordergrundfarbe gezeichnet wird und das eventuell darunterliegende Muster überdeckt wird. Andere Modi erzwingen zum Beispiel die Ausgabe immer in weißer oder schwarzer Farbe, führen logische Operationen mit den beiden Mustern durch oder unterbinden die Ausgabe.

Zeichenwerkzeug Pinsel

Bei Zeichnungen auf Papier malt man häufig erst die Umrisse der Figuren mit einem Stift und benutzt dann einen Pinsel, um die entstandenen Flächen zu füllen. Auf die gleiche Weise wird der Pinsel (Brush) auch in Access eingesetzt. Sie können bestimmen, welche Farbe der Pinsel besitzen soll und ob die Fläche mit einem Muster verziert werden soll.

Tabelle 10.13: Pinsel-Eigenschaften

Eigenschaft	Bedeutung
FillColor	Farbe für geschlossene Flächen
FillStyle	Muster für geschlossene Flächen

Die beiden Eigenschaften „FillColor" und „FillStyle" haben Einfluss auf die innere Fläche von Figuren, die mit den Methoden „Line" oder „Circle" gezeichnet wurden. Mit der erstgenannten Eigenschaft wird die zum Füllen der Flächen gewünschte Farbe definiert. Dabei kann dieser Wert entweder eine normale RGB-Farbe darstellen, die als Rückgabewert der Funktionen „RGB" beziehungsweise „QBColor" gewonnen wird, oder sie kann eine System-Default-Farbe (siehe oben) repräsentieren. Die Farbe kommt nicht zur Anzeige, falls die zweite Pinsel-Eigenschaft „FillStyle" die Einstellung transparent besitzt. Diese Eigenschaft kann die nachstehenden Werte enthalten:

Tabelle 10.14: Einstellung der Eigenschaft „FillStyle"

Wert	Bedeutung
0	Undurchsichtig
1	Transparent (Standard)
2	Horizontale Linie
3	Vertikale Linie

Wert	Bedeutung
4	Steigende Diagonale
5	Fallende Diagonale
6	Kreuzschraffur
7	Diagonale Kreuzschraffur

Zeichenwerkzeug Schriftart

Sowohl das Objekt „Bericht" als auch die meisten Steuerelemente besitzen die fünf Eigenschaften „FontName", „FontSize", „FontBold", „FontItalic" und „FontUnderline" zur Einstellung der Schriftart.

Mit diesen Eigenschaften können die Schriftart (Font), die Schriftgröße und spezielle Kennzeichen (kursiv, fett gedruckt, unterstrichen), die auch als Kombination auftreten können, gewählt werden. Diese Einstellungen beziehen sich entweder auf den Inhalt der Steuerelemente, auf deren Beschriftung oder auf die Textausgabe mittels der Methode „Print".

Sobald bei einem Steuerelement eine Schriftart-Eigenschaft geändert wird, ist davon der gesamte Inhalt dieses Elements betroffen. Dies ist sowohl während der interaktiven Erstellung als auch zur Laufzeit des Programms möglich. Falls jedoch die Textausgabe über die „Print"-Methode erfolgt, wird eine Schriftart-Änderung nur für die nachfolgenden Ausgaben wirksam.

Hinweis: Nicht in jedem Windows-System können dieselben Schriften für die Bildschirmausgabe benutzt werden, da dies von der Installation des Bildschirmtreibers abhängt. Beim Drucker sieht die Angelegenheit recht ähnlich aus. Wird eine Schriftart verwendet, die in dem Windows-System nicht vorhanden ist, so wird Windows eine ähnliche Schrift aussuchen.

Beispiel zur Schriftart

Bild 10.24: Beispielprogramm zur Schriftart

Die Unterschiede und das verschiedene Aussehen der Schriften können am besten an einem Programm demonstriert werden. In einem Listenfeld werden verschiedene Schriftarten angezeigt, deren Namen durch einen Doppelklick unter Benutzung des selektierten Fonts in ein Textfeld geschrieben werden. Über zwei Kontrollkästchen können die beiden Kennzeichen „kursiv" und „unterstrichen" gesetzt werden.

```
'****************** BASICPRG.MDB ***************
'********************* Modul: Fonts *****************
Option Compare Database
'Verwenden der Datenbank-Sortierreihenfolge beim Vergleich von Zeichenfolgen.

Dim Fonts(20) As String
Dim FONTSMAX As Integer

' Funktion belegt ein Array mit Schriften
Function fktFontsAnfügen ()

  Fonts(0) = "Arial"
  Fonts(1) = "Courier"
  Fonts(2) = "Courier New"
  Fonts(3) = "Fixed Sys"
  Fonts(4) = "Modern"
  Fonts(5) = "MS LineDraw"
  Fonts(6) = "MS Scans Serif"
  Fonts(7) = "MS Serif"
  Fonts(8) = "Roman"
  Fonts(9) = "Script"
  Fonts(10) = "Small Fonts"
  Fonts(11) = "Symbol"
  Fonts(12) = "System"
  Fonts(13) = "Terminal"
  Fonts(14) = "Times New Roman"
  Fonts(15) = "Wingdings"
  FONTSMAX = 16
End Function

' Funktion füllt Listenfeld mit Schriften
Function fktFontsFüllen (fld As Control, id As Variant, zeile As Variant, _
      spalte As Variant, code As Variant)
  Select Case code
    Case 0
     fktFontsFüllen = True
    Case 1
     fktFontsFüllen = 10
    Case 3
     fktFontsFüllen = FONTSMAX
```

```
      Case 4
        fktFontsFüllen = 1
      Case 5
        fktFontsFüllen = -1
      Case 6
        If zeile > FONTSMAX Then
          fktFontsFüllen = Null
        Else
          fktFontsFüllen = Fonts(zeile)
        End If
      Case 7
        fktFontsFüllen = Null
    End Select
  End Function

  ' Funktion wählt die Schrift für das Formular <Fonts>
  Function fktFontsWahl ()
    Dim fFonts As Form
    Dim ListFont As Control
    Dim Kursiv As Control
    Dim Unterstrichen As Control
    Dim SchriftProbe As Control
    Dim Schriftart
    Dim KursivW
    Dim UnterstrichenW

    Set fFonts = Forms!Fonts
    Set ListFont = fFonts!ListFont
    Set Kursiv = fFonts!Kursiv
    Set Unterstrichen = fFonts!Unterstrichen
    Set SchriftProbe = fFonts!SchriftProbe

    ' gewählte Schriftart
    Schriftart = ListFont.column(0)
    KursivW = Kursiv
    UnterstrichenW = Unterstrichen

    SchriftProbe.FontName = Schriftart
    SchriftProbe.FontItalic = KursivW
    SchriftProbe.FontUnderline = UnterstrichenW

    SchriftProbe = Schriftart
    Kursiv = KursivW
    Unterstrichen = UnterstrichenW
  End Function
```

Es werden folgende Eigenschaften in der Entwurfsansicht des Formulars beschrieben:

Tabelle 10.15: Eigenschaften für das Beispiel zur Schriftart

Element	Eigenschaft	Festlegung
Formular	Beschriftung	Fonts
	BeimAnzeigen	=fktFontsAnfügen()
Formular	BeimÖffnen	=fktFontsAnfügen()
Kontrollkästchen	Name	Kursiv
Kontrollkästchen	Name	Unterstrichen
Listenfeld	Name	ListFont
	Herkunftstyp	FktFontFüllen
Textfeld	Name	Schriftprobe
Befehlsschaltfläche	BeimKlicken	=fktFontsWahl()
	Beschriftung	Schriftwählen

Beim Öffnen und beim Anzeigen des Formulars „Fonts" wird das Listenfeld „ListFont" mit verschiedenen Schriftnamen gefüllt. Damit auf die beiden Ereignisse „BeimÖffnen" und „BeimAnzeigen" reagiert werden kann, wird in die entsprechenden Eigenschaften die Funktion „fktFontsAnfügen" eingetragen. Diese Funktion hat die Aufgabe, eine Datenfeldvariable mit Schriftarten zu belegen. Sie stellt die Grundlage für das Listenfeld „ListFont" dar.

Sobald ein Eintrag in dem Listenfeld doppelt angeklickt wurde, wird dieser String über die Eigenschaft „Column" ermittelt und der Eigenschaft „FontName" des Steuerelements „Schriftprobe" übergeben. Nachdem die Kontrollkästchen gelesen wurden, werden entsprechend den Resultaten die Eigenschaften für Kursiv und Unterstrichen eingestellt. Zuletzt wird das Textfeld „Schriftprobe" mit der aktuellen Schriftart besetzt.

10.4.4 Das Koordinatensystem

Der GDI-Teil von Windows erzeugt die Ausgabe erst in einer logischen Umgebung und bringt sie dann zum physikalischen Gerät. Standardmäßig ist das Koordinatensystem dieser logischen Umgebung auf die Einheit „Twip" eingestellt. Twip steht als Abkürzung für „twentieth of a point". Da ein Punkt 1/72 Zoll entspricht, ist die Maßeinheit „Twip" gleichbedeutend mit 1/1440 Zoll. Das Koordinatensystem wird für die Ausgabe mittels grafischer Methoden verwendet.

Es existieren folgende Eigenschaften, die sich auf das Koordinatensystem eines Berichts beziehen.

Tabelle 10.16: Eigenschaften für das Koordinatensystem

Eigenschaften	Bedeutung
ScaleLeft	x-Koordinate der linken oberen Ecke des Koordinatensystems
ScaleTop	y-Koordinate der linken oberen Ecke des Koordinatensystems
ScaleWidth	Breite des Koordinatensystems
ScaleHeight	Höhe des Koordinatensystems
ScaleMode	Art des Koordinatensystems

Wenn mit der Standard-Einheit „Twip" gearbeitet wird, sind die beiden Eigenschaften „ScaleLeft" und „ScaleTop" auf 0 gesetzt und definieren somit die linke obere Ecke des Arbeitsbereichs.

Die beiden Eigenschaften „ScaleHeight" und „ScaleWidth" sind schon benutzt worden, um die Größe des Fensters ohne Rahmen, Titelzeile etc. zu erhalten.

Eine Veränderung der Eigenschaft „ScaleMode" bewirkt, dass die übrigen vier Eigenschaften automatisch auf neue Werte, entsprechend dem gewählten Koordinatensystem, eingestellt werden. Diese Modifizierung wirkt sich auch auf die beiden Eigenschaften „CurrentX" und „CurrentY" aus. „ScaleMode" kann mit acht unterschiedlichen Werten besetzt werden:

Tabelle 10.17: Werte für die Eigenschaft „ScaleMode"

Inhalt	Bedeutung	Physikalische Einheit
0	Benutzerdefiniert	
1	Twip	1/1440 Zoll
2	Punkt	1/72 Zoll
3	Kleinste Bildschirmauflösung	1 Pixel
4	Zeichen	1/6 Zoll hoch, 1/12 Zoll breit
5	Zoll	1 Zoll = 2,54 cm
6	Millimeter	1 mm
7	Zentimeter	1 cm

Sobald die Inhalte von „ScaleWidth" oder „ScaleHeight" verändert werden, wird die Eigenschaft „ScaleMode" automatisch auf „0" gesetzt, da es sich dann um ein benutzerdefiniertes Koordinatensystem handelt. Solch ein benutzerdefiniertes System kann auch noch mit der Methode „Scale" eingestellt werden:

```
Reports!Liste.Scale (250, 50) - (500, 600)
```

Durch diesen Aufruf bekommen die „Scale"-Eigenschaften folgende Werte zugewiesen:

Tabelle 10.18: Beispielswerte für die Eigenschaften „Scale..."

Eigenschaft	Zugewiesener Wert
ScaleMode	0
ScaleLeft	250
ScaleTop	50
ScaleWidth	500-250 = 250
ScaleHeight	600-50 = 550

Hinweis: Wird die Methode „Scale" ohne Parameter benutzt, so wird der Standard-Mode „Twip" gesetzt.

11 Praktische Beispiele direkt zum Verwenden

In diesem Kapitel finden Sie zahlreiche kleine Beispiele, die Ihnen vielleicht bei der nächsten Erstellung einer Datenbankanwendung weiterhelfen können. Die Beispiele sind in den Datenbanken PRAKTISC.MDB, TOOLBAR.MDB und SPEZFKT.MDB gesichert. Viele davon sind im Laufe der Zeit in vielen Access-Schulungen, die Frau Bauder durchführte, aufgrund der Teilnehmerfragen entstanden.

11.1 Beispiele zu Formularen und den Steuerelementen

Anwender arbeiten am häufigsten mit Formularen. Deswegen beziehen sich viele Beispiele auf dieses Datenbankobjekt und die darin enthaltenen Steuerelemente.

Ein Formular öffnen, das Sätze aufgrund der Eingabe des Anwenders filtert

Vor dem Öffnen eines Formulars, das die Datensätze der Tabelle „Mitarbeiter-Daten" anzeigt, kann der Anwender in einem Eingabe-Dialogfeld die anzuzeigenden Sätze eingrenzen. Er wird aufgefordert, den Einsatzort einzutragen.

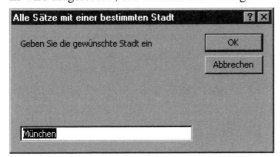

Bild 11.1: Der Anwender kann Datensätze einschränken

1. Erstellen Sie das Formular „Mitarbeiter", das auf der Tabelle „Mitarbeiter-Daten" basiert.

2. Schreiben Sie in ein neues Modul die folgende Funktion:

```
******************** PRAKTISCH.MDB ******************
********************* Modul: Sätze filtern ***************
Public Function fktbestDatensatz()
    Dim Meldung, Antwort As String

    Meldung = "Geben Sie die gewünschte Stadt ein"
    Antwort = InputBox(Meldung, "Alle Sätze mit einer bestimmten Stadt", _
                "München")
    If Antwort <> "" Then
        DoCmd.OpenForm "Mitarbeiter", , , "[Einsatzort]='" & Antwort & "' "
    Else
        DoCmd.OpenForm "Mitarbeiter"
    End If
End Function
```

3.   Ordnen Sie der Formular-Eigenschaft „BeimÖffnen" die Funktion zu.

BeimÖffnen: =fktbestDatensatz()

Wenn Sie nun das Formular aus dem Datenbankfenster öffnen, erscheint zuerst das Eingabe-Dialogfeld. In dem Eingabefeld ist bereits die Stadt „München" voreingestellt. Wenn Sie diese Eintragung belassen oder sie durch einen anderen Ort ersetzen, werden im Formular nur die Datensätze angezeigt, die die genannte Stadt als Einsatzort enthalten.

Löschen Sie die Voreinstellung und drücken dann die „OK"-Schaltfläche, erscheinen alle Datensätze der Tabelle „Mitarbeiter-Daten" im Formular. Der Filter ist auch ausgeschaltet, wenn Sie das Eingabe-Dialogfeld über die Schaltfläche „Abbrechen" verlassen.

Das Steuerelement, das den Fokus besitzt, wird durch Farbe gekennzeichnet

Das Formular „Farbe bei Fokus" enthält zwei Textfelder. Das Feld, in dem derzeit der Einga-becursor steht, soll hervorgehoben werden. Dazu wird sein Hintergrund in roter Farbe ange-zeigt.

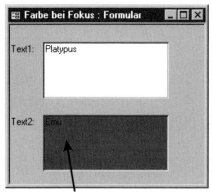

Textfeld besitzt den Fokus

Bild 11.2: Das Textfeld mit Fokus wird farbig dargestellt

1.   Legen Sie ein ungebundenes Formular an.

2.   Fügen Sie zwei Textfelder ein, die „Text0" und „Text1" heißen.

3.   Füllen Sie die folgenden Ereignisprozeduren mit jeweils einer Zeile Code:

```
******************** PRAKTISCH.MDB ********************
*********** Formularmodul: Farbe bei Focus ***************
Private Sub Text0_GotFocus()
  ' Farbe ändern
  Me.Text0.BackColor = 255
End Sub

Private Sub Text0_LostFocus()
  'Farbe zurück ändern
  Me.Text0.BackColor = 16777215
End Sub
Private Sub Text1_GotFocus()
  ' Farbe ändern
```

```
    Me.Text1.BackColor = 255
End Sub

Private Sub Text1_LostFocus()
'Farbe zurück ändern
    Me.Text1.BackColor = 16777215
End Sub
```

Sobald Sie den Fokus auf ein Textfeld setzen, wird die entsprechende Ereignisprozedur „GotFocus" aufgerufen und die Hintergrundfarbe auf „rot" gestellt. Wenn Sie zum nächsten Feld springen, entsteht für das Textfeld das Ereignis „LostFocus". Die Farbe wird wieder zurückgesetzt.

Fokus auf das erste Feld im Formular stellen, wenn auf einen neuen Datensatz verzweigt wird

Wenn Sie zum Beispiel über die Navigationsschaltflächen auf den neuen Datensatz gehen, um neue Werte einzugeben, werden Sie feststellen müssen, dass der Cursor leider nicht automatisch im ersten Feld steht. Dies ist nur dann der Fall, wenn dieses Feld bereits den Fokus besaß, bevor Sie auf den neuen Satz gegangen sind. In allen anderen Fällen müssen Sie erst selber den Cursor in das erste Feld setzen, damit Sie dann die Felder der Reihenfolge nach ausfüllen können. Mit einer Ereignisprozedur können Sie dies ändern.

1. Öffnen Sie das gewünschte Formular in der Entwurfsansicht. In der Datenbank PRAKTISC.MDB heißt das Formular „Fokus".

2. Wählen Sie bei der Ereignis-Eigenschaft „Beim Anzeigen" des Formulars den Eintrag „[Ereignisprozedur]" aus und klicken Sie dann die Schaltfläche mit den drei Punkten an.

3. Tragen Sie in den Prozedurrahmen „Form_Current" folgende Zeilen ein:

```
******************* PRAKTISCH.MDB ******************
******************* Formularmodul:Fokus **************
Private Sub Form_Current()
    If Me.NewRecord = True Then
        Me![Kunden-Nummer].SetFocus
    End If
End Sub
```

Das Textfeld „Kunden-Nummer" ist in diesem Beispiel das erste Feld im Formular, das den Fokus erhalten soll, wenn auf den neuen Datensatz gegangen wird. Mit „Me" wird das Formular selber bezeichnet. Dessen Eigenschaft „NewRecord" steht auf „True", wenn gerade zum neuen Satz gesprungen wurde. In diesem Fall wird die Methode „SetFocus" auf das Feld „Kunden-Nummer" ausgeführt.

Den Cursor an eine bestimmte Stelle im Textfeld setzen

Beim Anspringen eines Textfelds im Formular mit der Tab-Taste soll nicht der gesamte Inhalt markiert sein, wie es standardmäßig der Fall ist, sondern der Cursor soll hinter dem Inhalt platziert werden. Im Formular „Cursor ans Ende" wird dies am Textfeld „Firma" gezeigt.

1. Öffnen Sie das gewünschte Formular in der Entwurfsansicht.

2. Wählen Sie bei der Ereignis-Eigenschaft „BeiFokuserhalt" des Textfeldes „Firma" den Eintrag „[Ereignisprozedur]" aus und klicken Sie dann die Schaltfläche mit den drei Punkten an.

3. Tragen Sie in den Prozedurrahmen „Telefon_GotFocus" folgende Zeile ein:

```
******************** PRAKTISCH.MDB ********************
************ Formularmodul: Cursor ans Ende ***************
Private Sub Telefon_GotFocus()
   Me!Firma.SelStart = Me!Firma.SelLength
End Sub
```

In der Eigenschaft „SelLength" steht die Länge des Inhalts im Textfeld „Telefon". Diese Länge wird in die Eigenschaft „SelStart" geschrieben, wodurch der Cursor hinter die existierenden Zeichen gestellt wird.

Eine gebundene Umschaltfläche im Formular ändert beim Anklicken ihren Text

Wenn eine Tabelle ein Feld vom Datentyp „Ja/Nein" besitzt, wie das Feld „Herr" in der Tabelle „Kunden-Daten", kann dieses Feld im Formular durch eine Umschaltfläche dargestellt werden. Um besser erkennen zu können, wann sich dieses Steuerelement im gedrückten Zustand befindet, können Sie hierfür einen eigenen Text anzeigen lassen.

1. Erstellen Sie ein Formular über die Tabelle, in der sich ein „Ja/Nein"-Feld befindet. Das Formular heißt in diesem Beispiel „Umschaltfläche".

2. Fügen Sie eine Umschaltfläche ein und verbinden Sie sie mit dem Tabellenfeld „Herr".

3. Schreiben Sie in die Ereignisprozedur „Click" der Umschaltfläche folgende Zeilen:

```
******************* PRAKTISCH.MDB *******************
****************** Formularmodul: Umschaltfläche *********
Private Sub Herr_Click()
   If Herr.Value = True Then
      Herr.Caption = "Herr"
   Else
      Herr.Caption = "Frau"
   End If
End Sub
```

Jetzt wird durch einen Klick auf die Umschaltfläche die Beschriftung geändert. Damit aber auch der richtige Zustand angezeigt wird, wenn die Datensätze durchgegangen werden, muss die eben geschriebene Prozedur noch in der Ereignisprozedur „Current" („Beim Anzeigen") des Formulars aufgerufen werden.

4. Tragen Sie in den Prozedurrahmen „Form_Current" folgende Zeile ein:

```
Private Sub Form_Current()
   Herr_Click
End Sub
```

Nun ändert sich der Text in der Umschaltfläche auch abhängig vom Inhalt des gebundenen Tabellenfelds.

Listenfeld in Abhängigkeit von der Auswahl in einem Kombinationsfeld füllen

In der Datenbank PRAKTISC.MDB gibt es unter anderem die beiden Tabellen „Kunden-Daten" und „Verkaufte Waren", die über die Kundennummer eine 1:n-Beziehung besitzen. In dem Formular „Abhängigkeit" wird zuerst im Kombinationsfeld die gewünschte Firma eingestellt. Duch diesen Vorgang werden automatisch alle Auftragsnummern mit Bestelldatum aus der Tabelle „Verkaufte Waren" angezeigt, die zu diesem Kunden gehören.

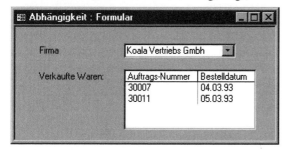

Bild 11.3: Das Listenfeld abhängig vom Kombinationsfeld füllen

1.   Erstellen Sie ein ungebundenes Formular mit einem Kombinationsfeld und einem Listenfeld.

Das Kombinationsfeld „Firma" basiert auf der Tabelle „Kunden-Daten" und enthält die drei Spalten „Kunden-Nummer", „Firma" und „Ansprechpartner", wobei die erste Spalte ausgeblendet ist. Die Eigenschaft „Gebundene Spalte" dieses Steuerelements muss auf „1" stehen.

Beim darunterliegenden Listenfeld „VerkaufteWaren" sollten Sie einige Eigenschaften auf bestimmte Werte einstellen: „Spaltenbreiten" auf den Wert „3", wobei auch hier die erste Spalte ausgeblendet wird. Der „Herkunftstyp" soll den Eintrag „Tabelle/Abfrage" besitzen und die „Gebundene Spalte" den Wert „1". Wenn Sie möchten, können Sie noch die Eigenschaft „Spaltenüberschriften" auf „Ja" setzen.

Für die Realisierung der Aufgabe wird in der Ereignisprozedur „AfterUpdate" des Kombinationsfeldes ein SQL-String zusammengesetzt und der Eigenschaft „RowSource" („Datensatzherkunft") des Listenfeldes übergeben. Der SQL-String ist durch Anlegen einer Abfrage entstanden.

2.   Tragen Sie in den allgemeinen Deklarationsteil des Klassenmoduls für das Formular folgenden Code ein, wobei die Definition der ersten Konstanten in einer Zeile stehen muss:

```
Const cSQL1 = "SELECT [Kunden-Daten].[Kunden-Nummer], [Verkaufte Waren].[Auftrags-
Nummer], [Verkaufte Waren].Bestelldatum FROM [Kunden-Daten] INNER JOIN [Verkaufte
Waren] ON [Kunden-Daten].[Kunden-Nummer] = [Verkaufte Waren].[Kunden-Nummer]
WHERE ((([Kunden-Daten].[Kunden-Nummer])="
Const cSQL2 = "));"
```

3.   Füllen Sie die Ereignisprozedur „AfterUpdate" des Kombinationsfeldes mit diesen Zeilen:

```
******************** PRAKTISCH.MDB *******************
**************** Formularmodul: Abhängigkeit **************
Private Sub Firma_AfterUpdate()
  Dim sSQL As String
  sSQL = cSQL1 & Me!Firma & cSQL2
  Me!VerkaufteWaren.RowSource = sSQL
End Sub
```

Dadurch wird der SQL-String aus den beiden Konstanten und der Kundennummer zusammengesetzt, die derzeit im Kombinationsfeld ausgewählt ist. Anschließend wird der SQL-Code an die Eigenschaft „RowSource" des Listenfeldes übergeben. Dadurch wird dieses Steuerelement gefüllt.

In einer Auswahlliste auch den Eintrag „Alle" erlauben

Das letzte Beispiel soll noch ein wenig erweitert werden. Häufig ist es sinnvoll, wenn es in der Auswahlliste, die das Kombinationsfeld „Firma" darstellt, noch einen zusätzlichen Eintrag gibt, über den alle Datensätze für die darunterliegende Liste ausgewählt werden können.

Für die Realisierung müssen an zwei Stellen Erweiterungen durchgeführt werden. Zuerst wird die Eigenschaft „Datensatzherkunft" des Kombinationsfelds bearbeitet. Die bisherige „SELECT"-Anweisung wird in eine Union-Abfrage (Kapitel 18.4.2) umgewandelt, die folgendermaßen aussieht:

```
SELECT "Alle" as Kundennummer, "Alle Firmen" as Firma, "" as Ansprechpartner
FROM [Kunden-Daten]
UNION SELECT Distinctrow [Kunden-Daten].[Kunden-Nummer], [Kunden-Daten].Firma,
[Kunden-Daten].Ansprechpartner FROM [Kunden-Daten] ORDER BY Firma;
```

Union-Abfragen setzen sich aus zwei oder mehr „SELECT"-Anweisungen zusammen, damit verschiedene Werte in einer zweidimensionalen Ansicht dargestellt werden können. Auf diese Weise ist es möglich, die Liste des Kombinationsfelds um eine weitere Zeile zu ergänzen. Die Spalte für die Kundennummer wird mit dem Wort „Alle", die Spalte für den Firmenname mit „Alle Firmen" besetzt.

Die zweite Erweiterung erfolgt in der Ereignisprozedur „AfterUpdate" des Kombinationsfelds. Hier wird überprüft, ob in der ersten Spalte des Steuerelements das Wort „Alle" steht. Ist dies der Fall, wird die Eigenschaft „RowSource" des Listenfelds mit einer Konstanten besetzt, die den SQL-Code ohne Einschränkung, das heißt ohne „WHERE"-Klausel enthält.

```
******************** PRAKTISCH.MDB *******************
**************** Formularmodul: Abhängigkeit1 **************
Const cSQL1 = "SELECT [Kunden-Daten].[Kunden-Nummer], [Auftrags-Nummer], Bestelldatum FROM [Kunden-Daten] INNER JOIN [Verkaufte Waren] ON [Kunden-Daten].[Kunden-Nummer] = [Verkaufte Waren].[Kunden-Nummer]WHERE ((([Kunden-Daten].[Kunden-Nummer])="
Const cSQL2 = "));"
Const cSQL3 = "SELECT [Kunden-Daten].[Kunden-Nummer],[Auftrags-Nummer], Bestelldatum FROM [Kunden-Daten] INNER JOIN [Verkaufte Waren] ON [Kunden-Daten].[Kunden-Nummer] = [Verkaufte Waren].[Kunden-Nummer];"

Private Sub Firma_AfterUpdate()
```

```
Dim sSQL As String
If Me!Firma = "Alle" Then
  Me!VerkaufteWaren.RowSource = cSQL3
Else
  sSQL = cSQL1 & Me!Firma & cSQL2
  Me!VerkaufteWaren.RowSource = sSQL
End If
End Sub
```

Den Filter eines Formulars verwenden

In den letzten beiden Beispielen wurde ein ungebundenes Formular benutzt. Das Ergebnis der Auswahl wurde in einem Listenfeld präsentiert. Wenn Sie stattdessen ein an eine Tabelle gebundenes Formular zur Datenanzeige einsetzen wollen, können Sie auf die „Filter"-Eigenschaft dieses Formulars zugreifen.

Bild 11.4: Datensätze im gebundenen Formular filtern

Das tabellarische Formular „Kunden filtern" basiert auf der Tabelle „Kunden-Daten". Im Formularkopf befindet sich ein Kombinationsfeld, über das der gewünschte Ort eingestellt werden kann. Um wieder alle Kunden zu sehen, existiert der Eintrag „Alle Orte". Das Kombinationsfeld, das „Ort" heißt und aus einer Spalte besteht, wurde ohne den Assistenten erstellt. Seine Eigenschaft „Datensatzherkunft" ist ähnlich wie beim letzten Beispiel mit dem SQL-Code einer Union-Abfrage besetzt.

> SELECT "Alle Orte" As Wohnort FROM [Kunden-Daten] UNION SELECT DISTINCT [Kunden-Daten].Wohnort FROM [Kunden-Daten] ORDER BY Wohnort;

Damit nach Auswahl eines Eintrags im Kombinationsfeld die Datensätze entsprechend gefiltert werden, benutzen Sie erneut die Ereignisprozedur „AfterUpdate". Falls alle Kunden angezeigt werden sollen, müssen die Formular-Eigenschaft „FilterOn" auf „False" und der Filter auf eine leere Zeichenfolge gesetzt werden. Ansonsten wird der Filter aktiviert und mit dem entsprechenden Kriterium besetzt. Da die Eigenschaft „Filter" eine Zeichenkette benötigt, müssen Sie einfache Anführungszeichen für den ermittelten Ort verwenden,

```
'******************* PRAKTISCH.MDB *******************
'************** Formularmodul: Kunden filtern **************
Private Sub Ort_AfterUpdate()
  If Me!Ort = "Alle Orte" Then
    Me.Filter = ""
    Me.FilterOn = False
  Else
    Me.Filter = "Wohnort='" & Me!Ort & "'"
    Me.FilterOn = True
  End If
End Sub
```

Über ein Kombinationsfeld einen neuen Datensatz ergänzen

Im Formular „Verkaufte Waren" in der Datenbank PRAKTISC.MDB werden die existierenden Kundennummern in einem Kombinationsfeld angezeigt. Falls eine Kundennummer eingegeben wird, die es noch nicht gibt, werden Sie gefragt, ob Sie den Kunden neu anlegen
wollen. Durch Klick auf die „Ja"-Schaltfläche wird das „Kunden"-Formular geöffnet, damit
hier der neue Kunde vollständig ergänzt werden kann. Beim Schließen dieses Formulars wird
zum Ausgangsformular zurückgekehrt. Die Liste des Kombinationsfelds ist automatisch
aktualisiert, das heißt die eben angelegte Kundennummer steht in dieser Liste.

Damit das Ereignis „NotInList" für das Kombinationsfeld entsteht, muss seine Eigenschaft
„NurListeneinträge" auf „Ja" eingestellt sein. Da auf dieses Ereignis mit eigenem VBA-Code
reagiert werden soll, muss der Parameter „Response" auf „acDataErrContinue" gesetzt werden. Das Formular „Kunden" wird als Dialogfeld im Hinzufügemodus geöffnet. Die neue, in
das Kombinationsfeld eingegebene Kundennummer steht im Parameter „NewData" und wird
bei „OpenForm" mit übergeben.

Die Eingabe in das Kombinationsfeld muss, auch wenn es zuerst etwa eigenartig aussieht,
wieder rückgängig gemacht werden, da sonst beim späteren Aktualisieren seiner Liste Probleme entstehen.

```
'******************* PRAKTISCH.MDB *******************
'************** Formularmodul: Verkaufte Waren **************
Private Sub Kunden_Nummer_NotInList(NewData As String, Response As Integer)
  Dim JaNein

  Response = acDataErrContinue
  JaNein = MsgBox("Soll der Kunde neu angelegt werden?", vbYesNo, "Kunden")
  If JaNein = vbYes Then
    Me![Kunden-Nummer].Undo
    DoCmd.OpenForm "Kunden", , , , acFormAdd, acDialog, NewData
  Else
    Me.Undo
  End If
End Sub
```

Beim Öffnen des Formulars „Kunden" wird die neue Kundennummer aus der Formular-
Eigenschaft „OpenArgs" gelesen und dem Textfeld übergeben.

Nachdem der Name und die Adresse des neuen Kunden eingetragen wurden, schließt der Anwender dieses Formular. In dem dadurch entstehenden „Close"-Ereignis wird für das Formular „Verkaufte Waren" eine Aktualisierung des Kombinationsfelds und die Übernahme der neuen Nummer in dieses Steuerelement durchgeführt.

```
'****************** PRAKTISCH.MDB ******************
'****************** Formularmodul: Kunden **************
Private Sub Form_Load()
  Me![Kunden-Nummer] = Me.OpenArgs
End Sub

Private Sub Form_Close()
  With Forms![Verkaufte Waren]
    ![Kunden-Nummer].Requery
    ![Kunden-Nummer] = Me![Kunden-Nummer]
  End With
End Sub
```

Angezeigtes Datum über Schaltflächen de- oder inkrementieren

Im Formular „Datum erhöhen/erniedrigen" wird in einem Textfeld das aktuelle Datum angezeigt. Dieses Datum können Sie über zwei Befehlsschaltflächen in- oder dekrementieren. Ein direktes Verändern im Textfeld ist nicht möglich.

Bild 11.5: Das Formular „Datum erhöhen/erniedrigen"

1. Erstellen Sie ein ungebundenes Formular.

2. Fügen Sie ein Textfeld und zwei Befehlsschaltflächen ein.

3. Nennen Sie das Textfeld „HoleDatum" und weisen Sie seiner Eigenschaft „Standardwert" die Funktion „=Datum()" zu.

4. Nennen Sie die beiden Schaltflächen „Erhöhen" beziehungsweise „Erniedrigen" und tragen Sie als Beschriftung das Zeichen > beziehungsweise < ein.

5. Setzen Sie die Eigenschaft „Makro wiederholen" von beiden Schaltflächen auf „Ja".

6. Verbinden Sie die Eigenschaft „BeimKlicken" von beiden Schaltflächen mit dem Makro „Datum erhöhen/erniedrigen".

7. Schreiben Sie folgende Aktionen in ein neues Makrofenster. Aus Platzgründen werden die beiden Bedingungen anschließend genannt.

Tabelle 11.1: Aktionen für das Beispiel „Datum erhöhen/erniedrigen"

Bedingung	Aktion und Argumente
Bed1 s.u.	SetzenWert
	Feld: [Forms]![Datum erhöhen/erniedrigen]![HoleDatum]
	Ausdruck:[Forms]![Datum erhöhen/erniedrigen]![HoleDatum]+1
...	GeheZuSteuerelement
	Steuerelementname: [HoleDatum]
...	GeheZuSteuerelement
	Steuerelementname: [Erhöhen]
Bed2 s.u.	SetzenWert
	Feld: [Forms]![Datum erhöhen/erniedrigen]![HoleDatum]
	Ausdruck:[Forms]![Datum erhöhen/erniedrigen]![HoleDatum]-1
...	GeheZuSteuerelement
	Steuerelementname: [HoleDatum]
...	GeheZuSteuerelement
	Steuerelementname: [Erniedrigen]

Bed1: [Screen].[ActiveControl].[Name]="Erhöhen"

Bed2: [Screen].[ActiveControl].[Name]="Erniedrigen"

Die ersten drei Aktionen werden ausgelöst, wenn Sie die Schaltfläche „Erhöhen" drücken, die anderen drei Aktionen gehören zur Schaltfläche „Erniedrigen". Die beiden Aufrufe der Aktion „GeheZuSteuerelement" werden benutzt, damit das neue eingestellte Datum im Textfeld kurz blinkt.

8.   Speichern Sie das Makro unter dem Namen „Datum erhöhen/erniedrigen".

9.   Öffnen Sie das gleichnamige Formular in der Formularansicht und klicken die Befehlsschaltflächen an. Das dargestellte Datum wird dadurch erhöht oder erniedrigt.

Eingabe in ein Textfeld wird als Titel des Formulars angezeigt

Sie können den Titel des Formulars „Change-Ereignis" selber bestimmen, indem Sie Text in das Textfeld des Formulars eingeben.

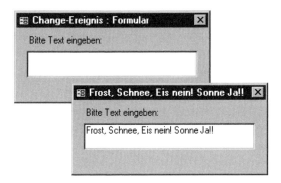

Bild 11.6: Den Titel des Formulars selber bestimmen

1.   Legen Sie ein neues, ungebundenes Formular an.

2.   Fügen Sie ein Textfeld ein.

3.   Tragen Sie in die Ereignisprozedur „BeiÄnderung" des Steuerelements folgende Zeile
      Code ein:

```
******************* PRAKTISCH.MDB *******************
************ Formularmodul: Change-Ereignis **************
Private Sub Text0_Change()
  Me.Caption = Me!Text0.Text
End Sub
```

Sobald Sie in das Textfeld etwas eingeben, tritt das Ereignis „BeiÄnderung" ein. Der aktuelle
Text steht in der Eigenschaft „Text" des Steuerelements. Damit diese Daten in der Titelzeile
des Formulars erscheinen, müssen sie in die Formular-Eigenschaft „Caption" geschrieben
werden.

Inhalt der Titelzeile des Access-Fensters verändern

Bild 11.7: Den Titel des Access-Fensters ändern

Den Titel des Access-Fensters können Sie im „Start"-Dialogfeld beliebig festlegen. Es ist aber auch möglich, diesen Titel programmtechnisch zu verändern. Wenn Sie das Formular „Titel von Access" öffnen, wird in die Titelzeile von Access eine bestimmte Zeichenkette geschrieben.

1. Erstellen Sie ein ungebundenes Formular und nennen Sie es „Titel von Access".

2. Tragen Sie in die Ereignisprozedur „BeimÖffnen" des Formulars den folgenden Code ein:

```
******************* PRAKTISCH.MDB *******************
*************** Formularmodul: Titel von Access **********
Private Sub Form_Open(Cancel As Integer)
 Dim hParent As Long

 hParent = GetParent(GetParent(Me.hWnd))
 Call SetWindowText(hParent, "Koala ist der größte in Access")
End Sub
```

Über den zweimaligen Aufruf der API-Funktion „GetParent" wird das Handle des Access-Fensters ermittelt. Dieses Handle und den gewünschten Text übergeben Sie dann der API-Funktion „SetWindowText".

3. Öffnen Sie im VBA-Editor ein neues Modulfenster und schreiben Sie hier die nachfolgenden Deklarationen der beiden verwendeten API-Funktionen:

```
Option Explicit
Declare Function GetParent Lib "User32" (ByVal hWnd As Long) As Long
Declare Sub SetWindowText Lib "User32" Alias "SetWindowTextA"
         (ByVal hWnd As Long, ByVal lpTxt As String)
```

4. Speichern Sie das Modul unter demselben Namen wie das Formular.

Wenn Sie nun das Formular „Titel von Access" öffnen, wird die Ereignisprozedur „BeimÖffnen" ausgelöst und dadurch der Titel des Access-Fensters geändert.

11.2 Beispiele zu Berichten

In Berichten ist es häufig sinnvoll, neben jedem Satz eine Satznummer anzuzeigen und Rechtecke um Textfelder dynamisch an den Inhalt anzupassen.

In einem tabellarischen Bericht wird neben jedem Datensatz die Satznummer angezeigt

Die Datensatznummer ist die Nummer, die im Formular im Datensatznummernfeld zwischen den Navigationsschaltflächen angezeigt wird.

1. Fügen Sie im Detailbereich des Berichts neben den bestehenden Steuerelementen ein ungebundenes Textfeld ein. In der Datenbank PRAKTISC.MDB heißt dieser Bericht „Satznummer".

2. Setzen Sie dessen Eigenschaft „Steuerelementinhalt" auf den Eintrag „CurrentRecord".

3. Sehen Sie sich das Ergebnis in der Seitenansicht an.

Straße	Wohnort	PLZ	Satznummer
Alleestr. 2	Köln	56700	1
Im Tal 4	München	81450	2
Sebatian Gasse 3	Augsburg	34050	3
Silberhornstr. 13	München	87300	4
Bahnhofstr. 90	Duisburg	41217	5
Am Stockborn 5	Frankfurt	65000	6
Rosenstr. 4	München	87600	7
Rheinlanddamm 33	Bad Godesberg	53700	8
Goethestr. 6	Landshut	83050	9

Bild 11.8: Die Satznummer in einen Bericht einfügen

Rechteck um ein Textfeld wird in einem Bericht an die veränderbare Größe des Feldes angepasst

In Berichten können sich Textfelder dynamisch an ihren Inhalt anpassen, wenn ihre Eigenschaften „Vergrößerbar" und „Verkleinerbar" auf „Ja" gesetzt werden. Diese Eigenschaften besitzen leider die Steuerelemente „Rechteck" und „Linie" nicht. Damit ein Rechteck um ein Textfeld gezeichnet wird, das größer oder kleiner werden kann, müssen Sie VBA einsetzen.

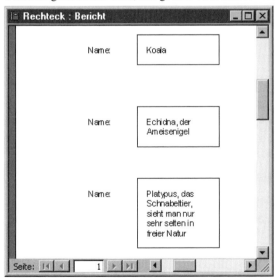

Bild 11.9: Der Rahmen passt sich dem Feldinhalt an

Für das Beispiel wurde die Tabelle „Rechteck" angelegt, die das Feld „Name" besitzt. Im gleichnamigen Bericht werden die Inhalte dieses Felds mit einem Rahmen versehen. Wenn Sie in das Feld „Name" eine lange Eingabe vornehmen, wird der Rahmen im Bericht entsprechend größer. Er passt sich dem Feldinhalt an.

1. Erstellen Sie einen neuen Bericht, der auf der Tabelle „Rechteck" basiert.

2. Fügen Sie in den Detailbereich ein Textfeld ein und nennen Sie es „Name".

3. Tragen Sie folgenden Code in die Ereignisprozedur „BeimDrucken" des Detailbereichs ein:

```
****************** PRAKTISCH.MDB ******************
****************** Berichtsmodul: Rechteck **************
Private Sub Detail_Print(Cancel As Integer, PrintCount As Integer)
  Dim x1, y1 As Single
  Dim x2, y2 As Single
  Dim Offset As Single
  Dim Color As Long

  Me.ScaleMode = 1
  'in twips, wobei (1440 twips = 1 inch)

  Offset = 1440 / 8

  x1 = Me!Name.Left - Offset
  y1 = Me!Name.Top - Offset

  x2 = Me!Name.Left + Me!Name.Width + Offset
  y2 = Me!Name.Top + Me!Name.Height + Offset

  Me.DrawWidth = 3
  Color = RGB(0, 0, 0)

  Me.Line (x1, y1)-(x2, y2), Color, B
End Sub
```

Der Offset ist willkürlich gewählt und bestimmt, wie weit die Linien von dem Textfeld entfernt liegen sollen. Mit ihm kann die linke obere „(X1/Y1)" und die rechte untere Ecke „(X2/Y2)" bestimmt werden. Anschließend wird die Breite und die schwarze Farbe für die Linien eingestellt. Das Zeichnen des Rechtecks erfolgt über die Methode „Line".

4. Übersetzen Sie den Code und speichern den Bericht.

5. Öffnen Sie den Bericht „Rechteck" in der Seitenansicht.

Je nach Größe des Feldinhalts wird das Rechteck, das den Inhalt umgibt, größer oder kleiner gezeichnet.

11.3 Lösungen für kleine Basic-Probleme

In diesem Abschnitt finden Sie einige nützliche Lösungen zu immer wiederkehrenden kleinen Basic-Problemen. Diese Tipps können Sie wiederum direkt einsetzen.

Ersten Buchstaben eines Worts in Großbuchstaben umwandeln

In Access existiert die Funktion „StrConv", die den Anfangsbuchstaben eines Worts in einen Großbuchstaben ändert. Diese Funktion kann außerdem noch die gesamte Zeichenkette in Groß- oder in Kleinbuchstaben umwandeln. Die gewünschte Option übergeben Sie der Funktion als Konstante:

- vbUpperCase: 1; gesamter String wird in Großbuchstaben konvertiert

- vbLowerCase: 2; gesamter String wird in Kleinbuchstaben konvertiert

- vbProperCase: 3; erster Buchstabe wird in einen Großbuchstaben, der Rest in Kleinbuchstaben konvertiert.

Um diese Funktion „StrConv" auszuprobieren, existiert in der Datenbank PRAKTISC.MDB das gleichnamige Formular, das auf der Tabelle „Mitarbeiter-Daten" basiert. Wenn Sie in das Feld „Nachname" einen Namen nur mit Kleinbuchstaben eintragen und dann das Feld verlassen, wird der Anfangsbuchstabe in einen Großbuchstaben umgewandelt. Damit dies funktioniert, wird in die Ereignisprozedur „AfterUpdate" des Textfelds „Nachname" folgende Zeile eingetragen:

```
Private Sub Nachname_AfterUpdate()
    Me!Nachname = StrConv(Me!Nachname, vbProperCase)
End Sub
```

Eine sich wiederholende Zeichenkette zusammenstellen

Es kommt immer wieder vor, dass man eine Zeichenkette aus einer kleineren Zeichenfolge zusammenstellen muss, die mehrmals wiederholt werden soll. Dazu können Sie die Funktion „fktWiederholen" verwenden. Ihr übergeben Sie die kurze Zeichenfolge und die Zahl der Wiederholungen. Die Funktion liefert den neuen, zusammengesetzten String zurück.

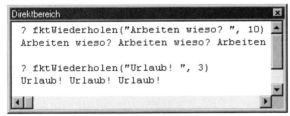

Bild 11.10: Eine Zeichenkette zusammenstellen

1. Öffnen Sie ein neues Modulfenster und geben dort die Funktion „fktWiederholen" ein.

```
******************* PRAKTISCH.MDB *******************
******************* Modul: String wiederholen *************
Option Explizit
```

```
Function fktWiederholen(StringAusdruck As String, Anzahl As Integer)
 Dim StringErgeb As String
 Dim i As Integer
 For i = 1 To Anzahl
   StringErgeb = StringErgeb & StringAusdruck
 Next i

 fktWiederholen = StringErgeb
End Function
```

Über eine „For"-Schleife wird die Zeichenkette mehrmals aneinandergesetzt. Die Anzahl der Schleifendurchläufe ist über den Übergabeparameter „Anzahl" festgelegt.

2.   Rufen Sie die Funktion „fktWiederholen" aus dem Direktfenster auf.

Alle alphanumerischen Zeichen aus einer Zeichenkette entfernen

Um aus einer Zeichenfolge alle alphanumerischen Zeichen zu entfernen, können Sie die Funktion „fktEntfernAlphaNum" einsetzen. Ihr übergeben Sie die komplette Zeichenkette. Die Funktion liefert dann einen String zurück, der nur noch die Zahlen enthält. Diese Funktion können Sie zum Beispiel benutzen, um aus Telefonnummern die Quer- und Bindestriche zu löschen.

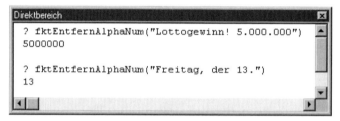

Bild 11.11: Alphanumerische Zeichen entfernen

1.   Öffnen Sie ein neues Modulfenster und fügen die Funktion „fktEntfernAlphaNum" ein:

```
******************* PRAKTISCH.MDB *******************
***************** Modul: Buchstaben aus Num ************
Option Explizit

Function fktEntfernAlphaNum(AlphaNum As String)
 Dim Sauber As String
 Dim Pos As Integer
 Dim Zeichen As String * 1

 If IsNull(AlphaNum) Then Exit Function
 For Pos = 1 To Len(AlphaNum)
   Zeichen = Mid(AlphaNum, Pos, 1)
   If Zeichen >= "0" And Zeichen <= "9" Then
     Sauber = Sauber + Zeichen
   End If
 Next Pos
 fktEntfernAlphaNum = Sauber
End Function
```

Falls eine leere Zeichenfolge übergeben wurde, wird die Funktion sofort wieder beendet. Ansonsten überprüfen Sie in einer „For"-Schleife jedes einzelne Zeichen. Nur wenn es eine Zahl ist, wird das Zeichen in den Zwischenpuffer „Sauber" geschrieben. Diesen Puffer weisen Sie abschließend der Funktion als Rückgabewert zu.

2.   Rufen Sie die Funktion „fktEntfernAlphaNum" aus dem Direktfenster auf.

Das Datum des letzen Montags ermitteln

Der Funktion „fktHolMontagDatum" können Sie ein beliebiges Datum im Format „#12.12.95#" übergeben. Oder Sie benutzen die Funktion „Date()", die das aktuelle Datum wiedergibt. Als Rückgabewert erhalten Sie das Datum des letzten Montags bezogen auf das genannte Datum.

Bild 11.12: Das Datum des letzten Montags ermitteln

1.   Öffnen Sie in der VBA-Entwicklungsumgebung ein neues Modulfenster und schreiben die folgende Funktion.

```
******************** PRAKTISCH.MDB ******************
*************** Modul: Datum des letzten Montags **********
Option Explizit

Function fktHolMontagDatum(vDatum As Variant)

  If VarType(vDatum) <> 7 Then
    fktHolMontagDatum = Null
  Else
  Select Case WeekDay(vDatum)
    Case 1     ' Sonntag
     fktHolMontagDatum = vDatum - 6
    Case 2     ' Montag
     fktHolMontagDatum = vDatum
    Case 3 To 7 ' Dienstag bis Samstag
     fktHolMontagDatum = vDatum - WeekDay(vDatum) + 2
  End Select
  End If
End Function
```

Zu Beginn überprüfen Sie mit der Funktion „VarType", ob ein Datum eingegeben wurde. Nur dann gelangen Sie in die „Select-Case"-Anweisung, die mithilfe der Funktion „Weekday" untersucht, um welchen Tag es sich bei dem angegebenen Datum handelt. Bei einem Sonntag müssen vom Datum 6 Tage abgezogen werden, um auf den letzten Montag zu gelangen. Liegt das genannte Datum zwischen Dienstag und Sonntag, findet eine kleine Berechnung statt.

2.   Rufen Sie die Funktion „fktHolMontagDatum" aus dem Direktfenster auf.

Daten aus einer Datei in ein Textfeld schreiben

Das Formular „Datei in Textfeld einlesen" besitzt ein mehrzeiliges Textfeld und zwei Befehlsschaltflächen. Wenn Sie die Schaltfläche „Datei lesen" anklicken, wird der Inhalt der Datei „Readme.txt", die sich im selben Verzeichnis wie die Datenbank PRAKTISC.MDB befindet, in das Textfeld geschrieben. Über die zweite Schaltfläche können Sie den Inhalt des Feldes wieder löschen.

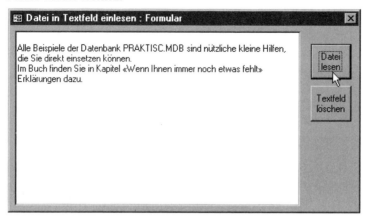

Bild 11.13: Den Dateiinhalt in ein Textfeld schreiben

1.   Erstellen Sie ein ungebundenes Formular.

2.   Fügen Sie ein Textfeld und zwei Befehlsschaltflächen ein.

3.   Tragen Sie in die Eigenschaften „Name" und „Beschriftung" der ersten Schaltfläche „Datei lesen" ein; bei Beschriftung mit einem Leerzeichen.

4.   Tragen Sie in die Eigenschaften „Name" und „Beschriftung" der zweiten Schaltfläche „Löschen" beziehungsweise „Textfeld löschen" ein.

5.   Nennen Sie das Textfeld „Mein_Text".

6.   Schreiben Sie folgenden Code in die Ereignisprozedur „BeimKlicken" der ersten Schaltfläche:

```
******************* PRAKTISCH.MDB ******************
************* Formularmodul: Datei in Textfeld lesen ********
Private Sub Dateilesen_Click()
' Liest den Inhalt aus der Datei README.TXT
  Dim ZeileTxt As String
  Dim GanzerTxt As String

  On Error GoTo FehlDatei
  Open "README.TXT" For Input As #1
```

```
Do While Not EOF(1)
  Line Input #1, ZeileTxt
  GanzerTxt = GanzerTxt & Chr(13) & Chr(10) & ZeileTxt
Loop
Me.[Mein_Text] = GanzerTxt
Close #1
Ausgang:
  Exit Sub

FehlDatei:
  MsgBox Err.Description
  Resume Ausgang
End Sub
```

Falls die Datei „Readme.txt" nicht gefunden werden kann, wird die Fehlerbehandlungsroutine angesprungen. Sie gibt über das Objekt „Err" einen Fehlertext aus. Ansonsten wird die Datei zeilenweise in den Zwischenpuffer „GanzerText" geschrieben. Wenn das Dateiende, das heißt EOF, erreicht ist, wird der Inhalt des Puffers in das Textfeld übertragen.

7.   Die Ereignisprozedur „BeimKlicken" der zweiten Schaltfläche benötigt nur eine Zeile Code, um den Inhalt des Textfeldes zu löschen.

```
Private Sub Löschen_Click()
' Löscht den Inhalt des Textfeldes
  Me.[Mein_Text] = ""
End Sub
```

11.4 Die Funktion „SysCmd" für die Statuszeile

Die Funktion „SysCmd" ist vielfältig einsetzbar. Mit ihr können Sie

*   den Status von Datenbankobjekten abfragen,

*   Informationen über Access ermitteln und

*   den Inhalt der Statuszeile verändern.

Welche Operation durchgeführt werden soll, übergeben Sie der Funktion als Konstante.

Überprüfen, ob ein Formular geöffnet ist

Mit der Funktion „SysCmd" kann zum Beispiel überprüft werden, ob ein bestimmtes Formular geschlossen ist. Dazu wird die Konstante „acSysCmdGetObjectState" eingesetzt.

```
' Funktion gibt True zurück, wenn das Formular in
' der Formular- oder Datenblattansicht geöffnet ist
Public Function fktIstGeladen(ByVal sFormularName As String) As Integer
  Const cObjStatusGeschlossen = 0
  Const cEntwurfsAnsicht = 0

  If SysCmd(acSysCmdGetObjectState, acForm, sFormularName) <> cObjStatusGeschlossen
  Then
    If Forms(sFormularName).CurrentView <> cEntwurfsAnsicht Then
      fktIstGeladen = True
```

```
      End If
      End If
    End Function
```

Datum und Uhrzeit in die Statuszeile einfügen

Das Formular „Statuszeile", das Sie in der Datenbank TOOLBAR.MDB finden, besitzt die Befehlsschaltfläche mit dem Namen „sZeitDatum". Über dieses Steuerelement können Sie abwechselnd die Uhrzeit und das Datum in der Statuszeile anzeigen und wieder entfernen.

Bild 11.14: Die Statuszeile mit Uhrzeit und Datum

Zu Beginn trägt die Schaltfläche die Beschriftung „Zeit/Datum einschalten". Durch einen Klick wird in die Ereignisprozedur „Click" verzweigt, in der über die Eigenschaft „TimerIn-terval" der Zustand der Schaltfläche untersucht wird.

Falls die Eigenschaft auf „0" steht, wird derzeit keine Uhrzeit angezeigt. Um dies zu ändern, übergeben Sie der Ereignis-Eigenschaft „OnTimer" (BeiZeitgeber) den Aufruf der Funktion „fktStatusZeitDatum". Setzen Sie die Eigenschaft „TimerInterval" auf „1000". Dadurch wird die Uhrzeit jede Sekunde aktualisiert. Außerdem muss noch die Beschriftung der Schaltfläche geändert werden.

Soll das Datum und die Zeit wieder aus der Statuszeile entfernt werden, müssen Sie die Funktion aus der Ereignis-Eigenschaft „OnTimer" austragen und die Eigenschaft „TimerInterval" mit „0" besetzen. Das Löschen des Textes in der Statuszeile übernimmt die Funktion „SysCmd" mit der Konstanten „acSysCmdClearStatus".

```
'******************** TOOLBAR.MDB ********************
'************* Formularmodul Statuszeile *************
Private Sub sZeitDatum_Click()
Dim r

If Me.TimerInterval = 0 Then
  Me.sZeitDatum.Caption = "Zeit/Datum ausschalten"
  Me.OnTimer = "= fktStatusZeitDatum()"
  Me.TimerInterval = 1000
Else
```

```
    Me.OnTimer = ""
    Me.TimerInterval = 0
    Me.sZeitDatum.Caption = "Zeit/Datum einschalten"
    r = SysCmd(acSysCmdClearStatus)
  End If
End Sub

Function fktStatusZeitDatum()
  Dim r

  r = SysCmd(acSysCmdSetStatus, Format$( _
    Time, "HH:MM:SS") & "    " & Format$( _
    Date, "DD.MM.YYYY"))
End Function
```

Die Uhrzeit und das Datum werden mit den VBA-Funktionen „Time" und „Date" ermittelt
und mit der Funktion „Format" lesbar aufbereitet. Damit die beiden Werte in der Statuszeile
erscheinen, rufen Sie die Funktion „SysCmd" unter Angabe der Konstanten „acSysCmd-
SetStatus" auf. Die Werte übergeben Sie als zweiten Parameter.

Fortschrittsanzeige verwenden

Wenn Access längere Operationen wie das Reparieren einer Datenbank durchführt, erscheint
in der Statuszeile eine Anzeige, die den Fortschritt der Operation darstellt. Eine solche Anzeige können Sie auch selber mithilfe der Funktion „SysCmd" einblenden. Das Formular
„Fortschrittsanzeige" in der Datenbank TOOLBAR.MDB basiert auf der Tabelle „Mitarbeiter-Daten". Wenn Sie die Schaltfläche „Starten" drücken, wird jeder Datensatz dieser Tabelle
kurz angezeigt. Wie viele Sätze bereits eingeblendet wurden, können Sie prozentual aus der
Fortschrittsanzeige der Statuszeile ablesen. Sie wird bei jedem Satz aktualisiert.

Durch das Anklicken der Schaltfläche „Starten" wird die Ereignisprozedur „Click" aktiviert.
In ihr weisen Sie zuerst der Tabelle „Mitarbeiter-Daten" die Objektvariable „rMitarbeiter" zu.
Nachdem Sie auf den letzten Datensatz gegangen sind, steht in der Eigenschaft „Record-
Count" die Gesamtanzahl der Sätze. Nun können Sie wieder auf den ersten Satz positionie-
ren.

Die Fortschrittsanzeige wird über den Aufruf der Funktion „SysCmd" und der Konstanten
„acSysCmdInitMeter" initialisiert. Zudem übergeben Sie einen Text, der zusätzlich erscheint,
und eine Zahl, die die 100 Prozent darstellt. Dafür wird in diesem Beispiel die Gesamtzahl
der Datensätze verwendet.

Anschließend aktualisieren Sie in einer „For"-Schleife die Fortschrittsanzeige. Dazu übergeben Sie der Funktion „SysCmd" die Konstante „acSysCmdUpdateMeter" und den Schleifen-
zähler. Access berechnet intern, wie groß die Anzeige, bezogen auf den Endwert, erscheint.
In der Schleife positionieren Sie außerdem auf den nächsten Satz, den Sie dann im Formular
ausgeben.

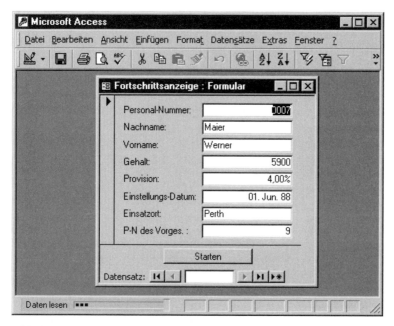

Bild 11.15: Die Statuszeile mit Fortschrittsanzeige

Nachdem Sie beim letzten Datensatz angelangt sind, wird die Schleife beendet und die Fortschrittsanzeige, die nun auf 100 Prozent steht, wieder gelöscht. Dazu rufen Sie die Funktion
„SysCmd" mit der Konstanten „acSysCmdRemoveMeter" auf.

```
'******************** TOOLBAR.MDB ********************
'********* Formularmodul Fortschrittsanzeige *********
Private Sub Command0_Click()
  Dim dbDatenBank As Database
  Dim rMitarbeiter As Recordset
  Dim iFortschritt, r As Integer
  Dim lAnzahl As Long

  Set dbDatenBank = CurrentDb
  Set rMitarbeiter = dbDatenBank.OpenRecordset("Mitarbeiter-Daten", dbOpenTable)

  ' Gesamtanzahl der Datensätze ermitteln
  rMitarbeiter.MoveLast
  lAnzahl = rMitarbeiter.RecordCount
  rMitarbeiter.MoveFirst

  ' Initialisieren der Fortschrittsanzeige
  r = SysCmd(acSysCmdInitMeter, "Daten lesen",lAnzahl)

  For iFortschritt = 1 To lAnzahl
    r = SysCmd(acSysCmdUpdateMeter, iFortschritt)

    rMitarbeiter.MoveNext
    DoCmd.GoToRecord acForm, Me.Name, acGoTo, iFortschritt
```

```
      Me.Requery
      Next iFortschritt
      r = SysCmd(acSysCmdRemoveMeter)
      dbDatenBank.Close
   End Sub
```

11.5 Mathematische Berechnungen

Eine der Aufgaben von VBA ist es, die Fähigkeiten von Access durch eigene Prozeduren zu erweitern. Obwohl Access bereits sehr viele Funktionen enthält, die zum Beispiel die Durchführung von kaufmännischen Berechnungen ermöglichen, werden für spezielle Anforderungen immer noch einzelne Funktionen fehlen. Manch einer von Ihnen wird vielleicht eine andere Zahlenbasis, wie das Dual- oder das Hexadezimalsystem, zur Lösung seiner Aufgabe benötigen. Das Fehlen von derartigen Standardfunktionen ist aber kein großes Problem, da die Lücke durch selbst geschriebene Funktionen gefüllt werden kann.

11.5.1 Funktionen für verschiedene Zahlensysteme

Zahlensysteme wie das Dual- oder Hexadezimalsystem werden auch heutzutage noch von Computerspezialisten benötigt. Innerhalb der Windows-Programmierung sind zum Beispiel fast alle Konstanten als Hexadezimalwerte festgelegt. Nachfolgend werden deswegen einige praktische Funktionen gezeigt, die das Konvertieren in die unterschiedlichen Zahlensysteme erlauben.

Das Dualsystem

Das Zehnersystem setzt sich aus den zehn Ziffern 0 bis 9 zusammen, wogegen das Dualsystem nur aus 0 und 1 besteht. Die Umwandlung einer Dezimalzahl in eine Dualzahl kann durch einen Divisions-Algorithmus realisiert werden. Dabei wird die Dezimalzahl fortlaufend durch 2 geteilt. Bei der Teilung entsteht ein Rest entweder von 0 oder 1. Dieser Rest bildet jeweils eine Stelle der Dualzahl, wobei der erste gefundene Rest die rechte Ziffer der Dualzahl bestimmt. Der Vorgang wird so lange wiederholt, bis das Divisionsergebnis Null lautet.

Umwandlung einer Dezimalzahl in eine Dualzahl

Als Beispiel soll die Dezimalzahl 25 in das Dualsystem umgewandelt werden. Im Dualsystem wird für diese Zahl 11001 geschrieben.

```
      25 : 2 = 12       Rest              1
      12 : 2 = 6        Rest              0
      6 : 2 = 3         Rest         0
      3 : 2 = 1         Rest         1
      1 : 2 = 0         Rest         1
```

```
'****************************************************
' Funktion wandelt eine Dezimalzahl in eine Dualzahl um
Function fktBSpReDezDual ()
   Dim Dezimal As Single

   Op1 = Val(sAusgabeFeld)
```

```
If Op1 < 0 Then
  MsgBox "kann keine negative Dezimalzahl in eine Dualzahl umwandeln", 48, _
      "Taschenrechner"
  Exit Function
End If
Dual$ = ""
Dezimal = Op1
Do
  Dezimal = Dezimal / 2
  Dz$ = "0"
  If Dezimal <> Int(Dezimal) Then
    Dz$ = "1"
  End If
  Dezimal = Int(Dezimal)
  Dual$ = Dz$ & Dual$
Loop While Dezimal > 0
sAusgabeFeld = Dual$

NumOps = 1
LetzteEingabe = "OPS"
OpFlag = " "
End Function
```

Umwandlung einer Dualzahl in eine Dezimalzahl

Die Rückumwandlung der Dualzahl in eine Dezimalzahl macht von einer Methode Gebrauch, die jede Stelle der Dualzahl bewertet. Diese Stellenbewertung ist möglich, da die Darstellung einer Dualzahl wie die jeder Zahl in Ziffernnotation nur eine Kurzschreibweise ist.

$$11001 => 2^4 + 2^3 + 2^2 + 2^1 + 2^0$$

```
'*****************************************************
'Funktion wandelt eine Dualzahl in eine Dezimalzahl um
Function fktBSpReDualDez ()
Dim Dez, Ziffer, Laenge As Long

Dez = 0
Op1 = Val(sAusgabeFeld)
Dual$ = sAusgabeFeld

Laenge = Len(Dual$)
For i% = 1 To Laenge
  If Mid$(Dual$, i%, 1) = "1" Then
    Dez = Dez + 2 ^ (Laenge - i%)
  End If
Next i%
sAusgabeFeld = Str$(Dez)

NumOps = 1
LetzteEingabe = "OPS"
OpFlag = " "
End Function
```

Einerkomplement einer Dualzahl bilden

Das Einerkomplement kann aus einer Dualzahl recht einfach gebildet werden, indem alle Ziffern mit einer 1 durch eine 0 und alle Ziffern mit einer 0 durch eine 1 ersetzt werden.

```
'************************************************
' Funktion bildet das Einerkomplement einer Dualzahl
Function fktBSpReDualKomp ()

    Op1 = Val(sAusgabeFeld)
    Dual$ = sAusgabeFeld
    Komp$ = ""
    For i% = 1 To Len(Dual$)
      z$ = "0"
      If Mid$(Dual$, i%, 1) = "0" Then
        z$ = "1"
      End If
      Komp$ = Komp$ & z$
    Next i%
    sAusgabeFeld = Komp$

    NumOps = 1
    LetzteEingabe = "OPS"
    OpFlag = " "
End Function
```

Das Hexadezimalsystem

Im Gegensatz zum Dualsystem, das weniger Ziffern als das Dezimalsystem aufweist, ist das Hexadezimalsystem durch die Ziffern A, B, C, D, E und F erweitert. Mit einer Stelle können damit Dezimalzahlen von 0 bis 15 dargestellt werden.

Umwandlung einer Dezimalzahl in eine Hexadezimalzahl

Die Umwandlung einer Zahl im Dezimalsystem in das Hexadezimalsystem erfolgt mit der bereits existierenden VBA-Funktion „Hex$„. Als Parameter benötigt „Hex$" eine Zahl, deren Datentyp auch die Anzahl der maximalen Stellen der Hexadezimalzahl bestimmt. Wird eine Integerzahl an diese Funktion übergeben, so liefert sie eine Zeichenkette, die aus maximal vier Stellen besteht. Wird dagegen eine Zahl mit dem Datentyp „Long" übergeben, kann das Ergebnis bereits acht Stellen umfassen. Damit eine Hexadezimalzahl in VBA geschrieben werden kann, steht das Kurzzeichen „&H" zur Verfügung. Mit diesem Zeichen ist es möglich, auch die Buchstaben A bis F in die Zahl zu integrieren. Die Definition einer Konstanten als Hexadezimalzahl sieht zum Beispiel folgendermaßen aus:

```
Const HV_USER = &HF0001890
```

```
'************************************************
' Funktion wandelt eine Dezimalzahl in eine Hexadezimalzahl um
Function fktBSpReDezHexa ()
  sAusgabeFeld = Hex$(sAusgabeFeld)
  NumOps = 1
```

```
    LetzteEingabe = "OPS"
    OpFlag = " "
End Function
```

Umwandlung einer Hexadezimalzahl in eine Dezimalzahl

Der umgekehrte Weg wird uns leider nicht von VBA abgenommen. Aber durch eine Stellenbewertung ähnlich der Methode für die Dualzahl ist die Umwandlung von einer Hexadezi-
mal- in eine Dezimalzahl nicht allzu schwierig. Eine kleine Sonderbehandlung ist jedoch für
die Ziffern notwendig, die größer als 9 sind und damit zwischen A und F liegen. Diese dienen
bei der Umwandlung als Multiplikator für die Basis.

```
'*************************************************
' Funktion wandelt eine Hexadezimalzahl in eine Dezimalzahl um
Function fktBSpReHexaDez ()
  Dim Dez, Ziffer, Laenge As Long
  Dez = 0
  Op1 = Val(sAusgabeFeld)
  Hexa$ = sAusgabeFeld
  Laenge = Len(Hexa$)
  For i% = 1 To Laenge
    x$ = Mid$(Hexa$, i%, 1)
    Ziffer = Val(x$)
    If x$ > "9" Then
      Ziffer = Asc(x$) - 55
    End If
    Dez = Dez + Ziffer * 16 ^ (Laenge - i%)
  Next i%
  sAusgabeFeld = Str$(Dez)

  NumOps = 1
  LetzteEingabe = "OPS"
  OpFlag = " "
End Function
```

Ziffern rotieren

Normalerweise besitzt eine Ziffer in einer Zahl eine feste Position. Dies ist jedoch dann nicht
mehr der Fall, wenn eine eigene Funktion das Rotieren der Stellen veranlasst. Eine Ziffer, die
zu Beginn die Position links außen einnimmt, steht nach einer Rotation an der rechten Stelle,
und die jeweils nächste Ziffer rückt um eine Position weiter. Voraussetzung für das Rotieren
ist, dass die Zahl als Zeichenkette vorhanden ist und damit eine Ziffer leicht aus dieser Kette
genommen werden kann.

```
Vor Rotation:   1234567890
Nach Rotation:  2345678901
```

```
'*************************************************
' Funktion rotiert eine Zahl nach links
Function fktBSpReRotL ()
  Dim Laenge As Long
```

```
    Op1 = Val(sAusgabeFeld)
    Zahl$ = sAusgabeFeld

    Laenge = Len(Zahl$)
    Zahl$ = Right$(Zahl$, Laenge - 1) + Left$(Zahl$, 1)
    sAusgabeFeld = Zahl$

    NumOps = 1
    LetzteEingabe = "OPS"
    OpFlag = " "
End Function

'*************************************************
' Funktion rotiert eine Zahl nach rechts
Function fktBSpReRotR ()
    Dim Laenge As Long

    Op1 = Val(sAusgabeFeld)
    Zahl$ = sAusgabeFeld

    Laenge = Len(Zahl$)
    Zahl$ = Right$(Zahl$, 1) + Left$(Zahl$, Laenge - 1)
    sAusgabeFeld = Zahl$

    NumOps = 1
    LetzteEingabe = "OPS"
    OpFlag = " "
End Function
```

Die Fakultät berechnen

Die Berechnung einer Fakultät lässt sich ebenfalls auf recht einfache Weise bewerkstelligen. Hierzu wird kaum mehr als eine „For"-Schleife benötigt, die eine Multiplikation zweier Zahlen realisiert. Die N!-Fakultät ist für ganzzahlige Werte, die größer oder gleich Null sind, definiert als:

$$N! = 1*2*3*4 ... * N$$

Bei der Umsetzung braucht der Sonderfall N=0 nicht einzeln betrachtet zu werden, da 0! automatisch den Wert 1 erhält. Dieser Wert entsteht, da der Anfangswert von P auf 1 gesetzt ist und die „For"-Schleife im Falle von Null nicht durchlaufen wird.

```
'*************************************************
' Funktion berechnet die Fakultät N!
Function fktBSpReFak ()
    Op1 = Val(sAusgabeFeld)

    p = 1
    For i = 1 To Op1
      p = p * i
    Next i
```

```
sAusgabeFeld = Str$(p)

NumOps = 1
LetzteEingabe = "OPS"
OpFlag = " "
End Function
```

11.5.2 Implementierung dieser mathematischen Funktionen

Da jetzt eine Reihe von neuen Funktionen bereitsteht, liegt es nahe, sie in einem Taschen-rechner-Formular zu integrieren. Außerdem beherrscht der Rechner die Grundrechenarten.

Die zuvor erstellten Funktionen werden der Eigenschaft „BeimKlicken" verschiedener Be-fehlsschaltflächen im Formular „Beta-Spezial-Rechner" zugeordnet. Zur Darstellung der Eingabe und der Ausgabe dient ein Textfeld. Auf dieses Textfeld greifen die neuen Funktio-nen direkt zu und können die entsprechende Berechnung ausführen. Den vollständigen Code für diese Anwendung finden Sie auf der CD in der Datenbank SPEZFKT.MDB. Der Modul-name lautet „Beta-Spezial-Rechner".

Da die Funktionen weitgehend unabhängig voneinander arbeiten, ist die Zusammenfassung der Funktionen eine sehr gute Testmöglichkeit ihrer Funktionalität. Neben der Darstellung des Ergebnisses in dem Formular können Sie das Direktfenster für eine Fehlereingrenzung einsetzen.

Nachdem kurze Zeit mit dem Prototypen einer Anwendung gearbeitet wurde, der daher auch die Bezeichnung „Beta-Spezial-Rechner" trägt, werden Sie sicher schnell feststellen müssen, dass die Funktionen zwar einzeln richtige Ergebnisse liefern, aber im Zusammenwirken mit anderen Funktionen sogar zu groben Fehlern führen können.

Hierzu gehört zum Beispiel, dass zwar eine Umwandlung vom Dezimal- ins Hexadezimalsys-tem einwandfrei funktioniert, jedoch eine eventuelle Addition von zwei hexadezimalen Zah-len zu keinem richtigen Ergebnis führt. Auch führt die Berechnung der Fakultät für eine Du-alzahl mit großer Wahrscheinlichkeit zum Abbruch der Applikation. Daraus lässt sich fol-gern, dass Funktionen, die im Einzelnen gut arbeiten, in einer Applikation integriert zu fal-schen Zuständen führen können.

Um einen wirklich einsatzfähigen Rechner für die Zahlensysteme Dezimal, Dual und Hexa-dezimal zu erhalten, sind noch einige zusätzliche Erweiterungen erforderlich. Hierzu gehört zum Beispiel die Steuerung der Schaltflächen. Während im Dezimalsystem die Ziffern 0 bis 9 bedienbar sein sollen, sind im Dualsystem nur die Ziffern 0 und 1 erlaubt. Im Hexadezimal-system müssen dagegen zusätzlich noch die Befehlsschaltflächen „A" bis „F" verfügbar sein.

Für die Realisierung der Grundrechenarten im Dual- und Hexadezimalsystem ist bei jeder Berechnung zusätzlich eine Umwandlung in das Dezimalsystem und am Ende eine Rückum-wandlung in das ursprüngliche Zahlensystem notwendig.

Obwohl bei der Berechnung für die Zahlendarstellung der Datentyp „Double" verwendet wird, kann auch dieser Zahlenbereich zum Beispiel bei der Ermittlung der Fakultät über-schritten werden. In einer derartigen Situation würde das laufende Programm mit einem Laufzeitfehler unterbrochen werden. Um dies zu verhindern, enthält der Taschenrechner an den kritischen Stellen eine Fehleranalyse. Der Programmabbruch, der durch das Auftreten eines Laufzeitfehlers entsteht, kann verhindert werden, indem der Fehlerfall selbst abgefangen und der Taschenrechner zurückgesetzt wird.

Auch der Code für dieses Beispiel ist in der Datenbank SPEZFKT.MDB gespeichert. Er befindet sich im Modul „Spezial-Rechner".

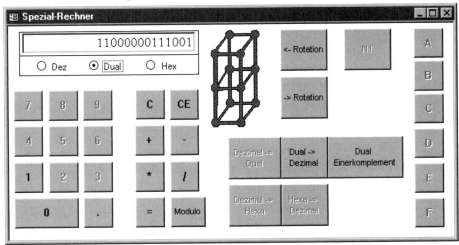

Bild 11.16: Beispiel-Taschenrechner mit verschiedenen Zahlensystemen

Das Kernstück der Erweiterungen ist der richtige Wechsel der Zahlensysteme. Die Grundlage für die Umwandlung sind die zuvor erstellten Funktionen, die nach wie vor die Arbeit der Konvertierung übernehmen. Hinzugekommen ist allerdings die Funktion „fktSpReBasis", die sich darum kümmert, welches Zahlensystem vor und nach einer Berechnung herzustellen ist. Dementsprechend werden die Funktionen zur Konvertierung in eine andere Zahlenbasis aufgerufen. Aufgrund dieser Steuerung werden die Möglichkeiten, durch eine Zahlenbasiskonvertierung in einen fehlerhaften Zustand zu gelangen, ausgeschaltet. Der Bediener kann damit erheblich weniger Fehlbedienungen ausführen.

Um diese Steuerung der Zahlenbasis richtig durchführen zu können, steht die Variable „Basis" zur Verfügung, die angibt, welche Zahlenbasis zuletzt aktiv war. Dagegen kann der neue vom Benutzer gewünschte Zustand an der Optionsgruppe „sBasis" des Formulars „Spezial-Rechner" erkannt werden. Die Optionsgruppe enthält die drei Optionsschaltflächen „Dezimal", „Dual" und „Hexadezimal", die durch die Optionswerte „1", „2" und „3" innerhalb der Optionsgruppe „sBasis" repräsentiert werden.

Steuerung der Befehlsschaltflächen

Ein wichtiger Aspekt zur Ausschaltung von Fehlbedienungen ist die gezielte Steuerung der erlaubten und verbotenen Schaltflächen. Um die programmtechnische Arbeit mit den Befehlsschaltflächen zu erleichtern, sind diese Variablen dem Typ „Control" zugeordnet. Die Definition der Variablen erfolgt dabei im Deklarationsteil des Programms und die Zuordnung zwischen Formular und dem Steuerelement im Initialisierungsteil „fktSpReInit".

Die Steuerung der Befehlsschaltflächen ist so ausgelegt, dass im Dezimalsystem alle Schaltflächen außer „A" bis „F", die Funktion zur Komplementbildung und die Konvertierungsfunktionen „Hexadezimal nach Dezimal" und „Dual nach Dezimal" eingeschaltet sind. Aktiviert oder deaktiviert kann eine Schaltfläche durch ihre Eigenschaft „Enabled" werden, indem
diese auf „True" oder „False" gesetzt wird.

Im Dualsystem müssen außer den Schaltflächen für die Tasten „0" und „1" alle anderen Zifferntasten ausgeschaltet sein. Zusätzlich wird die Berechnung der Fakultät deaktiviert, da
durch das Dualsystem der darstellbare Zahlenbereich sehr schnell überschritten würde. Da
innerhalb von VBA keine direkten Möglichkeiten zur Durchführung der Berechnungen im
Dualsystem bestehen, wurde diese Aufgabe durch die Schritte Konvertierung in das Dezimalsystem, Durchführung der Berechnung und Rückkonvertierung in das Dualsystem gelöst.

Da das Hexadezimalsystem zusätzlich die Ziffern „A" bis „F" benötigt, werden in dieser
Betriebsart die entsprechenden Schaltflächen benutzbar gemacht. Um keinen Fehlerzustand
zu erreichen, werden die Schaltflächen für die Konvertierung von „Dezimal nach Hexadezimal", „Dezimal nach Dual" und „Dual nach Dezimal" verboten.

```
'*************************************************
' Funktion wechselt die Zahlenbasis
Function fktSpReBasis () As String
  Dim lpZahl As String

  lpZahl = sAusgabeFeld
  Select Case sBasis
   Case 1:
     Select Case Basis
      Case 1: ' es war Dezimal
      Case 2: ' es war Dual
        lpZahl = fktSpReDualDez(lpZahl)
      Case 3: ' es war Hex
        lpZahl = fktSpReHexaDez(lpZahl)
     End Select
     'Optionsschaltfläche Dezimal einschalten
     sBasis = 1
     DoCmd GoToControl sBasis.Name
     s2.Enabled = True
     s3.Enabled = True
     s4.Enabled = True
     s5.Enabled = True
     s6.Enabled = True
     s7.Enabled = True
     s8.Enabled = True
     s9.Enabled = True
     sA.Enabled = False
     sB.Enabled = False
     sC.Enabled = False
     sD.Enabled = False
     sE.Enabled = False
     sF.Enabled = False
     sDezDu.Enabled = True
     sDuDez.Enabled = False
```

```
      sDuKomp.Enabled = False
      sDezHexa.Enabled = True
      sHexaDez.Enabled = False
      sN.Enabled = True
      Basis = 1
      sBasis = Basis

  Case 2:
    Select Case Basis
      Case 1:
        lpZahl = fktSpReDezDual(lpZahl)
      Case 2:
      Case 3:
        lpZahl = fktSpReHexaDez(lpZahl)
        lpZahl = fktSpReDezDual(lpZahl)
    End Select
    'Optionsschaltfläche Dezimal einschalten
    sBasis = 1
    DoCmd GoToControl sBasis.Name
    s2.Enabled = False
    s3.Enabled = False
    s4.Enabled = False
    s5.Enabled = False
    s6.Enabled = False
    s7.Enabled = False
    s8.Enabled = False
    s9.Enabled = False
    sA.Enabled = False
    sB.Enabled = False
    sC.Enabled = False
    sD.Enabled = False
    sE.Enabled = False
    sF.Enabled = False
    sDezDu.Enabled = False
    sDuDez.Enabled = True
    sDuKomp.Enabled = True
    sDezHexa.Enabled = False
    sHexaDez.Enabled = False
    sN.Enabled = False
    Basis = 2
    sBasis = Basis

  Case 3:
    Select Case Basis
      Case 1:
        lpZahl = fktSpReDezHexa(lpZahl)
      Case 2:
        lpZahl = fktSpReDualDez(lpZahl)
        lpZahl = fktSpReDezHexa(lpZahl)
      Case 3:
    End Select
    DoCmd GoToControl sBasis.Name
```

```
            s2.Enabled = True
            s3.Enabled = True
            s4.Enabled = True
            s5.Enabled = True
            s6.Enabled = True
            s7.Enabled = True
            s8.Enabled = True
            s9.Enabled = True
            sA.Enabled = True
            sB.Enabled = True
            sC.Enabled = True
            sD.Enabled = True
            sE.Enabled = True
            sF.Enabled = True
            sDezDu.Enabled = False
            sDuDez.Enabled = False
            sDuKomp.Enabled = False
            sDezHexa.Enabled = False
            sHexaDez.Enabled = True
            sN.Enabled = False
            Basis = 3
            sBasis = Basis
        End Select
        sAusgabeFeld = lpZahl
        fktSpReBasis = lpZahl
    End Function
```

Da das zukünftige Zahlensystem an der Optionsgruppe „sBasis" erkennbar ist und diese der gleichnamigen Variablen zugewiesen wurde, findet ihre Auswertung über eine „Select-Case"-Verzweigung statt. Innerhalb eines „Case"-Zweiges wird jeweils noch untersucht, aus welchem Zahlensystem heraus die Umwandlung erfolgen soll. Dazu muss die Variable „Basis" nur auf die Werte 1, 2 und 3 überprüft werden, da diese Werte den Zuständen „Dezimal", „Dual" und „Hexadezimal" entsprechen. Aufgrund dieser Auswertung werden die entsprechenden Funktionen für die Konvertierung in ein anderes Zahlensystem aufgerufen.

Zahlensystem überprüfen und gegebenenfalls umwandeln

Damit auch eine Durchführung der Grundrechenarten im Dual- und Hexadezimalsystem erfolgen kann, wird die Funktion „fktSpReOperator", die für die Operatorschaltflächen zuständig ist, erweitert. Hierbei wird über eine „Select-Case"-Verzweigung die Zahlenbasis überprüft und durch den Aufruf der Funktionen „fktSpReDualDez" oder „fktSpReHexaDez" eine Umwandlung in das Dezimalsystem erreicht. Nachdem die Berechnung im Dezimalsystem beendet ist, wird das Ergebnis wieder in das ursprüngliche Zahlensystem zurückkonvertiert.

```
        ...
        ' Zahlenbasis überprüfen
        lpZahl = sAusgabeFeld
        Select Case Basis
          Case 1:
          Case 2:
```

```
           lpZahl = fktSpReDualDez(lpZahl)
           Case 3:
           lpZahl = fktSpReHexaDez(lpZahl)
           End Select
           ...
```

Beim Arbeiten mit dem Taschenrechner kann es leicht vorkommen, dass zum Beispiel bei der Anwendung der Fakultät der zulässige Zahlenbereich überschritten wird. Bereits der Versuch, die Fakultät der Zahl 180 zu bilden, führt zu einem numerischen Überlauf des Zahlenbereichs „Double", in dem alle Berechnungen ausgeführt werden.

Fehlerroutine einbauen

Da durch das Überschreiten des Zahlenbereichs ein Laufzeitfehler entsteht, der zum Abbruch des Programms führt, sollten diese Problemfälle auch durch das Programm abgefangen werden. Zu diesem Zweck wird in die kritischen Programmteile eine Fehlerroutine eingebaut, die beim Auftreten des Fehlers angesprungen wird und den Taschenrechner neu initialisiert. Dies geschieht zum Beispiel innerhalb der Berechnung der Fakultät, in der bekanntlich der Fall des Überlaufs am häufigsten auftritt.

```
      '*************************************************
      ' Funktion berechnet die Fakultät N!
      Function fktSpReFak ()

          On Error GoTo lSpReFak

          Op1 = Val(sAusgabeFeld)
          p = 1
          For i = 1 To Op1
           p = p * i
          Next i

          sAusgabeFeld = Str$(p)
          NumOps = 1
          LetzteEingabe = "OPS"
          OpFlag = " "
      fSpReFak:
          Exit Function
      ' Fehlerroutine
      lSpReFak:
          MsgBox "Überlauf", 48, "Taschenrechner"
          a = fktSpReAbbruch()
          Resume fSpReFak
      End Function
```

Die Fehlerroutine wird über die Anweisung „On Error Goto lSpReFak" zu Beginn der Funktion eingetragen. Tritt ein Laufzeitfehler auf, so wird jetzt nicht mehr das Programm unterbrochen, sondern an die Stelle „lSpReFak:", die sich innerhalb dieser Funktion befinden muss, gesprungen. Die Aufgabe der Fehlerroutine ist es in diesem Fall, eine Fehlermeldung auszugeben und anschließend den Taschenrechner zurückzusetzen. Hierzu kann die Funktion „fktSpReAbbruch" verwendet werden, die diesen Vorgang übernimmt. Damit die Fehlerroutine nicht fälschlicherweise bei jedem Aufruf von „fktSpReFak" mit ausgeführt wird, steht vor der Fehlerroutine die Anweisung „Exit Function", die die aktuelle Funktion sofort verlässt.

Eine häufig schwierige Überlegung betrifft das Fortsetzen des Programms nach dem Fehlerfall. Theoretisch könnte durch die Anweisung „Resume" an der gleichen Programmstelle fortgefahren werden, an der der Fehler entstand. Beim Auftreten eines Überlaufs des Zahlenbereichs kann die Berechnung jedoch in keinem Fall einen sinnvollen Wert liefern. Daher wird durch „Resume fSpReFak" unmittelbar vor dem Funktionsende fortgesetzt. Nach dem Verlassen der Funktion befindet sich der Taschenrechner damit wieder in einem Zustand, in dem Eingaben durch den Benutzer durchgeführt werden können.

12 Fehlerbehandlung mit VBA

Sobald man Prozeduren schreibt, können Fehler entstehen. Jede Prozedur sollte ausgetestet werden, bevor sie an den Kunden weitergegeben wird. Access besitzt für das Debuggen verschiedene Hilfsmittel, deren Einsatz anschließend genau beschrieben wird. Außerdem sollten Sie Fehlerbehandlungsroutinen in Ihren VBA-Code einbauen, ansonsten bricht Ihr Programm bei einem Laufzeitfehler ab. In den selbst geschriebenen Routinen können Sie auf Fehler gezielt reagieren.

12.1 Testen von VBA-Code (Debugging)

Es ist kein Problem, auf die Schnelle eine Funktion zu erstellen und in die Oberfläche von Access einzubinden. Aber eine Kunst für sich ist es, auch wirklich den letzten Fehler zu entfernen. Zum Glück besitzt die VBA-Entwicklungsumgebung einen integrierten Debugger, der auf komfortable Weise die Analyse des Programms erlaubt. Dieses Testmittel besteht aus mehreren Hilfsmitteln, die es erleichtern, ein Programm auf seine Arbeitsweise hin zu untersuchen. Dies geschieht durch das Setzen von gezielten Haltepunkten, durch das schrittweise Abarbeiten von einzelnen Befehlen und durch die Fähigkeit, Variablen und Eigenschaften sogar während der Laufzeit betrachten zu können.

12.1.1 Fehlersuche mit den verschiedenen Testfenstern

Das wichtigste Testhilfsmittel stellt die VBA-Entwicklungsumgebung durch das Direktfenster, Lokalfenster und Überwachungsfenster zur Verfügung. Am schnellsten werden Sie mit dem Direktfenster umgehen können, wenn Sie es öffnen und die nachfolgenden kleinen Beispiele eingeben.

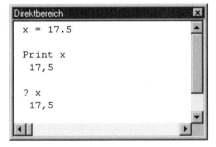

```
Direktbereich                    ×
  x = 17.5

  Print x
   17,5

  ? x
   17,5
```

Bild 12.1: Die Variablen im Direktfenster überprüfen

Das Direktfenster, das den Titel „Direktbereich" trägt, blenden Sie durch den Menüpunkt DIREKTFENSTER des ANSICHT-Menüs oder über die Tastenkombination <Strg>+<G> ein. Dies kann bereits während des Programmentwurfs oder auch später in einer Programmunterbrechung erfolgen. Neben dem Direktfenster stehen noch das „Lokalfenster" und das „Überwachungsfenster" zur Verfügung. Diese beiden Fenster werden im Kapitel 12.1.3 genauer besprochen.

Das Direktfenster können Sie wirklich als „Probierfenster" ansehen, da nicht nur Variablen abgefragt oder geändert werden können, sondern es kann auch die Reaktion auf Funktionen oder Prozeduren beobachtet werden. Hierzu geben Sie die Anweisung in diesen Bereich ein und schließen sie durch die <Enter>-Taste ab. Das Ergebnis wird sofort im Direktfenster wiedergegeben.

Für die Anzeige von Variablen können Sie entweder die von Basic bekannte „Print"-Anweisung oder die spezielle Direktfenster-Kurzform mit dem Fragezeichen „?" einsetzen:

```
Print a
? a
a = 5
```

Der Inhalt einer Variablen wird ausgelesen und angezeigt, oder deren Inhalt kann direkt geändert werden.

Besonders nützlich lässt sich das Direktfenster zum Abfragen und sogar zum Setzen von Eigenschaften verwenden. Bei der Programmerstellung kann diese Fähigkeit wertvoll sein, da ausprobiert werden kann, ob die Bezeichnung richtig verwendet wird. Wollen Sie dagegen an einem gezielten Haltepunkt Eigenschaften abfragen oder setzen, können Sie dies im Direktfenster so realisieren, als ob es direkt im Programm erfolgen würde:

```
? Forms!Fonts!Schriftprobe.Fontname
Forms!Fonts!Schriftprobe.Fontname = "Terminal"
```

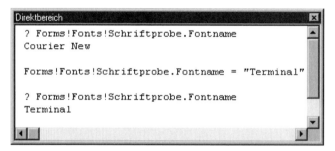

Bild 12.2: Eigenschaften über das Direktfenster lesen und verändern

Wie Sie sehen, ist das Direktfenster ein sehr mächtiges Werkzeug, um Fehler beseitigen zu helfen. Soll der im Direktfenster erzeugte Programmcode in die bestehende Applikation übernommen werden, so kann dies über das Kopieren in die Zwischenablage und anschließendes Einfügen in die entsprechende Prozedur erfolgen.

Selbst das Öffnen eines Formulars oder Berichts ist durch das Direktfenster zu realisieren. Dies wird durch das Objekt „DoCmd" ermöglicht, das die Aktion „OpenForm" oder die Aktion „OpenReport" als Methode aktiviert. Beim Ausführen der Befehlszeile können Sie das Öffnen des gewünschten Objekts direkt beobachten:

Wenn Sie sich über die Wirkung eines Parameters einer Aktion nicht sicher sind, können Sie diesen einfach im Direktfenster ausprobieren. Die Aktion „OpenForm" legt zum Beispiel über den letzten Parameter den Fenstermodus fest. Als Konstanten stehen dafür „acNormal" (Normal), „acHidden" (Ausgeblendet), „acIcon" (Symbol) und „acDialog" (Dialog) bereit. Am besten testen Sie die verschiedenen Konstanten im Direktfenster, indem Sie das Formular „Koala" in der Formularansicht öffnen:

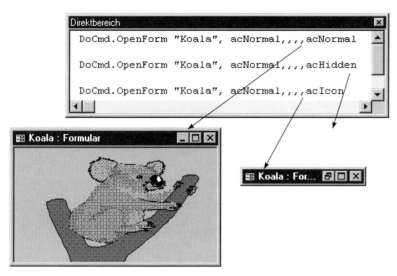

Bild 12.3: Fenstermodus über Direktfenster untersuchen

```
DoCmd.OpenForm "Koala", acNormal,,,,acNormal
DoCmd.OpenForm "Koala", acNormal,,,,acHidden
DoCmd.OpenForm "Koala", acNormal,,,,acIcon
DoCmd.OpenForm "Koala", acNormal,,,,acDialog
```

Funktionen können innerhalb von Access nicht direkt per Kommando ausgeführt werden. Deswegen kann ein Programm zum Beispiel nur über das Formular oder den Bericht gestartet werden. Dies ist eine Folge der Vorgabe, dass Funktionen nur in Ausdrücken oder als Reaktion auf Ereignisse eingesetzt werden dürfen. Für Testzwecke wäre diese Einschränkung sehr lästig, wenn es nicht das Direktfenster gäbe. Über das Direktfenster können Funktionen oder Sub-Prozeduren sofort aufgerufen werden.

Eine Funktion wird ausgeführt, indem der Funktionsname, getrennt durch ein Gleichheitszeichen, an eine Variable übergeben wird. Benötigt die Funktion keine Parameter, so sind leere runde Klammern zu schreiben. Falls die Funktion jedoch Parameter verwendet, müssen diese in den runden Klammern, durch Kommata getrennt, aufgeführt werden. Alternativ zur Übergabe des Rückgabewerts an eine Variable können Sie diesen Wert direkt mit dem „?"-Operator ausgeben lassen, der der PRINT-Anweisung in Basic entspricht. In diesem Fall wird kein Gleichheitszeichen geschrieben. Als Funktion kann entweder eine selbst geschriebene Funktion oder eine der Standardfunktionen aufgerufen werden. Die nächsten Zeilen zeigen einige Beispiele:

```
? Abs(-5)
b = Abs(-88)
a = FormularBesetzen()
```

Zudem können auch die Sub-Prozeduren ausgeführt werden. Da diese nie einen Rückgabewert besitzen, sind sie über die Anweisung „Call" oder nur durch Nennung ihres Namens zu starten. Bei einer Sub-Prozedur dürfen keine runden Klammern geschrieben werden. Eventuelle Übergabeparameter werden ohne Klammern genannt:

```
      Call Füllen
oder
      Füllen

      Call FüllenV "Hallo Känguruh"
oder
      FüllenV "Hallo Känguruh"
```

Um eine Prozedur eines Klassenmoduls aus dem Direktfenster heraus auszuführen, müssen Sie den vollständigen Klassennamen verwenden. Dem Prozedurnamen muss dabei zwingend der Name des Klassenmoduls vorangestellt werden.

Angenommen, das Formular mit dem Namen Artikel enthält unter anderem das Textfeld Lieferzeit. Immer wenn der Inhalt dieses Textfelds geändert wird, soll eine bestimmte Aufgabe durchgeführt werden. Die dafür notwendigen Codezeilen haben Sie in die Ereignisprozedur Lieferzeit_Change geschrieben. Diese Prozedur können Sie bei Bedarf folgendermaßen im Direktfenster aufrufen:

```
      Form_Artikel.Lieferzeit_Change
```

Der Klassenname lautet in diesem Beispiel „Form_Artikel", da das Formular selber den Namen „Artikel" trägt.

12.1.2 Mit Haltepunkten und Einzelschritten den Fehler einkreisen

Während Sie Ihre Applikation entwickeln, wird sich Ihr Programm in verschiedenen Programmzuständen befinden. Nachdem Sie das Programm entworfen haben, wird es ausgeführt und wahrscheinlich durch einen Fehler unterbrochen. Dabei befinden Sie sich jeweils in einer anderen Betriebsart der Entwicklungsumgebung von VBA:

*   Programmerstellung
*   Programmablauf
*   Programmunterbrechung

Die eigentliche Softwareentwicklung findet während des Entwurfsmodus statt. In diesem Modus kann die Oberfläche interaktiv erstellt und der Basic-Code durch den Editor ergänzt werden. In dieser Betriebsart kann jedoch nicht auf die Testhilfsmittel zugegriffen werden. Da die VBA-Entwicklungsumgebung die Öffnung von gleichzeitig mehreren Modulfenstern erlaubt, können Sie aber durchaus in einem Modul ein Programm erstellen, während in einem anderen Modul eine Funktion abläuft.

Erst durch den Aufruf einer Funktion aus einem Formular oder Bericht, die dabei entweder einen Ausdruck darstellt oder auf ein Ereignis reagiert, gelangt der Programmcode zur Ausführung. Beim Erkennen eines Laufzeitfehlers oder eines gesetzten Haltepunkts wird das Programm, das sich hinter der aufgerufenen Funktion befindet, unterbrochen.

In der Betriebsart „Unterbrechung" kann das angehaltene Programm auf seinen Zustand genau untersucht werden. Hierzu gehört das Anzeigen von Variablen oder Eigenschaften, aber auch deren Setzen auf gezielte Testwerte. Ein so genannter Laufzeitfehler kann das Programm ebenso in den Unterbrechungsmodus bringen. Der Zugriff auf eine Datei, die nicht vorhanden ist, verursacht zum Beispiel einen solchen Laufzeitfehler. Diesen Fehler erkennt VBA trotz eingeschalteter Syntaxprüfung in der Programmerstellung nicht. Erst während des Programmablaufs wird er festgestellt, und das Programm abgebrochen. Ein Meldungsfenster weist auf den Fehler hin. Das nachfolgende Meldungsfenster ist die Reaktion auf einen Laufzeitfehler, der durch die Zuweisung von Variablen mit unterschiedlichem Typ entstand.

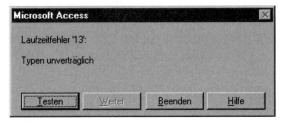

Bild 12.4: Laufzeitfehler

Nachfolgend werden die Testhilfsmittel von VBA genauer unter die Lupe genommen, auf die über eine Menübedienung oder durch die Schaltflächen der Symbolleiste „Debuggen" zugegriffen werden kann.

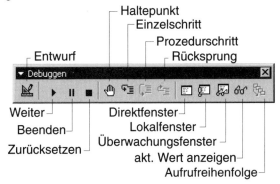

Bild 12.5: Testhilfsmittel für das Debuggen

Etwas ungewohnt wird Ihnen wahrscheinlich der Aufruf des erstellten Programms vorkommen, da das Programm nicht direkt über ein Kommando gestartet wird, sondern indirekt durch ein Formular oder einen Bericht in die Funktion verzweigt wird.

Ähnlich wie das Starten der VBA-Funktion durch das Formular beziehungsweise den Bericht wird das Programm durch das Schließen des Formulars oder Berichts beendet. Eine weitere Möglichkeit erfahren Sie in dem nachfolgendem Punkt.

Durch den Menüpunkt ZURÜCKSETZEN des Menüs AUSFÜHREN oder durch das entsprechende Symbol wird das Programm völlig neu initialisiert, indem die Variablen auf ihren Anfangswert gestellt werden. Dazu wird das Programm abgebrochen und kann daher nicht mehr fortgesetzt werden. Meist wird die Anweisung für ein unterbrochenes Programm benutzt, um einen sauberen Programm-Neubeginn zu ermöglichen. Erfolgt die Auslösung des Kommandos, während das Programm noch läuft, wird Ihr Programm erst unterbrochen und muss dann erneut gestartet werden. Die Neu-Initialisierung kann während der Laufzeit und in einer Unterbrechung eingesetzt werden.

Hinweis: Erkennt Access einen Fehler, während eine Funktion aufgerufen wird, die auf ein Ereignis reagieren soll, kommt es vor, dass das Formular nicht mehr geschlossen werden kann. Anstatt das Formular zu beenden, entsteht ein erneuter Laufzeitfehler. Um dieses Spiel abzubrechen, wählen Sie bei jedem Auftreten dieses Laufzeitfehlers im VBA-Editor den Menüpunkt ZURÜCKSETZEN. Auf diese Weise können Sie spätestens nach dem zweiten Laufzeitfehler das Formular wieder schließen.

Während ein Programm abläuft, kann es jederzeit durch die Tastenkombination <Strg>+<Pause> angehalten werden. Dies ist besonders wichtig, falls sich die Applikation in einer Endlosschleife befindet. Der Rechner braucht nicht neu gestartet zu werden.

Ein unterbrochenes Programm fortsetzen

Ein unterbrochenes Programm setzen Sie mit dem Menüpunkt SUB/USERFORM AUSFÜHREN des Menüs AUSFÜHREN oder durch das entsprechende Symbol oder durch die <F5>-Taste fort. Es wird an der unterbrochenen Anweisung angeknüpft. Bitte beachten Sie, dass hiermit ein unterbrochenes Programm nicht neu gestartet wird, sondern nur seine Fortsetzung erfolgt. Dies bedeutet, dass alle Variablen ihren derzeitigen Wert behalten.

Den Befehl SUB/USERFORM AUSFÜHREN können Sie auch verwenden, um eine Prozedur neu zu starten. Setzen Sie dazu einfach den Cursor in die Prozedur und wählen Sie den Befehl. Dieser Start geht viel schneller, als wenn Sie erst den Prozedurnamen eventuell mit Fragezeichen in das Direktfenster eingeben und dann die <Enter>-Taste drücken. Diese Vorgehensweise ist jedoch nur möglich, wenn die Prozedur keine Parameter übergeben bekommt.

Haltepunkte setzen

Eines der am häufigsten gebrauchten Testmittel ist wahrscheinlich der Haltepunkt, den man oft auch als Breakpoint bezeichnet. Mit seiner Hilfe ist eine befehlsgenaue Programmunterbrechung möglich, indem an einer Programmzeile ein Halt eingebaut wird. Hierzu muss der Programmcode in keiner Weise verändert werden.

Wenn in Ihrem Modulfenster am linken Rand eine senkrechte Leiste eingeblendet ist, können Sie einen Haltepunkt ganz schnell setzen. Klicken Sie einfach die Leiste links neben der gewünschten Codezeile an. Dadurch wird ein farbiger Punkt in die Leiste eingefügt, und die Zeile wird mit derselben Farbe markiert. Standardmäßig wird dazu die rote Farbe benutzt. Besitzt Ihr Modulfenster diese Leiste nicht, rufen Sie das Dialogfeld „Optionen" auf und schalten im Karteiblatt „Editorformat" das Kontrollkästchen „Kennzeichenleiste" ein.

Es gibt noch weitere Möglichkeiten, einen Breakpoint einzutragen. Markieren Sie die gewünschte Zeile und wählen Sie den Menüpunkt HALTEPUNKT EIN/AUS des DEBUGGEN-Menüs. Diesen Befehl können Sie auch aus dem Kontextmenü aufrufen, wenn Sie die rechte Maustaste drücken. Schneller ist dieser Vorgang durch das Handsymbol der Symbolleiste „Debuggen" oder die Taste <F9> zu bewerkstelligen. Gelangt das Programm nach seinem Start an den gesetzten Haltepunkt, so erfolgt eine Unterbrechung. Durch den gleichen Vorgang kann der Halt wieder ausgetragen werden.

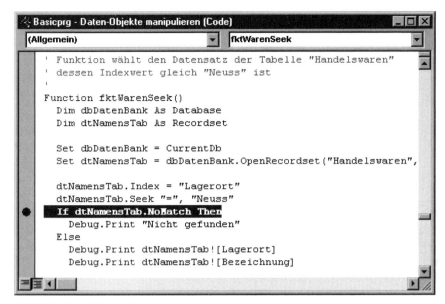

Bild 12.6: Den Haltepunkt eintragen

Während eines Programmtests werden häufig sehr viele Haltepunkte eingetragen, die Sie jeweils markieren und mit dem Haltepunktsymbol auch wieder austragen können. Eine wesentlich bessere Alternative zum einzelnen Entfernen ist das Löschen aller eingetragenen Programm-Unterbrechungspunkte in einem einzigen Schritt. Das Programm kann anschließend ohne Halt ablaufen. Dazu steht im Menü DEBUGGEN der Menüpunkt ALLE HALTEPUNKTE LÖSCHEN bereit.

Im Unterbrechungsmodus können Sie die Reaktionen näher untersuchen. Für einen gezielten Test ist es nötig zu wissen, an welcher Stelle das Programm genau unterbrochen wurde. Hier definiert die VBA-Entwicklungsumgebung den Begriff Haltepunkt so, dass exakt vor der markierten Befehlszeile angehalten wird. Somit kann sicher davon ausgegangen werden, dass die markierte Zeile noch nicht ausgeführt ist.

Einzel- und Prozedurschritt

Die oben genannten Haltepunkte dienen in den meisten Fällen dazu, den Fehler im Groben zu lokalisieren. Soll die Ursache genauer eingegrenzt werden, bietet das Abarbeiten von Einzelschritten eine Lösung, denn es erfolgt die Ausführung einer Befehlszeile nach der anderen. In diesem Fall ist es wohl zweckmäßig, dass man sich die Taste <F8> für den Einzelschritt merkt oder die entsprechende Schaltfläche in der Symbolleiste „Debuggen" verwendet. Eine Auslösung des Menüpunkts EINZELSCHRITT im Menü DEBUGGEN ist bei vielen Programmschritten sehr mühsam.

Befindet sich das Programm derzeit auf einem Haltepunkt, in dessen Zeile eine Prozedur aufgerufen wird, verzweigt der Einzelschritt auf den ersten Befehl in dieser Prozedur. Mit dem Programm-Einzelschritt ist es damit möglich, das Programm Schritt für Schritt bis in die tiefste Prozedurebene zu verfolgen. Natürlich können Sie die Funktionen, die Access bereits besitzt, damit nicht im Detail analysieren, da hierfür der erforderliche Programmcode nicht zur Verfügung steht.

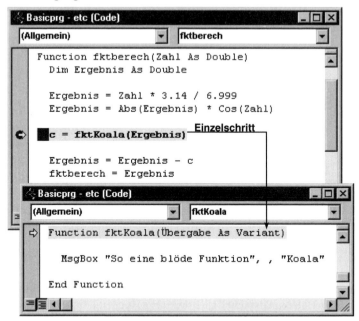

Bild 12.7: Programm-Einzelschritt

Um ein größeres Programm zu durchlaufen, kann der Prozedurschritt verwendet werden. Es wird damit ebenfalls eine einzelne Programmzeile ausgeführt, jedoch nicht in eine Prozedur hinein verzweigt.

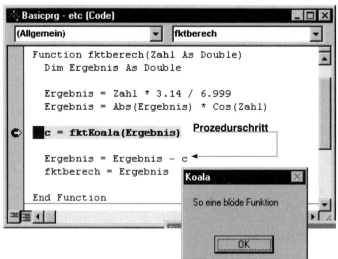

Bild 12.8: Programm-Prozedurschritt

In diesem Fall wird die ganze Prozedur ausgeführt, und erst anschließend das Programm unterbrochen. Die Tastenkombination hierfür ist <Umschalt>+<F8> und wird wiederum im Unterbrechungszustand eingesetzt. Stattdessen können Sie auch das entsprechende Symbol oder aus dem Menü DEBUGGEN den Menüpunkt PROZEDURSCHRITT wählen.

Um mehrere Zeilen hintereinander ablaufen zu lassen, können Sie einen Haltepunkt auf die nicht mehr auszuführende Zeile setzen. Anschließend müssen Sie jedoch daran denken, den Haltepunkt wieder zu löschen. Es gibt noch eine einfachere Möglichkeit: Sie stellen die Einfügemarke auf die Zeile und wählen dann im Menü DEBUGGEN den Menüpunkt AUSFÜHREN BIS CURSOR-POSITION. Die Prozedur wird nun bis zu dieser Zeile ausgeführt und gelangt danach wieder in den Unterbrechungsmodus. Diese Vorgehensweise funktioniert nur innerhalb einer Prozedur, d.h. Sie können nicht den Cursor in eine andere Prozedur positionieren, die von der ersten aufgerufen wird.

Es ist auch möglich, mehrere Zeilen beim Testen zu überspringen oder bestimmte Zeilen ein zweites Mal auszuführen. In der nachfolgenden Funktion haben Sie einen Haltepunkt auf die Codezeile „Beep" gesetzt und die Prozedur bis dahin ausgeführt. Jetzt fällt Ihnen aber ein, dass die Variable a als Ausgangswert doch besser den Wert 10 statt 4 enthalten sollte. Deswegen ändern Sie direkt in der Funktion den Übergabewert. Anschließend klicken Sie die Zeile mit der rechten Maustaste an und wählen aus dem Kontextmenü den Menüpunkt NÄCHSTE ANWEISUNG FESTLEGEN. Die Zeile wird daraufhin gelb markiert und in der linken Leiste erscheint ein kleiner Pfeil. Wenn Sie nun zum Beispiel einen Einzelschritt ausführen, wird wirklich die Codezeile „a=10" erneut durchlaufen und nicht die Codezeile „Beep", die nach dem Haltepunkt steht.

```
Public Function Fkttest()
    Dim a, b, c
    a = 4
    b = 6
    c = a + b
    Beep
    Fkttest = True
End Function
```

Das Überspringen von Zeilen ist ebenfalls möglich. Die Funktion steht zum Beispiel derzeit auf der Zeile „b=6", da Sie hier einen Haltepunkt gesetzt haben. Als nächste Zeile soll gleich die letzte Codezeile „Fkttest = True" ausgeführt werden. Klicken Sie dafür diese Zeile mit der rechten Maustaste an und lösen Sie den Menüpunkt NÄCHSTE ANWEISUNG FESTLEGEN aus. Wenn Sie nun die Funktion weiter ablaufen lassen, werden drei Zeilen übersprungen. Statt den Menüpunkt zu wählen, können Sie auch den gelben Pfeil in der senkrechten Leiste packen und mit gedrückter Maustaste an die Zeile verschieben, die als Nächstes ausgeführt werden soll.

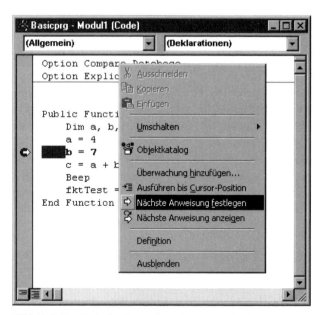

Bild 12.9: Die Zeile für die nächste Anweisung festlegen

Wenn Sie verschachtelte Prozeduren testen, kann Ihnen der Menüpunkt PROZEDUR AB-
SCHLIEßEN im Menü DEBUGGEN weiterhelfen. Durch den Aufruf dieses Befehls wird der
gesamte Code in allen verschachtelten Prozeduren ausgeführt, wobei mit der Prozedur begonnen wird, die derzeit die aktuelle war. Anschließend wird zu der Prozedur verzweigt, aus
der die Anfangs-Prozedur aufgerufen wird.

Stellen Sie sich vor, Sie besitzen vier ineinander verschachtelte Prozeduren: Prozedur1 ruft
Prozedur2 auf, die wiederum Prozedur3, und aus Prozedur3 wird Prozedur4 gestartet. Wenn
Sie nun den Menüpunkt PROZEDUR ABSCHLIEßEN von der Prozedur2 aus aktivieren, wird
diese und die beiden Prozeduren 3 und 4 ausgeführt. Nachdem Prozedur2 komplett durchlaufen ist, wird zur Prozedur1 gesprungen.

Welche Funktionen und Prozeduren wurden bisher ausgeführt?

Wenn Sie erfahren möchten, welche Funktionen und Sub-Prozeduren bereits ausgeführt wurden, bevor Ihr eingetragener Haltepunkt wirksam wurde, dann wählen Sie in der Symbolleiste
„Debuggen" die Schaltfläche „Aufrufeliste". Daraufhin erscheint ein Dialogfeld, das die
zuletzt ausgeführten Prozeduren zeigt. Es ist jedoch darauf zu achten, dass nur die tatsächlich
durchlaufenen Prozeduren aufgelistet werden. Daher ist diese Analyse nur in Zusammenarbeit mit Haltepunkten sinnvoll. In der nachfolgenden Abbildung wurde die Sub-Prozedur
„fkt1" im Direktfenster ausgeführt.

Alle anschließend durchlaufenen Prozeduren erscheinen jeweils eine Zeile höher. Durch diese
Darstellungsweise können Sie genau verfolgen, in welcher Reihenfolge die Prozeduren angesprungen wurden. Wenn Sie zu einer bestimmten Prozedur verzweigen möchten, können Sie
in dem Dialogfeld die entsprechende Zeile markieren und die Schaltfläche „Zeigen" anklicken.

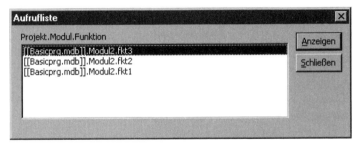

Bild 12.10: Die Aufrufe protokollieren

Um das Beispiel in der Abbildung noch zu verdeutlichen, finden Sie nachfolgend das Codefragment, dass diesen Ablauf erzeugte. Dabei ist zu beachten, dass an die „End Sub"-Anweisung der Sub-Prozedur „fkt3" ein Haltepunkt gesetzt wurde.

```
Sub fkt1 ()
   fkt2
End Sub

Sub fkt2 ()
   fkt3
End Sub

Sub fkt3 ()

End Sub
```

12.1.3 Eigenschaften, Variable und Datenfelder überwachen

Mit weiteren Testhilfsmitteln von der VBA-Entwicklungsumgebung können Sie den Wert einer Eigenschaft, eines Datenfeldes, einer Variablen etc. lesen und überwachen.

Wenn das Programm auf einem Haltepunkt steht und Sie ganz schnell den Inhalt einer Variablen, einer Eigenschaft oder den Rückgabewert einer Funktion erhalten möchten, müssen Sie nicht den ganzen Namen mit einem Fragezeichen in das Direktfenster eingeben. Es geht auch schneller: Legen Sie den Cursor einfach über die Variable, Eigenschaft etc. In einem kleinen gelben Rechteck wird Ihnen sofort der Inhalt angezeigt.

Es gibt noch weitere Möglichkeiten, den Inhalt einer Variablen dargestellt zu bekommen. Wenn sich das Programm im Unterbrechungsmodus befindet, können Sie den Namen zum Beispiel über einen Doppelklick im Code markieren. Lösen Sie dann im Menü DEBUGGEN den Menüpunkt AKTUELLEN WERT ANZEIGEN aus. Daraufhin wird Ihnen der aktuelle Inhalt der Variablen oder der Eigenschaft angezeigt.

Um das gewählte Element als Überwachungsausdruck einzutragen, brauchen Sie nur die Schaltfläche „Hinzufügen" zu wählen. Die dadurch entstehenden Möglichkeiten werden im Anschluss beschrieben.

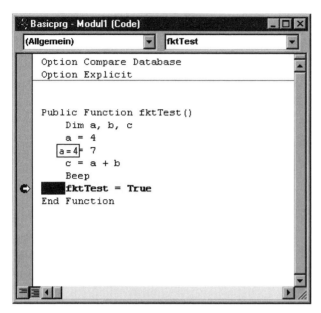

Bild 12.11: Den Inhalt einer Variablen angezeigt bekommen

Einen Überwachungsausdruck festlegen

Beim Testen Ihres Programms stellen Sie vielleicht fest, dass eine Eigenschaft nicht den gewünschten Wert enthält, wodurch ein Fehler entsteht. Um herauszufinden, an welcher Stelle der Wert unerlaubterweise verändert wird, können Sie das Überwachungsfenster benutzen. Sie rufen es über den Menüpunkt ÜBERWACHUNGSFENSTER im Menü ANSICHT oder über die gleichnamige Schaltfläche in der Symbolleiste „Debuggen" auf. Damit Sie die Eigenschaft in diesem Bereich beobachten können, müssen Sie sie als Überwachungsausdruck festlegen.

Zudem können Sie bei Überwachungsausdrücken bestimmen, dass das Programm in den Unterbrechungsmodus gelangt, sobald der Wert eines Ausdrucks geändert wird. Diese Möglichkeit ist sehr nützlich, da Sie nun nicht mehr im Einzelschrittverfahren das ganze Programm durchgehen müssen.

Für die Definition eines Überwachungsausdrucks rufen Sie den Menüpunkt ÜBERWACHUNG HINZUFÜGEN im Menü DEBUGGEN auf. Falls Sie bereits eine Eigenschaft, Variable etc. im Code markiert haben, wird diese im Textfeld angezeigt. Ansonsten schreiben Sie die zu untersuchende Eigenschaft in dieses Feld. Statt einer Eigenschaft können Sie auch einen Funktionsaufruf als Ausdruck eintragen.

Die beiden Kombinationsfelder bestimmen, in welchem Bereich der Ausdruck überwacht werden soll. Diese Festlegung ist vor allem dann wichtig, wenn Sie gleichlautende Variablen in verschiedenen Prozeduren oder Modulen einsetzen. Sie sollten den zu überwachenden Bereich auch dann einschränken, wenn Sie bereits wissen, dass der Fehler in einer bestimmten Routine auftritt. Je kleiner der Bereich ist, desto schneller kann der Debugger den Wert des Ausdrucks ermitteln und darstellen.

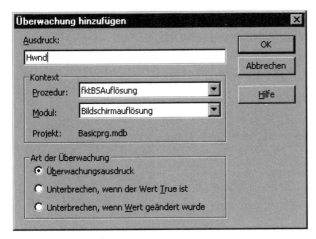

Bild 12.12: Einen Überwachungsausdruck hinzufügen

Abschließend entscheiden Sie sich noch für die Art der Überwachung. Standardmäßig ist die erste Option „Ausdruck untersuchen" eingestellt. Dadurch werden die Überwachungsausdrücke im Überwachungsfenster angezeigt.

Falls Sie außerdem möchten, dass das Programm unterbrochen wird, wenn sich der Wert des Ausdrucks ändert, müssen Sie die zweite oder dritte Option aktivieren. Das zweite Optionsfeld werden Sie wählen, wenn es sich um einen Ausdruck handelt, der nur „Wahr" oder „Falsch" zurückgeben kann. Falls der Ausdruck dagegen einen beliebigen Wert annehmen kann, ist die dritte Option die richtige.

Im Überwachungsfenster werden diese drei Möglichkeiten durch verschiedene Symbole gekennzeichnet, die am linken Rand vor dem Ausdruck erscheinen. In der nächsten Abbildung können Sie alle drei Symbole sehen.

Neben dem Symbol und dem Namen des Überwachungsausdrucks werden im Überwachungsfenster der aktuelle Wert, der Datentyp und der Modulname plus Prozedurname aufgelistet, in dem der Ausdruck definiert ist.

Überwachungsausdrücke			
Ausdruck	Wert	Typ	Kontext
Hwnd	128	Long	Bildschirmauflösung.fktBSAuflösung
Ret	601	Integer	Bildschirmauflösung.fktBSAuflösung
fktBSAuflösung	"800x600"	Variant/String	Bildschirmauflösung.fktBSAuflösung

Bild 12.13: Die Kennzeichnungen der einzelnen Optionen

Sobald Sie die „OK"-Schaltfläche im Dialogfeld „Überwachung hinzufügen" drücken, wird das Überwachungsfenster automatisch eingeblendet. Wenn Sie Überwachungsausdrücke festgelegt haben und die Prozedur noch nicht gestartet wurde, wird für den Wert aller Variablen „<Nicht im Kontext>" ausgegeben. Bei Variablen vom Datentyp „Variant" wird zusätzlich ein zweiter Datentyp angezeigt, sobald die Variable mit einem Wert gefüllt wird. Aus diesem Inhalt bestimmt Access dann den genauen Typ. Weisen Sie zum Beispiel einer „Variant"-Variablen den Wert True zu, wird der Datentyp „Boolean" hinzugefügt.

Den Wert selber können Sie auch direkt im „Überwachsfenster" ändern. Dazu brauchen Sie nur den derzeit aktuellen Wert markieren und mit einem neuen überschreiben.

Nachdem Sie einen Überwachungsausdruck definiert haben, können Sie ihn jederzeit bearbeiten und auch wieder löschen. Dazu rufen Sie über den Menüpunkt ÜBERWACHUNG BEARBEITEN im Menü DEBUGGEN ein Dialogfeld auf, das fast das identische Aussehen wie das eben besprochene Dialogfeld besitzt. Der einzige Unterschied besteht in der zusätzlichen Schaltfläche „Löschen". Dieses Dialogfeld erscheint auch, wenn Sie im Überwachungsfensters den gewünschten Ausdruck doppelt anklicken.

Um die Art der Überwachung eines Ausdrucks neu einzustellen, müssen Sie zuerst die entsprechende Zeile im Überwachungsfenster markieren. Danach rufen Sie das Dialogfeld „Überwachung bearbeiten" auf, in dem die aktuellen Einstellungen eingeblendet werden. Nun können Sie ein anderes Optionsfeld aktivieren.

Wollen Sie stattdessen einen Ausdruck aus der Liste der Überwachungen entfernen, drücken Sie im Dialogfeld die Schaltfläche „Löschen" oder die <Entf>-Taste.

Lokale Variablen anzeigen

Neben den Überwachungsausdrücken im Überwachungsfenster sollten Sie das „Lokalfenster" nicht vergessen, das über den gleichnamigen Menüpunkt im Menü ANSICHT angezeigt wird.

Im Unterbrechungsmodus zeigt das Lokalfenster alle Variablen der aktuellen Prozedur an. Die erste Variable in der Liste des „Lokalfensters" ist eine spezielle Modulvariable. Bei einem Klassenmodul wird sie durch die Systemvariable „Me" repräsentiert. „Me" ist genau genommen ein Verweis auf die aktuelle Instanz der Klasse, die durch das Modul definiert ist. Wenn Sie das Pluszeichen vor „Me" anklicken, werden alle Eigenschaften der aktuellen Instanz eingeblendet.

Bei einem Standardmodul stellt die erste Variable den Modulnamen dar. Über das danebenliegende Pluszeichen erscheinen zusätzlich alle Variablen auf Modulebene. Es werden jedoch keine Variablen aus anderen Prozeduren oder globale Variablen angezeigt.

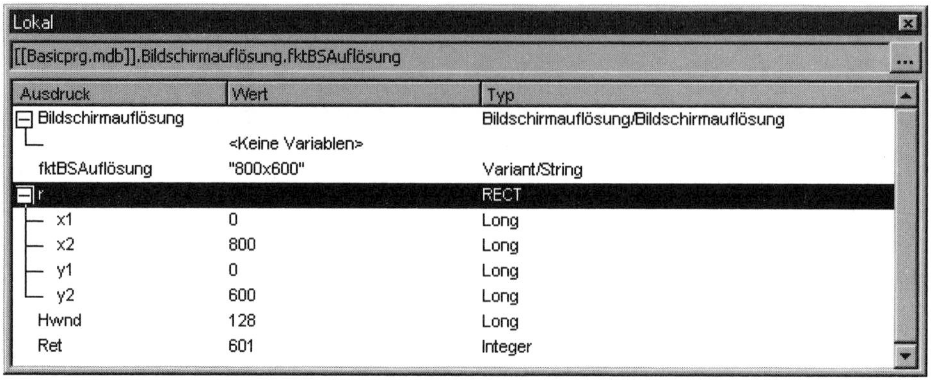

Lokal		☒
[[Basicprg.mdb]].Bildschirmauflösung.fktBSAuflösung		...
Ausdruck	Wert	Typ
⊟ Bildschirmauflösung		Bildschirmauflösung/Bildschirmauflösung
└	<Keine Variablen>	
fktBSAuflösung	"800x600"	Variant/String
⊟ r		RECT
├ x1	0	Long
├ x2	800	Long
├ y1	0	Long
└ y2	600	Long
Hwnd	128	Long
Ret	601	Integer

Bild 12.14: Die Variablen im Lokalfenster anzeigen

Das Pluszeichen existiert auch vor benutzerdefinierten Datentypen und Arrays, falls sie eine hierarchische Rangordnung besitzen. Dies sehen Sie in der nächsten Abbildung. Der Variablen „r" wurde dem selbst definierten Datentyp RECT zugewiesen, der aus vier Feldern besteht.

Wenn Sie in Ihrer Prozedur Objektvariablen vom Typ „Database", „Recordset" etc. einsetzen, besitzen diese auch ein Pluszeichen. Darüber können Sie alle Kollektionen und Eigenschaften dieses Objekts auflisten. Die Auflistungen können dann noch ein- oder mehrmals untergliedert dargestellt werden. Diese Aufbereitung der Daten kann eine wertvolle Hilfe beim Testen sein. Früher mussten Sie jede Eigenschaft eines Objekts in das Direktfenster eingeben, um ihren Inhalt zu erfahren. Heutzutage reichen häufig einige Klicks aus.

Das „Lokalfenster" zeigt für jede Variable den Namen, den aktuellen Wert und den Datentyp an. Beim Vergleich mit den Überwachungsausdrücken werden Sie feststellen, dass der Kontext fehlt. Jedoch können Sie auf beiden Karteiblättern den Inhalt der Variablen durch Markieren und Überschreiben ändern.

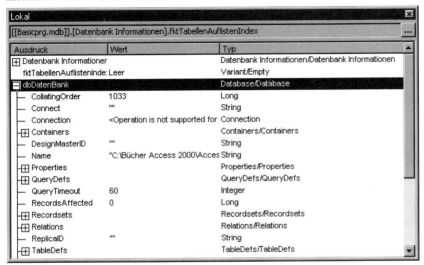

Bild 12.15: Objektvariable im Lokalfenster anzeigen

12.2 Programmtechnische Fehlerbehandlung

Bedienungsfehler können nie völlig ausgeschlossen werden, auch wenn Ihre Datenbankanwendung noch so bedienungsfreundlich gestaltet wurde. Wenn zum Beispiel der Anwender den Menüpunkt SPEICHERN UNTER wählt und das Diskettenlaufwerk einstellt, aber keine Diskette ins Laufwerk legt, entsteht beim Sichern ein Laufzeitfehler. Damit Ihr Programm in einem solchen Fall nicht unkontrolliert abbricht, sollten Sie auf diese Fehler in so genannten Laufzeitbehandlungsroutinen reagieren.

12.2.1 Hilfen zur Fehlerbeseitigung

Häufig entsteht ein Fehler aufgrund einer von drei Ursachen:

- Übersetzungsfehler
- Laufzeitfehler
- Logischer Programmfehler

Bei einem Übersetzungsfehler handelt es sich meist um syntaktische Fehler, wie zum Beispiel das End If an der falschen Stelle oder ganz einfach ein Tippfehler. Diese Fehlergruppe macht am wenigsten Probleme, da sie bereits während der Entwurfzeitphase von VBA erkannt wird. Voraussetzung dafür ist natürlich, dass die Syntaxprüfung eingeschaltet ist.

Hinweis: Erkennt Ihr Access-System einen Syntaxfehler nicht, dann sehen Sie doch bitte im Dialogfeld „Optionen" im Karteiblatt „Editor" nach. Im Bereich „Code-Einstellungen" muss das Kontrollkästchen für die automatische Syntaxprüfung auf „Ja" eingestellt sein. Das Dialogfeld erhalten Sie im VBA-Editor über den gleichnamigen Menüpunkt im Menü Extras.

Außerdem bietet sich der direkte Aufruf des Kompilierens an, da hierdurch alle Programmteile innerhalb der Datenbank auf ihre syntaktische Richtigkeit überprüft werden. Access führt zwar beim ersten Verwenden einer Funktion oder bei deren Veränderung einen automatischen Übersetzungsvorgang durch, jedoch empfiehlt es sich trotzdem, bereits während der Programmerstellung diesen gezielt durch die Menüpunkte Geladene Module kompilieren, Alle Module kompilieren und Alle Module kompilieren und speichern im „Testen"-Menü aufzurufen.

Laufzeitfehler werden von VBA während des Programmablaufs erkannt. Sie werden durch die Zuweisung von Variablen mit unterschiedlichem Typ oder durch das Schreiben in eine Datei verursacht, ohne dass diese existiert. Angezeigt werden diese Fehler durch ein Meldungsfenster, sobald das Programm die entsprechende Anweisung ausführen will.

Zu den wirklichen Problemkindern zählen die logischen Programmfehler. Diese äußern sich normalerweise dadurch, dass das Programm nicht das tut, was es soll. Für diese Art von Fehlern sind die im letzten Kapitelpunkt besprochenen Testhilfen von VBA gedacht.

Tipps bei Fehlermeldungen

Wenn Access nicht die nötigen Informationen findet, um eine bestimmte Aufgabe durchzuführen, wird eine Fehlermeldung wie „#Error", „#Name?" oder „#Num!" in das entsprechende Feld geschrieben. In der nachfolgenden Tabelle ist ihre Bedeutung aufgelistet.

Tabelle 12.1: Die Bedeutung von Fehlermeldungen

Fehlermeldung	Bedeutung
#Error	Der angegebene Ausdruck kann nicht berechnet werden. Einer Aggregatfunktion sind zum Beispiel zu wenige oder falsche Argumente übergeben worden.
#Num!	Der Wert des Feldes ist zu groß, um gespeichert zu werden. Die Größe des Feldes ist in seinem Datentyp und in seiner Eigenschaft „Feldgröße" festgelegt.

Fehlermeldung	Bedeutung
#Name?	Der Name, der als Herkunft für einen Wert eines Feldes genannt wurde, ist ungültig. Vielleicht wurde der Name falsch geschrieben oder gelöscht. Oder der Bezug auf ein Steuerelement in einem Unterformular ist falsch.
#Div/0	Es wird versucht, eine Zahl durch 0 zu teilen. Dies kann entweder direkt in einem Ausdruck erfolgen, oder es wird der Inhalt eines Feldes benutzt, der 0 lautet.
#Deleted	Der Datensatz, auf den Bezug genommen wird, ist gelöscht worden.
#Locked	Der Datensatz wurde durch einen anderen Benutzer oder durch VBA-Code gesperrt. Access kann somit nicht die Daten lesen.

Tipps zur Beseitigung von Laufzeitfehlern

Zuerst soll der Entwickler sein eigenes Programm nochmals betrachten, um es wirklich nachzuvollziehen. Eine gute Hilfe kann der Ausdruck des Programms auf Papier sein, um einen Gesamtüberblick zu erhalten.

Über die Fehlerbeseitigung machen Sie sich sicher erst Gedanken, nachdem das Programm ausprobiert wurde und nicht das gewünschte Ergebnis zeigt. Jetzt sollten Sie darangehen, den Fehler einzugrenzen. Dies kann im ersten Schritt durch die Benutzung der Unterbrechungsfunktion <Strg>+<Pause> geschehen.

Konnte der Bereich etwas genauer spezifiziert werden, in dem der Fehler auftritt, sollten Sie eine nahegelegene Programmstelle aussuchen und dort gezielt einen oder mehrere Haltepunkte setzen.

Nun ist hoffentlich die Fehlerumgebung näher bekannt. Sie sollten sich diesen Programmcode möglichst genau ansehen und zum Beispiel die Variablen auf einheitliche Namensgebung vergleichen oder den Inhalt der Variablen mithilfe des „Lokalfensters" betrachten.

Tragen Sie an den Stellen, die den Fehler verursachen können, Debug.Print-Zeilen ein, um den Inhalt der wichtigen Variablen, Übergabeparameter oder Eigenschaften auszugeben. Die Werte werden ins Direktfenster geschrieben. Diese Methode ist besonders sinnvoll bei Problemen in Schleifen. So erfahren Sie bei jedem Schleifendurchgang den Inhalt der angegebenen Variablen.

Gehen Sie Schritt für Schritt durch den Code. Sehen Sie sich nach jedem Schritt die wichtigen Variablen an. Wenn auf eine Veränderung eines Variableninhalts etwas geschehen sollte, aber nichts passiert, können Sie auch im Dialogfeld „Überwachung hinzufügen" einen Haltepunkt festlegen, sobald sich die Variable ändert.

Auf einen Punkt möchte ich Sie noch hinweisen. Durch den objektorientierten und ereignisgesteuerten Aufbau von VBA ist es nicht immer sofort eindeutig, welche Funktion mit welchem Ereignis bedient wird. Daher passiert es immer wieder, dass Sie mit einer Funktion auf ein Ereignis reagieren möchten, dieses aber überhaupt nicht oder nur manchmal eintritt. Solche Fehler finden Sie am schnellsten, indem bei anderen Funktionen, die auf ähnliche Ereignisse reagieren sollen, Haltepunkte gesetzt werden.

Art der Fehlerbehebung

Im Karteiblatt „Allgemein" des Dialogfelds „Optionen" befindet sich der Bereich „Unterbrechen bei Fehlern" mit drei Wahlmöglichkeiten, wann die Prozedur in den Unterbrechungsmodus gelangen soll.

- „Bei jedem Fehler": Visual Basic ruft den Unterbrechungsmodus bei allen behandelten und unbehandelten Fehlern sowohl in den Standard- als auch in den Klassenmodulen auf. Anschließend ist das Modul, das die Prozedur enthält, die den Fehler verursacht hat, aktiv und die Zeile mit dem Fehler wird hervorgehoben.

- „In Klassenmodul": Der Unterbrechungsmodus wird bei allen unbehandelten Fehlern in Klassenmodulen gesetzt. Diese Einstellung ist sinnvoll, wenn Sie den Code in Ihren Klassenmodulen testen wollen.

- „Bei nicht verarbeiteten Fehlern": Ihr Programm gelangt bei allen unbehandelten Fehlern in Standardmodulen in den Unterbrechungsmodus. Aufgrund dieser Einstellung entsteht nie ein Unterbrechungsmodus in einem Klassenmodul.

12.2.2 Auf Laufzeitfehler reagieren

Sobald der Benutzer das fertig erstellte Programm erhält, zeigt selbst das mit dem Debugger perfekt ausgetestete Programm erneut Fehler. Dieses Auftreten von Laufzeitfehlern ist unvermeidlich, da der Benutzer prädestiniert ist, Bedienungsfehler zu machen.

Das Auftreten von Laufzeitfehlern führt per Definition immer zu einem Programmabbruch. Es erfolgt zwar eine Fehleranzeige mithilfe eines Meldungsfensters, das Programm wird aber auf alle Fälle unterbrochen. Dies ist unerwünscht, da die Applikation unkontrolliert verlassen wird. Eine Lösung des Problems besteht darin, die Laufzeitfehler selbst zu bearbeiten. VBA wird hierzu mitgeteilt, welche Tätigkeit im Fall eines Laufzeitfehlers auszuführen ist.

Der Kern der Fehlerbehandlung ist die Reaktion über eine Fehlerroutine. Die Fehlerbehandlungsroutine wird zu Beginn einer Prozedur eingeschaltet und führt dazu, dass im Fehlerfall die definierten Programmzeilen bearbeitet werden. Für das Festlegen einer Fehlerroutine ist der Befehl „On Error Goto" zuständig. Dieser Befehl definiert, zu welcher Programmzeile der Prozedur verzweigt wird, sobald ein Fehler innerhalb dieser Prozedur auftritt.

```
Function fktxyz()
' Proceduranfang
On Error GoTo Fehler
....

Exit Function

' ab hier beginnt die Fehlerroutine
Fehler:
Select Case Err.Number
Case 68
  ' bestimmte Reaktion
```

```
        Resume
    Case 52
        ' bestimmte Reaktion
        Resume Next
    Case Else
        MsgBox Err.Number & vbCrLf & Err.Description
    End Select
    End Function
```

Erfolgt jetzt ein Laufzeitfehler, wird die eigene Fehlerroutine angesprungen, die einen Programmabbruch verhindert.

Eine Fehlerroutine bleibt so lange aktiv, bis die Prozedur, die die „On-Error-Goto"-Anweisung enthält, verlassen wird. Dies kann entweder über „Exit Function" und „End Function" bei einer Funktion beziehungsweise über „Exit Sub" und „End Sub" bei einer Sub-Prozedur erfolgen. Zur Aktivierung der Fehlerroutine wird der Anweisung „On Error Goto" der Verweis auf eine Programmzeile mitgegeben, an die im Fehlerfall gesprungen wird. Diese Programmzeile wird als Marke durch einen Namen, gefolgt von einem Doppelpunkt (:), definiert. Die Bezeichnung der Marke ist in der Anweisung „On Error Goto" ohne den Doppelpunkt zu nennen.

Üblicherweise wird die Fehlerroutine an das Ende der Prozedur und somit kurz vor „End Function" beziehungsweise „End Sub" gesetzt. An dieser Stelle wird sie durch die Marke eingeleitet. Damit das Programm nicht bei jedem Aufruf automatisch auch in die Fehlerroutine läuft, da die Marke nur eine Positionsangabe, aber keinen Rücksprung aus der Prozedur darstellt, sollten Sie vor die Marke die Anweisung „Exit Function" für eine Funktion und „Exit Sub" für eine Sub-Prozedur einfügen. Dadurch ist sichergestellt, dass wirklich nur im Fehlerfall die Fehlerroutine von Access aufgerufen wird und nicht irrtümlich zur Ausführung kommt.

Behandlung des Fehlers

Sobald ein Fehler auftritt, muss dieser entweder korrekt behandelt oder der Programmablauf unterbrochen werden. Da eine Programmunterbrechung das letzte nutzbare Mittel ist, sollten Sie nach anderen Möglichkeiten suchen. Hierzu gehört das gezielte Fortsetzen des Programms durch die Anweisung „Resume". Erst wenn innerhalb der Fehlerroutine eine „Resume"-Anweisung verwendet wird, gilt für Access ein Fehler als behandelt.

Für das Fortsetzen des Programms ermöglicht „Resume" drei Strategien:

- „Resume" ohne Zusatz: Access setzt die Ausführung des Programms an der Stelle fort, an der der Fehler verursacht wurde.

- „Resume" mit den Zusatz „Next": Die Programmfortführung erfolgt an der nächsten, hinter der fehlerverursachenden Anweisung.

- „Resume" mit dem Namen einer Marke: Das Programm wird gezielt an der genannten Marke fortgesetzt

Durch die Anweisung „Resume Next" kann das Programm weitermachen, ohne abzubrechen. Es wird unmittelbar nach der Stelle weitergearbeitet, an der der Fehler zuletzt auftrat. Allerdings ist der Einsatz dieser Option mit Skepsis zu betrachten, da die fehlerverursachende

Anweisung einfach ausgelassen wird. Daher macht „Resume Next" nur Sinn, wenn unmittelbar hinter einer Anweisung, die eventuell einen Laufzeitfehler verursacht, der Fehlercode ausgewertet wird.

Direkt an der Stelle, die den Fehler verursachte, wird das Programm durch die alleinige Nennung von „Resume" fortgesetzt. Dies bedeutet, dass die gleiche Anweisung, die zuvor zum Fehler führte, erneut ausgeführt wird. Sie können sich leicht vorstellen, was passiert, wenn die Fehlerroutine keine andere Reaktion als das „Resume" ausführt. Der Fehler tritt natürlich erneut auf und verzweigt wiederum in die Fehlerroutine, die über „Resume" ein weiteres Mal den gleichen Fehler entstehen lässt usw.

Bevor daher nur „Resume" verwendet wird, muss unbedingt eine Maßnahme ergriffen werden, um wiederholtes Entstehen des gleichen Fehlers zu verhindern. Es wird zum Beispiel wenig Sinn machen, eine erneute Division durch Null ausführen zu lassen, und daher müßte in diesem Fall der Divisor erst auf einen sinnvollen Wert gesetzt werden. Dies könnte zum Beispiel durch die erneute Anforderung einer Benutzereingabe erreicht werden.

Durch die Anweisung „Resume Zeile" wird an der Zeile fortgefahren, die durch eine Marke festgelegt wurde. Mit dieser Anweisung können Sie auch solche Fehler definiert fortsetzen, die Sie nicht direkt in der Fehlerroutine reparieren können. Ein möglicher Ausweg ist das Weitermachen an einer Marke, die sich unmittelbar vor dem Prozedurende befindet. Wenn es sich hierbei um eine Funktion mit einem Rückgabewert handelt, sollte jedoch der aufrufenden Routine wenigstens durch einen vorher vereinbarten Rückgabecode das Auftreten eines Fehlers mitgeteilt werden. Diese aufrufende Routine kann dann selbst entscheiden, ob eventuell direkt weitergearbeitet werden kann oder der Benutzer gezielt informiert werden muss.

Es ist möglich, eine Fehlerroutine gezielt auszuschalten, um sie eventuell später wieder zu aktivieren. Damit können Sie erreichen, dass bei bestimmten Programmzeilen wiederum die Access-Fehlerbehandlung durchgeführt wird. Die eigene Fehlerroutine kann durch die Anweisung „ON Error GOTO 0" inaktiv geschaltet werden. Ab diesem Zeitpunkt erfolgt die normale Auslösung eines Laufzeitfehlers und demzufolge ein Programmabbruch.

```
ON Error GOTO 0
```

Von einer guten Fehlerroutine sollte erwartet werden können, dass sie zum Beispiel im Fall einer Dateiverarbeitung das Nichteinlegen einer Diskette reparieren kann. Wünschenswert wäre es dabei, den Benutzer freundlich aufzufordern, eine Diskette in das Laufwerk zu schieben und anschließend den Speichervorgang erneut auszuführen. Hierzu muss die Fehlerroutine möglichst exakt über den aufgetretenen Fehler Bescheid wissen. Bei dieser Analyse der aktuellen Fehlersituation leistet das Objekt „Err" wertvolle Dienste. Mit ihm können Informationen über die Laufzeitfehler ermittelt und Laufzeitfehler generiert werden. Das Objekt besitzt dazu sechs Eigenschaften und zwei Methoden.

Tritt ein Fehler auf, so wird der Fehlercode in die Eigenschaft „Number" des Objekts „Err" hinterlegt. Dieser Code kann gelesen oder auch überschrieben werden, er besitzt nur unmittelbar nach dem Auftreten des Fehlers eine sinnvolle Bedeutung. Daher wird der Inhalt von „Err.Number" automatisch am Ende der Fehlerbehandlung gelöscht. Der Standard-Fehlertext steht in der Eigenschaft „Description" des „Err"-Objekts.

Die Eigenschaften der „Err"-Objekts werden wieder auf 0 zurückgesetzt, sobald eine „Resume"-, eine „On Error"- oder irgendeine „Exit"-Anweisung ausgeführt wird. Auch mit der Methode „Clear" löschen Sie den Inhalt der Eigenschaften.

Der in der Eigenschaft „Number" gelieferte Laufzeitfehlercode sollte natürlich nicht dazu verwendet werden, ihn dem Benutzer mitzuteilen, sondern hierüber kann die Fehlerroutine erfahren, warum der Fehler entstand.

Hinweis: In älteren Programmen lesen Sie noch, dass direkt „Err" abgefragt oder besetzt wird, da „Err" früher eine Funktion und kein Objekt war. Diese Vorgehensweise funktioniert auch heute noch, da „Number" die Standard-Eigenschaft vom Objekt „Err". Deswegen muss sie nicht zwingend explizit angegeben werden.

Beispiel einer Fehlerbehandlungsroutine

In diesem Beispiel sollen Dateien von einem Laufwerk in den Direktbereich ausgegeben werden. Das gewünschte Laufwerk wird über die Funktion „InputBox" abgefragt. Die Fehlerbehandlungsroutine deckt zwei Anwenderfehler ab. Falls ein nicht existierendes Laufwerk genannt wird, soll nach einer Meldung erneut der Eingabedialog erscheinen. Falls auf das Diskettenlaufwerk zugegriffen wird, obwohl sich keine Diskette darin befindet, soll dies dem Benutzer mitgeteilt werden.

```
'****************** BASICPRG.MDB *********************
'*************** Modul Fehlerbehandlung ******************
Public Function fktLaufwerkWechseln()
    Dim Laufwerk, Antwort
    Dim Dateien As String

    On Error GoTo Fehler

Anfang:
    Laufwerk = InputBox("Laufwerk A: oder B:?")
    If Laufwerk = "" Then Exit Function
    ChDrive Laufwerk
    Dateien = Dir$("*.*")
    Debug.Print Dateien
    Do Until Dateien = ""
        Dateien = Dir$
        Debug.Print Dateien
    Loop
    Exit Function

Fehler:
    Select Case Err.Number
        Case 68 ' Gerät nicht verfügbar
            MsgBox "Geben Sie ein korrektes Laufwerk an", vbOKOnly, "Fehler"
            Resume Anfang
        Case 52 ' Dateiname oder -nummer falsch
            Antwort = MsgBox("Legen Sie eine Diskette ein", vbOKCancel, "Fehler")
            If Antwort = vbOK Then
                Resume
```

```
        Else
            Resume Abbrechen
        End If
    Case Else
        MsgBox Err.Number & ": " & Err.Description
        Resume Abbrechen
    End Select

Abbrechen:
End Function
```

Die einzelnen Dateien werden über die Basic-Funktioen „Dir" ausgelesen. Da diese Funktion immer nur eine Datei liefert, muss sie in einer Schleife aufgerufen werden. Die möglichen Fehler werden in einer „SELECT CASE"-Anweisung abgearbeitet.

Einen Laufzeitfehler selber generieren

Um programmtechnisch einen Laufzeitfehler zu erzeugen, können Sie die Methode „Raise" des Objekts „Err" verwenden. Auf diese Weise können Sie selber den Inhalt der Eigenschaften bestimmen.

```
Err.Raise(Number, Source, Description, HelpFile, HelpContext)
```

Bei diesem Aufruf müssen Sie zwingend eine Fehlernummer übergeben, alle anderen Argumente sind optional. Die Nummer eines selbst definierten Laufzeitfehlers muss mit der Konstanten „vbObjectError" addiert werden. Dadurch ist sichergestellt, dass keine Konflikte zwischen Ihren Fehlernummern und denen von Access entstehen.

```
Err.Raise vbObjectError+45, ,"Sie dürfen kein x eingeben"
```

Die Auflistung „Errors" und das Objekt „Error"

Das Objekt „Error" enthält Informationen über Fehler, die bei einer Operation mit Datenzugriffsobjekten (DAO) entstanden sind. Jede einzelne dieser Operationen kann ein oder mehrere Fehler hervorrufen. Diese Fehler werden in der Kollektion „Errors" gesammelt. Tritt bei der nächsten DAO-Operation ein Fehler auf, wird erst die gesamte Kollektion gelöscht und dann der neue Fehler aufgenommen.

Dies bedeutet, dass alle Objekte „Error" in der Kollektion „Errors" genau einen Fehler beschreiben. Das erste Objekt „Error" steht für den Fehler der untersten Ebene, das zweite Objekt für den Fehler der nächsten Ebene usw. Diese verschiedenen Ebenen entstehen dadurch, dass mehrere Steuerprogramme wie die Treiberverwaltung den Fehler erkennen und melden.

Um zu entscheiden, ob die Daten in der Kollektion „Errors" gültig sind, müssen Sie die Eigenschaft „Number" des ersten Elements mit der gleichnamigen Eigenschaft des Objekts „Err" vergleichen:

```
If DBEngine.Errors(0).Number = Err.Number Then
' Fehler ist gültig
End If
```

Umstellung der Fehlerbehandlungsroutine von DAO nach ADO

Wenn Sie bis jetzt Ihre Prozeduren mit DAO (Data Access Objects, siehe Kapitel 13) erstellt haben und nun auf ADO (ActiveX Data Objects, siehe Kapitel 14) umstellen, werden Sie leider feststellen, dass Ihre Fehlerbehandlungsroutinen nicht mehr einwandfrei funktionieren. Der Grund liegt darin, dass Microsoft die Fehlercodes für ADO neu aufgebaut hat. Dies bedeutet, dass einige Fehlernummern zwischen DAO und ADO nicht übereinstimmen.

Damit Sie nun aber nicht Ihre Fehlerbehandlungsroutinen vollständig umschreiben müssen, können Sie die „Errors"-Kollektion des „Connection"-Objekts einsetzen. Die einzelnen „Error"-Objekte dieser Auflistung besitzen unter anderem die Eigenschaft „SQLState", in der die frühere DAO-Fehlernummer steht.

In der Fehlerroutine ermitteln Sie aus der „Errors"-Auflistung den zuletzt generierten Fehler und schreiben dessen Eigenschaft „SQLState" in die Eigenschaft „Number" des „Err"-Objekts. Es findet dadurch eine Umschlüsselung der Fehlernummer statt.

```
Dim cnn As New ADODB.Connection
Dim rst As New ADODB.Recordset

On Error GoTo Fehler
.....
Set cnn = CurrentProject.Connection
....

Fehler:
If Err.Number <> 0 Then
  Err.Number = cnn.Errors(cnn.Errors.Count - 1).SQLState
End If

Select Case Err.Number
  Case 68
  .......
  Case 52
  .......
End Select
```

12.2.3 Das Ereignis „BeiFehler"

Wenn während der Arbeit mit der Anwendung ein Fehler auftritt, der durch die Jet Database Engine verursacht wurde, entsteht für das momentan aktive Formular und den aktuellen Bericht das Ereignis „BeiFehler".

Auf dieses Ereignis können Sie reagieren, indem Sie wie gewohnt die gleichnamige Eigenschaft mit einem Makro, einer Access-Ereignisprozedur oder einer Funktion verbinden. Damit besitzen Sie die Möglichkeit, eine eigene aussagekräftigere Fehlermeldung auszugeben. In den meisten Fällen werden Sie die Ereignisprozedur bevorzugen, da sie zwei Übergabeparameter besitzt, die recht nützlich sind:

```
Sub Form_Error (DataErr As Integer, Response As Integer)
Sub Report_Error (DataErr As Integer, Response As Integer)
```

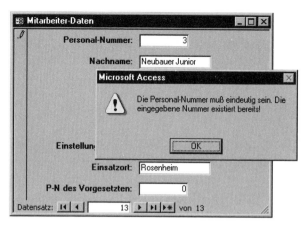

Bild 12.16: Formular mit eigener Fehlermeldung

Im Argument „DataErr" steht der Fehlercode, der auch von der Funktion „Err" geliefert wird, wenn ein Fehler entstanden ist. Dieses Argument können Sie somit ebenfalls der Funktion „Error$" übergeben, um den vordefinierten Fehlertext für den aktuellen Fehler zu ermitteln. Über den zweiten Parameter „Response" legen Sie fest, ob die Standardfehlermeldung von Access angezeigt werden soll. Wenn dies gewünscht ist, besetzen Sie das Argument mit der Konstanten „DATA_ ERRDISPLAY". Im anderen Fall müssen Sie die Konstante „DATA_ ERRCONTINUE" schreiben. Dann sollten Sie auch eine eigene Fehlermeldung einblenden, damit der Anwender weiß, dass es Schwierigkeiten gibt.

Wert im Primärschlüssel existiert bereits

Das Formular „Fehler-Ereignis" basiert auf der Tabelle „Mitarbeiter-Daten". In dieser Tabelle gibt es unter anderem das Feld „Personal-Nummer", das den Primärschlüssel darstellt. Deswegen muss der in dieses Feld eingegebene Wert immer eindeutig sein. Falls Sie trotzdem versuchen, eine bereits existierende Zahl in einen neuen Datensatz zu schreiben, erscheint nicht die Standardfehlermeldung von Access, die auf den doppelten Schlüssel hinweist, sondern eine eigene.

Für die Realisierung dieser Aufgabe wird der Eigenschaft „BeiFehler" des Formulars eine automatische Ereignisprozedur zugewiesen:

```
Sub Form_Error (DataErr As Integer, Response As Integer)
  Const DOPPELTSCHLÜSSEL = 3022

  If DataErr = DOPPELTSCHLÜSSEL Then
   Response = DATA_ERRCONTINUE
   MsgBox "Die Personal-Nummer muss eindeutig sein.
             Die eingegebene Nummer existiert bereits!", 48
  Else
   Response = DATA_ERRDISPLAY
  End If
End Sub
```

Wird versucht, eine bestehende Personalnummer ein zweites Mal einzugeben, entsteht ein Fehler mit dem Fehlercode 3022. Dieser Code steht in dem Argument „DataErr". In diesem Fall wird das Argument „Response" auf die Konstante „DATA_ERRCONTINUE" gesetzt, damit nicht die Access-Fehlermeldung eingeblendet wird. Über die Anweisung „MsgBox" wird ein eigener Fehlertext ausgegeben. In allen anderen Fällen soll die Standardmeldung erscheinen. Deswegen wird der Parameter „Response" mit der Konstanten „DATA_ERRDISPLAY" gefüllt.

Falsche Eingabe in ein Feld mit gesetztem Eingabeformat

Mit dieser Ereignisprozedur kann auch auf eine Falscheingabe in das Textfeld „Einstellungs-Datum" reagiert werden. Dessen Eigenschaft „Eingabeformat" wurde mit dem Ausdruck „99.99.0000;0;_" gefüllt, um zu erreichen, dass immer eine vierstellige Jahresziffer einge-geben werden muss. Bei dem Versuch, nur zwei Ziffern für das Jahr zu nennen, erscheint beim Verlassen des Felds eine ziemlich unverständliche Fehlermeldung. Um eine aussage-kräftige Meldung anzuzeigen, reagieren Sie auf die Fehlernummer „2279".

Wenn in der „Error"-Ereignisprozedur mehrere Fehler abgefangen werden sollen, ist es am besten, „SELECT CASE" einzusetzen. Jeder „Case"-Zweig behandelt einen Fehler.

```
Sub Form_Error (DataErr As Integer, Response As Integer)
  Const DOPPELTSCHLÜSSEL = 3022
  Const FALSCHESEINGABEFORMAT = 2279

  Select Case DataErr
  Case DOPPELTSCHLÜSSEL
    Response = DATA_ERRCONTINUE
    MsgBox "Die Personal-Nummer muss eindeutig sein.
            Die eingegebene Nummer existiert bereits!", 48
  Case FALSCHESEINGABEFORMAT
    MsgBox "Das Datum muss eine vierstellige Jahresziffer besitzen"
    Response = acDataErrContinue
  Case Else
    Response = acDataErrDisplay
  End Select
```

13 Datenzugriff über Data Access Objects

Es gibt zwei Möglichkeiten, mithilfe von VBA auf die Inhalte von Tabellen in einer Datenbank zuzugreifen. Bis einschließlich Access 97 haben Sie dafür immer DAO (Data Access Objects) eingesetzt. Dies ist natürlich auch noch in Access 2002 möglich. Sie werden Dao einsetzen, wenn Sie Daten innerhalb einer Access-Datenbank bearbeiten. Ab Access 2000 existiert zudem ADO (ActiveX Data Objects), die Programmierschnittstelle von OLE DB. Damit können Sie auch auf Daten zugreifen, die sich in einem anderen Datenbanksystem als Access befinden. Dieses Kapitel beschäftigt sich mit DAO, im nächsten Kapitel können Sie ADO nachlesen.

13.1 Ein kleiner Überblick über DAO

Mit VBA kann auf Daten der Datenbank zugegriffen werden. Da der Basic-Sprachschatz zwar eine Grundlage bietet, aber keinen direkten Zugriff auf Tabellen, Abfragen und Dynasets erlaubt, definiert DAO spezielle Datenbankobjekte als Typ. Mit diesen Datenbanktypen lassen sich Objektvariablen festlegen, die durch spezielle Eigenschaften und Methoden den Zugriff auf Datenfelder erlauben. Die folgende Tabelle listet häufig verwendete Objektdatentypen für Datenbankzugriffe auf.

Tabelle 13.1: Datenbanktypen von DAO

Objekttyp	Kurzbeschreibung
Container	Enthält Informationen über die vordefinierten Objekte
Database	Eine geöffnete Datenbank
DbEngine	Die Jet Database Engine
Document	Das vordefinierte Objekt ist darin gespeichert
Field	Ein Feld einer Tabelle, einer Abfrage, eines Index, einer Relation oder eines Recordsets
Group	Benutzerkonten werden zu einer Gruppe zusammengefasst
Index	Der Index einer Tabelle
QueryDef	Die Abfragedefinition
Recordset	Für den Datensatzzugriff auf eine Tabelle oder Abfrage
Relation	Die Beziehung zwischen Feldern von Tabellen und Abfragen
TableDef	Die Tabellendefinition
User	Das Benutzerkonto
Workspace	Eine Sitzung der Jet Database Engine

Mit Datenzugriffsobjekten ist es möglich,

- Inhalte zu lesen, zu ändern und zu löschen,

- Datenmengen zu sortieren, zu extrahieren, schrittweise zu durchlaufen und gezielt zu positionieren,

- Abfragen zu erstellen, zu ändern und auszuführen sowie

- auf die im Dynaset entstehenden Daten zuzugreifen.

Um dies zu realisieren, werden Objektvariablen dieser Typen gebildet. Daten können über Datensatzgruppenvariablen bearbeitet, und damit der Datenbestand gezielt verändert werden.

- Für die Handhabung von sehr großen Datenfeldern, die zum Beispiel bei OLE-Objekten auftreten können, stehen besondere Möglichkeiten bereit.

- Für eine Mehrbenutzerumgebung lassen sich zusätzlich zu den Standard-Sperrkonzepten eigene Maßnahmen ergreifen, um die reibungslose gemeinsame Benutzung von Datenbanken zu gewährleisten.

- Durch den Einsatz von Transaktionssicherungen lassen sich konsistente logische Datenbestände auch dann erreichen, wenn Operationen nicht beendet werden.

- Gezielte Informationen über den Aufbau der Datenbank können durch spezielle Methoden ermittelt werden.

Das Objekt DBEngine und seine Nachkommen

Für den Zugriff auf Daten, die sich in der Datenbank befinden, verwenden Sie Datenzugriffsobjekte, die in einer hierarchischen Struktur geordnet sind. Bei DAO steht in der höchsten Ebene das DBEngine-Objekt. Alle weiteren Objekte sind davon abgeleitet.

Der Nachfolger des DBEngine-Objekts ist die Kollektion „Workspaces", die alle Arbeitsbereiche zusammenfasst. Ein Arbeitsbereich „Workspace" ist dabei am besten mit einer Benutzersitzung zu vergleichen. Da in einem ungesicherten Datenbanksystem Access nicht mit einem Benutzer und einem Kennwort arbeitet, wird von Access standardmäßig ein Arbeitsbereich definiert. Er wird durch „Workspaces(0)" angesprochen und ist sofort verfügbar.

Jeder Arbeitsbereich „Workspace" enthält eine Kollektion von „Databases", „Groups" und „Users". Dabei fasst die Kollektion „Databases" alle geöffneten Datenbanken zusammen. Ein Database-Objekt enthält weitere Kollektionen von Objekten, die „TableDefs", „QueryDefs", „Relations", „Recordsets" und „Containers" heißen.

Über die Auflistung „TableDefs" können Sie auf die Definitionen alle erstellten Tabellen zugreifen. Ein einzelnes „TableDef"-Objekt besitzt die beiden Kollektionen „Fields" und „Indexes". Die Kollektion „Fields" reiht alle Felder einer Tabelle auf. Unter „Indexes" werden die Indizes der Tabelle verwaltet. Da ein Index aus mehreren Feldern bestehen kann, besitzt ein Index-Objekt wiederum eine „Fields"-Kollektion.

Von besonderem Interesse ist die Kollektion „Recordsets", da hierüber der Zugriff auf die Inhalte von Tabellen und Abfragen erfolgt. Im Gegensatz zu „TableDef" beziehungsweise „QueryDefs" handelt es sich hier nicht um die Definition der Tabellen- beziehungsweise Abfragestruktur, sondern um die darin enthaltenen Daten. Daher werden Sie wahrscheinlich am häufigsten das Recordset-Objekt bei der Erstellung Ihrer Anwendungen mit DAO benutzen. Hierzu finden Sie in den nächsten Abschnitten dieses Buchs noch zahlreiche Beispiele.

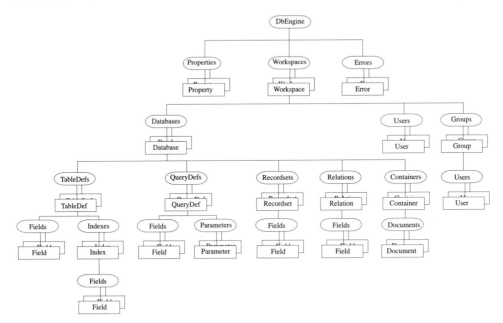

Bild 13.1: Struktur der Datenzugriffsobjekte

Um Informationen über den Aufbau und die Struktur der Datenbank, die darin enthaltenen Tabellen, Abfragen, Makros und Module zu erhalten, steht die „Containers"-Kollektion zur Verfügung. Dies ist möglich, da die Jet Database Engine, die für die Datenhaltung innerhalb von Access zuständig ist, alle Informationen über diese Daten in der „Containers"-Kollektion hinterlegt.

Ein kleines Beispiel zur DAO-Einführung

Die nachfolgende Funktion „fktKundenNameLesen" zeigt Ihnen eine erste kleine Anwendung der Objektvariablen. Hierbei werden Felder eines Datensatzes einer Tabelle ausgelesen, zusammengefügt und als Rückgabewert verwendet. Für den Zugriff auf Tabellenfelder ist dabei weder das Öffnen eines Formulars noch einer Tabelle in der Access-Oberfläche notwendig.

Zu Beginn werden Objektvariablen für den Arbeitsbereich der Datenbank und der Tabelle definiert. Hierzu werden die Objektdatentypen „Database" und „Recordset" benutzt. Über „Set" erfolgt die Zuweisung zu der aktuellen Datenbank des vordefinierten Arbeitsbereichs. Nachdem die Objektvariable der aktuellen Datenbank zugewiesen wurde, wird die Tabelle „Kunden-Daten" geöffnet. Hierdurch entsteht die Möglichkeit, auf die Felder und Methoden dieser Tabelle zugreifen zu können, die zum Beispiel ein Positionieren ermöglichen.

Die Funktion „fktKundenNameLesen" beschränkt sich jedoch darauf, die Felder „Firma", „Herr" und „Ansprechpartner" zu lesen und zu einer Zeichenkette zu verknüpfen. Diese Zeichenfolge stellt anschließend der Rückgabewert der Funktion dar.

Wenn Sie diese Funktion ausprobieren möchten, ist dazu nur die Funktion „fktKundenName-Lesen" mit Klammerpaar und einem davorgestellten Fragezeichen in das Direktfenster der Datenbank einzugeben und die Zeile mit <Enter> abzuschließen.

Wichtig ist es noch zu erwähnen, dass sowohl der Rückgabewert der Funktion als auch die Variable „Kname", die zum Zwischenspeichern verwendet wird, vom Datentyp „Variant" sind. Hiermit kann verhindert werden, dass bei einem Feld mit dem Inhalt „Null" ein Laufzeitfehler entsteht.

```
'***************** BASICPRG.MDB *****************
'*********** Modul: Daten-Objekte manipulieren *******
' Funktion liest die Felder Firma, Herr und Ansprechpartner der Tabelle "Kunden-Daten"
Function fktKundenNameLesen () As Variant
  Dim dbDatenBank As Database
  Dim dtNamensTab As Recordset
  Dim KName As Variant

  Set dbDatenBank = CurrentDb
  Set dtNamensTab = dbDatenBank.OpenRecordset("Kunden-Daten", dbOpenTable)

  KName = dtNamensTab!Firma & " " & dtNamensTab!Herr
  KName = KName & " " & dtNamensTab!Ansprechpartner

  fktKundenNameLesen = KName
  dtNamensTab.Close
  dbDatenBank.Close
End Function
```

Das kleine Programm benötigt neben einer Objektvariablen vom Typ „Database", die zum Hinterlegen der eröffneten Datenbank dient, noch eine Objektvariable vom Typ „Recordset", der das Objekt der geöffneten Tabelle übergeben wird. Ein Objekt, das der aktuellen Datenbank entspricht, erhalten Sie durch „CurrentDb". Über die Methode „OpenRecordset" und die Konstante „dbOpenTable" wird das Tabellenobjekt erzeugt. Die so neu erstellten Objekte werden durch die „Set"-Anweisung den Objektvariablen zugewiesen. Ein Feld der Tabelle kann mit der Objektvariablen zusammen mit dem Feldnamen und dem Bezeichneroperator „!" adressiert werden.

13.2 Einen Verweis auf die Datenbank erstellen

Bevor auf Tabellen und Abfragen mit DAO zugegriffen werden kann, ist die Datenbank, in der diese Datenbankobjekte gespeichert sind, bekannt zu geben.

Bevor auf Tabellen oder Abfragen zugegriffen werden kann, ist die Datenbank vorzugeben. Die grundsätzliche Festlegung, mit welcher Datenbank gearbeitet werden soll, geschieht dabei durch das Objekt mit dem Typ „Database". Dazu wird eine Objektvariable mit dem Objekttyp „Database" durch die „Dim"-Anweisung definiert.

```
Dim dbDatenBank As Database
```

Die Definition einer Objektvariablen erlaubt jedoch noch nicht ihre Verwendung, da bisher erst die Belegung eines Speicherplatzes, aber noch keine Verbindung stattgefunden hat. Erst durch eine Zuordnung über „Set" kann auf die Datenbank zugegriffen werden. Dabei kann entweder die aktuelle Datenbank oder eine andere Access-Datenbank bestimmt werden.

Einen Verweis auf die aktuelle Datenbank definieren

Zur Ermittlung der aktuellen Datenbank verwenden Sie „CurrentDb", das zusammen mit „Set" die Objektvariable bereits richtig belegt:

> Dim dbDatenBank As Database
>
> ...
>
> Set dbDatenBank = CurrentDb

In älteren Access-Anwendungen werden Sie vielleicht statt der Funktion „CurrentDb" noch den Ausdruck „DbEngine.Workspaces(0).Databases(0)" beziehungsweise „DBEngine(0)(0)" finden. Der Unterschied liegt darin, dass „CurrentDb()"eine weitere Instanz der aktuellen Datenbank erzeugt, während sich „DbEngine(0)(0)" auf die geöffnete Kopie der aktuellen Datenbank bezieht.

Einen Verweis auf eine andere Datenbank definieren

Die Programmierung mit VBA hebt die Einschränkung auf, dass nur mit einer Datenbank gearbeitet werden kann. Wegen des Öffnens einer anderen als der aktuellen Datenbank braucht die aktuelle Datenbank nicht geschlossen zu werden, wie Sie dies von der Access-Oberfläche her kennen. Sobald auf eine andere als die aktuelle Datenbank zugegriffen werden soll, erfolgt die Zuordnung durch die Methode „OpenDatabase".

Nachdem die Objektvariable vom Typ „Database" über „Dim" definiert ist, findet die Zuordnung durch „Set" und die Methode „OpenDatabase" statt. In der einfachsten Form brauchen Sie als Parameter für „OpenDatabase" nur den Namen der Datenbank anzugeben, wodurch die Datenbank für die gemeinsame Nutzung und zum Lesen/Schreiben geöffnet wird. Als Name der Datenbank nennen Sie den Dateinamen der Datenbankdatei, wobei eventuell Pfadangaben zu berücksichtigen sind.

Das folgende Beispiel setzt voraus, dass sich die Datenbank im aktuellen Verzeichnis befindet. Wenn dies nicht der Fall ist, erhalten Sie von Access eine entsprechende Fehlermeldung und einen Programmabbruch, den Sie allerdings durch eine Fehlerbehandlung unterbinden können:

> Dim dwBereich As WorkSpace
> Dim dbDatenBank As DataBase
>
> ...
>
> Set dwBereich = DBEngine.Workspaces(0)
> Set dbDatenBank = dwBereich.OpenDatabase("BasicPrg.MDB")

Die Methode „OpenDatabase" öffnet eine bereits bestehende Datenbank und liefert ein Datenbankobjekt zurück, das nur einer Variablen vom Typ „Database" übergeben werden darf. Die vollständige Syntax der Methode „OpenDatabase" sieht folgendermaßen aus:

> OpenDatabase(Datenbank[, exklusiv [, schreibgeschützt [, Quelle]]])

Tabelle 13.2: Parameter der Methode „OpenDatabase"

Parameter	Kurzbeschreibung
Datenbank	Name der Datenbank als Zeichenkette.
Exklusiv	Legt fest, ob die Datenbank gemeinsam oder exklusiv genutzt werden soll.
Schreibgeschützt	Legt fest, ob die Datenbank beschrieben oder nur gelesen werden darf.
Quelle	Zeichenfolge für das Öffnen der Datenbank.

Wenn Sie nicht sicher sein können, dass sich die Datenbank in dem aktuellen Verzeichnis befindet, kann der Datenbankname auch zusammen mit einer Pfad- und einer Laufwerksangabe geschrieben werden:

```
Dim dwBereich As WorkSpace
Dim dbDatenBank As DataBase
...
  Set dwBereich = DBEngine.Workspaces(0)
  Set dbDatenBank = dwBereich.OpenDatabase(
           "D:\ACCPROG\TASKS\BASICPRG\BasicPrg.MDB")
```

Ein besserer Programmierstil ist es, wenn Sie vor dem Öffnen der Datenbank mit der Methode „OpenDatabase" zuerst überprüfen, ob die Datenbankdatei überhaupt in dem erwarteten Verzeichnis vorliegt. Dazu können Sie die Basic-Funktion „Dir$" verwenden, die gezielt eine einzelne Datei suchen kann. Hierzu übergeben Sie der Funktion „Dir$" den Namen der Datenbank und überprüfen den Rückgabewert auf eine leere Zeichenkette. Darüber erfahren Sie, ob die Datenbank vorhanden ist. Findet die Funktion die gewünschte Datenbankdatei, gibt sie statt der leeren Zeichenfolge deren Dateinamen zurück.

Das nächste Beispiel überprüft, ob sich die Datenbank BASICPRG.MDB im aktuellen Verzeichnis befindet. Wenn dies der Fall ist, wird die Datenbank geöffnet. Konnte dagegen die Datenbankdatei nicht gefunden werden, wird ein Meldungsfenster ausgegeben:

```
Dim dwBereich As WorkSpace
Dim dbDatenBank As DataBase
...
If (Dir$("BasicPrg.MDB")="") Then
  MsgBox "Die Datenbank ist nicht vorhanden"
Else
  Set dwBereich = DBEngine.Workspaces(0)
  Set dbDatenBank = dwBereich.OpenDatabase("BasicPrg.MDB")
End If
```

Eine Besonderheit ergibt sich, wenn die Datenbank auf dem Netzwerkserver liegt. In diesem Fall wird die Serverbezeichnung durch einen doppelten Backslash begonnen und das entsprechende Unterverzeichnis angefügt:

```
Dim dwBereich As WorkSpace
Dim dbDatenBank As DataBase
```

```
Set dwBereich = DBEngine.Workspaces(0)
Set dbDatenBank = dwBereich.OpenDatabase(
    "\\MeinServer\ACCPROG\TASKS\BASICPRG\BasicPrg.MDB")
```

Da die genaue Bezeichnung von der Netzwerksoftware abhängt, könnte zum Beispiel der
Server auch durch das Laufwerk N: repräsentiert werden:

```
Set dbDatenBank = dwBereich.OpenDatabase(
    "N:\ACCPROG\TASKS\BASICPRG\BasicPrg.MDB")
```

Neben der Angabe des Namens kann – wie bereits oben erwähnt – ein weiterer Parameter
geschrieben werden, um die Datenbank exklusiv zu öffnen. Anschließend können zum Beispiel Änderungen an dem Tabellenaufbau vorgenommen werden. Dazu fügen Sie „True" als
Wert für den zweiten Parameter an. Die Nennung des Werts „False" hingegen bestimmt die
gemeinsame Nutzung:

```
Dim dwBereich As WorkSpace
Dim dbDatenBank As DataBase
...
Set dwBereich = DBEngine.Workspaces(0)
Set dbDatenBank = dwBereich.OpenDatabase("BasicPrg.MDB", True)
```

Sollen keine Änderungen an der Datenbank erlaubt werden, ist es zweckmäßig, diese nur zum
Lesen zu öffnen. Dazu schreiben Sie für den dritten Parameter den Wert „True". Um den
dritten Parameter bestimmen zu können, muss auch ein Wert für den zweiten Parameter angegeben werden. Üblicherweise wird eine Datenbank, die nur zum Lesen geöffnet werden
soll, nicht exklusiv belegt. Daher weisen Sie dem Parameter exklusiv den Wert „False" zu:

```
Dim dwBereich As WorkSpace
Dim dbDatenBank As DataBase
...
Set dwBereich = DBEngine.Workspaces(0)
Set dbDatenBank = dwBereich.OpenDatabase("BasicPrg.MDB", False, True)
```

Hinweis: In Datenbanken, die nicht der aktuellen Datenbank entsprechen, kann nur auf Tabellen und Abfragen zugegriffen werden. Formulare, Berichte, Makros und Module können nur aus der aktuellen und nicht aus einer anderen Access-Datenbank benutzt werden.

Auf mehrere Datenbanken können Sie gleichzeitig zugreifen, indem Sie verschiedene Objektvariablen vom Datentyp „Database" definieren. Jede der Objektvariablen erhält dabei
über „Set" eine eigene Datenbank zugewiesen. Das folgende Beispiel öffnet die beiden Datenbanken „BasicPrg1" und „BasicPrg2" exklusiv und die Datenbank „BasicPrg3" für den
gemeinsamen Zugriff:

```
Dim dwBereich As WorkSpace
Dim dbDatenBank1 As Database
Dim dbDatenBank2 As Database
Dim dbDatenBank3 As Database
...
Set dwBereich = DBEngine.Workspaces(0)
Set dbDatenBank1 = dwBereich.OpenDatabase("BasicPrg1.MDB", True, False)
```

```
Set dbDatenBank2 = dwBereich.OpenDatabase("BasicPrg2.MDB", True, True)
Set dbDatenBank3 = dwBereich.OpenDatabase("BasicPrg3.MDB", False, False)
```

Wird eine Datenbank für die Verarbeitung nicht mehr benötigt, sollte sie durch die Methode „Close" geschlossen werden. Eine Objektvariable des Typs „DataBase" besitzt diese Methode automatisch, sobald die Variable definiert wird. Wenn Sie die Methode „Close" auf die aktuelle Datenbank ausführen, wird zwar diese Objektvariable, nicht aber die aktuelle Datenbank selbst geschlossen:

```
Dim dwBereich As WorkSpace
Dim dbDatenBank As DataBase

...
 Set dwBereich = DBEngine.Workspaces(0)
 Set dbDatenBank = dwBereich.OpenDatabase("BasicPrg.MDB")

...
 dbDatenBank.Close
```

Es ist zwar nicht erforderlich, eine Datenbank zu schließen, da durch das Entfernen der Objektvariablen, die sich auf diese Datenbank beziehen, die Datenbank von Access selbstständig geschlossen wird, jedoch sollten Sie diese Arbeit aus Gründen des guten Programmstils trotzdem durchführen. Objektvariablen werden von der Gültigkeit her behandelt wie gewöhnliche Variablen. Wurde zum Beispiel eine Objektvariable vom Typ „DataBase" innerhalb einer Funktion oder Prozedur mithilfe der „Dim"-Anweisung erzeugt, wird die Variable beim Ende der Funktion oder Prozedur entfernt. Damit wird im Fall des Typs „Database" auch automatisch die Datenbank geschlossen.

Wenn versucht wird, eine Objektvariable vom Typ „Database" zu schließen, obwohl noch andere Objektvariablen verwendet werden, die sich auf Elemente dieser Datenbank beziehen, entsteht ein Laufzeitfehler. Dieser kann zwar durch eine gezielte Fehlerbehandlung abgefangen werden, jedoch sind ab diesem Zeitpunkt alle anderen Objektvariablen, die irgend etwas mit dieser Datenbank zu tun haben, ungültig. Eine weitere Verwendung dieser Objektvariablen würde ebenfalls zu einem Laufzeitfehler führen.

Bevor eine Objektvariable vom Typ „Database" geschlossen werden kann, ist daher sicherzustellen, dass alle anderen Objektvariablen dieser Datenbank bereits geschlossen sind. Dies geschieht bei lokalen Variablen selbstständig beim Verlassen der Prozedur beziehungsweise kann bei globalen Variablen durch die Methode „Close" erreicht werden.

Eine Datenbank in einem neuem Arbeitsbereich

Bei den letzten Beispielen wurde immer der standardmäßige Arbeitsbereich (Workspace) benutzt, um eine Datenbank zu öffnen. Wenn Sie jedoch mit einem gesicherten Access-Datenbanksystem arbeiten, müssen Sie beim Zugriff auf eine andere als die aktuelle Datenbank die Benutzerkennung und eventuell das Kennwort mit angeben. Zu diesem Zweck wird ein Arbeitsbereich erzeugt und hierbei der Benutzer und das Kennwort genannt. Für das Erstellen des Arbeitsbereichs wird die Methode „CreateWorkspace" verwendet.

Tabelle 13.3: Parameter der Methode „CreateWorkspace"

Parameter	Kurzbeschreibung
Name	Bezeichnung für den neuen Arbeitsbereich
Benutzer	Benutzername für die gesicherte Datenbank
Kennwort	Passwort für die gesicherte Datenbank
Typ	dbUseODBC oder dbUseJet

Der vierte Parameter „Typ" wird in Kapitel 13.13 besprochen. Mit dem neuen Arbeitsbereich kann die Datenbank geöffnet werden. Wenn Benutzer und Kennwort stimmen, wird der Zugriff funktionieren. Ansonsten erhalten Sie einen Laufzeitfehler.

```
'*************** BASICPRG.MDB ****************
'*********** Modul: Daten-Objekte manipulieren *******
' Benutzt einen eigenen Workspace, um in einem gesicherten System
' auf die Datenbank Koala zugreifen zu können
' Benutzer Koala mit Kennwort Gum
Sub fktPaßwort ()
 Dim dwBereich As WorkSpace
 Dim dbDatenBank As Database
 Dim dtNamensTab As Recordset
 Dim KName As Variant

 Set dwBereich = DBEngine.CreateWorkspace("WSkoala", "Koala", "Gum")

 Set dbDatenBank = dwBereich.OpenDatabase("Koala.MDB")
 Set dtNamensTab = dbDatenBank.OpenRecordset("Koala-Daten", dbOpenTable)

 KName = dtNamensTab!Firma & " " & dtNamensTab!Herr
 KName = KName & " " & dtNamensTab!Ansprechpartner

 Debug.Print KName

End Sub
```

13.3 Der Datenzugriff

Nach dem Öffnen einer Datenbank durch das Definieren und Zuweisen der Objektvariablen vom Typ „Database" kann auf die darin enthaltenen Tabellen und Abfragen zugegriffen werden. Hierzu legen Sie Objektvariablen vom Typ „Recordset" an. Diese Datensatzgruppe kann als Tabelle, als Dynaset oder als Snapshot benutzt werden. Jeder der drei Typen bezieht sich dabei auf Datensätze, jedoch unterscheiden sie sich in ihren Fähigkeiten, die aus der grundsätzlichen Funktionsweise resultieren. Die Wahl ist auch davon abhängig, ob mit einer Tabelle oder Abfrage gearbeitet werden soll.

Um ein Recordset zu erstellen, verwenden Sie die „OpenRecordset"-Methode. Neben dem Namen der Tabelle beziehungsweise Abfrage definieren Sie durch eine Konstante den Typ. Die am häufigsten verwendeten Typen lauten „dbOpenTable", „dbOpenDynaset" und „dbOpenSnapshot".

Tabelle 13.4: Parameter der Methode „OpenRecordset"

Parameter	Kurzbeschreibung
Herkunft	Name der Tabelle oder Abfrage
Typ	Zulässiger Datentyp
Optionen	Schreibgeschützt und weitere Einschränkungen

13.3.1 Auf eine Tabelle zugreifen

Eine Tabelle liefert eine aktuelle Ansicht der Daten. Sämtliche Änderungen oder Ergänzungen, die an dem Datenbestand vorgenommen werden, spiegeln sich sofort wider. Da sich jede Benutzereinwirkung direkt bemerkbar macht, können sich die Anzahl der Datensätze und deren Inhalte fast beliebig ändern.

Der Typ „Recordset" für Tabelle kann immer nur auf einer Access-Tabelle basieren und ermöglicht nicht den Zugriff auf eingebundene Tabellen oder Abfrageergebnisse. Die Objektvariable, die mit „OpenRecordset" und „dbOpenTable" entstanden ist, kann wie eine Tabelle auch einen Index besitzen. Dieser Index bestimmt dann die Reihenfolge der Daten. Ein Sortieren oder Belegen mit einem Filter ist jedoch nicht möglich.

Bevor eine Variable vom Typ Recordset für eine Tabelle mit „Set" zugeordnet werden kann, muss zwingend die Datenbank geöffnet sein, in der die Tabelle enthalten ist. Wenn Sie dies vergessen, wird Access mit einem Laufzeitfehler reagieren.

Mit der Methode „OpenRecordset" kann die Tabelle durch eine Zeichenkette bestimmt und der Variablen zugeordnet werden. Die Methode „OpenRecordset" ist dabei Bestandteil der zuvor erstellten Objektvariablen vom Typ „Database". Mit der Methode „OpenRecordset" wird das Öffnen einer Tabelle dieser Datenbank erreicht, jedoch können darüber keine neuen Tabellen erzeugt werden. Neue Tabellen können Sie über Tabellenerstellungsabfragen oder durch ein „TableDef"-Objekt einrichten:

```
Dim dbDatenBank As DataBase
Dim dtNamensTab As Recordset
...
Set dbDatenBank = CurrentDb
Set dtNamensTab = dbDatenBank.OpenRecordset("Handelswaren", dbOpenTable)
```

Wenn der Name einer Tabelle ein Leerzeichen enthält, sind Sie es vielleicht von den Bezeichnern her gewöhnt, den Namen in eckige Klammern einzuschließen. Bei der Übergabe als Zeichenkette an Methoden wie zum Beispiel „OpenRecordset" dürfen Sie dies jedoch nicht tun, da Access ansonsten die Tabelle nicht findet.

Das nachfolgende Beispiel zeigt, wie der richtige Zugriff auf die Tabelle „Ausgelieferte Waren" zu erfolgen hat:

```
Set dtNamensTab = dbDatenBank.OpenRecordset("Ausgelieferte Waren", dbOpenTable)
```

Durch einen optionalen Parameter für die Methode „OpenRecordset" können Sie eine Tabelle zum Beispiel exklusiv öffnen oder das Schreiben durch andere Benutzer in diese Tabelle verhindern. Um eine Tabelle exklusiv zu öffnen, übergeben Sie nach dem Tabellennamen die Konstante „dbDenyRead" als dritten Parameter. Sobald innerhalb einer anderen Funktion oder durch einen anderen Anwender versucht wird, auf die exklusiv geöffnete Tabelle ebenfalls zuzugreifen, wird dieser Zugriff verweigert.

Die Standardeinstellung für diesen Parameter ist die gemeinsame Verwendung der Tabelle. Eine exklusive Tabelleneröffnung kann zum Beispiel sinnvoll sein, wenn strukturelle Arbeiten an der Tabelle vorgenommen werden sollen. Wenn Sie die Sperre etwas abschwächen möchten, können Sie das Lesen erlauben, jedoch das Schreiben nicht. Hierzu nennen Sie die Konstante „dbDenyWrite":

```
Set dtNamensTab = dbDatenBank.OpenRecordset(
        "Handelswaren", dbOpenTable, dbDenyRead)
```

13.3.2 Auf einen Dynaset zugreifen

Für den Zugriff sowohl auf eine Tabelle innerhalb der Datenbank als auch auf eingebundene Tabellen oder Abfragen eignet sich eine Variable des Typs „Recordset" für ein Dynaset. Hierbei muss allerdings die Einschränkung in Kauf genommen werden, dass die Datenansicht nicht immer völlig aktuell ist. Ein Dynaset enthält im Gegensatz zu einer Tabelle nicht alle Neuerungen, da zwar der Inhalt der Felder aktualisiert wird, aber Datensätze, die von anderen neu angefügt oder gelöscht werden, nicht in das aktuelle Dynaset übernommen werden.

Die Anzahl der Datensätze eines Dynasets ändert sich daher ab dem Zeitpunkt der Erstellung nicht mehr. Werden innerhalb der dem Dynaset zugrunde liegenden Tabelle ganze Datensätze gelöscht, erhalten diese Sätze nur den Eintrag „Null", werden aber nicht als Datensatz entfernt. Neue Datensätze werden zwar sofort in die Tabelle übernommen, sie erscheinen jedoch erst dann in dem Dynaset, wenn das Dynaset geschlossen und erneut erstellt wird.

Ein Dynaset erlaubt es, Daten zu sortieren und mit Filterbedingungen zu versehen. Es ist außerdem möglich, aus einer bestehenden Objektvariablen vom Typ „Recordset" für Dynaset eine weitere Variable dieses Typs anzulegen. Dadurch stehen Ihnen zum Beispiel weitere Sortier- und Filtervorgänge zur Verfügung.

Eine Änderung an den Daten durch ein Dynaset wird in die beteiligte Tabelle übernommen. Basiert das Dynaset auf einer Abfrage, die mehrere Tabellen enthält, erfolgt in diesen Tabellen ebenfalls die entsprechende Änderung.

Um eine Variable vom Typ „Recordset" für ein Dynaset zu erzeugen, braucht dazu die Tabelle, auf der die Daten basieren, nicht geöffnet zu werden. Für das Erstellen ist es nur nötig, dass die Datenbank geladen ist, um die Methode „OpenRecordset" anwenden zu können. Die Erstellung eines Dynasets erfolgt dabei entsprechend einer Tabelle:

```
Dim dbDatenBank As Database
Dim dsNamensDyna As Recordset
...
Set dbDatenBank = CurrentDb
Set dtNamensTab = dbDatenBank.OpenRecordset("Namen", dbOpenDynaset)
```

Natürlich kann das Dynaset als Grundlage auch eine Abfrage besitzen. Hierzu wird wiederum die Methode „OpenRecordset" verwendet, wobei nun an Stelle des Tabellennamens die Abfragebezeichnung als Zeichenkette anzugeben ist. Beim Aufruf der Methode wird dann eine Abfrage der darin beteiligten Tabellen durchgeführt. Voraussetzung für die erfolgreiche Erstellung ist, dass die Abfrage zuvor existiert. Wenn Sie mit Abfragen oder SQL-Anweisungen arbeiten, wird das Programm erst dann fortgesetzt, wenn die Abfrage den ersten Datensatz zurückgibt:

Wenn Sie bereits eine Variable vom Typ „Recordset" für ein Dynaset erzeugt haben, kann hieraus eine zweite Dynaset-Objektvariable erstellt werden. Im Fall einer Abfrage weist sie den gleichen Datenbestand auf, wobei jedoch keine weitere Abfrage durchgeführt wird.

Mit dieser zweiten Objektvariablen können jetzt andere Filter- oder Sortierbedingungen realisiert werden. Die zweite Objektvariable wird durch die „OpenRecordset"-Methode der ersten Objektvariablen erzeugt:

```
Dim dbDatenBank As Database
Dim dsNamensDyna As Recordset
Dim dsZweitDyna As Recordset
...
Set dbDatenBank = CurrentDb
Set dsNamensDyna = dbDatenBank.OpenRecordset("NamenAbfr", dbOpenDynaset)
Set dsZweitDyna = dsNamensDyna.OpenRecordset(dbOpenDynaset)
```

Formulare können die Eigenschaft „RecordsetClone" besitzen. In diesem Fall verweist der Inhalt dieser Eigenschaft auf das von dem Formular verwendete Recordset für ein Dynaset. Dieses Dynaset des Formulars kann ebenfalls zur Bildung einer Objektvariablen vom Typ „Recordset" benutzt werden. Das aktuelle Formular ist durch das Objekt „Screen" zusammen mit dessen Eigenschaft „ActiveForm" erreichbar:

```
Dim dsFormular As Recordset
...
Set dsFormular = Screen.ActiveForm.RecordsetClone
```

Eine Fähigkeit von Access liegt in der direkten Verarbeitung von SQL-Anweisungen. Zur Bildung einer Objektvariablen vom Typ „Recordset" für Dynaset kann damit auch eine SQL-Zeile als Grundlage dienen:

```
Dim dbDatenBank As DataBase
Dim dsNamensDyna As Recordset
Dim SQL
...
Set dbDatenBank = CurrentDb
SQL = "SELECT * FROM Namen WHERE Namen.Vorname = 'C*';"
Set dsNamensDyna = dbDatenBank.OpenRecordset(SQL, dbOpenDynaset)
```

Die Methode „OpenRecordset" für „Dynaset" kann neben der Datenquelle, die entweder eine Tabelle, eine Abfrage oder eine SQL-Anweisung sein darf, noch mit einem optionalen Parameter versorgt werden. Wie Sie bereits bei einer Tabelle gesehen haben, kann der Zugriff auf die zugrunde liegende Tabelle oder, im Fall einer Abfrage, die zugrunde liegenden Tabellen begrenzt werden. Es kann zum Beispiel allen anderen der Zugriff auf die Tabelle(n) verwehrt werden.

Das nächste Beispiel zeigt Ihnen einen Fall, in dem versucht wird, ein weiteres Recordset als Dynaset auf ein bereits gesperrtes auszuführen. Access antwortet darauf mit einer Fehlermeldung:

```
...
Dim dbDatenBank As DataBase
Dim dsNamensDyna As Recordset
Dim dsNamensDyna1 As Recordset
...
Set dbDatenBank = CurrentDb
   Set dsNamensDyna = dbDatenBank.OpenRecordset(
       "Handelswaren", dbOpenTable, dbDenyRead)
   Set dsNamensDyna1 = dbDatenBank.OpenRecordset(
       "Handelswaren", dbOpenTable, dbDenyRead)
...
```

Bild 13.2: Fehlermeldung aufgrund eines exklusiven Öffnens

Außerdem kann durch eine weitere Konstante für dieses Argument vorgegeben werden, dass das erstellte Dynaset inkonsistent ist.

Ein als „inkonsistent" erzeugtes Dynaset erlaubt als Mehrtabellendynaset auch die Aktualisierung aller Daten und Felder, obwohl diese Aktualisierung sich auf andere Spalten und Datensätze im Dynaset auswirkt.

Ein als „konsistent" erstelltes Dynaset hingegen gestattet als Mehrtabellendynaset nur die Aktualisierung der Zeilen und Felder, die durch einen Wert oder eine Zeile im Dynaset repräsentiert werden:

```
Dim dbDatenBank As Database
Dim dsNamensDyna As Recordset
...
Set dbDatenBank = CurrentDb
Set dsNamensDyna = dbDatenBank.OpenRecordset(
       "NamenAbfr", dbOpenDynaset, dbInconsistent)
```

13.3.3 Auf einen Snapshot zugreifen

Ein Snapshot basiert ebenfalls auf einer Tabelle oder Abfrage. Der grundsätzliche Unterschied zwischen einer Tabelle, einem Dynaset und einem Snapshot liegt in der Unveränderbarkeit der resultierenden Daten, da zum Zeitpunkt der Entstehung eine Abbildung des Datenbestandes vorgenommen wird.

Eine Variable vom Typ „Recordset" als Snapshot kann sowohl auf einer Tabelle, einer eingebundenen Tabelle, dem Ergebnis einer Abfrage, einem Dynaset als auch auf einem Snapshot beruhen. Diese Variable eignet sich für Fälle, in denen Aggregatfunktionen zwar ein Ergebnis, aber keine Änderung an dem Datenbestand hervorrufen sollen.

Durch Aggregatfunktionen in Abfragen können Sie zusammenfassende Informationen aller Datensätze einer Tabelle erhalten. Um eine Berechnung an allen Datensätzen einer Tabelle vorzunehmen, erstellen Sie zunächst eine Abfrage. Danach ziehen Sie die gewünschten Felder in den QBE-Entwurfsbereich und selektieren das Summensymbol in der Symbolleiste. Im QBE-Entwurfsbereich wird daraufhin die Zeile „Funktion" angezeigt. Unter jedem Feld der Abfrage erscheint in der jeweiligen Zelle der Zeile „Funktion" der Ausdruck „Gruppierung", den Sie auf die entsprechende Aggregatfunktion „Summe", „Mittelwert", „Varianz" etc. einstellen können. Da die Aggregatfunktionen alle Datensätze berechnen, sollte zum Schluss in keinem Feld „Gruppierung" stehen.

Variablen vom Typ „Recordset" als Snapshot werden durch die Methode „OpenRecordset" und die Konstante „dbOpenSnapshot" erzeugt:

```
Dim dbDatenBank As DataBase
Dim dsNamensSnap As Recordset
...
    Set dbDatenBank = CurrentDb
    Set dsNamensSnap = dbDatenBank.OpenRecordset("Namen", dbOpenSnapshot)
```

Eine Variable vom Typ „Recordset" kann die Grundlage für einen Snapshot sein. Hiermit wird eine Kopie des ersten Snapshots angelegt, jedoch wird im Fall, dass eine Abfrage die Grundlage ist, die Abfrage nicht nochmals ausgeführt:

```
Dim dbDatenBank As DataBase
Dim dsNamensDyna As Recordset
Dim dsNamensSnap As Recordset
...
    Set dbDatenBank = CurrentDb
    Set dsNamensDyna = dbDatenBank.OpenRecordset("Namen", dbOpenDynaset)
    Set dsNamensSnap = dsNamensDyna.OpenRecordset(dbOpenSnapshot)
```

Besonders bei „Recordset"-Variablen, die global oder als statische lokale Variablen definiert wurden, ist es erforderlich, sie über die Methode „Close" auch wieder zu entfernen. Ansonsten würden die Variablen bis zum Neuinitialisieren geöffnet bleiben. Bei rein lokal definierten Variablen des Typs „Recordset" ist dies nicht so wichtig, da beim Funktionsende diese Variablen automatisch entfernt werden. Aus Gründen der Übersichtlichkeit sollte jedoch auch in diesem Fall ein Schließen der Variablen durch die Methode „Close" erfolgen.

Eine wichtige Ausnahme sind die Variablen, die auf einem Formular durch die Formular-Eigenschaft „RecordsetClone" basieren und damit nicht geschlossen werden dürfen.

```
Dim dbDatenBank As DataBase
Dim dsNamensDyna As Recordset
Dim dsNamensSnap As Recordset
...
Set dbDatenBank = CurrentDb
Set dsNamensDyna = dbDatenBank.OpenRecordset("Namen", dbOpenDynaset)
Set dsNamensSnap = dsNamensDyna.OpenRecordset(dbOpenSnapshot)
...
dsNamensDyna.Close
dsNamensSnap.Close
dbDatenBank.Close
```

13.3.4 Datenzugriff mit dem Recordset

Mithilfe der Objektvariablen vom Typ „Recordset" können Sie auf die Datenfelder der Tabelle, des Dynasets beziehungsweise des Snapshots zugreifen. Hierzu wird neben der Objektvariablen der Operator „!" und der Feldname benötigt. Als Ergebnis erhalten Sie den Feldinhalt des aktuellen Datensatzes.

```
'**************** BASICPRG.MDB ****************
'*********** Modul: Daten-Objekte manipulieren *******
' Funktion liest das Feld "Vorname" der Tabelle "Namen"
Function fktNameLesen ()
   Dim dbDatenBank As Database
   Dim dtNamensTab As Recordset

   Set dbDatenBank = CurrentDb
   Set dtNamensTab = dbDatenBank.OpenRecordset("Namen", dbOpenTable)

   Debug.Print dtNamensTab![Vorname]

   dtNamensTab.Close
   dbDatenBank.Close
End Function
```

Als alternative Schreibweise für die Feldbezeichnung können Sie auch runde Klammern zusammen mit Anführungszeichen verwenden. Das Ergebnis bleibt natürlich immer dasselbe, es wird das Datenfeld gelesen.

```
Debug.Print dtNamensTab("Vorname")
```

Der Datentyp eines Feldes wurde bei der Erstellung der Tabelle festgelegt. Wenn Sie diesen Feldtyp zum Zeitpunkt der Programmerstellung bereits kennen, könnten Sie den Feldinhalt an eine Variable mit definiertem Datentyp übergeben. Trotzdem ist dabei Vorsicht geboten, da das Datenfeld den Wert „Null" liefern kann, der nur von Variablen des Typs „Variant" aufgenommen werden kann. Mit allen anderen Variablentypen würden Sie einen Laufzeitfehler erhalten. Aus diesem Grund dürfen Sie den gelesenen Wert eines Datenfeldes nur übergeben, wenn Sie vorher sicherstellen, dass die Variablen, die nicht den Typ „Variant" besitzen, nie „Null" erhalten:

```
'**************** BASICPRG.MDB ****************
'********** Modul: Daten-Objekte manipulieren *********
' Funktion liest das Feld "Bezeichnung" der Tabelle "Handelswaren"
Function fktWareLesen1 () As Variant

  Dim vWert
  Dim dbDatenBank As DataBase
  Dim dtNamensTab As Recordset

  Set dbDatenBank = CurrentDb
  Set dtNamensTab = dbDatenBank.OpenRecordset("Handelswaren", dbOpenTable)

  vWert = dtNamensTab![Bezeichnung]

  fktWareLesen1 = vWert

  dtNamensTab.Close
  dbDatenBank.Close
End Function
```

Um sicherzustellen, dass der Feldinhalt "Null" niemals an andere als „Variant"-Variablen weitergegeben wird, können Sie die Funktion „IsNull" anwenden. Diese Funktion liefert „True" zurück, wenn sie „Null" erkennt, und kann daher als Prüfkriterium in einer If-Verzweigung eingesetzt werden:

```
'**************** BASICPRG.MDB ****************
'********** Modul: Daten-Objekte manipulieren *********
' Funktion liest das Feld "Bezeichnung" ' der Tabelle "Handelswaren"
Function fktWareLesen2 () As String

  Dim vWert
  Dim dbDatenBank As DataBase
  Dim dtNamensTab As Recordset
  Set dbDatenBank = CurrentDb
  Set dtNamensTab = dbDatenBank.OpenRecordset("Handelswaren", dbOpenTable)

  vWert = dtNamensTab![Bezeichnung]

  If IsNull(vWert) Then
    fktWareLesen2 = ""
  Else
    fktWareLesen2 = vWert
  End If

  dtNamensTab.Close
  dbDatenBank.Close
End Function
```

Neben der direkten Angabe der Feldbezeichnung zusammen mit der Datensatzgruppenvariablen ist es noch möglich, die Feldbezeichnung in einer Variablen zur Verfügung zu stellen. Hiermit kann während der Laufzeit der Feldname erstellt werden:

```
'**************** BASICPRG.MDB ****************
'********** Modul: Daten-Objekte manipulieren *********
' Funktion liest das Feld "Bezeichnung" der Tabelle "Handelswaren"
Function fktWareLesen3 () As Variant

    Dim FeldName As String
    Dim dbDatenBank As Database
    Dim dtNamensTab As Recordset

    Set dbDatenBank = CurrentDb
    Set dtNamensTab = dbDatenBank.OpenRecordset("Handelswaren", dbOpenTable)

    FeldName = "Bezeichnung"
    fktWareLesen3 = dtNamensTab(FeldName)

    dtNamensTab.Close
    dbDatenBank.Close
End Function
```

13.4 Datensatzzeiger positionieren

Sobald auf ein Feld einer Tabelle, eines Dynasets oder eines Snapshots zugegriffen wird, wird immer der aktuelle Datensatz gelesen. Um mit anderen Datensätzen der Tabelle arbeiten zu können, ist eine Positionierung erforderlich. Dies ist sinnvoll, da der aktuelle Datensatz nicht zwangsläufig ein Datensatz ist, der einen verwertbaren Inhalt aufweist. Zudem könnte die momentane Position vor dem ersten oder nach dem letzten Datensatz liegen.

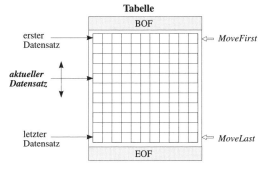

Bild 13.3: Die Position innerhalb einer Tabelle

Den Zeiger sequenziell positionieren

Um die Einstellung des aktuellen Datensatzes auf die erste oder die letzte Position, auf einen Datensatz weiter oder zurück zu ermöglichen, existieren vier Methoden, die jede der drei Möglichkeiten Tabelle, Dynaset und Snapshot für ein Recordset besitzen.

Tabelle 13.5: Positionierungsmethoden

Methode	Kurzbeschreibung
MoveFirst	Positioniert auf den ersten Datensatz.
MoveLast	Positioniert auf den letzten Datensatz.
MoveNext	Positioniert um einen Datensatz weiter.
MovePrevious	Positioniert um einen Datensatz zurück.

Die Methoden gehören zum Objekt „Recordset" und erlauben eine Positionierung in der entsprechenden Datenquelle. Mit den Methoden „MoveFirst" beziehungsweise „MoveLast" lässt sich in einem Schritt der erste beziehungsweise der letzte Datensatz erreichen, um ihn anschließend auszulesen.

Während des Positionierens in der Tabelle ist immer darauf zu achten, dass weder der Anfang noch das Ende der Tabelle überschritten wird. Um zu überprüfen, ob die aktuelle Position vor dem ersten Datensatz steht, wird die Eigenschaft „BOF" auf den Wert „True" abgefragt. Falls die Eigenschaft diesen Wert besitzt und somit der aktuelle Datensatz vor dem ersten erlaubten steht, darf mit der Methode „MovePrevious" nicht mehr zurückpositioniert werden, da ansonsten ein Fehler auftritt.

Entsprechend verhält es sich mit einem Datensatz hinter dem letzten Datensatz, der durch den Wert „True" in der Eigenschaft „EOF" erkennbar ist. In diesem Fall darf die Methode „MoveNext" nicht mehr eingesetzt werden. Ein Sonderfall entsteht noch, wenn sowohl die Eigenschaft „EOF" als auch „BOF" den Wert „True" enthalten. In diesem Fall ist kein Datensatz vorhanden, und damit darf weder die Methode „MovePrevious" noch die Methode „MoveNext" verwendet werden.

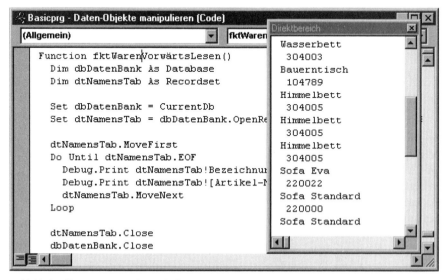

Bild 13.4: Alle Datensätze der Tabelle lesen

Das nächste Beispiel zeigt Ihnen, wie mithilfe einer „Do...Until"-Schleife und der Methode „MoveNext" durch die gesamte Tabelle gewandert wird. Sobald der aktuelle Datensatz die Eigenschaft „EOF" aufweist, enthält dieser Satz keinen gültigen Wert mehr.

```
'******************** BASICPRG.MDB ****************
'*********** Modul: Daten-Objekte manipulieren *********
' Funktion liest alle Datensätze
' der Tabelle "Handelswaren" von vorne nach hinten
Function fktWarenVorwärtsLesen ()
  Dim dbDatenBank As DataBase
  Dim dtNamensTab As Recordset

  Set dbDatenBank = CurrentDb
  Set dtNamensTab = dbDatenBank.OpenRecordset("Handelswaren", dbOpenTable)

  dtNamensTab.MoveFirst
  Do Until dtNamensTab.EOF
    Debug.Print dtNamensTab!Bezeichnung
    Debug.Print dtNamensTab![Artikel-Nummer]
    dtNamensTab.MoveNext
  Loop

  dtNamensTab.Close
  dbDatenBank.Close
End Function
```

Natürlich ist das Lesen vom Tabellenende zum Tabellenanfang in ähnlicher Weise zu realisieren. Zu Beginn wird an das Ende der Tabelle über die Methode „MoveLast" gesprungen, um von dort aus schrittweise über „MovePrevious" zurückzupositionieren. Das Abbruchkriterium für den Tabellenanfang ist die Eigenschaft „BOF" des Objekts „Recordset":

```
  dtNamensTab.MoveLast
  Do Until dtNamensTab.BOF
    Debug.Print dtNamensTab!Bezeichnung
    Debug.Print dtNamensTab![Artikel-Nummer]
    dtNamensTab.MovePrevious
  Loop
```

Wenn sich der aktuelle Datensatz auf „BOF" und damit vor dem ersten Datensatz oder auf „EOF" und daher nach dem letzten Datensatz befindet, enthält er keinen gültigen Wert mehr. Die Situation würde zum Beispiel in den beiden letzten Beispielen auftauchen, wenn Sie nach dem Lesen der gesamten Tabelle nicht deren Bearbeitung beenden, sondern erneut ein Feld der Tabelle lesen. Da der aktuelle Datensatz jetzt auf „EOF" beziehungsweise „BOF" zeigt, erhalten Sie beim Versuch, ein Feld zu lesen, von Access eine Fehlermeldung.

Falls Sie im Programmablauf feststellen, dass der aktuelle Datensatz auf „BOF" beziehungsweise „EOF" zeigt, muss vor einem Lesevorgang auf den ersten beziehungsweise auf den letzten Datensatz der Tabelle positioniert werden.

Den Zeiger über einen Index positionieren

Wenn eine Tabelle durch die Methode „OpenRecordset" als Tabelle geöffnet wird, erscheinen die Datensätze in einer ungeordneten Reihenfolge. Besteht jedoch für die Tabelle ein Index, so kann er nun verwendet werden. Der Index darf dabei der des Primärschlüssels oder ein beliebiger anderer Index dieser Tabelle sein.

Ein Index ermöglicht es, häufig gesuchte oder sortierte Werte schnell zu finden. Diesen Index können Sie sich genauso wie den Index eines Buchs vorstellen, der Stichwörter sortiert auflistet. Einen Index anzulegen empfiehlt sich, wenn mit seiner Hilfe Such- und Sortiervorgänge beschleunigt werden sollen. Um wie viel schneller Indizes einen Suchvorgang durchführen, hängt von den Daten und der Größe der Tabellen ab. Andererseits machen Indizes das Ändern von Daten komplizierter und langsamer. Access muss nämlich bei einem Index ohne Duplikate bei der Eingabe eines neuen Werts alle bestehenden Werte prüfen, ob nicht bereits ein Feld diesen Wert besitzt.

Eine Objektvariable vom Typ „Recordset", die als Tabelle eröffnet wurde, besitzt die Eigenschaft „Index". Ihr können Sie den Namen eines Index als Zeichenkette übergeben. Dieser Index muss bereits für die Tabelle bestehen, da ansonsten ein Laufzeitfehler entsteht.

Ein Index gilt für eine Tabelle als definiert, wenn der Eintrag „Index" bei der Felddefinition gesetzt wird oder die Tabelleneigenschaft „Primärschlüssel" beziehungsweise die Schlüsseleinträge „Index1", „Index2" etc. eine gültige Festlegung enthalten. Objektvariablen vom Typ „Recordset" für Dynaset und Snapshot besitzen diese Eigenschaft nicht.

Sobald der Objektvariablen ein Index zugewiesen wird, wird bei einer sequenziellen Positionierung durch die Tabelle die Reihenfolge der Datensätze so wiedergegeben, wie es der Index vorgibt. Das nächste Beispiel zeigt einen solchen Fall, indem die Tabelle „Handelswaren" sortiert nach dem Index „Lagerort" ausgegeben wird:

```
'****************** BASICPRG.MDB ****************
'*********** Modul: Daten-Objekte manipulieren *********
' Funktion liest alle Datensätze
' der Tabelle "Handelswaren" über den Index "Lagerort"
Function fktWarenVorwärtsLesenIndex ()
  Dim dbDatenBank As Database
  Dim dtNamensTab As Recordset

  Set dbDatenBank = CurrentDb
  Set dtNamensTab = dbDatenBank.OpenRecordset("Handelswaren", dbOpenTable)

  dtNamensTab.Index = "Lagerort"
  dtNamensTab.MoveFirst
  Do Until dtNamensTab.EOF
    Debug.Print dtNamensTab!Bezeichnung
    Debug.Print dtNamensTab![Artikel-Nummer]
    Debug.Print dtNamensTab!Lagerort
    dtNamensTab.MoveNext
  Loop

  dtNamensTab.Close
```

```
dbDatenBank.Close
End Function
```

13.5 Datensätze ändern, anfügen und löschen

Um Änderungen am aktuellen Datensatz durchzuführen, verwenden Sie die beiden Methoden „Edit" und „Update". Soll dagegen ein neuer Datensatz angefügt werden, sind die Methoden „AddNew" und „Update" zu benutzen. Das Löschen geschieht durch die Methode „Delete". Diese Methoden sind nur für die Datensatzgruppenobjekte „Tabelle" und „Dynaset" anwendbar. Ein Snapshot besitzt diese Methoden nicht, da es sich bei ihm nur um ein Abbild der Daten handelt.

13.5.1 Datensatz ändern

Das Ändern des aktuellen Datensatzes erfolgt in drei Schritten:

1.   Der aktuelle Datensatz muss über die Methode „Edit" auf das spätere Beschreiben vorbereitet werden. Die Methode „Edit" legt einen zeitweiligen Zwischenpuffer für den Datensatz an.

2.   Anschließend werden die Datenfelder mit den gewünschten Werten belegt, wobei die Feldadressierung wie beim Lesen formuliert wird.

3.   Die Änderung wird mit der Methode „Update" übernommen. Hiermit gelangt der zeitweilige Zwischenpuffer zurück in den Datensatz und ersetzt damit den Inhalt des aktuellen Datensatzes.

Falls Sie den letzten Schritt vergessen und die Methode „Update" nicht aufrufen, gilt die Änderung nicht. Wichtig ist es, darauf zu achten, dass zu Beginn die Methode „Edit" aufgerufen wird, um das Feld zur Änderung freizugeben. Ansonsten tritt ein Laufzeitfehler auf.

```
'****************** BASICPRG.MDB ****************
'************* Modul: Daten-Objekte manipulieren ******
' Funktion ändert das Feld "Vorname" des aktuellen
' Datensatzes der Tabelle "Namen"
Function fktNameÄndern (Änderung As String)
 Dim dbDatenBank As DataBase
 Dim dtNamensTab As Recordset

 Set dbDatenBank = CurrentDb
 Set dtNamensTab = dbDatenBank.OpenRecordset("Namen", dbOpenTable)

 dtNamensTab.Edit
 dtNamensTab![Vorname] = Änderung
 dtNamensTab.Update
 Debug.Print dtNamensTab![Vorname]

 dtNamensTab.Close
 dbDatenBank.Close
End Function
```

13.5.2 Datensatz anfügen

Eine ähnliche Vorgehensweise ist für das Anfügen eines neuen Datensatzes erforderlich.

1. Erstellen Sie über die Methode „AddNew" einen neuen noch leeren Datensatz.

2. Füllen Sie ihn mit Werten. Die Felder eines neuen Satzes enthalten den Wert „Null".

3. Rufen Sie die Methode „Update" auf, um den Satz mit den Werten zu übernehmen.

Die Position, an der der leere Datensatz durch die Methode „AddNew" eingefügt wird, hängt von dem Typ des Objekts ab. Beim Typ „Tabelle" des Recordsets wird der Datensatz an der Stelle angefügt, die durch den Index bestimmt ist.

Dagegen wird für den Typ „Dynaset" oder für „Tabelle ohne Index" der Datensatz immer an das Ende gestellt, wobei keine Sortierung berücksichtigt wird. Wenn Sie in einem Dynaset den Datensatz an eine bestimmte Stelle positionieren möchten, müssen Sie den Dynaset schließen und erneut öffnen, um eine eventuelle Sortierung wirksam werden zu lassen.

Das Anfügen eines neuen Datensatzes mit der Methode „AddNew" beeinflusst nicht den aktuellen Datensatz. Der aktuelle Datensatz steht damit an derselben Position, die er bereits vor der Anwendung der Methode „AddNew" einnahm. Um den neuen Datensatz zu beschreiben, ist aber keine weitere Positionierung nötig, da die Felder erst in einen internen Zwischenspeicher geschrieben werden, der unabhängig von dem aktuellen Datensatz ist, um anschließend mit der Methode „Update" übernommen zu werden.

Wenn Sie allerdings nach der Übernahme den neuen Datensatz als aktuellen Datensatz haben möchten, müssen Sie zu diesem Satz positionieren. Bei einem Dynaset oder einer Tabelle ohne Index können Sie dazu die Methode „MoveLast" verwenden. Besitzt die Tabelle jedoch einen Index, muss der neue Datensatz erst durch die Methode „Seek" gesucht werden.

Dieses Beispiel fügt einen Datensatz in die Tabelle „Namen" ein. Da die Tabelle keinen Index besitzt, wird der Datensatz an das Ende der Tabelle geschrieben:

```
'****************** BASICPRG.MDB ****************
'************* Modul: Daten-Objekte manipulieren *******
' Funktion fügt einen neuen Datensatz an und
' erlaubt die Eingabe in die Felder "Vorname" und "Name" der Tabelle "Namen".
Function fktNameAnfügen (AnfügenV As String, AnfügenN As String)
  Dim dbDatenBank As Database
  Dim dtNamensTab As Recordset

  Set dbDatenBank = CurrentDb
  Set dtNamensTab = dbDatenBank.OpenRecordset("Namen", dbOpenTable)

  dtNamensTab.AddNew
  dtNamensTab![Vorname] = AnfügenV
  dtNamensTab![Name] = AnfügenN
  dtNamensTab.Update
  Debug.Print dtNamensTab![Vorname]
  Debug.Print dtNamensTab![Name]

  dtNamensTab.Close
```

```
dbDatenBank.Close
End Function
```

13.5.3 Datensatz löschen

Durch die Methode „Delete" kann der aktuelle Datensatz aus dem Datenbestand gelöscht werden. Handelt es sich dabei um eine Objektvariable „Recordset" der Art „Tabelle", wird dieser Datensatz tatsächlich entfernt. Beim Typ „Dynaset" wird dagegen dem Datensatz nur der Wert „Null" zugewiesen. Dies bedeutet, dass bei einem Dynaset ein gelöschter Datensatz physikalisch erhalten bleibt, er wird nur mit dem Wert „Null" aufgefüllt.

Sobald in einer Tabelle oder einem Dynaset der aktuelle Datensatz durch die Methode „Delete" entfernt wurde, wird nicht automatisch der nächste Datensatz zum aktuellen Datensatz. Daher muss nach dem Löschen immer noch zusätzlich die Methode „MoveNext" angewandt werden, um wieder einen gültigen aktuellen Datensatz zu erhalten. Wird der letzte Datensatz entfernt, sollten Sie nicht „MoveNext", sondern „MoveLast" benutzen, da ansonsten der aktuelle Datensatz auf „EOF" stehen und damit auch keinen gültigen Wert mehr besitzen würde.

```
'******************* BASICPRG.MDB ****************
'************ Modul: Daten-Objekte manipulieren ********
' Funktion löscht den letzten Datensatz der Tabelle "Namen" über Dynaset
Function fktNameLetztenLöschenDyna ()
    Dim dbDatenBank As Database
    Dim dtNamensDyna As Recordset

    Set dbDatenBank = CurrentDb
    Set dtNamensDyna = dbDatenBank.OpenRecordset("Namen", dbOpenDynaset)
    dtNamensDyna.MoveLast
    Debug.Print dtNamensDyna![Vorname]
    Debug.Print dtNamensDyna![Name]
    dtNamensDyna.Delete
    dtNamensDyna.MoveLast
    Debug.Print dtNamensDyna![Vorname]
    Debug.Print dtNamensDyna![Name]

    dtNamensDyna.Close
    dbDatenBank.Close
End Function
```

13.5.4 OLE-Felder bearbeiten

Für die Bearbeitung von Datenfeldern haben Sie bisher die Methoden „Edit", „Update" und „AddNew" verwendet und möglicherweise damit auch OLE-Objekte bearbeitet. Dabei haben Sie wahrscheinlich Glück gehabt, da in den OLE-Feldern nur kleine Datenmengen vorhanden waren. Prinzipiell kann auf OLE-Felder auch mit den Methoden „Edit", „Update" und „AddNew" zugegriffen werden, jedoch können damit nur Feldgrößen bis ca. 64 KByte verarbeitet werden. Aus diesem Grund werden zusätzliche Methoden benötigt, die ein OLE-Objekt, das die 64-KByte-Grenze mit Leichtigkeit überschreiten kann, in kleine Stücke aufteilt.

Die Aufteilung in kleine Stücke erfolgt dabei über die Methode „GetChunk", die ein Stück der gewünschten Größe aus dem OLE-Feld herausnimmt. Da dieses Stück nicht wie eine normale Zeichenkette verarbeitet werden kann, gibt es noch die Methode „AppendChunk", die das Zusammenführen der einzelnen Stücke zu einem kompletten OLE-Feld realisiert. Um Auskunft über die Größe eines OLE-Feldes zu erhalten, steht die Methode „FieldSize" bereit.

Tabelle 13.6: Methoden zur Bearbeitung von OLE-Feldern

Methode	Kurzbeschreibung
AppendChunk	Kopiert ein Datenstück in ein Feld.
GetChunk	Nimmt ein Datenstück aus einem Feld.
FieldSize	Ermittelt die Feldgröße von OLE-, Memo- und Textfeldern.

Die Methode „FieldSize" kann nicht nur zur Berechnung der Größe eines OLE-Feldes verwendet werden, sondern ebenfalls für Memo- und Textfelder. Auf diese Weise können Sie die tatsächlich genutzte Größe von Textfeldern errechnen. Datenfelder vom Typ „Text" erhalten zwar bei der Tabellenerstellung eine bestimmte Maximalgröße zugeordnet, aber über die tatsächliche Ausnutzung dieser Größe ist normalerweise nichts bekannt.

Dafür steht Ihnen jetzt die Funktion „fktMaxFeldGröße" zur Verfügung, die die maximale belegte Größe des zu prüfenden Feldes aller Sätze einer Tabelle oder Abfrage ermittelt. Dazu wird der Funktion „fktMaxFeldGröße" der Name der Tabelle oder der Abfrage und der Feldname übergeben. Als Rückgabewert erhalten Sie die maximal genutzte Größe für das Feld in allen Datensätzen. Die Größenermittlung darf aber nur für Datenfelder des Typs „Text", „Memo" und natürlich für den Typ „OLE" durchgeführt werden.

```
'******************* BASICPRG.MDB ****************
'*********** Modul: Daten-Objekte manipulieren ********
' Funktion berechnet die maximal genutzte Größe eines Datenfeldes
' Das Feld darf entweder ein Textfeld, ein Memofeld oder ein OLE-Feld sein
Function fktMaxFeldGröße (DynaName As String, FeldName As String) As Long
   Dim dbDatenBank As Database
   Dim dtNamensDyna As Recordset
   Dim FeldGröße As Long

   Set dbDatenBank = CurrentDb
   Set dtNamensDyna = dbDatenBank.OpenRecordset(DynaName, dbOpenDynaset)

   FeldGröße = 0
   dtNamensDyna.MoveFirst
   Do Until dtNamensDyna.EOF
     If FeldGröße < dtNamensDyna(FeldName).FieldSize() Then
       FeldGröße = dtNamensDyna(FeldName).FieldSize()
     End If
     dtNamensDyna.MoveNext
   Loop

   fktMaxFeldGröße = FeldGröße
End Function
```

Der nachfolgende Ausschnitt aus der Funktion „fktMittelFeldGröße" errechnet die mittlere genutzte Größe eines Datenfeldes:

```
'****************** BASICPRG.MDB ****************
'*********** Modul: Daten-Objekte manipulieren *********
' Funktion berechnet die mittlere genutzte Größe eines Datenfeldes
' Das Feld darf entweder ein Textfeld, ein Memofeld oder ein OLE-Feld sein
Function fktMittelFeldGröße (DynaName As String, FeldName As String) As Long
....
  FeldGröße = 0
  dtNamensDyna.MoveFirst
  Do Until dtNamensDyna.EOF
    FeldGröße = FeldGröße +
      dtNamensDyna(FeldName).FieldSize()
    Rekords = Rekords + 1
    dtNamensDyna.MoveNext
  Loop
  fktMittelFeldGröße = FeldGröße / Rekords
End Function
```

Für das Kopieren eines OLE-Feldes muss das Feld in handlichen Stücken übertragen werden. Jedes Stück muss dabei auf alle Fälle kleiner als 64 KByte sein.

Das Abtrennen eines Stücks erfolgt durch die Methode „GetChunk", die einen Teil aus einem Datenfeld nimmt und ihn einer Variablen vom Typ „Variant" zuweist. Mithilfe der Methode „AppendChunk" kann dieser Teil, der sich jetzt in der Variablen befindet, an ein Feld angefügt werden. Für das Einfügen in den Datenbestand sind wieder die Methoden „Edit" und „Update" zuständig.

Für das Kopieren eines einzelnen OLE-Feldes ist es günstig, eine eigene Funktion zu schreiben. Dieser Funktion „fktOLECopy" wird das Dynaset der Quelle und das Dynaset des Ziels zusammen mit den beiden Feldbezeichnungen des OLE-Feldes übergeben. Das OLE-Feld wird daraufhin in mehreren Stücken von dem Quell- in das Zielfeld kopiert.

Um die Verwendung dieser Funktion „fktOLECopy" zu demonstrieren, steht Ihnen die Funktion „fktOLE" zur Verfügung, die alle OLE-Felder der Tabelle „Genauere Beschreibung der Waren" an die Tabelle „OLE" anfügt:

```
'****************** BASICPRG.MDB ****************
'********** Modul: Daten-Objekte manipulieren ******
' Funktion kopiert ein OLE-Feld von Quelle nach Ziel
' Sowohl Quelle als auch Ziel müssen ein geöffnetes Dynaset sein
Function fktOLECopy (dtNamensDynaQ As Recordset, DynaFeldQ As String, _
    dtNamensDynaZ As Recordset, DynaFeldZ As String)
  Dim Pos As Long
  Dim FeldGröße As Long
  Dim OLEStück As Variant
  Const OLEMAX = 10000

  FeldGröße = dtNamensDynaQ(DynaFeldQ).FieldSize()
  dtNamensDynaZ.Edit
  dtNamensDynaZ(DynaFeldZ) = "" 'Inhalt löschen
  For Pos = 0 To FeldGröße Step OLEMAX
```

```
    OLEStück = dtNamensDynaQ(
        DynaFeldQ).GetChunk(Pos, OLEMAX)
    dtNamensDynaZ(DynaFeldZ).AppendChunk (OLEStück)
    Next
    dtNamensDynaZ.Update
End Function


'*****************************************
' Funktion verwendet die Funktion fktOLECopy
' alle OLE-Felder der Tabelle "Genauere Beschreibung der Waren"
' werden in die Tabelle "OLE" kopiert
Function fktOLE ()
    Dim dbDatenBank As Database
    Dim dtNamensDynaQ As Recordset
    Dim dtNamensDynaZ As Recordset

    Set dbDatenBank = CurrentDb
    Set dtNamensDynaQ = dbDatenBank.OpenRecordset("Genauere Beschreibung der Waren", _
        dbOpenDynaset)
    Set dtNamensDynaZ = dbDatenBank.OpenRecordset("OLE", dbOpenDynaset)

    dtNamensDynaQ.MoveFirst
    Do Until dtNamensDynaQ.EOF
        dtNamensDynaZ.AddNew
        dtNamensDynaZ.Update
        dtNamensDynaZ.MoveLast
        a = fktOLECopy(dtNamensDynaQ, "Aussehen", dtNamensDynaZ, "Bild")
        dtNamensDynaQ.MoveNext
    Loop

    dtNamensDynaZ.Close
    dtNamensDynaQ.Close
    dbDatenBank.Close
End Function
```

13.5.5   Besonderheiten beim Ändern und Anfügen

Basiert ein Dynaset auf einer Mehrtabellenabfrage, besteht bei einer Änderung über die Methode „Edit" eine Einschränkung. Bei einer 1:N-Verknüpfung können nur die Daten geändert werden, die sich auf der N-Seite befinden. Der Versuch einer Modifizierung der Daten auf der 1-Seite ergibt einen Laufzeitfehler.

Diese Einschränkung kann teilweise durch die Verwendung eines inkonsistenten Dynasets umgangen werden. Um ein inkonsistentes Dynaset zu erzeugen, wird der Methode „OpenRecordset" die Konstante „dbInconsistent" als Parameter mitgegeben. Anschließend können alle Felder sowohl der 1- als auch der N-Seite bearbeitet werden, solange es sich hierbei nicht um Felder des Datentyps „AutoWert" handelt, da diese Felder trotzdem nicht modifiziert werden können. Außerdem kann es vorkommen, dass auch die Felder von eingebundenen Tabellen nicht verändert werden können. Ob alle Felder eines Dynasets bearbeitet werden können, kann durch die Eigenschaft „Updatable" überprüft werden, die in diesem Fall den Wert „True" aufweist.

Das Beispiel mit der Funktion „fktMehrTabÄndern" wertet die Eigenschaft „Updatable" des Dynasets aus, das auf der Mehrtabellenabfrage „Waren" basiert. Enthält diese Eigenschaft „Updatable" den Wert „False", wird ein inkonsistentes Dynaset erzeugt.

```
'******************** BASICPRG.MDB ****************
'************* Modul: Daten-Objekte manipulieren ********
' Funktion ändert eine Mehrtabellenabfrage mit
' 1:n Beziehung durch inkonsistentes Dynaset
Function fktMehrTabÄndern (Änderung As String)
    Dim dbDatenBank As Database
    Dim dtNamensDyna As Recordset

    Set dbDatenBank = CurrentDb
    Set dtNamensDyna = dbDatenBank.OpenRecordset("Waren", dbOpenDynaset)

    If dtNamensDyna.Updatable = False Then
    ' 1-Seite kann nicht geändert werden,
    ' daher inkonsistentes Dynaset erzeugen
    dtNamensDyna.Close
    Set dtNamensDyna = dbDatenBank.OpenRecordset("Waren", dbOpenDynaset, _
        dbInconsistent)
    End If

    dtNamensDyna.Edit
    dtNamensDyna![Lagerort] = Änderung
    dtNamensDyna.Update
    Debug.Print dtNamensDyna![Lagerort]

    dtNamensDyna.Close
    dbDatenBank.Close
End Function
```

Wenn der Wert der Eigenschaft „Updatable" dagegen den Wert „False" aufweist, sollten Sie vor einer Aktualisierung feststellen, welche Felder des Dynasets überhaupt geändert werden können. Dazu verwenden Sie die Methode „ListFields", die Sie später noch kennen lernen werden.

Sobald Sie mit einem inkonsistenten Dynaset arbeiten, gehen leicht die relationalen Fähigkeiten der Daten verloren. Daher sollten in diesen Fällen die Datenänderungen sowohl auf der N- als auch auf der 1-Seite nachgeführt werden.

Duplikate

Die Verwendung der Methoden „AddNew" und „Update" kann manchmal zu kleineren Schwierigkeiten führen, da sie die aktuelle Position nicht wechseln, obwohl ein neuer Datensatz angefügt wurde. Eine Lösung dieses Problems ist durch die Bildung von Duplikaten der Recordset-Objektvariablen möglich.

Von einer Recordset-Objektvariablen können Duplikate erstellt werden. Dies ist für die Typen „Tabelle", „Dynaset" und „Snapshot" möglich. Das Duplikat unterscheidet sich von dem Original nur durch die Position des aktuellen Datensatzes, besitzt aber sonst die gleichen Daten. Bei einem Dynaset und seinem Duplikat führt dies dazu, dass sowohl das Original-Dynaset als auch das Duplikat-Dynaset immer dieselbe Sortierung und exakt die gleichen Daten besitzen. Dagegen kann ein zweites erzeugtes Dynaset durchaus Unterschiede in den Daten beziehungsweise der Sortierung aufweisen. Duplikate von Datensatzgruppenvariablen werden durch die Methode „Clone" des Objekts erzeugt, das dupliziert werden soll. Das Duplikat wird somit nicht mithilfe der Methode „OpenRecordset", sondern durch die Methode „Clone" erstellt.

Angenommen, Sie möchten einen bestimmten Datensatz duplizieren, um ihn doppelt in der Tabelle zu besitzen. Hierzu können Sie zwar den zu duplizierenden Datensatz auswählen, aber sobald Sie über die Methode „AddNew" einen Zwischenpuffer erstellen, kann ab diesem Zeitpunkt mit der Datensatzgruppenvariablen nicht mehr auf den aktuellen Datensatz zugegriffen werden, da momentan der Zwischenpuffer adressiert wird. Den aktuellen Datensatz erhalten Sie, sobald der Zwischenpuffer wieder über die Methode „Update" freigegeben wird, doch kann auf den Zwischenpuffer jetzt nicht mehr zugegriffen werden. Eine dumme Situation, nicht wahr? Eine elegante Lösung dieses Problems ergibt sich mithilfe der Duplikate von Recordset-Variablen.

Durch ein Duplikat der Objektvariablen vom Typ „Recordset" als Tabelle ist der gleichzeitige Zugriff sowohl auf den aktuellen Datensatz als auch auf den durch die Methode „AddNew" entstehenden Zwischenpuffer möglich. Daher können die Felder aus dem aktuellen Datensatz gelesen und dem Duplikat, das auf den Zwischenspeicher verweist, übergeben werden. Sobald die Methode „Update" angewandt wurde, verweist wieder das Duplikat genauso wie das Original auf den aktuellen Datensatz.

```
'******************* BASICPRG.MDB ****************
'************** Modul: Daten-Objekte manipulieren ******
' Funktion setzt Duplikate von Recordset-Variablen ein.
' Sie fügt einen neuen Datensatz an und kopiert den aktuellen
' Datensatz in den neuen der Tabelle "Namen".
'

Function fktNameAnfügenDup ()
 Dim dbDatenBank As Database
 Dim dtNamensTab As Recordset
 Dim dtNamensTabDub As Recordset

 Set dbDatenBank = CurrentDb
 Set dtNamensTab = dbDatenBank.OpenRecordset("Namen", dbOpenTable)
 Set dtNamensTabDub = dtNamensTab.Clone()

 dtNamensTabDub.AddNew
 dtNamensTabDub![Vorname] = dtNamensTab![Vorname]
 dtNamensTabDub![Name] = dtNamensTab![Name]
 dtNamensTabDub![Nr] = dtNamensTab![Nr]

 Debug.Print dtNamensTabDub![Vorname]
 Debug.Print dtNamensTabDub![Name]
 Debug.Print dtNamensTab![Vorname]
```

```
Debug.Print dtNamensTab![Name]

dtNamensTabDub.Update

dtNamensTabDub.Close
dtNamensTab.Close
dbDatenBank.Close
End Function
```

13.6 Bestimmte Daten suchen

Je größer der Datenbestand wird, desto unübersichtlicher gestaltet sich die zu verarbeitende Datenmenge. Daher bietet VBA Methoden, die die Eingrenzung der Datensätze ermöglicht. Dabei wird zwischen den Typen „Tabelle" und „Dynaset" beziehungsweise „Snapshot" des Recordsets unterschieden. Da Sie bei den Tabellen einen Index benutzen können, kann hier durch die Methode „Seek" sehr schnell auf eine Gruppe von Daten zugegriffen werden. Bei den beiden Typen „Dynaset" und „Snapshot" ist dies nicht möglich. Daher existieren die vier Methoden „FindFirst", „FindLast", „FindNext" und „FindPrevious".

Mit der Methode Seek suchen

Die Methode „Seek" greift auf den aktuellen Index zu, der in der Eigenschaft „Index" der Recordset-Objektvariablen vom Typ „Tabelle" festgelegt ist. Zusammen mit einem Vergleichsausdruck wird über den Index in der Tabelle nach den Daten gesucht. Dieser Vergleichsausdruck grenzt dabei das Kriterium für den zu liefernden Datensatz ein. Ob ein Satz gefunden wurde, ist an der Eigenschaft „NoMatch" zu erkennen, die im erfolglosen Fall den Wert „True" einnimmt.

Tabelle 13.7: Vergleichsausdrücke für die Methode „Seek"

Vergleichsausdruck	Zuerst gefundener Datensatz
=	gleich dem Schlüsselwert
<	kleiner als der Schlüsselwert
<=	kleiner oder gleich dem Schlüsselwert
>	größer als der Schlüsselwert
>=	größer oder gleich dem Schlüsselwert

Bevor die Methode „Seek" zur Anwendung kommen kann, muss zuerst unbedingt die Eigenschaft „Indiziert" des Suchfelds auf „Ja (Duplikate möglich)" oder auf „Ja (ohne Duplikate)" gesetzt werden, da ansonsten ein Laufzeitfehler entsteht.

```
'******************* BASICPRG.MDB ****************
'************ Modul: Daten-Objekte manipulieren ********
' Funktion wählt den Datensatz der Tabelle
' "Handelswaren", dessen Indexwert gleich "Neuss" ist.
Function fktWarenSeek ()
```

```
Dim dbDatenBank As Database
Dim dtNamensTab As Recordset

Set dbDatenBank = CurrentDb
Set dtNamensTab = dbDatenBank.OpenRecordset("Handelswaren", dbOpenTable)

dtNamensTab.Index = "Lagerort"
dtNamensTab.Seek "=", "Neuss"
If dtNamensTab.Nomatch Then
  Debug.Print "Nicht gefunden"
Else
  Debug.Print dtNamensTab![Lagerort]
  Debug.Print dtNamensTab![Bezeichnung]
End If

dtNamensTab.Close
dbDatenBank.Close
End Function
```

Mit den „Find"-Methoden suchen

Da das Dynaset und der Snapshot keinen Index besitzen, kann nur mit den Methoden gearbeitet werden. Von der Funktionalität sind sie den „MoveFirst"-Methoden etc. sehr ähnlich, wobei jetzt ein zusätzliches Kriterium angegeben wird. Da die Operation des Suchens nicht über den Index erfolgt, wird der Vorgang natürlich etwas länger als mit der „Seek"-Methode dauern.

Tabelle 13.8: Methoden für das Suchen von Datensätzen

Methode	Kurzbeschreibung
FindFirst	Sucht den ersten Datensatz mit übereinstimmendem Kriterium
FindLast	Sucht den letzten Datensatz mit übereinstimmendem Kriterium
FindNext	Sucht den nächsten Datensatz mit übereinstimmendem Kriterium
FindPrevious	Sucht den vorherigen Datensatz mit übereinstimmendem Kriterium

Nach der Ausführung einer dieser Methoden kann über den Inhalt der Eigenschaft „No-Match" festgestellt werden, ob überhaupt ein Datensatz gefunden wurde, der dem Kriterium entspricht. Steht die Eigenschaft auf dem Wert „False", war die Suche erfolgreich.

Ein wichtiger Unterschied zwischen den „Find"-Methoden und der Eigenschaft „Filter" besteht darin, dass die Eigenschaft bei einem Dynaset zu Änderungen in dem Datenbestand führt. Dagegen wählen die vier Methoden „FindFirst", „FindLast", „FindNext" und „FindPrevious" nur aus, aber modifizieren die Daten nicht.

Als Kriterium sind neben den Vergleichsoperatoren auch die Platzhalterzeichen „*" und „?" zulässig. Das Kriterium setzt sich aus dem Datenfeld und der Bedingung zusammen.

```
Kriterium = "[Name] = 'C*'"
Kriterium = "[Name] >= 'Meier'"
```

Das auf diese Weise gebildete Kriterium kann anschließend an die „Find"-Methoden übergeben werden:

```
'******************** BASICPRG.MDB ****************
'*********** Modul: Daten-Objekte manipulieren *********
' Funktion sucht für das Feld "Name", der Tabelle "Namen" den Datensatz,
' dessen Kriterium = "[Name] >= 'M*'" entspricht.
Function fktNameSuchen ()
 Dim dbDatenBank As Database
 Dim dsNamen As Recordset
 Dim Kriterium As String

 Set dbDatenBank = CurrentDb
 Set dsNamen = dbDatenBank.OpenRecordset("Namen", dbOpenDynaset)

 Kriterium = "[Name] >= 'M*'"
 dsNamen.FindFirst Kriterium
 If dsNamen.NoMatch = False Then
   Debug.Print dsNamen![Vorname]
   Debug.Print dsNamen![Name]
 Else
   Debug.Print "Datensatz nicht gefunden"
 End If
 dsNamen.Close
 dbDatenBank.Close
End Function
```

Lesezeichen

Beim Positionieren innerhalb des Datenbestands verändert sich die aktuelle Position. Durch
eine Art Lesezeichen, das als Bookmark bezeichnet wird, kann die aktuelle Position gemerkt
und zu einem späteren Zeitpunkt zu dieser Stelle zurückgekehrt werden. Der Merker der
aktuellen Position verbirgt sich in der Eigenschaft „Bookmark" des Objekts vom Typ „Recordset". Die Eigenschaft steht sowohl bei Tabellen, Dynasets oder Snapshots zur Verfügung.
Wird diese Eigenschaft in einer Variablen hinterlegt, kann später über die Eigenschaft
„Bookmark" auf die gleiche Position zurückgegangen werden.

Hinweis: Lesezeichen dürfen jedoch nicht zwischen Datensatzgruppenvariablen ausgetauscht werden. Die Zuweisung eines Bookmarks an eine andere Datensatzgruppenvariable führt unweigerlich zu einem Laufzeitfehler, selbst wenn diese Variable
auf dem gleichen Datenbestand basiert. Eine Ausnahme dafür sind die Duplikate
von „Recordset"-Variablen.

Die Eigenschaft „Bookmark" kann unbegrenzt oft gelesen und später wieder auf diese Werte
eingestellt werden. Hierdurch können beliebig viele Lesezeichen gesetzt werden. Beim
Arbeiten mit Lesezeichen ist immer zu beachten, dass nach dem Schließen der „Recordset"-
Variablen alle ihre Lesezeichen ungültig sind und nicht mehr verwendet werden dürfen.

Lesezeichen eignen sich besonders für Fälle, in denen zeitweilige Positionierungen und Durchsuchungen in dem Datenbestand erforderlich sind. Der Anwender möchte zum Beispiel gezielt nach Daten suchen, die jedoch mit dem angegebenen Kriterium nicht gefunden werden können. Programmtechnisch werden Sie diesen Fall wahrscheinlich mit der Methode „Seek" oder mit einer der „Find"-Methoden gelöst haben.

Nach einem erfolglosen Durchsuchen sollte wieder zum früheren Datensatz zurückgekehrt werden können. Um dies zu realisieren, wird vor dem Suchbeginn das Lesezeichen gespeichert, damit nach erfolglosem Suchen wieder an diese Position zurückgegangen werden kann.

Das nächste Beispiel basiert auf der Funktion „fktWarenSeek" und wird um das Lesezeichen erweitert. Das Suchkriterium wird der Funktion „fktWarenSeekBook" als Parameter übergeben. Kann der Datensatz, der dem Kriterium entspricht, nicht gefunden werden, bleibt die Position vor dem Suchen erhalten:

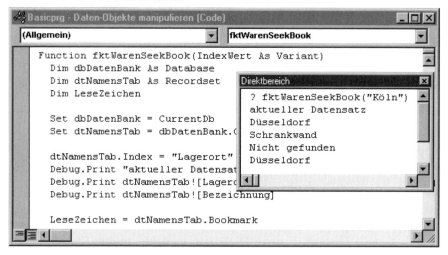

Bild 13.5: Lesezeichen beim Suchen

```
'******************* BASICPRG.MDB ****************
'************** Modul: Daten-Objekte manipulieren ******
' Funktion wählt den Datensatz der Tabelle
' "Handelswaren" dessen Indexwert als Parameter übergeben wurde
Function fktWarenSeekBook ( IndexWert As Variant)
  Dim dbDatenBank As Database
  Dim dtNamensTab As Recordset
  Dim Lesezeichen

  Set dbDatenBank = CurrentDb
  Set dtNamensTab = dbDatenBank.OpenRecordset("Handelswaren", dbOpenTable)

  dtNamensTab.Index = "Lagerort"
  Debug.Print "aktueller Datensatz"
  Debug.Print dtNamensTab![Lagerort]
  Debug.Print dtNamensTab![Bezeichnung]

  Lesezeichen = dtNamensTab.Bookmark
```

```
      dtNamensTab.Seek "=", IndexWert
    If dtNamensTab.Nomatch Then
      Debug.Print "Nicht gefunden"
      dtNamensTab.Bookmark = Lesezeichen
      Debug.Print dtNamensTab![Lagerort]
      Debug.Print dtNamensTab![Bezeichnung]
    Else
      Debug.Print "gefundener Datensatz"
      Debug.Print dtNamensTab![Lagerort]
      Debug.Print dtNamensTab![Bezeichnung]
    End If

    dtNamensTab.Close
    dbDatenBank.Close
  End Function
```

Existiert ein Lesezeichen?

Wenn Sie mit eingebundenen Tabellen arbeiten, sollten Sie vor der Verwendung des Lesezeichens überprüfen, ob die Tabelle überhaupt diese Funktion unterstützt. Dazu bringen Sie entweder eine If-Verzweigung in Ihr Programm ein, die die Eigenschaft „Bookmarkable" überprüft, oder Sie schreiben sich dafür eine spezielle Funktion wie zum Beispiel die nachfolgende.

Die Funktion „fktLeseZeichen" liest das Lesezeichen nur aus, wenn die eingebundene Tabelle Bookmarks unterstützt. Zu den eingebundenen Tabellen, die keine Bookmarks kennen, gehören zum Beispiel Paradox-Tabellen ohne Primärschlüssel. Das Problem mit dem Lesezeichen bei eingebundenen Tabellen entsteht nur bei einem Dynaset. Bei der Anwendung eines Snapshots auf eingebundene Tabellen wird das Bookmark unabhängig von der Art der Tabelle immer unterstützt.

```
    '****************** BASICPRG.MDB ****************
    '************* Modul: Daten-Objekte manipulieren *******
    ' Funktion liest das Lesezeichen eines Dynasets
    ' wobei überprüft wird, ob das Dynaset die Bookmarks überhaupt unterstützt
    Function fktLeseZeichen( DSet As Recordset)

    If DSet.Bookmarkable Then
      fktLeseZeichen = DSet.Bookmark
    Else
      fktLeseZeichen = Null
    End If
  End Function
```

Formulare und ihre „Bookmark"-Eigenschaft

Formulare, die ein Dynaset als Datenquelle verwenden, besitzen ebenfalls die Eigenschaft „Bookmark". Damit ist es möglich, einen bestimmten Datensatz des Formulars zu merken und an diesen gezielt zurückzukehren. Die Hauptanwendung dafür wird wahrscheinlich die Durchführung von Suchvorgängen und die Rückkehr an eine gezielte Position im Fehlerfall sein. Um auf das Lesezeichen eines Formulars zugreifen zu können, ist eine Objektvariable vom Typ „Form" zu definieren und deren Eigenschaft „Bookmark" zu lesen.

Wenn Sie eine Suche in den Datenbeständen vornehmen möchten, kann direkt die Eigenschaft „RecordsetClone" des Formulars verwendet werden. Durch dieses Recordset als Dynaset des Formulars kann auf dessen Methode „FindFirst" zugegriffen werden, die nach dem Kriterium sucht. Die Eigenschaft „NoMatch" des Dynasets gibt Auskunft darüber, ob der Datensatz gefunden werden konnte. Wurde er nicht gefunden, wird das Lesezeichen des Formulars auf den letzten Zustand zurückgesetzt. Im anderen Fall wird das Lesezeichen des Dynasets dem Lesezeichen des Formulars übergeben, wozu die Eigenschaft „Bookmark" beider Objekte benutzt wird. Erst durch die Übergabe dieser neuen Position zeigt das Formular den gefundenen Wert an.

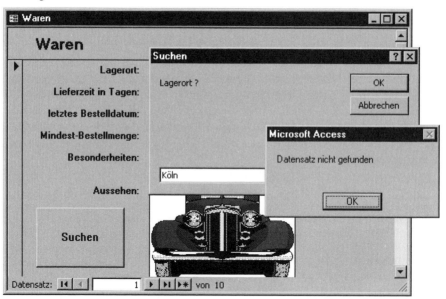

Bild 13.6: Beispiel für die Suche im Formular

```
'******************* BASICPRG.MDB ****************
'************** Modul: Daten-Objekte manipulieren ******
' Funktion führt Suche für Formular <Waren> aus.
' Für die Suche wird das Dynaset des Formulars eingesetzt.
' Bookmarks ermöglichen die Rückpositionierung im Fehlerfall.
' Das Formular verwendet die Abfrage "Waren".
Function fktFormWarenSuchen ()
  Dim fWaren As Form
  Dim LeseZeichen As String
```

```
        Set fWaren = Forms("Waren")

        Kriterium = "[Lagerort] = " & """" & InputBox("Lagerort ?", "Suchen") & """"
        If fWaren.RecordsetClone.Bookmarkable = False Then
          'unterstützt keine Lesezeichen
          MsgBox "Dynaset unterstützt keine Lesezeichen"
        Else
          LeseZeichen = fWaren.Bookmark

          fWaren.RecordsetClone.FindFirst Kriterium
          If fWaren.RecordsetClone.NoMatch Then
            MsgBox "Datensatz nicht gefunden"
            fWaren.Bookmark = LeseZeichen
          Else
            fWaren.Bookmark = fWaren.RecordsetClone.Bookmark
          End If
        End If
      End Function
```

13.7 Daten sortieren und filtern

Daten können mithilfe von Eigenschaften und Methoden sortiert und gefiltert werden. Die Vorgehensweise ist dabei bei einem Recordset vom Typ Table und einem Recordset vom Typ Dynaset unterschiedlich.

13.7.1 Nach einem Feld sortieren

Für eine Tabelle besteht die Möglichkeit, eine Sortierung über den Schlüssel vorzugeben und die Eigenschaft „Index" des Recordset-Objekts entsprechend zu belegen. Für ein Dynaset und Snapshot ist dies so nicht möglich.

Prinzipiell ist die Reihenfolge der Daten in einem Dynaset oder Snapshot von der Herkunft der Daten abhängig. Bildet eine Tabelle, die einen Primärschlüssel enthält, die Grundlage der Daten, sind die Datensätze mithilfe dieses Primärindexes angeordnet. Besteht dagegen kein Primärschlüssel, werden die Datensätze entsprechend der Erstellung der Daten wiedergegeben und erscheinen damit in einer quasi zufälligen Reihenfolge. Ähnlich verhält es sich auch, wenn die Daten auf einer Abfrage beruhen, die dann die Reihenfolge vorgibt. Eine Sortierung ist in diesem Fall nur gegeben, wenn bereits die Abfrage die Daten sortiert bereitstellt.

Die Sortierreihenfolge der Daten in einem Dynaset oder Snapshot, das auf einer Tabelle oder Abfrage beruht, kann für dieses Dynaset beziehungsweise für diesen Snapshot nicht mehr verändert werden. Jedoch kann, basierend auf einem Dynaset oder Snapshot, ein weiteres Recordset als Dynaset oder Snapshot erstellt werden, das eine eigene Sortierreihenfolge erhält.

Hierzu besitzt eine Recordset-Variable des Typs „Dynaset" oder „Snapshot" die Eigenschaft „Sort". Diese Eigenschaft bestimmt zwar nicht die Sortierreihenfolge der Daten in dem Dynaset oder Snapshot, für das die Eigenschaft „Sort" verändert wurde. Sie legt jedoch die Sortierung für Dynasets und Snapshots fest, die davon abgeleitet sind. Wird die Eigenschaft

„Sort" bei dem als Grundlage dienenden Dynaset oder Snapshot nicht modifiziert, besitzt das davon abgeleitete Dynaset oder Snapshot natürlich auch keine andere Sortierreihenfolge.

Bild 13.7: Dynaset wird nach Lieferzeit und Lagerort sortiert

Die Eigenschaft „Sort" wird mit einer Zeichenkette belegt, die einen Sortierausdruck wiedergibt. Diesen Ausdruck formulieren Sie so, als würde er anschließend an den Ausdruck „ORDER BY" einer SQL-Anweisung stehen. Per Voreinstellung wird aufsteigend sortiert, jedoch kann diese Sortierung durch den Zusatz „DESC" hinter dem Feldnamen absteigend definiert werden.

Um nach mehreren Feldern zu sortieren, werden die Feldnamen durch ein Komma getrennt angeordnet. Die Reihenfolge der Felder legt dabei auch die der Sortierung fest.

```
'****************** BASICPRG.MDB ****************
'************* Modul: Daten-Objekte manipulieren ******
' Funktion liest alle Datensätze des Dynasets "Waren" sortiert absteigend
' nach "Lieferzeit in Tagen" und nach "Lagerort"
Function fktWarenVorLesDyn2 ()
 Dim sGibaus As Control
 Dim St As String
 Dim dbDatenBank As Database
 Dim dtNamensDyna As Recordset
 Dim dtNamensDynaS As Recordset
 DoCmd OpenForm "Gibaus", acNormal

 Set sGibaus = Forms!Gibaus!sGibaus
 sGibaus = ""
 Set dbDatenBank = CurrentDb
 Set dtNamensDyna = dbDatenBank.OpenRecordset("Waren", dbOpenDynaset)

 dtNamensDyna.Sort = "[Lieferzeit in Tagen] DESC, [Lagerort]"
 Set dtNamensDynaS = dtNamensDyna.OpenRecordset(dbOpenDynaset)

 dtNamensDynaS.MoveFirst
 St = "Lieferzeit Bezeichnung Lagerort" & vbCrLf
 Do Until dtNamensDynaS.EOF
  St = St & dtNamensDynaS![Lieferzeit in Tagen] & "      "
  St = St & dtNamensDynaS!Bezeichnung & "  "
```

```
        St = St & dtNamensDynaS![Lagerort] & vbCrLf
        dtNamensDynaS.MoveNext
        Loop

        sGibaus = St
        dtNamensDynaS.Close
        dtNamensDyna.Close
        dbDatenBank.Close
        End Function
```

Da sich die Eigenschaft „Sort" immer auf die Sortierung des Nachkommens auswirkt und zudem mehrere Dynasets oder Snapshots erstellt werden können, ist es auch vorstellbar, mehrere Sortierungen zum gleichen Zeitpunkt zur Verfügung zu haben.

13.7.2 Daten über ein Kriterium filtern

Sie benutzen einen Ausdruck als Kriterium, um die Suche einzuschränken und alle Datensätze auszuschließen, die nicht dem Ausdruck entsprechen. Ein Ausdruck kann ein einfacher Begriff, aber auch eine komplizierte Berechnung sein. Als Kriterienausdruck dient dabei der Ausdruck, den Sie auch einer Abfrage oder einer WHERE-Klausel in einer SQL-Anweisung zuweisen können.

Ausdrücke für Kriterien müssen immer mindestens den Namen eines Feldes enthalten, da diese Ausdrücke ja den Datenbestand im Ergebnis einschränken sollen. Um die Eingrenzung vornehmen zu können, werden Vergleichsoperatoren und/oder logische Operatoren und/oder einige andere Operatoren verwendet. Diese anderen Operatoren umfassen „In", „Between...And" und „Like". Der Kriterienausdruck wird immer typabhängig gestaltet.

Die nächsten Zeilen zeigen Ihnen einige typische Ausdrücke für Kriterien.

```
"[Lagerort] = 'München' Or [Lagerort] = 'Neuss'"
"[Lagerort] In ('München', 'Neuss', 'Rosenheim')"
"[Lagerort] <> 'Neuss'"
"[Lieferzeit in Tagen] Between 50 And 80"
"[Letztes Bestelldatum] < Date()"
"[Letztes Bestelldatum] > Date() - 90"
"Year([Letztes Bestelldatum]) = 1993"
"[Lieferzeit in Tagen] < 40 And [Mindest-Bestellmenge] > 2"
```

Das Filtern eines Dynasets oder Snapshots wird durch die Eigenschaft „Filter" möglich, die wie die Eigenschaft „Sort" verwendet wird. Der Eigenschaft „Filter" übergeben Sie einen Kriterumsausdruck als Zeichenkette. Da normalerweise innerhalb dieser Zeichenkette bereits Zeichenfolgen auftreten, werden diese Zeichenfolgen durch einen einfachen Anführungsstrich begrenzt.

Alternativ könnten dafür auch zwei Anführungsstriche verwendet werden, nur gestaltet sich dadurch der Ausdruck zunehmend unübersichtlich. Den einfachen Anführungsstrich können Sie im Übrigen auch über die Tastenkombination <Alt>+<3>+<9> (Zifferneingabe über den numerischen Tastaturblock) einfügen, falls die Taste für den Anführungsstrich nicht direkt auf Ihrer Tastatur angebracht ist.

Hinweis: Wie bereits bei der Eigenschaft „Sort" besetzen Sie die Eigenschaft „Filter" eines Dynasets oder Snapshots, damit sie dann für den neu zu erstellenden Dynaset beziehungsweise Snapshot wirksam werden kann. Die Eigenschaft „Filter" kann nicht direkt für ein Recordset-Objekt vom Typ „Table" angewandt werden. Wenn Sie einen Filter für eine Tabelle benutzen möchten, ist zuerst immer ein Dynaset beziehungsweise Snapshot über die Tabelle zu legen.

Sobald ein Filterausdruck einem Dynaset oder Snapshot zugewiesen wurde, kann er für dieses Objekt nicht mehr entfernt werden. Um den Filterausdruck aus dem Dynaset oder Snapshot wieder zu löschen, müssen Sie die „Recordset"-Variable schließen und neu erstellen. Alternativ dazu können Sie natürlich parallel ein ungefiltertes Dynaset beziehungsweise Snapshot auf dem gleichen Datenbestand erzeugen.

Das nächste Beispiel verwendet einen Filterausdruck, der zwei Felder für die Bedingung benutzt. Dadurch ergeben sich in dem Ergebnis nur noch die Datensätze, deren Feld „Lieferzeit in Tagen" einen Wert kleiner als „40" besitzt und bei denen gleichzeitig der Inhalt des Feldes „Mindest-Bestellmenge" größer als „2" ist.

Das Ergebnis des Dynasets sehen Sie anschließend in einem Textfeld, das mit allen in dem Dynaset enthaltenen Datensätzen gefüllt ist. Für die Positionierung in dem Dynaset können die normalen Methoden „MoveNext" etc. verwendet werden.

Bild 13.8: Filter über zwei Felder

```
'******************* BASICPRG.MDB ****************
'************* Modul: Daten-Objekte manipulieren *******
' Funktion liest alle Sätze über Filter des Dynasets, das aus der Abfrage "Waren" erstellt wird
Function fktWarenVorLesFilt1 ()
  Dim sGibaus As Control
  Dim St As String
  Dim dbDatenBank As Database
  Dim dtNamensDyna As Recordset
  Dim dtNamensDynaS As Recordset

  DoCmd OpenForm "Gibaus", acNormal
  Set sGibaus = Forms!Gibaus!sGibaus
  sGibaus = ""
  Set dbDatenBank = CurrentDb
  Set dtNamensDyna = dbDatenBank.OpenRecordset("Waren", dbOpenDynaset)

  dtNamensDyna.Filter = "[Lieferzeit in Tagen] < 40 And [Mindest-Bestellmenge]>2"
  Set dtNamensDynaS = dtNamensDyna.OpenRecordset(dbOpenDynaset)

  dtNamensDynaS.MoveFirst
```

```
    St = "Lieferzeit Bezeichnung Lagerort" & vbCrLf
    Do Until dtNamensDynaS.EOF
      St = St & dtNamensDynaS![Lieferzeit in Tagen] & "      "
      St = St & dtNamensDynaS!Bezeichnung & "  "
      St = St & dtNamensDynaS![Lagerort] & vbCrLf
      dtNamensDynaS.MoveNext
    Loop

    sGibaus = St
    dtNamensDynaS.Close
    dtNamensDyna.Close
    dbDatenBank.Close
  End Function
```

13.8 Transaktionssicherung und Datenschutz

Eine Transaktionssicherung ist besonders in größeren Datenbanken wichtig, die für die Vervollständigung einer Aufgabe mehrere Operationen benötigen. Nehmen wir an, ein Kunde geht in ein Reisebüro, um eine Reise zu buchen. Eine Buchung erfordert das Ablegen von Datensätzen in verschiedenen Tabellen. Die eine Tabelle enthält die Kundendaten, wohingegen in einer anderen Tabelle, die alle Reisen verwaltet, die Reise als verkauft markiert und damit gelöscht wird. Der Kunde möchte mit Kreditkarte zahlen, wobei sich leider zeigt, dass er nicht mehr zahlungsfähig ist. Die Reisekauffrau hat die Reise jedoch schon verbucht. Das Entfernen des neuen Satzes aus der Kundentabelle reicht in diesem Fall nicht aus, da die Reise nicht mehr verkauft werden kann, weil sie bereits aus der Reisetabelle gelöscht wurde.

Für diesen Fall ist die Transaktionssicherung ein gefragtes Werkzeug. Die Buchung einer Reise bis hin zur Bezahlung wird als eine Transaktion betrachtet. Durch die Transaktionssicherung wird es möglich, zum Anfangspunkt zurückzukehren, solange der Vorgang und somit das Transaktionsende noch nicht abgeschlossen ist.

Eine Transaktion wird durch die Methode „BeginTrans" begonnen und durch die Methode „CommitTrans" abgeschlossen. Diesen Vorgang können Sie sich wie die Klammeroperation des Taschenrechners vorstellen. Wenn die Methode „CommitTrans" erreicht ist, werden alle Änderungen endgültig übernommen und können nicht mehr rückgängig gemacht werden.

Während sich eine Transaktion zwischen „BeginTrans" und „CommitTrans" befindet, können durch die Methode „Rollback" alle Modifizierungen zurückgenommen werden. Der Datenbestand wird auf den Zustand zurückgebracht, der zum Zeitpunkt des Setzens des Transaktionsbeginns durch „BeginTrans" vorhanden war. Alle Datenbankvorgänge, die dazwischenliegen, sind damit natürlich verloren. Allerdings ist sichergestellt, dass die Daten in einem sauberen Zustand verbleiben und Fehlbuchungen, die Datenleichen erzeugen, vermieden werden.

Die Methoden „BeginTrans", „CommitTrans" und „Rollback" gehören zum Objekt „Workspace". Üblicherweise werden Sie dafür den vordefinierten Arbeitsbereich „Work space(0)" verwenden und keinen neuen Workspace anlegen.

Tabelle 13.9: Methoden für die Transaktionssicherung

Methode	Kurzbeschreibung
Workspace.BeginTrans	Beginnt eine Transaktion
Workspace.CommitTrans	Setzt das Transaktionsende und übernimmt alle Daten seit dem Transaktionsbeginn
Workspace.Rollback	Stellt die Datensituation zum Zeitpunkt des Transaktionsbeginns ein und macht damit Änderungen rückgängig

Eine Transaktionssicherung kann bereits bei einer Tabelle demonstriert werden, wenn ein Datensatz in dieser Tabelle modifiziert wird. Diese Änderung können Sie durch Rollback wieder rückgängig machen. Es wird durch die Funktion „fktNameAnfügenTrans" ein Datensatz der Tabelle „Namen" verändert.

Nachdem der Datensatz mit Werten gefüllt ist, überprüfen Sie, ob sich der Koala in die Datenbank einschleichen wollte. Ist dies der Fall, führen Sie ein Rollback durch. In allen anderen Fällen ist der Vorgang korrekt und kann durch ein Transaktionsende abgeschlossen werden.

Bild 13.9: Ein Beispiel zur Transaktionssicherung

```
'******************** BASICPRG.MDB ****************
'************** Modul: Daten-Objekte manipulieren ******
' Funktion ermöglicht durch Transaktionssicherung
' das Zurücknehmen von Datenbankoperationen der Tabelle "Namen"
Function fktNameAnfügenTrans (AnfügenV As String, AnfügenN As String)
  Dim dwBereich As WorkSpace
  Dim dbDatenBank As Database
  Dim dtNamensTab As Recordset

  Set dwBereich = DBEngine.Workspaces(0)
  Set dbDatenBank = CurrentDb
  Set dtNamensTab = dbDatenBank.OpenRecordset("Namen", dbOpenTable)

  dwBereich.BeginTrans
  dtNamensTab.Edit
  Debug.Print "bisheriger Inhalt: " & dtNamensTab![Name]
  dtNamensTab![Vorname] = AnfügenV
  dtNamensTab![Name] = AnfügenN
```

```
dtNamensTab.Update
If AnfügenN = "Koala" Then
 dwBereich.Rollback
 MsgBox "Koala wollte sich einschleichen", , "Rollback"
Else
 dwBereich.CommitTrans
End If
Debug.Print "neuer Inhalt: " & dtNamensTab![Name]


dtNamensTab.Close
dbDatenBank.Close
End Function
```

Bisher haben Sie nur eine einfach geklammerte Transaktion kennen gelernt. Ähnlich wie beim Taschenrechner ist eine Schachtelung der Klammern möglich. Es ist wichtig, darauf zu achten, dass jede Transaktion, die mit „BeginTrans" begonnen wurde, auch durch ein zugehöriges „CommitTrans" wieder geschlossen wird. Innerhalb einer Schachtelung kann durch die Methode „Rollback" wieder auf das letzte „BeginTrans" zurückgegangen werden. Eine derartige Schachtelung ist über bis zu fünf Transaktionsebenen möglich.

Hinweis: Eine Transaktionssicherung sollte nur für Access-Tabellen verwendet werden. Diese Tabellen dürfen auch eingebundene Access-Tabellen, jedoch keine eingebundenen fremden Tabellen sein. Beim Umgang mit einem Dynaset, das auf einer Abfrage basiert, sollte etwas vorsichtiger mit der Transaktionssicherung verfahren werden. Es ist zwar möglich, eine Transaktion durch Rollback zurückzusetzen, falls jedoch eingebundene fremde Tabellen beteiligt sind, werden die Änderungen in diesen Tabellen nicht zurückgenommen.

Wenn Sie sich vergewissern möchten, ob das Recordset-Objekt vom Typ „Table" oder „Dynaset" eine Transaktionssicherung erlaubt, kann die Eigenschaft „Transactions" auf den Wert „True" abgefragt werden. Enthält die Eigenschaft diesen Wert, ist sichergestellt, dass keine eingebundene fremde Tabelle beteiligt ist.

Wenn Sie ein „CommitTrans" vergessen und versuchen, mit der Methode „Close" die Datenbank zu schließen, tritt ein Fehler auf. Der Fehlerzustand entsteht auch, wenn zu viele Transaktionen geöffnet sind oder wenn eine Transaktion für lange Zeit geöffnet war und Access keine weiteren Transaktionen mehr verarbeiten kann.

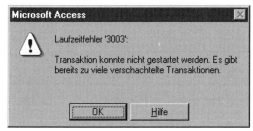

Bild 13.10: Fehler beim Versuch, eine weitere Transaktion zu schließen

Beim Bearbeiten eines Datensatzes innerhalb eines Formulars oder Datenblattes setzt Access selbst eine Transaktion ein. Falls Sie in diesen Fällen eine Eingabe rückgängig machen wollen, die auch einen kompletten Datensatz betreffen kann, wird Ihnen die interne Transaktionssicherung von Access behilflich sein. Ansonsten werden Sie von ihr nichts bemerken. Die eigene Transaktionssicherung bleibt von diesem internen Vorgang außerdem unberührt.

Die Verwendung von Transaktionen erlaubt nicht nur eine Sicherung der Datenkonsistenz, sondern kann Ihr Programm auch um ein Vielfaches schneller machen. Auf den ersten Blick mag die Geschwindigkeitssteigerung wohl recht unwahrscheinlich klingen, sobald Sie jedoch mehrere Datensätze kopieren, verschieben oder bearbeiten, führt das Setzen von „BeginTrans" und „CommitTrans" zu einer nicht unerheblichen Leistungssteigerung.

Der Grund dafür liegt darin, dass jeder einzelne Aufruf der Methode „Update" Access dazu veranlasst, den Datensatz auf den Datenträger zu schreiben. Wird „Update" dagegen innerhalb einer Transaktionsklammer gestartet, findet das Speichern auf den Datenträger erst am Ende der Transaktion statt. Dadurch werden nicht mehr nur kleine Datenportionen, sondern gleich ein ganzer Datenblock auf einmal geschrieben, was erheblich schneller durchgeführt werden kann.

Das nächste Beispiel tritt den Nachweis für die Geschwindigkeitssteigerung an. Als Grundlage dient eine Funktion, die in der Lage ist, große Datenfelder und damit auch OLE-Objekte zu kopieren. Dazu wird die Funktion „fktOLECopy" benutzt, die im Abschnitt OLE dieses Kapitels entstanden ist. Da die Funktion nur einen einzigen Datensatz kopieren kann, wird die Funktion „fktTransOLE" verwendet, um die OLE-Felder aller Datensätze der Tabelle „Genauere Beschreibung der Waren" in die Tabelle „OLE" zu übernehmen.

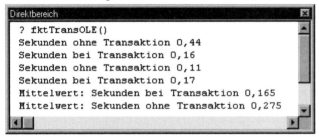

Bild 13.11: Geschwindigkeit mit und ohne Transaktion

Um einen Zeitvergleich zu erhalten, wird der Kopiervorgang einmal ohne und einmal mit Transaktion realisiert. Diese beiden Vorgänge erfolgen unmittelbar hintereinander und werden zudem nochmals in vertauschter Reihenfolge durchgeführt. Das Ergebnis können Sie selbst beurteilen und werden dabei feststellen, dass mit einer Transaktion eine etwa viermal höhere Geschwindigkeit erreicht werden kann.

```
'******************* BASICPRG.MDB ****************
'************ Modul: Daten-Objekte manipulieren ********
' Funktion führt einen Geschwindigkeitstest durch;
' verglichen wird das Kopieren mit und' ohne Transaktion.
Function fktTransOLE ()
    Dim dwBereich As WorkSpace
    Dim dbDatenBank As Database
    Dim dtNamensDynaQ As Recordset
    Dim dtNamensDynaZ As Recordset
    Dim Zeita As Currency
```

```
Dim Zeitb As Currency
Dim Zeita1 As Currency
Dim Zeitb1 As Currency

'Standard-Arbeitsbereich
Set dwBereich = DBEngine.Workspaces(0)
Set dbDatenBank = CurrentDb
Set dtNamensDynaQ = dbDatenBank.OpenRecordset("Genauere Beschreibung der Waren", _
          dbOpenDynaset)
Set dtNamensDynaZ = dbDatenBank.OpenRecordset("OLE", dbOpenDynaset)

' ohne Transaktion
Zeitb = Timer
dtNamensDynaQ.MoveFirst
Do Until dtNamensDynaQ.EOF
  dtNamensDynaZ.AddNew
  dtNamensDynaZ.Update
  dtNamensDynaZ.MoveLast
  a = fktOLECopy(dtNamensDynaQ, "Aussehen", dtNamensDynaZ, "Bild")
  dtNamensDynaQ.MoveNext
Loop
Zeitb = Timer - Zeitb
Debug.Print "Sekunden ohne Transaktion " & Zeitb

' mit Transaktion
Zeita = Timer
dtNamensDynaQ.MoveFirst
dwBereich.BeginTrans
Do Until dtNamensDynaQ.EOF
  dtNamensDynaZ.AddNew
  dtNamensDynaZ.Update
  dtNamensDynaZ.MoveLast
  a = fktOLECopy(dtNamensDynaQ, "Aussehen", dtNamensDynaZ, "Bild")
  dtNamensDynaQ.MoveNext
Loop
dwBereich.CommitTrans
Zeita = Timer - Zeita
Debug.Print "Sekunden bei Transaktion " & Zeita

' ohne Transaktion
Zeitb1 = Timer
dtNamensDynaQ.MoveFirst
Do Until dtNamensDynaQ.EOF
  dtNamensDynaZ.AddNew
  dtNamensDynaZ.Update
  dtNamensDynaZ.MoveLast
  a = fktOLECopy(dtNamensDynaQ, "Aussehen", dtNamensDynaZ, "Bild")
  dtNamensDynaQ.MoveNext
Loop
Zeitb1 = Timer - Zeitb1
Debug.Print "Sekunden ohne Transaktion " & Zeitb1
```

```
' mit Transaktion
Zeita1 = Timer
dtNamensDynaQ.MoveFirst
dwBereich.BeginTrans
Do Until dtNamensDynaQ.EOF
  dtNamensDynaZ.AddNew
  dtNamensDynaZ.Update
  dtNamensDynaZ.MoveLast
  a = fktOLECopy(dtNamensDynaQ, "Aussehen", dtNamensDynaZ, "Bild")
  dtNamensDynaQ.MoveNext
Loop
dwBereich.CommitTrans
Zeita1 = Timer - Zeita1
Debug.Print "Sekunden bei Transaktion " & Zeita1

Zeita = (Zeita + Zeita1) / 2
Zeitb = (Zeitb + Zeitb1) / 2

Debug.Print "Mittelwert: Sekunden bei Transaktion " & Zeita
Debug.Print "Mittelwert: Sekunden ohne Transaktion " & Zeitb

dtNamensDynaZ.Close
dtNamensDynaQ.Close
dbDatenBank.Close
End Function
```

Die Problematik der verteilten Daten

Sobald Sie in einem Netzwerk arbeiten, besteht die Möglichkeit, alle Datenbanken und Tabellen zentral auf einem Fileserver abzulegen. Auf diese Daten können dann alle Benutzer an den Arbeitsstationen quasi gleichzeitig zugreifen. Noch pfiffiger wird die Sache, wenn mehrere Fileserver im Netz vorhanden sind und ihre Daten als ein gemeinsamer Datenbestand angesehen werden. Es wäre dabei denkbar, einen Bericht aus allen im Netz zur Verfügung stehenden Datenbanken zu erstellen. Durch die Netzwerkfähigkeiten von Access merkt der Benutzer bei seiner Arbeit von den verteilt angelegten Daten praktisch nichts, jedoch sollte sich der Programmierer damit auseinandersetzen.

Die Problematik des gleichzeitigen Zugriffs auf Daten kann unter Windows auch bei einer Einzelplatzstation auftreten, da zum einen Access mehrfach gestartet werden kann und zum anderen bereits verschiedene Formulare auf die gleichen Tabellen zugreifen können.

Bei einer Mehrbenutzerumgebung können Schwierigkeiten dadurch entstehen, dass zwei Benutzer zum gleichen Zeitpunkt auf dieselbe Datenbank, dieselbe Tabelle oder sogar denselben Datensatz zugreifen. Bei einem Lesevorgang ist der gleichzeitige Zugriff völlig unproblematisch, da alle das gleiche Ergebnis erhalten. Gefährlich könnte es natürlich werden, wenn einer der Beteiligten einen Datensatz ändert.

Diese Schwierigkeit meistert Access durch seine automatische Aktualisierung des Datensatzes. Sie tritt zum Beispiel dann ein, wenn zwei Formulare auf die gleiche Tabelle zugreifen und in dieser Tabelle ein Datensatz geändert wird. Access führt eine Datenaktualisierung sowohl an einer Einzelstation als auch im Netzwerk zeitversetzt bei allen davon betroffenen Feldern durch.

Es stellt sich jetzt natürlich die Frage, wie es sich bei dem Zugriff mit Recordset-Variablen auf den Datenbestand verhält. Angenommen, ein Anwender arbeitet mit einer Tabelle, auf die gleichzeitig auch vom Programm durch eine Objektvariable vom Typ „Recordset" zugegriffen wird. Anders als bei Feldern, die in Formularen liegen und damit erst nach einigen Sekunden automatisch aktualisiert werden, steht bei der Arbeit mit einer „Recordset"-Variablen jederzeit der aktuellste Stand zur Verfügung. Führt der Benutzer die Änderung eines Datensatzes durch, wird bei einem Zugriff auf den gleichen Satz über eine „Recordset"-Variable sofort der neueste Stand geliefert.

Einige Schutzvorkehrungen trifft Access selbst, um die beiden Problemfälle des Änderns einer Tabellenstruktur und eines Datensatzes zu lösen. Wird der Aufbau der Struktur einer Tabelle modifiziert, sperrt Access die Tabelle für alle anderen Benutzer und Datenbankobjekte. Erst nachdem die Bearbeitung der Tabelle im Entwurfsmodus abgeschlossen wurde, können andere wieder darauf zugreifen.

Erfolgt eine Änderung an einem Datenfeld innerhalb eines Formulars, einer Tabelle oder eines Dynasets, führt diese erst zur Übernahme, wenn der Datensatz verlassen wird. Innerhalb von VBA können Sie dies mit den beiden Methoden „Edit" und „Update" vergleichen, da in diesem Zeitraum die Daten noch nicht in den Datenbestand übernommen wurden. Ein kurzzeitiger Sperrvorgang liegt außerdem vor, während Access einen Datensatz liest oder schreibt. Damit ein Schreibvorgang wieder rückgängig gemacht werden kann, wird der betreffende Datensatz für einige Sekunden gesperrt. In diesem Zeitintervall wird dem Benutzer die Möglichkeit gegeben, über den Menüpunkt RÜCKGÄNGIG des BEARBEITEN-Menüs den Vorgang zu widerrufen.

Welches Sperrkonzept innerhalb der Formular- oder der Datenblattansicht wirksam ist, hängt von Einstellungen ab, die der Anwender selbst bestimmen kann. Dazu enthält das Karteiblatt „Weitere" im Dialogfeld „Optionen" den Bereich „Standard bei Datensatzsperrung", der die Art des Sperrkonzepts vorgibt.

- Keine Sperrungen: Die Standardeinstellung bewirkt, dass alle Teilnehmer die Datensätze gleichzeitig lesen und schreiben können. Bei dem Schreibvorgang wird der entsprechende Datensatz jedoch kurzzeitig gesperrt, um eine Dateninkonsistenz zu verhindern.

- Alle Datensätze: Bereits das Öffnen eines Formulars führt dazu, dass kein weiterer Anwender die beteiligten Tabellen oder Abfragen mehr benutzen kann. Erst nachdem das entsprechende Formular geschlossen wurde, kann ein anderer Teilnehmer auf die Tabellen zugreifen.

- Bearbeiteter Datensatz: Nur der momentan benutzte Datensatz wird dem Zugriff anderer entzogen. Diese Sperre wird wirksam, sobald ein Tabelleneintrag gelesen oder geschrieben wird.

Benutzt ein Formular, ein Bericht oder eine Abfrage mehrere Datensätze aus einer Tabelle, werden diese bei der letzten Option natürlich alle gesperrt. Die dabei entstehende Gruppe von

Datensätzen bleibt anderen so lange verwehrt, bis sie weder durch Lesen noch durch Schreiben bearbeitet werden. Bei einem Formular wird dies dazu führen, dass die Datensätze so lange gesperrt bleiben, bis auf den nächsten Eintrag weitergeschaltet wird, wobei dann natürlich der neu angezeigte Datensatz ab sofort gesperrt wird.

Wenn Sie die Standardeinstellungen nicht ändern möchten, kann über die Eigenschaft „RecordLocks", die Formulare und Berichte besitzen, die Sperrung auch individuell bestimmt werden. Innerhalb von VBA definieren Sie das Sperrkonzept, indem Sie die Eigenschaft „RecordLocks" auf die Werte „0", „1" oder „2" setzen.

Tabelle 13.10: Werte der Eigenschaft „RecordLocks"

Wert	Bedeutung
0	Es liegt keine Datensatzsperre vor.
1	Alle Datensätze werden gesperrt, deren Tabellen oder Dynasets das Formular bearbeitet.
2	Nur die bearbeiteten Datensätze sind gesperrt.

Werden SQL-Datenbanktabellen eingebunden, wird die Standardeinstellung des Sperrkonzepts nicht beachtet. Eine standardmäßig eingetragene Sperre führt bei einer SQL-Datenbanktabelle weder zu einer Datenbanksperre noch zu einer Datensatzsperre.

Wenn Sie mit den Objektvariablen innerhalb von VBA arbeiten, stehen Ihnen eigene Sperrstufen zur Verfügung, die eine recht genaue Dosierung des Sperrkonzepts erlauben. Es gibt drei Arten von Sperrungen:

- Datenbanksperre
- Sperre von Tabelle und Dynaset
- Sperre einzelner Seiten

Eine Datenbanksperre können Sie nur für Datenbanken eintragen, die Sie selbst über die Methode „OpenDatabase" öffnen. Meistens werden Sie aber auf die aktuelle Datenbank zugreifen, und damit ist bereits durch das frühere Öffnen dieser Datenbank durch den Benutzer eine Sperre vorgegeben oder nicht.

Wenn Sie eine weitere Datenbank über „OpenDatabase" öffnen, kann an den Parameter exklusiv der Wert „True" übergeben werden. Dadurch wird die Datenbank für alle anderen gesperrt. Hiermit verhindern Sie auch, dass das eigene Programm die Datenbank ein weiteres Mal mit „OpenDatabase" öffnen darf.

```
...
Dim dwBereich As Workspace
Dim dbDatenBank As Database

Set dwBereich = DBEngine.Workspaces(0)
Set dbDatenBank = dwBereich.OpenDatabase("BasicPgr.MDB", True)
...
```

Bei der Sperre einer Tabelle oder eines Dynasets dürfen alle anderen Tabellen und Abfragen nach wie vor von anderen Programmteilen oder Anwendern bearbeitet werden. Die Sperre für eine Tabelle oder ein Dynaset wird beim Öffnen mit der Methode „OpenRecordset" über die beiden folgenden Konstanten als Parameter exklusiv festgelegt.

Tabelle 13.11: Die Parameter zum Sperren für die Methode „OpenRecordset"

Konstante	Bedeutung
dbDenyRead	Kein anderer darf lesend auf diese Datenquelle zugreifen.
dbDenyWrite	Kein anderer darf schreibend auf diese Datenquelle zugreifen.

```
Dim dbDatenBank As Database
Dim dtNamensTab As Recordset

Set dbDatenBank = CurrentDb
Set dtNamensTab = dbDatenBank.OpenRecordset("Namen", dbOpenTable, dbDenyWrite)
...


...
Dim dbDatenBank As Database
Dim dtNamensDyna As Recordset

Set dbDatenBank = CurrentDb
Set dtNamensDyna = dbDatenBank.OpenRecordset("Waren",dbOpenDynaset, dbDenyWrite)
...
```

Falls Sie weder eine Datenbanksperre noch eine Tabellen- oder Dynaset-Sperre eingetragen haben, wird ein spezieller Access-Sperrmechanismus automatisch wirksam. Wenn Sie einen Datensatz bearbeiten, wird normalerweise nicht nur dieser Datensatz, sondern eine ganze Seite gesperrt, die eine Größe von 4 KByte (4096 Byte) besitzt.

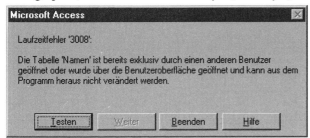

Bild 13.12: Laufzeitfehler aufgrund einer Seitensperre

Access verwaltet alle Datensätze über solche Seiten. Deswegen werden, abhängig von der Größe eines Datensatzes, mehrere Datensätze in eine Seite geschrieben. Sobald Sie die Methode „Edit" einer Recordset-Variablen aufrufen, bleibt die Seite, in der sich der Datensatz befindet, so lange gesperrt, bis ein Aufruf der Methode „Update" erfolgt.

In der Zwischenzeit kann auf den bearbeiteten Datensatz und auf alle anderen Datensätze, die zufällig auch in die Seite passen, nicht zugegriffen werden. Außer mit der Methode „Update" wird auch durch die Methode „Rollback" die Seite wieder freigegeben, da diese Methode bei Anwendung der Transaktionssicherung die Methode „Edit" rückgängig macht.

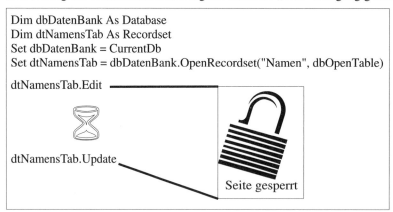

Bild 13.13: Vollständige Seitensperre

Die vollständige Sperre einer Seite können Sie abschwächen und damit erreichen, dass die Seite nur einen Moment gesperrt wird, wenn die Methode „Update" ausgeführt wird. Diese eingeschränkte Sperre bewirkt, dass die Seite nicht mehr ab dem Aufruf der Methode „Edit" gesperrt wird, sondern nur während des Speichervorgangs mit „Update". Hiermit geht gleichzeitig die Sicherheit verloren, dass die Datenfelder, die ab dem Aufruf der Methode „Edit" an Access übergeben werden, beim abschließenden „Update" auch wirklich in den Datenbestand übernommen werden.

Diese Sperre wird durch die Eigenschaft „LockEdits" aktiviert, indem ihr der Wert „False" vor dem Aufruf der Methode „Edit" übergeben wird. Dieses eingeschränkte Sperrkonzept wendet Access intern auch für die Methode „AddNew" an, wodurch eine neue Seite ebenfalls vollständig gesperrt wird.

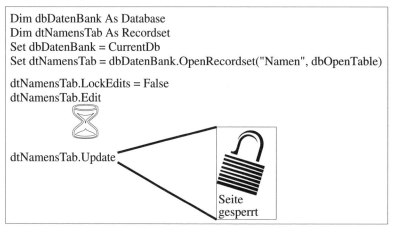

Bild 13.14: Eingeschränkte Seitensperre

Beim Arbeiten mit „Recordset"-Variablen erhalten Sie jederzeit den aktuellsten Stand der Tabellen und Dynasets. Wird dagegen der Datenbestand durch zum Beispiel gebundene Felder in einem Formular bearbeitet, erscheint die Aktualisierung in einem anderen Formular etwas zeitversetzt zu der Änderung durch den Benutzer.

Wie bereits gesagt, werden Sie bei Recordset-Variablen dieses Problem nicht haben. Wenn Sie allerdings gemischt mit gebundenen Feldern und Recordset-Variablen innerhalb eines Formulars arbeiten, entsteht ebenfalls diese Problematik, da sich jetzt teilweise aktuelle und teilweise veraltete Daten in dem Formular befinden können.

Die automatische Datenaktualisierung von Access kann für bestimmte Anwendungen nicht schnell genug sein, jedoch sollte der Standardwert für die Aktualisierung nicht für eine einzelne spezielle Aufgabe geändert werden.

In diesen Fällen kann die Datenaktualisierung per Befehl gestartet werden. Die Auslösung erfolgt durch die Methode „Requery". Die Steuerelemente „Kombinationsfeld", „Listenfeld" sowie „Unterformular" und „Unterbericht" besitzen diese Methode.

```
Dim sText1 As Control
Set sText1 = Forms!Formular1!sText1
...
sText1.Requery
...
```

13.9 Datenbankobjekte erstellen

Üblicherweise werden Sie Abfragen, Tabellen, Formulare und Berichte über die interaktive Oberfläche von Access erstellen. Allerdings haben Sie auch die Möglichkeit, ein neues Datenbankobjekt mithilfe einer Objektvariablen zu erzeugen oder ein bestehendes Objekt zu ändern.

13.9.1 Abfragen

Das Erstellen, Ändern und Ausführen einer Abfrage werden durch eine Objektvariable vom Typ „QueryDef" verwaltet. Ganz wichtig ist die Unterscheidung zu dem „Recordset"-Objekt, da eine Objektvariable vom Typ „QueryDef" keine Daten zurückliefert, sondern nur die Definition einer Abfrage darstellt.

```
Dim dqDefinition As QueryDef
```

Wenn bereits eine Auswahlabfrage zur Verfügung steht, können Sie diese Abfrage mithilfe eines „QueryDef" ausführen. Dabei ist aber zu beachten, dass auf die Ergebnistabelle dieser Abfrage erst zugegriffen werden kann, wenn auf die Abfrage zusätzlich ein Recordset als Dynaset beziehungsweise als Snapshot angewendet wird. Zum Öffnen einer Abfrage wird das QueryDef-Objekt angesprochen.

Hierzu wird die QueryDefs-Kollektion des Datenbankobjekts vom Typ „Database" und der Name der Abfrage als Parameter benutzt. Der Rückgabewert wird anschließend über „Set" der Objektvariablen vom Typ „QueryDef" zugewiesen:

Um auf die Daten der Abfrage zuzugreifen, kann durch die Methode „OpenRecordset" und die Konstante „dbOpenDynaset" auf die Objektvariablen des QueryDef-Objekts ein Dynaset erzeugt werden.

Bild 13.15: Dynaset einer Abfragedefinition „QueryDef"

```
'****************** BASICPRG.MDB ****************
'*********** Modul: Daten-Objekte manipulieren *********
' Funktion liest alle Datensätze des Querydef "Waren"
Function fktAbfrWarenLes ()
 Dim sGibaus As Control
 Dim st As String

 Dim dbDatenBank As Database
 Dim dqDefinition As QueryDef
 Dim dtNamensDyna As Recordset

 DoCmd OpenForm "Gibaus", acNormal

 Set sGibaus = Forms!Gibaus!sGibaus
 sGibaus = ""
 Set dbDatenBank = CurrentDb
 Set dqDefinition = dbDatenBank.QueryDefs("Waren")
 Set dtNamensDyna = dqDefinition.OpenRecordset(dbOpenDynaset)

 dtNamensDyna.MoveFirst
 st = "Querydef ""Waren""" & vbCrLf
 st = st & "Lieferzeit Bezeichnung Lagerort" & vbCrLf
 Do Until dtNamensDyna.EOF
  st = st & dtNamensDyna![Lieferzeit in Tagen] & "        "
  st = st & dtNamensDyna!Bezeichnung & "  "
  st = st & dtNamensDyna![Lagerort] & vbCrLf
  dtNamensDyna.MoveNext
 Loop

 sGibaus = st
 dtNamensDyna.Close
```

```
      dqDefinition.Close
      dbDatenBank.Close
      End Function
```

Handelt es sich bei der Abfrage um eine Aktionsabfrage, genügt es nicht, einen Recordset aus der Abfragedefinition zu erstellen, sondern die Abfrage muss zuerst ausgeführt werden. Hierzu wird die Methode „Execute" ohne Angabe weiterer Parameter aufgerufen. Anschließend könnte, basierend auf dem Abfrageergebnis, wiederum ein Recordset-Objekt als Dynaset erzeugt werden. Falls Sie bei einer Aktionsabfrage den Aufruf der „Execute"-Methode vergessen und sofort versuchen, einen Dynaset oder Snapshot auf die Abfragedefinition zu erstellen, erhalten Sie von Access einen Laufzeitfehler:

```
      ...
      Dim dbDatenBank As Database
      Dim dqDefinition As QueryDef
      ...
      Set dbDatenBank = CurrentDb
      Set dqDefinition = dbDatenBank.QueryDefs("Waren")
      dqDefinition.Execute
      ...
```

Um eine Abfrage auszuführen, können Sie auch die „Execute"-Methode des Database-Objekts benutzen. Hierzu ist der Name der Abfrage der Methode als Argument mitzugeben. Diese Vorgehensweise hat den Vorteil, dass nicht extra das QueryDef-Objekt geöffnet werden muss, um dessen „Execute"-Methode zu benutzen:

```
      CurrentDb.Execute("Waren")
```

Hinweis: Sobald Sie mit Variablen des Typs „QueryDef" arbeiten und die Abfrage ausgeführt wird, bleibt die Programmausführung so lange unterbrochen, bis dieser Vorgang abgeschlossen ist. Der Start einer Auswahlabfrage findet bereits bei der Zuordnung zu der QueryDef-Objektvariablen statt. Bei einer Aktionsabfrage erfolgt dagegen die Ausführung erst durch den Anstoß mit der „Execute"-Methode.

Eine bestehende Abfragedefinition kann ebenfalls unter Verwendung einer Objektvariablen vom Typ „QueryDef" geändert werden. Die Definition der Abfrage geschieht in Form von SQL-Anweisungen, die zu einer Zeichenkette zusammengefasst werden. Diese SQL-Zeichenkette wird anschließend der Eigenschaft „SQL" der Objektvariablen vom Typ „QueryDef" übergeben.

Die Eigenschaft „SQL" enthält bereits die Definition der bestehenden Abfrage als SQL-Code. Es ist somit möglich, entweder die Eigenschaft „SQL" mit der neuen Abfragedefinition zu belegen oder die bestehenden Anweisungen aus dieser Eigenschaft zu nehmen und durch zusätzlichen SQL-Code zu ergänzen.

Da die Eigenschaft „SQL" die Definition der Abfrage als SQL-Anweisung besitzt, können Sie ein Programm erstellen, das diese Definition anzeigt. Damit erreichen Sie das gleiche Ergebnis, das Access auch über den Menüpunkt SQL des ANSICHT-Menüs in der Entwurfsansicht einer Abfrage ausgibt.

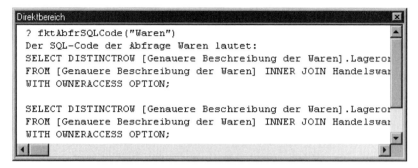

Bild 13.16: SQL-Anweisung einer Abfrage ermitteln

```
'******************* BASICPRG.MDB ****************
'*********** Modul: Daten-Objekte manipulieren *********
' Funktion zeigt den SQL-Code einer Abfrage
Function fktAbfrSQLCode (AbfrName As String) As String
  Dim dbDatenBank As Database
  Dim dqDefinition As QueryDef

  Set dbDatenBank = CurrentDb
  Set dqDefinition = dbDatenBank.QueryDefs(AbfrName)

  Debug.Print "Der SQL-Code der Abfrage " & AbfrName & " lautet:"
  Debug.Print dqDefinition.SQL

  fktAbfrSQLCode = dqDefinition.SQL

  dqDefinition.Close
  dbDatenBank.Close
End Function
```

Sobald der Eigenschaft „SQL" eine neue Zeichenkette zugewiesen wird, sind die darin enthaltenen SQL-Anweisungen ab sofort für diese Abfrage gültig. Aus diesem Grund wird die neue Abfragedefinition auch sofort in die Datenbankdatei von Access geschrieben. Die Eigenschaft „SQL" darf nur verändert werden, wenn das Programm auch die Erlaubnis zur Entwurfsänderung für die Abfrage besitzt, da ansonsten ein Laufzeitfehler entsteht.

Um eine neue Abfrage zu erstellen, steht die Methode „CreateQueryDef" bereit, die neben dem Namen der Abfrage noch die Abfragedefinition als SQL-Code benötigt. Diesen Code können Sie entweder von Hand schreiben oder Sie erstellen interaktiv eine Abfrage und kopieren den entstehenden SQL-Code.

Das nächste Beispiel liest die SQL-Anweisungen einer bereits bestehenden Abfrage und erstellt hieraus eine neue Abfrage. Auf diese Weise findet praktisch eine Duplizierung der Abfragedefinition statt:

```
'******************* BASICPRG.MDB ****************
'*********** Modul: Daten-Objekte manipulieren *********
' Funktion erstellt aus einer Abfrage eine neue Abfrage
Function fktAbfrageDefDup (AbfrName As String)
  Dim dbDatenBank As Database
```

```
Dim dqAbfrageDef As QueryDef
Dim dqDefinition As QueryDef

Set dbDatenBank = CurrentDb
Set dqDefinition = dbDatenBank.QueryDefs(AbfrName)

Set dqAbfrageDef =  dbDatenBank.CreateQueryDef( _
    AbfrName & " " & Format$(Now, "ddmmyyss"))

dqAbfrageDef.SQL = dqDefinition.SQL

dqDefinition.Close
dqAbfrageDef.Close
dbDatenBank.Close
End Function
```

Der Eigenschaft „SQL" kann der SQL-Code auch direkt als Zeichenfolge übergeben werden:

```
…
Set dqAbfrageDef = dbDatenBank.CreateQueryDef("Abfrage_Definition")
dqAbfrageDef.SQL = "SELECT [Name], [Vorname] From [Namen];"
…
```

Eine Abfrage, die zuvor entweder durch „CreateQueryDef" erstellt wurde oder in der Access-Oberfläche interaktiv entstanden ist, können Sie während des Programmablaufs löschen. Bevor eine Abfrage gelöscht werden kann, muss sie vorher unbedingt geschlossen sein. Falls Sie daher die Abfrage als „QueryDef"-Objekt geöffnet haben, ist als Erstes die Methode „Close" auf die Abfrage durchzuführen. Wird dies vergessen, entsteht ein Laufzeitfehler. Anschließend kann die Abfrage durch die Methode „Delete" der „QueryDefs"-Kollektion gelöscht werden. Es wird dazu als Übergabeparameter der Name der Abfrage benötigt.

Der wahrscheinlich häufigere Fall wird das Entfernen von nur temporären Abfragen sein, die ihre Aufgabe erfüllt haben und später nicht mehr benötigt werden. Für eine temporäre Abfrage übergeben Sie keinen Namen an die Methode „CreateQueryDef". Dann erscheint die Abfrage nicht im Datenbankfenster. Durch den Aufruf der Methode „Close" wird die temporäre Abfrage automatisch gelöscht.

```
'******************* BASICPRG.MDB ****************
'*********** Modul: Daten-Objekte manipulieren *********
' Funktion löscht eine Abfrage
Function fktAbfrageLöschen (AbfrName As String)
  Dim dbDatenBank As Database

Set dbDatenBank = CurrentDb

dbDatenBank.QueryDefs.Delete (AbfrName)

  dbDatenBank.Close
End Function
```

13.9.2 Tabellen

Tabellen können auch mit VBA erstellt werden. Tabellen werden durch die „TableDefs"-Kollektion verwaltet. Um an diese eine neue Tabelle anzufügen, besitzt das Database-Objekt die Methode „CreateTableDef". Hierdurch entsteht ein neues „TableDef"-Objekt, das jedoch noch keine Tabellenfelder aufweist.

Um Felder an die Tabelle anfügen zu können, hat das „TableDef"-Objekt die „CreateField"-Methode. Dabei ist als Argument der Name des Feldes und dessen Datentyp als Konstante zu nennen. Welche Konstanten Sie dafür benutzen können, entnehmen Sie bitte der nachfolgenden Tabelle.

Tabelle 13.12: Konstanten für die „CreateField"-Methode

Konstante	Datentyp
dbBoolean	Yes/No
dbByte	Byte
dbCurrency	Currency
dbDate	Date/Time
dbDouble	Double
dbInteger	Integer
dbLong	Long
dbLongBinary	Long Binary
dbSingle	Single
dbText	Text
dbMemo	Memo

Mit der „CreateField"-Methode entsteht ein „Field"-Objekt, das erst noch mit dem TableDef-Objekt verbunden werden muss. Dies übernimmt die „Append"-Methode der Fields-Kollektion des „TableDef"-Objekts. Für jedes weitere Feld muss dieser Vorgang wiederholt werden, bis alle Felder definiert sind. Der letzte Teil zur Erstellung der Tabelle ist das Anfügen des „TableDef"-Objekts an die „TableDefs"-Kollektion. Dazu rufen Sie die „Append"-Methode der „TableDefs"-Kollektion des Datenbankobjekts auf. Erst hierdurch wird die neue Tabellendefinition auch tatsächlich in die Datenbank gespeichert. Das anschließende Beispiel zeigt die Erstellung einer Tabelle, die aus zwei Feldern des Typs „Text" besteht.

```
'****************** BASICPRG.MDB ****************
'************ Modul: Daten-Objekte manipulieren ********
' Erstellt die Tabelle "Tabelle_Erstellen" mit der Methode CreateTableDef
Function fktTabelleErstellen ()
  Dim dbDatenBank As Database
  Dim dtNamensDef As TableDef
  Dim dfFelder As Field
```

```
Set dbDatenBank = CurrentDb
Set dtNamensDef = dbDatenBank.CreateTableDef("Tabelle_Erstellen")

Set dfFelder = dtNamensDef.CreateField("Name", dbText)
dtNamensDef.Fields.Append dfFelder
Set dfFelder = dtNamensDef.CreateField("Vorname", dbText)
dtNamensDef.Fields.Append dfFelder

dbDatenBank.TableDefs.Append dtNamensDef
End Function
```

Es muss sich jedoch nicht unbedingt um eine neue Tabelle handeln. Sie können auch in eine bereits bestehende Tabelle mit der Methode „CreateField" ein weiteres Feld einfügen.

Der Funktion „fktZaehlerAnfuegen" übergeben Sie den Namen der existierenden Tabelle und den Namen des neuen Feldes. Daraufhin erzeugt die Funktion ein Feld vom Datenyp „Zähler". Dazu wird der Eigenschaft „Attributes" des „Field"-Objekts die Konstante „dbautoIncr-Field" zugewiesen. Auch in dieser Funktion muss abschließend die Methode „Append" aufgerufen werden, damit das neue Feld übernommen wird. Falls kein Fehler auftrat, enthält die Eigenschaft „Number" des Objekts „Err" den Wert „0". Dadurch liefert die Funktion „True" zurück.

```
'***************** BASICPRG.MDB ****************
'***************** Modul: Data Access Objects **********
' Funktion fügt ein Zählerfeld in Tabelle ein
Function fktZaehlerAnfuegen(TabellenName As String, FeldName As String)
  Dim dbDatenBank As Database
  Dim dtNamensDef As TableDef
  Dim dfFeld As Field

  Set dbDatenBank= CurrentDb

  Set dtNamensDef=dbDatenBank.TableDefs(TabellenName)

  Set dfFeld=dtNamensDef.CreateField(FeldName, dbLong)
  dfFeld.Attributes = dbAutoIncrField

  On Error Resume Next
  dtNamensDef.Fields.Append dfFeld

  'Fehlerprüfung
  If Err.Number Then
    fktZaehlerAnfuegen = False
  Else
    fktZaehlerAnfuegen = True
  End If

End Function
```

Bei der Erstellung einer Tabellendefinition wurden bisher einige Größen nicht berücksichtigt und daher nur die Voreinstellungen übernommen. Bei Textfeldern wird üblicherweise deren Feldgröße festgelegt. Hierzu nennen Sie die Feldlänge als drittes Argument der Methode „CreateField". Für Textfelder sind dabei die Größen von 1 bis 255 möglich. Welche Angabe für einen bestimmten Datentyp möglich ist, ergibt sich aus der nächsten Tabelle.

Tabelle 13.13: Datentypen für die „CreateField"-Methode

Größenparameter	Typ
1	dbBoolean
1	dbByte
8	dbCurrency
8	dbDate
8	dbDouble
2	dbInteger
4	dbLong
0	dbLongBinary
0	dbMemo
4	dbSingle
1 bis 255	dbText

```
Set dfFelder = dtNamensDef.CreateField("Name", dbText, 20)
```

Die Größe eines Tabellenfeldes kann auch später noch verändert werden. Hierzu besetzen Sie die Eigenschaft „Size" des „Field"-Objekts mit der gewünschten Größe. Die nachfolgende Zeile ändert die Größe des Feldes „Name" auf den Wert 30:

```
dtNamensDef.Fields("Name").Size = 30
```

Auch das Objekt „TableDef" besitzt noch eine Reihe von Eigenschaften, die in Ihr VBA-Programm sinnvoll integriert werden können.

Tabelle 13.14: Eigenschaften des „TableDef"-Objektes

Eigenschaft	Bedeutung
RecordCount	Anzahl der Datensätze einer Tabelle.
Attributes	Bestimmt, ob es sich um eine Access-Tabelle oder eine eingebundene Tabelle handelt.
DateCreated	Datum der Erstellung.

Eigenschaft	Bedeutung
LastUpdated	Datum der letzten Aktualisierung.
Name	Name der Tabelle.
ValidationRule	Gültigkeitsregel.
ValidationText	Gültigkeitsmeldung.
Updatable	Bestimmt, ob die Tabelledefinition aktualisiert werden kann.
Connect	Informationen zur Herkunft einer eingebundenen Tabelle.
SourceTableName	Ursprünglicher Name der eingebundenen Tabelle.

13.9.3 Formulare

Nicht nur Tabellen, sondern auch Berichte und Formulare können Sie mithilfe bestimmter Funktionen erstellen und mit Steuerelementen füllen. Dies ist vor allem dann interessant, wenn Sie eigene Assistenten schreiben wollen.

Ein leeres Formular wird durch die Funktion „CreateForm" in der Entwurfsansicht angelegt. Danach können Sie mit der Funktion „CreateControl" ein Steuerelement beliebigen Typs erzeugen. Den Typ legen Sie dabei als zweiten Parameter fest, der folgende Konstante aufweisen kann:

Tabelle 13.15: Steuerelementtypen für die Funktion „CreateControl"

Konstante	Entspricht der Zahl	Steuerelementtyp
acLabel	100	Bezeichnungsfeld
acRectangle	101	Rechteck
acLine	102	Linie
acImage	103	Bild
acCommandButton	104	Befehlsschaltfläche
acOptionButton	105	Optionsfeld
acCheckBox	106	Kontrollkästchen
acOptionGroup	107	Optionsgruppe
acBoundObjectFrame	108	Gebundenes Objektfeld
acTextBox	109	Textfeld
acListBox	110	Listenfeld
acComboBox	111	Kombinationsfeld

Konstante	Entspricht der Zahl	Steuerelementtyp
acSubform	112	Unterformular/-bericht
acObjectFrame	114	Ungebundenes Objektfeld
acPageBreak	118	Seitenumbruch
acCustomControl	119	Zusatzsteuerelement
acToggleButton	122	Umschaltfläche
acTabCtl	123	Register
acPage	124	Seite

Über den dritten optionalen Parameter der Funktion „CreateControl" können Sie bestimmen, in welchem Bereich das neue Steuerelement abgelegt werden soll. Sie besitzen dabei folgende Möglichkeiten:

Tabelle 13.16: Bereichsangaben für die Funktion „CreateControl"

Konstante	Entspricht der Zahl	Bereich
acDetail	0	Detailbereich
acHeader	1	Formular- oder Berichtskopf
acFooter	2	Formular- oder Berichtsfuß
acPageHeader	3	Seitenkopf des Formulars oder Berichts
acPageFooter	4	Seitenfuß des Formulars oder Berichts
acGroupLevel1Header	5	Erster Gruppenkopf des Berichts
acGroupLevel1Footer	6	Erster Gruppenfuß des Berichts
acGroupLevel1Header	7	Zweiter Gruppenkopf des Berichts
acGroupLevel1Footer	8	Zweiter Gruppenfuß des Berichts

Alle weiteren Paare vom Gruppenkopf/-fuß werden beginnend mit der Zahl 9 weiter gezählt.

Nachdem Sie mithilfe der Funktion „CreateControl" eine Objektvariable vom Typ „Control" angelegt haben, können Sie die Eigenschaften des Steuerelements wie „Caption", „Width" und „ControlSource" mit geeigneten Werten besetzen.

Die anschließende Sub-Prozedur erstellt zuerst ein neues Formular, in das dann eine Befehlsschaltfläche und ein Textfeld eingefügt wird. Dieses Textfeld wird zudem an das Tabellenfeld „Name" der Tabelle „Namen" gebunden. Das Formular wird anschließend als Symbol in der Entwurfsansicht angezeigt und ist noch nicht gespeichert:

```
'******************* BASICPRG.MDB ****************
'************** Modul: Data Access Objects ***********
Sub fktCreateControl()
  Dim EigenForm As Form
  Dim EigenControl, EigenTextfeld As Control

  Set EigenForm = CreateForm()

  'Befehlsschaltfläche
  Set EigenControl = CreateControl(EigenForm.Name,acCommandButton)

  EigenControl.Width = 4000
  EigenControl.Caption = "Mein eigenes Steuerelement"

  'Textfeld
  Set EigenTextfeld = CreateControl(EigenForm.Name,acTextBox)

  EigenTextfeld.Width = 2000
  EigenTextfeld.Height = 300
  EigenTextfeld.Top = 450
  EigenTextfeld.Left = 250
  EigenTextfeld.ControlSource = "Name"
  EigenForm.RecordSource = "Namen"

End Sub
```

Über die Prozedur „DeleteControl" kann auch wieder ein Steuerelement in einem Formular oder Bericht gelöscht werden. Dieser Anweisung geben Sie den Namen des Formulars und des Steuerelements mit:

```
'******************* BASICPRG.MDB ****************
'**************** Modul: Data Access Objects ***********
' Funktion demonstriert das Löschen eines
' Steuerelements; Zuerst wird ein Formular mit einem Steuerelement
' erzeugt und anschließend wieder gelöscht
Sub fktDeleteControl()
  Dim EigenForm As Form
  Dim EigenControl As Control

  Set EigenForm = CreateForm()
  Set EigenControl = CreateControl(EigenForm.Name, acCommandButton)

  MsgBox „Steuerelement „ & EigenControl.Name & „ wird gelöscht"

  DeleteControl EigenForm.Name, EigenControl.Name

End Sub
```

13.10 Informationen über die Datenbank ermitteln

Den Aufbau Ihrer Datenbank und der darin enthaltenen Tabellen, Abfragen und Formulare können Sie nicht nur in der Entwurfsansicht der Access-Oberfläche erfahren, sondern es stehen Ihnen innerhalb von VBA einige Möglichkeiten offen, um während des Programmlaufs an diese Informationen zu gelangen.

Alle Formulare auflisten

Um die Namen aller Formulare der aktuellen Datenbank aufzulisten, können Sie die Kollektion „AllForms", die bereits in einem früheren Kapitel beschrieben wurde, oder ein Container-Objekt benutzen. Jedes Database-Objekt besitzt eine Container-Sammlung, die wiederum verschiedene Container-Objekte enthält. Informationen über die Formulare können zum Beispiel über das folgende Container-Objekt abgefragt werden:

```
CurrentDb.containers(„Forms")
```

Die Daten über ein bestimmtes Formular sind wiederum in einem Document-Objekt abgelegt. Besitzt die Datenbank mehrere Formulare, so gibt es für jedes Formular ein eigenes Objekt „Document". Diese Objekte werden durch die Documents-Kollektion zusammengefasst, die Sie über das Container-Objekt erreichen. In der Eigenschaft „Count" der Documents-Sammlung für die Formulare steht die Anzahl der derzeit in der Datenbank existierenden Formulare.

Die nachfolgende Funktion „fktFormulareListen" gibt alle Formulare der aktuellen Datenbank im Direktfenster aus:

```
' ****************** BASICPRG.MDB ****************
' ****************** Modul: Data Access Objects **********
' Sub-Prozedur listet alle Formulare der aktuellen Datenbank auf
Sub fktFormulareListen()
    Dim dbDatenBank As Database
    Dim x As Integer

    Set dbDatenBank = CurrentDb

    Debug.Print „Formularname: „
    Debug.Print „_____"
    For x = 0 To _ dbDatenBank.Containers(„Forms").Documents.Count – 1
        Debug.Print _ dbDatenBank.Containers(„Forms").Documents(x).Name
    Next x
End Sub
```

Alle Tabellen, Abfragen und weitere Informationen auflisten

Um alle benutzerdefinierten Tabellen zu erhalten, können Sie die „AllTables"-Kollektion einsetzen. Sie ist keine Auflistung des Objekts „CurrentProject", sondern gehört zum „CurrentData"-Objekt.

```
'Gibt alle Tabellen aus
Sub fktAlleTabellen()
    Dim obj As AccessObject
```

```
        For Each obj In CurrentData.AllTables
            Debug.Print obj.Name
        Next obj
    End Sub
```

Dasselbe gilt für Abfragen. In einem Access-Projekt ist die Anzahl der Abfragen „0", dafür gibt es aber Auflistungen für Sichten („AllViews"), Gespeicherte Prozeduren („AllStoredProcedures") und für Datenbankdiagramme („AllDatabaseDiagrams").

Stattdessen können Sie auch die „TableDefs"- oder die „QueryDefs"-Kollektion verwenden. Wenn Sie zum Beispiel alle Tabellen erfahren möchten, die sich in einer Datenbank befinden, dann durchsuchen Sie die „TableDefs"-Kollektion nach allen darin enthaltenen „TableDef"-Objekten. Anzusprechen ist ein einzelnes Objekt dabei über die Indexnummer beginnend mit 0. Um zu ermitteln, wie viele dieser „TableDef"-Objekte tatsächlich in der Kollektion vorliegen, wird die Eigenschaft „Count" der „TableDefs"-Kollektion ausgelesen.

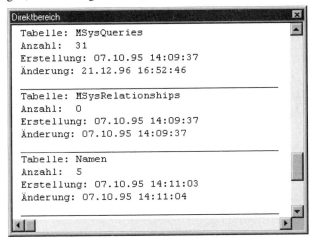

Bild 13.17: Alle Tabellen auflisten

```
' ******************** BASICPRG.MDB *****************
' *************** Modul: Daten-Objekte manipulieren ******
' Funktion listet alle Tabellen der aktuellen Datenbank im Direktfenster auf
Function fktTabellenAuflisten ()
    Dim dbDatenBank As Database
    Dim dsTabellenSnap As TableDef

    Set dbDatenBank = CurrentDb

    For x = 0 To dbDatenBank.TableDefs.Count – 1
        Set dsTabellenSnap = dbDatenBank.TableDefs(x)

        Debug.Print „Tabelle: „; dsTabellenSnap.Name
        Debug.Print „Anzahl: „; dsTabellenSnap.RecordCount
        Debug.Print „Erstellung: „; dsTabellenSnap.DateCreated
        Debug.Print „Änderung: „; dsTabellenSnap.LastUpdated
        Debug.Print „_____"
```

```
Next x
dbDatenBank.Close
End Function
```

Als Informationen zu einer Tabelle werden der Tabellenname, die Anzahl der Datensätze, das Erstellungsdatum sowie das Datum der letzten Änderung ausgegeben. Hierzu lesen Sie jeweils die Eigenschaften des „TableDef"-Objekts.

Wenn keine Systemtabellen berücksichtigt werden sollen, setzen Sie die Eigenschaft „Attributes" ein und verbinden sie logisch mit der Konstanten „dbSystemObject". Ein Beispiel dazu liefert die selbst geschriebene Funktion „fktTabellenAuflistenOSys", aus der folgender Ausschnitt stammt:

```
For x = 0 To dbDatenBank.TableDefs.Count – 1
    Set dsTabellenSnap = dbDatenBank.TableDefs(x)

    If (dsTabellenSnap.Attributes And dbSystemObject) = 0 Then
        Debug.Print „Tabelle: „; dsTabellenSnap.Name
        …
    End If
Next x
```

Über die Eigenschaft „Attributes" des Objekts „TableDef" können Sie untersuchen, um welche Art von Tabelle es sich handelt. Hierzu überprüfen Sie die Eigenschaft auf die folgenden vordefinierten Konstanten.

Tabelle 13.17: Werte für die Eigenschaft „Attributes" des Objekts „TableDef"

Konstante	Kurzbeschreibung
dbAttachedTable	Eingebundene Tabelle
dbAttachedODBC	Eingebundene ODBC-Tabelle
dbHiddenObject	Tabelle, die nicht im Datenbankfenster angezeigt wird
dbSystemObject	Systemtabelle

Den Typ einer Abfrage ermitteln Sie über die Eigenschaft „Type" des Objekts „QueryDef". Dazu können Sie diese Konstanten einsetzen:

Tabelle 13.18: Werte für die Eigenschaft „Type" des Objekts „QueryDef"

Konstante	Kurzbeschreibung
dbQSelect	Auswahlabfrage
dbQAction	Aktionsabfrage
dbCrosstab	Kreutabellenabfrage
dbQDelete	Löschabfrage

Konstante	Kurzbeschreibung
dbQUpdate	Aktualisierungsabfrage
dbQAppend	Anfügeabfrage
dbMakeTable	Tabellenerstellungsabfrage
dbQDDL	Datendefinitionsabfrage
dbQSQLPassThrough	Passthrough-Abfrage
dbQSetOperation	Union-Abfrage
dbSPTBulk	Definiert zusammen mit „dbQSQLPassThrough" eine Aktualisierungsabfrage

Im nächsten Beispiel wird zusätzlich angezeigt, ob die Abfrage eine Anfüge-, Kreuzta-
bellen-, Lösch-, Tabellenerstellungs-, Aktualisierungs- oder Auswahlabfrage ist.

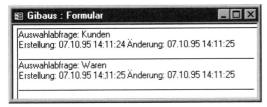

Bild 13.18: Abfragen mit ihrer Typangabe

```
,***************** BASICPRG.MDB ****************
,************* Modul: Datenbank Informationen *********
,' Funktion listet alle Abfragen zusammen mit ihrer Typangabe der
, aktuellen Datenbank in Textfenster auf
Function fktAbfrInfo()
  Dim sGibaus As Control
  Dim st As String
  Dim dbDatenBank As Database
  Dim dsQueryDef As QueryDef
  Dim x As Long

  DoCmd.OpenForm „Gibaus", acNormal

  Set sGibaus = Forms!Gibaus!sGibaus
  sGibaus = „"

  Set dbDatenBank = CurrentDb
  For x = 0 To dbDatenBank.QueryDefs.Count – 1
    Set dsQueryDef = dbDatenBank.QueryDefs(x)

    Select Case dsQueryDef.Type
      Case dbQAppend:
        st = st & „Anfügeanfrage: „
      Case dbQCrosstab:
```

```
            st = st & „Kreuztabellenabfrage: „
        Case dbQDelete:
            st = st & „Löschabfrage: „
        Case dbQMakeTable:
            st = st & „Tabellenerstellungsabfrage: „
        Case dbQUpdate:
            st = st & „Aktualisierungsabfrage: „
        Case Else
            st = st & „Auswahlabfrage: „
        End Select
        st = st & dsQueryDef.Name & vbCrLf
        st = st & „Erstellung: „ & _
                dsQueryDef.DateCreated  & „ „
        st = st & „Änderung: „ & dsQueryDef.LastUpdated _
                & vbCrLf
        st = st & „_____" & vbCrLf
    Next x
    sGibaus = st

    dbDatenBank.Close
    End Function
```

Felder einer Datensatzgruppe

Neben der Information, welche Tabellen und Abfragen in der Datenbank enthalten sind, kann eine Detailinformation zu einer Datensatzgruppe der Typen „Table", „Dynaset" und „Snapshot" ermittelt werden, um den Feldaufbau zu erfahren. Dazu wird auf „Field"-Objekte zugegriffen, die in der „Fields"-Auflistung zusammengefasst sind. Diese Kollektion gehört wiederum zum „TableDef"-Objekt.

Ein „Field"-Objekt steht für ein Tabellenfeld und besitzt unter anderem die folgenden Eigenschaften:

Tabelle 13.19: Eigenschaften des „Field"-Objekts

Datenfeld	Feldtyp	Kurzbeschreibung
Attributes	Long	Systemkennzeichen
CollatingOrder	Integer	Vergleichscode
Name	Text	Name der Feldes
Size	Long	Feldgröße
SourceTable	Text	Name der Herkunftstabelle
SourceField	Text	Name der Quelle des Feldes
Type	Long	Datentyp des Feldes

Von besonderem Interesse ist häufig der Datentyp eines Feldes. Dazu enthält die Eigenschaft „Type" des „Field"-Objekts eine Konstante, die Sie direkt abfragen können. Dies kann zum Beispiel über eine „Select-Case"-Anweisung erfolgen. Entnehmen Sie der Tabelle die möglichen Typen:

Tabelle 13.20: Werte der Eigenschaft „Type" des „Field"-Objekts

Datentyp	Konstante	Wert
Byte	dbByte	2
Binäres OLE-Objekt	dbLongBinary	9
Currency	dbCurrency	5
Datum/Zeit	dbDate	8
Double	dbDouble	7
Integer	dbInteger	3
logisch Ja/Nein	dbBoolean	1
Long	dbLong	4
Memo	dbMemo	12
Single	dbSingle	6
Text	dbText	10

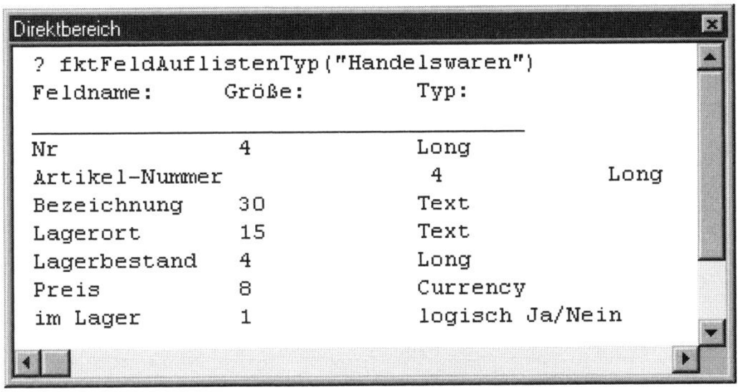

```
Direktbereich                                                    [x]
 ? fktFeldAuflistenTyp("Handelswaren")
 Feldname:      Größe:        Typ:


 Nr              4             Long
 Artikel-Nummer                4            Long
 Bezeichnung    30            Text
 Lagerort       15            Text
 Lagerbestand    4            Long
 Preis           8            Currency
 im Lager        1            logisch Ja/Nein
```

Bild 13.19: Alle Felder einschließlich Name, Größe und Feldtyp einer Tabelle ermitteln

Neben dem Feldnamen und der Feldgröße ermittelt die Funktion „fktFeldAuflistenTyp" den Datentyp des Feldes. Die Eigenschaft „Type" wird durch eine „Select-Case"-Verzweigung über die Typkonstanten ausgewertet. Der entsprechenden Konstante wird ein Text zugeordnet:

```
'******************** BASICPRG.MDB ****************
'************* Modul: Datenbank Informationen **********
```

```
' Funktion listet alle Felder einer Tabelle auf angezeigt werden Name, Größe und
' Typ des Feldes der Name der Tabelle wird als Parameter übergeben
Function fktFeldAuflistenTyp(TabName As String)
  Dim dbDatenBank As Database
  Dim dtTabelle As TableDef
  Dim stTyp As String
  Dim dfFeld As Field
  Dim x As Long

  Set dbDatenBank = CurrentDb
  Set dtTabelle = dbDatenBank.TableDefs(TabName)

  Debug.Print "Feldname:", "Größe:", "Typ:"
  Debug.Print "_____"

  For x = 0 To dtTabelle.Fields.Count - 1
   Set dfFeld = dtTabelle.Fields(x)

   Select Case dfFeld.Type
     Case dbByte
      stTyp = "Byte"
     Case dbLongBinary
      stTyp = "Binäres OLE-Objekt"
     Case dbCurrency
      stTyp = "Currency"
     Case dbDate
      stTyp = "Datum/Zeit"
     Case dbDouble
      stTyp = "Double"
     Case dbInteger
      stTyp = "Integer"
     Case dbBoolean
      stTyp = "logisch Ja/Nein"
     Case dbLong
      stTyp = "Long"
     Case dbMemo
      stTyp = "Memo"
     Case dbSingle
      stTyp = "Single"
     Case dbText
      stTyp = "Text"
   End Select
   Debug.Print dfFeld.Name, dfFeld.Size, stTyp
  Next x

  dbDatenBank.Close

End Function
```

Eine besondere Bedeutung hat noch die Eigenschaft „Attributes" des „Field"-Objekts. Hierüber können Sie ermitteln, ob es sich um ein Zählerfeld handelt, ob die Länge des Feldes statisch ist und ob sich der Wert des Feldes verändern kann. Dazu wird die Eigenschaft „Attributes" durch den Operator „And" mit der Konstanten verbunden und das Ergebnis auf ungleich Null abgefragt.

Tabelle 13.21: Konstanten für die Eigenschaft „Attributes" des „Field"-Objekts

Konstante des Feld-Attributes	Kurzbeschreibung
dbAutiIncrField	Feld ist ein Zählerfeld.
dbFixedField	Feldlänge ist statisch.
dbVariableField	Feldlänge ist variabel (nur bei Textfeld).
dbDescending	Feld wird in absteigender Reihenfolge sortiert.
dbUpdatableField	Wert des Feldes kann verändert werden.

Index einer Tabelle

Es ist durchaus üblich, dass eine Tabelle mit einem Index versehen ist. Deswegen steht Ihnen ebenfalls die Möglichkeit zur Verfügung, alle Indizes einer Tabelle zu erhalten. Hierzu gibt es die Auflistung „Indexes", die zum „TableDef"-Objekt gehört und alle Index-Objekte einer Tabelle zusammenfasst.

Ein „Index"-Objekt besitzt mehrere Eigenschaften. In der Eigenschaft „Name" steht der Indexname, der nicht unbedingt mit dem dazugehörigen Feldnamen übereinstimmen muss. Ein Index kann sich aus mehreren Feldern zusammensetzen. Die Namen dieser Felder stehen in der Eigenschaft „Name" von „Field"-Objekten, die über ihre Kollektion zum Index-Objekt gehören.

Bei einem Schlüssel ist es interessant zu erfahren, ob es sich um einen Index handelt, der Nullwerte zulässt, der keine Duplikate erlaubt, oder ob es sich um einen Primärschlüssel handelt. Zu diesem Zweck können Sie die folgenden Eigenschaften des „Index"-Objekts untersuchen:

Tabelle 13.22: Eigenschaften des „Index"-Objekts

Eigenschaft	Kurzbeschreibung
Required	Feld lässt keine Nullwerte zu.
Primary	Feld ist der Primärschlüssel.
Unique	Feld lässt keine Duplikate zu.

Auf die eben beschriebene Weise kann nicht nur die Indexinformation einer Tabelle geholt werden, sondern in Kombination mit der Ermittlung aller in der Datenbank enthaltenen Tabellen lässt sich die „Indexes"-Kollektion auf jede einzelne Tabelle anwenden.

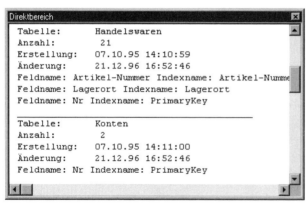

```
Direktbereich                                                      ×

    Tabelle:       Handelswaren
    Anzahl:          21
    Erstellung:    07.10.95 14:10:59
    Änderung:      21.12.96 16:52:46
    Feldname: Artikel-Nummer Indexname: Artikel-Numme
    Feldname: Lagerort Indexname: Lagerort
    Feldname: Nr Indexname: PrimaryKey
    _____
    Tabelle:       Konten
    Anzahl:          2
    Erstellung:    07.10.95 14:11:00
    Änderung:      21.12.96 16:52:46
    Feldname: Nr Indexname: PrimaryKey
```

Bild 13.20: Den Index aller Tabellen ermitteln

```
'******************* BASICPRG.MDB ****************
'************* Modul: Datenbank Informationen **********
' Funktion listet alle Tabellen der aktuellen
' Datenbank zusammen mit dem Index im Direktfenster auf
Function fktTabellenAuflistenIndex()
  Dim dbDatenBank As Database
  Dim dtTabelle As TableDef
  Dim diIndex As Index
  Dim dfFeld As Field
  Dim x, y, z As Long

  Set dbDatenBank = CurrentDb

  For x = 0 To dbDatenBank.TableDefs.Count - 1
   Set dtTabelle = dbDatenBank.TableDefs(x)
   If (dtTabelle.Attributes And dbSystemObject) = 0 Then
     Debug.Print "Tabelle: ", dtTabelle.Name
     Debug.Print "Anzahl: ", dtTabelle.RecordCount
     Debug.Print "Erstellung: ",dtTabelle.DateCreated
     Debug.Print "Änderung: ", dtTabelle.LastUpdated

     For y = 0 To dtTabelle.Indexes.Count - 1
       Set diIndex = dtTabelle.Indexes(y)
       For z = 0 To diIndex.Fields.Count - 1
         Set dfFeld = diIndex.Fields(z)
         Debug.Print "Feldname: "; dfFeld.Name; " Indexname: "; diIndex.Name
       Next z
     Next y
     Debug.Print "_____"
   End If
  Next x

  dbDatenBank.Close
End Function
```

Verknüpfte Tabellen

Verknüpfte Tabellen können anders als die Originaltabelle heißen. Der Originalname steht in der Eigenschaft „SourceTableName". Die vollständige Pfadangabe mit dem Datenbanknamen kann aus der Eigenschaft „Connect" ermittelt werden

```
' Originalnamen der verknüpften Tabellen und DB-Namen mit Pfad ermitteln
Public Function fktVerknüpfteTabellenErmitteln()
  Dim db1 As Database
  Dim tdef As TableDef
  Dim i

  Set db1 = CurrentDb
  For i = 0 To db1.TableDefs.Count - 1
    Set tdef = db1.TableDefs(i)
    Debug.Print tdef.Connect
    Debug.Print tdef.SourceTableName
  Next i
  db1.Close
End Function
```

Die „Connect"-Eigenschaft wird auch benötigt, wenn mit der Methode „OpenDatabase" die Backend-Datenbank geöffnet werden soll, in der sich die verknüpften Tabellen im Original befinden. Nur dann kann zum Beispiel ein Recordset vom Typ „Table" erstellt und die Eigenschaft „Index" sowie die Methode „Seek" benutzt werden. Da beim Kunden die Backend-Datenbank bestimmt in einem anderem Verzeichnis als bei Ihnen liegt, ist es nicht sinnvoll, den Pfad fest einzutragen, sondern er muss flexibel ermittelt werden können.

```
Public Function fktBackendDB
    Dim db1 As Database, db2 As Database
    Dim r1 As Recordset
    Dim tdef As TableDef
    Dim sName As String
    Dim i As Integer

    Set db2 = CurrentDb
    Set tdef = db2.TableDefs("Mitarbeiter")
    i = InStr(1, tdef.Connect, "=")
    sName = Right(tdef.Connect, Len(tdef.Connect) - i)

    Set db1 = DBEngine.Workspaces(0).OpenDatabase(sName)
    Set r1 = db1.OpenRecordset("Mitarbeiter", dbOpenTable)
    …
```

Die Tabelle „Mitarbeiter" stellt eine verknüpfte Tabelle in der Backend-Datenbank dar. Da der Inhalt der „Connect"-Eigenschaft mit „;DATABASE=" beginnt, muss dieser Teil zuerst entfernt werden, damit der Rest nur noch den Pfad und den Datenbanknamen enthält. Er kann dann der Methode „OpenDatabase" übergeben werden.

13.11 Benutzer und Zugriffsrechte verwalten

Access kann als gesichertes System eingerichtet werden, um genau festzulegen, welche Aufgaben die einzelnen Benutzer durchführen dürfen. Mithilfe von Datenzugriffsobjekten (DAO) können Sie die vorhandenen Benutzer, Gruppen und deren Zugriffsrechte lesen und verändern.

13.11.1 Benutzer und Gruppen auflisten

Damit die folgenden Beispiele auch in Ihrer Datenbank laufen, müssen Sie einen neuen Benutzer namens „Boss" einrichten und ihn der Gruppe „Administratoren" zuweisen. Ein Passwort besitzt dieser Benutzer nicht.

Die Funktion „fktGruppenAuflisten" listet alle Gruppen auf, die in Ihrer Datenbank eingerichtet sind. Dazu benötigen Sie einen anderen als den Standardarbeitsbereich „Workspace(0)". Mit der Methode „CreateWorkspace" erzeugen Sie ein neues „Workspace"-Objekt. Neben einem eindeutigen Namen nennen Sie noch den Benutzernamen „Boss". Anstelle eines Kennworts wird eine leere Zeichenkette übergeben.

Anschließend können Sie in einer „For"-Schleife alle Gruppennamen ermitteln und in das Direktfenster ausgeben. Die Zahl der vorhandenen Gruppen steht in der Eigenschaft „Count" der „Groups"-Kollektion. Die einzelnen Gruppennamen lesen Sie aus der Eigenschaft „Name" jedes Objekts „Group".

Falls Sie vergessen haben, vorher den Benutzer „Boss" einzurichten, entsteht ein Laufzeitfehler beim Aufruf der Funktion. Es wird in die Fehlerbehandlungsroutine verzweigt, die Sie auf den Fehler hinweist.

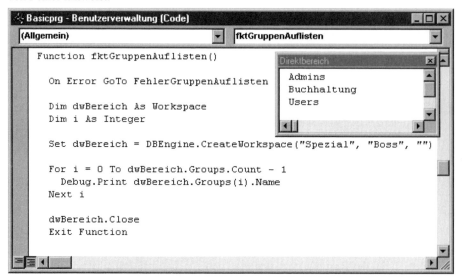

Bild 13.21: Alle Gruppen auflisten

```
'******************** BASICPRG.MDB ****************
'***************** Modul: Benutzerverwaltung **********
Function fktGruppenAuflisten()
  On Error GoTo FehlerGruppenAuflisten
  Dim dwBereich As Workspace
  Dim i As Integer

  Set dwBereich = DBEngine.CreateWorkspace("Spezial", "Boss", "")
  For i = 0 To dwBereich.Groups.Count - 1
    Debug.Print dwBereich.Groups(i).Name
  Next i
  dwBereich.Close
  Exit Function

FehlerGruppenAuflisten:
  If Err = 3029 Then
    MsgBox "Das für den Arbeitsbereich benutzte Konto besteht nicht"
  Else
    MsgBox Err.Description
  End If
  dwBereich.Close
End Function
```

Um nicht sämtliche Gruppen, sondern alle vorhandenen Benutzer aufzulisten, brauchen Sie im letzten Beispiel nur in der „For"-Anweisung zweimal das Wort „Groups" durch das Wort „Users" zu ersetzen. Die entsprechende Funktion „fktBenutzerAuflisten" finden Sie auf der CD im Modul „Benutzerverwaltung" der Datenbank BASICPRG.MDB.

Vielleicht wollen Sie aber wissen, welche Benutzer zu einer bestimmten Gruppe gehören. Der Ablauf der Funktion „fktBenutzerEinerGruppeAuflisten" ist sehr ähnlich zu den zwei bisher beschriebenen Funktionen.

Nach dem Erzeugen eines „Workspace"-Objekts weisen Sie einer Variablen vom Typ „Group" die als Argument übergebene Gruppe zu. Anschließend können Sie alle Benutzer dieser Gruppe in einer „For"-Schleife lesen und ausgeben.

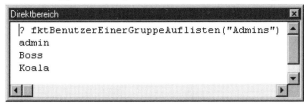

Bild 13.22: Alle Benutzer einer Gruppe auflisten

```
'******************** BASICPRG.MDB ****************
'***************** Modul: Benutzerverwaltung ***********
Function fktBenutzerEinerGruppeAuflisten(lpGruppenName As String)
  On Error GoTo FehlerBenutzerEinerGruppeAuflisten
  Dim dwBereich As Workspace
  Dim dgGruppe As Group
  Dim i As Integer
```

```
      Set dwBereich = DBEngine.CreateWorkspace( "Spezial", "Boss", "")
      Set dgGruppe = dwBereich.Groups(lpGruppenName)

      For i = 0 To dgGruppe.Users.Count - 1
        Debug.Print dgGruppe.Users(i).Name
      Next i

      dwBereich.Close
      Exit Function

    FehlerBenutzerEinerGruppeAuflisten:
      If Err = 3029 Then
        MsgBox "Das für den Arbeitsbereich benutzte Konto besteht nicht"
      Else
        MsgBox Error(Err)
      End If
      dwBereich.Close
    End Function
```

Wenn Sie ermitteln möchten, zu welchen Gruppen ein bestimmter Benutzer gehört, brauchen Sie die eben beschriebene Funktion nur ein wenig ändern. Statt einer Variablen vom Typ „Group" definieren Sie eine Variable vom Typ „User". Dieser Variablen weisen Sie dann den als Argument übergebenen Benutzer zu. Anschließend können Sie die einzelnen Gruppen auflisten.

```
      Dim duBenutzer As User
      ...
      Set duBenutzer = dwBereich.Users(lpBenutzerName)

      For i = 0 To duBenutzer.Groups.Count - 1
        Debug.Print duBenutzer.Groups(i).Name
      Next i
      ...
```

Die entsprechende Funktion „fktGruppenEinesBenutzersAuflisten" finden Sie auf der CD im Modul „Benutzerverwaltung" der Datenbank BASICPRG.MDB.

Bild 13.23: Überprüfen, ob der aktuelle Benutzer zu einer bestimmten Gruppe gehört

Mit der folgenden Funktion können Sie überprüfen, ob der aktuelle Benutzer zu einer bestimmten Gruppe gehört, deren Gruppennamen Sie übergeben. Den Namen des aktuellen Benutzers ermittelt die Funktion „CurrentUser". In einer Schleife vergleichen Sie diesen Namen mit allen Namen, die zu der genannten Gruppe gehören.

Falls eine Übereinstimmung gefunden werden kann, lautet der Rückgabewert „True", ansonsten „False". Wenn Sie der Funktion einen nicht existierenden Gruppennamen angeben, tritt ein Laufzeitfehler mit der Nummer 3265 ein. Auf ihn wird mit einem Meldungsfenster reagiert:

```
'****************** BASICPRG.MDB ****************
'**************** Modul: Benutzerverwaltung ***********
Function fktAktuellerBenutzerEinerGruppe( lpGruppenName  As String)
  On Error GoTo FehlerAktuellerBenutzerEinerGruppe

  Dim dwBereich As Workspace
  Dim dgGruppe As Group
  Dim duBenutzer As User
  Dim i As Integer

  Set dwBereich = DBEngine.CreateWorkspace("special", "Boss", "")

  Set dgGruppe = dwBereich.Groups(lpGruppenName)
  Set duBenutzer = dwBereich.Users(CurrentUser())

  For i = 0 To dgGruppe.Users.Count - 1
    If dgGruppe.Users(i).Name = duBenutzer.Name Then
      fktAktuellerBenutzerEinerGruppe = True
      Exit Function
    End If
  Next i
  fktAktuellerBenutzerEinerGruppe = False
  dwBereich.Close
  Exit Function

FehlerAktuellerBenutzerEinerGruppe:
  If Err = 3265 Then
    MsgBox UCase(lpGruppenName) & _
      " ist kein gültiger Gruppenname", 16, "Fehler"
    fktAktuellerBenutzerEinerGruppe = False
  ElseIf Err = 3029 Then
    MsgBox "Das für den Arbeitsbereich benutzte Konto besteht nicht"
  Else
    MsgBox Error(Err)
  End If
  dwBereich.Close
End Function
```

Ein eigenes Dialogfeld für die Passwortänderung verwenden

In einem abgesicherten Datenbanksystem gibt es ein Formular mit dem Namen „Paßwort-Vergabe", das zum Beispiel über einen Menüpunkt aufgerufen werden kann. Dieses Formular besitzt zwei Textfelder für das alte und das neue Passwort und eine „OK"-Schaltfläche.

Um das derzeit aktuelle Passwort ändern zu können, muss erst der aktuelle Benutzer mit der Funktion „CurrentUser" ermittelt werden. Anschließend kann die Methode „NewPassword" von diesem User-Objekt aufgerufen werden. Falls der Benutzer nichts in das Textfeld für das neue oder für das alte Passwort eingegeben hat, wird in das jeweilige Steuerelement eine leere Zeichenkette geschrieben. Der Methode „NewPassword" darf nämlich keine Variable mit dem Inhalt Null übergeben werden. Dies alles geschieht, wenn der Benutzer die „OK"-Schaltfläche anklickt.

```
' aktuellen Benutzer ermitteln, dann sein Passwort ändern
Private Sub OK_Click()
  Dim ws As Workspace
  Dim Benutzer As String

  Benutzer = CurrentUser()
  Set ws = DBEngine.Workspaces(0)

  If IsNull(Me!AltesPaßwort) Then
    Me!AltesPaßwort = ""
  End If
  If IsNull(Me!NeuesPaßwort) Then
    Me!NeuesPaßwort = ""
  End If
  ws.Users(Benutzer).NewPassword Me!AltesPaßwort, Me!NeuesPaßwort
  ws.Close
  DoCmd.Close
End Sub
```

13.11.2 Zugriffsrechte verwalten

Angenommen, in Ihrem gesicherten System gibt es den Benutzer „Koala", der ausschließlich zur Gruppe „Benutzer" gehört. Diesem Anwender soll nun programmtechnisch das Recht genommen werden, eine neue Datenbank anzulegen.

Bevor Sie die Funktion „fktSperreDatenDBNeu" aufrufen, müssen Sie den Ort und den Namen Ihrer Arbeitsgruppen-Informationsdatei der Variablen „SystemDB" zuweisen. Diese Datei besitzt heutzutage die Endung „.mdw" und heißt häufig SYSTEM.MDW.

Die spezielle Datenbank wird nun geöffnet, damit auf das „Container"-Objekt der Datenbank zugegriffen werden kann. Dieses „Container"-Objekt enthält Informationen über die Datenbank und somit auch über die Zugriffsrechte der Gruppen. Weisen Sie der Eigenschaft „UserName" dieses Objekts den Namen der Gruppe zu, für die eine Berechtigung geändert werden soll.

Sie löschen das Recht, eine neue Datenbank zu erstellen, indem Sie die Konstante „dbSecDBCreate" verneinen und den bestehenden Rechten hinzufügen.

```
'****************** BASICPRG.MDB ****************
'*************** Modul: Benutzerverwaltung ***********
Sub fktSperreDatenDBNeu()
  Dim dbDatenBank As Database
```

```
      Dim cont As Container
      Dim SystemDB As String

      'hier muss das tatsächliche Verzeichnis stehen
      SystemDB = "d:\office2000\office\system.mdw"

      Set dbDatenBank = DBEngine(0).OpenDatabase(SystemDB)
      Set cont = dbDatenBank.Containers!Databases

      cont.UserName = "Benutzer"
      cont.Permissions = cont.Permissions And Not dbSecDBCreate
      End Sub
```

Nachdem Sie die Funktion „fktSperreDatenDBNeu" ausgeführt haben, kann der Benutzer „Koala" keine neue Datenbank mehr einrichten. Wählt er im Menü DATEI den Menüpunkt NEU, erscheint eine Fehlermeldung.

Wenn Sie selber im Dialogfeld „Benutzer- und Gruppenberechtigungen" für alle existierenden Datenbankobjekte ein bestimmtes Recht ausschalten wollen, kann dies eine recht langwierige Aufgabe werden. Außerdem schleichen sich dabei schnell Fehler ein.

Mit der Funktion „fktZugriffsrechte" können Sie nun diese Aufgabe leicht bewältigen. Der Funktion übergeben Sie einen Gruppen- oder Benutzernamen, dessen Rechte geändert werden sollen. Zusätzlich nennen Sie als zweiten Parameter die Berechtigung, die für alle Datenbankobjekte aberkannt oder gewährt werden soll. Der Funktionsaufruf kann zum Beispiel folgendermaßen aussehen:

```
      fktZugriffsrechte("Gäste", dbSecNoAccess)
      fktZugriffsrechte("Boss", dbSecfullAccess)
```

Durch den ersten Aufruf werden der Gruppe „Gäste" alle Rechte für alle Datenbankobjekte genommen. Das genaue Gegenteil geschieht durch den zweiten Aufruf. Der Benutzer „Boss" bekommt für alle Objekte alle Rechte zugewiesen.

Die Funktion „fktZugriffsrechte" weist dafür allen „Dokument"-Objekten in allen „Container"-Objekten den übergebenen Namen und die Berechtigung den Eigenschaften „UserName" und „Permissions" zu. Ein „Container"-Objekt enthält dabei zum Beispiel alle Formulare oder alle Berichte. Innerhalb eines solchen Objekts müssen Sie alle „Dokument"-Objekte bearbeiten, da jedes existierende Formular zu einem eigenen „Dokument"-Objekt gehört.

```
      '******************* BASICPRG.MDB ****************
      '************** Modul: Benutzerverwaltung ************
      Function fktZugriffsrechte(lpGruppenName As String, lNeuesRecht As Long)
         Dim dbDatenBank As Database
         Dim i, j As Integer

         Set dbDatenBank=CurrentDb

         For i = 0 To dbDatenBank.Containers.Count - 1
         For j = 0 To _
            dbDatenBank.Containers(i).Documents.Count - 1
         dbDatenBank.Containers(i).Documents(j).UserName = lpGruppenName
```

```
    dbDatenBank.Containers(i).Documents(j).Permissions = lNeuesRecht
  Next j
 Next i
End Function
```

13.12 Eine Replikation durchführen

Falls die Synchronisierung immer auf ein bestimmtes Ereignis, zum Beispiel eine Aktion des Anwenders, erfolgen soll, müssen Sie dies per Programm realisieren. Sie können mit DAO sowohl den Design-Master und weitere Replikate anlegen als auch synchronisieren und auf für die Replikation wichtige Eigenschaften zugreifen.

Ein Datenbankobjekt als lokales Objekt festlegen

Nicht nur mit dem Replikationsmanager, sondern auch mithilfe der benutzerdefinierten Eigenschaft „KeepLocal" können Sie ein Datenbankobjekt wie zum Beispiel eine Tabelle lokal halten, sodass dieses Objekt beim Anlegen von Replikaten und bei der Synchronisierung nicht berücksichtigt wird. Dazu müssen Sie der „Properties"-Auflistung der Tabelle ein neues „Property"-Objekt hinzufügen.

Zur Erstellung dieses neuen Objekts rufen Sie die Methode „CreateProperty" auf. Dieser Methode übergeben Sie den Namen, den Datentyp und den Wert für das neue Objekt. Der Name muss dabei eindeutig sein. Damit das Datenbankobjekt lokal bleibt, müssen Sie den Wert mit der Zeichenfolge „T" besetzen. Anschließend können Sie mit der Methode „Append" das „Property"-Objekt, dessen Name in diesem Fall „KeepLocal" lautet, an die bereits bestehenden Properties (Eigenschaften) der Tabelle anfügen.

Die nachfolgende Funktion führt diese Vorgehensweise durch, wenn die Eigenschaft „KeepLocal" noch nicht existiert. In diesem Fall entsteht nämlich beim Versuch, die Eigenschaft einzustellen, der Laufzeitfehler mit der Nummer 3270, der in einer eigenen Fehlerbehandlungsroutine behandelt wird.

```
Public Function fktLokal(daoTabelle As TableDef)
  Const EigenExistNicht = 3270
  Dim Eigensch As Property

  On Error GoTo EigenschaftErstellen
  daoTabelle.Properties("KeepLocal").Value = "T"
  Exit Function

EigenschaftErstellen:
  If (Err.Number = EigenExistNicht) Then
    Set Eigensch = daoTabelle.CreateProperty("KeepLocal", dbText, "T")
    daoTabelle.Properties.Append Eigensch
  Else
    ' andere Fehler
  End If
  Resume Next
End Function
```

Der Funktion „fktLocal" übergeben Sie eine beliebige Tabelle als „TableDef"-Objekt. Sie funktioniert jedoch nur, wenn die Datenbank noch nicht in einen Design-Master umgewandelt wurde. Außerdem darf die Tabelle in keiner Beziehung zu einer anderen Tabelle stehen. Unter der Annahme, dass Sie eine Datenbank namens FOTOSAMM.MDB besitzen, die unter anderem über die Tabelle „Übersichtseinträge" verfügt, können Sie die Funktion „fktLocal" zum Beispiel folgendermaßen einsetzen:

```
'********************** FOTOSAMM.MDB ***************************
'*********************** Modul: Replikation **************************
Public Function fkttest()
    Dim dwBereich As Workspace
    Dim dbDatenbank As DATABASE
    Dim dtNamensTab As TableDef
    Dim a As Integer

    Set dwBereich = DBEngine.Workspaces(0)
    Set dbDatenbank = dwBereich.OpenDatabase("Fotosamm.mdb")
    Set dtNamensTab = dbDatenbank.TableDefs("Übersichtseinträge")
    a = fktLocal(dtNamensTab)
    dtNamensTab.Close
    dbDatenbank.Close
End Function
```

Eine Datenbank in den Design-Master umwandeln

Nachdem Sie einzelne Datenbankobjekte als lokal bestimmt haben, können Sie im nächsten Schritt die Datenbank replizierbar machen, d.h. in den Design-Master konvertieren. Auch hier müssen Sie wieder eine benutzerdefinierte Eigenschaft einfügen, dieses Mal jedoch für die gesamte Datenbank, und nicht für eine Tabelle. Das neue „Property"-Objekt heißt „Replicable". Die Umwandlung erfolgt durch das Setzen der Eigenschaft „Value" dieses Objekts auf die Zeichenfolge „T".

Der Funktion „fktDesignMaster" brauchen Sie nur den Namen der umzuwandelnden Datenbank übergeben. Wenn Sie die Funktion aus der geöffneten Datenbank aufrufen, muss diese zuvor exklusiv geöffnet worden sein.

```
'********************** FOTOSAMM.MDB ***************************
'*********************** Modul: Replikation **************************
Public Function fktDesignMaster(strDatenbank As String)
    Const EigenExistNicht = 3270
    Const FalscherDBName = 3024
    Dim dwBereich As Workspace
    Dim dbDatenbank As Database
    Dim Eigensch As Property

    On Error GoTo ReplizierbarErstellen
    Set dwBereich = DBEngine.Workspaces(0)
    Set dbDatenbank = dwBereich.OpenDatabase(strDatenbank)

    dbDatenbank.Properties("Replicable").Value = "T"
    dbDatenbank.Close
```

```
      Exit Function

ReplizierbarErstellen:
   Select Case Err.Number
      Case EigenExistNicht:
         Set Eigensch = dbDatenbank.CreateProperty("Replicable", dbText, "T")
         dbDatenbank.Properties.Append Eigensch
         Resume Next
      Case FalscherDBName:
         MsgBox "Name der Datenbankdatei ist falsch", , "Fehler"
         Exit Function
      Case Else
         ' andere Fehler
   End Select
End Function
```

Weitere Replikate anlegen

Sobald Sie eine replizierbare Datenbank besitzen, können Sie weitere Replikate bilden. Dabei können Sie als Vorlage den Design-Master oder bereits existierende Replikate dieser Gruppe verwenden. Ein weiteres Replikat wird mit der Methode „MakeReplika" des Objekts „Database" erstellt. Ihr übergeben Sie den Dateinamen mit dem Pfad des neuen Replikats und eine Kurzbeschreibung. Beide Angaben sind auch beim Anlegen eines Replikats mit dem Replikationsmanager notwendig. Wenn die Daten des neuen Replikats nur gelesen, aber nicht verändert werden sollen, nennen Sie noch als drittes Argument die Konstante „dbRepMakeReadOnly".

```
'*********************** FOTOSAMM.MDB ***************************
'*********************** Modul: Replikation ***************************
Public Function fktWeitereReplikate(strDesignM As String, strNeuRep As String)
   Dim dbDatenbank As DATABASE
   Dim dwBereich As Workspace

   Set dwBereich = DBEngine.Workspaces(0)
   Set dbDatenbank = dwBereich.OpenDatabase(strDesignM)
   dbDatenbank.MakeReplica strNeuRep, "1.Replikat von " & strDesignM
   dbDatenbank.Close
End Function
```

Falls der Design-Master verknüpfte Tabellen enthält, sollten Sie nach der Erstellung des neuen Replikats ausprobieren, ob Sie noch korrekt auf diese Tabellen zugreifen können. Wenn das Replikat in einem anderen Ordner als die Vorlage abgelegt wurde, kann es sein, dass der Pfad auf eine verknüpfte Tabelle nicht mehr stimmt. Gegebenenfalls müssen Sie die Tabelle erneut verknüpfen.

Replikate miteinander synchronisieren

Die Synchronisierung zweier Replikate erfolgt mit der Methode „Synchronize" des Objekts „Database", das synchronisiert werden soll. Bei der Zieldatenbank geben Sie den Pfad und Namen der Datenbankdatei an. Die Dateiendung „.MDB" kann weggelassen werden.

Datenbank.Synchronize Zieldatenbank [,Austauschrichtung]

Als zweiten Parameter der Methode „Synchronize" können Sie festlegen, in welcher Richtung der Austausch von Daten stattfinden soll:

Tabelle 13.23: Einstellungen für den 2.Parameter der Methode „Synchronize"

2. Parameter	Austauschrichtung
dbRepImpExpChanges	Bidirektional: Datenbank <-> Zieldatenbank; Voreinstellung
dbRepExportChanges	Senden: Datenbank -> Zieldatenbank
DbRepImportChanges	Empfangen: Zieldatenbank -> Datenbank

Bevor Daten ausgetauscht werden, wird immer zuerst überprüft, ob sich etwas am Entwurf der Datenbank geändert hat. Wenn dies der Fall ist, werden zuerst diese Änderungen synchronisiert und erst danach die Daten. Dies erfolgt auch, wenn die Austauschrichtung eingeschränkt wurde.

Der Funktion „fktSynchron" übergeben Sie die beiden zu synchronisierenden Datenbanken. In diesem Beispiel wird der Datenaustausch in beiden Richtungen durchgeführt.

```
'********************* FOTOSAMM.MDB ***************************
'********************* Modul: Replikation ********************
Public Function fktSynchron(strQuellDB As String, strZielDB As String)
    Dim dbDatenbank As Database
    Dim dwBereich As Workspace

    Set dwBereich = DBEngine.Workspaces(0)
    Set dbDatenbank = dwBereich.OpenDatabase(strQuellDB)
    dbDatenbank.Synchronize strZielDB, dbRepImpExpChanges
    dbDatenbank.Close
End Function
```

13.13 ODBCDirect

Ab Access 97 und DAO 3.5 gibt es noch eine weitere Möglichkeit, entfernte Daten zu erreichen: ODBCDirect. ODBCDirect stellt einen direkten Weg zu ODBC und den Daten in der entfernten Datenbank bereit.

Wenn Sie in früheren Versionen auf Daten über ODBC zugriffen, sendete DAO die Befehle an die Micrososft Jet Engine, die sie dann an ODBC weitergab. Dieser Weg ist nicht der kürzeste und somit auch nicht der effizienteste. Der Nachteil lag vor allem darin, dass auf alle Fälle die Jet Engine geladen werden musste, auch wenn es sich gar nicht um eine Microsoft Jet-Datenbank (Access) handelte.

Einen Workspace für ODBCDirect erstellen

Da der Workspace den Arbeitsbereich darstellt, über den alle Datenbankaktionen stattfinden, gibt es für ODBCDirect einen neuen Workspace-Typ. Dieser Workspace stellt die Verbindung zu ODBC her. Dies bedeutet, dass Sie bereits beim Anlegen des Arbeitsbereichs entscheiden, ob Sie Daten über die Jet Engine oder über ODBCDirect versenden wollen.

Die Methode „CreateWorkspace" des „DBEngine"-Objekts besitzt dafür einen zusätzlichen vierten Parameter. Ihm können Sie die Konstanten „dbUseODBC" oder „dbUseJet" übergeben. Mit der folgenden Zeile wird ein ODBCDirect-Workspace mit dem Namen WSODBC und dem Benutzernamen Koala erzeugt:

```
Dim dwBereich As Workspace
Set dwBereich = DBEngine.CreateWorkspace("WSODBC", "Koala", "", dbUseODBC)
```

Falls Sie keinen Workspace-Typ nennen, wird der voreingestellte Typ verwendet, der in der Eigenschaft „DefaultType" des „DBEngine"-Objekts gespeichert ist. Diese Eigenschaft enthält standardmäßig den Wert „dbUseJet". Damit der Default-Workspace bereits vom Typ ODBCDirect ist, müssen Sie vor allen DAO-Aufrufen der Eigenschaft „DefaultType" die Konstante „dbUseODBC" zuweisen.

```
Dim dwBereich As Workspace

DBEngine.DefaultType = dbUseODBC
Set dwBereich = DBEngine.Workspaces(0)
```

Das Workspace-Objekt besitzt die beiden neuen Eigenschaften „Type" und „DefaultCursorDriver". Die zuerst genannte Eigenschaft, die nur gelesen werden kann, enthält den gesetzten Workspace-Typ.

Die Eigenschaft „DefaultCursorDriver" kann nur bei einem ODBC-Workspace sinnvoll eingesetzt werden. Über sie legen Sie fest, welche Cursorart DAO benutzen soll. Unter Cursorn werden in der SQL-Welt temporäre Tabellen verstanden. Bei den Cursorarten kann es sich zum Beispiel um einen lokalen oder ein Server-Cursor handeln. Wenn Sie der Eigenschaft „DefaultCursorDriver" die Konstante „dbUseDefaultCursor" übergeben, überlassen Sie dem ODBC-Treiber die Entscheidung, welche Cursorart verwendet wird. Bei Angabe der Konstanten „dbUseNoCursor", wird der Recordset schreibgeschützt und nur vorwärtsgerichtet angelegt. Er holt immer nur einen Satz vom Server.

Verbindung zu den entfernten Daten herstellen

Nach dem Erstellen des Arbeitsbereichs und der Cursorwahl kann im nächsten Schritt eine Verbindung zu den Daten aufgebaut werden. Dazu können Sie die bekannte Methode „OpenDatabase" oder die neue Methode „OpenConnection" einsetzen. Je nach Methode erzeugen Sie ein „Database"- oder ein „Connection"-Objekt.

```
Dim dbDatenBank As Database
Set dbDatenBank = OpenDatabase("", dbDriverRequired, False, _
    "ODBC;DSN=VerkaufDB;DATABASE=Verkauf;UID=Koala;PWD=1234;")

'oder
Dim dbVerbindung As Connection
Set dbVerbindung = OpenConnection("", dbDriverRequired, False, _
    "ODBC;DSN= VerkaufDB;DATABASE= Verkauf;UID=Koala;PWD=1234;")
```

Das zuletztgenannte „Connection"-Objekt ist stärker auf die Verbindung zu einer entfernten Datenbank ausgerichtet. Dies bedeutet, dass Sie mit dem „Connection"-Objekt asynchrone Operationen durchführen und temporäre „QueryDef"-Objekte anlegen können.

Wenn Sie hingegen Prozeduren schreiben, die zu Beginn über die Micrososft Jet Engine auf eine Backend-Datenbank zugreifen, aber später vielleicht auf ODBCDirect umgestellt werden sollen, werden Sie das „Database"-Objekt verwenden. Die „OpenDatabase"-Methode kann nämlich für beide Vorgehensweisen benutzt werden.

Bei beiden Methoden „OpenDatabase" und „OpenConnection" müssen Sie im zweiten Parameter bestimmen, ob nach den ODBC-Werten gefragt wird, wenn in der Verbindungszeichenfolge falsche oder unvollständige Angaben gemacht wurden. Statt der Konstanten „dbDriverRequired" können Sie auch „dbDriverNoPrompt" schreiben.

Temporäre „QueryDef"-Objekte anlegen

Nach dem Aufruf der Methode „OpenConnection" können Sie für das „Connection"-Objekt „QueryDef"-Objekte erzeugen. Diese sind immer temporär und werden somit nicht mit der Datenquelle gesichert. Die SQL-Anweisung geben Sie wie bei DAO gewohnt entweder direkt beim Aufruf der Methode „CreateQueryDef" mit oder weisen sie der Eigenschaft „SQL" des „QueryDef"-Objekts zu. In beiden Fällen wird dadurch ein Befehl an den Server gesendet, um ihn auf den SQL-Code vorzubereiten. Wenn anschließend das „QueryDef"-Objekt ausgeführt oder ein „Recordset"-Objekt geöffnet wird, benutzt der Server den vorbereiteten Pfad.

```
Dim dbVerbindung As Connection
Dim dqDefinition As QueryDef

Set dbVerbindung = OpenConnection("", dbDriverRequired, False, _
    "ODBC;DSN=ArtikelDB;DATABASE=Verkauf;UID=Koala;PWD=1234;")
Set dqDefinition = dbVerbindung.CreateQueryDef("QueryTemp")
dqDefinition.SQL = "SELECT * From [Artikel];"
....
dqDefinition.Close
dbVerbindung.Close
```

Zudem werden Sie in ODBCDirect das „QueryDef"-Objekt verwenden, um Eigenschaften des „Recordset"-Objekts zu setzen, das auf diesem „QueryDef"-Objekt basiert. Zum Beispiel stellen Sie die Größe des lokalen Zwischenspeichers für Datensätze über die Eigenschaft „CacheSize" des „QueryDef"-Objekts und nicht des „Reordset"-Objekts ein. Durch die folgende Zeile kann der Cache bis zu 150 Datensätze aufnehmen. Standardmäßig ist Platz für 100 Sätze:

```
dqDefinition.CacheSize = 150
```

ODBCDirect unterstützt die „CreateQueryDef"-Methode nur beim „Connection"-Objekt, jedoch nicht beim „Database"-Objekt.

Mit „Recordset"-Objekten arbeiten

„Recordset"-Objekte können sowohl vom „Database"-Objekt als auch vom „Connection"-Objekt aus erzeugt werden. Beim Öffnen eines „Recordset"-Objekts mit der Methode „OpenRecordset" definieren Sie die Art des Cursors und der Sperrung. Als Typ können Sie neben den in Kapitel 13.3 ausführlich besprochenen „dbOpenDynaset" und „dbOpenSnaphot" auch die beiden Konstanten „dbOpenDynamic" und „dbOpenForwardOnly" nennen. „DbOpenTable" wird hingegen nicht von ODBCDirect unterstützt.

Die Methode „OpenRecordset" für ein „Database"- oder ein „Connection"-Objekt besitzt einen zusätzlichen vierten Parameter. Hierüber legen Sie die Sperrungsart fest. Es sind zum Beispiel die Konstanten „dbOptimistic" und „dbReadOnly" möglich. Dabei hängt es vom Server ab, welche Kombinationen von Cursorarten und Sperrvorrichtungen eingesetzt werden können.

```
Dim dbDatenbank As Database
Dim dtRec As Recordset
Set dbDatenBank = OpenDatabase("", dbDriverRequired, False, _
    "ODBC;DSN=VerkaufDB;DATABASE=Verkauf;UID=Koala;PWD=1234;")
Set dtRec = dbDatenbank.OpenRecordset("SELECT * FROM Artikel", _
    dbOpenForwardOnly, 0, dbReadOnly))

'oder
Dim dbVerbindung As Connection
Dim dtRec As Recordset
Set dbVerbindung = OpenConnection("", dbDriverRequired, False, _
    "ODBC;DSN= VerkaufDB;DATABASE= Verkauf;UID=Koala;PWD=1234;")
Set dtRec = dbVerbindung.OpenRecordset("Namen", dbOpenDynaset, 0, dbOptimistic)
```

Beim Einsatz von „Recordset"-Objekten in ODBCDirect existieren einige Einschränkungen im Vergleich zum lokalen Datenzugriff. Es werden keine Indizes und nicht die Methode „Seek" unterstützt. Auch können die vier Find-Methoden „FindFirst", „FindLast", „FindNext", „FindPrevious" nicht eingesetzt werden.

Asynchrone Abfragen einsetzen

Nach dem Absenden einer asynchronen Abfrage kann im Gegensatz zu normalen, synchronen Abfragen im Programm weitergearbeitet werden. Dies bedeutet, dass die Prozedur nicht angehalten ist, solange die Abfrage auf dem Server ausgeführt wird. Für eine asynchrone Abfrage gibt es die Konstante „dbRunAsync".

```
Dim dbVerbindung As Connection
Set dbVerbindung = OpenConnection("", dbDriverRequired, False, _
    "ODBC;DSN= VerkaufDB;DATABASE= Verkauf;UID=Koala;PWD=1234;")
dbVerbindung.Execute "Abfrage3", dbRunAsync

'oder

Dim dbDatenB As DataBase
Dim dtRec As Recordset
```

```
Set dbDatenB = OpenDatabase("", dbDriverRequired, False, _
    "ODBC;DSN=VerkaufDB;DATABASE=Verkauf;UID=Koala;PWD=1234;")
Set dtRec=dbDatenB.OpenRecordset("Namen",dbOpenDynaset, dbRunAsync)
```

Es kann gleichzeitig immer nur eine asynchrone Abfrage auf dem Server verarbeitet werden. Um zu erfahren, ob die nächste Abfrage gestartet werden kann, überprüfen Sie die Eigenschaft „StillExecuting" des „Connection"- oder „Recordset"-Objekts, von dem aus die Abfrage ausgeführt wurde.

Asynchrone Abfragen können auch abgebrochen werden. Dazu müssen Sie die Methode „Cancel" aufrufen. Wenn Sie eine Abbruchmöglichkeit in Ihren Code einfügen, sollten Sie dies immer innerhalb einer Transaktion durchführen. Ansonsten kann es zu Dateninkonsistenz kommen.

```
dwBereich.BeginTrans
If dbVerbindung.StillExecuting Then
  dbVerbindung.Cancel
  dwBereich.Rollback
else
  dwBereich.CommitTrans
End If
```

14 Datenzugriff über ActiveX Data Objects

Sobald Sie mit Access-Projektdateien (ADP) arbeiten möchten, können Sie DAO nicht mehr einsetzen, sondern benötigen ADO. Dasselbe gilt für den Zugriff auf andere Daten, die nicht in der Access-Datenbank gespeichert sind.

ADO ist die Abkürzung für Microsoft ActiveX Data Objects. Sie werden ADO immer dann benötigen, wenn über OLE DB programmtechnisch auf Daten zugegriffen wird. Access-Projekte und MS SQL Server-Tabellen erfordern daher immer ADO. Mit ADO wird es einer Client-Anwendung ermöglicht, über einen OLE DB-Provider auf Daten zuzugreifen und Daten zu ändern. ADO ist somit eine Codeschicht, die über die OLE DB-Spezifikation gebaut ist. Die Objekte von ADO ähneln stark den Objekten des grundlegenden OLE DB Providers.

Hinweis: ADO können Sie sowohl in Access-Projektdateien (ADP) als auch in Access-Datenbanken (MDB) einsetzen. Damit können Sie einen identischen Programmcode für den Zugriff auf MS SQL Server-Datenbanken und auf MS Jet-Datenbanken erreichen.

Mithilfe von ADO wird die Verbindung zwischen einer Anwendung und deren Daten hergestellt. Die Anwendung muss nicht wissen, wie die Daten aufgebaut sind und wo sie sich befinden. ADO versteckt die Details der niederen Schichten, wie die des OLE DB Providers, verschiedener SQL-Dialekte und sogar die des Treibers. Da ADO den grundsätzlichen Leistungsumfang von DAO und RDO besitzt, wird es diese über kurz oder lang ersetzen.

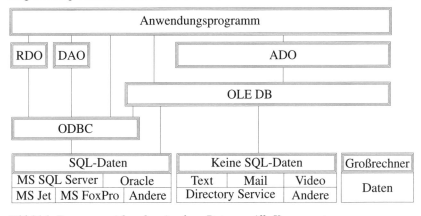

Bild 14.1: Zusammenwirken der einzelnen Datenzugriffs-Komponenten

14.1 Die drei Objektmodelle von ADO

Während DAO über ein Objektmodell verfügt, ist ADO in drei getrennte Objektmodelle aufgeteilt. Bei DAO verbirgt sich die gesamte Funktionalität in nur einem Objektmodell. ADO ist bewusst in drei Modelle gegliedert. Da nicht jede Anwendung die gesamte Funktionalität benötigt, konnte durch diese Aufteilung bei ADO eine Verkleinerung des Overheads erreicht werden. Hiermit wird bewirkt, dass weniger Information in den Speicher geladen werden muss. Es ergeben sich damit Geschwindigkeitsvorteile von ADO gegenüber DAO.

Um auf Daten einer Datenbank zugreifen zu können, verwenden Sie Datenzugriffsobjekte. Diese sind in einer hierarchischen Struktur angeordnet. Bei DAO steht in der höchsten Ebene das „DBEngine"-Objekt. Alle weiteren Objekte sind davon abgeleitet. Das entsprechende Objekt heißt bei ADO „Connection". Von dem „Connection"-Objekt sind jedoch nicht wie bei DAO alle weiteren Objekte abgeleitet. Diese Unterschiede werden nachfolgend aufgezeigt.

Das Objektmodell von ADO

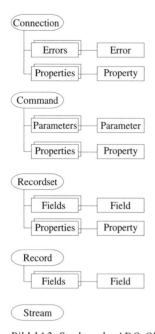

Bild 14.2: Struktur der ADO-Objekte

ADO besteht aus drei getrennten Objektmodellen. Da nicht jede Anwendung die gesamte Funktionalität benötigt, wurde bei ADO durch diese Aufteilung eine Verkleinerung des Overheads erreicht, wodurch Speicher gespart wird. Diese drei Objektmodelle von ADO lauten:

- ADO (ADODB)

- Microsoft ADO Extensions for DDL and Security (ADOX)

- Microsoft Jet and Replication Objects (JRO)

Es stehen in ADO Objekte zur Verfügung, mit deren Hilfe Verbindungen zur Datenquelle hergestellt werden können, um Daten daraus zu lesen, zu aktualisieren, zu löschen oder zu ergänzen. Hierzu greift ADO auf einen installierten OLE DB Provider zu, der für die Datenschnittstelle zuständig ist. Damit braucht das Anwendungsprogramm nicht direkt OLE DB zu verwenden, was die Programmierung erheblich erleichtert.

Bei DAO ist für die Definition der Datenquelle das „Database"-Objekt zuständig gewesen. Für die Benutzersitzung wurde das „Workspace"-Objekt eingesetzt. Bei ADO ist dies anders, da sowohl die Datenquelle als auch die Benutzersitzung über das „Connection"-Objekt festgelegt wird. Es findet sich damit die Funktionalität von „Database" und „Workspace" von DAO bei ADO in dem „Connection"-Objekt zusammengefasst.

Für die Darstellung des Inhalts von Tabellen und SQL-Anweisungen heißt in ADO das Objekt genau wie in DAO, nämlich „Recordset". Um SQL-Anweisungen auszuführen, wird in DAO das „QueryDef"-Objekt benutzt. Diesem Objekt entspricht bei ADO das „Command"-Objekt. Zwar heißen die Objekte bei ADO teilweise anders als bei DAO, doch finden sich starke Ähnlichkeiten, die die Umstellung sehr erleichtern.

Das Objektmodell von ADOX

Zur Verwaltung der Datendefinitionen und der Benutzer wird das ADOX-Objektmodell benutzt. Es ist hiermit möglich, Tabellen, Indizes oder Sichten zu erstellen beziehungsweise zu ändern. Außerdem können Benutzer und Gruppen als Administrator verwaltet werden.

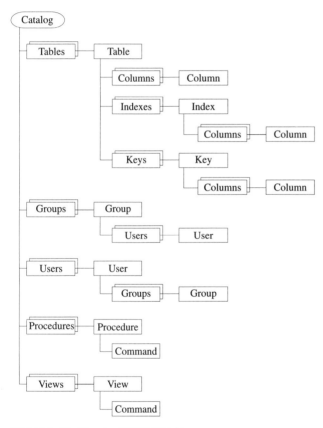

Bild 14.3: Struktur der ADOX-Objekte

Die Wurzel aller weiteren Objekte ist bei ADOX das „Catalog"-Objekt. Davon abgeleitet sind die Objekte „Tables", „Groups", „Users", „Procedures" und „Views". Den Aufbau der Tabellen bestimmen Sie über die „Tables"-Auflistung, während für die Sichten die „Views"-Auflistung zum Einsatz kommt. Für die Benutzerverwaltung dienen die Auflistungen

„Groups" und „Users". Speziell für die gespeicherten Prozeduren in einem Access-Projekt gibt es die „Procedures"-Kollektion.

Dieser ADOX-Aufbau unterscheidet sich von dem von DAO. Bei DAO enthält das „Database"-Objekt die Datendefinitions-Auflistungen und das „Workspace"-Objekt die Benutzerverwaltungs-Kollektionen. Bei ADOX ist dies anders, da sowohl die Datendefinition als auch die Benutzerverwaltung unter dem „Catalog"-Objekt aufgehängt sind.

Ganz so unterschiedlich ist ADOX zu DAO jedoch auch nicht. Die nachfolgende Tabelle zeigt Ihnen das Äquivalent zwischen ADOX und DAO.

Tabelle 14.1: Entsprechende Objekte bei ADOX und DAO

ADOX	DAO
Table	TableDef
Index	IndexDef
Column	Field

Das Objektmodell von JRO

Für die Verwaltung der Replikation einer MS Jet-Datenbank und nur für diese gibt es das JRO-Objektmodell. Andere Datenbanken als MS Jet-Datenbanken können mit JRO nicht bearbeitet werden. Diese Einschränkung gilt für ADO und ADOX natürlich nicht, die beliebige Datenquellen über OLE DB ansprechen können. JRO verfügt über Objekte, Eigenschaften und Methoden, um Replikate zu erstellen, zu ändern oder eine Synchronisation auszuführen.

Zusätzlich zur Verwaltung von Replikaten stehen spezielle Funktionen in JRO zur Verfügung, mit deren Hilfe MS Jet-Datenbanken repariert und komprimiert werden können.

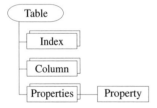

Bild 14.4: Struktur der JRO-Objekte

Ein erstes kleines Beispiel

Der Zugriff auf die Inhalte einer Datenbank erfolgt in VBA über Datenzugriffsobjekte. Der Basic-Sprachschatz bietet aber keinen direkten Zugriff auf Tabellen, Abfragen, Sichten, gespeicherte Prozeduren etc. Deshalb werden in VBA spezielle Datenbankobjekte als Typ definiert.

Mit Datenzugriffsobjekten können unter anderem Daten gelesen, geändert und gelöscht sowie sortiert und gesucht werden. Zudem ist es möglich, neue Tabellen und Abfragen zu erstellen. Dazu werden Objektvariablen dieser Objektdatentypen gebildet.

Über Objektdatentypen lassen sich Objektvariablen festlegen, die durch spezielle Eigenschaften und Methoden den Zugriff auf Datenfelder erlauben. Da ADO-Objekte häufig ähnlich wie DAO-Objekte heißen, sollten Sie sich am besten angewöhnen, vor allen Objektvariablen bei ADO „ADODB." und bei DAO „DAO." zu schreiben. Mit diesen Zusätzen ist die eindeutige Unterscheidung wesentlich einfacher.

Die nachfolgende Funktion „fktMitarbeiterNameLesenADO" zeigt Ihnen eine kleine Anwendung von Objektvariablen. Hierbei werden Felder eines Datensatzes einer Tabelle ausgelesen, zusammengefügt und als Rückgabewert verwendet. Zu Beginn werden Objektvariablen für den Arbeitsbereich der Datenbank und der Tabelle definiert.

Nachdem die Objektvariable der aktuellen Datenbank zugewiesen wurde, wird die Tabelle „Mitarbeiter" geöffnet. Hierdurch entsteht die Möglichkeit, auf die Felder und Methoden dieser Tabelle zugreifen zu können, die zum Beispiel ein Positionieren ermöglichen. Die Funktion „fktMitarbeiterNameLesenADO" beschränkt sich jedoch darauf, die Feldinhalte „Nachname", „Vorname" und „Gehalt" des ersten Datensatzes zu lesen und zu einer Zeichenkette zu verknüpfen. Diese Zeichenfolge stellt anschließend den Rückgabewert der Funktion dar.

Wenn Sie diese Funktion ausprobieren möchten, geben Sie den Funktionsnamen „fktMitarbeiterNameLesenADO" mit Klammerpaar und einem davor gestellten Fragezeichen in das Direktfenster ein und schließen die Zeile mit <Enter> ab.

Wichtig ist es noch zu erwähnen, dass sowohl der Rückgabewert der Funktion als auch die Variable „MName", die zum Zwischenspeichern verwendet wird, vom Datentyp „Variant" sind. Hiermit kann verhindert werden, dass bei einem Feldinhalt von „Null" ein Laufzeitfehler entsteht.

Um auf die aktuelle Datenbank zu verweisen, wird die Eigenschaft „CurrentProject.Connection" benutzt. Zum Öffnen eines Recordsets steht die Methode „Open" zur Verfügung, die neben dem Tabellennamen das „Connection"-Objekt und die Art des Zugriffs benötigt.

```
'***************** Firma.MDB *********************
'*********** Modul: ADO Beispiele *******************
' Funktion liest die Felder Nachname, Vorname und Gehalt
' der Tabelle "Mitarbeiter"
Function fktMitarbeiterNameLesenADO() As Variant
  Dim cnn As New ADODB.Connection
  Dim rst As New ADODB.Recordset
  Dim MName As Variant

  Set cnn = CurrentProject.Connection
  rst.Open "Mitarbeiter", cnn, adOpenDynamic

  MName = rst!Nachname & " " & rst!Vorname
  MName = MName & " " & Format(rst!Gehalt, "currency")
  fktMitarbeiterNameLesenADO = MName
  rst.Close
  cnn.Close
End Function
```

Ergebnis:
Mahler   Wolfgang   4.700,00 Euro

Dieses kleine Beispiel sollte als Einstieg in ADO dienen. In den folgenden Abschnitten dieses Kapitels wird auf die einzelnen Objektvariablen noch um einiges genauer eingegangen.

14.2 Die Datenbank für den Datenzugriff öffnen

Bevor auf Tabellen und Abfragen mit ADO zugegriffen werden kann, ist die Datenbank bekannt zu geben, in der diese Datenbankobjekte gespeichert sind.

Einen Verweis auf die aktuelle Datenbank erstellen

Die grundsätzliche Festlegung, mit welcher Datenbank gearbeitet werden soll, geschieht in ADO durch das „Connection"-Objekt. Dazu wird eine Objektvariable mit diesem Objekttyp durch die „Dim"-Anweisung definiert.

Durch die Verwendung des Schlüsselworts „New" bei der Definition von Objektvariablen wird eine neue Instanz des Objektes erstellt. Eine Objektvariable für das „Connection"-Objekt wird damit über die nachfolgende Befehlszeile festgelegt:

```
Dim cnn As New ADODB.Connection
```

Um anschließend auf die aktuelle Datenbank zugreifen zu können, verwenden Sie die Eigenschaft „Connection" von „CurrentProject". Zusammen mit der „Set"-Anweisung wird die Objektvariable richtig belegt:

```
Dim cnn As New ADODB.Connection

Set cnn = CurrentProject.Connection
```

Einen Verweis auf eine andere als die aktuelle Datenbank erstellen

Die Programmierung mit ADO hebt die Einschränkung der Access-Oberfläche auf, dass nur mit einer Datenbank gearbeitet werden kann. Wegen dem Öffnen einer anderen als der aktuellen Datenbank braucht die aktuelle Datenbank nicht geschlossen zu werden, wie Sie dies von der Access-Oberfläche her kennen. Sobald auf eine andere als die aktuelle Datenbank zugegriffen werden soll, erfolgt die Zuordnung durch die Methode „Open".

Nachdem die Objektvariable vom Typ „Connection" über „Dim" definiert ist, findet die Zuordnung durch „Set" und die Methode „Open" statt. Bei der Methode „Open" des „Connection"-Objektes muss die Art der Datenbank festgelegt werden. Sie müssen daher neben dem Namen der Datenbank immer auch den Typ der Datenbank angeben. Dies erfolgt über die Nennung des Namens des OLE DB Providers. Um die MS Jet von Access zu nutzen, würden Sie als Zeichenfolge des OLE DB Providers „Provider=Microsoft.Jet.OLEDB.4.0" schreiben.

Das folgende Beispiel setzt voraus, dass sich die Datenbank im aktuellen Verzeichnis befindet. Wenn dies nicht der Fall ist, erhalten Sie von Access eine entsprechende Fehlermeldung und einen Programmabbruch, den Sie allerdings durch eine Fehlerbehandlung unterbinden können:

```
Dim cnn As New ADODB.Connection

    cnn.Open "Provider=Microsoft.Jet.OLEDB.4.0;" & _
        "Data Source=.\Firma.MDB;"
```

Hinweis: Liegt eine Datenbank im aktuellen Verzeichnis, so nennen Sie die Zeichenfolge ".\" innerhalb des „ConnectionString" vor dem Datenbanknamen.

Die Methode „Open" öffnet eine bereits bestehende Datenbank. Die vollständige Syntax der Methode „Open" des „Connection"-Objektes lautet folgendermaßen:

    Connection.Open ConnectionString, UserID, Password, Options

Tabelle 14.2: Parameter der Methode „Open" des Connection-Objektes

Parameter	Kurzbeschreibung
ConnectionString	Enthält die Verbindungszeichenfolge, die den OLE DB Provider und den Namen der Datenbank spezifiziert.
UserID	Legt optional den Namen eines Benutzers als Zeichenfolge fest.
Password	Gibt optional ein Kennwort für den Verbindungsaufbau vor.
Options	Bestimmt über Konstanten, ob die Verbindung synchron oder asynchron aufgebaut wird.

Der wichtigste Parameter, den Sie zum Öffnen einer Datenbank benötigen, ist der Parameter „ConnectionString". Er enthält die Informationen, die zum Einrichten einer Verbindung zu einer Datenquelle benutzt werden. Sie übergeben damit eine Zeichenfolge, die eine Reihe von durch Semikolons getrennten Argumenten enthält.

Hinweis: Ein Argument eines „ConnectionString" wird vom nächsten Argument durch einen Strichpunkt abgeschlossen. Der Aufbau des „ConnectionString" hängt von der Art des OLE DB-Providers ab. Je nach Provider kann die Zeichenfolge daher unterschiedlich aussehen.

Tabelle 14.3: Grundsätzliche Argumente eines „ConnectionString"

Argument	Kurzbeschreibung
Provider=	Bestimmt den Namen des OLE DB Providers.
Data Source=	Legt den Namen der Datenbank beziehungsweise der Datenquelle fest.
Remote Provider=	Gibt bei Remote Data Service den Namen eines Providers beim Öffnen einer clientbasierten Verbindung vor.

Argument	Kurzbeschreibung
Remote Server=	Bestimmt bei Remote Data Service den Namen des Servers beim Öffnen einer clientbasierten Verbindung.

Wenn Sie nicht sicher sein können, dass sich die Datenbank in dem aktuellen Verzeichnis befindet, kann der Datenbankname auch zusammen mit einer Pfad- und einer Laufwerksangabe geschrieben werden.

Eine MS Jet-Datenbank exklusiv öffnen

Um eine MS Jet-Datenbank exklusiv zu öffnen, wird entweder der Parameter „Mode" an den „ConnectionString" zusammen mit der Konstanten „adModeShareExclusive" angehängt oder der Eigenschaft „Mode" des „Connection"-Objektes wird die Konstante „adModeShareExclusive" zugewiesen. Das exklusive Öffnen ist zum Beispiel dann sinnvoll, wenn Änderungen an dem Tabellenaufbau vorgenommen werden sollen.

```
Dim cnn As New ADODB.Connection
cnn.Open "Provider=Microsoft.Jet.OLEDB.4.0;" & _
    "Data Source=.\Firma.mdb;" & _
    "Mode=" & adModeShareExclusive

' oder

Dim cnn As New ADODB.Connection
 cnn.Mode = adModeShareExclusive
 cnn.Open "Provider=Microsoft.Jet.OLEDB.4.0;" & _
    "Data Source=.\ Firma.mdb;"
```

Eine MS Jet-Datenbank schreibgeschützt öffnen

Sollen keine Änderungen an der Datenbank erlaubt werden, ist es zweckmäßig, diese nur zum Lesen zu öffnen. Die Realisierung erfolgt wie beim exklusiven Öffnen über den Parameter „Mode", der für einen Schreibschutz mit der Konstanten „adModeRead" belegt wird. Dabei kann entweder der „ConnectionString" oder die Eigenschaft „Mode" besetzt werden.

```
Dim cnn As New ADODB.Connection
cnn.Open "Provider=Microsoft.Jet.OLEDB.4.0;" & _
    "Data Source=.\Firma.mdb;" & _
    "Mode=" & adModeRead

' oder

Dim cnn As New ADODB.Connection
cnn.Mode = adModeRead
cnn.Open "Provider=Microsoft.Jet.OLEDB.4.0;" & _
    "Data Source=.\ Firma.mdb;"
```

Unterschied zwischen den Eigenschaften „Connection" und „AccessConnection"

In diesem Abschnitt wurde zu Beginn die „Connection"-Eigenschaft von „CurrentProject" eingeführt, mit der Sie eine Verbindung zur aktuellen Datenbank erhalten. Es wird dabei der Microsoft Jet OLEDB Provider verwendet. Der Inhalt der Eigenschaft „Connection" könnte zum Beispiel folgendermaßen aussehen:

> Provider=Microsoft.Jet.OLEDB.4.0;Data Source=F:\Eigene Dateien\Basicprg.mdb

Sie sollten diese Eigenschaft immer dann einsetzen, wenn Sie mit dem JRO- oder mit dem ADOX- Objektmodell arbeiten, und wenn Sie auf einen Index zugreifen, wie dies zum Beispiel bei der „Seek"-Methode der Fall ist.

Die Eigenschaft „AccessConnection" von „CurrentProject" ist neu in Access 2002. Sie liefert einen Verbindungsstring mit zwei OLEDB-Providern. Der Jet OLEDB-Provider (Microsoft.Jet.OLEDB.4.0) wird als Daten-Provider und der neue Microsoft Access 10 OLEDB-Provider als Service-Provider benutzt.

> Provider=Microsoft.Access.OLEDB.10.0;Data Source=F:\Eigene Dateien\Basicprg.mdb;User ID=Admin;Data Provider= Microsoft.Jet.OLEDB.4.0

Wenn Sie ADO-Recordsets erstellen, die an Formulare gebunden sind, empfiehlt Microsoft den Einsatz der Eigenschaft „AccessConnection". Formulare können nämlich nur dann aktualisiert werden, wenn der Microsoft Access 10 OLEDB-Provider verwendet wird.

Das eben Gesagte gilt nur für Access-Datenbanken (MDB). Bei Access-Projekten (ADP) gibt es keinen Unterschied zwischen den beiden Eigenschaften „Connection" und „AccessConnection". Beide enthalten einen Verbindungsstring mit dem SQL Server OLEDB-Provider als Datenlieferer und dem Microsoft Access 10 OLEDB-Provider als Service-Provider.

> Provider=Microsoft.Access.OLEDB.10.0;Persist Security Info=True;Data Source=Galah;User ID=sa;Password="";Initial Catalog=Firma;Data Provider=SQLOLEDB.1

Objektvariable schließen

Wird eine Datenbank für die Verarbeitung nicht mehr benötigt, sollte sie durch die Methode „Close" geschlossen werden. Eine Objektvariable des Typs „Connection" besitzt diese Methode automatisch, sobald die Variable definiert wird. Wenn Sie die Methode „Close" auf die aktuelle Datenbank ausführen, wird zwar diese Objektvariable, nicht aber die aktuelle Datenbank selbst geschlossen:

> cnn.Close

Es ist zwar nicht unbedingt erforderlich, eine Datenbank zu schließen, da durch das Entfernen der Objektvariablen, die sich auf diese Datenbank beziehen, die Datenbank von Access selbstständig geschlossen wird, doch sollten Sie diese Arbeit aus Gründen des guten Programmierstils trotzdem durchführen. Objektvariablen werden von ihrer Gültigkeit wie gewöhnliche Variable behandelt. Wurde eine Objektvariable innerhalb einer Funktion oder Prozedur mithilfe der „Dim"-Anweisung erzeugt, wird die Variable beim Ende der Funktion oder Prozedur entfernt.

Hinweis: Wenn versucht wird, eine Objektvariable zu schließen, obwohl noch andere davon abgeleitete Objekte verwendet werden, entsteht ein Laufzeitfehler.

Besondere Optionen der MS Jet-Datenbank einstellen

Es gibt eine Reihe von Optionen die für die MS Jet-Datenbank eingestellt werden können, die unter anderem Auswirkungen auf das Geschwindigkeitsverhalten haben. Üblicherweise werden die Voreinstellungen der MS Jet-Datenbank genutzt, die in der Windows-Registrierungs-datenbank \HKEY_LOCAL_MACHINE\Software\Microsoft\Jet hinterlegt sind.

Diese Einstellungen können zeitweise überschrieben werden, indem sie gleich beim Öffnen der Datenbank beim „ConnectionString" mit angegeben werden. Die Option ist somit vor dem Öffnen der Datenbank festzulegen. Alternativ dazu kann die Einstellung über die Methode „Properties" des „Connection"-Objektes vorgenommen werden.

Tabelle 14.4: Konstanten zum Einstellen von Datenbank-Optionen

Konstante	Konstante
Jet OLEDB:Page Timeout	Jet OLEDB:Max Buffer Size
Jet OLEDB:Shared Async Delay	Jet OLEDB:Max Locks Per File
Jet OLEDB:Exclusive Async Delay	Jet OLEDB:Lock Delay
Jet OLEDB:Lock Retry	Jet OLEDB:Recycle Long-Valued Pages
Jet OLEDB:User Commit Sync	Jet OLEDB:Flush Transaction Timeout
Jet OLEDB:Implicit Commit Sync	

Das nachfolgende Beispiel überschreibt die Einstellung „Page Timeout" der MS Jet-Datenbank und öffnet anschließend die Datenbank.

```
Dim cnn As New ADODB.Connection

cnn.Provider = "Microsoft.Jet.OLEDB.4.0;"
cnn.Open ".\Firma.mdb"
cnn.Properties("Jet OLEDB:Page Timeout") = 6000
```

14.3 Auf Daten zugreifen

Nach dem Öffnen einer Datenbank durch das Definieren und Zuweisen der Objektvariablen „Connection" kann auf die in der Datenbank enthaltenen Tabellen, Abfragen, Sichten und gespeicherten Prozeduren zugegriffen werden. Hierzu legen Sie Objektvariablen vom Typ „Recordset" an. Um ein Recordset zu erstellen, wird dessen „Open"-Methode benutzt:

```
recordset.Open Source, ActiveConnection, CursorType, LockType, Options
```

Über diese Methode können Tabellen geöffnet, doch keine neuen Tabellen erzeugt werden.

Tabelle 14.5: Parameter der Methode „Open" des Objekts „Recordset" bei ADO

Parameter	Kurzbeschreibung
Source	Name der Tabelle, Abfrage, Sicht oder SQL-Anweisung
ActiveConnection	Verweis auf ein „Connection"-Objekt oder „ConnectionString"
CursorType	Zulässiger Datentyp
LockType	Legt das Sperrverfahren fest.
Optionen	Ermöglicht weitere Optionen wie zum Beispiel den direkten Zugriff auf Tabellen.

Cursor-Arten

Die verschiedenen Cursor-Arten legen die Möglichkeiten des Zugriffs auf die Daten fest. Auf diese Weise kann unter anderem zwischen Nur-Lesen und Schreiben unterschieden werden.

- Ein dynamischer Cursor („adOpenDynamic") ermöglicht das Anzeigen, Ändern und Löschen. Es sind auch Änderungen von anderen Benutzern sichtbar.

- Ein Cursor vom Typ „Schlüsselgruppe" („adOpenKeyset") ähnelt dem dynamischen Cursor, doch sind Änderungen, die andere Benutzer ausführen, nicht sichtbar.

- Ein statischer Cursor („adOpenStatic") zeigt eine Momentaufnahme des Datenbestands. Daten können nicht geändert werden.

- Ein Cursor vom Typ „Vorwärts" („adOpenForwardOnly") entspricht einem statischen Cursor mit dem Unterschied, dass Blättern nur in Vorwärtsrichtung möglich ist. Dergestalt ist eine Geschwindigkeitsoptimierung des Programms möglich.

14.3.1 Verschiedene Cursor-Arten einsetzen

Anschließend werden die beiden meist verwendeten Cursor-Arten genauer beschrieben, wobei der dynamische Cursor noch gegliedert wird, ob direkt auf eine Tabelle oder auch auf Abfragen zugegriffen werden soll.

Auf eine Tabelle direkt zugreifen

Eine Tabelle liefert eine aktuelle Ansicht der Daten. Sämtliche Änderungen oder Ergänzungen, die an dem Datenbestand vorgenommen werden, spiegeln sich sofort wider. Da sich jede Benutzereinwirkung direkt bemerkbar macht, können sich die Anzahl der Datensätze und deren Inhalte fast beliebig ändern.

Wie Sie bestimmt wissen, beschleunigen Indizes das Sortieren und Suchen in einer Tabelle. Damit ein solcher Index auch in ADO eingesetzt werden kann, müssen Sie einen Recordset vom Typ „adOpenDynamic" erstellen und zusätzlich dem „Options"-Parameter die Konstante „adCmdTableDirect" übergeben. Diese Möglichkeit besteht nur für MS Jet-Tabellen, die direkt in der Datenbank gespeichert sind, jedoch nicht für verknüpfte Tabellen oder Abfragen.

```
Dim cnn As New ADODB.Connection
```

```
Dim rst As New ADODB.Recordset

Set cnn = CurrentProject.Connection
rst.Open "Mitarbeiter", cnn, CursorType = adOpenDynamic, , Options = adCmdTableDirect
```

Hinweis: Im Gegensatz zu DAO ist es bei ADO nicht möglich, ein Recordset exklusiv zu öffnen. Es existiert kein Gegenstück zu den beiden Konstanten „dbDenyRead" und „dbDenyWrite", die Sie der DAO- Methode „OpenRecordset" übergeben können.

Auf einen dynamischen Cursor zugreifen

Um auf Tabellen, verknüpfte Tabellen, Abfragen oder Sichten zuzugreifen, eignet sich ein dynamischer Cursor. Hierbei muss allerdings die Einschränkung in Kauf genommen werden, dass die Datenansicht nicht immer völlig aktuell ist. Ein dynamischer Cursor enthält im Gegensatz zu einer Tabelle nicht alle Neuerungen, da zwar der Inhalt der Felder aktualisiert wird, aber Datensätze, die von anderen neu angefügt oder gelöscht werden, nicht in das bereits erstellte Recordset übernommen werden.

Die Anzahl der Datensätze ändert sich daher ab dem Zeitpunkt der Erstellung des Recordset nicht mehr. Werden innerhalb der dem Recordset zugrunde liegenden Tabelle ganze Datensätze gelöscht, erhalten diese Sätze nur den Eintrag „Null", werden aber nicht als Datensatz entfernt. Neue Datensätze werden zwar sofort in die Tabelle übernommen, erscheinen jedoch erst dann, wenn das Recordset geschlossen und erneut erstellt wird.

Ein dynamischer Cursor erlaubt es, Daten zu sortieren und mit Filterbedingungen zu versehen. Es ist außerdem möglich, eine Kopie einer bestehenden Recordset-Objektvariablen gleichen Typs anzulegen. Dadurch stehen Ihnen zum Beispiel weitere Sortier- und Filtervorgänge zur Verfügung.

Eine Änderung an den Daten im Recordset führt direkt zu einer Änderung in den beteiligten Tabellen. Basiert der dynamische Cursor auf einer Abfrage oder Sicht, die mehrere Tabellen enthält, erfolgt in diesen Tabellen ebenfalls die entsprechende Änderung.

Um einen dynamischen ADO-Cursor zu erzeugen, wird wiederum die Methode „Open" des Recordset-Objektes benutzt.

```
Dim cnn As New ADODB.Connection
Dim rst As New ADODB.Recordset

Set cnn = CurrentProject.Connection
rst.Open "Mitarbeiter", cnn, adOpenDynamic
```

Wenn Sie möchten, können Sie den Code noch um zwei Zeilen verkürzen. Hierzu nennen Sie das „Connection"-Objekt direkt bei der „Open"-Methode.

```
Dim rst As New ADODB.Recordset

rst.Open "Mitarbeiter", CurrentProject.Connection, adOpenDynamic
```

Als Grundlage kann auch eine Abfrage, eine Sicht in einem Access-Projekt oder direkt der SQL-Code dienen. An Stelle des Tabellennamens wird dann entweder die Abfrage- oder Sichtbezeichnung beziehungsweise der SQL-Befehl als Zeichenkette angegeben.

Zum Zeitpunkt der Erstellung des Recordset wird der der Abfrage oder der Sicht zugrunde liegende SQL-Code ausgeführt. Falls die Abfrage oder Sicht nicht existiert, entsteht ein Laufzeitfehler. Wenn Sie mit Abfragen, Sichten oder SQL-Anweisungen arbeiten, wird das Programm erst fortgesetzt, wenn der SQL-Befehl den ersten Datensatz zurückgibt:

```
Dim rst As New ADODB.Recordset

rst.Open "[Mitarbeiter + Abt]", CurrentProject.Connection, adOpenDynamic
```

Wenn Sie direkt den SQL-Code angeben, müssen Sie beachten, dass der SQL-Code immer nach dem SQL-ANSI-Standard verwendet werden muss egal ob Sie mit einer MS Jet- oder einer MS SQL Server-Datenbank arbeiten. Dies bedeutet zum Beispiel, dass die SQL-Zeile nicht wie sonst in Access durch einen Strichpunkt abgeschlossen wird und der Platzhalter „*" durch „%" zu ersetzen ist.

```
Dim rst As New ADODB.Recordset
Dim sSQL As String
...
sSQL = " SELECT * FROM Mitarbeiter WHERE (Nachname LIKE 'M%')"
rst.Open sSQL, CurrentProject.Connection, adOpenDynamic
```

Auf einen statischen Cursor zugreifen

Ein statischer ADO-Cursor basiert genauso wie der dynamische Cursor auf einer Tabelle, einer verknüpften Tabelle einer Abfrage oder Sicht. Der grundsätzliche Unterschied liegt in der Unveränderbarkeit der resultierenden Daten, da zum Zeitpunkt der Entstehung eine Abbildung des Datenbestandes vorgenommen wird.

Der Recordset dieses Cursortyps eignet sich besonders in Fällen, in denen eine Datenauswertung – wie zum Beispiel bei Berichten – vorgenommen werden soll, aber keine Änderung am Datenbestand stattfindet. Durch den Einsatz von Aggregatfunktionen können Sie zusammenfassende Informationen aller Datensätze einer Tabelle erhalten. Dies kann zum Beispiel zur Berechnung der Summe, des Mittelwerts oder der Varianz dienen.

Einen statischen Cursor definieren Sie über die „Open"-Methode des Recordset-Objektes mit der Konstanten „adOpenSnapshot".

```
Dim rst As New ADODB.Recordset

rst.Open "Mitarbeiter", CurrentProject.Connection, adOpenSnapshot
```

14.3.2 Die Daten einer Tabelle oder einer Abfrage lesen

Mithilfe der Objektvariablen vom Typ „Recordset" kann auf die Datenfelder einer Tabelle, einer Abfrage beziehungsweise einer Sicht, die in einer MS SQL Server-Datenbank gespeichert ist, zugegriffen werden. Hierzu werden neben der Objektvariablen der Trennungsoperator „!" und der Feldname benötigt. Als Ergebnis erhalten Sie den Feldinhalt des aktuellen Datensatzes.

Um sicherzugehen, dass der Feldinhalt nicht „Null" ist, wird dieser über die Funktion „Is-Null" überprüft. Diese Überprüfung auf „Null" ist erforderlich, da ansonsten bei der Übergabe an einen String ein Laufzeitfehler entstehen würde.

```
'**************** Firma.MDB *********************
'*********** Modul: ADO Beispiele ******************
' Funktion liest das Feld "Vorname" der Tabelle "Mitarbeiter"
Function fktVornameLesenADO() As String
  Dim cnn As New ADODB.Connection
  Dim rst As New ADODB.Recordset
  Dim vFeldinhalt As Variant

  Set cnn = CurrentProject.Connection
  rst.Open "Mitarbeiter", cnn, adOpenDynamic, , adCmdTableDirect

  vFeldinhalt = rst![Vorname]
  If IsNull(vFeldinhalt) Then
    fktVornameLesenADO = ""
  Else
    fktVornameLesenADA = vFeldinhalt
  End If

  rst.Close
  cnn.Close
End Function
```

Als alternative Schreibweise für die Feldbezeichnung können Sie auch runde Klammern zusammen mit Anführungszeichen verwenden. Das Ergebnis bleibt natürlich dasselbe: es wird das Datenfeld gelesen.

```
vFeldinhalt = rst("Vorname")
```

14.4 Datensatzzeiger sequenziell oder über den Index positionieren

Beim Zugriff auf ein Feld einer Tabelle, Abfrage oder Sicht wird immer der aktuelle Datensatz gelesen. Um mit anderen Datensätzen des Recordsets arbeiten zu können, ist eine Positionierung erforderlich. Eine Positionierung ist auch dann notwendig, wenn der aktuelle Datensatz nicht ein Datensatz ist, der einen verwertbaren Inhalt aufweist. Zudem könnte die momentane Position vor dem ersten oder nach dem letzten Datensatz liegen.

Den Datensatzzeiger sequenziell positionieren

Es existieren die folgenden vier Methoden für den Recordset, um die Einstellung des aktuellen Datensatzes auf die erste oder die letzte Position, auf einen Datensatz weiter oder zurück zu ermöglichen.

Tabelle 14.6: Positionierungsmethoden

Methode DAO und ADO	Kurzbeschreibung
MoveFirst	Positioniert auf den ersten Datensatz.
MoveLast	Positioniert auf den letzten Datensatz.
MoveNext	Positioniert um einen Datensatz weiter.
MovePrevious	Positioniert um einen Datensatz zurück.

Während des Positionierens in der Tabelle ist immer darauf zu achten, dass weder der Anfang noch das Ende der Tabelle überschritten wird. Um zu überprüfen, ob die aktuelle Position vor dem ersten Datensatz liegt, wird die Eigenschaft „BOF" auf den Wert „True" abgefragt. Falls die Eigenschaft diesen Wert besitzt und somit der aktuelle Datensatz vor dem ersten erlaubten steht, darf mit der Methode „MovePrevious" nicht mehr zurück positioniert werden, da ansonsten ein Fehler auftritt.

Entsprechend verhält es sich mit einem Datensatz hinter dem letzten Datensatz, der durch den Wert „True" in der Eigenschaft „EOF" erkennbar ist. In diesem Fall darf die Methode „MoveNext" nicht mehr eingesetzt werden. Ein Sonderfall tritt ein, wenn sowohl die Eigenschaft „EOF" als auch „BOF" den Wert „True" enthalten. In diesem Fall ist kein Datensatz vorhanden. Dann dürfen die Postionierungsmethoden nicht verwendet werden.

Das nächste Beispiel zeigt Ihnen, wie mithilfe einer „Do...Until"-Schleife und der Methode „MoveNext" durch die gesamte Tabelle gewandert wird. Sobald der aktuelle Datensatz die Eigenschaft „EOF" aufweist, enthält dieser Satz keinen gültigen Wert mehr. In diesem Beispiel wird direkt ein SQL-Code verwendet. Die Methode „MoveFirst", die vor der Schleife aufgerufen wird, ist nicht unbedingt nötig, da der Satzzeiger nach dem Öffnen des Recordset immer auf dem ersten Datensatz steht.

```
'***************** Firma.MDB ********************
'*********** Modul: ADO Beispiele ***************
' Funktion liest alle Datensätze
' der Tabelle "Mitarbeiter" von vorne nach hinten
Function fktMitarbeiterVorwärtsLesenADO()
  Dim cnn As New ADODB.Connection
  Dim rst As New ADODB.Recordset

  Set cnn = CurrentProject.Connection
  rst.Open "SELECT Nachname,Vorname FROM Mitarbeiter", cnn, adOpenDynamic

  rst.MoveFirst
  Do Until rst.EOF
    Debug.Print rst!Nachname,
    Debug.Print rst!Vorname
    rst.MoveNext
  Loop

  rst.Close
  cnn.Close
```

End Function

Natürlich ist das Lesen vom Tabellenende zum Tabellenanfang in ähnlicher Weise zu realisieren. Zu Beginn wird an das Ende der Tabelle über die Methode „MoveLast" gesprungen, um von dort aus schrittweise über „MovePrevious" zurück zu positionieren. Das Abbruchkriterium für den Tabellenanfang ist die Eigenschaft „BOF" des Objekts „Recordset":

```
'***************** Firma.MDB *********************
'*********** Modul: ADO Beispiele ****************
' Funktion liest alle Datensätze
' der Tabelle "Mitarbeiter" von vorne nach hinten
Function fktMitarbeiterRückwärtsLesenADO()
 Dim cnn As New ADODB.Connection
 Dim rst As New ADODB.Recordset

 Set cnn = CurrentProject.Connection
 rst.Open "SELECT Nachname,Vorname FROM Mitarbeiter", cnn, adOpenDynamic

 rst.MoveLast
 Do Until rst.BOF
  Debug.Print rst!Nachname,
  Debug.Print rst!Vorname
  rst.MovePrevious
 Loop

 rst.Close
 cnn.Close
End Function
```

Wenn sich der aktuelle Datensatz auf „BOF" und damit vor dem ersten Datensatz oder auf „EOF" und daher nach dem letzten Datensatz befindet, enthält er keinen gültigen Wert mehr. Die Situation würde zum Beispiel in den beiden letzten Prozeduren auftauchen, wenn Sie nach dem Lesen der gesamten Tabelle nicht deren Bearbeitung beenden, sondern erneut ein Feld der Tabelle lesen. Da der aktuelle Datensatz jetzt auf „EOF" beziehungsweise „BOF" zeigt, erhalten Sie beim Versuch, ein Feld zu lesen, eine Fehlermeldung von Access.

Falls Sie im Programmablauf feststellen, dass der aktuelle Datensatz auf „BOF" oder „EOF" zeigt, muss vor einem Lesevorgang auf den ersten beziehungsweise auf den letzten Datensatz der Tabelle positioniert werden. Hierzu können Sie die Methoden „MoveFirst" beziehungsweise „MoveLast" verwenden.

Den kompletten Dateninhalt auf einmal lesen

Es gibt noch eine weitere Möglichkeit, Datensätze lesen zu können. Um den gesamten Inhalt auf einmal auszulesen, besitzt das Objekt „Recordset" die Methode „GetString". Hiermit kann erreicht werden, dass zum Beispiel alle Felder getrennt durch einen „/" aneinandergefügt werden.

```
'***************** Firma.MDB *********************
'*********** Modul: ADO Beispiele ******************
' Funktion liest alle Datensätze der Tabelle "Mitarbeiter"
' bei denen der Nachname mit M beginnt
Function fktMitarbeiter_GetStringADO()
  Dim cnn As ADODB.Connection
  Dim rst As New ADODB.Recordset

  Set cnn = CurrentProject.Connection
  rst.Open "SELECT * FROM Mitarbeiter WHERE Nachname Like 'M%'", _
      cnn, adOpenDynamic

  'Alle Datensätze aus diesem Recordset auslesen
  Debug.Print rst.GetString(adClipString, , "\")
  'Satzzeiger steht danach hinter dem letzten Satz

  rst.Close
  cnn.Close
End Function
```

Den Datensatzzeiger über den Index positionieren

Öffnen Sie eine Tabelle als Recordset mit den Parametern „adOpenDynamic" und „adCmd-TableDirect", erscheinen die Datensätze in einer ungeordneten Reihenfolge. Besteht jedoch für die Tabelle ein Index, so kann er verwendet werden. Der Index darf dabei der Primärschlüssel oder ein beliebiger anderer Index dieser Tabelle sein. Leider wird nicht von allen OLE DB-Providern die Eigenschaft „Index" unterstützt. Dies bedeutet, dass zum Beispiel beim MS SQL Server keine Unterstützung für die Eigenschaft „Index" des Recordset-Objektes stattfindet und die Eigenschaft somit nicht verwendet werden kann.

Ein Index ermöglicht es, häufig gesuchte oder sortierte Werte schnell zu finden. Diesen Index können Sie sich genauso wie den Index eines Buchs vorstellen, der Stichwörter sortiert auflistet. Einen Index anzulegen, empfiehlt sich, wenn mit seiner Hilfe Such- und Sortiervorgänge beschleunigt werden sollen. Um wie viel schneller Indizes einen Suchvorgang durchführen, hängt von den Daten und der Größe der Tabellen ab. Andererseits machen Indizes das Ändern von Daten komplizierter und langsamer. Das Datenbanksystem muss nämlich bei einem Index ohne Duplikate bei der Eingabe eines neuen Werts alle bestehenden Werte prüfen, ob nicht bereits ein Feld diesen Wert besitzt.

Ein Recordset mit den Parametern „adOpenDynamic" und „adCmdTableDirect" besitzen die Eigenschaft „Index". Ihr können Sie den Namen eines Index als Zeichenkette übergeben. Dieser Index muss bereits für die Tabelle bestehen, da ansonsten ein Laufzeitfehler entsteht. Ein Index gilt für eine Tabelle als definiert, wenn die Eigenschaft „Indiziert" bei der Felddefinition auf „Ja, (Duplikate möglich)" oder auf „Ja, (ohne Duplikate)" gesetzt wird. Der Eigenschaft „Index" übergeben Sie den Index-, nicht den Fekdnamen. Beim Primärschlüssel heißt in einer Access-Datenbank der Indexname standardmäßig „PrimaryKey".

Sobald der Objektvariablen ein Index zugewiesen wird, wird bei einer sequenziellen Positionierung durch die Tabelle die Reihenfolge der Datensätze so wiedergegeben, wie es der Index vorgibt. Das nächste Beispiel zeigt einen solchen Fall, indem die Tabelle „Projektauswertung" sortiert nach einem Index ausgegeben wird.

```
'**************** Firma.MDB *********************
'*********** Modul: ADO Beispiele ******************
' Funktion liest alle Datensätze
' der Tabelle "Projektauswertung" über den Index "PK_Projektauswertung"
Function fktProjekteVorwärtsLesenIndexADO()
 Dim cnn As New ADODB.Connection
 Dim rst As New ADODB.Recordset

 Set cnn = CurrentProject.Connection
 rst.Open "Projektauswertung", cnn, adOpenDynamic, , adCmdTableDirect
 If rst.Supports(adIndex) = True Then
  rst.Index = "PrimaryKey"
 Else
  rst.Close
  rst.Open _
   "SELECT * FROM Projektauswertung ORDER BY Mitarbeiter_nr,Projekt_nr", _
   cnn, adOpenDynamic
 End If

 rst.MoveFirst
 Do Until rst.EOF
  Debug.Print rst![Projekt_nr], rst![Beginn],rst![Aufgabe]
  rst.MoveNext
 Loop

 rst.Close
 cnn.Close
End Function
```

Da es der MS SQL Server wie zuvor beschrieben nicht erlaubt, die Eigenschaft „Index" zu besetzen, sollte immer erst überprüft werden, ob diese Eigenschaft unterstützt wird. Hierzu können Sie die Methode „Supports" des „Recordset"-Objektes zusammen mit der Konstanten „adIndex" verwenden. Nur wenn diese Methode den Wert „True" zurückliefert, darf die Eigenschaft besetzt werden. Wenn dies nicht der Fall ist, müssen Sie nach einer anderen Realisierung suchen. Im letzten Beispiel wurde dafür im „ELSE"-Zweig ein SQL-Befehl benutzt, der eine Sortierung nach dem Index vornimmt. Der Index ist in diesem Fall der aus den beiden Feldern „Mitarbeiter_nr" und „Projekt_nr" zusammengesetzte Primärschlüssel.

14.5 Datensätze ändern, hinzufügen und löschen

Um Änderungen am aktuellen Datensatz durchzuführen, verwenden Sie die Methode „Update". Soll dagegen ein neuer Datensatz angefügt werden, sind die Methoden „AddNew" und „Update" zu benutzen. Das Löschen geschieht durch die Methode „Delete".

Diese Methoden sind natürlich nur für Recordset-Objekten der Cursor-Arten möglich, die eine Änderung der Daten überhaupt erlauben.

Tabelle 14.7: Methoden zum Ändern, Anfügen und Löschen von Datensätzen

Methode	Kurzbeschreibung
AddNew	Fügt einen neuen Datensatz an.
Delete	Löscht den aktuellen Datensatz.
Edit	Lässt Änderung am aktuellen Datensatz zu (wird bei ADO nicht benötigt).
Update	Übernimmt den Eintrag in einen Datensatz.

14.5.1 Einen bestehenden Datensatz ändern

Das Ändern des aktuellen Datensatzes erfolgt dabei in zwei Schritten:

1. Die Datenfelder mit den gewünschten Werten belegen.

2. Die Änderung wird mit der Methode „Update" übernommen. Hiermit ersetzen die neuen Werte den Inhalt des aktuellen Datensatzes.

```
'***************** Firma.MDB ********************
'*********** Modul: ADO Beispiele *****************
' Funktion ändert das Feld "Vorname" des aktuellen
' Datensatzes der Tabelle "Mitarbeiter"
Function fktVornameÄndernADO(sÄnderung As String)
  Dim cnn As New ADODB.Connection
  Dim rst As New ADODB.Recordset

  Set cnn = CurrentProject.Connection
  rst.Open "Mitarbeiter", cnn, adOpenKeyset, adLockOptimistic

  rst![Vorname] = sÄnderung
  rst.Update
  Debug.Print rst![Vorname]

  rst.Close
  cnn.Close
End Function
```

Standardmäßig wird ein Recordset nur zum Lesen geöffnet. Falls Sie Feldinhalte modifizieren möchten, müssen Sie bei der „Open"-Methode eine zusätzliche Konstante für den Sperrmechanismus wie zum Beispiel „adLockOptimistic" nennen. Andernfalls erhalten Sie eine Fehlermeldung.

Über den Parameter „LockType" legen Sie für die „Open"-Methode eines Recordsets das Sperrverfahren fest, das der Provider beim Öffnen des Recordset-Objekts verwenden soll. Wichtig ist, dass die Voreinstellung auf „adLockReadOnly" steht, wodurch die Daten schreibgeschützt sind.

Tabelle 14.8: Konstanten zum Festlegen des Sperrverfahrens

ADO-Konstante	Kurzbeschreibung
adLockReadOnly	Das Recordset wird schreibgeschützt geöffnet (Voreinstellung).
adLockPessimistic	Es findet eine vollständiges Sperre statt, sobald der Datensatz bearbeitet wird.
adLockOptimistic	Der Datensatz wird nur während des Aufrufs der Update-Methode gesperrt.
adLockBatchOptimistic	Es findet eine teilweise Stapelaktualisierung statt.

Hinweis: Es gibt zusätzlich die Methode „CancelUpdate", mit deren Hilfe es möglich ist, eine Aktualisierung wieder rückgängig zu machen.

14.5.2 Einen neuen Datensatz anfügen

Eine ähnliche Vorgehensweise ist für das Anfügen eines neuen Datensatzes erforderlich.

1. Erstellen Sie über die Methode „AddNew" einen neuen Datensatz, der zu Beginn leer ist.

2. Füllen Sie ihn mit Werten. Die Felder des neuen Datensatzes enthalten zuerst den Wert „Null".

3. Zuletzt müssen Sie die Methode „Update" aufrufen, um den Datensatz mit den Werten zu übernehmen.

Nachdem ein neuer Datensatz über die Methode „AddNew" angefügt wurde und die Feldinhalte mit der Methode „Update" übernommen wurden, ist der neue Datensatz automatisch der aktuelle. Das folgende Beispiel fügt einen Datensatz in die Tabelle „Mitarbeiter" ein.

```
'**************** Firma.MDB ********************
'*********** Modul: ADO Beispiele *******************
' Funktion fügt einen neuen Datensatz an und
' erlaubt die Eingabe in die Felder "Vorname", "Nachname"
' und Mitarbeiter_nr der Tabelle "Mitarbeiter".
Function fktNameAnfügenADO(AnfügenNr As Long, AnfügenV As String, _
    AnfügenN As String)
Dim cnn As New ADODB.Connection
Dim rst As New ADODB.Recordset

Set cnn = CurrentProject.Connection
rst.Open "Mitarbeiter", cnn, adOpenKeyset, adLockOptimistic

rst.AddNew
rst!Mitarbeiter_nr = AnfügenNr
rst!Vorname = AnfügenV
rst!Nachname = AnfügenN
rst.Update
Debug.Print rst!Mitarbeiter_nr,
```

```
Debug.Print rst!Vorname,
Debug.Print rst!Nachname

rst.Close
cnn.Close
End Function
```

14.5.3 Einen Datensatz löschen

Durch die Methode „Delete" kann der aktuelle Datensatz aus dem Datenbestand gelöscht werden. Sobald der aktuelle Datensatz durch die Methode „Delete" entfernt wurde, wird nicht automatisch der nächste Datensatz zum aktuellen Datensatz. Daher muss nach dem Löschen immer noch zusätzlich die Methode „MoveNext" angewandt werden, um wieder einen gültigen aktuellen Datensatz zu erhalten. Wird der letzte Datensatz entfernt, dürfen Sie nicht „MoveNext", sondern müssen „MoveLast" benutzen, da sonst der aktuelle Datensatz auf „EOF" stehen und damit auch keinen gültigen Wert mehr besitzen würde.

Sie müssen darauf achten, beim Öffnen des Recordset den Sperrmechanismus auf beispielsweise „adLockOptimistic" zu setzen, da Sie andernfalls einen Laufzeitfehler bei der Methode „Delete" erhalten.

```
'***************** Firma.MDB ***********************
'*********** Modul: ADO Beispiele *****************
' Funktion löscht den letzten Datensatz der Tabelle "Mitarbeiter"
Function fktNameLetztenLöschenADO()
  Dim cnn As New ADODB.Connection
  Dim rst As New ADODB.Recordset

  Set cnn = CurrentProject.Connection
  rst.Open "Mitarbeiter", cnn, adOpenKeyset, adLockOptimistic

  rst.MoveLast
  Debug.Print rst!Vorname,
  Debug.Print rst!Nachname
  rst.Delete
  rst.MoveLast
  Debug.Print rst!Vorname,
  Debug.Print rst!Nachname

  rst.Close
  cnn.Close

End Function
```

14.5.4 „OLE-Objekt"-, „Memo"-, „Image"- und „Text"-Felder bearbeiten

Für die Bearbeitung von Datenfeldern haben Sie bisher die Methoden „Edit", „Update" und „AddNew" verwendet und möglicherweise damit auch Felder von den Access-Datentypen „OLE-Objekt" und „Memo" oder Felder mit den MS SQL Server-Datentypen „Image" oder

„Text" bearbeitet. Dabei haben Sie wahrscheinlich Glück gehabt, da in diesen Feldern nur kleine Datenmengen vorhanden waren. Prinzipiell kann auf diese Felder auch mit den Methoden „Edit", „Update" und „AddNew" zugegriffen werden, doch können damit nur Feldgrößen bis ca. 64 KByte verarbeitet werden. Aus diesem Grund werden zusätzliche Methoden benötigt, die ein Feld, das die 64-KByte-Grenze mit Leichtigkeit überschreiten kann, in kleine Stücke aufteilen.

Die Aufteilung in kleine Stücke erfolgt über die Methode „GetChunk", die ein Stück der gewünschten Größe aus dem Feld herausnimmt. Da dieses Stück nicht wie eine normale Zeichenkette verarbeitet werden kann, gibt es noch die Methode „AppendChunk", die das Zusammenführen der einzelnen Stücke zu einem kompletten Feld realisiert. Um Auskunft über die Größe eines „OLE-Objekt"- oder „Memo"-Feldes zu erhalten, steht die Methode „ActualSize" bereit.

Hinweis: Beim MS SQL Server benutzen Sie anstelle der Datentypen „OLE-Objekt" oder „Memo" die Datentypen „Image" beziehungsweise „Text".

Tabelle 14.9: Methoden zur Bearbeitung von sehr großen Feldern

Methode	Kurzbeschreibung
AppendChunk	Kopiert ein Datenstück in ein Feld.
GetChunk	Nimmt ein Datenstück aus einem Feld.
ActualSize	Ermittelt die aktuelle Feldgröße eines Feldes für die Datentypen „OLE-Objekt", „Memo", „Image" oder „Text".

Die Feldgröße bestimmen

Das nachfolgende Beispiel ermittelt die maximale belegte Größe eines zu prüfenden Feldes einer Tabelle oder Abfrage. Dazu wird der Funktion „fktMaxFeldGrößeADO" der Name der Tabelle oder der Abfrage und der Feldname übergeben. Als Rückgabewert erhalten Sie die maximal genutzte Größe für das Feld in allen Datensätzen. Für dieses Beispiel wird die Tabelle „Mitarbeiter" um das Feld „Foto" vom Datentyp „OLE-Objekt" ergänzt.

```
'**************** Firma.MDB **********************
'*********** Modul: ADO Beispiele *****************
' Funktion berechnet die maximal genutzte Größe eines Datenfeldes
Function fktMaxFeldGrößeADO(sTabName As String, FeldName As String) As Long
 Dim cnn As New ADODB.Connection
 Dim rst As New ADODB.Recordset
 Dim lFeldGröße As Long

 Set cnn = CurrentProject.Connection
 rst.Open "Mitarbeiter", cnn, adOpenForwardOnly

 lFeldGröße = 0
 rst.MoveFirst
 Do Until rst.EOF
  If lFeldGröße < rst(FeldName).ActualSize Then
```

```
      lFeldGröße = rst(FeldName).ActualSize
    End If
    rst.MoveNext
  Loop

  fktMaxFeldGrößeADO = lFeldGröße
End Function
```

Die mittlere Feldgröße berechnen

Manchmal ist es recht praktisch, die mittlere genutzte Größe eines Datenfeldes zu berechnen. Die nächste Funktion „fktMittelFeldGrößeADO" ermöglicht dies:

```
'**************** Firma.MDB **********************
'********** Modul: ADO Beispiele *****************
' Funktion berechnet die mittlere genutzte Größe eines Datenfeldes
Function fktMittelFeldGrößeADO(sTabName As String, FeldName As String) As Long
  Dim cnn As New ADODB.Connection
  Dim rst As New ADODB.Recordset
  Dim dFeldGröße As Double
  Dim lAnzahl As Long

  Set cnn = CurrentProject.Connection
  rst.Open "Mitarbeiter", cnn, adOpenForwardOnly

  dFeldGröße = 0
  rst.MoveFirst
  Do Until rst.EOF
    dFeldGröße = dFeldGröße + _
      rst(FeldName).ActualSize
    lAnzahl = lAnzahl + 1
    rst.MoveNext
  Loop
  fktMittelFeldGrößeADO = dFeldGröße / lAnzahl

End Function
```

Kopieren in kleinen Stücken

Um übergroße Felder kopieren zu können, muss das Feld in handlichen Stücken übertragen werden. Jedes Stück muss dabei auf alle Fälle kleiner als 64 KByte sein.

Das Abtrennen eines Stücks erfolgt durch die Methode „GetChunk", die einen Teil aus einem Datenfeld nimmt und ihn einer Variablen vom Typ „Variant" zuweist. Dieser Methode übergeben Sie nur die Blockgröße. Die Verschiebung der Anfangsposition ergibt sich durch den wiederholten Aufruf. Zuletzt gibt die Methode „Null" zurück.

Mithilfe der Methode „AppendChunk" kann der Teil, der sich jetzt in der Variablen befindet, an ein Feld angefügt werden. Für das Einfügen in den Datenbestand ist wie weiter oben die Methode „Update" zuständig.

Für das Kopieren eines „OLE"-, „Memo"-, „Image"- oder „Text"-Feldes ist es günstig, eine eigene Funktion zu schreiben. Dieser Funktion wird das Recordset der Quelle und das Recordset des Ziels zusammen mit den beiden Feldbezeichnungen übergeben. Das Feld wird daraufhin in mehreren Stücken vom Quell- in das Zielfeld kopiert.

Um die Verwendung dieser Funktion „fktOLECopyADO" zu demonstrieren, steht Ihnen die Funktion „fktOLEADO" zur Verfügung. Damit Sie das Beispiel ausprobieren können, benötigen die beiden Tabellen „Mitarbeiter" und „Mitarbeiter2" jeweils die Felder „Mitarbeiter_nr", „Nachname" und „Foto".

```
'**************** Firma.MDB *********************
'*********** Modul: ADO Beispiele *******************
' Funktion kopiert ein Feld von Quelle nach Ziel
' Sowohl Quelle als auch Ziel müssen ein geöffnetes Recordset sein
Function fktOLECopyADO(rstQ As ADODB.Recordset, _
    sFeldQ As String, _
    rstZ As ADODB.Recordset, sFeldZ As String)
  Dim vStück As Variant
  Const MAXGROSS = 10000

  rstZ(sFeldZ) = "" 'Inhalt löschen
  Do
   vStück = rstQ( _
    sFeldQ).GetChunk(MAXGROSS)
   If Not IsNull(vStück) Then rstZ(sFeldZ).AppendChunk (vStück)
  Loop Until IsNull(vStück)

  rstZ.Update
End Function


'*******************************************
' Funktion verwendet die Funktion fktOLECopyADO
' alle Felder der Tabelle "Mitarbeiter"
' werden in die Tabelle "Mitarbeiter2" kopiert
Function fktOLEADO()
  Dim cnn As New ADODB.Connection
  Dim rstQ As New ADODB.Recordset
  Dim rstZ As New ADODB.Recordset
  Dim lNr As Long

  Set cnn = CurrentProject.Connection
  rstQ.Open "Mitarbeiter", cnn, adOpenForwardOnly
  rstZ.Open "Mitarbeiter2", cnn, adOpenKeyset, adLockOptimistic

  lNr = 1
  rstQ.MoveFirst
  Do Until rstQ.EOF
   rstZ.AddNew
   rstZ!Mitarbeiter_nr = lNr
   rstZ!Nachname = "x"
   rstZ.Update
   fktOLECopyADO rstQ, "Foto", rstZ, "Foto"
   rstQ.MoveNext
```

```
    lNr = lNr + 1
    Loop

    rstZ.Close
    rstQ.Close
    cnn.Close
    End Function
```

14.5.5 Besonderheiten beim Ändern und Anfügen

Wenn ein Recordset auf einer Mehrtabellenabfrage basiert, besteht bei einer Änderung der Daten über diese Abfrage eine Einschränkung. Bei einer 1:n-Verknüpfung können nur jene Daten geändert werden, die sich auf der n-Seite befinden. Der Versuch einer Modifizierung der Daten auf der 1-Seite ergibt einen Laufzeitfehler.

Ein inkonsistentes Recordset verwenden

Diese Einschränkung kann in einer MS Jet-Datenbank teilweise durch die Verwendung eines inkonsistenten Recordsets umgangen werden. Damit ist es bei einer Abfrage beziehungsweise Sicht, die auf mehreren Tabellen basiert, möglich, auch eine Aktualisierung an allen Daten und Feldern vorzunehmen, obwohl sich diese Aktualisierung auf andere Spalten und Datensätze auswirkt.

Ein als „konsistent" erstelltes Recordset gestattet hingegen nur die Aktualisierung der Zeilen und Felder, die durch einen Wert oder eine Zeile im Ergebnis des Recordset repräsentiert werden.

Für einen inkonsistenten Recordset setzen Sie die Eigenschaft „Jet OLEDB:Inconsistent" über „Properties" auf den Wert „True". Wenn Sie das Gleiche für eine MS SQL Server-Datenbank versuchen, werden Sie eine Fehlermeldung erhalten.

```
    Dim rst As New ADODB.Recordset

    rst.Open "NamenAbfr", CurrentProject.Connection, adOpenDynamic
    rst.Properties("Jet OLEDB:Inconsistent") = True
```

Anschließend können alle Felder sowohl der 1- als auch der n-Seite bearbeitet werden. Ausnahmen sind Felder des Datentyps „AutoWert" Außerdem kann es vorkommen, dass auch die Felder von verknüpften Tabellen nicht verändert werden können. Ob alle Felder eines Recordsets bearbeitet werden können, überprüfen Sie mit der „Supports"-Methode zusammen mit der Konstanten „adUpdate".

Die folgende Funktion „fktMehrTabÄndernADO" überprüft auf die Änderbarkeit. Falls die Modifizierung nicht möglich ist, wird ein inkonsistentes Recordset erzeugt.

Sie sollten darauf achten, dass der Name der Abfrage beziehungsweise Sicht in eckigen Klammern geschrieben werden muss, sobald er Leerzeichen enthält. Da nur bei MS Jet-Datenbanken ein Recordset inkonsistent geöffnet werden kann, würde das Beispiel bei einer MS SQL Server-Datenbank einen Laufzeitfehler verursachen.

```
'**************** Firma.MDB ********************
'*********** Modul: ADO Beispiele ******************
' Funktion ändert eine Mehrtabellenabfrage mit
' 1:n Beziehung durch inkonsistentes Recordset
Function fktMehrTabÄndernADO(Änderung As String)
 Dim cnn As New ADODB.Connection
 Dim rst As New ADODB.Recordset

 Set cnn = CurrentProject.Connection
 rst.Open "[Mitarbeiter + Abt]", cnn, adOpenKeyset, adLockOptimistic

 If rst.Supports(adUpdate) = False Then
  ' 1-Seite kann nicht geändert werden,
  ' daher inkonsistentes Dynaset erzeugen
  rst.Properties("Jet OLEDB:Inconsistent") = True
 End If

 rst!Nachname = Änderung
 rst.Update
 Debug.Print rst!Nachname

 rst.Close
 cnn.Close

End Function
```

Wenn das Recordset nicht änderbar ist, sollten Sie vor einer Aktualisierung feststellen, welche Felder des Recordsets überhaupt geändert werden können. Dazu verwenden Sie die Methode „ListFields", die Sie später noch kennen lernen werden.

Sobald Sie mit einem inkonsistenten Recordset arbeiten, gehen leicht die relationalen Fähigkeiten der Daten verloren. Daher sollten in diesen Fällen die Datenänderungen sowohl auf der n- als auch auf der 1-Seite nachgeführt werden.

Duplikate von einem Recordset erstellen

Von einer Recordset-Objektvariablen können Duplikate erstellt werden. Das Duplikat enthält die gleichen Daten und dieselbe Sortierung wie das Original-Recordset. Duplikate von Datensatzgruppenvariablen werden durch die Methode „Clone" des Objekts erzeugt, das dupliziert werden soll.

Angenommen, Sie möchten einen bestimmten Datensatz duplizieren, um ihn doppelt in der Tabelle zu besitzen. Hierzu können Sie zwar den zu duplizierenden Datensatz auswählen, aber sobald Sie über die Methode „AddNew" einen Zwischenpuffer erstellen, kann ab diesem Zeitpunkt mit der Datensatzgruppenvariablen nicht mehr auf den aktuellen Datensatz zugegriffen werden, da momentan der Zwischenpuffer adressiert wird. Den aktuellen Datensatz erhalten Sie, sobald der Zwischenpuffer wieder über die Methode „Update" freigegeben wird, doch kann jetzt auf den Zwischenpuffer nicht mehr zugegriffen werden. Eine dumme Situation, nicht wahr? Eine elegante Lösung dieses Problems ergibt sich mithilfe der Duplikate von Recordset-Variablen.

Durch ein Duplikat der Objektvariablen vom Typ „Recordset" ist der gleichzeitige Zugriff sowohl auf den aktuellen Datensatz als auch auf den durch die Methode „AddNew" entstehenden Zwischenpuffer möglich. Daher können die Felder aus dem aktuellen Datensatz gelesen und dem Duplikat, das auf den Zwischenspeicher verweist, übergeben werden. Sobald die Methode „Update" angewandt wurde, verweist wieder das Duplikat genauso wie das Original auf den aktuellen Datensatz.

```
'**************** Firma.MDB *********************
'*********** Modul: ADO Beispiele ******************
' Funktion setzt Duplikate von Recordset-Variablen ein.
' Sie fügt einen neuen Datensatz an und kopiert den aktuellen
' Datensatz in den neuen der Tabelle "Mitarbeiter".
'
Function fktNameAnfügenDupADO()
 Dim cnn As New ADODB.Connection
 Dim rst As New ADODB.Recordset
 Dim rstDub As New ADODB.Recordset, Wert As Long

 Set cnn = CurrentProject.Connection
 rst.Open "Mitarbeiter", cnn, adOpenKeyset, adLockOptimistic
 Set rstDub = rst.Clone(adLockOptimistic)

 rstDub.AddNew
 rstDub![Vorname] = Left(rst![Vorname], InStr(1, rst![Vorname], " "))
 rstDub![Nachname] = Left(rst![Nachname], InStr(1, rst![Nachname], " "))
 Randomize    ' Zufallszahlengenerator initialisieren.
 Wert = Int((99999 * Rnd) + 1)    ' Zufallszahlen im Bereich von 1 bis 99999

 rstDub![Mitarbeiter_nr] = rst![Mitarbeiter_nr] + Wert
 rstDub.Update

 Debug.Print rstDub![Vorname],
 Debug.Print rstDub![Nachname]
 Debug.Print rst![Vorname],
 Debug.Print rst![Nachname]

 rstDub.Close
 cnn.Close
End Function
```

Mit der Methode „Clone" wird eine Kopie angelegt, wobei der zugrunde liegende SQL-Befehl nicht nochmals ausgeführt wird. Mit dieser Methode ist es jedoch nicht möglich, die Cursor-Art des Recordset zu ändern.

14.6 Daten suchen

Eine wichtige Fähigkeit von Datenbanken ist die Eingrenzung von Daten. Je nach Art des Recordsets ergeben sich unterschiedliche Möglichkeiten.

Wenn Sie das Recordset direkt als Tabelle öffnen und diese einen Index besitzt, kann durch die Methode „Seek" sehr schnell auf einen bestimmten Datensatz zugegriffen werden. Bei allen anderen Recordset-Arten kann die „Seek"-Methode leider nicht genutzt werden. Stattdessen existiert die Methode „Find" mit verschiedenen Konstanten.

14.6.1 Die schnelle Datensuche über „Seek"

Die Methode „Seek" greift auf den aktuellen Index zu, der in der Eigenschaft „Index" der Recordset-Objektvariablen steht. „Seek" kann jedoch nur genutzt werden, wenn das Recordset als dynamischer Cursor mit der Option „adCmdTableDirect" geöffnet wurde. Zusammen mit einem Vergleichsausdruck wird über den Index in der Tabelle nach den Daten gesucht. Dieser Vergleichsausdruck grenzt dabei das Kriterium für den zu liefernden Datensatz ein.

Falls kein passender Datensatz über die Methode „Seek" gefunden wurde, stehen die beiden Recordset-Eigenschaften „BOF" und „EOF" auf „True". Bevor die Methode „Seek" zur Anwendung kommen kann, muss zuerst unbedingt die Eigenschaft „Index" besetzt werden, da ansonsten ein Laufzeitfehler entsteht.

Die Methode „Seek" besitzt den folgenden Aufbau:

> rst.Seek KeyValues, SeekOption

Über den Parameter „KeyValues" geben Sie in einem Array vom Typ „Variant" alle Vergleichswerte für den Index an. Normalerweise tragen Sie hier nur einen Wert ein. Nur bei zusammengesetzten Schlüsseln werden es mehrere Werte sein. Der Parameter „SeekOption" legt fest, auf welche Weise verglichen wird.

Tabelle 14.10: Konstanten für den Parameter „SeekOption" der Methode „Seek"

ADO-Konstanten	Kurzbeschreibung
adSeekAfterEQ	Sucht einen Wert, der dem Parameter „KeyValues" gleicht, beziehungsweise sucht in dem direkt auf eine Übereinstimmung folgenden Bereich.
adSeekAfter	Sucht einen Wert in dem Bereich, der direkt auf eine Übereinstimmung mit dem Parameter „KeyValues" folgt.
adSeekBeforeEQ	Sucht einen Wert, der dem Parameter „KeyValues" gleicht, beziehungsweise sucht in dem direkt auf eine Übereinstimmung vorangehenden Bereich.
adSeekBefore	Sucht einen Wert in dem Bereich, der einer Übereinstimmung mit dem Parameter „KeyValues" direkt vorangeht.
adSeekFirstEQ	Sucht den ersten Wert, der gleich dem Parameter „KeyValues" ist.
adSeekLastEQ	Sucht den letzten Wert, der gleich dem Parameter „KeyValues" ist.

```
'****************** Firma.MDB ****************
'******************* Modul: ADO Beispiele *******************
' Funktion wählt den Datensatz der Tabelle
' "Abteilung", dessen Indexwert "PrimaryKey"=("Abt_nr") gleich "mark" ist.
Function fktAbteilungSeekADO()
  Dim cnn As New ADODB.Connection
  Dim rst As New ADODB.Recordset

  Set cnn = CurrentProject.Connection
  rst.Open "Abteilung", cnn, adOpenDynamic, , adCmdTableDirect
  rst.Index = "PrimaryKey"
  rst.Seek Array("mark"), adSeekFirstEQ
  If rst.BOF And rst.EOF Then
    Debug.Print "Nicht gefunden"
  Else
    Debug.Print rst![Abt_nr],
    Debug.Print rst![Abt_name]
  End If

  rst.Close
  cnn.Close
End Function
```

14.6.2 Die Methode „Find" zur Datensuche

Da alle anderen Recordset-Arten keinen Index besitzen, kann die Suche nicht mit der Methode „Seek", sondern mit der Methode „Find" durchgeführt werden.

> Find Kriterium, SkipRows, searchDirection, start

Da die Operation des Suchens nicht über den Index erfolgt, wird der Vorgang natürlich etwas länger als mit der „Seek"-Methode dauern.

Die Suche beginnt immer ab der aktuellen Position des Satzzeigers. Daher ist es für die Suche nach dem ersten Wert nötig, dass der Satzzeiger auf dem ersten Datensatz steht. Um weitere Ergebnisse finden zu können, gibt es den Parameter „SkipRows", den Sie dann auf 1 und nicht mehr auf 0 setzen. Andernfalls würden Sie nach dem Finden des ersten Wertes auch bei einer weiteren Suche wieder denselben finden, da bei der Angabe 0 die Suche an der aktuellen Position beginnt. Wenn Sie dem Parameter „SkipRows" jedoch den Wert 1 übergeben, wird der aktuelle Satz ausgelassen und die Suche erst ab dem nächsten Satz gestartet.

Die Suchrichtung legen Sie im Parameter „SearchDirection" über die Konstanten „adSearchForward" und „adSearchBackward" fest.

Tabelle 14.11: Verschiedene Datensätze suchen

Methoden	Kurzbeschreibung
MoveFirst + Find Kriterium,0, adSearchForward	Ersten Satz finden
MoveLast + Find Kriterium,0, adSearchBackward	Letzten Satz finden

Methoden	Kurzbeschreibung
Find Kriterium,1, adSearchForward	Nächsten Satz finden
Find Kriterium,1, adSearchBackward	Vorherigen Satz finden

Als Kriterium sind neben den Vergleichsoperatoren auch die Platzhalterzeichen „*" und „?"
bei Access sowie „%" und „_" beim MS SQL Server zulässig. Das Kriterium setzt sich aus
dem Datenfeld und der Bedingung zusammen.

```
Kriterium = "[Nachname] LIKE 'C*'"
Kriterium = "[Nachname] LIKE 'Me?er'"
```

Das auf diese Weise gebildete Kriterium kann anschließend an die Methode „Find" übergeben werden.

Die Methode „Find" erlaubt als Kriterium nicht das Schlüsselwort „Is", das zum Beispiel für
den Vergleich auf „Null" benutzt wird. In diesem Fall ersetzen Sie „Is" durch „=" oder „<>".
Außerdem dürfen beim Kriterium nur ein Feld und nicht mehrere genannt werden. Falls mehrere Spalten geprüft werden müssen, verwenden Sie entweder die Eigenschaft „Filter" oder
eine SQL-Anweisung als Datenquelle.

Genauso wie bei der „Seek"-Methode fragen Sie die beiden Recordset-Eigenschaften „BOF"
und „EOF" ab, um zu überprüfen, ob ein Datensatz gefunden wurde.

```
'*************** Firma.MDB ***********************
'*********** Modul: ADO Beispiele *******************
' Funktion sucht für das Feld "Nachname", der Tabelle "Mitarbeiter" den ersten Datensatz,
' dessen Kriterium = "[Nachname] LIKE 'M%'" entspricht.
Function fktNachnameSuchenADO()
  Dim cnn As New ADODB.Connection
  Dim rst As New ADODB.Recordset
  Dim Kriterium As String

  Set cnn = CurrentProject.Connection
  rst.Open "Mitarbeiter", cnn, adOpenKeyset
  Kriterium = "[Nachname] LIKE 'M%'"
  rst.MoveFirst
  rst.Find Kriterium, 0, adSearchForward
  If Not rst.BOF And Not rst.EOF Then
    Debug.Print rst![Vorname],
    Debug.Print rst![Nachname]
  Else
    Debug.Print "Datensatz wurde nicht gefunden"
  End If

  rst.Close
  cnn.Close
End Function
```

Ein wichtiger Unterschied zwischen dieser „Find"-Methode und der Eigenschaft „Filter"
(siehe unten) besteht darin, dass die Eigenschaft bei einem Recordset zu Änderungen in dem

Datenbestand dieses Recordsets führt. Dagegen wählt die Methode „Find" nur aus, modifiziert aber die Datenmenge nicht.

14.6.3 Lesezeichen einsetzen

Beim Positionieren innerhalb des Datenbestands verändert sich die aktuelle Position. Durch eine Art Lesezeichen, das als „Bookmark" bezeichnet wird, kann die aktuelle Position gemerkt und zu einem späteren Zeitpunkt zu dieser Stelle zurückgekehrt werden. Der Merker der aktuellen Position verbirgt sich in der Eigenschaft „Bookmark" des Objekts vom Typ „Recordset". Die Eigenschaft steht grundsätzlich bei allen Recordset-Arten zur Verfügung. Wird diese Eigenschaft in einer Variablen hinterlegt, kann später über die Eigenschaft „Bookmark" auf die gleiche Position zurückgegangen werden.

Lesezeichen dürfen nicht zwischen Datensatzgruppenvariablen ausgetauscht werden. Die Zuweisung eines Bookmarks an eine andere Datensatzgruppenvariable führt unweigerlich zu einem Laufzeitfehler, selbst wenn diese Variable auf dem gleichen Datenbestand basiert. Eine Ausnahme bilden die Duplikate von „Recordset"-Variablen.

Die Eigenschaft „Bookmark" kann unbegrenzt oft gelesen und später wieder auf diese Werte eingestellt werden. Hierdurch können beliebig viele Lesezeichen gesetzt werden. Beim Arbeiten mit Lesezeichen ist immer zu beachten, dass nach dem Schließen der „Recordset"-Variablen all ihre Lesezeichen ungültig sind und nicht mehr verwendet werden dürfen.

```
'**************** Firma.MDB **********************
'*********** Modul: ADO Beispiele ******************
' Funktion merkt sich die Position über ein Bookmark
' und kehrt nach Positionierungen an das
' Lesezeichen zurück verwendet die Tabelle "Mitarbeiter"
'
Function fktPositionMerkenADO()
  Dim cnn As New ADODB.Connection
  Dim rst As New ADODB.Recordset
  Dim LeseZeichen As Variant

  Set cnn = CurrentProject.Connection
  rst.Open "Mitarbeiter", cnn, adOpenKeyset

  Debug.Print rst![Vorname]
  LeseZeichen = rst.Bookmark

  rst.MoveNext
  Debug.Print rst![Vorname]

  rst.Bookmark = LeseZeichen
  Debug.Print rst![Vorname]

  rst.Close
  cnn.Close
End Function
```

Lesezeichen eignen sich besonders für Fälle, in denen zeitweilige Positionierungen und Durchsuchungen in dem Datenbestand erforderlich sind. Der Anwender möchte zum Beispiel gezielt nach Daten suchen, die mit dem angegebenen Kriterium jedoch nicht gefunden werden können. Programmtechnisch werden Sie diesen Fall wahrscheinlich mit der Methode „Seek" oder mit einer der „Find"-Methoden gelöst haben.

Nach einem erfolglosen Durchsuchen muss auf einen Datensatz positioniert werden, da die aktuelle Position nämlich keinen gültigen Wert mehr enthält. Daher ist es sinnvoll, vor dem Suchbeginn das Lesezeichen in eine Variable zu speichern, damit nach erfolglosem Suchen wieder an diese Position zurückgegangen werden kann.

Hinweis: Da nicht alle Provider das Lesezeichen unterstützen, sollte dies zuerst über die Methode „Supports" zusammen mit der Konstanten „adBookmark" überprüft werden.

Wenn Sie mit verknüpften Tabellen arbeiten, sollten Sie deswegen vor der Verwendung des Lesezeichens überprüfen, ob die Tabelle überhaupt diese Funktionalität unterstützt. Dazu bringen Sie entweder eine If-Verzweigung in Ihr Programm ein oder Sie schreiben sich dafür eine spezielle Funktion wie zum Beispiel die folgende.

Die Funktion „fktLeseZeichenADO" liest das Lesezeichen nur aus, wenn die verknüpfte Tabelle „Bookmarks" unterstützt. Das Problem mit dem Lesezeichen bei verknüpften Tabellen entsteht nur bei einem Dynaset. Bei der Anwendung eines Snapshots auf verknüpfte Tabellen wird das Bookmark unabhängig von der Art der Tabelle immer unterstützt.

```
'**************** Firma.MDB ***********************
'*********** Modul: ADO Beispiele ******************
' Funktion liest das Lesezeichen eines Recordset
' wobei überprüft wird, ob das Recordset die Bookmarks überhaupt unterstützt
Function fktLeseZeichenADO(rst As ADODB.Recordset) As Variant

    If rst.Supports(adBookmark) Then
      fktLeseZeichenADO = rst.Bookmark
    Else
      fktLeseZeichenADO = Null
    End If
End Function


'**************** Firma.MDB ***********************
'*********** Modul: ADO Beispiele ******************
' Funktion merkt sich die Position über ein Bookmark
' und kehrt nach Positionierungen an das Lesezeichen
' zurück, verwendet die Sicht "Mitarbeiter + Abt".
'

Function fktPositionMerken2ADO()
  Dim cnn As New ADODB.Connection
  Dim rst As New ADODB.Recordset
  Dim LeseZeichen As Variant
```

```
Set cnn = CurrentProject.Connection
rst.Open "[Mitarbeiter + Abt]", cnn, adOpenKeyset

If IsNull(fktLeseZeichenADO(rst)) Then
  MsgBox "unterstützt keine Lesezeichen"
Else
  Debug.Print rst![Vorname]
  LeseZeichen = rst.Bookmark
  rst.MoveNext
  Debug.Print rst![Vorname]
  rst.Bookmark = LeseZeichen
  Debug.Print rst![Vorname]
End If
End Function
```

14.7 Daten sortieren und filtern

Daten können mithilfe von Eigenschaften und Methoden sortiert und gefiltert werden. Die Vorgehensweise ist dabei je nach Recordset-Typ unterschiedlich.

14.7.1 Daten nach einem Feld sortieren

Während der als Tabelle geöffnete Recordset über die zuvor eingestellte Feld-Eingenschaft „Indiziert" durch die Belegung der Recordset-Eigenschaft „Index" sortiert werden kann (siehe oben), besteht für die anderen Recordset-Typen diese Möglichkeit nicht.

Prinzipiell ist die Reihenfolge der Daten in einem Recordset von der Herkunft der Daten abhängig. Bildet eine Tabelle, die einen Primärschlüssel enthält, die Grundlage der Daten, sind die Datensätze mithilfe dieses Primärindex angeordnet. Existiert hingegen kein Feld mit einem Index, werden die Datensätze entsprechend der Erstellung der Daten wiedergegeben und erscheinen damit in einer quasi zufälligen Reihenfolge. Ähnlich verhält es sich, wenn die Daten auf einer Abfrage oder Sicht beruhen, die dann die Reihenfolge vorgibt. Eine Sortierung ist in diesem Fall nur gegeben, wenn bereits die Datenquelle die Daten sortiert bereitstellt.

Um eine eigene Sortierreihenfolge vorzugeben, besitzt das Recordset-Objekt die Eigenschaft „Sort". Diese Eigenschaft wird mit einer Zeichenkette belegt, die einen Sortierausdruck wiedergibt. Den Ausdruck formulieren Sie so, als würde er für die „ORDER BY"-Klausel einer SQL-Anweisung verwendet werden. Per Voreinstellung wird aufsteigend sortiert, doch kann diese Sortierung durch den Zusatz „DESC" hinter dem Feldnamen absteigend definiert werden.

Die Funktion „fktVorwärtsSortiertADO" führt eine aufsteigende Sortierung nach einem Feld aus und gibt die Daten in dieser sortierten Reihenfolge aus. Bitte beachten Sie, dass sich eine Änderung der „Sort"-Eigenschaft direkt auf das aktuelle Recordset auswirkt.

```
'**************** Firma.MDB **********************
'*********** Modul: ADO Beispiele *****************
' Funktion liest alle Datensätze
' der Sicht "Mitarbeiter + Abt" aufsteigend sortiert nach "abt_name"
Function fktVorwärtsSortiertADO()
```

```
    Dim St As String
    Dim cnn As New ADODB.Connection
    Dim rst As New ADODB.Recordset

    Set cnn = CurrentProject.Connection
    rst.Open "[Mitarbeiter + Abt]", cnn, adOpenKeyset

    rst.Sort = "[abt_name]"

    If Err.Number = 3251 Then
      rst.Close
      rst.Open "SELECT Abteilung.*, Mitarbeiter.* FROM Abteilung INNER JOIN Mitarbeiter
            ON Abteilung.abt_nr = Mitarbeiter.Abteilungs_nr
            ORDER BY [abt_name];"
    End If

    rst.MoveFirst
    St = "Abteilung   Nachname, Vorname" & vbCrLf
    Do Until rst.EOF
      St = St & rst![abt_name] & "   "
      St = St & rst!Nachname & ", "
      St = St & rst![Vorname] & vbCrLf
      rst.MoveNext
    Loop

    Debug.Print St
    rst.Close
    cnn.Close
  End Function
```

Falls die Eigenschaft „Sort" vom OLE DB Provider nicht unterstützt wird, arbeitet die Funktion „fktVorwärtsSortiertADO" direkt mit dem SQL-Code und der „ORDER BY"-Klausel.

Bei der Sortierung ist nicht nur ein Kriterium möglich, sondern es kann auch nach mehreren Feldern gleichzeitig sortiert werden. Dazu ordnen Sie die Feldnamen durch ein Komma getrennt an. Die Reihenfolge der Felder legt dabei auch die der Sortierung fest.

Das Beispiel „fktAbwärtsSortiertADO" führt eine absteigende Sortierung nach der Abteilung und eine aufsteigende Sortierung nach dem Nachnamen durch.

```
    '**************** Firma.MDB ***********************
    '************** Modul: ADO Beispiele *****************
    ' Funktion liest alle Datensätze der Sicht "Mitarbeiter + Abt"
    ' absteigend sortiert nach "abt_name" und aufsteigend nach "Nachname"
    Function fktAbwärtsSortiertADO()
      Dim St As String
      Dim cnn As New ADODB.Connection
      Dim rst As New ADODB.Recordset

      Set cnn = CurrentProject.Connection
      rst.Open "[Mitarbeiter + Abt]", cnn, adOpenKeyset
```

```
rst.Sort = "[abt_name] DESC, [Nachname]"

If Err.Number = 3251 Then
  rst.Close
  rst.Open "SELECT Abteilung.*, Mitarbeiter.* FROM Abteilung INNER JOIN Mitarbeiter
          ON Abteilung.abt_nr = Mitarbeiter.Abteilungs_nr
          ORDER BY [abt_name] desc, nachname;"
End If

rst.MoveFirst
St = "Abteilung   Nachname, Vorname" & vbCrLf
Do Until rst.EOF
  St = St & rst![abt_name] & "   "
  St = St & rst!Nachname & ", "
  St = St & rst![Vorname] & vbCrLf
  rst.MoveNext
Loop

Debug.Print St

rst.Close
cnn.Close
End Function
```

14.7.2 Daten filtern

Um nicht alle Datensätze, sondern nur eine bestimmte Menge in den Recordset zu übernehmen, können Sie eine Filterung durchführen. Dazu benutzen Sie einen Ausdruck als Kriterium, um alle Datensätze auszuschließen, die nicht dem Ausdruck entsprechen. Ein Ausdruck kann ein einfacher Begriff, aber auch eine komplizierte Berechnung sein. Als Kriterienausdruck dient dabei der Ausdruck, den Sie auch einer Abfrage oder einer WHERE-Klausel in einer SQL-Anweisung zuweisen können.

Ausdrücke für Kriterien müssen immer mindestens den Namen eines Feldes enthalten, da diese Ausdrücke ja den Datenbestand im Ergebnis einschränken sollen. Um die Eingrenzung vornehmen zu können, werden Vergleichsoperatoren und/oder logische Operatoren und/oder einige andere Operatoren verwendet. Diese anderen Operatoren umfassen „In", „Between...And" und „Like". Der Kriterienausdruck wird immer typabhängig gestaltet.

Die nächsten Zeilen zeigen Ihnen einige typische Ausdrücke für Kriterien.

```
"[Abteilungsname] = 'Vertrieb' Or [Lagerort] = 'Support'"
"[Abteilungsname] In ('Vertrieb', 'Einkauf', 'Support')"
"[Geleistete Stunden] Between 50 And 80"
"[Eintrittsdatum] < Date() - 120"
"Year([Eintrittsdatum]) = 1995"
"[Geleistete Stunden] > 100 And [Tätigkeit] ='Programmierung' "
```

Das Filtern eines Recordsets wird durch die Eigenschaft „Filter" möglich, die wie die Eigenschaft „Sort" verwendet wird. Der Eigenschaft „Filter" übergeben Sie einen Kriterienausdruck als Zeichenkette. Da normalerweise innerhalb dieser Zeichenkette bereits Zeichenfolgen auftreten, werden diese inneren Zeichenfolgen durch einfache Anführungszeichen begrenzt.

Sobald die „Filter"-Eigenschaft geändert wurde, wird die darin enthaltene Bedingung sofort für das Recordset angewandt. Der Filter kann jederzeit wieder gelöscht werden, indem Sie der „Filter"-Eigenschaft eine leere Zeichenfolge zuweisen.

Hinweis: Die Eigenschaft „Filter" kann nicht für einen dynamischen Cursor eingesetzt werden, der direkt auf die Tabelle zugreift. Wenn Sie einen Filter für eine Tabelle benutzen möchten, ist zuerst immer ein normaler dynamischer oder ein statischer Cursor über die Tabelle zu legen.

Das nächste Beispiel verwendet einen Filterausdruck, der zwei Felder für die Bedingung benutzt. Dadurch ergeben sich im Ergebnis nur noch Datensätze, deren Feld „tatsächliche Kosten" einen Wert größer als 30 000 beinhaltet und bei denen gleichzeitig der Inhalt des Feldes „Netto" größer als 10 000 ist.

Anschließend werden alle in dem Recordset enthaltenen Datensätze in eine „String"-Variable geschrieben und diese komplett ausgegeben. Für die Positionierung in dem Recordset können die Methoden „MoveNext" etc. verwendet werden.

```
'**************** Firma.MDB *********************
'*********** Modul: ADO Beispiele ******************
' Funktion liest alle Datensätze über Filter
' des Recordset, das aus der Sicht "Gehalt + Kosten pro Abteilung" erstellt wird
Function fktFilterAnwendenADO()
  Dim St As String
  Dim cnn As New ADODB.Connection
  Dim rst As New ADODB.Recordset

  Set cnn = CurrentProject.Connection
  rst.Open "[Gehalt + Kosten pro Abteilung]", cnn, adOpenKeyset

  rst.Filter = "[tatsächliche Kosten] > 30000 And [Netto]> 10000 "
  rst.MoveFirst
  St = "Abteilung   Netto tatsächliche Kosten" & vbCrLf
  Do Until rst.EOF
    St = St & rst![abt_name] & "   "
    St = St & rst!Netto & " "
    St = St & rst![tatsächliche Kosten] & vbCrLf
    rst.MoveNext
  Loop

  Debug.Print St
  rst.Close
  cnn.Close
End Function
```

14.8 Transaktionen zur Sicherung der Datenkonsistenz

Eine Transaktionssicherung ist besonders in größeren Datenbanken wichtig, die für die Vervollständigung einer Aufgabe mehrere Operationen benötigen. Angenommen, ein Kunde geht zur Bank und möchte Geld von einem auf ein anderes Konto buchen. Die Abbuchung wird erfolgreich durchgeführt, jedoch im zweiten Schritt wird festgestellt, dass das Zielkonto gar nicht existiert. Dann muss die Möglichkeit bestehen, den gesamten Vorgang wieder rückgängig machen zu können, damit das Geld wieder auf dem alten Konto erscheint.

Dies erfolgt mithilfe einer Transaktion. Der komplette Vorgang wird als eine Transaktion betrachtet. Durch die Transaktionssicherung wird es möglich, zum Anfangspunkt zurückzukehren, solange der Vorgang noch nicht abgeschlossen und somit das Transaktionsende noch nicht erreicht wurde.

Eine Transaktion wird durch die Methode „BeginTrans" begonnen und durch die Methode „CommitTrans" abgeschlossen. Diesen Vorgang können Sie sich wie die Klammeroperation des Taschenrechners vorstellen. Wenn die Methode „CommitTrans" erreicht ist, werden alle Änderungen endgültig übernommen und können nicht mehr rückgängig gemacht werden.

Während sich eine Transaktion zwischen „BeginTrans" und „CommitTrans" befindet, können durch die Methode „RollbackTrans" alle Modifizierungen zurückgenommen werden. Der Datenbestand wird auf den Zustand zurückgebracht, der zum Zeitpunkt des Transaktionsbeginns bei „BeginTrans" gegeben war. Alle Datenbankvorgänge, die dazwischen liegen, sind somit natürlich verloren. Allerdings ist sichergestellt, dass die Daten in einem sauberen Zustand verbleiben und Fehlbuchungen, die Datenleichen erzeugen, vermieden werden.

Die Methoden gehören zum „Connection"-Objekt. Daraus ergibt sich eine kleine Einschränkung. Es ist nicht möglich, eine Transaktion über mehrere MS Jet-Datenbanken durchzuführen, da die Transaktion an eine bestimmte Datenquelle gebunden ist.

Tabelle 14.12: Methoden für die Transaktionssicherung

Methode	Kurzbeschreibung
BeginTrans	Beginnt eine Transaktion.
CommitTrans	Setzt das Transaktionsende und übernimmt alle Daten seit dem Transaktionsbeginn.
RollbackTrans	Stellt die Datensituation zum Zeitpunkt des Transaktionsbeginns ein und macht damit Änderungen rückgängig.

Hinweis: Durch das Setzen der Property „Jet OLEDB:Transaction Commit Mode" des „Connection"-Objektes kann dem MS Jet-Provider mitgeteilt werden, dass anstelle einer Zwischenspeicherung die Aktualisierung sofort auf den Datenträger geschrieben wird.

Eine Transaktionssicherung kann auch bereits bei nur einer Tabelle demonstriert werden, wenn ein Datensatz in dieser Tabelle modifiziert wird. Diese Änderung können Sie durch Rollback wieder rückgängig machen. Durch die Funktion „fktNameAnfügenTransADO"

wird ein Datensatz der Tabelle „Mitarbeiter" verändert. Nachdem der Datensatz mit Werten
gefüllt ist, überprüfen Sie, ob sich der Mitarbeiter „Dummy" in die Datenbank einschleichen
wollte. Ist dies der Fall, führen Sie ein Rollback durch. In allen anderen Fällen ist der Vorgang korrekt und kann durch ein Transaktionsende abgeschlossen werden.

```
'**************** Firma.MDB ***********************
'*********** Modul: ADO Beispiele *******************
' Funktion ermöglicht durch Transaktionssicherung
' das Zurücknehmen von Datenbankoperationen der Tabelle "Mitarbeiter"
Function fktNameAnfügenTransADO(AnfügenV As String, AnfügenN As String)
  Dim cnn As New ADODB.Connection
  Dim rst As New ADODB.Recordset

  Set cnn = CurrentProject.Connection
  rst.Open "Mitarbeiter", cnn, adOpenKeyset, adLockOptimistic

  cnn.BeginTrans
  Debug.Print "bisheriger Inhalt: " & rst!Nachname
  rst![Vorname] = AnfügenV
  rst![Nachname] = AnfügenN
  rst.Update

  If AnfügenN = "Dummy" Then
    cnn.RollbackTrans
    MsgBox "Ein Dummy-Satz wollte sich einschleichen", , "Rollback"
  Else
    cnn.CommitTrans
  End If

  Debug.Print "neuer Inhalt: " & rst![Nachname]

  rst.Close
  cnn.Close
End Function
```

Bisher haben Sie nur eine einfach geklammerte Transaktion kennen gelernt. Ähnlich wie
beim Taschenrechner ist eine Schachtelung der Klammern möglich. Es ist wichtig, darauf zu
achten, dass jede Transaktion, die mit „BeginTrans" begonnen wurde, auch durch ein
zugehöriges „CommitTrans" wieder geschlossen wird. Innerhalb einer Schachtelung kann
durch die Methode „Rollback" wieder auf das letzte „BeginTrans" zurückgegangen werden.
Eine derartige Schachtelung ist über bis zu fünf Transaktionsebenen möglich.

Wenn Sie ein „CommitTrans" vergessen und versuchen, mit der Methode „Close" die Datenbank zu schließen, tritt ein Fehler auf. Der Fehlerzustand entsteht auch, wenn zu viele Transaktionen geöffnet sind oder eine Transaktion lange Zeit geöffnet war und keine weiteren
Transaktionen mehr verarbeitet werden können.

Hinweis: Eine Transaktionssicherung sollte nur für MS Jet-Tabellen oder MS SQL Server-Tabellen verwendet werden. Bei MS Jet-Tabellen dürfen es auch verknüpfte Access-Tabellen, jedoch keine verknüpften fremden Tabellen sein. Beim Umgang mit einem Recordset, das auf einer Abfrage oder Sicht basiert, sollte etwas vorsichtiger mit der Transaktionssicherung verfahren werden. Es ist zwar möglich, eine Transaktion durch Rollback zurückzusetzen, falls jedoch fremde Tabellen beteiligt sind, werden die Änderungen in diesen Tabellen nicht zurückgenommen.

Beim Bearbeiten eines Datensatzes innerhalb eines Formulars oder Datenblattes setzt Access selbst eine Transaktion ein. Falls Sie in diesen Fällen eine Eingabe rückgängig machen wollen, die auch einen kompletten Datensatz betreffen kann, wird Ihnen die interne Transaktionssicherung von Access behilflich sein. Ansonsten werden Sie von ihr nichts bemerken. Die eigene Transaktionssicherung bleibt von diesem internen Vorgang unberührt.

Die Verwendung von Transaktionen erlaubt nicht nur eine Sicherung der Datenkonsistenz, sondern kann den Programmablauf auch bechleunigen. Der Grund dafür liegt darin, dass jeder einzelne Aufruf der Methode „Update" bewirkt, dass der Datensatz auf den Datenträger geschrieben wird. Wird „Update" dagegen innerhalb einer Transaktionsklammer gestartet, findet das Speichern auf dem Datenträger erst am Ende der Transaktion statt. Auf diese Weise werden nicht mehr nur kleine Datenportionen, sondern gleich ein ganzer Datenblock auf einmal geschrieben, was erheblich schneller durchgeführt werden kann.

14.9 Abfragen, Sichten und gespeicherte Prozeduren entwerfen

Üblicherweise werden Sie Abfragen in einer Access-Datenbank (MDB) beziehungsweise Sichten und gespeicherte Prozeduren in einem Access-Projekt (ADP) durch die interaktive Oberfläche von Access erstellen. Allerdings haben Sie auch die Möglichkeit, solche Datenbankobjekte mithilfe einer Objektvariablen zu erzeugen und zu ändern.

Die bisherigen Beispiele haben ausschließlich mit dem ADO-Objektmodell gearbeitet. Während ADO für den Zugriff auf die Daten zuständig ist, werden strukturelle Änderungen von ADOX übernommen. Bis jetzt wurde immer das Recordset-Objekt verwendet. Um Abfragen, Sichten und gespeicherte Prozeduren auszuführen, setzen Sie das Objekt „Command" ein. Für dauerhafte Strukturänderungen an Abfragen, Sichten und gespeicherten Prozeduren sind dagegen ADOX-Methoden zuständig.

Eine Abfrage beziehungsweise eine Sicht ausführen

Um auf die Daten der Abfrage zuzugreifen, ist - wie eben gesagt - das „Command"-Objekt erforderlich. Im ersten Schritt definieren Sie eine Objektvariable vom Typ „Command". Der Eigenschaft „ActiveConnection" dieser Objektvariablen übergeben Sie dann eine geöffnete Datenquelle. In die Eigenschaft „CommandText" kann anschließend der Name einer Tabelle, Abfrage, Sicht, gespeicherten Prozedur oder der SQL-Code direkt geschrieben werden. Erst durch die Ausführung über die Methode „Execute" entsteht wieder ein Recordset-Objekt, das für den Zugriff auf die Daten genutzt werden kann.

```
Dim cnn As New ADODB.Connection
```

```
Dim cmd As New ADODB.Command
Dim rst As New ADODB.Recordset

Set cnn = CurrentProject.Connection
Set cmd.ActiveConnection = cnn
cmd.CommandText = "[Mitarbeiter + Abt]"
Set rst = cmd.Execute
```

Hinweis: Die Methode „Execute" kann sowohl auf Auswahl- als auch auf Aktionsabfragen angewandt werden. In MS SQL Server-Datenbanken werden die meisten Auswahlabfragen durch Sichten, die Aktionsabfragen durch gespeicherte Prozeduren realisiert.

Um eine Abfrage oder Sicht auszuführen, können Sie auch die „Execute"-Methode des „Connection"-Objekts benutzen. Hierzu ist der Name des Datenbankobjekts dieser Methode als Argument mitzugeben. Diese Vorgehensweise hat den Vorteil, dass nicht extra das „Command"-Objekt geöffnet werden muss, um dessen „Execute"-Methode zu benutzen:

```
CurrentProject.Connection.Execute("[Mitarbeiter + Abt]")
```

Hinweis: Sobald Sie mit dem „Command"-Objekt arbeiten, bleibt die Programmausführung so lange unterbrochen, bis der Vorgang des Ausführens abgeschlossen wurde.

Den SQL-Code einer Abfrage, Sicht oder gespeicherten Prozedur ansehen

Eine bestehende Abfragedefinition kann mit dem „Catalog"-Objekt von ADOX ausgelesen werden. Den SQL-Code der Abfrage finden Sie in der Eigenschaft „CommandText" des „Command"-Objektes von „Catalog". An dieses „Command"-Objekt kommt man über die „Views"-Auflistung zusammen mit dem Abfragenamen heran.

Hinweis: Bevor Sie ADOX-Code in Ihr VBA-Programm integrieren können, muss in der Entwicklungsumgebung die richtige Objektbibliothek eingestellt werden. Wenn Sie dies vergessen, kennt VBA keines der ADOX-Objekte. Hierzu wählen Sie im Menü EXTRAS den Menüpunkt VERWEISE aus. Der ADOX-Objektkatalog befindet sich unter dem Eintrag „Microsoft ADO Ext. 2.1 for DLL and Security".

```
'******************* Firma.MDB****************
'******************* Modul: ADO Beispiele *******************
' Funktion zeigt den SQL-Code einer Abfrage
Function fktAbfrSQLCodeADO(AbfrName As String) As String
    Dim cnn As New ADODB.Connection
    Dim cmd As New ADODB.Command
    Dim cat As New ADOX.Catalog

    Set cnn = CurrentProject.Connection
    Set cat.ActiveConnection = cnn
    Set cmd = cat.Views(AbfrName).Command
```

```
        Debug.Print cmd.CommandText

        cnn.Close
    End Function
```

Leider erlaubt nicht jeder OLE DB-Provider den Zugriff auf die „Views"-Auflistung. Hierzu gehört auch der MS SQL Server-Provider. Dagegen kann auf die „Procedures"-Auflistung, in der sich die gespeicherten Prozeduren befinden, problemlos zugegriffen werden.

In einem Access-Projekt (ADP-Datei) können Sie trotzdem gewisse Informationen zu einer Sicht ermitteln. Sie benutzen anstelle der „Views"-Kollektion von ADOX die „AllViews"-Auflistung der „CurrentData"-Eigenschaft des „Application"-Objektes.

```
'********************** Firma.MDB **************************
'*********** Modul: ADO Beispiele für ein Access-Projekt ***********
Public Sub fktAllViews()
    Dim objSicht As AccessObject
    Dim dbCD As Object

    Set dbCD = Application.CurrentData
    ' Search for open AccessObject objects in AllViews collection.
    For Each objSicht In dbCD.AllViews
        Debug.Print "Sichtname: " & objSicht.Name
        Debug.Print "Sicht ist geladen: " & objSicht.IsLoaded
        Debug.Print "----------------------------------------"
    Next objSicht
End Sub
```

Diese Funktion gibt von allen Sichten, die in dem aktuellen Access-Projekt existieren, die Namen und den Ladestatus (geöffnet oder geschlossen) aus.

Eine neue Abfrage erstellen

Um eine neue Abfrage zu erstellen, verwenden Sie wieder das „Catalog"-Objekt von ADOX. Dessen „Views"-Auflistung besitzt die „Append"-Methode, die als Parameter ein „Command"-Objekt erwartet.

Die Eigenschaft „CommandText" dieses „Command"-Objekts darf nur verändert werden, wenn das Programm die Erlaubnis zur Entwurfsänderung für die Abfrage besitzt, da ansonsten ein Laufzeitfehler entsteht.

Das nächste Beispiel liest die SQL-Anweisungen einer bereits bestehenden Abfrage und erstellt hieraus eine neue Abfrage. Auf diese Weise findet praktisch eine Duplizierung der Abfragedefinition statt. Die neue Abfrage heißt wie die alte Abfrage mit dem Zusatz des heutigen Datums.

```
'******************* Firma.MDB ****************
'******************* Modul: ADO Beispiele *******************
' Funktion erstellt aus einer Abfrage eine neue Abfrage
Function fktAbfrageDefDupADO(AbfrName As String)
    Dim cnn As New ADODB.Connection
    Dim cmd As New ADODB.Command
    Dim cmd1 As New ADODB.Command
```

```
Dim cat As New ADOX.Catalog

Set cnn = CurrentProject.Connection
Set cat.ActiveConnection = cnn
Set cmd = cat.Views(AbfrName).Command

cmd1.CommandText = cmd.CommandText
cat.Views.Append _
  AbfrName & " " & Format$(Now, "ddmmyyss"), cmd1

cnn.Close
End Function
```

Eine Abfrage löschen

Eine gespeicherte Abfrage können Sie per Prozedur aus der Datenbank entfernen. Bevor eine Abfrage gelöscht werden kann, muss sie vorher unbedingt geschlossen werden. Für den Löschvorgang setzen Sie wieder die „Views"-Auflistung des „Catalog"-Objektes ein. Diese Kollektion besitzt die Methode „Delete".

```
'****************** Firma.MDB ****************
'****************** Modul: ADO Beispiele ********************
' Funktion löscht eine Abfrage
Function fktAbfrageLöschenADO(AbfrName As String)
 Dim cnn As New ADODB.Connection
 Dim cat As New ADOX.Catalog

 Set cnn = CurrentProject.Connection
 Set cat.ActiveConnection = cnn

 cat.Views.Delete AbfrName

 cnn.Close
End Function
```

14.10 Tabellen entwerfen

Tabellen können auch mit ADO per Programm erstellt werden. Dafür wird das „Catalog"-Objekt von ADOX benutzt, das eine „Tables"-Auflistung enthält. Die „Columns"-Auflistung fasst die einzelnen Felder zusammen. Eine neue Felddefinition fügen Sie über deren „Append"-Methode an.

Zur Erstellung einer Felddefinition nennen Sie als Argumente den Namen des Feldes und dessen Datentyp als Konstante. Welche Konstanten Sie dafür benutzen können, entnehmen Sie bitte der nachfolgenden Tabelle. Die Konstanten sind dabei eher auf die MS SQL Server-Datentypen als auf die Access-Datentypen abgestimmt.

Der letzte Teil zur Erstellung der Tabelle ist das Anfügen des „Table"-Objekts an die „Tables"-Auflistung. Dazu rufen Sie die „Append"-Methode der „Tables"-Kollektion auf.

Erst hierdurch wird die neue Tabellendefinition auch tatsächlich in die Datenbank gespeichert.

Tabelle 14.13: Konstanten für die Felddatentypen zur Tabellenerstellung

Konstante	Datentyp
adBoolean	Yes/No
adUnsignedTinyInt	Byte
adCurrency	Currency
adDate	Date/Time
adDouble	Double
adSmallInt	Integer
adInteger	Long
adBinary	Binary
adLongVarBinary	Long Binary
adSingle	Single
adNumeric	Festpunktzahl
adVarWChar	Text
adGUID	GUID
adLongVarWChar	Memo

Das anschließende Beispiel zeigt die Erstellung einer Tabelle, die aus zwei Feldern des Access-Datentyps „Text" besteht. Bitte beachten Sie, dass der OLE DB-Provider für den MS SQL-Server die Erstellung nicht erlaubt. In diesem Fall verwenden Sie DDL-Anweisungen von SQL wie „CREATE TABLE", die meistens unkomplizierter sind.

```
'******************* Firma.MDB ****************
'******************* Modul: ADO Beispiele *******************
' Erstellt die Tabelle "Tabelle_Erstellen"
Function fktTabelleErstellenADO()
  Dim cnn As New ADODB.Connection
  Dim tbl As New ADOX.Table
  Dim cat As New ADOX.Catalog

  Set cnn = CurrentProject.Connection
  cat.ActiveConnection = cnn
  tbl.Name = "Tabelle_Erstellen"
  tbl.Columns.Append "Name", adVarWChar, 50
  tbl.Columns.Append "Vorname", adVarWChar, 50
  cat.Tables.Append tbl
```

```
   cnn.Close
End Function
```

Ein weiteres Feld in die Tabelle einfügen

Es muss sich nicht unbedingt um eine neue Tabelle handeln. Sie können auch in eine bereits bestehende Tabelle ein weiteres Feld einfügen.

Der Funktion „fktZaehlerAnfuegenADO" übergeben Sie den Namen der existierenden Tabelle und den Namen des neuen Feldes. Um ein neues Feld mit einer Gültigkeitsregel und einem Gültigkeitstext zu erzeugen, besitzt das „Column"-Objekt von ADOX die Methode „Properties", mit deren Hilfe die Eigenschaften „Jet OLEDB:Column Validation Rule" und „Jet OLEDB:Column Validation Rule" auf die gewünschten Werte eingestellt werden.

Falls bei der Funktion kein Fehler auftrat, enthält die Eigenschaft „Number" des Objekts „Err" den Wert „0". Dadurch liefert die Funktion „True" zurück.

```
'****************** Firma.MDB ****************
'****************** Modul: ADO Beispiele ******************
' Funktion fügt ein Zählerfeld in Tabelle ein
Function fktZaehlerAnfuegenADO(TabellenName As String, FeldName As String)
  Dim cnn As New ADODB.Connection
  Dim tbl As New ADOX.Table
  Dim cat As New ADOX.Catalog
  Dim clm As ADOX.Column

  Set cnn = CurrentProject.Connection
  cat.ActiveConnection = cnn

  Set tbl = cat.Tables(TabellenName)

  On Error Resume Next
  tbl.Columns.Append FeldName, adInteger
  ' Erstellt die neue Spalte mit einer Gültigkeitsregel
  Set clm = tbl.Columns(FeldName)
  clm.Properties("Jet OLEDB:Column Validation Rule") = ">50"
  clm.Properties("Jet OLEDB:Column Validation Text") =
                      "Es sind nur Werte größer 50 zulässig"
  'Fehlerprüfung
  If Err.Number Then
    fktZaehlerAnfuegenADO = False
  Else
    fktZaehlerAnfuegenADO = True
  End If

  cnn.Close
End Function
```

14.11 Datenbank-Informationen auslesen

Den Aufbau Ihrer Datenbank und der darin enthaltenen Tabellen, Abfragen und Formulare können Sie nicht nur in der Entwurfsansicht der Access-Oberfläche erfahren, sondern es stehen Ihnen programmtechnisch einige Möglichkeiten offen, um während des Programmlaufs an diese Informationen zu gelangen.

Formulare, Berichte, Makros, Module und Datenzugriffsseiten

Um die Namen aller Formulare der aktuellen Datenbank aufzulisten, benutzen Sie die „AllForms"-Auflistung von „CurrentProject". Über „CurrentProject" finden Sie alle Access-Objekte, egal ob sie sich in einer MDB-Datei oder in einer ADP-Projektdatei befinden. Hiermit ist es möglich, Formulare, Berichte, Makros, Module und Datenzugriffsseiten zu verwalten. Die Auflistungen heißen „AllForms", „AllReports", „AllMacros", „AllModules" und „AllDataAccessPages".

Die nachfolgende Funktion „fktFormulareListen" gibt alle Formulare der aktuellen Datenbank im Direktfenster aus:

```
'**************** Firma.MDB ***********************
'************* Modul: ADO Beispiele *****************
' Funktion listet alle Formulare der aktuellen Datenbank auf
Function fktFormulareListen()
  Dim obj As AccessObject

  Debug.Print "Formularname: "
  Debug.Print "_____"
  For Each obj In CurrentProject.AllForms
    Debug.Print obj.Name
  Next
End Function
```

Tabellen

Die Informationen über Tabellen, Indizes, Felder und Abfragen finden Sie in dem jeweiligen Objekt hinterlegt, das Sie über die Kollektion ansprechen können. Wenn Sie zum Beispiel alle Tabellen erfahren möchten, die sich in einer Datenbank befinden, dann durchsuchen Sie die „Tables"-Auflistung des „Catalog"-Objektes nach allen darin enthaltenen Objekten. Ein einzelnes Objekt wird dabei über seine Indexnummer beginnend mit 0 angesprochen. Um zu ermitteln, wie viele Objekte tatsächlich in der Kollektion vorliegen, wird die Eigenschaft „Count" der Auflistung ausgelesen. Noch eleganter durchlaufen Sie die Kollektion jedoch mit „For..Each".

```
'***************** Firma.MDB **************************
'***************** Modul: ADO Beispiele ***************
' Funktion listet alle Tabellen der aktuellen Datenbank im Direktfenster auf
Function fktTabellenAuflistenADO()
  Dim tbl As New ADOX.Table
  Dim cat As New ADOX.Catalog

  cat.ActiveConnection = CurrentProject.Connection
```

```
     For Each tbl In cat.Tables
       Debug.Print "Tabelle: "; tbl.Name
       Debug.Print "Anzahl: "; tbl.Columns.Count
       Debug.Print "Erstellung: "; tbl.DateCreated
       Debug.Print "Änderung: "; tbl.DateModified
       Debug.Print "_____"
     Next
   End Function
```

Als Informationen zu einer Tabelle werden der Tabellenname, die Anzahl der Datensätze, das Erstellungsdatum sowie das Datum der letzten Änderung ausgegeben. Hierzu lesen Sie jeweils die Eigenschaften des Objekts.

Die nächste Funktion „fktTabellenAuflistenOSysADO" unterscheidet sich von der letzten dadurch, dass Systemtabellen nicht mit beachtet werden. Die Unterscheidung können Sie durch die Eigenschaft „Type" des „Table"-Objekts treffen. Falls es sich um eine normale Tabelle handelt, enthält diese Eigenschaft die Zeichenfolge „Table". Bei einer Systemtabelle weist die Eigenschaft „Type" den Wert „System Table" auf.

```
   '****************** Firma.MDB ***************************
   '****************** Modul: ADO Beispiele ******************
   ' Funktion listet alle Tabellen ohne die Systemtabellen der aktuellen
   ' Datenbank im Direktfenster auf
   Function fktTabellenAuflistenOSysADO()
    Dim tbl As New ADOX.Table
    Dim cat As New ADOX.Catalog

    cat.ActiveConnection = CurrentProject.Connection
    For Each tbl In cat.Tables
      If tbl.Type = "Table" Then
        Debug.Print "Tabelle: "; tbl.Name
        Debug.Print "Anzahl: "; tbl.Columns.Count
        Debug.Print "Erstellung: "; tbl.DateCreated
        Debug.Print "Änderung: "; tbl.DateModified
        Debug.Print "_____"
      End If
    Next
   End Function
```

Die „Type"-Eigenschaft des „Table"-Objektes von ADOX kann folgende Werte enthalten:

Tabelle 14.14: Zeichenfolgen für die Eigenschaft „Type"

Type-Zeichenfolge	Kurzbeschreibung
"LINK"	Verknüpfte Tabelle
"PASS-THROUGH"	Verknüpfte ODBC-Tabelle
"System Table"	Systemtabelle
"Table"	Normale Tabelle

Abfragen

Wie bei den Tabellen können Sie auch bei den Abfragen den Namen, das Erstellungsdatum und das Datum der letzten Änderung über eine „For ..Each"-Schleife auflisten. Dazu benutzen Sie die „Views"-Auflistung des „Catalog"-Objekts.

```
'****************** Firma.MDB ****************
'****************** Modul: ADO Beispiele ******************
' Funktion listet alle Abfragen der
' aktuellen Datenbank in Direktfenster auf
Function fktAbfrInfoADO()
  Dim cat As New ADOX.Catalog
  Dim qry As ADOX.View
  Dim cmd As New ADODB.Command
  Dim St As String

  Set cat.ActiveConnection = CurrentProject.Connection
  For Each qry In cat.Views
    Set cmd = qry.Command

    st = cmd.CommandType & ": "
    st = st & qry.Name & vbCrLf
    st = st & "Erstellung: " & qry.DateCreated & " "
    st = st & "Änderung: " & qry.DateModified & vbCrLf
    st = st & "_____" & vbCrLf
    Debug.Print st
  Next

End Function
```

Informationen zu Feldern

Neben der Information, welche Tabellen und Abfragen in der Datenbank enthalten sind, können in einer MS SQL Server-Datenbank auch Informationen zu Feldern in einer Tabelle ermittelt werden. Dazu setzen Sie eine SQL-Zeichenfolge ein, über die mithilfe von MS SQL Server-Funktionen und einem Informationsschema die nötige Information geholt wird. Über die MS SQL Server-Funktion „COL_NAME" kann der Name eines Tabellenfeldes bestimmt werden. Die Funktion benötigt jedoch als Parameter nicht den Namen der Tabelle, sondern deren Identifikationsnummer. Diese kann über die Funktion „OBJECT_ID" aus dem Tabellennamen bestimmt werden. Zusätzlich wird noch eine Spaltenidentifikationsnummer für „COL_NAME" benötigt. Diese erhalten Sie aus dem Informationsschema.

Nachdem die Spaltenbezeichnung ermittelt ist, kann über die MS SQL Server-Funktion „COL_LENGTH" die Feldlänge bestimmt werden. Da diese Funktion jedoch Feldbezeichnungen und nicht die zuvor ermittelte Spaltenidentifikationsnummer wünscht, muss diese Nummer wieder mithilfe von „COL_NAME" in den Feldnamen umgewandelt werden. All dies macht den SQL-Code alles andere als übersichtlich. Die Ausführung der so erstellten SQL-Anweisung über die Methode „Open" und das Auslesen des Ergebnisses des Recordset ist dann kein Problem mehr.

Der Name der Tabelle, die analysiert werden soll, wird der Funktion „fktFeldAuflisten-
ADOSQL" übergeben.

```
'****************** Firma.MDB *****************************
'****************** Modul: ADO Beispiele *****************
' Ermittelt alle Felder und die Feldgröße in einer Tabelle
' für MS SQL Server Datenbank
Function fktFeldAuflistenADOSQL(sTabname As String)
 Dim cnn As New ADODB.Connection
 Dim rst As New ADODB.Recordset
 Dim SQL As String

 Set cnn = CurrentProject.Connection
 SQL = "SELECT COL_NAME(OBJECT_ID('" & _
     sTabname & "'), ORDINAL_POSITION) AS Feldname, " & _
     "COL_LENGTH('" & sTabname & "', COL_NAME(OBJECT_ID('" & sTabname & _
     "'), ORDINAL_POSITION)) AS Feldgr " & _
     "FROM INFORMATION_SCHEMA.Columns " & _
     "WHERE TABLE_NAME = '" & _
     sTabname & "'"

 rst.Open SQL, cnn, adOpenForwardOnly

 If rst.BOF And rst.EOF Then Exit Function
 Do Until rst.EOF
  Debug.Print rst(0)
  Debug.Print rst(1)
  rst.MoveNext
 Loop

 rst.Close
 cnn.Close
End Function
```

Von besonderem Interesse ist häufig der Datentyp eines Feldes. In einer MS SQL Server-
Datenbank können Sie für die Ermittlung das Informationsschema „INFORMA-
TION_SCHEMA.Columns" benutzen. In diesem Informationsschema sind bereits alle Daten
enthalten, die für die Ermittlung des Feldnamens, des Feldtyps und der Feldgröße gebraucht
werden. Es ergibt sich die kleine Schwierigkeit, dass sich die Feldgröße nicht in einer Spalte,
sondern abhängig vom Typ in den Spalten „CHARACTER_MAXIMUM_LENGTH" beziehungsweise „NUMERIC_PRECISION" befindet. Deswegen werden die Spalten auf „Null"
überprüft.

Neben dem Feldnamen und der Feldgröße ermittelt die folgende Funktion „fktFeld-
AuflistenTypADOSQL" zusätzlich den Datentyp des Feldes.

```
'****************** Firma.MDB *****************************
'****************** Modul: ADO Beispiele *****************
' Funktion listet alle Felder einer Tabelle auf
' angezeigt werden Name, Größe und Typ des Feldes
' der Name der Tabelle wird als Parameter übergeben
```

```
' für MS SQL Server Datenbank
Function fktFeldAuflistenTypADOSQL(sTabname As String)
 Dim cnn As New ADODB.Connection
 Dim rst As New ADODB.Recordset
 Dim SQL As String

 Set cnn = CurrentProject.Connection
 SQL = "SELECT COLUMN_NAME, DATA_TYPE,
     CHARACTER_MAXIMUM_LENGTH, NUMERIC_PRECISION " & _
     "FROM INFORMATION_SCHEMA.Columns WHERE TABLE_NAME = '" & _
     sTabname & "'"
 rst.Open SQL, cnn, adOpenForwardOnly

 If rst.BOF And rst.EOF Then Exit Function
 Do Until rst.EOF
   Debug.Print rst!COLUMN_NAME
   Debug.Print rst!DATA_TYPE
   If Not IsNull(rst!CHARACTER_MAXIMUM_LENGTH) Then _
       Debug.Print rst!CHARACTER_MAXIMUM_LENGTH
   If Not IsNull(rst!NUMERIC_PRECISION) Then Debug.Print rst!NUMERIC_PRECISION
   rst.MoveNext
 Loop

 rst.Close
 cnn.Close
End Function
```

Indizes einer Tabelle

Mithilfe der „Indexes"-Auflistung von ADOX ist es in einer Datenbank möglich, Informationen über die Indizes einer Tabelle zu erhalten. Nachdem das „Table"-Objekt der „Catalog"-Auflistung ermittelt ist, kann die gesamte „Indexes"-Auflistung mithilfe von „For..Each" durchlaufen werden. Ein „Index"-Objekt hat jeweils eine „Columns"-Kollektion, über die die Felder bestimmt werden können.

```
'***************** Firma.MDB ****************
'****************** Modul: ADO Beispiele ******************
' Funktion listet alle Tabellen der aktuellen
' Datenbank zusammen mit dem Index im Direktfenster auf
Function fktTabellenAuflistenIndexADO()
 Dim tbl As New ADOX.Table
 Dim cat As New ADOX.Catalog
 Dim ndx As New ADOX.Index
 Dim col As New ADOX.Column

 cat.ActiveConnection = CurrentProject.Connection

 For Each tbl In cat.Tables
   If tbl.Type = "Table" Then
     Debug.Print "Tabelle: "; tbl.Name
     Debug.Print "Anzahl: "; tbl.Columns.Count
     Debug.Print "Erstellung: "; tbl.DateCreated
```

```
      Debug.Print "Änderung: "; tbl.DateModified
      For Each ndx In tbl.Indexes
        For Each col In ndx.Columns
          Debug.Print "Feldname: "; col.Name; " Indexname: "; ndx.Name
        Next
      Next
      Debug.Print "_____"
    End If
  Next

  End Function
```

14.12 Benutzer und Zugriffsrechte verwalten

Access kann als gesichertes System eingerichtet werden, um genau festzulegen, welche Aufgaben die einzelnen Benutzer durchführen dürfen. Mithilfe von bestimmten Datenzugriffsobjekten können Sie die vorhandenen Benutzer, Gruppen und deren Zugriffsrechte lesen und verändern.

Den aktuellen Benutzer ermitteln

Der aktuelle Benutzer einer MS Jet-Datenbank kann über die Methode „CurrentUser" bestimmt werden. Wenn Sie die gleiche Methode innerhalb eines Acceess-Projekts ausführen, erhalten Sie nur den Standardbenutzer „admin". Dies ist natürlich nicht sinnvoll, da bei einer Projektdatenbank der aktuelle Benutzer des MS SQL Server Systems ermittelt werden muss. Eine Hilfestellung bietet hier die MS SQL Server-Funktion „system_user". Wenn Sie diese Funktion mit einer SQL-Anweisung verbinden, können Sie das aktuelle Anmeldekonto (Login-ID) des MS SQL Server-Systems ermitteln.

```
'********************** Firma.MDB ***********************
'*********** Modul: ADO Beispiele für ein Access-Projekt **************
' Funktion liest den aktuellen Benutzer aus
Function fktAktuelleBenutzerLesenSQLADO() As String
  Dim cnn As New ADODB.Connection
  Dim rst As New ADODB.Recordset
  Dim vFeldinhalt As Variant

  Set cnn = CurrentProject.Connection
  rst.Open "SELECT 'Der aktuelle Benutzer lautet: ' + system_user as Ergebnis", _
    cnn, adOpenDynamic

  vFeldinhalt = rst![Ergebnis]
  If IsNull(vFeldinhalt) Then
    fktAktuelleBenutzerLesenSQLADO = ""
  Else
    fktAktuelleBenutzerLesenSQLADO = vFeldinhalt
  End If
```

```
     rst.Close
     cnn.Close
     End Function
```

14.12.1 Benutzer und Gruppen auflisten

Mithilfe von ADOX lassen sich die in einem Access-System eingetragenen Benutzer und Gruppen ermitteln. Die Funktion „fktGruppenAuflistenADO" listet alle Gruppen auf, die eingerichtet sind.

Die gesamte Benutzerverwaltung von ADO ist nach ADOX ausgelagert. Unter dem „Catalog"-Objekt befindet sich die „Groups"-Auflistung, die die Gruppennamen enthält. In einer „For..Each"-Schleife werden die einzelnen Gruppennamen, die in der Eigenschaft „Name" jedes „Group"-Objekts stehen, ermittelt und in das Direktfenster ausgegeben.

```
'****************** Firma.MDB ****************
'****************** Modul: ADO Beispiele *******************
Function fktGruppenAuflistenADO()
  On Error GoTo FehlerGruppenAuflisten
  Dim cnn As New ADODB.Connection
  Dim cat As New ADOX.Catalog
  Dim grp As New ADOX.Group

  Set cnn = CurrentProject.Connection
  cat.ActiveConnection = cnn

  For Each grp In cat.Groups
    Debug.Print grp.Name
  Next

  cnn.Close
  Exit Function

FehlerGruppenAuflisten:
  MsgBox Err.Description
  Exit Function
End Function
```

Hinweis: Die Ermittlung aller Benutzer erfolgt auf sehr ähnliche Weise. Anstelle der „Groups"-Auflistung verwenden Sie die „Users"-Kollektion.

Rollen vom MS SQL Server-System auflisten

Wenn Sie die Benutzergruppen des MS SQL Server-Systems ermitteln möchten, müssen Sie anders vorgehen, da ADOX hierfür keine geeignete Funktion bereitstellt. Beim MS SQL Server werden die Gruppen als Rollen bezeichnet. Um alle Rollen der Datenbank zu bestimmen, gibt es die Systemprozedur „sp_helprole". Diese können Sie mit dem Befehl „EXEC" innerhalb eines Recordset ausführen und das Ergebnis auslesen. Das Beispiel „fktRollenLesenSQLADO" ermittelt alle Rollen und gibt diese als Zeichenfolge zurück. Interessant an diesem Beispiel ist vielleicht noch, dass man bei Systemprozeduren oft den Spaltennamen des

Ergebnisses nicht kennt und somit nicht weiß, wie darauf zuzugreifen ist. In diesen Fällen schreiben Sie einfach anstelle des Spaltennamens „(0)" und adressieren somit über den Index. Das Auslesen der Spalte ist dann kein Problem mehr.

```
'***************** Firma.MDB ***********************
'********** Modul: ADO Beispiele für ein Access-Projekt **********
' Funktion gibt alle Rollen der MS SQL Server Datenbank aus
Function fktRollenLesenSQLADO() As String
 Dim cnn As New ADODB.Connection
 Dim rst As New ADODB.Recordset
 Dim vFeldinhalt As Variant

 Set cnn = CurrentProject.Connection
 rst.Open "EXEC sp_helprole", cnn, adOpenDynamic

 If rst.BOF Then Exit Function
 Do Until rst.EOF
   vFeldinhalt = vFeldinhalt & rst(0) & ";"
   rst.MoveNext
 Loop
 fktRollenLesenSQLADO = vFeldinhalt

 rst.Close
 cnn.Close
End Function
```

Alle Benutzer einer bestimmten Gruppe ermitteln

Vielleicht wollen Sie aber wissen, welche Benutzer zu einer bestimmten Gruppe gehören. Der Ablauf der Funktion „fktBenutzerEinerGruppeAuflistenADO" ist sehr ähnlich zu dem Ablauf der oben beschriebenen Funktion „fktGruppenAuflistenADO". Der „Groups"-Auflistung wird nun der Gruppenname übergeben, um dann wiederum mithilfe einer „For.. Each"-Schleife alle Benutzernamen dieser Gruppe ermitteln zu können.

```
'****************** Firma.MDB ****************
'****************** Modul: ADO Beispiele ******************
Function fktBenutzerEinerGruppeAuflistenADO(lpGruppenName As String)
 On Error GoTo FehlerBenutzerEinerGruppeAuflisten
 Dim cnn As New ADODB.Connection
 Dim cat As New ADOX.Catalog
 Dim grp As New ADOX.Group
 Dim usr As New ADOX.User

 Set cnn = CurrentProject.Connection
 cat.ActiveConnection = cnn

 Set grp = cat.Groups(lpGruppenName)
 For Each usr In grp.Users
   Debug.Print usr.Name
 Next

 cnn.Close
```

```
    Exit Function

FehlerBenutzerEinerGruppeAuflisten:
    MsgBox Err.Description
End Function
```

Alle Gruppen eines bestimmten Benutzers ermitteln

Wenn Sie ermitteln möchten, zu welchen Gruppen ein bestimmter Benutzer gehört, brauchen
Sie die eben beschriebene Funktion nur ein wenig zu ändern. Statt einer Variablen vom Typ
„Group" definieren Sie eine Variable vom Typ „User". Dieser Variablen weisen Sie dann den
als Argument übergebenen Benutzer zu. Anschließend können Sie die einzelnen Gruppen
auflisten.

Alle Benutzer einer bestimmten Rolle ermitteln

Um alle Benutzer einer Rolle beim MS SQL Server zu erhalten, kann die Systemprozedur
„sp_helprolemember" benutzt werden. Wird dieser Prozedur der Name einer Rolle mit gegeben, liefert sie alle seine Benutzer zurück.

```
'**************** Firma.MDB **********************
'********** Modul: ADO Beispiele für ein Access-Projekt **************
' Funktion gibt alle Benutzer einer Rolle
' der aktuellen MS SQL Server Datenbank aus
Function fktRollenBenutzerLesenSQLADO(sRolle As String) As String
 Dim cnn As New ADODB.Connection
 Dim rst As New ADODB.Recordset
 Dim vFeldinhalt As Variant

 Set cnn = CurrentProject.Connection
 rst.Open "EXEC sp_helprolemember '" & sRolle & "'", cnn, adOpenDynamic

 If rst.BOF Then Exit Function
 Do Until rst.EOF
  vFeldinhalt = vFeldinhalt & rst(0) & ";"
  rst.MoveNext
 Loop
 fktRollenBenutzerLesenSQLADO = vFeldinhalt

 rst.Close
 cnn.Close
End Function
```

Den aktuellen Benutzer auf Zugehörigkeit zu einer bestimmten Gruppe überprüfen

Mit der folgenden Funktion können Sie überprüfen, ob der aktuelle Benutzer zu einer bestimmten Gruppe gehört, deren Gruppennamen Sie übergeben. Den Namen des aktuellen
Benutzers ermittelt die Funktion „CurrentUser". In einer Schleife vergleichen Sie diesen
Namen mit allen Namen, die zu der genannten Gruppe gehören. Falls eine Übereinstimmung
gefunden werden kann, lautet der Rückgabewert „True", ansonsten „False".

Wenn Sie der Funktion einen nicht existierenden Gruppennamen angeben, tritt ein Laufzeitfehler mit der Nummer 3265 ein. Auf ihn wird mit einem Meldungsfenster reagiert:

```
'****************** Firma.MDB ****************
'****************** Modul: ADO Beispiele ******************
Function fktAktuellerBenutzerEinerGruppeADO(lpGruppenName As String)
  On Error GoTo FehlerAktuellerBenutzerEinerGruppe
  Dim cnn As New ADODB.Connection
  Dim cat As New ADOX.Catalog
  Dim grp As New ADOX.Group
  Dim usr As New ADOX.User
  Dim i As Integer

  Set cnn = CurrentProject.Connection
  cat.ActiveConnection = cnn

  Set grp = cat.Groups(lpGruppenName)
  Set usr = cat.Users(CurrentUser())

  For i = 0 To grp.Users.Count - 1
    If grp.Users(i).Name = usr.Name Then
      fktAktuellerBenutzerEinerGruppeADO = True
      Exit Function
    End If
  Next I
  fktAktuellerBenutzerEinerGruppeADO = False
  cnn.Close
  Exit Function

FehlerAktuellerBenutzerEinerGruppe:
  If Err = 3265 Then
    MsgBox UCase(lpGruppenName) & _
       " ist kein gültiger Gruppenname", 16, "Fehler"
    fktAktuellerBenutzerEinerGruppeADO = False
  ElseIf Err = 3029 Then
    MsgBox "Das für den Arbeitsbereich benutzte Konto besteht nicht"
  Else
    MsgBox Error(Err)
  End If
End Function
```

Ein eigenes Dialogfeld für die Passwortänderung verwenden

In einem abgesicherten Datenbanksystem erscheint beim Anmelden ein Dialog, um Benutzernamen und Passwort abzufragen. Darüber hinaus sollten Sie dem Benutzer auch eine Möglichkeit zum Ändern seines Passwortes anbieten. Dies könnte zum Beispiel über einen Menüpunkt PASSWORT ÄNDERN erfolgen, woraufhin ein Dialog zum Ändern des Passwortes eingeblendet wird. Neben zwei Textfeldern braucht der Dialog noch eine „OK"-Schaltfläche. Alternativ könnten Sie dies auch durch zweimaligen „InputBox"-Aufruf realisieren.

Um das derzeit aktuelle Passwort ändern zu können, muss erst der aktuelle Benutzer ermittelt werden. Bei einer MS Jet-Datenbank können Sie – wie bereits bekannt – die Methode „CurrentUser" einsetzen. Anschließend kann die Methode „ChangePassword" des „User"-Objektes aufgerufen werden.

```
'****************** Firma.MDB ****************
'****************** Modul: ADO Beispiele *******************
Function fktPasswortÄndernADO()
  Dim cat As New ADOX.Catalog
  Dim sBenutzer As String, sAltesPasswort As String, sNeuesPasswort As String

  cat.ActiveConnection = CurrentProject.Connection

  sBenutzer = CurrentUser()
  sAltesPasswort = InputBox("Bitte geben Sie das alte Passwort ein", _
      "Benutzer: " & sBenutzer & " Passwort ändern")
  sNeuesPasswort = InputBox("Bitte geben Sie das neue Passwort ein", _
      "Benutzer: " & sBenutzer & " Passwort ändern")
  cat.Users(sBenutzer).ChangePassword sAltesPasswort, sNeuesPasswort

  Set cat = Nothing
End Function
```

Um die gleiche Funktionalität für den MS SQL Server nachzubilden, ist eine andere Vorgehensweise erforderlich. Den aktuell angemeldeten Benutzer für das System erhalten Sie über die Systemfunktion „system_user". Für die Änderung des Passwortes kann wiederum eine gespeicherte Systemprozedur verwendet werden. Der Systemprozedur „sp_password" werden für den aktuellen Benutzer dabei das alte und das neue Kennwort als Zeichenfolge übergeben. Am einfachsten kann die Systemprozedur über die „Execute"-Methode des „Connection"-Objektes ausgeführt werden.

```
'********************* Firma.ADP ************************
'****************** Modul: ADO Beispiele ******************
' Ändert für den aktuell bei der MS SQL Server Datenbank
' angemeldeten Benutzer das Passwort
Function fktPasswortÄndernADOSQL()
  Dim cnn As New ADODB.Connection
  Dim rst As New ADODB.Recordset
  Dim sAltesPasswort As String, sNeuesPasswort As String, sBenutzer As String

  Set cnn = CurrentProject.Connection
  rst.Open "SELECT system_user", cnn, adOpenDynamic

  sBenutzer = rst(0)
  sAltesPasswort = InputBox("Bitte geben Sie das alte Passwort ein", "Benutzer: " & _
      sBenutzer & " Passwort ändern")
  sNeuesPasswort = InputBox("Bitte geben Sie das neue Passwort ein", "Benutzer: " & _
      sBenutzer & " Passwort ändern")
```

```
cnn.Execute "EXEC sp_password '" & _
   sAltesPasswort & "', '" & sNeuesPasswort & "'"
rst.Close
cnn.Close
End Function
```

14.12.2 Zugriffsrechte verwalten

Es besteht die Möglichkeit, per Programm einem Benutzer in Access bestimmte Rechte zu geben beziehungweise zu nehmen. Angenommen, in Ihrem gesicherten Access-System gibt es den Benutzer „Koala", der ausschließlich zur Gruppe „Benutzer" gehört. Diesem Anwender soll nun programmtechnisch das Recht genommen werden, eine neue Datenbank anzulegen.

In der Funktion „fktSperreDatenDBNeuADO" übergeben Sie zuerst den Ort und den Namen Ihrer Arbeitsgruppen-Informationsdatei der Eigenschaft „Jet OLEDB:System database". Diese Werte können aus der Registrierungsdatenbank von Windows ermittelt werden. Die Arbeitsgruppen-Informationsdatei besitzt die Endung „.mdw" und heißt normalerweise „SYSTEM.MDW".

Anschließend verwenden Sie die „Users"-Auflistung des „Catalog"-Objektes. Diese besitzt die Methode „SetPermissions", über die Sie für jeden Benutzer die Zugriffsrechte festlegen können. Die Rechte werden über Konstanten bestimmt, die in der nachfolgenden Tabelle aufgelistet sind.

```
'******************** Firma.MDB ****************
'******************** Modul: ADO Beispiele ********************
Function fktSperreDatenDBNeuADO(sBenutzer As String)
  Dim cnn As New ADODB.Connection
  Dim cat As New ADOX.Catalog
  Set cnn = CurrentProject.Connection

  'hier steht bereits das tatsächliche Verzeichnis
  'cnn.Properties("Jet OLEDB:System database") = _
  "'c:\Dokumente und Einstellungen\Administrator\Anwendungsdaten\
  '                                          Microsoft\Access\system.mdw"
  cat.ActiveConnection = cnn
  cat.Users(sBenutzer).SetPermissions "", adPermObjDatabase, _
     adAccessSet, adRightCreate

  Set cat = Nothing

End Function
```

Tabelle 14.15: Konstanten für die Zugriffsrechte

Konstante	Konstante
adRightNone	adRightRead
adRightFull	adRightInsert
adRightDrop	adRightUpdate
adRightReadPermissions	adRightDelete
adRightWritePermissions	adRightFull
adRightWriteOwner	adRightCreate
adRightCreate	adRightExclusive
adRightReadDesign	adRightRead
adRightWriteDesign	

15 Weiterführende VBA-Themen

Mit Visual Basic for Application können noch viele interessante Themengebiete programmiert werden. In diesem Kapitel werden Sie Informationen zum Office-Assistenten, zum Einsatz des Dialogfelds „Öffnen", zur programmtechnischen Erstellung von Symbolleisten, zu den API-Funktionen, zu Klassenmodulen und zum Datenaustausch mithilfe der Automatisierung finden.

15.1 Datenaustausch

In Access können OLE und die Automatisierung, die man heutzutage häufig mit dem Begriff COM (Component Object Model) bezeichnet, auf vielfältige Weise benutzt werden. Um Bilder, Klänge oder Videoclips in einer Tabelle zu speichern, verwenden Sie Tabellenfelder mit dem Datentyp „OLE-Objekt". Über Menüpunkte wie OBJEKT im Menü EINFÜGEN können Sie Daten, die mit anderen Programmen erstellt wurden, in Ihre Datenbank übernehmen. Es existieren zwei Steuerelementtypen, das gebundene und das ungebundene Objektfeld, die in Formularen und Berichten OLE-Daten anzeigen. Auch ein Diagramm wird über einen COM-Server, dem Programm MS Graph, erstellt.

Bei OLE (Object Linking and Embedding) werden neben den Daten die Fähigkeiten des erstellenden Programms mitgegeben. Das dadurch entstehende Objekt wird auch als Verbunddokument bezeichnet. Dies kann auf zweierlei Arten erfolgen:

• Einbetten: Das Objekt wird fester Bestandteil der Datenbank. Da alle Daten dieses Objekts in einer Tabelle gespeichert werden, kann die Originaldatei gelöscht oder beliebig modifiziert werden. Es werden zusätzlich Informationen über das Serverprogramm abgelegt. Auf diese Weise kann eine nachträgliche Bearbeitung des Objekts mit der Ursprungsanwendung stattfinden.

• Verknüpfen: Die Tabelle enthält nur einen Zeiger auf das eingefügte Objekt. Beim Anzeigen der Daten wird überprüft, ob sich das Objekt zwischenzeitlich geändert hat. Wenn ja, kann eine Aktualisierung erfolgen.

Zudem ist es programmtechnisch möglich, Daten mithilfe der Automatisierung in andere Anwendungen zu übertragen oder zu holen. Auf diese Weise können Sie zum Beispiel in eine Zelle eines Excel-Tabellenblattes Text übertragen und das Aussehen dieser Zelle und der Schrift verändern. Oder Sie stellen ein Balkendiagramm auf ein Flächendiagramm um.

Bei COM findet der Datentransfer zwischen dem Server, der Objektanwendung, und dem Client, der Containeranwendung, statt. Die Anwendung Access kann sowohl als Client als auch als Server eingesetzt werden. Dies bedeutet, dass Sie in Access auf Objekte anderer COM-Server wie Excel zugreifen können. Zudem ist es möglich, in anderen Programmen mit Access-Objekten zu arbeiten. Falls diese Programme wie Excel oder Word VBA als Programmiersprache besitzen, sieht der Zugriff auf Access-Objekte genau so aus, wie wenn er in Access selber stattfinden würde.

Zugriff auf ein OLE-Objekt

Um programmtechnisch ein OLE-Objekt in einem Formular zu aktivieren, setzen Sie seine Eigenschaft „Action" auf „acOLEActivate". „OLEFeld" ist in der folgenden Zeile der Name eines ungebundenen Objektrahmens in „Formular3":

    Forms!Formular3!OLEFeld.Action=acOLEActivate

Welche Operationen Sie mit einem OLE-Objekt durchführen können, ist vom jeweiligen OLE-Server und der aktuellen Situation abhängig. Mit der nachfolgenden Funktion ermitteln Sie die verschiedenen Fähigkeiten (Verbs) eines OLE-Objekts, das im ungebundenen Objektrahmen „OLEFeld" eingebettet ist.

```
Public Function fktOLEFähigkeiten()
    Dim i As Integer
    Dim OleF As Object

    Set OleF = Forms!Formular3.OLEFeld
    OleF.Action = acOLEFetchVerbs
    For i = 0 To OleF.ObjectVerbsCount - 1
        Debug.Print OleF.ObjectVerbs(i)
    Next i
End Function
```

Zuerst muss die Eigenschaft „Action" auf „acOLEFetchverbs" gesetzt werden. In der Eigenschaft „ObjectVerbsCount" ist die Anzahl der möglichen Operationen enthalten. Sie werden aus dem Array „ObjectVerbs" gelesen und untereinander in das Direktfenster geschrieben. Falls im Objektrahmen ein Bild eingebettet ist, das mit Paint erstellt wurde, lautet das Ergebnis zum Beispiel folgendermaßen:

    &Bearbeiten
    &Bearbeiten
    Ö&ffnen

Bei einer eingebetteten Klangdatei werden zum Beispiel folgende Zeilen in das Direktfenster ausgegeben:

    &Wiedergeben
    &Wiedergeben
    &Bearbeiten

Diese Ausdrücke kommen Ihnen wahrscheinlich bekannt vor. Sie entsprechen den Menüpunkten, die im Untermenü ...OBJEKT des Menüs BEARBEITEN aufgelistet werden, nachdem Sie einen Objektrahmen markiert haben.

Zusätzlich zu den bereits besprochenen Konstanten können Sie der Eigenschaft „Action" des Steuerelements „Objektfeld" noch weitere Konstanten zuweisen.

Tabelle 15.1: Konstanten für die Eigenschaft „Action"

Konstante	Bedeutung
acOLECreateEmbed	Erzeugt ein eingebettetes Objekt
acOLECreateLink	Erzeugt ein verknüpftes Objekt
acOLECopy	Kopiert das Objekt in die Zwischenablage
acOLEPaste	Fügt Daten aus der Zwischenablage in das Objekt ein
acOLEUpdate	Aktualisiert das Objekt
acOLEActivate	Aktiviert das Objekt
acOLEClose	Schließt ein OLE-Objekt (gilt nur für eingebettete Objekte)
acOLEDelete	Löscht das OLE-Objekt und gibt Speicherplatz frei
acOLEInsertObjDlg	Zeigt das Dialogfeld „Objekt einfügen" an
acOLEPasteSpecialDlg	Zeigt das Dialogfeld „Inhalte einfügen" an
acOLEFetchVerbs	Aktualisiert die Liste der Fähigkeiten, die ein OLE-Objekt unterstützt

Wenn Sie in ein Objektfeld ein neues OLE-Objekt einbetten möchten, müssen Sie die Eigenschaften

* Action
* Class
* OLETypeAllowed

besetzen. Bei einem verknüpften Objekt stellen Sie statt der Eigenschaft „Class" die Eigenschaft „SourceDoc" ein, der Sie den Namen der Datei zuweisen. In diesem Fall wird die Eigenschaft „Class" automatisch in Abhängigkeit von „SourceDoc" gesetzt. Ansonsten muss „Class" den Klassennamen als Zeichenkette enthalten (siehe oben). Mit der Eigenschaft „OLETypeAllowed" des Objektfelds legen Sie fest, ob das neue OLE-Objekt verknüpft oder eingebettet werden soll.

```
acOleEmbedded
acOleLinked
```

Anschließend übergeben Sie der Eigenschaft „Action" die Konstante „OLECreateEmbed" beziehungsweise „OLECreateLink".

Um die OLE-Art bei einem existierenden Objekt zu überprüfen, verwenden Sie statt der Eigenschaft „OLETypeAllowed" die Eigenschaft „OLEType". Neben den beiden bereits genannten Konstanten kann diese Eigenschaft auch noch „acOLENone" enthalten. Dies bedeutet, dass das Objektfeld kein OLE-Objekt enthält.

Diagramme per Automatisierung ändern

Im ersten Automatisierungs-Beispiel ist das Objekt bereits vorhanden. Es handelt sich um ein Diagramm, das mithilfe des Diagrammassistenten in ein Formular eingefügt wurde. Der Anwender kann den Titel des Diagramms beliebig ändern.

Das Programm MS Graph, das für das Erstellen von Diagrammen zuständig ist, wird beim Einrichten von Access mit installiert. Bei dieser Anwendung handelt es sich um einen reinen OLE-Server, der nur von einer Clientanwendung aus ausgeführt werden kann. Wenn Sie zum Beispiel den Diagrammassistenten aufrufen, läuft im Hintergrund MS Graph ab.

Das Formular „OLE-Automation" zeigt ein Diagramm an, das auf den Daten der Tabelle „Monatsumsatz" basiert. In dem darunterliegenden Textfeld tragen Sie den gewünschten Titel ein und drücken die Befehlsschaltfläche. Der neue Text erscheint dadurch als Titel. Außerdem ändert sich die Beschriftung der Schaltfläche in „Titel verstecken". Durch einen Klick auf diese Schaltfläche verschwindet der Titel und die Funktion der Schaltfläche wird wieder auf den Anfangszustand eingestellt.

Zuerst muss überprüft werden, ob überhaupt ein Text als Titel eingegeben wurde. Wenn nicht, wird der Text „Kein Titel" benutzt. Anschließend wird über die Eigenschaft „Caption" der Befehlsschaltfläche abgefragt, welcher Zustand derzeit vorliegt. Um den neuen Titel anzuzeigen, setzen Sie die Eigenschaft „HatTitel" des Diagramms auf „-1" („True"). Der Titel selber wird der Eigenschaft „Aufschrift" des Objekts „DiagrammTitel" übergeben, das wiederum zum Diagramm gehört. Abschließend ändern Sie noch die Beschriftung der Schaltfläche.

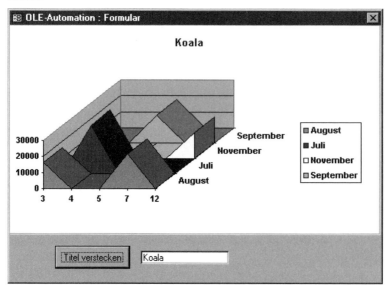

Bild 15.1: Den Titel des Diagramms ändern

```
'******************* BASICPRG.MDB ******************
'*************** Formularmodul: OLE-Automation *********
Private Sub cNeuerTitel_Click()
  Dim sTitelText As String
```

```
If IsNull(Me.cNeuerTitelTxt) Or Me.cNeuerTitelTxt = "" Then
  sTitelText = "Kein Titel"
Else
  sTitelText = Me.cNeuerTitelTxt
End If

If Me.cNeuerTitel.Caption = "Titel anzeigen" Then
  Me.OleDiagramm.Object.Application.Chart.HasTitle = -1
  Me.OleDiagramm.Object.Application.Chart.
       ChartTitle.Caption = sTitelText
  Me.cNeuerTitel.Caption = "Titel verstecken"
Else
  Me.OleDiagramm.Object.Application.Chart.HasTitle =0
  Me.cNeuerTitel.Caption = "Titel anzeigen"
End If
End Sub
```

Eine Beziehung zu einem Objekt aufbauen

Die Automatisierung, die auch den Namen ActiveX-Automatisierung trägt, ersetzt immer mehr DDE (Dynamic Data Exchange). Beide Fähigkeiten realisieren eine Interprozess-Kommunikation zwischen einem Client, der hier als ActiveX-Automatierungs-Controller bezeichnet wird, und einem Server. Dies bedeutet, dass Daten zwischen verschiedenen Programmen ausgetauscht werden. Mit der Automatisierung können Sie mit VBA aus Access heraus auf Objekte einer anderen Serveranwendung zugreifen, deren Eigenschaften lesen sowie verändern und die Methoden des Servers benutzen, als ob die Objekte selber in Access vorliegen würden. Die Bearbeitung dieser COM-Objekte besitzt somit große Ähnlichkeiten mit dem Einsatz der Datenzugriffsobjekte (DAO).

Zu Beginn dieses Vorgangs wird die Serveranwendung automatisch gestartet, sie bleibt dabei aber unsichtbar. Im Gegensatz dazu müssten Sie bei DDE überprüfen, ob der Server bereits gestartet ist, und ihn gegebenenfalls aufrufen.

Welche Fähigkeiten, das heißt welche Objekte der ActiveX-Server anbietet, hängt vom jeweiligen Server ab. Die Automatisierung kann je nach Anwendung sehr unterschiedlich aussehen. Allen gleich ist jedoch zu Beginn die Definition einer Objektvariablen in VBA. Eine Objektvariable für die OLE-Automatisierung können Sie auf drei Arten erhalten. Es gibt hierzu die beiden Funktionen „CreateObject" und „GetObject" und die Angabe „New" direkt bei der Deklaration.

Um ein Objekt, zum Beispiel ein Arbeitsblatt eines Servers wie Excel, bearbeiten zu können, müssen Sie eine bestimmte Hierarchie einhalten. In dieser Rangordnung stehen an oberster Stelle so genannte Automatisierungsobjekte. Diese Objekte sind nicht wie Formulare und Berichte sichtbar, sondern werden wie das „Workspace"-Objekt bei DAO behandelt. Das Automatisierungsobjekt „Application" („Anwendung") existiert bei den meisten COM-Servern. Word 8.0 besitzt zudem ein Automatisierungsobjekt vom Typ „Basic" und vom Typ „Document", bei Excel 8.0 gibt es unter anderem die Typen „Sheet" und „Chart", bei MS-Project lautet ein Objekttyp „Project".

Um auf ein Objekt eines Servers zugreifen zu können, sollten Sie zuerst eine Beziehung zu der entsprechenden Typ- oder Objekt-Bibliothek herstellen. Eine Typ-Bibliothek enthält Beschreibungen der öffentlich verfügbaren Objekte, Methoden und Eigenschaften für die Automatisierung. Eine solche Bibliothek kann entweder in einer eigenen Datei mit der Endung TLB oder mit mehreren anderen Typ-Bibliotheken zusammen in einer Objekt-Bibliothek (OLB) abgelegt sein.

Dazu öffnen Sie ein Modulfenster, um in der VBA-Entwicklungsumgebung im Menü EXTRAS den Menüpunkt VERWEISE auslösen zu können. Schalten Sie im eingeblendeten Dialogfeld das Kontrollkästchen der gewünschten Bibliothek ein. Falls die benötigte Bibliothek nicht aufgelistet ist, können Sie sie über die Schaltfläche „Durchsuchen" ergänzen.

Anschließend können Sie im Kombinationsfeld des Objektkatalogs die Bibliothek einstellen. Daraufhin werden die verfügbaren Objekte mit ihren Eigenschaften und Methoden sowie alle Konstanten angezeigt. Diese Elemente können Sie nun in Ihren Access-Code einfügen.

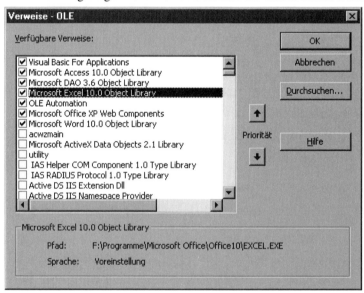

Bild 15.2: Eine Beziehung zu einer Objekt-Bibliothek herstellen

Nach der Erstellung des Verweises können Sie zudem eine Variable als anwendungsdefinierten Objekttyp definieren. Diese Deklaration wird auch als „frühes Binden" bezeichnet.

        Dim oExcel As Excel.Application

Nicht alle Server besitzen eine Objekt-Bibliothek. Um trotzdem auf die Objekte des Servers zugreifen zu können, müssen Sie deren Namen und die Namen der Methoden und Eigenschaften kennen. Mehr Informationen dazu können Sie der Beschreibung der Serveranwendung entnehmen.

Wie bereits weiter oben erwähnt, gibt es die beiden Funktionen „CreateObject" und „GetObject", um eine Variable zu erstellen, die auf eine Instanz eines Automatisierungsobjekts verweist. Beiden Funktionen übergeben Sie die Objektklasse, die sich aus dem Namen des Servers und dem Objekttyp zusammensetzt:

```
Excel.Sheet
Excel.Chart
Word.Document
WordPad.Document
Paint.Picture
```

Wenn Sie ein neues OLE-Automatisierungsobjekt erstellen möchten, verwenden Sie dazu die Funktion „CreateObject". Die Art des Objekts legen Sie durch Angabe der Objektklasse fest, die Sie der Funktion als Zeichenfolge übergeben.

```
' Für Excel als Server
Dim ExcelBlatt As Object
Set ExcelBlatt = CreateObject("excel.sheet")
' oder
' Für Word als Server
Dim oWord As Word.Application
Set oWord = CreateObject ("Word.Application")
```

Anschließend können Sie über die Objektvariable, die „ExcelBlatt" beziehungsweise „oWord" genannt wurde, auf Methoden und Eigenschaften zugreifen, die Excel beziehungsweise Word zur Verfügung stellen.

Falls Sie eine Referenz auf ein bereits bestehendes Objekt herstellen wollen, verwenden Sie die Funktion „GetObject". Diese Funktion benötigt neben der Klassenbezeichnung zusätzlich den Namen dieses Objekts mit vollständiger Pfadangabe:

```
Set ExcelBlatt = GetObject("c:\tmp\mappe1.xls", "excel.sheet")
' oder

Dim oWord As Word.Application
Set oWord = GetObject("C:\Brief.DOC","Word.Application")
' beziehungsweise
Set oWord = GetObject("C:\Brief.DOC")
```

Die Angabe der Klassenbezeichnung ist nicht unbedingt erforderlich. OLE, genauer gesagt die OLE Dynamic Link Libraries, können mithilfe der Registrierungsdatenbank und dem ersten Argument selber entscheiden, welche Serveranwendung benötigt wird. Die richtige Objektklasse ergibt sich somit aus der Dateierweiterung, zum Beispiel DOC.

Darüber hinaus gibt es noch eine weitere Verwendung von „GetObject". Wenn Sie eine weitere Instanz eines Automatisierungsobjektes benötigen, so nennen Sie eine leere Zeichenfolge anstelle des Dateinamens. Es wird dann entsprechend der Klassenbezeichnung eine neue Instanz erstellt:

```
Dim oWord As Object
Set oWord = GetObject("","Word.Basic")
```

Nachdem Sie mit der Funktion „GetObject" eine Beziehung zu einem Objekt aufgebaut haben, können Sie in gewohnter Weise auf dessen Eigenschaften und Methoden zugreifen.

Wird die Objektvariable „ExcelBlatt" beziehungsweise „oWord" nicht länger gebraucht, sollten Sie sie über die Set-Anweisung mit dem Schlüsselwort „Nothing" besetzen. Dadurch wird wieder Speicher freigegeben. Die Variable zeigt nun nicht mehr auf das Objekt wie die Excel-Arbeitsmappe oder das Word-Dokument:

```
Set ExcelBlatt = Nothing
Set oWord = Nothing
```

Ab Access 97 existiert noch eine dritte Möglichkeit, eine neue Instanz für einige Anwendungen wie Excel zu erzeugen. Nachdem Sie einen Verweis auf die Typ-Bibliothek von Excel eingestellt haben, können Sie eine Objektvariable auch über das Schlüsselwort „New" anlegen:

```
Dim ExcelBlatt As New Excel.Application
```

Der Code, der anschließend auf Arbeitsmappen, Tabellenblätter, Zellen etc. von Excel zugreift, wird auf diese Weise schneller. Diese Zeile ist gleichbedeutend mit den beiden folgenden Zeilen:

```
Dim ExcelBlatt As Excel.Application
Set ExcelBlatt = CreateObject("excel.application")
```

Datenaustausch mit Excel

Excel kann als ActiveX-Server eingesetzt werden. Auf diese Weise ist es zum Beispiel von Access aus möglich, Inhalte und die Formatierung von Zellen zu ändern.

Das nachfolgende Beispiel, das Sie in der Datenbank OLE.MDB finden, trägt in die Zelle B2 der Excel-Arbeitsmappe „mappe1.xls" die Zeichenkette ein, die Sie zuvor in das Textfeld des Formulars „AnExcel" geschrieben haben. Die Übertragung starten Sie über die Befehlsschaltfläche „Übergeben". Damit das Beispiel funktioniert, müssen Sie zuerst in Excel die Arbeitsmappe anlegen und im Ordner c:\Eigene Dateien speichern.

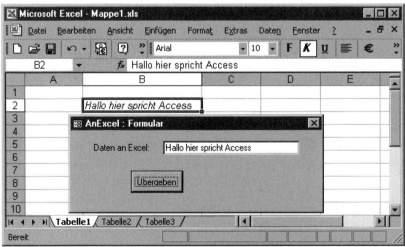

Bild 15.3: Daten an Excel übertragen

```
'********************* BASICPRG.MDB *****************
'******************* Formularmodul: AnExcel ***********
Private Sub Übergeben_Click()
Dim ExcelBlatt As Object
   Dim ExcelText As String

   ExcelText = Me!Übergabe
   Set ExcelBlatt = GetObject("c:\Eigene Dateien\mappe1.xls", "excel.sheet")

   ExcelBlatt.Worksheets(1).Cells(2, 2).Value = ExcelText
   ExcelBlatt.Worksheets(1).Cells(2, 2).Font.Italic = True

   ExcelBlatt.Application.Windows("mappe1.xls").Visible = True
   ExcelBlatt.Application.Workbooks(1).Save
   ExcelBlatt.Application.[Quit]

   Set ExcelBlatt = Nothing
End Sub
```

Die Arbeitsmappe wird sichtbar gemacht, damit sie nicht erst beim nächsten Öffnen in Excel eingeblendet werden muss. Anschließend werden die Änderungen in der Arbeitsmappe gespeichert. Durch die Methode „Quit" wird der Automatisierungsserver geschlossen. Danach kann das Automatisierungsobjekt gelöscht werden.

Die Methode „Quit" müssen Sie in eckige Klammern einschließen. Damit legen Sie fest, dass sich die Methode auf Excel und nicht auf Access bezieht. Dieser Vorgang ist jedoch nicht unbedingt notwendig. Excel würde auch ohne ihren Aufruf beendet.

Datenaustausch mit Word

Auch wenn Sie auf Objekte von Word zugreifen wollen, können Sie sich die Arbeit ganz erheblich erleichtern, indem Sie mit dem Objektkatalog arbeiten. Hierzu benötigen Sie jedoch unbedingt die passende Typ-Bibliothek, die Sie dann als Referenz über den Menüpunkt VERWEISE im Menü EXTRAS einbinden. Die Verwendung der Typ-Bibliothek hat noch den entscheidenden Vorteil, dass Sie, egal mit welcher nationalen Version von Word Sie arbeiten, immer die englischen Bezeichnungen der Methoden und Eigenschaften benutzen können.

Um die Ausführungsgeschwindigkeit der Automatisierung zu beschleunigen, sollten Sie die Anweisungen an das Automatisierungsobjekt in einen With-Block einschließen. Hiermit werden die Befehle nicht mehr einzeln, sondern als Block an den Server übermittelt. Meist geht dies schneller, als wenn Befehl für Befehl einzeln übertragen werden muss.

```
   Dim oWord As Word.Application

   Set oWord = CreateObject ("Word.Application ")
   With oWord
      .Documents.Add
      .Selection.TypeText text:="Memo"
      .Selection.TypeText text:="für alle"
   …..
   End With
```

Das nachfolgende Beispiel zeigt Ihnen die Steuerung von Word über die Automatisierung. Das Formular „Automatisierung mit Word" in der Datenbank „OLE.mdb" zeigt die einzelnen Datensätze aus der Tabelle „Waren" an. Daneben existiert eine Befehlsschaltfläche, über die Sie den aktuellen Satz in ein Word-Dokument bringen.

```
Private Sub Übergabe_Click()
Dim oWord As Word.Application

Set oWord = CreateObject("Word.Application")

With oWord
  .Documents.Add
  .Selection.TypeParagraph  'neue Zeile
  .Selection.TypeText Text:=Me![Artikel-Nummer] & " "
  .Selection.TypeText Text:=Me![genauere Beschreibung]
  .Selection.TypeParagraph
  .Selection.TypeText Text:="Lagerort: " & Me![Lagerort]
  .Selection.TypeParagraph
  .Selection.TypeText Text:="letztes Bestelldatum" & Me![letztes Bestelldatum]
  .Selection.TypeParagraph
  .Selection.TypeText Text:="Lieferzeit in Tagen: " & Me![Lieferzeit in Tagen]
  .Selection.TypeParagraph
  .Selection.TypeText Text:="Mindest-Bestellmenge: " & Me![Mindest-Bestellmenge]
  .Selection.TypeParagraph
  .Selection.TypeText Text:="Besonderheiten: " & Me![Besonderheiten]
  .Selection.TypeParagraph  'neue Zeile
  .Selection.TypeParagraph  'neue Zeile
  .Selection.ParagraphFormat.Alignment = wdAlignParagraphCenter
  .Selection.Font.Size = 16
  .Selection.Font.Underline = True
  .Selection.TypeText Text:="Dies ist der ausgewählte Artikel"
  .ChangeFileOpenDirectory "f:\winnt\temp\"
  .ActiveDocument.SaveAs Filename:="Waren.doc"
  .ActiveDocument.Close
End With
Set oWord = Nothing

End Sub
```

Nachdem eine Objektvariable über die Funktion „CreateObject" erstellt wurde, kann ein neues Word-Dokument über die Methode „Add" angelegt werden. In diese Datei können dann die Inhalte der einzelnen Formularfelder mit einer Beschriftung über die Methode „TypeText" eingefügt werden. Ein zentrierter, unterstrichener Text wird an das Ende gestellt. Die Datei wird unter dem Namen „Waren.doc" gespeichert und geschlossen.

Hinweis: Falls Sie vergessen, das Word-Dokument über die Methode „Close" zu schließen, werden Sie bei einem späteren Öffnen der Datei die Meldung erhalten, dass die Datei schreibgeschützt ist.

Wenn alle Operationen mit dem Automatisierungsobjekt abgeschlossen sind, sollten Sie die Objektvariable auf den Wert „Nothing" setzen. Hierdurch wird eventuell belegter Speicher wieder freigegeben.

Während des Ablaufs dieser Codezeilen, bleibt Word unsichtbar. Wollen Sie hingegen Word anzeigen, um zum Beispiel dem Benutzer eine Eingabe zu ermöglichen, so verwenden Sie „AppShow". Zuvor darf natürlich die Objektvariable nicht auf Nothing gesetzt worden sein. Ein erneutes Verstecken ist durch „AppHide" möglich.

```
oWord.AppShow
' beziehungsweise
oWord.AppHide
```

Access als Automatisierungs-Server

Access kann nicht nur als ActiveX-Client, sondern auch als Automatisierungs-Server dienen, sodass aus anderen Programmen über Automatisierung auf Access-Objekte zugegriffen werden kann.

Wenn dies zum Beispiel von Excel aus erfolgen soll, können Sie anstelle der Funktion „CreateObject" auch eine neue Instanz über das Schlüsselwort „New" anlegen:

```
Dim oAccess As New Access.Application
```

Zuvor müssen Sie erst noch den Verweis auf die Objekt-Bibliothek von Access einstellen. Der Ablauf dafür ist derselbe wie in Access. Der Visual Basic-Editor von Excel besitzt ebenfalls den Menüpunkt VERWEISE im Menü EXTRAS. Anschließend können Sie sich im Objektkatalog alle Access-Objekte mit ihren Methoden und Eigenschaften auflisten lassen.

Um anschließend eine neue Access-Datenbank anzulegen, benutzen Sie die Methode „NewCurrentDatabase" des „Application"-Objekts. Diese Datenbank darf noch nicht existieren, sonst wird die Programmausführung mit einem Fehler abgebrochen:

```
oAccess.NewCurrentDatabase "C:\eigene Dateien\Automat.MDB"
```

Danach können Sie mit der Methode „CreateTableDef" eine neue Tabelle anlegen und mit der Methode „CreateField" Felder in diese Tabelle einfügen. Mehr Informationen zu diesen Methoden finden Sie in Kapitel 13.9.2.

```
Set dbDatenBank = oAccess.CurrentDb
Set dtNamensDef = dbDatenBank.CreateTableDef("Artikel")

Set dfFelder = dtNamensDef.CreateField("Nr", dbLong)
dtNamensDef.Fields.Append dfFelder
Set dfFelder = dtNamensDef.CreateField("Artikel-Bez", dbText)
dtNamensDef.Fields.Append dfFelder
Set dfFelder = dtNamensDef.CreateField("Preis", dbCurrency)
dtNamensDef.Fields.Append dfFelder
dbDatenBank.TableDefs.Append dtNamensDef
Set oAccess = Nothing
```

Zum Schluss weisen Sie der Objektvariablen „oAccess" das Schlüsselwort „Nothing" zu, damit Ressourcen wieder freigegeben werden.

Wollen Sie keine neue Datenbank anlegen, sondern eine bestehende Datenbank öffnen, können Sie die Funktion „GetObject" benutzen oder mit der Funktion „CreateObject" eine neue Instanz erstellen und dann die Methode „OpenCurrentDatabase" aufrufen:

```
Dim oAccess As Access.Application
Set oAccess = _CreateObject("Access.Application")
oAccess.OpenCurrentDatabase "C:\Eigene Dateien\Kunden.mdb"
```

Falls Sie in der Access-Datenbank das Makro „AutoExec" definiert oder Einstellungen über das „Start"-Dialogfeld festgelegt haben, werden das Makro beziehungsweise die Einstellungen beim Öffnen der Datenbank ausgeführt.

15.2 Die Office XP-Dialogfelder einsetzen

Wenn Sie eine eigene Anwendung erstellen, wünschen Benutzer häufig, dass die Benutzeroberfläche der von Office XP möglichst ähnlich sein sollte. In vielen Punkten ist dies mithilfe von Access einfach zu bewerkstelligen. Einen Schwachpunkt gab es bisher jedoch bei Dialogfeldern zur Dateiauswahl, da es bei früheren Versionen von Access nicht möglich war, auf das Öffnen- und Speichern-Dialogfeld von Office zuzugreifen. Schön, dass dies nun über das Objekt „FileDialog", das vom Objekt „Office" abstammt, auch möglich ist. Durch Verwendung dieser Dialogfelder erhält Ihre Datenbank das typische Office-Aussehen.

Von dem täglichen Gebrauch dieser Dateiauswahl-Dialogfelder her wissen Sie wahrscheinlich, dass die Dialogfelder unterschiedliche Bedienungsweisen besitzen. Dies ergibt sich aus der Tatsache, dass beim Öffnen einer Datei andere Erfordernisse bestehen als beim Öffnen eines Ordners. Es handelt sich jeweils um das gleiche Dialogfeld, das jedoch unterschiedlich initialisiert wurde. Sie legen das Verhalten bereits beim Erstellen der Objektvariablen fest, können es später jedoch auch wieder verändern. Nachfolgend finden Sie die vier möglichen Arten als Definition hinter einander geschrieben, wovon Sie sinnvollerweise nur jeweils eine einsetzen.

```
Dim oDialog As Office.FileDialog
Set oDialog = Application.FileDialog(msoFileDialogFilePicker)
Set oDialog = Application.FileDialog(msoFileDialogFolderPicker)
Set oDialog = Application.FileDialog(msoFileDialogOpen)
Set oDialog = Application.FileDialog(msoFileDialogSaveAs)
```

Alternativ können Sie auch die nachfolgende Schreibweise benutzen:

```
Dim oDialog As Office.FileDialog
Set oDialog = Application.FileDialog(FileDialogType:=msoFileDialogOpen)
```

Bevor Sie das Dialogfeld anzeigen, sollten Sie durch Eigenschaften den Text in der Titelleiste und einen beziehungsweise mehrere Dateifilter festlegen. Wenn Sie dem Anwender die Auswahl unter mehreren Dateien erlauben möchten, brauchen Sie nur die Eigenschaft „AllowMultiSelect" mit dem Wert True zu besetzen.

```
oDialog.AllowMultiSelect = True   'Die Auswahl von mehreren Dateien erlauben
oDialog.Title = "Bitte wählen Sie eine oder mehrere Dateien aus"
```

Aus Gründen der Übersichtlichkeit sollten Sie im Dateiauswahl-Dialogfeld nicht alle Dateien anzeigen, sondern jeweils nur bestimmte Dateitypen, wie alle Textdateien mit der Endung TXT. Der Anwender kann diese Vorauswahl schnell ändern, indem er im Kombinationsfeld „Dateityp" einen anderen Typ einstellt. Die Anzahl und die Art der Filter bestimmen Sie über das Objekt „Filters". Ihm übergeben Sie je eine Zeichenfolge für das einzelne Filtermuster und eine Beschreibung. Die Beschreibung wird im Kombinationsfeld „Dateityp" angezeigt, das Filtermuster benötigt Windows, um die gewünschten Dateien aufzulisten.

Da es sich bei den Dateifiltern um eine Auflistung von Filtern handelt und zuvor angefügte Filter eventuell erhalten geblieben sind, sollten Sie im ersten Schritt alle Dateifilter über die Methode „Clear" löschen. Anschließend fügen Sie über die Methode „Add" so viele Dateifilter hinzu, wie Sie dem Benutzer zur Verfügung stellen wollen. Die folgenden Programmzeilen stellen fünf Filter ein.

```
oDialog.Filters.Clear 'Den aktuellen Filter löschen
oDialog.Filters.Add "Access Datenbanken", "*.MDB"
oDialog.Filters.Add "Access Datenbanken", "*.MDE"
oDialog.Filters.Add "Access Projekte", "*.ADP"
oDialog.Filters.Add "Access Projekte", "*.ADE"
oDialog.Filters.Add "Alle Dateien", "*.*"
```

Nachdem Sie die Filter definiert haben, können Sie über die Eigenschaft „FilterIndex" den Filter angeben, dessen Beschreibung beim Anzeigen des Dialogfelds im Kombinationsfeld „Dateityp" erscheinen soll und der angibt, welche Dateien in der darüber liegenden Liste angezeigt werden. Den ersten Filter sprechen Sie dabei über den Index 1 an. Wenn der Anwender das Dialogfeld wieder vom Bildschirm entfernt, wird der Index des aktuell ausgewählten Filters in diese Eigenschaft kopiert.

```
oDialog.FilterIndex = 1
```

Sind die eben besprochenen Festlegungen getroffen, können Sie mit der Methode „Show" das Dialogfeld anzeigen. Als Rückgabe dieser Methode erhalten Sie einen Wert vom Typ „Boolean", über den Sie feststellen können, ob das Dialogfeld durch eine ordnungsgemäße Dateiauswahl oder über die Schaltfläche „Abbrechen" verlassen wurde. Daher sollten Sie die Methode „Show" immer durch eine If-Abfrage auf den Wert „True" überprüfen, da andernfalls der Anwender den Dialog vielleicht abbrechen wollte.

```
If oDialog.Show = True Then 'Das Dialogfeld anzeigen
```

Um die vom Anwender gewählten Dateien oder Ordner zu erhalten, gibt es die „SelectedItems"-Auflistung. Am effektivsten werten Sie diese Auflistung über eine „For..Each"-Schleife aus, um zum Beispiel alle gewählten Dateinamen in ein Listenfeld zu schreiben.

```
For Each vDateiName In oDialog.SelectedItems
    Me.Dateinamen.AddItem vDateiName
Next
```

Nachfolgend finden Sie eine Anwendung des Datei-Dialogfeldes. Über eine Schaltfläche mit dem Namen „DatOpen" wird in der Ereignisprozedur auf das „Click"-Ereignis reagiert. Sehr wichtig ist noch, dass Sie zuerst den Verweis „Microsoft Office 10.0" eintragen, da Sie sonst das Objekt „FileDialog" nicht nutzen können. Zusätzlich benötigen Sie in dem Formular ein Listenfeld mit dem Namen „Dateinamen", das für die Aufnahme der vom Benutzer ausgewählten Dateien dient. Die Eigenschaft „Herkunftstyp" dieses Listenfelds muss auf „Wertliste" stehen, damit die Liste mit festen Werten gefüllt werden kann.

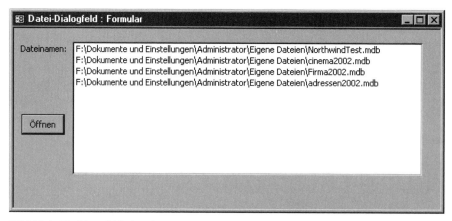

Bild 15.4: Ein Listenfeld über die Methode „FileDialog" füllen

```
'********************* PRAKTISC.MDB ****************************
'******************** Formular Datei-Dialogfeld *********************
'** Es ist ein Verweis auf die Microsoft Office 10.0-Objektbibliothek notwendig **
Private Sub DatOpen_Click()
  Dim oDialog As Office.FileDialog
  Dim vDateiName As Variant

  Me.Dateinamen.RowSource = "" 'Den Inhalt des Listenfeldes für die Dateinamen löschen

  'Den Dateidialog initialisieren.
  Set oDialog = Application.FileDialog(msoFileDialogFilePicker)
  With oDialog
   .AllowMultiSelect = True 'Die Auswahl von mehreren Dateien erlauben
   .Title = "Bitte wählen Sie eine oder mehrere Dateien aus"
   .Filters.Clear 'Den aktuellen Filter löschen
   .Filters.Add "Access Datenbanken", "*.MDB"
   .Filters.Add "Access Datenbanken", "*.MDE"
   .Filters.Add "Access Projekte", "*.ADP"
   .Filters.Add "Access Projekte", "*.ADE"
   .Filters.Add "Alle Dateien", "*.*"

   If .Show = True Then 'Das Dialogfeld anzeigen
    'Die vom Benutzer gewählten Dateien auslesen und an das Listenfeld anfügen
    For Each vDateiName In .SelectedItems
     Me.Dateinamen.AddItem vDateiName
    Next
```

```
    Else
      'Der Anwender hat das Dialogfeld über die Abbrechen-Schaltfläche verlassen
      MsgBox "Das Dialogfeld wurde abgebrochen."
    End If
  End With
End Sub
```

Weitere Eigenschaften

Darüber hinaus besitzt das Objekt „FileDialog" noch weitere Eigenschaften, über die Sie sein Verhalten steuern können. Die Eigenschaft „InitialFileName" werden Sie mit dem Pfad- und Dateinamen vorbesetzen, wenn beim Anzeigen des Dialogfelds im Textfeld „Dateiname" ein Eintrag stehen soll. Nach der erfolgreichen Ausführung der Methode „Show" enthält diese Eigenschaft den vom Anwender ausgewählten Dateinamen, wiederum inklusive der Laufwerks- und Verzeichnisangabe. Innerhalb des Dateinamens können Sie zusätzlich die Platzhalterzeichen „*" und „?" benutzen. Falls keine Vorbesetzung erfolgte und das Abbrechen des Dialogfelds durch den Anwender nicht programmtechnisch abgefangen wird, enthält die Eigenschaft „InitialFileName" nach dem Abbruch nur eine leere Zeichenfolge.

Damit beim Anzeigen des Dialogfelds ein bestimmtes Verzeichnis im Kombinationsfeld „Suchen in" eingestellt ist, übergeben Sie den Namen dieses Ordners der Eigenschaft „InitialFileName". Wenn die Eigenschaft einen Ordnernamen enthält, das auf Ihrem Rechner nicht existiert, wird das aktuelle Verzeichnis im Kombinationsfeld „Suchen in" angezeigt. Dasselbe gilt, wenn die Eigenschaft nicht besetzt wird.

```
    oDialog.InitialFileName = "c:\Eigene Dateien"
```

Die anfängliche Darstellung von Dateien und Ordnern in einem Dateidialogfeld können Sie über die „InitialView"-Eigenschaft bestimmen. Es stehen dabei die nachfolgenden Konstanten zur Verfügung:

Tabelle 15.2: Konstanten, die das Aussehen des Dateidialogfeldes steuern

Konstante	Konstante
msoFileDialogViewDetails	msoFileDialogViewLargeIcons
msoFileDialogViewList	msoFileDialogViewPreview
msoFileDialogViewProperties	msoFileDialogViewSmallIcons
msoFileDialogViewThumbnail	

Wichtig ist noch zu wissen, dass die Konstante „msoFileDialogViewThumbnail" nur unter Windows 2000, Windows Millennium Edition oder höher nutzbar ist.

15.3 Den Office-Assistenten mit seinen Dialogfeldern anpassen

Jedes Programm im MS Office-Paket verfügt über einen personifizierten Office-Assistenten. Neben dem Hund Rocky, der standardmäßig angezeigt wird, gibt es noch andere Cartoons, aus denen Sie sich Ihren Lieblings-Assistenten aussuchen können.

Dieser Assistent soll dem Anwender bei Problemen weiterhelfen. Dazu blendet er in seiner Sprechblase Hilfestellungen ein. Sie können den Office-Assistenten auch für Ihre eigene Datenbankanwendung einsetzen, da Sie den Inhalt der Sprechblase selbst bestimmen können. Die Beispiele sind in der Datenbank BALLON.MDB hinterlegt.

Die Sprechblase des Office-Assistenten anzeigen

Eine der Möglichkeiten, die der Office-Assistent bietet, ist die Darstellung von Sprechblasen oder auch Ballon genannt. Die Funktionsweise ist ähnlich der eines Meldungsfensters, jedoch sieht das Fenster wie eine aus den Comics bekannte Sprechblase aus. Außerdem können einige Erweiterungen genutzt werden, die das Meldungsfenster nicht kennt. Hierzu gehört unter anderem der automatische Aufruf einer Prozedur, die Callback-Prozedur genannt wird, sobald zum Beispiel ein Kontrollkästchen innerhalb der Sprechblase angeklickt wurde.

Der Zugriff auf die Sprechblase erfolgt über das „Balloon"-Objekt. Sie können die Definition auf zwei Weisen durchführen. Entweder Sie benützen die Anweisung „With" zusammen mit der Methode „NewBalloon" des „Assistent"-Objekts. Oder Sie weisen das „Balloon"-Objekt mit einer „Set"-Anweisung einer Objektvariablen zu. Nachfolgend sehen Sie beide Vorgehensweisen.

In der einfachsten Form benützen Sie das „Balloon"-Objekt, um eine leere Meldung auszugeben. Hierbei erscheint eine Sprechblase, die nur die Befehlsschaltfläche „OK" enthält. Die Sprechblase wird dabei immer aus dem Office-Assistenten heraus eingeblendet.

Bild 15.5: Die einfachste Sprechblase des Office-Assistenten

Für die Darstellung einer solchen Sprechblase gehen Sie folgendermaßen vor. Nachdem eine Objektvariable vom Typ „Balloon" definiert ist, wird das „Balloon"-Objekt über die Eigenschaft „NewBalloon" erstellt. Dies ist eine Eigenschaft des Objekts „Assistent". Anschließend können Sie die Sprechblase über die Methode „Show" anzeigen:

```
'******************** Ballon.MDB********************
'*********** Modul: Sprechblasen ********************
' Prozedur erstellt eine einfache Sprechblase mit Set
'
Public Sub fktBallonEinfach()
```

```
Dim Blase As Balloon
    Set Blase = Assistant.NewBalloon
    Blase.Show
End Sub
```

Aufzählungszeichen in der Sprechblase

Das „Balloon"-Objekt kann drei unterschiedliche Aufzählungszeichen enthalten. Sollen in der Sprechblase zum Beispiel mehrere Textzeilen ausgegeben werden, so kann eine Zeile mit einem farbigen Punkt, einem Rechteck oder mit einer Zahl beginnen. Für die Festlegung benutzen Sie die Eigenschaft „BalloonTyp", der Sie eine der drei vordefinierten Konstanten zuweisen. Falls Sie diese Eigenschaft nicht besetzen, erscheint standardmäßig ein kleiner runder Button. Durch einen Klick auf diesen farbigen Button verschwindet die Sprechblase genauso wie über die „OK"-Schaltfläche.

Tabelle 15.3: Konstante für die Eigenschaft „BalloonTyp"

Konstante	Aussehen
msoBalloonTypeButtons	Farbiger Button
msoBalloonTypeBullets	Rechteck
msoBalloonTypeNumbers	Zahl

Der nachfolgenden Prozedur können Sie eine dieser Konstanten übergeben, um das unterschiedliche Aussehen der Sprechblase auszuprobieren:

```
'***************** Ballon.MDB*****************
'********* Modul: Sprechblasen *******************
' Prozedur erstellt eine Sprechblase mit bestimmtem Aussehen
Public Sub fktBallonTyp(Typ As Long)
'msoBalloonTypeButtons, msoBalloonTypeBullets, 'msoBalloonTypeNumbers
  With Assistant.NewBalloon
    .BalloonType = Typ
    .Labels(1).Text = "Beschreibung"
    .Show
  End With
End Sub
```

Bezeichnungsfelder in der Sprechblase

Erst durch die Ausgabe von Informationen wird das „Balloon"-Objekt zu einem nützlichen Element. Dies kann durch Bezeichnungsfelder erfolgen, von denen maximal fünf Stück in eine Sprechblase passen. Angesprochen werden die Bezeichnungsfelder über ihre Auflistung mit einem Index von 1 bis 5. Ein Bezeichnungsfeld wird durch seine Eigenschaft „Text" mit einer Information versehen.

```
.Labels(1).Text = "Beschreibung"
```

Mit dieser Anweisung, die sich innerhalb eines „With"-Blocks befindet, wird das erste Bezeichnungsfeld des „Balloon"-Objekts mit einem Text beschrieben. Über die Eigenschaft
„Count" kann die Anzahl der Bezeichnungsfelder innerhalb der Kollektion bestimmt werden.

Bild 15.6: Bezeichnungsfelder in die Sprechblase einfügen

```
'****************** Ballon.MDB*****************
'********* Modul: Sprechblasen ********************
' Prozedur erstellt eine Sprechblase mit Bezeichnungsfeldern
Public Sub fktBallonMitBeschreibung()
  With Assistant.NewBalloon
    .BalloonType = msoBalloonTypeBullets
    .Icon = msoIconTip
    .Button = msoButtonSetOK
    .Heading = "Einige Tips für mehr Freizeit"
    .Labels(1).Text = "Schneller Arbeiten"
    .Labels(2).Text = "Weniger Arbeiten"
    .Labels(3).Text = "Gar nicht Arbeiten"
    .Show
  End With
End Sub
```

Neben der Ausgabe dreier Bezeichnungsfelder über die Eigenschaft „Text" des „Label"-
Objekts wird in der letzten Prozedur noch eine Überschrift gesetzt. Dies geschieht durch die
Zuweisung einer Zeichenfolge an die Eigenschaft „Heading" des „Balloon"-Objekts.

Ein Symbol in der Sprechblase anzeigen

Um ein weiteres gestalterisches Element einzusetzen, können Sie in der oberen linken Ecke
der Sprechblase ein Symbol anzeigen. Der Eigenschaft „Icon" wird dazu eine der vier Konstanten „msoIconAlert", „msoIconApp", „msoIconNone" oder „msoIconTip" übergeben:

```
.Icon = msoIconTip
```

Schaltflächen in der Sprechblase

Von den Meldungsfenstern kennen Sie die Schaltflächen am unteren Rand. Hierüber wird das
Meldungsfenster und dementsprechend auch die Sprechblase verlassen. Welche Schaltfläche

gezeigt wird, definieren Sie über die Eigenschaft „Button" des „Balloon"-Objekts. Es stehen dabei wieder vordefinierte Konstanten bereit. Wenn Sie die Eigenschaft „Button" nicht belegen, wird „msoButtonSetOK" als Wert angenommen:

.Button = msoButtonSetOK

Diese Tabelle zeigt die möglichen Schaltflächen des „Balloon"-Objekts.

Tabelle 15.4: Schaltflächen des „Balloon"-Objektes

Konstante	Art der Schaltflächen
MsoButtonSetAbortRetryIgnore	Abbrechen + Wiederholen + Ignorieren
MsoButtonSetBackClose	Zurück + Schließen
MsoButtonSetBackNextClose	Zurück + Weiter + Schließen
MsoButtonSetBackNextSnooze	Zurück + Weiter + Schlafen
MsoButtonSetCancel	Abbrechen
MsoButtonSetNextClose	Weiter + Schließen
MsoButtonSetNone	Keine Schaltfläche
MsoButtonSetOK	OK
MsoButtonSetOkCancel	OK + Abbrechen
MsoButtonSetRetryCancel	Wiederholen + Abbrechen
MsoButtonSetSearchClose	Suchen + Schließen
MsoButtonSetTipsOptionsClose	Tipps + Optionen + Schließen
MsoButtonSetYesAllNoCancel	Ja + Alle annehmen + Nein + Abbrechen
MsoButtonSetYesNoCancel	Ja + Nein + Abbrechen
MsoButtonSetYesNo	Ja + Nein

Modale oder nicht-modale Sprechblase

Von den Formularen erinnern Sie vielleicht, dass durch das Setzen der Eigenschaft „Popup" auf „Ja" der Benutzer zur Bearbeitung dieses Formulars gezwungen werden kann, bevor er eine andere Tätigkeit wie zum Beispiel eine Menübedienung ausführen kann. Erst nach dem Verlassen dieses Formulars kann die Menüaktion veranlasst werden. Diese Fähigkeit wird auch als modal bezeichnet. Das Gegenteil dazu ist nicht-modal und erlaubt alle Benutzeraktivitäten auch außerhalb des derzeit aktiven Formulars.

Eine Sprechblase kann ebenfalls modal beziehungsweise nicht-modal dargestellt werden. Der Standard ist dabei modal, wodurch der Benutzer zum Verlassen der Sprechblase über eine der darin enthaltenen Schaltflächen gezwungen ist, bevor er ein anderes Element bearbeiten kann. Über die Eigenschaft „Mode" des „Balloon"-Objekts wird das Verhalten der Sprechblase vorgegeben. Es stehen dabei die Konstanten „msoModeAutoDown", „msoModeModal" und „msoModeModeless" zur Verfügung.

Dabei steht „msoModeModal" für modales und „msoModeModeless" für nicht-modales Verhalten. Wenn Sie die Konstante „msoModeAutoDown" einsetzen, verschwindet die Sprechblase nach einem Klick auf irgendeinen Bereich des Fensters.

Bei einer nicht-modalen Sprechblase wird der Programmcode, der nach deren Anzeigen folgt, sofort ausgeführt. Das Programm bleibt damit nicht bei der Methode „Show" stehen, wie dies bei der modalen Arbeitsweise der Fall ist. Daher könnte die Sprechblase auch nicht mehr geschlossen werden. Erst durch die Methode „Close" wird eine nicht-modale Sprechblase wieder vom Bildschirm entfernt. Damit das Programm überhaupt erfährt, dass eine Schaltfläche angeklickt wurde, wird eine Callback-Funktion benötigt. Diese wird dann automatisch aufgerufen und ist damit auch die geeignete Stelle, um die Sprechblase wieder zu schließen. Der Eigenschaft „Callback" kann der Name eines Makros oder einer VBA-Funktion als Zeichenfolge übergeben werden. Die Unterscheidung wird dabei in der Schreibweise getroffen. Während ein Makro einfach durch seinen Namen genannt wird, muss die VBA-Prozedur durch ein Gleichheitszeichen eingeleitet und durch runde Klammern abgeschlossen werden:

```
Makro:
 .Callback = "Callback"
VBA-Prozedur:
 .Callback = "=fktCallback()"
```

Das nächste Beispiel zeigt eine Sprechblase nicht-modal an. Für die Definition wird die globale Objektvariable pBlase benutzt, um die Methode „Close" für das „Balloon"-Objekt einsetzen zu können. Wäre das „Balloon"-Objekt innerhalb der Callback-Funktion nicht mehr bekannt, könnte die Sprechblase nicht mehr geschlossen werden. Die Callback-Funktion trägt den Namen fktCallback und hat als einzige Aufgabe das Schließen des Ballon-Objekts. Sobald der Benutzer eine der beiden Schaltflächen „OK" oder „Abbrechen" betätigt, wird automatisch die Callback-Funktion aufgerufen:

```
'***************** Ballon.MDB*****************
'********* Modul: Sprechblasen *****************
Dim pBlase As Balloon
' Prozedur zeigt eine nicht modale Sprechblase an
' verwendet die globale Variable pBlase
Public Sub fktBallonNichtModal()
  Set pBlase = Assistant.NewBalloon
  With pBlase
   .Button = msoButtonSetOkCancel
   .Mode = msoModeModeless
   .Callback = "=fktCallback()"
   .Show
  End With
End Sub
```

```
' Callback-Prozedur für nicht modale Sprechblase
Public Function fktCallback()
  pBlase.Close
End Function
```

Kontrollkästchen für die Benutzersteuerung

Innerhalb einer Sprechblase können Sie bis zu fünf Kontrollkästchen platzieren, um Benutzereingaben zu ermöglichen. Die Definition ist dabei ähnlich wie bei den Bezeichnungsfeldern. Kontrollkästchen werden auch in einer eigenen Kollektion verwaltet und über einen Index von 1 bis 5 angesprochen. Nach dem Entfernen der Sprechblase kann anschließend der Zustand jedes Kontrollkästchens abgefragt werden.

Bild 15.7: Kontrollkästchen in der Sprechblase verwenden

```
'******************* Ballon.MDB ****************
'********* Modul: Sprechblasen ********************
' Prozedur erstellt eine Sprechblase mit Kontrollkästchen
'
Public Sub fktBallonMitKontrollkästchenErstellen()
Dim i
  With Assistant.NewBalloon
    .Button = msoButtonSetOkCancel
    .Heading = "Welche Möglichkeiten gibt es?"
    .Text = "Wähle eine Möglichkeit"
    For i = 1 To 3
      .CheckBoxes(i).Text = "Möglichkeit " & i
    Next
    .Show
  End With
End Sub
```

Wenn Sie den Zustand der Kontrollkästchen abfragen möchten, so bringen Sie nach der Methode „Show" einen „Select Case"-Block in das Programm ein. Die Eigenschaft „Checked" gibt nach dem Beenden der Sprechblase den Wert „True" zurück, falls das überprüfte Kontrollkästchen aktiviert war:

```
Select Case True
```

```
            Case .CheckBoxes(1).Checked
                'Kontrollkästchen 1
            Case .CheckBoxes(2).Checked
                'Kontrollkästchen 2
            Case .CheckBoxes(3).Checked
                'Kontrollkästchen 3
        End Select
```

Vielleicht sieht für Sie dieser „Select Case"-Block ein wenig ungewohnt aus. In der ersten Zeile ist nämlich nicht die Variable, deren Inhalt untersucht werden soll, sondern der Wert „True" angegeben. Den Schlüsselwörtern „Case" folgt dafür die Eigenschaft „Checked" der verschiedenen Kontrollkästchen und nicht ein bestimmter Wert. Durch diese Verwendung des „Select Case"-Blocks können mehrere Eigenschaften auf denselben Wert abgefragt werden.

Die Animation steuern

Neben dem „Balloon"-Objekt gehört das Abspielen einer Animation zu den Fähigkeiten des Assistenten. Hierzu beschreiben Sie die Eigenschaft „Animation" des „Assistent"-Objekts oder des „Balloon"-Objekts. Ein „Assistent"-Objekt wird nicht extra erstellt, da dieses bereits standardmäßig existiert und somit sofort verwendet werden kann.

Es stehen eine ganze Reihe von Animationen zur Verfügung. Welche es gibt, entnehmen Sie bitte der anschließenden Tabelle. Das Aussehen der ausgeführten Animation ergibt sich dabei aus dem Namen der Konstanten.

Tabelle 15.5: Mögliche Konstanten für die Eigenschaft „Animation"

Konstante	Konstante
msoAnimationAppear	msoAnimationBeginSpeaking
msoAnimationCharacterSuccessMajor	msoAnimationCheckingSomething
msoAnimationDisappear	msoAnimationEmptyTrash
msoAnimationGestureDown	msoAnimationGestureLeft
msoAnimationGestureRight	msoAnimationGestureUp
msoAnimationGetArtsy	msoAnimationGetAttentionMajor
msoAnimationGetAttentionMinor	msoAnimationGetTechy
msoAnimationGetWizardy	msoAnimationGoodbye
msoAnimationGreeting	msoAnimationIdle
msoAnimationListensToComputer	msoAnimationLookDown
msoAnimationLookDownLeft	msoAnimationLookDownRight
msoAnimationLookLeft	msoAnimationLookRight
msoAnimationLookUp	msoAnimationLookUpLeft

Konstante	Konstante
msoAnimationLookUpRight	msoAnimationPrinting
msoAnimationSaving	msoAnimationSearching
msoAnimationSendingMail	msoAnimationThinking
msoAnimationWorkingAtSomething	msoAnimationWritingNotingSomething

Einige dieser Konstanten besitzen noch eine Besonderheit. Durch sie wird eine endlos ablaufende Animation hervorgerufen. Sie wird erst wieder angehalten, wenn der Assistent geschlossen oder von einem anderen Programm überdeckt wird.

Tabelle 15.6: Konstanten für eine endlos ablaufende Animation

Konstante	Konstante
msoAnimationCheckingSomething	msoAnimationGetArtsy
msoAnimationGetTechy	msoAnimationSaving
msoAnimationSearching	msoAnimationThinking
msoAnimationWorkingAtSomething	msoAnimationWritingNotingSomething

Die zahlreichen Animationen können Sie mit der folgenden Prozedur ausprobieren. Bei ihrem Aufruf nennen Sie anstelle des Übergabeparameters „Ani" die gewünschte Animationskonstante.

Bild 15.8: Der Office-Assistent in Aktion

```
'******************* Ballon.MDB ****************
'********** Modul: Sprechblasen *******************
' Prozedur zeigt den Assistenten an und führt eine Animation aus
' dem Übergabeparameter Ani wird die Konstante einer Animation zugewiesen
Public Sub fktAssistentenZeigen(Ani As Long)
  With Assistant
    .Reduced = True
    .Move xLeft:=200, yTop:=100
    .MoveWhenInTheWay = True
    .TipOfDay = True
    .Visible = True
    .Animation = Ani
  End With
End Sub
```

Dieses Programm nutzt noch einige weitere Fähigkeiten des „Assistent"-Objekts. Oft empfindet es der Benutzer als störend, wenn der Assistent einen Arbeitsbereich überdeckt. Für

Abhilfe kann die Eigenschaft „MoveWhenInTheWay" sorgen. Durch das Setzen dieser Eigenschaft auf „True" wird der Assistent automatisch verschoben. Eine genaue Positionierung des Assistenten können Sie mit der Eigenschaft „Move" und den beiden Parametern „xLeft" und „yTop" erhalten. Der Assistent wird dann an den genannten Koordinaten angezeigt:

.Move xLeft:=200, yTop:=100

Eine alternative Möglichkeit, um den Assistenten aufzurufen, ist die „ActivateWizard"-Methode. Hierbei kann ein anderer Assistent als der Standard (Karl Klammer) benutzt werden. Über den Parameter „WizardID" bestimmen Sie den Assistenten:

.ActivateWizard(WizardID, Act, Animation)

Der Parameter „Act" bestimmt den Zustand und erlaubt damit auch das Anhalten oder das Fortsetzen des Assistenten. Hierzu können Sie die Konstanten „msoWizardActTypes", „msoWizardActActive", „msoWizardActInactive", „msoWizardActResume" und „msoWizardActSuspend" einsetzen. Der letzte Parameter „Animation" hat die gleiche Funktion wie die gleichlautende Eigenschaft, die Sie kurz zuvor schon kennen gelernt haben. Wenn Sie die Methode „ActivateWizard" benutzen, brauchen Sie nicht zusätzlich die Eigenschaft „Visible" zu verwenden, da der Assistent bereits automatisch erscheint.

15.4 Mit dem „Printer"-Objekt drucken

Haben Sie sich auch schon mal darüber geärgert, dass der Zugriff auf die installierten Drucker und deren Parameter über API-Funktionen äußerst kompliziert ist? Zwar stehen zusätzlich die Eigenschaften „PrtDevMode", „PrtDevNames" und „PrtMip" auch schon in früheren Access-Versionen zur Verfügung, deren Nutzung ist aber sehr unkomfortabel und auf die Entwurfsansicht eines Formulars oder Berichts beschränkt. Bei Access 2002 gibt es jetzt eine komfortable Lösung der Druckerverwaltung: das „Printer"-Objekt und die „Printers"-Auflistung.

Tabelle 15.7: Eigenschaften des „Printer"-Objekts

Eigenschaft	Bedeutung
ColorMode	Zeigt an, ob es sich um einen Farb- oder Schwarz/weiß-Drucker handelt, oder setzt die Farbe fest.
Copies	Liefert oder bestimmt die Anzahl der Kopien.
Duplex	Zeigt an, ob es sich um einen Duplex-Drucker handelt.
Orientation	Liefert oder bestimmt die Blatt-Orientierung.
PaperBin	Liefert oder bestimmt den Papierschacht.
PaperSize	Liefert oder bestimmt die Papiergröße.
PrintQuality	Liefert oder bestimmt die Druckqualität

Tabelle 15.8: Zusätzliche Eigenschaften des „Printer"-Objekts eines Formulars oder Berichts

Eigenschaft	Bedeutung
BottomMargin	Liefert oder bestimmt den unteren Rand in Twips.
ColumnSpacing	Liefert oder bestimmt den vertikalen Abstand der Detailbereiche in Twips.
DataOnly	Liefert oder bestimmt, ob nur die Daten gedruckt werden.
DefaultSize	Liefert oder bestimmt, ob die Größen des Detailbereichs aus der Entwurfsansicht oder die Werte von „ItemSizeHeight" und „ItemSizeWidth" genutzt werden.
ItemsAcross	Liefert oder bestimmt die Anzahl der Spalten.
ItemLayout	Liefert oder bestimmt die Spaltenorientierung.
ItemSizeHeight	Liefert oder bestimmt die Höhe des Detailbereichs in Twips.
ItemSizeWidth	Liefert oder bestimmt die Breite des Detailbereichs in Twips.
LeftMargin	Liefert oder bestimmt den linken Rand in Twips.
RightMargin	Liefert oder bestimmt den rechten Rand in Twips.
RowSpacing	Liefert oder bestimmt den horizontalen Abstand zwischen Detailbereichen.
TopMargin	Liefert oder bestimmt den oberen Rand in Twips.

15.4.1 Zugriff auf alle installierten Drucker oder auf den Standarddrucker

Wenn Sie die Namen aller auf dem Windows-System installierten Drucker erhalten möchten, können Sie die Eigenschaft „DeviceName" des „Printer"-Objekts nutzen. Hierzu definieren Sie eine Objektvariable vom Datentyp „Printer" und eine „For..Each"-Schleife, um die gesamte „Printers"-Auflistung zu durchlaufen. Mit den nachfolgenden wenigen Programmzeilen erhalten Sie die Namen aller installierten Drucker im Direktbereich.

```
'********************** Drucken.MDB ******************************
'********************** Modul: Drucker ******************************
Function fktAlleDruckerNamenAusgeben()
  Dim oDrucker As Printer
  For Each oDrucker In Application.Printers
    Debug.Print oDrucker.DeviceName
  Next
End Function
```

In Ihrer Anwendung könnten Sie jetzt zum Beispiel in einem Listenfeld die Namen dem Benutzer zur Verfügung stellen. Hierzu übergeben Sie den Namen über die bei Access 2002 ebenfalls neue Methode „AddItem" eines Listenfeldes. Das nachfolgende Beispiel setzt voraus, dass der Name des Listenfeldes „ListenFeld" lautet. Da über „Me" auf das Listenfeld zugegriffen wird, muss der Code in einem Formularmodul zum Beispiel als Reaktion des Ereignisses „Form_Open" stehen.

```
'************************ Drucken.MDB ******************************
'********************** Formularmodul: AlleDrucker **********************
Private Sub Form_Open(Cancel As Integer)
 Dim oDrucker As Printer
 For Each oDrucker In Application.Printers
   Me!Listenfeld.AddItem oDrucker.DeviceName
 Next
End Sub
```

Zugriff auf den Standard-Drucker

Möchten Sie dagegen Informationen zu dem in Windows als Standard eingetragenen Drucker erhalten, so verwenden Sie die Schreibweise „Application.Printer". Mit der Eigenschaft „DeviceName" können Sie zum Beispiel den Namen des Standarddruckers erhalten.

```
Application.Printer.DeviceName
```

Zwar ist es ganz nett, dem Benutzer den Namen des Standarddruckers mitzuteilen, doch wirklich nützlich wird diese Information erst, wenn Sie den Standarddrucker ändern können. Dies ist durch die folgende Befehlszeile zu erreichen. Hierbei wird der erste Drucker der „Printers"-Auflistung der Eigenschaft „Printer" des Objekts „Application" übergeben.

```
Set Application.Printer = Application.Printers(0)
```

Hinweis: Wenn Sie Änderungen an dem Standarddrucker über „Application.Printer" durchführen, so ändern Sie nicht den Standarddrucker von Windows. Sie ändern nur den Standarddrucker Ihrer Access-Anwendung und auch nur so lange, bis Sie Access verlassen. Um wieder den Windows-Standarddrucker für Ihre Access-Applikation einzustellen, setzen Sie die Eigenschaft „Printer" des „Application"-Objekts auf „Nothing".

```
Set „Application.Printer" = Nothing
```

Drucker installiert?

Bei der Auslieferung an den Kunden können und dürfen Sie nicht davon ausgehen, dass ein Standarddrucker überhaupt installiert ist. Es ist daher nicht sichergestellt, dass die Eigenschaft „Printer" des „Application"-Objekts auch tatsächlich die Werte eines real vorhandenen Druckers enthält. Daher sollten Sie unbedingt eine Fehlerroutine einbauen, die zumindest die Fehlernummer 2205 auswertet. Ist kein Drucker installiert, so entsteht beim Zugriff auf das „Application.Printer"-Objekt der Laufzeitfehler 2205. Das nachfolgende Beispiel zeigt Ihnen, wie Sie über den Zugriff auf die Eigenschaft „DeviceName" feststellen können, ob überhaupt ein Drucker installiert ist.

```
'*********************** Drucken.MDB *****************************
'*********************** Modul: Drucker *****************************
Function fktIstDruckerInstalliert() As Boolean
  Dim sDrucker As String
  On Error GoTo Fehler
  sDrucker = Application.Printer.DeviceName
  fktIstDruckerInstalliert = True
Zurück:
  Exit Function
Fehler:
  If Err.Number = 2205 Then
    MsgBox "Es ist kein Drucker installiert", vbCritical + vbOKOnly, "Fehler"
  Else
    MsgBox Err.Number + Err.Description, vbCritical + vbOKOnly, "Fehler"
  End If
  fktIstDruckerInstalliert = False
End Function
```

Standarddrucker eines Formulars oder Berichts

Formular und Bericht besitzen in Access 2002 die Eigenschaft „UseDefaultPrinter". Hierüber können Sie feststellen ob das Formular oder der Bericht den Standarddrucker benutzt. Enthält die Eigenschaft „UseDefaultPrinter" den Wert „True", so greift das Formular beziehungsweise der Bericht auf den Standarddrucker zu.

```
If Me.UseDefaultPrinter = True Then MsgBox "Standarddrucker wird verwendet"
```

Die Eigenschaft „UseDefaultPrinter" kann jedoch nur in der Entwurfsansicht geändert werden. Normalerweise ist es aber nicht notwendig, diese Eigenschaft während der Laufzeit zu modifizieren.

Wie das „Application"-Objekt besitzen auch jedes Formular und jeder Bericht die Eigenschaft „Printer". Hierüber können Sie gezielt steuern, auf welchem Drucker sie gedruckt werden sollen. Diese Änderungen können Sie dabei sowohl in der Formularansicht beziehungsweise Datenblattansicht eines Formulars als auch in der Entwurfsansicht vornehmen. Bei einem Bericht ist es ähnlich, doch muss eine Änderung erfolgen, bevor der Bericht gedruckt ist. Das nachfolgende Beispiel soll Ihnen die dynamische Änderung des Druckers für ein Formular demonstrieren. Es werden abwechselnd unterschiedliche Drucker für das aktuelle Formular eingetragen und der Name dieses Druckers wird jeweils als Meldung ausgegeben.

```
Private Sub Befehl1_Click()
  MsgBox Me.Printer.DeviceName
  Set Me.Printer = Application.Printers(2)
  MsgBox Me.Printer.DeviceName
  Set Me.Printer = Application.Printer
  MsgBox Me.Printer.DeviceName
End Sub
```

15.4.2 Eigenschaften des „Printer"-Objekts verwenden

Nachfolgend finden Sie Beispiele, wie die Eigenschaften des „Printer"-Objektes eingesetzt werden können.

Farb- oder Schwarz/Weiß-Drucker

Zu den Zeiten, als Farbdrucker zu teuer oder zu langsam waren, konnte man sich als Entwickler wenigstens noch darauf verlassen, dass der mühsam erstellte Bericht auf allen Druckern ähnlich gut aussah. Wie ist es aber heutzutage, wenn der Kunde einen Farbdrucker hat und gerne einen farbigen Bericht hätte? Dessen Kollege besitzt jedoch einen Schwarz/Weiß-Drucker, auf dem ein Bericht, der mit Farbe versehen ist, nicht mehr schön aussieht. Die Lösung kann nur sein, dass zwei Berichte angeboten werden und abhängig davon, ob der Standarddrucker Farbe drucken kann oder nicht, wird der entsprechende Bericht ausgedruckt.

Dank des „Printer"-Objektes und dessen Eigenschaft „ColorMode" ist dies keine große Kunst mehr. Die Erstellung von zwei verschieden gestalteten Berichten wird Ihnen da schon mehr Mühe machen.

Zur Auswertung der Eigenschaft „ColorMode" stehen die beiden Konstanten „acPRCMColor" und „acPRCMMonochrome" zur Verfügung.

Tabelle 15.9: Konstanten der Eigenschaft „ColorMode"

Wert	Bedeutung
acPRCMColor	Der Drucker kann in Farbe und Schwarz/Weiß drucken.
acPRCMMonochrome	Der Drucker kann nur in Schwarz/Weiß drucken.

```
'*********************** Drucken.MDB ******************************
'*********************** Modul: Drucker **************************
Sub fktBerichtFarbigOderSchwarzWeiß()
  Dim sBerichtsname As String
  If fktIstDruckerInstalliert = True Then
    If Application.Printer.ColorMode = acPRCMColor Then
      'Farbdrucker
      sBerichtsname = "FarbigerBericht"
    Else
      'Leider nur Schwarz/Weiß
      sBerichtsname = "NormalerBericht"
    End If
    DoCmd.OpenReport sBerichtsname, acViewPreview
  End If
End Sub
```

Ist der druckbare Bereich groß genug?

Falls Sie schon mal ein Formular einer Behörde wie zum Beispiel eine Umsatzsteuervoranmeldung bedrucken wollten, ist Ihnen vielleicht das Problem der nicht druckbaren Bereiche bekannt. Leider lässt sich ein Blatt Papier nicht vollständig bis an die vier Ränder bedrucken. Dies ist eine Einschränkung, die vom jeweiligem Drucker abhängt und bei jedem Drucker anders ist. Besonders Behörden neigen offensichtlich dazu, sich nicht an technische Gegebenheiten anzupassen, sondern die restliche Welt hat sich – egal ob möglich oder nicht – nach deren Vorgaben zu richten. Wenn Sie nun ein solches Behördenformular wie zum Beispiel die Umsatzsteuervoranmeldung bedrucken möchten, kann es vorkommen, dass bedingt durch die nicht druckbaren Bereiche der eine Drucker für den Ausdruck geeignet ist, der andere jedoch nicht. Leider werden nicht druckbare Bereiche nicht nur nicht bedruckt, sondern sie wirken sich in Form von zusätzlichen gedruckten Seiten aus. Dies ist natürlich nicht brauchbar. Es liegt nicht in Ihrer Hand, das Problem zu lösen, doch können Sie über die Eigenschaften „LeftMargin", „RightMargin", „TopMargin" und „BottomMargin" des „Printer"-Objekts das Problem erkennen und darauf reagieren.

Hinweis: Es ist nur innerhalb eines Berichtes oder Formulars sinnvoll, die Eigenschaften „LeftMargin", „RightMargin" „TopMargin" und „BottomMargin" auszuwerten, da die Werte für „Application.Printer" sonst Null sind.

Tabelle 15.10: Eigenschaften, die Informationen zum druckbaren Bereich liefern

Eigenschaft	Bedeutung
LeftMargin	Linker Rand in der Maßeinheit Twips
RightMargin	Rechter Rand in der Maßeinheit Twips
TopMargin	Oberer Rand in der Maßeinheit Twips
BottomMargin	Unterer Rand in der Maßeinheit Twips

Das nachfolgende Beispiel öffnet einen Bericht unsichtbar in der Seitenansicht und überprüft, ob die Ränder für den Ausdruck nicht zu groß sind. Ist einer dieser Grenzwerte überschritten, erfolgt eine Meldung an den Benutzer. Die Grenzwerte müssten Sie entsprechend der Maße Ihres Berichts ermitteln und demzufolge festlegen.

```
'********************* Drucken.MDB **************************
'********************* Modul: Drucker ****************************
Sub fktIstDruckbereichGroßGenug(sBerichtsname As String)
  If fktIstDruckerInstalliert = True Then
    DoCmd.OpenReport sBerichtsname, acViewPreview, , , acHidden
    With Reports(sBerichtsname).Printer
    If .LeftMargin > 100 Or .RightMargin > 100 Or .TopMargin > 110
                                Or .BottomMargin > 100 Then
      MsgBox "Der Bericht " & sBerichtsname & _
        " kann auf dem Drucker " & .DeviceName & _
        " nicht ausgedruckt werden." & vbCrLf & _
        " Der druckbare Bereich ist zu klein!", vbInformation + vbOKOnly, "Drucken"
    Else
      DoCmd.OpenReport sBerichtsname, acViewNormal
    End If
    End With
  End If
End Sub
```

15.4.3 Ein eigenes Drucken-Dialogfeld gestalten

Mithilfe der Fähigkeiten des „Printer"-Objekts besteht jetzt die Möglichkeit, auf das Drucken-Standarddialogfeld völlig zu verzichten und ein eigenes zu gestalten. Dies hat den Vorteil, dass Sie selbst bestimmen können, wie viele oder wie wenig Auswahlmöglichkeiten Sie Ihrem Anwender geben möchten. Sie könnten darüber hinaus für jeden Bericht einen eigenen Standarddrucker vorgeben, jedoch dem Anwender trotzdem die Auswahlmöglichkeit eines anderen Druckers ermöglichen. Das nachfolgende Beispiel stellt Ihnen eine Möglichkeit vor, das Drucken-Standarddialogfeld von Access zu ersetzen.

In dem neu gestalteten Drucken-Dialog steht jeweils ein Kombinationsfeld zur Auswahl des Druckers, des Papierformats und des Papierschachts zur Verfügung. Außerdem kann die Anzahl der Kopien, die Orientierung auf Quer- und Hochformat festgelegt werden. Natürlich darf auch der gezielte Druck von einzelnen Seiten oder allen Seiten nicht fehlen.

Um das Beispiel verwenden zu können, rufen Sie das Formular „Druckendialog" über die Methode „OpenForm" auf und nennen Sie den Namen des zu druckenden Berichts als letzten Übergabeparameter. Außerdem können Sie noch die Konstante „acDialog" angeben, um das Formular als modales Dialogfeld erscheinen zu lassen.

DoCmd.OpenForm "Druckendialog",,,,,acDialog ,"Adreßetiketten"

Bild 15.9: Das Drucken-Dialogfeld selbst gestalten

‘********************* Drucken.MDB ***’’’********************
‘********************* Formularmodul: Druckendialog *****************
Option Compare Database
Option Explicit
Dim sBerichtsname As String

```
Private Sub Form_Open(Cancel As Integer)
 Dim oDrucker As Printer
 On Error GoTo Fehler

 'Name des Berichts ermitteln
 If IsNull(Me.OpenArgs) Then
  MsgBox "Sie müssen den Namen eines Berichts als Übergabeparameter nennen" & _
      vbCrLf & "Beispiel: DoCmd.OpenForm 'DruckenDialog', , , , , , 'Adreßetiketten'"
  Cancel = True
 Else
  sBerichtsname = Me.OpenArgs
 End If

 ' Alle Drucker ermitteln
 Me!Standarddrucker.Caption = Application.Printer.DeviceName
 Me!sDrucker.RowSourceType = "Value List"
 Me!sDrucker.RowSource = ""
 For Each oDrucker In Application.Printers
  Me!sDrucker.AddItem Item:=oDrucker.DeviceName
 Next oDrucker
 Me!sDrucker = Application.Printer.DeviceName
 Me!sPapiergröße = 9
 Me!sSchacht = 3
Zurück:
  Exit Sub

Fehler:
 Select Case Err.Number
  Case 2205
   MsgBox "Es ist kein Drucker installiert!"
   Resume Zurück
  Case Else
   MsgBox Err.Description, vbCritical & vbOKOnly, "Fehler: " & Err.Number
   Resume Zurück
 End Select
End Sub

Private Sub Seitenansicht_Click()
 Dim sDruckerName As String, bDruckerOk As Boolean
 Dim oDrucker As Printer

 If IsNull(Me!sDrucker) Then
  MsgBox "Es wurde kein Drucker ausgewählt"
  Me!sDrucker = Application.Printer.DeviceName
  Exit Sub
 Else
  sDruckerName = Me!sDrucker
 End If

 ' Sicherheitshalber überprüfen, ob der Drucker auch noch existiert
 bDruckerOk = False
 For Each oDrucker In Application.Printers
```

```
    If oDrucker.DeviceName = sDruckerName Then
      bDruckerOk = True
    End If
  Next
  If bDruckerOk = False Then
    MsgBox "Es wurde kein gültiger Drucker ausgewählt"
    Me!sDrucker = Application.Printer.DeviceName
    Exit Sub
  End If

  Set oDrucker = Application.Printers(Me!sDrucker.Value)
  ' Die benutzerdefinierten Einstellungen übernehmen
  With oDrucker
    .PaperSize = Me!sPapiergröße
    .PaperBin = Me!sSchacht
    .Orientation = Me!sOrientierung
    .Copies = Me!sKopien
  End With

  DoCmd.OpenReport sBerichtsname, acViewPreview

  ' Das Drucker-Objekt des Berichts auf das benutzerdefinierte Druckerobjekt setzen
  Reports(sBerichtsname).Printer = oDrucker

End Sub

Private Sub Drucken_Click()
  Dim sDruckerName As String, bDruckerOk As Boolean
  Dim oDrucker As Printer

  On Error GoTo Fehler

  If IsNull(Me!sDrucker) Then
    MsgBox "Es wurde kein Drucker ausgewählt"
    Me!sDrucker = Application.Printer.DeviceName
    Exit Sub
  Else
    sDruckerName = Me!sDrucker
  End If

  ' Sicherheitshalber überprüfen, ob der Drucker auch noch existiert
  bDruckerOk = False
  For Each oDrucker In Application.Printers
    If oDrucker.DeviceName = sDruckerName Then
      bDruckerOk = True
    End If
  Next
  If bDruckerOk = False Then
    MsgBox "Es wurde kein gültiger Drucker ausgewählt"
    Me!sDrucker = Application.Printer.DeviceName
    Exit Sub
  End If
```

```
Set oDrucker = Application.Printers(Me!sDrucker.Value)
' Die benutzerdefinierten Einstellungen übernehmen
With oDrucker
  .PaperSize = Me!sPapiergröße
  .PaperBin = Me!sSchacht
  .Orientation = Me!sOrientierung
  .Copies = Me!sKopien
End With

DoCmd.OpenReport sBerichtsname, acViewPreview

' Das Drucker-Objekt des Berichts auf das benutzerdefinierte Druckerobjekt setzen
Reports(sBerichtsname).Printer = oDrucker

'Den Druckbereich auswerten
If Me!Druckbereich = 1 Then
  DoCmd.PrintOut PrintRange:=acPrintAll
Else
  DoCmd.PrintOut PrintRange:=acPages, PageFrom:=Me!SeiteVon, _
    PageTo:=Me!SeiteBis
End If
'Bericht schließen
DoCmd.Close ObjectType:=acReport, ObjectName:=sBerichtsname
Zurück:
  Exit Sub
Fehler:
  MsgBox Err.Description, vbOKOnly + vbCritical, "Fehler:" & Err.Number
  Resume Zurück
End Sub

Private Sub sÄndernStandarddrucker_Click()
  Set Application.Printer = Application.Printers(Me!sDrucker.Value)
  Me!Standarddrucker.Caption = Application.Printer.DeviceName
End Sub
```

Die beiden Kombinationsfelder für das Papierformat und den Papierschacht lassen sich bereits in der Entwurfsansicht mit Daten füllen. Dagegen kann das Kombinationsfeld für die installierten Drucker erst während der Laufzeit gefüllt werden. Hierzu werden im „Form_Open" Ereignis über eine „For Each"-Schleife alle „Printer"-Objekte der „Printers"-Auflistung ermittelt und über die Eigenschaft „DeviceName" der Name des Druckers ausgelesen. Dieser wird dann über die Methode „AddItem" an das Kombinationsfeld angefügt. Sie sollten bei der Verwendung der „AddItem"-Methode darauf achten, dass das Kombinationsfeld zu Beginn leer ist, da Sie Einträge sonst eventuell doppelt anfügen.

```
Me!sDrucker.RowSourceType = "Value List"
Me!sDrucker.RowSource = ""
For Each oDrucker In Application.Printers
  Me!sDrucker.AddItem Item:=oDrucker.DeviceName
Next oDrucker
```

Sehr wichtig ist es, dass Sie bereits zu Beginn eine Fehlerroutine einbauen, die zumindest die Fehlernummer 2205 behandelt. Es macht nämlich keinen Sinn, einen Drucken-Dialog zur Verfügung zu stellen, wenn gar kein Drucker installiert ist.

Die eigentliche Verarbeitung der durch den Benutzer getroffenen Einstellungen findet in den Ereignisprozeduren für die Schaltfläche „Seitenansicht", „Drucken" und „Ändern des Standarddruckers" statt. Über die zuletzt genannte ist es möglich, den Standarddrucker für die gesamte Laufzeit des Access-Programms zu ändern.

```
Private Sub sÄndernStandarddrucker_Click()
    Set Application.Printer = Application.Printers(Me!sDrucker.Value)
    Me!Standarddrucker.Caption = Application.Printer.DeviceName
End Sub
```

Hierzu wird der in dem Kombinationsfeld „Drucker" ausgewählte Name des Druckers ausgelesen und dessen „Printer"-Objekt aus der „Printers"-Auflistung ermittelt. Dieses wird anschließend an die Eigenschaft „Application.Printer" übergeben. Zusätzlich wird der Name des neuen Standarddruckers in das Bezeichnungsfeld des Formulars geschrieben.

Die Verarbeitung von Papiergröße, Papierschacht, Orientierung und Anzahl der Kopien ist bei der Seitenansicht und beim Drucken dieselbe. Es werden die entsprechenden Felder des Formulars ausgelesen und an die zugehörige Eigenschaft des „Printer"-Objekts übergeben. Hierbei darf jedoch nicht der beschreibende Text, sondern es muss das Steuereichen der Eigenschaft zugewiesen werden. Deswegen ist die Wertliste der Kombinationsfelder „sPapiergröße" und „sSchacht" zweispaltig aufgebaut.

Die nachfolgende Tabelle soll Ihnen helfen, die richtige Konstante für die gewünschte Papiergröße zu finden.

Tabelle 15.11: Konstanten für die Papiergröße

Kon-stante	Bedeutung	Kon-stante	Bedeutung
1	US-Letter (8,5 x 11")	2	US-Letter klein (8,5 x 11")
3	US-Tabloid (11 x 17")	4	US-Ledger (17 x 11")
5	US-Legal (8,5 x 14")	6	US-Statement (5,5 x 8,5")
7	US-Exec. (7,25 x 10,5")	8	A3 (297 x 420 mm)
9	A4 (210 x 297 mm)	10	A4 klein (210 x 297 mm)
11	A5 (148 x 210 mm)	12	B4 (250 x 354 mm)
13	B5 (182 x 257 mm)	14	Folio (8,5 x 13")
15	Quarto (215 x 275 mm)	16	11 x 17"
18	Note (8,5 x 11")	19	Briefumschlag #14 (5 x 8,875")
20	Briefumschlag #14 (5 x 9,5")	21	Briefumschlag #14 (5 x 10,375")
23	Briefumschlag #14 (5 x 11,5")	24	Blatt in Größe C (17 x 22")
25	Blatt in Größe D (22 x 34")	26	Blatt in Größe E (34 x 44")
27	Briefumschlag DL (110 x 220 mm)	28	Briefumschlag C5 (162 x 229 mm)
29	Briefumschlag C3 (324 x 458 mm)	30	Briefumschlag C4 (229 x 324 mm)

Kon-stante	Bedeutung	Kon-stante	Bedeutung
31	Briefumschlag C6 (114 x 162 mm)	32	Briefumschlag C65 (114 x 229 mm)
33	Briefumschlag B4 (250 x 353 mm)	34	Briefumschlag B5 (176 x 250 mm)
35	Briefumschlag B6 (176 x 125 mm)	36	Briefumschlag (110 x 230 mm)
37	Briefumschlag Monarch (3,875 x 7,5")	38	Briefumschlag 6-3/4 (3,625 x 6,5")
39	US Std Endlospapier (14,875 x 11")	40	Deutsch Std Endlospapier (8,5 x 12")
41	Deutsch Legal Endlospapier (8,5 x 13")	256	Benutzerdefiniert

Nachdem dem „Printer"-Objekt die neuen Werte übergeben wurden, muss das Objekt erst noch in den Bericht geschrieben werden. Hierzu wird der Bericht in der Seitenansicht geöffnet und das gesamte „Printer"-Objekt der Eigenschaft „Printer" des Berichtes zugewiesen.

```
Set oDrucker = Application.Printers(Me!sDrucker.Value)
' Die benutzerdefinierten Einstellungen übernehmen
With oDrucker
  .PaperSize = Me!sPapiergröße
  .PaperBin = Me!sSchacht
  .Orientation = Me!sOrientierung
  .Copies = Me!sKopien
End With

DoCmd.OpenReport sBerichtsname, acViewPreview

' Das Drucker-Objekt des Berichts auf das benutzerdefinierte Druckerobjekt setzen
Reports(sBerichtsname).Printer = oDrucker
```

Der Druck des Berichts unterscheidet sich von der Seitenansicht nur durch die nachfolgenden Programmzeilen:

```
'Den Druckbereich auswerten
If Me!Druckbereich = 1 Then
  DoCmd.PrintOut PrintRange:=acPrintAll
Else
  DoCmd.PrintOut PrintRange:=acPages, PageFrom:=Me!SeiteVon, _
    PageTo:=Me!SeiteBis
End If
'Bericht schließen
DoCmd.Close ObjectType:=acReport, ObjectName:=sBerichtsname
```

Es wird dabei überprüft, ob alle Seiten oder nur die vom Anwender festgelegten Seiten gedruckt werden sollen. Das Kriterium ist dabei die Optionsgruppe „Druckbereich". Der eigentliche Anstoß des Druckes erfolgt durch die Methode „PrintOut". Dieser wird als Parameter die Konstante „acPrintAll" übergeben um alle Seiten zu drucken. Um die genauen Seiten festzulegen, wird die Konstante „acPages" zusammen mit der Startseite und der Endseite als Parameter genannt.

15.5 Symbolleisten mit VBA erstellen

Neben dem Erstellen von Symbolleisten mit einfachem Drag&Drop können Sie ab Access 97 auch programmtechnisch Symbolleisten mit eigenen Schaltflächen, Untermenüs, Kombinationsfeldern etc. erstellen. Die Beispiele dieses Kapitels sind in der Datenbank COMM-BAR.MDB gespeichert.

Eine neue Symbolleiste erstellen

Das Objekt, das die Leiste definiert, heißt „CommandBar". Diese Leiste kann dabei eine Menü- oder eine Symbolleiste darstellen. Sie haben vielleicht bereits gelesen, dass diese beiden Arten in den Office-Produkten gleich behandelt werden. Deswegen gelten alle Erklärungen in diesem Kapitelpunkt sowohl für Symbol- als auch für Menüleisten.

Ein „CommandBar"-Objekt kann zudem nicht nur eine Leiste, sondern auch ein Menü, ein Untermenü oder ein Kontextmenü repräsentieren.

Die „CommandBars"-Kollektion enthält alle „CommandBar"-Objekte, die in der Datenbankanwendung existieren. Ein neues Element wird über die Methode „Add" dieser Auflistung hinzugefügt. Diese Methode besitzt vier optionale Parameter:

> Add(Name, Position, MenuBar, Temporary)

Falls Sie keinen Namen für das neue „CommandBar"-Objekt angeben, benutzt Access einen Standardnamen mit einer zusätzlichen Ziffer. Im zweiten Argument definieren Sie die Stelle, an der die Leiste eingeblendet werden soll, beziehungsweise die Art der Leiste.

Tabelle 15.12: Konstanten für die Art der Leiste

Position	Bedeutung
msoBarLeft	Senkrechte Symbolleiste am linken Fensterrand
msoBarTop	Waagerechte Symbolleiste am oberen Fensterrand
msoBarRight	Senkrechte Symbolleiste am rechten Fensterrand
msoBarBottom	Waagerechte Symbolleiste am unteren Fensterrand
msoBarFloating	Symbolleiste, die nicht verankert ist
msoBarPopup	Kontextmenü
msoBarMenuBar	Systemmenüleiste auf dem Macintosh

Beim Anlegen einer Menüleiste können Sie mit „True" im dritten Parameter festlegen, dass die neue Leiste die derzeit aktuelle Menüleiste ersetzt. Damit die mit „Add" geschaffene Leiste nur temporär existiert und automatisch wieder gelöscht wird, wenn die Datenbankanwendung geschlossen wird, schreiben Sie zum Schluss „True". Als Voreinstellung wird jedoch eine bleibende Leiste erzeugt:

> Dim Leiste As CommandBar

> Set Leiste = CommandBars.Add("EigeneLeiste", msoBarTop)
> Leiste.Visible = True

Damit die Symbolleiste mit dem Namen „EigeneLeiste" sofort angezeigt wird, müssen Sie die Eigenschaft „Visible" des neu angelegten „CommandBar"-Objekts auf „True" setzen.

Auf dieses „CommandBar"-Objekt können Sie über die Objektvariable „Leiste" oder über die „CommandBars"-Kollektion zugreifen. Bei der zweiten Möglichkeit geben Sie den Namen oder Index der Leiste an. Im Gegensatz zu den übrigen Auflistungen in Access beginnen die „CommandBars"-Sammlungen und die anderen Kollektionen, die sich auf Objekte der Leisten beziehen, immer mit dem Index 1 und nicht mit 0:

> DtName = CommandBars(1).NameLocal

Da auf meinem PC das deutsche Access installiert ist, wird durch die Eigenschaft „NameLocal" der deutsche Name der in der Auflistung an erster Stelle stehenden Leiste ausgelesen. Die original-englische Bezeichnung erhalten Sie über die Eigenschaft „Name".

Elemente in die Symbolleiste enfügen

Jedes „CommandBar"-Objekt besitzt eine „CommandBarControls"-Sammlung, die alle Elemente in der Leiste umfasst. Diese Leistensteuerelemente sind unterschiedlich zu den bisher bekannten Steuerelementen, die Sie in Formulare und Berichte eingefügt haben. Es existieren fünf verschiedene Leistensteuerelemente:

Tabelle 15.13: Steuerelemente für Leisten

Elementtyp	Konstante für die Methode „Add"
Schaltfläche	msoControlButton
Textfeld	msoControlEdit
Dropdown-Liste	msoControlDropdown
Kombinationsfeld	msoControlComboBox
Popup	msoControlPopup

Die Eigenschaft „Controls" des „CommandBar"-Objekts werden Sie benutzen, um auf die „CommandBarControls"-Kollektion zuzugreifen. Diese Sammlung besitzt genauso wie die „CommandBars"-Auflistung die Methode „Add", mit der ein neues Element in eine integrierte oder benutzerdefinierte Leiste ergänzt wird. Der Methode übergeben Sie den gewünschten Elementtyp.

> Add(Type, Id, Parameter, Before, Temporary)

Als Typ verwenden Sie eine der Konstanten, die in der letzten Tabelle aufgelistet sind. Lassen Sie das Argument unbesetzt, wird „msoControlButton" als Voreinstellung benutzt.

Wenn Sie ein integriertes Steuerelement in die Leiste einfügen wollen, geben Sie im zweiten Parameter den ID-Wert dieses Elements bekannt. In der nachfolgenden Liste finden Sie fünf häufig eingesetzte Möglichkeiten.

Tabelle 15.14: ID-Werte für einige Menüpunkte

Id	Entspricht dem Menüpunkt
19	BEARBEITEN/KOPIEREN
20	BEARBEITEN/RÜCKGÄNGIG
21	BEARBEITEN/AUSSCHNEIDEN
22	BEARBEITEN/EINFÜGEN
23	DATEI/ÖFFNEN

Standardmäßig wird das neue Element immer an das Ende der Leiste angefügt. Soll es hingegen an eine bestimmte Stelle platziert werden, nennen Sie für das Argument „Before" die Position des Elements, vor dem es zu liegen kommen soll:

```
Dim Befehl As CommandBarControl
Set Befehl = CommandBars("EigeneLeiste").Controls.Add(msoControlButton,,,2)
```

Die Besonderheiten der Schaltfläche

Das Aussehen der Schaltfläche bestimmen Sie über die Eigenschaft „State". Ihr können Sie eine der drei Konstanten „msoButtonUp", „msoButtonDown", „msoButtonMixed" zuweisen.

Wenn Sie Symbolleisten über das Dialogfeld „Anpassen" erzeugen, können Sie nach dem Einfügen eines Befehls über dessen Kontextmenü festlegen, ob nur Text, Text und Symbol oder laut Standard angezeigt werden soll. Dieselben Einstellungen können Sie in VBA über die Eigenschaft „Style" vornehmen. Die entsprechenden Konstanten lauten „msoButtonAutomatic", „msoButtonIcon", „msoButtonCaption" und „msoButtonIconandCaption".

Damit ein Text in der Schaltfläche erscheint, müssen Sie neben dem Besetzen der Eigenschaft „Style" noch die Eigenschaft „Caption" mit dem gewünschten Begriff füllen:

```
With Befehl
  .Style = msoButtonIconAndCaption
  .Caption = "Meldung"
  .TooltipText = "Meldung ausgeben"
End With
```

Als QuickInfo-Text wird standardmäßig der Inhalt der Eigenschaft „Caption" verwendet. Sie können aber auch einen eigenen über die Eigenschaft „TooltipText" definieren.

Ein Bild können Sie auf verschiedene Arten der Schaltfläche zuordnen. Es ist zum Beispiel möglich, die Grafiken der integrierten Schaltflächen zu verwenden. Den ID-Wert des Elements mit dem gewünschten Bild weisen Sie der Eigenschaft „FaceId" zu. Dieser ID-Wert ist derselbe, der bereits dem Argument „Id" der Methode „Add" übergeben wurde. Der Unterschied zwischen „FaceId" und „Id" liegt darin, dass bei „Id" nicht nur das Aussehen, sondern auch die Funktionalität der integrierten Schaltfläche dem eigenen Element zugeordnet wird:

```
Befehl.FaceId = 10
```

Falls sich die Grafik in der Zwischenablage befindet, fügen Sie sie über die Methode „PasteFace" in die Schaltfläche ein. Über die nachfolgende Codezeile wird das zweite Element in der benutzerdefinierten Symbolleiste angesprochen. Bevor das Bild in die Schaltfläche gebracht werden kann, sollten Sie noch überprüfen, ob es sich bei diesem Element um eine Schaltfläche handelt. Nur dann kann die Methode „PasteFace" ausgeführt werden. Ansonsten würde ein Laufzeitfehler entstehen.

```
Set Befehl = CommandBars("EigeneLeiste").Controls(2)
If Befehl.Type = msoControlButton Then
  Befehl.PasteFace
End If
```

Diese Grafik kann zum Beispiel zu einem früheren Zeitpunkt über die Methode „CopyFace" in die Zwischenablage gestellt worden sein:

```
Set Befehl = CommandBars("Web").Controls(5)
Befehl.CopyFace
```

Die Besonderheiten des Kombinationsfelds

Um ein Kombinationsfeld in eine Symbolleiste einzufügen, übergeben Sie der Methode „Add" der „CommandBarControls"-Kollektion die Konstante „msoControlComboBox" oder „msoControlDropdown" als ersten Parameter. Der Unterschied zwischen diesen beiden Typen liegt darin, dass ein Dropdown-Element beim Anklicken sofort seine Liste aufklappt. Bei einem Kombinationsfeld wird hingegen der Eintrag im Textfeld markiert und kann geändert werden.

Die Objektvariable kann vom Typ „CommandBarControl" oder besser vom Typ „CommandBarComboBox" sein:

```
Dim Befehl As CommandBarComboBox

Set Befehl = CommandBars("EigeneLeiste").Controls.Add(msoControlDropdown)
```

Die einzelnen Elemente fügen Sie in die Liste über die Methode „AddItem" ein. Neben dem Text des Eintrags können Sie auch noch eine Position nennen. Fehlt diese Angabe, wird der neue Eintrag an das Ende der Liste angefügt:

```
With Befehl
 .AddItem "Sydney"
 .AddItem "Melbourne"
 .AddItem "Adelaide", 1
End With
```

Über die Eigenschaft „DropDownLines" legen Sie fest, wie viele Zeilen die aufklappbare Liste enthalten soll. Falls das „CommandBarComboBox"-Objekt mehr Elemente als angezeigte Zeilen besitzt, wird automatisch eine senkrechte Bildlaufleiste eingeblendet:

```
Befehl.DropDownLines = 4
```

Der Index des aktuellen Eintrags, der in der Liste markiert und im Bezeichnungs- beziehungsweise Eingabefeld des „CommandBarComboBox"-Objekts eingetragen ist, steht in der Eigenschaft „Listindex". Der erste Eintrag in der Liste besitzt den Index 1. Um ein anderes Element aus der Liste auszuwählen, brauchen Sie nur die Eigenschaft „Listindex" auf den gewünschten Wert zu setzen. Bei der Übergabe des Wertes 0 wird die bisherige Markierung aufgehoben und der Eintrag im Bezeichnungs- beziehungsweise Eingabefeld gelöscht:

```
Befehl.Listindex = 2
```

Den Text eines Listeneintrags ermitteln Sie über die Eigenschaft „List". Ihr übergeben Sie den Index des gewünschten Eintrags. Natürlich können Sie darüber auch den Inhalt eines Eintrags ändern. Im nächsten With-Block wird eine Meldung ausgegeben, die den Text des aktuellen Eintrags liefert:

```
With Befehl
 MsgBox "Der Inhalt des aktuellen Eintrags lautet: " _
      & .List(.ListIndex), , "Aktueller Eintrag"
End With
```

Bild 15.10: Die Eigenschaften „List" und „ListIndex" eines „CommandBarComboBox"-Objekts

Das Entfernen eines Eintrags erfolgt über die Methode „RemoveItem". Das zu löschende Element definieren Sie dabei wiederum über seinen Index. Sobald in die Liste ein neuer Eintrag hinzugefügt oder aus ihr ein bestehender Eintrag entfernt wird, wird der Index von Access neu berechnet:

```
Befehl.RemoveItem (3)
```

Um den Inhalt der gesamten Liste zu löschen, können Sie entweder mehrmals diese Methode aufrufen oder die Methode „Clear" einsetzen. Bei der ersten Möglichkeit wird die notwendige Anzahl der Schleifendurchläufe über die Eigenschaft „ListCount" bestimmt:

```
For i = 1 To Befehl.ListCount
  Befehl.RemoveItem(1)
Next i
' oder
Befehl.Clear
```

Die Besonderheiten des Untermenüs

Ein Menü fügen Sie in eine Menü- oder Symbolleiste ein, indem Sie der Methode „Add" der „CommandBarControls"-Kollektion die Konstante „msoControlPopup" als ersten Parameter mitgeben.

Bild 15.11: Menüs, Untermenü und Menüpunkte in der Leiste

Die folgende Funktion „fktPopup()" fügt in die bestehende benutzerdefinierte Symbolleiste „EigeneLeiste" zwei Menüs ein. Das erste Menü besitzt einen Menüpunkt und ein Untermenü, das wiederum drei Menüpunkte zusammenfasst.

```
'*********************** CommBar.MDB **************************
'********************** Modul ProgrammLeisten **********************
Public Function fktPopup()
  Dim Untermenü As CommandBarPopup
  Dim Befehl As CommandBarControl

  ' 1. Menü in der Leiste
  Set Untermenü = CommandBars("EigeneLeiste").Controls.Add(msoControlPopup)
  Untermenü.Caption = "Tierwelt"
  Set Befehl = Untermenü.CommandBar.Controls.Add(msoControlButton)
  With Befehl
    .Style = msoButtonIconAndCaption
    .Caption = "Dingo"
    .FaceId = 25
    .OnAction = "=fktTierMeldung(""Dingo"")"
  End With

  ' Untermenü im 1.Menü
  Set Untermenü = Untermenü.CommandBar.Controls.Add(msoControlPopup)
  Untermenü.Caption = "Beuteltiere"
  Set Befehl = Untermenü.CommandBar.Controls.Add(msoControlButton)
  With Befehl
    .Style = msoButtonIconAndCaption
```

```
      .Caption = "Känguruh"
      .FaceId = 22
      .OnAction = "=fktTierMeldung(""Känguruh"")"
      .Enabled = False
   End With
   Set Befehl = Untermenü.CommandBar.Controls.Add(msoControlButton)
   With Befehl
      .Style = msoButtonCaption
      .Caption = "Koala"
      .OnAction = "=fktTierMeldung(""Koala"")"
   End With
   Set Befehl = Untermenü.CommandBar.Controls.Add(msoControlButton)
   With Befehl
      .Style = msoButtonCaption
      .Caption = "Wombat"
      .OnAction = "=fktTierMeldung(""Wombat"")"
   End With

   ' 2. Menü in der Leiste
   Set Untermenü = CommandBars("EigeneLeiste").Controls.Add(msoControlPopup)
   Untermenü.Caption = "Nationalparks"
End Function
```

Zuerst wird ein Menü in die Leiste „EigeneLeisten" eingefügt. Der Menüname wird über die Eigenschaft „Caption" festgelegt. Anschließend können Sie das Menü füllen. In diesem Beispiel wird dazu zuerst ein Menüpunkt erstellt.

Wie bereits weiter oben erwähnt, ist auch jedes Untermenü ein „CommandBar"-Objekt. Die Eigenschaft „CommandBar" des „CommandBarPopup"-Objekts liefert dieses Objekt. Somit bezieht sich die Methode „Add" auf die „CommandBarControls"-Auflistung des Menüs und nicht der Symbolleiste. Ein Menüpunkt wird in einer Leiste durch eine Schaltfläche dargestellt. Deswegen erhält die Methode „Add" die Konstante „msoControlButton":

```
   Set Befehl = Untermenü.CommandBar.Controls.Add(msoControlButton)
```

Anschließend können die Eigenschaften des neu angelegten Menüpunkts besetzt werden. Sie wurden bereits weiter oben bei den Besonderheiten der Schaltfläche besprochen. Auf die Eigenschaft „OnAction" wird im nachfolgenden Text eingegangen.

Ein Untermenü wird ähnlich wie ein Menüpunkt in ein Menü eingefügt. Der einzige Unterschied besteht in der Konstanten „msoControlPopup". Nachdem dieses Untermenü mit einer Überschrift versehen ist, können ihm mehrere Menüpunkte zugewiesen werden. Beachten Sie dabei, dass die Objektvariable „Untermenü" nun das Untermenü und nicht mehr das Menü repräsentiert. Das zweite Menü in der Symbolleiste mit dem Namen „Nationalparks" bleibt leer und wird nicht mit Elementen gefüllt.

Bei Bedarf kann ein Menü oder Untermenü auch ohne die Leiste als „frei-schwebendes" Menü angezeigt werden. Dazu verwenden Sie die Methode „ShowPopup" des „CommandBar"-Objekts, das sich auf das Menü bezieht. Sie können Koordinaten für die rechte obere Ecke des Menüs angeben. Werden sie weggelassen, erscheint das Kontextmenü an der aktuellen Position des Mauszeigers:

```
Dim myControl As CommandBarPopup

Set myControl = CommandBars("EigeneLeiste").Controls("Tierwelt")
myControl.CommandBar.ShowPopup 150, 300
```

Reaktion des Elements festlegen

Die Aktion, die zum Beispiel beim Anklicken einer Schaltfläche ausgeführt werden soll, übergeben Sie als Zeichenfolge der Eigenschaft „OnAction". Dabei kann es sich um einen Ausdruck, der eine VBA-Funktion oder eine selbst definierte Funktion enthält, oder um ein Makro handeln:

```
Befehl.OnAction = "=MsgBox (""Hallo Koala"")"
' oder
Befehl.OnAction = "=fktMeldung()"
' oder
Befehl.OnAction = "MakroMeldung"
```

Bei einem Text- oder Kombinationsfeld wird die Funktion oder das Makro ausgelöst, wenn der Anwender das Feld mit der <Tab>- oder <Enter>-Taste verlässt.

Sie können auch programmtechnisch die Funktion oder das Makro, die/das der Eigenschft „OnAction" zugeordnet ist, aktivieren. Rufen Sie dazu die Methode „Execute" des „CommandBarControl"-Objekts auf:

```
Befehl.Execute
```

Integrierte Menüpunkte können mit der Methode „RunCommand" des „DoCmd"-Objekts aufgerufen werden. Diese Methode ersetzt ab Access 97 die Methode „DoMenuItem". Im Kapitelpunkt 19.2 erfahren Sie mehr über diese Methode, deren Aktions-Pendant „AusführenBefehl" heißt.

Ein Element in der Symbolleiste verschieben

Wenn Sie das Dialogfeld „Anpassen" auf dem Bildschirm haben, können Sie die einzelnen Elemente in jeder Symbolleiste beliebig verschieben. Dieser Verschiebevorgang ist auch mit der Methode „Move" des „CommandBarControl"-Objekts möglich. Dabei können Sie die neue Position und bei Bedarf auch eine andere Symbolleiste festlegen.

```
Befehl.Move ,3
Befehl.Move "Web", 2
```

Durch die erste Zeile wird das „CommandBarControl"-Objekt vor das Element in derselben Symbolleiste eingefügt, das bis jetzt an dritter Stelle lag. Über die zweite Zeile wird das „CommandBarControl"-Objekt aus der aktuellen Leiste entfernt und in die integrierte Web-Symbolleiste an die zweite Position gestellt.

Ein bestimmtes Element in einer Symbolleiste finden

Die Methode „FindControl" sucht ein bestimmtes Element. Sie kann sowohl als Methode der „CommandBarl"-Auflistung als auch als Methode einer bestimmten Leiste eingesetzt werden. Im ersten Fall werden alle Leisten durchsucht, im zweiten Fall nur die angegebene. Als Suchkriterium können Sie den Typ des Elements, den ID-Wert und den Inhalt der „Tag"-Eigenschaft nennen. Es ist auch möglich, diese Kriterien zu kombinieren. Falls nur sichtbare Elemente in Symbolleisten in die Suche eingeschlossen werden sollen, übergeben Sie als letzten Parameter „True".

> FindControl(Type, Id, Tag, Visible)

In der nachfolgenden Tabelle sind die Typen mit jeweils einem Beispiel aufgelistet, die normalerweise verwendet werden:

Tabelle 15.15: Die Typen für die Methode „FindControl"

Type	Symbolleiste/Beispielelement
msoControlButton	Datenbank/Speichern
msoControlButtonPopup	Toolbox/Weitere Steuerelemente
msoControlComboBox	Abfrage-Design/Hohe Werte
msoControlPopup	Web/Favoriten
msoControlExpandingGrid	Seitenansicht/Mehrere Seiten
msoControlGrid	Schrift-/Vordergrundfarbe

Falls kein entsprechendes Element gefunden werden kann, liefert die Methode „FindControl" den Wert „Nothing" zurück. Stimmen hingegen die Suchkriterien bei mehreren Elementen überein, wird das erstgefundene zurückgegeben. Dabei werden die Symbolleisten in der Reihenfolge durchsucht, in der sie im Dialogfeld „Anpassen" aufgelistet sind.

Der Funktion „Finden()" können Sie einen der möglichen Typen für die Methode „FindControl" übergeben. Falls ein Element mit dem genannten Typ in einer Symbolleiste von Access existiert, wird der Inhalt seiner Eigenschaft „Caption" und der Name der Symbolleiste, in der es abgelegt ist, in einem Meldungsfenster ausgegeben.

```
'************************ CommBar.MDB **************************
'******************** Modul ProgrammLeisten ********************
Public Function Finden(Typ As Variant)
  Dim Befehl As CommandBarControl

  Set Befehl = CommandBars.FindControl(Typ)
  If Befehl Is Nothing Then
    MsgBox "Element konnte nicht gefunden werden", , "Element suchen"
  Else
    MsgBox "Element mit Caption=<" & Befehl.Caption & _
      "> in der Leiste " & Befehl.Parent.NameLocal, , "Element suchen"
```

        End If
        End Function

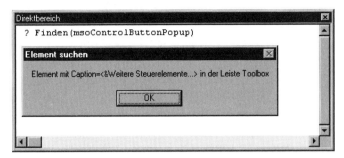

Bild 15.12: Die Methode „FindControl"

Die vollständige Symbolleiste oder ein Element aus der Symbolleiste löschen

Möchten Sie ein Steuerelement aus einer Symbolleiste entfernen, benutzen Sie die Methode „Delete" dieses Elements. Damit das Element nur für die aktuelle Sitzung gelöscht wird, übergeben Sie noch den Wert „True". Dadurch erscheint es wieder beim nächsten Start der Datenbankanwendung.

        CommandBars("EigeneLeiste").Controls(1).Delete

Wenn Sie die gesamte benutzerdefinierte Leiste nicht mehr benötigen, kann sie mit einem einzigen Methodenaufruf gelöscht werden. Die Methode lautet wiederum „Delete":

        CommandBars("EigeneLeiste").Delete

15.6 Auf Windows-API-Funktionen zugreifen

Die meisten der auf dem Markt vorhandenen Windows-Anwendungen sind in C, C++ oder Pascal programmiert worden. Unabhängig von der verwendeten Sprache wird dabei immer auf API-Funktionen zugegriffen, die in Dynamic Link Libraries (DLLs) abgelegt sind. Die von Windows bekanntesten DLLs lauten „Kernel32.exe", „User32.exe", „Gdi32.exe" und „Comdlg32.dll".

15.6.1 Arbeiten mit Windows-API-Funktionen

API ist die Abkürzung für Application Programming Interface und bedeutet übersetzt Programmier-Schnittstelle. Ein API ist somit eine Sammlung von Windows-Funktionen, auf die ein Programm zugreifen kann.

Um die Möglichkeiten von VBA noch zu erweitern, können in VBA auch API-Funktionen eingesetzt werden. Diese Funktionen sind in mehreren Bibliotheken, den DLLs, zusammengefasst. Auf diese Weise können Sie zum Beispiel auf Multimedia-Funktionen zugreifen.

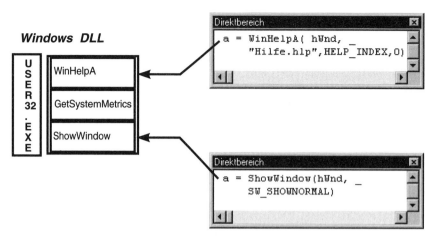

Bild 15.13: API-Funktionen

Windows selbst besteht aus den Bibliotheken „Kernel32.exe", „User32.exe", „Gdi32.exe" etc., die Dynamic Link Libraries sind. Solche Bibliotheken sind nicht wie die statischen physikalisch fest ins Programm eingebunden. In der Applikation selbst stehen nur Querverweise auf die in einer DLL definierten Funktionen. Erst beim Programmstart oder bei Bedarf werden die benötigten DLLs geladen. Da der Code dieser Funktionen wiedereintrittsfähig (reentrant) sein muss, ist eine DLL nur einmal im Speicher vorhanden, auch wenn unterschiedliche Programme auf die gleiche Funktion zugreifen. Dadurch wird Platz im Hauptspeicher gespart.

Ablauf eines Funktionsaufrufs

Bevor der eigentliche Aufruf der externen Funktion erfolgen kann, muss VBA der Aufbau und die Anzahl beziehungsweise die Art der Parameter mitgeteilt werden. Um die Erklärung des DLL-Aufrufs durchführen zu können, gibt es die Anweisung „Declare". Der syntaktische Aufbau sieht so ähnlich wie eine Prozedurdefinition aus:

> Declare Sub Funktionsname Lib "DllName" (Liste der Parameter)

Unter der Voraussetzung, dass die DLL-Funktion einen Wert zurückliefert, wird eine Funktionsdefinition ein wenig anders geschrieben:

> Declare Function Funktionsname Lib "DllName" (Liste der Parameter) As Datentyp

Aus der „Declare"-Anweisung erkennen Sie bereits, dass drei Arten von Informationen erforderlich sind, um eine Funktion aus einer Windows-DLL verwenden zu können. Neben dem Namen der Funktion wird der Name der DLL benötigt. Wenn Sie Aufrufe von Windows-Funktionen durchführen wollen, müssen Sie einen Bibliotheksnamen wie „User32", „Kernel32" oder „Gdi32" angeben. Zudem muss die Anzahl der Parameter und ihr Datentyp genau bekannt sein. Die nachfolgenden Programmzeilen zeigen Ihnen Beispiele dafür:

> Declare Function sndPlaySoundA Lib "winmm" (ByVal lpszSoundName As _
>   String, ByVal fuOptions As Integer) As Integer
> Declare Function GetSystemMetrics Lib "user32" (ByVal nIndex as Integer) As Integer

Sobald die API-Funktion mit „Declare" definiert wurde, kann sie wie eine normale VBA-Funktion verwendet werden.

Ein gutes Hilfsmittel, um die Arbeitsweise einer API-Funktion zu testen, ist das Direktfenster. Bevor diese API-Funktion jedoch im Direktfenster aufgerufen werden darf, muss sie deklariert werden. Ansonsten erhalten Sie von VBA eine Fehlermeldung. Da die „Declare"-Anweisung jedoch nicht im Direktfenster, sondern nur im Deklarationsteil stehen darf, wird es zweckmäßig sein, ein neues Modul zu öffnen. In den Deklarationsteil können Sie zum Beispiel folgende Zeile übernehmen, um Ihre erste API-Funktion zu verwenden:

> Declare Sub MessageBeep Lib "User32" (ByVal wType As Integer)

Anschließend öffnen Sie das Direktfenster und rufen die API-Funktion auf. Die API-Funktion „MessageBeep" lässt dabei nur einen Ton aus dem PC-Lautsprecher erklingen, dies soll aber für den Anfang ausreichen. Da es sich bei dieser Funktion um eine API-Funktion ohne Rückgabewert handelt, wird sie mit „Declare Sub" und nicht mit „Declare Function" vereinbart. „MessageBeep" befindet sich in der Windows-DLL „User32", deswegen ist dieser Name hinter das Schlüsselwort „Lib" zu schreiben. Als Parameter wird eine Integerzahl benötigt, die durch den Zusatz „ByVal" als Zahl und nicht als Referenz übergeben wird.

Der Grund für die Notwendigkeit von „ByVal" ergibt sich aus der Tatsache, dass VBA normalerweise alle Variablen als Adresse übergibt. Viele API-Funktionen benötigen jedoch direkt den Wert einer Variablen. Dies kann mithilfe von „ByVal" erreicht werden.

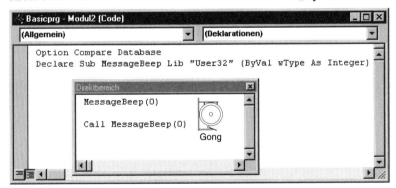

Bild 15.14: API-Funktion im Direktfenster aufrufen

Hinweis: Es müssen auch Zeichenketten durch die Angabe von „ByVal" an API-Funktionen übergeben werden. Durch die Nennung von „ByVal" vor einem String-Parameter wird die Adresse der Zeichenfolge übergeben. Der String wird zudem durch eine Null als Kennzeichen des Zeichenkettenendes abgeschlossen. Steht dagegen kein „ByVal" vor einem String-Parameter, wird ein Zeichenfolge-Deskriptor benutzt.

Aus der Deklaration mit der „Declare"-Anweisung ergibt sich sowohl die Anzahl als auch der Typ der Parameter. Bei jedem Aufruf müssen Anzahl und Datentyp der übergebenen Parameter exakt mit der Definition übereinstimmen. Access überprüft dies beim Aufruf der Funktion und löst einen Laufzeitfehler aus, wenn es einen Unterschied erkennt. Benötigt eine API-Funktion keine Übergabeparameter, müssen bei dem Aufruf dieser Funktion leere runde

Klammern geschrieben werden. Diese Klammern müssen dann sowohl bei der Deklaration als auch beim Aufruf hinter den Funktionsnamen angefügt werden. Als Datentyp können „Integer", „Long", „Single", „Double", „Currency", „String", „Boolean", „Byte", „Date" und „Variant" stehen. Der Typ „Variant" wird nur in Ausnahmefällen verwendet werden, da der Typ der Übergabeparameter durch die API-Funktion in den meisten Fällen fest vorgegeben ist.

Einen zusätzlichen Datentyp definiert Access speziell für die API-Funktionen durch „Any". Der Datentyp „Any" stellt dabei keinen Datentyp im üblichen Sinn dar, sondern er bewirkt das Ausschalten der Typprüfung für diesen Parameter. Der Wert oder die Variable legt damit erst zur Laufzeit den übergebenen Typ fest. Da Access beim Aufruf der Funktion keine Datentypüberprüfung mehr durchführt, sollte Any nur eingesetzt werden, wenn keine der anderen Datentypen passend sind.

```
Declare Function xyzParameterDumm Lib "xyz"
(DummParam As Any) As Integer
```

Die „Declare"-Anweisungszeile enthält den optionalen Eintrag „Alias", der vor der Parameterbeschreibung, die durch eine runde Klammer eingeleitet wird, geschrieben wird. Durch „Alias" kann der Name der API-Funktion umbenannt werden, um sie in VBA unter einem anderen Namen aufzurufen, als sie im Original in der DLL heißt.

Dies kann notwendig sein, wenn zum Beispiel der Originalname aus der Sicht von Access ungültige Zeichen enthält oder der Name einem VBA-Schlüsselwort oder einer Konstanten entspricht. Innerhalb von VBA wird die API-Funktion anschließend nur noch über den neuen Namen angesprochen:

```
Declare Sub Ton Lib "User32" Alias MessageBeep (ByVal wType As Integer)
```

Nachdem der API-Funktion „MessageBeep" als neuer Name „Ton" zugewiesen wurde, wird die Funktion nicht mehr durch „MessageBeep", sondern durch „Ton" aufgerufen:

```
Ton(0)
```

15.6.2 Kleine API-Beispiele

An kleinen Beispielen wird der Einsatz verschiedener API-Funktionen gezeigt. Die selbst geschriebenen Funktionen probieren Sie am schnellsten im Direktfenster aus.

Fenster als Vollbild oder Symbol anzeigen

Mit der API-Funktion „ShowWindow" kann das Access-Fenster als Vollbild und als Symbol angezeigt sowie die Anfangsgröße wiederhergestellt werden. Als erstes Argument wird das Handle dieses Fensters benötigt. Sie erhalten es über die die Eigenschaft hWndAccessApp des Objekts „Application". Im zweiten Parameter übergeben Sie eine Konstante, die das Aussehen des Fensters festlegt. Für jede der drei Darstellungsarten wurde eine eigene Funktion geschrieben. Die API-Funktion „ShowWindow" ist in der Bibliothek „User32.dll" definiert.

```
'******************** BASICPRG.MDB ********************
'************** Modul: Access Vollbild+Icon ************
Option Compare Database
Option Explicit
Declare Function GetActiveWindow Lib "User32"() As Long
Declare Function ShowWindow Lib "User32" (ByVal hWnd _
    As Long, ByVal nCmdShow As Integer) As Integer

Public Const SW_MAXIMIZE = 3
Public Const SW_SHOWNORMAL = 1
Public Const SW_SHOWMINIMIZED = 2

Function fktMaxAccess()
fktMaxAccess = ShowWindow(hWndAccessApp, SW_MAXIMIZE)
End Function

Function fktMinAccess()
fktMinAccess = ShowWindow(hWndAccessApp, SW_SHOWMINIMIZED)
End Function

Function fktNormalAccess()
fktNormalAccess = ShowWindow(hWndAccessApp, SW_SHOWNORMAL)
End Function
```

Bildschirmauflösung ermitteln

In einigen Anwendungen ist es für Ausgaben wichtig zu wissen, welche Bildschirmauflösung aktuell eingestellt ist. Dazu können Sie nun die Funktion „fktBSAuflösung" benutzen.

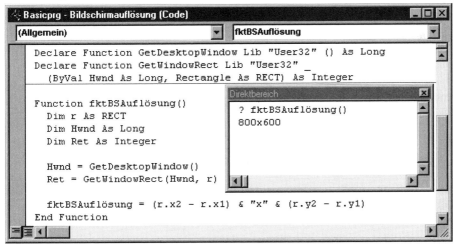

Bild 15.15: Bildschirmauflösung ermitteln

Die API-Funktion „GetDesktopWindow" ermittelt das Handle der gesamten Windows-Oberfläche, des Desktops. Das Handle kann dann der API-Funktion „GetWindowRect" übergeben werden. Als zweiter Parameter wird noch eine Variable genannt, die den selbst definierten Datentyp „RECT" besitzt. Dieser Typ besteht aus vier Long-Werten, die die obere linke und untere rechte Ecke eines Rechtecks bestimmen.

Nach dem Aufruf der API-Funktion „GetWindowRect" ist die Variable „r" mit den Ausmaßen des Desktops gefüllt. Um die Breite beziehungsweise Höhe auszurechnen, werden die beiden x- beziehungsweise y-Werte voneinander abgezogen.

```
'******************** BASICPRG.MDB ******************
'*************** Modul: Bildschirmauflösung *************
Option Compare Database
Option Explicit

Type RECT
  x1 As Long
  y1 As Long
  x2 As Long
  y2 As Long
End Type

Declare Function GetDesktopWindow Lib "User32" () As Long
Declare Function GetWindowRect Lib "User32" _
    (ByVal hWnd As Long, Rectangle As RECT) As Integer


Function fktBSAuflösung()
  Dim r As RECT
  Dim hWnd As Long
  Dim Ret As Integer

  hWnd = GetDesktopWindow()
  Ret = GetWindowRect(hWnd, r)

  fktBSAuflösung = (r.x2 - r.x1) & "x" & (r.y2 - r.y1)
End Function
```

Systemwerte ermitteln

Mit der API-Funktion „GetSystemMetrics" können Sie die Breiten und Höhen verschiedener Fensterelemente ermitteln. Auch diese Funktion werden Sie vor allem dann einsetzen, wenn Sie Ihr Programm abhängig von unterschiedlichen Bildschirmauflösungen gestalten wollen.

Die API-Funktion „GetSystemMetrics" besitzt ein Argument, über das Sie festlegen, welchen Wert Sie zurückgeliefert haben möchten. Für jede der zahlreichen Möglichkeiten gibt es eine Konstante, von denen einige im nachfolgenden Modul definiert sind. Die selbst geschriebene Funktion „fktSystemwerte" stellt ein Beispiel dar. Um andere Werte abzufragen, können Sie auch direkt die API-Funktion in das Direktfenster eingeben.

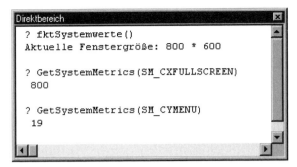

Bild 15.16: Werte verschiedener Fensterelemente abfragen

```
'******************** BASICPRG.MDB ********************
'**************** Modul: GetSystemMetricsModul **************
Option Compare Database
Option Explicit

Declare Function GetSystemMetrics Lib "User32" (ByVal nIndex As Integer) As Integer

Public Const SM_CXSCREEN = 0 'Breite des Bildschirms
Public Const SM_CYSCREEN = 1 'Höhe des Bildschirms
Public Const SM_CXFULLSCREEN = 16
            'Breite der Client area des Fensters
Public Const SM_CYFULLSCREEN = 17
            'Höhe der Client area des Fensters
Public Const SM_CYMENU = 15 'Höhe des Menüs
Public Const SM_CYCAPTION = 4 'Höhe der Titelzeile
Public Const SM_CXFRAME = 32
            'Breite des Fensterrahmens
Public Const SM_CYFRAME = 33 'Höhe des Fensterrahmens

Public Function fktSystemwerte()
    Dim Breite, Höhe As Integer

    Breite = GetSystemMetrics(SM_CXSCREEN)
    Höhe = GetSystemMetrics(SM_CYSCREEN)
    Debug.Print "Aktuelle Fenstergröße: " & Breite & " * " & Höhe
End Function
```

Benutzernamen vom Netzwerk ermitteln

Die API-Funktion „WnetGetUser" ermittelt den Benutzernamen, mit dem man sich am Netz angemeldet hat. Falls der PC nicht am Netz hängt, wird eine leere Zeichenfolge zurückgegeben. Ansonsten erhalten Sie den Benutzernamen.

```
Declare Function WNetGetUser Lib "mpr.dll" Alias "WNetGetUserA" (ByVal lpName As _
        String, ByVal lpUserName As String, lpnLength As Long) As Long

Public Function fktBenutzer()
    Dim ret As Long
```

```
Dim NamensLänge As Long

fktBenutzer = Space(256)
NamensLänge = Len(fktBenutzer)
'falls 1.Parameter Null ist, wird Name des aktuellen Benutzers geliefert
ret = WNetGetUser(ByVal 0&, fktBenutzer, NamensLänge)
If ret = 0 Then
 ' Es gibt einen Benutzernamen
 ' rechte Leerzeichen werden entfernt
 fktBenutzer = Left(fktBenutzer, InStr(fktBenutzer, Chr(0)) - 1)
Else
 ' PC hängt nicht am Netz => kein Benutzer
 fktBenutzer = ""
End If
End Function
```

WAV-Dateien abspielen

Windows stellt die API-Funktion „sndPlaySoundA" zur Verfügung, die es erlaubt, Musikdateien in Form von WAV-Dateien abzuspielen.

```
Declare Function sndPlaySoundA Lib "WinMM" (
ByVal lpszSoundName As String,
ByVal fuOptions As Long) As Long
```

Hinweis: Bei größeren WAV-Dateien kann die Ladezeit, die die Funktion „sndPlaySoundA" für die WAV-Datei benötigt, recht lang werden. In diesen Fällen können Sie die Wiedergabe entweder stückweise über die Funktion „sndPlaySoundA" realisieren oder Sie verwenden die Low-Level-Funktionen wie „WaveOutWrite", „WaveOutPrepareHeader" oder „WaveInAddBuffer". Mit diesen Low-Level-Funktionen kann neben der Ausgabe von WAV-Dateien auch eine Aufnahme oder ein gezielter Zugriff auf den Treiber erfolgen.

Falls die der Funktion „sndPlaySoundA" übergebene WAV-Datei nicht gefunden werden kann, wird der Klang abgespielt, der in der Registrierungsdatenbank unter dem Schlüssel „HKEY_USERS\.Default\AppEvents\Schemes\Apps\.Default\.Default\.Current" im Eintrag „(Standard)" steht. Diese Voreinstellung kann natürlich nur wirksam werden, wenn ein Klangtreiber existiert und aktiv ist und der Eintrag „(Standard)" auch wirklich einen sinnvollen Wert enthält. In einem Fehlerfall liefert die Funktion als Rückgabe „False" zurück und spielt keine Musik ab.

Die API-Funktion „sndPlaySoundA" kommt mit zwei Parametern aus, wobei der erste „lpszSoundName" den Datentyp „String" besitzt und die Klangquelle spezifiziert. Über den zweiten Parameter „fuOptions" legen Sie die Art des Abspielens fest. Darüber können Sie zum Beispiel steuern, ob die Funktion bis zum Ende des Abspielens wartet oder sofort zum aufrufenden Programm zurückkehrt. Damit kann ein synchroner oder asynchroner Betrieb der Klangwiedergabe realisiert werden. Im zweiten Fall können parallel dazu weitere Programmzeilen abgearbeitet werden. Die nachfolgende Tabelle listet Ihnen die Möglichkeiten zusammen mit einer Kurzbeschreibung auf:

Tabelle 15.16: Konstanten für die API-Funktion „sndPlaySoundA"

Konstante	Wert	Kurzbeschreibung
SND_SYNC	&H00	Die Funktion kehrt erst nach dem Abspielende zum aufrufenden Programm zurück.
SND_ASYNC	&H01	Die Funktion kehrt sofort nach dem Spielstart zum Programm zurück.
SND_NODEFAULT	&H02	Im Fehlerfall wird kein voreingestellter Klang gespielt.
SND_MEMORY	&H04	Die Klangquelle, die über den Parameter lpszSoundName angegeben wurde, befindet sich im Speicher.
SND_LOOP	&H08	Der Klang wird endlos abgespielt, bis die Funktion sndPlaySoundA erneut mit dem Wert Null für den Parameter lpszSoundName aufgerufen wird. Die Konstante SND_LOOP kann immer nur zusammen mit SND_ASYNC verwendet werden.
SND_NOSTOP	&H10	Falls dieser Klang bereits abgespielt wird, beendet sich die Funktion sndPlaySoundA sofort und liefert False als Wert zurück.

Die Arbeitsweise der Funktion „sndPlaySoundA" können Sie am einfachsten über das Direktfenster überprüfen. Hier können Sie gut die Unterschiede zwischen der synchronen und der asynchronen Abspielweise beobachten.

```
? sndPlaySoundA("NewOrl.wav", 1)
```

Übergeben Sie als zweiten Parameter die Konstante „SND_ASYNC" mit dem Wert „1" für „asynchron", können Sie nach dem Spielstart sofort wieder weitere Eingaben in das Direktfenster vornehmen. Beim synchronen Modus, der durch die Konstante „SND_SYNC" beziehungsweise „0" festgelegt wird, können erst nach dem vollständigen Spielende weitere Eingaben an das Direktfenster erfolgen, zuvor ist der Programmablauf von Access unterbrochen.

Das Abbrechen eines Klangs kann entweder durch den Start eines weiteren Abspielens oder durch die Übergabe einer leeren Zeichenkette ("") für den Parameter „lpszSoundName" an die Funktion „sndPlaySoundA" erreicht werden. Das Abspielen des aktuellen Klangs wird damit sofort unterbrochen.

Die Grundvoraussetzung für ein Abspielen der Klangquelle durch die Funktion „sndPlaySoundA" ist, dass diese Klangquelle in den physikalischen Speicher passt. Falls sich die Quelle in einer Datei befindet, wird danach zuerst im aktuellen und anschließend im Windows-Ordner gesucht. Falls sich die Klangquelle im Speicher befindet, wird deren Adresse durch den Parameter „lpszSoundName" übergeben, wobei die Konstante „SND_MEMORY" als zweiter Parameter zu schreiben ist. Die Klangquelle kann auch in einer Ressourcen-Datei gespeichert sein, wobei sie dann über die Funktionen „LoadResource" und „LockResource" erst in den Speicher geholt werden muss.

Tipps für die Arbeit mit API-Funktionen

Die nachfolgende Tabelle listet die gebräuchlichsten Datentypen in C und deren Äquivalent in VBA auf. Dabei wird angegeben, wie die Variable (var) an eine API-Funktion übergeben wird.

Tabelle 15.17: Umwandlung der Datentypen

C-Datentyp	VBA-Datentyp
HWND	ByVal var As Long
HDC	ByVal var As Long
WORD	ByVal var As Integer
DWORD	ByVal var As Long
INT	ByVal var As Integer
LONG	ByVal var As Long
LPSTR	ByVal var As String
BYTE	ByVal var As Integer
BOOL	ByVal var As Integer
INT FAR *	var As Integer
CHAR FAR *	ByVal var As String
LONG FAR *	var As Long
UNSIGNED SHORT	ByVal var As Integer
UNSIGNED CHAR	ByVal var As Integer (muss umgewandelt werden mit Asc(var))
UNSIGNED LONG	ByVal var As Long

Einige Datenstrukturen, die für API-Funktionen eingesetzt werden, enthalten Elemente vom Datentyp „Byte". Um eine solche Struktur in VBA nachzubilden, benutzen Sie den Datentyp „String" mit der festen Länge 1.

Die Struktur „RGBQUAD", die eine Farbe über die Intensitäten für Blau, Rot und Grün bestimmt, ist in der Sprache C folgendermaßen definiert:

```
typedef struct tagRGBQUAD {
  BYTE rgbBlue;
  BYTE rgbGreen;
  BYTE rgbRed;
  BYTE rgbReserve;
} RGBQUAD
```

In VBA können Sie folgende Struktur nachbauen:

```
Type RGBQUAD
  rgbBlue As String * 1
  rgbGreen As String * 1
  rgbRed As String * 1
  rgbReserved As String * 1
End Type
```

Anschließend kann eine Variable dieses neuen Datentyps angelegt und mit Werten gefüllt werden.

```
Dim Farbe As RGBQUAD
Farbe.rgbBlue = Chr$(9)
Farbe.rgbGreen = Chr$(4)
Farbe.rgbRed = Chr$(13)
```

Bei bestimmten Aufrufen von API-Funktionen müssen Sie einen Nullwert beziehungsweise einen Nullzeiger übergeben. Tragen Sie für diese Argumente den Ausdruck „0&" ein. Das Ampersand-Zeichen kennzeichnet den Wert dabei als einen 32-Bit-Nullzeiger.

Falls das Argument normalerweise den Datentyp „String" besitzt, müssen Sie nun dafür den Datentyp „Any" festlegen. Ansonsten meldet VBA aufgrund der verschiedenen Typen einen Fehler.

Solch ein Nullzeiger wird zum Beispiel für die API-Funktion „WritePrivateProfileString" benötigt, um einen gesamten Abschnitt aus der angegebenen Initialisierungsdatei zu löschen:

```
' Deklaration:
Declare Function WritePrivateProfileString Lib "Kernel32" ( _
  ByVal lpAbschnitt As String, ByVal lpSchlüssel As Any, _
  ByVal lpZeichenf As Any, ByVal lpDatei As String) As Integer

' Aufruf:
a=WritePrivateProfileString("Abschnitt2", 0&, 0&, "essen.ini")
```

15.7 MCI-Geräte für Musik und Videos

Um bewegte Bilder und Musik darstellen zu können, sind spezielle Hardware und zusätzliche Softwareleistung erforderlich. Grundlegende Hardwarezusätze sind dabei ein CD-ROM-Laufwerk, eine Soundkarte und eventuell eine Grafikkarte mit einem zusätzlichen Videoeingang.

Erst durch die Existenz eines Gerätetreibers kann Windows mit externen Geräten oder Karten kommunizieren. Dies trifft natürlich auch für die Multimedia-Geräte wie zum Beispiel für ein CD-Laufwerk zu. Erst nachdem Sie den erforderlichen CD-Treiber durch die Systemsteuerung im Abschnitt „Hardware" installiert haben, kann im Programm Medienwiedergabe mit dem Laufwerk gearbeitet werden. Die Treiber werden in die Registrierungsdatenbank von Windows eingetragen.

Zur Steuerung von Multimediageräten steht das so genannte Media Control Interface, abgekürzt MCI, zur Verfügung. Hierdurch wird es möglich, eine geräteunabhängige Steuerung der Multimediageräte aus einem Windows-Programm zu realisieren. Diese Steuerbefehle gestatten zum Beispiel das Abspielen von Musiktiteln oder Bildschirmanimationen. Dabei sind die

Befehle fast unabhängig von dem Multimediagerät. Die Umsetzung auf die Besonderheiten der speziellen Hardware übernimmt dabei der MCI-Treiber. Dadurch können fast die gleichen Befehle zum Spielen eines Musikstückes von einem CD-Laufwerk und zum Abspielen einer Bildschirmanimation verwendet werden. Diese doch sehr unterschiedlichen Geräte lassen sich zum Beispiel beide über einen „Play"-Befehl zur Wiedergabe veranlassen.

Zur Programmierung der MCI-Schnittstelle sind zwei Lösungswege möglich:

- MCI-Kommando-String: Zugriff erfolgt durch Befehle in Form einer Zeichenkette.
- MCI-Kommando-Meldung: Zugriff erfolgt durch Konstanten, die Meldungen darstellen.

Ein Kommando-String kann als Obermenge der Kommando-Meldungen angesehen werden, da ein Kommando-String in der Bibliothek WINMM.DLL in Kommando-Meldungen umgewandelt wird.

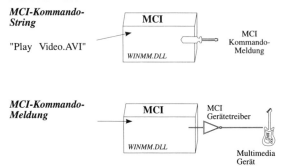

Bild 15.17: MCI-Kommando-String und MCI-Kommando-Meldung

Im Zusammenhang mit Multimedia und MCI tauchen immer wieder die folgenden Begriffe auf:

- MCI-Gerätetyp: Mit ihm findet die Einordnung in eine bestimmte Gruppe von Multimediageräten statt.
- MCI-Gerätename: Dieser Name ist meist identisch mit dem Gerätetyp.
- MCI-Geräte-ID: Die ID entsteht bei der programmtechnischen Eröffnung einer MCI-Schnittstelle und wird für weitere Funktionen benötigt.
- MCI-Geräteelement: Das aus- oder einzugebende Objekt. Mit diesem Objekt ist in den meisten Fällen eine Datei gemeint, die entweder mit den Daten gefüllt oder dessen Inhalt an das Multimediagerät gesendet wird.

15.7.1 Einführung in die MCI-Programmierung

Innerhalb der Medienkontrollschnittstelle MCI werden Geräte zu logischen Gruppen zusammengefasst. Dies ist insofern sinnvoll, da ähnliche Geräte auch über vergleichbare Fähigkeiten verfügen und deshalb meist mit den gleichen Kommandos versorgt werden können. Eine solche Gruppe sind die CD-ROM-Laufwerke, die normalerweise alle in der Lage sind, ein Musikstück zu spielen, die Wiedergabe abzubrechen oder an eine definierte Stelle zu positionieren. Daher werden alle zur Musikwiedergabe geeigneten CD-ROM-Laufwerke in dem Gerätetyp „cdaudio" zusammengefasst. Der nachfolgenden Tabelle sind die Gruppierungen zu entnehmen:

Tabelle 15.18: Logische Gruppen für Multimedia-Geräte

Gerätetyp	Kurzbeschreibung
animation	Darstellung einer Bildschirmanimation
cdaudio	Musikwiedergabe auf CD-Laufwerk
dat	Digitaler Musikkassettenspieler
digitalvideo	Digitalisiertes Videobild innerhalb eines Fensters, ohne GDI zu verwenden
other	Sonstiges Gerät
overlay	Analoges Videobild in einem Fenster
scanner	Scanner für Rasterbilder
sequencer	MIDI-Sequenzer
vcr	Videorecorder
videodisc	CD-Videospieler
waveaudio	Musikkurven-Wiedergabe

Zwischen einem MCI-Gerätetyp und einem MCI-Gerätenamen besteht ein starker Zusammenhang, da bei dem Vorhandensein von nur einem Gerät der Gerätename dem Gerätetyp entspricht. Existieren dagegen mehrere Geräte, die sich in die gleiche Gruppe einordnen lassen, wird zur Bildung des Gerätenamens eine Ziffer zusammen mit einem Punkt an den Gerätetyp angefügt.

Die Bildung des Gerätenamens erfolgt während der Installation eines neuen MCI-Treibers. Dabei wird bei auftretenden Namenskonflikten durch mehrere Geräte die Ziffer und der Punkt von Windows automatisch angefügt. Einige häufig benutzte MCI-Treiber finden Sie in der nachfolgenden Tabelle:

Tabelle 15.19: MCI-Treiber

Treibername	Gerätetyp	Kurzbeschreibung
MCICDA.DRV	cdaudio	MCI-Treiber, um ein CD-ROM-Laufwerk anzusteuern.
MCIPIONR.DRV	videodisc	MCI-Treiber, um Pioneer LD-V4200 Video CD-Spieler anzusteuern.
MCISEQ.DRV	sequencer	MCI-Treiber, um MIDI-Musikdateien abzuspielen.
MCIWAVE.DRV	waveaudio	MCI-Treiber, um Musikkurven abzuspielen oder aufzuzeichnen

Grundsätzlich kann auf ein Multimediagerät entweder über eine Kommando-Meldung oder einen Kommando-String zugegriffen werden. Der schnellere Zugriff erfolgt dabei über eine Kommando-Meldung, da diese direkt an den MCI-Treiber weitergeleitet werden kann. Etwas mehr Overhead entsteht durch eine Kommando-Zeichenkette, da hier erst eine Aufbereitung und Umwandlung in eine Kommando-Meldung durch die Multimedia-Bibliothek WINMM.DLL vorgenommen wird. Erst nach dieser Konvertierung werden die Anweisungen an den Gerätetreiber übergeben. Trotz dieses Zeitnachteils wird die Programmierung der Kommando-String-Schnittstelle eine häufig verwendete Alternative sein, da sie einfacher zu handhaben ist.

Alle Funktionen für die Medienkontrollschnittstelle sind durch die Bezeichnung „mci" zu erkennen, die vor den Funktionsnamen gestellt ist:

Tabelle 15.20: MCI-Funktionen

Funktion	Kurzbeschreibung
mciGetDeviceID	Ermittelt die MCI-Gerätenummer.
mciGetErrorString	Liefert zu einer Fehlernummer den Fehlertext.
mciSendCommand	Überträgt die Kommando-Meldung an MCI-Schnittstelle.
mciSendString	Überträgt die Kommando-Zeichenkette an MCI-Schnittstelle.
mciSetYieldProc	Trägt eine Benachrichtigungsfunktion ein.

15.7.1.1 Der MCI-Kommando-String

Die MCI-Kommando-Zeichenkette setzt sich aus einzelnen Befehlen zusammen. Welche Befehle zur Verfügung stehen, ist von dem MCI-Gerätetyp und den Fähigkeiten des MCI-Treibers abhängig. Die Befehle können jedoch in die fünf nachfolgenden Gruppen eingeteilt werden. Es gibt spezielle Befehle für die Animation, die CD-Audio-Wiedergabe, den MIDI-Sequenzer, die Video-Overlayer und den Waveform-Audio-Service.

- System-Befehle: werden direkt vom Windows-MCI-Teil abgearbeitet und nicht an den MCI-Treiber weitergeleitet.

- Minimaler Befehlssatz: muss von allen MCI-Geräten unterstützt werden. Dies schließt auch alle dazugehörenden Optionen ein.

- Grundlegende Befehle: werden nicht von allen MCI-Treibern unterstützt. Wenn Sie wissen möchten, welche dieser Befehle auch wirklich in einem speziellen MCI-Treiber implementiert sind, müssen Sie dies in seiner Dokumentation nachlesen.

- Erweiterte Befehle: sind sehr stark vom MCI-Gerätetyp und den Fähigkeiten des Treibers abhängig. Aus diesem Grund sollte die Verfügbarkeit zuvor mit dem Befehl „capability" überprüft werden.

- Befehle, die stark gerätetypabhängig sind.

Die nachfolgenden Tabellen geben Ihnen noch einmal einen zusammenfassenden Überblick über den Befehlssatz des MCI-Kommando-String-Interface:

Tabelle 15.21: System-Befehle

Befehl	Kurzbeschreibung
break	Leitet eine Unterbrechung für das MCI-Gerät ein.
sound	Spielt einen Klang.
sysinfo	Liefert Informationen über das MCI-Gerät.

Tabelle 15.22: Minimaler Befehlssatz

Befehl	Kurzbeschreibung
capability	Ermittelt die Fähigkeiten eines MCI-Geräts.
close	Schließt ein MCI-Gerät.
info	Liefert eine Textinformation zu einem MCI-Gerät.
open	Öffnet ein MCI-Gerät.
status	Ermittelt Statusinformationen eines MCI-Geräts.

Tabelle 15.23: Grundlegende Befehle

Befehl	Kurzbeschreibung
load	Fordert Daten von der Datenträger-Datei an.
pause	Hält das Abspielen oder die Aufnahme an.
play	Startet die Wiedergabe der Daten.
record	Startet die Aufnahme.
resume	Setzt eine angehaltene Wiedergabe oder Aufnahme fort.
save	Speichert Daten in die Datenträger-Datei.
seek	Positioniert vorwärts oder rückwärts.
set	Setzt den Status eines MCI-Geräts.
status	Ermittelt den Status eines Geräts.
stop	Unterbricht eine Wiedergabe oder Aufnahme.

Tabelle 15.24: Erweiterte Befehle für bestimmte MCI-Gerätetypen

MCI-Gerätetyp	Befehle
Animation	put, realize, step, update, where, window
Overlay	freeze, put, unfreeze, where, window

MCI-Gerätetyp	Befehle
Videodisc	escape, spin, step
Waveaudio	cue, delete

Tabelle 15.25: Erweiterte Befehle

Befehl	Kurzbeschreibung
cue	Bereitet auf die Wiedergabe oder die Aufnahme vor.
delete	Löscht ein Datensegment des MCI-Elements.
escape	Sendet eine Benutzerinformation an das MCI-Gerät.
freeze	Schaltet den Erwerb von Videodaten aus dem Frame-Puffer aus.
put	Definiert Quelle, Ziel und Rahmen für das Rahmenfenster.
realize	Teilt dem MCI-Gerät mit, dass es seine Palette dem Display-Context des Anzeigefensters zuweist.
spin	Startet oder stoppt das Rotieren der Disk.
step	Schaltet einen Schritt vorwärts oder rückwärts.
unfreeze	Gibt den Erwerb von Videodaten aus dem Frame-Puffer frei.
update	Zeichnet neu auf.
where	Ermittelt die Koordinaten der Quelle, des Ziels oder des Rahmens.
window	Steuert das Anzeigefenster.

Die Wahl der Befehle ist zwar von dem MCI-Gerät abhängig, jedoch ist der grundsätzliche Ablauf bei allen Befehlen gleich. In der ersten Stufe wird das MCI-Gerät geöffnet, um die Quell- oder Zieldaten festzulegen. Das Arbeiten mit MCI wird durch die Tatsache erleichtert, dass ein MCI-Gerät meist eine Vorbesetzung besitzt, die es erlaubt, mit nur wenigen Befehlen eine Aktion auszulösen.

Mit den nachfolgenden Befehlen lässt sich eine WAV-Datei auf eine Soundkarte ausgeben. Die Steuerung der Ausgabe übernimmt dabei der MCI-Treiber MCIWAVE.DRV, der dem Windows-Paket beiliegt. Am schnellsten können Sie dieses Beispiel über das Direktfenster nachvollziehen. Dabei ist zu beachten, dass die Definition der beiden API-Funktionen „mciSendString" und „mciGetErrorString" zuvor im Deklarationsteil vereinbart wurde. Falls Sie nur über den PC-Speaker-Treiber und nicht über eine Soundkarte verfügen, können Sie leider keinen Test durchführen, da dieser Treiber nicht MCI-fähig ist.

```
Declare Function mciSendString Lib "WinMM"
  (ByVal lpszCommand As String,
  ByVal lpszMess As String,
  ByVal Messlen As Integer, ByVal hwnd As Long) As Integer
```

```
Declare Function mciGetErrorString Lib "WinMM"
  (ByVal Fehler As Long, ByVal lpszMess As String,
  ByVal Messlen As Integer) As Integer

c$ = "open beat.wav type waveaudio alias Klang"
mess$ = "          "
a = mciSendString(c$,mess$, len(mess$),0)
? a
  0


txt$ = "                    "
b = mciGetErrorString(a,txt$,len(txt$))
?txt$
Der angegebene Befehl wurde ausgeführt

a = mciSendString("play klang",mess$, len(mess$),0)
? a
  0


a = mciSendString("close Klang",mess$, len(mess$),0)
? a
  0
```

15.7.1.2 Die MCI-Kommando-Meldung

Der Zugriff auf die MCI-Meldungsschnittstelle erfolgt durch die Funktion „mciSendCommand". Der Austausch von Meldungen bedeutet genau genommen die Übergabe einer Konstanten an Windows, das daraufhin eine vereinbarte Tätigkeit ausführt. Die Aufgabe der Funktion „mciSendCommand" liegt in der Übermittlung dieser Konstanten an Windows und damit an die Multimedia-DLL. Um diese Aufgabe erfüllen zu können, besitzt „mciSendCommand" vier Übergabe- und einen Rückgabeparameter, deren Kurzbeschreibung Sie nachfolgend aufgelistet finden:

```
Declare Function mciSendCommand Lib "WinMM"
  (ByVal wDeviceID As Integer,
  ByVal wMessage As Integer,
  ByVal dwParam1 As Long,
  dwParam2 As Any) As Long
```

Tabelle 15.26: Parameter der API-Funktion mciSendCommand

Parameter	Datentyp	Kurzbeschreibung
wDeviceID	Integer	Gerätenummer, an die die Meldung geschickt wird.
wMessage	Integer	Kennzeichnet die Meldung, die das MCI-Gerät erhält.
dwParam1	Long	Steuerparameter der Meldung.
dwParam2	Long	Zeiger auf die Meldungs-Datenstruktur.

Das Besetzen der einzelnen Parameter ist stark davon abhängig, welche Meldung gesendet werden soll. Die Parameter haben zwar eine grundsätzliche Aufgabe, jedoch hängt die exakte Verwendung vom Meldungstyp ab. Über den ersten Parameter „wDeviceID", der als MCI-Geräte-ID bezeichnet wird und eine Art Gerätenummer darstellt, wird das MCI-Gerät eindeutig identifiziert. Diese MCI-Geräte-Identifikationsnummer wird durch die Meldung „MCI_OPEN" geliefert, bei der dieser Parameter auf Null gesetzt wird, und muss für weitere Zugriffe aufbewahrt werden.

Der zweite Parameter „wMessage" spezifiziert die eigentliche Meldung und kann mit einer Meldungskonstanten besetzt werden. Der Parameter „dwParam1" dient als Steuerparameter und ist daher von der Meldung abhängig, die gesendet wird. Über den letzten Parameter wird eine Struktur festgelegt, deren Aufbau je nach Meldung unterschiedlich sein kann.

Nach dem Aufruf der Funktion „mciSendCommand" enthält die Rückgabe einen Wert, der im Erfolgsfall Null oder bei einem Fehler ungleich Null ist. Dieser Rückgabewert kann der Funktion „mciGetErrorString" übergeben werden, um daraus einen Meldungstext zu erhalten, der bereits an die Landessprache angepasst ist.

```
Declare Function mciGetErrorString Lib "WinMM"
  (ByVal Fehler As Long, ByVal lpszString As String,
  ByVal Stringlen As Integer) As Integer
```

Meldungen für MCI-Geräte

Es steht eine Sammlung von Meldungen bereit, die es gestatten, einen gezielten Zugriff auf das MCI-Gerät durchzuführen. Dabei gibt es Meldungen, die jedes MCI-Gerät unabhängig von seinem Typ unterstützen, und Meldungen, die nur von bestimmten MCI-Typen verstanden werden. So existieren zum Beispiel spezielle Meldungen für eine Animation oder für einen Video-Disk-Spieler. Eine besondere Gruppe von Meldungen wird außerdem direkt von MCI bearbeitet, ohne dass sie an ein MCI-Gerät weitergereicht werden. Hierzu gehören die drei folgenden Meldungen:

Tabelle 15.27: Meldungen, die direkt von MCI bearbeitet werden

Meldung	Wert	Kurzbeschreibung
MCI_BREAK	&H811	Setzt den Unterbrechungsschlüssel für ein MCI-Gerät.
MCI_SOUND	&H812	Spielt den Systemklang ab, der in der Registrierungsdatenbank definiert wird.
MCI_SYSINFO	&H810	Liefert Informationen über die MCI-Geräte.

Da jedes MCI-Gerät vor der Benutzung geöffnet und nach dem Gebrauch wieder geschlossen werden muss, stehen Meldungen wie „MCI_CLOSE" oder „MCI_OPEN" für alle MCI-Geräte bereit. Daneben werden die nachfolgenden Meldungen ebenfalls von allen MCI-Geräten unterstützt:

Tabelle 15.28: Meldungen, die von allen MCI-Geräten unterstützt werden

Meldung	Wert	Kurzbeschreibung
MCI_CLOSE	&H804	Schließt das MCI-Gerät.
MCI_GETDEVCAPS	&H80B	Ermittelt die Fähigkeiten eines MCI-Geräts.
MCI_INFO	&H80A	Ermittelt Informationen eines MCI-Geräts.
MCI_OPEN	&H803	Öffnet das MCI-Gerät.
MCI_STATUS	&H814	Ermittelt Statusinformationen eines MCI-Geräts

Ob ein Gerät in der Lage ist, ein MCI-Objekt abzuspielen oder dieses aufzunehmen, hängt vom Typ des MCI-Objekts und natürlich von den Fähigkeiten des Treibers ab. Daher geben die dazugehörigen Meldungen natürlich nur bei dem entsprechenden Gerät einen Sinn. Aus diesem Grund kann Ihnen die nächste Tabelle nur allgemein zeigen, welche Meldungen noch möglich sind, ohne diese einem bestimmten MCI-Gerät zuzuordnen:

Tabelle 15.29: Meldungen für bestimmte MCI-Geräte

Meldung	Wert	Kurzbeschreibung
MCI_LOAD	&H850	Lädt Daten aus einer Datenträgerdatei.
MCI_PAUSE	&H809	Hält eine Wiedergabe oder eine Aufnahme an.
MCI_PLAY	&H806	Startet die Wiedergabe von Daten.
MCI_RECORD	&H80F	Nimmt Daten auf.
MCI_RESUME	&H855	Setzt eine Wiedergabe oder Aufnahme fort.
MCI_SAVE	&H813	Speichert Daten in eine Datenträgerdatei.
MCI_SEEK	&H807	Positioniert vorwärts oder rückwärts.
MCI_SET	&H80D	Setzt Geräteinformationen.
MCI_STATUS	&H814	Liefert spezielle Statusinformationen.
MCI_STOP	&H808	Unterbricht eine Wiedergabe oder eine Aufnahme.

Ein MCI-Gerät öffnen

Ein MCI-Gerät kann erst verwendet werden, nachdem es geöffnet wurde. Dafür steht die Meldung „MCI_OPEN" zur Verfügung. Um ein MCI-Objekt öffnen zu können, ist vor dem Aufruf der Funktion „mciSendCommand" noch eine Struktur mit dem Datentyp „MCI_DGV_OPEN_PARMS" zu definieren und richtig zu besetzen. In dieser Struktur sind ähnliche Angaben erforderlich, die Sie bereits von der Programmierung mit MCI-Kommando-Strings kennen.

Über den Eintrag „lpstrDeviceType" erfolgt die Zuordnung zu dem MCI-Treiber durch die Angabe des Gerätetyps. Welche Datenquelle geöffnet werden soll, wird durch das Element „lpstrElementName" entschieden, dem eine Zeichenkette mit dem Dateinamen übergeben wird. Um später komfortabel auf die Datenquelle zuzugreifen, können Sie einen Alias-Namen bestimmen, der durch eine Zeichenkette dem Parameter „lpstrAlias" zugewiesen wird. In den nachfolgenden Zeilen finden Sie die Definition des Datentyps „MCI_DGV_OPEN_-PARMS":

```
TYPE MCI_DGV_OPEN_PARMS
    dwCallback As Long    'Rückruffunktion für MCI_NOTIFY
    wDeviceID As Integer  'MCI-Gerät-ID wird zurückgegeben
    lpstrDeviceType As String  'Gerätetyp
    lpstrElementName As String  'Geräteelement
    lpstrAlias As String  'Aliasbezeichnung für das Geräteelement
    dwStyle As Long       'Window-Stil
    hWndParent As Long    'Handle des Parent-Window
END TYPE
```

Welche Einträge der Struktur „MCI_DGV_OPEN_PARMS" ausgewertet werden, bestimmen Sie selbst durch die Angabe von Konstanten an die Funktion „mciSendCommand". Diese Konstanten werden durch eine Verknüpfung mit den Operatoren „Or" oder „+" zusammengefasst und anschließend als Parameter „dwParam1" übergeben. Folgende Konstanten können beim Öffnen verwendet werden:

Tabelle 15.30: Konstanten zum Öffnen eines MCI-Gerätes

Konstante	Wert	Kurzbeschreibung
MCI_OPEN_ALIAS	&H400	Der Alias-Name, dessen Adresse in lpstrAlias steht, wird ausgewertet.
MCI_OPEN_ELEMENT	&H200	Der Name des MCI-Datenelements, dessen Adresse in lpstrElementName steht, wird ausgewertet.
MCI_OPEN_SHAREABLE	&H100	Das MCI-Gerät oder MCI-Element kann von mehreren geöffnet werden.
MCI_OPEN_TYPE	&H2000	Der Name des MCI-Gerätetyps, dessen Adresse in lpstrDeviceType steht, wird ausgewertet.
MCI_OPEN_TYPE_ID	&H1000	lpstrDeviceType enthält einen Integerwert, der den MCI-Gerätetyp festlegt.

Von MCI werden somit nur die Elemente der Struktur „MCI_DGV_OPEN_PARMS" ausgewertet, die durch die entsprechenden Konstanten freigegeben wurden. So braucht zum Beispiel bei einem CD-ROM-Spieler kein MCI-Elementname über „lpstrElementName" definiert werden, da die Auswahl des Datenelements bereits durch das Einlegen einer CD in den CD-Spieler getroffen wurde.

Im Fall eines CD-Spielers als MCI-Gerät reicht es deswegen aus, das Element „lpstrDevice-Type" mit dem Typ „CDAudio" zu besetzen und die Konstante „MCI_OPEN_TYPE" zu übergeben. Der MCI-Elementname kann dabei entweder einem Unterschlüssel des Schlüssels MCI in der Registrierungsdatenbank, wie in diesem Beispiel, oder der Dateibezeichnung ohne Pfadangabe des MCI-Treibers entsprechen.

Bei der Zusammenstellung der Einträge für die „MCI_DGV_OPEN_PARMS"-Struktur können Sie entweder nur den MCI-Gerätetyp oder nur das MCI-Geräteelement oder beide Angaben nennen. Unter dem MCI-Geräteelement wird zum Beispiel der Name der Datei verstanden, in der sich die abzuspielenden Daten befinden.

Nachdem ein MCI-Gerät eröffnet ist, wird es durch eine ID-Nummer identifiziert. Diese ID-Nummer wird im Feld „wDeviceID" zurückgegeben und für den Aufruf von weiteren Meldungen benötigt. Dieses Feld wird durch die Funktion „mciSendCommand" besetzt, wobei es vor dem Aufruf mit Null gefüllt werden muss.

Für MCI-Geräte, bei denen nicht direkt das Abspielmedium wie bei einem CD-ROM-Laufwerk ersichtlich ist, muss unbedingt sowohl der MCI-Gerätetyp als auch das MCI-Geräteelement bekannt gegeben werden.

Alternativ zu der Angabe des MCI-Gerätetyps als Zeichenkette stehen Konstanten bereit, die zusammen mit „MCI_OPEN_TYPE_ID" verwendet werden können. Hierdurch wird definiert, dass das Element „lpstrDeviceType" eine der nachfolgenden Konstanten als Integerwert enthält:

Tabelle 15.31: Konstanten für die Typangabe des MCI-Gerätes

MCI-Gerätetyp	Konstante	Wert
animation	MCI_DEVTYPE_ANIMATION	519
cdaudio	MCI_DEVTYPE_CD_AUDIO	516
dat	MCI_DEVTYPE_DAT	517
digitalvideo	MCI_DEVTYPE_DIGITAL_VIDEO	520
other	MCI_DEVTYPE_OTHER	521
overlay	MCI_DEVTYPE_OVERLAY	515
scanner	MCI_DEVTYPE_SCANNER	518
sequencer	MCI_DEVTYPE_SEQUENCER	533
vcr	MCI_DEVTYPE_VIDEOTAPE	513
videodisc	MCI_DEVTYPE_VIDEODISC	514
waveaudio	MCI_DEVTYPE_WAVEFORM_AUDIO	522

Weitere Details und Anwendungen lesen Sie am besten in dem Beispiel zu den MCI-Kommando-Meldungen im Abschnitt 25.4 nach.

15.7.2 CD-Spieler mit dem MCI-Kommando-String realisieren

In diesem Beispiel wird ein CD-Spieler realisiert. Mit ihm können Sie Musik-CDs abspielen, anhalten etc. und die CD beziehungsweise das Caddy aus dem CD-ROM-Laufwerk entfernen. Die Bedienoberfläche des Programms besteht aus mehreren Befehlsschaltflächen innerhalb des Formulars „CDAudio". Mit diesen Schaltflächen wird das MCI-Gerät gesteuert.

Das Abspielen einer Musik-CD kann über die Schaltfläche „Spielen" veranlasst werden. Während die Musik-CD abläuft, kann sie unterbrochen oder angehalten werden. Eine angehaltene Musik lässt sich über die Schaltfläche „Spielen" wieder fortsetzen. Um auf die nächste oder vorherige Spur (Lied) zu kommen, klicken Sie die Schaltfläche „>" oder „<" an. Dabei wird automatisch das Lied gestartet. Wenn Sie sich eine andere Musik-CD anhören möchten, drücken Sie die Schaltfläche „Auswerfen".

Bild 15.18: Beispiel zu den MCI-Kommando-Strings

In diesem Beispiel werden der API-Funktion „mciSendString" folgende MCI-Kommandos übergeben:

Tabelle 15.32: Im Beispiel verwendete MCI-Kommandos

MCI-Kommandos	Kurzbeschreibung
Close	Schließen des Audio-Geräts.
Open	Öffnen eines Audio-Geräts.
Play	Abspielen der Musik.
Pause	Anhalten der Musik.
Stop	Abbrechen der ablaufenden Musik.
Set	Setzen von bestimmten Einstellungen.
Status	Abfragen von Werten.
Seek	Suchen des Spuranfangs.

Das MCI-Gerät öffnen und abspielen

Durch einen Klick auf die Schaltfläche „Spielen" wird der CD-Spieler gestartet. Er spielt die aktuelle Spur. Dies erfolgt mithilfe der Funktion „fktCDSpielen". Zuerst muss das MCI-Gerät initialisiert und geöffnet werden. Die MCI-Kommando-Zeichenkette besteht dazu aus dem

Befehl „Open" und der zusätzlichen Angabe „CDAudio". Die weiteren Parameter der API-Funktion „mciSendString" sind ohne Bedeutung. Das Spielen selber erfolgt mit dem MCI-Kommando „Play". Auch hierbei muss das MCI-Gerät genannt werden, um die Verbindung zu dem geöffneten MCI-Objekt herzustellen.

```
Function fktCDSpielen() As Integer
  Dim iRueck As Integer

  iRueck = mciSendString("Open CDAudio", "", 0, 0)
  fktCDSpielen = mciSendString("Play CDAudio","",0,0)
End Function
```

Die Musik anhalten oder beenden

Die anderen Befehlsschaltflächen dienen dazu, die Musik zu beenden, anzuhalten und eine andere Spur auszuwählen. Für das Anhalten ist nur ein MCI-Kommando-String erforderlich, der über den Gerätetyp die Verbindung zu dem MCI-Objekt herstellt. Die Zeichenkette lautet „Pause CDAudio". Über die Schaltfläche „Spielen" kann die Musik jederzeit wieder fortgesetzt werden.

Wird dagegen die Schaltfläche „Stop" gedrückt, wird das Abspielen beendet und das MCI-Gerät geschlossen. Eine Fortsetzung ist somit nicht mehr möglich.

```
Function fktCDStoppen() As Integer
  Dim iRueck As Integer

  iRueck = mciSendString("Stop CDAudio", "", 0, 0)
  fktCDStoppen = mciSendString("Close CDAudio","",0,0)
End Function
```

Das Auswerfen der CD beziehungsweise des Caddys kann auch mit nur einem Aufruf der API-Funktion „mciSendString" realisiert werden. Das dazu notwendige MCI-Kommando heißt „Set CDAudioDoorOpen".

Positionieren

Der VBA-Code für die beiden Schaltflächen zur Weiter- beziehungsweise Rückpositionierung ist dagegen komplizierter. Zuerst muss mit der Zeichenkette „Set CDAudio Time Format TMSF" das Zeitformat für die Spuren auf Minuten, Sekunden und Rahmen eingestellt werden. Anschließend kann die Spurnummer ermittelt werden, die gerade gespielt wird. Diese Nummer liefert die API-Funktion „mciSendString" als Zeichenkette in dem Argument „sRueck" zurück. Um zur nächsten Spur zu kommen, muss die in eine Zahl umgewandelte Nummer inkrementiert werden. Für die vorherige Spur wird sie dekrementiert.

Für den Kommando-String zum Positionieren benötigen Sie auch die Gesamtanzahl der Spuren auf der Musik-CD. Diese wird auf ähnliche Weise wie die aktuelle Spurnummer gewonnen.

Falls bereits die erste beziehungsweise letzte Spur gespielt wird, kann keine Zurück- beziehungsweise Vorwärts-Positionierung mehr stattfinden. In diesen Fällen wird dieselbe Spur

(Lied) von vorne abgespielt. Dies geschieht im ELSE-Zweig mithilfe des „Seek"- und des einfachen „Play"-Kommandos.

Ansonsten wird an das „Play"-Kommando die neue Spur und die Gesamtzahl der Spuren angehängt. Die Schlüsselwörter „From" und „To" sagen dabei aus, dass nun ab der angegebenen Spur alle weiteren Spuren abgespielt werden sollen.

```
Function fktCDSpurNaechste() As Integer
  Dim SpurNaechste As Integer
  Dim iRueck As Integer
  Dim sRueck As String * 64
  Dim mciBefehl As String

  iRueck=mciSendString("Set CDAudio Time Format TMSF", "", 0, 0)

  'aktuelle Spur ermitteln
  mciBefehl = "Status CDAudio Current Track"
  iRueck = mciSendString(mciBefehl, sRueck, 63, 0)
  SpurAktuell = Val(sRueck)
  SpurNaechste = SpurAktuell + 1
  mciBefehl = "Status CDAudio Number of Tracks"
  iRueck = mciSendString(mciBefehl, sRueck, 63, 0)
  SpurAnzahl = Val(sRueck)

  'prüfen, ob die aktuelle Spur die letzte Spur ist
  If SpurNaechste < SpurAnzahl Then
    mciBefehl = "Play CDAudio From " & SpurNaechste
    mciBefehl = mciBefehl & " To " & SpurAnzahl
    fktCDSpurNaechste=mciSendString(mciBefehl,"",0,0)
  Else
    mciBefehl = "Seek CDAudio to " & SpurAktuell
    iRueck = mciSendString(mciBefehl, "", 0, 0)
    fktCDSpurNaechste=mciSendString("Play CDAudio", "", 0, 0)
  End If
End Function
```

Den vollständigen Code dieses Beispiels finden Sie auf der CD in der Datenbank MULTIMED.MDB. Das Modul heißt genauso wie das Formular „CDAudio".

15.7.3 Videos mit MCI-Kommando-Meldungen abspielen

Etwas schnellere Programme als die mit den MCI-Kommando-Strings können Sie mithilfe von MCI-Kommando-Meldungen erstellen. Die Kommando-Meldungen werden dabei direkt an den MCI-Treiber weitergeleitet.

Das Formular „MCI-Mess-Video" besitzt mehrere Befehlsschaltflächen, die es ermöglichen, ein MCI-Gerät zu steuern. Neben dem Abspielen, Anhalten, Fortsetzen und Schließen eines Videos können zusätzlich noch Informationen über das geöffnete MCI-Objekt erfragt werden. Diese Informationen geben Auskunft über die Datenquelle, die der MCI-Treiber gerade bearbeitet, und über die Fähigkeiten, die der MCI-Treiber besitzt. Durch das Drücken einer Schaltfläche mit dem Fragezeichen wird ein entsprechendes Dialogfeld aufgeblendet, das diese Informationen darstellt.

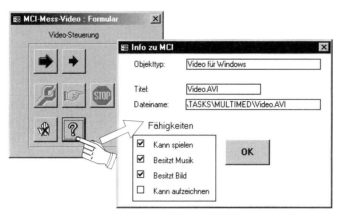

Bild 15.19: Video abspielen mit MCI-Kommando-Meldungen

In diesem Beispiel werden der API-Funktion „mciSendCommand" folgende MCI-Meldungen übergeben:

Tabelle 15.33: MCI-Meldungen des Beispiels

MCI-Meldung	Kurzbeschreibung
MCI_OPEN	Öffnet eine Videodatei.
MCI_PLAY	Spielt das Video ab.
MCI_PAUSE	Hält das Video an.
MCI_STOP	Bricht die laufende Darstellung ab.
MCI_CLOSE	Beendet das Video.
MCI_INFO	Ermittelt Informationen über den MCI-Treiber.
MCI_GETDEVCAPS	Ermittelt Informationen über das MCI-Gerät.

Schaltflächen zu Beginn aktivieren oder deaktivieren

Das Laden des MCI-Objekts erfolgt durch das Betätigen der ersten Schaltfläche mit dem Pfeil, die die Funktion „fktVfWStartMess" auslöst. Gleichzeitig werden einige Schaltflächen aktiviert. Die zwei Befehlsschaltflächen für das Spielen und die Schaltfläche zum Fortsetzen werden hingegen in den nicht anwählbaren Zustand gesetzt. Zu diesem Zweck wird die Eigenschaft „Enabled" der Steuerelemente entsprechend auf „True" oder „False" eingestellt.

```
Function fktVfWStartMess(VfWDatei As String, SpielOpt As String)
  Dim MsgBuffer As String * 100
  Dim lpStr0 As String * 128
  Dim lpStr1 As String * 128
  Dim lpStr2 As String * 128
  Dim Fehler As Long
  Dim hWnd As Long
  Dim wDeviceID As Variant
```

```
hWnd = Forms![MCI-Mess-Video].hWnd
If hWnd = 0 Then Return

' Schaltfläche Ende aktivieren
sVfWEnde.Enabled = True
DoCmd.GoToControl sVfWEnde.ControlName
' Schaltfläche Spielen deaktivieren
sVfWStart.Enabled = False
' Schaltfläche Spielen Vollbild deaktivieren
sVfWStartVoll.Enabled = False
' Schaltfläche Fortsetzen deaktivieren
sVfWForts.Enabled = False
' Schaltfläche Stop und Pause aktivieren
sVfWStop.Enabled = True
sVfWPause.Enabled = True

sVfWInfo.Enabled = True
...
```

Den Datentyp „MCI_DGV_OPEN_PARMS" definieren

Um ein MCI-Objekt öffnen zu können, ist vor dem Aufruf der Funktion „mciSendCommand"
noch eine Struktur mit dem Datentyp „MCI_DGV_OPEN_PARMS" zu definieren und richtig zu besetzen. In diesem Beispiel erhält die Strukturvariable den Namen „mciOpen" und
wird global definiert, damit auch andere Programmteile auf ihren Inhalt zugreifen können.
Der Struktureintrag „lpstrDeviceType" bewirkt die Zuordnung zu dem MCI-Treiber über die
Angabe des Gerätetyps.

```
' Eröffnungsstruktur für MCI
Type MCI_DGV_OPEN_PARMS
  dwCallback As Long    ' Rückruffuktion für MCI_NOTIFY
  wDeviceID As Integer  ' MCI-Gerät-ID wird hier zurückgegeben
  lpstrDeviceType   As String   ' Gerätetyp
  lpstrElementName  As String   ' Geräteelement
  lpstrAlias    As String   ' Aliasbezeichnung für das Geräteelement
  dwStyle As Long      ' Window-Stil
  hWndParent As Long   ' Handle des Parent-Window
End Type
...

' Eröffnungsstruktur für MCI
Dim mciOpen As MCI_DGV_OPEN_PARMS
...
```

Angabe des zu öffnenden Videos

Welches Video geöffnet werden soll, wird durch das Element „lpstrElementName" entschieden. An dieses Element wird die Zeichenkette „VfWDatei" übergeben, die den Dateinamen
„Video.avi" enthält. Damit später komfortabel auf das Video zugegriffen werden kann, ist es
ratsam, mit einem Alias-Namen zu arbeiten, der „VfW2" lautet und „lpstrAlias" zugewiesen
wird.

```
Function fktVfWStartMess (VfWDatei As String, SpielOpt As String)
...
 'Video laden
 If (Not bVfW) Then
  bVfW = True

  mciOpen.dwCallback = 0
  mciOpen.wDeviceID = 0    ' Rückgabe der Geräte-ID
  ' Gerätetyp
  mciOpen.lpstrDeviceType = "AVIVideo"
  ' Geräteelement
  mciOpen.lpstrElementName = VfWDatei
  ' Aliasname für Gerät (Optionell)
  mciOpen.lpstrAlias = "VfW2"

  mciOpen.dwStyle = 0      'Window-Stil
  mciOpen.hWndParent= hWnd   'Handle des Parent-Window
...
```

Die Funktion „fktVfWStartMess" wird der Ereignis-Eigenschaft „Beim Klicken" der ersten beiden Pfeil-Schaltflächen übergeben, damit das Video in einem kleinen Fenster oder als Vollbild abläuft. An dieser Stelle müssen Sie noch den Pfad der Video-Datei an Ihren PC anpassen, bevor Sie das Beispiel ausprobieren können.

Das Video öffnen

Das Öffnen des Videos erfolgt mit der Kommando-Meldung „MCI_OPEN", die als Konstante dem zweiten Parameter der Funktion „mciSendCommand" mitgegeben wird. Nachdem die Struktur „mciOpen" des Datentyps „MCI_DGV_OPEN_PARMS" versorgt ist, kann sie als Adresse der Funktion „mciSendCommand" übergeben werden. Da das Feld „lpstrAlias" der Struktur mit einer Zeichenkette auf den Alias-Namen gefüllt wurde, muss als Kennung die Konstante „MCI_OPEN_ALIAS" genannt werden. Das Gleiche gilt auch für den Gerätetyp in „lpstrDeviceType" und für das Geräteelement in „lpstrElementName", wobei die Konstanten „MCI_ OPEN_TYPE" und „MCI_OPEN_ELEMENT" durch eine „Oder"-Operation verknüpft werden.

Von Interesse ist noch der erste Parameter, der bei einer „mciSendCommand"-Funktion normalerweise den ID-Wert des MCI-Geräts enthält. Da dieser ID-Wert erst durch die MCI-Kommando-Meldung „MCI_OPEN" entsteht, wird in diesem Fall der Parameter auf den Wert „0" gesetzt. Nach der erfolgreichen Ausführung der „MCI_OPEN"-Meldung steht der ID-Wert des MCI-Geräts in dem Feld „wDeviceID" der „MCI_DGV_OPEN_PARMS"-Struktur.

```
...
Fehler = mciSendCommand(0, MCI_OPEN,
       MCI_OPEN_ALIAS + MCI_OPEN_ELEMENT + MCI_OPEN_TYPE, mciOpen)
...
```

Fehlererkennung

Der Aufruf der Funktion „mciSendCommand" liefert einen Fehlercode zurück, der zur Untersuchung der Fehlerursache herangezogen werden kann. Wurde ein Fehler erkannt, so erfolgt
die Ausgabe eines Fehlertextes in dem Direktfenster. Aufgrund des Fehlercodes, den die
Funktion „mciSendCommand" zurückgibt, kann mithilfe der Funktion „mciGetErrorString"
der zugehörige Fehlertext besorgt werden. Dieser Text wird bereits landessprachenabhängig
geliefert.

```
...
If Fehler Then
    Fehler = mciGetErrorString(Fehler, MsgBuffer, Len(MsgBuffer))
    Debug.Print MsgBuffer
End If
```

Das Video abspielen

Ähnlich wie für das Eröffnen wird auch für den Abspielvorgang eine Struktur benötigt, die
jedoch vom Datentyp „MCI_PLAY_PARMS" ist. Zur Kennzeichnung der Kommando-
Meldung wird der Funktion „mciSendCommand" als Parameter die Konstante „MCI_PLAY"
mitgegeben. Damit das Video garantiert am Anfang beginnt, ist der Eintrag „dwFrom" der
Struktur auf den Wert „1" zu setzen. Dieser Struktureintrag wird erst durch die Konstante
„MCI_FROM" als Parameter an die Funktion „mciSendCommand" wirksam, da sonst MCI
dieses Feld nicht beachtet.

Welcher MCI-Treiber angesprochen werden soll, wird durch die Angabe des ID-Werts festgelegt. Da der ID-Wert als Rückgabe der Kommando-Meldung „MCI_OPEN" in dem Element „wDeviceID" der „MCI_DGV_OPEN_PARMS"-Struktur hinterlegt wird, können Sie
dieses Feld der API-Funktion „mciSendCommand" als erstes Argument übergeben.

Wenn Sie im Formular „MCI-Mess-Video" die zweite Schaltfläche anklicken, wird das Video als Vollbild abgespielt. Dazu wird beim Aufruf der Funktion „fktVfWStartMess" als
zweiter Parameter der Buchstabe „S" angegeben. In diesem Fall muss zusätzlich die Konstante „MCI_MCIAVI_PLAY_FULLSCREEN" geschrieben werden.

```
Type MCI_PLAY_PARMS
  dwCallback As Long  'Rückruffunktion für MCI_NOTIFY
  dwFrom  As Long 'Startposition der Wiedergabe
  dwTo As Long 'Endposition der Wiedergabe
End Type

' Abspielstruktur für MCI
Dim mciPlay As MCI_PLAY_PARMS

Function fktVfWStartMess (VfWDatei As String, SpielOpt As String)
...
 ' Video ausführen
 mciPlay.dwCallback = 0
 mciPlay.dwFrom = 1
 mciPlay.dwTo = 0
 wDeviceID = mciOpen.wDeviceID
```

```
Select Case SpielOpt
Case "N"
  Fehler = mciSendCommand(wDeviceID, MCI_PLAY, MCI_FROM, mciPlay)
Case "S"
  Fehler = mciSendCommand(wDeviceID, MCI_PLAY, _
    MCI_FROM + MCI_MCIAVI_PLAY_FULLSCREEN, mciPlay)
End Select
If Fehler Then
  Fehler = mciGetErrorString(Fehler, MsgBuffer, Len(MsgBuffer))
  Debug.Print MsgBuffer
End If
End Function
```

Der Ablauf für die Bearbeitung des Anhaltens und Schließens ist dem Abspielen sehr ähnlich. Es wird hierfür jedoch eine eigene Struktur benötigt, die den Namen „MCI_GENERIC_-PARMS" trägt. Für das Fortsetzen wird wiederum die Kommando-Meldung „MCI_PLAY" benutzt, aber keine Anfangsposition angegeben, um am letzten Haltepunkt aufzusetzen.

Informationen zum geöffneten MCI-Objekt ermitteln

Über die Schaltfläche mit dem Fragezeichen wird das Dialogfeld „DialogInfoMess" eingeblendet, das Informationen über ein geöffnetes MCI-Objekt anzeigt. Dies geschieht innerhalb der Funktion „fktVfWInfoMess", die die erforderlichen Informationen abfragt, um hieraus die Steuerelemente des Dialogfeldes entsprechend zu setzen.

Für die Ermittlung der Daten stehen die beiden Kommando-Meldungen „MCI_INFO" und „MCI_GETDEVCAPS" zur Verfügung. Über „MCI_INFO" können vor allem die Werte abgefragt werden, die Bezeichnungen über den Treiber und das MCI-Objekt darstellen. Mehr auf die Feststellung von Fähigkeiten ist die Kommando-Meldung „MCI_GETDEVCAPS" ausgelegt, die prüft, ob das MCI-Gerät in der Lage ist, ein MCI-Objekt abzuspielen oder aufzunehmen. In beiden Fällen ist die Übergabe einer Stuktur erforderlich, die „MCI_INFO_PARMS" beziehungsweise „MCI_DEVCAP_PARMS" heißt.

```
Type MCI_INFO_PARMS
  dwCallback As Long 'Rückruffunktion für MCI_NOTIFY
  lpstrReturn As String
  dwRetSize As Long
End Type

Type MCI_DEVCAP_PARMS
  dwCallback As Long 'Rückruffunktion für MCI_NOTIFY
  dwReturn As Long
  dwItem As Long
End Type

' Info Struktur für MCI
Dim mciInfo As MCI_INFO_PARMS
' Fähigkeiten Struktur für MCI
Dim mciDevcap As MCI_DEVCAP_PARMS
```

Welche Information geliefert wird, hängt von der Angabe eines zusätzlichen Parameters ab. Die Übergabe der Konstanten „MCI_INFO_ PRODUCT" als dritten Parameter an die Funktion „mciSendCommand" bewirkt die Rückgabe von MCI-Produktinformationen. Dabei erfolgt die Rückgabe der Zeichenkette in der Adresse, die dem Element „lpstrReturn" der „MCI_INFO_PARMS"-Struktur übergeben wurde. Des Weiteren muss noch die Größe des Puffers in dem Feld „dwRetSize" festgelegt werden.

Die „MCI_INFO_PARMS"-Struktur verlangt die Übergabe eines Zeichenpuffers in dem Element „lpstrReturn". Dieser Puffer wird mithilfe der Funktion „String$" mit 200 Leerzeichen vorbesetzt. Hierdurch erhält er eine Größe von 200 Zeichen.

```
' Initialisierung der Arbeits-Variablen
mciInfo.dwCallback = 0
sTemp = String$(200, " ")
mciInfo.lpstrReturn = sTemp
mciInfo.dwRetSize = Len(sTemp)
wDeviceID = mciOpen.wDeviceID
Fehler = mciSendCommand(wDeviceID, MCI_INFO, MCI_INFO_PRODUCT, mciInfo)
If Fehler Then
  Fehler = mciGetErrorString(Fehler, MsgBuffer, Len(MsgBuffer))
  Debug.Print MsgBuffer
Else
  sObjTypInfo = Left(mciInfo.lpstrReturn, InStr(1, mciInfo.lpstrReturn, Chr(0), 0) - 1)
End If
```

Die Ermittlung der Fähigkeit, Musik wiederzugeben, möchte ich als Beispiel für die Kommando-Meldung „MCI_GETDEVCAPS" herausgreifen. Welche Fähigkeit abgefragt wird, legt das Feld „dwItem" der „MCI_ DEVCAPS_PARMS"-Struktur fest. Da Sie wissen möchten, ob das Video auch Musik spielen kann, ist die Konstante „MCI_ GET-DEVCAPS_HAS_AUDIO" in „dwItem" zu schreiben. Beachtet werden muss dabei, dass der Eintrag „dwItem" der „MCI_DEVCAPS_PARMS"-Struktur erst durch die Angabe von „MCI_GETDEVCAPS_ITEM" als dritter Parameter der Funktion „mciSendCommand" berücksichtigt wird.

Kann das MCI-Gerät tatsächlich Musik wiedergeben, so ist das Feld „dwReturn" nach dem Funktionsaufruf auf den Wert „True" eingestellt. Entsprechend diesem Eintrag wird daraufhin das Kontrollkästchen gesetzt. Da nur die unteren 16 Bit der Rückgabe in dem Feld „dwReturn" darüber Auskunft geben, ob die Fähigkeit besteht, muss eine „And"-Verknüpfung mit &HFFFF stattfinden, um die oberen 16 Bit auszublenden. Erst dadurch entsteht ein auswertbares Ergebnis, das „True" oder „False" lautet und zur Übergabe an das Kontrollkästchen geeignet ist.

```
mciDevcap.dwCallback = 0
mciDevcap.dwReturn = 0
mciDevcap.dwItem = MCI_GETDEVCAPS_HAS_AUDIO
Fehler = mciSendCommand(mciOpen.wDeviceID, MCI_GETDEVCAPS, _
  MCI_GETDEVCAPS_ITEM, mciDevcap)
If Fehler Then
 Fehler = mciGetErrorString(Fehler, MsgBuffer, Len(MsgBuffer))
 Debug.Print MsgBuffer
Else
```

```
        sObjHasAudiInfo = mciDevcap.dwReturn And &HFFFF
        End If
```

15.8 Eigene Klassenmodule anlegen

Access kennt drei verschiedene Arten von Klassenmodulen: Formular- und Berichtsmodule, die jeweils mit einem bestimmten Objekt, dem Formular beziehungsweise Bericht, verbunden sind, und Basis-Klassenmodule ohne ein zugeordnetes Objekt. Solche unabhängigen Klassenmodule, die die Definition für ein neues Objekt enthalten, können Sie in Access selber anlegen. Dieses benutzerdefinierte Objekt erhält denselben Namen, unter dem das Klassenmodul gespeichert wird. Die Sub-Prozeduren und Funktionen, die Sie in diesem Klassenmodul als Public definiert haben, werden zu den Methoden des Objekts. Die öffentlichen Property Let und Property Get-Prozeduren stellen die Objekt-Eigenschaften dar.

Durch diese Funktionalität können Sie leichter als bisher wiederverwendbare Komponenten entwickeln.

Ein eigenes Klassenmodul anlegen

Wenn derzeit das Datenbankfenster im Vordergrund liegt, finden Sie im Menü EINFÜGEN den Menüpunkt KLASSENMODUL. Alternativ dazu können Sie auch aus der aufklappbaren Liste „Neues Objekt" in der Symbolleiste diesen Befehl auswählen. Dadurch wird in der VBA-Entwicklungsumgebung ein neues Modulfenster geöffnet. Der Name des Moduls lautet standardmäßig Klasse mit einer nachgestellten aufsteigenden Nummer, zum Beispiel Klasse1. Wennn Sie sich bereits im VBA-Editor befinden, rufen Sie dort im Menü EINFÜGEN den Menüpunkt KLASSENMODUL auf.

Nach dem Speichern eines Klassenmoduls werden Sie feststellen, dass es einfach ist, Module und Klassenmodule in der Auflistung des Datenbankfensters auseinanderzuhalten. Die Symbole der beiden Modularten sind unterschiedlich.

Eigenschaften des Objekts mit Property-Prozeduren erstellen

In Access besitzt jedes Objekt Eigenschaften. Dabei kann es sich um ein Datenbankobjekt wie Formular oder über Steuerelemente wie Schaltflächen handeln. Möchten Sie eigene Objekte erzeugen, so sollen diese Objekte wahrscheinlich auch Eigenschaften besitzen. Diese legen Sie über Property-Prozeduren fest.

Diese Eigenschaften werden durch zwei Prozeduren definiert:

- „Property Let" zum Beschreiben einer Eigenschaft
- „Property Get" zum Lesen der Eigenschaft

Wenn Sie an die Festlegung von Prozeduren beziehungsweise Funktionen denken, dann wissen Sie bereits, wie Property-Prozeduren zu behandeln sind. Mit einem solchen Property-Prozedurpaar können Sie zum Beispiel einem Formular eine benutzerdefinierte Eigenschaft hinzufügen.

Die nachfolgenden zwei Prozeduren zeigen die einfachste Form der Verwendung. Es wird eine Eigenschaft mit dem Namen „pEigenschaft" definiert. Die Variable stellt dabei den Speicherplatz bereit, an dem der Inhalt der Eigenschaft abgelegt wird:

```
Dim Variable As Long

Public Property Let pEigenschaft(NeuerWert As Long)
    Variable = NeuerWert
End Property

Public Property Get pEigenschaft() As Long
    pEigenschaft = Variable
End Property
```

Um die Eigenschaft mit einem Wert zu besetzen, übergeben Sie dieser Eigenschaft wie gewohnt die Zahl. Auch das Lesen unterscheidet sich nicht von integrierten Eigenschaften:

```
pEigenschaft=999
a = pEigenschaft
```

Über diese Vorgehensweise können globale Variablen vermieden werden, da das Beschreiben und Auslesen nicht direkt, sondern über Property-Prozeduren erfolgt. Der wirkliche Nutzen der Property-Prozeduren entsteht natürlich erst bei größeren Anwendungen oder bei komplizierten Datentypen.

Bei der Erstellung der Property-Prozeduren werden Sie durch das Dialogfeld „Prozedur einfügen" unterstützt, das Sie über den Menüpunkt PROZEDUR im Menü EINFÜGEN erhalten. Hier können Sie die Option „Eigenschaft" aktivieren. Nach der Vergabe eines Namens und einem Klick auf die „OK"-Schaltfläche wird dadurch bereits der Rumpf beider Property-Prozeduren in Ihr Modul geschrieben.

```
Public Property Get pBildFarbe() As Variant
…
End Property

Public Property Let pBildFarbe(ByVal vNewValue As Variant)
…
End Property
```

Besonders in größeren Datenbankanwendungen muss recht häufig auf den Inhalt von Tabellenfeldern zugegriffen werden. Natürlich kann dies über die ganz normalen DAO-Möglichkeiten erfolgen. Möchten Sie jedoch mit nur einer Anweisung den Feldinhalt erhalten und damit das Programm wesentlich übersichtlicher machen, so können dafür Property-Prozeduren eingesetzt werden.

Hierzu wird für jedes Feld oder für die Kombination von Feldern wie zum Beispiel PLZ und Ort eine eigene Property-Get-Prozedur geschrieben. Natürlich wäre auch ein Verändern des Inhalts einer Eigenschaft möglich, indem Sie eine Property-Let Prozedur schreiben.

Bild 15.20: Property-Prozeduren erstellen

In der Datenbank OOP.MDB auf der dem Buch beiliegenden CD ist das Klassenmodul mit dem Namen Gerichte gespeichert. Dieses Modul enthält mehrere solcher Property-Get-Prozeduren. Durch jede wird eine Eigenschaft für die Klasse „Gerichte" angelegt. Außerdem wurde noch eine Sub-Prozedur namens „StraßenAnzeigen" definiert, die dadurch zur Methode der Klasse „Gerichte" wird.

```
'****************** OOP.MDB ********************
'**************** Modul Gerichte ********************
Option Compare Database
Option Explicit
Dim fAktuellesGericht As Variant   ' enthält alle Felder des aktuellen Gerichts
Dim AktuellesGericht_GerichteNr As Long
Const cGerichteNr = 0
Const cGericht = 1
Const cStraße = 2
Const cPLZ = 3
Const cOrt = 4
Const cTelefon = 5
Const cFaxnummer = 6
Const cGerichtsartNr = 7
Const cGerichtsart = 8

Private Function fktGerichteDatenHolen(GerichteNr) As Boolean
'liest alle Felder des aktuellen Gerichts aus der Tabelle Gerichte
'in das Datenfeld fAktuellesGericht
Dim dbDatenbank As DATABASE, dtTab As Recordset
Const caGERICHTEDATENA = "SELECT DISTINCTROW Gerichte.GerichteNr,
        Gerichte.Gericht, Gerichte.Straße, Gerichte.PLZ, Gerichte.Ort, Gerichte.Telefon,
        Gerichte.Telefax, Gerichtsart.GerichtsartNr, Gerichtsart.Gerichtsart FROM Gerichtsart
        INNER JOIN Gerichte ON Gerichtsart.GerichtsartNr = Gerichte.GerichtsartNr WHERE
        (((Gerichte.GerichteNr)="
Const caGERICHTEDATENE = "));"
```

```vba
If (IsNull(GerichteNr)) Or (Not IsNumeric(GerichteNr)) Then
  fktGerichteDatenHolen = False
Else
  If AktuellesGericht_GerichteNr <> GerichteNr Then
    AktuellesGericht_GerichteNr = GerichteNr
    Set dbDatenbank = CurrentDb
    Set dtTab = dbDatenbank.OpenRecordset(caGERICHTEDATENA & _
      Str$(GerichteNr) & caGERICHTEDATENE)
    If (Not dtTab.BOF) And (Not dtTab.EOF) Then
      dtTab.MoveFirst
      fAktuellesGericht = dtTab.GetRows(1)
      fktGerichteDatenHolen = True
    Else
      fktGerichteDatenHolen = False
    End If
    dtTab.Close
    dbDatenbank.Close
  Else
    fktGerichteDatenHolen = True
  End If
End If
End Function

Public Property Get pGerichteNr(GerichteNr As Long) As Long
  If fktGerichteDatenHolen(GerichteNr) = True Then
    pGerichteNr = fAktuellesGericht(cGerichteNr, 0)
  End If
End Property

Public Property Get pGericht(GerichteNr As Long) As String
  If fktGerichteDatenHolen(GerichteNr) = True Then
    If Not IsNull(fAktuellesGericht(cGericht, 0)) Then
      pGericht = fAktuellesGericht(cGericht, 0)
    End If
  End If
End Property

Public Property Get pStraße(GerichteNr As Long) As String
  If fktGerichteDatenHolen(GerichteNr) = True Then
    If Not IsNull(fAktuellesGericht(cStraße, 0)) Then
      pStraße = fAktuellesGericht(cStraße, 0)
    End If
  End If
End Property

Public Property Get pPLZ(GerichteNr As Long) As String
  If fktGerichteDatenHolen(GerichteNr) = True Then
    pPLZ = Format(fAktuellesGericht(cPLZ, 0), "00000")
  End If
End Property

Public Property Get pOrt(GerichteNr As Long) As String
```

```
    If fktGerichteDatenHolen(GerichteNr) = True Then
     If Not IsNull(fAktuellesGericht(cOrt, 0)) Then
       pOrt = fAktuellesGericht(cOrt, 0)
     End If
    End If
   End Property

   Public Property Get pPLZOrt(GerichteNr As Long) As String
    If fktGerichteDatenHolen(GerichteNr) = True Then
     If Not IsNull(fAktuellesGericht(cOrt, 0)) Then
       pPLZOrt = Format(fAktuellesGericht(cPLZ, 0), "00000") & " " & _
                  fAktuellesGericht(cOrt, 0)
     End If
    End If
   End Property

   Public Property Get pTelefon(GerichteNr As Long) As String
    If fktGerichteDatenHolen(GerichteNr) = True Then
     If Not IsNull(fAktuellesGericht(cTelefon, 0)) Then
       pTelefon = fAktuellesGericht(cTelefon, 0)
     End If
    End If
   End Property


   Public Property Get pFaxnummer(GerichteNr As Long) As String
    If fktGerichteDatenHolen(GerichteNr) = True Then
     If Not IsNull(fAktuellesGericht(cFaxnummer, 0)) Then
       pFaxnummer = fAktuellesGericht(cFaxnummer, 0)
     End If
    End If
   End Property

   Public Property Get pGerichtsartNr(GerichteNr As Long) As Long
    If fktGerichteDatenHolen(GerichteNr) = True Then
      pGerichtsartNr = fAktuellesGericht(cGerichtsartNr, 0)
    End If
   End Property

   Public Property Get pGerichtsart(GerichteNr As Long) As String
    If fktGerichteDatenHolen(GerichteNr) = True Then
     If Not IsNull(fAktuellesGericht(cGerichtsart, 0)) Then
       pGerichtsart = fAktuellesGericht(cGerichtsart, 0)
     End If
    End If
   End Property
```

Die eigentliche Arbeit, d.h. das Einlesen der Daten, erledigt die private Funktion „fktGerichteDatenHolen", die in jeder Property-Prozedur aktiviert wird. Ihr wird die „GerichteNr" ü-
bergeben. Um das Programm zu beschleunigen, wird noch ein Trick benutzt. Es wird nicht
jeweils nur ein Datenfeld gelesen, sondern gleich ein kompletter Datensatz. Dies hat den
Vorteil, dass beim Zugriff auf mehrere Felder des gleichen Datensatzes nicht jedes Mal die

Daten geholt werden müssen, sondern diese bereits im Speicher stehen. Hierzu wird ein Datenfeld benutzt, das über die Methode „GetRows" gefüllt wird:

```
fAktuellesGericht = dtTab.GetRows(1)
```

Um feststellen zu können, welcher Datensatz sich gerade in dem Datenfeld „fAktuellesGericht" befindet, wird die globale Variable „AktuellesGericht_GerichteNr" verwendet. Hierin steht die „GerichteNr", deren Datensatz sich im Datenfeld befindet. Daher wird bei jedem Zugriff auf das Datenfeld überprüft, ob die gewünschten Daten bereits im Speicher vorhanden sind oder ob sie erst geladen werden müssen.

Mit einer Abfrage, die als SQL-Code angegeben ist, wird gezielt ein Datensatz ausgewählt. Dies erfolgt über das Feld „GerichteNr". Der nachfolgende SQL-Code liefert den Datensatz, dessen „GerichteNr" den Wert 1 aufweist.

```
SELECT DISTINCTROW Gerichte.GerichteNr, Gerichte.Gericht, Gerichte.Straße,
Gerichte.PLZ, Gerichte.Ort, Gerichte.Telefon, Gerichte.Telefax, Gerichtsart.GerichtsartNr,
Gerichtsart.Gerichtsart FROM Gerichtsart INNER JOIN Gerichte ON Gerichtsart.GerichtsartNr
= Gerichte.GerichtsartNr WHERE (((Gerichte.GerichteNr)=1));
```

Damit die Abfrage unterschiedliche Gerichtsnummern als Kriterium einsetzen kann, wird sie aus zwei Zeichenfolgen und der „GerichteNr" zusammengesetzt.

Um aus der „GerichtsartNr" die tatsächliche Bezeichnung der Gerichtsart zu bekommen, besteht über INNER JOIN die Verknüpfung zu der Tabelle „Gerichtsart".

In jeder Property-Prozedur wird die eben beschriebene Funktion „fktGerichteDatenHolen" aufgerufen. Wenn sie erfolgreich war, muss noch der gewünschte Inhalt des Arrays „fAktuellesGericht" auf den Wert Null überprüft werden, wenn der Rückgabewert der Property-Prozedur vom Typ „String" ist. Wird dies vergessen, entsteht bei einer Zuweisung des Wertes Null ein Fehler:

```
Public Property Get pOrt(GerichteNr As Long) As String
  If fktGerichteDatenHolen(GerichteNr) = True Then
    If Not IsNull(fAktuellesGericht(cOrt, 0)) Then
      pOrt = fAktuellesGericht(cOrt, 0)
    End If
  End If
```

Der Wert aus dem Datenfeld wird am zweckmäßigsten über eine Konstante ausgelesen, die für die Position der gewünschten Daten im Datensatz des Dynasets steht. Der Index des ersten Felds lautet 0. Da die Methode „GetRows" ein zweidimensionales Datenfeld zurückgibt, muss beim Lesen des Datenfelds „fAktuellesGericht" die zweite Dimension als 0 genannt werden.

Den Rückgabewert einer Property-Get Prozedur bilden Sie genauso wie bei einer normalen Funktion. Er wird dem Prozedurnamen durch Gleichheitszeichen übergeben.

Methoden des Objekts mit Funktion und Sub-Prozeduren erstellen

Im Klassenmodul „Gerichte" finden Sie auch eine Sub-Prozedur mit dem Namen „StraßenAnzeigen", die somit eine Methode des Objekts darstellt. Sie gibt alle Straßen, die in der Tabelle „Gerichte" stehen, in das Direktfenster aus:

```
Public Sub StraßenAnzeigen()
  Dim dbDatenBank As DATABASE, dtTab As Recordset

  Set dbDatenBank = CurrentDb
  Set dtTab = dbDatenBank.OpenRecordset("Gerichte", dbOpenTable)
  If ((Not dtTab.BOF) And (Not dtTab.EOF)) Then
    dtTab.MoveFirst
    Do
      Debug.Print dtTab!Straße
      dtTab.MoveNext
    Loop Until dtTab.EOF
  End If
End Sub
```

Objekt erstellen sowie seine Eigenschaften und Methoden verwenden

Nachdem Sie die notwendigen Prozeduren im Klassenmodul angelegt haben, kann in einem
anderen Modul das neue Objekt erstellt werden, indem Sie eine neue Instanz der Klasse erzeugen. Dazu definieren Sie eine Variable vom Typ Ihrer Klasse. Anschließend können Sie
auf die Methoden und Eigenschaften des Objekts „Gerichte" zugreifen. Die Eigenschaft
„pOrt" wird nachfolgend für den ersten Datensatz der Tabelle „Gerichte" ausgelesen und in
die Variable „Ort" geschrieben.

```
'******************** OOP.MDB ********************
'***************** Modul Aufruf ********************
Public Sub fktTest()
    Dim BenutzerKlasse As New Gerichte
    Dim Ort As String

    Ort = BenutzerKlasse.pOrt(1)
End Sub
```

Es ist auch möglich, ohne eine Variable auszukommen und direkt den Namen der Klasse
einzusetzen. Dadurch legen Sie aber keine neue Instanz an. Deswegen sollten Sie diese Möglichkeit höchstens beim Testen verwenden. Über die nächste Zeile wird die Methode „StraßenAnzeigen" aufgerufen.

```
Gerichte.StraßenAnzeigen
```

Sobald Sie den Klassennamen Gerichte oder den definierten Variablennamen Benutzerklasse
eingeben und mit einem Punkt abschließen, werden Ihnen in einer Liste alle Eigenschaften
und Methoden der Klasse Gericht angezeigt. Dies erfolgt auf die gleiche Weise wie bei integrierten Objekten, zum Beispiel Application.

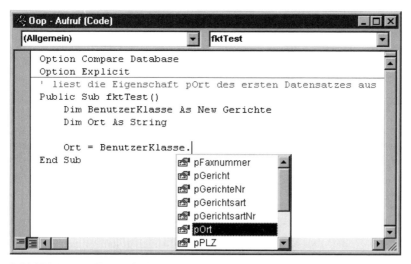

Bild 15.21: Liste aller Methoden und Eigenschaften des Objekts

Formular- und Berichtsmodul

Alle Formular- oder Berichtsmodule werden ab Access 97 automatisch als Klassenmodule angelegt. Beim Öffnen eines Formulars in der Formularansicht oder eines Berichts in der Seitenansicht wird automatisch eine Instanz des Klassenmoduls vom Formular beziehungsweise Bericht erzeugt. Dadurch wird Speicherplatz für dieses Objekt belegt. Jede öffentliche Prozedur (Public) in einem Formular- oder Berichts-Klassenmodul wird zur Methode oder Eigenschaft dieses Datenbankobjekts. Mehrere Instanzen verwenden denselben Code. Die Eigenschaften der Steuerelemente des Formulars beziehungsweise Berichts können aber in jeder Instanz einen anderen Wert besitzen.

Besitzt ein Formular VBA-Code, der zum Beispiel in die Ereignisprozedur „Load" eingetragen ist, dauert das Laden und Anzeigen dieses Formulars länger als ohne VBA-Code. Deswegen ist die Formular-Eigenschaft „Enthält Modul" standardmäßig auf „Nein" eingestellt. Erst wenn Sie das Modulfenster des Formulars öffnen, wird der Inhalt auf „Ja" gesetzt.

Formulare und Berichte ohne Klassenmodul werden nicht im Objektkatalog angezeigt. Datenbankobjekte, die mit den Funktionen CreateForm und CreateReport erstellt werden, besitzen als Voreinstellung kein Modul. Wenn Sie die Eigenschaft „Enthält Modul" auf Nein setzen, obwohl das Formular beziehungsweise der Bericht ein Klassenmodul mit Prozeduren besitzt, löscht Access definitiv diesen Code.

16 Internet, Datenzugriffsseiten und Hyperlinks

Seit der Access Version 97 ist es möglich, Daten aus der Datenbank für das Internet beziehungsweise Intranet aufzubereiten, um sie anderen Personen zur Verfügung zu stellen. Sie können Tabellen, Abfragen, Formulare und Berichte in ein WEB-Format, zum Beispiel HTML oder XML, exportieren. Zudem können direkt in Access Datenzugriffsseiten, das heißt HTML-Seiten, die Daten aus den Tabellen anzeigen, erstellt und programmtechnisch verändert werden.

Außerdem gibt es in Access Hyperlinks, mit denen Sie nicht nur zu Webseiten, sondern auch zu anderen Dateien wie Word-Dokument oder zu einem bestimmten Datenbankobjekt in einer Access-Datenbank verzweigen können. Auf alle genannten Themen wird in diesem Kapitel ausführlich eingegangen.

Mithilfe des Internets ist es möglich geworden, Daten aus der ganzen Welt zu holen, sich mit Menschen aus fremden Kulturkreisen zu unterhalten und das Firmenportrait allen anderen Internet-Benutzern zur Verfügung zu stellen. Die Daten, die Sie im Internet finden können, kommen aus den unterschiedlichsten Bereichen. Immer häufiger findet man in Tageszeitungen Anzeigen, die Internet-Adressen nennen. Auch die verschiedenen Fernsehgesellschaften verfügen über eigene Webseiten. Sie können Börsenkurse, Flugpläne, Wettervorhersagen der ganzen Welt etc. abfragen, Nachrichten über E-Mail austauschen, Waren bestellen und über das Internet mit Ihrem PC telefonieren.

Das Internet ist ein Netzwerkverbund, an dem unzählige Rechner angeschlossen sind. Dieser Verbund wurde im Jahr 1969 vom US-Verteidigungsministerium gegründet. In den ersten Jahren wurde es vor allem vom Verteidigungsressort und von Wissenschaftlern benutzt. Mit der Zeit kamen einige Computer-Freaks hinzu. Immer mehr neue Themengebiete wurden in das Internet eingefügt. Von Amerika dehnte sich das Netzwerk in andere Länder aus. Heutzutage bietet das dezentrale Netzwerk Foren zu (fast) jedem vorstellbaren Thema an. Der Aufstieg des Internets wurde durch Firmen wie Netscape und Mosaic eingeleitet, die Suchprogramme, so genannte Browser entwickelten.

16.1 TCP/IP und weiteres Interessantes

Das Internet ist kein starres Gebilde, sondern eine wachsende Netzwerkstruktur, in der täglich neue Rechner hinzukommen. In diesem dezentralen Aufbau existiert keine Leitzentrale mit Operatoren, die alle Rechner überwachen. Deswegen kann auch nur geschätzt werden, wieviele Rechner zusammengeschlossen sind, und wie viele Benutzer auf das Internet zugreifen. Diese Rechner stammen dabei aus ganz unterschiedlichen Welten. Unter ihnen befinden sich UNIX-Rechner, Sun-Systeme, Windows-NT-Computer usw. Aufgrund seiner Vielfalt an Daten und des einfachen Zugriffs kann das Internet für unterschiedlichste Bereiche genutzt werden. Nachfolgend werden verschiedene Themen angesprochen, die auf die Technologien des Inter/Intranets eingehen.

Aufbau der Internet-Adressen

Dateien auf Ihrer Festplatte oder im lokalen Netzwerk sprechen Sie über deren UNC-Adresse an. UNC steht dabei für Uniform Resource Locator. Die eindeutige Adressierung im Internet oder Intranet erfolgt hingegen über eine URL-Adresse (Uniform Resource Locator).

Wenn Sie zum Beispiel ein Textfeld in einem Access-Formular anklicken, das eine URL-Adresse enthält, wird automatisch ins Internet verzweigt. Auch Sprünge zu Gopher und FTP im Internet sind aus Access heraus möglich.

Der allgemeine Aufbau einer Internet-Adresse sieht folgendermaßen aus:

> Protokoll://Rechner Domain-Name/Pfad/Datei

Zuerst wird der Name des verwendeten Protokolls genannt. Die Tabelle listet die verschiedenen Möglichkeiten auf.

Tabelle 16.1: Aufbau einer Internet-Adresse

Protokollname	Adresse
http://	Eines Web-Servers
ftp://	Eines FTP-Servers
gopher://	Eines Gopher-Servers
telnet://	Eines Telnet-Servers
file://	Eines beliebigen Servers
news:	Einer Newsgroup im Usenet
mailto:	E-Mail-Adresse

Dem Protokollnamen http:// folgen meistens die drei Buchstaben www zur Kennzeichnung des Webs und der Rechner-Domain-Name, der häufig mit dem Namen der Organisation übereinstimmt, die die Internet-Seite(n) anbietet. Dies kann beispielsweise Microsoft sein oder Lycos, die eine gute Suchmaschine besitzen.

Der Domain-Name schließt mit ein oder mehreren Nachsilben ab, die Hinweise geben, um welche Art an Informationen es sich handelt, und/oder aus welchem Land die Daten stammen:

> http://www.lycos.com
> http://www.microsoft.de

In vielen Fällen sind die Informationen noch in verschiedenen Ordnern auf dem Internet-Server abgelegt. Dieser Pfad muss dann natürlich mit angegeben werden:

> http://www.microsoft.com/MSAccess

Wenn die URL-Adresse auf eine bestimmte Seite verweist, wird zum Schluss die Datei genannt, in der die Seite gespeichert ist. Webseiten, die mit HTML erstellt wurden, besitzen normalerweise die Endung htm oder html:

http://www.lochnet.com/client/smart/intranet.htm

In der nachfolgenden Tabelle sind einige Nachsilben des Rechner-Domain-Namens aufgelistet, die Ihnen beim Surfen im Internet immer wieder begegnen werden.

Tabelle 16.2: Nachsilben des Rechner-Domain-Namens

Nachsilbe	Bedeutung
edu	Internet-Seiten von Bildungseinrichtungen wie Universitäten
com	Kommerzielle Internet-Seiten
gov	Internet-Seiten von Regierungseinrichtungen (government)
mil	Internet-Seiten von militärischen Einrichtungen
net	Internet-Seiten von Netzwerk betreffenden Organisationen
de	Deutschland
fr	Frankreich
uk	Großbritannien

Das TCP/IP-Protokoll

Für den Datenverkehr im Internet oder Intranet ist das TCP/IP-Protokoll notwendig. Seine Aufgabe ist es, zu gewährleisten, dass sich Client und Server richtig verstehen. Dabei stellt Ihr PC mit dem Web-Browser den Client dar. Der Server ist der Rechner irgendwo im Internet, der zum Beispiel die Webseite speichert, die Sie lesen möchten.

TCP/IP ist nicht von einer bestimmten Hardware abhängig und gestattet nachfolgende Operationen:

*   Dateitransfer
*   Versand von elektronischen Nachrichten
*   Nutzung von entfernt stehenden Druckern
*   Zugang zu anderen Rechnern, die sich im Netzverbund befinden
*   Ausführung von Befehlen auf anderen Rechnern
*   Konfiguration eines Netzes
*   Zugriff auf Datenträger eines Fileservers

Dieses Protokoll wurde 1983 in Workstations mit dem Betriebssystem Berkeley-Unix eingebaut. Im Laufe der Jahre wurde TCP/IP der Standard für unzählige kleinere LAN-Netzwerke (Local Area Network). Da immer mehr Netzwerke miteinander verbunden wurden, breitete sich das Protokoll immer weiter aus.

TCP/IP besteht aus den beiden Bestandteilen IP und TCP. Dabei ist der erstgenannte Teil das Internet-Protokoll und wird als IP abgekürzt. Darauf setzt das Transmission Control Protocol (TCP) auf. Durch das Internet hat TCP/IP geradezu eine explosionsartige Verbreitung erfahren. Es ist heute ein offener Protokollstandard und wird von allen führenden Betriebssystemen unterstützt. Hierzu gehören Windows 95, Windows 98, Windows 3.11, Windows NT, OS/2, UNIX und Apple Macintosh.

Die zwei zusammengehörenden Protokolle IP und TCP stellen die Grundlage für den Datenaustausch im Internet dar. Das IP-Protokoll adressiert die Daten und sendet sie zum Empfänger. Dazu zerlegt die IP-Komponente die Daten in einzelne Datenpakete. Jedes Datenpaket besitzt einen Header, in dem die IP-Zieladresse steht. Außerdem wird dem Paket ein Fehlerkorrekturwert hinzugefügt.

Die Aufgaben von TCP sind die Überwachung des Datentransfers und das Bestätigen der empfangenen Datenpakete. Außerdem versucht TCP Übertragungsfehler zu korrigieren. Dazu ermittelt TCP unter Verwendung des gesendeten Fehlerkorrekturwerts eine Prüfsumme. Falls dabei Fehler erkannt werden, wird das Datenpaket weggeworfen und ein neues angefordert. Nachdem alle Pakete richtig empfangen wurden, setzt die TCP-Komponente die Einzelteile wieder zu einem Ganzen zusammen.

Wie Sie im letzten Abschnitt gelesen haben, greifen Sie auf einen Internet-Server normalerweise über einen Namen wie Microsoft oder Yahoo zu. Genau genommen verbirgt sich hinter diesen Domain-Namen die IP-Adresse des Servers. Ein Internet- oder Intranet-Server kann über seine IP-Adresse oder falls vorhanden seinen Domain Namen angesprochen werden. Der Zugriff über die IP-Adresse würde dabei zum Beispiel folgendermaßen aussehen:

> http://222.103.5.35/homepage.htm

Dabei steht anschließend an http:// die IP-Adresse des Inter-/Intranet Servers, gefolgt vom Namen der HTML-Seite. In diesem Beispiel trägt die HTML-Seite den Namen homepage.htm.

Benutzerfreundlicher kann der Zugriff über einen Namen erfolgen. Im Internet wird dieser als Domain-Name bezeichnet. Anstelle der recht unübersichtlichen IP-Adresse wird ein frei wählbarer Name benutzt. Einige Namensbeispiele haben Sie bereits weiter oben kennen gelernt. Wenn Sie selber für Ihren Internet-Server einen Domain-Namen verwenden wollen, muss dieser unbedingt reserviert werden. Wie dies geschieht, sagt Ihnen Ihr Internet-Dienstanbieter. Der Zugriff über den Namen wäre folgendermaßen möglich:

> http://Firma/homepage.htm

Für die Konvertierung des Namens, der ein Domain-Name oder der Name des Computers sein kann, wird ein spezielles Umwandlungssystem benötigt. Im Internet führt diese Umwandlung der IP-Adresse in einen logischen Namen der Dienstanbieter aus. Auf dem Intranet können Sie dazu entweder den Domain Name Service (DNS) oder den Windows Internet Name Service (WINS) verwenden. Dazu muss Ihr Netzwerk natürlich über DNS- oder WINS-Server verfügen. DNS und WINS sind Bestandteile des Windows NT 4.0 Server Betriebssystems.

IP-Details

Da Sie immer wieder auf IP-Adressen stoßen werden, sei es im Internet oder Intranet, ist es wert, sie etwas gründlicher zu betrachten. Die IP-Adresse können Sie sich wie eine Telefonnummer vorstellen. Unterschiedlich ist nur die etwas andere Schreibweise. Hinter IP verbirgt sich die Zieladresse, die insgesamt 32 Bit groß ist.

Diese Adresse wird üblicherweise in einer Folge von vier aufeinanderfolgenden Byte dargestellt, die durch einen Punkt getrennt sind:

194.25.2.129

Zur Erinnerung: Ein Byte kann eine Zahl zwischen 0 und 255 sein. Werden diese 4 Bytes zusammengesetzt, ergeben sie die 32-Bit-Zieladresse. Dadurch kann sowohl das Netz als auch der Rechner in diesem Netz eindeutig identifiziert werden.

Das IP-Protokoll teilt alle IP-Adressen in vier Klassen ein, die jeweils aus einem bestimmten Adressbereich bestehen. Die Klasse ist zum Beispiel wichtig, wenn der Wert der IP-Maske gefunden werden soll, der bei der TCP/IP-Installation zu nennen ist.

Tabelle 16.3: Vier Klassen der IP-Adressen

Klasse	Adressbereich	Maske
A	0.0.0.0 - 127.0.0.0	255.0.0.0
B	128.0.0.0 - 191.255.0.0	255.255.0.0
C	192.0.0.0 - 223.255.255.0	255.255.255.0
D/E	224.0.0.0 - 255.255.255.0	Reserviert

Je nach dem Adressbereich der IP-Adresse ist die Adresse unterschiedlich zusammengesetzt. In der Klasse A wird das Netz über 1 Byte, der Rechner über 3 Bytes angesprochen. In der Klasse B ist die Adresse für beide Anteile 2 Bytes groß. Befindet sich die IP-Adresse in der Klasse C, so wird das Netz mit 3 Bytes und der Rechner mit 1 Byte adressiert.

Um Überschneidungen von Intranet-Adressen mit IP-Adressen des Internets zu verhindern, wurde in den ersten drei Klassen jeweils ein bestimmter Bereich für Intranet-Adressen reserviert.

Tabelle 16.4: Reservierter Adressbereich für die ersten drei Klassen

Klasse	reservierter Adreßbereich
A	10.0.0.0 - 10.255.255.255
B	127.16.0.0 - 172.31.255.255
C	192.168.0.0 - 192.168.255.255

In einem Netzwerk mit einem Windows-NT- oder Windows 2000-Server und zum Beispiel Windows 95 oder Windows 98 als Workstations kann auf die feste Vergabe einer IP-Adresse verzichtet werden, sobald DHCP genutzt wird. Hinter der Abkürzung DHCP steht Dynamic Host Configuration Protocol. Dies bedeutet, dass einem Rechner dynamisch eine IP-Adresse und ein Name aus einem zuvor festgelegten Namensbereich vom Server zugeordnet wird. Damit brauchen für die Arbeitsstationen keine IP-Adressen mehr vergeben zu werden. Befinden sich in Ihrem Netzwerk jedoch nur Computer mit dem Betriebssystem Windows 95 oder Windows 98, so funktioniert DHCP nicht.

Die Programmiersprache Java

Die objektorientierte 32-Bit-Programmiersprache Java wurde von Sun Microsystems entwickelt. Sie ist Server-Plattform-unabhängig. In Java können Sie auf Objekte im Internet beziehungsweise Intranet über deren URL-Adressen zugreifen. Java unterstützt Multi-Threading und besitzt Mechanismen, die das Überschreiben von belegtem Speicher verhindern.

Java besitzt viele Ähnlichkeiten mit der Programmiersprache C++, verfügt aber über weniger Sprachmittel. Verschiedene Softwareunternehmen bieten Entwicklungsumgebungen für Java an. Dies sind zum Beispiel Café von Symantec, das Java Developers Kit von Sun Microsystems oder Visual J++ von Microsoft.

Programme, die in Java entwickelt wurden, werden von einem Java-Compiler in Bytecode übersetzt und können anschließend in eine Webseite integriert werden.

Die Programmiersprachen JavaScript und VBScript

Beide Sprachen sind Scripting-Sprachen, die in einer HTML-Datei zwischen normalem HTML-Code eingebettet werden. Beide verfügen über dasselbe Objektmodell, sind jedoch von verschiedenen Firmen. JavaScript wurde von Sun entwickelt, VBScript hingegen von Microsoft. Die Sprache VBScript verfügt über komplexere Datentypen und bessere Fehlerbehandlungsmöglichkeiten als JavaScript. Dagegen bietet JavaScript die Möglichkeit, eigene, benutzerdefinierte Objekte zu erstellen. VBScript wird zum Beispiel von Access verwendet, wenn eine Tabelle oder ein Formular in eine ASP-Datei gespeichert wird.

Die ActiveX-Technologie

Durch Verwendung der ActiveX-Technologie können kleine Programme, auch Applets genannt, als Steuerelemente in HTML-Seiten eingebunden werden. In Bezug auf das Internet stellen sie Erweiterungen zu Java-Programmen dar. Dadurch erwachen Webseiten zum Leben und können interaktive Elemente enthalten. Informationen können ansprechender aufbereitet werden.

Die Technologie ActiveX beschränkt sich nicht nur auf das Internet und basiert auf dem Component Object Model (COM) von Microsoft. Mit ihr wurde festgelegt, dass ein riesiges Softwaremodul besser in kleinere Komponenten aufgegliedert werden soll, die dadurch flexibler sind und besser gewartet werden können.

Im Gegensatz zu Java-Programmen können ActiveX-Applets nur auf Intel- und Windows-Plattformen eingesetzt werden. Dadurch können sie jedoch die Möglichkeiten des Betriebssystems besser nutzen. Sowohl mit ActiveX als auch mit Java kann eine Interaktivität für das Internet entwickelt werden. Sie verwenden dazu jedoch zwei völlig verschiedene Technologien. Java ist eine Programmiersprache, ActiveX setzt auf OLE auf, das heutzutage immer mehr COM genannt wird.

ActiveX-Controls wurden früher als OLE-Steuerelemente oder OCX-Controls bezeichnet. Sie können nicht nur in Webseiten, sondern in jedes Windows-Programm eingebracht werden. Die neu erstellten ActiveX-Steuerelemente benötigen weniger Code als die früheren OCX-Controls und sind somit schneller und weniger speicherintensiv.

Wenn Sie auf eine Internet-Seite zugreifen, das ein ActiveX-Control enthält, wird der Code dieses Steuerelements auf Ihre lokale Festplatte in den Windows-Ordner \OCCACHE heruntergeladen. Anschließend kann es als normales Windows-Programm ausgeführt werden, mit dem einzigen Unterschied, dass es innerhalb der Webseite aufgerufen wird. Bei weiteren Zugriffen auf diese Seite, erfolgt der Aufruf des Controls schneller, da es sich bereits auf Ihrer Platte befindet. Außerdem muss der Internet-Server nun nur noch rohe Daten senden, die Aufbereitung erfolgt über das ActiveX-Steuerelement.

Bei der Entwicklung von ActiveX-Controls sind Sie nicht an eine bestimmte Programmiersprache gebunden. Sie können zum Beispiel Visual Basic ab der Version 5.0 oder Visual C++ ab 4.2 verwenden. ActiveX-Steuerelemente besitzen kein eigenes Fenster, sondern benutzen das Fenster des Containers, zum Beispiel den Internet Explorer. Auf diese Weise ist es möglich, dass ein Control auch andere als rechteckige Formen annehmen kann.

Virtuelle Realität im Internet

Die beiden bekanntesten Web-Browser – von Netscape und von Microsoft – unterstützen unter anderem die VRML-Sprache (Virtual Reality Markup beziehungsweise Modelling Language). Diese Sprache stellt eine Weiterentwicklung von HTML dar und verfügt über viel mehr multimediale Elemente. VRML-Dateien besitzen meistens die drei Buchstaben „WRL" als Dateiendung.

Ihren Ursprung hat sie im Datenformat „Open Inventor" von Silicon Graphics, Eine Sprache im ASCII-Text, die 3D-Szenen beschreibt. Eine solche Szene besteht aus aus einer hierarchischen Baumstruktur von so genannten Knoten, die festlegen, wie Objekte eingelesen und als 3D-Grafik angezeigt werden können.

VRML besteht wie HTML aus verschiedenen Befehlen (Tags) und wird als ASCII-Datei gespeichert. In der ersten Version von VRML waren alle 3D-Modelle noch statisch. Erst in der nächsten Version wurde die Interaktion ermöglicht. Mit VRML findet eine 3D-Visualisierung auf dem Web statt. Damit ist es möglich, virtuelle, dreidimensionale Räume anzuzeigen, die Sie begehen können. Die Hyperlinks werden zu Türen, die Sie öffnen, um in einen anderen Raum zu gelangen.

Diese Technik ist zum Beispiel für Versandhäuser sehr vorteilhaft. Sie können in der virtuellen Welt von Regal zu Regal gehen und das Gewünschte aussuchen, genauso wie Sie es in einem wirklichen Kaufhaus gewohnt sind. Sie müssen keine unübersichtlichen Listen mehr wälzen und etwas blind auswählen, ohne zu wissen, wie es aussieht.

Die VRML Version 1.0 entstand bereits 1994, um chemische Strukturen dreidimensional anzuzeigen. In dieser Version waren die Modelle jedoch noch statisch. Sie konnten nicht gedreht oder bewegt werden. Dies wurde in der nächsten Version 2.0 behoben.

Die einzelnen Bestandteile einer solchen 3D-Welt sind VRML-Objekte, zum Beispiel Linie, Kugel und Zylinder. Deren Eigenschaften wie Größe und Farbe werden bestimmt, bevor das Objekt selber erzeugt wird. Auf diese Weise weiß der VRML-Interpreter bereits bei der Definition des Objekts genau, wie dessen Aussehen ist.

Interaktionen zwischen Objekten werden genauso wie in Windows-Programmen durch Ereignisse erzeugt. Diese Aktionen können entweder durch ein Objekt erzeugt werden oder auf dieses einwirken. Über so genannte Routes, spezielle Komandos, können die Ereignisse von einem Objekt zum anderen weitergeleitet werden.

16.2 Datenzugriffsseiten verwalten

Datenzugriffsseiten können von der Benutzeroberfläche auf einfache Weise erstellt werden. Dieser Abschnitt beschäftigt sich jedoch nicht mit diesem Thema, sondern mit dem VBScript-Code der Seite und dem programmtechnischen VBA-Zugriff, um zum Beispiel eine neue Seite zu erstellen.

16.2.1 Datenzugriffsseiten und VBScript

Wenn Ihnen die Funktionalität der Datenzugriffsseite nicht ausreicht, können Sie den HTML-Code selbst bearbeiten. Dies ist zum Beispiel dann der Fall, wenn Sie eigenen Programmcode in Form von VBScript oder JScript einfügen möchten.

16.2.1.1 Der Microsoft Script Editor

Um den HTML-Code nachzubearbeiten oder zu analysieren, rufen Sie im Menü ANSICHT den Menüpunkt HTML-QUELLE auf. Alternativ können Sie auch den Menüpunkt MICROSOFT SCRIPT EDITOR des Kontextmenüs der Entwurfsansicht wählen. Daraufhin erscheint der komfortable Microsoft Script Editor, der auch in dem Softwarepaket VisualStudio von Microsoft enthalten ist.

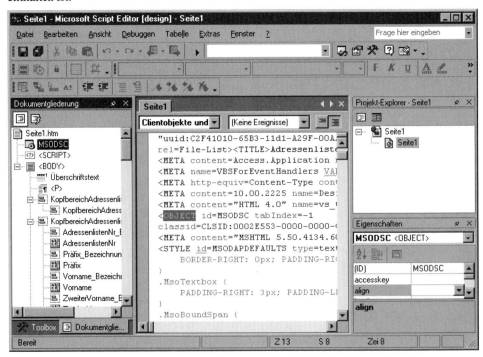

Bild 16.1: Die Microsoft Script Editor

Diese Entwicklungsumgebung enthält mehrere kleine Fenster, die so ausgerichtet sind, dass sie sich nicht überlappen. Wenn Sie eines dieser Fenster größer benötigen, brauchen Sie nur seine Titelzeile doppelt anzuklicken. Dadurch wird das Fenster in den Vordergrund gestellt. Ein weiterer Doppelklick ordnet das Fenster wieder an seine vorherige Position ein.

Damit Sie im Fenster, das den HTML-Code anzeigt, nicht lange suchen müssen, an welcher Stelle ein bestimmtes Steuerelement erzeugt wird, gibt es in der Entwicklungsumgebung ein Fenster mit der Bezeichnung „Dokumentgliederung". Wenn es derzeit nicht eingeblendet ist, rufen Sie im Menü ANSICHT das Untermenü ANDERE FENSTER und dann den Menüpunkt DOKUMENTGLIEDERUNG auf. In diesem Fenster werden die einzelnen Elemente der Datenzugriffsseite aufgelistet. Durch die Auswahl eines dieser Objekte verzweigen Sie direkt zu dessen HTML-Code.

Wenn Sie bereits VBA-Prozeduren in Access geschrieben und getestet haben, werden Sie recht schnell auch HTML-Code testen können. Das Code-Fenster verfügt über die senkrechte Leiste, über die Sie Haltepunkte setzen und wieder löschen. Im Menü DEBUGGEN finden Sie bekannte Menüpunkte wie EINZELSCHRITT und PROZEDURSCHRITT. Wenn Sie diese Menüpunkte noch nicht vorfinden, so muss der Debugger erst über den Menüpunkt WEBDEBUGGING INSTALLIEREN eingerichtet werden.

Der Projekt-Explorer zeigt Ihnen den Zusammenhang zwischen verschiedenen Datenzugriffsseiten. Falls Sie nur eine Seite angelegt haben, werden Sie im Project-Explorer auch nur einen einzelnen Eintrag finden. Bei größeren Web-Projekten mit vielen Seiten erleichtert der Project-Explorer die Übersicht ganz erheblich. Durch einen Klick auf eine bestimmte Seite können Sie auf den darin enthaltenen HTML-Code zugreifen.

Mithilfe des Eigenschaften-Fensters greifen Sie auf die Eigenschaften eines Objekts zu. Die Eigenschaften werden über zwei Schaltflächen alphabetisch oder nach Kategorien sortiert dargestellt. Neben Einstellungen wie Größe und Position können Sie hiermit auch bei einigen Elementen die Datenquelle festlegen. Bei einer Navigationsleiste bestimmen Sie über die Eigenschaft „RecordSource" den Namen der Tabelle beziehungsweise der Abfrage, auf der das Objekt basiert.

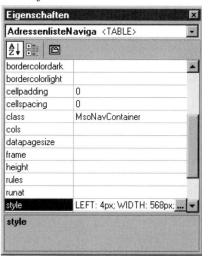

Bild 16.2: Die Eigenschaften einer Navigationsleiste

16.2.1.2 Die Seite mit VBScript anpassen

Eine Datenzugriffsseite kann in Access in wenigen Minuten erstellt werden. Häufig haben Anwender jedoch noch Extrawünsche, die dann mit Hilfe einer Skriptsprache zu realisieren sind. Wenn Sie nur die Skript-Prozeduren ohne den restlichen HTML-Code sehen möchten, klicken Sie rechts oben neben dem Kombinationsfeld für die Ereignisse die Schaltfläche „Nur Skript-Ansicht" an.

VBScript in eine HTML-Seite einfügen

Um VBScript in eine HTML-Seite einfügen zu können, schließen Sie den Code in ein <SCRIPT>-Tagpaar ein. Über das Attribut „LANGUAGE" geben Sie die Skriptsprache an, da verschiedene Skriptsprachen, zum Beispiel auch JavaScript, eingesetzt werden können.

```
<SCRIPT LANGUAGE="VBScript">
<!--
   Function Lieferung(Lieferdatum)
      Lieferung = (CDate(Lieferdatum) - Now()) >= 3
   End Function
-->
</SCRIPT>
```

Falls ein Browser das <SCRIPT>-Tag nicht interpretieren kann, soll der Code nicht als normaler Text in der HTML-Seite angezeigt werden. Deswegen wird er in Kommentar-Tags („<!--   -->") gesetzt. Das <SCRIPT>-Tagpaar kann sowohl in den „HEAD"-Abschnitt als auch in dem „BODY"-Abschnitt der HTML-Seite gestellt werden.

Unterschiede zwischen VBScript und VBA

Wenn Sie sich gut mit VBA auskennen, sollte es Ihnen eigentlich keine besonderen Schwierigkeiten bereiten, mit VBScript zu programmieren. Das Hauptproblem bei VBScript ist, dass nicht die gesamte Funktionalität von VBA realisiert wurde. Grundsätzlich kann man sich merken, dass mit wenigen Ausnahmen VBScript eine Untermenge von VBA ist. Einige Funktionalitäten, die Sie von VBA her kennen, werden Sie in VBScript leider schmerzlich vermissen. Die meisten der in VBA eingebauten Funktionen werden Sie in VBScript nicht wiederfinden. Am besten ist es, erst in der Beschreibung von VBScript nachzulesen, bevor Sie eine von VBA bekannte Funktion unter VBScript ausprobieren und feststellen müssen, dass sie nicht existiert.

Bekannte VBA-Konstanten fehlen

Hierzu gehören zum Beispiel die in VBA so zahlreich vordefinierten Konstanten, die es in VBScript mit wenigen Ausnahmen – wie für die Anweisung „MsgBox" und die Funktion „VarType" – nicht gibt. Ein unüberwindbares Problem ist dies zwar nicht, da Sie in VBScript Konstanten über die „Const"-Anweisung definieren können, aber ganz schön lästig ist es schon. Besonders dann, wenn man den genauen Wert der Konstanten nicht kennt. Meist hilft hier der Objektkatalog weiter.

```
const adOpenKeyset=1
```

Variablen besitzen immer den Datentyp „Variant"

Zu einem guten Programmierstil gehört, dass für die Deklaration von Variablen immer der
am besten passende Datentyp gewählt wird. In Zeiten von Internet und VBScript scheint
jedoch vieles nicht mehr wichtig zu sein. Bei VBScript gibt es leider nur noch den Datentyp
„Variant". Jede Variable, die mit der „Dim"-Anweisung definiert wird, kann und darf auch
nur den Datentyp „Variant" besitzen. Wenn Sie einen anderen Datentypen für eine Variable
festlegen möchten, erhalten Sie einen Laufzeitfehler.

```
Dim sDatenQuelle
```

Demzufolge besitzen auch die Parameter von Prozeduren und Funktionen immer nur den
Datentyp „Variant".

Mit der Funktion „VarType" können Sie wie auch in VBA ermitteln, welcher Untertyp wie
„Date", „String" oder „Single" derzeit in der Variablen steht.

Einen Event-Handler erstellen

Die Bearbeitung von Ereignissen erfolgt in Access sehr häufig über Ereignisprozeduren. Bei
VBScript gibt es auch Ereignisprozeduren, die jedoch etwas anders als Event-Handler defi-
niert werden. Die Funktionsweise bleibt jedoch die gleiche. Wenn Sie zum Beispiel eine
Befehlsschaltfläche in eine Datenzugriffsseite eingefügt haben und auf einen Klick auf diese
Schaltfläche reagieren möchten, so sieht der zugehörige Event-Handler folgendermaßen aus.

```
<script language=vbscript for=Befehl0 event=OnClick>
<!--

-->
</script>
```

Den Event-Handler müssen Sie jedoch nicht selbst erstellen, sondern Sie überlassen dem
Microsoft Script Editor die Arbeit. Hierzu wählen Sie in dem Kombinationsfeld am oberen
Rand des Codefensters den Namen des Steuerelements und im rechts daneben liegenden
Kombinationsfeld das Ereignis aus. Dadurch wird automatisch der entsprechende Programm-
code des Event-Handlers eingefügt. Der Name des Steuerelements oder des Objekts steht
nach „for=" und das Ereignis nach „event=". Diesen Rahmen können Sie dann mit eigenem
Programmcode füllen.

Wenn Sie zum Beispiel ein Meldungsfenster als Reaktion auf den Klick auf eine Befehlsschaltfläche erscheinen lassen möchten, so könnte der Programmcode folgendermaßen aussehen:

```
<SCRIPT language=vbscript event=onclick for=Befehl0>
<!--
  MsgBox "Hello world",vbYesNoCancel, "Meldung"
-->
</SCRIPT>
```

Wichtig ist es noch zu wissen, dass die Übergabeparameter leider nicht automatisch durch
den Microsoft Script Editor an die Ereignisprozedur angefügt werden. Dies ist insofern wichtig, da Ereignisse, die einen Parameter zurückliefern, durch einen Event-Handler realisiert

sein müssen, der auch entsprechend viele Parameter definiert hat. Andernfalls wird die Ereignisprozedur erst gar nicht ausgeführt, egal ob Sie die Übergabeparameter nutzen möchten oder nicht.

```
</SCRIPT>
<script language=vbscript for=window event=onkeydown(KeyAscii)>
<!--

-->
</script>
```

Felder und Objekte bearbeiten

Wenn Sie innerhalb von VBScript Objekte wie zum Beispiel den Wert eines Feldes bearbeiten möchten, müssen Sie eine Besonderheit von VBScript berücksichtigen. Im Gegensatz zu VBA ordnet VBScript einem Objekt keine Standard-Eigenschaft zu. Hieraus resultiert, dass Sie zum Ändern oder Lesen eine Feldes zusätzlich zum Feldnamen die Eigenschaft „Value" nennen müssen. Um auf ein Feld innerhalb einer Ereignisprozedur eines Access-Formulars zuzugreifen, schreiben Sie „Me" vor dem Feldnamen. Damit verweisen Sie bekanntermaßen auf ein Feld des aktuellen Formulars. Unter VBScript wird der Bezeichner „Me" nicht unterstützt. Daher nennen Sie den Feldnamen mit seiner Eigenschaft „Value" ohne zuvor gestelltes „Me".

```
<SCRIPT language=vbscript event=onclick for=Befehl0>
<!--
  Strasse.Value = „Busch 14"
-->
</SCRIPT>
```

Fehlerbehandlung

Wie sollte es anders sein – auch die Möglichkeiten der Fehlerbehandlung sind eingeschränkt. Um selbst auf Fehler reagieren zu können, steht leider nur eine Möglichkeit zur Verfügung, die nicht sehr komfortabel ist. Als Erstes schalten Sie über die Anweisung „On Error Resume Next" die Fehlerbehandlung durch VBScript aus. Wenn Sie jetzt überprüfen möchten, ob eine Aktion richtig ausgeführt wurde oder ob dabei ein Fehler aufgetreten ist, fragen Sie direkt in der nächsten Zeile die Eigenschaft „Number" des Objekts „Err" auf den Wert 0 ab.

```
<SCRIPT language=vbscript event=onclick for=Befehl0>
<!--
  On Error Resume Next
  Strasse.Value = „Busch 14"
  If (Err.Number <> 0) Then
    MsgBox Err.Description & "Nr: " & Err.Number, "Fehler"
    Err.Clear
  End If
  On Error Goto 0
-->
</SCRIPT>
```

Bei dieser Art der Fehlerbehandlung müsste eigentlich nach jeder Programmzeile auf einen möglichen Fehler abgefragt werden, da nach einem weiteren Fehler, der erste schon wieder überschrieben ist. Wenn Sie daher erst nach mehreren Programmzeilen eine Fehlerauswertung durchführen, macht es meist wenig Sinn, den Fehlertext aus der Eigenschaft „Description" des „Err"-Objekts zu bilden, da dieser Text dann nicht mehr aus dem ursprünglichen Fehler, sondern aus einem Folgefehler resultiert.

Eine Fehlernummer bleibt so lange in der Eigenschaft „Number" erhalten, bis entweder ein neuer Fehler entstanden ist oder über die Methode „Clear" des „Err"-Objekts der Fehlerwert gelöscht wurde. Nachdem Sie einen Fehler selbst bearbeitet haben, können Sie über „On Error Goto 0" wieder die Standard-Fehlerbehandlung von VBScript einschalten.

Ein VBScript-Programm testen

Für das Testen von VBA-Programmen ist es durchaus üblich, zur Ausgabe von Zwischenergebnissen die Anweisung „MsgBox" zu benutzen. Innerhalb einer Datenzugriffsseite ist hiervon leider abzuraten, da die Anweisung „MsgBox" in einem eigenen Thread abläuft. Hierdurch wird unter Umständen die Auslösung von Ereignissen beeinflusst. Damit führt eine zu Testzwecken eingebaute Anweisung „MsgBox" zu einem anderen als dem gewünschten Ergebnis. Sie haben aber die Möglichkeit, selbst eine kleine Prozedur zu schreiben, die innerhalb des Internet Explorers ein neues Fenster öffnet, in das Zwischenergebnisse ausgegeben werden.

```
<SCRIPT language=vbscript>
<!--
Dim TestFenster

Sub TestFensterÖffnen
 Dim Name
 Set TestFenster = Window.open("about:blank",Name, _
    "nenubar=no,status=no,toolbar=no,resizable=yes," & _
    "scrollbars=yes,left=10,top=10,width=400,height=300")
 TestFenster.document.open("text/plain")
 TestFenster.document.clear
 TestFenster.document.bgcolor = "FFFFC0"
 TestFenster.document.writeln("Testfenster für " & document.title
End Sub

Sub TestFensterAusgabe(sText)
 TestFenster.document.writeln (sText)
End Sub
-->
</SCRIPT>
```

Das Testfenster können Sie folgendermaßen aufrufen:

```
<SCRIPT language=vbscript event=onclick for=Befehl0>
<!--
  TestFensterÖffnen
  TestFensterAusgabe "Testmeldung"
</SCRIPT>
```

16.2.1.3 Die Verbindung zu den Daten aktualisieren

Nachdem Sie eine Seite gestaltet haben und speichern, erstellt Ihnen der Datenzugriffsseiten-Designer eine Datei mit der Endung „HTM“. Da die Daten einer Seite entweder aus einer Access-Datenbank oder aus einer SQL Server-Datenbank stammen, muss die Seite mit der jeweiligen Datenbank verbunden sein.

Beim Erstellen einer Datenzugriffsseite innerhalb von Access wird die Seite automatisch mit der aktuellen Datenbank verbunden. Die Pfadangabe und noch weitere Informationen werden in der Eigenschaft „ConnectionString“ der Seite gespeichert. Nach dieser Eigenschaft können Sie im HTML-Editor suchen. Nachfolgend sehen Sie einen Auszug aus einer HTM-Datei:

```
<OBJECT id=MSODSC tabIndex=-1 classid=CLSID:....
  <a:ConnectionString>Provider=Microsoft.Jet.OLEDB.4.0;
  User ID=Admin;Data Source=C:\tmp\seiten.mdb;Mode=Share Deny None; ......
</OBJECT>
```

Die Abkürzung „MSODSC“ steht für „Microsoft Office Data Source Control“ und repräsentiert das Datenquellen-Steuerelement, das die oberste Ebene im Datenmodell einer Datenzugriffsseite darstellt. Über die angegebene Zeile wird das Datenquellen-Steuerelement auf dieser HTML-Seite erstellt und mit der Datenbank SEITEN.MDB verbunden. Über den Provider wird dabei festgelegt, dass es sich um eine normale Access-Datenbank handelt.

Wenn ein Anwender zum Beispiel im Internet Explorer zu der Seite verzweigt, dann werden die aktuellen Daten von der darunter liegenden Datenbank angezeigt, wobei der in der Eigenschaft „ConnectionString“ stehende Pfad benutzt wird.

Falls Sie die Datenbank nach dem Anlegen der Datenzugriffsseiten auf ein anderes Laufwerk oder in einen anderen Ordner verschieben, müssen Sie sich selber darum kümmern, dass die Eigenschaft „ConnectionString“ den richtigen Pfad enthält.

Dazu öffnen Sie die Datenzugriffsseite in der Entwurfsansicht und lassen Sie sich über die Schaltfläche in der Symbolleiste die Feldliste anzeigen. Durch einen Klick mit der rechten Maustaste auf das Datenbanksymbol, das sich an oberster Stelle befindet, können Sie den Menüpunkt VERBINDUNG aufrufen. Im dadurch angezeigten Dialogfeld „Datenverknüpfungseigenschaften“ tragen Sie nun im Register „Verbindung“ in das Feld unter Punkt 1 den richtigen Pfad ein beziehungsweise stellen ihn über die daneben liegende Schaltfläche ein.

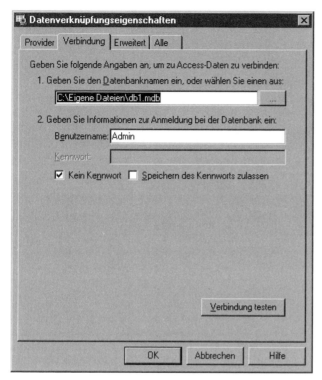

Bild 16.3: Die Eigenschaft „ConnectionString" einstellen

Die Verbindung per VBScript aktualisieren

Den eben beschriebenen Ablauf des Aktualisierens der Verbindung zu einer Datenquelle kann auch per VBScript-Code erfolgen. Dies ist besonders dann interessant, wenn Sie dem Anwender erlauben möchten, eine Datenzugriffseite Offline nutzen zu können. In diesem Fall steht die Verbindung zum Beispiel zur MS SQL Server- oder Access-Datenbank nicht ständig zur Verfügung. Sie benötigen zusätzlich eine lokale Datenbank, die im Offline-Betrieb mit der Datenzugriffsseite verbunden wird. Den Ablauf könnten Sie zum Beispiel so realisieren, dass Sie den Anwender über ein Eingabe-Dialogfeld fragen, ob mit den Online- oder den Offline-Daten gearbeitet werden soll.

Zu diesem Zweck erstellen Sie eine Ereignisprozedur für das „BeforeInitBind"-Ereignis des „MSODSC"-Steuerelements in Ihrer Datenzugriffsseite. Dieses Ereignis entsteht, bevor die Steuerelemente dieser Seite das erste Mal an die Datenquelle (Recordset) gebunden werden, das heißt bevor ihnen Daten zugewiesen werrden. Das Ereignis „BeforeInitBind" wird auch gerne dazu verwendet, Eigenschaften der Datenzugriffsseite einzustellen.

Um den VBScript-Code zu testen, führen Sie die Datenzugriffsseite nicht innerhalb von Access, sondern über den Internet Explorer aus, da ansonsten die Datenbankanbindung nicht funktioniert.

```
<script language=vbscript for=MSODSC event=BeforeInitialBind(info)>
<!--
```

```
Dim sDatenQuelle
Dim sShapeText
Dim sConnectionString
const adOpenKeyset=1
const adLockOptimistic = 3

If VbYes=MsgBox("Möchten Sie Offline arbeiten?",VbYesNo,"Datenanbindung") Then
  On Error Resume Next
  sDatenQuelle = InputBox("Bitten nennen Sie den Pfad auf die
                          Datenbank","Datenquelle","C:\Datenbank.mdb")
  sShapeText = MSODSC.RootRecordsetDefs(0).ShapeText
  sConnectionString = "Provider=MSDataShape.1; " & _
    "Persist Security Info= False; Data Source=" & sDatenQuelle & _
    ";User ID=Admin;Data Provider=Microsoft.Jet.OLEDB.4.0"
  Set rs = CreateObject("ADODB.Recordset")
  rs.Open sShapeText, sConnectionString, adOpenKeyset, adLockOptimistic
  If Err.Number <> 0 Then
    MsgBox Err.Description & "Nr: " & Err.Number, "Fehler"
  End If
End If
-->
</script>
```

Hinweis: Es ist sehr wichtig, dass Sie für eine Ereignisprozedur des „MSODSC"-Steuer-
elements grundsätzlich einen Übergabeparameter wie „info" nennen, auch wenn
Sie diesen gar nicht nutzen werden. Anderenfalls würde das Ereignis für dieses
Datenquellensteuerelement abgeblockt werden.

```
<script language=vbscript for=MSODSC event=BeforeInitialBind(info)>
<!--

-->
</script>
```

16.2.2 Zugriff auf Datenzugriffsseiten mit VBA

Die komplette Sammlung aller geöffneten Datenzugriffsseiten innerhalb eines Access-
Projektes oder einer Access-Datenbank finden Sie in der „DataAccessPages"-Kollektion.
Wenn Sie auf eine bestimmte geöffnete Seite mit VBA zugreifen möchten, werden Sie immer
bei der „DataAccessPages"-Kollektion beginnen. Der Zugriff auf ein einzelnes „DataAccessPage"-Objekt kann über den Namen oder die Index-Nummer der Kollektion erfolgen.

Um alle Namen der Seiten zu ermitteln, verwenden Sie am zweckmäßigsten die „For ...
Each"-Anweisung. Das folgende Beispiel gibt alle Namen der im aktuellen Projekt beziehungsweise in der aktuellen Datenbank geöffneten Datenzugriffsseiten in das Direktfenster
aus.

```
Sub fktAlleOffenenDatenzugriffsseiten()
  Dim dAP As DataAccessPage
  For Each dAP In DataAccessPages
```

```
        Debug.Print dAP.Name
    Next dAP
End Sub
```

Hinweis: Es ist nicht möglich, aus der „DataAccessPages"-Auflistung ein „DataAccess-Page"-Objekt zu löschen oder ein neues hinzuzufügen.

Möchten Sie hingegen alle Seiten innerhalb eines Projektes ermitteln, müssen Sie eine andere Vorgehensweise wählen. Alle in einem Projekt enthaltenen Datenzugriffsseiten befinden sich in der „AllDataAccessPages"-Kollektion des Objektes „CurrentProject". Das „Current-Project"-Objekt bezieht sich dabei auf das Projekt, das heißt auf die Sammlung aller globalen Module und aller Klassenmodule, der aktuellen Access-Datenbank („mdb") oder des aktuellen Access-Projektes („adp").

```
Sub fktAlleDatenzugriffsseiten()
    Dim dAO As AccessObject

    For Each dAO In CurrentProject.AllDataAccessPages
        Debug.Print dAO.Name
    Next dAO
End Sub
```

Das „AccessObject"-Objekt

Wichtig ist es, darauf zu achten, dass die „AllDataAccessPages"-Kollektion kein „Data-AccessPage"-Objekt, sondern ein „AccessObject"-Objekt zurückgibt. Dieses „AccessObject"-Objekt kann wiederum unterschiedliche Typen annehmen. Der Typ ergibt sich aus der Kollektion, die das Objekt zurückgegeben hat. Dabei kann ein „AccessObject"-Objekt folgende Typen besitzen.

Tabelle 16.5: Mögliche Typen eines „AccessObject"-Objekts

AccessObject	Kollektion	Beschreibung
Form	AllForms	Enthält alle gespeicherten Formulare.
Report	AllReports	Enthält alle gespeicherten Berichte.
Macro	AllMacros	Enthält alle gespeicherten Makros.
Module	AllModules	Enthält alle gespeicherten Module.
Data access page	AllDataAccessPages	Enthält alle gespeicherten Seiten.
Table	AllTables	Enthält alle gespeicherten Tabellen.
Query	AllQueries	Enthält alle gespeicherten Abfragen.

AccessObject	Kollektion	Beschreibung
View	AllViews	Enthält alle gespeicherten Sichten in einem Access-Projekt.
Stored procedure	AllStoredProcedures	Enthält alle gespeicherten Stored Procedures in einem Access-Projekt.
Database diagram	AllDatabaseDiagrams	Enthält alle gespeicherten Diagramme in einem Access-Projekt.

Eine neue Datenzugriffsseite anlegen

Die programmtechnische Erstellung einer Datenzugriffsseite erfolgt über die Methode „CreateDataAccessPage" des „Application"-Objektes. Dabei können Sie definieren, ob es sich um eine leere Seite handeln soll, oder ob eine Verbindung zu einer bereits bestehenden „HTML"-Seite geschaffen werden soll.

```
object.CreateDataAccessPage filename [, createnewfile]
```

Der erste Parameter enthält den Namen der HTM-Datei und den Pfad. Die Voreinstellung für das zweite Argument lautet „True", wodurch eine neue „HTML"-Seite angelegt wird. Wenn Sie stattdessen den Wert „False" übergeben, wird nur ein Verweis auf eine bereits bestehende Webseite erzeugt.

Durch den Aufruf der Methode „CreateDataAccessPage" wird die Datenzugriffsseite als Symbol im Access-Fenster angezeigt. Möchten Sie die Seite sofort als Fenster sehen, rufen Sie anschließend die Methode „Restore" des „DoCmd"-Objektes auf.

```
Sub fktNeueSeite()
    Dim Seite As DataAccessPage

    Set Seite = Application.CreateDataAccessPage("c:\eigene Dateien\NeueSeite.htm", True)
    DoCmd.Restore
End Sub
```

Bild 16.4: Eine mit VBA-Code erstellte Datenzugriffsseite

Im anschließenden Beispiel wird eine neue Datenzugriffsseite erstellt und bereits mit etwas Text gefüllt. Den Namen der Seite nennen Sie beim Aufruf der Funktion „NeueSeiteanlegen". Falls unter dem Namen bereits eine „HTM"-Seite existiert, werden Sie gefragt, ob diese als Grundlage dienen soll. Der Aufruf der Funktion im Direktfenster kann zum Beispiel folgendermaßen lauten:

```
? NeueSeiteanlegen("Seite20")

'**************** BASICPRG.MDB ****************
'****************** NeueObjekte ******************
Function NeueSeiteanlegen(strDateiName As String) As Boolean
  Dim Seite As DataAccessPage
  Dim Antwort

  On Error GoTo Seite_Err

  Set Seite = Application.CreateDataAccessPage(strDateiName, True)

  With Seite.Document
    .All("Überschriftstext").innerText = "Programmtechnisch erstellte Seite"
    .All("Überschriftstext").Style.display = ""
    .All("VorHaupttext").innerText = "Beispiel zu einer Überschrift"
    .All("VorHaupttext").Style.display = ""
  End With
  Seite.ApplyTheme "Safari"

Seite_Save:
  DoCmd.Close acDataAccessPage, Seite.Name, acSaveYes
  NeueSeiteanlegen = True
  Exit Function

Seite_Err:
  Select Case Err.Number
   Case 2023
    ' Die angegebene Datei existiert bereits
    ' wenn gewünscht, kann sie als Grundlage benutzt werden
    Antwort = MsgBox("Die Datei " & strDateiName & ".HTM" & " existiert bereits" & _
      vbCrLf & "Wollen Sie diese als Grundlage verwenden?", vbYesNo, "Achtung")
    If Antwort = vbYes Then
     Set Seite = Application.CreateDataAccessPage(strDateiName, False)
     Resume Next
    Else
     NeueSeiteanlegen = False
     Resume Seite_Ende
    End If
   Case 91
    MsgBox "Diese Seite wurde nicht mit Acess erstellt" & _
      " und kann deshalb nicht bearbeitet werden", , "Achtung"
    Resume Seite_Save
   Case Else
    NeueSeiteanlegen = False
    MsgBox Err.Description
```

```
      Resume Seite_Ende
   End Select
  Seite_Ende:
   End Function
```

Mit der Methode „CreateDataAccessPage" und dem zweiten Parameter „True" wird eine neue Datenzugriffsseite mit einer neuen HTM-Datei erstellt und ein Verweis auf die Seite der Objektvariablen „Seite" zugeordnet.

Über die Eigenschaft „Document" der neu angelegten Seite wird das Internet Explorer Dokument-Objekt ermittelt, mit dessen Hilfe dann die einzelnen Inhalte der Webseite angesprochen werden können. Der Eigenschaft „innerText" der beiden Objekte „Überschriftstext" und „VorHaupttext" wird jeweils mit einem Text besetzt. Damit der Text auch sichtbar angezeigt wird, muss noch der bisherige Inhalt der Eigenschaft „display" gelöscht werden, das heißt, es wird eine leere Zeichenfolge übergeben. Die Namen dieser beiden Objekte, die standardmäßig von Access eingefügt werden, können Sie zum Beispiel in der Entwurfsansicht einer neu geschaffenen Datenzugriffsseite nachlesen.

Genauso wie in der Entwurfsansicht können Sie jede Seite auch per Code mit einem bestimmten Design versehen. Dazu setzen Sie die Methode „ApplyTheme" des „DataAccessPage"-Objektes ein, der Sie den Namen eines Designs übergeben. Alle vorhandenen Designs werden im Dialogfeld „Webdesigns" aufgelistet.

Zum Schluss wird die neue Datenzugriffsseite mit der Methode „Close" geschlossen und über die Konstante „acSaveYes" gespeichert. Bevor die Funktion beendet wird, wird ihr noch „True" als Rückgabewert zugewiesen.

Die Funktion „NeueSeiteanlegen" besitzt eine eigene Fehlerbehandlungsroutine, um zwei Fehler abzufangen:

* Den angegebenen Namen gibt es bereits als HTM-Datei.

* Die Objekte „Überschriftstext" und/oder „VorHaupttext" existieren nicht in der HTM-Datei.

Im ersten Fall entsteht der Fehler mit der Nummer „2023". Daraufhin wird der Anwender gefragt, ob die bereits bestehende Datei als Grundlage für die neue Datenzugriffsseite dienen soll. Wenn die Frage bejaht wird, wird erneut die Methode „CreateDataAccessPage" aufgerufen. Dieses Mal lautet aber der zweite Parameter „False". Anschließend wird mit „Resume Next" auf die Anweisung gesprungen, die eine Zeile unter der fehlerverursachenden Anweisung steht.

Wenn Sie eine bestehende Webseite als Grundlage für die Datenzugriffsseite verwenden, sollte diese zu einem früheren Zeitpunkt mit Access angelegt worden sein, ansonsten gibt es nicht die beiden Objekte „Überschriftstext" und „VorHaupttext", denen ein bestimmter Text zugewiesen wird. Falls diese Zuordnung versucht wird, ohne dass eines dieser Objekte existiert, entsteht der Laufzeitfehler „91". In diesem Fall wird eine Meldung ausgegeben und dann zur Marke „Seite_Save" gesprungen, damit die Datenzugriffsseite noch geschlossen und gespeichert wird.

Rufen Sie die Funktion „NeueSeiteanlegen" ein zweites Mal mit demselben Namen einer existierenden HTM-Datei auf, so wird in Access eine neue Datenzugriffsseite erstellt. Dem

Namen dieser Seite wird zur Unterscheidung zur bereits bestehenden Seite die Nachsilbe „_1" angehängt. Beide Datenzugriffsseiten verweisen aber auf dieselbe HTM-Datei.

16.3 Mit Hyperlinks ins Internet verzweigen

Hyperlinks wurden bereits bei der HTML-Sprache erwähnt. Über sie ist es möglich, zu einem anderen Dokument im Web oder zu anderen Objekten wie einem Excel-Arbeitsblatt oder einer Access-Tabelle im lokalen Netzwerk zu verzweigen. Der Verweis wird dabei über eine Internet-Adresse (URL) oder den Pfad eines Netzwerkservers (UNC) aufgebaut. UNC-Adressen können in Access Verweise auf eine lokal gespeicherte HTML-Datei, auf ein Access-Datenbankobjekt, ein Excel-Tabellenblatt, ein Word-Dokument, auf eine PowerPoint-Seite oder einige andere Dateien darstellen.

Innerhalb von Access können Hyperlinks in Tabellenfeldern mit dem Datentyp „Hyperlink" gespeichert werden. Außerdem können Sie Befehlsschaltflächen, Bezeichnungsfeldern und Bildern einen Hyperlink zuweisen. Hyperlinks können zudem über Methoden wie „Follow-Hyperlinks" ausgeführt werden. Natürlich unterstützt Access auch die Möglichkeit, dass Datenbankobjekte in einer Access-Datenbank von einer anderen Windows-Anwendung wie Word oder Excel über Verweise aufgerufen werden können.

Eine UNC- oder URL-Adresse direkt in das Hyperlink-Feld eintragen

Wenn Sie eine URL-Adresse eingeben wollen, die noch nicht in der Liste im Dialogfeld „Hyperlink einfügen" steht, können Sie auf das Dialogfeld verzichten. Auch wenn ein anderer Text als die Adresse im Feld angezeigt werden soll, müssen Sie eine direkte Eingabe in das Hyperlink-Feld vornehmen.

Der Inhalt dieses Feldes kann aus drei Teilen bestehen, die durch das Zeichen # voneinander getrennt werden:

- Text, der im Feld angezeigt werden soll,
- UNC- beziehungsweise URL-Adresse einer Datei sowie
- Unteradresse, d.h. Position innerhalb der Datei.

Der Text und die Unteradresse sind optional. Nachfolgend sehen Sie einige mögliche Feldinhalte. Wenn Sie den Cursor nach der Eingabe auf ein anderes Feld setzen, wird nur noch der zuerst genannte Text angezeigt. Gibt es keinen, erscheint die UNC- beziehungsweise URL-Adresse.

```
#http://www.microsoft.com/access/default.htm#
Access-Startseite#http://www.microsoft.com/access/default.htm#
Flüge#D:\excel\beispiel\flugplan.xls#Deutschland!LH
Reisen#..\MAKRO1\MAKRO1.MDB#Formular Reisebüro
```

16.3.1 Hyperlinks als Befehlsschaltfläche, Beschriftung oder Bild

Neben Tabellenfeldern vom Typ „Hyperlink" können auch Befehlsschaltflächen, Bezeichnungsfeldern sowie Bildern UNC- und URL-Adressen zugeordnet werden. Im Gegensatz zum Textfeld, in das Sie die Verweise eintragen, handelt es sich hierbei um ungebundene

Steuerelemente, die fest mit einer Adresse verbunden sind. Wenn Sie ein solches Steuerelement mit der Maus anklicken, wird zu dieser Adresse verzweigt.

Ein Bezeichnungsfeld mit einem Hyperlink verbinden

Am schnellsten können Sie einem Bezeichnungsfeld einen Verweis zuordnen. Klicken Sie in der Entwurfsansicht des Formulars den Bereich an, in den das Steuerelement eingefügt werden soll. Anschließend wählen Sie die Schaltfläche „Hyperlink einfügen" oder im Menü EINFÜGEN den Menüpunkt HYPERLINK.

Wie gewohnt, können Sie nun in dem dadurch aufgerufenen Dialogfeld eine URL-Adresse eingeben oder über eine HTML-, Word-, Excel-, PowerPoint- oder Access-Datei einstellen. Bei einer UNC-Adresse kann natürlich auch noch eine Stelle innerhalb der Datei bestimmt werden.

Durch die Bestätigung Ihrer Eingaben über die „OK"-Schaltfläche wird im zuvor selektierten Bereich des Formulars ein Bezeichnungsfeld mit dem aktiven Hyperlink erstellt. Das Formular „Übungen" in der Datenbank TRAINING.MDB besitzt im Formularkopf ein solches Bezeichnungsfeld mit einer UNC-Adresse.

Wenn Sie dieses Formular in die Formularansicht öffnen, können Sie durch einen Klick auf das Steuerelement Word aktivieren und die gewünschte Datei laden, die in diesem Beispiel Erlebnis.doc heißt. In das Dialogfeld „Hyperlink einfügen" wurde als Stelle in der Datei die Textmarke „Schwimmen" genannt. Dadurch wird in Word der Cursor auf diese Textmarke gesetzt.

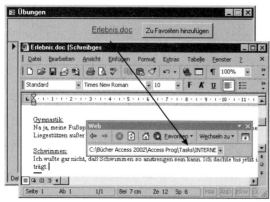

Bild 16.5: Eine Verbindung zu Ihrer Startseite im Internet

Die Eigenschaften „Hyperlink-Adresse" und „Hyperlink-Unteradresse"

Wenn Sie anstelle des Bezeichnungsfelds ein Bild oder eine Befehlsschaltfläche mit einem Hyperlink verbinden wollen, benutzen Sie eine andere Vorgehensweise. Sie erstellen zuerst wie gewohnt das Steuerelement. Anschließend besetzen Sie die Eigenschaft „Hyperlink-Adresse" und eventuell die Eigenschaft „Hyperlink-Unteradresse". Natürlich verfügt auch das Bezeichnungsfeld über diese beiden Eigenschaften.

Der Eigenschaft „Hyperlink-Adresse" übergeben Sie im Eigenschaftenfenster den Pfad zu einer Datei (UNC) oder zu einer Webseite (URL). Diese Angabe entspricht dem Inhalt des Kombinationsfelds im Dialogfeld „Hyperlink einfügen".

In die Eigenschaft „Hyperlink-Unteradresse" können Sie bei Bedarf noch eine Position in der genannten Datei schreiben. Dies kann eine Textmarke in einem Word-Dokument, ein Datenbankobjekt in einer Access-Datenbank, ein benannter Bereich in einem Excel-Arbeitsblatt, eine Seite in einer PowerPoint-Datei oder eine über den HTML-Befehl „<A Name>" festgelegte Textstelle in einer HTML-Datei sein. Diese Eigenschaft ist gleichbedeutend mit dem Textfeld im Dialogfeld „Hyperlink einfügen".

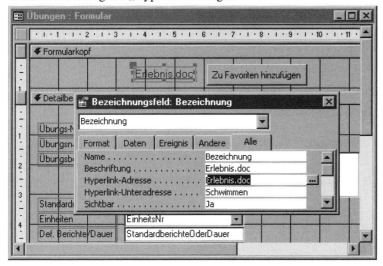

Bild 16.6: Die Eigenschaften Hyperlink-Adresse und Hyperlink-Unteradresse

Wenn Sie die UNC-Adresse nicht auswendig wissen, können Sie sie der Eigenschaft „Hyperlink-Adresse" mithilfe des Dialogfelds „Hyperlink einfügen" zuordnen. Klicken Sie dazu im Eigenschaftenfenster die Editor-Schaltfläche rechts neben dem Eingabefeld der Eigenschaft an. Diese Schaltfläche besitzt auch die Eigenschaft „Hyperlink-Unteradresse", über die dasselbe Dialogfeld aktiviert wird.

Falls die Datei, zu der gesprungen werden soll, nicht auf Ihrem PC, sondern auf einem File-Server im lokalen Netzwerk abgelegt ist, müssen Sie das Standardformat für Pfade im LAN verwenden:

\\Server\freigegebenesLaufwerk\Pfad\Dateiname

Wollen Sie auf ein Datenbankobjekt in der aktuellen Datenbank verzweigen, brauchen Sie nur die Eigenschaft „Hyperlink-Unteradresse" mit der Bezeichnung des Objekts und dem Objektnamen zu besetzen. Nachfolgend sehen Sie einige Beispiele:

Tabelle 16.6: Beispiele für die Eigenschaft „Hyperlink-Unteradresse"

Hyperlink-Unteradresse	Reaktion auf einen Klick
Tabelle Artikel	Tabelle wird in der Datenblattansicht geöffnet
Abfrage Abfrage3	Abfrage wird ausgeführt
Formular Reisen	Formular wird in der Standardansicht geöffnet
Bericht Übungen	Bericht wird in der Seitenansicht geöffnet
Makro AutoExec	Makro wird ausgeführt
Modul Fenster	Code wird im Modulfenster angezeigt

16.3.2 Hyperlinks programmtechnisch ausführen

Die beiden Eigenschaften „HyperlinkAddress" oder „HyperlinkSubAddress" der drei Steuerelemente Bezeichnungsfeld, Bild und Befehlsschaltfläche können natürlich auch in VisualBasic gelesen und beschrieben werden.

In der Datenbank TRAINING.MDB existiert das Formular „Hyperlink-Adressen", das ein Bild, zwei Textfelder und eine Befehlsschaltfläche enthält. Damit Sie über einen Klick auf das Bild zu einer anderen Datei verzweigen können, geben Sie in das erste Textfeld die gewünschte Adresse ein. Möchten Sie ein anderes Datenbankobjekt in der aktuellen Datenbank öffnen, lassen Sie dieses Textfeld leer und schreiben in das zweite den Datenbankobjekttyp wie Table und den Namen des gewünschten Objekts.

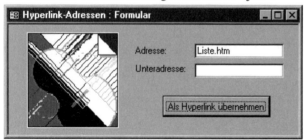

Bild 16.7: Die Hyperlink-Adresse in den Favoritenordner einfügen

Wenn Sie anschließend die Schaltfläche „Als Hyperlink übernehmen" drücken, werden die genannte(n) Adresse(n) in die Eigenschaften „HyperlinkAddress" und „Hyperlink-SubAddress" übertragen. Nun kann über das Bild zu dieser Adresse gesprungen werden.

```
'*********************** Training.MDB ************************
'************* Formularmodul Hyperlink-Adressen ****************
Private Sub Befehl_Click()
    Me!Adresse.SetFocus
    Me!Bild.HyperlinkAddress = Me!Adresse.Text
    Me!Unteradresse.SetFocus
    Me!Bild.HyperlinkSubAddress = Me!Unteradresse.Text
End Sub
```

Falls eine falsche Adresse beziehungsweise Unteradresse eingegeben wurde, meldet Access, dass die Datei nicht geöffnet werden kann.

Neben diesen beiden Eigenschaften besitzen die drei Steuerelemente noch die Eigenschaft „Hyperlink". Sie enthält ein „Hyperlink"-Objekt, das den Verweis repräsentiert. Über die Eigenschaft „Hyperlink" können Sie somit auf die Eigenschaften und Methoden dieses Objekts zugreifen.

Die Methoden „FollowHyperlink" und „Follow"

Natürlich können Hyperlinks nicht nur durch den Anwender, sondern auch per Code ausgelöst werden. Der Klick auf einen Verweis kann durch die Methode „Follow" des „Hyperlink"-Objekts oder durch die Methode „FollowHyperlink" des Objekts „Application" simuliert werden. Der Unterschied zwischen diesen beiden Methoden liegt darin, dass bei der Methode „FollowHyperlink" die UNC- beziehungsweise URL-Adresse bekannt sein muss, dafür aber kein Steuerelement notwendig ist, das mit dem Hyperlink verbunden ist. Dieser Unterschied wird durch die Syntax der beiden Methoden deutlich:

```
[Application].FollowHyperlink address, [subaddress],
[newwindow], [addhistory], [extrainfo], [method], [headerinfo]
Object.hyperlink.Follow[([newwindow], [addhistory],
[extrainfo], [method], [headerinfo])]
```

Anstelle des Platzhalters „Object" kann die Bezeichnung für eine Befehlsschaltfläche, ein Bild oder ein Bezeichnungsfeld stehen. Außer den beiden zusätzlichen Parametern zur Angabe der Adresse und Unteradresse bei der Methode „FollowHyperlink" sind die restlichen Argumente bei den zwei Methoden dieselben.

Das Argument „newwindow" kann mit „True" oder „False" besetzt werden. „True" bedeutet, dass die angegebene Datei in einem neuen Fenster geöffnet wird. Wenn Sie für „addhistory" „True" angeben, wird der Hyperlink in den Verlaufsordner eingefügt, ansonsten nicht. Die Voreinstellung lautet „True". Dieser Verlaufordner wird angezeigt, wenn Sie in der Web-Symbolleiste im Menü WECHSELN ZU den Menüpunkt VERLAUFSORDNER ÖFFNEN wählen.

Sie können über den Parameter „extrainfo" zusätzliche Daten als Zeichenfolge oder als ein Array von Bytes definieren, die bei der Verzweigung zu einem Hyperlink berücksichtigt werden. Dies können zum Beispiel Koordinaten einer Landkarte sein. Der folgende Parameter „method" bestimmt, ob die Extra-Informationen an die Hyperlink-Adresse angefügt oder nur weitergereicht werden sollen. Für die erste Möglichkeit verwenden Sie die Konstante „msoMethodGet", für die zweite lautet die Konstante „msoMethodPost". Zum Schluss können Sie noch eine Zeichenfolge als Kopf-Informationen festlegen.

Wenn Sie die nachfolgende Funktion ausführen, wird das Formular „Übungen" geöffnet, das im Formularkopf ein Bezeichnungsfeld mit dem Namen „Bezeichnung" enthält. Da in der Eigenschaft „HyperlinkAddress" dieses Steuerelements eine UNC-Adresse steht, kann über die Methode „Follow" zu dieser Adresse verzweigt werden. Aufgrund der Angabe von „False" wird der Hyperlink nicht in den Verlaufsordner aufgenommen.

```
'*********************** Training.MDB ***********************
'********************** Modul: Hyperlink ***********************
Public Function fktFollow()
    Dim cBez As Label
    DoCmd.OpenForm "Übungen"
    Set cBez = Forms!Übungen!Bezeichnung
    cBez.Hyperlink.Follow , False
End Function
```

Die Methode „Follow" wird häufig in der Ereignisprozedur „Load" eines Formulars eingesetzt, das ein Steuerelement mit einem Hyperlink besitzt. So wird direkt beim Öffnen des
Formulars zu der festgelegten Adresse gesprungen.

Durch den Aufruf der nächsten Funktion wird der Internet Explorer gestartet und die Datei
Liste.htm geladen, die in Kapitel 17.1 erstellt wurde. Dazu wird die Methode „FollowHyper-
link" benutzt, der die Adresse übergeben werden muss. Da sich die Datenbank
TRAINING.MDB und die HTML-Datei im selben Ordner befinden, reicht es auch, nur den
Dateinamen zu nennen:

```
Public Function fktFollowHyperlink()
    FollowHyperlink "liste.htm", , True
End Function
```

Einen Hyperlink zu Favoriten hinzufügen

Neben der Methode „Follow" besitzt das Hyperlink-Object noch die Methode „AddToFavori-
tes". Mit ihr können Sie die Hyperlink-Adresse einer Befehlsschaltfläche, eines Bilds oder
eines Bezeichnungsfelds in den Favoritenordner einfügen.

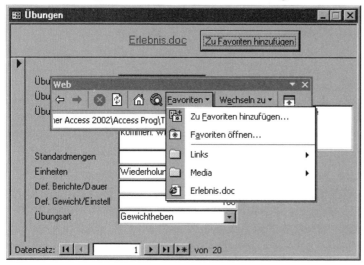

Bild 16.8: Hyperlink-Adresse in den Favoritenordner einfügen

So können Sie zum Beispiel in den Kopf des Formulars „Übungen" eine Befehlsschaltfläche
stellen. Wenn Sie diese anklicken, soll die UNC-Adresse, die dem Bezeichnungsfeld zuge-

ordnet ist, im Favoritenordner aufgenommen werden. Zur Realisierung ist nur eine Codezeile nötig, die Sie in die Ereignisprozedur „Click" der Schaltfläche eintragen:

```
Private Sub Favorit_Click()
    Me!Bezeichnung.Hyperlink.AddToFavorites
End Sub
```

Nachdem Sie in die Formularansicht gewechselt und einen Klick auf die Schaltfläche ausgeführt haben, wird die Datei Erlebnis.doc im FAVORITEN-Menü der Web-Symbolleiste angezeigt.

Access denkt mit! Auch wenn Sie die Schaltfläche mehrmals anklicken, wird die Datei Erlebnis.doc nur beim ersten Mal als Favorit festgelegt und nicht mehrmals in das Menü eingetragen.

Hyperlinks statt VBA-Code einsetzen

Formulare können schneller geladen werden, wenn sie keinen VBA-Code enthalten. Wenn dieses Formular z.B ein Übersichtsformular ist, das mehrere Befehlsschaltflächen besitzt, um auf weitere Formulare und Berichte zu verzweigen, haben Sie bis jetzt VBA-Code in die Ereignisprozedur „Click" der Steuerelemente einfügen müssen. Somit besaß das Formular Code.

Mithilfe von Hyperlinks ist für Verzweigungen kein VBA-Code mehr nötig. Sie brauchen nur die Eigenschaft „Hyperlink-Unteradresse" der Schaltflächen mit den gewünschten Datenbankobjekten besetzen. Ein Beispiel dazu finden Sie in der Datenbank TRAINING.MDB. Das Formular „Übersicht mit Hyperlinks" besitzt sechs Schaltflächen, von denen drei Formulare und die übrigen drei Berichte öffnen.

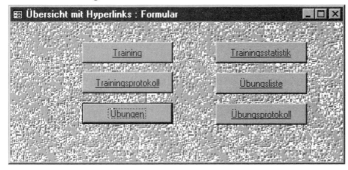

Bild 16.9: Übersichtsformular mit Hyperlink-Verzweigungen

Wenn Sie eine Befehlsschaltfläche, ein Bild oder ein Bezeichnungsfeld anklicken, die/das einen Hyperlink enthält, werden zuerst die zwei Ereignisse „Click" und „MouseDown" ausgeführt. Erst danach kommt der Hyperlink an die Reihe.

17 Die Sprachen HTML und XML

Im letzten Kapitel wurde bereits auf die Datenzugriffsseiten eingegangen, die als HTML-Seiten abgespeichert werden. Dieses Kapitel beschäftigt sich mit dieser HTML-Programmiersprache, mit der bis jetzt die meisten Webseiten erstellt werden. Die Sprache XML kann als Ergänzung oder als Ersatz von HTML angesehen werden. Sie ist nicht nur für das Internet, sondern generell zum Austausch von Daten gedacht.

17.1 Die HTML-Sprache

HTML steht als Abkürzung für HyperText Markup Language. Diese Seiten- oder Dokumentbeschreibungssprache wird zum Erstellen von World Wide Web-Dokumenten benutzt. Sie ist plattformunabhängig, d.h. sie kann sowohl auf einem PC, einem Apple Macintosh oder einer Sun Workstation gelesen werden. Dateien, die Befehle dieser Sprache enthalten, können von jedem Web-Browser aufbereitet und angezeigt werden.

Überlegungen zur Gestaltung von Webseiten

Bevor Sie mit der Gestaltung der Webseiten beginnen, sollten Sie erst ein Konzept erstellen und dabei gewisse Überlegungen anstellen:

- Was ist das Ziel Ihrer Webseite?

- Welche Leserschicht wollen Sie ansprechen?

- Welche Informationen wollen Sie anbieten?

Abhängig von der Menge an Informationen, die Sie über das Internet verbreiten wollen, werden Sie ein oder mehrere HTML-Dateien erstellen. Dabei sollte eine Datei nicht zu groß werden, damit der Anwender sie ohne Probleme in den Hauptspeicher seines PCs laden kann. Als Richtwert, der nicht überschritten werden sollte, gilt 64 KByte.

Wenn Sie mehrere Seiten für eine zusammengehörende Web Site entwickeln wollen, schreiben Sie am besten ein Drehbuch. In ihm definieren Sie unter anderem, wie viele Seiten es gibt und wie zu den einzelnen Seiten verzweigt werden kann. Jedes Thema sollte eine eigene Seite zugeteilt bekommen. Häufig ist es sinnvoll, als Startseite eine Seite anzuzeigen, die Verknüpfungen zu den weiteren Seiten besitzt. Diese Hyperlinks sollten so aussagekräftig sein, dass der Kunde sofort weiß, was ihn auf den einzelnen Seiten erwartet. Durch immer tiefgehendere Verzweigungen können die Themen in einer Art Baumstruktur vernetzt werden. Um ein bestimmtes Thema einer umfangreichen Web Site zu finden, ist die Erstellung eines Indexes sinnvoll.

Damit die einzelnen Webseiten ein einheitliches Bild bieten, sollten Sie nicht zu viele unterschiedliche Schriften einsetzen. Ein kleines Logo, das auf jeder Seite erscheint, zeigt dem Anwender immer, wer der Verfasser/Eigentümer dieser Daten ist. Auch die Angabe des Erstellungsdatums ist sinnvoll.

Quelltext einer HTML-Datei anzeigen

Heutzutage gibt es unzählige Programme, die Ihnen beim Anlegen Ihrer Webseiten behilflich sind. Als HTML-Editor können Sie zum Beispiel den Web-Designer von Corel, FrontPage von Microsoft, Navigator Gold von Netscape, HotMetal von Softquad oder den Webauthor von Quarterdeck einsetzen, um nur einige zu nennen. Mit vielen dieser Werkzeuge können Sie auch die gesamte Projektüberwachung durchführen.

Trotzdem sollten Sie wenigstens ein wenig die HTML-Sprache lesen können. Dieses Verstehen ist sehr hilfreich, wenn Sie zum Beispiel nur die Überschrift ändern wollen. Dafür benötigen Sie dann keinen speziellen Web-Editor mehr. Um Applets in das HMTL-Dokument einzubinden, müssen Sie teilweise auch Einträge selber vornehmen.

Eine HTML-Datei ist im ASCII-Format gespeichert. Die in ihr gespeicherten HTML-Befehle können somit ohne Probleme mit jedem Windows-Editor gelesen werden. Wenn Sie sich im Internet Explorer befinden und den Quellcode der aktuell angezeigten Webseite ansehen möchten, brauchen Sie nur die rechte Maustaste zu drücken und aus dem Kontextmenü den Menüpunkt QUELLTEXT ANZEIGEN zu wählen. Dadurch wird der Windows-Editor mit dem Inhalt der HTML-Datei gestartet.

Oder Sie machen die HTML-Datei als Datenzugriffsseite in einer Access-Datenbank verfügbar. Anschließend können Sie in eine eigene HTML-Entwicklungsumgebung verzweigen.

Jede reine HTML-Datei enthält zwei verschiedene Datenarten. Zum einen sind dies die rohen Daten, die im Web-Browser angezeigt werden sollen. Neben Text und Grafik fallen darunter auch Klänge und Videos. Die anderen Informationen, die HTML-Befehle, betreffen die Gestaltung und Formatierung der Rohdaten. In diese Gruppe fallen auch die Hyperlinks, die Verbindungen zu anderen Internet-Seiten darstellen.

Grundsätzliches zu den HTML-Befehlen

Die einzelnen Befehle in HTML werden auch als Tags bezeichnet und sind immer von spitzen Klammern umgeben. Sie sind nicht case-sensitive, d.h. Sie können die Befehle in Klein- oder Großbuchstaben schreiben. In den meisten Fällen existieren Befehlspaare, wie <HTML> und </HTML>. Dabei wird der erste Befehl durch den zweiten abgeschlossen, der zusätzlich einen Schrägstrich besitzt. Die Funktion des einleitenden Befehls bezieht sich auf den Text, der zwischen dem Befehlspaar steht:

    Grüß Gott

Die Begrüßung „Grüß Gott" wird durch diese Zeile kursiv dargestellt, da der Tag <i> den nachfolgenden Text bis zum abschließenden Tag </i> kursiv schreibt.

Befehlspaare können auch verschachtelt sein. Dies ist zum Beispiel der Fall, wenn der Text kursiv und unterstrichen erscheinen soll:

    <u>Grüß Gott</u>

Einige Befehle sind alleinstehend. Der bekannteste Befehl dieser Gruppe leitet eine neue Zeile ein. Durch die nächste Zeile wird das Wort Klänge bei der Darstellung im Web-Browser in eine neue Zeile geschrieben:

Daten einer Access-Datenbank,
 Klänge

Bestimmte einleitende und alleinstehende Tags können noch zusätzliche Angaben aufnehmen. Durch die nächste Zeile wird die Begrüßung als Überschrift der zweiten Ebene angezeigt. Aufgrund des Zusatzes „align=right" erscheint sie rechtsbündig:

    <h2 align=right>Grüß Gott</h2>

Das Grundgerüst jeder HTML-Datei

Jede HTML-Datei besitzt dasselbe Grundgerüst, das mit dem Befehl <HTML> beginnt und mit dem Befehl </HTML> endet. Es besteht aus zwei Teilen: dem Kopf und dem Körper. Im Kopf, der von den beiden Tags <HEAD> und </HEAD> umschlossen wird, legen Sie zum Beispiel den Titel fest und nennen einen Ordner, in dem die Bilder abgelegt sind. Die anzuzeigenden Daten befinden sich im Körper, der durch das Befehlspaar <BODY> und </BODY> definiert ist.

Der Titel steht zwischen den beiden Befehlen <TITLE> und </TITLE>. Er sollte aussagekräftig und nicht zu lang sein. Im Web-Browser wird er in dessen Titelzeile angezeigt. Außerdem greifen viele Suchmaschinen auf den Titel zu, um ihre Informationsdatenbanken aufzubauen.

Bild 17.1: Die erste HTML-Datei im Internet Explorer

Die nächsten Zeilen sind in der Datei Grundger.HTM gespeichert. Wenn Sie die Datei in einen Web-Browser laden, wird die zwischen <BODY> und </BODY> stehende Textzeile angezeigt.

```
<html>
<head>
<title>Hello World</title>
</head>
<body>
Texte, Bilder, Daten einer Access-Datenbank, Klänge, Video, Hyperlinks
</body>
</html>
```

Dateiinformationen speichern

Um Informationen über die Datei zu speichern, die nicht angezeigt werden sollen, verwenden Sie den <META>-Befehl. Ihn fügen Sie in den Kopf der HTML-Datei ein. Diesem Befehl folgt entweder der Zusatz „http-equiv=" oder „name=". Die erstgenannte Option werden Sie schreiben, wenn bei der Übertragung der HTML-Datei vom Server auf einen lokalen Rechner die Meta-Information im HTTP-Protokoll stehen soll. Bei der Angabe von „name=" werden die Meta-Informationen nicht übermittelt. Beiden Möglichkeiten übergeben Sie die Bezeichnung, unter der die Meta-Informationen abgelegt werden. Das zweite Argument des Befehls <META> lautet CONTENT, dem Sie die gewünschten Daten als Zeichenfolge übergeben.

Wenn Sie in Word ein Dokument als HTML-Datei speichern, fügt diese Anwendung bei der Umwandlung der Daten in ein HTML-Dokument die beiden folgenden <META>-Befehle in den Kopf ein:

```
<META HTTP-EQUIV="Content-Type" CONTENT="text/html; charset=windows-1252">
<META NAME="Generator" CONTENT="Microsoft Word 97">
```

Kommentare einfügen

Natürlich können Sie in eine HTML-Datei auch Kommentare einfügen, so wie Sie es von anderen Programmiersprachen her kennen. Die Kommentare werden dann vom Interpreter des HTML-Dokuments, d.h. vom Web-Browser nicht berücksichtigt.

Kommentare werden mit den Zeichen <!-- begonnen und durch --> beendet. Sie können auch mehrere Zeilen umfassen. Falls HTML-Befehle im Kommentar stehen, werden sie nicht ausgeführt.

```
<!-- Verfasser: Irene Bauder und Jürgen Bär -->
```

Sonderzeichen verwenden

Nicht alle Internet-Browser, die es derzeit auf dem Markt gibt, verstehen deutsche Umlaute und das scharfe ß. Deswegen sollten Sie dafür Ersetzungszeichen schreiben. Wenn Sie mit Access eine HTML-Datei anlegen, wandelt Access die Umlaute automatisch in die andere Schreibweise um.

Der Text „Über den Dächern von Nizza" sieht somit folgendermaßen aus:

```
&Uuml;ber den D&auml;chern von Nizza
```

Tabelle 17.1: Ersetzungszeichen für Umlaute

Umlaut	Ersetzungszeichen
Ä	Ä
Ö	Ö
Ü	Ü
Ä	ä

Umlaut	Ersetzungszeichen
Ö	ö
Ü	ü
ß	ß

Wenn in einem Text mehrere Leerzeichen hintereinander stehen, werden diese nur als ein einzelnes Leerzeichen im Web-Browser angezeigt. Damit mehrere Leerzeichen erscheinen, müssen Sie mehrmals   schreiben, wodurch erzwungene Leerzeichen eingefügt werden.

> Ha   llo

Die beiden Buchstaben a und l werden von drei Leerzeichen getrennt.

Die HTML-Sprache basiert auf dem international genormten Zeichensatz ISO 8859-1, der aus 256 Zeichen besteht. Die ersten 128 Zeichen sind identisch zu denen im ASCII-Zeichensatz. Die zweite Hälfte umfasst Sonderzeichen. Wenn Sie ein Sonderzeichen benutzen möchten, nennen Sie seinen Zahlenwert und stellen die beiden Zeichen &# davor. Abgeschlossen wird das Zeichen durch ein Semikolon. In der nachfolgenden Tabelle sind einige häufig verwendete Sonderzeichen mit ihren Ersetzungszeichen aufgelistet.

Tabelle 17.2: Ersetzungszeichen für Sonderzeichen

Sonderzeichen	Ersetzungszeichen
¢	¢
£	£
¥	¥
¦	¦
§	§
©	&#169
‹	«
®	®
±	±
µ	µ
›	»
¼	¼
½	½

Auch die deutschen Umlaute sind im Sinne des Zeichensatzes ISO 8859-1 Sonderzeichen. Neben der zuvor besprochenen Möglichkeit können sie somit auch mit ihrem Zahlenwert dargestellt werden.

Tabelle 17.3: Zahlen-Ersetzungszeichen für Umlaute

Umlaut	Ersetzungszeichen
Ä	Ä
Ö	Ö
Ü	Ü
ä	ä
ö	ö
ü	ü

Die Schrift gestalten

Für die Textgestaltung existieren in HTML zwei Befehlsgruppen. Bei den logischen Befehlen hängt es vom Web-Browser ab, wie die Darstellung ausfällt. Der Befehl <STRONG> hebt zum Beispiel den Text hervor. Dies erfolgt meistens durch Fettdruck, der unterschiedlich dick ausfallen kann. Einige Browser, die keine Fettschrift darstellen können, werden stattdessen eine Farbe oder andere Gestaltungselemente einsetzen. Sie sollten die logische Befehlsgruppe benutzen, wenn Ihre Webseiten auch in einem textorientierten Browser gut lesbar angezeigt werden sollen.

Im Gegensatz dazu legen Sie als Web-Autor bei den physischen HTML-Befehlen selber fest, wie der Text erscheinen soll. Durch den Befehl <I> wird der Text immer kursiv eingeblendet. Auf diese Weise können Sie mehr Einfluss auf das Aussehen der Webseiten nehmen.

Die zwei am meisten verwendeten logischen HTML-Befehlspaare sind <STRONG>, </STRONG> und <EM>, </EM>. Die Hervorhebung des Textes erfolgt durch sie normalerweise fett beziehungsweise kursiv:

>   Canberra ist die Hauptstadt von Australien
>   Sydney ist die Hauptstadt von New South Wales.

Die wichtigsten physischen HTML-Befehlspaare sind in der nachfolgenden Tabelle aufgelistet. Die fünf zuletzt genannten Befehlspaare sind ab HTML Version 3.2 verfügbar.

Tabelle 17.4: Wichtige HTML-Befehlspaare

HTML-Befehlspaar	Bedeutung
<I>, </I>	Kursiv
<B>, </B>	Fett
<U>, </U>	Unterstrichen

HTML-Befehlspaar	Bedeutung
\<STRIKE\>, \<STRIKE\>	Durchgestrichen
\<BIG\>, \</BIG\>	Größere Schrift
\<SMALL\>, \</SMALL\>	Kleinere Schrift
\<SUB\>, \</SUB\>	Tiefgestellt
\<SUP\>, \</SUP\>	Hochgestellt

Bild 17.2: Textgestaltung in einer HTML-Datei

```
<b>Perth ist die Hauptstadt von Western Australien</b>
<i>Adelaide ist die Hauptstadt von Südaustralien</i>
<u>Melbourne ist die Hauptstadt von Victoria</u>
<strike>Brisbane ist die Hauptstadt von Queensland</strike>
<big>Canberra ist die Hauptstadt von Australien</big>
<small>Sydney ist die Hauptstadt von New South Wales.</small>
H<sub>2</sub>O
TRAVELWARE<sup>&#174;</sup>
```

Die letzten beiden Zeilen zeigen die chemische Formel H_2O und das eingetragene Warenzeichen TRAVELWARE® an.

In der Datei TEXTGES1.HTM finden Sie noch weitere HTML-Befehle für die Definition von Absätzen und Trennlinien, die anschließend erklärt werden.

Wenn Ihre Webseiten vor allem mit einem der beiden Web-Browser Netscape Navigator oder Microsoft Internet Explorer angezeigt werden, können Sie die Schriftgröße noch exakter selber bestimmen. Dem Befehl <FONT SIZE> übergeben Sie eine Zahl zwischen 1 und 7, wobei die Ziffer 1 die kleinste Schrift darstellt. Durch den Befehl <FONT> wird wieder die Normalgröße dargestellt:

> <font size=2>Canberra ist die Hauptstadt von Australien</font>

Die Größen werden vom Browser relativ zu der bei ihm eingestellten Schriftgröße interpretiert. Im Internet Explorer können Sie die Schriftgröße über das Untermenü SCHRIFTGRAD im Menü ANSICHT auswählen.

Dem Befehl <FONT SIZE> kann auch eine relative Vergrößerung oder Verkleinerung bezogen auf die Normalgröße über das Plus- oder Minuszeichen zugewiesen werden:

> <font size=+1>Canberra ist die Hauptstadt von Australien</font>

Bild 17.3: Verschiedene Schriftgrößen in einer HTML-Datei

Sie können jeden Text mit einer Farbe bunt gestalten. Dem HTML-Befehl <font color> übergeben Sie den hexadezimalen Wert der Farbe, wobei zu Beginn das Zeichen # geschrieben werden muss. Die nächste Zeile erscheint im Web-Browser in gelber Farbe:

> <font color=#FFFF00>Canberra ist die Hauptstadt von Australien</font>

Der hexadezimale Farbenwert ist 6-stellig. Die beiden höchstwertigsten Stellen bestimmen den Rot-Anteil, die zwei mittleren Stellen den Grün-Anteil und die beiden niederwertigsten Stellen den Blau-Anteil.

Verschiedene Gliederungsebenen verwenden

In der HTML-Sprache gibt es sechs Hierarchie- beziehungsweise Gliederungsebenen, die mit den Befehlen <H1>, <H2> etc. eingeleitet werden. Jede Überschrift wird als eigener Absatz behandelt.

```
<!-- GLIEDERU.HTM --><html>
<head>
<title>Gliederungsebenen</title>
</head>
<body>
<H1>Dies ist die erste Gliederungsebene</H1>
<H2>Dies ist die zweite Gliederungsebene</H2>
<H3>Dies ist die dritte Gliederungsebene</H3>
<H4>Dies ist die vierte Gliederungsebene</H4>
<H5>Dies ist die f&uuml;nfte Gliederungsebene</H5>
<H6>Dies ist die sechste Gliederungsebene</H6>
Dies ist ein normaler Text
</body>
</html>
```

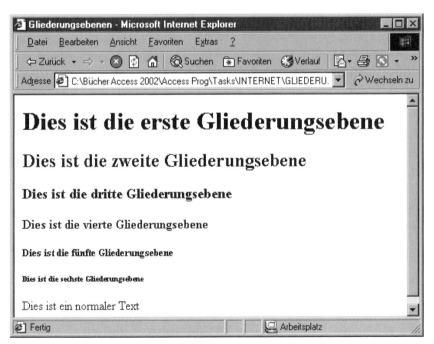

Bild 17.4: Gliederungsebenen in einer HTML-Datei

Standardmäßig wird jede Überschrift linksbündig im Web-Browser angezeigt. Bevorzugen Sie eine zentrierte oder rechtsbündige Darstellung, fügen Sie den Zusatz „align=center" beziehungsweise „aleign=right" ein:

```
<H1 align=center>Dies ist die erste Gliederungsebene</H1>
```

Absätze einfügen

Soll ein Text als neuer Absatz beginnen, verwenden Sie den HTML-Befehl <P>. Er kann sowohl an das Ende des alten oder an den Anfang des neuen Absatzes geschrieben werden:

> Grüß Gott, wer da?<p>
> Warum spricht keiner mit mir?
> Oder
>
> Grüß Gott, wer da?
> <p>Warum spricht keiner mit mir?

Damit nach der zweiten Zeile wieder ein Absatz beginnt, benutzen Sie das komplette Befehlspaar. Fügen Sie dazu an das Ende der Zeile </P> an:

> <p>Warum spricht keiner mit mir?</p>

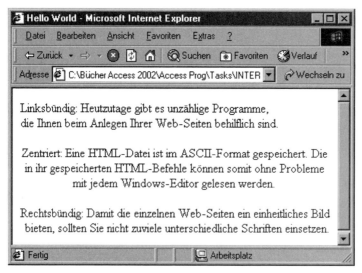

Bild 17.5: Absätze in einer HTML-Datei

Auf dieselbe Weise wie bei einer Überschrift können Sie auch für einen Absatz die Ausrichtung bestimmen. Die nachfolgende Datei Absatz.htm enthält drei Absätze, die unterschiedlich ausgerichtet sind:

```
<!-- ABSATZ.HTM -->
<html>
<head>
<title>Hello World</title>
</head>
<body>
<p align=left>Linksb&uuml;ndig: Heutzutage gibt es unz&auml;hlige Programme, die Ihnen
beim Anlegen Ihrer Webseiten behilflich sind.</p>
<p align=center>Zentriert: Eine HTML-Datei ist im ASCII-Format gespeichert. Die in ihr ge-
speicherten HTML-Befehle k&ouml;nnen somit ohne Probleme mit jedem Windows-Editor ge-
lesen werden.</p>
```

```
<p align=right>Rechtsb&uuml;ndig: Damit die einzelnen Webseiten ein einheitliches Bild bie-
ten, sollten Sie nicht zu viele unterschiedliche Schriften einsetzen.</p>
</body>
</html>
```

Zeilenumbrüche definieren beziehungsweise verhindern

Wenn innerhalb eines Absatzes definitiv eine neue Zeile beginnen soll, schreiben Sie den
-Befehl. Dieser Tag kann am Zeilenende oder -anfang, in einer eigenen Zeile oder auch mitten in einer Zeile stehen.

```
Heutzutage gibt es unz&auml;hlige Programme,
<br>die Ihnen beim Anlegen Ihrer Webseiten behilflich sind.
Heutzutage gibt es unz&auml;hlige Programme, <br>die
Ihnen beim Anlegen Ihrer Webseiten behilflich sind.
```

Sobald der Anwender das Fenster des Web-Browsers verkleinert, wird der Text automatisch umbrochen, damit kein waagerechtes Scrollen notwendig wird. Um diesen automatischen Zeilenumbruch zu verhindern, setzen Sie das Befehlspaar <NOBR> und </NOBR> ein:

```
<nobr> Damit die einzelnen Webseiten ein einheitliches Bild bieten,
sollten Sie nicht zu viele unterschiedliche Schriften einsetzen.</nobr>
```

Um diesen Text vollständig anzeigen zu können, wird am unteren Fensterrand des Web-Browsers eine horizontale Bildlaufleiste eingeblendet.

Trennlinien einfügen

Um Absätze optisch voneinander zu trennen, können Sie Trennlinien benutzen. Der dazu notwendige HTML-Befehl lautet <HR>. Mit ihm beginnt auch immer ein neuer Absatz, d.h. der Befehl <P> ist dann nicht mehr nötig. <HR> kann genauso wie der Befehl für den Zeilenumbruch am Zeilenende oder -anfang, in einer eigenen Zeile oder mitten in einer Zeile stehen:

```
Die Tage im Winter sind kurz.
<hr>
Im Fr&uuml;hling bl&uuml;hen die B&auml;ume.
```

Die Trennlinie wird standardmäßig dreidimensional dargestellt. Um dies zu unterbinden, nennen Sie den Zusatz „noshade":

```
Die Tage im Winter sind kurz. <hr noshade>
```

Sie können zudem selber die Länge und die Dicke der Linie bestimmen. Die Länge kann entweder prozentual bezogen auf das Browser-Fenster oder in Pixel angegeben werden. Falls Sie eine größere Breite in Pixeln als die aktuelle Fensterbreite festlegen, wird die Linie automatisch verkürzt, damit sie vollständig angezeigt werden kann:

```
Im Fr&uuml;hling bl&uuml;hen die B&auml;ume.
<hr noshade width=440 size=8>
Im Sommer ist es am Abend lang hell.
<hr width=70%>
```

Für die Linienbreite gibt es den Parameter „size". Ihm übergeben Sie einen Wert in Pixeln. Die Längen- und Breitenangabe kann auch mit dem Zusatz „noshade" verknpüft werden.

Wenn Sie die Länge der Trennlinie einschränken, können Sie noch die Ausrichtung definieren. Per Voreinstellung wird die Linie immer zentriert ausgerichtet:

> Im Herbst färbt sich das Laub.
> \<hr width=100 align=left\>

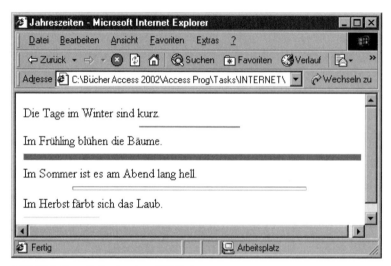

Bild 17.6: Trennlinien in einer HTML-Datei

Um die Linie noch mehr hervorzuheben, können Sie ihr eine Farbe zuweisen. Dem Argument „color" übergeben Sie den hexadezimalen Wert der Farbe, dem Sie das Zeichen # voranstellen. Durch das nächste Beispiel wird die Trennlinie lila dargestellt:

> Die Tage im Winter sind kurz.
> \<hr width=30% color=#FF00FF\>

Nummerierungen und Aufzählungen benutzen

Genauso wie in einem Word-Dokument ist es in HTML möglich, Nummerierungen und Aufzählungen zu verwenden. Mit Nummerierungen können Sie zum Beispiel einzelne Schritte beschreiben, die hintereinander durchzuführen sind. Eine Nummerierung wird mit dem Befehl \<OL\> eingeleitet und mit \</OL\> abgeschlossen. Innerhalb dieses Befehlspaars wird jeder Punkt von den beiden Befehlen \<LI\> und \</LI\> umgeben:

> Für einen Abenteuer-Urlaub in den Tropen sind folgende Sachen mitzubringen:
> \<ol\>
> \<li\>Schlafsack\</li\>
> \<li\>Kochgeschirr\</li\>
> \<li\>Zelt\</li\>
> \<li\>Moskitonetz\</li\>
> \</ol\>

Standardmäßig kommen die Nummern 1., 2. etc. zum Einsatz. Wenn Sie ein anderes Nummerierungsformat wünschen, fügen Sie in den Befehl <OL> noch den Zusatz „Type=„ und das Kürzel des gewünschten Formats ein.

Tabelle 17.5: Möglichkeiten bei Nummerierungen

Format-Kürzel	Nummerierungsformat
a	a., b., c., d., e. .....
A	A., B., C., D., E. .....
i	i., ii., iii., iv., v. ....
I	I., II., III., IV., V. ....

```
<ol type=I>
<li>Schlafsack</li>
<li>Kochgeschirr</li>
</ol>
```

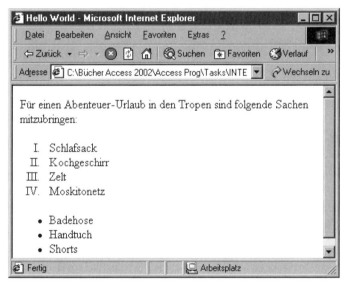

Bild 17.7: Nummerierungen und Aufzählungen in einer HTML-Datei

Anstelle von Nummern werden die einzelnen Zeilen bei Aufzählungen durch kleine Punkte gekennzeichnet. Dies erreichen Sie, indem Sie das Befehlspaar <OL>, </OL> durch die beiden Tags <UL>, </UL> ersetzen:

```
<ul>
<li>Badehose</li>
<li>Handtuch</li>
<li>Shorts</li>
</ul>
```

Farben definieren

Statt der Standard-Hinter- und Vordergrundfarbe, die beim Internet Explorer grau beziehungsweise schwarz ist, können Sie selber Farben im Befehl <BODY> nennen. Auch Hyperlinks können mit einer bestimmten Farbe versehen werden. In der anschließenden Tabelle sind die Möglichkeiten aufgelistet:

Tabelle 17.6: Parameter für Farben

Parameter	Bedeutung
bgcolor	Hintergrundfarbe
text	Textfarbe
link	Hyperlink, der noch nicht angeklickt wurde
vlink	Hyperlink, der bereits benutzt wurde
alink	Hyperlink, der gerade angeklickt wird

Durch die nächste Zeile wird der Hintergrund mit Gelb gefüllt, der Text erscheint in roter Farbe, der noch nicht ausgeführte Verweis in Dunkelblau:

```
<body bgcolor=#FFFF00, text=#FF0000, link=#0000BF>
```

Hintergrundbild wählen

Anstelle einer Hintergrundfarbe können Sie auch ein Hintergrundbild einsetzen, das im GIF-Format gespeichert ist. Dieses Bild wird wie beim Windows-Hintergrund so oft wiederholt, bis es den gesamten Hintergrund ausfüllt.

Der Befehl <BODY> besitzt dafür den Parameter „background", dem Sie den Namen des Bildes als Zeichenfolge übergeben. Das in der nächsten Zeile genannte Bild wird mit Word 97 ausgeliefert. Damit das Bild gefunden werden kann, muss es im selben Ordner wie die HTML-Datei abgelegt sein. Ansonsten müssen Sie den Pfad nennen.

```
<body background="Art Deco Hintergrund.gif" bgproperties=fixed>
```

Diesen Befehl können Sie auch in einer HTML-Vorlage speichern, damit alle HTML-Dokumente, die mit dieser Vorlage verbunden werden, denselben Hintergrund erhalten.

Wenn der Hintergrund beim Scrollen nicht mitbewegt werden soll, weisen Sie dem Argument „pgproperties" den Wert „fixed" zu.

Seitenränder für eine HTML-Datei festlegen

Abhängig vom Web-Browser wird der Inhalt der HTML-Datei ohne oder mit kleinen Seitenrändern im Browser-Fenster angezeigt. Sie können den oberen und linken Seitenrand über die Parameter topmargin und leftmargin des Befehls <BODY> ändern. Falls Sie einen zu großen Wert in der Einheit Pixel angeben, bleibt er unberücksichtigt.

```
<body leftmargin=30 topmargin=50>
```

Tabellen einfügen

Tabellen werden in HTML ab der Version 3.2 unterstützt. Wenn Sie mit Access eine Daten-blattansicht als HTML speichern, wird eine Tabelle angelegt. Dazu sind folgende HTML-Befehle notwendig:

Tabelle 17.7: HTML-Befehlspaare für Tabellen

Befehlspaar	Bedeutung
<TABLE>, </TABLE>	Legt den Anfang und das Ende der Tabelle fest
<TR>, </TR>	Definiert eine Zeile (Datensatz) in der Tabelle
<TH>, </TH>	Bestimmt die Spaltenüberschriften der Tabelle
<TD>, </TD>	Umschließt eine Zelle (Tabellenfeld)
<CAPTION>, </CAPTION>	Definiert den Titel der Tabelle

Bei den beiden Befehlen <TH> und <TD> können die abschließenden Befehle auch wegge-lassen werden. Damit bei der Definition einer größeren Tabelle nicht die Übersichtlichkeit verloren geht, sollten Sie die Festlegung der einzelnen Zeilen eingerückt darstellen, wie Sie es vielleicht auch von anderen Programmiersprachen gewohnt sind:

```
<table border>
<tr>
  <th>Artikel-Nr</th>
  <th>Artikel</th>
  <th>Preis</th>
  <th>Lagerort</th>
</tr>

<tr>
  <td>0012</td>
  <td>CD-Spieler</td>
  <td>1950 DM</td>
  <td>Berlin</td>
</tr>

<tr>
  <td>0567</td>
  <td>Mikrowelle</td>
  <td>875 DM</td>
  <td>Erfurt</td>
</tr>
</table>
```

Um Gitternetzlinien in der Tabelle anzuzeigen, die die einzelnen Felder optisch voneinander trennen, geben Sie dem Befehl <TABLE> den Zusatz „border" mit. Die Dicke der Außenli-nien können Sie an diesen Zusatz anfügen. Dadurch erscheinen im Internet Explorer die Li-nien dreidimensional. Um die Innenlinien zu verbreitern, benutzen Sie das Argument „cell-spacing":

```
<table border=8, cellspacing=4>
```

Die Farbe der Trennlinien legen Sie über den Parameter „bordercolor" im Befehl <TABLE> fest. Aufgrund des nächsten Befehls werden die Linien in Rot angezeigt. Die Dreidimensionalität verschwindet dadurch:

```
<table border=8, bordercolor=#FF0000>
```

Sie können auch eine Hintergrundfarbe für die Zellen definieren. Wenn Sie das Argument „bgcolor" in den Befehl <TABLE> einfügen, bezieht sich die Farbe auf alle Zellen. Stellen Sie hingegen das Argument in den Befehl <TH> oder <TD>, wird nur die Farbe dieser Zelle geändert. Falls Sie beide Möglichkeiten verwenden, überschreibt die Hintergrundfarbe der Zelle die der Tabelle:

```
<table border=8, bordercolor=#FF0000, bgcolor=#FFFF00>
...
<th bgcolor=#00FF00>Artikel-Nr</th>
```

Natürlich kann auch die Textfarbe selber festgesetzt werden. Dazu existiert der Befehl <FONT> mit dem Argument „color". Da die Farbendefinition vom Befehlspaar <TH>, </TH> beziehungsweise <TD>, </TD> umgeben wird, gilt sie nur für den Text in der angegebenen Zelle.

```
<th bgcolor=#00FF00 ><font color=#FF0000>Artikel-Nr</th>
```

Genauso wie bei den Gliederungsebenen und Absätzen können Sie den Inhalt der Spaltenüberschriften und der einzelnen Zellen links-, rechtsbündig oder zentriert ausrichten:

```
<th align=center>Preis</th>
....
<td align=right>1950 DM</td>
```

Die Breite der einzelnen Spalte wird automatisch nach dem längsten Zelleninhalt ausgerichtet. Falls das Browser-Fenster nicht alle Spalten gleichzeitig anzeigen kann, wird versucht, den Zelleninhalt in mehrere Zeilen zu umbrechen. Dazu müssen sich Leerzeichen im Text befinden. Sie können aber auch die Breite einer Spalte selber nennen. Dazu fügen Sie den Parameter „width" in den Befehl <TH> oder <TD> ein. Falls jedoch dadurch der Zelleninhalt abgeschnitten würde, ignoriert der Web-Browser diesen Zusatz:

```
<th width=100>Artikel-Nr</th>
```

Jede Tabelle kann mithilfe des Befehls <CAPTION> einen kurzen Text als Überschrift oder Unterschrift beinhalten, der ober- beziehungsweise unterhalb der Tabelle eingeblendet wird. Für eine Überschrift übergeben Sie dem Argument „valign" den Wert „top", ansonsten „bottom":

```
<table>
<caption valign=top align=center>Artikel</caption>
```

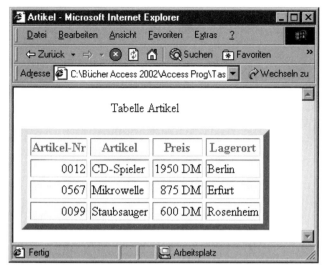

Bild 17.8: Tabellen in einer HTML-Datei

Hyperlinks einsetzen

Um aus mehreren HTML-Dateien ein fertiges Projekt, d.h. eine Web-Site, zu erstellen, werden Verweise, so genannte Hyperlinks, benötigt, die von einer Datei in eine andere verzweigen. Diese Verbindungen sind eine der großen Vorteile von Webseiten.

Hyperlinks können sehr schnell in einem HTML-Dokument, das in einem Web-Browser angezeigt wird, erkannt werden. Wenn Sie den Mauszeiger über das Element bewegen, verändert sich die Gestalt des Zeigers in eine Hand mit erhobenen Zeigefinger. Außerdem wird die vollständige Adresse in der Statusleiste eingeblendet.

Mit Hyperlinks können Sie auch innerhalb einer Datei auf eine bestimmte Textstelle springen. Dazu müssen Sie zuerst für diese Stelle einen Namen definieren. Dies erfolgt mit dem Befehl <A > und dem Parameter „name", dem Sie einen beliebigen Begriff als Zeichenfolge übergeben. Er sollte keine Sonderzeichen enthalten. Anschließend kann zum Beispiel ein normaler Text oder eine Überschrift stehen. Mit dem Befehl </A> wird die Namensvergabe abgeschlossen:

        <a name="AusTiere"><h2>Australische Tierwelt</h2></a>

Ein Hyperlink wird auch mit dem Befehlspaar <A>, </A> festgelegt, der Parameter heißt nun jedoch „href". Ihm weisen Sie den zuvor festgelegten Namen zu, der in diesem Beispiel AusTiere lautet. Er wird durch das Zeichen # eingeleitet. Anschließend kommt der Text, der den Verweis darstellt und zu Beginn die Farbe eines ungelesenen Hyperlinks besitzt. Den Abschluss bildet wieder der Befehl </A>:

        Australien besitzt viele Nationalparks mit einer großen
        <a href="#AusTiere">Tierwelt</a>.

Wenn Sie nun im Web-Browser das Wort „Tierwelt" anklicken, wird die Überschrift „Aust-ralische Tierwelt" als erste Zeile im Browser-Fenster angezeigt, falls sie nicht bereits sichtbar ist.

Bild 17.9: Verweis auf eine andere HTML-Datei

Bei einem Hyperlink auf eine andere Datei wird unterschieden, ob die Datei auf demselben oder einem anderen Rechner gespeichert ist. Befinden sich die Ausgangs- und die Zieldatei auf demselben Rechner, sieht der Verweis folgendermaßen aus:

> Australien besitzt viele Nationalparks mit einer großen
> <a href="Verweis2.htm">Tierwelt</a>.

In diesem Beispiel wurde die Beschreibung über die australischen Nationalparks in eine eige-ne Datei mit dem Namen Verweis3.htm ausgelagert. In ihr steht der eben genannte Hyper-link. Durch einen Klick auf den Begriff „Tierwelt" wird im Web-Browser die Datei Ver-weis2.htm dargestellt.

Wenn Sie zu einer bestimmten Position in der Datei Verweis2.htm springen wollen, muss diese Stelle wieder einen Namen besitzen, der an den Hyperlink mit angefügt wird:

> Australien besitzt viele Nationalparks mit einer großen
> <a href="Verweis2.htm#AusTiere">Tierwelt</a>.

Falls die Dateien in unterschiedlichen Ordnern auf dem Server abgelegt sind, müssen Sie den Pfad mit angeben. Sie können dabei entweder die relative oder absolute Adressierung benut-zen. Die relative Angabe, die sich auf die Datei bezieht, in der der Hyperlink steht, hat dabei den Vorteil, dass Sie den übergeordneten Ordner verschieben können, ohne dass eine Ände-rung bei der Pfadangabe erfolgen muss:

<a href="../tiere/Verweis2.htm">Tierwelt</a>
<a href="file://localhost/c:/html/tiere/Verweis2.htm">Tierwelt</a>

Wie Sie sehen, wird anstelle des umgekehrten Schrägstrichs (\)der normale Schrägstrich (/) verwendet. Die zweite Zeile stellt eine absolute Adressierung dar. Zuerst wird der Protokolltyp genannt, der FILE: oder HTTP: lauten kann. Ihm folgt der Rechnername, der bei lokalen Verweisen auf PCs „localhost" heißt. Bei lokalen Hyperlinks auf Web-Servern wird deren Domain-Name benutzt.

Es ist auch möglich, auf HTML-Dateien zu referenzieren, die sich irgendwo im Web befinden. Dazu muss die komplette Adresse geschrieben werden:

<a href=http://www.microsoft.com/AccessDev/AccWhite/JetCh2.htm>Einführung in DAO</a>

Grafiken einbinden

Die meisten Web-Browser unter Windows können Bilder mit den Formaten GIF und JPEG anzeigen. Beide Formate besitzen gegenüber anderen Grafik-Formaten den Vorteil, dass sie Bilder stark komprimieren können. Das GIF-Format kann aber nur 256 Farben speichern. Bei der Komprimierung im JPEG-Format gehen Daten verloren. Dies wirkt sich in erster Linie bei kontrastarmen Bildern aus.

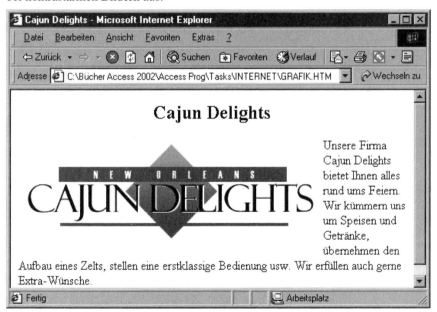

Bild 17.10: Text umfließt die Grafik in einer HTML-Datei

Diese Grafiken sind nicht in der HTML-Datei gespeichert, sondern es existieren dort nur Verweise auf sie. Die verwendeten Bilder sollten nicht zu groß sein, da ansonsten ihre Ladezeit stark ansteigt. Der HTML-Befehl lautet <img src>. Ihm wird der Name der Datei gegebenenfalls mit Pfadangabe übergeben. Die Adressierung erfolgt dabei nach demselben Prinzip wie bei den Hyperlinks

```
<img src="cajlogo.gif">
<img src="/cajun/cajlogo.gif">
<img src="file://localhost/c:/html/cajun/cajlogo.gif">
```

Falls ein Browser das Bild nicht anzeigen kann, können Sie über den Parameter „alt" einen Alternativtext definieren, der dann anstelle der Grafik erscheint:

```
<img src="cajlogo.gif" alt="Firmenlogo">
```

Der nachfolgende Text wird standardmäßig unter das Bild geschrieben. Wenn die Schrift stattdessen um das Bild fließen soll, müssen Sie die Grafik rechts- oder linksbündig ausrichten:

```
<img src="cajlogo.gif" align=left >
```

Statt eines Verweistextes kann auch eine Grafik einen Hyperlink anzeigen. Damit kein Rahmen um das Bild gezeichnet wird, weisen Sie dem Parameter „border" den Wert 0 zu:

```
Klicken Sie hier <a href="verweis2.htm">
<img src="whatsnew.gif" border=0></a>
```

Glossar erstellen

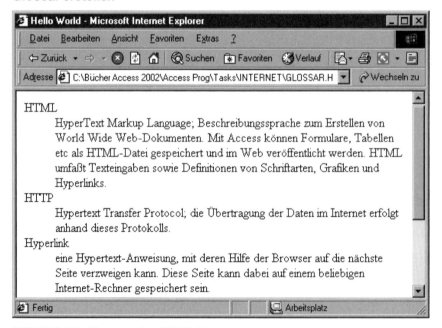

Bild 17.11: Ein Glossar in einer HTML-Datei

Wenn die Seiten Ihrer Web Site viele Fachausdrücke benutzen, ist es sinnvoll, ein Glossar einzufügen, in dem diese Ausdrücke kurz erklärt werden. Damit in diesem Glossar die Fachbegriffe und die dazugehörenden Definitionen gut lesbar angezeigt werden, sollten Sie diese Zeilen mit HTML-Befehlen aufbauen.

Das Glossar selber wird über das Befehlspaar <DL> und </DL> definiert. In dieser Klammer kommt zuerst der Fachbegriff, der über das Paar <DT>, </DT> gekennzeichnet wird, an die Reihe, dann seine Definition. Sie wird von den beiden Befehlen <DD> und </DD> umgeben:

```
<dl>
<dt>HTML</dt>
<dd>HyperText Markup Language, ...</dd>
<dt>Hypermedia</dt>
<dd>Erweiterung zum Hypertext, ...</dd>
</dl>
```

Browser-Fenster in mehrere Bereiche unterteilen

Mit HTML-Befehlen können Sie das Fenster eines Browsers in mehrere Bereiche (Frames) untergliedern. Jeder Bereich kann dann ein eigenes HTML-Dokument anzeigen. Frames sind kein offizieller Bestandteil der HTML Version 3.2, werden jedoch vom Netscape Navigator ab Version 2.0 und vom Internet Explorer ab Version 3.0 unterstützt.

Bei Verwendung dieser Bereiche ersetzen Sie das HTML-Befehlspaar <BODY>, </BODY> durch die beiden Befehle <FRAMESET>, </FRAMESET>. Die einzelnen Frames können untereineinander und/oder nebeneinander angeordnet werden. Die gewünschte Art legen Sie durch den Parameter „rows" (untereinander) beziehungsweise „cols" (nebeneinander) fest. Die Größe der Bereiche definieren Sie über Prozent- oder Pixelangaben. Um das Browser-Fenster sowohl vertikal als auch horizontal zu unterteilen, müssen Sie verschachtelte <FRAMESET>-Befehle einsetzen:

```
<frameset rows="30%,70%">
    <frame src="absatz.htm">
  <frameset cols="50%,50%">
    <frame src="trennlin.htm">
    <frame src="frame1.htm">
  </frameset>
</frameset>
```

Durch diese Zeilen wird das Browser-Fenster in drei Segmente aufgeteilt. Zuerst werden zwei untereinander liegende Bereiche bestimmt, wobei der obere 30% und der untere die restlichen 70% des Fensters einnehmen. Anschließend wird der zweite Frame noch einmal in zwei nebeneinander liegende Segmente untergliedert, die gleich groß sind.

In jeden Bereich wird über den Befehl <FRAME> und das Argument „src" mit Angabe des Dateinamens eine Datei geladen. Falls sich die HTML-Dateien nicht im selben Ordner befinden, muss der Pfad angegeben werden. Soll ein Bereich zu Beginn leer gelassen werden, ersetzen Sie den Befehl <FRAME> durch <NOFRAME>:

```
<frameset cols="50%,50%">
    <frame src="liste.htm">
    <noframe>
</frameset>
```

Per Voreinstellung kann der Anwender die Bereiche in ihrer Größe beliebig verändern. Sobald der Mauszeiger auf die Trennlinie zwischen zwei Frames bewegt wird, wird er als Doppelpfeil angezeigt. Nun kann mit gedrückter Maustaste ein Bereich vergrößert oder verkleinert werden. Um dies zu verhindern, fügen Sie in einen <FRAME>-Befehl den Parameter
„noresize" ein:

```
<frame src="liste.htm" noresize>
```

Es ist auch möglich, keine Trennlinien zwischen den einzelnen Segmenten anzuzeigen. Dann
erscheinen die Bildlaufleisten am rechten Rand nur, wenn sie benötigt werden. Der Parameter
„frameborder=0" wird dazu dem einleitenden <FRAMESET>-Befehl zugeordnet:

```
<frameset rows="30%,70%" frameborder=0>
```

Wenn Sie einen Wert größer als 0 schreiben, bestimmen Sie die Breite der Trennlinien.

Jeden Bereich können Sie mit einem Namen verbinden. Diesen Namen benötigen Sie, wenn
Sie in Hyperlinks angeben wollen, dass eine Datei in einen bestimmten Bereich geladen werden soll:

```
<frame src="liste.htm" name="Fenster1">
```

Der Verweis, der eine Datei in diesem Bereich darstellen soll, enthält dann zusätzlich den
Parameter „target". Er kann somit folgendermaßen aussehen:

```
<a href="glossar.htm" target="Fenster1">Glossar</a>
```

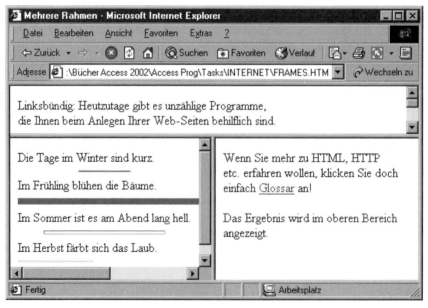

Bild 17.12: Browser-Fenster in verschiedene Bereiche aufteilen

Wenn das Wort „Glossar" angeklickt wird, kommt die Datei glossar.htm in dem zuvor festgelegten Segment mit dem Namen Fenster1 zur Anzeige.

Um alle Frames wieder zu entfernen, damit das Browser-Fenster nicht mehr unterteilt ist, nennen Sie anstelle des Namens eines Bereichs die Konstante „_parent":

```
<a href="glossar.htm" target="_parent">Glossar</a>
```

Für diese Abbildung teilt die Datei Frames.htm das Browser-Fenster in drei Bereiche. Im oberen Segment wird zu Beginn die Datei Absatz.htm angezeigt. Wenn Sie jedoch im unteren rechten Bereich den Hyperlink „Glossar" anwählen, der in der Datei Frame1.htm gespeichert ist, wird diese Datei durch die Datei Glossar.htm ersetzt.

Applets einbinden

Sie können Java- und VBScript-Applets sowie ActiveX-Controls in ein HTML-Dokument einbinden.

Ein ActiveX-Control bringen Sie über das Befehlspaar <Object>, </Object> in eine Webseite ein. Der einleitende Befehl <Object> besitzt folgende Argumente:

Tabelle 17.8: Argumente des Befehls <Object>

Argument	Bedeutung
ID	Name des Steuerelements, der von der Skriptsprache verwendet wird, um das Control ansprechen zu können.
CLASSID	GUID in der Registrierungsdatenbank, über die das Steuerelement geladen wird.
DATA	Ort, an dem die zugehörige Datei, falls vorhanden, im Internet/Intranet gespeichert ist. Dies kann zum Beispiel eine AVI-Datei sein.
CODE	Name der Datei, in der das ActiveX-Control gespeichert ist.

Die CLASSID wird benutzt, um entscheiden zu können, ob das Control bereits auf Ihren PC geladen wurde oder ob es noch über das Netz übertragen werden muss.

Um VBScript-Code aus einer Webseite heraus ausführen zu können, benötigen Sie den folgenden Befehl, der normalerweise im Kopfteil der HTML-Datei steht:

```
<script language= "VBS">
```

Sobald der HTML-Interpreter, zum Beispiel der Internet Explorer, diesen Befehl erkennt, wird die VBS-Sprachengine aufgerufen, die dann die Codezeilen bis zum </Script>-Befehl abarbeitet.

Soll anstelle des VBScript-Codes ein JavaScript-Code in die HTML-Datei eingebunden werden, übergeben Sie dem Parameter „language" die Zeichenfolge „JavaScript":

```
<script language= "JavaScript">
```

Spezielle Access-Tokens

Beim Erstellen von HTML-Dokumenten in Access können Sie eine HTML-Vorlage angeben, damit die Dokumente ein einheitliches Aussehen besitzen. Diese Vorlage enthält dazu neben der Angabe zum Beispiel eines Hintergrundbilds zusätzlich spezielle Befehle, so genannte Access-Tokens, um zum Beispiel den Titel des HTML-Dokuments sowie Verweise auf die nächste, vorherige, erste und letzte HTML-Seite zu definieren. In der nachfolgenden Tabelle sind die verschiedenen Tokens aufgelistet:

Tabelle 17.9: Spezielle Befehle für die HTML-Vorlage

Access Token	Bedeutung
<!--AccessTemplate_Title-->	Objektname für die Titelleiste des Web-Browsers
<!--AcessTemplate_Body-->	Objektausgabe
<!--AccessTemplate_FirstPage-->	Verweis auf die erste Seite
<!--AccessTemplate_PreviousPage-->	Verweis auf die vorherige Seite
<!--AccessTemplate_NextPage-->	Verweis auf die nächste Seite
<!--AccessTemplate_LastPage-->	Verweis auf die letzte Seite
<!--AccessTemplate_PageNumber-->	Nummer der aktuellen Seite

Angenommen, die folgenden vier Zeilen stehen in einer Datei, die als HTML-Vorlage benutzt wird. Dadurch werden hintereinander die Begriffe Erste Seite, Vorige Seite, Nächste Seite und Letzte Seite in jede HTML-Datei eingefügt, die Sie beim Anlegen mit dieser Vorlage verbinden:

```
<A HREF = "<!--AccessTemplate_FirstPage-->">Erste Seite</A>
<A HREF = "<!--AccessTemplate_PreviousPage-->">Vorige Seite</A>
<A HREF = "<!--AccessTemplate_NextPage-->">Nächste Seite</A>
<A HREF = "<!--AccessTemplate_LastPage-->">Letzte Seite</A>
```

Wenn Bilder zum Beispiel über den <img src>- oder <body background>-Befehl in der Vorlage genannt werden, müssen Sie diese Grafikdateien in denselben Ordner wie die mit der Vorlage verbundenen HTML-Dateien kopieren, damit auf sie zugegriffen werden kann.

17.2 Die XML-Sprache

In den letzten Jahren wurde die Programmiersprache HTML, Hypertext Markup Language, immer mehr eingesetzt, um Webseiten zu erstellen. HTML-Dokumente enthalten sowohl die Daten als auch die Formatierungen. Im Laufe der Zeit stellten jedoch viele Programmierer fest, dass HTML zahlreichen Einschränkungen unterliegt.

Aus diesem und anderen Gründen wurde die Sprache XML, Extensible Markup Language, entwickelt. Trotzdem stimmt es nicht, dass XML der Nachfolger von HTML ist oder HTML ablösen wird. Beide Sprachen werden nebeneinander existieren. HTML ist schnell zu erlernen, XML bietet weitergehende Möglichkeiten an.

Ein weiterer großer Vorteil von XML liegt darin, dass es als universelles Datenformat dient. Daten können in diesem Format von zahlreichen Anwendungen gelesen und verarbeitet werden. Die Darstellung der Daten bestimmt nicht die XML-Datei, sondern eigene dafür vorgesehene Formatierungsdateien, so genannte „Stylesheets". Daten und Formatierung werden bei XML voneinander getrennt. Dadurch entsteht die Möglichkeit, dass verschiedene Anwendungen die Daten auch unterschiedlich anzeigen können. So kann ein Programm die Daten farbig gestalten, an einer anderen Stelle werden die Daten mit einer größeren Schriftart und Linie versehen.

XML ist genau genommen eine Untermenge der Sprache SGML und wird wie HTML vom W3-Konsortium (http://www.w3c.org) verwaltet. Diese Personengruppe setzt sich aus Vertretern verschiedener Software- und Hardwarehersteller und aus der Forschung zusammen. Die beiden Zeichen „W3" stehen für „Worldwide Web".

SGML, Standard Generalized Markup Language, wurde bereits 1986 als eine Standard-Metasprache veröffentlicht. Mit einer Metasprache werden keine Dokumente erstellt, sondern Auszeichnungssprachen wie HTML definiert.

Da XML aus Elementen der Sprache SGML entstanden ist, stellt XML auch eine Metasprache dar. Somit können Sie über eine Dokumententyp-Deklaration neue Tags, also Befehle, definieren, die anschließend in einer XML-Datei eingesetzt werden können. Mithilfe von XML wurden bereits Auszeichnungssprachen für den chemischen (Chemical Markup Language) und den mathematischen (Math Markup Language) Bereich erstellt.

Hinweis: In einer XML-Datei werden nur semantische, keine physischen oder logischen Auszeichnungen verwendet. Dies bedeutet, dass diese Tags unabhängig von der späteren Darstellung sind. Sie strukturieren die Daten, formatieren sie aber nicht. Dafür gibt es die „Stylesheets".

Zur Erstellung von XML-Dateien benötigen Sie genauso wie bei HTML keine spezielle Entwicklungsumgebung, sondern es reicht der einfache Editor. XML-Dateien werden als Text im ASCII-Format gespeichert. Natürlich existieren auf dem Software-Markt auch spezielle XML-Editoren wie XMetal. Mit XMetal können Sie XML-, HTML- und SGML-Dateien erstellen und in die genannten Formate umwandeln.

Browser, die XML-Dokumente anzeigen sollen, müssen ein bestimmtes Modul, den Parser, enthalten. Diesen Parser kann man sich in etwa wie einen Interpreter zum Beispiel bei der Programmiersprache Basic vorstellen. Er überprüft das Dokument auf Wohlgeformtheit oder Gültigkeit (siehe unten) und bereitet die Daten so auf, dass sie im Browser dargestellt werden können. Die nachfolgenden Beispiele werden mit dem Microsoft Internet Explorer Version 5 durchgeführt.

Regeln für XML

Wenn Sie bereits HTML können, wird Ihnen XML nicht so schwer fallen. Viele Regeln gelten nämlich für beide Sprachen, wobei XML strenger darauf achtet, dass die Regeln auch eingehalten werden. Nachfolgend sind einige wichtige Regeln für XML aufgelistet:

- Jeder Befehl – der auch als Tag, Markup oder als Auszeichnung bezeichnet wird – muss von spitzen Klammern umgeben werden.

- Jeder Tag muss durch einen End-Tag wieder geschlossen werden, der zusätzlich zum Start-Tag einen vorangestellten Schrägstrich besitzt.

  <daten>Hallo</daten>

- Ein Tag kann über ein oder mehrere Attribute verfügen, die den Befehl genauer spezifizieren.

- XML ist case-sensitiv. Das heißt, die Groß- und Kleinschreibung muss in den Tags berücksichtigt werden. Die Schreibweise des Start-Befehls und des End-Befehls müssen übereinstimmen. Wie ein Tag geschrieben werden muss, wird in der Dokumententyp-Deklaration festgelegt.

  Folgende Schreibweisen sind somit erlaubt:
  <daten>Hallo</daten>
  <DATEN>Hallo</DATEN>
  <Daten>Hallo</Daten>

  Folgende Schreibweise ist somit nicht erlaubt:
  <DATEN>Hallo</Daten>

- Leerzeichen zwischen den spitzen Klammern eines Befehls sind nicht erlaubt. Sie führen zu einem Fehler.

- Sonderzeichen wie Umlaute werden als Entities dargestellt. Jede Entity beginnt mit dem kaufmännischen Und-Zeichen (&) und endet mit einem Strichpunkt (;). Durch die folgende Entity wird der Buchstabe „Ä" festgelegt.

  Ä

17.2.1 Eine XML-Datei erstellen

Eine XML-Datei setzt sich aus einem Prolog und aus einem oder mehreren Elementen zusammen. Im Prolog muss auf alle Fälle die XML-Deklaration stehen, die die Versionsnummer nennt. Programme, die diese Datei verarbeiten, können aufgrund dieser Deklaration eventuell bestimmte Befehle ausführen.

  <?xml version="1.0"?>

In dieser Deklaration kann zusätzlich noch mit angegeben werden, in welchem Format der Quelltext gespeichert ist. Wird das Standardformat ASCII verwendet, ist diese Angabe nicht notwendig, aber möglich.

  <?xml version="1.0" encoding="UTF-8"?>

Ein Element besteht aus dem Start- und Endtag sowie dem Inhalt. Damit Sie mehr als ein Element festlegen können, muss es ein übergeordnetes Element, das Wurzelelement, geben, das die übrigen einschließt. Das Start-Tag dieses Wurzelelements steht direkt nach dem Prolog, das End-Tag ganz am Ende der Datei. Darin können nun weitere Elemente genannt werden.

<australien>
<Bundesstaat> Victoria </Bundesstaat>
<Hauptstadt> Melbourne <Hauptstadt>
</australien>

Da noch kein Stylesheet, das heißt noch keine Formatierung angegeben wurde, erscheinen die
Zeilen im Browser genau so, wie Sie sie in der XML-Datei eingegeben haben. Der Browser
hat jedoch schon erkannt, dass es sich um Elemente handelt, da die Start- und Endtags in Rot,
der Text selber in Schwarz angezeigt werden. Über das Minuszeichen, das neben dem Tag
<australien> erscheint, können Sie die darunter liegenden Informationen aus- und wieder
einblenden.

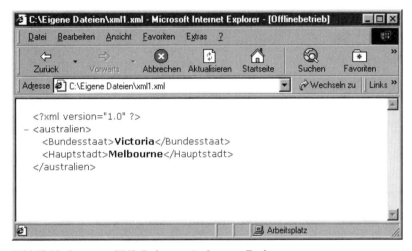

Bild 17.13: Das erste XML-Dokument im Internet Explorer

Die Struktur der Daten festlegen

Ein Prolog besteht häufig nicht nur aus der XML-Deklaration, sondern auch aus der Angabe
der Dokumententyp-Deklaration. Wie bereits weiter oben erwähnt, werden neue Befehle in
einer Dokumententyp-Deklaration (DTD, Document Type Definition) definiert, um damit die
Struktur der Daten zu bestimmen. Diese DTD (siehe unten) kann innerhalb der XML-Datei
oder als eigenständige Datei existieren. Im ersten Fall steht also die komplette Deklaration im
Prolog, ansonsten tragen Sie dort einen Verweis auf die DTD-Datei ein.

Ein Teil einer Dokumententyp-Deklaration direkt in der XML-Datei:
<!DOCTYPE Reisebuero
[
<!ELEMENT Reisedaten (Reise)>
<!ELEMENT Reise (Land, Beginn, Dauer, Veranstalter, Ausgebucht)>
....
]>
Verweis auf eine externe Dokumententyp-Deklaration:
<!DOCTYPE Reisebuero SYSTEM "reise.dtd">

Vergessen Sie nicht, das Ausrufezeichen direkt nach der spitzen Klammer und vor dem Wort „DOCTYPE" zu setzen. Ansonsten wird die Dokumententyp-Deklaration nicht vom Browser erkannt.

Die Struktur der Daten kann sich aber auch in einem XML-Schema befinden. Das Wort „Schema" haben Sie vielleicht im Zusammenhang mit Datenbanken gehört. Der vollständige logische Plan einer Datenbank wird nämlich als Schema bezeichnet. Durch den Zugriff auf das Schema können andere Anwendungen die Daten im XML-Dokument lesen. Schemadateien besitzen die Endung „XSD". Etwas weiter unten wird auf dieses Thema noch genauer eingegangen, da Access beim Exportieren von Tabellendaten eine solche Datei bei Bedarf erstellen kann.

Wohlgeformtes XML-Dokument

Damit ein XML-Dokument als wohlgeformt („well formed") bezeichnet werden kann, muss es unter anderem folgende Punkte befolgen:

- Das Dokument muss aus einem Prolog und mindestens einem Element bestehen.
- Das Dokument muss sich nach der XML-Grammatik richten.
- Kein Attribut darf mehr als einmal im gleichen Start-Tag auftauchen.
- Werte von Zeichenketten-Attributen können keine Verweise auf externe Entities enthalten.
- Tags müssen auf korrekte Weise geschachtelt werden, Überlappungen sind nicht erlaubt.

Der Prolog kann bei einem wohlgeformten Dokument auch nur die XML-Deklaration enthalten. Wenn hingegen ein XML-Dokument gültig („valid") sein soll, muss der Prolog zusätzlich eine DTD oder ein XML-Schema einschließen, und das Dokument muss die Regeln dieser Deklaration befolgen.Bei einem gültigen XML-Dokument müssen Sie somit die Tags innerhalb der DTD beziehungsweise des Schemas kennen, damit Sie diese und nur diese verwenden können.

Im Prolog kann auch noch ein Verweis auf eine Stylesheet-Datei stehen, die die Formatierungen enthält. Dies kann zum Beispiel eine CSS- oder XSL-Datei sein.

```
<?xml-stylesheet href="Versuch1.css" type="text/css"?>
```

Der Verweis wird über „<?xml-stylesheet" eingeleitet. Dem Attribut „href" übergeben Sie den Namen der Formatierungsdatei. Da sich die Datei in diesem Beispiel im selben Ordner wie die XML-Datei befindet, kann auf die Pfadangabe verzichtet werden. Über das Attribut „type" bestimmen Sie die Art des Stylesheets. Hier wird ein gültiger MIME-Typ benötigt. Die Angabe „text/css" verweist auf ein Cascading Stylesheet, wie es auch bei HTML eingesetzt wird. Für ein XSL-Stylesheet lautet der MIME-Typ „text/css". MIME ist die Abkürzung für „Multipurpose Internet Mail Extensions".

17.2.2 Die Formatierungen als CSS-Stylesheet definieren

Ein XML-Dokument kann mit unterschiedlichen Stylesheets optisch aufbereitet werden. Die Cascading Stylesheets („CSS") besitzen eine recht einfache Syntax, bieten aber nicht so viele

Möglichkeiten wie die Extensible Stylesheets Language („XSL"). Die Formatierungen müssen bei XML immer in einer eigenen Datei gespeichert sein.

Stylesheets werden bei XML-Dokumenten verwendet, um die Daten in diesem Dokument optisch aufzubereiten. Sie sind genau genommen Formatvorlagen und enthalten dazu physische Formatier-Auszeichnungen. Je nach Inhalt des Stylesheets können somit dieselben Daten ganz unterschiedlich erscheinen.

Für jedes Element in einer XML-Datei können unterschiedliche Formatierungen erstellt werden. Dazu wird zuerst der Name des Elements genannt. Alle Formatierbefehle für dieses Element sind nachfolgend in einer geschweiften Klammer zusammengefasst.

Ein Fomatierbefehl setzt sich aus dem Schlüsselwort und dem Wert selber zusammen. Für das Einstellen einer bestimmten Schriftart wird das Schlüsselwort „font-family" verwendet. Ihm übergeben Sie durch Doppelpunkt getrennt den Namen der gewünschten Schriftart.

```
Land
{
font-family: arial
}
```

Farben festlegen

Die Schriftgröße können Sie über das Schlüsselwort „font-size" bestimmen. Für die Vergabe von Farben gibt es das Schlüsselwort „color". Farben können entweder mit ihrem Farbnamen oder über ihren hexadezimalen Wert angegeben werden. In der nachfolgenden Tabelle sind die wichtigsten Farben geordnet nach ihrem hexadezimalen Wert aufgelistet.

Tabelle 17.10: Farben mit ihren hexadezimalen Werten und Farbnamen

Farbton	Hexadezimaler Wert	Farbname
Schwarz	#000000	Black
Dunkler Blauton	#000080	Navy
Blau	#0000FF	Blue
Grün	#008000	Green
Grünton	#008080	Teal
Grünton	#00FF00	Lime
Türkis	#00FFFF	Aqua
Braunton	#800000	Maroon
Rosarot	#800080	Purple
Dunkler Grünton	#808000	Olive
Grau	#808080	Grey

Farbton	Hexadezimaler Wert	Farbname
Silbriger Grauton	#C0C0C0	Silver
Rot	#FF0000	Red
Rotton	#FF00FF	Fuchsia
Gelb	#FFFF00	Yellow
Weiß	#FFFFFF	White

Auch das Schlüsselwort „background-color" benutzt diese Werte. Wahrscheinlich werden Sie meistens eine gemeinsame Farbe für den ganzen Hintergrund wünschen. Dann stellen Sie die Hintergrundfarbe für das Wurzelelement ein.

Wenn für ein Element mehrere Schlüsselworte definiert werden sollen, trennen Sie die einzelnen Angaben durch einen Strichpunkt.

```
Land
{
font-family: arial;
font-size: 18 pt;
color: red
}
```

Wichtige Schlüsselworte

Die folgende Tabelle zeigt Ihnen einige wichtige Schlüsselworte, die Sie immer wieder gebrauchen können. Diese Schlüsselworte können nicht nur bei Cascading-Stylesheets, sondern auch bei XSL-Stylesheets eingesetzt werden.

Tabelle 17.11: Schlüsselwörter für die Formatierung

Schlüsselwort	Kurzbeschreibung
color	Farbe des Textes
background-color	Hintergrundfarbe
font-family	Name der Schriftart
font-size	Schriftgröße in Punkt (pt) angegeben
font-style	Fontstil mit den möglichen Werten „italic" und „oblique"
font-weight	Fettdruck in Hunderterschritten von 100 bis 900 angegeben
left	linker Abstand in Pixeln (px) ; abhängig vom Schlüsselwort „position"
position	Positionierung des Elements mit den möglichen Werten „absolute" und „relative"

Schlüsselwort	Kurzbeschreibung
text-decoration	Darstellung des Textes mit den möglichen Werten „underline" und „line-through"
text-align	waagrechte Ausrichtung des Textes mit den möglichen Werten „left", „right", „justify" und „center"
top	oberer Abstand in Pixeln (px); abhängig vom Schlüsselwort „position"

Für die nächste Abbildung wurde die folgende „CSS"-Datei mit dem Namen „Versuch1.css" erstellt. Das dazugehörige XML-Dokument ist etwas weiter unten nach der Dokumententyp-Deklaration aufgelistet.

Bild 17.14: „Cascading-Stylesheet" auf ein XML-Dokument anwenden

```
Reisedaten
{
background-color: yellow;
position: relative;
top: 50px
}

Land
{
font-family: arial;
font-size: 16pt;
color: blue;
text-decoration: underline
}
Ausgebucht
{
```

```
color: red
}
```

Hinweis: Wenn Sie das Problem haben, dass keine Formatierungen erscheinen, obwohl Sie Ihre Stylesheet-Datei angegeben haben, sollten Sie überprüfen, ob die Datei auch wirklich die Endung „CSS" besitzt. Möglicherweise haben Sie in der „CSS"-Datei vergessen, die einzelnen Schlüsselworte wie „color" für ein Element durch einen Strichpunkt voneinander zu trennen.

17.2.3 Die Document Type Definition zum Festlegen der Struktur

Eine „Document Type Definition", kurz DTD genannt, ist für die Struktur eines XML-Dokumentes zuständig. Eine DTD kann entweder als eigene Datei existieren oder wird direkt in der XML-Datei definiert. Mit einer solchen Definition legen Sie die gültige Reihenfolge und die mögliche Verschachtelung von den Elementen fest.

Genau genommen wird auch bei HTML eine DTD verwendet. In vielen HTML-Dokumenten finden Sie deswegen die Zeile

```
<!DOCTYPE HTML PUBLIC "-//W3C//DTD HTML 4.0//EN//">
```

Falls ein HTML-Dokument diesen Verweis auf eine DTD nicht besitzt, kann es trotzdem im Browser korrekt angezeigt werden, da die Browser HTML-Befehle auch ohne geladene DTD verstehen.

Dagegen benötigen alle XML-Dokumente unbedingt eine Dokumententyp-Deklaration oder ein XML-Schema. In einer DTD werden die Befehle und die dazugehörigen Attribute definiert, die in einem XML-Dokument eingesetzt werden können. Falls die DTD extern, das heißt in einer eigenen Datei, gespeichert ist, müssen Sie in Ihr XML-Dokument einen Verweis auf diese DTD-Datei einfügen:

```
<!DOCTYPE Reisebuero SYSTEM "c:\xmldaten\reise.dtd">
```

Für die letzte Zeile wurde angenommen, dass sich die Datei „reise.dtd" im Verzeichnis „c:\xmldaten" befindet. Falls sie auf einem Webserver abgelegt ist, ist die komplette URL notwendig, zum Beispiel „http://www.xyz.de/reise.dtd".

Wenn die Dokumententyp-Deklaration nur für ein bestimmtes XML-Dokument gilt und nicht zu groß ist, kann sie auch direkt im XML-Dokument stehen. Auch in diesem Fall wird mit „<!DOCTYPE" begonnen. Eckige Klammern umschließen dann die Definition der Elemente. Das Schlusszeichen „>" für das einleitende „<!DOCTYPE" ist das letzte Zeichen der gesamten Deklaration.

```
<!DOCTYPE Reisebuero
[
<!ELEMENT Reisedaten (Reise)>
<!ELEMENT Reise (Land, Beginn, Dauer, Veranstalter, Ausgebucht)>
<!ELEMENT Land (#PCDATA)>
<!ELEMENT Beginn (#PCDATA)>
<!ELEMENT Dauer (#PCDATA)>
<!ELEMENT Veranstalter (#PCDATA)>
```

```
<!ELEMENT Anzahl (#PCDATA)>
<!ELEMENT Ausgebucht (#PCDATA)>
]>
```

Der Aufbau einer DTD ist bei einer externen und einer internen Datei gleich. Jede Element-definition wird von den Zeichen „<" und „>" umgeben. Die einzelnen Elemente (Auszeich-nungen) werden mit dem Schlüsselwort „ELEMENT" definiert. Zuerst wird das Wurzelele-ment genannt, das im obigen Beispiel „Reisedaten" heißt. In runden Klammern werden die erlaubten Elemente genannt, die eine Ebene tiefer angeordnet sind.

Dasselbe Prinzip gilt auch für das nächste Element „Reise", das sich wieder aus den Elemen-ten „Land", „Beginn", „Dauer", „Veranstalter" und „Ausgebucht" zusammensetzt. Das Ele-ment „Reise" können Sie sich als Art Datensatz vorstellen, der aus den genannten Feldern besteht.

Nach den Namen der einzelnen Elemente, die mit einem Buchstaben beginnen müssen, muss erst ein Leerzeichen folgen. Erst anschließend können dann weitere Angaben wie „(#PCDATA)" folgen. Das Schlüsselwort „#PCDATA" legt fest, dass der Inhalt des Elemen-tes aus allen druckbaren Zeichen bestehen kann. Es können somit Buchstaben, Zahlen und Zeichen wie Kommata verwendet werden.

Anschließend sehen Sie viele der zuvor besprochenen Zeilen zusammengefasst in einem kleinen Beispiel. Die hier aufgelistete XML-Datei trägt den Namen „xmlReisen.xml". Es wird eine interne DTD und ein CSS-Stylesheet verwendet. Das Ergebnis im Browser wurde bereits weiter oben bei den „Cascading Stylesheets" gezeigt.

```
<?xml version="1.0"?>
<?xml-stylesheet href="Versuch1.css" type="text/css"?>
<!DOCTYPE Reisebuero
[
<!ELEMENT Reisedaten (Reise)>
<!ELEMENT Reise (Land, Beginn, Dauer, Veranstalter, Ausgebucht)>
<!ELEMENT Land (#PCDATA)>
<!ELEMENT Beginn (#PCDATA)>
<!ELEMENT Dauer (#PCDATA)>
<!ELEMENT Veranstalter (#PCDATA)>
<!ELEMENT Anzahl (#PCDATA)>
<!ELEMENT Ausgebucht (#PCDATA)>
]>

<Reisedaten>

<Reise>
<Land> Australien </Land>
<Beginn> 1.10.2001 </Beginn>
<Dauer> 45 </Dauer>
<Veranstalter> Koala Tours </Veranstalter>
<Ausgebucht> Ja </Ausgebucht>
</Reise>

<Reise>
<Land> Spanien </Land>
```

```
<Beginn> 15.6.2001 </Beginn>
<Dauer> 12 </Dauer>
<Veranstalter> Ole und Co </Veranstalter>
<Ausgebucht> Nein </Ausgebucht>
</Reise>

<Reise>
<Land> New York </Land>
<Beginn> 10.12.2001 </Beginn>
<Dauer> 10 </Dauer>
<Veranstalter> AllTours </Veranstalter>
<Ausgebucht> Ja </Ausgebucht>
</Reise>

</Reisedaten>
```

17.2.4 Die Formatierungen über XLST-Stylesheets definieren

Access vewendet zum Formatieren der Daten kein CSS-Stylesheet, sondern eine XSL-Datei. Ein XSLT-Stylesheet bietet weitaus mehr Möglichkeiten als ein CSS-Stylesheet und wurde speziell für XML entwickelt. Ein CSS-Stylesheet kann unter anderem weder eine Kopfzeile noch Seitenzahlen automatisch generieren.

Der Verweis zum Einbinden einer XSL-Datei in ein XML-Dokument unterscheidet sich nur wenig von dem Verweis auf eine CSS-Datei. Er wird auch mit „<?xml-stylesheet" eingeleitet. Dem Attribut „href" übergeben Sie den Namen und eventuell den vollständigen Pfad der XSL-Datei. Über das Attribut „type" legen Sie den MIME-Typ fest, der bei XSL „text/xsl" lautet.

```
<?xml-stylesheet href="Pers.xsl" type="text/xsl"?>
```

Aufbau einer XSL-Datei

XSLT ist die Abkürzung für „Extensible Style Language Transformation". Diese Sprache enthält unter anderem viele Sprachelemente wie Schleifen und Iterationen, die auch in anderen Programmiersprachen existieren. Mit XLST können Daten in ein bestimmtes Format umgewandelt werden, damit eine bestimmte Anwendung diese Daten darstellen kann. XLST-Stylesheets verwenden zudem HTML-Tags zur Formatierung der Daten. Eine kleine XLS-Datei kann folgendermaßen aussehen:

```
<xsl:stylesheet xmlns:xsl="http://www.w3.org/TR/WD-xsl">
<xsl:template>
<H1>
<xsl:value-of select="Nachname"/>
</H1>
</xsl:template>
</xsl:stylesheet>
```

Jedes XSLT-Stylesheet beginnt mit dem Element „xsl:stylesheet" und dessen Attribut „xmlns:xsl". Hierüber und über die URL-Adresse auf eine bestimmte Webseite des W3-Konsortiums wird der Namespace festgelegt. Um ein XLST-Stylesheet einzusetzen, muss jedoch keine Verbindung ins Internet bestehen.

In der nächsten Zeile wird das Element „xsl:template" genannt. Es leitet die Formatierung ein. Nach diesem Element können den einzelnen Elementen Formate zugewiesen werden. Das Element selber wird mit dem Schlüsselwort „xsl:value-of" angegeben. Das HTML-Tagpaar, das für dieses Element gelten soll, umschließt diese Zeile. Der Befehl „H1" zeigt den Text als Überschrift der obersten Ebene an. Am Ende der XSL-Datei müssen noch die beiden Anfangselemente geschlossen werden.

Diese XSL-Datei wird an einem kleinen XML-Dokument ausprobiert, das aus den drei folgenden Zeilen besteht:

```
<?xml version="1.0"?>
<?xml-stylesheet href="Pers.xsl" type="text/xsl"?>
<Nachname> Huber </Nachname>
```

Wenn Sie diese XML-Datei im Browser öffnen, erscheint als Ergebnis der Name „Huber" in der gewünschten Formatierung.

Bild 17.15: XML-Dokument mit einem Element mit einer XSL-Datei verbinden

Damit nicht nur ein, sondern mehrere Elemente in einem XML-Dokument formatiert ausgegeben werden können, wird in der XSL-Datei das Element „xsl:for-each" benötigt. Dem Attribut „select" übergeben Sie die Elemente durch Schrägstrich getrennt, die durchlaufen werden müssen, um zu dem Element zu gelangen, das formatiert werden soll. Die beiden Elemente „Nachname" und „Vorname" sind im Element „Person" zusammengefasst. Das übergeordnete Wurzelelement heißt in diesem Beispiel „Daten" (siehe unten).

```
<xsl:stylesheet xmlns:xsl="http://www.w3.org/TR/WD-xsl">
<xsl:template>
<xsl:for-each select="Daten/Person">
<H1>
<xsl:value-of select="Nachname"/>
</H1>
<H2>
<xsl:value-of select="Vorname"/>
</H2>
</xsl:for-each>
```

```
        </xsl:template>
        </xsl:stylesheet>
```

Das XML-Dokument aus dem letzten Beispiel wurde entsprechend erweitert. Es enthält nun nicht nur einen Nachnamen als einziges Element, sondern zwei Personen mit ihren Vor- und Nachnamen

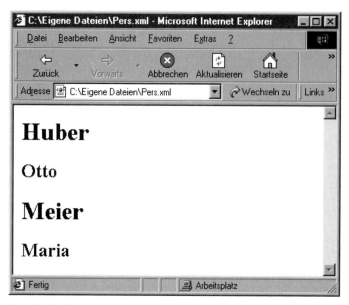

Bild 17.16: XML-Dokument mit mehreren Elementen mit einer XSL-Datei verbinden

```
        <?xml version="1.0"?>
        <?xml-stylesheet href="Pers.xsl" type="text/xsl"?>
        <Daten>
        <Person>
        <Nachname> Huber </Nachname>
        <Vorname> Otto </Vorname>
        </Person>
        <Person>
        <Nachname> Meier </Nachname>
        <Vorname> Maria </Vorname>
        </Person>
        </Daten>
```

Eine von Access angelegte XSL-Datei

Wenn Sie in Access Daten im XML-Dateityp exportieren, wird meistens auch eine XSL-Datei angelegt (siehe unten). Diese Datei enthält unter anderem auch die grundsätzlichen HTML-Tags, die den Grundaufbau einer HTML-Datei bestimmen. Das erste Tag in einer HTML-Datei ist immer der „HTML"-Befehl. Ein HTML-Dokument besteht normalerweise aus einem Kopfteil, in dem unter anderem ein Titel stehen kann, und aus einem Rumpf, der den eigentlichen Inhalt zusammenfasst.

```
<HTML>
<HEAD>
<TITLE>
Personal
</TITLE>
</HEAD>
<BODY>
…….
</BODY>
</HTML>
```

Die Datenblattansicht einer Access- oder MS SQL Server-Tabelle kann auf recht einfache Weise mit den HTML-Tags für Tabellen realisiert werden. Eine Tabelle wird durch das Tag „TABLE" eingeleitet. Dieses Tag kann mehrere Attribute besitzen. Das Attribut „BORDER" legt die Rahmenbreite in Pixel fest. Die Hintergrundfarbe als Hexadezimalwert bestimmt das Attribut „BGCOLOR". Das Attribut „CELLSPACING" ist für den Abstand der Zellen zueinander zuständig. Das fast gleichnamige Attribut „CELLPADDING" gibt hingegen den Abstand des Zelleninhalts zum Zellenrand an.

Tabellen können aus bis zu drei Teilen bestehen: dem Tabellenkopf, dem Tabellenkörper und dem Tabellenfuß. Auch wenn die Tabelle nur einen Tabellenkörper besitzt, kann dieser durch das Tag-Paar „TBODY" und „/TBODY" gekennzeichnet werden.

Jede Zeile wird durch das Tag-Paar „TR" und „/TR" definiert. Dabei kann es sich um die Spaltenüberschriften oder um die Datensätze selber handeln. Jede Spaltenüberschrift wird mit dem Befehl „TH" eingeleitet, jeder Zelleninhalt mit „TD".

Die folgenden Zeilen stellen einen Auszug aus einer XSL-Datei dar, die durch die Exportfunktion von Access generiert wurde. Die Daten selber stehen in einem XML-Dokument und werden mit der Funktion GetValue aus dem jeweiligen Feld wie „Personal-Nr" gelesen.

```
<TABLE BORDER="1" BGCOLOR="#ffffff" CELLSPACING="0" CELLPADDING="0">
<TBODY>

<TR>
<TH style="width: 2.38cm">
Personal-Nr
</TH>
<TH style="width: 2.037cm">
Nachname
</TH>
<TH style="width: 2.063cm">
Vorname
</TH>
</TR>

<TR>
<TD>
<xsl:eval no-entities="true">Format(GetValue("Personal-Nr", 3),"" ,"")</xsl:eval>
</TD>
<TD>
<xsl:eval no-entities="true">Format(GetValue("Nachname", 202),"" ,"")</xsl:eval>
```

```
</TD>
<TD>
<xsl:eval no-entities="true">Format(GetValue("Vorname", 202),"" ,"")</xsl:eval>
</TD>
</TR>

</TBODY>
</TABLE>
```

Damit in einer XSL-Datei eine Programmiersprache verwendet werden kann, muss das Element „xsl:stylesheet" noch um das Attribut „language" erweitert werden. Ihm übergeben Sie den Namen der Sprache wie „vbscript".

```
<xsl:stylesheet xmlns:xsl="http://www.w3.org/TR/WD-xsl" language="vbscript">
```

Die Programmzeilen mit der Definition der Variablen und Prozeduren stehen am Ende der XSL-Datei nach dem HTML-Endetag und werden durch das Elementpaar „xsl:script" und einen „CDATA"-Abschnitt eingeschlossen.

```
<xsl:script>
 <![CDATA[
 ......
 ]]>
</xsl:script>
```

17.2.5 XML-Schema für die Strukturbeschreibung

Ähnlich wie eine „Document Type Definition" beschreibt ein XML-Schema auch die Struktur der Daten. DTDs besitzen jedoch mehrere Nachteile, die mithilfe eines Schemas beseitigt werden können.

Nachteile einer „Document Type Definition":

- unterstützt nur wenige Datentypen

- unterstützt keine Namensräume

- ist nicht in XML geschrieben und deswegen nicht über das XML-Objektmodell (DOM) verfügbar

Vorteile eines XML-Schemas:

- verwendet die XML-Syntax

- unterstützt viele Datentypen. Dies ist besonders bei Daten aus einer Datenbank sehr wichtig

- erlaubt, auch eigene Datentypen zu erstellen

- erlaubt Einschränkungen für bestimmte Bereiche. So können Sie zum Beispiel festlegen, dass das Element „Postleitzahl" immer fünf Ziffern enthalten muss

- unterstützt besser Beziehungen zwischen Elementen

Eine XML-Schema-Datei besitzt normalerweise die Dateierweiterung „XSD". Die von Microsoft verwendeten Schemata weichen etwas von den Schemata ab, die vom W3-Konsortium definiert wurden. Die Lösung von Microsoft enthält Windows-spezifische Elemente.

Ein von Access angelegtes XML-Schema

Beim Exportieren von Daten in das XML-Dateiformat können Sie in Access festlegen, dass auch ein XML-Schema erstellt wird. Der Aufbau einer solchen Datei soll an dieser Stelle kurz erklärt werden. Da ein XML-Schema mit den Sprachmitteln der Sprache XML erstellt wird, wird genauso wie in einem XML-Dokument in der ersten Zeile der XSD-Datei die benutzte XML-Version genannt.

```
<?xml version="1.0" encoding="UTF-8"?>
```

Damit die Unterstützung von Microsoft Office-Datentypen, die ab dem Internet Explorer 5.0 eingeschlossen ist, in einem XML-Schema benutzt werden kann, steht in einer XSD-Datei nach der Versionsnummer das folgende Schema-Element:

```
<xsd:schema xmlns:xsd="http://www.w3.org/2000/10/XMLSchema"
    xmlns:od="urn:schemas-microsoft-com:officedata">
```

Diese Namespace-Deklaration sagt dem Parser, der das XML-Dokument liest, dass die von Microsoft integrierten Datentypen verwendet werden. In der letzten Zeile der XSD-Datei muss dieses Element wieder geschlossen werden:

```
</xsd:schema>
```

Genauso wie in einer „Document Type Definition" wird in einem XML-Schema die Struktur der Elemente mit ihren Eltern-Kind-Beziehungen bestimmt. Das Wurzelelement wird beim Export immer mit dem Namen „dataroot" versehen. Das nächste Element ist die exportierte Tabelle selber, die in diesem Beispiel den Namen „Personal" trägt. Dieses Element fasst dann alle Felder als jeweils eigenes Element zusammen. Jedes Element muss am Ende wieder geschlossen werden.

```
<xsd:element name="dataroot">
  <xsd:element name="Personal">
    <xsd:element name="Personal-Nr" …..>
    </xsd:element>
    <xsd:element name="Nachname" ….>
    </xsd:element>
  </xsd:element>
</xsd:element>
```

Die beiden Buchstaben „od", die Sie an vielen Stellen im XML-Schema finden, sind die Abkürzung für „Office Datatype". Dabei werden bei jedem Feld sowohl der Datentyp von Access (jetType) als auch der MS SQL Server-Datentyp (sqlSType) genannt. Die gesetzte Feldeigenschaft „Eingabe erforderlich" wird über das Attribut „od:nonNullable" implementiert.

```
<xsd:element name="Nachname" od:jetType="text" od:sqlSType="nvarchar"
    od:nonNullable="yes">
```

Ist die Eingabe in ein Feld jedoch optional, das heißt das Feld kann auch leer sein, wird das Attribut „minOccurs" auf den Wert „0" gesetzt. Mit diesem Attribut wird die erlaubte Minimalanzahl der Instanzen dieses Elements angegeben. Daneben gibt es auch noch das Attribut „maxOccurs", das die Maximalanzahl der Instanzen festlegt.

```
<xsd:element name="Ort" minOccurs="0" od:jetType="text" od:sqlSType="nvarchar">
```

Bei allen Textfeldern wird über das Tag „xsd:maxLength" die maximale Anzahl der Zeichen genannt, die das Feld speichern kann. In Access steht diese Angabe in der Feldeigenschaft „Feldlänge".

```
<xsd:restriction base="xsd:string">
<xsd:maxLength value="20"/>
</xsd:restriction>
```

Falls Felder in der Access-Tabelle einen Index besitzen, wird dieser in einer eigenen Zeile im XML-Schema definiert. In Access lautet der Indexname des Primärschlüssels normalerweise „PrimaryKey" und das Attribut „primary" steht auf „yes". Über das Attribut „unique" wird festgelegt, ob Duplikate erlaubt sind. Das Attribut „clustered" sagt aus, ob es sich bei dem Index um einen gruppierten Index handelt. Gruppierte Indizes werden beim MS SQL Server verwendet. Die gesamten Index-Definitionen stehen in einem eigenen Bereich vor den einzelnen Feld-Elementen.

```
<xsd:annotation>
<xsd:appinfo>
<od:index index-name="PrimaryKey" index-key="Personal-Nr " primary="yes" unique="yes"
     clustered="no"/>
<od:index index-name="LastName" index-key="Nachname " primary="no" unique="no"
     clustered="no"/>
</xsd:appinfo>
</xsd:annotation>
```

Wenn Sie Daten aus Access als XML-Dokument exportieren und angeben, dass auch ein XML-Schema erstellt werden soll, bekommt das XML-Dokument einen Verweis auf die XSD-Datei eingetragen, der folgendermaßen aussehen kann:

```
<dataroot xmlns:od="urn:schemas-microsoft-com:officedata"
  xmlns:xsi="http://www.w3.org/2000/10/XMLSchema-instance"
  xsi:noNamespaceSchemaLocation="Personal.xsd">
```

„Dataroot" stellt das Wurzelelement dar. Genauso wie im XML-Schema wird auf den Namespace für die Microsoft Office-Datentpyen verwiesen. Außerdem muss noch der Name der XSD-Datei angegeben werden.

17.3 HTML- und XML-Daten im- und exportieren

Natürlich können HTML- und XML-Daten nach Access importiert und Tabellendaten in das HTML- und XML-Format exportiert werden. In diesem Abschnitt wird auf die verschiedenen Formate beim Export und auf verschiedene programmtechnische Lösungen eingegangen.

17.3.1 Aufbau der exportierten Webseiten

Im Menü DATEI finden Sie den Menüpunkt EXPORTIEREN, mit dem Sie unter anderem auch Datenbankobjekte in ein statisches oder dynamisches Web-Format umwandeln können. Dank dieser Möglichkeit müssen Sie nicht erst die HTML-Sprache lernen, bevor Sie Webseiten im Internet veröffentlichen können.

Datenblätter von Tabellen, Abfragen und Formularen können sowohl im statischen Format (HTML-Datei) als auch in den dynamischen IDC/HTX- und ASP-Formaten ausgegeben werden. Bei Berichten ist nur die Ausgabe in eine HTML-Datei möglich. Das statische Web-Format werden Sie wählen, wenn sich Ihre Daten nicht häufig oder gar nicht ändern. Sollen hingegen die Daten immer wieder aktualisiert werden, werden Sie das dynamische Format einsetzen.

Auf der dem Buch beiliegenden CD finden Sie die Datenbank TRAINING.MDB. Sie wurde mit dem Datenbankassistenten angelegt und enthält verschiedene Sportübungen, einen Trainingsplan etc. Sie wurde als Grundlage für die Bilder in diesem Kapitelpunkt benutzt.

17.3.1.1 Statische HTML-Dateien anlegen

Neben Tabellen können auch Abfragen, Formulare und Berichte in das statische Format exportiert werden. Bei Tabellen, Formularen und Abfragen wird die Datenblattansicht verwendet, der Bericht wird in der Seitenansicht übertragen.

Nachdem Sie im Datenbankfenster das zu exportierende Objekt selektiert haben, lösen Sie im Menü DATEI den Menüpunkt EXPORTIEREN aus. Im Kombinationsfeld „Dateityp" tragen Sie das Format „HTML-Dokumente (*.html;*.htm)" ein. Bei Bedarf überschreiben Sie noch den voreingestellten Namen für die neue Web-Datei. Damit nach dem Erstellen der HTML-Datei automatisch der auf Ihrem PC eingerichtete Web Browser gestartet wird, um das HTML-Dokument lokal anzuzeigen, schalten Sie das Kontrollkästchen „Autostart" ein.

Bei Tabellen und Abfragen muss dazu zuerst das darüber liegende Kontrollkästchen „Formatiert speichern" aktiviert werden. Dieses Steuerelement ist bei Abfragen und Tabellen dafür zuständig, dass Sie anschließend noch eine HTML-Vorlage einstellen können. Dies erfolgt nach dem Druck auf die Schaltfläche „Speichern". Dann wird die HTML-Datei erzeugt.

Jede HTML-Datei kann als HTML-Vorlage eingesetzt werden, um eine einheitliche Gestaltung der HTML-Dokumente zu bekommen. Auf diese Weise kann zum Beispiel jede Webseite einen Firmennamen im Kopf oder ein bestimmtes Hintergrundmuster zugewiesen bekommen. Die HTML-Datei für die Vorlage enthält dazu spezielle HTML-Befehle, die als Access-Tokens bezeichnet werden.

Beim Exportieren wird pro Tabelle, Abfrage und Formular eine HTML-Datei angelegt. Bei einem Bericht entsteht für jede zu druckende Seite eine eigene HTML-Datei. An die Namen dieser HTML-Dateien wird noch die Ergänzung „Seite2" etc. angefügt, zum Beispiel „Übungsliste nach Arten Seite2.htm". Um nicht den Überblick zu verlieren, sollten Sie sich bei einem sehr langen Bericht vor dem Exportieren überlegen, ob Sie die Daten nicht zuerst noch einschränken können.

Der Inhalt der HTML-Datei sieht bei Tabellen, Abfragen und Formularen recht ähnlich wie die Datenblattansicht des Originaldatenbankobjekts aus:

- Anzeige der Daten in den Zeilen und Spalten

- Darstellung des Datenbankobjektnamens als Überschrift

- Übernahme der Sortierungen und Filter

- Übernahme der Farb- und Schriftarteneinstellungen

- Berücksichtigung der Eigenschaften „Format" und „Eingabeformat"

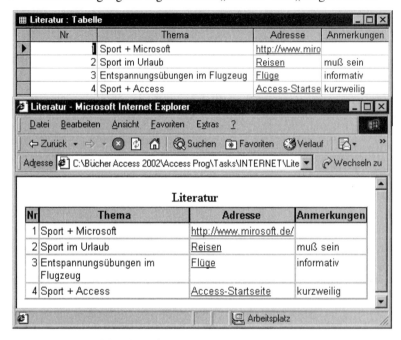

Bild 17.17: Originaldatenbankobjekt und umgewandelte HTML-Datei

Hinweis: Die Inhalte von Feldern mit dem Datentyp OLE-Objekt können nicht umgewandelt werden. Sie erscheinen somit nicht in der HTML-Datei.

Große Ähnlichkeiten bestehen auch bei der Seitenansicht eines Berichts und der daraus entstandenen HTML-Datei. Die Sortierungen und Filtereinstellungen werden wiederum berücksichtigt.

Enthält ein Datenblatt oder ein Bericht als Basis eine Parameterabfrage oder wollen Sie eine Parameterabfrage selber als Webseite speichern, müssen Sie noch den beziehungsweise die Parameter für die Abfrage in ein kleines Dialogfeld eintragen, bevor die HTML-Datei erzeugt werden kann.

17.3.1.2 Dynamische Informationen als IDC/HTX-Dateien

Datenbanken besitzen häufig Informationen, die sich immer wieder verändern können. So können neue Artikel aufgenommen, alte aus dem Angebot herausgenommen oder die Preise herabgesetzt werden. Wenn Sie einen solchen Produktkatalog als statische HTML-Datei auf einen Internet-Server ablegen, wird er bald nicht mehr aktuell sein. Um dies zu verhindern, können Daten auch dynamisch für das Internet aufbereitet werden.

Mithilfe von IDC- und HTX-Dateien und einem Internet-Server wie dem Microsoft Internet Information Server können Sie dynamische Dokumente für das Web anlegen. Es können Daten aus einer Access-Tabelle, -Abfrage oder einem Formular entnommen und im Web veröffentlicht werden. In diesem Fall ist es nicht nötig, die HTML-Dokumente jedes Mal neu zu erzeugen, nachdem die Daten in der Access-Datenbank geändert wurden. Es ist jedoch nicht möglich, aus Access-Berichten IDC/HTX-Dateien zu erstellen.

Ein Internet-Server verwendet IDC- und HTX-Dateien, um Daten von einer ODBC-Datenquelle zu erhalten und diese dann als HTML-Dokument zu formatieren. In der IDC-Datei steht dazu die ODBC-Datenquelle, die auf eine Datenbank verweist, und eine SQL-Anweisung, die dann in der ODBC-Datenquelle ausgeführt wird. Die HTX-Datei legt fest, wie das Ergebnis des SQL-Codes als HTML-Dokument formatiert wird. HTX-Dateien sind HTM-Dateien, die zusätzlich Schlüsselwörter zur Formatierung der Daten und Platzhalter enthalten, die die Position der Daten im HTML-Dokument bestimmen.

ODBC-Datenquelle einrichten

Um aus einer Tabelle, Abfrage oder aus einem Formular ein IDC-/HTX-Paar zu erstellen, müssen Sie im ersten Schritt die ODBC-Datenquelle definieren. Dies erfolgt über die Systemsteuerung. Hier führen Sie einen Doppelklick auf das Symbol für die ODBC-Datenquellen aus. Um eine neue Datenquelle anzulegen, drücken Sie im Karteiblatt „Benutzer-DSN" oder „System-DSN" des Dialogfelds „ODBC-Datenquellen-Administrator" die Schaltfläche „Hinzufügen". Welches Karteiblatt Sie als Ausgangspunkt verwenden, hängt davon ab, ob die Datenquelle nur für Sie als aktuellen Benutzer oder für alle Benutzer Ihres PCs gelten soll.

Aufgrund des Auslösens der Schaltfläche erscheint ein weiteres Dialogfeld, in dem Sie den Typ für Ihre Datenquelle festlegen, der „Microsoft Access Treiber" lautet. Durch die Bestätigung Ihrer Angabe wird das nächste Dialogfeld eingeblendet, in dem Sie nun den Namen der ODBC-Datenquelle eintragen. Über die Schaltfläche „Auswählen" wählen Sie die gewünschte Datenbank. Aus ihr wird der Internet-Server nach Erstellung der IDC/HTX-Dateien die Daten laut der SQL-Anweisung lesen und als HTML-Dokument aufbereiten.

Handelt es sich bei der Datenbank um eine gesicherte, müssen Sie noch über die Schaltfläche „Erweitert" den Benutzernamen und, sofern vorhanden, das Passwort nennen, damit der Internet-Server die Erlaubnis zum Lesen der Daten bekommt. Zusätzlich sollten Sie dann noch die Systemdatenbank auswählen, die die Benutzerkennung enthält.

Jetzt besitzen Sie eine ODBC-Datenquelle für den Zugriff auf Ihre Datenbank. Wenn Sie ein Datenbankobjekt in das IDC/HTX-Format exportieren, werden Sie die hier festgelegten Angaben in ein Dialogfeld eintragen.

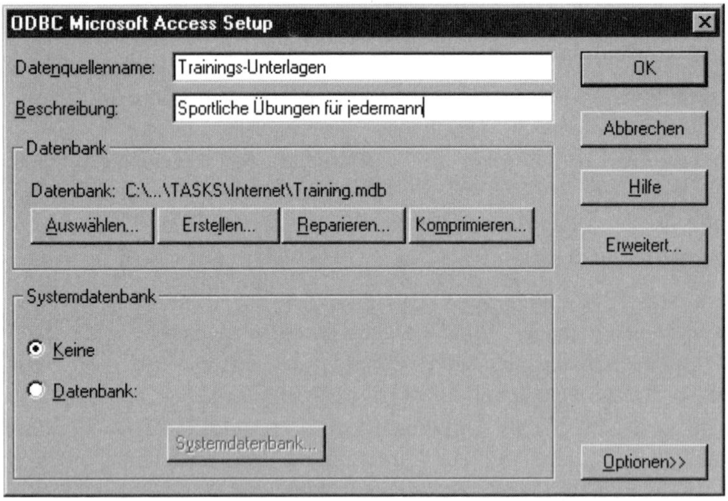

Bild 17.18: ODBC-Datenquelle vom Typ Microsoft Access einrichten

Datenbankobjekt in eine IDC/HTX-Datei umwandeln

Der Ablauf des Exportierens nach IDC/HTX ist derselbe wie beim Erstellen einer HTML-Datei (siehe 17.3.1). Der einzige Unterschied liegt in der Wahl des Dateityps „Microsoft IIS 1-2 (*.htx; *.idc)" im Dialogfeld „Exportieren". Bevor die Konvertierung erfolgt, müssen Sie noch den Namen der Datenquelle, des Benutzers und das Kennwort nennen.

In der Datenbank TRAINING.MDB finden Sie unter anderem die Abfrage „Übungen mit Dauer", die Felder der drei Tabellen „Training", „Trainingsdetails" und „Übungen" enthält. Wenn Sie das Ergebnis dieser Abfrage dynamisch für einen Internet-Server aufbereiten, erhalten Sie die beiden Dateien „Übungen mit Dauer.idc" und „Übungen mit Dauer.htx". Diese beiden Dateien und meistens auch die Datenbank selber müssen Sie zum Schluss noch auf den Internet-Server kopieren.

Hinweis: Falls ein Datenblatt auf einer Parameterabfrage basiert oder falls eine Parameterabfrage selber als IDC-/HTX-Datei gespeichert werden soll, erzeugt Access eine zusätzliche HTML-Seite, die das Dialogfeld zum Eingeben der Parameterwerte simuliert. Diese Seite enthält für jeden Parameter ein eigenes Textfeld und eine Befehlsschaltfläche, über die Sie die Abfrage ausführen.

Inhalt der IDC- und HTX-Datei

Die IDC-Datei besteht aus fünf Befehlen. Jeder Befehl beginnt mit einem Schlüsselwort, dem, durch einen Doppelpunkt getrennt, die Daten folgen. Zuerst wird die ODBC-Datenquelle genannt. Der zweite Befehl definiert den Namen der zur IDC-Datei gehörigen HTX-Datei.

Anschließend kommt die SQL-Anweisung, die sich meistens über mehrere Zeilen erstreckt. Dabei wird jede Fortsetzungszeile mit einem Pluszeichen begonnen. Diese SELECT-

Anweisung ist vom Aufbau identisch zu dem SQL-Code, auf den in Kapitel 18 ausführlich eingegangen wird.

Bei den letzten beiden Befehlen sind der Benutzername und das Kennwort hinterlegt, falls es sich um eine gesicherte Datenbank handelt.

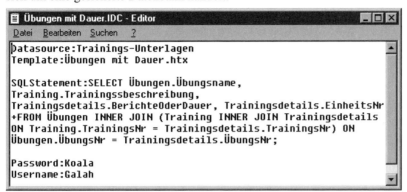

Bild 17.19: Inhalt der IDC-Datei

Es gibt viele Übereinstimmungen zwischen einer HTX- und einer HTML-Datei. Die ersten und letzten Zeilen enthalten in beiden Dateiarten dieselben HTML-Befehle. Sie definieren zum Beispiel den Titel, die Rahmenstärke, die Text- und Hintergrundfarbe sowie die Schriftart.

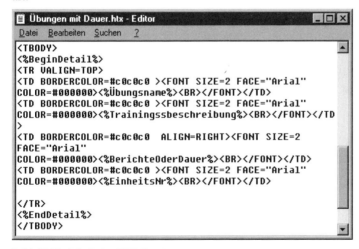

Bild 17.20: Inhalt der HTX-Datei

Die Unterschiede liegen im Tabellenkörper, der von dem Befehlspaar <TBODY> und </TBODY> umgeben wird. Da ein HTML-Dokument nur statische, nicht änderbare Daten enthält, stehen diese Daten direkt in der HTML-Datei. Im Gegensatz dazu enthält eine HTX-Datei nur Platzhalter für die Daten. Die Daten selber werden erst vom Internet-Server und des SQL-Codes in der IDC-Datei ermittelt.

Die Namen der Platzhalter setzen sich aus den Namen der Felder in der Tabelle beziehungsweise Abfrage und dem Prozentzeichen (%) zusammen, das am Anfang und Ende steht. Heißt das Tabellenfeld zum Beispiel EinheitsNr, so lautet der Platzhalter %EinheitsNr%. Jeder Platzhalter, der eine Zelle definiert, wird durch das Befehlspaar <TD> und </TD> eingeschlossen.

17.3.1.3 Dynamische Informationen als ASP-Dateien

Um Daten dynamisch für das Internet aufzubereiten, können Sie außer dem IDC/HTX-Format auch das ASP-Format (Active Server Pages) einsetzen. Beim Exportieren stellen Sie dieses dynamische Format ein und müssen anschließend noch die Server-URL und eventuell eine Sitzungs-Timeout-Zeit nennen.

Das dynamische ASP-Format werden Sie wählen, um dynamische Seiten zur Datenbankabfrage über den ActiveX-Server von Microsoft zu erstellen. Dieses Format besitzt sowohl die Fähigkeiten der beiden Formate HTML und IDC/HTX als auch darüber hinaus noch einige zusätzliche. In einer ASP-Datei werden Sie HTML-Befehle als auch Scriptcode vorfinden.

Die Anzeige dieser Web-Seiten übernehmen ActiveX-Server-Pages, die es seit der Version 3 des Internet Information Servers gibt. Mithilfe dieser ActiveX-Server-Pages können Entwickler unterschiedliche Komponenten wie Skripts, HTML-Dokumente und ActiveX-Server-Komponenten zu interaktiven Programmen zusammenfügen.

Angenommen, Sie sitzen an Ihrem PC und geben in Ihren Browser eine bestimmte Internetadresse ein, deren Inhalt Sie sich ansehen wollen. Bei statischen HTML-Seiten bekommt der Web-Browser die HTML-Seite unverändert vom Server geliefert, wenn er sie anfordert.

Im Gegensatz dazu führt die „Script-Engine", die sich auf dem Server befindet, zuerst den in der ASP-Datei gespeicherten Scriptcode aus. Das Ergebnis wird dann an den Browser weitergegeben.

Der Web-Server erkennt eine Active-Server-Page aufgrund ihrer Dateiendung ASP. Er ruft daraufhin das ASP-Modul auf, das die ASP-Datei durchliest und alle Scriptbefehle ausführt. Als Scriptsprachen können in ASP-Seiten VBScript und JavaScript verwendet werden.

Ein Scriptcode wird mit „<%" eingeleitet und mit „%>" beendet. Fügen Sie an das Script Tag ein Gleichheitszeichen („<%=") an, entsteht eine Ausgabeanweisung. Auf diese Weise können Sie zum Beispiel das aktuelle Datum als Zeichenfolge in die HTML-Seite schreiben:

```
<%= date %>
```

Die durch die Ausführung des Scripts entstehenden Daten werden in eine HTML-Datei gestellt, die schließlich an den Browser auf der Clientseite gesendet wird. Der Scriptcode wird somit direkt auf dem Server und nicht auf dem Client ausgeführt, wodurch eine größere Plattformunabhängigkeit entsteht.

Mit der Methode „CreateObject" wird ein Datenbankobjekt vom Typ „ADODB.Connection" erstellt, damit auf die Datenbank zugegriffen werden kann. Das Objekt, dem die Methode „CreateObject" gehört, heißt „Server" und ist ein natives Objekt, das immer verfügbar ist und nicht erst instanziert werden muss. Dieses Objekt ist für die Steuerung der ASP-Ausführungsumgebung zuständig.

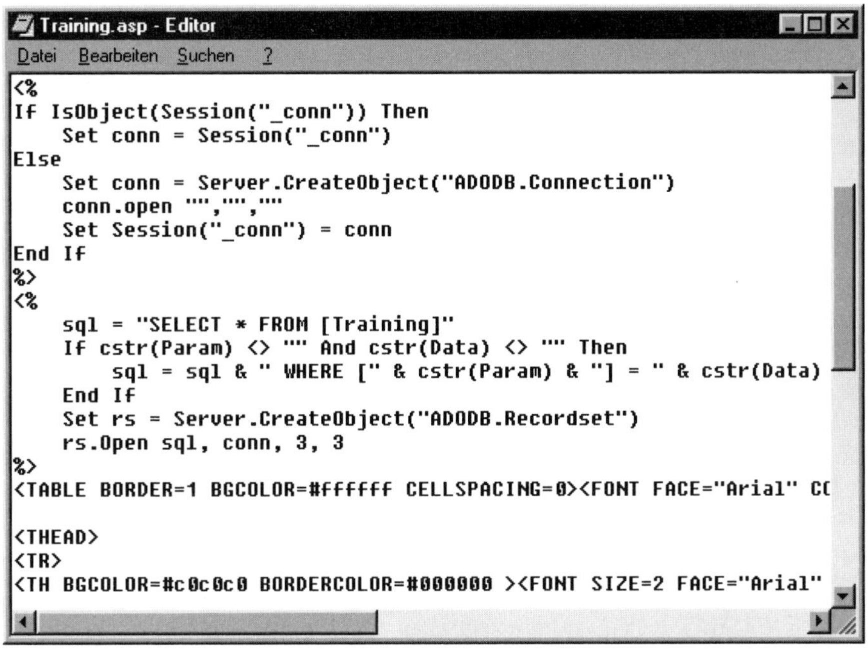

```
Training.asp - Editor
Datei  Bearbeiten  Suchen  ?
<%
If IsObject(Session("_conn")) Then
    Set conn = Session("_conn")
Else
    Set conn = Server.CreateObject("ADODB.Connection")
    conn.open "","",""
    Set Session("_conn") = conn
End If
%>
<%
    sql = "SELECT * FROM [Training]"
    If cstr(Param) <> "" And cstr(Data) <> "" Then
        sql = sql & " WHERE [" & cstr(Param) & "] = " & cstr(Data)
    End If
    Set rs = Server.CreateObject("ADODB.Recordset")
    rs.Open sql, conn, 3, 3
%>
<TABLE BORDER=1 BGCOLOR=#ffffff CELLSPACING=0><FONT FACE="Arial" CO

<THEAD>
<TR>
<TH BGCOLOR=#c0c0c0 BORDERCOLOR=#000000 ><FONT SIZE=2 FACE="Arial"
```

Bild 17.21: Der Inhalt einer ASP-Datei

Aus welcher Tabelle die Datensätze gelesen werden sollen, ist als SQL-Code festgelegt. Dieser String und die Datenbank-Objektvariable werden der Methode „Open" des Recordsets
übergeben, der über die Methode „CreateObject" und den Typ „ADODB.Recordset" angelegt
wurde. Anschließend können die einzelnen Sätze über eine Schleife ausgegeben werden:

```
<%
On Error Resume Next
rs.MoveFirst
do while Not rs.eof
%>
'hier stehen einige HTML-Code-Zeilen
<%
rs.MoveNext
loop%>
```

Auf diese Weise kann zum Beispiel auf dem Server eine Datenbank über ODBC geöffnet und
eine Abfrage ausgeführt werden. Die daraus resultierenden Datensätze werden zeilenweise in
eine HTML-Datei geschrieben. Diese bekommt anschließend der Web-Browser zu lesen.

Voraussetzung für ASP

Damit der eben beschriebene Ablauf funktionieren kann, muss auf dem Server der Internet
Information Server, der Personal Web Server oder die Peer Web Services installiert sein. Alle
drei Produkte stammen von Microsoft. Als Browser muss auf dem Client-PC der Internet
Explorer eingesetzt werden.

Wenn Formulare im Browser angezeigt werden sollen, muss außerdem auf dem Client ein spezielles ActiveX-Steuerelement installiert sein, das „HTML Layout Control" heißt. Falls es nicht eingerichtet ist und Sie eine ASP-Datei mit einem Formular im Browser öffnen wollen, versucht der Browser auf die Web-Seite von Microsoft zu verzweigen und von dort das Steuerelement herunterzuladen.

17.3.2 Daten über Aktionen im- und exportieren und versenden

Mit den Aktionen „AusgabeIn", „TransferArbeitsblatt", „TransferDatenbank" und „TransferText" können Sie nicht nur lokale Daten bearbeiten, sondern auch unter Angabe von HTTP- und FTP-Adressen Daten importieren und verknüpfen sowie Daten nach FTP-Adressen exportieren beziehungsweise speichern.

Mit der Aktion „AusgabeIn" (DoCmd-Methode „OutputTo") können Sie Datenbankobjekte auch als Dateien im HTML-, ASP- und HTX-Format anlegen. Wenn Sie den Eintrag „Microsoft IIS" wählen, werden zwei Dateien erzeugt: eine IDC-Datei, die den SQL-Code und den Namen der Datenquelle enthält, und eine HTX-Datei, die definiert, wie die Daten dargestellt werden sollen. Diese Aktion mit den drei Internet-Ausgabeformaten ist gleichzusetzen mit dem Menüpunkt EXPORTIEREN und den Dateitypen „HTML-Dokumente (*.html; *.htm)", „Microsoft Active Server Pages" und Microsoft IIS 1-2 (*.htx;*.idc)".

Um Tabellen als HTML-Tabellen zu im-/exportieren oder zu verknüpfen, werden Sie die Aktion „TransferText" (DoCmd-Methode „TransferText") einsetzen. Sie besitzt dazu die drei Transfertypen „Import HTML", „Export HTML" und „Verknüpfung HTML". Diese Möglichkeiten entsprechen den Menüpunkten IMPORTIEREN und TABELLEN VERKNÜPFEN im Untermenü EXTERNE DATEN und dem Menüpunkt EXPORTIEREN unter Angabe des Dateityps „HTML-Dateien".

Im folgenden Beispiel werden alle drei Varianten ausprobiert. Das Formular „TransferText" besitzt dazu drei Befehlsschaltflächen, deren Eigenschaft „Beim Klicken" jeweils einer Ereignisprozedur zugeordnet ist.

Bild 17.22: Die Aktion „TransferText" verwenden

```
'*********************** Training.mdb ***********************
'***************** Formularmodul TransferText ***************
'Tabelle.htm als NeueTabelle importieren
Private Sub Befehl0_Click()
    DoCmd.TransferText acImportHTML, , "NeueTabelle", "tabelle.htm", True
End Sub
' Tabelle Trainingsprotokoll als TraiProt.htm exportieren
```

```
    Private Sub Befehl1_Click()
        DoCmd.TransferText acExportHTML, , "Trainingsprotokoll", "TraiProt.htm", True
    End Sub
    ' Tabelle.htm als NeueTabelleV verknüpfen
    Private Sub Befehl2_Click()
        DoCmd.TransferText acLinkHTML, , "NeueTabelleV", "tabelle.htm", True
    End Sub
```

Beim Exportieren eines Datenbankobjekts in eine HTML-Tabelle werden Text- und Memo-
felder immer linksbündig ausgerichtet. Alle anderen Felder erhalten hingegen eine rechtsbündige Ausrichtung. Falls ein Memofeld Daten enthält, die wie ein Hyperlink aussehen, wird
daraus der HTML-Befehl <a href= ..> generiert. Die Tabellenüberschrift lautet wie der Name
der exportierten Datei.

17.3.3 XML im- und exportieren

Mit Access war es immer schon möglich, Daten mit anderen Anwendungen auszutauschen.
Beim Ex- oder Import kann der gewünschte Dateityp eingestellt werden. An dieser Stelle ist
jetzt noch die Möglichkeit hinzugekommen, die Daten in einem XML-Format abzulegen
beziehungsweise Daten im XML-Format als Access-Tabelle abzuspeichern.

17.3.3.1 Tabellendaten nach XML exportieren

Für den Export von Daten in das XML-Format können Sie als Datenbankobjekt nicht nur
Tabellen und Abfragen, sondern auch Formulare und Berichte wählen. Es werden dann die
Daten exportiert, die die Grundlage dieses Formulars oder Berichts bilden. In einer Access-
Projektdatei können neben Tabellen und Sichten auch gespeicherte Prozeduren als Daten-
quelle eingesetzt werden.

Exportoptionen festlegen

Wenn Sie ein Datenbankobjekt als XML-Dokument exportieren, können Sie über drei Kontrollkästchen angeben, welche Informationen exportiert werden sollen.

* Daten, das heißt die Erstellung eines XML-Dokuments

* Schema der Daten, das heißt die Erstellung einer XSD-Datei

* Präsentation der Daten, das heißt die Erstellung einer XSL-Datei

Über die Schaltfläche „Weitere" rufen Sie ein Dialogfeld auf, in dem es für jede Option ein
eigenes Register gibt. Hier kann dann unter anderem der Speicherort der einzelnen Dateien
festgelegt werden. Auf dem Register „Schema" können Sie unter anderem bestimmen, dass
die weiter oben erwähnten Primärschlüssel- und Indexinformationen mit in die XSD-Datei
übernommen werden. Das XML-Schema kann zudem direkt im XML-Dokument abgelegt
werden.

Hinweis: Wenn die Tabelle, die Sie exportieren möchten, ein oder mehrere Beziehungen zu
           anderen Tabellen besitzt, können Sie diese Tabellen in dieselbe Datei gleich mit
           exportieren.

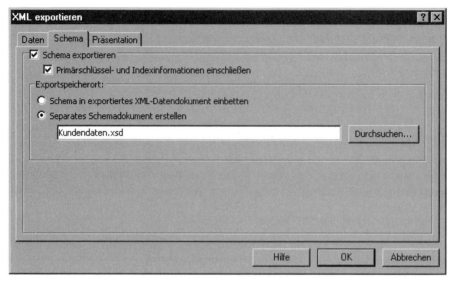

Bild 17.23: Optionen für den XML-Export

Falls auch eine XSL-Datei für die Formatierung der Daten von Access angelegt wird, steht im XML-Dokument nicht automatisch ein Verweis auf dieses Stylesheet. Dies sehen Sie daran, dass im Internet Explorer der Inhalt der XML-Datei genauso angezeigt wird, wie er in der Datei definiert ist. Es erscheinen somit auch alle Tags.

Um das XSL-Stylesheet auf das XML-Dokument anwenden zu können, müssen Sie folgende Zeile direkt unter die XML-Deklaration in die XML-Datei einfügen. Dabei wird angenommen, dass die Tabelle „Mitarbeiter" exportiert wurde.

```
<?xml-stylesheet href="Mitarbeiter.xsl" type="text/xsl"?>
```

Zusätzlich zu den genannten Dateien wird bei der Wahl einer Präsentationsdatei noch eine HTM-Datei oder eine ASP-Datei erstellt, je nachdem, ob das Ergebnis später vom Client oder vom Server ausgeführt werden soll. Das XML-Objektmodell (DOM) benutzt dann diese Datei, um das Ergebnis der XSL-Formatierung anzuzeigen. In der HTM-Datei werden somit die Formatierungen der XSL-Datei und die Daten des XML-Dokuments zusammengeführt.

Wichtige Punkte beim Exportieren

Wenn Sie ein Formular oder einen Bericht in das XML-Format exportieren, sind folgende Punkte zu beachten:

- Graphiken, die über das Bild-Steuerelement eingefügt werden, werden konvertiert.

- Hintergrundbilder werden konvertiert.

- Kombinationsfelder werden in Textfelder umgewandelt. Die Daten der gebundenen Spalte werden in diesen Textfeldern angezeigt.

- Die Eigenschaften „Vergrößerbar" und „Verkleinerbar" von Textfeldern und Bereichen werden nicht unterstützt.

- VBA-Code, der mit dem Formular oder Bericht gespeichert ist, wird nicht exportiert.

- Jedes Formular wird als Endlosformular ohne Navigationsschaltflächen angezeigt.

- Sortieren und Gruppieren im Bericht werden unterstützt.

- Aggregatfunktionen wie Summe oder Anzahl können jedoch im Bericht nicht verwendet werden.

- Das Setzen der Eigenschaft „Neue Seite" eines Bereiches im Bericht wird nicht berücksichtigt.

Die Methode „ExportXML" des „Application"-Objekts

Alle Möglichkeiten, die Sie beim Exportieren von der Benutzeroberfläche aus haben, können Sie auch per VBA-Code durchführen. Dazu gibt es die Methode „ExportXML" des „Application"-Objektes. Um zum Beispiel nur die Daten der Tabelle „Training" in ein XML-Dokument zu exportieren, übergeben Sie der Methode die drei folgenden Parameter:

```
Application.ExportXML acExportTable, "Training", "c:\tmp\training.xml"
```

Damit auch noch eine Datei für das Schema und eine für die Präsentation angelegt werden, erweitern Sie den Aufruf dieser Methode. Um die einzelnen Argumente besser lesen zu können, werden beim nächsten Aufruf benannte Parameter verwendet.

```
Application.ExportXML _
    ObjectType:=acExportTable, _
    DataSource:="Training", _
    DataTarget:="c:\tmp\training.xml", _
    SchemaTarget:="c:\tmp\training.xsd", _
    PresentationTarget:="c:\tmp\training.xsl", _
    OtherFlags:=2
```

Über das zuletzt angegebene Argument „OtherFlags" mit dem Wert 2 bestimmen Sie, dass in die Schemadatei keine Primär- und Indexinformationen eingeschlossen werden. Dieser Parameter kann sich aus mehreren Einzelwerten zusammensetzen. Wenn Sie möchten, dass die Schemadatei im exportierten XML-Datendokument eingebettet wird, übergeben Sie die Zahl 1. Falls bei einem Bericht die Präsentation vom Server ausgeführt werden soll, schreiben Sie den Wert 4. Dadurch wird ein ASP-Wrapper und nicht wie sonst üblich eine HTML-Datei erstellt.

In der Hilfedatei und im Internet schreibt Microsoft, dass beim XML-Export eines Datenblatts, eines Formulars oder eines Berichts standardmäßig eine weitere Datei angelegt wird, die als ReportML-Datei bezeichnet wird. Sie speichert die Eigenschaften, Formate und weitere Kennzeichen des Datenbankobjekts. Leider war es uns auch nach zahlreichen Versuchen nicht möglich, diese Datei zu erzeugen. Fast hätten wir es schon aufgegeben.

Damit diese Datei erzeugt wird, müssen Sie ein XML-Dokument, eine Schemadatei und eine Präsentationsdatei angeben und den Parameter „OtherFlags" auf den Wert 16 setzen.

```
Public Function fktExportBericht()
    Application.ExportXML _
        ObjectType:=acExportReport, _
        DataSource:="Übungsliste nach Arten", _
        DataTarget:="c:\tmp\training.xml", _
        SchemaTarget:="c:\tmp\training.xsd", _
```

```
      PresentationTarget:="c:\tmp\training.xsl", _
      OtherFlags:=16
   End Function

   Public Function fktExportFormular()
     Application.ExportXML _
       ObjectType:=acExportForm, _
       DataSource:="Übungsarten", _
       DataTarget:="c:\tmp\Übungsarten.xml", _
       SchemaTarget:="c:\tmp\Übungsarten.xsd", _
       PresentationTarget:="c:\tmp\Übungsarten.xsl", _
       OtherFlags:=16
   End Function
```

ReportML

Der Name der ReportML-Datei setzt sich aus den Objektnamen wie „Übungsarten" und dem Wort „report" zusammen. Die Endung lautet XML. Somit gibt es in unserem Beispiel für das Formular die zusätzliche Datei „Übungsarten_report.xml".

Mithilfe dieser Datei können die Formulare und Berichte einfacher zwischen Anwendungen ausgetauscht werden, da der Aufbau des Datenbankobjekts mit übernommen wird. Wenn Sie diese Datei und eine Transformationsdatei (XSLT) einsetzen, kann zum Beispiel ein Bericht im Internet Browser genauso aussehen wie in Access.

ReportML ist eine XML-basierte Markup-Sprache, die Access-Datenblätter, Formulare und Berichte beschreibt. Dazu wird ein spezieller Satz von Tags verwendet, um die Eigenschaften des Objekts, die Ereignisprozeduren und andere Charakteristika wie die Datensatzherkunft beschreiben zu können. Jedes ReportML-Dokument besteht aus zwei Teilen:

- Prolog: enthält die XML-Deklaration und falls vorhanden eine Dokumententyp-Deklaration (DTD);
- Bereich für die Dokumentenelemente: beginnt mit dem <RPTML>-Element, das auch als Wurzelelement bezeichnet wird.

```
      <?xml version="1.0" encoding="UTF-8"?>
      <RPTML version="1.0">
      <SYSTEM-SETTINGS>
      <LOCALE>1031</LOCALE>
      </SYSTEM-SETTINGS>
      <REPORT reportid="Übungsarten">
      <TITLE>Übungsarten</TITLE>
      <LAYOUT>absolute</LAYOUT>
      …..
      </REPORT>
      </RPTML>
```

Wie in einem normalen XML-Dokument setzt sich ein Element aus einem Start-Tag, den Daten und einem End-Tag zusammen. Ein Attribut steht normalerweise im Start-Tag und liefert zusätzliche Informationen. Die einzelnen Bereiche eines Formulars oder Berichts, wie Berichtsfuß, sowie viele Objekt-Eigenschaften werden als Elemente wiedergegeben. Datentypen oder die Objektnamen werden in Attribute umgewandelt. Alle Tagnamen werden in Großbuchstaben, alle Attribute in Kleinbuchstaben geschrieben.

Hinweis: Die Tags, die von ReportML eingesetzt werden, beziehen sich genau genommen immer auf ein Berichtsobjekt, auch wenn das Objekt ein Formular ist.

Das Formular „Übungsarten" basiert auf der gleichnamigen Tabelle, die aus den beiden Feldern „ÜbungsartNr" und „Übungsart" besteht. Datentyp 3 kennzeichnet den „AutoWert"-Datentyp, die Zahl 202 entspricht dem Datentyp „Text".

```
<ROW-SOURCE id="Übungsarten" type="table">
<FIELD id="ÜbungsartNr" datatype="3" size="4"/>
<FIELD id="Übungsart" datatype="202" size="50"/>
</ROW-SOURCE>
```

Informationen zu den Drucker-Einstellungen werden als Satz von Tags auf der Formular- beziehungsweise Berichtsebene gespeichert.

```
<PRINTER-PRINT-QUALITY>300</PRINTER-PRINT-QUALITY>
<PRINTER-ORIENTATION>portrait</PRINTER-ORIENTATION>
<PRINTER-PORT>TS001</PRINTER-PORT>
<PRINTER-PAPER-SIZE>SA4</PRINTER-PAPER-SIZE>
…..
<PRINTER-DRIVER-NAME>HP LaserJet IIP</PRINTER-DRIVER-NAME>
<PRINTER-DATA-ONLY>false</PRINTER-DATA-ONLY>
<PRINTER-COPIES>1</PRINTER-COPIES>
<PRINTER-COLOR-MODE>monochrome</PRINTER-COLOR-MODE>
<USE-DEFAULT-PRINTER>true</USE-DEFAULT-PRINTER>
```

Formular-Eigenschaften wie „Bearbeitungen zulassen", „Löschen zulassen" und „Anfügen zulassen" finden Sie in der ReportML-Datei als einzelne Elemente mit ihren Einstellungen. Falls die Eigenschaft aus mehreren Worten besteht, werden Bindestriche zwischen den Worten eingefügt. Eigenschaften, die im Formular oder Bericht nicht mit einem Wert besetzt wurden, werden nicht in die ReportML-Datei übernommen.

```
<ALLOW-ADDITIONS>true</ALLOW-ADDITIONS>
<ALLOW-DELETIONS>true</ALLOW-DELETIONS>
<ALLOW-EDITS>true</ALLOW-EDITS>
```

Wenn das Formular oder der Bericht Ereignisprozeduren enthält, wird dieser VBA-Code mit in die ReportML-Datei übernommen und in einem „Code"-Element eingeschlossen. Außerdem wird die Ereignis-Eigenschaft „BeimLaden" als Element „ON-LOAD" gespeichert.

```
<CODE><![CDATA[Option Compare Database
Option Explicit
Private Sub Form_Load()
    If Me.OpenArgs = "GotoNew" And Not IsNull(Me![ÜbungsartNr]) Then
        DoCmd.DoMenuItem acFormBar, 3, 0, , acMenuVer70
    End If
End Sub]]></CODE>
```

```
....
<ON-LOAD>[Event Procedure]</ON-LOAD>
```

Wenn Ihr Formular oder Bericht ein Unterformular beziehungsweise einen Unterbericht ent-hält, wird dieses Objekt in der ReportML-Datei des übergeordneten Objekts abgelegt. Lauf-zeiteigenschaften wie „Page" und Objektstandardwerte werden nicht in der ReportML-Datei abgelegt.

17.3.3.2 XML-Daten importieren

Mehrere Beispiele zum Importieren von XML-Dokumenten sollen Ihnen einen Eindruck darauf geben, worauf Sie aufpassen müssen. Das erste XML-Dokument „Import1.xml" besteht nur aus wenigen Zeilen.

```
<?xml version="1.0"?>

<Dataroot>
<Person>
 <Nachname type="Kunde">Huber</Nachname>
</Person>
<Adresse>
 <Privat>Hauptstr. 33</Privat>
</Adresse>
</Dataroot>
```

Um ein XML-Dokument als Tabelle in Access speichern zu können, muss der Aufbau dieser XML-Datei einer Tabellenstruktur ähnlich sein. Alle Anweisungen für die Durchführung, die mit den beiden Zeichen „<?" beginnen, und alle Kommentarzeilen, der Anfangszeichen „<!" lauten, bleiben beim Importieren unberücksichtigt. Der Tabellenname wird von jedem äuße-ren Tag genommen, das untergeordnete Elemente zusammenfasst. Jedes untergeordnete Ele-ment wird zu einem Feld in der Tabelle. Jeder Datensatz wird von dem Start- und End-Tag der Tabelle umschlossen. Attribute wie „type" werden nicht in die Access-Tabelle übernom-men.

Aufgrund dieser Festlegungen werden die ersten beiden Zeilen beim Importieren ignoriert. Die dritte Zeile bestimmt den Namen einer Tabelle. Das untergeordnete Element wird zum Feld in der Tabelle „Person" und enthält das Wort „Huber". Da in diesem Beispiel zwei Ele-mente auf gleicher Ebene unter dem Wurzelelement existieren, werden zwei Tabellen nach Access importiert. Dies wird Ihnen auch von Access angezeigt. Die zweite Tabelle bekommt den Namen „Adresse" und besitzt das Feld „Privat".

Da in dieser XML-Datei weder eine DTD-Datei noch ein XML-Schema angegeben ist, wer-den alle Felder in Access mit dem Datentyp „Text" angelegt.

Daten in mehrere oder in eine Access-Tabelle importieren

Das nächste XML-Dokument ist etwas erweitert worden. Es besitzt das Wurzelelement, das nun „Personen" heißt und zwei untergeordnete „Person"-Elemente enthält. Jedes „Person"-Element umfasst seinerseits die vier untergeordneten Elemente „Name", „Adresse", „Tele-fon" und „Email". Die beiden zuerst genannten Kind-Elemente sind wiederum untergliedert.

Das Element „Name" umschließt die beiden Elemente „Nachname" und „Vorname". Das Element „Adresse" fasst die beiden Elemente „Strasse" und „Ort" zusammen.

```
<?xml version="1.0"?>

<Personen>

<Person>
 <Name>
  <Nachname>Huber</Nachname>
  <Vorname>Claudia</Vorname>
 </Name>
 <Adresse>
  <Strasse>Hauptstr. 33</Strasse>
  <Ort>Muenchen</Ort>
 </Adresse>
 <Telefon>2233445</Telefon>
 <Email>huber@gmx.com</Email>
 </Person>

<Person>
 <Name>
  <Nachname>Mueller</Nachname>
  <Vorname>Hans</Vorname>
 </Name>
 <Adresse>
  <Strasse>Am Kai 9</Strasse>
  <Ort>Hamburg</Ort>
 </Adresse>
 <Telefon>998775</Telefon>
 <Email>mueller@gmx.com</Email>
 </Person>

</Personen>
```

Beim Importieren entstehen drei voneinander unabhängige Tabellen mit jeweils zwei Datensätzen. Die „Person"-Tabelle enthält die Felder „Telefon" und „Email", die „Name"-Tabelle die Felder „Vorname" und „Nachname" und die „Adresse"-Tabelle die Felder „Strasse" und „Ort".

Das Ergebnis ist wahrscheinlich nicht das, was Sie sich gewünscht hätten. Eigentlich sollten die gesamten Daten in einer Tabelle stehen. Um dies zu erreichen, muss das XML-Dokument etwas anders aufgebaut werden. Unter dem Wurzelelement gibt es wieder das Element „Person", das sich in verschiedene untergeordnete Elemente gliedert. Alle untergeordneten Elemente befinden sich dabei auf gleicher Ebene. Die nächste XML-Datei ist genauso aufgebaut.

```
<?xml version="1.0"?>

<Personen>

<Person>
 <Nachname>Huber</Nachname>
```

```
  <Vorname>Claudia</Vorname>
  <Strasse>Hauptstr. 33</Strasse>
  <Ort>Muenchen</Ort>
  <Telefon>2233445</Telefon>
  <Email>huber@gmx.com</Email>
</Person>

<Person>
  <Nachname>Mueller</Nachname>
  <Vorname>Hans</Vorname>
  <Strasse>Am Kai 9</Strasse>
  <Ort>Hamburg</Ort>
  <Telefon>998775</Telefon>
  <Email>mueller@gmx.com</Email>
</Person>

</Personen>
```

Importoptionen bestimmen

Beim Importieren eines XML-Dokuments können Sie genauso wie beim Kopieren einer Access-Tabelle genau bestimmen, was Sie importieren wollen. Über die Schaltfläche „Optionen" wählen Sie die gewünschte Importoption aus:

* Nur Struktur

* Struktur und Daten

* Daten an vorhandene Tabelle(n) anfügen

Nicht nur XML-Dokumente, sondern auch XSD-Dateien können importiert werden. Es muss immer der vollständige Dateiinhalt verwendet werden, Untermengen sind nicht möglich. Der Import beider Dateiformate kann in einer Access-Datenbank oder in einer Access-Projekt-datei durchgeführt werden. Bei einem XML-Schema wird natürlich immer nur die Struktur übernommen, da ja keine Daten in einer XSD-Datei stehen.

Mögliche Fehlerursachen beim Importieren

Wenn Sie eine XML-Datei importieren wollen, kann es vorkommen, dass der Vorgang ab-gebrochen wird. Die Fehlermeldung teilt Ihnen mit, dass Access nicht in der Lage ist, die Tabelle zu erstellen. Mögliche Ursachen können im XML-Dokument liegen:

* Das XML-Dokument ist nicht wohlgeformt. Dies können Sie am einfachsten überprüfen, indem Sie das XML-Dokument im Internet Explorer ab Version 5 öffnen. Falls die Datei ohne Fehlermeldung geöffnet werden kann, ist sie wohlgeformt. Access benutzt die Schnittstelle „Simple API for XML 2.0", um Daten zu importieren. Diese Schnittstelle benötigt wohlgeformte XML-Dateien.

* Das XML-Dokument enthält ungenügende Informationen. Access benötigt zwingend ein Element als Wurzelement und mindestens ein weiteres Element, das als Tabellenname verwendet werden kann.

* Im XML-Dokument wurde als Name für das Tabellenelement eines der folgenden Schlüsselwörter benutzt: „dataroot", „root" oder „schema".

Die Methode „ImportXML" des „Application"-Objekts

Neben der Methode „ExportXML" gibt es natürlich auch die Methode „ImportXML", um XML-Dokumente nach Access zu bringen. Diese Methode besitzt zwei Übergabeparameter. Der erste Parameter muss zwingend angegeben werden, da Sie mit ihm das zu importierende XML-Dokument festlegen. Den zweiten optionalen Parameter „ImportOptions" können Sie verwenden, um zum Beispiel anzugeben, dass nur die Struktur und keine Daten importiert werden sollen.

Tabelle 17.12: Mögliche Konstanten für den Parameter „ImportOptions"

Konstante	Wert	Importoptionen
acAppendData	2	Daten an vorhandene Tabelle(n) anfügen
acStructureAndData	1	Standardeinstellung: Struktur und Daten werden importiert
acStructureOnly	0	Nur die Struktur wird übernommen

Im nachfolgenden Aufruf der Methode „ImportXML" werden zur besseren Übersicht benannte Parameter verwendet.

```
Application.ImportXML _
    DataSource:="c:\tmp\import3.xml", _
    ImportOptions:=acStructureOnly
```

18 Die Datenbanksprache SQL

Wenn Sie sich mit dem Zugriff auf Abfragen über VBA beschäftigen, um hierüber neue Abfragen zu erstellen oder um eine bestehende Abfrage zu verändern, benötigen Sie SQL.

Wird in Access eine Abfrage interaktiv erstellt, führt dies automatisch auch zu den entsprechenden SQL-Befehlsanweisungen. Nach dem Anlegen der Abfrage wählen Sie aus dem Menü ANSICHT den Menüpunkt SQL. Access zeigt daraufhin in einem Dialogfeld den SQL-Code der Abfrage an. Diese SQL-Anweisungen markieren Sie mit dem Mauszeiger und kopieren sie über den Menüpunkt KOPIEREN, über das Kontextmenü der rechten Maustaste oder über die Tastenkombination <Strg> + <C> in die Zwischenablage. Anschließend können Sie die SQL-Anweisung an vielen Stellen in Access einsetzen. Wählen Sie dazu den Menüpunkt EINFÜGEN oder die Tastenkombination <Strg> + <V>.

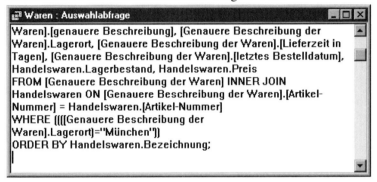

Bild 18.1: SQL-Befehle einer Abfrage

Eine Abfrage ist keineswegs die einzige Stelle in Access, um SQL-Anweisungen einzubringen. SQL-Befehle können immer dann eingetragen werden, wenn nach dem Namen einer Tabelle, Abfrage oder eines Feldes gefragt wird. Häufig erfolgt das Füllen eines Listen- oder Kombinationsfelds durch SQL-Befehle. Außerdem können die SQL-Anweisungen an vielen Stellen in VBA stehen.

18.1 Unterschiede zwischen ANSI-SQL und Access-SQL

Das SQL von Access, das auch häufig als „Microsoft Jet SQL" bezeichnet wird, lehnt sich an der ANSI-SQL-92-Normierung an, entspricht dieser allerdings nicht vollständig.

Unterschiede bei den Datentypen

Es bestehen größere Unterschiede in Bezug auf die Datentypen, wobei durch Access einerseits Datentypen hinzukommen, andererseits einige ANSI-Datentypen nicht unterstützt werden. Da Sie heutzutage mit einem Access-Projekt direkt auf MS SQL Server-Datenbanken zugreifen können, ist es auch wichtig zu wissen, wie die Datentypen beim MS SQL Server lauten. Die folgende Tabelle zeigt Ihnen die Gemeinsamkeiten und Unterschiede bei den Datentypen.

Tabelle 18.1: SQL-Datentypen bei ANSI-SQL, Access-SQL und dem MS SQL Server

ANSI-SQL	Access-SQL	MS SQL-Server
CHARACTER, CHARACTER VARCHAR	CHAR	CHAR, VARCHAR, NCHAR, NVARCHAR
FLOAT, DOUBLE PRECISION	FLOAT	FLOAT
INTEGER	INTEGER	INTEGER
REAL	REAL	REAL
SMALLINT	SMALLINT	SMALLINT
BIT, BIT VARYING	BINARY	BINARY, VARBINARY
-	BIT	BIT
-	MONEY	MONEY
DATE, TIME, TIMESTAMP	DATETIME	DATETIME
INTERVAL	-	-
-	COUNTER	-
-	UNIQUEIDENTIFIER	UNIQUEIDENTIFIER
-	TINYINT	TINYINT
DECIMAL	DECIMAL	DECIMAL
-	IMAGE	IMAGE
-	TEXT	TEXT

Für die meisten Datentypen von Access-SQL existieren noch ein oder mehrere Synonyme. Der Datentyp „Text" kann zum Beispiel auch mit „LONGTEXT", „LONGCHAR", „MEMO", „NOTE" oder „NTEXT" bezeichnet werden.

Unterschiede im Befehlssatz

Beim Befehlssatz bestehen ebenfalls Unterschiede zwischen dem ANSI-SQL und dem Microsoft Jet SQL, die teilweise in der Interpretation der Anweisungen liegen.

*   Dies ist bei der Anweisung

    Ausdruck1 BETWEEN Ausdruck2 AND Ausdruck3
    der Fall, da bei ANSI-SQL der „Ausdruck2" gleich oder kleiner als „Ausdruck3" sein muss. In Access-SQL besteht diese Einschränkung nicht, daher kann „Ausdruck2" auch größer als „Ausdruck3" sein.

*   Ein weiterer Unterschied liegt in der Interpretation der Platzhalterzeichen für den Operator „Like". Access verwendet das Fragezeichen (?) für die Darstellung eines beliebigen Zeichens und den Stern (*), der zur Festlegung mehrerer Zeichen dient. Dagegen benutzt

ANSI-SQL anstelle des Fragezeichens den Unterstrich (_) und für den Stern (*) das Prozentzeichen (%). Microsoft Jet SQL versteht heutzutage beide Platzhalterarten; die beiden dürfen aber nicht gemischt werden.

- Die ANSI-SQL-Befehle COMMIT und LOCK für Zugriffsrechte werden in Access-SQL nicht unterstützt. Sie können aber mithilfe von VBA nachgebildet werden.

- Eine wesentliche Funktionserweiterung erhält Access-SQL durch die Möglichkeit, beliebige VBA-Anweisungen oder damit erstellte Funktionen in die SQL-Anweisungen einbringen zu können.

- Für die Erstellung von Kreuztabellen gibt es bei Access-SQL die SQL-Anweisung TRANSFORM.

- Zur Definition von Parameter-Abfragen kann bei Access-SQL die Deklaration PARAMETERS eingesetzt werden.

Unterschiede zwischen Access und dem MS SQL-Server

In Kapitel 20.7 wird der Upsizing-Assistent erklärt, mit dessen Hilfe eine Access-Datenbank in eine SQL-Server-Datenbank umgewandelt werden kann. Zwischen der SQL-Implementierung von Access und dem Microsoft SQL Server (ANSI-SQL) gibt es einige Unterschiede, die die folgende Tabelle auflistet. Darüber hinaus können Sie ihr entnehmen, wie sich der Upsizing-Assistent bei den Unterschieden in der SQL-Sprache verhält.

Tabelle 18.2: Unterschiede zwischen Access und dem SQL-Server

SQL-Element	MS Access	MS SQL Server	Upsizing-Assistent
Namen	Begrenzt auf 64 Zeichen. Schlüsselwörter und spezielle Zeichen sind erlaubt. Können mit einen beliebigen Zeichen beginnen.	MS SQL Server 6.5: Begrenzt auf 30 Zeichen. Schlüsselwörter und spezielle Zeichen sind nicht erlaubt. Müssen mit einem alphabetischen Zeichen beginnen. MS SQL Server 7.0: Voll kompatibel mit den Namen in Access.	Konvertiert, wenn notwendig, in SQL-Server-Namen.
Ausgabe-felder	Mehrere Ausgabefelder gleichen Namens sind erlaubt.	Ausgabefelder müssen in Sichten unterschiedlich heißen.	Fügt ein Alias für doppelte Spalten-namen hinzu.
Datums-begrenzer	Nummernzeichen (#)	Apostroph (')	Konvertiert die Begrenzer.
Boolesche Konstanten	True, False; On, Off; Yes, No	Integerzahlen: 1 (True), 0 (False)	Konvertiert die Konstanten.

SQL-Element	MS Access	MS SQL Server	Upsizing-Assistent
Verknüpfungsoperator für Zeichenketten	Ampersand-Zeichen (&)	Pluszeichen (+)	Konvertiert das Zeichen.
Platzhalter	Stern-Zeichen (*) steht für keine, ein oder mehrere Zeichen. Fragezeichen (?) steht für ein einzelnes Zeichen. Ausrufezeichen (!) bedeutet, dass das Element nicht vorkommt. Nummernzeichen (#) bedeutet eine einzelne Ziffer.	Prozentzeichen (%) steht für keine, ein oder mehrere Zeichen. Unterstrich (_) steht für ein einzelnes Zeichen. Das Zeichen ^ bedeutet, dass das Element nicht vorkommt.	Konvertiert die Zeichen. Konvertiert das Nummernzeichen zu [0-9].
TOP (Spitzenwerte)	Ist verfügbar.	MS SQL Server 6.5 unterstützt dies nicht. MS SQL Server 7.0 benötigt eine explizite WITH TIES-Klausel.	Beim MS SQL Server 6.5: Ignoriert alle TOP-Abfragen. Beim MS SQL Server 7.0: Fügt eine WITH TIES-Klausel an das Ende an.
CREATE INDEX	Erlaubt auf- und absteigende Indizes. Es können die Optionen PRIMARY, NO NULL und IGNORE NULL genannt werden.	MS SQL Server 2000 kennt auch auf- und absteigende Indizes.	Konvertiert Indizes.
DROP INDEX	Folgende Syntax: Drop Index <Indexname> ON <Tabellenname>	Folgende Syntax: Drop Index <Tabellenname>, <Indexname>	Wird nicht konvertiert.
DISTINCT ROW	Wird unterstützt; erlaubt darüber die Auswahl von eindeutigen Sätzen.	Keine Unterstützung	Wird nicht konvertiert.

SQL-Element	MS Access	MS SQL Server	Upsizing-Assistent
OWNER ACCESS	Wird unterstützt; Zugriffsrechte auf Steuerelemente während der Ausführung.	Keine Unterstützung	Wird aus der SQL-Anweisung entfernt.
ORDER BY in Union	Erlaubt mehrere ORDER BY-Klauseln in UNION-Abfragen.	Erlaubt nur eine ORDER BY-Klausel am Ende	Wird nicht konvertiert.
TRANS FORM	Wird unterstützt; wird für Kreuztabellenabfrage benutzt.	Keine Unterstützung	Wird nicht konvertiert.
PARAME TERS	Wird unterstützt	Keine Unterstützung	Entfernt Parameter aus dem SQL-String.

Nur noch ANSI-SQL erlauben

Unterschiede im SQL-Code gibt es nur dann nicht, wenn Sie in Access 2002 im Dialogfeld „Optionen" auf dem Register „Tabellen/Abfragen" die Kontrollkästchen „In dieser Datenbank benutzen" und „Standard für neue Datenbanken" im Bereich „SQL Server-kompatible Syntax (ANSI 92)" einschalten. Dann verwendet Access genauso wie der MS SQL Server die ANSI-92-SQL-Syntax.

Alle Abfragen, die anschließend in dieser Datenbank erstellt werden, werden beim ersten Speichern intern als ANSI-92-Abfragen vermerkt. Diese Abfragen erscheinen nicht im Datenbankfenster, wenn Sie diese Datenbank in Access 2000 öffnen.

Falls Sie jedoch eine Datenbank mit existierenden Abfragen auf den ANSI-92-Modus umstellen und danach eine dieser Abfragen auf die ANSI-92-Syntax ändern, wird diese Abfrage nicht als ANSI-92-Abfrage vermerkt. Deswegen wird sie in Access 2000 im Datenbankfenster angezeigt. Da aber Access 2000 nicht ANSI-92-kompatibel ist, kann es sein, dass diese Abfrage nicht korrekt funktioniert.

18.2 Auswahlabfragen mit SQL erstellen

Der häufigste Einsatz von SQL erfolgt in Abfragen, um bestimmte Daten in einer Datenbank aufzufinden. Um eine Auswahlabfrage in SQL durchführen zu können, steht der Befehl SELECT zur Verfügung. Diese Anweisung besteht aus mehreren Teilen, die als Klauseln bezeichnet werden.

```
SELECT Feldliste
FROM Tabellennamen IN Datenbankname
WHERE Suchkriterium
GROUP BY Feldliste HAVING Suchkriterium
ORDER BY Feldliste
```

Alle Felder in das Ergebnis übernehmen

In den folgenden Beispielen wird auf unterschiedliche Tabellen in der Datenbank SQL.MDB zugegriffen. Die Tabelle „Depot" besteht aus den drei Feldern „Nummer", „Produkt" und „Ort". Zunächst sollen alle Spalten und Zeilen dieser Tabelle aufgelistet werden. Der folgende SQL-Befehl führt die Operation aus:

SELECT Nummer, Produkt, Ort FROM Depot;

Tabelle 18.3: Ergebnis eines SQL-Beispiels

Nummer	Produkt	Ort
1	Schuhe	Düsseldorf
2	Stofftier	Hongkong
3	PC	Taiwan
4	Schokolade	Schweiz
5	Urlaub	Australien

Bei diesem Beispiel der Abfrage mit der Klausel SELECT wurde jede Attributbezeichnung einzeln aufgezählt und damit nur die gewünschten Spalten ausgewählt. Sollen alle Attribute (Spalten) der Tabelle erscheinen, kann dazu auch der Operator „*" verwendet werden.

SELECT * FROM Mitarbeiter;

Tabelle 18.4: Alle Felder der Tabelle „Mitarbeiter"

Nummer	Name	Tätigkeit	Umsatz	Gehalt
1	Schulz	Geschäftsführer	250	999.000
2	Kohl	Vertriebsleiter	10.000	400.000
3	Maier	Vertriebsmann	500.000	50.000
4	Müller	Vertriebsmann	600.000	66.000
5	Max	Putzfrau	0	27.000
6	Schütz	Verkäufer	5.000	44.000

Hinweis: Anweisungen in SQL können sich über mehrere Zeilen erstrecken und müssen am Ende durch ein Semikolon (;) abgeschlossen werden.

Die bisherigen Beispiele haben gezeigt, dass das Ergebnis einer Abfrage immer wieder eine zweidimensionale Form ergibt und aus Zeilen und Spalten besteht. Die Reihenfolge, in der die Namen der Attribute genannt werden, legt fest, in welcher Folge die Daten in der Ergebnistabelle aufgeführt werden. Alle Parameter werden dabei von links nach rechts gelesen und auch so wieder dargestellt. Etwas anders sieht es bei SELECT * aus, da hier die Reihenfolge der Attribute von der Erstellungsreihenfolge in der Tabelle abhängt.

> SELECT Ort, Nummer, Produkt, FROM Depot;

Tabelle 18.5: Bestimmte Felder der Tabelle „Depot"

Ort	Nummer	Produkt
Düsseldorf	1	Schuhe
Hongkong	2	Stofftier
Taiwan	3	PC
Schweiz	4	Schokolade
Australien	5	Urlaub

Kriterien festlegen

Bisher haben Sie immer nur einzelne Attribute ausgewählt und erhielten alle in der Datenbank enthaltenen Zeilen. Besonders bei größeren Tabellen führt dies zu einem Überfluss an Daten. Daher kann gezielt nach Zeilen selektiert werden. Zu diesem Zweck wird SELECT durch die WHERE-Klausel erweitert, bei der es sich um eine Suchbedingung handelt. Durch diese Klausel werden die Daten aus der Tabelle gesucht, die der genannten Suchbedingung entsprechen. Das Beispiel sucht innerhalb aller Zeilen des Attributs „Name" nach der Bezeichnung „Schulz".

> SELECT * FROM Mitarbeiter WHERE Name = 'Schulz';

Tabelle 18.6: Kriterium angeben

Nummer	Name	Tätigkeit	Umsatz	Gehalt
1	Schulz	Geschäftsführer	250	999.000

Oft genug kommt es vor, dass ein einzelnes Suchkriterium zur Auswahl der geeigneten Kandidaten nicht ausreicht. Ein solcher Fall tritt zum Beispiel dann ein, wenn Sie allen Vertriebsmitarbeitern, die mehr als 100000 DM Umsatz gemacht haben, eine Sonderprämie zahlen möchten. Zu diesem Zweck können Sie mehrere Suchkriterien durch AND verbinden. Hierdurch wird erreicht, dass nur jene Daten geholt werden, die beide Suchkriterien erfüllen, wobei mit AND beliebig viele Verknüpfungen aufgebaut werden können. Bis zu 40 AND-Operatoren können in einer WHERE-Klausel eingesetzt werden.

> SELECT * FROM Mitarbeiter
> WHERE Tätigkeit = 'Vertriebsmann' AND Umsatz   > 100000;

Tabelle 18.7: Zwei Kriterien mit „And" verbinden

Nummer	Name	Tätigkeit	Umsatz	Gehalt
3	Maier	Vertriebsmann	500.000	50.000
4	Müller	Vertriebsmann	600.000	66.000

Sollen Einträge herausgegriffen werden, die eine oder mehrere Suchbedingungen erfüllen, steht OR zur Verfügung. In diesem Fall reicht es aus, dass eine der genannten Bedingungen eintritt, um in der Ergebnistabelle der Abfrage zu erscheinen. Eine mögliche Anwendung dafür ist, alle Vertriebsleute aus der Tabelle „Mitarbeiter" und zusätzlich noch die Personen abzufragen, die einen Umsatz von größer 500 DM erzielten, obwohl sie keine Vertriebsleute sind.

```
SELECT * FROM Mitarbeiter
    WHERE  Tätigkeit = 'Vertriebsmann' OR Umsatz   > 500;
```

Tabelle 18.8: Zwei Kriterien mit „Or" verbinden

Nummer	Name	Tätigkeit	Umsatz	Gehalt
2	Kohl	Vertriebsleiter	10.000	400.000
3	Maier	Vertriebsmann	500.000	50.000
4	Müller	Vertriebsmann	600.000	66.000
6	Schütz	Verkäufer	5.000	44.000

Eine negative Suchbedingung ist ein geeignetes Werkzeug, um die schwarzen Schafe bei den Umsatzzahlen aus der Tabelle herauszusuchen. Durch die Nennung des Ausrufungszeichens (!) wird aus einer Bedingung eine negative Suchbedingung.

```
SELECT * FROM Mitarbeiter
    WHERE  Tätigkeit != Putzfrau AND Umsatz   < 20000;
```

Tabelle 18.9: Negative Suchbedingung

Nummer	Name	Tätigkeit	Umsatz	Gehalt
1	Schulz	Geschäftsführer	250	999.000
2	Kohl	Vertriebsleiter	10.000	400.000
6	Schütz	Verkäufer	5.000	44.000

Durch die Bedingung BETWEEN werden all die Zeilen aus der Tabelle entnommen, deren Wert in dem angegebenen Bereich liegt. Es wird damit möglich, Beschäftigte auszuwählen, denen ein Jahresverdienst zwischen 30.000 und 100.000 DM zusteht.

```
SELECT * FROM Mitarbeiter
    WHERE  Gehalt BETWEEN 30000 AND 100000;
```

Tabelle 18.10:Operator „Between" verwenden

Nummer	Name	Tätigkeit	Umsatz	Gehalt
3	Maier	Vertriebsmann	500.000	50.000
4	Müller	Vertriebsmann	600.000	66.000
6	Schütz	Verkäufer	5.000	44.000

Eine gezielte Auswahl von einzelnen Zeilen, die einer vorgegebenen Liste von Werten entsprechen, kann über die Werteliste mit der IN-Anweisung erfolgen. Zu diesem Zweck werden alle Werte innerhalb einer Klammer und durch Komma getrennt aufgelistet. Das Ergebnis der Abfrage liefert die Zeilen aus den Tabellen, deren Attributeintrag in der Werteliste enthalten ist. Damit ist es nun möglich, alle Mitarbeiter auszusuchen, die irgendeinen Bezug zum Vertrieb haben.

```
SELECT * FROM Mitarbeiter
    WHERE  Tätigkeit IN ("Vertriebsleiter", "Vertriebsmann","Verkäufer");
```

Tabelle 18.11: Operator „In" verwenden

Nummer	Name	Tätigkeit	Umsatz	Gehalt
2	Kohl	Vertriebsleiter	10.000	400.000
3	Maier	Vertriebsmann	500.000	50.000
4	Müller	Vertriebsmann	600.000	66.000
6	Schütz	Verkäufer	5.000	44.000

Bisher wurden immer komplette Attributeinträge als Suchbedingung herangezogen. Durch die Anweisung LIKE lässt sich ein Zeichenmuster definieren, nach dem die Tabelle untersucht wird. Für das Zeichenmuster können sowohl normale Zeichen als auch Ersetzungszeichen verwendet werden.

Als Beispiel für die Anweisung LIKE können Sie alle Mitarbeiter aus der Tabelle ermitteln, die mit den drei Buchstaben „Sch" im Namen beginnen.

```
SELECT * FROM Mitarbeiter WHERE Name LIKE "Sch*";
```

Tabelle 18.12: Anweisung „Like" verwenden

Nummer	Name	Tätigkeit	Umsatz	Gehalt
1	Schulz	Geschäftsführer	250	999.000
6	Schütz	Verkäufer	5.000	44.000

Reihenfolge der Datensätze bestimmen

Bisher haben Sie die Reihenfolge in der Ergebnistabelle dem Zufall überlassen. Durch den Ausdruck ORDER BY kann in die Reihenfolge gezielt eingegriffen werden. Mit diesem Ausdruck gelingt es, eine Abfrage zu erzeugen, die nach der Höhe der Einkommen sortiert ist.

SELECT Name, Gehalt FROM Mitarbeiter ORDER BY Gehalt;

Tabelle 18.13: Sätze sortieren

Name	Gehalt
Max	27.000
Schütz	44.000
Maier	50.000
Müller	66.000
Kohl	400.000
Schulz	999.000

Eine absteigende Sortierung kann durch das Anfügen des Schlüsselworts DESC an ORDER BY erreicht werden.

SELECT Name, Gehalt FROM Mitarbeiter ORDER BY Gehalt DESC;

Tabelle 18.14: Sätze absteigend sortieren

Name	Gehalt
Schulz	999.000
Kohl	400.000
Müller	66.000
Maier	50.000
Schütz	44.000
Max	27.000

Nur eindeutige Felder beziehungsweise Datensätze übernehmen

Wenn eine Abfrage durch SELECT ausgeführt wird, erscheinen Felder mit gleichem Inhalt mehrfach. Durch das Schlüsselwort DISTINCT werden nur jene Datensätze in die Ergebnistabelle übernommen, die unterschiedliche Inhalte aufweisen. Damit ist eine Abfrage auf die verschiedenen Tätigkeiten in einem Unternehmen möglich. Für ein korrektes Ergebnis darf in dieser Abfrage kein weiteres Feld genannt werden.

SELECT DISTINCT Tätigkeit FROM Mitarbeiter;

Tabelle 18.15: Schlüsselwort DISTINCT

Tätigkeit
Geschäftsführer
Vertriebsleiter
Vertriebsmann
Putzfrau
Verkäufer

Neben DISTINCT existiert noch das Schlüsselwort DISTINCTROW, das der Eigenschaft „EindeutigeDatensätze" („UniqueRecords") in einer Access-Abfrage entspricht. Ab Access97 ist diese Eigenschaft standardmäßig auf „Nein" eingestellt, in den früheren Access-Versionen steht sie jedoch auf „Ja". Die Eigenschaft „EindeutigeDatensätze" sollte folgendermaßen gesetzt werden:

- Wenn bei Aktualisierungsabfragen die Fehlermeldung „Operation muss eine aktualisierbare Abfrage verwenden" kommt, setzen Sie sie auf Nein.
- Bei Löschabfragen mit mehreren Tabellen schreiben Sie in die Eigenschaft „Ja", damit gelöscht werden kann.
- Wenn bei Auswahlabfragen die Fehlermeldung „Dieser Recordset ist nicht aktualisierbar" erscheint, stellen Sie sie auf „Nein" ein.

Aliasnamen verwenden

Tabellen können mit Aliasnamen versehen werden. Dies ist vor allem dann sinnvoll, wenn eine SELECT-Anweisung mehrere Tabellen einschließt und diese Tabelle lange Namen besitzen. Die Aliasnamen sind häufig Abkürzungen der Originalnamen. Sie können dann anstelle des vollständigen Tabellennamens benutzt werden. Es muss weniger geschrieben werden, und die gesamte Anweisung wird übersichtlicher.

SELECT Vorname, Nachname, Gehalt FROM Mitarbeiter As Mit WHERE Mit.Gehalt > 4000;

Standardmäßig stehen in den Spaltenüberschriften die Namen der angezeigten Felder. Falls eine andere Überschrift gewünscht ist, können Sie diese direkt in der SELECT-Anweisung festlegen. Der Aliasname einer Spalte muss in Access mit „As" eingeleitet werden.

SELECT [Vorname] & " " & [Nachname] AS Name, Gehalt As Euro FROM Mitarbeiter;

Tabelle 18.16: Spaltenüberschriften bestimmen

Name	Euro
Werner Keller	8700.0000
Otto Huber	9900.0000
Maria Müller	500.0000

Name	Euro
Susanne Klamm	4500.0000
Anne Mayr	3400.0000

Aggregatfunktionen einsetzen

Aggregatfunktionen werden Sie verwenden, wenn Sie eine Berechnung für eine bestimmte Datensatzgruppe durchführen wollen. Diese Datensatzgruppe kann aus nur fünf Datensätzen oder auch aus der kompletten Tabelle bestehen.

Das Durchschnittsgehalt aller Mitarbeiter kann mit nachfolgender Zeile ermittelt werden:

> SELECT Avg(Gehalt) As Durchschnitt FROM Mitarbeiter;

Falls bei einem Mitarbeiter kein Gehalt eingetragen ist, das heißt NULL in diesem Feld steht, wird dieser Datensatz nicht im Ergebnis berücksichtigt. Dies gilt auch für die übrigen Aggregatfunktionen wie „MIN", „MAX", „SUM", „STDEV" und „VAR". Nur bei der Funktion „COUNT" besitzen Sie die Möglichkeit, auch die Zeilen aufzunehmen, bei denen in jeder Spalte NULL steht. Als Wert übergeben Sie dafür keinen Feldnamen, sondern das Stern-Zeichen (*).

> SELECT Count(*) as Gesamtanzahl FROM Mitarbeiter;

Tabelle 18.17: Anzahl der Datensätze bestimmen

Gesamtanzahl
6

Daten gruppieren

Mit der „GROUP BY"-Klausel werden Informationen aus mehreren Datensätzen zusammengefasst. Auf diese Weise können zum Beispiel die Summen der Gehälter pro Abteilungsnummer gebildet werden.

> SELECT Abteilungs_nr, SUM(Gehalt) AS [Summe der Gehälter]
> FROM Mitarbeiter
> GROUP BY Abteilungs_nr;

Der „GROUP BY"-Klausel folgt der Name der Spalte, nach der gruppiert werden soll. Dieses Feld muss zuvor bei der SELECT-Klausel mit aufgelistet werden. Alle anderen Felder, die im Resultset erscheinen sollen, müssen mithilfe einer Funktion wie „Sum" oder „Count" genannt werden. Außerdem wird noch ein Aliasnamen angegeben, der die Spaltenüberschrift darstellt.

Tabelle 18.18: Daten gruppieren

Abteilungs_nr	Summe der Gehälter
mark	12.400,00 Euro
supp	20.400,00 Euro

Abteilungs_nr	Summe der Gehälter
Vert	14.300,00 Euro

Auch bei Gruppierungen können Filterbedingungen eingefügt werden. Dies geschieht aber dann nicht mit der „WHERE"-Klausel, sondern mit der „HAVING"-Klausel. Als Kriterien können Sie die weiter oben beschriebenen Möglichkeiten einsetzen. Mit der folgenden SQL-Anweisung soll nur noch die Zeile mit der Abteilungsnummer „mark" im Resultset erscheinen.

```
SELECT Abteilungs_nr, SUM(Gehalt) AS [Summe der Gehälter]
FROM Mitarbeiter
GROUP BY Abteilungs_nr
HAVING (Abteilungs_nr = 'mark');
```

Tabelle 18.19: „HAVING"-Klausel verwenden

Abteilungs_nr	Summe der Gehälter
mark	12.400,00 Euro

SELECT-Anweisungen können aber auch gleichzeitig die „WHERE"- und die „HAVING"-Klausel enthalten. Die „WHERE"-Klausel definiert, welche Zeilen überhaupt für die Gruppierung berücksichtigt werden sollen. Die „HAVING"-Klausel dagegen bestimmt, welche Gruppen angezeigt werden.

```
SELECT Abteilungs_nr, SUM(Gehalt) AS [Summe der Gehälter]
FROM Mitarbeiter
WHERE Gehalt > 5000
GROUP BY Abteilungs_nr
HAVING (Abteilungs_nr = 'mark');
```

Wenn in der Abteilung mit der Abteilungsnummer „mark" zwei Personen arbeiten, die 9.900 Euro beziehungsweise 2.500 Euro verdienen, wird durch die „WHERE"-Klausel die Person mit dem niedrigeren Gehalt gar nicht in die Gruppe übernommen. Deswegen erscheint im Resultset als Summe nur das höhere Gehalt, das über 5.000 Euro liegt.

Tabelle 18.20: „HAVING"- und „WHERE"-Klausel verwenden

Abteilungs_nr	Summe der Gehälter
mark	9.900,00 Euro

Ein Gesamtergebnis berechnen

Mit der „COMPUTE"-Klausel einer SELECT-Anweisung kann eine Aggregatfunktion (AVG, MIN, MAX, SUM, COUNT etc.) verwendet werden, um zusätzlich ein Gesamtergebnis zu erstellen. Dieses Ergebnis erscheint dann unterhalb des Resultsets. Da das Ergebnis in einem nichtrelationalen Format angezeigt wird, kann die „COMPUTE"-Klausel leider nicht in einer Access-Abfrage eingesetzt werden.

Mehrere Tabellen verknüpfen

Natürlich können mit einer „SELECT"-Anweisung auch die Daten mehrerer Tabellen zusammengebracht werden. Bei Access kann zwischen den drei folgenden Verknüpfungsarten unterschieden werden:

- Inner Join (Innere Verknüpfung)
- Left Outer Join (Linke Inklusionsverknüpfung)
- Right Outer Join (Rechte Inklusionsverknüpfung)

Um die gewünschte Art einzustellen, klicken Sie in der Entwurfsansicht der Abfrage die Verbindungslinie mit der rechten Maustaste an und lösen im Kontextmenü den Menüpunkt Verknüpfungseigenschaften aus. In dem gleichnamigen Dialogfeld werden die drei Optionen angezeigt, wobei die erste Option, die innere Verknüpfung, die Standardeinstellung ist. Die innere Verknüpfung von Tabellen wird auch als natürlicher Join bezeichnet.

```
SELECT Kunden.Firma, Kunden.Nachname, Kunden.Ort, Bestellung.Bestelldatum
FROM Kunden INNER JOIN Bestellung ON Kunden.ID = Bestellung.[Kunden-Nr];
```

Falls Felder in beiden Tabellen gleich heißen, müssen sie nun mit dem Namen der Tabelle gekennzeichnet werden, damit eindeutig ist, in welcher Tabelle sie gespeichert sind. Der Name der Tabelle und der des Feldes werden dabei durch einen Punkt voneinander getrennt. Die Felder, die die Beziehung zwischen den beiden Tabellen definieren, werden nach dem Schlüsselbegriff „Inner Join" über das Gleichheitszeichen miteinander verbunden.

Bei einem natürlichen Join werden nur jene Datensätze angezeigt, bei denen die Inhalte der verknüpften Felder beider Tabellen identisch sind. Dies bedeutet für das Beispiel, dass aus den beiden Tabellen „Bestellung" und „Kunden" nur jene Datensätze im Resultset stehen, bei denen die Kundennummer übereinstimmt. Falls in die Tabelle „Kunden" ein neuer Kunde eingetragen wird, für den es noch keine Bestellungen gibt, erscheint dieser Kunde bei einem „Inner Join" nicht.

Tabelle 18.21: Innere Verknüpfung

Firma	Nachname	Ort	Bestelldatum
Kloster	Huber	München	09.08.2001
Kloster	Huber	München	19.03.2002
Marsch	Klausner	Bonn	22.03.2002
Marsch	Paul	Köln	12.06.2001
Marsch	Paul	Köln	22.04.2002

Damit zusätzlich die neue Kunden sichtbar werden, muss die Verknüpfungsart geändert werden. Eine Inklusionsverknüpfung beziehungsweise eine äußere Verknüpfung (engl.: outer join) stellt im Resultset alle Datensätze der ersten Tabelle und nur jene Datensätze der zweiten Tabelle dar, deren Werte in den verknüpften Feldern identisch sind. Es wird im Dynaset ein leeres Feld angezeigt, wenn in der zweiten Tabelle kein entsprechender Datensatz vorliegt.

Die SQL-Anweisung enthält nun den Schlüsselbegriff „Outer Join". Das vorangestellte Wort „Left" definiert, dass alle Datensätze aus der zuerst genannten Tabelle genommen werden.

SELECT Kunden.Firma, Kunden.Nachname, Kunden.Ort, Bestellung.Bestelldatum
FROM Kunden LEFT JOIN Bestellung ON Kunden.ID = Bestellung.[Kunden-Nr];

Anstelle von „Left" kann auch „Right" stehen, wodurch immer alle Bestellungen dargestellt werden, unabhängig davon, ob die entsprechende Kundennummer auch in der Tabelle „Kunden" existiert. Da zwischen den beiden Tabellen „Bestellung" und „Kunden" die referenzielle Integrität gesetzt wurde, liefert die innere Verknüpfung und die rechte äußere Verknüpfung dasselbe Ergebnis. Aufgrund der referenziellen Integrität kann es nämlich nicht sein, dass bestimmte Kundennummern nur in der Tabelle „Bestellung" vorkommen.

Tabelle 18.22: Linke äußere Verknüpfung

Firma	Nachname	Ort	Bestelldatum
Kloster	Huber	München	09.08.2001
Kloster	Huber	München	19.03.2002
Marsch	Klausner	Bonn	22.03.2002
Marsch	Paul	Köln	12.06.2001
Marsch	Paul	Köln	22.04.2002
D&G GmbH	Maurer	Köln	

Unterabfragen verwenden

Eine Sicht kann auch mehr als eine SELECT-Anweisung enthalten, da innerhalb einer SELECT-Anweisung eine zweite aufgerufen werden kann. Die innere SELECT-Anweisung wird als Unterabfrage bezeichnet. Sie wird zuerst ausgewertet und gibt das Ergebnis an die äußere SELECT-Anweisung weiter.

Unterabfragen werden immer von runden Klammern umgeben. Sie funktionieren auch, wenn die verwendeten Tabellen keine Beziehung zueinander besitzen. Die Feldliste der Tabelle, die in einer Unterabfrage vorkommt, wird nicht in die Entwurfsansicht der Abfrage eingefügt. Unterabfragen können einen einzelnen Wert oder eine komplette Werteliste liefern.

Es sollen alle Bestellungen aufgelistet werden, die von dem Kunden mit den Namen „Klausner" stammen. In diesem Fall soll aber nicht die Kundennummer, sondern der Name des Kunden überprüft werden.

SELECT Bestelldatum, [Kunden-Nr]
FROM Bestellung
WHERE [Kunden-Nr] = (SELECT ID FROM Kunden WHERE Nachname = 'Klausner');

Zuerst wird die innere SELECT-Anweisung ausgeführt, die den ID-Wert des Kunden „Klausner" ermittelt. Das Ergebnis dient anschließend als Kriterium für die äußere SELECT-

Anweisung. Die Nachnamen werden in diesem Beispiel als eindeutig vorausgesetzt. Dies bedeutet, dass immer nur eine Kunden-ID als Wert der Unterabfrage zurückgegeben wird. Deswegen ist für diesen Fall das Gleichheitszeichen der richtige Operator.

Falls die Unterabfrage jedoch mehrere Werte als Ergebnis liefert beziehungsweise liefern kann, müssen Sie den „In"-Operator verwenden. Die nächste SQL-Anweisung listet alle Bestellungen auf, bei denen der Kunde in Köln wohnt.

> SELECT Bestelldatum, [Kunden-Nr]
> FROM Bestellung
> WHERE [Kunden-Nr] IN (SELECT ID FROM Kunden WHERE Ort = 'Köln');

18.3 Aktionsabfragen über SQL erledigen

Auswahlabfragen liefern als Ergebnis einen Teil der Datensätze, der über Kriterien festgelegt ist. Sie ändern jedoch nichts am Datenbestand. Im Gegensatz dazu dienen Aktionsabfragen dazu, neue Tabellen zu erstellen oder bestehende zu modifizieren. Access kennt vier verschiedene Arten von Aktionsabfragen:

Tabelle 18.23: Aktionsabfragen

Aktionsabfragen	Aufgabe
Tabellenerstellungsabfrage	Aus anderen Tabellen oder aus Teilen anderer Tabellen neue Tabellen anlegen
Löschabfrage	Datensätze aus Tabellen löschen
Anfügeabfrage	Eine Gruppe von Datensätzen an eine andere Tabelle anfügen
Aktualisierungsabfrage	Eine Gruppe von Datensätzen ändern

Tabellenerstellungsabfrage

Mit einer Tabellenerstellungsabfrage können Sie wie der Name schon sagt neue Tabellen anlegen. Bei dieser Aktionsabfrage werden die gewünschten Daten von Access abgerufen, um aus ihnen eine neue Tabelle zu bilden. Der SQL-Code einer Tabellenerstellungsabfrage beginnt wie eine Auswahlabfrage mit dem SELECT.

> SELECT Name, Tätigkeit, Umsatz INTO [Mitarbeiter für Bonus] FROM Mitarbeiter;

Nach dem Schlüsselwort INTO wird der Name der neuen Tabelle genannt. Durch diese SQL-Anweisung werden die Inhalte der Felder „Name", „Tätigkeit" und „Umsatz" aus der Tabelle „Mitarbeiter" in die neu angelegte Tabelle „Mitarbeiter für Bonus" geschrieben.

Natürlich können die Datensätze noch gefiltert werden, bevor sie in die neue Tabelle übertragen werden. So sollen zum Beispiel nur solche Mitarbeiter in die Tabelle kopiert werden, die mehr als 400000 DM Umsatz erwirtschaften.

> SELECT Name, Tätigkeit, Umsatz INTO [Mitarbeiter für Bonus]
> FROM Mitarbeiter WHERE (((Umsatz)>400000));

Aufgrund des weiter oben gezeigten Inhalts der Tabelle „Mitarbeiter" wird die neue Tabelle zwei Sätze enthalten.

Tabelle 18.24: Ergebnis der Tabellenerstellungsabfrage

Name	Tätigkeit	Umsatz
Maier	Vertriebsmann	500.000
Müller	Vertriebsmann	660.000

Die neue Tabelle kann auch in einer anderen Datenbank gespeichert werden. Der Name dieser Datenbank folgt dem Schlüsselwort IN.

```
SELECT Name, Tätigkeit, Umsatz INTO [Mitarbeiter für Bonus]
    IN Sicherung.mdb FROM Mitarbeiter;
```

Löschabfrage

Damit eine ganze Reihe von Datensätzen gelöscht wird, die alle die gleiche Bedingung erfüllen, können Sie eine Löschabfrage erstellen. Mit der Löschabfrage können keine einzelnen Felder, sondern immer nur komplette Sätze entfernt werden. Die SQL-Anweisung von Löschabfragen wird mit DELETE eingeleitet.

Da die beiden Vertriebsmänner in der neuen Tabelle „Mitarbeiter für Bonus" stehen, können sie anschließend aus der Original-Tabelle „Mitarbeiter" gelöscht werden. Der dazu notwendige SQL-Code lautet folgendermaßen:

```
DELETE Name, Tätigkeit, Umsatz FROM Mitarbeiter WHERE (((Umsatz)>400000));
```

Anfügeabfrage

Die Anfügeabfrage ist eine Aktionsabfrage, mit deren Hilfe Sie ein oder mehrere Datensätze an eine bestehende Tabelle anfügen können. Die Tabelle kann dabei in derselben Datenbank oder in einer anderen Access-Datenbank abgelegt sein.

So ist es zum Beispiel möglich, die beiden Sätze, die aufgrund der zuvor ausgeführten Tabellenerstellungsabfrage in der Tabelle „Mitarbeiter für Bonus" gespeichert sind und aufgrund der Löschabfrage aus der Tabelle „Mitarbeiter" entfernt wurden, wieder zurück in die Tabelle „Mitarbeiter" zu kopieren. Da die Tabelle „Mitarbeiter für Bonus" nicht das Feld „Bonus" enthält, wird der Wert dieses Felds bei den zwei angefügten Datensätzen automatisch auf 0 gesetzt.

```
INSERT INTO Mitarbeiter ( Name, Tätigkeit, Umsatz )
SELECT Name, Tätigkeit, Umsatz FROM [Mitarbeiter für Bonus];
```

Die Tabelle, in die die Sätze kopiert werden, kann dabei auch in einer anderen Datenbank vorliegen.

```
INSERT INTO Mitarbeiter ( Name, Tätigkeit, Umsatz ) IN Sicher.mdb
SELECT Name, Tätigkeit, Umsatz FROM [Mitarbeiter für Bonus];
```

Natürlich kann an das Ende noch eine WHERE-Klausel eingefügt sein, die die zu kopierenden Datensätze einschränkt.

Um nur einen bestimmten Datensatz einer Tabelle einzufügen, sieht die Syntax etwas anders aus. Dem Schlüsselwort VALUES folgen die zu kopierenden Werte in derselben Reihenfolge, wie zuvor die Felder genannt wurden. Über die nächste SQL-Anweisung wird in die Tabelle „Mitarbeiter" ein neuer Satz mit Werten für die drei Felder „Name", „Tätitgkeit" und „Umsatz" erstellt.

```
INSERT INTO Mitarbeiter ( Name, Tätigkeit, Umsatz ) VALUES ('Knudsen', 'Küche', '0');
```

Aktualisierungsabfrage

Eine Aktualisierungsabfrage dient der Änderung von Daten in vorhandenen Tabellen. Sie können zum Beispiel die Gehälter oder Preise in allen Sätzen um 20 % erhöhen. Wenn große Mengen von Informationen in gleicher Art an neue Bedingungen anzupassen sind, kann dies mit einer einzigen Abfrage durchgeführt werden.

```
UPDATE Mitarbeiter SET Gehalt = [Gehalt]*1.15 WHERE (((Gehalt)<40000));
```

Durch diesen SQL-Code werden die Gehälter der Mitarbeiter, die bis jetzt weniger als 40.000 DM verdienten, um 15 % angehoben. Nach der Ausführung dieser Zeile stehen in der Tabelle „Mitarbeiter" die neuen Gehälter. Es kann auch gleichzeitig mehr als ein Feld aktualisiert werden. Die einzelnen Ausdrücke, die dem Schlüsselwort SET folgen, werden dabei durch ein Komma voneinander getrennt.

Aktionsabfragen mit der Aktion AusführenSQL aktivieren

Die Aktion „AusführenSQL" führt eine Aktions- oder eine Datendefinitionsabfrage (siehe 18.4) aus, indem sie den SQL-Code dieser Abfrage verwendet. Als Argument wird der Aktion die SQL-Anweisung übergeben, die aus maximal 256 Zeichen bestehen darf. Falls der SQL-Code länger als die erlaubten Zeichen ist, können Sie auf VBA ausweichen. Hier kann nämlich der Methode „RunSQL" des Objekts „DoCmd" eine SQL-Anweisung übergeben werden, die bis zu 32.768 Zeichen enthalten darf.

Da die SQL-Anweisung und nicht die Abfrage als Argument genannt wird, muss die Abfrage selbst gar nicht als gespeichertes Datenbankobjekt in der Datenbank existieren.

In diesem Beispiel soll mithilfe einer Aktionsabfrage eine neue Tabelle erstellt werden, die aus der Tabelle „Mitarbeiter" gebildet wird, jedoch nur die Personen enthält, deren Aufgabengebiet etwas mit dem Vertrieb zu tun hat. Dabei sollen auch nicht alle Daten eines Satzes, sondern nur die Nummer, der Name und die Tätigkeit übernommen werden.

Im ersten Schritt legen Sie sich im Abfragefenster die Abfrage mit den gewünschten Feldern an und geben das für das Feld geltende Kriterium „Wie "Vertrieb*"" ein. Anschließend wandeln Sie diese Abfrage über den Menüpunkt NEUE TABELLE ERSTELLEN im Menü ABFRAGE in eine Tabellenerstellungsabfrage um. Als neuen Tabellennamen können Sie einen beliebigen Namen wählen. In diesem Beispiel wurde die Tabelle „temp" genannt. Im nächsten Schritt kopieren Sie den dadurch entstehenden SQL-Code aus dem „SQL"-Dialogfeld in die Zwischenablage. Nun können Sie in das Makrofenster gehen, dort die Aktion „AusführenSQL" einfügen und deren Argument mit dem Inhalt der Zwischenablage füllen. Wenn Sie dieses

Makro, das in der Datenbank SQL.MDB unter dem Namen „SQL_Ausführen" gespeichert ist, aufrufen, wird eine neue Tabelle mit dem Namen „temp" erzeugt, die alle Mitarbeiter beinhaltet, die im Vertrieb beschäftigt sind.

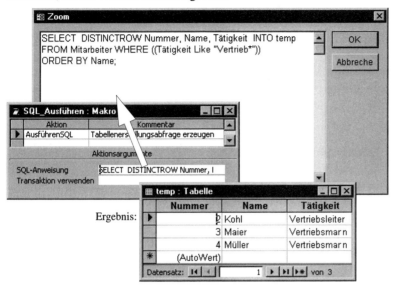

Bild 18.2: Die Aktion „AusführenSQL"

18.4 SQL-spezifische Abfragen

Es existieren drei Abfragearten, die nicht interaktiv im Entwurfsfenster definiert werden können. Für diese Abfragen müssen Sie die SQL-Anweisung direkt eingeben. Alle drei Abfragearten werden über Menüpunkte erstellt, die sich im Untermenü SQL-SPEZIFISCH des Menüs ABFRAGE befinden. Sie können diese Abfragen zu einem späteren Zeitpunkt nicht in eine andere Abfrageart umwandeln. Wenn Sie es versuchen, werden Sie feststellen, dass dabei der SQL-Code verloren geht.

Tabelle 18.25: SQL-spezifische Abfragen

SQL	spezifische Abfrage
Datendefinition	Abfrage erstellt eine neue Tabelle, löscht eine bestehende oder ändert den Tabellenentwurf.
Union	Abfrage kombiniert Felder aus verschiedenen Tabellen oder Abfragen und bildet daraus einen Snapshot.
Pass-Through-Abfrage	Sendet die SQL-Befehle direkt an einen ODBC-Datenbank-Server.

Aufgrund des direkten Sendens werden die Tabellen des Servers nicht eingebunden, sondern es wird mit ihnen direkt auf dem Server gearbeitet.

Diese drei Abfragearten besitzen jeweils ein eigenes Symbol für die Anzeige im Datenbankfenster. Bei der Pass-Through-Abfrage wird zudem noch unterschieden, ob Daten zurückgegeben werden.

Pass-Through-Abfrage mit Datenrückgabe

Pass-Through-Abfrage ohne Datenrückgabe

Union-Abfrage

Datendefinitions-Abfrage

Bild 18.3: Symbole der SQL-spezifischen Abfragen im Datenbankfenster

Um eine SQL-spezifische Abfrage zu erstellen, öffnen Sie eine neue Abfrage in der Entwurfsansicht, ohne Tabellen hinzuzufügen. Rufen Sie danach aus dem Untermenü SQL-SPEZIFISCH die gewünschte Abfrageart auf. Dadurch wird ein leeres Fenster geöffnet, in das Sie nun den SQL-Code eingeben.

18.4.1 Die Datendefinitionsabfrage

Wenn Sie in Ihrer Datenbank per SQL-Code eine neue Tabelle anlegen oder eine bestehende modifizieren wollen, werden Sie eine Datendefinitionsabfrage verwenden. Diese Abfrageart enthält immer genau eine Datendefinitionsanweisung. Dabei können Sie eine der folgenden fünf einsetzen:

Tabelle 18.26: SQL-Befehle für Datendefinitionsabfragen

Anweisung	Kurzbeschreibung
CREATE TABLE	Eine neue Tabelle anlegen
ALTER TABLE	Ein neues Feld in einer bestehenden Tabelle ergänzen
DROP TABLE	Eine bestehende Tabelle löschen
CREATE INDEX	Einen Index für ein Feld oder eine Gruppe von Feldern definieren
DROP INDEX	Einen Index entfernen

Bild 18.4: Eine Datendefinitionsabfrage

CREATE TABLE

Mit der Anweisung CREATE TABLE legen Sie eine neue Tabelle in der aktuellen Datenbank an. Neben dem Tabellennamen definieren Sie die einzelnen Felder und deren Datentypen.

Der Tabelle müssen Sie mindestens ein Feld zuweisen. Sie können Indizes und bei Feldern vom Typ „Text" die Länge definieren. Außerdem ist es möglich, festzulegen, dass das Feld in jedem Datensatz besetzt werden muss. Die allgemeine Syntax lautet folgendermaßen:

> CREATE TABLE table (field1 type [(size)] [NOT NULL] [index1] [, field2 type [(size)]
> [NOT NULL] [index2] [, ...]] [, CONSTRAINT multifieldindex [, ...]])

Access-SQL kennt dreizehn verschiedene Datentypen, die durch die Jet Database Engine definiert sind. In der folgenden Tabelle können Sie nachlesen, welchen SQL-Datentyp Sie für die unterschiedlichen Datentypen der Access-Tabellenfelder benutzen können.

Tabelle 18.27: Datentypen von Access-SQL

SQL-Datentyp	Felddatentyp in Access
BINARY	Wird nur bei Abfragen auf eingebundene Tabellen verwendet, die einen binären Datentyp definieren
BIT	Felddatentyp „Ja/Nein"
TINYINT	Integerzahl zwischen 0 und 255 (Feldgröße „Byte")
MONEY	Integerzahl zwischen -922.337.203.685.477,5808 und 922.337.203.685.477,5807 (Felddatentyp „Währung")
DATETIME	Felddatentyp „Datum/Zeit"
REAL	Gleitpunktzahl mit einfacher Genauigkeit (Feldgröße „Single")
FLOAT	Gleitpunktzahl mit doppelter Genauigkeit (Feldgröße „Double")
SMALLINT	Integerzahl zwischen -32.768 and 32.767 (Feldgröße „Integer")
DECIMAL	Genauer numerischer Datentyp (17 Bytes pro Zahl)
INTEGER	Integerzahl zwischen -2.147.483.648 and 2.147.483.647 (Feldgröße „Long Integer")
TEXT	Felddatentyp „Memo"
IMAGE	Felddatentyp „OLE-Objekt"
CHARACTER	Felddatentyp „Text"

Um eine Tabelle namens „Artikel" mit vier Feldern zu erstellen, können Sie folgende SQL-Anweisung in das SQL-Fenster einer Abfrage schreiben. Dieses Fenster erscheint durch die Wahl des Menüpunktes DATENDEFINITION im Untermenü SQL-SPEZIFISCH des Menüs ABFRAGE.

> CREATE TABLE Artikel (Artikelnr Counter, Artikel TEXT (40), Preis CURRENCY,
>   Besonderheiten LONGTEXT);

Die Tabelle besteht aus den Feldern „Artikelnr" mit dem Datentyp „AutoWert", „Artikel" mit dem Datentyp „Text", „Preis" vom Typ „Währung" und „Besonderheiten" vom Datentyp „Memo". Die Eigenschaft „Feldgröße" des Textfelds wurde auf 40 eingestellt.

Diese Datendefinitionsabfrage führen Sie am schnellsten über die Schaltfläche mit dem Ausrufezeichen in der Symbolleiste aus. Dadurch entsteht die durch die CREATE TABLE-Anweisung definierte Tabelle. Diese Tabelle können Sie anschließend über das Datenbankfenster öffnen, um Daten einzugeben oder noch etwas am Entwurf zu ändern.

Damit der Anwender immer einen Artikel und seinen Preis angibt, können Sie unter Angabe von NOT NULL die Eigenschaft „Eingabe erforderlich" auf „Ja" setzen.

> CREATE TABLE Artikel (Artikelnr Counter, Artikel TEXT (40) NOT NULL,
>   Preis CURRENCY NOT NULL, Besonderheiten LONGTEXT);

Jede Tabelle sollte einen Primärschlüssel besitzen. Diesen können Sie entweder direkt bei der Tabellenerstellung oder nachträglich über den SQL-Code CREATE INDEX anlegen. Durch die nachfolgende Datendefinitionsabfrage wird das Feld „Artikelnr" als Primärschlüssel festgelegt. Der Indexname lautet Anr, er könnte natürlich auch wie das Feld selbst heißen.

> CREATE TABLE Artikel (Artikelnr Counter CONSTRAINT ANr PRIMARY KEY, Artikel
>   TEXT (40) NOT NULL, Preis CURRENCY NOT NULL, Besonderheiten LONGTEXT);

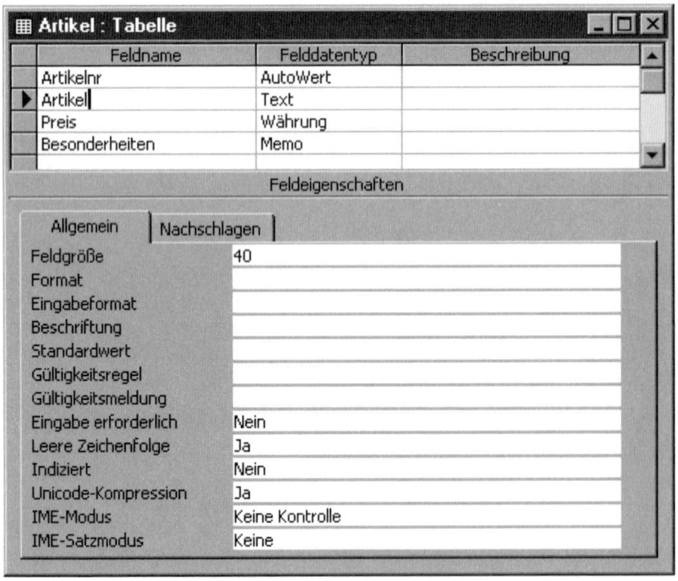

Bild 18.5: Aus einer Datendefinitionsabfrage erstellte Tabelle in der Entwurfsansicht

Je nachdem, welche Artikel in der Tabelle verwaltet werden, kann es sinnvoll sein, dass auch der Artikelname, der im Feld „Artikel" steht, eindeutig sein soll. Um die Eigenschaft „Indiziert" auf „Ja (Ohne Duplikate)" zu setzen fügen Sie an das Feld Artikel noch mit CONSTRAINT das Schlüsselwort UNIQUE an.

CREATE TABLE Artikel (Artikelnr Counter CONSTRAINT ANr PRIMARY KEY, Artikel TEXT (40) NOT NULL CONSTRAINT Artikel UNIQUE, Preis CURRENCY NOT NULL, Besonderheiten LONGTEXT);

ALTER TABLE

Eine bereits existierende Tabelle, die zum Beispiel mit der SQL-Anweisung CREATE TABLE erstellt wurde, können Sie mit der Datendefinitionsanweisung ALTER TABLE ändern. Dabei können Sie ein neues Feld oder einen Mehrfachindex ergänzen beziehungsweise löschen. Für diese vier Möglichkeiten müssen unterschiedliche Schlüsselwörter eingesetzt werden.

Tabelle 18.28: Schlüsselwörter für die Anweisung ALTER TABLE

Schlüsselwort	Bedeutung
ADD COLUMN	Neues Feld hinzufügen
ADD CONSTRAINT	Neuen Mehr-Felder-Index hinzufügen
DROP COLUMN	Bestehendes Feld löschen
DROP CONSTRAINT	Bestehenden Mehr-Felder-Index löschen

Um in die zuvor angelegte Tabelle „Artikel" das Feld „Erste Lieferung" mit dem Datentyp „Datum/Zeit" zu ergänzen, benötigen Sie folgende Datendefinitionsabfrage. Da das neue Feld aus mehr als einem Wort besteht, muss es in eckige Klammern eingeschlossen werden.

ALTER TABLE Artikel ADD COLUMN [Erste Lieferung] DATETIME;

Wenn das Feld „Artikel" nun doch gleiche Werte aufnehmen soll, müssen Sie seine Eigenschaft „Indiziert" auf „Nein" stellen. Dazu setzen Sie das Schlüsselwort DROP CONSTRAINT ein.

ALTER TABLE Artikel DROP CONSTRAINT Artikel;

Nachdem Sie mehrere Datensätze in die Tabelle „Artikel" eingegeben haben, stellen Sie fest, dass Sie nie etwas in das Feld „Besonderheiten" geschrieben haben. Deswegen möchten Sie dieses Feld wieder aus der Tabelle entfernen.

ALTER TABLE Artikel DROP COLUMN Besonderheiten;

CREATE INDEX

Um ein Feld in eine bestehende Tabelle als Primärschlüssel beziehungsweise als Index oder mehrere Felder als Mehrfachindex einzutragen, gibt es die Datendefinitionsanweisung CREATE INDEX. Ihr müssen Sie zwingend den Tabellennamen, den Namen des Feldes, das als Index festgelegt werden soll, und den Indexnamen selbst übergeben.

Die allgemeine Syntax für die Anweisung „CREATE INDEX" lautet folgendermaßen:

CREATE [UNIQUE] INDEX index ON table (field [ASC|DESC][, field [ASC|DESC], ...])
WITH { PRIMARY | DISALLOW NULL | IGNORE NULL }]

Es soll in der zuvor erstellten Tabelle „Artikel" ein Mehrfach-Index mit den Feldern „Artikel" und „Preis" erzeugt werden. Sein Name lautet in diesem Beispiel „MehrIndex1".

CREATE INDEX MehrIndex1 ON Artikel (Artikel, Preis);

Genauso wie bei der SQL-Anweisung CREATE TABLE können Sie noch optionale Schlüsselwörter nennen, um Richtlinien zur Gültigkeit der Daten zu bestimmen.

CREATE UNIQUE INDEX MehrIndex1 ON Artikel (Artikel, Preis);

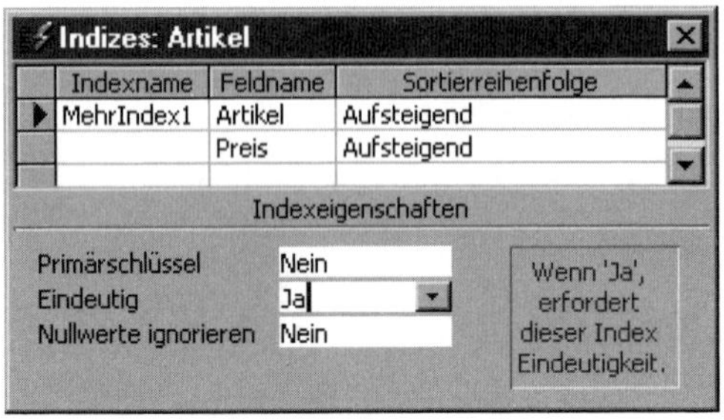

Bild 18.6: Eigenschaft Eindeutig im Indizes-Fenster

Durch die Angabe von UNIQUE werden Duplikate für das Index-Feld verboten. Wenn Sie das „Indizes"-Fenster in der Entwurfsansicht der Tabelle öffnen, sehen Sie, dass die Eigenschaft „Eindeutig" des Index auf „Ja" gesetzt wurde.

Standardmäßig wird mit einer aufsteigende Sortierreihenfolge gearbeitet. Wenn Sie für ein Feld die absteigende Reihenfolge bevorzugen, ergänzen Sie das Schlüsselwort DESC.

CREATE UNIQUE INDEX MehrIndex1 ON Artikel (Artikel DESC, Preis);

Das Feld „Artikelnr" wurde bereits beim Erstellen der Tabelle als Primärschlüsselfeld eingetragen. Stattdessen können Sie den Primärschlüssel auch erst nachträglich definieren.

CREATE INDEX PIndex ON Artikel (ArtikelNr) WITH PRIMARY;

In diesem Fall kann UNIQUE weggelassen werden, da PRIMARY auch die Eindeutigkeit definiert. Aufgrund dieser Angabe werden die Eigenschaften „Primärschlüssel" und „Eindeutig" des Index mit dem Wert „Ja" besetzt.

Damit die Inhalte von Index-Feldern, die Null enthalten, nicht im Index aufgenommen werden, schreiben Sie das Schlüsselwort IGNORE NULL. Dadurch wird die Eigenschaft „Nullwerte ignorieren" des Index mit dem Wert „Ja" besetzt. Im Indizes-Fenster wird diese Eigenschaft angezeigt.

CREATE INDEX PIndex ON Artikel (ArtikelNr) WITH IGNORE NULL;

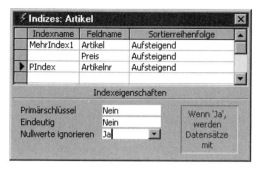

Bild 18.7: Eigenschaft „Nullwerte ignorieren" im Indizes-Fenster

DROP INDEX und DROP TABLE

Um eine Tabelle aus der aktuellen Datenbank oder einen Index aus einer bestimmten Tabelle zu löschen, benutzen Sie die Datendefinitionsanweisung DROP. Über das Schlüsselwort TABLE beziehungsweise INDEX nennen Sie das Element. In beiden Fällen muss die Tabelle zuvor geschlossen sein.

```
DROP INDEX PIndex ON Artikel;
DROP TABLE Artikel;
```

18.4.2 Die Union-Abfrage

Um mehrere Felder von verschiedenen Tabellen in einem Feld zu kombinieren, werden Sie die Union-Abfrage einsetzen. Diese Abfrage können Sie anschließend als Grundlage für eine Tabellenerstellungsabfrage verwenden. Auf diese Weise generieren Sie eine neue Tabelle, die Daten aus mehreren Tabellen vermischt. Union-Abfragen können auch als Basis eines Berichts oder eines Formulars dienen.

Das Ergebnis einer Union-Abfrage stellt einen Snapshot dar. Dies bedeutet, dass dieses Ergebnis nicht aktualisiert werden kann. Wenn Sie versuchen, in der Datenblattansicht dieser Abfrageart neue Daten einzugeben, werden keine Änderungen übernommen. Die Meldung „Diese Datensatzgruppe kann nicht aktualisiert werden" in der Statusleiste weist Sie darauf hin.

Eine Union-Abfrage besteht aus mindestens zwei SELECT-Anweisungen. Jede dieser Anweisungen muss die gleiche Anzahl an Feldern in derselben Reihenfolge liefern. Die Datentypen und die Feldgrößen der zu kombinierenden Felder müssen jedoch nicht übereinstimmen.

In der Datenbank SQL.MDB werden Informationen über die Mitarbeiter und Kunden in zwei Tabellen gespeichert. Die Tabelle „Mitarbeiter" besteht unter anderem aus den beiden Feldern „Name" und „Tätigkeit", die Tabelle „Kunden" aus den Feldern „Nachname" und „Position". Sie möchten nun als Ergebnis einer Union-Abfrage alle Namen und Tätigkeiten beider Tabellen angezeigt bekommen. Dazu öffnen Sie ein neues Abfragefenster, ohne eine Tabelle einzufügen. Wählen Sie aus dem Menü ABFRAGE das Untermenü SQL-SPEZIFISCH und dann den Menüpunkt UNION. In das dadurch aufgerufene SQL-Fenster schreiben Sie den folgenden SQL-Code.

SELECT Name, Tätigkeit FROM Mitarbeiter
UNION SELECT Nachname,Position FROM Kunden;

Die 2. bis n-te SELECT-Anweisung wird mit dem Schlüsselwort UNION eingeleitet. Wenn Sie diese UNION-Abfrage zum Beispiel über die Schaltfläche mit dem Ausrufezeichen ausführen, wird als Ergebnis ein Datenblatt mit zwei Spalten angezeigt.

Tabelle 18.29: Ergebnis der UNION-Abfrage

Name	Tätigkeit
Huber	Geschäftsführer
Klausner	Support
Kohl	Vertriebsleiter
Maier	Vertriebsmann
Maurer	Marketing
Maurer	Marketing
Max	Putzfrau
Müller	Vertriebsmann
Paul	Marketingleiter
Schulz	Geschäftsführer
Schütz	Verkäufer

Als Spaltenüberschriften werden die Feldnamen der erstgenannten Tabelle benutzt. Sollen andere Überschriften verwendet werden, fügen Sie die AS-Klausel ein. Nach der Ausführung der anschließenden Union-Abfrage trägt die erste Spalte statt Name den Titel „Person" und die zweite Spalte lautet „Hauptaufgabe".

SELECT Name As Person, Tätigkeit As Hauptaufgabe
FROM Mitarbeiter
UNION SELECT Nachname,Position FROM Kunden;

Tabelle 18.30: Ergebnis der UNION-Abfrage mit AS-Klausel

Person	Hauptaufgabe
Huber	Geschäftsführer
Klausner	Support
Kohl	Vertriebsleiter
Maier	Vertriebsmann
Maurer	Marketing
Max	Putzfrau
Müller	Vertriebsmann
Paul	Marketingleiter
Schulz	Geschäftsführer
Schütz	Verkäufer

Sie können die Datensätze auch sortiert anzeigen. Ergänzen Sie dazu den SQL-Code mit einer ORDER BY-Anweisung, die Sie an das Ende der letzten SELECT-Anweisung stellen.

Der angegebene Feldname muss zu einem Feld gehören, das im Abfrageergebnis angezeigt wird. In diesem Beispiel können Sie somit „Name" oder „Tätigkeit" verwenden. Eine absteigende Reihenfolge wird über DESC festgelegt.

```
SELECT Name, Tätigkeit FROM Mitarbeiter
UNION SELECT Nachname,Position FROM Kunden ORDER BY Name DESC;
```

Tabelle 18.31: Ergebnis der UNION-Abfrage mit Sortierung

Name	Tätigkeit
Schütz	Verkäufer
Schulz	Geschäftsführer
Paul	Marketingleiter
Müller	Vertriebsmann
Max	Putzfrau
Maurer	Marketing
Maier	Vertriebsmann
Kohl	Vertriebsleiter
Klausner	Support
Huber	Geschäftsführer

Wenn die beiden Tabellen sehr viele Datensätze enthalten, wird das Ergebnis aus unzähligen Datensätzen bestehen. Um einen besseren Überblick zu bekommen, können Sie wie bei einer normalen Auswahlabfrage ein Kriterium einfügen, dass die Anzahl der Sätze begrenzt. Das Feld mit dem Kriterium kann, muss aber nicht im Ergebnis erscheinen.

Um nur noch die Geschäftsführer der beiden Tabellen „Mitarbeiter" und „Kunden" als Ergebnis der UNION-Abfrage zu erhalten, lautet die SQL-Anweisung folgendermaßen:

```
SELECT Name, Tätigkeit FROM Mitarbeiter
WHERE Tätigkeit = "Geschäftsführer"
UNION SELECT Nachname, Position FROM Kunden
WHERE Position = "Geschäftsführer"
ORDER BY Name DESC;
```

Tabelle 18.32: Ergebnis der UNION-Abfrage mit Kriterium

Name	Tätigkeit
Schulz	Geschäftsführer
Huber	Geschäftsführer

Da bei jedem Datensatz des Ergebnisses im Feld „Tätigkeit" das Wort „Geschäftsführer" steht, wäre es sinnvoller, dieses Feld gar nicht mehr anzuzeigen.

```
SELECT Name FROM Mitarbeiter
WHERE Tätigkeit = "Geschäftsführer"
UNION SELECT Nachname FROM Kunden
WHERE Position = "Geschäftsführer"
ORDER BY Name DESC;
```

Tabelle 18.33: Ergebnis der UNION-Abfrage mit ausgeblendetem Feld

Name
Schulz
Huber

Bei einer UNION-Abfrage werden standardmäßig die Sätze nicht im Ergebnis angezeigt, deren zu kombinierende Felder einen identischen Inhalt haben. Dies bedeutet, dass Access automatisch alle Duplikate entfernt. Wenn Sie jedoch möchten, dass auch die Duplikate im Ergebnis auftauchen, fügen Sie das Schlüsselwort ALL den Wörtern UNION und SELECT ein. Dadurch kann die Union-Abfrage auch schneller ausgeführt werden.

```
SELECT Name, Tätigkeit FROM Mitarbeiter
UNION ALL SELECT Nachname, Position FROM Kunden
ORDER BY Name;
```

Falls ein Herr Maurer, der im Marketing arbeitet, sowohl in der Tabelle „Mitarbeiter" als auch in der Tabelle „Kunden" existiert, wird er nun zweimal aufgelistet.

Tabelle 18.34: Ergebnis der UNION-Abfrage mit dem Schlüsselwort ALL

Name	Tätigkeit
Huber	Geschäftsführer
Klausner	Support
Kohl	Vertriebsleiter
Maier	Vertriebsmann
Maurer	Marketing
Maurer	Marketing
Max	Putzfrau
Müller	Vertriebsmann
Paul	Marketingleiter
Schulz	Geschäftsführer
Schütz	Verkäufer

18.4.3 Die Pass-Through-Abfrage

Mit einer Pass-Through-Abfrage können Befehle direkt an einen SQL-Datenbank-Server wie Microsoft SQL-Server, ORACLE-Server oder Sybase-SQL-Server gesendet werden. Dadurch ist es zum Beispiel möglich, eine im SQL-Server gespeicherte Funktion aufzurufen und Tabellen auf dem SQL-Server zu verändern, ohne dass die Tabelle mit Ihrer Datenbank verknüpft sein muss. Eine Pass-Through-Abfrage kann verschiedene Aufgaben erledigen. Sie kann

- wie eine normale Auswahlabfrage Datensätze als Ergebnis liefern;
- bestehende Daten ändern;
- ein neues Datenbankobjekt anlegen;
- eine Aktion ähnlich einer Aktionsabfrage ausführen.

Um eine Pass-Through-Abfrage zu erstellen, legen Sie eine neue, leere Abfrage an und wählen aus dem Menü ABFRAGE das Untermenü SQL SPEZIFISCH und dann den Menüpunkt PASS-THROUGH. Anschließend können Sie den SQL-Code in das SQL-Fenster eingeben.

Dies können entweder SELECT-Anweisungen sein, um Datensätze als Ergebnis zu erhalten, oder Anweisungen wie CREATE TABLE oder ALTER TABLE, um ein Datenbankobjekt zu erstellen beziehungsweise zu ändern. Dabei hängt es vom SQL-Server ab, welche SQL-Anweisungen verwendet werden können.

Bevor Sie die Schaltfläche zum Ausführen in der Symbolleiste anklicken, müssen Sie noch bestimmte Abfrage-Eigenschaften setzen. Rufen Sie daher das Eigenschaftenfenster auf.

Die Eigenschaft „ODBC Verbindung" kann Informationen über die Datenbank speichern, zu der Sie eine Verbindung aufbauen wollen. Standardmäßig ist diese Eigenschaft auf den Eintrag ODBC; eingestellt. Dadurch fragt Access Sie bei jedem Ausführen der Abfrage nach einer Verbindungszeichenfolge. Wenn Sie die Abfrage mehrfach starten wollen, sollten Sie sich die Arbeit erleichtern und den Verbindungsstring einmal der Eigenschaft „ODBC Verbindung" zuweisen.

Dies erfolgt am besten mit dem Editor, den Sie über die Schaltfläche mit den drei Punkten aktivieren. Diese Schaltfläche erscheint, wenn Sie den Cursor in das Eingabefeld der Eigenschaft setzen.

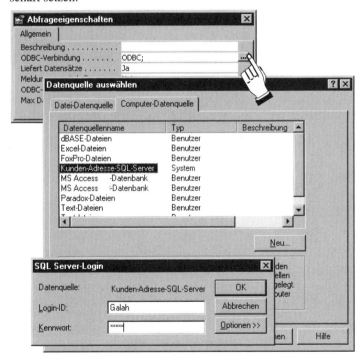

Bild 18.8: Verbindungszeichenfolge festlegen

Die Verbindungs-Zeichenkette ist von der jeweiligen ODBC-Datenquelle abhängig. Um zum Beispiel eine Verbindung zu der Datenquelle „Kunden-Adressen-SQL-Server" auf dem SQL-

Server „KOALA" herzustellen, wobei als Anmeldename „Galah" und als Kennwort „Aussi" dient, wird der Eigenschaft „ODBC Verbindung" mithilfe des Editors die folgende Zeichenkette zugewiesen:

DSN=Kunden-Adressen-SQL-Server; SERVER=KOALA: UID=Galah; PWD=Aussi

Falls es sich bei der zu sendenden SQL-Anweisung um eine Auswahlabfrage handelt, die Datensätze vom SQL-Server zurückbringt, müssen Sie die Eigenschaft „Liefert Datensätze" auf den Wert „Ja" setzen. Bei einer Aktionsabfrage ist nur der Wert „Nein" sinnvoll.

Einige Pass-Through-Abfragen können zusätzlich zu den Datensätzen Meldungen zurückliefern. Um diese Meldungen zu bekommen, versorgen Sie die Eigenschaft „Meldungen protokollieren" mit dem Wert „Ja". Access legt dadurch eine Tabelle für die empfangenen Meldungen an. Als Tabellenname wird der Anmeldename mit einer aufsteigenden zweistelligen Zahl benutzt, die bei 00 beginnt. Name und Zahl werden durch einen Bindestrich getrennt. Somit kann die Tabelle zum Beispiel GALAH-01 lauten.

Eine Pass-Through-Abfrage, die eine Aktionsabfrage darstellt, starten Sie über die Schaltfläche mit dem Ausrufezeichen oder über den Menüpunkt AUSFÜHREN im Menü ABFRAGE. Handelt es sich bei der Pass-Through-Abfrage um eine Auswahlabfrage, ist auch ein Klick auf das Datenblattsymbol möglich.

Falls die Abfrage mit einem Fehler abbricht, kann es daran liegen, dass die ODBC-Wartezeit einen zu kleinen Wert besitzt. Standardmäßig werden 60 Sekunden gewartet. Diese Zeit kann zu kurz sein, wenn das Netz sehr beschäftigt ist oder wenn sehr viele Zugriffe auf den ODBC-Server erfolgen. Die größere Zeitspanne schreiben Sie in die Eigenschaft „ODBC Wartezeit".

19 Komplette Datenbankanwendungen

Damit Ihre Datenbankanwendung auch für ungeübte Anwender gut zu bedienen ist, werden Sie ein Übersichtsformular sowie eigene Menü- und Symbolleisten erstellen. Durch selbst definierte Menü- und Symbolleisten können Sie dem Benutzer applikationsspezifische Befehle anbieten. Außerdem können Sie so verhindern, dass zum Beispiel bei Formularen in die Entwurfsansicht umgeschaltet werden kann. Sie können auch Formularen und Berichten eigene Kontextmenüs zuweisen und Menüpunkte mit einem Haken versehen.

19.1 Übersichtsformulare erstellen

Eine Datenbankanwendung besteht aus miteinander verwandten Access-Datenbankobjekten, die für die Erfüllung einer bestimmten Datenbankaufgabe benötigt werden. Sie enthält alle Tabellen, Formulare, Berichte, Abfragen, Makros und Module, die Sie für die Ausführung einer bestimmten Aufgabe erstellt haben. Mit solchen Anwendungen können Formulare, Berichte, Abfragen und Tabellen so innerhalb des Access-Fensters angezeigt werden, dass das Eingeben, Lesen und Drucken von Daten auch für den ungeübten Benutzer möglich wird.

Eine Datenbankanwendung starten

Zum Starten einer Datenbankanwendung kann ein spezielles Makro mit dem Namen „Auto-Exec" verwendet werden. Bei jedem Öffnen einer Datenbank sucht Access ein Makro mit diesem Namen in der Datenbank. Falls dieses Makro existiert, wird es automatisch ausgeführt. Das Makro „AutoExec" können Sie zum Beispiel benutzen, um das Datenbankfenster auszublenden und das Anfangsformular zu öffnen.

Dieses Makro wird wie jedes andere Makro erstellt. Sie öffnen ein neues Makrofenster und fügen alle Aktionen ein, die beim Laden der Datenbank ablaufen sollen. Dann speichern Sie dieses Makro unter dem Namen „AutoExec". Wenn Sie nun die Datenbank das nächste Mal öffnen, führt Access dieses Makro automatisch aus.

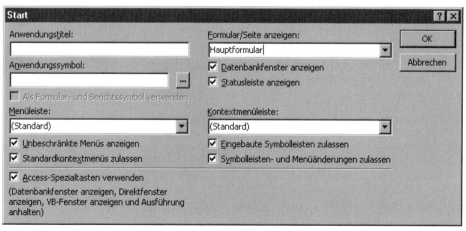

Bild 19.1: Das „Start"-Dialogfeld

In vielen Fällen ist dieses Makro nicht notwendig, da Sie die wichtigsten Einstellungen auch im „Start"-Dialogfeld vornehmen können. Dieses Dialogfeld rufen Sie über den Menüpunkt START im Menü EXTRAS auf. In ihm können Sie zum Beispiel ein Formular eintragen, das beim Starten der Datenbank erscheint, und das Datenbankfenster ausblenden.

In kompletten Datenbankanwendungen sind so genannte Übersichtsformulare, die unmittelbar nach dem Start von Access angezeigt werden, sehr praktisch. Mit ihrer Hilfe können Sie Ihre am häufigsten verwendeten Datenbankobjekte schnell auswählen. Übersichten können Sie entweder mit dem Übersichts-Manager oder mit selbst definierten Befehlsschaltflächen und Code erzeugen.

Eine Übersicht mit dem Übersichts-Manager erstellen

Das Erstellen einer Übersicht mit dem Übersichts-Manager besitzt gegenüber der zweiten Möglichkeit mit selbst definierten Befehlsschaltflächen mehrere Vorteile:

- Der Endanwender kennt ein solches Übersichtsformular vielleicht schon von anderen Datenbankanwendungen.
- Ein solches Übersichtsformular kann leicht ergänzt und geändert werden.
- Es können weitere Unterebenen auf einfache Weise definiert werden.
- Access kümmert sich darum, dass die richtige Ebene angezeigt wird.

Wenn Sie schon einmal eine Datenbank mithilfe des Datenbank-Assistenten erstellt haben, werden Sie wissen, dass dieser Assistent automatisch ein solches Übersichtsformular am Ende seiner Arbeit generiert. Um eine solche Übersicht selber zu erstellen, gehen Sie folgendermaßen vor:

1.   Rufen Sie den Übersichts-Manager über den gleichnamigen Menüpunkt auf, der sich im Untermenü DATENBANKDIENSTPROGRAMME des EXTRAS-Menüs befindet.

Zu Beginn existiert nur die Hauptübersicht, der Sie in den nächsten Schritten die gewünschten Einträge hinzufügen.

Bild 19.2: Neues Übersichtsformular mit dem Übersichts-Manager definieren

2. Wählen Sie die Schaltfläche „Bearbeiten".

3. Klicken Sie dann die Schaltfläche „Neu" an, um ein neues Element zu definieren.

Bis auf zwei Ausnahmen müssen Sie immer drei Angaben machen:

*   Welcher Text soll im Übersichtsformular erscheinen?
*   Welcher Befehl soll ausgeführt werden?
*   Welches Argument benötigt der Befehl? Dies kann zum Beispiel ein Formular- oder Makroname sein.

Nur bei den beiden Befehlen „Anwendung entwerfen" und „Anwendung beenden" ist kein Argument nötig.

Tabelle 19.1: Die existierenden Befehle im Übersichts-Manager

Befehl	Kurzbeschreibung
Zur Übersicht gehen	Zeigt die angegebene Übersichtsseite an.
Formular im Hinzufügemodus öffnen	Im so geöffneten Formular können nur neue Sätze eingegeben werden.
Formular im Bearbeitungsmodus öffnen	Im so geöffneten Formular können neue Sätze eingegeben und bestehende geändert werden.
Bericht öffnen	Öffnet den angegebenen Bericht.
Anwendung entwerfen	Startet den Übersichts-Manager.
Anwendung beenden	Schließt die gesamte Datenbank.
Makro ausführen	Startet das genannte Makro.
Code ausführen	Startet die genannte Funktion.

4. Definieren Sie Ihre einzelnen Einträge.

5. Drücken Sie die Schaltfläche „Schließen", um wieder auf das erste Dialogfeld des Übersichts-Managers zu gelangen.

6. Falls Sie weitere Übersichtsseiten benötigen, klicken Sie hier die Schaltfläche „Neu" an und vergeben einen Namen für diese neue Seite.

7. Zum Schluss beenden Sie den Übersichts-Manager über die Schaltfläche „Schließen".

Alle Informationen, die der Übersichts-Manager anlegt, werden in einer eigenen Tabelle mit dem Namen „Übersichtseinträge" gespeichert. An dieser Tabelle sollten Sie nie direkt Änderungen vornehmen, da ansonsten das Übersichtsformular eventuell nicht mehr korrekt angezeigt werden kann. Außerdem wird das Formular „Übersicht" erzeugt, das abhängig von der derzeit aktuellen Übersichtsseite die richtigen Schaltflächen darstellt.

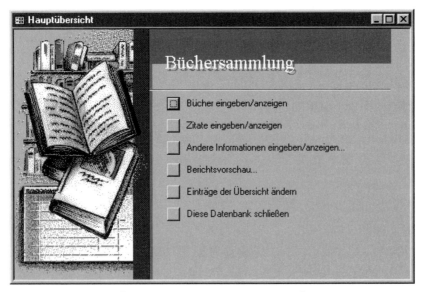

Bild 19.3: Ein mit dem Übersichts-Manager erstelltes fertiges Übersichtsformular

Eine Übersicht mithilfe von Makros erstellen

Sie können aber auch ein Übersichtsformular ohne den Übersichts-Manager anlegen. Auf diese Weise sind Sie freier in der Gestaltung der Übersicht, die Sie im ersten Schritt als ungebundenes Formular erstellen. Ein solches Formular ist immer notwendig, wenn Sie ein Access-Projekt erstellen, da hierbei nicht der Übersichts-Manager eingesetzt werden kann.

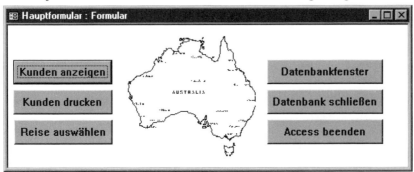

Bild 19.4: Das Hauptformular der Datenbankanwendung

Die Abbildung zeigt zum Beispiel das Übersichtsformular eines Reisebüros, das sich auf Reisen nach Australien spezialisiert hat. Es enthält das Bild einer australischen Landkarte und sechs Befehlsschaltflächen, denen eine Reihe von Aktionen zugeordnet sind. Dieses Formular ist in der Datenbank DBANWEND.MDB hinterlegt. Nachdem Sie das Formular erzeugt haben, legen Sie für jede Befehlsschaltfläche eine Ereignisprozedur für das „Click"-Ereignis an.

```
' Formular Kundenauswahl öffnen
Private Sub Schaltfläche0_Click()
```

```
        DoCmd.OpenForm "Kundenauswahl", acNormal, , , , acDialog
    End Sub

    ' Access beenden
    Private Sub Schaltfläche1_Click()
      DoCmd.Quit acPrompt
    End Sub

    ' Datenbankfenster in den Vordergrund
    Private Sub Schaltfläche2_Click()
      DoCmd.SelectObject acForm, "", True
    End Sub

    ' Datenbankfenster schließen
    Private Sub Schaltfläche3_Click()
      DoCmd.SelectObject acForm, "", True
      DoCmd.Close , ""
    End Sub

    ' Dummy-Formular öffnen
    Private Sub Schaltfläche5_Click()
      ' Formular Dummy
      DoCmd.OpenForm "Dummy", acNormal, "", "", acEdit, acNormal
    End Sub

    'Alle Kundendatendrucken
    Private Sub Schaltfläche6_Click()
      ' Formular Kunden-Daten
      DoCmd.SelectObject acForm, "Kunden-Daten", True
      ' alles drucken
      DoCmd.PrintOut acPrintAll, , , acHigh, 1, True
    End Sub
```

Viele der in diesem Beispiel durchzuführenden Aufgaben können jeweils mit einer einzigen Aktion realisiert werden. Access selbst wird über die Methode „Quit" geschlossen. Um nur die Datenbank, nicht aber Access zu beenden, wird das Datenbankfenster mithilfe der Methode „SelectObject" selektiert und dann mit der Methode „Close" beendet. Damit das Datenbankfenster in den Vordergrund von Access gestellt wird, reicht es aus, dieses Fenster auszuwählen.

Wenn alle Kunden auf den Drucker ausgegeben werden sollen, muss wiederum die Methode „SelectObject" aktiviert werden, dieses Mal aber, um das Formular „Kunden-Daten" zu selektieren. Anschließend können mithilfe der Methode „PrintOut" alle Datensätze gedruckt werden.

Bei der Anwahl der Befehlsschaltfläche „Reise auswählen" erscheint nur ein Dummy-Formular, da der Reisebüroprogrammierer diese Aufgabe noch nicht realisiert hat. Die Auswahl der Kunden nach Städten wurde bereits im früheren Formular-Kapitel bei der Besprechung der Eigenschaft „Popup" realisiert.

Damit das Hauptformular mit seinen Befehlsschaltflächen beim Starten der Datenbankanwendung angezeigt wird, legen Sie das Makro „AutoExec" an. Es ruft über die Aktion

„ÖffnenFormular" das Übersichtsformular auf. Oder Sie tragen das Formular in das „Start"-Dialogfeld ein.

Die Formulare, die Sie durch das Anklicken der Befehlsschaltflächen im Übersichtsformular einer Datenbankanwendung öffnen, besitzen in vielen Fällen wiederum Schaltflächen, mit deren Hilfe Sie weitere Aktionen starten können. Auf diese Weise können Formulare und eingebundene Makros verschachtelt werden, um auch komplexe Aufgabenstellungen zu lösen.

19.2 Menü- und Symbolleisten für Formulare und Berichte

Menü- und Symbolleisten sind in ihrem Aufbau sehr ähnlich. Deswegen kann die Erstellung dieser Leisten in einem gemeinsamen Kapitelpunkt zusammengefasst werden.

Jede Ansicht eines Datenbankobjekts besitzt eine eigene Symbolleiste mit bestimmten Schaltflächen, über die Sie auf schnelle Weise unterschiedliche Vorgänge ausführen können.

Eine Menüleiste enthält mehrere Menüs. Ein Menü besteht aus einer Sammlung von Kommandos, die in einer oder mehreren Zeilen unterhalb der Titelzeile des Access-Fensters angezeigt und durch die Tastatur oder die Maus ausgelöst werden. Diese einzelnen Punkte führen bei ihrer Auswahl entweder einen bestimmten Vorgang aus oder blättern ein weiteres Menü auf. Bei der erstgenannten Möglichkeit handelt es sich um einen Menüpunkt, ansonsten wurde ein Untermenü aktiviert.

Um Punkte optisch voneinander abzugrenzen, kann ein Menü neben den Menüpunkten und den Untermenüs auch noch Trennstriche besitzen. In der Menüzeile sollten nur Menüs und keine Menüpunkte definiert sein, da Sie ansonsten aus Versehen recht schnell einen ungewollten Ablauf starten können. Trennlinien sind auch bei Symbolleisten möglich.

Hinweis: Im Karteiblatt „Optionen" des Dialogfelds „Anpassen" können Sie über das Kombinationsfeld MENÜ-ANIMATION festlegen, auf welche Weise die Menüs geöffnet werden sollen. Wenn Ihnen das normale Öffnen der Menüs zu langweilig erscheint, können Sie sie entfalten oder abrollen lassen. Auch die abwechselnde Kombination beider Animationen ist möglich. Diese Verschönerung verlangsamt aber den Zugriff auf die Menüs. Deswegen werden Sie wahrscheinlich häufig den voreingestellten Eintrag „Keine" belassen.

Die Standardmenüleiste von Access enthält verschiedene Menüs, die in einer bestimmten sachlichen Beziehung zueinander stehen. So enthält zum Beispiel das Menü DATEI alle wesentlichen Menüpunkte für den Umgang mit Dateien. Je nach dem aktuellen Datenbankobjekt und der Ansicht, in der es sich derzeit befindet, werden in der Menü- und Symbolleiste unterschiedliche Befehle angezeigt.

Integrierte Leisten

Sie können sowohl integrierte als auch individuelle Leisten verändern. Als integrierte Symbol- und Menüleisten werden die Leisten bezeichnet, die standardmäßig in Access existieren. Jede integrierte Symbolleiste besitzt einen Satz von Schaltflächen, wobei nicht immer alle

Schaltflächen sofort angezeigt werden. In der Symbolleiste für das Datenbankfenster finden Sie zu Beginn keine Schaltfläche für den Datenimport. Um diese Schaltfläche in die Symbolleiste einzufügen, klicken Sie in der Leiste ganz rechts außen den kleinen Pfeil mit dem Namen „Weitere Schaltflächen" an. Falls die Symbolleiste derzeit als eigenständiges Fenster dargestellt wird, finden Sie den Pfeil links außen in der Titelzeile.

Wählen Sie dann den Menüpunkt SCHALTFLÄCHEN HINZUFÜGEN ODER ENTFERNEN, wodurch ein lange Liste mit dem kompletten Satz an möglichen Schaltflächen erscheint. Alle aktuell angezeigten Schaltflächen besitzen einen Haken. Klicken Sie den Eintrag IMPORTIEREN an, damit die zusätzliche Schaltfläche in die Symbolleiste aufgenommen wird. Um Schaltflächen in integrierte Symbolleisten einzufügen, die nicht in der Liste erscheinen, müssen Sie folgendermaßen vorgehen:

Bei integrierten Leisten erscheinen die Änderungen nicht nur in der Datenbank, in der die Leisten neu gestaltet wurden, sondern in allen Access-Datenbanken. Sie können diese Symbolleistenart jederzeit wieder in ihren Originalzustand zurücksetzen.

Damit eine Leiste verändert werden kann, muss sie sichtbar sein. Ist dies nicht der Fall, müssen Sie sie im Karteiblatt „Symbolleisten" des Dialogfelds „Anpassen" zur Anzeige bringen. Dazu schalten Sie das Kontrollkästchen für diese Symbol- oder Menüleiste ein. Das Dialogfeld rufen Sie zum Beispiel auf, indem Sie eine Symbolleiste oder die Menüleiste mit der rechten Maustaste anklicken und aus dem Kontextmenü den Menüpunkt ANPASSEN wählen.

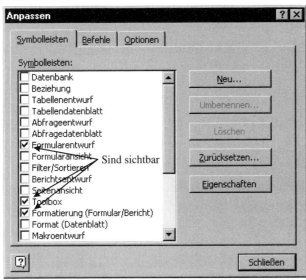

Bild 19.5: Dialogfeld „Anpassen" mit dem Karteiblatt „Symbolleisten"

Stellen Sie zu einem späteren Zeitpunkt fest, dass Sie wieder mit der Originalleiste arbeiten wollen, markieren Sie im Karteiblatt „Symbolleisten" die entsprechende Symbol- oder Menüleiste und betätigen die Schaltfläche „Zurücksetzen".

19.2.1   Neue Leisten mit Befehlen erstellen

Access bietet Ihnen die Möglichkeit, für die Datenbankobjekte „Formular" und „Bericht" individuelle Menü- und Symbolleisten mit eigenen Befehlen zu erstellen, die nicht in den Standardleisten von Access verfügbar sind. Auf diese Weise kann eine Datenbankanwendung wirklich anwenderfreundlich gestaltet werden.

Die individuellen Leisten ersetzen die Access-Menü- und Symbolleiste in dem Formular oder Bericht, dem sie zugeordnet sind. Dieselbe Menüleiste kann auch als Standard für alle Formularen und Berichten eingestellt werden. Dies ist bei einer Symbolleiste leider nicht möglich. Bei Symbolleisten können Sie stattdessen per Aktion bestimmen, zu welchem Zeitpunkt eine Symbolleiste angezeigt werden soll.

Eine neue, leere Leiste anlegen

Wenn Sie einem Formular oder Bericht eine eigene Menü- oder Symbolleiste zuordnen möchten, beginnen Sie mit dem Anlegen einer neuen Leiste. Rufen Sie das Dialogfeld „Anpassen" über das Kontextmenü einer Symbolleiste oder über das Untermenü SYMBOLLEISTEN im Menü ANSICHT auf. Über die Schaltfläche „Neu" im Karteiblatt „Symbolleisten" tragen Sie dann einen Namen für die neue Leiste ein.

Sobald Sie Ihre Eingabe mit der „OK"-Schaltfläche bestätigen, wird in die Liste des Karteiblatts „Symbolleisten" ein neuer Eintrag mit dem genannten Namen eingefügt. Außerdem wird sofort die neue Symbolleiste als kleines Fenster angezeigt. Sie ist zu Beginn leer.

Standardmäßig wird jede Leiste als Symbolleiste erzeugt. Um diesen Typ zu ändern, wählen Sie die Schaltfläche „Eigenschaften". Daraufhin wird ein weiteres Dialogfeld geöffnet, das unter anderem das Kombinationsfeld „Typ" enthält, in dem Sie den Eintrag „Menüleiste" einstellen. In diesem Dialogfeld können auch noch andere Eigenschaften gesetzt werden, die definieren, ob die Leiste verschoben, ausgeblendet, angedockt etc. werden darf. Bei der Standardmenüleiste ist das Kontrollkästchen „Einblenden/Ausblenden zulassen" ausgeschaltet, da diese Menüleiste standardmäßig immer angezeigt wird.

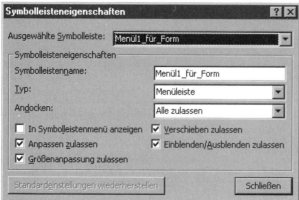

Bild 19.6: Die Eigenschaften einer Menüleiste

Außerdem können Sie in diesem Dialogfeld den Namen der Menüleiste ändern, falls Sie festgestellt haben, dass ein anderer besser zur neuen Leiste passt.

Hinweis: Selbst erstellte Leisten können nicht zurückgesetzt, sondern nur gelöscht werden. In diesem Fall werden alle Schaltflächen aus dieser Leiste entfernt und die Leiste anschließend gelöscht. Für diesen Vorgang wählen Sie im Karteiblatt „Symbolleisten" zuerst den Namen der Leiste aus und drücken anschließend die Schaltfläche „Löschen".

Es existieren mehrere Möglichkeiten, einer Menüleiste Menüs und Menüpunkte beziehungsweise einer Symbolleiste Schaltflächen zuzuweisen. Sie können entweder ganze Standardmenüs in Ihre Menüleiste bringen oder leere Menüs anlegen und diese dann mit Menüpunkten füllen. Ähnliches gilt für Symbolleisten. In beiden Fällen müssen die Leiste und das Dialogfeld „Anpassen" angezeigt sein.

Die neue Menüleiste mit bestehenden Menüs füllen

Angenommen, ein Formular soll eine ähnliche Menüleiste wie die Standardmenüleiste für die Formularansicht besitzen. Der Unterschied liegt jedoch darin, dass die neue Menüleiste nicht alle, sondern nur die Menüs „Datei", „Bearbeiten", „Einfügen" und „Datensätze" enthalten soll.

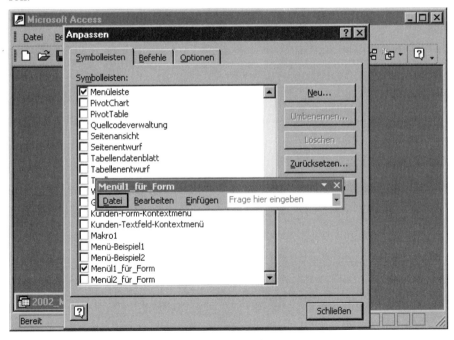

Bild 19.7: Standardmenüs in eine neue Menüleiste ziehen

1. Öffnen Sie ein Formular in der Formularansicht, damit die gewünschte Standardmenüleiste angezeigt wird.

2.   Rufen Sie das Dialogfeld „Anpassen" auf und blenden Sie die noch leere Menüleiste ein, falls sie nicht bereits sichtbar ist.

3.   Klicken Sie in der Standardmenüleiste das Menü DATEI an und ziehen Sie es mit gedrückter <Strg>-Taste in Ihre neue Menüleiste.

4.   Wiederholen Sie Schritt 3 mit den drei anderen Menüs.

Die Menüleiste „Menü1_für_Form", die Sie in der Datenbank MENUES.MDB finden, verfügt nun über vier Menüs mit allen Menüpunkten, wie sie auch in der normalen Formularansicht existieren.

Hinweis: Wenn Sie bei Drag&Drop nicht die <Strg>-Taste gedrückt halten, kopieren Sie nicht das Menü, sondern verschieben es. Das heißt, die normale Menüleiste für die Formularansicht enthält anschließend nicht mehr dieses Menü.

Die neue Menüleiste mit leeren Menüs füllen

Wenn Sie eine Menüleiste benötigen, die zwar die vier Menüs DATEI, BEARBEITEN, EINFÜGEN und DATENSÄTZE, aber nicht alle Menüpunkte dieser Menüs umfassen soll, müssen Sie anders vorgehen.

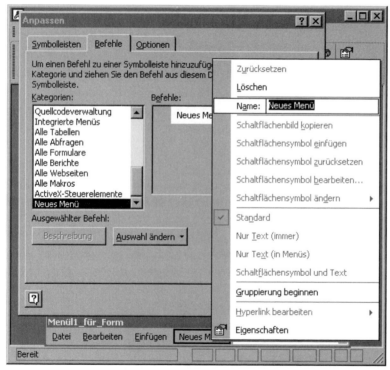

Bild 19.8: Ein noch leeres Menü umbenennen

1.   Rufen Sie das Dialogfeld „Anpassen" auf und blenden Sie die noch leere Menüleiste ein, falls sie nicht bereits sichtbar ist.

2. Bringen Sie das Karteiblatt „Befehle" in den Vordergrund und wählen in der Liste „Kategorie" den untersten Eintrag „Neues Menü".

3. Klicken Sie dann den einzigen Eintrag in der Liste „Befehle" an und ziehen Sie ihn mit gedrückter Maustaste in Ihre Menüleiste.

Wenn Sie die Maustaste wieder loslassen, wird ein leeres Menü mit dem Namen NEUES MENÜ eingefügt. Um den Menünamen zu ändern,

4. klicken Sie das leere Menü mit der rechten Maustaste an und tragen Sie in das Feld des Menüpunkts NAME den gewünschten Menünamen, zum Beispiel Datei, ein.

5. Wiederholen Sie die Schritte 3 und 4, bis die Menüleiste die gewünschte Anzahl leerer Menüs besitzt.

Wenn Sie eine Menüleiste auf diese Weise erstellen, passt sie sich automatisch dem aktuellen Datenbankobjekt und dessen Ansicht an. Wenn die vorher erzeugte Menüleiste MENÜL1_FÜR_FORM eingeblendet ist und Sie das Datenbankfenster anklicken, entfernt Access das Menü DATENSÄTZE aus Ihrer Menüleiste, da dieses Menü beim Datenbankfenster keinen Sinn macht.

Menüpunkte in ein Menü beziehungsweise Schaltflächen in eine Symbolleiste einfügen

Bis jetzt wurde nur von Menüleisten und Menüs gesprochen. Symbolleisten besitzen nämlich keine Untergliederung, sondern die Schaltflächen befinden sich direkt in der Leiste. Sowohl Menüpunkte als auch Schaltflächen werden häufig als Befehle bezeichnet. Die Vorgehensweise für das Einfügen solcher Befehle ist bei Symbol- und Menüleisten gleich.

Hierbei sind zwei Vorgehensweisen möglich. Entweder kopieren Sie das gewünschte Element aus der Standardleiste oder Sie holen die gewünschten Menüpunkte aus dem Karteiblatt „Befehle" im Dialogfeld „Anpassen".

Die erste Möglichkeit besitzt große Ähnlichkeiten mit dem Füllen einer Menüleiste mit Standardmenüs.

1. Rufen Sie das Dialogfeld „Anpassen" auf und blenden Sie die Menüleiste mit den noch leeren Menüs beziehungsweise die noch leere Symbolleiste ein, falls sie nicht bereits sichtbar ist.

2. Klicken Sie den gewünschten Befehl in der Menü- oder Symbolleiste an und ziehen Sie ihn mit gedrückter <Strg>-Taste in das passende Menü in Ihrer Menüleiste beziehungsweise in die Symbolleiste. Eine Linie zeigt an, wo das Element abgelegt würde.

3. Lassen Sie den Mauszeiger an der Position los, an der der neue Befehl platziert werden soll.

4. Wiederholen Sie die Schritte 2 und 3, bis Sie alle Menüs oder die Symbolleiste mit den benötigten Befehlen versorgt haben.

Hinweis: Mit der Drag&Drop-Aktion können Sie auch ein komplettes Untermenü in ein Menü Ihrer Menüleiste kopieren.

Wenn Ihnen diese Möglichkeit, eine Leiste zu füllen, nicht so gut gefällt, da Sie möglicherweise leicht vergessen, die <Strg>-Taste zu drücken, können Sie die gewünschten Befehle
auch aus dem Dialogfeld „Anpassen" holen. Alle möglichen Punkte sind im Register „Befehle" in Kategorien eingeteilt.

1.   Rufen Sie das Dialogfeld „Anpassen" auf und blenden Sie Ihre Leiste ein, falls sie nicht
      bereits sichtbar ist.

2.   Markieren Sie im Register „Befehle" die Kategorie, die den gewünschten Befehl beher-
      bergt. Dies kann zum Beispiel die Kategorie „Bearbeiten" sein.

Dadurch werden alle zu dieser Gruppe gehörenden Elemente in dem angrenzenden Feld aufgelistet. Wenn Sie sich über die Funktion eines Befehls im Unklaren sind, brauchen Sie nur
diesen Eintrag zu selektieren und dann die Schaltfläche „Beschreibung" zu drücken. In einem
kleinen Fenster werden die Hilfeinformationen angezeigt.

Die Drag&Drop-Aktion verläuft genauso wie beim eben besprochenen Ziehen eines Elements aus der Standardmenüleiste.

3.   Klicken Sie den gewünschten Befehl, zum Beispiel KOPIEREN AN, und ziehen Sie ihn
      auf das Menü BEARBEITEN in Ihrer Leiste.

4.   Positionieren Sie den Mauszeiger an den gewünschten Platz des neuen Menüpunkts und
      lassen Sie die Maustaste wieder los.

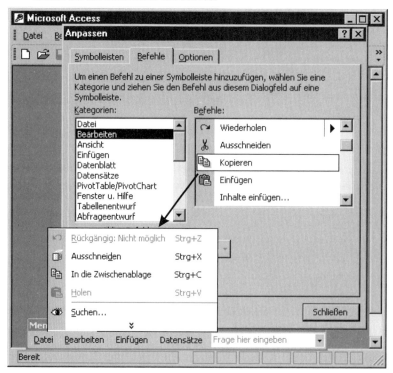

Bild 19.9: Menüpunkte über das Dialogfeld „Anpassen" in ein Menü ziehen

5.   Wiederholen Sie die Schritte 3 und 4, bis Sie alle Menüs mit den benötigten Befehlen versorgt haben.

Um einen Befehl aus einer Leiste zu entfernen, muss sich wiederum das Dialogfeld „Anpassen" auf dem Bildschirm befinden, auch wenn Sie es nicht direkt benutzen. Klicken Sie den Menüpunkt oder die Schaltfläche an und ziehen Sie sie aus der Leiste heraus.

Hinweis: Das Löschen einer Schaltfläche aus einer Symbolleiste funktioniert auch ohne das Dialogfeld „Anpassen". Drücken Sie die <Alt>-Taste und ziehen Sie dann die Schaltfläche aus der Symbolleiste.

Wenn viele Menüpunkte in einem Menü beziehungsweise viele Schaltflächen in einer Symbolleiste zusammengefasst sind, sollten Sie die Befehle aus Übersichtlichkeitsgründen gruppieren. Sie können eine Trennlinie zwischen einzelnen Punkten einfügen. Dazu klicken Sie das Element, das von seinem oberen Nachbarn etwas abgesetzt stehen soll, mit der rechten Maustaste an. Im Kontextmenü lösen Sie den Menüpunkt GRUPPIERUNG BEGINNEN aus.

Das Aussehen der Befehle verändern

In den Menüs von Access werden viele Menüpunkte mit Text und Bild dargestellt. Wenn Ihnen dies nicht gefällt, können Sie es sowohl bei den Menüpunkten Ihrer Menüleiste als auch bei den der Standardmenüleisten ändern. Dazu muss wiederum das Dialogfeld „Anpassen" und die Menüleiste mit dem zu verändernden Element eingeblendet sein. Im Kontextmenü des Menüpunkts finden Sie die vier Möglichkeiten STANDARD, NUR TEXT (IMMER), NUR TEXT (IN MENÜ) oder SCHALTFLÄCHENSYMBOL UND TEXT.

Durch den Befehl „Standard" wird bei einem Menüpunkt neben dem Text auch ein Bild angezeigt, falls es existiert. Bei einer Symbolleiste erscheint bei „Standard" nur das Bild.

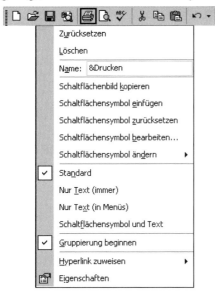

Bild 19.10: Das Kontextmenü für eine Schaltfläche aufrufen

Ein anderes Bild für den Befehl wählen

Sie können aber auch für einzelne Befehle ein Bild nach Ihrem Geschmack auswählen. Dieses Bild kann auf verschiedene Weise entstehen. Entweder benutzen Sie ein in Access definiertes Bild, das Sie auch noch verändern können, oder Sie erstellen mit einer anderen Anwendung eine Grafik, die dann über die Zwischenablage ausgetauscht wird. All diese Möglichkeiten finden Sie im Kontextmenü des zu verändernden Menüpunkts, wenn Sie zuvor wie üblich das Dialogfeld „Anpassen" eingeblendet haben.

Wenn Sie den Menüpunkt SCHALTFLÄCHENSYMBOL ÄNDERN wählen, erscheinen zahlreiche Symbole, die Sie der Schaltfläche zuordnen können. Soll zum Beispiel das Symbol für das Ausschneiden des markierten Textes durch den Abfalleimer ausgetauscht werden, brauchen Sie nur dieses Bild anzuklicken.

Bild 19.11: Die Auswahl an Schaltflächensymbolen

Falls die ausgewählte Kaffeetasse einen roten statt schwarzen Henkel haben soll, können Sie diese Änderung mithilfe des Schaltflächen-Editors vornehmen, den Sie über den Menüpunkt SCHALTFLÄCHENSYMBOL BEARBEITEN aktivieren.

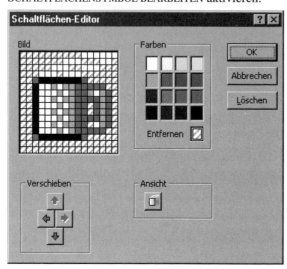

Bild 19.12: Der Schaltflächen-Editor ändert bestehende Bilder

Die Symbole der Menüpunkte und Schaltflächen sind genau genommen einzelne Punkte (Pixel), deren Farbe mit dem Schaltflächen-Editor modifiziert werden kann. Dazu wählen Sie zuerst eine Farbe aus und klicken dann den beziehungsweise die Punkte an. Um das gesamte Bild zu entfernen, drücken Sie die Schaltfläche „Löschen". Nur der leere Rahmen bleibt erhalten.

Die Bilder müssen nicht aus Access stammen. Sie können sie auch mit einem anderen Programm zeichnen und anschließend in die Zwischenablage kopieren. In Access lösen Sie dann im Kontextmenü des Menüpunkts den Befehl SCHALTFLÄCHENSYMBOL EINFÜGEN aus.

Wenn Sie im Laufe Ihrer Arbeit feststellen, dass das ursprüngliche Bild doch besser als das selbst erstellte ist, rufen Sie im Kontextmenü den Menüpunkt SCHALTFLÄCHENSYMBOL ZURÜCKSETZEN auf.

Die Beschriftung eines Menüpunkts ändern

Auf dieselbe Weise, wie Sie einem Menü einen besseren Namen zuweisen, können Sie auch den anzuzeigenden Text des Menüpunkts ändern. Wenn das Dialogfeld „Anpassen" sichtbar ist, klicken Sie den Menüpunkt mit der rechten Maustaste an. Im Kontextmenü tragen Sie in das Eingabefeld einen anderen Namen ein. Gefällt Ihnen zum Beispiel der Name des Menüpunkts EINFÜGEN nicht mehr, können Sie ihn durch „Holen" ersetzen. Der Text des Menüpunkts wird dadurch geändert, die Funktionalität bleibt dieselbe.

Vor einem Zeichen im Namen kann das Ampersand-Zeichen (&) stehen. Der Buchstabe, der diesem Zeichen folgt, erscheint dadurch im Menü unterstrichen und dient als Zugriffstaste zum Aufruf des Menüpunkts ohne Maus. Beim Menüpunkt EINFÜGEN im Menü BEARBEITEN wird zum Beispiel der Kleinbuchstabe „i" unterstrichen dargestellt. Bei aufgeklapptem Menü kann dieser Befehl nun auch durch die Taste <i> ausgeführt werden. Sie können den Befehl zudem über die Tastenkombination <Alt> und die so gekennzeichnete Taste aufrufen.

Hinweis: Damit die Auswahl eines Menüpunkts durch einen Buchstaben auch funktioniert, muss der Buchstabe innerhalb eines Menüs eindeutig sein und darf nicht zweimal vorkommen.

Sie können den Text und das Symbol eines Menüpunkts einer Standardmenüleiste und einer eigenen Menüleiste frei gestalten. Wenn Sie Ihre Menüleiste über das Ziehen bestehender Standardmenüs erstellt haben und nun hier einen Menüpunkt modifizieren, werden die Änderungen auch in der Standardmenüleiste aktiv. Das heißt, in allen Ansichten, in dem der Menüpunkt vorkommt, besitzt er nun das von Ihnen zugewiesene Aussehen. Um dies zu vermeiden, müssen Sie Ihre Menüleiste anlegen, indem Sie in die Menüs die gewünschten Menüpunkte einzeln kopieren.

Eigenschaften eines Befehls

Jeder Menüpunkt beziehungsweise jede Schaltfläche verfügt über einen Satz von Eigenschaften, von denen die wichtigsten angezeigt werden, wenn Sie im Kontextmenü den Befehl „Eigenschaften" wählen. Dazu muss sich wiederum das Dialogfeld „Anpassen" auf dem Bildschirm befinden.

Den Namen des Menüpunkts finden Sie zum Beispiel in der Eigenschaft „Beschriftung"
gespeichert. Die möglichen Einträge der Eigenschaft „Stil" entspricht den vier Menüpunkten
des Kontextmenüs, über die Sie festlegen, ob Text, Bild oder beides angezeigt werden sollen.

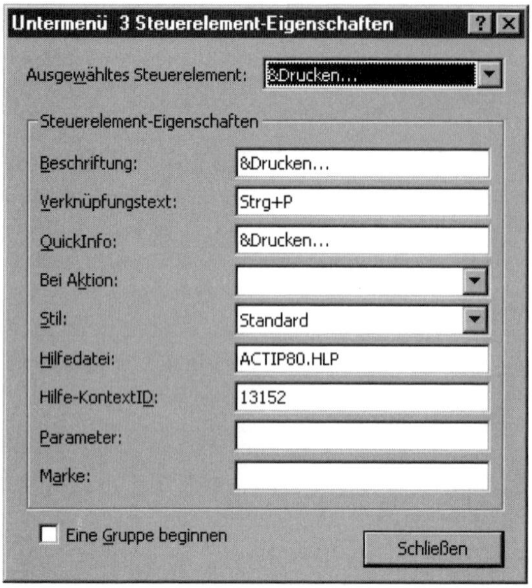

Bild 19.13: Die Eigenschaften eines Befehls

Jeder Menüpunkt kann mit einer Tastenkombination verbunden werden, über die er ebenfalls
ausgelöst werden kann. Diese Tasten werden in der Eigenschaft „Verknüpfungstext" angegeben, damit sie automatisch im Menü neben dem Namen des Menüpunkts erscheinen. Die
Definition der Tastenkombination wird mithilfe der Makrogruppe „Tastaturbelegung"
durchgeführt.

Für den Menüpunkt DRUCKEN wäre zum Beispiel die Tastenkombination <Strg> und <P>
möglich, wobei die Taste <P> für Print steht. Dafür schreiben Sie in das Textfeld der Eigenschaft „Verknüpfungstext" den Ausdruck: <Strg> + <P>. Anschließend erstellen Sie eine
Makrogruppe mit dem Makro „^P" und der gewünschten Aktion. Diese Makrogruppe muss
unter dem Namen „Tastaturbelegung" gespeichert werden. Ab sofort gilt diese Tastenkombination auch für das Drucken, wenn die Standardmenüleiste angezeigt ist. Dies sehen Sie
schon daran, dass beim Menüpunkt DRUCKEN im Menü DATEI dieser Menüleiste auch die
beiden Tasten genannt werden.

Bei einer Schaltfläche können Sie auch noch die Beschreibung selbst bestimmen, die als
QuickInfo-Text erscheint. Geben Sie den gewünschten Text in das Textfeld „QuickInfo" ein.
Diesen kurzen Hilfetext können Sie sowohl für selbst erstellte Schaltflächen als auch für
Standardschaltflächen definieren.

Hinweis: Falls kein QuickInfo-Text erscheint, wenn Sie den Mauszeiger auf die Schaltfläche
bewegen, holen Sie im Dialogfeld „Anpassen" das Karteiblatt „Optionen" in den
Vordergrund und schalten das Kontrollkästchen „QuickInfo auf Symbolleisten anzeigen" ein.

19.2.2 Einem Befehl eine spezielle Funktionalität zuweisen

Bis jetzt haben Sie immer die Funktionalität des Befehls beibehalten, den Sie entweder aus einer bestehenden Menü- beziehungsweise Symbolleiste oder aus dem Dialogfeld „Anpassen" in Ihre Leiste gezogen haben. Sie können aber auch einem Befehl ein Makro oder eine Funktion zuordnen, das/die beim Auslösen des Befehls ausgeführt werden soll. Bei der Funktion kann es sich um eine VBA-Funktion oder um eine selbst definierte Funktion handeln.

Eine Funktion oder ein Makro über einen Befehl aufrufen

Im Dialogfeld für die Eigenschaften eines Menüpunkts finden Sie das Feld „Bei Aktion". Wenn Sie seine Liste aufklappen, werden Ihnen alle existierenden Makros angezeigt. Wählen Sie hieraus das gewünschte Makro aus. Falls Sie die Funktionalität in einer Funktion definiert haben, müssen Sie mit einem Gleichheitszeichen beginnen und dann den Funktionsnamen schreiben. Besitzt die Funktion keine Argumente, bleiben die anschließenden Klammern leer.

> BeiAktion: Makro1
> BeiAktion: = MsgBox("Hallo")
> BeiAktion: = fktEigen()

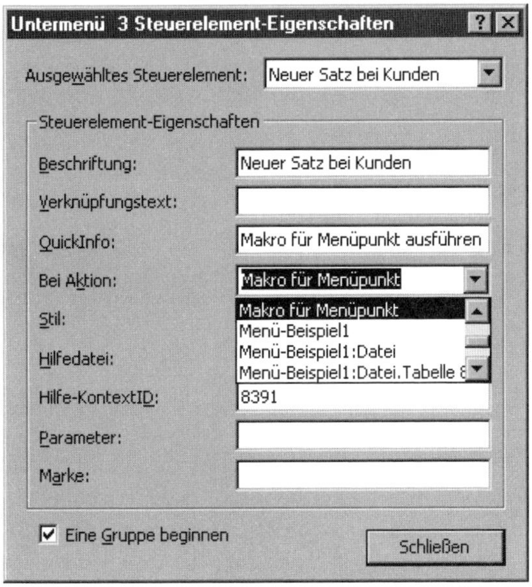

Bild 19.14: Einem Befehl eine eigene Funktionalität zuweisen

Hinweis: Wenn Sie Ihre Menüleiste über das Ziehen bestehender Standardmenüs erstellt haben und nun hier einem Menüpunkt eine andere Funktionalität zuweisen, wird diese Änderung auch in der Standardmenüleiste aktiv. Das heißt, in allen Ansichten, in denen der Menüpunkt vorkommt, führt er die von Ihnen zugewiesene Aktion aus. Um dies zu vermeiden, müssen Sie Ihre Menüleiste anlegen, indem Sie in die Menüs die gewünschten Menüpunkte einzeln kopieren.

Ein Datenbankobjekt über einen Befehl aufrufen

Wollen Sie über einen Befehl eine bestimmte Tabelle, Abfrage, ein Formular oder einen Bericht öffnen, ist es nicht notwendig, erst ein Makro oder eine Funktion zu schreiben, die eine der Aktionen „Öffnen" verwendet. Es gibt hierfür einen schnelleren Weg. In der Liste „Kategorien" des Registers „Befehle" im Dialogfeld „Anpassen" stehen die folgenden Einträge zur Verfügung:

Tabelle 19.2: Kategorien zum Erstellen einer Schaltfläche auf der Basis eines Objektes

Eintrag	Funktionalität der Schaltfläche
Alle Tabellen	Die Tabelle wird in der Datenblattansicht geöffnet.
Alle Abfragen	Die Abfrage wird ausgeführt, das Ergebnis wird als Datenblatt angezeigt.
Alle Formulare	Das Formular wird in der Formularansicht geöffnet.
Alle Berichte	Der Bericht wird in der Seitenansicht geöffnet.
Alle Webseiten	Die Datenzugriffsseite wird in der Seitenansicht geöffnet.
Alle Makros	Das Makro wird ausgeführt.

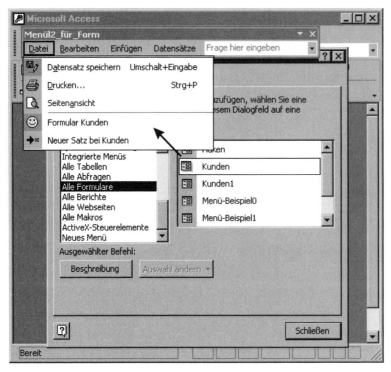

Bild 19.15: Ein Formular in ein Menü ziehen

Vordergrund.

Im unteren Teil der Liste „Kategorien" finden Sie mehrere Einträge, über die Sie alle Tabellen, Abfragen, Formulare, Berichte und Makros auflisten können. Um über einen Menüpunkt oder eine Schaltfläche das Formular „Kunden" zu öffnen,

2. Markieren Sie die Kategorie „Alle Formulare".

3. Ziehen Sie aus der rechten Liste den Eintrag „Kunden" an die gewünschte Position in Ihrer Menü- oder Symbolleiste.

4. Ändern Sie im Kontextmenü des neuen Befehls den Namen und das Symbol nach Ihren Wünschen.

Wenn Sie sich die Eigenschaften dieses Befehls ansehen, werden Sie feststellen, dass die Eigenschaft „Bei Aktion" unbesetzt geblieben ist. Jedoch steht in der Eigenschaft „Parameter" der Name des zu öffnenden Datenbankobjekts, in diesem Fall „Kunden".

Die eben beschriebene Vorgehensweise können Sie auch einsetzen, wenn Sie ein Makro als Menüpunkt definieren wollen. Angenommen, in das Menü DATEI der Menüleiste MENÜL2_FÜR_FORM soll ein Menüpunkt eingefügt werden, der das Formular „Kunden" öffnet und dann einen neuen Datensatz anzeigt. Dieser Ablauf ist im Makro „Makro für Menüpunkt" gespeichert.

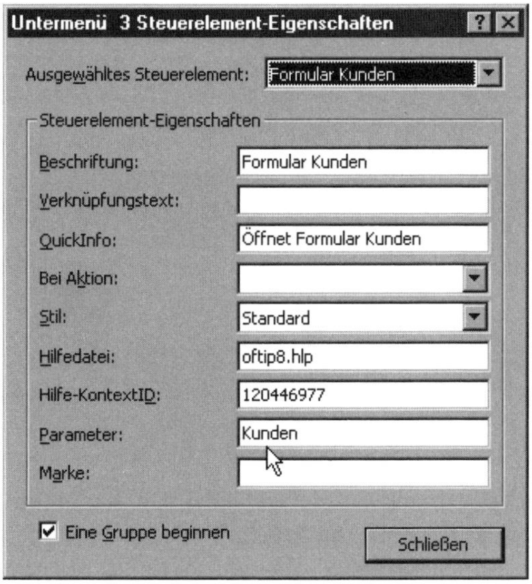

Bild 19.16: Die Eigenschaft „Parameter" eines Menüpunkts

Nun können Sie im Karteiblatt „Befehle" des Dialogfelds „Anpassen" die Kategorie „Alle Makros" anwählen und das genannte Makro in Ihr Menü ziehen. Anschließend sollten Sie noch einen besseren Namen und ein anderes Symbol für den Menüpunkt vergeben.

Auch in diesem Fall bleibt die Eigenschaft „Bei Aktion" des Menüpunkts leer. Der Makroname wurde in die Eigenschaft „Parameter" geschrieben.

Hinweis: Es besteht auch noch eine andere, schnellere Möglichkeit, ein Datenbankobjekt als Schaltfläche in eine Symbolleiste zu platzieren. Ziehen Sie das gewünschte Element einfach aus dem Datenbankfenster in die Symbolleiste und lassen dort die linke Maustaste wieder los. Bei Makros funktioniert dies jedoch nur, wenn es sich um ein einzelnes Makro und nicht um eine Makrogruppe handelt.

19.2.3 Die fertige Leiste mit einem Formular, Bericht verbinden

Nachdem Sie die Menü- oder Symbolleiste nach Ihren Wünschen fertig gestaltet haben, sollten Sie sie schließen, da sie ja nur bei einem bestimmten Formular oder Bereicht und nicht immer erscheinen soll.

Zum Schluss müssen Sie noch Ihre Menü- oder Symbolleiste dem Formular oder Bericht zuordnen. Öffnen Sie dazu das Datenbankobjekt in der Entwurfsansicht und begeben Sie sich im Eigenschaften-Fenster zur Eigenschaft „Menüleiste" beziehungsweise „Symbolleiste". Wenn Sie hier den Pfeil anklicken, werden Ihnen alle selbst definierten Menü- beziehungsweise Symbolleisten aufgelistet. Wählen Sie die gewünschte aus und wechseln Sie in die Formular- beziehungsweise Seitenansicht. Ihre Leiste wird nun anstelle der Standardleiste angezeigt.

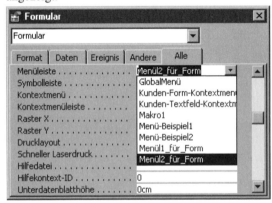

Bild 19.17: Eine Menüleiste mit einem Formular verbinden

Eine Menüleiste für die gesamte Anwendung

Damit zwei Formulare dieselbe Menüleiste anzeigen, müssen Sie bei beiden Formularen die Eigenschaft „Menüleiste" mit dem Namen des Makros für die Menüzeile besetzen. Sollen nicht nur zwei, sondern zehn Formulare und Berichte dasselbe Menüsystem besitzen, stellt dieses Füllen schon einen gewissen Aufwand dar.

Wenn Ihre Datenbankanwendung aus mehreren Formularen und Berichten besteht, können Sie all diesen Fenstern eine gemeinsame Menüleiste zuordnen. Nur die Formulare oder Berichte, bei denen Sie explizit die Eigenschaft „Menüleiste" eingestellt haben, besitzen dann ihr eigenes Menü.

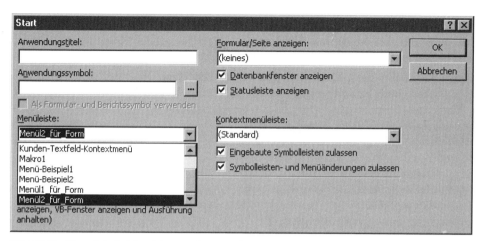

Bild 19.18: Eine globale Menüleiste im Start-Dialogfeld festlegen

Die Zuweisung einer Menüleiste für die gesamte Anwendung kann auf verschiedene Weisen erfolgen. Das „Start"-Dialogfeld stellt die einfachste und schnellste Lösung dar. Sie rufen es über den gleichnamigen Menüpunkt im Menü EXTRAS auf. In diesem Dialogfeld finden Sie unter anderem das Kombinationsfeld „Menüleiste", aus dessen Liste Sie den Namen der zuvor erstellten Menüleiste wählen. Die hierüber eingestellte Menüleiste wird nicht sofort, sondern erst beim nächsten Start der Datenbank angezeigt.

Es ist auch möglich, die globale Menüleiste über das Objekt „Application" zu bestimmen. Dieses Objekt bezieht sich auf die aktuell geöffnete Datenbankanwendung. Der Eigenschaft „MenuBar" übergeben Sie den Namen der Menüleiste.

Hinweis: Mit der Tastenkombination <Strg>+<F11> können Sie zwischen einem selbst definierten globalen Menüsystem und den Standardmenüleisten hin- und herschalten.

Symbolleisten per Aktion ein- und ausblenden

Leider existiert für Symbolleisten kein Eintrag im Dialogfeld „Start". Um Symbolleisten flexibel ein- und ausblenden zu können, verwenden Sie die Aktion „EinblendenSymbolleiste".

Die Aktion besitzt die beiden Argumente „Symbolleistenname" und „Anzeigen". Wenn Sie im Makrofenster den Fokus auf das einzeilige Listenfeld des ersten Arguments setzen, können Sie aus der Liste die gewünschte Symbolleiste auswählen. In dieser Liste werden alle integrierten und alle in der aktuellen Datenbank selbst definierten Symbolleisten angezeigt.

Wenn Sie eine integrierte Leiste gewählt haben, können Sie über das zweite Argument bestimmen, ob die Symbolleiste in allen Ansichten der Datenbankobjekte ein- oder ausgeblendet sein soll oder ob sie nur bei den Ansichten angezeigt werden soll, bei denen sie sinnvoll eingesetzt werden kann. Für die dritte Möglichkeit müssen Sie den Wert „Sofern passend" übergeben.

Bei selbst definierten Symbolleisten besitzt der Wert „Sofern passend" dieselbe Bedeutung
wie der Wert „Ja". Bei beiden Einstellungen wird die Leiste sichtbar dargestellt. Um sie zu
verstecken, geben Sie „Nein" an.

Das Formular „Formular_mit_Symbolleiste1" in der Datenbank TOOLBAR.MDB besitzt,
wie der Name schon sagt, eine eigene Symbolleiste. Sie wird nur angezeigt, wenn dieses
Formular das momentan aktive Fenster ist.

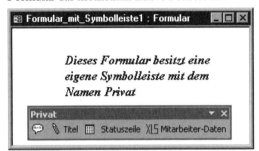

Bild 19.19: Ein Formular mit eigener Symbolleiste

Für die Realisierung wurde die Makrogruppe „Symbolleisten" geschrieben, die aus den beiden Makros „Einblenden" und „Ausblenden" besteht.

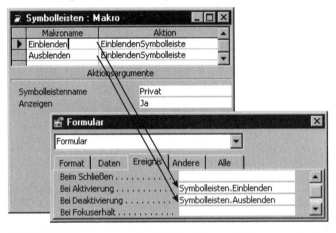

Bild 19.20: Makros werden den Aktivier-Eigenschaften zugeordnet

Beide Makros rufen die Aktion „EinblendenSymbolleiste" auf und übergeben im ersten Parameter den Namen der Symbolleiste „Privat". Der Unterschied zwischen diesen beiden Makros liegt im zweiten Argument. Das Makro „Einblenden" besetzt das Argument „Anzeigen"
mit dem Wert „Ja", das andere Makro beinhaltet den Wert „Nein".

Damit das Makro „Einblenden" aufgerufen und die Symbolleiste angezeigt wird, wenn das
Formular geöffnet oder in den Vordergrund geholt wird, müssen Sie es der Eigenschaft
„BeiAktivierung" zuordnen. Dementsprechend verbinden Sie die Eigenschaft „BeiDeaktivie-
rung" mit dem Makro „Ausblenden".

Wenn Sie während der Arbeit mehrere integrierte Symbolleisten eingeblendet haben, verliert man leicht die Übersicht. Um wieder nur die integrierte(n) Leiste(n) für die aktuelle Ansicht anzuzeigen, schreiben Sie am besten ein Makro.

Bild 19.21: Integrierte Symbolleisten zurücksetzen

In dieses Makro fügen Sie für jede der integrierten Symbolleisten die Aktion „Einblenden-Symbolleiste" ein. Das Argument „Anzeigen" setzen Sie immer auf den Wert „Sofern passend".

Wenn Sie nun dieses Makro namens „Symbolleisten zurücksetzen" in der Datenbank TOOLBAR.MDB aufrufen, verschwinden alle Symbolleisten, die nicht zur aktuellen Ansicht gehören.

19.2.4 Weitere Möglichkeiten für die Erstellung von Leisten

Sie können Menü- und Symbolleisten auch aus einer bestehenden Makrogruppe bilden. Zudem ist es über die Aktion „AusführenBefehl" („RunCommand") möglich, jeden Standard-Menüpunkt aufzurufen.

Eine Menü- oder Symbolleiste aus einer Makrogruppe erstellen

Wenn Sie eine Makrogruppe besitzen, deren Makros jeweils einen Befehl in einer neuen, benutzerdefinierten Menü- oder Symbolleiste repräsentieren sollen, können Sie auf ganz einfache Weise daraus die Leiste erstellen.

Markieren Sie im Datenbankfenster die Makrogruppe und lösen Sie dann den Menüpunkt SYMBOLLEISTE AUS MAKRO ERSTELLEN beziehungsweise MENÜ AUS MAKRO ERSTELLEN aus. Diesen Befehl finden Sie im Untermenü MAKRO des Menüs EXTRAS. Daraufhin wandelt Access die Makrogruppe um und blendet die neue Leiste ein, die genauso wie die Gruppe heißt. Jeder Befehl trägt den Namen eines Makros.

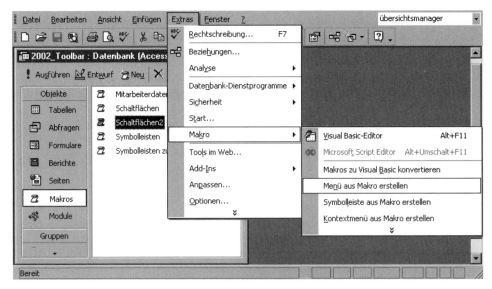

Bild 19.22: Symbolleiste aus einer Makrogruppe erstellen

Standardmenüpunkte mit der Aktion „AusführenBefehl" übernehmen

Mithilfe der Aktion „AusführenBefehl" können Sie jeden Standardmenüpunkt von Access in einem Makro aufrufen. Diese Aktion besitzt somit dieselbe Wirkung wie das direkte Auslösen des betreffenden Menüpunkts mit der Maus oder über die Tastatur. Falls durch die Wahl des Menüpunkts ein Dialogfeld angezeigt wird, so erscheint dieses auch, wenn die Aktion „AusführenBefehl" verwendet wird. Dieses Dialogfeld kann zum Beispiel mithilfe der Aktion „Tastaturbefehle" mit Werten gefüllt werden.

Die Aktion „AusführenBefehl" verfügt über das Argument „Befehl". Aus einer langen Liste stellen Sie im Makrofenster den gewünschten Menüpunkt ein. Jeder Befehl wird durch eine Konstante repräsentiert, die häufig sehr ähnlich wie der Menüpunkt lautet.

Bild 19.23:Standardmenüpunkte über die Aktion „AusführenBefehl" definieren

Wollen Sie zum Beispiel alle Datensätze einer geöffneten Tabelle selektieren, werden Sie das Argument „AlleDatensätzeMarkieren" benutzen. Um einen Verweis auf ein anderes Formular einzufügen, ist das Argument „EinfügenHyperlink" das richtige. Dadurch erscheint das gleichnamige Dialogfeld auf dem Bildschirm.

Hinweis: Wenn Sie die Aktion „AusführenBefehl" verwenden, müssen Sie darauf achten, dass der eingestellte Menüpunkt auch für das Datenbankobjekt in der aktuellen Ansicht durchgeführt werden kann. Es können zum Beispiel keine Menüpunkte aufgerufen werden, die sich im Format-Menü befinden, wenn das Formular nicht in der Entwurfsansicht dargestellt ist.

19.2.5 Eigenschaften der Menüpunkte ändern

In dem Kapitel wurden bisher eigene Menüleisten mit beliebigen Menüs und Menüpunkten erstellt. Um einen Haken an einen Menüpunkt hinzuzufügen und wieder zu entfernen, gibt es die Aktion „SetzenMenüelement".

Ein Haken bedeutet, dass der Menüpunkt derzeit eingeschaltet ist. So besitzt in der Entwurfsansicht des Formulars der Menüpunkt LINEAL im Menü ANSICHT einen Haken, wenn das Lineal im Formular eingeblendet ist.

Mit einem Makro einen Haken setzen und wieder löschen

Mit der Aktion „SetzenMenüelement" können Sie sowohl einen Haken hinzufügen und wieder entfernen als auch einen Menüpunkt deaktivieren und wieder aktivieren. Einzige Bedingung dabei ist, dass der Menüpunkt benutzerdefiniert sein muss. Es ist somit nicht möglich, mit der Aktion „SetzenMenüelement" Veränderungen an einer Menüleiste von Access durchzuführen.

Das Menü und den Menüpunkt legen Sie über die beiden Argumente „Menüindex" und „Befehlsindex" fest. Dabei geben Sie nicht die Namen, sondern die Position des Menüs innerhalb der Leiste beziehungsweise die Position des Menüpunkts innerhalb des Menüs an. Das erste Menü in einer Menüleiste besitzt zum Beispiel die relative Position „0".

In der Datenbank MENUES.MDB finden Sie das Formular „Haken", das ein Rechteck enthält. Die Füllfarbe dieses Rechtecks können Sie über ein Menü, das die drei Menüpunkte ROT, GELB und BLAU zusammenfasst, ändern. Durch die Wahl eines Menüpunkts erhält dieser einen Haken. Zudem wird der Haken des zuletzt angewählten Befehls wieder gelöscht.

Für die drei Menüpunkte wird eine Makrogruppe angelegt, die den Namen „Haken" besitzt. Diese Makrogruppe enthält drei Makros, die die Menüpunkte ROT, GELB und BLAU darstellen. Die Änderung der Rechtecksfarbe erfolgt mithilfe der Aktion „SetzenWert". Die Eigenschaft „Hintergrundfarbe" bekommt den neuen Farbwert zugeordnet. Anschließend wird bei jedem Makro dreimal die Aktion „SetzenMenüelement" verwendet. Zuerst muss der neue Haken gesetzt werden. Da Sie nicht wissen, welcher Menüpunkt bis jetzt den Haken besaß, löschen Sie ihn dann bei den übrigen beiden Menüpunkten.

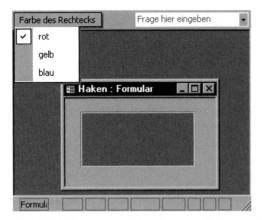

Bild 19.24: Der neu gewählte Menüpunkt bekommt einen Haken

Der Menüpunkt ROT besitzt dabei die relative Position „0", GELB die Position „1" und BLAU die Position „2". Da es nur ein Menü in der Menüleiste gibt, besitzt dieses Menü die relative Position „0".

Die Menüleiste selber wird über Drag&Drop erstellt. Im Dialogfeld „Anpassen" legen Sie dazu eine neue Menüleiste mit dem Namen HAKEN-MENÜLEISTE an. Anschließend ziehen Sie aus dem Karteiblatt „Befehle" ein leeres Menü in die Leiste und nennen es in FARBE DES RECHTECKS um. Die drei Menüpunkte fügen Sie ein, indem Sie die entsprechenden Makros „Haken.rot" etc. aus dem Karteiblatt „Befehle" in das Menü ziehen. Die Menüleiste HAKEN-MENÜLEISTE weisen Sie zum Schluss noch der Formular-Eigenschaft „Menüleiste" zu.

Bild 19.25: Die Makrogruppe Haken enthält die drei Menüpunkte

19.3 Ein eigenes Kontextmenü erstellen

Wenn Sie ein Formular oder ein Steuerelement mit der rechten Maustaste anklicken, erscheint standardmäßig ein vordefiniertes Kontextmenü. Anstelle dieses Standardmenüs können Sie auch ein selbsterstelltes Menü anzeigen.

Bild 19.26: Formular mit eigenem Kontextmenü

Dafür besitzen das Formular, viele Steuerelemente im Formular und der Bericht die Eigenschaft „Kontextmenüleiste". Ihr übergeben Sie ein zuvor erstelltes Kontextmenü, das mehrere Menüpunkte enthält. Falls gar kein Kontextmenü erscheinen soll, setzen Sie die gleichnamige Formular-Eigenschaft auf den Wert „Nein".

Ein Kontextmenü mit Drag&Drop erstellen

In der Datenbank MENUES.MDB finden Sie das Formular „Kunden", das auf der Tabelle „Kunden-Daten" basiert. Sowohl das Formular als auch seine Textfelder besitzen ein eigenes Kontextmenü. Wenn Sie das Formular mit der rechten Maustaste anklicken, werden fünf Menüpunkte angezeigt, mit denen Sie zu verschiedenen Datensätzen verzweigen können. Bei den Textfeldern erscheinen die drei Menüpunkte AUSSCHNEIDEN, KOPIEREN und EINFÜGEN.

Wenn Sie ein Kontextmenü mit Drag&Drop erstellen, werden Sie sehr große Ähnlichkeiten zu der Entwicklung einer Menü- oder Symbolleiste feststellen. Zu Beginn muss wieder das Dialogfeld „Anpassen" aufgerufen werden. Im Karteiblatt „Symbolleisten" legen Sie über die Schaltfläche „Neu" einen Namen für Ihre Kontextmenüleiste fest. Anschließend können Sie die gewünschten Befehle aus den angezeigten Menü- und Symbolleisten oder aus dem Karteiblatt „Befehle" des Dialogfelds „Anpassen" in die neue Leiste ziehen. Diese Arbeitsschritte sind in Kapitel 19.2.1 genau beschrieben.

Für das erste Kontextmenü dieses Beispiels klicken Sie im Karteiblatt „Befehle" die Kategorie „Datensätze" an. Hier finden Sie die fünf gewünschten Menüpunkte zum Verzweigen zu verschiedenen Sätzen. Die drei Menüpunkte für das Kontextmenü der Textfelder sind in der Kategorie „Bearbeiten" zusammengefasst.

Nachdem die Leiste alle Menüpunkte enthält, müssen Sie diese Leiste in eine Kontextmenüleiste umwandeln. Bis jetzt war sie nämlich eine Symbolleiste. Markieren Sie dazu im Karteiblatt „Symbolleisten" des Dialogfelds „Anpassen" die Leiste und drücken die Schaltfläche „Eigenschaften". Im daraufhin angezeigten Dialogfeld stellen Sie im Kombinationsfeld

„Typ" den Eintrag „Popup" ein. Durch diese Typ-Änderung werden das Kombinationsfeld „Andocken" und alle Kontrollkästchen bis auf „Anpassen zulassen" automatisch deaktiviert.

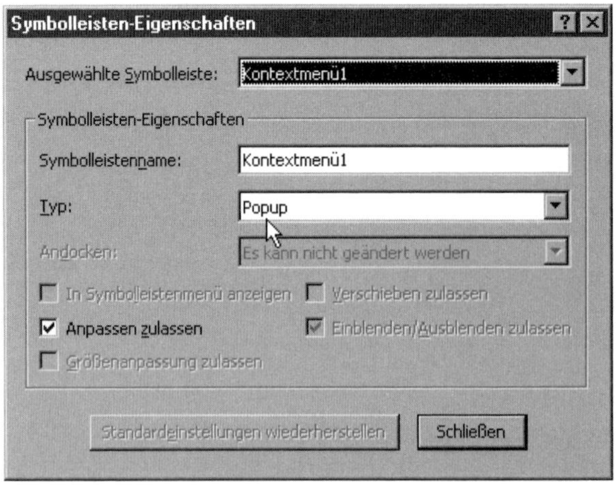

Bild 19.27: Den Typ der Leiste ändern

Die Leiste wird ausgeblendet, sobald Sie den Eintrag „Popup" wählen. Außerdem werden Sie den Namen der Leiste nicht mehr in der Liste des Karteiblatts „Symbolleisten" im Dialogfeld „Anpassen" finden. Dies ist richtig, da Standardkontextmenüs an dieser Stelle auch nicht aufgelistet werden.

Im nächsten Schritt müssen Sie noch die Leiste mit einem Formular oder einem Steuerelement verbinden. Dafür existiert die Eigenschaft „Kontextmenüleiste". Im Eigenschaften-Fenster stellen Sie aus der aufklappbaren Liste die zuvor erstellte Kontextmenüleiste ein.

In diesem Beispiel wird der Formular-Eigenschaft „Kontextmenüleiste" die Leiste mit dem Namen „Kontextmenü1" und der Eigenschaft „Kontextmenüleiste" aller Textfelder die Leiste „Kontextmenü2" zugewiesen. Wenn Sie nun in die Formularansicht wechseln, können Sie Ihre beiden selbst definierten Kontextmenüs über die rechte Maustaste aktivieren.

Bei der Arbeit kann es immer wieder vorkommen, dass Sie nachträglich den Inhalt der Kontextmenüleiste modifizieren müssen. Um die Leiste wieder einzublenden, rufen Sie erneut über die Schaltfläche „Eigenschaften" im Dialogfeld „Anpassen" das Dialogfeld „Symbolleisten-Eigenschaften" auf. Im obersten Kombinationsfeld können Sie den Namen Ihrer unsichtbaren Leiste wählen. Dann ändern Sie den Typ in „Symbolleiste". Zudem sollten Sie noch das Kontrollkästchen „Verschieben zulassen" einschalten.

Nachdem Sie dieses Dialogfeld beendet haben, wird die Leiste wieder im Dialogfeld „Anpassen" in der Liste des Karteiblatts „Symbolleisten" angezeigt. Durch die Aktivierung ihres Kontrollkästchens erscheint die Leiste auf dem Bildschirm. Nach der Durchführung der Änderungen dürfen Sie nicht vergessen, den Typ wieder auf „Popup" zu setzen.

19.4 Access und Windows beenden

Wenn Sie möchten, dass Ihre Datenbankanwendung zusammen mit Access nur über einen bestimmten Menüpunkt oder eine Schaltfläche, nicht aber über das Datenbankfenster beendet werden kann, müssen Sie folgendermaßen vorgehen. Erstellen Sie ein ungebundenes Formular, dem Sie zwei Ereignisprozeduren hinzufügen:

```
Private Sub Form_Load()
    ErlaubnisBeenden = False
End Sub

Private Sub Form_Unload(Cancel As Integer)
    If ErlaubnisBeenden = False Then
        Cancel = True
    End If
End Sub
```

Die Variable „ErlaubnisBeenden" wird in einem neuen Modul als globale Variable definiert:

```
Public ErlaubnisBeenden As Integer
```

Speichern Sie dieses Formular. In dem Makro „AutoExec" ergänzen Sie die Aktion „Öffnen-Formular", wobei das Formular unsichtbar bleibt. Beim nächsten Start der Datenbank wird nun dieses Formular versteckt geöffnet und die Variable „ErlaubnisBeenden" auf „False" gesetzt. Diese Einstellung verhindert das Schließen dieses Formulars und somit auch das Schließen der Datenbank über das Datenbankfenster.

In der Datenbank WINAPPLI.MDB enthält das Menü DATEI unter anderem den Menüpunkt ACCESS BEENDEN. Das dazugehörige Makro in der Makrogruppe „Menü1" ruft über die Aktion „AusführenCode" die Funktion „fktAccessBeenden" auf. Diese Funktion setzt die globale Variable auf „True" und führt anschließend die Aktion „Quit" (Beenden) aus. Die Datenbank und Access werden daraufhin geschlossen.

```
'****************** WINAPPLI.MDB ********************
'***************** Modul AccessEnde ******************
Public Function fktAccessBeenden()
    ErlaubnisBeenden = True
    DoCmd.Quit
End Function
```

Windows beenden

Für das Schließen von Access existiert die Aktion „Beenden". Um jedoch das gesamte Windows-System herunterzufahren, benötigen Sie eine selbst geschriebene VBA-Funktion. Das Menü DATEI der Datenbank WINAPPLI.MDB besitzt den Menüpunkt WINDOWS BEENDEN. Durch seine Wahl wird die Funktion „fktWindowsBeenden" aufgerufen.

```
'****************** WINAPPLI.MDB ********************
'***************** Modul Beenden ********************
Public Function fktWindowsBeenden()
    ErlaubnisBeenden = True
    Shell "Taskman.exe", 1
```

```
SendKeys "%DWWO"
End Function
```

Es sind nur drei Zeilen Code notwendig. Zuerst setzen Sie wieder die globale Variable „ErlaubnisBeenden" auf „True". Dann starten Sie den Task-Manager über die bereits bekannte Anweisung „Shell". Anschließend senden Sie fünf Tastenanschläge. Über <Alt>+<D> wird das Menü DATEI heruntergeklappt. Der Buchstabe „W" wählt dann den Menüpunkt WINDOWS BEENDEN aus. Dadurch erscheint das gleichnamige Dialogfeld. Um dort die erste Option einzustellen, muss erneut ein „W" gedrückt werden. Der Buchstabe „O" löst abschließend die „OK"-Schaltfläche aus.

Falls Ihr Rechner an ein Netzwerk angeschlossen ist, müssen Sie selber noch die Frage beantworten, ob Sie trotz einer Verbindung das Herunterfahren fortsetzen möchten.

20 Verbindung zum MS SQL Server

Ab Access 2000 haben die Entwickler die Wahl zwischen zwei „Data Engines". Eine „Data Engine" ist eine Art Datenmanager, der im Hintergrund abläuft und den Zugriff auf die Daten der Datenbank regelt.

* Die altbekannte „Access Engine", die Jet genannt wird.
* Die „Microsoft Data Engine", abgekürzt MSDE, die in der neuesten Version nichts anderes als die MS SQL Server 2000 Desktop Engine ist.

Je nachdem, ob diese zuletzt genannte „Data Engine" von der Office XP-CD oder der MS SQL Server-CD installiert wird, heißt sie unterschiedlich. Die Technologie der MSDE bietet sowohl lokale Datenspeicherung als auch Kompatibilität zu den verschiedenen MS SQL Server-Editions.

20.1 Die beiden „Data Engines" im Vergleich

Access besitzt zwei Hauptkomponenten. Die erste Komponente enthält für Programmierer eine Entwicklungsumgebung für Visual Basic für Applikationen (VBA), die Themen wie Formulare, Berichte und die Datenbankverwaltung umfasst. Dies erfolgt in der bekannten Benutzeroberfläche für Access und anderen Office-Anwendungen.

Die zweite Komponente in Access ist die „Data Engine", das heißt die interne Verwaltung der Daten. Vor Access 2000 verwendeten Anwender und Entwickler immer die „Jet Data Engine", auch wenn es ihnen nicht bewusst war. Heutzutage können sie sich entscheiden, ob sie bei der verbesserten Version der „Jet Data Engine" bleiben oder die „Microsoft Data Engine"einsetzen. Unabhängig davon, welche „Data Engine" verwendet wird, bleibt Access die Benutzeroberfläche und bietet wie bisher Datenbankwerkzeuge an.

„Jet Data Engine"

Standardmäßig installiert und benutzt Access 2000 die „Jet Data Engine":

* Volle Unicode-Unterstützung
* Sortierung kompatibel mit der von den Betriebssystemen Windows NT, Windows 2000, Windows Me, Windows 95 und Windows 98
* Sperrung auf Zeilenebene möglich
* Erweiterte Unterstützung der SQL Version ANSI SQL92
* Fast immer SQL-kompatibel mit dem MS SQL Server (volle Kompatibilität kann durch Option festgelegt werden)
* Replikation zwischen Jet und SQL-Server 7.0 beidseitig möglich

„Microsoft Data Engine" (MSDE)

Da MSDE 2000 und die MS SQL Server 2000 Desktop Engine dieselbe „Data Engine" darstellen, ist MSDE vollständig kompatibel mit der Codebasis des MS SQL Server. Sie ermöglicht Datenbankprogrammierern, eine Anwendung zu entwickeln, die sowohl auf einem einzelnen PC unter Windows 98 oder Windows Me als auch auf einem Windows NT beziehungsweise Windows 2000 Server mit mehreren Prozessoren ablaufen kann.

Beim Einsatz der MSDE werden in Access immer Projektdateien mit der Endung „ADP"
verwendet. Somit gibt es keinen Aufwand bei der Umstellung auf den MS SQL Server. Es
müssen nur die Verbindungsinformationen des Access-Projektes geändert werden.

Einige wichtige Technologien der „Microsoft Data Engine":

- Dynamische Sperrung: Dadurch wird die optimale Ebene für die Sperre aller Datenbank-
  operationen gewählt. Dies kann Sperrung auf Zeilenebene, Seiten- oder Tabellensper-
  rung sein. Keine nachträglichen Verbesserungen sind mehr erforderlich.
- Unicode-Unterstützung
- Dynamische Selbstverwaltung: Dies ermöglicht dem Server, sich selbst aufzuzeichnen
  und selbst zu verwalten.
- Replikate zusammenführen: Dadurch wird Anwendern erlaubt, verteilte Kopien einer
  Datenbank zu unterschiedlichen Zeiten off- oder online zu ändern. Das Ergebnis dieser
  Arbeit wird später in einer einzigen Datenbank zusammengefügt.

Der Einsatz von MSDE als die „Data Engine" von Access bedeutet, dass alle Tabellen, Abfragen, Berichte und Codes automatisch auch in einer MS SQL Server-Datenbank ablaufen
können. Dadurch wird eine spätere Migration auf den MS SQL Server um einiges leichter.

Wenn Sie Access unternehmensweit entwickeln und einsetzen, wird MSDE als „Data Engine" empfohlen. Auch wenn Sie die Datenbank erst in einer Gruppe oder Abteilung benutzen,
sollten Sie sich überlegen, ob Sie Access nicht als Frontend mit MSDE als Backend verwenden wollen. Diese Vorgehensweise stellt nämlich sicher, dass Ihre Datenbank eine gute Ausgangsposition bei wachsenden Bedürfnissen in der Zukunft besitzt.

Unternehmensweite Anwendungen erfordern Erweiterbarkeit, Sicherheit und Robustheit.
Dies kann die „Microsoft Data Engine" beziehungsweise der MS SQL Server bereitstellen,
nicht aber die „Jet Data Engine".

Unterschiede zwischen den beiden „Data Engines" von Access

Wenn zum Beispiel die Datenbankanwendung die Unterstützung von Transaktionen auch bei
einem Absturz des Clientcomputers oder sogar des Netzwerkservers benötigt, dann werden
Sie MSDE oder eine andere MS SQL Server Edition einsetzen. MSDE schreibt alle
Transaktionen mit und kann sie somit wieder schrittweise nachvollziehen.

Im Gegensatz dazu unterstützt die Jet keine Transaktionen für Teile von Operationen. Die
„Jet Data Engine" kann nicht garantieren, dass alle Änderungen, die in einer Transaktionsklammer durchgeführt werden, auch wirklich übernommen (commit) oder zurückgerollt (roll
back) werden können.

Die „Microsoft Data Engine" ist für solche Datenbankanwendungen die richtige Entscheidung, die wichtige Transaktionen durchführen. Dies können zum Beispiel Programme im finanziellen Bereich sein oder Anwendungen, die um die Uhr die gesamte Woche laufen müssen. Je wichtiger die Datenbank ist , desto eher sollten Sie MSDE wählen.

Die „Microsoft Data Engine" und der MS SQL Server sind in das Sicherheitssystem von Windows NT beziehungsweise Windows 2000 integriert, die „Jet Data Engine" jedoch nicht. Dadurch entsteht ein höherer Verwaltungsaufwand bei der standardmäßigen „Data Engine" von Access.

Die Jet besitzt die beste Kompabilität zu Access 97 und früheren Versionen. Wenn Sie also bestehende Anwendungen für Access entwickelt haben, ist die „Jet Data Engine" die einfachste Möglichkeit, diese Programme zu konvertieren.

Die „Jet Data Engine" ist zudem einfacher zu benutzen und zu verwalten als die „Microsoft Data Engine". Deswegen ist sie eine gute Wahl für neue und relativ einfache Datenbankprogramme, die sich nicht um die Kompabilität zum MS SQL Server kümmern müssen. Außerdem benötigt Access mit der „Jet Data Engine" weniger Hauptspeicher und weniger Platz auf der Festplatte und erfordert fast keine Verwaltung.

Eine Access-Datenbank, die mit der „Jet Data Engine" erstellt wurde, kann später immer noch mithilfe eines „Upsizing"-Assistenten auf den MS SQL Server umgestellt werden. In diesem Fall müssen dann häufig noch einige zusätzliche Änderungen durchgeführt werden.

Die „Microsoft Data Engine" besitzt die Technologie des MS SQL Server. Dieser SQL Server basiert auf einer einzigen Codebasis, die von einem PC mit dem Betriebssystem 98 bis hin zu Multiprozessoren-Cluster-Computern reicht, die als Windows 2000 Server eingerichtet sind. Das heißt, dass der MS SQL Server eine hundertprozentige Programm-Kompatibilität bietet.

MSDE besitzt einen weiteren Vorteil gegenüber der „Jet Data Engine". MSDE ist eine echte „Client/Server Data Engine", bei der Jet handelt es sich hingegen um eine „File-Server Data Engine". Dies bedeutet, dass die Abfragen auf dem Clientrechner ausgeführt werden. Bei großen Datenbanken werden dadurch sehr viele Daten über das Netz bewegt. Die „Microsoft Data Engine" lässt die Abfragen direkt auf dem Server ablaufen. Auf diese Weise wird zwar der Server mehr belastet, aber der Datenverkehr über das Netzwerk wird sehr dezimiert, besonders wenn das Abfrageergebnis nur aus wenigen Datensätzen besteht.

Unterschiede zwischen MSDE und der MS SQL Server 2000 Enterprise Edition

MSDE kann mit der fertigen Datenbank-Anwendung frei vertrieben werden. Ein Setup-Programm für den Kunden kann mithilfe von MS Office Developer 2002 oder Visual Studio erstellt werden. Für die Weitergabe der MS SQL Server 2000 Enterprise oder Standard Edition muss hingegen eine Client-Access-Lizenz käuflich erworben werden.

Mehr als fünf Benutzer sollten nicht gleichzeitig auf eine Datenbank basierend auf der „MS Data Engine" zugreifen, sonst verschlechtert sich die Performance von MSDE erheblich.

Die MSDE braucht viel weniger Festplattenspeicher als eine Vollversion des MS SQL Server. Die Datenbankdateien werden automatisch verkleinert, wenn der Umfang der Daten dies erlaubt. Im Gegensatz zu der umfangreichen Enterprise Edition des MS SQL Server können Datenbanken basierend auf der MSDE aber nur bis zu zwei GigaByte groß werden. Außerdem bietet die „MS Data Engine" keine Unterstützung für die Parallelverarbeitung durch

Symmetrical Multiprocessing an. Die MSDE unterstützt zudem weder die Volltextsuche noch indizierte Sichten.

Wenn Sie nur MSDE installiert haben, gibt es keine Entwicklungswerkzeuge wie den SQL Server Enterprise Manager oder den SQL Server Query Analyzer. Sie können somit nur über SQL-Anweisungen oder über ein Access-Projekt Tabellen, Sichten etc. erstellen. Die Administration der MSDE erfolgt dann über verschiedene API-Schnittstellen wie SQL-DMO und ADO. Der SQLServerAgent-Dienst zur Verwaltung von geplanten Aufgaben ist bereits bei der MSDE verfügbar. Falls auf Ihrem Rechner zusätzlich eine andere Edition des MS SQL Server wie die Enterprise Edition installiert ist, können Sie die MSDE auch mit den Verwaltungstools dieser Edition administrieren.

Kurze Zusammenfassung der Einsatzgebiete für die beiden „Data Engines"

Verwendung der „Jet Data Engine":

- Beste Kompatibilität zu Access-Jet 2000 und zu früheren Versionen ist geboten.
- Nur wenige Benutzer arbeiten gleichzeitig an der Datenbank.
- Der Rechner besitzt nicht viel Hauptspeicher oder eine große Festplatte.
- Die Einfachheit der Bedienung ist oberstes Ziel.

Verwendung der „Microsoft Data Engine":

- Sie möchten ausgehend von einer Codebasis eine Anwendung sowohl für einen einzelnen Anwender als auch eine große Zahl von Benutzern entwickeln.
- In der Zukunft muss die Datenbank wahrscheinlich erweitert werden.
- Es wird eine einfache Replikation mit dem zentralen Server benötigt.
- Die Datenbank soll ein sehr gutes Sicherheitssystem besitzen.
- Die Datenbank muss sehr zuverlässig sein, zum Beispiel durch das Mitschreiben der Transaktionen.
- Die Datenbank soll ständig verfügbar sein.
- Sie benötigen gespeicherte Prozeduren und/oder Trigger (siehe unten).

Installation der „MS SQL Server 2000 Desktop Engine"

Auf der Office XP-CD gibt es das Verzeichnis „\MSDE2000", in dem sich die notwendigen Dateien für die Installation der MSDE befinden. Da der MS SQL Server 2000 benannte Instanzen unterstützt und die MSDE nichts anderes als die „Desktop Engine" vom MS SQL Server 2000 darstellt, ist es sogar möglich, auf einem PC sowohl die MSDE 1.0 als auch die MSDE 2000 laufen zu lassen. Das Setup-Programm wird bei der Installation einer benannten Instanz mit dem Parameter „INSTANCENAME" und der Angabe eines Namens gestartet. Bei der Installation der MSDE 2000 werden unter anderen auch die „Microsoft Data Access Components 2.6" (MDAC) installiert, die benötigt werden, um Verbindungen zu benannten Instanzen des MS SQL Server 2000 herzustellen.

Nach der Installation werden Sie unter Windows 98 oder Windows Me voraussichtlich den „SQL Server-Dienst Manager" selber starten müssen. Dazu führen Sie einen Doppelklick auf das Symbol „MSSQLServer" rechts unten in der Taskleiste aus. Im daraufhin angezeigten Fenster des „MS SQL-Dienst Manager" wählen Sie „Start/Weiter".

Unter Windows NT 4.0, Windows 2000 und allen späteren Versionen startet dagegen die MSDE automatisch.

Kurze Einführung in den MS SQL Server 2000

Der MS SQL Server stellt für die Arbeit unterschiedliche Komponenten zur Verfügung. Man unterscheidet zwischen

- Server-Komponenten,

- Client-basierten Verwaltungstools und

- Komponenten für die Client-Kommunikation.

Fast alle Server-Komponenten sind als 32-Bit-Windows-Dienste implementiert. Nur der SQL Server-Dienst und der SQL Server-Agent können auch als einzelne Anwendungen gestartet werden, damit sie auf jedem Windows-Betriebssystem ablaufen. In der nachfolgenden Tabelle sind alle Server-Komponenten mit einer Kurzbeschreibung ihrer Funktionalität aufgelistet.

Tabelle 20.1: Die Server-Komponenten des MS SQL Server

Server-Komponente	Kurzbeschreibung
SQL Server-Dienst	Beinhaltet die MS SQL Server Datenbank-Engine. Jede Instanz vom MS SQL Server besitzt einen eigenen SQL Service-Dienst.
Analysis Services-Dienst	Realisiert das Data Warehousing-Konzept.
SQL Server Agent-Dienst	Ist für die Zeitplanung der verschiedenen Verwaltungsaufgaben zuständig. Jede Instanz vom MS SQL Server besitzt einen eigenen Agenten.
Microsoft Search-Dienst	Enthält die Engine für die Volltextsuche.
MS DTC-Dienst	Der Distributed Transaction Coordinator verwaltet Transaktionen, die über mehrere MS SQL Server-Instanzen verteilt sind.

Die Client-basierten Verwaltungstools fassen mehrere Programme zusammen, die sich in zwei Gruppen einteilen lassen: Die Programme der einen Gruppe verfügen über eine benutzerfreundliche grafische Bedienoberfläche. Bei der anderen Gruppe handelt es sich um zeilenbasierte Programme, die über die Eingabeaufforderung gestartet werden.

All diese Werkzeuge sind als Client-Anwendungen implementiert. Dies bedeutet, dass sie mithilfe von Komponenten für die Client-Kommunikation eine lokale oder Netzwerk-Verbindung zum MS SQL Server aufbauen müssen. Die wichtigsten Client-basierten Verwaltungstools stehen in der folgenden Tabelle.

Tabelle 20.2: Die wichtigsten Client-basierten Verwaltungstools des MS SQL Server

Verwaltungstool	Kurzbeschreibung
SQL Server Enterprise Manager	Das wichtigste Verwaltungsprogramm des MS SQL Server, mit dem die meisten administrativen Aufgaben durchgeführt werden können.
SQL Query Analyzer	Wird zum Arbeiten mit Transact-SQL benutzt. Es können hierüber Datenbankobjekte erstellt und verwaltet sowie SQL-Anweisungen interaktiv getestet werden.
SQL Profiler	Ist für die Überwachung von Datenbank- und Server-Aktivitäten zuständig. Darunter fallen zum Beispiel alle Login-ID-Verbindungen, -Versuche und -Fehlverbindungen sowie die Prozessorzeit, die eine SQL-Anweisung zur Ausführung benötigt.
SQL Server Service Manager	Dieses Programm ist in der Taskleiste abgelegt und für das Starten, Anhalten und Beenden der MS SQL Server-Dienste zuständig.
Client Network Utility	Wird für die Verwaltung der Client-Netzwerk-Bibliotheken eingesetzt.
Server Network Utility	Wird für die Verwaltung der Server-Netzwerk-Bibliotheken eingesetzt.
Osql	Zeilen-basiertes Programm, mit dem Abfragen unter Verwendung von SQL-Anweisungen, Systemprozeduren und Skriptdateien ausgeführt werden können.
Scm (Service Control Manager)	Zeilen-basiertes Programm, mit dem dieselben Aufgaben wie mit dem SQL Server Service Manager ausgeführt werden können.
Bcp	aus einer MS SQL Server-Datenbank in eine Datei kopiert werden.
Dtsrun	Zeilen-basiertes Programm, das DTS-Pakete ausführt.
Sqlmaint	Zeilen-basiertes Programm, das bestimmte Verwaltungsaufgaben wie das Sichern von Daten- und Protkolldateien oder die Neuerstellung von Indizes durchführt.

Standardmäßig wird bei der Installation festgelegt, dass der SQL Server-Dienst automatisch beim Hochfahren des Rechners gestartet wird, der SQL Server Agent-Dienst jedoch nicht. Das Starten, Anhalten und Beenden dieser beiden Dienste und der Dienste Microsoft Search und Distributed Transaction Coordinator kann mithilfe des SQL Server-Dienst-Managers erfolgen. Das Symbol dieses Programms wird bei der Installation des MS SQL Server automatisch in die Taskleiste links neben der Uhranzeige gesetzt.

Über das Kontrollkästchen „Dienst bei Betriebssystemstart automatisch starten" können auch die übrigen Dienste beim nächsten Hochfahren des Computers aktiviert werden.

Bild 20.1: Der SQL Server-Dienst-Manager

Hinweis: Wenn Sie eine benannte Instanz des MS SQL Server installiert haben, besitzen die beiden SQL Server- und SQL Server Agent-Dienste einen etwas anderen Namen. Sie heißen dann MSSQL$InstanceName und SQLAgent$InstanceName, wobei InstanceName als Platzhalter für den wirklichen Namen der Instanz steht.

Die Komponenten für die Client-Kommunikation werden benötigt, damit Benutzer auf den MS SQL Server und seine Daten über Clientanwendungen zugreifen können. Der MS SQL Server unterstützt dabei zwei Arten von Client-Applikationen:

- Relationale Datenbank-Programme, die vor allem in einer zweistufigen Client/Server-Umgebung eingesetzt werden.

- Internet-Anwendungen, die Transact-SQL-Anweisungen oder XPath-Abfragen an den MS SQL Server senden und als Ergebnis XML-Dokumente erhalten.

20.2 Access-Projekte erstellen

Access-Projekte werden als Frontend-Anwendung verwendet. Für die Backend-Seite gibt es mehrere Möglichkeiten. Es kann die „Microsoft Data Engine" (MSDE) von Access, MS SQL Server 7.0 oder MS SQL Server 2000 eingesetzt werden. Ein Access-Projekt enthält weder Tabellen noch Abfragen, sondern ist über OLE DB direkt mit der Backend-Anwendung verbunden, in der die Tabellen, Sichten, gespeicherten Prozeduren, benutzerdefinierten Funktionen, Trigger und Datenbankdiagramme existieren.

Dies bedeutet, dass Sie mit Access 2000 direkt Ihre MS SQL Server-Datenbank verwalten können. Hierzu gehört das Einrichten einer neuer Datenbank auf dem MS SQL Server genauso wie das Erstellen oder Ändern der verschiedenen Datenbankobjekte der MS SQL Server-Datenbank wie Tabellen und Sichten. Wenn Sie bereits mit den Tabellen, Abfragen und Beziehungen von Access gearbeitet haben, werden Sie sich mit den Objekten des MS SQL Server recht schnell zurechtfinden.

OLE DB

OLE DB, das aus mehreren Komponenten besteht, ist Teil des UDA-Konzeptes von Microsoft. Die Abkürzung „UDA" steht für Universal Data Access und beinhaltet das Microsoft-Konzept, Zugriff auf Informationen im gesamten Unternehmen zu bieten. Mit OLE DB kann auf vielerlei Arten von Datenquellen zugegriffen werden, wobei die Daten nicht unbedingt in Tabellenform (relational) vorliegen müssen. Es kann sich zum Beispiel auch um E-Mail-Dateien oder unstrukturierte Daten handeln.

Eine Anwendung, die auf die Daten zugreift, wird als Datenverbraucher (data consumer) bezeichnet. Dies kann zum Beispiel Access 2000, Access 2002 oder ein Visual Basic-Programm sein. Programme hingegen, die den Datenzugriff ermöglichen, sind die Datenanbieter (data provider). So gibt es unter anderem MS OLE DB Provider für den MS SQL Server oder den MS Jet 4.0 OLE DB Provider.

Access 2002 beinhaltet eine eigene Benutzeroberfläche und Programmierschnittstelle für OLE DB, mit der Sie auf MS SQL Server-Datenbanken zugreifen können. Die Benutzeroberfläche wird durch das Dialogfeld „Datenverknüpfungseigenschaften" repräsentiert, das Sie in einem Access-Projekt über den Menüpunkt VERBINDUNG im Menü DATEI aufrufen können. Sobald Sie programmtechnisch auf die Daten in der MS SQL Server-Datenbank zugreifen wollen, müssen Sie mit ADO (Microsoft ActiveX Data Objects) arbeiten. Mehr zu diesem Thema können Sie in Kapitel 14 nachlesen.

Um ein neues Access-Projekt mit dem MS SQL Server als Backend anzulegen, rufen Sie im Aufgabenbereich „Neue Datei" von Access den Menüpunkt PROJEKT (BESTEHENDE DATEN) oder den Menüpunkt PROJEKT (NEUE DATEN) auf. Die beiden Befehle unterscheiden sich nur dadurch, dass im ersten Fall die MS SQL Server-Datenbank bereits existiert und im zweiten Fall zusätzlich eine neue MS SQL Server-Datenbank angelegt wird.

Projekt basiert auf einer bestehenden SQL-Server-Datenbank

Bei der ersten Möglichkeit müssen Sie noch nach der Nennung eines Namens für das Access-Projekt in das Dialogfeld „Datenverknüpfungseigenschaften" die Bezeichnung des MS SQL Server, eine beim MS SQL Server eingetragene Benutzerkennung, das dazugehörige Passwort und die MS SQL Server-Datenbank angeben. Über die Befehlsschaltfläche „Verbindung testen" können Sie überprüfen, ob zu der Datenbank auch tatsächlich eine Verbindung aufgebaut werden kann.

Die an dieser Stelle gemachten Angaben können Sie jederzeit nachlesen. Rufen Sie dazu den Menüpunkt VERBINDUNG im Menü DATEI auf.

Falls das Kombinationsfeld unter Punkt 3 keinen Inhalt aufweist, kann:

- der MS SQL Server nicht gestartet sein. Unter dem MS SQL Server verwenden Sie hierzu den „SQL Server Service Manager"
- die falsche Bezeichnung des MS SQL Server eingetragen sein
- der Benutzername beziehungsweise das Passwort auf dem MS SQL Server nicht bekannt sein
- ein Netzwerkproblem zu dem MS SQL Server vorliegen.

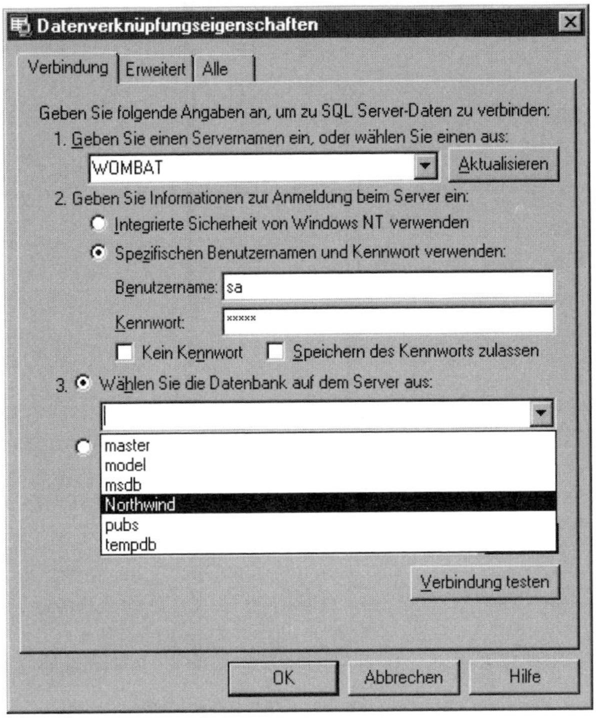

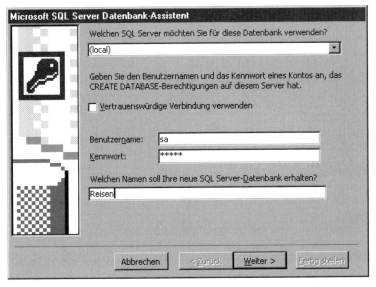

Bild 20.2: Verbindungsdaten zum MS SQL Server eintragen

Projekt basiert auf einer neuen SQL-Server-Datenbank

Bild 20.3: Neue MS SQL Server-Datenbank mit dem Projekt erstellen

Beim Anlegen eines neuen Projektes können Sie auch gleich eine neue MS SQL Server-Datenbank erstellen. Der über den Menüpunkt PROJEKT (NEUE DATEN) gestartete MS SQL Server-Datenbank-Assistent fragt Sie nach dem Namen des MS SQL Server, der beim MS SQL Server eingetragenen Benutzerkennung, dem Passwort, wenn vorhanden, und nach einem Namen für die neue MS SQL Server-Datenbank.

Nachdem Sie die Schaltfläche „Fertigstellen" gewählt haben, dauert es eine gewisse Zeit, bis das Datenbankfenster in Access erscheint. Es enthält bereits einige Systemsichten, alle anderen Objektgruppen wie Tabelle oder gespeicherten Prozeduren sind noch leer.

Wenn Sie dagegen ein neues Projekt auf eine bestehende MS SQL Server-Datenbank angelegt haben, werden Sie im Datenbankfenster viele Einträge finden. Alle Tabellen, Sichten, Datenbankdiagramme und gespeicherten Prozeduren dieser MS SQL Server-Datenbank werden hier angezeigt.

Access stellt bei einem Projekt in erster Linie das Werkzeug dar, mit dem diese Objekte in der MS SQL Server-Datenbank geändert oder neu erstellt werden können. Das heißt, viele der nachfolgenden Erklärungen bewirken eine Änderung in der MS SQL Server-Datenbank. Nur wenn Sie Formulare für die komfortable Eingabe, Berichte für den Ausdruck, Datenzugriffsseiten, Makros oder Module erzeugen, werden diese Datenbankobjekte in der Access-Projektdatei abgespeichert.

20.3 MS SQL Server-Tabelle im Access-Projekt anlegen

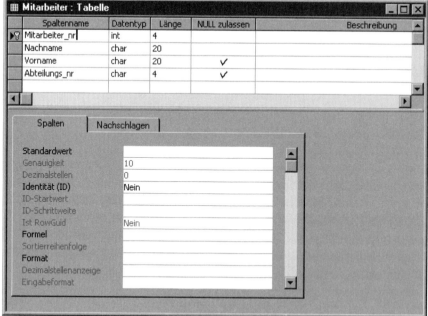

Bild 20.4: Eine MS SQL Server-Tabelle in der Entwurfsansicht

Wenn Sie eine MS SQL Server-Tabelle in der Entwurfsansicht betrachten, so werden Sie fast dieselbe Darstellungsweise wie bei einer normalen Access-Tabelle sehen. Jedes Tabellenfeld besitzt auch einen Namen und einen Datentyp, die in der oberen Hälfte des Fensters aufgelistet werden. Neben diesen beiden Spalten und der Spalte „Beschreibung" gibt es zusätzlich die beiden Spalten „Länge" und „Null zulassen". Die zuletzt genannte Spalte ist sehr ähnlich der Feldeigenschaft „Eingabe erforderlich" in einer Access-Datenbank. Je nach Datentyp besitzen die einzelnen Felder noch einige Feldeigenschaften, die wie gewohnt im unteren Teil des Entwurfsfensters angezeigt werden. Häufig sind jedoch mehrere Eigenschaften deaktiviert.

20.3.1.1 Die Datentypen einer MS SQL Server-Tabelle

Jede Tabelle einer MS SQL Server-Datenbank kann maximal 1024 Spalten enthalten. Für jede Spalte können Sie zwischen zahlreichen Datentypen wählen, die in der nachfolgenden Tabelle aufgelistet sind.

Tabelle 20.3: Datentypen für eine MS SQL Server Tabelle

Datentyp	Datentyp	Datentyp	Datentyp
binary	bit	bigint	char
datetime	decimal	float	image
int	money	nchar	ntext
numeric	nvarchar	real	smalldatetime
smallint	smallmoney	sql_variant	table
text	timestamp	tinyint	uniqueidentifier
Varbinary	varchar		

Datentypen für Zeichen

Die Datentypen „varchar", „nvarchar" und „varbinary" unterscheiden sich von den Datentypen „char", „nchar" und „binary" dadurch, dass sie die tatsächliche Länge der eingegebenen Werte speichern und nicht eine zuvor festgelegte Länge.

Damit Zeichen aus verschiedenen Landessprachen ohne zusätzlichen Aufwand gespeichert werden können, gibt es die drei Datentypen „nchar", „nvarchar", „ntext", die den Unicode unterstützen. Alle diese Datentypen haben miteinander gemeinsam, dass jedes Zeichen 2 Bytes und nicht nur 1 Byte belegt.

Die maximale Länge der Datentypen „char", „varchar" und „varbinary" beträgt 8000 Byte. Aufgrund der zwei Bytes pro Zeichen können die beiden Datentypen „nchar" und „nvarchar" nur bis zu 4000 Zeichen aufnehmen.

Der Datentyp „bit" entspricht in einer Access-Datenbank dem Datentyp „Ja/Nein". Es wird jedoch kein Kontrollkästchen in der Datenblattansicht, sondern es werden die Werte „Falsch" und „Wahr" angezeigt. Damit das Wort „Falsch" erscheint, tragen Sie den Wert „0" ein. Alle anderen Zahlenwerte werden als „Wahr" interpretiert.

Datentypen für Zahlen

Trotz des ähnlichen Namens bedeuten die beiden Datentypen „Integer" in Access und „int" beim MS SQL Server nicht dasselbe. Der Typ „Integer" belegt genau wie der Typ „smallint" zwei Bytes. Der Datentyp „int" hingegen kann mit dem Access-Datentyp „Long Integer" verglichen werden. Beide reservieren für ein Feld vier Bytes. Falls Sie noch größere ganze Zahlen speichern wollen, werden Sie den Datentyp „bigint" einsetzen, der im MS SQL Server 2000 neu hinzugekommen ist. Er belegt 8 Bytes pro Zelle.

Die beiden Datentypen „numeric" und „decimal" speichern Festkommazahlen. Über die Eigenschaft „Genauigkeit" legen Sie die maximale Anzahl aller Stellen fest. In die Eigenschaft „Dezimalstellen" schreiben Sie die maximale Anzahl der Stellen rechts vom Komma.

Datentypen für Währung

Um die in der Systemsteuerung unter Ländereinstellungen eingetragene Währung automatisch angezeigt zu bekommen, verwenden Sie die Datentypen „smallmoney" und „money". Die nicht zu ändernde Eigenschaft „Dezimalstellen" steht fest auf dem Wert 4, es werden aber nur zwei Dezimalstellen angezeigt.

Der Wertebereich des Datentyps „smallmoney" liegt im Bereich von -214.748,3648 bis +214.748,3647. Der Datentyp „money" kann noch um einiges größere Werte aufnehmen. Seine Speichergröße, die 8 Byte beträgt, ist doppelt so groß wie die des Datentyps „smallmoney".

Datentypen für Datumsangaben

Auch für Datumsangaben gibt es zwei Datentypen, die sich wie bei der Währung in ihrer Größe unterscheiden. Sowohl „datetime" als auch „smalldatetime" werden intern als numerische Werte gespeichert.

Der Datentyp „smalldatetime" umfasst vier Byte, wobei die ersten beiden die Anzahl der Tage seit dem 1. Januar 1900 enthalten. Die übrigen speichern, wie viele Minuten seit Mitternacht vergangen sind. Die Speichergröße des Datentyps „money" beträgt acht Byte und ist ebenfalls in zwei Hälften aufgeteilt, um die Anzahl der Tage beziehungsweise der Millisekunden aufzunehmen.

Tabelle 20.4: Datentypen für Datumsangaben

Datentyp	Anfangsdatum	Enddatum	Kleinster Zeitteil
datetime	1.1.1753	31.12.9999	3/100 Sekunde
smalldatetime	1.1.1900	6.6.2079	1 Minute

Weitere Datentypen

Die drei Datentypen „image", „text", „ntext" werden auch als BLOB's (Binary Large Objects) bezeichnet. Sie enthalten nicht die eigentlichen Daten, sondern nur einen Zeiger auf eine verkettete Liste von physikalischen Speicherseiten, auf denen sich die Daten befinden.

Der Datentyp „image" kann mit dem Access-Datentyp „OLE-Objekt" verglichen werden. In einem Feld vom Typ „image" können zum Beispiel Fotos der einzelnen Mitarbeiter gespeichert werden.

Der Datentyp „uniqueidentifier" kann globale, eindeutige Bezeichner aufnehmen. Im Englischen werden sie als „Global Unique Identifiers" (GUID) bezeichnet. Der Inhalt wird vom MS SQL Server-System aus Zufallswerten gebildet.

Wenn Sie ein Feld benötigen, das Daten mit unterschiedlichen Datentypen aufnehmen soll, ist der Datentyp „sql_variant" das Richtige für Sie. Vielleicht kennen Sie bereits aus VBA den vergleichbaren Datentypen „Variant".

Der Datentyp „table" kann bei Variablen und als Rückgabewert von benutzerdefinierten Funktionen verwendet werden. Damit können Daten im Tabellenaufbau temporär gespeichert werden, um sie später weiter zu verarbeiten.

20.4 Die verschiedenen Abfrage-Arten

Sichten, gespeicherte Prozeduren und die benutzerdefinierten Funktionen, die im MS SQL Server 2000 neu sind, werden im Datenbankfenster in der Gruppe „Abfragen" zusammengefasst. Am Symbol der einzelnen Objekte können Sie erkennen, um welchen Objekttyp es sich handelt.

Wenn Sie eine neue Sicht, gespeicherte Prozedur oder benutzerdefinierte Funktion erstellen wollen und und dazu die Schaltfläche „Neu" im Datenbankfenster anklicken, bekommen Sie eine Auswahl von sechs verschiedenen Möglichkeiten.

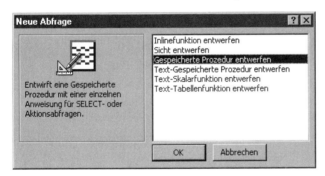

Bild 20.5: Auswahl beim Erstellen einer neuen Abfrage

• Inlinefunktion entwerfen: Mit dem Abfrage-Editor eine Funktion definieren, die Parameter und eine Sortierreihenfolge („Order By"-Klausel) gestattet.

• Sicht entwerfen: Mit dem Abfrage-Editor eine normale Sicht ohne Parameter erstellen.

• Gespeicherte Prozedur entwerfen: Mit dem Abfrage-Editor eine gespeicherte Prozedur anlegen, die eine Auswahl- oder eine Aktionsabfrage darstellt.

• Text-gespeicherte Prozedur entwerfen: Eine gespeicherte Prozedur mit ein oder mehreren SQL-Anweisungen schreiben.

• Text-Skalarfunktion entwerfen: Eine Funktion mit ein oder mehreren SQL-Anweisungen definieren, die einen Wert zurückliefert.

- Text-Tabellenfunktion entwerfen: Eine Funktion mit ein oder mehreren SQL-Anweisungen erstellen, die ein schreibgeschütztes Recordset als Ergebnis zurückgibt.

20.4.1 Sichten

Eine Sicht, die auch als virtuelle Tabelle bezeichnet wird, wird in SQL-Datenbanken verwendet. Diese Tabellen belegen keinen physikalischen Platz in der Datenbank. Auswahlabfragen von Access und Sichten („Views") in einer MS SQL Server-Datenbank sind sich recht ähnlich. Die Datensätze des Ergebnisses werden in der Datenblattansicht angezeigt. Sie können Daten eingeben, Datensätze anfügen beziehungsweise löschen.

Der Abfragedesigner kann aus bis zu drei Bereichen bestehen:

- Diagrammbereich: Enthält die ausgewählten Tabellen und Sichten, die die Grundlage für die Sicht bilden. Beziehungslinien werden automatisch eingeblendet.

- Rasterbereich: Umfasst alle Felder, die im Abfrageergebnis erscheinen sollen, und deren Kriterien. Zudem definieren Sie in diesem Bereich Gruppierungen sowie Berechnungen und können Alias-Namen für Spalten vergeben.

- SQL-Bereich: Erscheint nicht standardmäßig, sondern wird erst angezeigt, wenn Sie in der Symbolleiste die Schaltfläche „SQL" einschalten. Dieser Bereich listet die SQL-Anweisung für die aktuelle Abfrage auf und ist besonders dann von Interesse, wenn die Abfrage nicht über die Diagramm- und Rasterbereiche erzeugt werden kann.

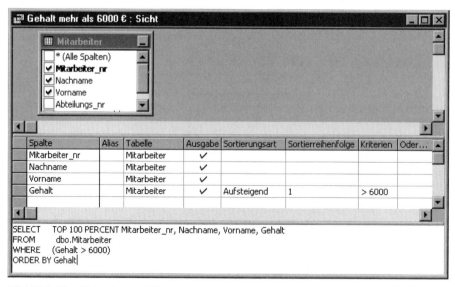

Bild 20.6: Eine Sicht einer MS SQL Server-Datenbank in der Entwurfsansicht

Diese drei Bereiche können Sie über drei Schaltflächen in der Symbolleiste oder über Menüpunkte im Untermenü BEREICHE ANZEIGEN des Menüs ANSICHT ein- oder ausschalten. Eine Sicht kann über alle drei Bereichen erstellt oder modifiziert werden, da diese Bereiche synchronisiert sind. Wenn Sie zum Beispiel im Rasterbereich ein Kriterium hinzufügen, wird dieses im SQL-Bereich ergänzt, sobald Sie die Zelle verlassen. Wenn Sie den SQL-Code direkt eingeben, sollten Sie anschließend die Schaltfläche „SQL-Syntax überprüfen" in der Symbolleiste drücken.

Die Verknüpfungsart zwischen zwei Tabellen einstellen

Wenn Sie die Verknüpfungsart zwischen zwei Tabellen, zum Beispiel „Abteilung" und „Mitarbeiter" bestimmen wollen, selektieren Sie im Abfragedesigner die Verbindungslinie mit der rechten Maustaste. Wenn im Kontextmenü die beiden Menüpunkte ALLE ZEILEN VON ABTEILUNG AUSWÄHLEN und ALLE ZEILEN VON MITARBEITER AUSWÄHLEN nicht aktiviert sind, das heißt, kein Häkchen besitzen, ist die innere Verknüpfung gesetzt.

Durch die Auswahl eines der beiden Menüpunkte wird eine linke beziehungsweise rechte äußere Verknüpfung festgelegt. Die Raute auf der Verbindungslinie besitzt dann auch eine links- oder rechtsseitige Ergänzung.

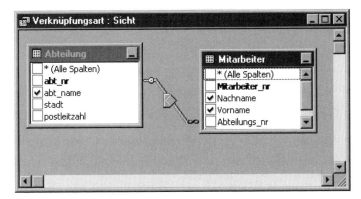

Bild 20.7: Linke äußere Verknüpfung

Durch Aktivieren beider Menüpunkte wird die Raute in ein Quadrat umgewandelt. Diese Verknüpfungsart trägt den Namen „Full Outer Join". Von beiden Tabellen werden alle Datensätze angezeigt, auch wenn es keinen entsprechenden Satz in der anderen Tabelle gibt. Die Verknüpfungsart „Full Outer Join" ist in einer Access-Abfrage nicht möglich.

Den Operator bei der Verknüpfung einstellen

Bei der Beziehung zwischen zwei Tabellen können Sie in einer Sicht sogar noch den Operator festlegen. Standardmäßig ist das Gleichheitszeichen gesetzt. Einen anderen Operator stellen Sie über das Dialogfeld „Eigenschaften" ein. Dieses Dialogfeld erhalten Sie, wenn Sie die Verbindungslinie mit der rechten Maustaste selektieren und aus dem Kontextmenü den Menüpunkt EIGENSCHAFTEN aufrufen.

Wählen Sie zum Beispiel den „<>"-Operator, wird im Resultset der Sicht jeder Mitarbeiter mit allen Abteilungen angezeigt, außer der Abteilung, dessen Abteilungsnummer in seinem Datensatz steht. So erscheint die Person „Otto Huber", der die Abteilungsnummer „mark" enthält, einmal mit der Abteilung „Support" und ein zweites Mal mit der Abteilung „Vertrieb".

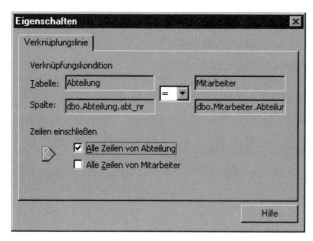

Bild 20.8: Operator der Beziehung einstellen

Den Operator werden Sie jedoch sehr selten ändern. Im Normalfall ist das voreingestellte Gleichheitszeichen der richtige Operator. Wenn Sie einen anderen einstellen, wird dieser in der Raute angezeigt.

20.4.2 Gespeicherte Prozeduren

Mehrere SQL-Anweisungen, die hintereinander ausgeführt werden sollen, können entweder einzeln in der Anwendung gespeichert oder zusammengefasst als gespeicherte Prozedur in der MS SQL Server-Datenbank abgelegt werden. Im ersten Fall werden die Befehle einzeln an den MS SQL Server gesendet und dort verarbeitet. Das Ergebnis wird jedes Mal zurück an die Anwendung geliefert. Werden stattdessen gespeicherte Prozeduren eingesetzt, muss nur der Name dieser Prozedur an den MS SQL Server übermittelt werden. Die einzelnen SQL-Anweisungen werden komplett und ausschließlich auf dem MS SQL Server ausgeführt, der zum Schluss nur das Endergebnis an die Anwendung sendet.

Die gespeicherten Prozeduren, die im Englischen „Stored Procedures" heißen, sind somit Funktionen, die mehrere SQL-Anweisungen enthalten. Sie werden ähnlich wie Prozeduren in C oder VBA aufgerufen. Gespeicherte Prozeduren können auch Übergabeparameter besitzen, Werte zurückgeben und weitere Prozeduren aufrufen. Sie können jedoch nicht direkt in einem Ausdruck benutzt werden.

Gespeicherte Prozeduren in einer MS SQL Server-Datenbank besitzen mehrere Vorteile gegenüber SQL-Anweisungen, die direkt in der Anwendung auf dem Benutzer-PC definiert sind:

- SQL-Anweisungen müssen nur einmal in der MS SQL Server-Datenbank gespeichert werden, können aber von mehreren Anwendungen ausgeführt werden.

- Die SQL-Befehle laufen vollständig auf dem Datenbankserver ab, und nicht jede SQL-Anweisung muss einzeln vom Client zum Server gesendet werden. Das Netzwerk wird dadurch entlastet, und die Ausführungszeit ist kürzer.

- Gespeicherte Prozeduren können unabhängig vom Quellcode der Anwendung geändert werden. Nur der Name und die Parameter müssen gleich bleiben.

- Schnellere Ausführung bei mehrmaligem Aufruf, da nach dem ersten Ausführen der gespeicherten Prozedur der optimierte Code, genauer gesagt der optimierte Abfrageplan, im Speicher des Servers, im so genannten Prozedurcache, bleibt. Einzelne SQL-Anweisungen, die von der Anwendung gesendet werden, kompiliert und optimiert der MS SQL Server hingegen jedes Mal erneut.

Eine gespeicherte Prozedur erstellen und ausführen

Heutzutage gibt es zwei Möglichkeiten, eine gespeicherte Prozedur zu erstellen:

- Den Abfrage-Generator wie bei einer Sicht verwenden.

- Die SQL-Anweisung(en) direkt in den Rahmen der gespeicherten Prozedur schreiben.

Die zweite Möglichkeit müssen Sie auf alle Fälle immer dann einsetzen, wenn die gespeicherte Prozedur aus mehr als einer SQL-Anweisung besteht. Dagegen können Sie die von Access bekannten Aktionsabfragen auch mit dem Abfrage-Generator anlegen. Sie brauchen also nicht mehr die genaue SQL-Syntax zu kennen. Im Gegensatz zu den Aktionsabfragen in einer Access-Datenbank erscheint vor dem Ausführen einer gespeicherten Prozedur keine Warnmeldung

Eine gespeicherte Prozedur besteht aus zwei Komponenten:

- Name und eventuell Parameter der Prozedur

- Rumpf der Prozedur, der ein oder mehrere SQL-Anweisungen zusammenfasst, die zusammen ausgeführt werden sollen.

Wie in anderen Programmiersprachen muss der Name der gespeicherten Prozedur eindeutig sein.

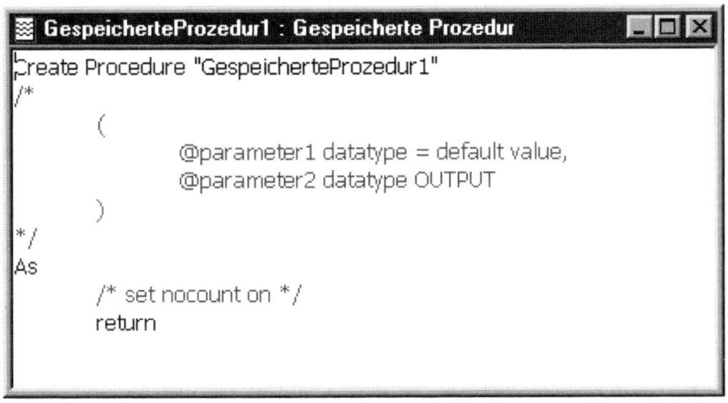

Bild 20.9: Eine neue gespeicherte Prozedur mit SQL anlegen

Alle Parameter werden in einer runden Klammer zusammengefasst. Ihre Namen müssen zwingend mit dem At-Zeichen (@) beginnen und aus einem Wort bestehen, wobei Unterstriche (_) erlaubt sind. Eckige Klammern können nicht verwendet werden, um einen Namen, der aus mehreren Worten besteht, zu umschließen. Wie bei Visual Basic folgt dem Namen der Datentyp des Parameters.

CREATE PROCEDURE BestimmteMitarbeiter @Abt_nr char (4)

Falls der Parameter einen Wert zurückliefern soll, muss noch das Schlüsselwort „Output" angefügt werden. Die Obergrenze für die Anzahl der Parameter liegt bei 1024. Eine gespeicherte Prozedur kann, muss aber keine Parameter besitzen. Deswegen stehen die beiden voreingestellten Parameter „@parameter1" und „@parameter2" im Kommentar. Kommentare werden wie in der Sprache C oder C++ mit „/*" begonnen und mit „*/" abgeschlossen. Ein solcher Kommentarblock kann sich auch über mehrere Zeilen erstrecken. Beschränkt sich dagegen der Kommentar auf nur eine Zeile, können Sie ihn auch mit zwei Bindestrichen (--) einleiten.

```
/*
Dies ist ein Kommentar, der auch
mehrere Zeilen umfassen kann
*/
```

```
-- mit 2 Bindestrichen wird ein einzeiliger Kommentar eingeleitet
```

Der Prozedurrumpf wird über das Schlüsselwort „As" eingeleitet. Bei einer gespeicherten Prozedur, die Zeilen aus einer oder mehreren Tabellen der MS SQL Server-Datenbank zurückliefert, muss als erste Anweisung nach der „CREATE PROCEDURE"-Anweisung eine SELECT-Anweisung oder der Befehl „SET NOCOUNT ON" stehen. Dadurch wird beim Ausführen der Prozedur das Resultset der ersten SELECT-Anweisung angezeigt; andernfalls erscheinen keine Zeilen.

Um eine gespeicherte Prozedur in einem Access-Projekt auszuführen, selektieren Sie sie im Datenbank-Fenster und klicken dann auf das Symbol „Öffnen". Das Ergebnis erhalten Sie als Datenblattansicht, wenn die Prozedur Daten zurückliefert. Dies ist beim Ausführen von SELECT-Anweisungen der Fall. Ansonsten erscheint die Meldung, dass die gespeicherte Prozedur erfolgreich ausgeführt wurde, aber keine Datensätze zurückgibt.

Sprachelemente der Transact-SQL-Sprache

Die Sprache Transact-SQL bietet zusätzliche Sprachelemente, die unter anderem in gespeicherten Prozeduren benutzt werden können. Nachfolgend werden einige wichtige kurz besprochen.

Lokale Variable, die stets mit dem At-Zeichen @ beginnen, müssen wie in anderen Programmiersprachen auch zuerst deklariert werden, um den Datentyp zu bestimmen. Dies erfolgt mit der DECLARE-Anweisung. Anschließend wird der Variablen mit der SET-Anweisung ein Anfangswert zugewiesen. Dieser kann dann zum Beispiel als Kriterium für eine Abfrage eingesetzt werden.

```
DECLARE @Nachname char(25)
SET @Nachname = 'Müller'
SELECT Vorname, Nachname FROM Mitarbeiter WHERE Nachname = @Nachname
```

Neben der SET-Anweisung kann auch eine SELECT-Anweisung verwendet werden, um die lokale Variable mit einem Wert zu besetzen. Falls die SELECT-Anweisung mehr als eine Zeile als Ergebnis zurückliefert, bekommt die lokale Variable den Wert der zuletzt zurückgegebenen Zeile zugewiesen.

```
DECLARE @MaxMitarbeiterNr int
SELECT @MaxMitarbeiterNr = MAX(Mitarbeiter_nr)
```

Die IF...ELSE-Anweisung gibt es genauso wie in VBA, nur mit dem Unterschied, dass der THEN-Teil ohne das Schlüsselwort THEN eingeleitet wird. Der ELSE-Zweig ist optional.

```
CREATE PROCEDURE IFAnweisung As
IF EXISTS (SELECT Mitarbeiter_nr FROM Mitarbeiter WHERE Abteilungs_nr = 'supp')
   SELECT Vorname, Nachname FROM Mitarbeiter WHERE Abteilungs_nr = 'supp'
ELSE
  BEGIN
     DELETE Abteilung WHERE abt_nr = 'supp'
  END
return
```

Falls ein oder mehrere Mitarbeiter der Abteilung mit der Abteilungsnummer „supp" zugeordnet sind, werden diese Personen aufgelistet, ansonsten kann diese Abteilung gelöscht werden.

Die Funktionen in Transact-SQL können in vier Gruppen eingeteilt werden:

- Skalare Funktionen liefern immer nur einen einzelnen Wert zurück. Dies können zum Beispiel Systemdaten wie der Name des aktuellen Benutzers sein.

- Rowset-Funktionen werden verwendet, um auf Daten externer Datenquellen zuzugreifen.

- Aggregatfunktionen geben einen Wert zurück, der sich aus mehreren Werten berechnet. Diese Funktionen kennen Sie wahrscheinlich von den Access-Abfragen. Sie werden bei der Gruppierung eingesetzt.

- Benutzerdefinierte Funktionen: Im Gegensatz zu den ersten drei Gruppen sind diese Funktionen keine fest integrierten, sondern können vom Anwender bei Bedarf ergänzt werden.

Skalare Funktionen bekommen entweder einen Parameter übergeben oder beginnen mit zwei At-Zeichen.

```
SELECT @@VERSION
```

Die Funktion „@@VERSION" ermittelt Versionsinformationen über das Betriebssystem und über den MS SQL Server.

Systemprozeduren

Systemprozeduren sind interne Prozeduren des MS SQL Server, die bei der Installation des Systems automatisch erstellt werden. Sie führen unter anderem folgende Aufgaben durch:

- Systemtabellen lesen und teilweise auch verändern

- Zugriffsrechte einer MS SQL Server-Datenbank abfragen und modifizieren

- Speicherverwaltung einer MS SQL Server-Datenbank überwachen und ändern

Jede Systemprozedur beginnt mit der Vorsilbe „sp_". Bei Bedarf können Sie auch eigene Systemprozeduren mit CREATE PROCEDURE erstellen. Dabei müssen Sie darauf achten, dass der Name mit den drei Zeichen „sp_" eingeleitet wird und dass die Prozeduren in die „Master"-Datenbank gespeichert werden.

Um eine Liste aller Datenbanken zu erhalten, die im MS SQL Server existieren, gibt es die Systemprozedur „sp_databases". Dabei werden auch die vier Systemdatenbanken „Master", „Model", „Msdb" und „Tempdb" aufgelistet.

Informationen zu einer Datenbank erhalten Sie über die Systemprozedur „sp_helpdb". Ihr übergeben Sie den Namen der gewünschten Datenbank. Es werden unter anderem die Namen der primären, falls vorhanden der sekundären Datendatei(en) und der Protokolldatei(en) angezeigt. Die Namen aller Felder und aller Indizes einer Tabelle bekommen Sie über die Systemprozedur „sp_help". Anstelle einer Tabelle können Sie auch ein anderes Datenbankobjekt angeben.

20.4.3 Benutzerdefinierte Funktionen

Benutzerdefinierte Funktionen sind von Ihnen selbst erstellte Unterroutinen, die an vielen Stellen aufgerufen werden können. Sie liefern meistens wie die skalaren Funktionen einen einzelnen Wert zurück. Die Rückgabe kann aber auch bei Verwendung des Datentyps „table" eine Tabelle sein.

Diese Funktionsart gibt es erst in der neuesten MS SQL Server-Version 2000. Um aus Access heraus eine benutzerdefinierte Funktion zu erstellen, beginnen Sie genauso wie bei Sichten und gespeicherten Prozeduren. Wenn Sie in der senkrechten Leiste des Datenbank-Fensters den Eintrag „Abfragen" markieren und dann die Schaltfläche „Neu" drücken, können Sie zwischen drei Möglichkeiten bezogen auf Funktionen wählen:

- Inlinefunktion entwerfen
- Text-Skalarfunktion entwerfen
- Text-Tabellenfunktion entwerfen

Bei der ersten Option gelangen Sie in den Abfragedesigner, die anderen beiden Optionen legen ein SQL-Gerüst an, das Sie mit einer oder mehreren SQL-Anweisungen füllen. Diese drei Möglichkeiten spiegeln auch die drei existierenden Typen von benutzerdefinierten Funktionen wider:

- Skalarfunktion: Skalarfunktionen können überall dort eingesetzt werden, wo skalare Ausdrücke gültig sind. Somit können Sie sie zum Beispiel in „CHECK"-Einschränkungen benutzen.
- Inlinefunktion mit Rückgabe einer Tabelle: Inlinefunktionen bestehen aus einer einzigen SELECT-Anweisung. Deswegen können sie auch im Abfragedesigner erstellt werden, ohne selber den SQL-Code schreiben zu müssen.
- Aus mehreren Anweisungen bestehende Funktion mit Rückgabe einer Tabelle

Skalarfunktionen unterscheiden sich von den beiden anderen Typen, dass sie einen einzigen Datenwert zurückgeben und nicht eine Tabelle. Inlinefunktionen besitzen keinen Funktionsteil, der in einem „BEGIN...END"-Block eingeschlossen ist, sondern bestehen aus einer einzigen SELECT-Anweisung.

Beide Funktionstypen, die eine Tabelle als Rückgabewert liefern, können an all den Stellen in SQL-Abfragen eingesetzt werden, an denen auch eine Tabelle oder eine Sicht stehen kann. Der Vorteil einer aus mehreren Anweisungen bestehenden Funktion gegenüber einer Sicht liegt darin, dass eine Sicht nur eine SELECT-Anweisung enthalten kann. In der aus mehreren

Anweisungen bestehenden Funktion können Sie dagegen noch Variablen definieren und Kontrollstrukturen einsetzen, das heißt eine Programmierlogik implementieren

Wie bei den übrigen Datenbankobjekten gibt es auch Transact-SQL-Anweisungen zum Erstellen, Ändern und Löschen einer benutzerdefinierten Funktion.

- CREATE FUNCTION
- ALTER FUNCTION
- DROP FUNCTION

Bei „CREATE FUNCTION" können Sie keinen, einen oder mehrere Eingabeparameter definieren. Falls Sie einem Parameter einen Standardwert hinzuordnen, muss das Schlüsselwort „DEFAULT" beim Aufruf der Funktion angegeben werden, damit der Standardwert genommen wird. Bei der „RETURNS"-Klausel legen Sie fest, welcher Datentyp zurückgeliefert wird. Die Transact-SQL-Anweisungen selber werden in einem „BEGIN...END"-Block zusammengefasst.

Hinweis: In einer benutzerdefinierten Funktion dürfen nur Änderungen an lokalen Objekten dieser Funktion vorgenommen werden. Modifizierungen, die außerhalb des Gültigkeitsbereichs der Funktion liegen, sind hingegen nicht erlaubt. Benutzerdefinierte Funktionen können somit keine Tabellenwerte ändern.

20.5 Datenbankdiagramme

Auf den ersten Blick mögen die Datenbankdiagramme als neu erscheinen. Ein Datenbankdiagramm für eine MS SQL Server-Datenbank ist jedoch nichts anderes als das Beziehungsfenster von Access. Datenbankdiagramme sind die grafischen Darstellungen der Tabellen und ihrer Beziehungen. Da im Gegensatz zum Beziehungsfenster mehrere Datenbankdiagramme erstellt werden können, kann die Unübersichtlichkeit, die bei größeren Projekten in einer Access-Datenbank zwangsläufig auftritt, vermieden werden.

Der Datenbankdiagramm-Designer ist ein visuelles Werkzeug, um die folgenden Operationen durchzuführen:

- Tabellenstruktur und ihre Beziehungen anzeigen
- Mehrere Diagramme bei großen Datenbanken anlegen
- Tabellen durch Drag'n' Drop hinzufügen
- Tabellen aus dem Diagramm oder der Datenbank löschen
- Gewählte Tabellen oder das gesamte Datenbankdiagramm speichern
- Beziehungen zwischen Tabellen erstellen, bearbeiten oder löschen
- Tabellen mit ihren Feldern, Indizes und Einschränkungen erstellen und bearbeiten
- Struktur der Datenbank versuchsweise modifizieren, ohne die zugrunde liegende Datenbank zu ändern

Erst wenn Sie das Datenbankdiagramm speichern, werden die Änderungen in die Datenbank übernommen. Bei jedem Speichern werden Sie deshalb noch einmal gefragt, ob Sie die Modifizierungen auch wirklich sichern wollen.

Bild 20.10: Das Datenbankdiagramm zeigt die Beziehungen zwischen Tabellen

Sobald Sie eine Änderung an einer Tabelle durchführen, erscheint in der Titelzeile neben dem Tabellennamen das Sternchen-Zeichen (*). Dieses Zeichen ist somit das Merkmal, dass die Modifizierung dieser Tabelle noch nicht gespeichert ist.

Die in den verschiedenen Datenbankdiagrammen angezeigten Tabellen sind nicht die Tabellen selber, sondern nur Verweise auf die Tabellen, die in der MS SQL Server-Datenbank abgelegt sind. Deswegen können Tabellen auch in mehreren Diagrammen vorkommen.

Beziehungen zwischen Tabellen erstellen

Beziehungen zwischen Tabellen können auf ähnliche Weise wie im Beziehungsfenster einer Access-Datenbank erstellt werden. Klicken Sie in der Tabelle der 1-Seite (Primärschlüsseltabelle) den Zeilenmarkierer links neben dem Feld an, das das Verbindungsfeld darstellt und normalerweise der Primärschlüssel ist. Ziehen Sie dann mit gedrückter Maustaste den Mauszeiger auf den Fremdschlüssel der Tabelle der N-Seite (Fremdschlüsseltabelle).

In dem dadurch aufgerufenen Dialogfeld können Sie über fünf Kontrollkästchen zusätzliche Optionen einstellen:

*   „Vorhandene Daten bei Erstellung überprüfen": Wenn Sie dieses Kontrollkästchen einschalten, dürfen im Verbindungsfeld der Fremdschlüsseltabelle nur Werte enthalten sein, die es im entsprechenden Feld in der Primärschlüsseltabelle bereits gibt. Ist dies nicht der Fall und Sie speichern das Datenbankdiagramm, erhalten Sie eine Fehlermeldung. Es wird Ihnen mitgeteilt, dass gegen die „COLUMN FOREIGN KEY"-Einschränkung verstoßen wird. Die Beziehung kann nicht gespeichert werden. Sie müssen entweder das Kontrollkästchen ausschalten, dann ist aber auch keine referenzielle Integrität gegeben, oder Sie korrigieren in der Fremdschlüsseltabelle die Daten.

- „Beziehung für INSERT- und UPDATE-Anweisungen erzwingen": Für die neuen Daten wird die referenzielle Integrität über dieses Kontrollkästchen eingestellt. Durch das Setzen können in die Fremdschlüsseltabelle nur Werte in das Beziehungsfeld eingegeben werden, wenn diese Werte bereits in der Primärschlüsseltabelle vorhanden sind. Die referenzielle Integrität berücksichtigt hierbei nur dann die Lösch- oder Aktualisierungsweitergabe, wenn die beiden untergeordneten Kontrollkästchen auch eingeschaltet sind.

- „Beziehung für Replikation erzwingen": Die referenzielle Integrität wird überprüft, wenn bei der Replikation die Detailtabelle in eine andere Datenbank kopiert wird.

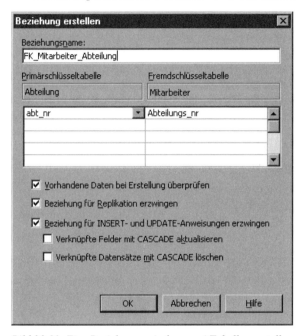

Bild 20.11: Eine Beziehung zwischen zwei Tabellen erstellen

Wenn eine Primärschlüsseltabelle zu mehreren Fremdschlüsseltabellen eine Beziehung besitzt, können Sie diese Zusammenhänge übersichtlich in einem eigenen Datenbankdiagramm darstellen. In dieses Diagramm fügen Sie zu Beginn nur die Mastertabelle ein. Anschließend lösen Sie im Kontextmenü dieser Tabelle den Menüpunkt DETAILTABELLEN HINZUFÜGEN aus. Dadurch werden automatisch alle Tabellen der n-Seite in dem Diagramm angezeigt. Diese Methode ist um einiges schneller als das Ergänzen der Detailtabellen über das Fenster „Tabelle anzeigen".

20.6 Trigger

Ein Trigger ist ein spezieller Typ von gespeicherten Prozeduren und wird als Reaktion auf eine „Update"-, „Insert"- oder „Delete"-Operation ausgelöst. Beim Anlegen eines Triggers geben Sie an, auf welche Operation (Aktion) reagiert werden soll. Die Tabelle, der Sie den Trigger hinzuordnen, wird als Triggertabelle bezeichnet. Nach dem Einrichten eines Triggers wird dieser automatisch aktiv, wenn Daten in der Triggertabelle geändert werden. Dabei ist es unerheblich, ob die Modifizierung manuell oder per Programm stattfindet.

Standardmäßig wird ein Trigger erst nach der kompletten Operation ausgeführt, die den Trigger ausgelöst hat. Falls die Aktion durch einen Fehler abgebrochen wird, wird der Trigger nicht aktiv. Diese Trigger werden als „AFTER"-Trigger bezeichnet.

Beim MS SQL Server 2000 können Sie aber auch bestimmen, dass der Trigger anstelle der Aktion ausgeführt wird. Für jede Operation („Update", „Insert", „Delete") können Sie beliebig viele „AFTER"-Trigger, aber jeweils nur einen „INSTEAD OF"-Trigger definieren. Dafür ist es möglich, einen „INSTEAD OF"-Trigger auch für eine Sicht zu realisieren, die zum Beispiel Datenaktualisierungen durchführt.

Trigger können auch zur Überwachung der referenziellen Integrität benutzt werden. Falls beim Einfügen eines neuen Datensatzes eine Verletzung stattfindet, kann dann mit einer Meldung oder durch Aufruf einer anderen Prozedur reagiert werden. Die Integritätsregeln werden mit Triggern prozedural und nicht deklarativ über die DDL-Anweisungen „CREATE TABLE" oder „ALTER TABLE" festgelegt. Diese Vorgehensweise hat Vorteile, wenn auf andere Tabellen zugegriffen werden soll, um aufgrund eines bestimmten Feldinhalts gewisse Aktionen auszuführen. Trigger werden zum Beispiel dann für die Überwachung der referenziellen Integrität eingesetzt, wenn die bei „CREATE TABLE" einstellbare Lösch- und Aktualisierungsweitergabe nicht ausreichend ist. Wenn Sie benutzerdefinierte Meldungen ausgeben wollen, sind Trigger notwendig.

Trigger fassen eine oder mehrere SQL-Anweisungen jeglicher Art zusammen. Normalerweise wird sich darunter aber keine SELECT-Anweisung befinden, da Trigger für die Datenüberprüfung, aber nicht für die Datenrückgabe zuständig sind. Trigger können nur auf Tabellen, nicht auf Sichten basieren.

Falls im Trigger die Anweisung „Rollback Transaction" ausgeführt wird, wird die gesamte Transaktion zurückgenommen. Die Transaktion schließt dabei nicht nur den Trigger selber, sondern auch die Operation ein, die den Trigger ausgelöst hat. Deswegen werden bereits eingegebene Daten wieder aus der Triggertabelle entfernt oder gelöschte Daten stehen wieder in der Tabelle.

Einen Trigger erstellen

Ein Trigger besteht aus drei Teilen:

- dem Namen des Triggers und der Angabe, auf welcher Tabelle der Trigger basiert;
- der Bedingung (INSERT, UPDATE und/oder DELETE);
- dem Ausführungsteil, der von „As" eingeleitet wird.

```
CREATE TRIGGER [TRIGGER NAME] ON [TABELLEN NAME]
{{ FOR | AFTER | INSTEAD OF } {[INSERT] [,] [UPDATE] [,] [DELETE] }
FOR INSERT, UPDATE, DELETE
AS
...
```

Sobald ein Trigger ausgeführt wird, generiert das MS SQL Server-System je nach Art des Triggers ein oder zwei Tabellen, die „Inserted" und „Deleted" heißen.

- „Deleted"-Tabelle beim Ausführen eines Update- oder Delete-Triggers
- „Inserted"-Tabelle beim Ausführen eines Update- oder Insert-Triggers

Diese internen Tabellen besitzen dieselbe Struktur wie die Tabelle, zu der der Trigger gehört. In die „Deleted"-Tabelle schreibt das System die alten Werte der Reihen, die durch die Triggeraktion geändert oder gelöscht wurden. Die „Inserted"-Tabelle hingegen speichert die neuen Werte der Reihen, die durch die Triggeraktion modifziert wurden. Somit enthält die „Inserted"-Tabelle immer Duplikate ein oder mehrerer Zeilen aus der Triggertabelle.

Mithilfe der beiden Tabellen „Inserted" und „Deleted" kann beim Ausführen eines Triggers auf die bisherigen und die neu hinzugefügten Werte zugegriffen werden.

Da die beiden Tabellen „Inserted" und „Deleted" immer nur im Arbeitsspeicher und nicht auf der Festplatte stehen, ist die Ausführung eines Triggers sehr schnell. Die meiste Zeit wird verbraucht, falls in einem Trigger auf eine andere Tabelle verwiesen wird oder wenn Änderungen an den Daten durchgeführt werden.

Um einen Trigger in einem Access-Projekt zu erstellen, klicken Sie im Datenbankfenster die Tabelle mit der rechten Maustaste an, für die Sie einen Trigger anlegen wollen, und wählen Sie aus dem Kontextmenü den Menüpunkt TRIGGER. Durch Wahl der Befehlsschaltfläche „Neu" gelangen Sie in die Entwurfsansicht des Triggers. Der Rahmen dieses neuen Triggers wird hier bereits angezeigt.

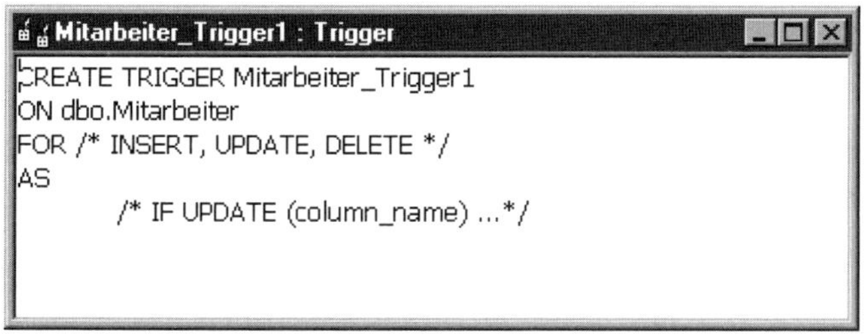

```
Mitarbeiter_Trigger1 : Trigger
CREATE TRIGGER Mitarbeiter_Trigger1
ON dbo.Mitarbeiter
FOR /* INSERT, UPDATE, DELETE */
AS
        /* IF UPDATE (column_name) ...*/
```

Bild 20.12: Einen neuen Trigger im Access-Projekt anlegen

20.7 Eine Access-Datenbank auf den MS SQL Server umstellen

Mithilfe des Upsizing-Assistenten können Sie aus einer Datenbank mit der „Jet Data Engine" eine äquivalente Datenbank basierend auf dem MS SQL Server erstellen. Dabei werden die Tabellenstrukturen, Daten und viele andere Attribute wie Indizes, Gültigkeitsregeln und Beziehungen der Originaldatenbank beibehalten. Wann immer möglich, verwendet der Assistent die Vorteile des MS SQL Server, Es werden jedoch keine Änderungen an Makros, Modulen oder am Sicherheitssystem durchgeführt.

Wenn Sie mithilfe des Upsizing-Assistenten die Migration vornehmen, können Sie zwischen drei Möglichkeiten wählen:

- Es werden keine Änderungen an der Access-Datenbank durchgeführt. Die bestehenden Tabellen dieser Datenbank werden kopiert und in MS SQL Server-Tabellen umgewandelt, die dann natürlich in einer MS SQL Server-Datenbank abgelegt sind.

- Die Tabellen der Access-Datenbank werden zuerst in MS SQL Server-Tabellen konvertiert, die anschließend als verknüpfte Tabellen in der Access-Datenbank zur Verfügung stehen. Die Daten sind somit in einer MS SQL Server-Datenbank gespeichert. Sie arbeiten mit der geänderten Access-Datenbank weiter.

- Die Datenbankobjekte der Access-Datenbank werden in ein Access-Projekt kopiert. Alle Tabellen und Abfragen werden somit in Tabellen, Sichten, benutzerdefinierte Funktionen und gespeicherte Prozeduren einer MS SQL Server-Datenbank umgewandelt. Außerdem werden notwendige Anpassungen an Formularen, Berichten und Seiten durchgeführt. Diese Variante ermöglicht die Erstellung einer echten Client-/Server-Anwendung mit den oben angeführten Vorteilen.

Vorarbeiten

Bevor Sie Ihre Access-Datenbank mithilfe des Upsizing-Assistenten umwandeln, sollten Sie erst einige Schritte durchführen, damit beim Umrüsten möglichst keine Schwierigkeiten entstehen:

- Sichern Sie Ihre bisherige Access-Datenbank. Damit wird gewährleistet, dass Sie wieder zum Originalzustand zurückkehren können, wenn Ihnen das Ergebnis nicht gefällt.

- Überprüfen Sie, ob auf der Festplatte genügend freier Platz vorhanden ist. Der Upsizing-Assistent arbeitet dann am besten.

- Bestimmen Sie einen Standarddrucker, damit der Assistent am Ende der Fertigstellung einen Bericht anlegen kann.

- Melden Sie sich bei einer abgesicherten Datenbank mit einem Benutzer an, der die Berechtigung „Entwurf lesen" für alle Datenbankobjekte besitzt, die migriert werden sollen.

- Weisen Sie sich passende Zugriffsrechte für die MS SQL Server-Datenbank zu. Sie benötigen die „CREATE TABLE"- und „CREATE DEFAULT"-Berechtigungen, um auf eine bestehende Datenbank aufzurüsten. Für die Erstellung einer neuen MS SQL Server-Datenbank müssen Sie die Rechte „CREATE DATABASE" und „SELECT" für die Systemtabellen in der Masterdatenbank besitzen.

- Löschen Sie das Visual Basic-Passwort, wenn Ihre Module durch ein solches Kennwort geschützt sind. Dazu lösen Sie im VBA-Editor im Menü EXTRAS den Menüpunkt EIGENSCHAFTEN VON ... aus. Im Register „Schutz" entfernen Sie dann alle Einträge.

- Da Sie eine replizierte Datenbank nicht mit dem Upsizing-Assistenten umwandeln können, müssen Sie diese Datenbank erst in eine normale Datenbank konvertieren.

Die Access-Datenbank mit dem Upsizing-Assistenten umstellen

Im Menü EXTRAS rufen Sie das Untermenü DATENBANK-DIENSTPROGRAMME und dann den Menüpunkt UPSIZING-ASSISTENT auf. Im ersten Dialogfeld des Assistenten müssen Sie sich entscheiden, ob Sie eine bestehende MS SQL Server-Datenbank verwenden oder eine neue erstellen wollen.

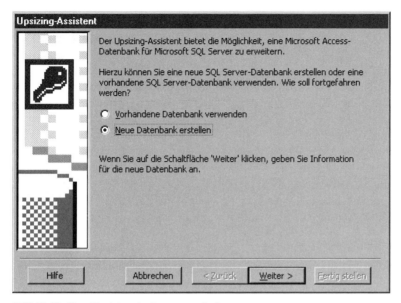

Bild 20.13: Den Upsizing-Assistenten aufrufen

Bei der Option „Neue Datenbank erstellen" tragen Sie im nächsten Dialogfeld den Namen des MS SQL Servers, die Anmeldungs-ID, eventuell ein Kennwort und den Namen der neuen MS SQL Server-Datenbank ein.

Hinweis: Damit eine neue Datenbank erzeugt werden kann beziehungsweise die Anmeldung an eine bestehende Datenbank erfolgen kann, muss der MS SQL Server gestartet sein. Unter dem MS SQL Server 7 verwenden Sie hierzu den „SQL Server Service Manager".

Anschließend legen Sie die Tabellen fest, die in die MS SQL Server-Datenbank importiert werden sollen. Über mehrere Kontrollkästchen können Sie bestimmen, welche Tabellenattribute in die MS SQL Server-Datenbank übernommen werden sollen. Bei den Attributen handelt es sich um die Indizes, Gültigkeitsregeln, Standardwerte und Tabellenbeziehungen.

Wenn das Kontrollkästchen „Indizes" gesetzt ist, wird jeder Primärschlüssel in einer Access-Tabelle in einen eindeutigen Index für den MS SQL Server umgewandelt und als Primärschlüssel in der MS SQL Server-Tabelle definiert. Auch für jeden Fremdschlüssel in einer Access-Tabelle wird ein Index in der MS SQL Server-Tabelle erstellt. Der Name dieses Index setzt sich aus den Namen der beiden Tabellen zusammen, die über den Fremdschlüssel miteinander verbunden sind. Der Index des Fremdschlüssels „Abteilungs-Nr" in der Tabelle „Mitarbeiter" wird somit „AbteilungMitarbeiter" heißen.

Bei eingeschaltetem Kontrollkästchen „Gültigkeitsregeln" werden alle Gültigkeitsregeln für Felder und Tabellen in die MS SQL Server-Datenbank übernommen. Jedoch existieren beim MS SQL Server nicht die Eigenschaften „Gültigkeitsregel" und „Gültigkeitsmeldung", sondern die Überprüfung wird mithilfe von CHECK-Einschränkungen realisiert. Der Name dieser Einschränkung setzt sich aus den Namen der beiden Buchstaben „CK", dem Namen der Tabelle und dem Namen des Felds zusammen.

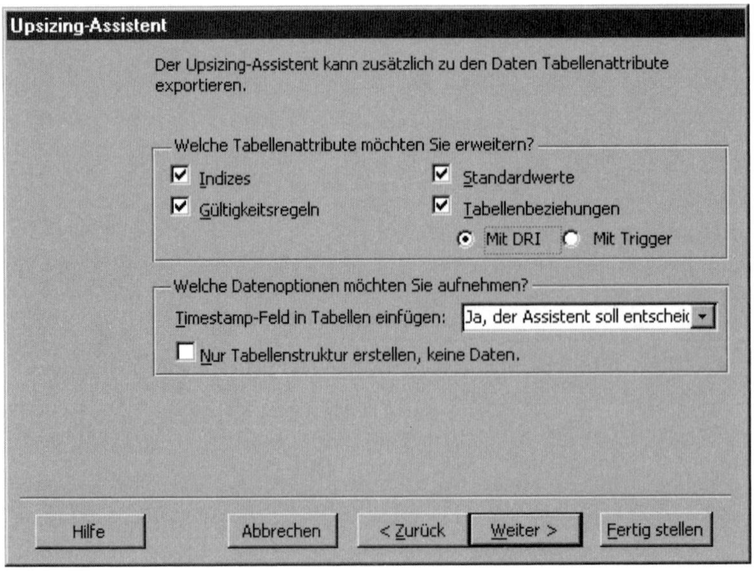

Upsizing-Assistent

Der Upsizing-Assistent kann zusätzlich zu den Daten Tabellenattribute exportieren.

Welche Tabellenattribute möchten Sie erweitern?

☑ Indizes   ☑ Standardwerte
☑ Gültigkeitsregeln   ☑ Tabellenbeziehungen
                             ◉ Mit DRI   ○ Mit Trigger

Welche Datenoptionen möchten Sie aufnehmen?

Timestamp-Feld in Tabellen einfügen: [Ja, der Assistent soll entschei ▾]

☐ Nur Tabellenstruktur erstellen, keine Daten.

| Hilfe | | Abbrechen | < Zurück | Weiter > | Fertig stellen |

Bild 20.14: Tabellenattribute exportieren

Beziehungen zwischen Tabellen können entweder über Trigger oder über „Declared Referential Integrity" (DRI) auf den MS SQL Server umgestellt werden. Wenn Sie die neue Version 2000 des MS SQL Server verwenden, werden Sie in den meisten Fällen „Mit DRI" wählen. Denn nun können auch Aktualisierungs- oder Löschweitergaben an eine MS SQL Server-Datenbank übermittelt werden. Die „Declared Referential Integrity" ist somit nichts anderes als die von Access bekannte referenzielle Integrität.

Wenn Sie beim Upsizing-Assistenten die Option „Mit DRI" aktivieren, wird bei der MS SQL Server-Datenbank im Dialogfeld für die Tabellen- und Indexeigenschaften auf dem Register „Beziehungen" das Kontrollkästchen „Beziehung für INSERT und UPDATE-Anweisung" gesetzt. Falls in Access die Beziehung mit Aktualisierungs- und/oder Löschweitergabe definiert war, sind zusätzlich die Kontrollkästchen „Verknüpfte Felder mit CASCADE aktualisieren" und „Verknüpfte Felder mit CASCADE löschen" eingeschaltet.

Möchten Sie hingegen eigene Meldungen bei einer Aktualisierung oder einem Löschen ausgeben oder bestimmte Aktionen durchführen, werden Sie die Option „Mit Trigger" aktivieren. Dadurch werden mehrere Trigger bei der Konvertierung Ihrer Datenbank generiert. In diesem Fall realisieren diese Trigger die Aktualisierungs- und Löschweitergaben zum Erzwingen der referenziellen Integrität. Zu einem späteren Zeitpunkt können Sie diese Trigger mit Ihren individuellen Ergänzungen erweitern.

Der MS SQL Server verwendet ein Feld vom Datentyp „Timestamp", um mitzuschreiben, wenn ein Datensatz geändert wurde. Der Inhalt dieses Felds wird immer erneuert, sobald der dazugehörige Satz aktualisiert wird. Access benutzt bei verknüpften Tabellen den Wert in diesen „Timestamp"-Feldern, um zu entscheiden, ob ein Datensatz modifiziert wurde. Wenn ja, wird die Anzeige dieses Satzes in Access aktualisiert. Felder mit dem Datentyp „Timestamp" sind immer gut, um die Geschwindigkeit und die Zuverlässigkeit einer Datenbank zu verbessern. Wenn Sie den Assistenten beim Anlegen der „Timestamp"-Felder entscheiden lassen, fügt dieser in die MS SQL Server-Tabellen „Timestamp"-Felder ein, die Felder vom Datentyp „Zahl" mit der Feldgröße „Single" oder „Double, vom Datentyp „Memo" oder vom Datentyp „OLE-Objekt" besitzen. Daneben gibt es noch die beiden Optionen „Nein nie" und „Ja, immer".

Im nächsten Dialogfeld legen Sie fest, auf welche Weise die Änderungen erfolgen sollen. Dabei können Sie zwischen drei Möglichkeiten wählen:

- Eine neue Access-Client/Serveranwendung erstellen: Der Assistent legt ein neues Access-Projekt an, dessen Namen Sie vorgeben. Als Voreinstellung wird der Name der aktuellen Datenbank mit den beiden nachgestellten Buchstaben „CS" angezeigt. „CS" steht dabei für „Client/Server". Vor der Fertigstellung wird das Dialogfeld „Data Link Properties" eingeblendet, damit Sie sich mit der MS SQL Server-Datenbank verbinden können.

- MS SQL Server-Tabellen in die bestehende Anwendung einbinden: Die Access-Abfragen, Formulare, Berichte und Datenzugriffsseiten greifen nach dem Fertigstellen auf die Tabellen in der MS SQL Server-Datenbank zu. Dazu benennt der Assistent die Tabellen in Access um. Sie bekommen das Wort „_lokal" angefügt. Aus der Tabelle „Reisekatalog" wird dadurch die Tabelle „Reisekatalog_lokal". Anschließend erzeugt der Assistent eine verknüpfte MS SQL Server-Tabelle mit dem Namen „Reisekatalog".

- Keine Anwendungsänderungen: Es werden nur die Daten umgestellt, aber keine Modifikationen an der bestehenden Access-Datenbank durchgeführt.

Wenn Sie die Option „Eine neue Access-Client/Serveranwendung erstellen" aktivieren, wird der Assistent viele der Datenbankobjekte in Ihrer Access-Datenbank konvertieren oder modifizieren. Gewisse Änderungen müssen Sie selber vornehmen.

- Auswahlabfragen werden meistens in Sichten oder benutzerdefinierte Funktionen, Parameter- und Aktionsabfragen in gespeicherte Prozeduren umgewandelt. Falls der SQL-Code von Access und MS SQL Server unterschiedlich ist, wird er konvertiert.

- Falls in einer verschachtelten Abfrage nach einem oder mehreren Feldern sortiert wird, legt der Upsizing-Assistent für eine MS SQL Server-Datenbank der Version 6.5 oder 7.0 eine Kombination aus einer Sicht und einer gespeicherten Prozedur an. In einer Sicht ist keine Sortierung möglich, gespeicherte Prozeduren können hingegen nicht geschachtelt werden. In der neuesten Version des MS SQL Server werden dafür häufig benutzerdefinierte Funktionen verwendet.

- Einige Abfragen müssen Sie selber konvertieren. Dies ist zum Beispiel bei Pass-Through-, Datendefinitions- und Union-Abfragen der Fall.

- Die Eigenschaften von Formularen, Berichten und Steuerelementen, die die Datenherkunft definieren, werden mit den Namen der MS SQL Server-Tabellen, Sichten oder Gespeicherten Prozeduren besetzt.

- Bei den Datenzugriffsseiten werden die Verbindungsinformationen an die MS SQL Server Datenbank angepasst. Außerdem kopiert der Assistent die dazugehörigen HTML-Dateien in denselben Ordner wie das Access-Projekt und fügt an den Dateinamen die Nachsilbe „_CS" an.

- Makros und Module werden vom Assistenten nicht verändert. Sie müssen selber überprüfen, ob Sie Änderungen vornehmen müssen.

- In den Modulen werden Sie die DAO-Objekte durch ADO-Objekte ersetzen müssen, da Sie nun über OLE DB auf die Daten von MS SQL Server-Tabellen zugreifen.

- Falls Module Prozeduren mit DDE-Anweisungen enthalten, müssen Sie diese auf ADO umstellen. Ein Access-Projekt unterstützt nämlich keinen Code für den dynamischen Datenaustausch.

- Wenn Sie in den Modulen SQL-Anweisungen einsetzen, müssen Sie diesen Code eventuell an die SQL-Syntax des MS SQL Server anpassen.

Bei der Wahl der ersten oder zweiten Option wird der Anwender standardmäßig nach dem Benutzernamen und dem Passwort gefragt, sobald Sie auf die MS SQL Server-Datenbank zugreifen wollen. Wenn Sie hingegen das Kontrollkästchen „Kennwort und Benutzerkennung bei verknüpften Tabellen speichern" einschalten, brauchen sich die Anwender nicht erst anzumelden.

Bericht des Upsizing-Assistenten

Nachdem Sie die Schaltfläche „Fertigstellen" gedrückt haben, informiert Sie ein Fortschrittsbalken, wieweit der Upsizing-Assistent mit der Umstellung ist. Außerdem erscheint immer der Name des Datenbankobjekts, mit dem sich der Assistent gerade beschäftigt. Zusätzlich legt der Assistent einen Bericht mit zahlreichen Informationen an

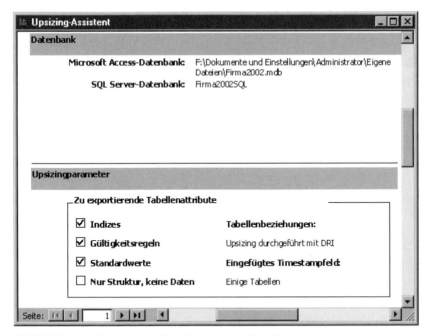

Bild 20.15: Ausschnitt aus dem Upsizing-Assistent-Bericht

- Alle Parameter, die in den Dialogfeldern des Upsizing-Assistenten eingestellt wurden. Darunter fällt natürlich auch die gewählte Upsizing-Methode.

- Informationen zu den migrierten Tabellen. So werden unter anderem die Namen, Datentypen, Indizes und Gültigkeitsregeln der Access-Tabellen und der MS SQL Server-Tabellen einander gegenübergestellt.

- Alle beim Upsizing entstandenen Schwierigkeiten und Fehler. Dies kann zum Beispiel Aktualisierungsabfragen betreffen, die nicht umgewandelt, oder Beziehungen, die nicht angelegt werden konnten. Vielleicht war nicht genügend Speicherplatz für die MS SQL Server-Datenbank vorhanden oder die Zugriffsberechtigungen reichten nicht aus.

Dieser Bericht wird direkt in eine Snapshot-Datei („snp") gespeichert, die denselben Namen wie die Access-Datenbank erhält. Die Datei kann anschließend mit dem Snapshot-Viewer angesehen und ausgedruckt werden.

21 Ein Hilfesystem für die Anwendung erstellen

Beinahe jedes Windows-Programm verfügt über eine Hilfe, die dem Anwender bei Fragen und auftauchenden Problemen Hilfestellungen bietet. Diese Hilfe wird im einfachsten Fall als QuickInfo-Text angezeigt. Andere Anwendungen besitzen umfangreiche Hilfesysteme, die aus mehreren Hilfedateien bestehen.

Möchten Sie eine eigene Hilfe zu Ihrer Datenbankanwendung anbieten, können Sie heutzutage wählen, ob Sie HLP-Dateien anfertigen, die von der Windows-Hilfefunktion mit dem Namen „Winhlp32.exe" („WinHelp") gelesen werden können, oder ob Sie CHM-Dateien auf der Basis von HTML erstellen, die das Programm „HH.exe" („HTML Help") anzeigt. HTML Help ist das neuere Hilfesystem, HLP-Dateien werden aber auch weiterhin von Microsoft unterstützt.

Die Erstellung eines eigenen Hilfesystems erfolgt in zwei Schritten. Zuerst müssen Sie die Informationen sammeln, in Textdateien eingeben und verarbeiten, um daraus eine HLP-Datei oder CHM-Datei erstellen zu können. Dann muss die zu dem Hilfesystem gehörende Anwendung so programmiert werden, dass sie mit der Hilfe korrekt zusammenarbeitet.

Dieser letzte Schritt kann in Access sehr klein ausfallen, da es bestimmte Eigenschaften gibt, die einem viel Arbeit abnehmen. Falls Sie jedoch spezielle Wünsche für die Anzeige der Hilfe-Information haben, müssen Sie eine Prozedur schreiben, um die API-Funktion „WinHelpA" beziehungsweise „HtmlHelp" verwenden zu können.

21.1 HTML Help einsetzen

Ab Microsoft Office 2000 werden die Hilfe-Informationen zu den einzelnen Produkten in einer anderen Umgebung als bisher angeboten. Die Hilfetexte, die in Dateien mit der Endung „chm" gespeichert sind, bestehen aus HTML-Code und werden durch das „HTML Help ActiveX Control" angezeigt.

Nach einem Doppelklick auf eine CHM-Datei erscheint ein Fenster, das aus zwei Bereichen besteht, wobei der linke Bereich zwei bis drei Register enthält. Falls Sie zu Beginn den linken Bereich nicht sehen, liegt dies daran, dass er ausgeblendet ist. In diesem Fall klicken Sie einfach die Schaltfläche „Einblenden" an.

Im linken Bereich des Hilfefensters wählen Sie über eines der Register aus, welches Thema Sie angezeigt bekommen möchten. Durch einen einfachen oder doppelten Klick auf den gewünschten Eintrag wird im rechten Bereich der Inhalt dargestellt. Die Breite der beiden Bereiche ist über die senkrechte Trennlinie flexibel einstellbar. Der Inhalt eines Themas, der im rechten Bereich eingeblendet wird, enthält häufig Verzweigungen zu anderen verwandten Themen. Diese Sprünge sind als „Hyperlinks" realisiert worden, die Sie bestimmt schon von einem Web-Browser kennen.

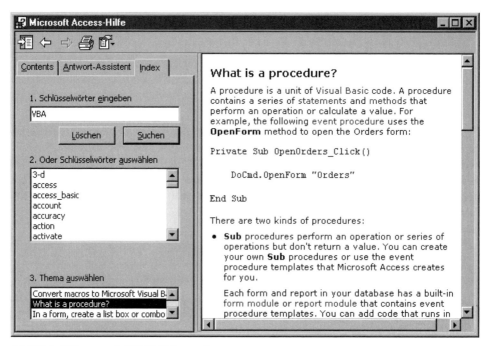

Bild 21.1: Hilfetexte mit HTML Help anzeigen

21.1.1   Vergleich zwischen HTML Help und WinHelp

Die erste Version von HTML Help wurde im August 1997 von Microsoft vorgestellt. Da Microsoft weiß, dass Entwickler nicht erst viel Zeit verbrauchen wollen, um HTML Help zu lernen, gerade wenn sie bereits HLP-Dateien erstellen können, kann auf einfache Weise von „WinHelp" auf HTML Help umgestellt werden. Die meisten Aufrufe, Kontext-ID's und Befehle in HTML Help-Dateien sind dieselben wie bei „WinHelp". Dadurch kann der Umstieg von den HLP-Dateien auf die CHM-Dateien recht unkompliziert erfolgen.

Wenn Autoren, die Hilfesysteme erstellen, von „WinHelp" zu HTML Help wechseln, müssen sie sich entscheiden, ob sie weiterhin Dateien im RTF-Format erstellen wollen, die sie dann in HTML-Dateien konvertieren, oder ob sie direkt HTML-Dateien anlegen. Microsoft empfiehlt die zweite Vorgehensweise, da die Konvertierung nicht immer vollständig funktionieren wird. Sie müssen dann teilweise noch selber Nachbesserungen vornehmen.

Unterschied zwischen „WinHelp" und HTML Help

Der große Unterschied zwischen „WinHelp" und HTML Help besteht darin, dass die HTML Help Dateien in einem browserähnlichem Fenster angezeigt werden. Dieses Fenster stellt nicht die komplette Version des Internet Explorers mit all seinen Symbolleisten dar, sondern wird als dreiteiliges Hilfefenster eingeblendet. Der oberste Bereich enthält die Symbolleiste, der linke Bereich die Navigationsmöglichkeiten und der rechte Bereich listet das Thema auf. Alle Texte, Hyperlinks etc., die im Internet Explorer 4.0 dargestellt werden können, sind auch für das Hilfefenster möglich. Der linke Bereich kann entweder eine Baumstruktur der Hilfe-

Themen oder den Index aller Themen oder ein Suchwerkzeug wie den Antwort-Assistenten anzeigen.

Vorteile von HTML Help gegenüber WinHelp

HTML Help Dateien sind sehr vielseitig einsetzbar. Sie können auf einem PC, im Internet oder Intranet verwendet werden.

Die Erstellung von CHM-Dateien ist einfacher als die von RTF-Dateien, die viele Klammern enthalten und somit nicht einfach zu lesen sind. Zudem können Sie in CHM-Dateien kleine Programme wie multimediale Java-Applets einfügen.

Ein weiterer Vorteil von HTML Help ist, dass Themen als Mitglieder eines bestimmten Typs angelegt werden können. Auf diese Weise ist es möglich, nur eine Hilfedatei für zwei Produkte zu schreiben, die sich in nur wenigen Punkten unterscheiden. Bei Verwendung von Themen-Tags werden dann nicht alle, sondern jene Themen angezeigt, die für das eine oder für das andere Produkt gelten. Die Verwaltung solch einer Hilfedatei ist somit um einiges einfacher, wie wenn Sie zwei ähnliche Hilfedateien verwalten müssten.

Nachteile von HTML Help gegenüber WinHelp

Es gibt aber auch kleine Nachteile gegenüben den HLP-Dateien.

- Jedes Thema muss in einer eigenen HTML-Datei abgespeichert werden. Dies kann bei großen Hilfeprojekten zu sehr vielen Dateien führen.
- Fenster, die im Vordergrund bleiben (Popup-Fenster), sind schwieriger zu implementieren.
- Autoren, die Hilfesysteme erstellen, müssen wenigstens die Grundlagen der HTML-Sprache beherrschen.

21.1.2 Ein HTML Help-Projekt anlegen

Für den Einsatz von HTML Help-Dateien benötigen Sie zwei Elemente:

- Das HTML Help ActiveX Control, das die Benutzerschnittstelle und viele Funktionen von HTML Help zur Verfügung stellt.
- Eine Software zur Erstellung von HTML Help-Dateien wie zum Beispiel den „HTML Help Workshop" von Microsoft, der Werkzeuge zum Erzeugen und Verwalten von „HTML Help Projekten" enthält.

Der „HTML Help Workshop" von Microsoft bietet selber ein recht großes Hilfesystem, das sogar eine kurze Referenz zu den HTML-Befehlen und Informationen darüber enthält, was Sie bei der Planung Ihres Hilfesystems beachten sollten. Außerdem werden ein Bild-Editor, ein einfacher HTML-Editor, der Compiler und weitere Werkzeuge mitgeliefert. Mit dem Bild-Editor, der „HTML Help Image Editor" heißt, können Sie neben dem Bearbeiten von bestehenden Bildern auch Screenshots erstellen.

Bestandteile eines HTML Help-Projektes

Ein HTML Help-Projekt besteht aus mehreren Dateien:

- Eine Projektdatei mit der Endung „hhp"
- Eine Inhaltsdatei mit der Endung „hhc"
- Mehrere Themendateien mit der Endung „htm" oder „html"
- Eine Indexdatei mit der Endung „hhk"

Die Tabelle mit den Inhalten, die Index-Einträge und die Hilfethemen können auch URL-Adressen enthalten, um direkt zu einer Webseite zu verzweigen.

1.   Zuerst sollten Sie einen neuen Ordner anlegen, in dem Sie alle Dateien ablegen werden, die zu diesem Hilfe-Projekt gehören.

2.   Starten Sie dann den Microsoft HTML Help Workshop und wählen Sie im Menü FILE den Menüpunkt NEW. Dadurch erscheint eine Liste mit fünf Einträgen, die die verschiedenen Dateitypen darstellen, die Sie mit dem Workshop erzeugen können.

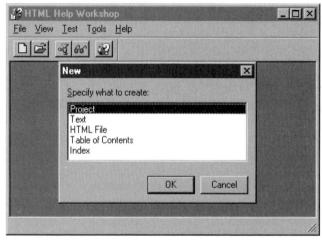

Bild 21.2: Ein neues Hilfe-Projekt anlegen

3.   Selektieren Sie die erste Option „Project" und drücken Sie die „OK"-Schaltfläche.

Ein bestehendes WinHelp-Projekt umwandeln

Der daraufhin gestartete Assistent fragt Sie, ob Sie ein neues Hilfe-Projekt anlegen wollen oder ein bestehendes WinHelp-Projekt in ein HTML Help-Projekt umwandeln wollen. Für die zweite Möglichkeit schalten Sie das Kontrollkästchen „Convert Winhelp project" ein.

Dadurch werden folgende Umwandlungen vorgenommen:

- Themendateien: RTF-Dateien -> HTML-Dateien
- Inhaltsdatei: CNT-Datei -> HHC-Datei
- Projektdatei HPJ-Datei -> HHP-Datei

Anschließend wird noch nach dem Namen der WinHelp-Projektdatei und dem Namen der neuen HTML Help-Projektdatei gefragt. Alle HTML-Dateien werden bei der Konvertierung in einem eigenen Ordner abgelegt.

Ein neues HTML Help-Projekt anlegen

4. Um ein neues HTML Help-Projekt zu erstellen, lassen Sie das Kontrollkästchen ausgeschaltet und drücken sofort die Schaltfläche „Weiter".

5. Nennen Sie den zuvor angelegten Ordner und einen Namen für die neue Projektdatei.

6. Falls Sie bereits eine Inhalts-, Indexdatei oder Themendateien definiert haben, können Sie diese dem neuen Projekt hinzufügen. Andernfalls lassen Sie die drei Kontrollkästchen ungesetzt.

7. Wählen Sie die Schaltfläche „Fertigstellen", wodurch der Assistent eine Projektdatei mit dem Abschnitt „[OPTIONS]" und einigen Standardeinträgen einrichtet.

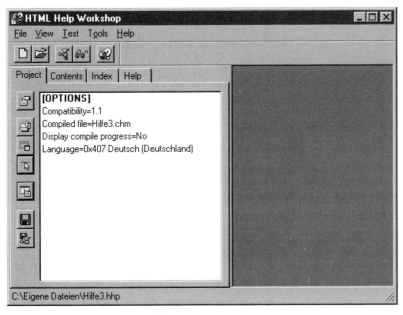

Bild 21.3: Die neue Hilfe-Projektdatei

Im nächsten Schritt werden Sie eine Tabelle für die Inhalte anlegen, die im Englischen häufig als „TOC" (Table of Contents) bezeichnet wird. Dieses Verzeichnis, das als Baumstruktur angezeigt wird, erscheint später im linken Bereich des Hilfefensters.

8. Klicken Sie dazu im HTML Help Workshop das Register „Contents" an.

9. Da Sie noch keine Inhaltstabelle besitzen, lassen Sie die erste Option eingeschaltet und wählen „OK".

10. Stellen Sie den gewünschten Ordner ein und vergeben einen Namen für die Inhaltsdatei.

11. Anschließend können Sie über die Schaltflächen am linken Rand neue Überschriften und Einträge für Themen erzeugen. Die Vorgehensweise ist ähnlich der bei den Win-Help-Inhaltsdateien.

Jeder Überschrift können Sie, jedem Themeneintrag müssen Sie eine HTML-Datei zuweisen. Falls Sie noch keine besitzen, können Sie auch eine Dummy-Datei erstellen und diese für die Zuweisung verwenden. Oder Sie erstellen direkt im HTML Help Workshop Ihre Themendateien.

12. Rufen Sie dazu im Menü FILE den Menüpunkt NEW auf und wählen dann den Eintrag „HTML File". Dadurch wird nach der Vergabe einer Überschrift im rechten Bereich des Workshops ein weiteres Fenster geöffnet, in dem bereits einige grundlegende HTML-Befehle eingefügt sind. Hier können Sie nun Ihren Text eingeben.

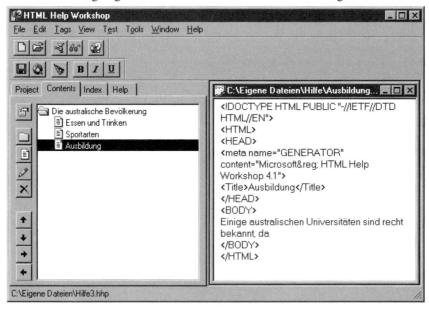

Bild 21.4: Eine Inhaltsdatei und Themendateien anlegen

13. Um Indizes für die verschiedenen Themendateien anzulegen, gehen Sie ähnlich vor wie bei der Inhaltsdatei. Nachdem Sie das Register „Index" in den Vordergrund gebracht haben, sehen Sie am linken Fensterrand spezielle Schaltflächen, um ein Schlüsselwort einzufügen und mit einer Themendatei zu verbinden.

14. Nachdem Sie auf diese Weise Ihr Hilfe-Projekt fertiggestellt haben, können Sie es übersetzen. Dazu finden Sie im Menü FILE den Menüpunkt COMPILE oder ein Symbol in der Symbolleiste, das Sie vielleicht schon vom WinHelp-Compiler kennen. Ein automatisch eingeblendetes Fenster zeigt Informationen an, die unter anderem den Namen der erzeugten CHM-Datei, die Übersetzungszeit, die Anzahl der lokalen und der Internet-Verknüpfungen betreffen.

15. Anschließend können Sie Ihr Hilfesystem über die Schaltfläche mit der Brille aufrufen und austesten.

Weitere Programme zum Erstellen von HTML Help-Dateien

Neben dem HTML Help Workshop von Microsoft gibt es mehrere andere Programme zum Erstellen und Bearbeiten von HTML Help-Dateien.

- Microsoft HTML Help Authoring Kit von WexTech Systems
- Doc-To-Help von WexTech Systems: Zur Optimierung der Hilfedateien
- RoboHTML Office 9 von Blue Sky Software: enthält verschiedene Tools, um unter anderem Hilfedateien dekompilieren zu können, Bildschirmabläufe aufzuzeichnen, die Größe von Bitmaps zu ändern und um Knowledge Bases zu erstellen.
- ForeHTML Pro von Forefront

In den restlichen Punkten dieses Kapitels wird ausführlich auf die Erstellung von HLP-Dateien eingegangen. Wer heutzutage lieber HTML-Code für seine Hilfedateien verwendet, kann im Kapitel 17.1 viel Interessantes über HTML nachlesen.

21.1.3 Aufruf des Hilfesystems mit VBA

Um CHM-Dateien aus einem Programm aufrufen zu können, ist die API-Funktion „HTMLHelp" notwendig:

```
Declare Function HtmlHelp Lib "hhctrl.ocx" _
(ByVal hwndCaller As Long, _
ByVal lpHelpFile As String, _
ByVal uCommand As Long, _
ByVal dwData As Long) As Long
```

Die Anzahl der Parameter und ihre Datentypen sind dieselben wie bis jetzt bei der API-Funktion „WinHelpA" (siehe 21.2.7). Der erste Parameter enthält den Verweis (Handle) auf das Fenster, das den Aufruf durchführt. Wenn das Hilfefenster geschlossen wird, bekommt dieses Fenster, das in Access normalerweise ein Formular ist, den Fokus zurück. Im zweiten Argument wird der Name der CHM-Datei oder eine URL-Adresse übergeben. Der dritte Parameter bestimmt, welche Aktion erfolgen soll. Dazu wird eine Konstante genannt, die zum Beispiel HH_DISPLAY_TOPIC oder HH_HELP_CONTEXT lauten kann.

```
Const HH_DISPLAY_TOPIC = &H0
Const HH_HELP_CONTEXT = &HF   ' zeigt bestimmtes Thema an
Const HH_DISPLAY_TEXT_POPUP = &HE  ' zeigt Thema in einem Popup-Fenster an
Const HH_SET_WIN_TYPE = &H4
Const HH_GET_WIN_TYPE = &H5
Const HH_GET_WIN_HANDLE = &H6
Const HH_TP_HELP_CONTEXTMENU=&H10 ' wie HELP_CONTEXTMENU bei WinHelp
Const HH_TP_HELP_WM_HELP = &H11 ' wie HELP_WM_HELP bei WinHelp
```

Im letzten Parameter werden falls notwendig zusätzliche Daten angegeben, die vom Argument „uCommand" abhängen. Wenn Sie über die Konstante HH_HELP_CONTEXT und eine Kontextnummer ein spezielles Hilfethema aufrufen, wird nur der rechte Bereich des Hilfefensters eingeblendet. In den meisten anderen Fällen wird automatisch auch der linke Bereich angezeigt.

21.2 WinHelp verwenden

In diesem und den nachfolgenden Abschnitten dieses Kapitels wird die Erstellung eines Hilfesystems basierend auf RTF-Dateien erklärt. Das Ergebnis sind HLP-Dateien, die über die Anwendung WinHelp.exe angezeigt werden.

Um eine solche Hilfe zu erhalten, müssen Sie folgende Schritte durchführen:

- Den Aufbau des Hilfesystems planen
- Eingabe der Hilfetexte in Themendateien
- Hinzufügen der Steuercodes in die Hilfetexte
- Anlegen einer Inhaltsdatei
- Erstellen einer Projektdatei
- Übersetzen der Projektdatei mit den Themendateien
- Verbinden der Hilfedatei mit einem Formular oder Aktivierung der Hilfe per VBA-Code
- Testen und gegebenenfalls Korrigieren von Fehlern

Jedes Hilfesystem kann als Gedächtnisstütze angesehen werden, in dem die meisten Anwender schneller als in einem Handbuch nachschlagen, das vielleicht erst geholt werden müsste. Deswegen sollte jede Hilfe genauso wie ein gutes Buch eine durchdachte Gliederung aufweisen. Die einzelnen Themen sollten hierarchisch geordnet sein. Diese Gliederung spiegelt sich im Inhaltsverzeichnis wider, das im Karteiblatt „Inhalt" des Hilfethemen-Dialogfeldes angezeigt wird.

Dem Anwender soll die Möglichkeit gegeben werden, sich schrittweise von der obersten bis zur untersten Stufe zu bewegen, um vom Allgemeinen zum Speziellen zu gelangen. Die Anzahl der Hierarchieebenen ist vor allem von der Anzahl der Themen und von der Größe des gesamten Hilfesystems abhängig. Je dicker ein Buch ist, desto mehr Kapitel und Unterkapitel besitzt es normalerweise.

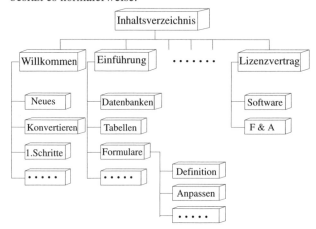

Bild 21.5: Die Hierarchie eines Hilfesystems

Die Abbildung zeigt auszugsweise die Hierarchie einzelner Themen in einem Hilfesystem. An oberster Stelle befindet sich das Inhaltsverzeichnis. Es zeigt mehrere Themenbereiche auf, aus denen der Anwender zum Beispiel das Thema „Tabelle" wählen kann. Dadurch gelangt er eine Ebene tiefer, die eine weitere Auswahl in Bezug auf Tabellen zulässt. Falls sich der Benutzer für das Thema Export entscheidet, kann er noch zwischen mehreren Möglichkeiten wählen, die den anzuzeigenden Hilfetext genauer charakterisieren.

Bei allen Themen, die jeweils auf gleicher Stufe stehen, sollte es zudem noch möglich sein, direkt von einem Thema zum nächsten zu kommen (browse). Solche logischen Folgen sind für den Anwender wichtig, der mehrere miteinander verwandte Themen zusammenhängend lesen möchte, zum Beispiel alle Informationen (Unterkapitel) zum Thema Export von Tabellen. Diese Browse-Möglichkeit muss durch einen bestimmten Steuercode in der Themendatei realisiert werden (siehe unten). Die Durchführung kann dann durch die Wahl einer der beiden Schaltflächen << und >> in der Hilfefunktion erfolgen.

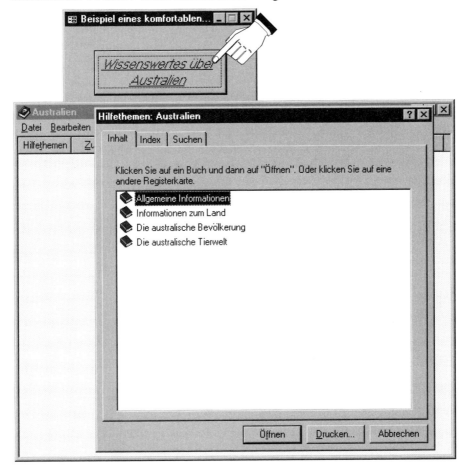

Bild 21.6: Ein komfortables Hilfesystem

Nachdem die Hierarchieebenen festgelegt wurden, müssen Sie deren Umsetzung in Dateien bestimmen. Es können zum Beispiel alle Informationen in nur einer Datei gespeichert werden, die dadurch sehr umfangreich werden kann. Genauso ist es auch möglich, für jedes

Thema, auch wenn es nur aus drei Sätzen besteht, eine eigene Datei anzulegen. Beide Möglichkeiten sind nicht sehr sinnvoll, da sie schlecht zu verwalten sind und unter Umständen beim Übersetzen Schwierigkeiten auftreten. Am besten wählen Sie einen Mittelweg, bei dem Texte, die thematisch zusammengehören und nicht aus zu vielen Seiten bestehen, gemeinsam in einer Datei gehalten werden. Die einzelnen Themen müssen dabei durch Seitenumbrüche voneinander getrennt werden.

Das in diesem Kapitel verwendete Beispiel-Hilfesystem erzählt Wissenswertes über Australien und benutzt mehrere Bitmaps als starre Bilder, als Kreuzreferenzen und zur Darstellung von Detailfenstern. Außerdem wird eine WAV-Datei abgespielt. Es existieren insgesamt drei Themendateien, die INDEX.RTF, LAND.RTF und LEUTE.RTF heißen. Zum Aufruf dieses Hilfetextes gibt es in der Datenbank HILFESYS.MDB das Formular mit dem Titel „Beispiel eines komfortablen Hilfesystems". Dieses Formular besitzt eine Befehlsschaltfläche, über die Sie die Hilfedatei HILFE2.HLP starten können.

21.2.1　Die Themendateien mit Steuercodes ergänzen

Alle Dateien, die Hilfeinformationen enthalten, müssen im RTF-Format (Rich Text Format) abgelegt werden, da der Hilfe-Compiler dieses Format für die Übersetzung in die Hilfedatei benötigt. Das RTF-Format kann zum Beispiel mit fast allen Textverarbeitungsprogrammen erzeugt werden.

Die Dateien werden als Themendateien bezeichnet. Im Englischen heißen sie Help Topic Files. Sie enthalten sowohl die Hilfetexte als auch Steuercodes, die bestimmen, welches Thema erscheint und wie sich der Benutzer innerhalb des Hilfesystems bewegen kann.

Steuercodes bestehen aus einem oder mehreren Steuerzeichen. Diese Zeichen werden aus Fußnotenzeichen und den Textformatierungen „unterstrichen", „durchgestrichen" beziehungsweise „doppelt unterstrichen" und „verborgen" gebildet.

Tabelle 21.1: Steuerzeichen in RTF-Dateien für die Hilfe

Steuerzeichen	Kurzbeschreibung
Fußnote #	Definiert einen Kontext-String, der das Thema eindeutig bezeichnet. Dieser Kontext-String ist für mehrere Aufgaben nötig.
Fußnote $	Definiert einen optionalen Titel.
Fußnote +	Definiert die Reihenfolge, in der der Benutzer zusammengehörige Themen über die Schaltflächen << und >> erreichen kann. Diese Suchsequenzen sind optional.
Fußnote K	Definiert optionale Schlüsselwörter, die im Karteiblatt „Index" aufgelistet werden. Ein Thema kann mehrere solcher Wörter besitzen.
Fußnote A	Definiert Wörter, die das Thema für das Makro „ALink" spezifizieren.

Steuerzeichen	Kurzbeschreibung
Fußnote andere Buchstaben	Definiert Schlüsselwörter, die als zusätzliche Indizes aufgelistet werden.
Fußnote *	Definiert einen symbolischen Namen, der den Hilfe-Compiler veranlasst, das dazugehörige Thema nur unter bestimmten Bedingungen in die Hilfedatei mit einzubauen. Falls diese optionale Fußnote verwendet wird, muss sie als erster Eintrag in dem Thema existieren.
Fußnote !	Definiert, dass ein Makro ausgeführt werden soll. Die Fußnote ist nur bei dem Hilfe-Compiler von Windows 3.1 möglich.
Fußnote @	Definiert einen Kommentar des Autors, den der Benutzer nicht sieht.
Fußnote >	Definiert einen Fenstertyp, in dem das Thema angezeigt wird.
Durchgestrichen	Legt den Text (Kreuzreferenz) fest, um zu einem anderen Thema springen zu können.
Doppelt unterstrichen	Identisch zu durchgestrichen.
Unterstrichen	Bestimmt, dass ein temporäres Fenster, das als Detailfenster bezeichnet wird, beim Drücken der Maustaste oder der <Enter>-Taste sichtbar wird.
Verborgen	Der Kontext-String muss den gerade aufgelisteten Textformatierungen verborgen folgen, um das Thema, zu dem verzweigt etc. werden soll, zu bestimmen.

Eine Themendatei enthält meistens mehrere Themen. Jedes Thema muss dabei auf einer neuen Seite beginnen. Um ein Thema eindeutig identifizieren zu können, wird ihm ein Kontext-String zugewiesen. Die Existenz eines solchen Bezeichners ist zwar nicht obligatorisch, jedoch für die meisten Themen sehr empfehlenswert, damit zu ihnen verzweigt werden kann.

Ein Kontext-String kann aus bis zu 255 Buchstaben, Ziffern, Punkten (.) und Unterstrichen (_) bestehen. Normalerweise wird die Länge eines Strings recht kurz gehalten, um ihn schneller angeben zu können. Es wird nicht zwischen Groß- und Kleinbuchstaben unterschieden.

Folgende Schritte müssen immer durchgeführt werden, um ein Thema mit einem Fußnotenzeichen zu verbinden:

1. Setzen Sie den Textcursor auf den Anfang des Themas.

2. Geben Sie als benötigtes Zeichen das Fußnotenzeichen ein.

3. Schreiben Sie anschließend zu der Fußnote den Kontext-String, den Titel, die Schlüsselworte etc. als Fußnotentext. Dabei darf zwischen dem Fußnotenzeichen und der Eingabe höchstens ein einzelnes Leerzeichen stehen.

#Informationen zum Land
Australien ist ein Kontinent der Kontraste. Im Juli, dem dortigen Winter, können Sie zum Beispiel in den Snowy Mountains Ski fahren oder im Norden bei über 30 Grad Celsius baden gehen.

############ Fußnotenbereich ##########
ks_land

Einen Titel festlegen

Die meisten Hilfethemen besitzen einen Titel. Dabei ist in diesem Fall nicht der Titel gemeint, der in der ersten Zeile des Themas erscheint, sondern ein Titel, der im Hilfesystem
wirksam wird. Dieser Titel wird zum Beispiel dem Anwender als voreingestellte Zeichenkette vorgelegt, wenn er in der Hilfefunktion über das Menü LESEZEICHEN einen eigenen Ver-
merk definieren möchte. Zudem erscheint der Titel als Ergebnis des Suchens. Ein Titel wird
über das Dollarzeichen ($) als Fußnotenzeichen definiert.

#$Informationen zum Land
Australien ist ein Kontinent der Kontraste. Im Juli, dem dortigen Winter, können Sie zum Beispiel in den Snowy Mountains Ski fahren oder im Norden bei über 30 Grad Celsius baden gehen.

############ Fußnotenbereich ##########
ks_land
$ Informationen zum Land

Stichworte einfügen

Ein Hilfesystem ist erst dann wirklich sinnvoll, wenn der Bediener nach wichtigen Begriffen
suchen und bei erfolgreicher Suche direkt an die gefundene Textstelle springen kann. Die
Stich- beziehungsweise Schlüsselwörter können mit dem Indexregister eines Buchs verglichen werden.

In einem Hilfesystem können für jedes Thema beliebig viele Schlüsselwörter (Keywords)
definiert werden. Alle Stichworte erscheinen in der Liste des Karteiblattes „Index". Viele
Stichworte werden von einer übergeordneten Index-Überschrift zusammengefasst. Schlüsselwörter können alle ANSI-Zeichen enthalten. Nur der Strichpunkt und das Komma sind
nicht erlaubt, da sie Steuerzeichen für den Hilfe-Compiler darstellen. Schlüsselworte werden
über den Großbuchstaben „K" als Fußnotenzeichen eingeleitet.

#KInformationen zum Land
Australien ist ein Kontinent der Kontraste. Im Juli, dem dortigen Winter, können Sie zum Beispiel in den Snowy Mountains Ski fahren oder im Norden bei über 30 Grad Celsius baden gehen.

############ Fußnotenbereich ##########
ks_land
K Informationen zum Land; Australien; Land

Sprünge zwischen Themen einfügen

Existierende Kreuzreferenzen (Sprünge) ermöglichen es, von der obersten Hierarchieebene zur nächsten zu gelangen, bis das gewünschte Thema erreicht ist. Auf diese Weise werden jeweils zwei Themen miteinander verknüpft. Damit diese Sprünge erzeugt werden können, werden die Kontext-Strings der einzelnen Themen benötigt.

Um eine Kreuzreferenz einzubauen, muss zuerst die Textstelle, die meist durch ein einzelnes Wort gebildet wird, bestimmt werden, von der aus der Sprung zu einem anderen Thema erfolgen soll. Dieser Text wird dann mit dem Zeichenformat „durchgestrichen" oder „doppelt unterstrichen" formatiert. Anschließend wird der Kontext-String des Themas als verborgener Text eingegeben, zu dem gesprungen werden soll. Der verborgene Text muss dabei bündig an den durchgestrichenen beziehungsweise doppelt unterstrichenen Text angeschlossen werden.

Bitmaps als Bilder und Schaltflächen benutzen

Um das Hilfesystem optisch ansprechender zu gestalten und Texterklärungen zu verdeutlichen, können Sie Grafiken einfügen. Diese Bilder können dabei folgende Formate besitzen.

Tabelle 21.2: Bild-Formate für Hilfedateien

Format	Bedeutung
BMP	Windows-Bitmap
DIB	Geräteunabhängiges Bitmap
WMF	Windows Metafile
SHG	Windows Help Multi-Hotspot Bitmap
MRB	Windows Help Multi-Resolution Bitmap

Für die Erstellung der beiden zuletzt genannten Formate existieren eigene Programme. Mit SHED.EXE können Sie in einem bestehenden Bitmap mehrere Bereiche als Hotspots festlegen. Ein Hotspot kann der Benutzer anklicken, um ein Ereignis auszulösen. Der Microsoft Multi-Resolution Bitmap Compiler MRBC.EXE speichert Bitmaps in verschiedenen Bildschirm-Auflösungen in einer Datei.

Die Hilfefunktion (WINHLP32.EXE) von Windows kann Grafiken mit bis zu 16 Mio. Farben verarbeiten. Sie passt dabei die Farbtiefe automatisch an den verwendeten Grafiktreiber an. Dadurch kann es teilweise zu unerwünschten Farbverläufen kommen. In diesen Fällen sollten Sie lieber nur 16-Farben-Bitmaps einsetzen.

An der Position innerhalb der Themendatei, an der das Bitmap platziert werden soll, wird durch Angabe des Dateinamens eine Referenz auf die Grafik erzeugt. Dabei können Sie wählen, ob das Bild rechts oder links vom Text platziert werden soll oder ob es mitten in den Text gestellt wird.

```
{bmc Datname.bmp};  im Text
{bml Datname.bmp};  links zentriert
{bmr Datname.bmp};  rechts zentriert
```

In allen drei Fällen wird nur der Dateiname ohne einen Pfad angegeben. Falls sich die Grafiken in einem anderen als dem aktuellen Verzeichnis befinden, muss dieses in der Projektdatei im Abschnitt „[BITMAPS]" definiert werden (siehe unten).

Bei der Angabe „bmc", die die Abkürzung für „bitmap character" ist, wird das Bitmap wie ein einzelnes Zeichen behandelt, sodass in der gleichen Zeile vor und nach dem Bild Text stehen kann. Der Text wird nicht um die Grafik gruppiert, sondern nach dem Bitmap auf der Grundlinie weitergeschrieben. Der Zeilenabstand wird dabei automatisch durch die Höhe der Zeichen und des Bitmaps bestimmt. Deswegen sollten die dafür benutzten Grafiken nicht zu groß sein.

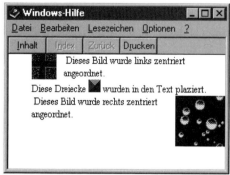

Bild 21.7: Referenzierte Bitmaps

Die für diese Abbildung notwendige Themendatei sieht folgendermaßen aus:

> {bml karo.bmp} Dieses Bild wurde links zentriert angeordnet.
> Dieses Auto {bmc autos.bmp} wurde in den Text platziert.
> {bmr aegypten.bmp} Dieses Bild wurde rechts zentriert angeordnet.

Ein auf diese Weise eingefügtes Bitmap wird als referenziertes Bitmap bezeichnet. Wird eine Grafik mehrmals in dem Hilfetext verwendet, beziehen sich alle Angaben auf dieselbe Bitmap-Datei, die nur einmal in das Hilfesystem eingebunden wird. Dadurch wird in der Hilfedatei nicht unnötig Platz belegt.

Alle drei „bm."-Anweisungen können noch durch den Buchstaben „t" erweitert werden: „{bmlt}", „{bmrt}" und „{bmct}". Dadurch wird das Bitmap als durchsichtiges Bitmap gekennzeichnet. Beim ersten Anzeigen eines solchen Bitmaps werden die weißen Pixel durch die Hintergrundfarbe des aktuellen Hilfefensters ersetzt.

Immer mehr Hilfedateien enthalten Grafiken, die nicht nur statische Elemente darstellen, sondern als Schaltflächen benutzt werden, um zu einem anderen Thema zu springen oder das Detailfenster mit Zusatzinformationen anzuzeigen. Die Realisierung erfolgt auf dieselbe Weise, wie sie weiter oben für die Begriffe bereits beschrieben wurde. Dies bedeutet, dass die geschweifte Klammer inklusive ihres Inhalts, zum Beispiel {bmc autos.bmp}, genauso wie ein Text mit Formatzeichen versehen werden muss.

- Um einen Sprung auf ein anderes Thema einzubauen, muss die Referenz auf das Bitmap durchgestrichen beziehungsweise doppelt unterstrichen werden.

- Um ein Detailfenster angezeigt zu bekommen, muss die gesamte geschweifte Klammer unterstrichen werden.

Anschließend muss in beiden Fällen der Kontext-String des Themas, zu dem verzweigt werden soll oder das Zusatzinformation darstellt, als versteckter Text bündig angefügt werden.

Vordefinierte Bitmaps verwenden

Wenn in einem Thema mehrere Punkte aufgelistet werden, ist es hilfreich, zu Beginn jeder Zeile ein kleines schwarzes Rechteck einzufügen. Dieses und weitere kleine Bitmaps sind im Hilfe-Compiler bereits vordefiniert und können wie selbst definierte Bitmaps mit den „{bmx}"-Anweisungen angezeigt werden.

Tabelle 21.3: Vordefinierte Bitmaps

Bitmapdatei	Aussehen
BULLET.BMP	Kleines schwarzes Rechteck
CHICLET.BMP	Doppelpfeil (>>)
CLOSED.BMP	Geschlossenes Buch
DO-IT.BMP	Dreieck als Pfeil
DOCUMENT.BMP	Blatt Papier
EMDASH.BMP	Strich
OPEN.BMP	Geöffnetes Buch
ONESTEP.BMP	Dreieck als Pfeil
PRCARROW.BMP	Dreieck als Pfeil
SHORTCUT.BMP	Verweis auf das vorherige Thema

Klänge und Videos hinzufügen

Sie können Multimedia-Dateien, wie Klang-, Video- und Animationsdateien, in jedes Thema einfügen. Die Hilfefunktion erzeugt für eine solche Datei ein eingebettetes Fenster, das an die Größe des Bildes beziehungsweise an die Größe der Steuerung angepasst wird.

Durch Multimedia-Dateien kann die Größe der Hilfedatei stark anwachsen. Deswegen können Sie auch über den Parameter „EXTERNAL" bestimmen, dass die Multimedia-Dateien nicht in die Hilfedatei mit eingebaut werden. Zum Abspielen einer Multimedia-Datei gibt es die „{mci}"-Anweisung. Ihr übergeben Sie genauso wie der „bmc"-Anweisung den Dateinamen. Zusätzlich können noch folgende Optionen eingefügt werden, die durch Leerzeichen voneinander getrennt werden:

Tabelle 21.4: Optionen für das Einfügen von Multimedia-Dateien

Option	Bedeutung
EXTERNAL	Multimedia-Datei wird nicht in der Hilfedatei gespeichert.
NOPLAYBAR	Keine Abspielleiste wird angezeigt.
NOMENU	In der Abspielleiste wird die Menü-Schaltfläche nicht angezeigt.
PLAY	Die Datei wird beim Aufruf des Themas automatisch abgespielt.
REPEAT	Die Datei wird wiederholt abgespielt.

Wenn Sie im Hilfethemen-Dialogfeld von HILFE2.HLP das Thema „Känguruh, Koala und Emu" aufrufen, erklingt die Stimme des australischen Vogels Kookaburra. Der dazu notwendige Eintrag lautet folgendermaßen:

> {mci EXTERNAL PLAY ,tier.wav}

Hilfe-Makros einsetzen

Die Hilfe-Makros sind nicht mit den Access-Makros verwandt, mit denen Sie in den vorigen Kapiteln gearbeitet haben. Mit Hilfe-Makros können Sie zum Beispiel neue Schaltflächen und Menüs in die Hilfe-Applikation einfügen.

Alle Makros, die im Abschnitt „[CONFIG]" definiert sind, werden beim Öffnen der Hilfedatei durch die Hilfefunktion WINHLP32.EXE in der angegebenen Reihenfolge ausgeführt. Hilfe-Makros können auch als Fußnotentext in Themendateien vorkommen. In diesem Fall wird das Makro jedesmal ausgeführt, wenn das dazugehörige Thema erneut angezeigt wird. In nachfolgender Tabelle sind einige Makros mit einer kurzen Beschreibung aufgelistet.

Tabelle 21.5: Hilfe-Makros

Makroname	Kurzbeschreibung
About	Zeigt das Meldungsfenster an, das auch durch den Menüpunkt INFO der Hilfefunktion erscheint.
AddAccelerator	Weist einem Makro ein Tastenkürzel zu. Durch die Eingabe dieser Taste(n) wird das Makro ausgeführt.
Alink	Sucht nach dem angegebenen A-Schlüsselwort.
Annotate	Zeigt das Dialogfeld an, das auch durch den Menüpunkt ANMERKEN der Hilfefunktion erscheint.
AppendItem	Fügt einen Menüpunkt an das Ende eines Menüs ein, das mit dem Makro „InsertMenu" erstellt wurde.
Back	Zeigt das Thema an, das als das vorhergehende in der Liste der bisherigen Hilfethemen steht.

Makroname	Kurzbeschreibung
BookmarkDefine	Zeigt das Dialogfeld an, das auch durch den Menüpunkt DEFINIEREN im Menü LESEZEICHEN der Hilfefunktion erscheint.
BrowseButtons	Fügt die beiden Durchsuchen-Schaltflächen in die Schalterleiste ein.
ChangeEnable	Weist ein Makro einer Navigationsschaltfläche zu und macht diese Schaltfläche verfügbar.
CloseWindow	Schließt das Detail- beziehungsweise das Hilfefenster.
Contents	Zeigt das Hilfethemen-Dialogfeld mit dem Karteiblatt „Inhalt" an.
CopyDialog	Zeigt das Dialogfenster an, das auch durch den Menüpunkt KOPIEREN der Hilfefunktion erscheint.
CopyTopic	Kopiert den gesamten Text des aktuellen Hilfethemas in die Zwischenablage.
CreateButton	Erzeugt eine neue Schaltfläche in der Schalterleiste.
ExecFile	Startet eine Windows-Applikation.
Exit	Beendet die Hilfefunktion.
FileOpen	Zeigt das Dialogfenster an, das auch durch den Menüpunkt ÖFFNEN der Hilfefunktion erscheint.
Finder	Zeigt das Hilfethemen-Dialogfeld an.
History	Zeigt die Liste der bisherigen Hilfethemen an.
InsertItem	Fügt einen neuen Menüpunkt in ein Menü ein.
InsertMenu	Fügt ein neues Menü in die Menüleiste ein.
JumpContents	Springt zum Index-Thema der angegebenen Hilfedatei.
JumpContext	Springt zu dem Thema, das mit der angegebenen Kontextnummer verknüpft ist.
JumpId	Springt zu dem Thema, das mit dem angegebenen Kontext-String verknüpft ist.
JumpKeyword	Lädt die angegebene Hilfedatei und zeigt das erste zu dem spezifizierten Schlüsselwort passende Thema an.
KLink	Sucht nach passenden Schlüsselwörtern in der aktuellen Hilfedatei.
MPrintID	Druckt ein Thema, das durch einen Kontext-String gekennzeichnet ist.

Makroname	Kurzbeschreibung
Next	Zeigt das nächste Thema in der Suchsequenz an. Dieses Makro führt dieselbe Aktion aus wie die Durchsuchen-Schaltfläche „>>".
PopupContext	Zeigt ein neues Popup-Fenster an, das das Thema enthält, dessen Kontextnummer angegeben ist.
PopupId	Zeigt ein neues Popup-Fenster an, das das Thema enthält, dessen Kontext-String angegeben ist.
PositionWindow	Bestimmt die Größe und Position eines Fensters.
Prev	Zeigt das vorherige Thema in der Suchsequenz an. Dieses Makro führt dieselbe Aktion aus wie die Schaltfläche „<<".
Print	Sendet das aktuell angezeigte Hilfethema zum Drucker.
PrinterSetup	Zeigt das Dialogfeld an, das auch durch den Menüpunkt DRUCKEREINRICHTUNG der Hilfefunktion erscheint.
Search	Zeigt das Dialogfeld an, das auch durch die Schaltfläche „Suchen" der Hilfefunktion erscheint.
SetContents	Legt ein Thema als Index-Thema in der angegebenen Hilfedatei fest.

Ein Hilfe-Makro besteht immer aus seinem Namen, der die auszuführende Aktion spezifiziert (siehe Tabelle), und runden Klammern, die keinen, einen oder mehrere Parameter umschließen können. Die Groß-/Kleinschreibung spielt dabei keine Rolle. Der Aufruf eines Makros kann auch häufig eine gekürzte Version des Namens verwenden, die normalerweise aus den Anfangsbuchstaben besteht. So wird das Makro „CreateButton" durch die beiden Buchstaben CB repräsentiert.

Benötigt ein Makro mehr als einen Parameter, so müssen diese durch Leerzeichen oder Kommata voneinander getrennt werden. Falls ein Parameter selbst Leerzeichen enthält, muss dieser Parameter vollständig in Anführungszeichen gesetzt werden. Parameter, die bereits Anführungszeichen enthalten, müssen in einfache Anführungszeichen gesetzt werden. Makros können als Parameter für andere Makros dienen. In diesem Fall müssen sie auch in Anführungszeichen gesetzt werden.

Legende zu den anschließenden Themendateien:

```
-------------- Seitenumbruch -----------
########### Fußnotenbereich ###########
ID_TEXT: stellt verborgenen Text dar.
```

Die Themendateien des Beispiel-Hilfesystems besitzen den folgenden Inhalt:

Themendatei INDEX.RTF

```
#$K!Übersicht über Australien
```

In dieser Hilfedatei finden Sie die folgenden Themen:
{bmc closed.bmp} Informationen zum Land
{bmc closed.bmp} Die australische Bevölkerung
{bmc closed.bmp} Die australische Tierwelt

{bmct karte.bmp}*ks_land* {bmct leute.bmp}*ks_leute* {bmct tierw.bmp}*ks_tier*

############ Fußnotenbereich ##########
ks_index
$ Übersicht über Australien
K Übersicht über Australien
! About()

-------------- Seitenumbruch -----------

#K$ Video abspielen
Auch Videoclips können aus der Hilfedatei abgespielt werden.

{mci EXTERNAL ,mndust.avi}

############ Fußnotenbereich ##########
ks_video
K Video; Multimedia
$ Video

-------------- Seitenumbruch -----------

{bmlt karte.bmp}*ks_index* #$+KInformationen zum Land
Australien ist ein Kontinent der Kontraste. Im Juli, dem dortigen Winter, können Sie zum Beispiel in den Snowy Mountains Ski fahren oder im Norden bei über 30 Grad Celsius baden gehen.

- Geschichte Australiens*ks_gesch*
- Bundesstaaten*ks_bstaat*

############ Fußnotenbereich ##########
ks_land
$ Informationen zum Land
+ ebene1:001
K Informationen zum Land

-------------- Seitenumbruch -----------

{bmlt leute.bmp}*ks_index* #$+KDie australische Bevölkerung
Die australische Bevölkerung bezeichnet sich selbst als Aussies. Sie halten sich gerne im Freien
auf, und daraus resultiert die Vorliebe für viele Sportarten.
Die Aussies lieben das Legere und die Pubs, um ein oder mehrere Biere zu trinken.
- Sportarten*ks_sport*
- Essen und Trinken*ks_essen*

{Button Siehe auch, ALink(Bevölkerung,0,"",main)}
############ Fußnotenbereich ##########

ks_leute
$ Australische Bevölkerung
+ ebene1:002
K Australische Bevölkerung; Leute

-------------- Seitenumbruch -----------

{bml tierw.bmp}ks_index #$+KDie australische Tierwelt

{bml kangaroo.bmp}ks_kangaroo {bmr emu.bmp} Das Känguruh und das Emu sind die Wappentiere von Australien. Daneben existieren noch viele andere außergewöhnliche Tiere, von denen die meisten als Beuteltiere bezeichnet werden.

{mci EXTERNAL PLAY ,tier.wav}

############ Fußnotenbereich ##########
ks_tier
$ Australische Tierwelt
+ ebene1:003
K Tierwelt

-------------- Seitenumbruch -----------

#Das Känguruh
Känguruhs sind meist sehr friedliche Tiere, die in kleineren Gruppen zusammenleben. Es gibt verschiedene Arten, die zum Beispiel Wallaroo, Wallabi und rotes Riesenkänguruh heißen.

############ Fußnotenbereich ##########
ks_kangaroo

Themendatei LAND.RTF

#$+KGeschichte Australiens
Die erste Welle von Einwanderern kam vor etwa 40.000 Jahren nach Australien. Dies waren die Aborigines. Die zweite Einwanderungswelle brachte vor 200 Jahren Europäer ins Land.

############ Fußnotenbereich ##########
ks_gesch
$ Geschichte Australiens
+ ebene21:001
K Geschichte

-------------- Seitenumbruch -----------

#$+KBundesstaaten
{bml flagge.bmp} Australien ist in mehrere Bundesstaaten aufgeteilt, die folgendermaßen lauten:
  - Australian Capitol Territory
  - New South Wales
  - Northern Territory
  - Queensland

- South Australia
- Western Australia
- Victoria
- Tasmania

########### Fußnotenbereich ##########
ks_bstaat
$ Bundesstaat
+ ebene21:002
K Bundesstaat

Themendatei LEUTE.RTF

#K$+A Sportarten
~~{bmc shortcut.bmp}~~*ks_leute* Golf ist ein Nationalsport in Australien. Auch Orte im Outback besitzen einen Golfplatz, der meist öffentlich zugänglich ist.

{bml surfer1.bmp}*ks_surfen* {bmr surfer2.bmp} Wenn man in Australien von Surfen spricht, ist normalerweise das Wellenreiten und nicht das Windsurfen gemeint.

########### Fußnotenbereich ##########
ks_sport
K Sport; Sport, Golf; Golf; Sport, Surfen; Surfen
$ Sportarten
+ ebene23:001
A Bevölkerung

------------- Seitenumbruch -----------

#Surfen ist vor allem an der Ostküste in Queensland und an der Südwestspitze von Australien möglich. Bereits kleine Jungen sind echte Könner.

########### Fußnotenbereich ##########
ks_surfen

------------- Seitenumbruch -----------

#K$+A Essen und Trinken
{bml bier.bmp}
~~{bmc shortcut.bmp}~~*ks_leute* Die Aussies sind eifrige Biertrinker. Einige der bekannntesten Biermarken lauten Fosters, Swan und Emu.

########### Fußnotenbereich ##########
ks_essen
K Essen; Trinken
$ Essen und Trinken
+ ebene23:005
A Bevölkerung

21.2.2 Die Inhaltsdatei anlegen

Damit im Hilfethemen-Dialogfeld das Karteiblatt „Inhalt" erscheint, müssen Sie eine Inhaltsdatei erstellen. Dabei hilft Ihnen der Hilfe-Compiler, der für diese Aufgabe einen eigenen Editor bereitstellt.

1. Rufen Sie im Menü FILE den Menüpunkt NEW auf.

2. Wählen Sie den Eintrag „Help Contents" und drücken Sie auf die „OK"-Schaltfläche.

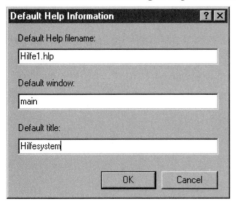

Bild 21.8: Standard-Hilfedatei und Fenster festlegen

3. In dem dadurch eingeblendeten Editor klicken Sie zuerst die obere Schaltfläche „Edit" an, um die Standard-Hilfedatei, das Fenster und einen Titel festzulegen.

4. Bestätigen Sie Ihre Angaben über die „OK"-Schaltfläche.

In der Standard-Hilfedatei sucht die Windows-Hilfefunktion nach den in der Inhaltdatei genannten Kontext-Strings. Im diesem Beispiel ist es die Datei „Hilfe1.hlp", die auch die dazugehörigen Themendateien enthält.

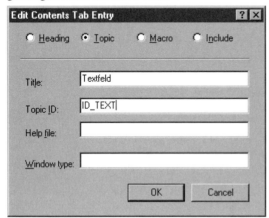

Bild 21.9: Einen Eintrag für das Karteiblatt „Inhalt" definieren

Im nächsten Schritt definieren Sie die Zeilen, die im Karteiblatt „Inhalt" erscheinen sollen.

5. Drücken Sie die Schaltfläche „Add Below".

6. Schalten Sie die Option „Heading" ein.

7. Tragen Sie als sichtbaren Text die Überschrift „Allgemeine Informationen" ein und klicken Sie die „OK"-Schaltfläche an.

8. Betätigen Sie erneut die Schaltfläche „Add Below".

9. Schalten Sie nun die Option „Topic" ein.

10. Der anzuzeigende Text lautet nun „Übersicht über Australien".

11. Als Topic-ID geben Sie den Kontext-String des Themas an, das im Hilfefenster erscheinen soll, wenn die Zeile im Karteiblatt „Inhalt" doppelt angeklickt wird.

12. Wiederholen Sie die Schritte 5 bis 11, bis Sie alle Gliederungsebenen definiert haben.

13. Speichern Sie die CNT-Datei.

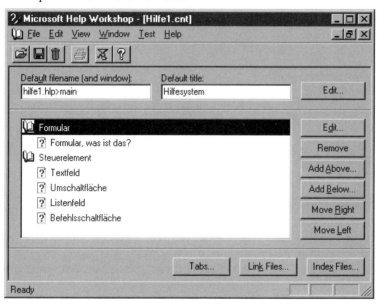

Bild 21.10: Die Inhaltsdatei für das kleine Hilfesystem

21.2.3 Die Projektdatei erstellen

Nachdem die Themendateien mit den notwendigen Steuercodes und die Inhaltsdatei fertiggestellt sind, müssen Sie eine weitere Datei, die Projektdatei, anlegen. Diese Datei, die zwingend die Endung „.hpj" tragen muss, enthält alle Informationen, die der Hilfe-Compiler benötigt, um die Steuercodes verstehen zu können und um alle Themendateien zusammenzufassen und in eine binäre Hilfedatei umzuwandeln, die dann von der Hilfefunktion „Winhlp32.exe" gelesen werden kann.

1. Rufen Sie den Microsoft Help-Compiler „Hcw.exe" auf, der unter anderem einen Editor zum Erstellen von Projektdateien besitzt.

2.   Wählen Sie im Menü FILE den Menüpunkt NEW.

3.   Markieren Sie den Eintrag „Help project" und drücken Sie die „OK"-Schaltfläche.

4.   Stellen Sie das Verzeichnis ein und tragen Sie einen Namen für die neue Projektdatei
     ein.

Daraufhin wird ein Fenster angezeigt, das bereits den Abschnitt „[OPTIONS]" mit mehreren
Zeilen enthält. Der Name des zu erstellenden Hilfesystems lautet standardmäßig genauso wie
die Projektdatei. Er ist im einzeiligen Textfeld eingestellt.

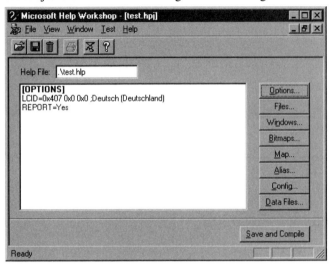

Bild 21.11: Eine neue Projektdatei anlegen

Die Projektdatei ist in mehrere Abschnitte gegliedert, die alle eine bestimmte Aufgabe haben.
Nicht jede Projektdatei muss aus allen Abschnitten bestehen. Nur der Abschnitt „[FILES]" ist
unbedingt notwendig, da er alle Themendateien auflistet. Die einzelnen Abschnitte fügen Sie
über die entsprechenden Schaltflächen im Editor für die Projektdatei ein. Kommentare werden mit einem Strichpunkt eingeleitet. Der Hilfe-Compiler ignoriert dann den Rest des Textes
bis zum Zeilenende.

Tabelle 21.6: Abschnitte in der Projektdatei

Abschnitt	Kurzbeschreibung
[ALIAS]	Weist mehreren Themen denselben Kontext-String zu.
[BAGGAGE]	Listet Dateien auf, die innerhalb des Hilfedatei-internen Dateisystems gespeichert werden sollen.
[BITMAPS]	Gibt die Dateinamen der einzubindenden Bitmaps an.
[BUILDTAGS]	Bestimmt die gültigen symbolischen Namen.
[CONFIG]	Enthält Makros, die Menüs, Schaltflächen und Aktionen definieren, die nicht dem Standard entsprechen.

Abschnitt	Kurzbeschreibung
[CONFIGx]	Sehr ähnlich wie [CONFIG], Makros werden jedoch ausgeführt, wenn ein bestimmtes Fenster geöffnet wird.
[FILES]	Listet alle Themendateien auf. Dieser Abschnitt ist als einziger Abschnitt zwingend vorgeschrieben.
[MACROS]	Verbindet Makros mit Schlüsselwörtern. Ein Makro wird ausgelöst, wenn das Schlüsselwort im Karteiblatt „Index" selektiert wird.
[MAP]	Verbindet die Kontext-Strings mit Kontextnummern.
[OPTIONS]	Enthält verschiedene Optionen.
[WINDOWS]	Definiert die Merkmale wie Position des Hauptfensters und, sofern vorhanden, der Sekundärfenster.

Abschnitt „[FILES]"

In dem Abschnitt „[FILES]" werden alle Themendateien angegeben, aus denen die binäre Hilfedatei zusammengesetzt werden soll. Der Hilfe-Compiler sucht die angegebenen Dateien im aktuellen Ordner und in dem Ordner, der bei der „Root"-Option eingetragen ist. Findet er eine Datei nicht, gibt er eine Fehlermeldung aus.

1. Klicken Sie die Schaltfläche „Files" an.

2. Drücken Sie im nun eingeblendeten Dialogfeld „Topic Source Files" die Schaltfläche „Add".

3. Wählen Sie eine Themendatei aus und bestätigen sie über die Schaltfläche „Öffnen".

4. Wiederholen Sie die beiden letzten Schritte, bis Sie alle gewünschten Themendateien genannt haben.

5. Schließen Sie den Vorgang mit der „OK"-Schaltfläche ab.

Je umfangreicher das Hilfesystem werden soll, desto mehr Themendateien werden zwangsläufig hinzukommen. Aus Gründen der Übersichtlichkeit werden dann häufig die Namen dieser Dateien nicht mehr direkt in dem „[FILES]"-Abschnitt angegeben, sondern in eine eigene Datei geschrieben. Diese Datei kann anschließend mithilfe des Editors in den „[FILES]"-Abschnitt eingebunden werden. Die Zeile beginnt mit dem Nummernzeichen (#), dem das Schlüsselwort „include" und dann der Dateiname folgt.

Abschnitt „[MAP]"

Wenn das Hilfesystem kontextsensitive Hilfe unterstützen soll, müssen Sie den „[MAP]"-Abschnitt in die Projektdatei einfügen. Dies gilt nicht nur für die Arbeit mit Access, sondern auch für Applikationen, die zum Beispiel mit den Sprachen C oder Pascal entwickelt werden.

Im „[MAP]"-Abschnitt werden die Kontext-Strings der Themen mit Kontextnummern verknüpft, die für die kontextsensitive Hilfe bestimmt sind. Die Kontextnummer wird bei der Programmierung einer Applikation der API-Funktion „WinHelpA" beziehungsweise in Access einer Eigenschaft des Formulars übergeben, damit das gewünschte Thema ausgegeben wird. Jede Nummer muss eindeutig sein, sonst kann der Hilfe-Compiler keine Hilfedatei erstellen.

Die Kontext-Strings der Themen für eine kontextsensitive Hilfe sollten mit den vier Buchstaben IDH_ beginnen, zum Beispiel IDH_FORM. Der Hilfe-Compiler listet dann beim Übersetzen die Kontext-Strings auf, die zwar in den Themendateien definiert sind, aber nicht im „[MAP]"-Abschnitt der Projektdatei stehen. Dies hilft Ihnen bei der Fehlersuche.

Abschnitt „[OPTIONS]"

Der Abschnitt „[OPTIONS]" kann zahlreiche Einträge aufweisen, die in der nachfolgenden Tabelle zusammengefasst sind. Die Reihenfolge der Einträge innerhalb des „[OPTIONS]"-Abschnitts ist frei wählbar. Viele dieser Einträge können Sie über die Schaltfläche „Options" des Editors für die Projektdatei einstellen.

Tabelle 21.7: Einträge im „[OPTIONS]"-Abschnitt

Option	Kurzbeschreibung
BMROOT	Bestimmt den Ordner, in dem die Dateien der referenzierten Bitmaps abgelegt sind.
BUILD	Definiert, welche Dateien, die einen symbolischen Namen besitzen, in die Hilfedatei eingebaut werden.
CHARSET	Legt den standardmäßigen Zeichensatz für alle Schriften fest.
CITATION	Bestimmt den Text, der bei jedem Kopieren einer Themendatei mit in die Zwischenablage eingefügt wird.
CNT	Name der Inhaltsdatei.
COMPRESS	Komprimiert die Hilfedatei (HLP).
CONTENTS	Legt den Kontext-String für das Inhaltsverzeichnis einer Hilfedatei fest, wenn die Inhaltsdatei fehlt.
COPYRIGHT	Fügt einen Copyright-Hinweis für die Hilfedatei im Dialogfeld „Info..." ein.
DBCS	Bestimmt einen Doppel-Byte-Zeichensatz für die Themendateien.
DEFFONT	Definiert die standardmäßige Schrift für alle Dialogfelder der Hilfefunktion.
ERRORLOG	Schreibt Fehler, die während der Kompilierung entstehen, in eine Datei.
FORCEFONT	Erstellt eine Hilfedatei, die nur eine bestimmte Schriftart verwendet.

Option	Kurzbeschreibung
FTS	Bestimmt die Ebene der Information, die in der Indexdatei für die Volltextsuche verwendet wird.
HCW	Interner Marker für den Hilfe-Compiler, der automatisch in die Projektdatei eingefügt wird.
HLP	Name der Hilfedatei, die erstellt werden soll.
ICON	Name der Symboldatei, die angezeigt wird, wenn die Hilfe-funktion als Symbol dargestellt wird.
INDEX_SEPARATORS	Definiert die Zeichen, die benutzt werden, um einzelne Schlüsselwort-Einträge zu trennen.
LCID	Definiert das lokale Identifizierungszeichen, das bei der Übersetzung der Hilfedateien verwendet wird.
MAPFONTSIZE	Legt fest, dass bestimmte Schriftgrößen in andere Größen umgewandelt werden sollen.
MULTIKEY	Definiert ein Zeichen für eine zusätzliche Schlüsselwort-tabelle.
NOTES	Bestimmt, ob der Hilfe-Compiler geringfügige Probleme anzeigt.
OLDKEYPHRASE	Gibt an, ob der Hilfe-Compiler die bestehende Schlüsselsatz-tabelle beim Kompilieren verwenden soll.
OPTCDROM	Optimiert die Hilfedatei für die Verwendung auf CD-ROM.
REPLACE	Gibt den zu ersetzenden und den neuen Pfad an.
REPORT	Steuert beim Kompilieren die Ausgabe von Meldungen.
ROOT	Bestimmt das Arbeitsverzeichnis für die Kompilierung.
TITLE	Definiert den Titel der Hilfedatei.
TMPDIR	Legt das Verzeichnis für temporäre Dateien während der Übersetzung fest.

Die Projektdatei für das Beispiel-Hilfesystem mit dem Namen HILFE2.HPJ besitzt folgenden Inhalt:

```
; This file is maintained by HCW. Do not modify this file directly.

[OPTIONS]
HCW=1
OLDKEYPHRASE=No
REPORT=Yes
HLP=hilfe2.hlp
```

```
ERRORLOG=hilfe2.log
CONTENTS=ks_index
TITLE=Australien-Hilfesystem
CNT=hilfe2.cnt
COPYRIGHT=Bär & Bauder
CITATION=Idee von Bär & Bauder
COMPRESS=12 Hall Zeck
LCID=0x0 0x0 0x0; NLS sorting disabled

[FILES]
Index.rtf
Land.rtf
Leute.rtf

[CONFIG]
; Button zum Aufruf des Dialogfeldes Kopieren einfügen
CreateButton("btn_copy", "&Kopieren", "CopyDialog()")

; Button zum Aufruf des Dialogfeldes Lesezeichen definieren
CreateButton("btn_lesez", "&Lesezeichen", "BookmarkDefine()")

; Button, um das Thema Bundesstaaten als Popup-Fenster ; aufzurufen
CreateButton("btn_staat", "Staaten", "PopupContext(`hilfe2.hlp', 100)")

; in das Menü BEARBEITEN neuen Menüpunkt einfügen
InsertItem("MNU_EDIT", "IDM_COPALL", "Alles k&opieren", "CopyTopic()", 1)
InsertMenu("IDM_BUTTONS", "&Zusätze", 3)
AppendItem("IDM_BUTTONS", "IDM_BACK", "&Zurück", "Back()")
AppendItem("IDM_BUTTONS", "IDM_COPY", "&Alles kopieren","CopyTopic()")
AppendItem("IDM_BUTTONS", "IDM_EXEC", "&Wordpad starten",
        "ExecFile(`Write.exe',`tips.txt')")
AddAccelerator(0x44, NONE, "Print()")
AddAccelerator(0x44, CTRL, "PrinterSetup()")

[MAP]
ks_bstaat=100

[WINDOWS]
main="Australien",(0,21,696,785),29189,(r8454143), (r16776960)
```

21.2.4 Den Übersetzungsvorgang starten

Nach der Fertigstellung der Projektdatei kann die Übersetzung gestartet werden. Der Hilfe-Compiler erzeugt eine Hilfedatei, die von der Hilfefunktion „Winhlp32.exe" gelesen werden kann. Eine Hilfedatei (.hlp) wird aus folgenden Komponenten generiert:

Tabelle 21.8: Dateien für das Hilfesystem

Komponente	Inhalt
Ein oder mehrere Themendateien (.rtf)	Themen des Hilfesystems
Eine Projektdatei (.hpj)	Anweisungen für den Hilfe-Compiler
Ein oder mehrere Inhaltsdateien (.cnt)	Definitionen für das Karteiblatt „Inhalt". Diese Dateien sind optional

Klicken Sie im Editor für die Projektdatei die Schaltfläche „Compile" an. Sie können nun noch einige Einstellungen vornehmen, zum Beispiel, dass das Fenster während des Übersetzungslaufs als Symbol dargestellt wird. Durch einen Klick auf die Schaltfläche „Compile" wird ein neues Fenster im Hilfe-Compiler geöffnet, das den Verlauf der Übersetzung anzeigt.

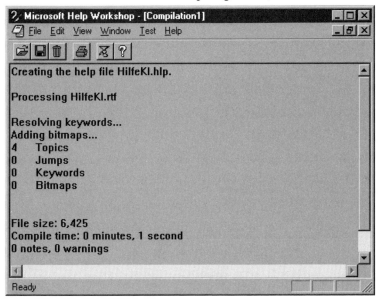

Bild 21.12: Übersetzungsfenster im Hilfe-Compiler

Falls ein Fehler oder eine Warnung auftritt, erscheint eine Meldung, und der Compilerlauf wird abhängig von der Wichtigkeit des Fehlers unter Umständen abgebrochen. Warnungen können zum Beispiel in der Testphase entstehen, wenn noch nicht alle Themen implementiert wurden und somit Referenzen auf vorhandene Kontext-Strings nicht gefunden werden. Sie können aber trotzdem die schon vorhandenen Verbindungen testen.

Bei erfolgreicher Durchführung wird eine Hilfedatei mit dem zuvor festgelegten Namen im aktuellen Verzeichnis angelegt.

21.2.5 Hilfedateien testen

Der Hilfe-Compiler besitzt neben den beiden Editoren für Projekt- und Inhaltsdateien und der Aufgabe des Übersetzens auch verschiedene Fähigkeiten zum Testen der Hilfedatei.

Über den Menüpunkt RUN WINHELP im Menü FILE rufen Sie ein Dialogfeld auf, aus dem Sie den Start des Hilfesystems simulieren können. Dabei können Sie entscheiden, ob die Hilfedatei von einem anderen Programm oder durch einen Doppelklick auf sein Symbol ausgeführt werden soll. Genauso ist es möglich, ein bestimmtes Thema, das Sie über seinen Kontext-String spezifizieren, in einem Detailfenster darzustellen.

Bild 21.13: Start des Hilfesystems simulieren

Wenn Sie im Menü FILE den Menüpunkt HELP AUTHOR einschalten, können Sie beim nächsten Start der Hilfefunktion auf zusätzliche Test-Fähigkeiten zugreifen:

- Der Text in der Titelzeile ist durch eine Themen-Nummer ersetzt. Diese Nummer wird durch die Reihenfolge der Themen bestimmt, wie sie in den RTF-Dateien gespeichert und in der Projektdatei aufgelistet sind.

- Sie können die Tastenkombinationen <Strg>+<Umschalt>+<Pfeil nach rechts> und <Strg>+<Umschalt>+ <Pfeil nach links> verwenden, um schrittweise alle Themen anzuzeigen.

- Anstelle allgemeiner Fehlermeldungen gibt die Hilfefunktion genauere Informationen über entstandene Probleme aus.

- Die zwei zusätzlichen Menüpunkte THEMENINFORMATIONEN und ANFRAGE AUF HOTSPOTS erscheinen im Kontextmenü. Über den zuerst genannten Menüpunkt rufen Sie ein Dialogfeld auf, das Daten zum aktuell angezeigten Hilfethema auflistet.

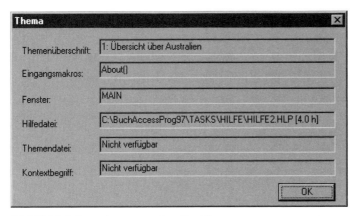

Bild 21.14: Informationen zum aktuellen Thema

Sie können verschiedene Berichte von Ihrer Hilfedatei generieren. Dazu existiert im Menü FILE des Hilfe-Compilers der Menüpunkt REPORT. Sie legen fest, ob der Bericht alle Texte im ASCII-Format enthalten oder nur die Titel, A- oder K-Schlüsselwörter auflisten soll.

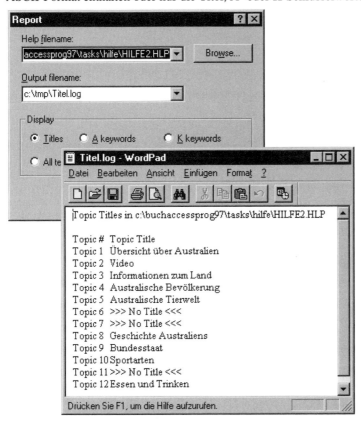

Bild 21.15: Bericht über die Titel der Hilfethemen erstellen

Der Hilfe-Compiler besitzt das Menü TEST, das mehrere Menüpunkte zu verschiedenen Tests bietet:

- CNT: Die angegebene Inhaltsdatei wird auf ihre Gültigkeit überprüft. Es können dabei zum Beispiel fehlende Parameter gefunden werden.

- CLOSE ALL HELP: Schließt alle Hilfedateien.

- RUN A MACRO: Sie können ein bestimmtes Makro ausführen, um sein Verhalten zu testen, ohne dass die Hilfedatei gestartet sein muss.

- WINHELP API: Die API-Funktion „WinHelpA" kann so benutzt werden, als ob sie in einem anderen Programm stehen würde.

Über die Tastenkombination <Strg>+<Umschalt>+<J> können Sie aus dem Hilfesystem das Dialogfeld „Überspringen" aufrufen. Mithilfe dieses Dialogfeldes ist es möglich, direkt zu einem bestimmten Thema zu springen. Das Thema kann entweder durch seinen Kontext-String oder durch seine Kontextnummer gekennzeichnet werden. Aus diesem Dialogfeld können Sie auch ein Hilfe-Makro starten. Dem Makronamen muss dabei eine Ausrufezeichen vorangestellt werden.

Wenn der Hilfe-Compiler beim Übersetzen kein Bitmap finden kann, fügt er ein eigenes Bild und den Namen der fehlenden Datei ein. Somit können Sie im fertigen Hilfesystem unterscheiden, ob das Bitmap nicht gefunden wurde oder ob die Hilfefunktion das Bitmap nicht anzeigen kann.

Bei der Übersetzung im Hilfe-Compiler können drei Arten von Problem auftauchen:

- Notes: Problem, das wahrscheinlich keine negativen Auswirkungen auf die fertige Hilfedatei besitzt.

- Warning: Problem, das jedoch nicht die Übersetzung abbricht. Eine Warnung kann zum Beispiel entstehen, wenn Sie zwar Browse-Sequenzen in Ihre Themendateien eingefügt, jedoch kein Fenster mit den „Browse"-Schaltflächen definiert haben.

- Error: Problem, das den Übersetzungslauf abbricht.

Die Beschreibung jedes Problems wird mit den beiden Buchstaben HC und einer vierstelligen Nummer eingeleitet. Diese Fehlernummer finden Sie als Index in der Hilfedatei HCW.HLP des Hilfe-Compilers.

21.2.6 Die Hilfe einem Objekt zuordnen

Hilfedateien können Sie Formularen, Menüpunkten und Schaltflächen in der Symbolleiste zuordnen. Um direkt zu einem bestimmten Thema zu springen, muss die Kontextnummer bekannt sein.

Die Hilfe einem Formular und seinen Steuerelementen zuordnen

Der Hilfetext kann in Access auf einfache Weise über die beiden Eigenschaften „Hilfedatei" und „Hilfekontext" angezeigt werden, die jedes Formular besitzt. Aufgrund der zuerst genannten Eigenschaft kann jedes Formular nur mit einer und nicht mit mehreren Hilfedateien verbunden werden. Jedoch ist es möglich, direkt auf verschiedene Themen innerhalb dieser Hilfedatei zuzugreifen. Dazu verfügt auch (fast) jedes Steuerelement über die Eigenschaft „Hilfekontext".

In der Beispieldatenbank HILFESYS.MDB finden Sie unter anderem ein Formular mit dem Namen „kontext-sensitive Hilfe", das Sie mit einer Hilfedatei und ihren Themen verbinden können.

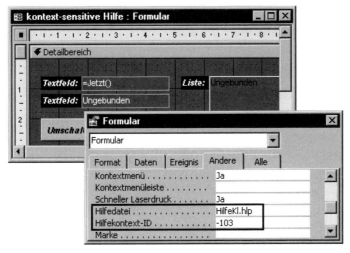

Bild 21.16: Die Eigenschaften Hilfedatei und Hilfekontext

Die Zahl „103" stellt die Kontextnummer für das Formular dar. Diese Nummer wurde in der Projektdatei im „[MAP]"-Abschnitt mit dem Kontext-String „ID_FORM" verbunden. Das Minuszeichen sagt aus, dass der Hilfetext in einem kleinen Fenster angezeigt wird, wenn Sie zuerst die „Hilfe"-Schaltfläche in der Access-Symbolleiste und dann das Formular anklicken.

Damit das Formular eine eigene „Hilfe"-Schaltfläche in der Titelzeile bekommt, müssen Sie

* die Eigenschaft „MinMaxSchaltflächen" auf „Keine" setzen;

* die Eigenschaft „Schaltfläche Direkthilfe" auf „Ja" einstellen.

Die Hilfe einem Menüpunkt oder einer Schaltfläche zuordnen

Sie können auch einem Menüpunkt oder einer Schaltfläche in der Symbolleiste einen Hilfetext zuweisen. Dies kann sowohl bei integrierten als auch bei benutzerdefinierten Befehlen erfolgen. Um einen kurzen Hilfetext mit einem Befehl zu verbinden, gehen Sie folgendermaßen vor:

1. Klicken Sie eine Leiste mit der rechten Maustaste an und wählen Sie aus dem Kontextmenü den Menüpunkt ANPASSEN.

2. Klicken Sie anschließend die Schaltfläche oder den Menüpunkt mit der rechten Maustaste an, der/dem Sie einen Hilfetext zufügen wollen. Bei einem Menüpunkt müssen Sie zuerst das Menü öffnen.

3. Lösen Sie im Kontextmenü den Menüpunkt EIGENSCHAFTEN aus.

In dem daraufhin angezeigten Dialogfeld „Steuerelementeigenschaften" sind die wichtigsten Eigenschaften des ausgewählten Befehls zusammengefasst.

4. Tragen Sie in das Textfeld „Hilfedatei" den Namen der Hilfedatei ein, zum Beispiel hilfe1.hlp.

5. Schreiben Sie in das darunterliegende Feld „Hilfe-KontextID" die Kontextnummer, die Sie zuvor in der Projektdatei im Abschnitt [MAP] festgelegt haben.

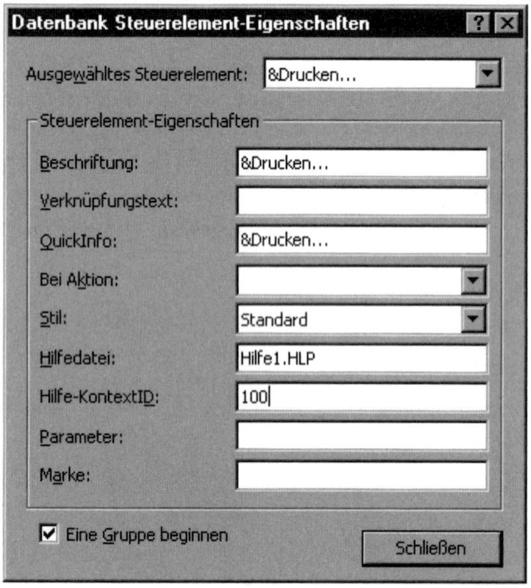

Bild 21.17: Einem Menüpunkt oder einer Schaltfläche einen Hilfetext zuweisen

Im Gegensatz zur Eigenschaft „Hilfekontext" eines Steuerelements im Formular wird der Nummer kein Minuszeichen vorangestellt.

Nachdem Sie beide Dialogfelder wieder geschlossen haben, können Sie den Hilfetext angezeigt bekommen. Wählen Sie dazu zuerst den Menüpunkt DIREKTHILFE und dann die entsprechende Schaltfläche oder den entsprechenden Menüpunkt.

21.2.7 Die Hilfe mit der API-Funktion „WinHelpA" aufrufen

Die meisten Windows-Anwendungen besitzen ein Menü HILFE oder ?, über dessen Menüpunkte die Hilfefunktion aufgerufen werden kann. Dieses Menü erscheint jeweils als letztes Menü in der Menüleiste. Um dies für ein Formular in Access zu realisieren, muss eine Makrogruppe für das Menü erstellt werden. Die einzelnen Makros in dieser Gruppe benutzen jeweils die Aktion „AusführenCode", um eine selbst geschriebene Funktion zu aktivieren, die ihrerseits die API-Funktion „WinHelpA" mit unterschiedlichen Parametern aufruft. Die Funktion „WinHelpA" besitzt folgende Syntax:

```
Declare Function WinHelpA Lib "User32" _
    (ByVal hWnd As Long, _
    ByVal lpHelpFile As String, _
    ByVal wCommand As Long, _
    dwData As Any) As Long
```

Sie ruft die Windows-Hilfefunktion WINHLP32.EXE auf und übergibt optionale Daten, die die Art der von der Anwendung angeforderten Hilfe festlegen. Der erste Parameter „hWnd" kennzeichnet das Formular, das Hilfe anfordert. In Access gibt es für Berichte und Formulare die Eigenschaft „hWnd", die eine eindeutige ID-Nummer für jedes Datenbankobjekt darstellt. Über folgenden Ausdruck kann in VBA auf diese Eigenschaft des Formulars „Hilfeanwendung" zugegriffen werden:

> Forms![Hilfeanwendung].hWnd

Im zweiten Parameter „lpHelpFile" wird in Anführungszeichen der Name der Hilfedatei genannt, die geladen werden soll, um das gewünschte Thema auszugeben. Der Parameter „wCommand" bestimmt entweder die Art und Weise, wie die Hilfefunktion ein spezielles Thema finden soll, oder leitet das Ende der Hilfefunktion ein. Es können ihm dazu unterschiedliche Konstanten übergeben werden, die in der nachfolgenden Tabelle aufgelistet sind:

Tabelle 21.9: Werte für den Parameter „wCommand"

Konstante	Hexa-Wert	Kurzbeschreibung
HELP_COMMAND	&H102	Führt ein Hilfe-Makro aus.
HELP_CONTENTS	&H3	Zeigt das Thema an, das über den Eintrag „CONTENTS" im „[OPTIONS]"-Abschnitt der Projektdatei eingestellt ist. Heutzutage sollte eher „HELP_FINDER" eingesetzt werden.
HELP_CONTEXT	&H1	Zeigt ein Hilfethema an, das durch eine Kontextnummer gekennzeichnet wird.
HELP_CONTEXTMENU	&HA	Zeigt das Hilfemenü für das gewählte Fenster und dann das Thema für das markierte Element an.
HELP_CONTEXTPOPUP	&H8	Zeigt im Detailfenster ein Hilfethema an, das durch eine Kontextnummer gekennzeichnet wird.
HELP_FINDER	&HB	Zeigt das Hilfethemen-Dialogfeld an.
HELP_FORCEFILE	&H9	Gewährleistet, dass die Hilfefunktion die richtige Hilfedatei anzeigt.
HELP_HELPONHELP	&H4	Zeigt das Index-Thema für die Benutzung der Hilfe an.
HELP_INDEX	&H3	Identisch zu „HELP_CONTENTS".
HELP_KEY	&H101	Zeigt ein Hilfethema an, das über ein Schlüsselwort spezifiziert wird.

Konstante	Hexa-Wert	Kurzbeschreibung
HELP_MULTIKEY	&H201	Zeigt ein Hilfethema an, das über ein Schlüsselwort aus einer zusätzlichen Schlüsselworttabelle spezifiziert wird.
HELP_PARTIALKEY	&H105	Zeigt das in der Liste der Schlüsselwörter gefundene Thema an. Wenn es mehrere Themen mit dem gleichen Schlüsselwort oder kein Thema gibt, wird das „Suchen"-Dialogfeld eingeblendet.
HELP_QUIT	&H2	Informiert die Hilfefunktion, dass die Hilfe nicht mehr benötigt wird. Falls keine andere Anwendung derzeit mit der Hilfe arbeitet, wird die Hilfefunktion geschlossen.
HELP_SETCONTENTS	&H5	Bestimmt, welches Index-Thema beim Drücken der <F1>-Taste erscheinen soll.
HELP_SETPOPUP_POS	&HD	Setzt die Position des Detailfensters.
HELP_SETWINPOS	&H203	Zeigt das Hilfefenster an, falls es derzeit als Symbol vorliegt oder sich im Speicher befindet.
HELP_TCARD	&H8000	Gibt an, dass der Befehl für eine Training Card-Instanz der Hilfefunktion bestimmt ist.
HELP_WM_HELP	&HC	Zeigt in einem Detailfenster das Thema für ein Element an, das durch hWnd gekennzeichnet wird.

Der vierte Parameter „dwData" der Funktion „WinHelpA" legt das anzuzeigende Thema fest und wird in Abhängigkeit von den eben beschriebenen Konstanten versorgt. Das jeweils benötigte Format wird in der folgenden Tabelle dargestellt. Falls „wCommand" in dieser Tabelle nicht erscheint, bleibt der Parameter „dwData" unberücksichtigt.

Tabelle 21.10: Werte für den Parameter „dwData"

Wert von wCommand	Format für dwData
HELP_COMMAND	String (Name des Hilfe-Makros)
HELP_CONTEXT	Long (Kontextnummer)
HELP_CONTEXTMENU	Long (Adresse eines Arrays)
HELP_CONTEXTPOPUP	Long (Kontextnummer)
HELP_KEY	String (Schlüsselwort)

Wert von wCommand	Format für dwData
HELP_MULTIKEY	Long (Zeiger auf die Struktur „MULTIKEYHELP")
HELP_PARTIALKEY	String (Schlüsselwort)
HELP_SETCONTENTS	Long (Kontextnummer)
HELP_SETPOPUP_POS	Long (Adresse einer „POINTS"-Struktur)
HELP_SETWINPOS	Long (Zeiger auf die Struktur „HELPWININFO")
HELP_TCARD	Befehlsabhängig
HELP_WM_HELP	Long (Adresse eines Arrays)

Beispiel-Anwendung zum Aufruf der Funktion „WinHelpA"

Einige der meistverwendeten Aufrufmöglichkeiten der Funktion „WinHelpA" sind in einer kleinen Applikation zusammengefasst worden. Das Formular „Hilfeanwendung" in der Datenbank HILFESYS.MDB enthält ein Menü namens HILFE mit vier Menüpunkten. Darüber können Sie auf unterschiedliche Weise die Hilfefunktion anspringen, um ein Thema des Hilfesystems HILFE1.HLP oder des Hilfesystems HILFE2.HLP anzuzeigen.

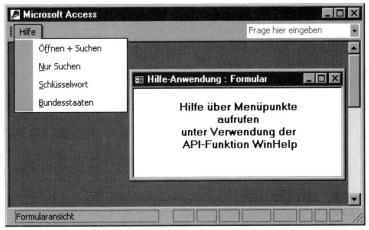

Bild 21.18: Beispiel zur programmierten Hilfeanwendung

Das Menü wurde mithilfe der beiden Makros „Hilfe-Makro" und „Hilfemenü" erzeugt, wobei die erste Makrogruppe die einzelnen Menüpunkte als Makros enthält und das zweite Makro ein Menü mit diesen Menüpunkten in die Menüzeile einfügt. Den vollständigen VBA-Code finden Sie im Modul des Formulars „Hilfeanwendung".

Damit der API-Funktion „WinHelpA" im vierten Parameter sowohl Daten im Datentyp „Long" als auch Daten mit dem Typ „String" übergeben werden können, ist diese Funktion zweimal unter den Alias-Namen „WinHelpLong" und „WinHelpString" im Deklarationsteil definiert worden. Bei dem zuerst genannten Alias-Namen bekommt der Parameter „dwData" den Datentyp „Long" zugewiesen, im anderen Fall den Typ „String":

```
Declare Function WinHelpLong Lib "User32" Alias "WinHelpA" (ByVal hWnd As Integer,
    ByVal lpHelpFile As String, ByVal wCommand As Integer,
    ByVal dwData As Long) As Integer
Declare Function WinHelpString Lib "User32" Alias "WinHelpA" (ByVal hWnd As Integer,
    ByVal lpHelpFile As String, ByVal wCommand As Integer,
    ByVal dwData As String) As Integer
```

Außerdem stehen im Deklarationsteil noch die Konstanten, die für unsere Beispiele dem Parameter „wCommand" übergeben werden, und eine Variable vom Typ „Control", die für die Eingabe eines Schlüsselworts benötigt wird.

```
Public Const HELP_CONTENTS = &H3
Public Const HELP_COMMAND = &H102
```

Bei Anwahl des Menüpunktes ÖFFNEN+SUCHEN soll die Hilfefunktion gestartet beziehungsweise in den Vordergrund gebracht und das Themen-Dialogfeld der Hilfefunktion mit dem Karteiblatt „Index" im Vordergrund angezeigt werden. Dazu sind zwei Aufrufe der Funktion „WinHelpA" notwendig:

```
A = WinHelpLong(Forms![Hilfeanwendung].hWnd,
    "hilfe1.hlp", HELP_CONTENTS, 0)
A = WinHelpString(Forms![Hilfeanwendung].hWnd,
    "hilfe1.hlp", HELP_COMMAND, "Search()")
```

Mit dem ersten Aufruf wird das Hilfefenster geöffnet und mit dem Thema der genannten Hilfedatei „Hilfe1.hlp" gefüllt, dessen Kontext-String der Option „CONTENTS" in der Projektdatei zugeordnet wurde. Zur Darstellung des Karteiblattes „Index" im Hilfethemen-Dialogfeld muss das Hilfe-Makro „Search" aktiviert werden. Dieses Makro wird als String übergeben, wobei der dritte Parameter „HELP_COMMAND" lauten muss.

22 Die Office XP Developer-Werkzeuge für Entwickler

Microsoft Office XP Developer (MOD) liefert zusätzliche Werkzeuge, damit Sie als Entwickler Ihre komplette Datenbankanwendung als ablauffähiges Programm erstellen und vertreiben können. Das MOD umfasst eine ganze Reihe von CDs folgenden Inhalts:

- Microsoft Office XP Developer: Auf dieser CD befinden sich die Entwicklungstools und Beispiele.
- Windows-Komponenten-Update: Hier werden zwingend erforderliche Aktualisierungen für Betriebssystem-Komponenten hinterlegt.
- Microsoft Visual SourceSafe: Die Software der Quellcodeverwaltung.
- Microsoft Exchange 2000 Server Developer Edition: Es handelt sich hierbei um eine Entwicklungsversion des Exchange Servers.
- Microsoft SQL Server 2000 für OfficeXP Developer: Die SQL Server 2000 Personal Edition.
- Microsoft Office XP Professional mit FrontPage: Diese CD enthält Office XP, das selbst aus Word, Excel, Powerpoint, Frontpage und natürlich Access besteht.
- Microsoft Office XP: Dort finden sich Zusatzinformationen zu Office XP.

Komponenten für Entwickler

Grundsätzlich besteht Microsoft Office XP Developer (MOD) aus den folgenden Komponenten für Entwickler:

- Eine kostenlose Lizenz zum Vertreiben der Access-Laufzeitumgebung.
- Verpackungs-Assistent: Mit diesem Assistenten können Sie alle Dateien, die zum Ablauf Ihrer Datenbankanwendung notwendig sind, zusammenstellen und auf eine CD-ROM oder ins Web bringen.
- Multicode-Import/-Export Add-In: Ermöglicht den Export und Import von mehreren Programmmodulen auf einmal. Über das VBA-Add-In Multicode-Import/-Export können Module und Klassenobjekte einfach importiert beziehungsweise exportiert werden.
- Replikationsmanager: Mit diesem Manager können die Aktualisierungen der Replikate zeitgesteuert durchgeführt werden. Mit ihm können Sie unter anderem auch eine visuelle Anzeige aller Replikate einer Gruppe erhalten.
- Quellcodeverwaltung: Microsoft Visual SourceSafe unterstützt die Entwicklung einer Anwendung, die gleichzeitig von mehreren Personen durchgeführt wird. Für Access gibt es dazu ein spezielles Visual SourceSafe-Add-In.
- Add-In-Designer: Mit ihm können Sie eigene Add-Ins direkt im Visual Basic Editor für jeweils eine Office XP-Anwendung erstellen.
- Codebibliothek: Mit diesem Werkzeug bringen Sie Ordnung in Ihre Programmmodule, da diese in einer Datenbank übersichtlich gesammelt werden können. Sie können nach Codeteilen suchen und diese dann in das aktuelle Projekt übernehmen. Zusätzlich gibt es

noch einen Codebibliothek-Viewer, mit dem Sie die Programmmodule weitergeben können, ohne dass es zu Änderungen an den Programmen kommen kann.

- HTML Help Workshop Software Development Kit: Dieses SDK enthält den HTML Help Workshop, der in Kapitel 21.1 näher beschrieben wird, und eine Laufzeitversion, die an Kunden weitergegeben werden kann.

- Smart Tag SDK: Mit diesem Werkzeug können Sie eigene Smart Tags erstellen, die jedoch nicht von Access unterstützt werden. Daher wird in diesem Buch auf das Thema Smart Tag nicht näher eingegangen.

- Workflow-Anwendungen für SQL Server und Workflow-Anwendungen für Exchange-Server: Mit diesen Tools können Betriebsabläufe nachgebildet und grafisch angezeigt werden.

- Windows API-Viewer: Wenn Sie mit einem früheren ADT, ODE oder MOD gearbeitet haben, kennen Sie bestimmt den API-Viewer. Die notwendigen Deklarationen, Konstanten und Datentypen von API-Funktionen stellt er für VBA zur Verfügung. In der Hilfe von Office XP Developer wird zwar von einem API-Viewer Add-In gesprochen, das es aber derzeit nicht gibt. Wenn Sie daher weiterhin den API-Viewer nutzen möchten, müssen Sie leider entweder auf Visual Studio oder das kostenlose Windows SDK zugreifen.

22.1 Systemanforderungen

Gegenüber den früheren Werkzeugen, die bei Access 2.0 und Access 95 Access Developer's Toolkit (ADT), bei Office 97 Office Developer Edition (ODE) und bei Access 2000 MOD hießen, sind die Anforderungen von MOD 2002 an das System teilweise ganz erheblich gestiegen.

Mindest-Systemanforderungen

Wenn Sie nur die normalen Entwicklungswerkzeuge benutzen möchten, so nennt Microsoft für Office XP Developer folgende Mindest-Systemanforderungen:

- Prozessor: Pentium II, 300 MHz (empfohlen: Pentium III, 600 MHz).
- RAM: 96 MB (empfohlen: 128 MB).
- Verfügbarer Festplattenspeicherplatz: 3 GB.
- Bildschirm: 1024x768, 256 Farben (empfohlen: High Color 16 Bit).
- Betriebssystem: Mindestens Windows 98 (Windows 95 ist nicht möglich). Manche Komponenten benötigen den Windows 2000 Server.

Systemanforderungen von Workflow-Anwendungen für SQL Server

Wenn Sie die Workflow-Anwendungen für SQL Server einsetzen möchten, so benötigen Sie zusätzlich:

- MS SQL Server 7.0 mit Service Pack 2 oder MS SQL Server 2000
- Einen Windows 2000 Server
- Die Office 2000-Webkomponenten und Office XP-Webkomponenten
- Die FrontPage-Servererweiterungen

Systemanforderungen von Workflow Designer für SQL Server und Workflow-Manager für SQL Server

- Das Office XP Paket selbst
- Die lokale Installation der MS SQL Server-Clienttools oder der MSDE (Microsoft SQL Server 2000 Desktop Engine)

Systemanforderungen von Workflow-Anwendungen für Exchange Server

- Das Office XP Paket selbst.
- Einen Exchange 2000 Server oder einen SharePoint Portal Server

Systemanforderungen von Digital Dashboard-Anwendungen

- Das Office XP Paket selbst.
- Einen Exchange 2000 Server oder einen SharePoint Portal Server

22.2 Die Access-Laufzeitumgebung

Nachdem Sie Ihre Access-Anwendung erstellt haben, möchten Sie diese bestimmt an einen Kunden weitergeben. Sie haben dabei entweder die Möglichkeit, den Kunden zu verpflichten ein eigenes Access zu erwerben, oder Sie setzen die Laufzeitversion von Access ein. Neben einer erheblichen Kosteneinsparung, da nur einmal das MOD zur Weitergabe von beliebig vielen Laufzeitversionen nötig ist, ist das Arbeiten für den Anwender durch den auf Ihre Applikation begrenzten Funktionsumfang wesentlich vereinfacht. Allerdings müssen Sie dann ein eigenes Installationsprogramm erstellen, um die Access-Laufzeitversion und Ihre Anwendung dem Kunden ausliefern zu können. Das Installationsprogramm können Sie wiederum komfortabel mit dem Verpackungs-Assistenten des MOD erzeugen (siehe Abschnitt 22.3).

Neben der Erstellung der eigentlichen Access-Anwendung sind noch weitere Schritte erforderlich, um die Laufzeitversion an den Kunden weitergeben zu können.

- Anwendung mit Access entwickeln
- Ein Hilfesystem erstellen
- Programm mit der Laufzeitversion testen (/Runtime)
- Setup konfigurieren
- Programm inkl. Laufzeitversion auf Datenträger auslagern

Mit der Access-Laufzeitumgebung kann jeder PC-Besitzer eine aus Tabellen, Abfragen, Formularen, Berichten, Makros und Modulen bestehende Access-Anwendung ausführen, ohne das volle Access-Paket zu besitzen.

22.2.1 Aufruf der Laufzeitversion

Die Laufzeitversion des Access-Datenbankmanagementsystems ist eine modifizierte Version der ausführbaren Access-Datei. Sie können auch mit dem normalen Access eine Laufzeitumgebung simulieren, indem Sie Access mit dem Parameter „/Runtime" aufrufen. Zusätzlich

nennen Sie den Namen der Datenbankdatei der Anwendung als Parameter. Falls Ihre Datenbankdatei den Namen REISEN.MDB trägt, sieht der Aufruf folgendermaßen aus:

    msaccess.exe /Runtime Reisen.MDB

Diese Zeile tragen Sie zum Beispiel in das Dialogfeld ein, nachdem Sie den Menüpunkt
AUSFÜHREN im START-Menü von Windows gewählt haben.

Wenn Sie Ihre Anwendung an den Kunden ausliefern, sollten Sie den Parameter „/Runtime"
grundsätzlich nennen, auch wenn Sie die Access Laufzeitversion mit ausliefern. Sollte sich
auf dem Kundenrechner bereits ein Access befinden, würde ihr Kunde sonst bei Programmstart die Normalversion von Access zusammen mit Ihrer Anwendung erhalten und könnte
dann zum Beispiel das Datenbankfenster aufrufen. Daher sollte immer „/Runtime" mit angegeben werden.

Datenbank reparieren und komprimieren

Auch beim Kunden kann es immer mal wieder passieren, dass die Datenbank beschädigt wird
oder, was noch der wahrscheinlichere Fall ist, dass die Datenbank zu groß geworden ist und
komprimiert werden muss. Hierzu bietet die Laufzeitversion ebenfalls eine Lösung an, die
eine Reparatur oder Komprimierung der Datenbank durch die Angabe von Parametern beim
Aufruf ermöglicht.

Um eine Datenbank zu komprimieren und gleichzeitig zu reparieren, fügen Sie den Zusatz
„/COMPACT" an die Aufrufzeile hinter dem Parameter „/Runtime" und dem Datenbank-
namen an. Aus Kompatibilität zu älteren Access-Versionen gibt es noch den Parameter
„/REPAIR" für die Reparatur. Sie sollten jedoch sinnvollerweise gleich /COMPACT verwen-
den, da in diesem Fall das Komprimieren und Reparieren in einem Vorgang ausgeführt wird.
Hierbei wird natürlich zuerst die Datenbank repariert, bevor sie komprimiert wird. Der
Aufruf sieht folgendermaßen aus, wenn die Datenbankdatei den Namen REISEN.MDB besitzt.   MSACCESS.EXE /Runtime REISEN.MDB /COMPACT

22.2.2   Unterschiede zwischen Access und der Laufzeitversion

Damit eine Access-Anwendung unter der Laufzeitversion korrekt abläuft, müssen bestimmte
Punkte von Ihnen als Entwickler beachtet werden:

- Ein Übersichtsformular oder ein eigenes Menü ist erforderlich.
- Datenbankfenster, Entwurfsansichten, Filterfenster und eingebaute Symbolleisten sind
  versteckt.
- Ein eigenes Hilfesystem ist nötig.
- Bestimmte Tasten, Menüs und Kontextmenüs sind ausgeschaltet.
- Eine Laufzeitfehlerbehandlung muss eingebaut werden.

Wird eine Access-Anwendung durch das Laufzeitsystem gestartet, blendet sich nicht das
Datenbankfenster ein, das Sie von Access her kennen. Vielmehr muss die Anwendung das
Anfangsfenster durch die Anzeige eines Formulars realisieren. Dieses kann ein Über-
sichtsformular sein, um zu weiteren Formularen und Berichten verzweigen zu können.

Um ein Übersichtsformular anzeigen zu können, tragen Sie dessen Namen im Dialogfeld „Start" ein. Alternativ können Sie ein Makro mit dem Namen AutoExec erstellen und darin das Formular mit der Aktion „ÖffnenFormular" darstellen.

Innerhalb der Laufzeitversion werden das Makro- und Visual Basic-Fenster sowie die Entwurfsansichten von Tabelle, Abfrage, Formular und Bericht nicht mehr sichtbar angezeigt. Außerdem sind die Fenster für die verschiedenen Filter ausgeblendet. Der formularbasierte Filter steht ebenfalls nicht zur Verfügung. Wenn Sie dessen Funktionalität dennoch wünschen, müssen Sie diesen Filter durch eigene Formulare nachbauen.

Nach dem Schließen aller Fenster der Anwendung wird nicht gleichzeitig die Access-Laufzeitumgebung geschlossen. Dies müssen Sie per Programm selbst veranlassen. Hierzu reagieren Sie auf das Ereignis „BeiEntladen" durch ein Makro oder eine Funktion mit der Aktion „Beenden" beziehungsweise „Quit" oder mit der „Quit"-Methode des Objekts „Application".

Falls die Anwendung keine eigene Menüleiste besitzt, stellt die Laufzeitversion eine Menüleiste zur Verfügung, die der normalen Access-Menüleiste ähnlich ist; jedoch sind die meisten Menüpunkte daraus entfernt worden. Hierdurch wird erreicht, dass der Benutzer die Gestaltung der Applikation nicht verändern kann. Die nachfolgende Tabelle listet die fehlenden Menüpunkte zusammen mit dem Fenster auf, in dem die Menüleiste vorkommt.

Tabelle 22.1: Menüpunkte, die in der Laufzeitversion fehlen

Menü	Menüpunkt	Fenster
DATEI	NEUE DATENBANK ANLEGEN	alle
DATEI	ALS ABFRAGE SPEICHERN	Filterfenster
DATEI	AUS ABFRAGE LADEN	Filterfenster
DATEI	SPEICHERN	Seitenansicht, Formular-, Berichtsfenster
DATEI	SPEICHERN UNTER	alle
DATEI	EXPORTIEREN	alle
DATEI	SEITENANSICHT	Seitenansicht, Formular-, Berichtsfenster
DATENSÄTZE	DATENSATZ SPEICHERN	Seitenansicht und Formularfenster
FENSTER	AUSBLENDEN	alle
FENSTER	EINBLENDEN	alle
?	fast alle Menüpunkte	alle

Hinweis: Meistens ist es besser, wenn der Entwickler eine eigene Menüleiste über das Dialogfeld „Anpassen" zusammenstellt, in der die für den Benutzer sinnvollen Menüpunkte enthalten sind.

Die Symbolleisten von Access enthalten einige Schaltflächen, die die Bearbeitung von Datenbankobjekten ermöglichen würden, wie zum Beispiel das Umschalten in die Entwurfsansicht. Um dies von vornherein zu unterbinden, sind die integrierten Symbolleisten in der Laufzeitversion ausgeschaltet. Üblicherweise wollen Sie auch nicht die Standardsymbolleisten, sondern selbst erstellte in Ihrer Anwendung verwenden. Diese können Sie über die Aktion „SymbolleisteEinblenden" oder über die Formular- und Berichts-Eigenschaft „Symbolleiste" anzeigen.

Innerhalb von Access besitzen einige Schnelltasten wichtige Funktionen in Bezug auf den Test der Applikation beziehungsweise dem sofortigen Wechsel in das Datenbankfenster. Würde eine Unterbrechung der Anwendung in der Laufzeitversion erlaubt sein, könnte durch deren falschen Einsatz schnell ein Durcheinander in den Daten und somit eine logische Dateninkonsistenz entstehen. Aus diesem Grund wurde die Funktionsweise der Tastenkombination <Strg> + <Untbr>, die im normalen Access zum Abbruch eines Makros, einer VBA-Funktion oder der Ausführung einer Aktionsabfrage benutzt werden kann, darauf reduziert, dass nur noch die Ausführung einer Aktionsabfrage unterbrochen werden kann. Andere Schnelltasten wie <Umschalt>, <F11>, <F12> und <Umschalt> + <F12> führen keine Funktion mehr aus. Die nächste Tabelle fasst die Schnelltasten und deren sonst übliche Funktion zusammen, die in der Laufzeitversion nicht mehr unterstützt werden.

Tabelle 22.2: Tasten, die in der Laufzeitversion nicht unterstützt werden

Taste(n)	Funktion
<F11>	Das Datenbankfenster anzeigen.
<F12>	Das Dialogfeld „Speichern unter" anzeigen.
<Umschalt> + <F12>	Ein Datenbankobjekt speichern.
<Umschalt>	Die Ausführung des Makros AutoExec und des Start-Dialogfelds unterbinden.
<Strg> + <F11>	Zwischen benutzerdefinierten und integrierten Menüleisten wechseln.
<Strg> + <G>	Das Direktfenster anzeigen.
<Strg> + <Untbr>	Die Makro- oder Visual Basic-Ausführung unterbrechen.

22.2.3 Besonderheiten bei der Laufzeitversion

Die aktuelle Konfiguration von Access wird in der Registrierungsdatenbank festgehalten. Die Einträge, die sich zum Beispiel auf die Import-/Export-Möglichkeiten und die Add-Ins beziehen, werden bei der Installation von Access angelegt.

Für jede Access-Anwendung, für die Sie über den Verpackungs-Assistenten ein Setup-Programm erstellen, werden bei ihrer Installation eigene Eintragungen in die Registrierungsdatenbank geschrieben. Diese benutzerdefinierten Registrierungsschlüssel werden auch als Benutzerprofil bezeichnet. Hierin enthalten sind die aktuelle Konfiguration Ihrer Access-Anwendung, wie zum Beispiel der Inhalt der Titelzeile oder das Symbol der Anwendung.

Über den Zusatz „/Profile" wird der Laufzeitversion der Name des Benutzerprofils mitgeteilt. Eine entsprechende Befehlszeile wird Ihnen der Verpackungs-Assistent für die Anwendung als Verknüpfung anlegen.

```
msaccess.exe /runtime /profile "Reisen" reisen.mdb
```

Hinweis: Sie können ein Benutzerprofil entweder manuell mit dem Programm „Regedit", mit dem Verpackungs-Assistenten oder über ein anderes Tool zur Erstellung von Setup-Programmen anlegen.

Das Benutzerprofil können Sie sich über das Programm „Regedit" ansehen, indem Sie nach dem Schlüssel \HKEY_LOCAL_MACHINE\SOFTWARE\Firmenname\Anwendungsname\Versionsnummer suchen. Dabei stehen die Angaben „Firmenname", „Anwendungsname" und „Versionsnummer" für die Bezeichnungen, die Sie in dem Dialogfeld des Verpackungs-Assistenten genannt haben. Damit Access das Benutzerprofil überhaupt finden kann, muss zusätzlich eine Zeichenfolge unter \HKEY_LOCAL_MACHINE\SOFTWARE\Microsoft\Office\10.0\Access\Profiles vorhanden sein. Diese Zeichenfolge trägt den Namen des Profils und als Wert \SOFTWARE\Firmenname\Anwendungsname\Versionsnummer des zuvor definierten Schlüssels.

Nachfolgend finden Sie ein Beispiel einer Reg-Datei, die der Verpackungs-Assistent automatisch erstellt hat. Der Inhalt einer Reg-Datei kann entweder über den Windows-Explorer oder über das später auszuführende Setup-Programm in die Registrierungsdatenbank eingefügt werden.

```
REGEDIT4

[HKEY_LOCAL_MACHINE\Software\MeinFirma\MeineDatenbank\1.000.0000\Profiles\
   MeinProfil\Run-Time Options]
"TitleBar"="Meine Anwendung"
"AppHelpFile"="$(AppPath)\MeineHilfe.htm"
[HKEY_LOCAL_MACHINE\Software\Microsoft\Office\10.0\Access\Profiles]
"MeinProfil"="Software\\MeinFirma\\MeineDatenbank\\1.000.0000\\Profiles\\MeinProfil"
```

Laufzeit-Optionen

Keine gute Windows-Anwendung kommt mehr ohne ein Hilfesystem aus, das gezielte Informationen zu einem aktuellen Problem oder einem Stichwort bietet, über das der Benutzer mehr wissen möchte,. Dem trägt auch die Laufzeitversion Rechnung, die ein eigenes Hilfesystem praktisch fordert. Da es kaum Sinn macht, dem Anwender das Hilfesystem von Access zur Verfügung zu stellen, benutzt die Laufzeitversion immer nur ein Hilfesystem der Anwendung. Um der Laufzeitversion den Namen der Hilfedatei mitzuteilen, wird in die Registrierungsdatenbank unter dem Schlüssel „Run-Time Options" dieser Dateiname eingetragen.

Als zweite Möglichkeit kann die Zuordnung durch die Eigenschaften „Hilfedatei" und „Hilfekontext" eines Formulars als kontextsensitive Hilfe erfolgen. Sobald eine Hilfedatei zur Verfügung steht, kann über die Tasten <F1>, <Umschalt>+<F1> beziehungsweise über das

Menü ? auf diese Hilfeinformation zugegriffen werden. Wenn Sie mehr über die Erstellung eines Hilfesystems erfahren möchten, so schlagen Sie bitte in Kapitel 21 nach.

Wenn Sie mit dem Setup-Assistenten die Laufzeitversion und Ihre Anwendung zusammenstellen, werden Sie unter anderem gefragt, ob eine BMP-Datei als Anfangsbildschirm existiert, wie die Symboldatei und die Hilfedatei heißen soll und welcher Titel in der Titelzeile erscheinen soll. Diese Angaben finden Sie unter dem Schlüssel „Run-Time Options" wieder. Die nachfolgende Tabelle führt Ihnen die möglichen Einträge zusammen mit einem Beispiel auf.

Tabelle 22.3: Angaben für den Schlüssel „Run-Time Options"

Wert	Bedeutung	Daten
AppHelpFile	Name der Hilfedatei	C:\Anw\REISEN.HLP
Icon	Symbol der Applikation	C:\Anw\REISEN.ICO
StartupScreen	Startbildschirm	REISEN.BMP
TitleBar	Inhalt der Titelzeile	Reisebüro

Access-Umgebung und Versionsnummer überprüfen

Wenn Sie Applikationen entwickeln möchten, die unterscheiden sollen, ob das normale Access oder die Laufzeitversion abläuft, oder wenn Sie die Anwendung abhängig von dem Ausgabestand von Access gestalten möchten, ist hierfür eine selbst geschriebene VBA-Funktion hilfreich. Die Grundlage bildet die Funktion „SysCmd", die dies abhängig von dem Übergabeparameter überprüft.

- Um festzustellen, ob die Anwendung unter der Normalversion oder der Laufzeitversion von Access abläuft, verwenden Sie den Aufruf „SysCmd(6)" beziehungsweise „SysCmd(acSysCmdRuntime)". Die Funktion liefert „True" zurück, wenn es sich um die Laufzeitversion handelt.

- Beim Aufruf „SysCmd(7)" beziehungsweise „SysCmd(acSysCmdAccessVer)" wird die Versionsnummer wie zum Beispiel 10.0 für Access 2002 als Zeichenkette zurückgegeben.

```
Function Version() As String
  Version = SysCmd(acSysCmdAccessVer)
End Function

Function Laufzeit() As Integer
  Laufzeit = SysCmd(acSysCmdRuntime)
End Function
```

22.3 Ein Setup-Programm mit dem Verpackungs-Assistenten erstellen

Zusammen mit dem MOD kommt der Verpackungs-Assistent, der Ihnen die Erstellung eines Setup-Programms ganz erheblich erleichtert. Es entsteht dabei ein Setup-Programm, das Ihrem Kunden später eine komfortable Installation ermöglicht. Die für Ihre Anwendung notwendigen Dateien können auf mehreren Disketten, als Netzwerkabbild oder auf einer CD-ROM abgelegt werden.

Den Verpackungs-Assistenten finden Sie in der Visual Basic Entwicklungsumgebung unter dem Menü ADD-INS. Damit Sie den Verpackungs-Assistenten überhaupt benutzen können, müssen Sie diesen im Add-In-Manager erst laden. Hierbei können Sie sich entscheiden, ob der Verpackungs-Manager gleich beim Start von Visual Basic automatisch mit geladen wird, oder erst über den Add-In-Manager erneut geladen werden soll. Anschließend steht Ihnen der Menüpunkt VERPACKUNGS-MANAGER im Menü ADD-IN zur Verfügung.

Über den Verpackungs-Assistenten legen Sie im Dialog fest, welche Programme und Dateien übernommen werden sollen. Außerdem bestimmen Sie Programmverknüpfungen, das Programmsymbol, eine eventuelle Hilfedatei und anderes mehr. Die Anwendungsdateien werden später beim Kunden von dem Setup-Programm an den zuvor im Assistenten definierten Ort kopiert. Welche Anwendung am Ende des Setup-Programmes aufgerufen wird, können Sie ebenfalls im Assistenten festlegen.

Die aktuellen Einstellungen im Setup-Assistenten können Sie speichern. Beim nächsten Aufruf des Assistenten können Sie diese dann wieder laden und direkt weiterverwenden.

Wie viele Dateien an den Kunden ausgeliefert werden müssen, hängt stark von den Komponenten ab, die Sie auswählen. Sobald die Access Laufzeitversion oder das MSDE (MS SQL Server 2000 Desktop Edition) benötigt wird, ist der Platzbedarf natürlich entsprechend größer.

Der Verpackungs-Assistent übernimmt die Zusammenstellung aller für die Installation der Laufzeitversion und Ihrer Anwendung erforderlichen Dateien. Als Ergebnis erhalten Sie ein so genanntes Paket, das neben dem eigentlichen Installationsprogramm SETUP.EXE aus allen für die Anwendung erforderlichen Dateien besteht.

Sicher werden Sie sich daran erinnern, dass Access für seinen Ablauf immer eine gültige Arbeitsgruppen-Informationsdatei benötigt. Die Laufzeitversion verhält sich genauso. Aus diesem Grund erstellt das Setup-Programm später beim Kunden diese Datei beim Installationsvorgang automatisch. Sie sollten daher dem Installationspaket keine Arbeitsgruppen-Informationsdatei beilegen, es sei denn, es handelt sich bei Ihrer Datenbankanwendung um ein abgesichertes System.

22.3.1 Das Installationspaket erstellen

Beim Verpackungs-Assistenten werden Sie durch eine Reihe von Dialogfeldern geführt. Hier nennen Sie den Namen der Anwendung und Ihrer Firma, die Programmversion und eine Standard-Installationsordner der Anwendung. Da der Ablauf ziemlich selbsterklärend ist, wird er nicht im Detail beschrieben, sondern die nächsten Zeilen befassen sich mit Besonderheiten.

Zu den Dateien, aus denen Ihre Anwendung besteht, werden Sie meist nur wenige Dateien hinzufügen müssen, da sich bereits aus dem Projekt ergibt, welche Dateien dazugehören. Es werden dabei auch COM-Objekte (ActiveX-Steuerelemente) erkannt, die Sie in ein Formular oder in einen Bericht eingefügt haben. Manuell hinzufügen würden Sie zum Beispiel eine weitere Datenbank-, Hilfe- oder Symboldatei.

Mit dem Verpackungs-Assistenten Registrierungsschlüssel anlegen

Sie haben auch die Möglichkeit, dem Verpackungs-Assistenten mitzuteilen, dass das Setup-Programm eigene Registrierungsschlüssel erstellt. Für die Realisierung gehen Sie folgendermaßen vor:

1. Erstellen Sie eine REG-Datei. Hierzu können Sie den Registrierungseditor Regedit einsetzen, um über ihn einen Zweig einer bestehenden Registrierungsdatenbank zu exportieren.

    Alternativ können Sie selbst eine REG-Datei schreiben, wie im nachfolgenden Beispiel.

    ```
    REGEDIT4

    [HKEY_LOCAL_MACHINE\Software\Test]

    [HKEY_LOCAL_MACHINE\Software\Test\1]
    "Zeichenfolge1"="$(AppPath)\Meine1.dll"
    [HKEY_LOCAL_MACHINE\Software\Test\2]
    "Zeichenfolge2"="$(WinPath)\Meine2.dll"
    [HKEY_LOCAL_MACHINE\Software\Test\3]
    "Zeichenfolge3"="$(WinSysPath)\Meine3.dll"
    ```

2. Fügen Sie die erstellte REG-Datei zu den Dateien des Setups im Verpackungs-Assistenten hinzu.

Das Erstellen einer eigenen REG-Datei hat den Vorteil, dass Sie nicht nur feste Pfade vorgeben können, sondern über Steuerzeichen diese dynamisch bestimmen. Der Verpackungs-Assistent kennt dabei folgende Steuerzeichen:

Tabelle 22.4: Steuerzeichen des Verpackungs-Assistenten

Wert	Bedeutung	Daten
$(AppPath)	Pfad der Anwendung	C:\Programme\Anwendungsname
$(ARTFolder)	Pfad der Access Runtime	C:\Programme\Microsoft Office
$(WinPath)	Windows Pfad	C:\Windows
$(WinSysPath)	Windows Systempfad	C:\Windows\System
$(WinSysPathSysFile)	Windows Systempfad	C:\Windows\System32

Wert	Bedeutung	Daten
$(CommonFiles)	Pfad der gemeinsamen Office-Dateien	C:\Programme\Gemeinsame Dateien
$(CommonFilesSys)	Pfad der gemeinsamen Office-Dateien	C:\Programme\Gemeinsame Dateien\System
$(ProgramFiles)	Pfad auf den Programme-Ordner	C:\Programme
$(MSDAOPath)	Pfad auf die DAO-Systemdateien	C:\Programme\Gemeinsame Dateien\Microsoft Shared\DAO
$(Font)	Pfad des Schriftenordners	C:\Windows\Fonts

Verknüpfungen anlegen

Nachdem Sie die Dateien definiert haben, die zu Ihrer Anwendung gehören, legen Sie fest, ob die Access-Laufzeitumgebung mit in das Installations-Paket übernommen werden soll. Hierzu brauchen Sie nur ein Kontrollkästchen zu aktivieren. Entsprechend gehen Sie vor, wenn die MSDE mit aufgenommen werden soll.

Aus den Angaben der Anwendung wird Ihnen der Verpackungs-Assistent gleich eine Verknüpfung für die Programmgruppe vorschlagen. Auf den ersten Blick lassen sich keine weiteren Einstellungen vornehmen. Dies täuscht, da Sie über „Eigenschaften" in ein zusätzliches Dialogfeld gelangen. In ihm legen Sie nämlich die Startoptionen und die dabei übergebenen Parameter fest. Hier lassen sich auch Angaben wie die Hilfe-, die Symboldatei, ein Startbild, eine System.mdw oder ein eigenes Profil wählen.

Nachdem alle Dialoge ausgefüllt wurden, erstellen Sie über die Schaltfläche „Fertigstellen" das Installations-Paket. Anschließend sollten Sie dieses gründlichst testen.

22.4 Codekommentierungs- und Fehlerhandler

Das MOD kommt mit einem weiteren praktischen Tool, dem Codekommentierungs- und Fehlerhandler in Form eines weiteren Add-Ins. Hiermit ist es möglich, den Beginn einer Funktion oder Prozedur mit einem automatisierten Kommentar zu versehen. Die Arbeit des Dokumentierens kann Ihnen damit natürlich nicht abgenommen werden, auch wenn Sie sich dies noch so wünschen. Es kann sich hierbei immer nur um einen Rahmen mit einheitlichem Aufbau handeln, der dann mit Ihren tatsächlichen Informationen gefüllt wird. Aber auch dies kann die Arbeit des Dokumentierens ziemlich erleichtern. Besonders wichtig wird es, wenn von mehreren Personen Programme erstellt und dokumentiert werden sollen. Entsprechendes gilt für eine Fehlerbehandlungsroutine, da auch hier nur ein Standardfall vorgegeben werden kann. Die Bedienung des Codekommentierungs- und Fehlerhandler ist wieder recht einfach, sodass an dieser Stelle nur die Besonderheiten beschrieben werden.

Der Codekommentierungs- und der Fehlerhandler fügen in Ihr Programm einen Dokumentations- beziehungsweise einen Programmrahmen ein, der über eine Vorlage festgelegt wird. Die Standardvorlage wird in vielen Fällen schon ausreichen, jedoch wird es auch zahlreiche

Fälle geben, in denen es sinnvoll ist, eine eigene Vorlage zu erstellen oder die bestehende zu modifizieren. Dabei greift der Codekommentierungs- und Fehlerhandler-Add-In von VBA auf Vorlagendateien in Form von EHT-Dateien zurück. Eine Vorlage besteht dabei aus Steuerzeichen, den so genannten Token. Beim Einfügen des Kommentar- oder des Fehlerroutinerahmens sucht das Add-In nach diesen Tokens und ersetzt sie durch tatsächliche Werte.

Es stehen Ihnen die drei Standard-Vorlagendateien CodeCommenter.eht, ErrorHandler.eht und CC_EH.eht zur Verfügung:

Tabelle 22.5: Vorlagendateien des Codekommentierungs- und Fehlerhandler

Dateiname	Funktion
CodeCommenter.eht	Enthält die Standardformate für die Kommentare.
ErrorHandler.eht	Enthält die Standardfehlerbehandlungsroutine.
CC_EH.eht	Kombiniert die beiden vorherigen Vorlagen.

Sie haben jetzt die Möglichkeit, entweder diese Standardvorlagen zu modifizieren oder eine benutzerdefinierte Vorlage zu erstellen. Zur Bearbeitung der Vorlagen bietet sich an, den Codekommentar- und Fehlerhandlervorlagen-Editor zu benutzen, da über ihn die Tokens einfach eingeführt werden können. Diesen Editor rufen Sie über die Schaltfläche „Bearbeiten" auf. Die zuvor erwähnten Tokens können Sie anschließend über das Menü EINFÜGEN in die Vorlage bringen. Darüber hinaus sieht dieser Editor wie die Notepad-Anwendung aus, er ist jedoch um die Funktionalität der Tokensverarbeitung erweitert worden.

Um die Vorlagen zu ändern oder eine benutzerdefinierte Vorlage zu erstellen, sollten Sie sich ein wenig mit den Tokens vertraut machen, um sie wenigstens lesen zu können.

Tabelle 22.6: Tokens in den Vorlagendateien des Codekommentierungs- und Fehlerhandlers

Token	Funktion
$$Author	Platzhalter für den Namen des Autoren.
$$Initials	Platzhalter für die Initialen des Autoren.
$$CurrentDate	Platzhalter für das aktuelle Datum im Windows-Kurzformat.
$$CurrentTime	Platzhalter für die aktuelle Uhrzeit im Windows-Kurzformat.
$$HeaderComments	Platzhalter für Header-Kommentare.
$$HeaderVariables	Platzhalter für Header-Variablen.
$$ParameterList	Platzhalter für die Argumente der aktuellen Prozedur.
$$ProcedureBody	Platzhalter für den Prozedurkörper.
$$ProcedureName	Platzhalter für den Namen der Prozedur oder der Klasse
$$ProcedureAndMo-duleName	Platzhalter für den Namen der Prozedur inklusive des Modulnamens. Er wird in der Form Modulname.Prozedurname dargestellt.

Token	Funktion
$$ProcedureType	Platzhalter für den Typ der Prozedur. Er kann den Wert „Sub", „Function" oder „Property" annehmen.
$$ProjectName	Platzhalter für den Projektnamen.
$$StartAuto	Kennzeichnet den Beginn des eingefügten Fehlerhandlers.
$$EndAuto	Kennzeichnet das Ende des eingefügten Fehlerhandlers.
$$StartHeader	Kennzeichnet den Beginn des Headers für Codekommentierung und Fehlerhandler.
$$EndHeader	Kennzeichnet das Ende des Headers für Codekommentierung und Fehlerhandler.

22.5 Der Replikationsmanager

Ein Bestandteil des Microsoft Office XP Developer ist der Replikationsmanager. Damit können Sie Kopien, so genannte Replikate, Ihrer Datenbank erstellen, die dann auf verschiedenen Rechnern laufen, zum Beispiel auf Ihrem PC in der Arbeit und auf Ihrem Notebook daheim. Die Replikate können Sie jederzeit wieder aufeinander abstimmen, d.h. synchronisieren. Unter Synchronisation wird der Austausch aller Datenbankobjekte und Datensätze verstanden, die in einer der Datenbanken geändert wurden. Da nur die Änderungen und nicht die gesamte Datenbank abgeglichen werden, ist der Zeitaufwand viel geringer als beim Kopieren der gesamten Datenbank.

22.5.1 Wissenswertes zur Replikation

Replikate helfen dabei, Konflikte in einer Datenbank zu vermeiden, wenn mehrere Anwender gleichzeitig auf die Datenbank zugreifen. Der Replikationsmanager bietet Ihnen mehr Möglichkeiten der Verwaltung von Replikaten als die Windows Aktenkoffer- oder die normale Access-Replikation.

Kopien erstellen, verwalten und synchronisieren

Das Anlegen, Verwalten und Abgleichen von Replikaten Ihrer Datenbank können Sie auf vier verschiedene Weisen durchführen:

- mit dem Aktenkoffer von Windows,
- mit den eingebauten Replikationsmöglichkeiten in Access,
- mit dem Replikationsmanager,
- mit der DAO-Programmierung.

Die Nachbildungen, die über eine dieser Replikationsarten entstehen, unterscheiden sich von einfachen Kopien, die Sie durch Kopieren und Einfügen über die Zwischenablage erzeugen. Einfache Kopien können nicht synchronisiert werden.

Sinnvolle Einsätze des Replikationsmanagers

Sie werden den Replikationsmanager zum Beispiel immer dann verwenden, wenn

- Sie viele Replikate verwalten müssen;
- Sie beim Erstellen der Replikate eigene Namen vergeben wollen;
- Sie bestimmte Datenbankobjekte ausschließen möchten;
- das Replikat nicht immer verfügbar ist, da es sich auf einem Laptop befindet;
- Sie die Synchronisierung in bestimmten Zeitintervallen durchführen wollen;
- Sie über das Internet replizieren möchten.

Den Replikationsmanager können Sie beliebig oft an Ihre Kunden weitergeben. Lizenz-gebühren fallen dabei nicht an.

Änderungen an der Datenbank

Nachdem Sie Ihre Originaldatenbank in einen Design-Master umgewandelt haben, hat Access während des Umwandlungsprozesses verschiedene Tabellen und Eigenschaften in die Daten-bank eingefügt. Diese neuen Systemtabellen lauten folgendermaßen:

Tabelle 22.7: Neue Systemtabellen des Design-Masters

Systemtabelle	Inhalt
MSysErrors	Wo und warum Fehler bei der Synchronisation von Daten auftraten
MSysExchangeLog	Informationen über die stattgefundenen Austausch-Aktionen
MSysGenHistory	Informationen über die Generationen
MSysOthersHistory	Datensatz mit Generationen, die andere Replikate empfangen haben
MSysRepInfo	Informationen über die Replikatgruppe
MSysReplicas	Informationen über alle Replikate
MSysSchChange	Änderungen am Entwurf des Design-Masters
MSysSchedule	Informationen über eine geplante Synchronisation
MSysSchemaProb	Fehler, die bei der Synchronisation der Datenbankstruktur auftraten
MSysSidetable	Konflikte, die zwischen zwei Kopien stattfanden
MSysTableGuids	Verbindung zwischen Tabellennamen und GUIDs
MSysTombstone	Informationen über gelöschte Datensätze
MSysTranspAddress	Alle Transporter für diese Replikatgruppe

Außerdem bekommt der Design-Master drei neue Eigenschaften zugeordnet:

Tabelle 22.8: Neue Eigenschaften des Design-Masters

Eigenschaft	Bedeutung
Replicable	Enthält den Buchstaben „T", um anzuzeigen, dass die Datenbank replizierbar ist. Dieser Inhalt ist unveränderbar.
ReplicalID	Eindeutiges 16 Byte großes Kennzeichen.
DesignMasterID	Legt die Datenbank als Design-Master fest.

Daneben werden in jede bestehende Tabelle in der Datenbank drei neue Felder eingefügt:

Tabelle 22.9: Neue Felder für bestehende Tabellen

Feld	Datentyp	Bedeutung
s_GUID	AutoWert	Feldgröße = Replikations-ID; Eindeutiges Kennzeichen für jeden Datensatz; GUID steht als Abkürzung für Globally Unique Identifier.
s_Generation	Zahl	Information pro Datensatz, welcher Satz geändert wurde und somit bei der Synchronisierung übertragen werden muss.
s_Lineage	OLE-Objekt	Liste der Replikate, die den Satz aktualisiert haben, sowie eine Versionsnummer pro Replikat.

Ein Replikat in eine nichtreplizierbare Datenbank konvertieren

Der umgekehrte Weg von einem Replikat zu einer normalen Datenbank ist leider nicht so ohne weiteres möglich, da dies nicht einfach per Befehl möglich ist. Trotzdem ist dies möglich. In diesem Fall müssen Sie folgende Schritte durchführen:

1. Legen Sie eine neue leere Datenbank an.

2. Importieren Sie alle Datenbankobjekte mit Ausnahme der Tabellen in diese Datenbank.

3. Erstellen Sie für jede Tabelle eine Tabellenerstellungsabfrage, die alle Tabellenfelder mit Ausnahme der Replikationsfelder „s_GUID", „s_Generation" und „s_Lineage" in die neue Tabelle bringt.

4. Definieren Sie dieselben Primärschlüssel für die neuen Tabellen, wie sie im Replikat existieren.

5. Erzeugen Sie dieselben Beziehungen zwischen den neuen Tabellen, wie sie im Replikat existieren.

6. Sichern Sie die neue Datenbank.

22.5.2 Konflikte und Fehler beim Synchronisieren lösen

Unabhängig davon, ob Sie die Synchronisation über den Aktenkoffer von Windows, in Access, mithilfe des Replikationsmanagers oder mit DAO durchführen, können drei verschiedene Arten von Fehler auftreten.

- Synchronisierungskonflikte
- Synchronisierungsfehler
- Entwurfsfehler

Synchronisierungskonflikte

Sobald zwei Datenbanken in einer Replikatgruppe existieren, kann es passieren, dass in beiden Datenbanken die gleichen Datensätze geändert werden. Bei einer Synchronisation muss dann Microsoft Jet entscheiden, welcher Satz als aktueller Satz für beide Datenbanken gelten soll. Ein solcher Synchronisierungskonflikt tritt auch schon auf, wenn unterschiedliche Felder eines Datensatzes aktualisiert wurden.

Microsoft Jet geht in diesen Fällen folgendermaßen vor, um den Konflikt zu lösen: Es werden die Versionsnummern des Datensatzes in beiden Datenbanken verglichen. Diese Nummer steht im Feld „s_Lineage" und wird bei jeder Änderung am Datensatz inkrementiert. Ein Satz, in dem keine Datenaktualisierung stattfand, besitzt die Versionsnummer 0. Wurden an dem Datensatz in der ersten Datenbank nacheinander vier Änderungen und am gleichen Satz in der zweiten Datenbank zwei Aktualisierungen vorgenommen, so lautet die Versionsnummer für die erste Datenbank 4 und für die andere 2.

Es wird immer der Datensatz in beide Datenbanken übernommen, dessen Daten am häufigsten geändert wurden, d.h. dessen Versionsnummer am größten ist. Der andere Datensatz geht jedoch nicht verloren. Falls die konkurrierenden Datensätze der Tabellen in den beiden Datenbanken dieselbe Versionsnummer besitzen, verwendet Microsoft Jet den Datensatz aus der Tabelle der Datenbank mit der kleineren ReplicalID.

Wenn beim Synchronisieren ein oder mehrere Konflikte aufgetreten sind, wird dies direkt im Anschluss gemeldet. Diese Meldung erfolgt auch beim nächsten Öffnen der anderen Datenbank.

Synchronisierungsfehler

Synchronisierungsfehler werden in der Systemtabelle „MSysErrors" abgelegt und können auf unterschiedliche Weise entstehen. Die Tabelle „MSysErrors", die in alle Replikate repliziert wird, enthält alle wichtigen Daten, die den Fehler kennzeichnen. Dies sind unter anderem die Replikate, in denen der Fehler auftrat, die Art der Operation und die Ursache des Fehlers.

- Wenn zum Beispiel durch Zufall in verschiedenen Replikaten derselbe Primärschlüssel in eine Tabelle eingegeben wird, kann die Synchronisation nicht gelingen. Der Schlüssel wäre sonst nicht mehr eindeutig. Den Fehler beheben Sie, indem Sie einen anderen Schlüssel vergeben.

- Wenn Sie eine neue Gültigkeitsregel für eine Tabelle mit mehreren Sätzen einführen, kann es vorkommen, dass die bestehenden Sätze dieses oder eines anderen Replikats die neue Regel nicht erfüllen. Beim Synchronisieren wendet Microsoft Jet für jeden abzugleichenden Datensatz die neue Regel an. Falls Werte dieser Regel nicht entsprechen, können sie nicht in die anderen Replikate übernommen werden.

- Ein Datensatz kann gesperrt sein, da ein Benutzer gerade daran arbeitet. Microsoft Jet versucht bei der Synchronisierung mehrmals auf diesen Satz zuzugreifen. Falls es immer misslingt, wird ein Eintrag in die Fehlertabelle geschrieben. Dieser Fehler ist jedoch nicht so schwerwiegend, da im Normalfall bei der nächsten Synchronisation der Datensatz nicht mehr gesperrt ist und somit abgeglichen werden kann.

- Durch das Löschen eines Datensatzes in einem Replikat und das Einfügen eines Satzes, der auf den gelöschten Primärschlüssel verweist; in einem anderen Replikat kommt es bei der Synchronisierung zum Fehler. Der neue Datensatz bezieht sich nämlich auf einen Schlüssel, der gar nicht mehr existiert. Den Fehler können Sie beheben, indem Sie den neuen Satz wieder aus der Tabelle entfernen.

Sind bei der Synchronisierung Synchronisierungsfehler entstanden, wird Ihnen dies genauso wie bei den Synchronisierungskonflikten sowohl sofort nach dem Vorgang als auch beim nächsten Öffnen der beteiligten Datenbank mitgeteilt.

Entwurfsfehler

Sobald Sie am Entwurf eines Datenbankobjektes eine Änderung vornehmen, wird diese als eigener Datensatz in die Tabelle „MSysSchChange" eingetragen. Beim Synchronisieren werden dann diese Änderungen chronologisch im anderen Replikat nachgetragen. Wenn Sie zum Beispiel zuerst eine Tabelle im Design-Master erstellen, dann ein weiteres Feld einfügen und später jedoch diese Tabelle wieder löschen, werden alle drei Schritte bei der Synchronisierung nachvollzogen.

Fehler können nun auftreten, wenn Sie im Replikat ein lokales Datenbankobjekt wie eine Tabelle anlegen und im Design-Master auch eine Tabelle mit demselben Namen erstellt wurde. Wenn Sie diese beiden Datenbanken miteinander abgleichen, kann die Tabelle des Design-Masters nicht in das Replikat übernommen werden, da dort bereits ein Objekt mit demselben Namen existiert.

Der Fehler wird in die Systemtabelle „MSysSchemaPro" geschrieben, die in dem Replikat abgelegt wird, das nicht die neue Tabelle aufnehmen konnte. Nach der Synchronisierung und beim nächsten Start dieses Replikats werden Sie wie bei den Synchronisierungskonflikten und -fehlern auf den Entwurfsfehler aufmerksam gemacht.

23 Zusätzliche ActiveX-Steuerelemente

Nachdem Sie Access auf Ihrem Rechner installiert haben, ist bereits ein ActiveX-Steuerelement, der Kalender, verfügbar. Ein solches Steuerelement, das früher als OLE-Zusatzsteuerelement und jetzt als COM-Objekt bezeichnet wird, erweitert die Funktionalität von Access und somit Ihre Anwendungen. Zusätzliche ActiveX-Controls, die in mehreren Dateien mit der Endung „ocx" oder „dll" gespeichert sind, werden von zahlreichen Drittherstellern auf dem Software-Markt angeboten. In dem früheren Zusatzpaket für Entwickler für Microsoft Office existierten auch mehrere ActiveX-Steuerelemente. Nachfolgend werden einige dieser Controls vorgestellt. Vielleicht haben Sie noch Zugriff auf ein ODE (Office Developer Edition) der älteren Version oder Sie setzen ähnliche ActiveX-Steuerelemente von anderen Anbietern ein. Sie bekommen auf alle Fälle einen Überblick, wie diese Objekte programmtechnisch genutzt werden können.

- „Abbildungsliste"-Steuerelement (ImageList)
- „RTF-Textfeld"-Steuerelement (Rich Textbox)
- „Allgemeine Dialogfelder"-Steuerelement (Common Dialogs)
- „Drehfeld"-Steuerelement (UpDownButton)
- „Schieberegler"-Steuerelement (Slider)
- „Hierarchieansicht"-Steuerelement (TreeView)
- „Listenansicht"-Steuerelement (ListView)

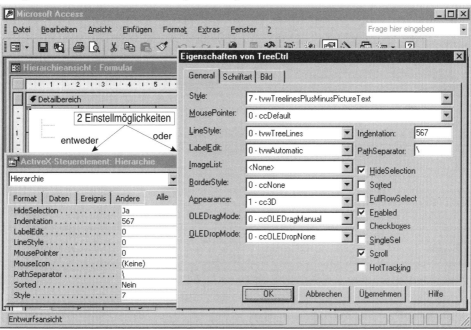

Bild 23.1: Die Eigenschaften eines Zusatzsteuerelements

Nachdem das ActiveX-Steuerlement in Access registriert wurde, können Sie es meistens über den Menüpunkt ACTIVEX-STEUERELEMENT im Menü EINFÜGEN in das Formular oder den Bericht hinzufügen. Oder Sie verwenden die Toolbox. Klicken Sie darin die Schaltfläche „Weitere Steuerelemente" an und wählen Sie dann aus der eingeblendeten Liste das gewünschte ActiveX-Control.

Anschließend können Sie das Element wie jedes andere Standardsteuerelement verschieben, vergrößern etc. Neben den normalen Eigenschaften, die Sie bereits von den anderen Steuerelementen kennen, besitzt jedes ActiveX-Steuerelement noch einige spezifische Eigenschaften. Ihre Einstellungen nehmen Sie entweder im Eigenschaftenfenster über das Karteiblatt „Andere" oder über ein eigenes Dialogfeld vor. Dieses Dialogfeld können Sie über das Kontextmenü des ActiveX-Controls oder über einen Doppelklick aufrufen.

23.1 Bilder in einer Liste speichern

Das ActiveX-Control „Abbildungsliste" ist als Hilfsmittel für andere Zusatzsteuerelemente wie „Symbolleiste" und „Hierarchieansicht" entwickelt worden. Es speichert Bilder in einer Liste, auf die dann auf einfache Weise zugegriffen werden kann. Die Bilder können beliebig oft verwendet werden, ohne dass sie jedes Mal erneut geladen werden müssen. Dies spart Systemressourcen. In der Formularansicht bleibt die Abbildungsliste unsichtbar.

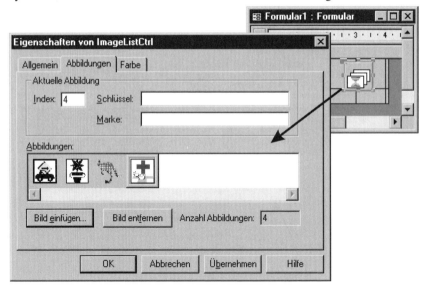

Bild 23.2: Bilder in das Zusatzsteuerelement Abbildungsliste einfügen

Häufig werden Sie die Bilder schon in der Entwurfsansicht des Formulars in der Abbildungsliste sammeln.

1. Stellen Sie zuerst über den Menüpunkt ACTIVEX-STEUERELEMENT im Menü EINFÜGEN das ImageList-Control in das Formular.

2. Rufen Sie über sein Kontextmenü das Dialogfeld der spezifischen Eigenschaften auf.

3. Holen Sie das Karteiblatt „Abbildungen" in den Vordergrund.

4. Klicken Sie die Schaltfläche „Bild einfügen" an und wählen eine Symbol- (.ICO) oder Bilddatei (.BMP) aus.

5. Tragen Sie optional in das Feld „Key" einen eindeutigen Namen für das Bild ein. Später können Sie dann über diesen Namen auf das Bild zugeifen.

6. Wiederholen Sie die Schritte 4 und 5, bis alle gewünschten Bilder in der Liste gesammelt sind.

7. Beenden Sie das Dialogfeld.

Eine Abbildungsliste besteht aus ein oder mehreren „ListImage"-Objekten, die jeweils ein Bild enthalten. Um die Bilder erst während der Laufzeit in die Abbildungsliste einzufügen, verwenden Sie die Methode „Add". In diesem Fall werden die einzelnen Bilder nicht im Formular gespeichert.

```
Dim NeuBild As Object
Set NeuBild = Me!BildListe.ListImages.Add(, "Bild1", LoadPicture("medical.bmp"))
Set NeuBild = Me!BildListe.ListImages.Add(, "Bild2", LoadPicture("kangaroo.ico"))
```

Der erste Parameter stellt den Index und somit die Positionierung innerhalb der Liste dar. Wenn Sie ihn nicht besetzen, wird das neue Bild an das Ende der Liste gestellt. Im zweiten Parameter geben Sie optional einen Schlüssel an, über den Sie das ListImage-Objekt eindeutig identifizieren können. Das Bild selber laden Sie im dritten Argument mit der Funktion „LoadPicture".

Sie entfernen ein „ListImage"-Objekt aus der Abbildungsliste mit der Methode „Remove". Um die Liste vollständig zu entleeren, müssen Sie die Methode „Clear" aufrufen.

```
Me!BildListe.ListImages.Remove 2
Me!BildListe.ListImages.Clear
```

Bilder übereinander zeichnen

Die Bilder werden Sie zum Beispiel für Symbol- und Statusleisten einsetzen. Dabei ist es nicht nur möglich, einzelne Bilder darzustellen, sondern Sie können auch Bilder übereinander zeichnen. Bei der Methode „Overlay" der Abbildungsliste geben Sie den Index oder den Schlüssel zweier Bilder an. Zuerst wird das zuerst genannte gezeichnet, darüber wird dann das zweite gesetzt. Die Methode „Overlay" liefert einen Verweis auf das neue Bild zurück, den Sie zum Beispiel der Eigenschaft „Picture" von der Grundfläche einer Statusleiste übergeben.

```
Set Me!StatusLeiste.Panels(1).Picture = Me!BildListe.Overlay(3, 1)
```

Über die Eigenschaft „MaskColor" legen Sie fest, welche Farbe bei der Verwendung der Methode „Overlay" transparent erscheinen soll. Ansonsten überdeckt das zweite Bild vollständig das erste. Enthält zum Beispiel das zweite Bild viel weiße Farbe, können Sie der Eigenschaft „MaskColor" mithilfe der „RGB"-Funktion diese Farbe zuweisen.

```
Me!BildListe.MaskColor = RGB(255, 255, 255)
```

Die nachfolgende Abbildung zeigt die Bilder einer Abbildungsliste mittels einer Symbolleiste an. Außerdem wird die Overlay-Technik in einer Grundfläche einer Statusleiste dargestellt.

Bild 23.3: Beispiel zur Abbildungsliste

23.2 Texte mit unterschiedlichen Formaten in einem Feld darstellen

Zur Darstellung von Texten haben Sie bis jetzt Bezeichnungs- und Textfelder verwendet. Jeder Text in einem solchen Feld konnte jedoch nur eine einheitliche Formatierung besitzen. Es war zum Beispiel auch nicht möglich, Schriftarten zu vermischen. Abhilfe schafft nun das Steuerelement „Rich Textbox". Mit diesem ActiveX-Control können Sie beliebig formatierten Text anzeigen, Formatierungen für die Dateneingabe festlegen sowie die Formatierungen bei bereits ausgegebenen Texten verändern. Die Definition dieses Steuerelements finden Sie in der Datei RICHTX32.OCX.

Bild 23.4: Das Zusatzsteuerelement „Rich Textbox"

Texte in der Rich Textbox anzeigen

Die in der Rich Textbox angezeigten Texte können entweder vom Benutzer eingegeben, per Programm gesetzt oder aus Dateien der Formate RTF und Standard-ASCII in das Steuerelement gelesen werden. Beim Speichern des Textes können Sie wiederum zwischen diesen beiden Formaten wählen. Soll die Textbox standardmäßig einen bestimmten Text ausgeben, ist es am einfachsten, die dazugehörige Datei bereits in der Entwurfsphase zu nennen.

1. Rufen Sie über das Kontextmenü des ActiveX-Steuerelements das Dialogfeld der spezifischen Eigenschaften auf.

2. Stellen Sie im Karteiblatt „General" über die Schaltfläche „Browse" die gewünschte Datei ein.

3. Schließen Sie das Dialogfeld über die „OK"-Schaltfläche.

Der Dateiinhalt wird nun sofort in der Textbox angezeigt. Falls jedoch der Anwender entscheiden soll, welcher Text geladen wird, verwenden Sie die Methode „LoadFile" oder die Eigenschaft „FileName" des ActiveX-Steuerelements. Sie übergeben in beiden Fällen den Namen der Datei. Befindet sich die Datei im selben Verzeichnis wie die Datenbank, ist keine Pfadangabe nötig.

```
Forms!Formular1!RTFBox.FileName = "richtext.rtf"
Forms!Formular1!RTFBox.LoadFile "richtext.rtf"
```

Ein bereits angezeigter Text wird durch beide Programmzeilen überschrieben. Damit er nicht verloren geht, müssen Sie programmtechnisch dafür sorgen, dass er zuvor noch gesichert wird. Dazu gibt es die Methode „SaveFile", der wiederum der Dateiname übergeben wird. Soll der Text nicht im RTF-Format, sondern als ASCII-Text gespeichert werden, müssen Sie als zweiten Parameter noch die Konstante „rtfText" nennen.

Falls der anzuzeigende Text nicht in einer Datei gesichert ist, sondern im Programm als Zeichenkette festgelegt wurde oder in einem anderen Textfeld steht, kann er über die Eigenschaft Text zur Anzeige gebracht werden.

```
Forms!Formular1!RTFBox.Text = "Hallo"
```

oder

```
Forms!Formular1!Textfeld.SetFocus
Forms!Formular1!RTFBox.Text = Forms!Formular1!Textfeld.Text
```

Im zweiten Beispiel muss zuerst der Fokus auf das andere Textfeld gestellt werden, damit sein Inhalt ausgelesen werden kann.

Außerdem gibt es noch die Eigenschaft „TextRTF", die den Text inklusive aller RTF-Codes enthält. Wenn Sie den Inhalt einer Rich Textbox einer zweiten Rich Textbox übergeben wollen, benutzen Sie diese Eigenschaft:

```
Forms!Formular1!RTFBox2.TextRTF = Forms!Formular1!RTFBox1.TextRTF
```

Den Text in der Rich Textbox in verschiedenen Stilarten darstellen

In einer Rich Textbox kann der Text unterschiedliche Stilarten besitzen. Dies ist bei einem normalen Textfeld nicht möglich. Das Zusatzsteuerelement verfügt dazu über Eigenschaften wie „SelBold" und „SelUnderline", über die die aktuelle Stilart ermittelt oder neu gesetzt werden kann. Dabei wird nur der derzeit ausgewählte Text verändert.

Im nachfolgenden Beispiel wurde ein kleiner Funktionsteil von Word nachgebildet. Das Formular enthält eine Rich Textbox und eine Symbolleiste mit drei Schaltflächen. Damit ein Textstück zum Beispiel kursiv erscheint, müssen Sie den gewünschten Text markieren und

dann die entsprechende Schaltfläche (K) drücken. Außerdem werden bei jeder neuen Text-
auswahl der selektierte Text, sein Länge und die Startposition ausgegeben.

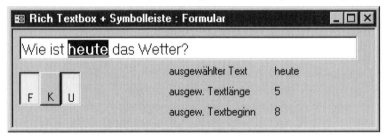

Bild 23.5: Einen Text in verschiedenen Stilarten darstellen

```
'************************ BUCHSAMM.MDB ************************
'********************* Formular Rich Textbox + Symbolleiste **************
' Benutzer ändert die Auswahl
Private Sub RTFBox_SelChange()
    Dim sRTF As Control, sLeiste As Control
    Dim sText As Control, sLänge As Control, sBeginn As Control

    Set sRTF = Me!RTFBox
    Set sLeiste = Me!SymLeiste
    Set sText = Me!ausgewText
    Set sLänge = Me!ausgewLänge
    Set sBeginn = Me!ausgewBeginn

    If sRTF.SelBold = False Then
        sLeiste.Buttons("fett").Value = tbrUnpressed
    Else
        sLeiste.Buttons("fett").Value = tbrPressed
    End If
    If sRTF.SelItalic = False Then
        sLeiste.Buttons("kursiv").Value = tbrUnpressed
    Else
        sLeiste.Buttons("kursiv").Value = tbrPressed
    End If
    If sRTF.SelUnderline = False Then
        sLeiste.Buttons("unter").Value = tbrUnpressed
    Else
        sLeiste.Buttons("unter").Value = tbrPressed
    End If
    If Not sRTF.selText = "" Then
        sText.Caption = sRTF.selText
        sLänge.Caption = sRTF.SelLength
        sBeginn.Caption = sRTF.SelStart
    End If
End Sub

'Benutzer drückt eine Schaltfläche der Symbolleiste
Private Sub SymLeiste_ButtonClick(ByVal Button As Object)
    Dim sRTF As Control
```

```
    Set sRTF = Me!RTFBox
    Select Case Button.KEY
        Case Is = "fett"
            sRTF.SelBold = Not sRTF.SelBold
        Case Is = "kursiv"
            sRTF.SelItalic = Not sRTF.SelItalic
        Case Is = "unter"
            sRTF.SelUnderline = Not sRTF.SelUnderline
    End Select
    DoCmd.GoToControl sRTF.Name
End Sub
```

Jedesmal, wenn der Anwender mit dem Mauszeiger ein oder mehrere Buchstaben in der Textbox markiert, entsteht das Ereignis „SelChange" für dieses Steuerelement. Um die Schaltflächen der Symbolleiste entsprechend zu setzen, untersuchen Sie über die Eigenschaften „SelBold", „SelItalic" und „SelUnderline", welche Stilarten der ausgewählte Text besitzt. Anschließend geben Sie in drei Bezeichnungsfelder den Text selber, seine Länge und seine Startposition aus.

Sobald Sie eine Schaltfläche anklicken, wird das Ereignis „ButtonClick" für die Symbolleiste erzeugt. Über die Eigenschaft „Key" überprüfen Sie die Zustände der einzelnen Schaltflächen, um dem Text die gewünschte Stilart zuweisen zu können. Damit der Text anschließend wieder markiert ist, müssen Sie noch mithilfe der Aktion „GoToControl" den Fokus auf die Rich Textbox setzen.

Einen Mauszeiger für die Rich Textbox definieren

Damit der Benutzer noch besser erkennt, wann er Eingaben in die Rich Textbox vornehmen kann, können Sie diesem Steuerelement einen eigenen Mauszeiger zuordnen. Die spezielle Mausfigur wird angezeigt, sobald sich der Cursor über dem Steuerelement befindet. Diese Möglichkeit existiert auch bei einigen anderen Zusatzsteuerelementen wie der Hierarchieansicht und der Statusleiste. Dabei ist zu unterscheiden, ob ein bereits vordefinierter oder ein selbst erstellter Mauszeiger benutzt werden soll. Für den ersten Fall brauchen Sie nur die Eigenschaft „MousePointer" einzustellen.

1. Rufen Sie dazu über das Kontextmenü des Zusatzsteuerelements das Dialogfeld der spezifischen Eigenschaften auf.

2. Wählen Sie im Kombinationsfeld „MousePointer" des Karteiblatts „General" eine Nummer zwischen 0 und 15.

3. Beenden Sie das Dialogfeld mit „OK".

Damit eine eigene Mausgestalt angezeigt wird, ist zusätzlich die Eigenschaft „MouseIcon" notwendig.

1. Rufen Sie dazu über das Kontextmenü des ActiveX-Steuerelements das Dialogfeld der spezifischen Eigenschaften auf.

2. Wählen Sie im Kombinationsfeld „MousePointer" die Zahl 99.

3. Holen Sie das Karteiblatt „Bilder" in den Vordergrund.

4.   Stellen Sie über die Schaltfläche „Durchsuchen" die Datei ein, die das gewünschte Mausbild enthält. Die Datei kann eine Cursor- (.cur) oder eine Symboldatei (.ico) sein.

5.   Schließen Sie das Dialogfeld über die „OK"-Schaltfläche.

Natürlich können Sie diese Einstellungen auch programmtechnisch vornehmen. Im nachfolgenden Beispiel kann eine Rich Textbox im gleichnamigen Formular mit zwei verschiedenen Mauszeigern verbunden werden. Die Wahl findet über zwei Optionsfelder statt.

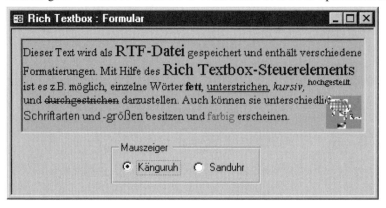

Bild 23.6: Verschiedene Mauszeiger der Rich Textbox zuordnen

```
'****************************** BUCHSAMM.MDB **************************
'****************************** Formular Rich Textbox ***********************
Private Sub Form_Open(Cancel As Integer)
    Forms![Rich Textbox]!RTFBox.Refresh
    Forms![Rich Textbox]!RTFBox.MousePointer = rtfHourglass
End Sub

Private Sub MausGruppe_Click()
    If Forms![Rich Textbox]!MausGruppe.Value = 1 Then
        Forms![Rich Textbox]!RTFBox.MousePointer = rtfCustom
        Forms![Rich Textbox]!RTFBox.MouseIcon =
            LoadPicture("kangaroo.ico")
    Else
        Forms![Rich Textbox]!RTFBox.MousePointer = rtfHourglass
    End If
End Sub
```

Die Symboldatei kangaroo.ico kann der Eigenschaft „MouseIcon" nicht direkt, sondern nur mithilfe der Funktion „LoadPicture" übergeben werden. Außerdem müssen Sie der Eigenschaft „MousePointer" die Konstante „rtfCustom" zuweisen. Für das Anzeigen der Sanduhr lautet die Konstante „rtfHourglass". Damit der Inhalt der Rich Textbox korrekt angezeigt wird, verwenden Sie die Methode „Refresh" dieses Steuerelements.

23.3 Microsoft-Dialogfelder aufrufen

Einige Dialogfelder werden Sie in fast jeder Anwendung benötigen. Deswegen existiert das ActiveX-Steuerelement „Common Dialogs", mit dem Sie bekannte Dialogfelder wie „Drucken", „Schriftart" und „Farbe" für Ihre Zwecke anpassen können. Durch Verwendung dieser Dialogfelder erhält Ihre Datenbank das typische Windows-Aussehen.

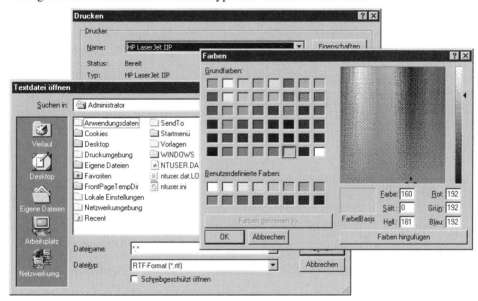

Bild 23.7: Verschiedene häufig verwendete Dialogfelder

In der Datei COMDLG32.OCX sind vier verschiedene Dialogarten abgelegt. Da die Dialogfelder „Öffnen" und „Speichern" sehr ähnlich sind, sind sie im Datei-Dialog zusammengefasst. Wenn Sie in Ihrer Anwendung mehrere Dialogarten wie ein „Farben"- und ein „Schriftart"-Dialogfeld benötigen, brauchen Sie trotzdem nur ein ActiveX-Control „Common Dialogs" in Ihr Formular einzufügen. Sie bestimmen nämlich über die Methode, welche Dialogart angezeigt werden soll.

Einige Eigenschaften wie „CancelError" und die Eigenschaften für die Hilfe gelten für alle Dialogfelder. Falls diese Eigenschaften für die Dialoge unterschiedliche Werte besitzen sollen, müssen Sie vor dem Aufruf eines Dialogfelds diese Eigenschaft jeweils neu besetzen.

Auf den Abbruch eines Dialogfelds durch den Anwender reagieren

In den meisten Anwendungen ist es wichtig zu erfahren, ob der Benutzer ein allgemeines Dialogfeld über die Befehlsschaltfläche „Abbrechen" beendet hat. Nur dann kann auf diese Reaktion entsprechend reagiert werden. So darf in diesem Fall die ausgewählte Datei weder geöffnet noch gespeichert werden. Damit das Programm davon unterrichtet wird, setzen Sie die Eigenschaft „CancelError" auf „True".

```
sCommonDialog.CancelError = True
```

Wenn diese Eigenschaft für ein „Common Dialogs"-ActiveX-Control immer auf „True"
stehen soll, ist es am einfachsten, sie in der Entwurfsphase zu setzen. Im Dialogfeld für die
spezifischen Eigenschaften besitzt jedes Karteiblatt außer dem Blatt „Hilfe" das Kontrollkästchen „CancelError". Sobald Sie eines dieser Kontrollkästchen anklicken, werden die übrigen
automatisch eingeschaltet.

Bricht nun der Anwender das Dialogfeld ab, wird der Fehler 32755 „cdlCancel" erzeugt.
Diesen Fehler können Sie dann in einer Fehlerbehandlungsroutine behandeln. In vielen Fällen
werden Sie nur die Prozedur beenden oder eine kurze Meldung ausgeben.

```
On Error GoTo Fehler
....
sCommonDialog.ShowOpen
....
Fehler:
If Err.Number = cdlCancel Then
MsgBox "Sie haben das Dialogfeld abgebrochen", , "Abbruch"
End If
```

In dieser Fehlerbehandlungsroutine können Sie auch noch andere Fehler untersuchen. Kann
das Dialogfeld aus irgendeinem Grund nicht geladen werden, entsteht der Fehler 32768
„cdlDialogFailure". Falls zu wenig Speicher frei ist, sodass interne Datenstrukturen dort keinen Platz finden, wird der Fehler 32758 „cdlMemAllocFailure" generiert. In Kapitel 12.2.2
erfahren Sie mehr zum Thema, wie auf Laufzeitfehler reagiert werden kann.

23.3.1 Verschiedene Schriften wählen

Um dem Anwender die Möglichkeit zu bieten, den einzugebenden Text in der Schrift darzu-
stellen, die ihm am besten gefällt, gibt es das bekannte „Schriftart"-Dialogfeld. Damit beim
Anzeigen des Dialogfelds bereits bestimmte Einstellungen ausgewählt sind, können Sie die
Font-Eigenschaften des Dialogfelds zuvor besetzen.

```
Dim sCommonDialog As Control

Set sCommonDialog = Me!FontDialog
With sCommonDialog
.FontName = "Courier"
.FontSize = 16
.FontBold = True
.FontItalic = True
End With
```

Durch diese Zeilen wird die Courier-Schrift in der Größe 16 eingestellt. Außerdem soll diese
Schrift fett und kursiv erscheinen.

Bevor Sie das Dialogfeld aufrufen, müssen Sie auf alle Fälle noch festlegen, welche
Schriftarten verwendet werden sollen. Dazu gibt es die Eigenschaft „Flags", der Sie zum
Beispiel die Konstante „cdlCFBoth" übergeben. Dadurch werden sowohl die Schriftarten für
den Bildschirm als auch die für den Drucker aufgelistet. Sie können aber auch nur Bild-
schirm- („cdlCFScreenFonts") oder Druckerschriften („cdlCFPrinterFonts") anzeigen.

```
sCommonDialog.Flags = cdlCFBoth
```

Sie fragen sich vielleicht, welcher Drucker als Grundlage benutzt wird, da die Drucker teilweise unterschiedlich viele Schriften anzeigen können. Windows verwendet den aktuell eingestellten Drucker.

Nach dem Setzen des Flags können Sie zur Anzeige des „Schriftart"-Dialogfelds die Methode „ShowFont" benutzen. Sie besitzt keine Parameter.

```
sCommonDialog.ShowFont
```

Der Ablauf des Programmcodes wird dadurch unterbrochen. Erst wenn Sie das Dialogfeld wieder beenden, wird die nächste Zeile in der aktuellen Prozedur abgearbeitet. Die Einstellungen, die der Anwender im Dialogfeld vorgenommen hat, stehen nun in den Eigenschaften „FontName", „FontSize" etc. Sie können zum Beispiel den gleichnamigen Eigenschaften einer Rich Textbox oder eines Bezeichnungfelds zugewiesen werden.

```
With sBezeichnung
    .FontName = sCommonDialog.FontName
    .FontSize = sCommonDialog.FontSize
    .FontBold = sCommonDialog.FontBold
    .FontItalic = sCommonDialog.FontItalic
End With
```

Der Eigenschaft „Flags" können Sie neben der Angabe der Schriftarten noch weitere Konstanten übergeben. Damit im Dialogfeld zusätzlich die beiden Bereiche „Farbe" und „Darstellung" erscheinen, die die zwei Kontrollkästchen „Unterstrichen" und „Durchgestrichen" zusammenfasst, müssen Sie die Konstante „cdlCFEffects" nennen. Mehrere Konstanten verknüpfen Sie mit dem „Or"-Operator.

```
sCommonDialog.Flags = cdlCFBoth Or cdlCFEffects
```

Falls nur bestimmte Schriftgrößen im „Schriftart"-Dialogfeld in der Liste „Grad" angezeigt werden sollen, fügen Sie die Konstante „cdlCFLimitSize" hinzu. Anschließend legen Sie den Bereich über die beiden Eigenschaften „Min" und „Max" fest.

```
sCommonDialog.Flags = cdlCFBoth Or cdlCFLimitSize
sCommonDialog.MIN = 10
sCommonDialog.MAX = 24
```

Im Dialogfeld können Sie entweder eine Schriftart aus der Liste wählen oder den Namen der Schrift direkt in das Textfeld eingeben. Falls diese Schrift nicht existiert, ist es sinnvoll, dass Ihnen dies beim Schließen des Dialogfelds mitgeteilt wird. Dafür existiert die Konstante „cdlCFForceFontExist".

```
sCommonDialog.Flags = cdlCFBoth Or cdlCFForceFontExist
```

Das Formular mit dem Namen „Schriftart-Dialogfeld" in der Datenbank BUCHSAMM.MDB fasst noch einmal die Möglichkeiten des „Schriftart"-Dialogfelds zusammen. Über die Befehlsschaltfläche „Schrift wählen" rufen Sie das Dialogfeld auf. Es zeigt die aktuellen Werte des Schriftnamen-Bezeichnungsfelds für die Schriftart, -größe und die drei Stilarten fett, kursiv und unterstrichen an. Die Schriftgrößen sind im Dialogfeld auf Werte zwischen 10 und

24 beschränkt. Nachdem Sie neue Einstellungen vorgenommen haben und das Dialogfeld über die „OK"-Schaltfläche verlassen, werden diese Werte wieder auf das Bezeichnungsfeld übertragen. Den vollständigen Code finden Sie auf der dem Buch beiliegenden CD.

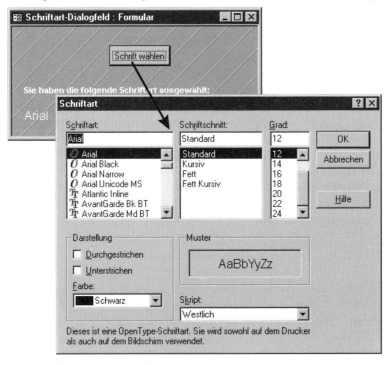

Bild 23.8: Beispiel zum „Schriftart"-Dialogfeld

23.3.2 Mit Farben arbeiten

Wenn Sie in der Entwurfsansicht die Hintergrundfarbe des Formulars ändern wollen, wählen Sie den Detailbereich aus und klicken im Eigenschaftenfenster die „Editor"-Schaltfläche neben der Eigenschaft „Hintergrundfarbe" an. Dadurch wird das „Farben"-Dialogfeld aufgerufen, in dem Sie die neue Farbe einstellen. Dieses Dialogfeld können Sie auch in Ihre Anwendung einbauen, damit der Benutzer selber eine Farbe für bestimmte Zwecke auswählen kann.

Nachdem Sie ein „Common Dialogs"-ActiveX-Steuerelement in Ihr Formular eingefügt haben, erfolgt der Aufruf des „Farben"-Dialogfeld mit der Methode „ShowColor".

      Forms!Textprog!CommonDlg.ShowColor

Auch diese Dialogart besitzt die Eigenschaft „Flags", der Sie mehrere Konstanten zuordnen können. Wenn das vollständige „Farben"-Dialogfeld inklusive des Bereichs „Farben definieren" erscheinen soll, nennen Sie die Konstante „cdlCCFullOpen".

      Me!CommonDlg.Flags = cdlCCFullOpen

Wollen Sie stattdessen verhindern, dass der Benutzer eigene Farben anlegen kann, deaktivieren Sie die Befehlsschaltfläche „Farben definieren" über die Konstante „cdlCCPreventFullOpen". Damit beim Anzeigen des Dialogfelds bereits eine bestimmte Farbe markiert ist, verwenden Sie die Konstante „cdlCCRGBInit".

```
Me!CommonDlg.Flags = cdlCCRGBInit
Me!CommonDlg.Color = &HFF                    ' rote Farbe
' oder
Me!CommonDlg.Color = 65280                   ' grüne Farbe
' oder
Me!CommonDlg.Color = RGB(0, 0, 255)          ' blaue Farbe
' oder
Me!CommonDlg.Color = Me.Section(0).BackColor
```

Die Farbe können Sie dabei auf unterschiedliche Weise angeben. Sie können die dezimale oder die hexadezimale Schreibweise verwenden. Sie können auch den Wert mittels der Funktionen „RGB" und „QBColor" übergeben. Oder Sie benutzen eine aktuelle Farbeinstellung zum Beispiel des Detailbereichs, der über „Section(0)" angesprochen wird. Natürlich können auch System-Default-Farben zum Einsatz kommen, die zum Beispiel für den Fensterrahmen oder die aktive Titelleiste eingestellt sind. Die Farben werden ausführlich in Kapitel 10.4 beschrieben.

In diesem Beispiel rufen Sie über die Schaltfläche des Formulars „Farben-Dialogfeld" den gleichnamigen Dialog auf. Als voreingestellte Farbe wird die Farbe des Formularhintergrunds verwendet. Mit der neu eingestellten Farbe wird anschließend der alte Hintergrund übermalt.

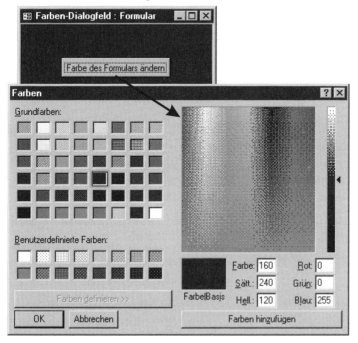

Bild 23.9: Beispiel zum „Farben"-Dialogfeld

```
'*********************** BUCHSAMM.MDB **************************
'****************** Formular Farben-Dialogfeld ********************
Private Sub Befehl1_Click()
    Me!CommonDlg.Flags = cdlCCRGBInit Or cdlCCFullOpen
    Me!CommonDlg.Color = Me.Section(0).BackColor
    Me!CommonDlg.ShowColor
    Me.Section(0).BackColor = Me!CommonDlg.Color
End Sub
```

23.3.3 Einstellungen zum Drucken vornehmen

Mit dem ActiveX-Steuerelement „Common Dialogs" können Sie auch die Dialogfelder
„Drucken" und „Drucker einrichten" auf den Bildschirm bringen. Die dazu notwendige Methode lautet „ShowPrinter".

Forms!Textprog!CommonDlg.ShowPrinter

Die Eigenschaft „Flags" ist zuständig dafür, welche Steuerelemente im Dialogfeld „Drucken"
existieren und anwählbar sind. Über die folgenden drei Konstanten legen Sie fest, welches
Optionsfeld im Bereich „Druckbereich" eingeschaltet ist.

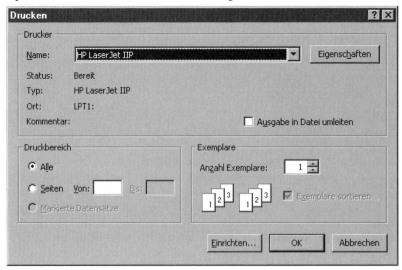

Bild 23.10: Das Dialogfeld für die Druckvorbereitungen

Tabelle 23.1: Option für den Bereich „Druckbereich" einstellen

Konstante	Folgende Option ist aktiviert	Dezimaler Wert
cdlPDAllPages	Alles	0
cdlPDSelection	Auswahl	1
cdlPDPageNums	Seiten	2

Damit die Option „Seiten" sinnvoll ist, müssen Sie außerdem die Eigenschaften „Min" und „Max" setzen. Sie stehen für die kleinste und größte mögliche Seitenzahl. Der Anwender kann in die beiden Textfelder „Von" und „Bis" nur Seitenzahlen eingeben, die innerhalb dieses Bereichs liegen. Diese beiden Textfelder können Sie auch bei gesetzter Konstante „cdlPDPageNums" über die Eigenschaften „FromPage" und „ToPage" vorbesetzen. Der Wert der Eigenschaft „ToPage" wird zudem an die Option „Alles" angefügt, damit der Benutzer weiß, aus wie vielen Seiten das Dokument insgesamt besteht.

```
Forms!Textprog!CommonDlg.Flags = cdlPDPageNums
Forms!Textprog!CommonDlg.Min = 1
Forms!Textprog!CommonDlg.Max = 10
Forms!Textprog!CommonDlg.FromPage = 2
Forms!Textprog!CommonDlg.ToPage = 4
```

Diese Einstellungen können Sie auch bereits in der Entwurfsphase vornehmen. Im Dialogfeld der spezifischen Eigenschaften enthält das Karteiblatt „Drucken" entsprechende Textfelder für die eben genannten Eigenschaften.

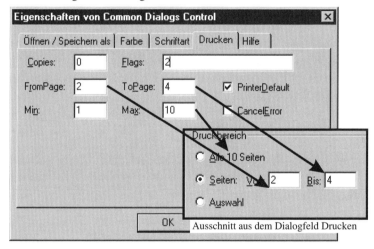

Bild 23.11: Das Dialogfeld für die Druckvorbereitungen

Sollen die Option „Seiten" oder „Auswahl" nicht mehr anwählbar sein, können Sie sie über die Konstanten „cdlPDNoPageNums" beziehungsweise „cdlPDNoSelection" deaktivieren.

Damit das Kontrollkästchen „Sortieren" im Bereich „Kopien" erscheint, müssen wiederum die vier Eigenschaften „Min", „Max", „FromPage" und „ToPage" mit sinnvollen Werten besetzt werden. Mit der Konstanten „cdlPDCollate" können Sie dann dieses Kontrollkästchen einschalten.

Das Kontrollkästchen „Ausdruck in Datei" kann durch das Setzen von Konstanten mehrere Zustände annehmen:

Tabelle 23.2: Konstanten für das Kontrollkästchen „Ausdruck in Datei"

Zustand	Konstante
eingeschaltet	cdlPDPrintToFile
nicht anwählbar	cdlPDDisablePrintToFile
unsichtbar	cdlPDHidePrintToFile

Wenn Sie die Eigenschaft „Flags" mit der Konstanten „cdlPDReturnDC" oder „cdlPDReturnIC" beschreiben, enthält nach dem Aufruf der Methode „ShowPrinter" die Eigenschaft „hDC" einen sinnvollen Wert. In dieser Eigenschaft steht nämlich dann der Gerätekontext, der die Verbindung zwischen der Windows-Anwendung, dem Gerätetreiber und dem Drucker herstellt. Windows versorgt die Eigenschaft „hDC" automatisch mit dem richtigen Gerätekontext.

Damit das Dialogfeld „Drucker einrichten" erscheint, müssen Sie der Eigenschaft „Flags" die Konstante „cdlPDPrintSetup" übergeben.

Im Dialogfeld „Drucken" ändert der Anwender Einstellungen des Druckers. Über die Eigenschaft „PrinterDefault" können Sie festlegen, ob diese Änderungen in die Registrierungsdatenbank geschrieben werden, um als neue Systemeinstellungen benützt zu werden. Dann müssen Sie die Eigenschaft auf „True" setzen.

> Forms!Textprog!CommonDlg.PrinterDefault = True

Diese Eigenschaft können Sie auch im Dialogfeld für die spezifischen Eigenschaften einstellen. Im Karteiblatt „Drucken" gibt es dafür ein gleichnamiges Kontrollkästchen.

Die Anzahl der zu druckenden Exemplare geben Sie in der Eigenschaft „Copies" bekannt beziehungsweise können sie abfragen, nachdem der Anwender das Dialogfeld beendet hat.

> AnzKopie = Forms!Textprog!CommonDlg.Copies

23.4 Zahlenwerte über Drehfelder erhöhen und erniedrigen

Sie können sich das ActiveX-Control „Drehfeld" als Bildlaufleiste vorstellen, bei der der Bereich zwischen den beiden Bildpfeilen entfernt wurde. Ein Drehfeld werden Sie vor allem verwenden, um einen Zahlenwert in einem Textfeld einzustellen.

Sobald Sie eine Pfeilspitze anklicken, entsteht ein „DownClick"-beziehungsweise ein „UpClick"-Ereignis. Halten Sie die Maustaste gedrückt, werden weitere „DownClick"- oder „UpClick"-Ereignisse erzeugt.

Im Dialogfeld für die speziellen Eigenschaften definieren Sie im Karteiblatt „General" die Richtung der Pfeilspitzen. Der Eigenschaft „Orientation" übergeben Sie den Wert „0" beziehungsweise die Konstante „cc2OrientationVertical", damit die Pfeile nach unten und oben zeigen. Für die waagrechte Richtung verwenden Sie die Zahl „1" oder die Konstante „cc2OrientationHorizontal". Um das neue Aussehen zu überprüfen, brauchen Sie nicht nach jeder Änderung das Dialogfeld über „OK" entfernen, sondern es reicht das Anklicken der Befehlsschaltfläche „Übernehmen" aus.

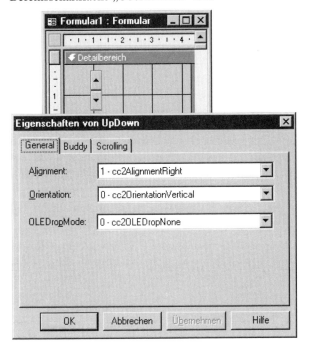

Bild 23.12: Das Aussehen eines Drehfelds festlegen

Genauso wie bei den beiden ActiveX-Steuerelementen „Schieberegler" und „Fortschritt" können Sie die Ober- und Untergrenze über die beiden Eigenschaften „Min" und „Max" festlegen. Den Anfangswert weisen Sie der Eigenschaft „Value" zu. Um wie viel sich der Wert bei jedem Klick auf einen Pfeil erhöhen oder erniedrigen soll, wird der Eigenschaft „Increment" zugeordnet. Standardmäßig steht diese Eigenschaft auf „1". Die vier zuletzt genannten Eigenschaften finden Sie im Register „Scrolling" des Dialogfelds für die speziellen Eigenschaften.

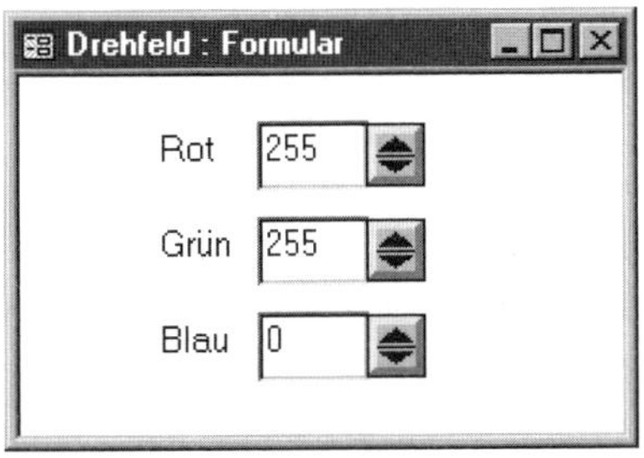

Bild 23.13: Mit Drehfeldern die Hintergrundfarbe einstellen

Das Formular „Drehfeld" besitzt drei Textfelder, denen jeweils ein Drehfeld zugeordnet ist. Um die Farbe des Formularhintergrunds zu ändern, können Sie entweder einen Wert zwischen 0 und 255 in das Textfeld eintragen oder den dort stehenden Wert über das Drehfeld in-beziehungsweise dekrementieren.

```
'**************************** BUCHSAMM.MDB ************************
'**************************** Formular Drehfeld ************************
Option Compare Database
Option Explicit
Dim AktRot
Dim AktBlau
Dim AktGrün

Private Sub Form_Load()
   Me.Section(0).BackColor = RGB(255, 255, 255)
   AktRot = 255
   AktGrün = 255
   AktBlau = 255
   Me!Rot.SetFocus
   Me!Rot.Text = "255"
   Me!Grün.SetFocus
   Me!Grün.Text = "255"
   Me!Blau.SetFocus
   Me!Blau.Text = "255"
End Sub

Private Sub DrehBlau_DownClick()
   Me!Blau.SetFocus
   If Me!Blau.Text > 0 And Me!Blau.Text <= 255 Then
      Me!Blau.Text = Me!Blau.Text - 1
   End If
End Sub
```

Damit der Inhalt des Textfelds nach dem Anklicken des Pfeils nach unten gelesen werden kann, müssen Sie zuerst den Fokus darauf setzen. Falls der Wert im gültigen Wertebereich liegt, können Sie ihn anschließend um 1 erniedrigen. Dasselbe gilt für das Ereignis „UpC-lick", nur dass hier der Inhalt des Textfelds um 1 erhöht wird.

```
Private Sub DrehBlau_UpClick()
   Me!Blau.SetFocus
   If Me!Blau.Text >= 0 And Me!Blau.Text < 255 Then
      Me!Blau.Text = Me!Blau.Text + 1
   End If
End Sub
```

Da in beiden Ereignisprozeduren der Textinhalt verändert wird, entsteht jedes Mal das Ereig-nis „Change" für das Textfeld.

```
Private Sub Blau_Change()
   If Me!Blau.Text = "   " Then
      Me!Blau.Text = "0"
   End If
   If Me!Blau.Text > 255 Then Me!Blau.Text = 255
   If Me!Blau.Text < 0 Then Me!Blau.Text = 0
   AktBlau = Me!Blau.Text
```

      Me.Section(0).BackColor = RGB(AktRot, AktGrün, AktBlau)
    End Sub

Die drei Textfelder besitzen eine Eingabemaske, die nur ein bis drei Zahlen zulässt. Als Platzhalter wird das Leerzeichen verwendet. Deswegen wird in der „Change"-Ereignisprozedur des Textfelds dessen Inhalt auf drei Leerzeichen und nicht auf Null abgefragt. Wurden zu große Werte direkt in das Textfeld eingetragen, werden sie auf den Minimal- beziehungsweise Maximalwert zurückgestellt. Die aktuelle Einstellung übergeben Sie dann der globalen Variablen „AktBlau". Für jede Grundfarbe gibt es eine solche Variable, die der Funktion „RGB" übergeben wird.

Für die anderen beiden Grundfarben Rot und Grün existieren dieselben drei Ereignisprozeduren. Der gesamte Code steht auf der CD, die dem Buch beiliegt. Sie finden das Formular „Drehfeld" in der Datenbank BUCHSAMM.MDB.

23.5 Mit dem Schieberegler Werte einstellen

Wenn Sie für Ihren Bildschirm eine andere Auflösung wählen wollen, begeben Sie sich in das Programm „Anzeige" der Systemsteuerung und klicken das Karteiblatt „Einstellungen" an. Über einen Schieberegler können Sie nun die Auflösung ändern. Ein solcher Regler ist auch im Zusatzpaket von Microsoft Office enthalten.

Ein Schieberegler verfügt genauso wie das ActiveX-Control „Fortschritt" über einen Bereich, den Sie über die beiden Eigenschaften „Min" und „Max" festlegen, und eine aktuelle Position, die in der Eigenschaft „Value" vermerkt ist. Die Standardwerte für „Min" und „Max" lauten 0 beziehungsweise 10.

Sie können die aktuelle Position verändern, indem Sie den Regler mit gedrückt gehaltener Maustaste bewegen oder indem Sie bestimmte Tasten drücken.

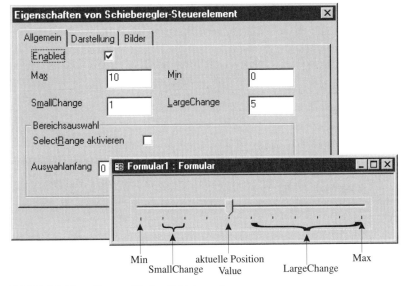

Bild 23.14: Einstellungen für den Schieberegler

Mit der Eigenschaft „SmallChange" definieren Sie, um wie viele Skalenmarkierungen der Regler weiter bewegt wird, wenn Sie die Pfeiltasten <Nach links> und <Nach rechts> einsetzen. Falls der Regler um ein größeres Stück verschoben werden soll, benutzen Sie die beiden Tasten <Bild auf> und <Bild ab> oder klicken die Leiste, nicht den Regler, mit der Maus an. Der Abstand zwischen alter und neuer Position wird in diesem Fall durch die Eigenschaft „LargeChange" bestimmt.

Die Eigenschaften „Min", „Max", „SmallChange" und „LargeChange" können Sie bereits in der Entwurfsphase festlegen. Entsprechende Textfelder finden Sie im Karteiblatt „Allgemein" des Dialogfelds für spezielle Eigenschaften.

Wenn die Inhalte der beiden Eigenschaften „Min" und „Max" sehr weit auseinander liegen, werden zu viele Markierungen auf der Leiste angezeigt. Die Übersichtlichkeit geht dadurch verloren. Um dies zu verhindern, können Sie den Wert der Eigenschaft „TickFrequency" erhöhen. Setzen Sie ihn zum Beispiel auf 5, so wird nur noch jede fünfte Markierung sichtbar.

Neben dieser Eigenschaft können Sie im Karteiblatt „Darstellung" des Dialogfelds für spezielle Eigenschaften noch bestimmen, ob die Leiste senkrecht oder waagrecht liegen soll und wie die Markierungen anzuzeigen sind. Die entsprechenden Eigenschaften lauten „Orientation" und „TickStyle".

Immer wenn die Position des Schiebereglers geändert wird, entsteht das Ereignis „Scroll" noch vor dem „Click"-Ereignis. Dieses Ereignis ist der richtige Ort, um Werte beziehungsweise Steuerelemente, die über den Regler eingestellt werden sollen, zu koordinieren.

Im nachfolgenden Beispiel wird die Länge einer Befehlsschaltfläche über einen Schieberegler festgelegt. Durch eine Veränderung der Reglerposition wird die Schaltfläche kürzer oder länger dargestellt.

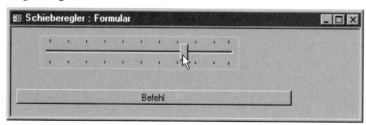

Bild 23.15: Einen Schieberegler verwenden

```
'********************** BUCHSAMM.MDB **************************
'****************** Formular Schieberegler *********************
Private Sub Form_Load()
  Me!Regler.MAX = Me.Width / 100 - 2
  Me!Regler.MIN = Me!Befehl.Width / 100
  Me!Regler.Value = Me!Regler.MIN
  Me!Regler.TickFrequency = 5
End Sub
```

Beim Laden des Formulars werden die beiden Eigenschaften „Max" und „Min" besetzt. Dazu wird zum einen die Länge des Formulars, zum anderen die Länge der Befehlsschaltfläche verwendet. Die Division durch 100 ist sinnvoll, da die interne Einheit für Längenangaben

Twips sind. Trotz Division würden noch zu viele Markierungen angezeigt werden. Deswegen wird zusätzlich die Eigenschaft „TickFrequency" auf den Wert 5 gesetzt. Zu Beginn befindet sich der Regler ganz links.

```
Private Sub Regler_Scroll()
  Me!Befehl.Width = Me!Regler.Value * 100
End Sub
```

Durch Verschieben des Reglers entsteht das „Scroll"-Ereignis. Die aktuelle Position muss erst wieder mit 100 multipliziert werden und kann dann als neue Breite für die Befehlsschaltfläche dienen.

23.6 Aufzählungen hierarchisch darstellen

Um in einem Buch schnell Kapitel und Unterkapitel erkennen zu können, werden sie im Inhaltsverzeichnis häufig versetzt angeordnet. Dies bedeutet, dass jede neue Ebene etwas eingerückt dargestellt wird. Eine solche hierarchische Gliederung können Sie nun auch in Access einsetzen. Im Zusatzpaket für Microsoft Office wird dazu das ActiveX-Control „Hierarchieansicht" mitgeliefert. Mit ihm können Sie jedes beliebige Thema übersichtlich gegliedert anzeigen.

Bild 23.16: Inhaltsverzeichnis des Buchs, als Hierarchieansicht dargestellt

Die Hierarchie aufbauen

Die Hierarchieansicht fasst ein oder mehrere „Node"-Objekte zusammen. Jeder Knoten kann weitere Unterknoten besitzen, die auch als Kinder bezeichnet werden. Im Gegensatz zum „Register"- und zum „Symbolleisten"-Zusatzsteuerelement können Sie die einzelnen Knoten nur während der Laufzeit und nicht bereits in der Entwurfsphase einfügen. Die Methode lautet aber auch „Add".

```
Set Knoten = sHierarchieA.Nodes.Add(, , "H1", "Überblick über die Kapitel", 1)
Set Knoten = Me!Hierarchie.Nodes.Add(, , "H2", "Neuerungen in Access", 1)
Set Knoten = sHierarchieA.Nodes.Add(2, tvwChild, "H21", _
              "Datenbank nach Access 2000 konvertieren", 3)
Set Knoten = sHierarchieA.Nodes.Add(2, tvwNext, "H3", _
              "Makros – Unterschiede zwischen Makros und VBA-Prozeduren", 1)
```

Durch die beiden ersten Zeilen fügen Sie zwei „Node"-Objekte in die Hierarchieansicht ein. Diese bekommen automatisch den Index 1 beziehungsweise den Index 2 zugeordnet. Um den nächsten Knoten unter dem Knoten mit dem Schlüsselwort H2 anordnen zu können, müssen Sie als erstes Argument den Index oder den Schlüssel des übergeordneten „Node"-Objekts nennen. Im zweiten Argument legen Sie über die Konstante „tvwChild" die untergeordnete Position fest.

Durch die vierte Zeile wird wiederum ein Eintrag in die höchste Ebene positioniert. Aufgrund der Angabe der Konstanten „tvwNext" und des Indexes 2 wird der neue Knoten nach dem Eintrag „Neuerungen in Access" eingefügt.

Im fünften Argument können Sie den Index eines Bilds schreiben, das in einer Abbildungsliste abgelegt ist. Dieses Bild wird jedoch nur angezeigt, wenn Sie der Eigenschaft „Style" der Hierarchieansicht entsprechend besetzen. Die Konstanten lauten hierfür „tvwPictureText", „tvwPlusPictureText", „tvwTreelinesPictureText" oder „tvwTreelinesPlusMinusPictureText". Sie unterscheiden sich im Anzeigen der Plus-/Minuszeichen und der Verbindungslinien.

        sHierarchieA.Style = tvwPictureText

Besitzt ein Knoten untergeordnete Knoten, können Sie diese durch einen Klick auf das Pluszeichen oder durch einen Doppelklick auf den Knoten selber anzeigen lassen. Dieser geöffnete Zustand kann noch stärker hervorgehoben werden, indem Sie dem übergeordneten „Node"-Objekt dafür ein eigenes Bild zuweisen. Den Index dieses Bilds übergeben Sie entweder als letzten Parameter der Methode „Add" oder der Eigenschaft „ExpandedImage" des „Node"-Objekts.

        Knoten.ExpandedImage = 2

Damit sich das Bild bereits ändert, wenn Sie den Knoten einmal anklicken, schreiben Sie den Index des neuen Bilds in die Eigenschaft „SelectedImage".

        Knoten.SelectedImage = 6

Beschriftungen während der Laufzeit ändern

Genauso wie beim Explorer oder im Datenbankfenster können Sie die Beschriftungen der einzelnen Knoten ändern. Klicken Sie dazu den gewünschten Knoten an, warten kurz und drücken dann ein zweites Mal die Maustaste. Dies ist jedoch nur möglich, wenn die Eigenschaft „LabelEdit" der Hierarchieansicht den Wert 0 „lvwAutomatic" enthält. Weisen Sie ihr hingegen die Konstante „lvwManual" beziehungsweise 1 zu, so müssen Sie erst die Methode „StartLabelEdit" aufrufen, damit der Anwender eine Änderung vornehmen kann.

Nach dem „Click"-Ereignis tritt das Ereignis „BeforeLabelEdit" ein. Nachdem der Benutzer den Text aktualisiert hat, entsteht das Ereignis „AfterLabelEdit". Beide Ereignisse besitzen das Argument „Cancel". Falls Sie diesen Parameter in der Ereignisprozedur von „BeforeLabelEdit" auf „True" setzen, wird keine Eingabe zugelassen. Erfolgt diese Zuweisung hingegen in der Ereignisprozedur von „AfterLabelEdit", wird der neu eingegebene Text nicht übernommen.

```
Private Sub Hierarchie_AfterLabelEdit(Cancel As Integer, NewString As String)
    MsgBox "Eine Änderung ist nicht erlaubt", , NewString
    Cancel = True
End Sub
```

Einen Knoten aus- und einblenden

Wenn Sie möchten, dass ein bestimmter untergeordneter Knoten in der Hierarchieansicht beim Öffnen des Formulars sofort eingeblendet wird, rufen Sie die Methode „EnsureVisible" für dieses „Node"-Objekt auf. Auf diese Weise können Sie dem Anwender gleich zu Beginn einen wichtigen Knoten präsentieren, den er sonst erst langwierig suchen müsste.

```
Set Knoten = sHierarchieA.Nodes.Add("H421", tvwChild, "H4312", "Die 2.Normalform", 7)
Knoten.EnsureVisible
```

Bei jedem Ausblenden eines Knotens entsteht für die Hierarchieansicht das Ereignis „Collapse", beim Einblenden tritt das Ereignis „Expand" auf. Um welchen Knoten es sich handelt, wird im Übergabeparameter „Node" mitgegeben. Damit ein bestimmter Knoten, den Sie zum Beispiel über seinen Index ansprechen, nicht mehr ausgeblendet werden kann, setzen Sie seine Eigenschaft „Expanded" auf „True".

```
Private Sub Hierarchie_Collapse(ByVal Node As Object)
    If Node.Index = 2 Then
        Node.Expanded = True
    End If
End Sub
```

Auf das Anklicken eines Knotens reagieren

Wenn der Anwender die Beschriftung oder das Bild eines Knotens anklickt, entsteht statt des Ereignisses „Click" das Ereignis „NodeClick". Die Ereignisprozedur besitzt als Argument einen Verweis auf das ausgewählte „Node"-Objekt. Sie können nun zum Beispiel den vollständigen Pfad, der in der Eigenschaft „FullPath" steht, anzeigen oder verarbeiten. In dieser Ereignisprozedur können Sie auch durch die Eigenschaften „FirstSibling" und „LastSibling" auf das erste beziehungsweise letzte „Node"-Objekt in derselben Hierarchieebene zugreifen.

```
Private Sub Hierarchie_NodeClick(ByVal Node As Object)
    Me.Caption = Node.FullPath
    'oder
    Me!TextErst.Text = Node.FirstSibling.Text
End Sub
```

Neben den gerade genannten Eigenschaften gibt es noch weitere, mit denen Sie andere Knoten ansprechen können, die in einer bestimmten Beziehung zum aktuellen Knoten stehen.

Tabelle 23.3: Eigenschaften, um auf andere Knoten zu verweisen

Eigenschaft	Verweis auf
FirstSibling	das 1. Node-Objekt in derselben Ebene
LastSibling	das letzte Node-Objekt in derselben Ebene

Eigenschaft	Verweis auf
Child	das 1. untergeordnete Node-Objekt
Parent	das übergeordnete Node-Objekt
Previous	das vorherige Node-Objekt in derselben Ebene
Next	das nächste Node-Objekt in derselben Ebene
Root	das erste Node-Objekt der obersten Ebene

Die Hierarchieansicht optisch gestalten

Wie weit die einzelnen Ebenen eingerückt werden, bestimmen Sie über die Eigenschaft „Indentation" der Hierarchieansicht. Die Maßeinheit lautet hierfür „twips". Den Wert dieser Eigenschaft können Sie auch während der Laufzeit ändern. Die Aktualisierung wird sofort angezeigt.

```
Me!Hierarchie.Indentation = 800
```

Damit auch die Knoten der obersten Ebene durch Linien verbunden werden, muss die Eigenschaft „LineStyle" den Wert „1 tvwRootLines" besitzen. Die 3-D-Erscheinung und den Rahmenstil legen Sie über die beiden Eigenschaften „Appearance" und „BorderStyle" fest.

Falls die Beschriftungen der einzelnen Knoten in einer Ebene alphabetisch sortiert erscheinen sollen, besetzen Sie die Eigenschaft „Sorted" des übergeordneten „Node"-Objekts mit „True". Damit die oberste Ebene sortiert wird, müssen Sie die gleichnamige Eigenschaft des Hierarchieansicht-Steuerelements verwenden.

```
Knoten.Sorted = True
Me!Hierachie.Sorted = True
```

Wenn Sie wünschen, dass die Beschriftung des Knotens hervorgehoben wird, sobald sich der Mauszeiger darüberbewegt, und nicht erst, wenn der Knoten angeklickt wird, fügen Sie die folgende Ereignisprozedur in Ihren Code ein.

```
Private Sub Hierarchie_MouseMove(ByVal Button As Integer, ByVal Shift As Integer, _
      ByVal x As Long, ByVal y As Long)
   Set Me!Hierarchie.DropHighlight = Me!Hierarchie.HitTest(x, y)
End Sub
```

Die Methode „HitTest" liefert einen Verweis auf das „Node"-Objekt zurück, über dem sich derzeit der Cursor befindet. Diesen Verweis übergeben Sie der Eigenschaft „DropHighlight".

Mit der Hierarchieansicht kann zum Beispiel das Inhaltsverzeichnis dieses Buchs dargestellt werden. Die ersten Kapitel werden im Formular „Hierarchieansicht" in der Datenbank BUCHSAMM.MDB angezeigt. Als zusätzliche Informationen erhalten Sie zudem den ersten und letzten Knoten, die sich auf derselben Gliederungsebene befinden. Sie können selber bestimmen, wie weit die einzelnen Ebenen eingerückt werden sollen.

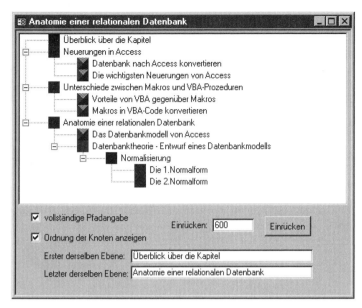

Bild 23.17: Beispiel zum Zusatzsteuerelement „Hierarchieansicht"

Ausschnitte der Ereignisprozeduren haben Sie bereits bei der Besprechung des Zusatzsteuerelements kennen gelernt. Der vollständige Code für dieses Beispiel befindet sich auf der CD, die dem Buch beiliegt.

23.7 Listen übersichtlich anzeigen

Das Datenbankfenster von Access ist für die Anzeige verschiedener Listen zuständig. Eine Liste ist zum Beispiel die aller existierender Formulare. Jede Liste kann auf vier verschiedene Arten dargestellt werden, die Sie über die Menüpunkte GROßE SYMBOLE, KLEINE SYMBOLE, LISTE und DETAILS aus dem Menü ANSICHT festlegen. Wenn Sie eine Spaltenüberschrift anklicken, werden die Listeneinträge sortiert angezeigt. Mit dem ActiveX-Control „Listenansicht" können Sie die geschilderten Möglichkeiten selber in einem Formular benutzen.

Bild 23.18: Tabelleninhalt als Liste anzeigen

Die beiden Steuerelemente „Hierarchieansicht" und „Listenansicht" haben viele Gemeinsamkeiten bei Ereignissen, Methoden und Eigenschaften. So wie das zuerst genannte Element
über Knoten als „Node"-Auflistung verfügt, so fasst die Listenansicht „ListItem"-Objekte
zusammen. Zusätzlich gibt es noch die „ColumnHeader"-Objekte, mit denen Sie das Aussehen der Spaltenüberschriften festlegen, wenn die Elemente im Detail (als Bericht) angezeigt
werden.

Listeneinträge hinzufügen

Die Methode zum Einfügen von Listeneinträgen heißt wiederum „Add". Bei den ersten beiden Argumenten handelt es sich wie üblich um den Index und den Schlüssel. Beide Angaben
sind optional. Durch das Weglassen des Indexes wird der neue Eintrag an das Ende der Liste
gestellt. Den Text des Listeneintrags geben Sie im dritten Parameter an.

```
Set Listeneintrag = Me!Liste1.ListItems.Add(, , "Eintrag1", 2, 2)
```

Damit der Eintrag zusätzlich ein Bild besitzt, nennen Sie im vierten und fünften Argument
den Index des Bilds in den Abbildungslisten. Sie benötigen in diesem Fall zwei Abbildungslisten und deswegen auch zwei Indizes, da Sie ein Bild für die Darstellungsweise „Große
Symbole" und ein zweites Bild für die Darstellungsweise „Kleine Symbole" festlegen müssen. Damit die Bilder auch erscheinen, müssen Sie zuvor den Eigenschaften „Icons" und
„SmallIcons" der Listenansicht einen Verweis auf die Abbildungslisten übergeben.

```
Set Me!Liste1.SmallIcons = Me!Abbild1.Object
Set Me!Liste1.Icons = Me!Abbild2.Object
```

Ein „ListItem"-Objekt besitzt die beiden Eigenschaften „Icon" und „SmallIcon" (ohne Plural-
S). Sie enthalten den Index auf ein Bild und keinen Verweis auf die gesamte Abbildungsliste.
Statt der Angabe der Bildindizes in der Methode „Add" können Sie diese Zahlen auch den
Eigenschaften „Icon" und „SmallIcon" direkt übergeben.

```
Me!Liste1.ListItems(2).SmallIcon=3
Me!Liste1.ListItems(2).Icon=4
```

Genauso wie beim Zusatzsteuerelement „Hierarchieansicht" für ein „Node"-Objekt können
Sie bei der Listenansicht für ein „ListItem"-Objekt die Methode „EnsureVisible" aufrufen,
damit dieser Listeneintrag beim Anzeigen der Liste auf alle Fälle sichtbar ist. Um ihn noch
hervorzuheben, setzen Sie seine Eigenschaft „Selected" auf „True".

```
Listeneintrag.EnsureVisible
Listeneintrag.Selected = True
```

Die aktuelle Darstellungsart steht in der Eigenschaft „View" der Listenansicht. Sie können sie
mit einem der folgenden vier Werten füllen:

Tabelle 23.4: Einstellungen für die Eigenschaft „View"

Wert	Konstante	Darstellung
0	IvwIcon	Große Symbole
1	IvwSmallIcon	Kleine Symbole
2	IvwList	Liste: Senkrechte Anordnung der kleinen Symbole mit Text
3	IvwReport	Detail (Bericht)

In der Eigenschaft „LabelWrap" steht standardmäßig der Wert „True". Dadurch werden die Texte der einzelnen Listeneinträge bei der Darstellungsweise „Große Symbole" umbrochen, wenn sie zu lang werden. Um den Umbruch auszuschließen, setzen Sie die Eigenschaft auf „False".

>   Me!Liste1.LabelWrap = False

Die Detaildarstellung

Wenn Sie die Darstellungsweise „Detail" (Bericht) wählen, werden die Listeneinträge mit zusätzlichen Untereinträgen in Spalten angezeigt. Damit Spaltenüberschriften erscheinen, müssen Sie diese in der Entwurfsphase im Dialogfeld für spezielle Eigenschaften einfügen oder während der Laufzeit mit der Methode „Add" erstellen.

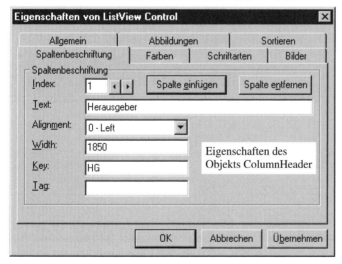

Bild 23.19: Einstellmöglichkeiten der Spaltenüberschriften

>   Set Spaltenkopf = Me!Liste1.ColumnHeaders.Add(„Überschrift1", 2500, 2)

Nach den Argumenten für Index und Schlüssel schreiben Sie den Namen der Überschrift. Anschließend können Sie noch die Breite der Spalte und die Ausrichtung nennen. Diese Angaben werden in die Eigenschaften „Text", „Width" und „Alignment" abgelegt. In diesem

Beispiel wird der Text zentriert dargestellt. Die Spaltenbreite kann der Anwender später beliebig verändern und an den Spalteninhalt anpassen.

Falls die Spaltenüberschriften in der Detail-Darstellung nicht angezeigt werden sollen, müssen Sie die Eigenschaft „HideColumnHeaders" der Listenansicht mit „True" besetzen.

```
Me!Liste1.HideColumnHeaders = True
```

Damit mehrere Spalten angezeigt werden, muss zuvor jeder Listeneintrag mit derselben Anzahl an Untereinträgen versorgt werden. In der ersten Spalte erscheint immer der Haupteintrag, in den folgenden Spalten seine Unterelemente. Jeder Untereintrag besteht aus einem Text.

```
Set Listeneintrag = Me!Liste1.ListItems.Add(, , "Tiere", 2,2)
Listeneintrag.SubItems(1) = "Katze"
Listeneintrag.SubItems(2) = "Hund"
```

Ereignisse, die durch den Anwender entstehen

Durch einen Klick auf das Bild oder den Text eines Listeneintrags entsteht das „ClickItem"-Ereignis. Als Argument wird ein Verweis auf das markierte „ListItem"-Objekt übergeben. Über diesen Verweis können Sie zum Beispiel auf den Text zugreifen und ihn in der Titelzeile des Formulars ausgeben.

```
Private Sub Liste1_ItemClick(ByVal Item As Object)
    Me.Caption = Item.Text
End Sub
```

Wenn Sie hingegen in der Detail-Darstellung eine Spaltenüberschrift mit dem Mauszeiger anwählen, wird ein „ColumnClick"-Ereignis erzeugt. In diesem Fall steht im Übergabeparameter ein Verweis auf das selektierte „ColumnHeader"-Objekt. Die „ColumnClick"-Ereignisprozedur werden Sie häufig dazu verwenden, eine Sortierung der gewählten Spalte vorzunehmen.

```
Private Sub Liste1_ColumnClick(ByVal ColumnHeader As Object)
    Me!Liste1.SortOrder = lvwDescending
    Me!Liste1.SortKey = ColumnHeader.Index - 1
    Me!Liste1.Sorted = True
End Sub
```

Für die Sortierung besitzt die Listenansicht drei Eigenschaften. Über die Eigenschaft „SortOrder" legen Sie die Sortierreihenfolge fest. Sie können zwischen „lvwAscending" (A -> Z) oder „lvwDescending" (Z -> A) wählen. Welche Zeichenfolge sortiert werden soll, bestimmen Sie mit der Eigenschaft „SortKey". Falls Sie sie mit 0 besetzen, werden die Texte des Listeneintrags sortiert. Soll hingegen ein Untereintrag sortiert dargestellt werden, müssen Sie angeben, der wievielte Untereintrag er ist. Dazu subtrahieren Sie vom Index der angeklickten Spaltenüberschrift den Wert 1, da der Haupteintrag von der Spaltenanzahl abgezogen werden muss. Den Sortiervorgang selber lösen Sie über über die Eigenschaft „Sorted" aus, indem Sie ihr den Wert „True" zuweisen.

Genauso wie bei der Hierarchieansicht kann der Anwender durch zweimaliges Anklicken den Text eines Listeneintrags verändern. Dadurch entstehen die bereits unter Punkt 28.9 besprochenen Ereignisse „BeforeLabelEdit" und „AfterLabelEdit". Die Voraussetzung ist, dass die Eigenschaft „LabelEdit" auf 0 steht oder die Methode „StartLabelEdit" aufgerufen wurde.

Einen bestimmten Eintrag finden

Wenn die Listenansicht zahlreiche Einträge zusammenfasst, kann es eine Weile dauern, bis Sie beim Durchblättern den gewünschten Eintrag gefunden haben. Um diesen Vorgang zu beschleunigen, gibt es die Methode „FindItem", die einen Verweis auf das gefundene „List-Item"-Objekt zurückliefert.

```
UnterE = Forms!Listenansicht!Liste1.FindItem("Tod",,, lvwPartial).SubItems(2)
```

Der Methode übergeben Sie eine Zeichenfolge, die den gesuchten Listeneintrag kennzeichnet. Diese Zeichenfolge kann in der Eigenschaft „Text", „Tag" (Marke) oder „SubItems" gespeichert sein. In welcher Eigenschaft gesucht werden soll, bestimmen Sie über das zweite Argument, das standardmäßig auf Text eingestellt ist. Falls nicht alle Listeneinträge durchforstet werden sollen, müssen Sie im dritten Argument den Index nennen, von dem die Suche gestartet werden soll. Zum Schluss können Sie noch für die Eigenschaft „Text" angeben, ob eine Übereinstimmung erst stattfindet, wenn die gesuchte Zeichenfolge identisch ist zum ersten Wort des Textes.

In einer Listenansicht werden die Buchtitel angezeigt, die in der Tabelle „Bücher" im Tabellenfeld „Titel" gespeichert sind. Sie können zwischen den vier Darstellungsarten wählen. Bei der Darstellung der Details erscheinen zusätzlich der Preis und der Name des Herausgebers. Nun können Sie auch die einzelnen Spalten auf- oder absteigend sortieren.

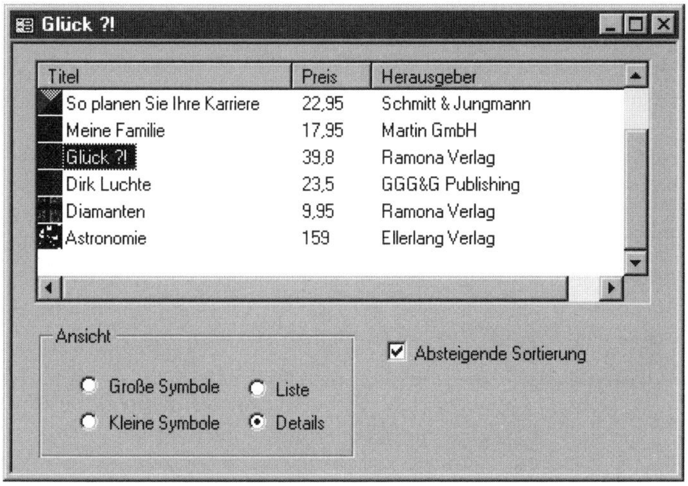

Bild 23.20: Beispiel zum Zusatzsteuerelement „Listenansicht"

```
'*********************** BUCHSAMM.MDB ***********************
'*********************** Formular Listenansicht ***********************
' Auszug aus dem Code
Private Sub Form_Load()
```

```
Dim dbDatenbank As DATABASE, dtTab As Recordset
Dim Listeneintrag As ListItem
Dim i As Integer, iSatzanzahl As Integer
Dim strTabfeld As String

Set dbDatenbank = CurrentDb
Set dtTab = dbDatenbank.OpenRecordset("Bücher")

dtTab.MoveLast
iSatzanzahl = dtTab.RecordCount
dtTab.MoveFirst

' ListItem-Objekte und Unterelemente aus der Tabelle Bücher hinzufügen.
For i = 1 To iSatzanzahl
   strTabfeld = dtTab!Titel
   Set Listeneintrag = Me!Liste1.ListItems.Add(, , strTabfeld, i, i)
   ' Zweite Spalte = 1.Untereintrag
   Listeneintrag.SubItems(1) = dtTab![Einkaufspreis]
   ' Dritte Spalte = 2.Untereintrag
   Listeneintrag.SubItems(2) = dtTab![Herausgebername]
   dtTab.MoveNext
Next i
End Sub
```

In diesem Beispiel stellt jeder Listeneintrag einen Datensatz aus der Tabelle „Bücher" dar. Dazu müssen Sie zuerst die Anzahl der Datensätze ermitteln. Anschließend können Sie in einer Schleife pro Datensatz einen Eintrag mit zwei Untereinträgen erstellen. Der Haupteintrag wird durch das Tabellenfeld „Titel", die beiden Unterelemente durch die Felder „Einkaufspreis" und „Herausgeber" gebildet.

Der gesamte Code liegt in der Datenbank BUCHSAMM.MDB vor. Das Formular heißt „Listenansicht".

24   Die Beispiel-Datenbanken auf der CD

Alle im Buch besprochenen Datenbanken finden Sie auf der beiligenden CD. In der nachfolgenden Tabelle sind die Datenbanken mit kurzer Angabe zum Inhalt aufgelistet.

Tabelle 24.1: Beispiel-Datenbanken auf der CD

Datenbank	Kurzbeschreibung
Makrovba.mdb	Makro, das in ein VBA-Modul umgewandelt wird
Makro1.mdb	Beispiele aus dem Kapitel 2: Makros
Makropr.mdb	Zahlreiche Makrobeispiele
Abasic1.mdb	Erstes VBA-Programm
Basicprg.mdb, Koala.mdb	Viele VBA-Beispiele
Ballon.mdb	Auf den Office-Assistenten mit VBA zugreifen
Oop.mdb	Beispiele zur objektorientierten Programmierung mit Klassenmodulen
Ole.mdb	Automatisierungsbeispiele
Training.mdb	Hyperlinks einsetzen, XML-Export/Import
SQL.mdb	Beispiele zu SQL-Abfragen
Menues.mdb	Eigene Menüleisten und Kontextmenüs
Toolbar.mdb	Eigene Symbolleisten und Statuszeile
Commbar.mdb	Symbolleisten mit VBA erstellt
Dbanwend.mdb	Kleine Datenbankanwendung mit Übersichtsformular
Winappli.mdb	Andere Anwendungen aus Access starten
Drucken.mdb	Verschiedene Beispiele zum Drucken von Datensätzen
Hilfesys.mdb	Verschiedene Aufrufmöglichkeiten des Hilfesystems
Spezfkt.mdb	Mathematische Funktionen in Access einsetzen
Multimed.mdb	Multimedia-Beispiele
Praktisc.mdb	Kleine praktische Beispiele aus Kapitel 11
Fotosamm.mdb	Replikation
Buchsamm.mdb	Steuerelemente aus dem Zusatzpaket für Microsoft Office

25 Index